Notio de géologie

3e édition

revue et augmentée

Bruno Landry

Michel Mercier

(co-auteur des 1re et 2e éditions)

en collaboration avec

Jacky Filion, collège de Lévis-Lauzon, chapitre 1

Michel Gauthier, UQAM, chapitres 21 et 23

Marc Lucotte, UQAM, chapitres 15 et 16

Étienne L. Martin, collège d'Alma

Ouvrage conçu et réalisé sous la responsabilité du collège de Sherbrooke.

MODULO

Données de catalogage avant publication (Canada)

Landry, Bruno

Notions de géologie
3e éd. rev. et augm. -

Comprend des références bibliographiques et un index.

ISBN 2-89113-256-4

1. Géologie. 2. Géologie - Québec (Province). I. Mercier, Michel, 1946- . II. Titre.

QE28.L34 1992 551 C92-096082-0

La publication de cet ouvrage a été rendue possible grâce aux participations financières du ministère de l'Enseignement supérieur et de la Science et du ministère de l'Énergie et des Ressources.

Responsable du projet à la DGEC : Jacques Robitaille
Responsable du projet au collège de Sherbrooke : Raymond Genest

ÉQUIPE DE PRODUCTION
Chargée de projet : Renée Théorêt
Illustrations : Thérèse Brodeur
Correction d'épreuves : Louise Chabalier, Marielle Bouchard et Monique Tanguay
Typographie : Lise Marceau, Nathalie Ménard et Martine Thériault
Faux-montage : L'Artographe
Montage : Lise Marceau
Maquette : Gisèle Beauvais
Sélection des couleurs : HIT

Notions de géologie, 3e édition

233, av. Dunbar, bureau 300
Mont-Royal (Québec)
Canada H3P 2H4
Téléphone : (514) 738-9818
Télécopieur : (514) 738-5838

Dépôt légal : 1er trimestre 1992
Bibliothèque nationale du Québec
Bibliothèque nationale du Canada
ISBN 2-89113-**256**-4

Imprimé au Canada
2 3 4 5 IG 96 95 94 93

(Photographie de la page couverture : Cap Bon-ami, Gaspésie, Québec.)

AVANT-PROPOS

Depuis sa parution en 1983, *Notions de géologie* s'est imposé et est devenu le livre de référence par excellence des étudiants en géologie et en sciences de la Terre. Les deux auteurs principaux, Bruno Landry et Michel Mercier, avaient déjà procédé à un remaniement de la matière lors de la 2ᵉ édition de l'ouvrage. La chose remontant à voilà près de dix ans, il était nécessaire d'en faire une mise à jour complète qui tînt compte des découvertes les plus récentes dans les différents domaines.

Ainsi, Jacky Filion a rédigé le chapitre 1 sur le Big Bang et la formation des planètes. Marc Lucotte a conçu une nouvelle partie sur le domaine océanique (chap. 15 et 16), un sujet fort important pour expliquer les cycles des principaux éléments chimiques naturels et pour comprendre les fondements de la tectonique des plaques. Pour sa part, Michel Gauthier a rédigé un chapitre sur les minéraux utiles (chap. 21) et un autre sur l'histoire géologique du Québec dans lequel il présente une série de cartes qui permettent de saisir visuellement l'extraordinaire évolution qu'a connue ce territoire depuis trois milliards d'années (chap. 23). Bruno Landry et Étienne Martin se sont chargés de faire le reste de la mise à jour et de traiter de nouveaux sujets tels les séismes, le volcanisme et les chaînes de montagnes.

Le thème central de *Notions de géologie*, 3ᵉ édition revue et augmentée, est le **système Terre et son évolution**, thème étudié à partir des modèles géochimiques et géodynamiques récents. L'ouvrage, qui se veut une introduction à la géologie, doit être lu du début à la fin, comme un roman ayant pour intrigue l'évolution de notre planète.

Les auteurs souhaitent que ce livre apporte à ses lectrices et lecteurs les connaissances nécessaires pour leur permettre d'établir des liens entre des événements qui pourraient leur paraître, de prime abord, n'avoir que peu de rapport entre eux. Ils forment aussi le vœu que cette meilleure compréhension des phénomènes géodynamiques et géophysiques auxquels est soumise la planète leur instille le goût de l'exploration véritable et une passion inépuisable pour notre monde en continuelle évolution.

ORIENTATION BIBLIOGRAPHIQUE GÉNÉRALE

Au cours des dernières décennies, les sciences géologiques ont connu une véritable révolution. Les bouleversements dans ce champ de la connaissance scientifique ont été considérables, soutenus par une théorie nouvelle, celle de la **tectonique des plaques lithosphériques**. Personne ne saurait, de nos jours, aborder l'étude de la Terre sans avoir présent à l'esprit les paramètres du modèle des plaques. Par conséquent, ce modèle sert de fil conducteur à ce volume.

Le lecteur trouvera dans la bibliographie en fin de volume (p. 557) une liste des titres qui témoignent précisément des changements récents dans les théories de la géologie et de l'approche nouvelle qui préside à l'étude de notre planète. La consultation de ces écrits lui permettra de se familiariser avec la géologie contemporaine. Cette bibliographie est loin d'être exhaustive. Elle renferme quelques titres, parmi les principaux, en français et en anglais, regroupés sous les quatre rubriques suivantes : Tectonique des plaques, Ouvrages de géologie générale, Ouvrages divers, Dictionnaires, lexiques, cartes et codes.

REMERCIEMENTS

Nous tenons tout d'abord à remercier chaleureusement les personnes qui ont accepté de rédiger les textes de certains encadrés :

Robert Marquis, du ministère de l'Énergie et des Ressources, pour l'encadré 8.1, *Les plis en kink*. Robert a de plus contribué étroitement à la révision des chapitres 8, 9 et 20.

Marco Quirion, étudiant en génie géologique à l'Université Laval, pour l'encadré 3.1, *Le quartz et la mesure du temps*.

Pierre J. H. Richard, directeur du Laboratoire de paléophytogéographie et de palynologie du Département de géographie de l'Université de Montréal, pour l'encadré 2.3, *L'analyse pollinique*.

Nous remercions aussi les personnes suivantes, qui ont aimablement accepté de réviser, selon leur spécialité, le contenu de certains chapitres :

Roger Baril, pédologue

Jacques Béland, géologue

Edouard Chown, Département des sciences de la Terre, UQAC

Jean-Marc Cossette, Agriculture Canada, Équipe pédologique du Québec

Denis Demers, ministère des Transports

Jean-Louis Dionne, pédologue

André Drolet, ministère des Transports

Jean-Marie M. Dubois, Département de géographie et CARTEL, Université de Sherbrooke

Pierre J. Gélinas, Département de géologie, Université Laval

Gilles Grondin, ministère des Transports

Luc Harnois, Département des sciences de la Terre, UQAM

Jean Lajoie, Département de géologie, Université de Montréal

Maurice Lamontagne, Commission géologique du Canada, Direction de la physique du globe

Wulf Muller, Département des sciences de la Terre, UQAC

Guy Perrault, Département de génie minéral, École polytechnique, Université de Montréal

Gaston Pouliot, Département de génie minéral, École polytechnique, Université de Montréal

Luc Tanguay, ministère des Transports

Gérard Woussen, Département des sciences de la Terre, UQAC

Merci aussi à ceux qui ont collaboré de différentes manières à la réalisation de ce livre :

Marius Arsenault, parc de Miguasha

Robert Bergeron, ministère de l'Environnement

Marc-André Bérubé, Département de géologie, Université Laval

Luc Champagne, ministère de l'Environnement

Luc Charbonneau, ministère de l'Énergie et des Ressources

Roger Gagnon, ministère de l'Environnement, Direction régionale de l'Estrie

André Lévesque, conservateur du Musée géologique, Université Laval

Michel Lamothe, Département des sciences de la Terre, UQAM

Jean-Robert Pierre, Hydro-Québec

David Vézina, parc de Miguasha

Enfin, le Centre des médias du collège de Sherbrooke a apporté une aide précieuse dans la composition de certaines figures. Nous remercions son directeur, Raymond Genest, de même que Guy Deshaies et Marcel Labonté.

TABLE DES MATIÈRES

LISTE DES ENCADRÉS

PARTIE

1

L'Univers et la planète Terre

La première partie de ce livre est consacrée à une présentation générale de l'Univers et de la planète Terre. Le chapitre 1 résume les principaux événements à l'origine du cosmos. Après avoir expliqué les différents états de la matière originelle, on passe en revue les principaux processus de l'évolution et de l'organisation de cette matière. Le chapitre se termine par la présentation du système solaire.

Le chapitre 2 est consacré à certaines grandes données concernant la planète Terre. On y aborde des notions fondamentales, comme les processus de géodynamique interne et externe, les données géochimiques, la théorie de la tectonique des plaques lithosphériques, l'évolution de la vie et le temps géologique.

Le centre-sud du Québec vu de l'espace. Image TM prise par le satellite américain Landsat et acquise par le Centre québécois de coordination de la télédétection.

CHAPITRE 1

DU BIG BANG AUX PLANÈTES

Les cathédrales se bâtissent avec des pierres de taille, les planètes avec des grains de poussière interstellaire.

HUBERT REEVES, *Poussières d'étoiles.*

OBJECTIFS PÉDAGOGIQUES

Au terme de ce chapitre vous devriez pouvoir :

- préciser les grandes étapes de l'histoire de l'Univers;
- décrire les processus de formation des étoiles;
- expliquer les processus de formation du système solaire;
- distinguer les planètes telluriques des planètes joviennes;
- expliquer les notions d'accrétion homogène et d'accrétion hétérogène appliquées aux planètes et en particulier à la Terre.

Ce chapitre présente brièvement les principaux événements à l'origine de l'Univers et précise les processus qui ont mené à la formation des planètes, dont la Terre. Notre planète, en effet, n'est qu'une modeste portion du système solaire qui comprend le Soleil, les autres planètes, leurs lunes, les astéroïdes, les comètes et des corps cosmiques plus petits.

Le cortège des astres du système solaire n'est lui-même qu'une petite partie de la galaxie de la Voie Lactée (moins d'un cent milliardième); s'ajoutent à cela des centaines de milliards d'autres galaxies dans l'Univers connu.

1.1 *LE DÉBUT DE L'UNIVERS*

On se représente le début de l'Univers comme une grande explosion initiale, un grand éclair de lumière : le **Big Bang**. Cet événement se serait produit il y a environ 15 Ga.

Selon la théorie du Big Bang, toute la matière, toute l'énergie et tout l'espace composant l'Univers d'aujourd'hui étaient contenus, il y a 15 Ga, dans une boule primitive. L'explosion de cette boule, sous l'effet de la pression intenable qui y régnait, est le fondement de la théorie du Big Bang.

Une notion fondamentale nous intéresse ici : l'histoire de l'Univers vue sous l'angle de l'organisation de la matière. En effet, l'Univers présente une hiérarchie dans son organisation. L'évolution des particules élémentaires a entraîné la formation de matière de plus en plus complexe, jusqu'à l'apparition d'organismes vivants. C'est donc différents passages de la matière d'un état à l'autre que nous allons examiner dans les pages qui suivent.

1.1.1 *Les particules élémentaires*

Après le Big Bang, l'Univers commence à s'organiser. Les particules élémentaires se forment à partir des photons, grains de lumière issus de l'explosion. Parmi

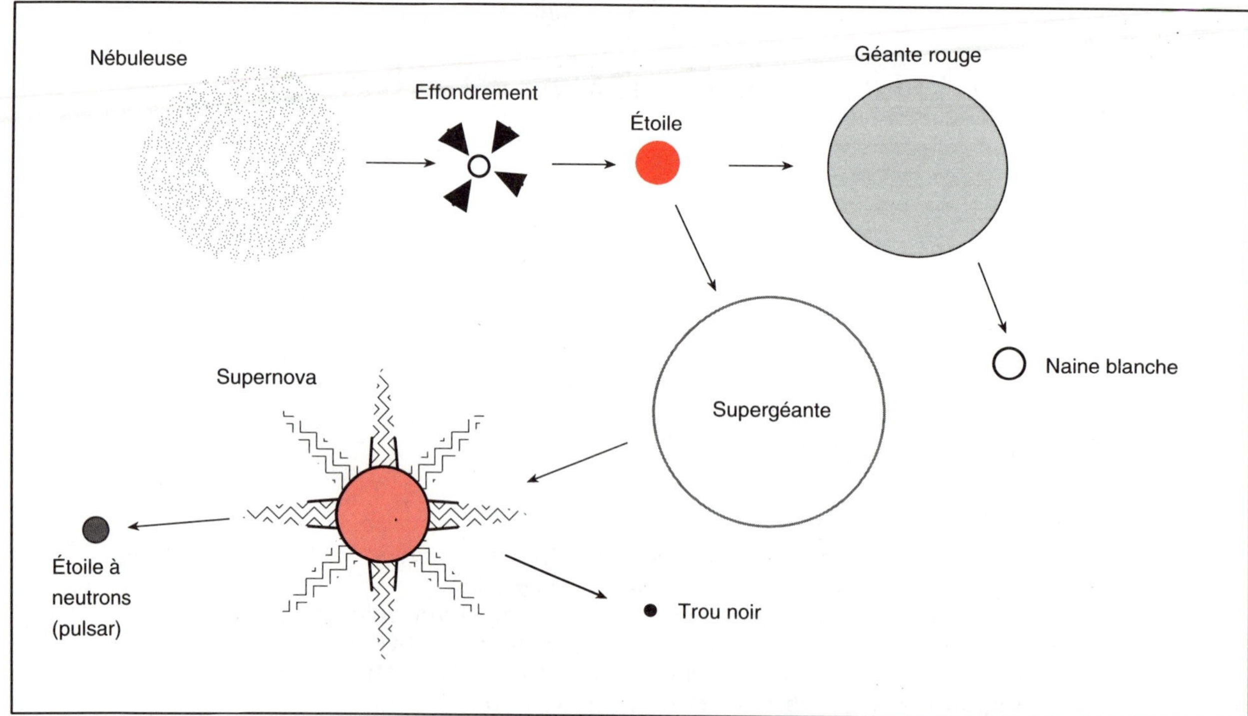

Figure 1.1 Une nébuleuse peut, après effondrement gravitationnel, « s'allumer » en étoile et devenir le siège de réactions thermonucléaires. Puis, à la fin de sa vie, l'étoile se transforme en géante rouge ou en supergéante selon sa masse. Dans le premier cas, elle finit en naine blanche; dans le second, elle explose en supernova pour laisser une étoile à neutrons (pulsar) ou un trou noir (Filion, 1990).

ces particules, on retrouve les quarks[1], les antiquarks, les électrons, les positrons et les neutrinos. L'Univers est alors extrêmement chaud.

La production de particules a diminué rapidement. À mesure que la boule s'est refroidie, particules et antiparticules[2] se sont annihilées pour redevenir des photons : d'abord les quarks et les antiquarks; puis les électrons et les positrons. Bientôt, l'Univers ne contint plus que des photons et une certaine quantité de particules. On estime en effet qu'il y aurait eu un milliardième de particules de plus que d'antiparticules. Toute la matière existant aujourd'hui dans l'Univers serait donc composée de ce milliardième de particules excédentaires.

1.1.2 *Les noyaux*

Ces particules sont ensuite entrées dans un cycle d'activité nucléaire. Les protons et les neutrons se sont formés à partir des quarks restants; ils se sont ensuite combinés pour former des noyaux d'hydrogène; certains de ceux-ci se sont assemblés à leur tour pour former des noyaux d'hélium. Cette activité nucléaire n'aurait duré qu'une quinzaine de minutes. Ensuite, l'Univers s'est étendu et refroidi davantage, et les rencontres de particules sont devenues de plus en plus rares. Cette situation devait durer des centaines de millénaires. Durant le premier quart d'heure de l'existence de l'Univers, 25 % de la matière primordiale aurait été transformée en noyaux d'hélium et 75 %, en noyaux d'hydrogène.

1.1.3 *Les atomes*

Environ 300 millions d'années plus tard, la température de l'Univers étant descendue à environ 5000°C, les électrons ont pu s'installer autour des noyaux pour former les atomes d'hydrogène et d'hélium. À cause du refroidissement, l'attraction coulombienne prenait progressivement le pas sur l'énergie thermique. Pendant les millions d'années suivantes, l'Univers va se remplir de gaz d'hydrogène et d'hélium de plus en plus dilués et de plus en plus froids.

1.2 *LA FORMATION DES ÉTOILES*

Les premières étoiles se sont formées dans les régions de l'Univers où était concentrée une plus grande densité de gaz. La force gravitationnelle a joué un rôle

1. Il existe six variétés de quarks. Parmi celles-ci, deux variétés seulement sont stables : le quark *u* et le quark *d*. Un proton se compose de deux quarks *u* et d'un quark *d*, et un neutron, d'un quark *u* et de deux quarks *d*.
2. Une antiparticule a une charge électrique contraire à la particule de même masse à laquelle elle est associée.

prépondérant dans leur création et leur évolution. Ainsi, durant des millions d'années et sur des milliards de kilomètres, la gravitation a rassemblé les gaz nébulaires et les a compressés en un volume qui diminuait progressivement.

La figure 1.1 montre le cheminement que peut suivre une nébuleuse de gaz. Si la nébuleuse atteint l'effondrement gravitationnel, il peut y avoir réaction de fusion nucléaire et naissance d'une étoile. Après quelques milliards d'années, l'étoile se gonflera en géante rouge, puis se recomprimera pour finir son cycle sous forme de naine blanche. S'il s'agit d'une étoile de plus grande masse, elle peut devenir supergéante et exploser ensuite en supernova. Elle laissera alors un cœur dense : soit une étoile à neutrons (pulsar), soit un trou noir.

Revenons à l'effondrement des gaz nébulaires. La pression et la température des gaz augmentant, les conditions propices à la fusion nucléaire sont alors créées. Presque tous les atomes formant les éléments de l'Univers ont été produits par fusion au cœur des étoiles, d'abord à partir de l'hydrogène ou de l'hélium original, puis par la fusion d'éléments plus lourds. Cette réaction porte le nom de nucléosynthèse. La figure 1.2 illustre la réaction proton-proton, une réaction typique de fusion dans le cœur des étoiles.

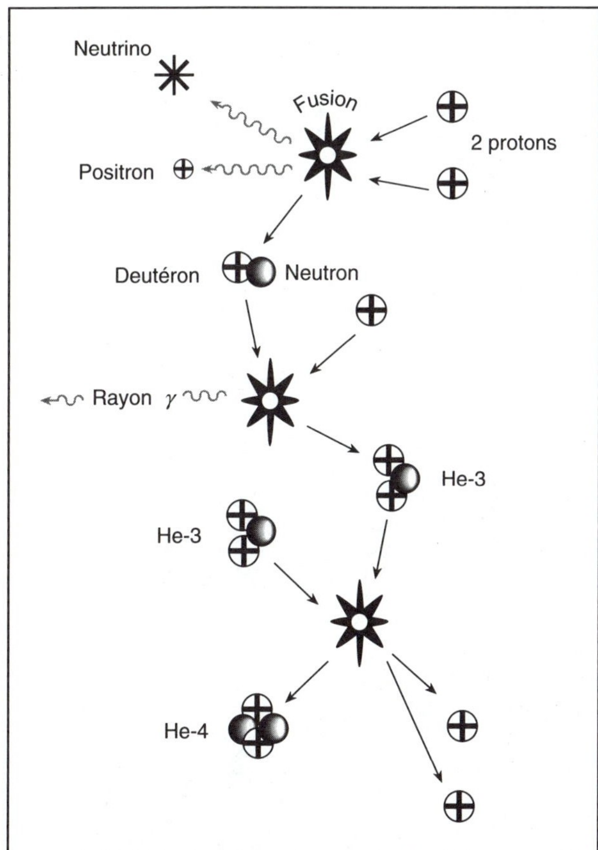

Figure 1.2 Chaîne proton-proton. Au départ (haut de la figure), deux protons fusionnent pour produire un deutéron (noyau du deutérium ou hydrogène lourd qui comprend un proton et un neutron), réaction qui libère un positron (antiélectron) et un neutrino (particule sans charge et sans masse apparente qui capte de l'énergie à la réaction); puis, un troisième proton vient se joindre au deutéron pour produire de l'hélium-3 en dégageant de l'énergie (rayon γ); enfin, les hélium-3 se fusionnent pour produire l'hélium-4 et redonner deux protons. La chaîne est prête à repartir (Filion, 1990).

Pour classifier les étoiles, on tient compte de leur luminosité et de leur température. Cette classification (fig. 1.3) est donnée par le diagramme H-R (du nom des astronomes Hertzsprung et Russell, qui l'ont proposée). La grande majorité des étoiles, dont le Soleil, font partie de la série principale.

1.3 LA FORMATION DES GALAXIES

On ignore si les étoiles primitives se sont regroupées en galaxies ou si, à l'inverse, les immenses nuages de gaz du cosmos se sont concentrés en forme de galaxies pour ensuite fabriquer des étoiles.

Quoi qu'il en soit, les galaxies regroupent des milliards d'étoiles. Ces étoiles sont animées d'une rotation autour d'un centre nommé bulbe qui est plus densément peuplé que la partie périphérique. Souvent, les galaxies prennent la forme d'un disque contenant des bras de gaz dans lesquels baignent de jeunes étoiles bleues alors que le centre est surtout peuplé d'étoiles rouges plus vieilles.

Plusieurs astronomes considèrent les galaxies comme l'entité cosmologique de base, et ce, pour plusieurs raisons : d'abord, toutes les étoiles sont regroupées

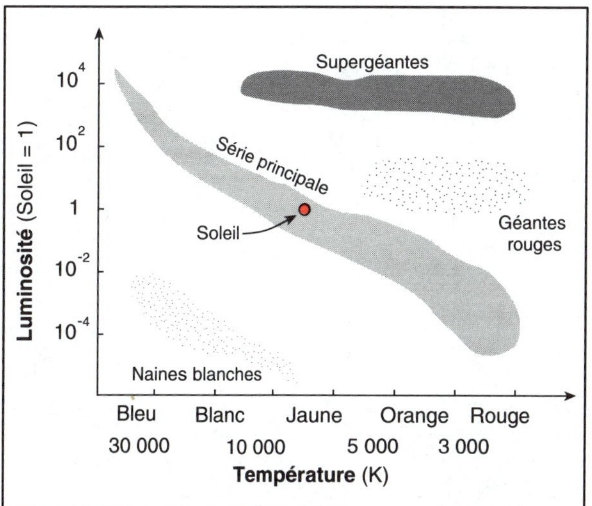

Figure 1.3 Le diagramme H-R classe les étoiles selon leur température (couleur) et leur luminosité (Soleil = 1). On y situe les naines blanches, les géantes rouges, les supergéantes et les étoiles de la série principale (d'après Filion, 1990).

Figure 1.4 L'amas de la Vierge. Les étoiles sont regroupées en galaxies et les galaxies se regroupent en amas et même en superamas (courtoisie de National Optical Astronomical Observatories).

en galaxies (fig. 1.4); ensuite, ce sont les galaxies et non les étoiles qui subissent le mouvement d'expansion universelle. En effet, les galaxies faisant partie d'un espace qui s'étire, elles s'éloignent toutes les unes des autres; c'est ce qu'on appelle la récession des galaxies. Cependant, comme les galaxies ont tendance à se regrouper en amas, un nombre croissant de scientifiques pensent que ces amas seraient l'entité de base.

Une autre question se pose à propos des galaxies. Les plus puissants télescopes ont détecté des objets très brillants situés à plus de 14 milliards d'années-lumière de nous, les **quasars** (*quasi stellar objects*). Ces quasars seraient des noyaux de galaxies formés durant le premier milliard d'années de l'Univers. La lumière intense de ces objets aurait mis 14 milliards d'années pour nous atteindre; c'est donc que l'on voit les quasars tels qu'ils étaient au tout début de l'Univers. Plus l'objet céleste est loin, plus sa lumière vient d'un passé lointain. Voir loin, c'est voir tôt.

Certains de ces quasars brillent comme des centaines de galaxies. Pourtant, ils semblent relativement petits. Certains astronomes suggèrent que la luminosité des quasars serait induite par la présence d'un trou noir en leur centre. Un trou noir, objet issu de l'implosion du cœur des **supernovæ**, représenterait l'état ultime de compression de la matière. La force gravitationnelle des trous noirs serait si grande que ceux-ci déformeraient le continuum espace-temps de l'Univers; ils produiraient des trous dans le tissu de l'espace, trous dans lesquels tout s'engouffre, même la lumière.

1.4 *LE SYSTÈME SOLAIRE*

Le système solaire s'est formé à partir d'une nébuleuse gazeuse, large de 50 milliards de kilomètres, dont la composition chimique était identique à celle du Soleil.

Quel événement, quel cataclysme cosmique a pu, il y a près de 5 Ga, provoquer une onde de choc suffisante pour perturber la nébuleuse protosolaire ? Pour expliquer la cause de cette perturbation, plusieurs scientifiques favorisent l'hypothèse d'une onde de choc issue d'une supernova. Ce bouleversement aurait induit des mouvements à l'intérieur de la nébuleuse, mouvements qui auraient amené une grande partie des poussières et des gaz (99,8 %) à se diriger vers un centre de masse qui allait devenir le Soleil. Le reste de la matière se disposa en forme de disque, animé d'un mouvement de rotation autour du centre. En fait, ce sont les phénomènes physiques de la gravitation et de la conservation du moment cinétique (quantité de mouvement de rotation) qui ont dicté sa forme et son comportement à l'immense nuage nébulaire (fig. 1.5).

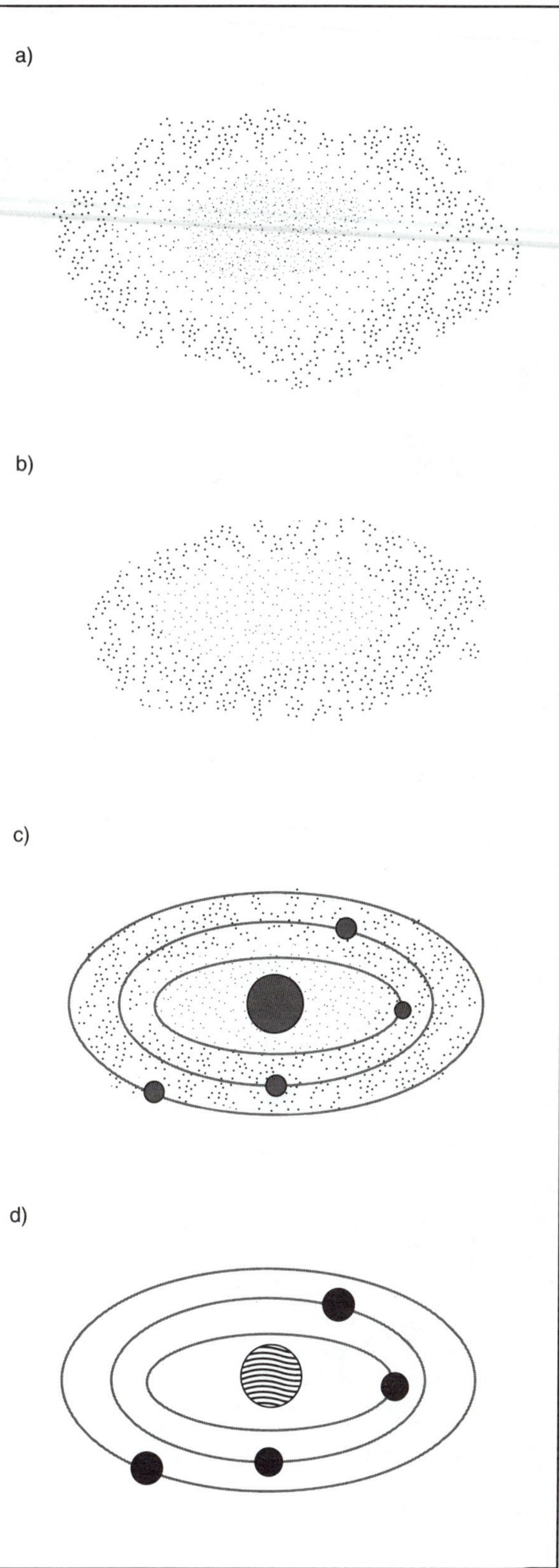

Figure 1.5 Évolution de la nébuleuse protosolaire. En a), concentration de la nébuleuse; en b), rotation, création du protosoleil et des protoplanètes; en c), naissance du Soleil, accrétion des planétoïdes; en d), les planètes recueillent les restes de matière interplanétaire (d'après Filion, 1990).

Figure 1.6 Cratères météoritiques. La Lune est un astre éteint depuis 300 Ma et elle n'est plus active du point de vue géologique. De ce fait, elle conserve remarquablement bien les cratères laissés par l'impact des météorites. Ces cratères ont tous une structure analogue : un relief circulaire, qui domine une dépression centrale à demi remplie de débris, au centre de laquelle s'élève un petit monticule. Sur terre, on a identifié plus d'une centaine de cicatrices laissées par la chute de météorites (voir le chapitre 7). L'observation directe de quelques trajectoires, au moment de leur chute sur la Terre, a permis de montrer que la plupart des météorites proviennent d'une région du système solaire située entre Mars et Jupiter, là où il n'existe aucune planète. Cette région de l'espace, appelée *ceinture d'astéroïdes*, est peuplée d'une myriade d'objets dont la taille va de celle d'une pierre à celle d'un astre. (Apollo 12, NSSDC, World Data Center A for Rockets and Satellites, NASA, Goddard Space Flight Center.)

Alors que le centre de la nébuleuse protosolaire se réchauffait pour en arriver à l'effondrement gravitationnel et à la création du Soleil, le disque, au contraire, s'est refroidi en rayonnant de l'énergie dans l'espace. La pression étant très faible, le refroidissement des molécules de gaz provoqua leur condensation directement en solides, en grains minuscules que l'on nomme **condensats**.

Les mouvements mis en œuvre dans la nébuleuse ont favorisé les rencontres et l'**agrégation** des condensats, produisant ainsi des noyaux de plus en plus massifs. Au début, l'agrégation fut principalement causée par des forces magnétiques et électrostatiques mais, à mesure que leur masse s'est accrue, les noyaux sont devenus des attracteurs gravitationnels importants, **météorites** puis **planétoïdes**, attirant vers eux de plus en plus de matière. Après quelques dizaines de millions d'années, un certain nombre de gros noyaux réchauffés par leur propre gravité, les **protoplanètes**, se sont formés et ont achevé d'attirer le reste des poussières, roches et autres débris qui traînaient encore dans le disque nébulaire; cette dernière phase a naturellement été ponctuée de nombreuses collisions cataclysmiques et d'une forte activité météoritique dont certains corps célestes (la Lune, Mercure) conservent encore la trace (fig. 1.6). Ce processus est celui de la formation planétaire par **accrétion**. Il aura suffi de 100 millions d'années pour créer les planètes du système solaire. La figure 1.7 situe la formation du système solaire dans l'évolution de l'Univers.

Le processus d'accrétion peut s'appliquer à toutes les planètes du système solaire. Cependant, les planètes ne sont ni homogènes, ni toutes semblables. C'est que leur accrétion s'est produite selon une séquence qui dépendait de la quantité de matière disponible et de la température, par conséquent, de leur distance au Soleil. Donc, il est apparu très tôt une hétérogénéité dans la nébuleuse d'origine qui se traduit par la présence de deux cortèges de planètes : les planètes joviennes et les planètes telluriques (voir plus loin).

On distingue deux types d'accrétion : l'accrétion homogène et l'accrétion hétérogène.

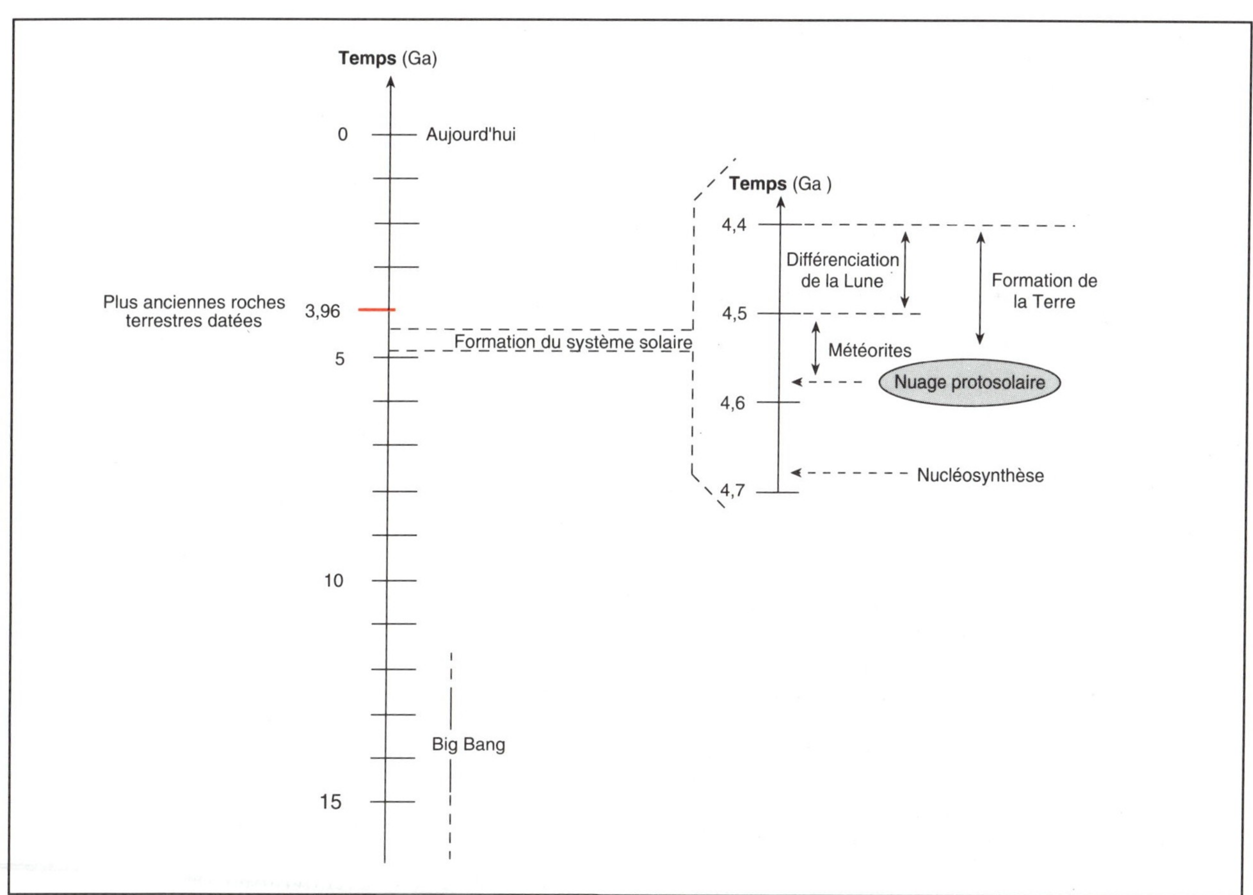

Figure 1.7 L'échelle du temps. L'hypothèse de la succession des événements, depuis le Big Bang jusqu'à aujourd'hui dans l'évolution universelle.

Dans le scénario de l'**accrétion homogène**, de la matière non différenciée s'agglomère. Plus tard, la chaleur élevée emprisonnée dans la protoplanète et produite par les collisions et la désintégration d'éléments radioactifs (uranium, thorium) génère des mouvements de matière dans ces « fluides ». Appliqué à la Terre, le modèle d'accrétion homogène suppose que les quatre principaux condensats de matière qu'on y retrouve ont été repositionnés selon leurs densités et d'autres propriétés chimiques. L'accrétion homogène aurait donc été suivie d'un processus de différenciation qui conduisit à la formation des divers compartiments de notre planète. Le fer-nickel « coula » vers le centre pour former le noyau. Ce noyau fut ensuite enveloppé de condensats de magnésium et de fer (des silicates comme les olivines et les pyroxènes) qui composent le manteau terrestre. Enfin, les matériaux les plus légers, riches en silicium, ont migré vers la surface pour former l'écorce terrestre.

Par contre, dans l'**accrétion hétérogène**, la différenciation prend place dès le début du processus. Des grains solides s'agglomèrent, noyaux de fer en premier, qui s'entourent, plus tard, d'un manteau de silicates denses, puis de silicates plus légers.

Les modèles d'accrétion homogène et hétérogène (fig. 1.8) ne s'excluent pas nécessairement. Tous deux ont pu participer à des degrés divers à la formation des planètes du système solaire.

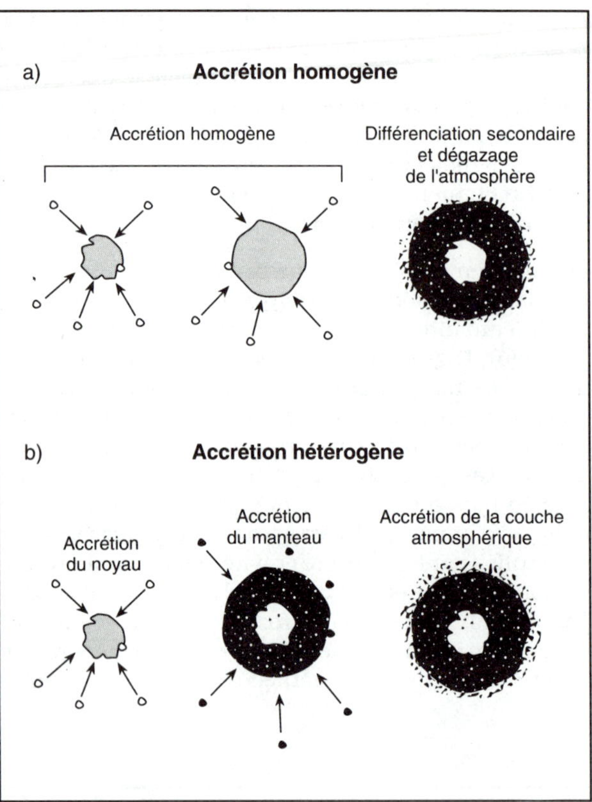

Figure 1.8 L'accrétion. En a) le scénario d'accrétion homogène. La matière non différenciée s'agglomère, puis la différenciation s'effectue ultérieurement; en b), le scénario d'accrétion hétérogène. La différenciation se produit dès le début de l'accrétion (d'après Allègre, 1985, p. 55).

1.4.1 *Le Soleil*

Le Soleil est une étoile jaune, de dimension moyenne, âgée d'environ 5 milliards d'années; on le situe dans la série principale du diagramme H-R (fig. 1.3). On pense que le Soleil est à peu près à la moitié de sa vie, et qu'à la fin de son existence il entrera en expansion pour atteindre environ 100 fois son diamètre actuel et devenir une géante rouge.

La figure 1.9 montre que le Soleil est composé d'un noyau sphérique entouré d'une région gazeuse, la **zone radiative**, elle-même entourée d'une **zone convective**. La surface de la zone convective est la partie visible du Soleil, soit la **photosphère**. La photosphère est entourée d'une atmosphère gazeuse que l'on nomme la **couronne solaire**. Le **noyau**, d'environ 450 000 km de diamètre, occupe le tiers du diamètre du Soleil. La température centrale dépasse les 15 millions de kelvins et la pression y est de 225 x 10^3 GPa (225 milliards d'atmosphères). Dans ce plasma propice aux réactions thermonucléaires, 700 millions de tonnes d'hydrogène gazeux se transforment en 695 millions de tonnes d'hélium à la seconde. La différence de masse, soit 5 millions de tonnes de matière, est transformée en énergie. Si le noyau du Soleil n'explose pas comme une bombe atomique, c'est parce qu'il est entouré des zones

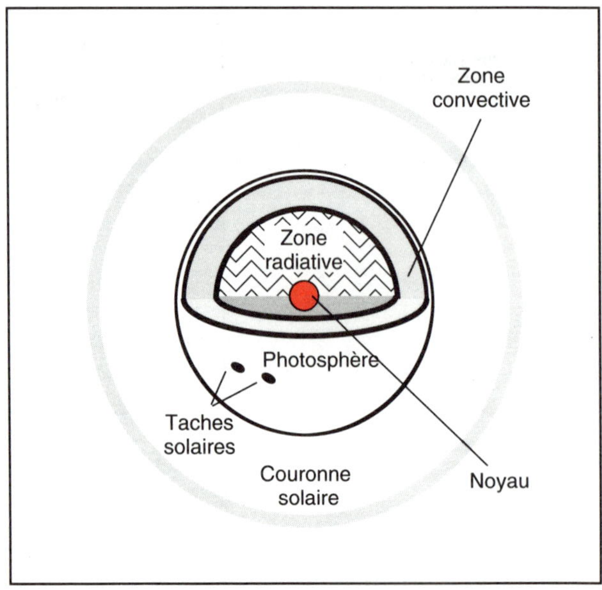

Figure 1.9 Le Soleil est composé de couches concentriques qui partent du noyau (au centre) jusqu'à la couronne (qui est transparente). La partie directement visible est la photosphère, sur laquelle on peut retrouver un certain nombre de taches solaires (Filion, 1990).

radiatives et convectives assez denses pour le comprimer.

Contrairement à ce qu'on pourrait croire, le cœur du Soleil ne brille pas d'un éclat aveuglant. Au contraire, il y fait nuit noire ! La raison de cela est que l'énergie dégagée par la fusion ne s'échappe pas en lumière visible mais plutôt en rayons γ et en rayons X invisibles. Un photon gamma issu de la fusion parcourt moins de 1 cm dans le noyau avant de frapper un électron, perdre de l'énergie et se convertir en un rayon X. Le rayon X commence alors son long périple vers la surface (la photosphère), en zigzaguant d'une collision à l'autre, selon le trajet de moindre résistance. Le rayon X met 30 000 ans pour s'approcher de la surface et se transformer en photons. Cette énergie produit le rayonnement solaire visible. Il faut aussi noter qu'un millionième de l'énergie solaire est constitué de neutrinos qui s'échappent du noyau à la vitesse de la lumière et en atteignent la surface en deux secondes pour se perdre dans l'espace.

En plus de la lumière, le Soleil projette dans l'espace de l'énergie sous forme de rayons X et ultraviolets. La couche d'oxygène tri-atomique (ozone, O_3) située à une vingtaine de kilomètres d'altitude nous protège contre le rayonnement ultraviolet du Soleil.

Passant par un maximum puis par un minimum d'activité thermique suivant un cycle moyen de 11 ans, le Soleil est le siège d'éruptions et de protubérances qui projettent dans l'espace des jets de particules et d'énergie. L'énergie moyenne émise par le Soleil vers la Terre est donnée par la **constante solaire** qui vaut 1,35 kW/m^2 hors atmosphère, à une unité astronomique de distance (1 UA égale la distance moyenne entre la Terre et le Soleil, soit 149,6 millions de kilomètres). Quelquefois, lors des éruptions solaires, on ressent sur Terre les effets de ces sautes d'humeur. Par exemple, on se souviendra qu'au printemps de 1988, une panne d'électricité de tout le réseau d'Hydro-Québec plongea le Québec dans le noir durant des heures. Selon Hydro-Québec, cette panne était directement attribuable à l'intense activité du Soleil. En fait, les particules énergétiques projetées par le Soleil (le « vent » solaire) nous seraient très néfastes si elles n'étaient, en grande partie, déviées par le champ magnétique de notre planète.

1.4.2 *Les planètes du système solaire*

Le système solaire comprend deux grands types de planètes : les planètes telluriennes et les planètes joviennes.

Les planètes telluriennes sont les petites planètes denses qui occupent l'espace proche du Soleil. Les planètes joviennes sont grosses, loin du Soleil; leur densité est faible. C'est la distance au Soleil, et par conséquent la différence de matériaux disponibles, qui est en grande partie responsable des différences entre les planètes joviennes et les planètes telluriennes.

La planète Pluton est située à la limite externe du système solaire. Découverte par Clyde Tombaugh en 1930, cette planète a une orbite qui se situe habituellement au-delà de l'orbite de Neptune (sauf entre 1979 et 1999). Ancienne lune d'Uranus, selon certains, Pluton est la plus petite planète du système solaire; sa composition s'apparenterait à celle des planètes telluriennes. Pluton est accompagnée d'une lune, Charon, dont la masse est près de la moitié de la sienne.

Le tableau 1.1 fournit les principales données des planètes du système solaire.

Tableau 1.1 Quelques données sur les planètes du système solaire (sources diverses).

Planète	Distance au Soleil (millions de km)	Diamètre équatorial (km)	Masse (Terre = 1)	Densité (Eau = 1)	Gravité (Terre = 1)	Vitesse de libération (km/s)	Période de rotation	Nombre de satellites connus
Mercure	57,9	4 878	0,055	5,42	0,38	4,3	58 d 16 h	0
Vénus	108,1	12 104	0,815	5,24	0,90	10,3	243 d (rétro)	0
Terre	149,5	12 756	1,000	5,52	1	11,2	23 h 56 min 4 s	1
Mars	227,8	6 794	0,107	3,95	0,38	5,1	24 h 37 min 23 s	2
Jupiter	778,0	142 796	318,000	1,40	2,87	57,5	9 h 50 min 30 s	16
Saturne	1 427,0	120 000	95,200	0,72	1,32	35,4	10 h 14 min	28
Uranus	2 869,0	50 800	14,600	1,32	0,93	21,9	10 h 48 min	15
Neptune	4 497,0	48 600	17,200	1,64	1,23	24,4	16 h	8
Pluton	5 900,0	3 000?	0,0015?	?	0,03?	?	6 d 9 h 17 min	1

LES PLANÈTES TELLURIENNES

Les planètes telluriennes sont les plus rapprochées du Soleil : Mercure, Vénus, la Terre et Mars. Elles se caractérisent par un petit volume et une densité relativement élevée (de 3,9 pour Mars à 5,5 pour la Terre). Mises ensemble, ces quatre planètes ne comptent que pour 0,005 % de la masse du Soleil. Trois d'entre elles ont une atmosphère (Mercure n'en a pas). Il s'agit d'atmosphères secondaires, c'est-à-dire acquises après leur accrétion.

La faible pression et la température très élevée qui régnaient près du Soleil dans la région de formation des planètes telluriques ont scellé le sort de ces petites planètes rocheuses. D'après leur composition, les planètes telluriennes ont dû se former à partir de condensats formés dans une plage de température variant de 100 à 1500°C. Dans un premier temps, des matériaux réfractaires tels les condensats de calcium et d'aluminium se sont formés, suivis du fer métallique et des silicates de fer et de magnésium. À des températures plus basses, sont venus s'ajouter des éléments alcalins et l'oxyde de fer.

La formation des planètes telluriennes par un processus d'accrétion a été simulée sur ordinateur par plusieurs groupes de recherche. Typiquement, on crée 100 planétoïdes de $1{,}2 \times 10^{26}$ g chacun et on leur assigne au hasard des orbites elliptiques variant de 0,5 à 1,5 UA du Soleil. On lance le tout, puis, la gravitation et les lois de Képler font le reste. Presque invariablement, on obtient au bout de 440 à 450 millions d'années (temps informatique accéléré, bien sûr) quatre ou cinq planètes qui possèdent des masses et des orbites ressemblant étrangement au système tellurien. D'après ces modélisations, la Terre se serait formée en 100 millions d'années environ.

LES PLANÈTES JOVIENNES

Les planètes joviennes (de *Jovius*, nom latin de Jupiter) comprennent Jupiter et Saturne connues depuis l'Antiquité, Uranus découverte par Hershel en 1781 et Neptune découverte par Galle en 1846. Ces planètes sont caractérisées par un grand volume (318 fois la Terre, pour Jupiter) et une densité relativement faible.

Les planètes joviennes sont grosses et de faible densité parce qu'elles se sont formées dans des régions éloignées du Soleil, régions assez froides pour permettre la condensation puis la capture par gravitation de matériaux volatils. Elles se sont donc formées avec davantage de matière et dans des champs d'attraction plus faibles.

Pour l'essentiel, la majorité des astronomes considèrent que les processus de formation de ces planètes lointaines sont comparables à ceux des planètes telluriennes.

1.4.3 *Les comètes et les météorites*

Les comètes sont des morceaux de roche et de glace qui se seraient condensés très tôt dans la nébuleuse protosolaire. Plus d'un milliard de comètes circulent dans un vaste nuage sphérique qui entoure le système solaire à une distance d'environ une année-lumière du Soleil. Il s'agit du nuage d'Oort, du nom de l'astronome Jan H. Oort qui émit l'hypothèse de son existence en 1950. Occasionnellement, une comète quitte le nuage d'Oort pour entreprendre un périple orbital vers le Soleil et son cortège de planètes. Quand la comète s'approche du Soleil, le rayonnement et le vent solaire provoquent l'apparition de queues (une queue de poussières et une queue de gaz).

Quant aux météorites, ce sont les reliques des premiers instants de la formation du système planétaire. L'âge des plus vieilles météorites, obtenu par datation à l'aide d'isotopes radioactifs, est d'environ 4,5 Ga, âge généralement attribué au système solaire.

Il existe deux principaux types de météorites : les **chondrites**, de composition homogène, et les météorites différenciées, subdivisées en deux sous-types : les **achondrites** et les **météorites de fer**.

LES CHONDRITES

Les chondrites sont les météorites les plus répandues (80 %) et les plus vieilles; on considère qu'elles se sont formées à l'époque où les poussières primitives du nuage présolaire se sont agglomérées pour donner naissance aux premiers corps rocheux. Ces météorites sont constituées d'un agglomérat de minéraux (silicates de fer, de magnésium, et composés à base de nickel) dont certains ont fondu en petites gouttes que l'on nomme des chondres (d'où chondrite). Le modèle de la composition des chondrites sert de base à la plupart des modèles d'évolution géochimique.

LES MÉTÉORITES DIFFÉRENCIÉES

Les météorites différenciées, à l'inverse des chondrites, ont une composition chimique très éloignée de celle de la couronne solaire. On dit qu'elles sont différenciées parce qu'elles proviennent de corps ayant subi des transformations internes, par procédés chimiques ou mécaniques; ces transformations ont entraîné une ségrégation des minéraux. On connaît deux types de météorites différenciées : les achondrites, formées de roches semblables aux basaltes, et les météorites de fer, formées d'alliages de fer et de nickel.

Les météorites différenciées sont légèrement plus jeunes que les chondrites, soit d'environ 20 millions d'années. Leur différenciation a donc eu lieu peu de temps après l'agglomération des chondrites. On a pu aussi établir, par différents procédés de datations, que la Terre s'était formée dans un intervalle de 60 millions d'années après les chondrites.

CONCLUSION

Dans ce chapitre, nous avons présenté brièvement les scénarios décrivant l'évolution de l'Univers depuis le début jusqu'à la formation des planètes du système solaire.

À partir du Big Bang, il y aurait d'abord eu formation de particules (et antiparticules) élémentaires qui se seraient regroupées ensuite en noyaux pour permettre la formation des premiers atomes d'hydrogène et d'hélium. Ces gaz, hydrogène et hélium, furent les matériaux de base dans la formation des étoiles et des galaxies. Nous avons aussi décrit de quelle manière naissent et évoluent les étoiles à partir d'une nébuleuse d'origine.

Le système solaire est apparu en même temps que le Soleil. La condensation de grains dans la nébuleuse, puis l'accrétion d'objets toujours plus massifs, permirent la formation des planètes. Les météorites sont les témoins des processus en jeu dans la formation des planètes.

VOCABULAIRE

Accrétion
Achondrite
Agrégat
Antiparticules

Big Bang

Chondrite
Coalescence
Condensat
Constante solaire
Couronne solaire

Diagramme H-R

Géante rouge

Jovienne

Météorite

Naine blanche
Neutrinos
Nucléosynthèse

Ozone

Photons
Planétoïde
Positrons

Quark
Quasar

Rayons γ
Rayons X

Série principale
Supergéante
Supernova

Tellurien
Trou noir

Ultraviolet

Zone convective
Zone radiative

QUESTIONS

1. L'histoire de l'Univers est celle de la matière qui s'organise. Comment pouvez-vous justifier cette affirmation ?
2. Nommez et décrivez les principaux types d'étoiles.
3. Quelles différences y a-t-il entre les planètes telluriques et les planètes joviennes ?
4. Par une recherche personnelle, précisez l'intérêt que présente l'étude des météorites.

RÉFÉRENCES BIBLIOGRAPHIQUES

OUVRAGES RECOMMANDÉS

1. **Reeves, H.**
1984 : *Poussières d'étoiles.* Paris, Seuil, 195 p.
Volume magnifiquement illustré qui relate l'évolution de l'Univers depuis le Big Bang jusqu'à la vie.

2. **Filion, J.**
1990 : *Introduction à l'astronomie : le jeu des étoiles.* Montréal, Éditions Études Vivantes, 228 p.
Ouvrage d'initiation à la science et au loisir de l'astronomie.

3. **Reeves, H.**
1981 : *Patience dans l'azur: l'évolution cosmique.* Montréal, Presses de l'Université du Québec, 304 p.
Excellente introduction au monde de l'astrophysique.

4. **Roy, J.-R.**
1982 : *L'astronomie et son histoire.* Montréal, Presses de l'Université du Québec, 665 p.
Ouvrage plus élaboré sur l'astronomie avec une couverture importante de l'historique de cette science.

AUTRES SOURCES D'INFORMATION CONSULTÉES

Allègre, C.-J.
1985 : *De la Pierre à l'Étoile.* Paris, Fayard, 302 p.

Benz, W.
1991 : « La naissance de Mercure » dans *La Recherche*, vol. 228, n° 22, p. 46-54.

Pomerol, C. et Renard, M.
1989 : *Éléments de géologie.* 9e éd., Paris, Armand Colin, 616 p.

CHAPITRE 2
LA PLANÈTE TERRE

> De même que le sujet d'étude des biologistes n'est pas la limnée, l'éléphant ou la bactérie, mais la **Vie**, celui du géologue n'est pas le fossile, la chaîne des Alpes, le paléomagnétisme ou le granite, mais la **Terre**.
>
> CLAUDE ALLÈGRE, *L'écume de la Terre.*

OBJECTIFS PÉDAGOGIQUES

Au terme de ce chapitre vous devriez connaître :

- les principales composantes physiques du système terrestre;
- la notion de plaque lithosphérique;
- les divisions géochimiques de la planète Terre;
- les principes de datation des roches;
- les grandes lignes de l'échelle numérique des temps géologiques;
- les grandes lignes de l'évolution de la vie.

Le chapitre 1 nous a appris que la Terre fait partie des planètes telluriennes, un groupe de quatre planètes denses qui occupent l'espace proche du Soleil. Nous allons maintenant aborder l'étude du système terrestre. Les premières sections du chapitre sont consacrées aux grandes composantes physiques de la Terre. Quant à la dernière section, elle traite de l'évolution de la vie au cours des temps géologiques.

2.1 *LE GÉOSYSTÈME*

Les composantes de la planète Terre forment le **géosystème**. Nous étudierons le fonctionnement de cet imposant système en suivant une approche **systémique** et **globale**, c'est-à-dire une approche environnementale. Nous ferons ressortir les interactions entre les composantes externes que sont les océans, les glaciers, les continents, l'atmosphère, la biosphère, et les grands processus d'origine interne comme le magnétisme, le magmatisme, le métamorphisme et les mouvements des plaques lithosphériques.

Pour fonctionner efficacement, tout système a besoin d'énergie. Pour le géosystème, on reconnaît deux sources principales d'énergie : une source interne et une source externe.

L'énergie interne est produite par la désintégration d'éléments radioactifs : l'uranium 238, l'uranium 235, le thorium 232 et le potassium 40, entre autres. Cette énergie se dissipe sous forme de chaleur. Elle est transférée depuis l'intérieur de la Terre vers la surface. Dans le manteau, elle génère des mécanismes de convection responsables du mouvement des plaques. L'énergie interne est aussi responsable du magnétisme, du magmatisme et du métamorphisme.

L'énergie externe est essentiellement fournie par le Soleil et la gravité. Le Soleil assure le fonctionnement des sous-systèmes qui agissent à la surface de la

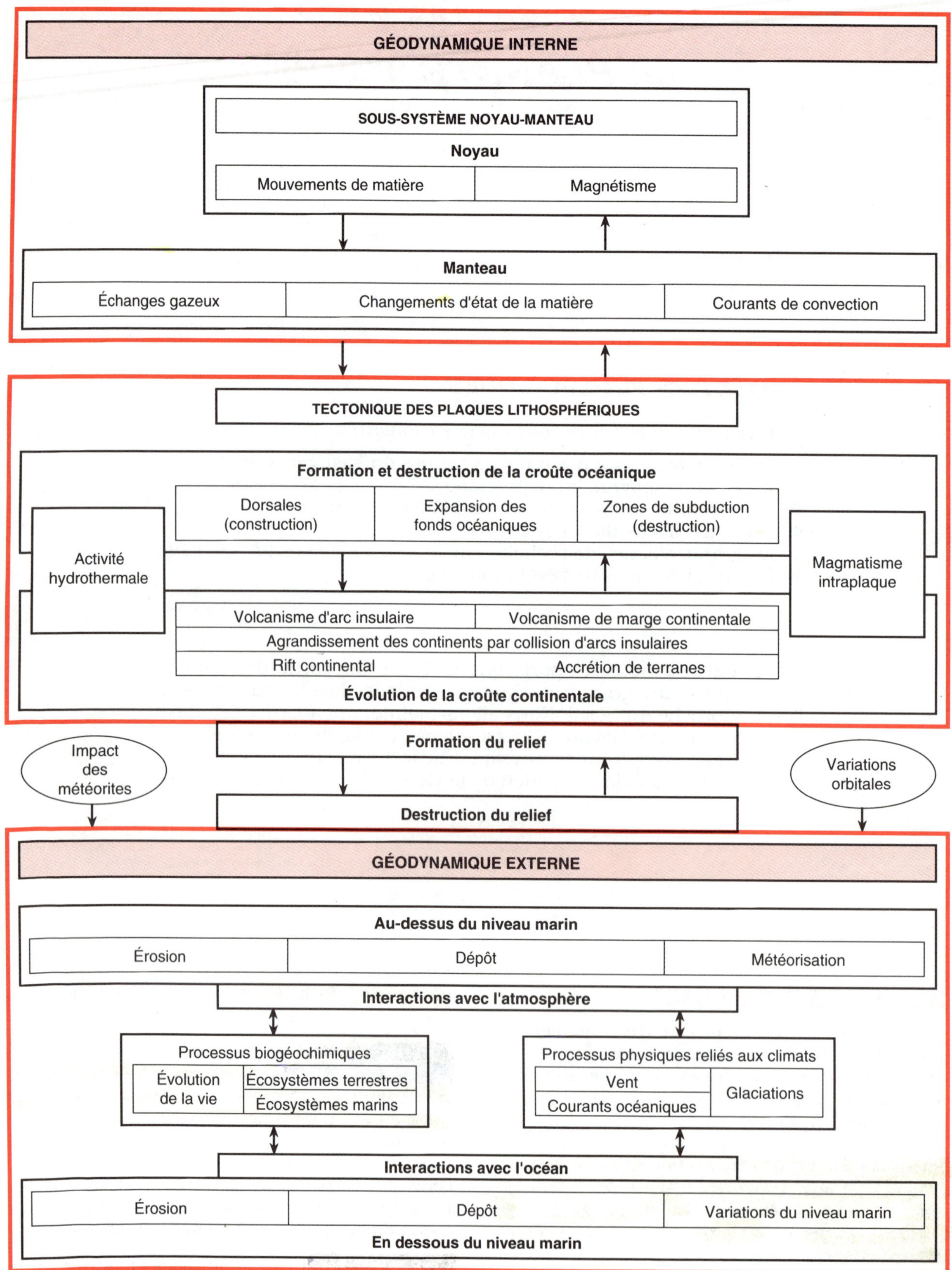

Figure 2.1 Le système Terre. Ce schéma présente les processus géologiques actifs sur des échelles de temps allant de milliers à des millions d'années (d'après NASA, 1988, p. 28).

Terre : atmosphère, hydrosphère et biosphère. L'énergie solaire influence le climat et les conditions météorologiques générales. La gravité met en mouvement les couches superficielles, jusqu'aux aires de sédimentation marines par l'action de l'érosion et du transport des sédiments.

Le géosystème s'articule autour de deux domaines fondamentaux : un domaine commandé par des processus de géodynamique interne et un domaine commandé par des processus de géodynamique externe.

La figure 2.1 schématise le mode de fonctionnement du système Terre. Voyons ce qu'il en est.

2.1.1 *Le domaine de la géodynamique interne*

Les processus de **géodynamique interne** contrôlent le fonctionnement de deux sous-systèmes : celui du noyau et du manteau, et celui des plaques lithosphériques.

LE SOUS-SYSTÈME DU NOYAU ET DU MANTEAU

La figure 2.2 présente une coupe passant par le centre de la Terre. La partie gauche du modèle présente la distribution verticale des matériaux. On reconnaît l'écorce, riche en silicium et en aluminium, le manteau, riche en silicium et en magnésium, et le noyau riche en soufre et en fer dans sa partie externe, et riche en fer et en nickel dans sa partie interne. Au cours des temps géologiques, l'écorce se différencia en une **croûte continentale** formée principalement de roches granitiques (densité moyenne de 2,7) et en une **croûte océanique** formée de roches basaltiques (densité d'environ 3,2). La limite entre le manteau et l'écorce est appelée discontinuité de Mohorovicic ou Moho.

La partie droite du modèle présente les caractéristiques physiques des matériaux. Au centre de la Terre, les températures atteindraient 6600°C. À la limite entre le noyau et le manteau, elles sont de l'ordre de 3500°C. Le noyau se subdivise en deux niveaux : un niveau interne solide et un niveau externe liquide. Dans la partie inférieure du manteau, soit du noyau jusqu'à une profondeur de 235 km environ, on reconnaît la **mésosphère**. À cause des très grandes pressions qui y règnent, les roches de cette enveloppe sont peu ductiles même si la température y est élevée. Dans la partie supérieure du manteau, de 235 à 100 km approximativement, on identifie l'**asthénosphère**. Les roches de cette enveloppe sont plastiques, et on estime qu'environ 1 à 2 % de la matière y est en fusion. Finalement, au-dessus de l'asthénosphère se trouve la **lithosphère** d'une épaisseur moyenne de 100 km (son épaisseur varie de 70 km sous les océans à 150 km environ sous les continents). Les roches de la lithosphère sont plus rigides que celles de l'asthénosphère. Il faut prendre garde de

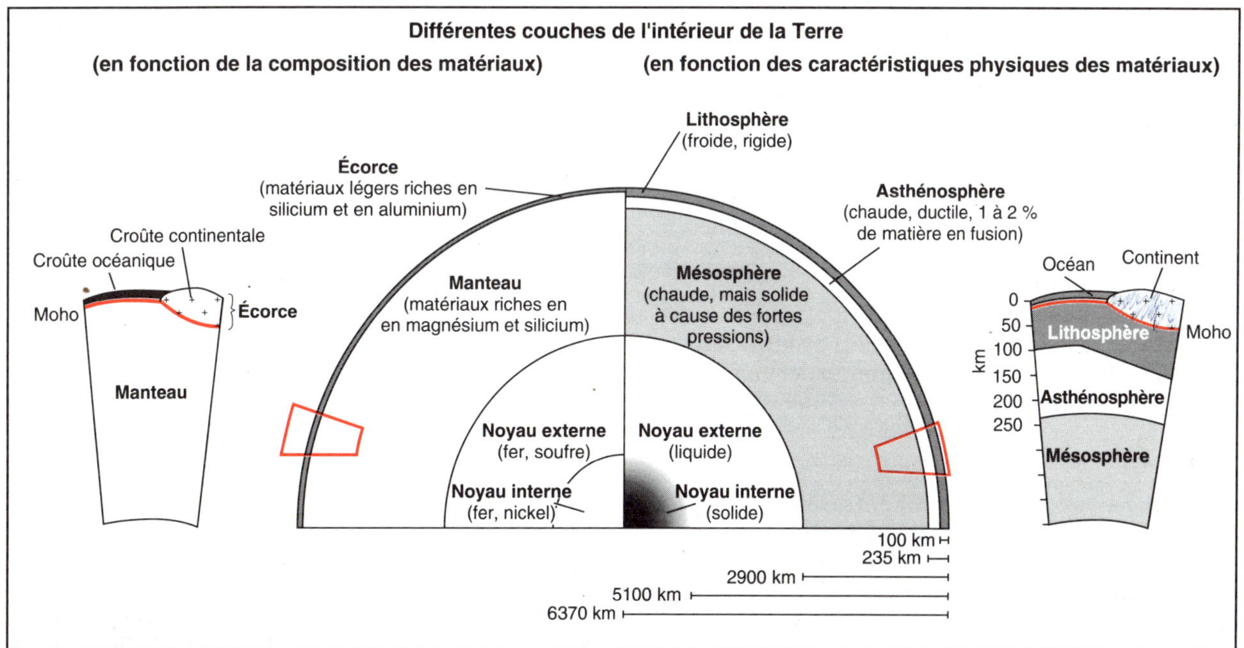

Figure 2.2 Les composantes internes du système Terre. Au centre, composition et propriétés physiques des matériaux des différentes couches à l'intérieur de la Terre. À gauche, grossissement de la partie supérieure de la Terre montrant l'écorce (croûte océanique et croûte continentale), le Moho et le manteau. À droite, grossissement montrant la lithosphère, l'asthénosphère et la mésosphère. L'épaisseur de l'écorce et de la lithosphère varie selon qu'on se situe sous la croûte continentale ou sous la croûte océanique.

ne pas confondre écorce et lithosphère. Cette dernière inclut la totalité de l'écorce et une partie du manteau supérieur. Le Moho, qui est un discontinuité sismique, sépare l'écorce du manteau supérieur.

Le noyau

Le noyau constitue le tiers de la masse terrestre. On y trouve une forte concentration des éléments les plus denses du géosystème, entre autres, le fer et le nickel. La désintégration des éléments radioactifs du noyau fournit de l'énergie aux couches profondes du manteau, ce qui a pour effet d'y générer des courants de convection thermique.

Le champ magnétique de la Terre trouve probablement son origine dans les mouvements du noyau externe liquide où la chaleur dégagée par les éléments radioactifs contrôle l'état des sulfures. Il peut ainsi se créer des courants de convection de matière fluide. Un faible champ magnétique, diffus et préexistant, réagirait avec les sulfures de fer liquides en mouvement pour donner, par induction, de forts champs électriques. À leur tour, ces derniers produiraient un champ magnétique puissant qui viendrait s'ajouter au champ magnétique initial. Ainsi, ce système noyau interne, noyau externe et manteau se comporterait comme une dynamo auto-entretenue. Notre connaissance de la dynamique des fluides du noyau étant limitée, les mécanismes à l'origine du géomagnétisme demeurent cependant obscurs.

Le champ magnétique terrestre généré au cœur de la planète s'étend dans l'espace où il définit la **magnétosphère**. Cette couche de l'atmosphère prolonge l'ionosphère et débute à une altitude de 1000 km. Sa limite supérieure, à une distance d'environ 50 000 km, est appelée magnétopause.

La figure 2.3 précise les principaux paramètres du champ magnétique de la Terre. En un point de la surface du globe, à un instant donné, l'intensité ou force totale du champ magnétique (exprimée par le vecteur B) comprend une composante horizontale orientée vers le pôle magnétique (H) et une composante verticale (Z). La composante H et le vecteur B définissent le méridien magnétique. La déclinaison et l'inclinaison sont deux autres paramètres importants.

> La **déclinaison** est l'angle (D) entre les méridiens géographique et magnétique. L'**inclinaison** est l'angle (I), mesuré dans un plan vertical, entre la composante horizontale et le vecteur champ magnétique.

La déclinaison est l'angle dont on doit tenir compte quand on utilise une boussole. En effet, une boussole nous oriente vers le Nord magnétique et non vers le Nord géographique. Quant à l'inclinaison, elle se

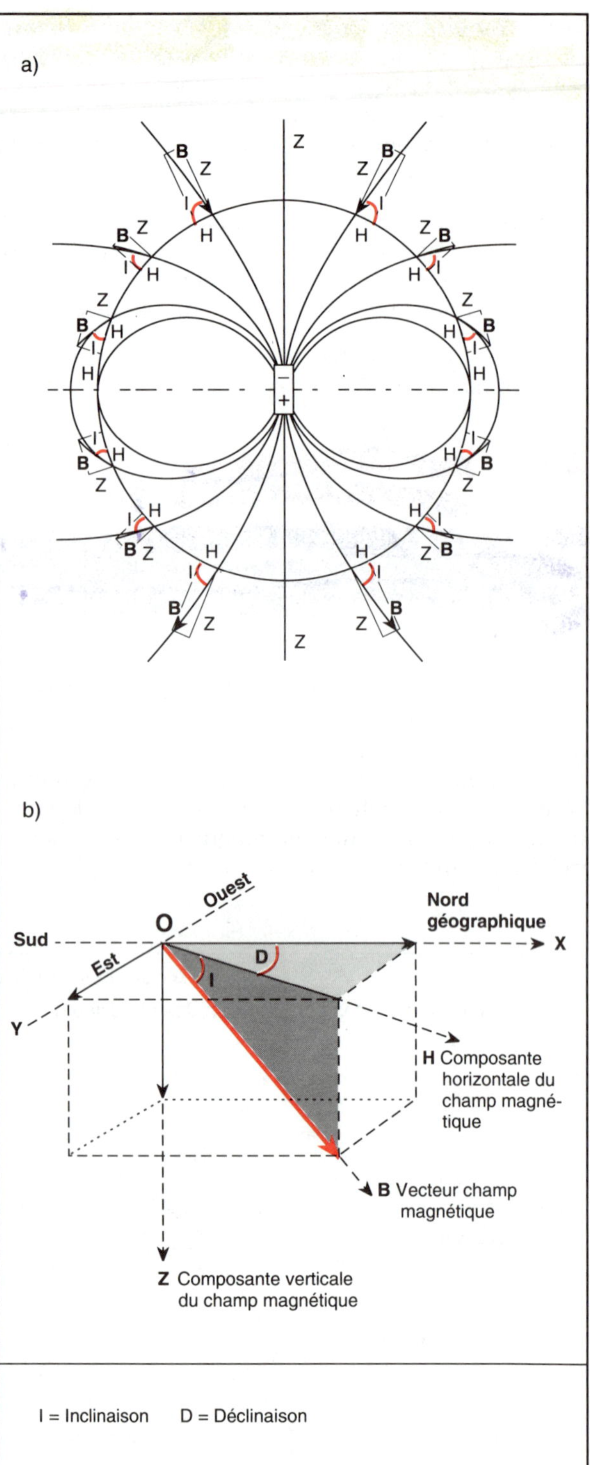

Figure 2.3 Les paramètres du champ magnétique terrestre. En a), les paramètres du champ magnétique terrestre selon la latitude; en b), les paramètres du champ magnétique terrestre en un point donné (O), à un instant donné. Le vecteur champ magnétique B est rapporté à un trièdre formé du méridien (X), du parallèle (Y) et de la composante verticale (Z). La composante horizontale du vecteur champ magnétique est notée H. Dans un plan horizontal, l'angle D définit la déclinaison, et dans un plan vertical, l'angle I définit l'inclinaison.

mesure à l'aide d'une boussole d'inclinaison. L'aiguille aimantée d'une telle boussole se déplace dans un plan vertical. L'angle I est positif si le vecteur champ magnétique s'enfonce dans le sol (hémisphère Nord) et négatif s'il en sort (hémisphère Sud). Il vaut 0° à l'équateur magnétique et 90° aux pôles magnétiques.

L'intensité du champ magnétique prend la dimension d'une induction. Elle s'exprime en nanotesla (1 nT = 10^{-9} T). L'intensité moyenne du champ magnétique terrestre est de l'ordre de 50 000 nT. Aux pôles, Z vaut environ 65 000 nT, alors qu'à l'équateur, H vaut environ 33 000 nT.

Le manteau

Le manteau est la plus importante des enveloppes de la Terre en terme de volume (83 %) et de masse (68 %). C'est un milieu hétérogène, tant du point de vue thermique que chimique. Il est parcouru par des mouvements simples ou multiples de matière que l'on nomme « courants de convection ». La distribution de ces courants expliquerait, entre autres, la mobilité des plaques lithosphériques, grandes calottes disjointes qui portent les croûtes océaniques et continentales, dont l'épaisseur moyenne atteint 100 km.

LE SOUS-SYSTÈME DES PLAQUES LITHOSPHÉRIQUES

Le modèle des plaques lithosphériques constitue un sous-système très cohérent qui permet de comprendre, d'expliquer et de prévoir un très grand nombre de processus géologiques (fig. 2.4).

Selon la théorie des plaques, la lithosphère est fracturée en grands morceaux qui sont en perpétuel réajustement les uns par rapport aux autres. Une plaque est donc une entité de lithosphère. Certaines plaques bougent lentement (2 à 3 cm/a) alors que d'autres se déplacent à la vitesse de 10 à 15 cm/a.

Les plaques sont délimitées par trois types de frontières : les limites constructives, destructives et conservatrices. Les **dorsales océaniques** et les **rifts continentaux** sont les limites constructives, c'est-à-dire des zones de tension où deux plaques s'éloignent l'une de l'autre. Les **zones de subduction**, lieu d'affrontement de deux plaques convergentes, sont des limites principalement destructives. Elles sont matérialisées par de grandes dépressions allongées : les fosses océaniques, surtout présentes dans l'océan Pacifique et l'océan Indien. Enfin, les **failles transformantes** sont des limites conservatrices qui assurent les mouvements de coulissage des plaques. Nous reparlerons en détail de ces grandes structures au chapitre 17.

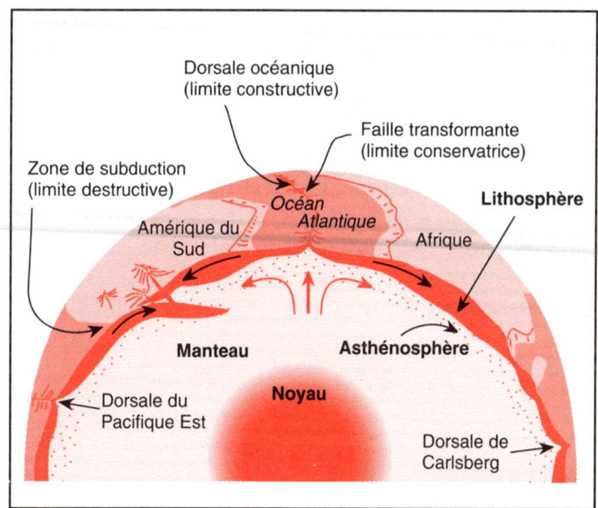

Figure 2.4 Le sous-système des plaques lithosphériques. La lithosphère, couche froide et rigide, est fracturée en grandes entités (les plaques) qui glissent sur l'asthénosphère, couche plus chaude et plus ductile. Les dorsales sont le siège d'un volcanisme important qui contribue à former la lithosphère océanique (limite constructive). Lorsque deux plaques convergent, la plaque océanique froide et lourde plonge pour être absorbée par le manteau, créant une zone de subduction (limite destructive). Une troisième limite de plaques, conservatrice celle-ci, est matérialisée par les failles transformantes.

À l'échelle des temps géologiques (fig. 2.5), la mobilité des plaques lithosphériques est responsable de la naissance, de la croissance et de la destruction des fonds océaniques, ainsi que de l'agrandissement des masses continentales par l'édification des chaînes de montagnes. À notre échelle, cette mobilité est responsable des tremblements de terre et de l'activité volcanique.

2.1.2 *Le domaine de la géodynamique externe*

Les processus de la géodynamique externe contribuent à modifier la surface des continents et le relief des fonds océaniques.

On appelle **érosion** l'ensemble des processus externes qui contribuent à l'évolution du relief.

Dans les régions bien arrosées, l'eau est le principal agent d'érosion. Dans les régions désertiques, le vent prend la relève. Dans les régions froides et montagneuses, les glaciers agissent à la fois comme agents d'érosion et agents de sédimentation.

L'érosion met en œuvre des processus dans lesquels interviennent l'atmosphère, l'hydrosphère et la biosphère. L'atmosphère intervient surtout par le biais des climats qui régissent les conditions de température et de précipitations. Les eaux courantes sont directement responsables du transport vers l'océan des matériaux solides et des sels minéraux solubles libérés par les roches.

La part de la biosphère aux processus d'érosion est complexe et directement reliée à l'activité des êtres vivants. C'est ainsi que les lichens se nourrissent directement de la matière minérale; que les racines des végétaux contribuent à fragmenter un massif rocheux en s'insérant dans les fissures de celui-ci; que l'activité de centaines d'animaux fouisseurs a pour effet de remanier considérablement les sédiments. Les activités humaines (constructions, mines, dragage, barrages, etc.) contribuent aussi aux processus d'érosion.

En complément à cette étude des processus de géodynamique interne et externe, l'encadré 2.1 fait le point sur trois notions qui aident à mieux comprendre le fonctionnement du géosystème : la gravité, l'isostasie et la subsidence.

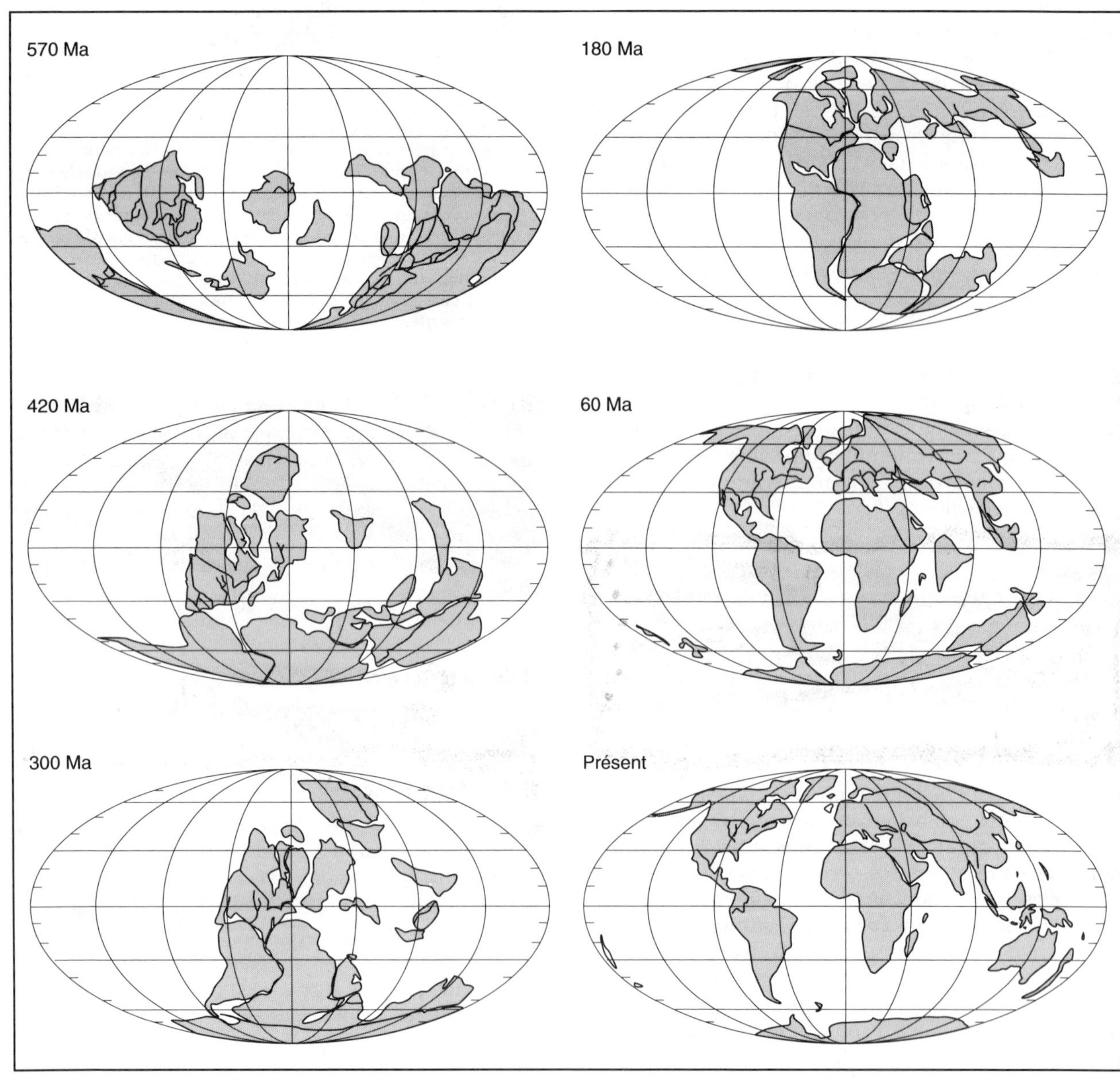

Figure 2.5 La face changeante de la Terre. Cette série de six cartes, réalisées par ordinateur, montrent la position des continents et des océans à différentes époques. Vers 300 Ma, les continents sont presque tous rassemblés en une masse unique : la Pangée (voir le chapitre 17). À partir de 180 Ma, ce supercontinent commence à se séparer et les continents se dirigent vers leur position actuelle (d'après Ziegler et Scotese dans *Pour la Science*, 1983).

Équilibre relatif de divers compartiment de l'écorce terreste du au différente de densité

ENCADRÉ 2.1

LA GRAVITÉ, L'ISOSTASIE ET LA SUBSIDENCE

GRAVITÉ ET ISOSTASIE

La force gravitationnelle est le principal champ de forces qui contrôle la dynamique interne et externe du système Terre. Les physiciens ont montré qu'on peut définir ce champ de forces par la relation $F = mg$.

Ainsi, la force (F) est proportionnelle à la quantité de matière (m) sollicitée, et à l'attraction terrestre, soit l'intensité de la pesanteur ou gravité (g). La valeur de g n'est pas constante. À la surface de la Terre, elle varie d'abord en fonction de la latitude et de la longitude. Elle varie aussi en fonction de l'altitude et du lieu, indépendamment des autres paramètres.

Au niveau de la mer, g a une valeur de 9,81 m/s^2. En altitude, la valeur de g diminue, et en profondeur elle est à peu près équivalente à sa valeur de surface, jusqu'au passage du manteau au noyau, à 2900 km de profondeur. De là, sa valeur chute pour atteindre une valeur limite au centre de la Terre proche du g universel.

L'écorce et le manteau terrestre présentant des zones plus riches en matière que d'autres, la valeur de g en est influencée (en plus ou en moins). On parle alors d'anomalies de la gravité. La mesure de ces anomalies permet de produire des modèles de répartition des corps rocheux en profondeur.

L'analyse des anomalies gravimétriques conduit à l'idée d'une « compensation » en profondeur de la topographie. Tout se passe comme si la densité des roches était plus faible que prévue sous les montagnes et plus forte sous les océans. La question qu'on se pose ici est de savoir pourquoi il y a des continents et des océans, c'est-à-dire des bosses et des creux à la surface de la Terre ? Au XIXe siècle, des hypothèses furent avancées pour répondre à cette question. Il s'agit de la théorie de l'isostasie.

On appelle **isostasie** les effets de compensations en profondeur des inégalités du relief. Toutes les masses importantes de matériaux à la surface du globe ont tendance à s'enfoncer ou à s'élever. Ainsi, des blocs (croûte océanique, croûte continentale) sont en recherche constante d'équilibre hydrostatique, à partir du comportement « élastique » des roches du manteau.

Nous retiendrons deux modèles qui permettent d'expliquer le pourquoi des mouvements verticaux de l'écorce terrestre : le modèle de Pratt et le modèle d'Airy.

Le modèle de Pratt

Le modèle de Pratt rend compte de la compensation en profondeur du relief terrestre. Il a été mis au point par Pratt (1855), et précisé par Hayford (1910). Selon ce modèle, au-dessus d'un certain niveau uniforme, l'écorce terrestre peut être fractionnée en colonnes de même masse. Mais comme ces colonnes n'ont pas le même volume en raison de la topographie, cela suppose des différences de densité : sous les océans, les roches seraient plus denses que sous les continents. Hayford, prenant 2,67 comme densité des roches sous les océans, a établi à 113,7 km de profondeur le niveau ou surface de compensation; en dessous de cette surface, l'influence des reliefs cesse d'agir sur la valeur de g (la valeur qu'on pourrait y mesurer égalerait la valeur théorique calculée).

Le modèle d'Airy

Pour rendre compte des mêmes faits, Airy suggéra que les montagnes, comme toute l'écorce terrestre, « flottent » sur une matière de densité plus forte. Les élévations topographiques seraient compensées en profondeur par de véritables racines de matériau léger supporté par un milieu dense. On retrouve ici une application du principe d'Archimède. Les continents sont comme un iceberg : plus la partie émergée est élevée, plus la partie submergée est importante. Les hautes montagnes jeunes forment un volume important de matériaux légers. Leurs racines s'enfoncent très profondément dans le manteau, ce qui engendre des anomalies négatives de la gravité. Par contre, on mesure des anomalies positives de la gravité au-dessus de la croûte océanique.

Dans le modèle d'Airy, les colonnes sont de hauteurs et de densités différentes. La densité des roches, comprise entre 2,67 et 3,27, augmente avec la profondeur. Tout comme dans le modèle de Pratt, l'influence des reliefs sur la valeur de g cesse de se faire sentir en dessous d'une certaine profondeur (à environ 80 km).

SUBSIDENCE

Les mouvements verticaux de l'écorce terrestre ne peuvent pas tous s'expliquer par l'isostasie. On connaît des séries sédimentaires anciennes qui atteignent une épaisseur de 20 000 m. Or, sans un affaissement indépendant de l'isostasie, les bassins de sédimentation à l'origine de ces dépôts auraient rapidement émergé et les séries sédimentaires n'auraient pu devenir aussi épaisses. Dans le nord de la France, les formations de grès et de schistes du bassin houiller dépassent 3500 m d'épaisseur. De nombreux paléosols répétés des centaines de fois prouvent que l'ensemble de la sédimentation s'est faite sous une très faible profondeur d'eau. C'est dire qu'un processus d'enfoncement est venu maintenir la permanence des conditions de sédimentation et empêcher le bassin de remonter par isostasie.

On appelle **subsidence**, le processus qui permet localement l'enfoncement de l'écorce, enfoncement qui rend possible le dépôt. L'origine de la subsidence est due généralement à un amincissement localisé de la croûte ou à une anomalie thermique. Le premier cas paraît important dans le domaine continental; le second l'est dans le domaine océanique. Il faut souligner que le poids des sédiments n'agit pas au départ du processus. Comme le rappellent Pomerol et Renard (1989), « la sédimentation est la conséquence de la subsidence et non sa cause ».

THÉORIE DE L'ISOSTASIE

Les modèles de Pratt et d'Airy sont énoncés pour expliquer la compensation en profondeur des masses superficielles de matériaux terrestres (d'après Dercourt et Paquet, 1985, p. 109).

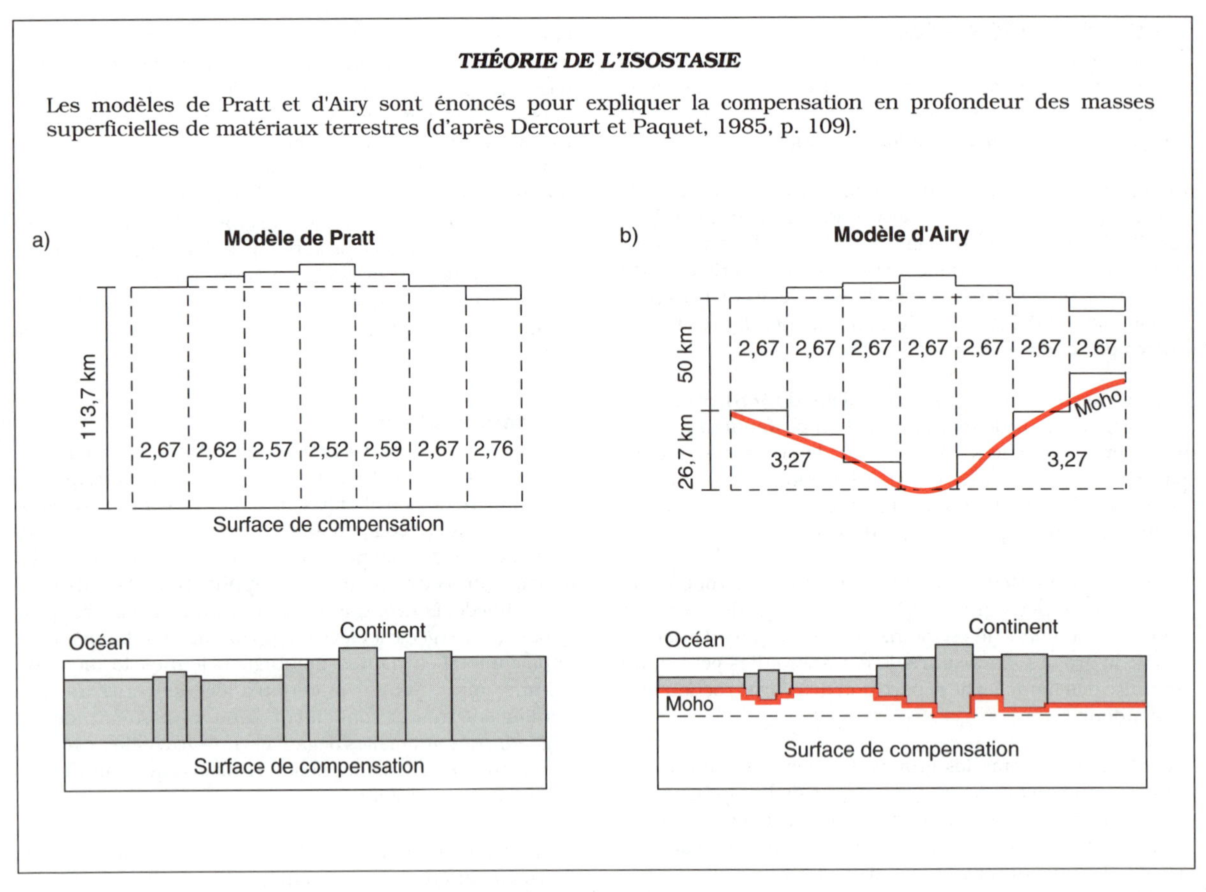

2.2 LA TERRE : UNE USINE CHIMIQUE

Nous allons maintenant examiner la composition chimique des différents sous-systèmes terrestres. La Terre est en effet constituée de composés chimiques variés[1]; ces différents composés sont loin d'être définis une fois pour toutes. Ils se défont, réagissent entre eux et s'assemblent en de nouvelles structures. Il en est ainsi depuis que la planète existe.

Les réactions chimiques naturelles constituent l'assise des grands phénomènes géologiques. Comme l'écrit C.-J. Allègre, « notre planète est une immense usine chimique qui fabrique, détruit, transporte, recombine, dissout, précipite constamment des tonnes de composés chimiques, dans les océans, sur les continents, à l'intérieur de la Terre, jusqu'au noyau » (1985, p. 204).

La répartition des éléments dans les matériaux terrestres ne se fait pas d'une manière quelconque. Elle obéit à des contraintes régies par un certain nombre de paramètres, comme la pression, la température, la teneur en eau; elle dépend également de la capacité des éléments à s'associer entre eux. Suivant leur

1. On consultera à ce sujet le chapitre 8 de l'ouvrage de C.-J. Allègre, *De la Pierre à l'Étoile*, 1985.

abondance relative, on distingue trois groupes d'éléments dans les roches de la Terre :

- les **éléments majeurs**, dont la teneur est exprimée en pourcentage (%);
- les **éléments mineurs**, dont la teneur est exprimée en partie pour mille (‰);
- les **terres rares**, dont la teneur est exprimée en partie par million (ppm) ou en partie par milliard (ppb).

Tableau 2.1 Les principaux éléments chimiques dans les roches de la Terre. Alors que le fer constitue plus du tiers de la planète, l'oxygène et le silicium dominent dans l'écorce (Skinner et Porter, 1989, p. 496).

ÉLÉMENT	SYMBOLE	CONCENTRATION (% de la masse)	
		Écorce	Terre
Oxygène	O	**45,20**	29,5
Silicium	Si	**27,20**	15,2
Aluminium	Al	8,00	1,1
Fer	Fe	5,80	**34,6**
Calcium	Ca	5,06	1,1
Magnésium	Mg	2,77	12,7
Sodium	Na	2,32	0,6
Potassium	K	1,68	0,1
Titane	Ti	0,86	—
Hydrogène	H	0,14	—
Phosphore	P	0,10	—
Manganèse	Mn	0,10	—
Autres éléments	—	0,77	—
Total		**100,00**	**100,0**

La notion de famille chimique sur laquelle se fonde le tableau périodique de Mendeleïev s'applique aussi aux roches dans lesquelles les éléments mineurs s'associent à l'élément majeur de la même famille. Par exemple, le rubidium, Rb, élément mineur, est couplé au potassium, K, élément majeur. Il en est ainsi du cobalt, Co, pour le fer, Fe; du gallium, Ga, pour l'aluminium, Al.

Le tableau 2.1 donne la liste des éléments chimiques les plus abondants sur la Terre; on y distingue les éléments qui composent l'écorce et ceux qui composent la planète entière. L'élément le plus abondant sur la Terre est le fer (plus de 34,6 % de la masse). Il est concentré dans le noyau. Le fer est suivi de l'oxygène avec 29,5 % et du silicium avec 15,2 %, éléments abondants dans le manteau et l'écorce. Ainsi, lorsqu'on analyse la composition chimique des roches de l'écorce, le pourcentage de l'oxygène et du silicium augmente respectivement à 45,20 % et 27,20 % tandis que le fer passe à 5,80 %.

Dès 1922, l'Allemand V. M. Goldschmidt a proposé de regrouper les éléments chimiques en quatre grandes familles (tableau 2.2).

La classification géochimique des éléments regroupe les **atmophiles**, les **lithophiles**, les **sidérophiles** et les **chalcophiles**.

1. Atmophiles

Les atmophiles sont les éléments de l'atmosphère, de l'hydrosphère et de la biosphère. Parmi eux, on retrouve dans l'atmosphère l'azote, N, l'oxygène, O, l'hydrogène, H, et des gaz inertes comme l'hélium, He, le néon, Ne, l'argon, Ar, le krypton, Kr et le xénon, Xe. L'hydrosphère est essentiellement constituée d'eau, H_2O, alors que l'élément typique de la biosphère est le carbone, C.

Tableau 2.2 Classification géochimique des éléments (Brownlow, 1979, p. 31).

ATMOPHILES			LITHOPHILES					SIDÉROPHILES			CHALCOPHILES					
											Météorites			Écorce		
H	C	N	Li	Be	B	O	F	C	P	Fe	P	S	V	S	Fe	Co
O	Cl	Br	Na	Mg	Al	Si	Cl	Co	Ni	Ge	Cr	Mn	Cu	Ni	Cu	Zn
I	Gaz inertes		K	Ca	Sc	Ti	V	Mo	Ru	Rh	Zn	As	Se	Ga	As	Se
			Cr	Mn	Br	Rb	Sr	Pd	Sn	Ta	Ag	Cd	Te	Mo	Rh	Pd
			Y	Zr	Nb	I	Cs	Re	Os	Ir				Ag	Cd	In
			Ba	La	Hf	Ta	W	Pt	Au					Sb	Te	Hg
			Th	U	Terres rares									Tl	Pb	Bi

2. Lithophiles
Les lithophiles sont les éléments qui entrent dans la composition de l'écorce terrestre et du manteau. Ils forment les minéraux les plus communs sur la Terre : les **silicates**. Les silicates sont des composés chimiques structurés autour de tétraèdres dont les sommets sont occupés par l'oxygène et le centre par du silicium ou de l'aluminium. La stabilité des charpentes des différents silicates est assurée par le sodium, Na, le calcium, Ca, le potassium, K, le fer, Fe, et le magnésium, Mg. À ces éléments majeurs abondants se greffent les éléments mineurs de la même famille : le rubidium, Rb, et le césium, Ce, du groupe du potassium; le strontium, Sr, et le baryum, Ba, du groupe du calcium; le germanium, Ge, du groupe du silicium; le gallium, Ga, du groupe de l'aluminium. Nous étudierons les silicates au chapitre 4.

3. Sidérophiles
Les sidérophiles sont les éléments qui ont de grandes affinités avec le fer. Ils sont concentrés surtout dans le noyau interne. Outre le fer lui-même, cette classe comprend le nickel, Ni, le cobalt, Co, l'or, Au, l'osmium, Os, l'iridium, Ir, et le rhénium, Re. Ils ont tendance à former des liaisons métalliques.

4. Chalcophiles
Les chalcophiles sont les éléments qui montrent des affinités pour le soufre. Ils ont tendance à former des liaisons covalentes. Outre le fer que l'on retrouve à nouveau ici, ce groupe compte le cuivre, Cu, le plomb, Pb, le zinc, Zn, et l'arsenic, As. Leur affinité pour le soufre permet à ces éléments mineurs de se concentrer dans l'écorce en gisements importants de sulfures et dans le noyau externe. Ce sont des minerais de fer, de cuivre (chalcopyrite), de zinc (sphalérite), de plomb (galène), etc.

La classification des éléments chimiques de la Terre en quatre grandes familles a permis à Goldschmidt de mettre en évidence la relation directe entre le regroupement des éléments dans le tableau périodique de Mendeleïev et leur concentration dans les enveloppes de la Terre : atmophiles dans l'atmosphère, lithophiles dans l'écorce et le manteau supérieur, chalcophiles dans le manteau inférieur et sidérophiles dans le noyau interne. La figure 2.6 montre les principaux éléments du tableau périodique regroupés en familles; elle montre aussi leur concentration dans les grands sous-systèmes de la Terre. Quant à la figure 2.7, elle montre que le noyau

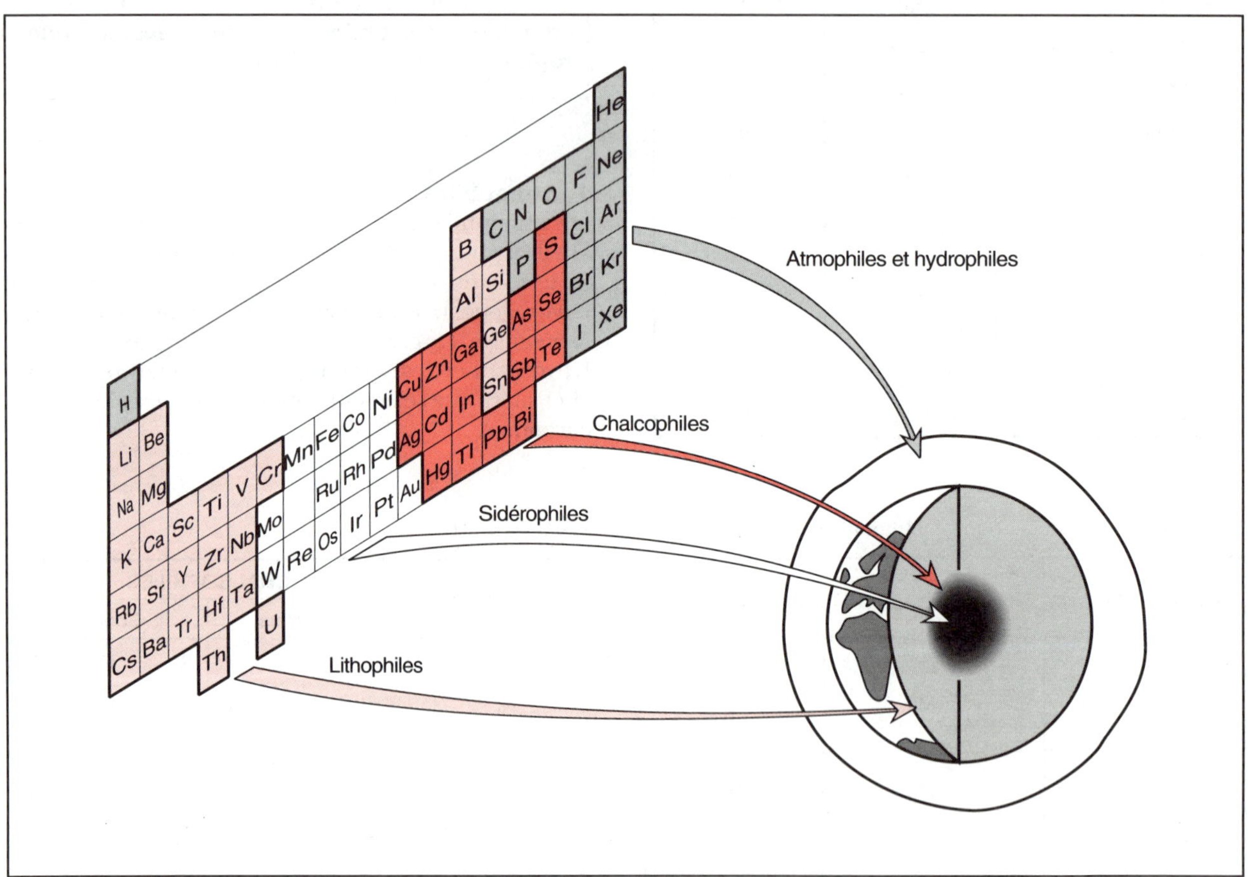

Figure 2.6 Les familles géochimiques. Les principaux éléments du tableau périodique peuvent se regrouper en familles géochimiques qui se distribuent dans les sous-systèmes terrestres (d'après Allègre, 1985, p. 208).

est extrêmement pauvre en dioxyde de silicium, alors que le domaine continental en a de fortes concentrations.

2.3 LE TEMPS GÉOLOGIQUE : UNE QUESTION D'ÉCHELLE ET DE TRANSFORMATIONS

Les géologues sont les historiens de la Terre. Leur démarche est semblable à celle des historiens des anciennes civilisations. En géologie, l'effet du temps est mesuré sur les roches et à partir de l'évolution des êtres vivants.

En géologie, le temps se définit à partir de deux concepts : le concept de la **datation absolue** et le concept de la **datation relative**.

2.3.1 *La datation absolue*

Dater les roches de façon absolue consiste à leur attribuer un âge précis, généralement exprimé en années. L'horloge qui sert à donner l'âge absolu d'une roche fonctionne grâce aux éléments radioactifs piégés dans cette roche depuis sa formation.

La datation absolue d'une roche passe par des mesures de laboratoire très complexes : complexité technique, complexité d'échantillonnage, complexité d'interprétation. Cependant, depuis 1950, il a été possible d'établir une chronologie absolue de l'histoire de la Terre fondée sur la désintégration des éléments radioactifs.

En effet, les atomes d'un même élément ont toujours le même nombre de protons, mais ils peuvent avoir un nombre variable de neutrons dans leur noyau, ce qui fait varier leur masse. Ces atomes de masse différente pour un même élément sont appelés des **isotopes**. En outre, certains de ces isotopes sont instables, c'est-à-dire qu'ils se transforment en d'autres éléments.

Prenons le cas du carbone. Cet élément a un noyau qui contient toujours six protons, mais qui peut renfermer six, sept ou huit neutrons, pour des masses atomiques de 12, 13 ou 14 (fig. 2.8). Seuls le ^{12}C et le ^{13}C sont stables. Quant au ^{14}C, il est radioactif : il se désintègre selon un taux fixe et connu en un autre élément de numéro atomique voisin, en l'occurrence l'azote, ^{14}N.

La radioactivité est produite :

- **Par émission de rayonnement alpha** (α) Ces particules ont une charge de +2 et une masse atomique de 4, ce qui équivaut au noyau d'un atome d'hélium, $^{4}_{2}He$. La plupart du temps, la transformation passe par une longue série d'étapes au cours desquelles se manifeste également un rayonnement bêta (β), qui consiste en l'émission de particules aux propriétés identiques à celles des électrons.
- **Par émission de rayonnement bêta** (β) Comme on vient de le voir plus haut, une particule bêta est analogue à un électron. L'éjection d'une telle particule est due à la transformation, à la surface d'un noyau, d'un neutron en proton.

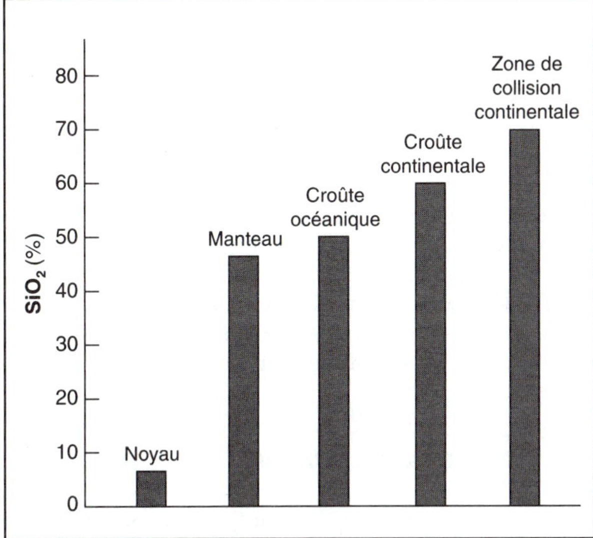

Figure 2.7 Répartition du dioxyde de silicium, SiO_2, dans les différents sous-systèmes de la Terre. Un fractionnement géochimique à grande échelle est responsable de l'enrichissement de l'écorce en SiO_2 (NASA, 1988, p. 38).

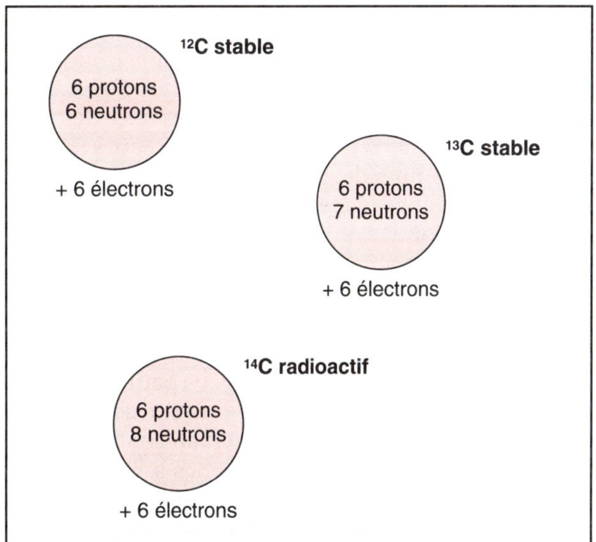

Figure 2.8 Les isotopes du carbone. Le nombre de protons (nombre atomique) est toujours de 6, alors que le nombre variable de neutrons permet de reconnaître plusieurs isotopes de masses différentes.

- **Par la capture d'un électron** L'électron vient s'associer à un proton pour former un neutron. Le noyau de l'atome perd ainsi un proton.

- **Par éjection pure et simple d'un proton du noyau.**

Toutes ces réactions produisent de la chaleur. Mais comment la radioactivité de certains atomes sert-elle en géochronologie ? La désintégration radioactive est régie par une constante. Pour une période de temps donné, la fraction désintégrée d'une population d'atomes radioactifs de même nature demeure inchangée. Autrement dit, il est possible d'établir, pour une quantité d'atomes donnée, le temps de désintégration de la moitié de la quantité initiale. Il s'agit de la *demi-vie*. La demi-vie est une *valeur constante*, spécifique à une espèce atomique.

À titre d'exemple, prenons 1000 atomes de ^{14}C. Laissons le temps passer. Au bout de 5730 années, il en restera 500. Après 11 460 années, il en restera 250 et au bout de 17 190 années, il en restera 125. Cet exemple montre bien que le taux de désintégration est exponentiel plutôt que linéaire ou arithmétique. Pour bien comprendre cette notion, prenons un autre exemple, soit celui d'un sablier (fig. 2.9). Si, au bout d'une heure, le sablier se vide de moitié, il faudra deux heures pour que le sable passe complètement dans l'autre contenant. Il s'agit d'une décroissance *linéaire*.

Pour que l'on puisse dater une roche, il faut donc qu'elle renferme des minéraux ayant emprisonné, au moment de leur formation, une certaine quantité d'éléments radioactifs. En dosant la quantité d'éléments *radiogéniques* (l'atome nouveau engendré par la radioactivité) et ce qui reste de l'atome parent, on obtient le temps écoulé (l'âge) depuis la cristallisation du minéral et la formation de la roche. L'appareil utilisé pour effectuer ce travail de datation absolue est un spectromètre de masse. On doit prendre de nombreuses précautions pour obtenir des valeurs fiables. Il faut tenir compte des sources de contamination et des modifications subies par l'échantillon analysé. Le tableau 2.3 donne la liste des principaux atomes radioactifs utilisés en géochronologie.

L'intervalle de temps qu'il est possible de mesurer à partir d'un isotope donné est fonction de sa demi-vie. Ainsi, le ^{14}C, vu sa courte demi-vie, ne peut servir qu'à mesurer l'âge de matériaux récents du domaine de l'archéologie ou de la géologie du Quaternaire (10 000 à 30 000 ans). Pour dater des roches anciennes, on recourt aux isotopes dont les demi-vies sont très longues, comme le potassium, le rubidium, l'uranium et le thorium qui permettent d'obtenir des âges de l'ordre du milliard d'années. L'encadré 2.2 résume les principales étapes à suivre pour obtenir l'âge absolu d'une roche.

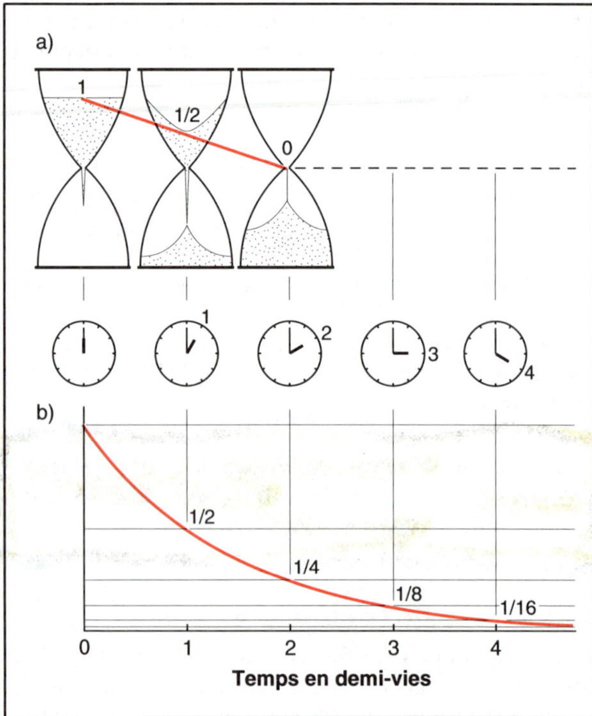

Figure 2.9 Différence entre une décroissance linéaire et une décroissance exponentielle. En (a), sablier dans lequel le passage du sable d'un contenant à l'autre correspond à une diminution linéaire (droite); en (b), les demi-vies successives dans la désintégration radioactive s'appliquent toujours à la moitié des atomes restants, ce qui correspond à une diminution exponentielle (courbe) (Hamblin, 1975, p. 210).

En résumé, la datation absolue d'une roche est une méthode qui quantifie et ordonne les **transformations géochimiques** subies par les éléments radioactifs piégés dans un matériau terrestre au moment de sa formation.

2.3.2 *La datation relative*

Dater des roches de façon relative consiste simplement à établir l'ordre chronologique de leur formation. Il s'agit de déterminer si telle roche est plus jeune, de même âge ou plus ancienne que telle autre. La datation relative repose sur un certain nombre de principes que nous allons maintenant examiner brièvement.

LE PRINCIPE DE LA SUPERPOSITION DES COUCHES

Dans une séquence sédimentaire non perturbée et dans les limites d'un bassin sédimentaire dans lequel les sédiments se sont déposés en couches horizontales ou subhorizontales, les lits les plus anciens sont toujours en dessous des lits les plus jeunes.

Tableau 2.3 Quelques-uns des éléments radioactifs utilisés en géochronologie absolue. Il est à noter que le $^{14}_{6}C$ sert à dater des restes organiques dont l'âge ne dépasse pas 30 000 ans. Il est donc surtout employé pour dater des sédiments quaternaires et des vestiges archéologiques.

Atome	Désintégration	Demi-vie (années)	Nature de l'échantillon
Carbone	$^{14}_{6}C \rightarrow ^{14}_{7}N + e^-$	5730 ± 40	Bois, tourbe, coquillages marins, ossements, charbon
Rubidium	$^{87}_{37}Rb \rightarrow ^{87}_{38}Sr + e^-$	$4{,}8 \times 10^{10}$	Mica, amphibole, feldspath potassique, roche totale, glauconite
Potassium	$^{40}_{19}K + e^- \rightarrow ^{40}_{18}Ar$ (11 % des atomes) $^{40}_{19}K \rightarrow ^{40}_{20}Ca + e^-$ (89 % des atomes)	$1{,}3 \times 10^{9}$	
Uranium	$^{235}_{19}U \rightarrow ^{207}_{82}Pb + 7^{4}_{2}He + 4e^-$ $^{238}_{92}U \rightarrow ^{206}_{82}Pb + 8^{4}_{2}He + 6e^-$	$7{,}0 \times 10^{8}$ $4{,}5 \times 10^{9}$	Zircon, sphène, monazite, uranite, pechblende
Thorium	$^{232}_{90}Th \rightarrow ^{208}_{82}Pb + 6^{4}_{2}He + 4e^-$	$1{,}4 \times 10^{10}$	

LE PRINCIPE DE L'IDENTITÉ PALÉONTOLOGIQUE

Le principe de l'identité paléontologique veut que deux couches contenant les mêmes fossiles **stratigraphiques** (fig. 2.10) soient du même âge. Un fossile stratigraphique se caractérise par un potentiel élevé de conservation dans les roches, par une grande répartition géographique et par l'appartenance à une famille, un genre ou une espèce ayant évolué rapidement. C'est un bon outil de datation relative car il se trouve en plusieurs endroits sur le globe et correspond à un court laps de temps de l'histoire géologique. Un fossile stratigraphique ou un assemblage de fossiles stratigraphiques permettent donc de corréler des strates rocheuses éloignées les unes des autres et d'établir ainsi une échelle des temps géologiques indépendante de la datation absolue. C'est ce principe qui a permis aux pionniers de la géologie d'établir une échelle des temps géologiques.

Figure 2.10 Fossile stratigraphique. Il s'agit du trilobite *Thriarthrus Spinosus*, trouvé dans des roches d'âge ordovicien, à Gatineau (Québec). (Photographie : Pierre Gonin, collège de l'Outaouais.)

LE PRINCIPE DES RECOUPEMENTS

Le principe des recoupements permet de reconstituer la chronologie des événements géologiques en examinant les interrelations entre les roches. Ainsi, un granite est plus jeune que les roches encaissantes qu'il envahit. Ce granite peut contenir des fragments arrachés aux roches encaissantes (enclaves). Ces enclaves sont naturellement plus anciennes que le granite.

ENCADRÉ 2.2

LA DATATION ABSOLUE DES ROCHES

Voici les principales étapes à suivre pour obtenir l'âge absolu d'une roche :

1. On choisit la roche à analyser en fonction de sa position par rapport à des formations géologiques qui lui sont liées : roches du socle, roches filoniennes, horizon repère universel, etc.

2. On choisit la méthode d'analyse en fonction des minéraux présents et du degré de métamorphisme et d'altération de l'échantillon retenu.

3. On retient l'hypothèse suivante : lors de sa formation, la roche n'a capté qu'une espèce d'élément radioactif (par exemple de l'uranium, pour la méthode U/Pb) dans les minéraux susceptibles de piéger cet élément. De plus, aucun élément stable (par exemple du plomb, pour la méthode U/Pb) d'origine radiogénique n'a été capté depuis la formation de la roche, c'est-à-dire depuis la formation des minéraux susceptibles de piéger cet élément. Autrement dit, depuis sa formation, la roche s'est comportée comme un système fermé quant aux isotopes de référence.

4. On détermine, par analyse au spectromètre de masse, les proportions des isotopes pères et fils présents dans les minéraux hôtes, après dissolution de ceux-ci.

5. On calcule, à partir des teneurs en isotopes pères et fils, l'âge de la formation de la roche.

Nous allons compléter cet encadré en présentant sommairement la méthode du radiocarbone, ^{14}C. Cette méthode[1] de datation a été mise au point par W. F. Libby, à l'Université de Chicago, à la fin des années 1940. Le mot « radiocarbone » s'emploie à propos de l'isotope radioactif naturel du carbone, le ^{14}C, qui possède un nombre de masse de 14 et une période radioactive (demi-vie) de 5730 ± 40 ans.

Le carbone radioactif naturel est produit uniquement par la réaction indirecte des rayons cosmiques provenant de l'espace extra-atmosphérique avec les couches supérieures de l'atmosphère terrestre, à plus de 10 000 m d'altitude. Les rayons cosmiques, constitués essentiellement de protons, pénètrent dans l'atmosphère et entrent en collision avec les noyaux des atomes. Il y a libération de neutrons (n) qui, réagissant avec l'azote, forme le radiocarbone ^{14}C :

$$^{14}N + n \longrightarrow {}^{14}C + {}^{1}H$$

Les atomes de carbone formés s'oxydent en gaz carbonique radioactif $^{14}CO_2$ au contact de l'oxygène atmosphérique; le gaz carbonique radioactif $^{14}CO_2$ se mélange avec le gaz carbonique ordinaire, CO_2, de l'atmosphère et participe au cycle normal de celui-ci. On sait que les plantes absorbent le gaz carbonique de l'air par le mécanisme de la photosynthèse et que les animaux ingèrent les végétaux; que toute vie marine est constamment alimentée en carbone grâce aux échanges entre l'atmosphère et l'hydrosphère; que les matières organiques en décomposition renvoient le gaz carbonique dans l'atmosphère; c'est le cycle du carbone.

Tous les organismes vivants reflètent la concentration en radiocarbone, ^{14}C, du milieu d'où ils tirent leur carbone. Quand un organisme meurt, tout échange avec le milieu cesse, mais le radiocarbone, ^{14}C, déjà incorporé poursuit sa désintégration. La concentration $^{14}C/^{12}C$ diminue régulièrement et constitue ainsi un chronomètre mis en marche au moment de la mort. En laboratoire, on peut mesurer la quantité de radiocarbone, ^{14}C, restant dans un spécimen; en rapprochant cette valeur de la concentration que l'on retrouve dans un spécimen vivant, et en tenant compte de la demi-vie du radiocarbone, ^{14}C, on peut calculer le temps écoulé depuis la mort de l'organisme. Libby avait estimé la période (demi-vie) du radiocarbone ^{14}C à 5568 ± 30 ans. Des déterminations subséquentes l'ont établie à 5730 ± 40 ans. Cependant, par convention, on retient généralement la valeur de Libby dans les calculs.

L'âge d'un échantillon se calcule au moyen d'une formule déduite de la loi de la désintégration radioactive :

$$t = 5568/\ln 2 \times \ln \frac{A_0}{A}$$

soit, par transformation des valeurs de ln en log (facteur de 2,3025) :

$$t = 18{,}5 \times 10^3 \log \frac{A_0}{A}$$

où

t = l'âge de l'échantillon (en années ^{14}C);

A_0 = l'activité spécifique de l'étalon moderne (95 % de l'activité spécifique en 1950 de l'acide oxalique SRM # 4990 distribuée par le *National Bureau of Standards* des États-Unis);

A = l'activité spécifique du spécimen daté.

Dans les publications, les âges obtenus par radiocarbone sont souvent accompagnés des lettres BP. Ces lettres sont pour l'anglais *before present*, le « présent » étant l'année 1950, retenue comme année zéro pour cette technique de datation.

1. Les informations sur cette méthode sont tirées principalement de J. A. Lowdon, 1986, *Le laboratoire de datation au radiocarbone de la Commission géologique du Canada*, Ottawa, Commission géologique du Canada, Étude 84-24, 21 p. On consultera aussi, sur le même sujet, *Notions générales sur la datation par le* ^{14}C, par L. Barrette, 1980, Québec, ministère de l'Énergie et des Ressources, Centre de recherches minérales, 24 p.

2.3.3 *Le temps géologique*

On a élaboré l'échelle des temps géologiques à partir de l'étude de séquences sédimentaires typiques auxquelles on a attribué un âge relatif en se fondant sur leur contenu fossilifère. Loin d'être une simple division arbitraire de la continuité du temps géologique, cette échelle repose donc sur les événements marquants de l'histoire de la vie. Par ailleurs, cette échelle a pu être calibrée grâce à la datation isotopique des roches ignées intercalées dans les séquences sédimentaires.

Plusieurs catégories d'unités sont utilisées pour subdiviser le temps géologique[2]. Deux unités temporelles s'appuient sur des stratotypes, c'est-à-dire des référentiels matériels (corps rocheux) : les unités **géochronologiques** fondées sur les unités matérielles **chronostratigraphiques** correspondantes, et les unités **polarogéochronologiques** fondées sur les unités matérielles **polarochronostratigraphiques** correspondantes.

> Une unité chronostratigraphique est un corps rocheux qui sert de référentiel matériel à toutes les roches formées durant la même période de temps. La tranche de temps correspondant à une telle unité constitue une unité géochronologique. Une unité polarochronostratigraphique est un corps rocheux qui conserve la polarité magnétique acquise durant un intervalle de temps géologique défini, correspondant à l'accumulation ou à la cristallisation de ses matériaux. La tranche de temps correspondant à une telle unité constitue une unité polarogéochronologique.

Le tableau 2.4 montre les équivalences entre les termes qui servent à nommer les unités chronostratigraphiques et les termes des unités géochronologiques correspondantes. Quant au tableau 2.5, il présente les unités géochronologiques reconnues à ce jour. La hiérarchie de ces unités est la suivante : éon, ère, période, époque, âge et chron.

On reconnaît trois éons : l'Archéen, le Protérozoïque et le Phanérozoïque. Alors que l'Archéen (2500 Ma et plus) n'est pas subdivisé, le Protérozoïque (2500 à 570 Ma) est subdivisé en trois ères : Paléo, Méso et Néoprotérozoïque. Le Phanérozoïque (570 Ma jusqu'à nos jours) comprend lui aussi trois ères définies en

Tableau 2.4 Équivalence des termes entre les unités chronostratigraphiques et les unités géochronologiques.

Unités chronostratigraphiques	Unités géochronologiques
Éonothème	Éon
Érathème	Ère
Système	Période
Série	Époque
Étage	Âge
Chronozone	Chron

vertu de l'évolution de la vie sur la Terre : Paléozoïque (vie ancienne), Mésozoïque (vie intermédiaire) et Cénozoïque (vie récente). L'unité immédiatement inférieure à l'ère est la période. Le Protérozoïque en comprend dix, le Paléozoïque en comprend six, le Mésozoïque et le Cénozoïque trois chacun. Le Quaternaire, la plus récente des périodes, comprend deux époques : le Pléistocène (1,6 Ma à 10 ka) et l'Holocène (10 ka jusqu'à nos jours).

Au cours du Quaternaire, les changements climatiques ont été très nombreux. La végétation est un bon indicateur des fluctuations climatiques, car pour vivre et se reproduire, les plantes ont besoin de conditions de température et d'humidité qui leur conviennent. L'une des méthodes utilisées pour reconstituer les conditions végétales du passé consiste à inventorier et à identifier le pollen piégé dans certains réservoirs, telles les tourbières. On en extrait des carottes de sédiments sur lesquelles on pratique des analyses polliniques (encadré 2.3).

2.3.4 *Évolution, diversité et transformations*

Notre planète est l'héritière de molécules organiques qui se seraient formées il y a des milliards d'années dans la nébuleuse solaire[3]. Quant à la vie, elle apparut il y a 3,6 Ga. La diversité des fossiles atteste bien de l'évolution des formes vivantes au cours des temps géologiques.

ÉVOLUTION ET DIVERSITÉ DES ESPÈCES

Le concept de l'évolution des espèces est attribué à un Anglais, Charles Darwin[4], qui publia les détails de sa

2. On retrouvera les définitions des unités retenues dans cette section dans le *Code stratigraphique nord-américain* publié par le Service de la géo-information du ministère de l'Énergie et des Ressources du Québec, 1986.
3. Sur ce sujet, on lira avec le plus grand intérêt l'article de François Robert, « Les premières molécules organiques » paru dans *La Recherche*, avril 1980, p. 416-425.
4. Pour en savoir un peu plus sur Darwin, on lira l'article de Sandra Herbert, « Darwin était aussi géologue » dans *Pour la Science*, juillet 1986, p. 86-94.

Tableau 2.5 L'échelle des temps géologiques (d'après GSA, 1984; Plumb, 1991; CGC, 1980; Di Vergilio, non publié).

Éon	Ère	Période	Époque	Âge absolu (Ma)	Événements significatifs
PHANÉROZOÏQUE	CÉNOZOÏQUE	Quaternaire	Holocène	0,01	Temps historiques.
			Pléistocène	1,6	Glaciations.
		Tertiaire – Néogène	Pliocène	5,3	Apparition du genre *Homo*.
			Miocène	23,7	Premiers grands Singes (*Proconsul*).
		Tertiaire – Paléogène	Oligocène	36,6	
			Éocène	57,8	Premières Graminées.
			Paléocène	66,4	Diversification des Mammifères. Grande vague d'extinction affectant les organismes vivant sur terre et dans l'eau; premiers Primates.
	MÉSOZOÏQUE	Crétacé	récent	97,5	Diversification des plantes à fleurs (Angiospermes).
			ancien	144	Mise en place des Montérégiennes. Plus anciens fossiles d'Oiseaux.
		Jurassique	récent	163	
			moyen	187	Ouverture de l'océan Atlantique.
			ancien	208	
		Trias	récent	230	Plus anciens Mammifères connus.
			moyen	240	Apparition des Dinosaures.
			ancien	245	
	PALÉOZOÏQUE	Permien	récent	258	Extinction massive de plusieurs grands groupes d'organismes marins.
			ancien	286	
		Carbonifère – Pennsylvanien	récent	320	Fermeture de l'Océan Iapetus. Plus anciens Insectes ailés connus.
		Carbonifère – Mississippien	ancien	360	Premiers Reptiles. Derniers Graptolites. Premières plantes à graines (Gymnospermes).
		Dévonien	récent	374	Apparition des premiers tétrapodes (Amphibiens).
			moyen	387	Premiers Poissons osseux de type moderne.
			ancien	408	Plus anciens Poissons à poumons.
		Silurien	récent	421	Apparition des plantes vasculaires terrestres.
			ancien	438	Plus anciennes traces de Poissons à mâchoires.
		Ordovicien	récent	458	
			moyen	478	Premiers récifs coralliens.
			ancien	505	Plus anciens Céphalopodes à coquille enroulée.
		Cambrien	récent	523	Plus anciennes traces de Vertébrés (poissons sans mâchoire). Premiers Graptolites.
			moyen	540	
			ancien	570	Apparition massive des Invertébrés à squelette minéralisé.
PRÉCAMBRIEN	PROTÉROZOÏQUE	néoprot.		1000	Ouverture de l'Océan Iapetus. Les Laurentides sont complètement formées.
		mésoprot.		1600	Apogée des Algues.
		paléoprot.		2500	Apparition des bactéries ne pouvant se développer qu'avec la présence d'air ou d'oxygène.
	ARCHÉEN			3000	Plus anciennes traces de micro-organismes (Afrique du Sud).
				3400	Plus anciennes Algues connues.
				4000	La plus ancienne roche datée (T. N.-O.).

théorie en 1859. Ce concept aide à comprendre les transformations morphologiques qu'ont subies les organismes au cours des temps. Il a cependant fallu attendre les découvertes de Mendel sur les lois de l'hérédité pour comprendre que les êtres vivants pouvaient, à partir des « aléas » de la reproduction, transmettre des caractères à leur descendance. Il restait encore à préciser comment ces transferts et ces transformations se réalisaient. Morgan démontra, dès 1919, que ces transferts étaient possibles grâce aux gènes situés sur des sites chromosomiques particuliers et responsables des caractères spécifiques aux espèces. C'est le fondement de la théorie chromosomique de l'hérédité.

> Les travaux de Darwin, de Mendel et de Morgan sur l'évolution et l'hérédité permettent de comprendre la **diversité** et les **transformations** des êtres vivants dans le temps.

Parlons maintenant de la notion de diversité[5]. L'évolution n'est pas un processus strictement linéaire et progressif. Il serait trop simpliste d'affirmer que les Poissons ont donné naissance aux Amphibiens, puis aux Reptiles et aux Mammifères. Il faut tenir compte d'une tendance générale de l'évolution qui concerne les variations de la diversité des espèces dans le temps.

Aujourd'hui, on compte environ deux fois plus d'espèces vivant dans les océans qu'au cours du Paléozoïque (570 à 245 Ma). Cependant, ces espèces appartiennent à un nombre restreint de groupes : Mollusques, Crustacés, Poissons et Échinodermes. En un mot, les océans du Paléozoïque abritaient peut-être deux fois moins d'espèces que de nos jours, mais sur le plan du développement morphologique, ces espèces montraient davantage de différences car elles faisaient partie d'un plus grand nombre de groupes.

> L'évolution des organismes vivants semble être marquée par une réduction de la diversité des groupes, accompagnée d'une augmentation du nombre des espèces. C'est la tendance remarquable que révèle l'étude des fossiles.

L'histoire de l'évolution de la vie montre qu'à partir du Cambrien (570 Ma), les océans se peuplèrent d'un premier cortège d'organismes multicellulaires pourvus de squelettes susceptibles de se fossiliser. La nature testa une grande diversité d'organismes vivants. Plusieurs groupes disparurent et un certain tri s'amorça. Certains prototypes évoluèrent et sortirent gagnants. La théorie de Darwin nous enseigne que le moteur de l'évolution est précisément la lutte des individus pour assurer leur survie.

EXTINCTION DES ESPÈCES

La question de l'extinction des espèces est fascinante à plusieurs points de vue. Les paléontologues ont clairement établi que des épisodes d'extinctions massives se superposent aux disparitions considérées comme « normales ». Ainsi, à la fin du Permien (245 Ma), on voit s'éteindre la moitié des familles d'Invertébrés marins. Ces extinctions marquent la fin du Paléozoïque. Le passage du Mésozoïque au Cénozoïque (66,4 Ma) est marqué par la plus importante des extinctions. Dans les océans, pratiquement tout le Plancton de même que 15 % des familles d'Invertébrés, dont les Ammonites, disparurent; sur Terre, après une domination incontestée qui s'étend sur 100 millions d'années, les Dinosaures disparaissent.

L'hypothèse la plus en vogue pour expliquer les extinctions de la fin du Crétacé est celle de la collision entre un astéroïde ou une comète et la Terre[6]. Cette hypothèse se fonde sur la découverte d'un taux anormalement élevé d'iridium dans les roches formées immédiatement après l'épisode d'extinction. L'iridium, un métal rare du groupe du platine, est pratiquement absent des roches de l'écorce terrestre. Sur la Terre, presque tout l'iridium provient d'objets extraterrestres. La collision survenue au Crétacé aurait généré un gigantesque nuage de poussière qui aurait obscurci l'atmosphère, provoquant une brusque chute de la température et l'arrêt des processus de photosynthèse. Le Plancton unicellulaire des océans, avec un cycle de vie de quelques semaines, serait mort sur le champ. Les plantes terrestres ont survécu grâce à la conservation de leurs graines. Les Dinosaures seraient morts de faim et de froid.

La figure 2.11 expose les contraintes environnementales et les principales étapes des transformations de la vie au cours des temps géologiques.

---

5. Sur cet aspect de la théorie de l'évolution, on lira avec le plus grand intérêt *Le sourire du flamand rose* de S. J. Gould, 1988, p. 230 et suivantes.
6. Cette hypothèse est celle du physicien Luis Alvarez et de son fils Walter, géologue. Ils l'ont présentée pour la première fois dans un article de la revue américaine *Science* (vol. 208, 6 juin 1980, p. 1095). Le débat sur cette question est loin d'être clos. À preuve, les deux articles que la revue *Pour la Science* a présentés dans le numéro du mois de décembre 1990. Dans le premier, Walter Alvarez et Frank Asaro réaffirment l'hypothèse d'un impact d'origine extraterrestre. Dans le second, Vincent Courtillot invoque une éruption volcanique. Les deux articles démontrent bien comment procède la démarche scientifique.

ENCADRÉ 2.3

L'ANALYSE POLLINIQUE

par Pierre J. H. Richard

Chaque année, du début du printemps à la fin de l'automne, la végétation produit des tonnes de **grains de pollen** microscopiques (fig. 1) qui sont largement dispersés dans le milieu par le vent pour assurer la reproduction sexuée des plantes. Seule une infime partie des **flux polliniques** qui circulent dans l'atmosphère atteindront toutefois les stigmates des fleurs pour les féconder, et donner ainsi des fruits et des graines. L'immense majorité du contenu pollinique de l'atmosphère retombera sur le territoire, après un cheminement plus ou moins long et complexe. Le pollen qui se déposera sur une tourbière ou à la surface d'un lac (fig. 2) sera incorporé aux sédiments que produisent ces écosystèmes et s'y conservera indéfiniment dans des conditions d'anaérobiose, les parois des grains étant très résistantes de par leur composition chimique. Les sédiments accumulés dans les tourbières et les lacs sont donc de véritables **archives biologiques**.

Comme les divers genres ou espèces de plantes produisent des grains de pollen de nature, de forme et d'ornementation différentes, on peut identifier les plantes productrices en observant les grains de pollen au microscope, après extraction. L'étude systématique du contenu pollinique d'une séquence sédimentaire permettra donc de reconstituer l'histoire de la végétation aux environs des lacs et des tourbières étudiés. Comme la végétation répond aux conditions variables de régime climatique, de sol, de compétition entre les plantes, de prédation par les animaux, l'analyse pollinique des sédiments lacustres ou tourbeux permet de véritables reconstitutions du milieu pour toute la durée représentée par les sédiments analysés. De telles reconstitutions sont précieuses pour connaître l'histoire de l'environnement et de toutes les modifications des conditions du milieu qui ont mené aux conditions actuelles.

LE DIAGRAMME POLLINIQUE

Les résultats de l'analyse pollinique des sédiments sont présentés sous la forme de **diagrammes polliniques** (fig. 3). Pour produire ce diagramme, on identifie et on dénombre le pollen extrait des sédiments à divers niveaux ou profondeurs d'une séquence verticale. On détermine ensuite le **spectre pollinique**, soit le pourcentage de représentation de chaque espèce ou genre de pollen dans un échantillon donné (à un niveau donné et donc pour une époque donnée). Finalement, on superpose sur un graphique l'ensemble des spectres d'une séquence sédimentaire, ce qui constitue le diagramme pollinique.

La variation verticale, donc temporelle, du pourcentage de représentation pollinique d'une espèce ou d'un genre de plante constitue une **courbe pollinique**. On peut aussi mesurer la **concentration pollinique** (le nombre de grains de pollen par unité de volume du sédiment) qui est un reflet de la densité de la végétation ou du temps écoulé. Le contrôle chronologique est habituellement assuré par la datation au radiocarbone des sédiments. Il permet de

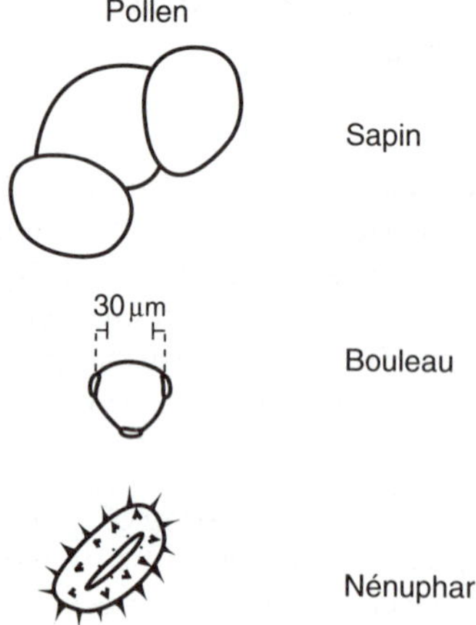

Figure 1 Grains de pollen.

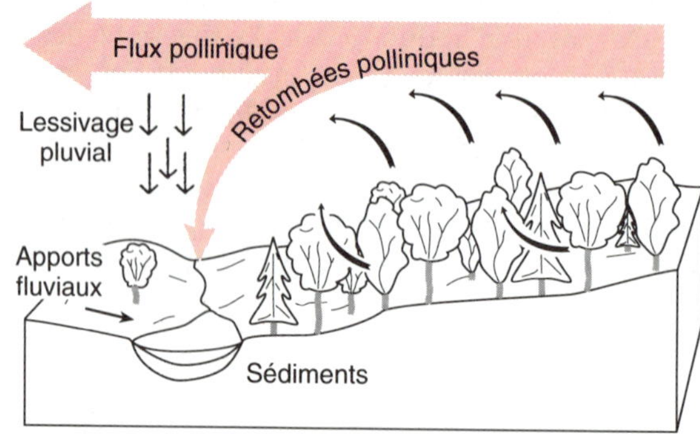

Figure 2 Flux pollinique et retombées polliniques à la surface d'un plan d'eau. Les pollens s'incorporent aux sédiments et se conservent.

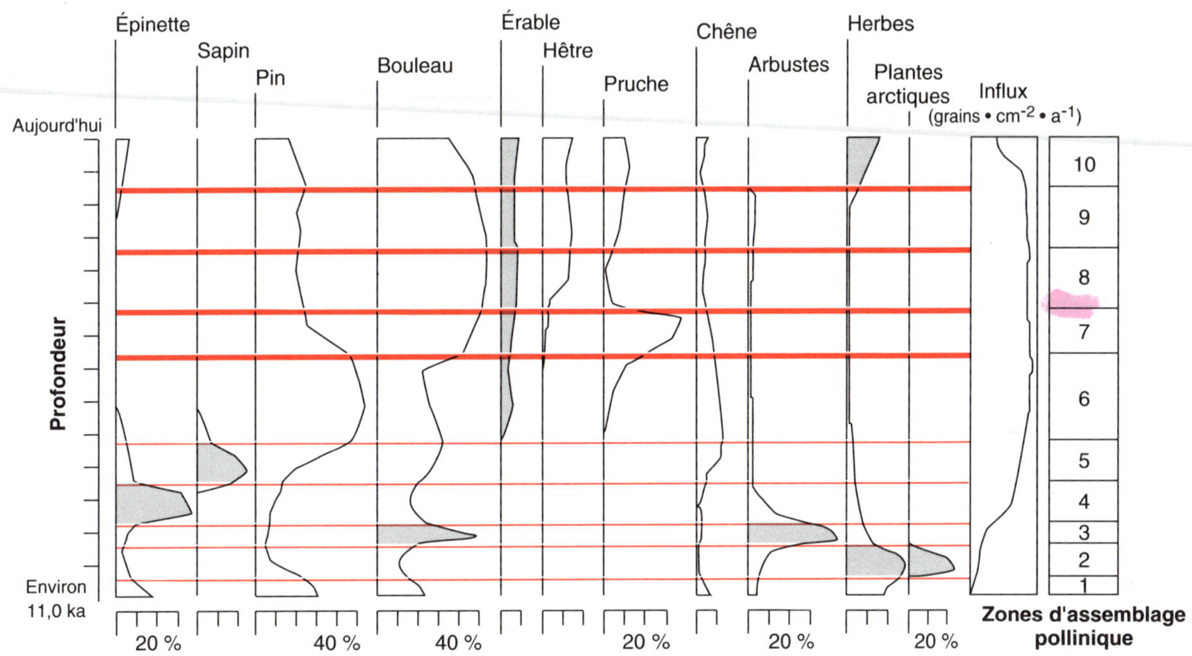

Figure 3 Exemple d'un diagramme pollinique. Les zones grises indiquent la dominance des plantes concernées dans les paysages successifs, de la toundra à l'érablière.

calculer le taux d'accumulation pollinique net au sein des sédiments étudiés (le nombre de grains de pollen par unité de surface du sédiment et par année), tenant compte ainsi de la durée de l'accumulation d'une couche sédimentaire. Chaque spectre pollinique traduit les retombées de pollen d'une époque donnée et reflète principalement la végétation colonisant les environs du lac ou de la tourbière à cette époque.

Dans nos régions, ce sont les arbres qui sont les mieux représentés par leur pollen. Le pollen des plantes de sous-bois est pratiquement absent des sédiments. Précisons que les diagrammes polliniques livrent toutefois une image déformée de la composition réelle de la végétation. Il faut tenir compte que certains genres d'arbres (les pins ou les bouleaux) produisent beaucoup plus de pollen que d'autres (les sapins ou les érables); que certains pollens sont plus efficacement dispersés par le vent; que certains pollens se conservent mieux que d'autres dans les sédiments.

QUELQUES RÉSULTATS

Au Québec, l'analyse pollinique a permis, entre autres, de mettre en lumière les faits suivants. À la suite du retrait des glaces wisconsiniennes, des plantes de toundra ont assuré la colonisation végétale en Laurentie (autour de la Mer de Champlain), dans les Appalaches et dans les Laurentides. Au Témiscamingue, aux alentours du Lac proglaciaire Barlow, ces plantes de toundra étaient déjà accompagnées par les arbres, dont l'épinette noire, le chêne rouge et l'ostryer de Virginie, réunissant ainsi des éléments floristiques aujourd'hui séparés par des centaines de kilomètres. Au cœur du Québec, ce sont les aulnes qui ont assuré la colonisation initiale des terres après la fonte tardive des glaces, vers 6,0 ka. Au Québec méridional, les arbres sont généralement arrivés vers 10,0 ka. À certains endroits (piémont des Laurentides, Bas-Saint-Laurent, Gaspésie), les arbres ont mis de 500 à 3000 ans pour former des forêts fermées semblables à celles que nous connaissons aujourd'hui. Les paysages d'alors étaient dominés par les peupliers à l'ouest, et par les aulnes à l'est. L'érable à sucre constituait des érablières vers 7,0 ka en Montérégie, mais n'atteignait la Gaspésie qu'il y a 3,5 ka, dans les stations abritées des vallées encaissées de la côte septentrionale. Le couvert végétal que nous connaissons au Québec fut réalisé il y a à peine 5,0 ka, bien que des changements dans l'abondance de certains arbres soient survenus par la suite.

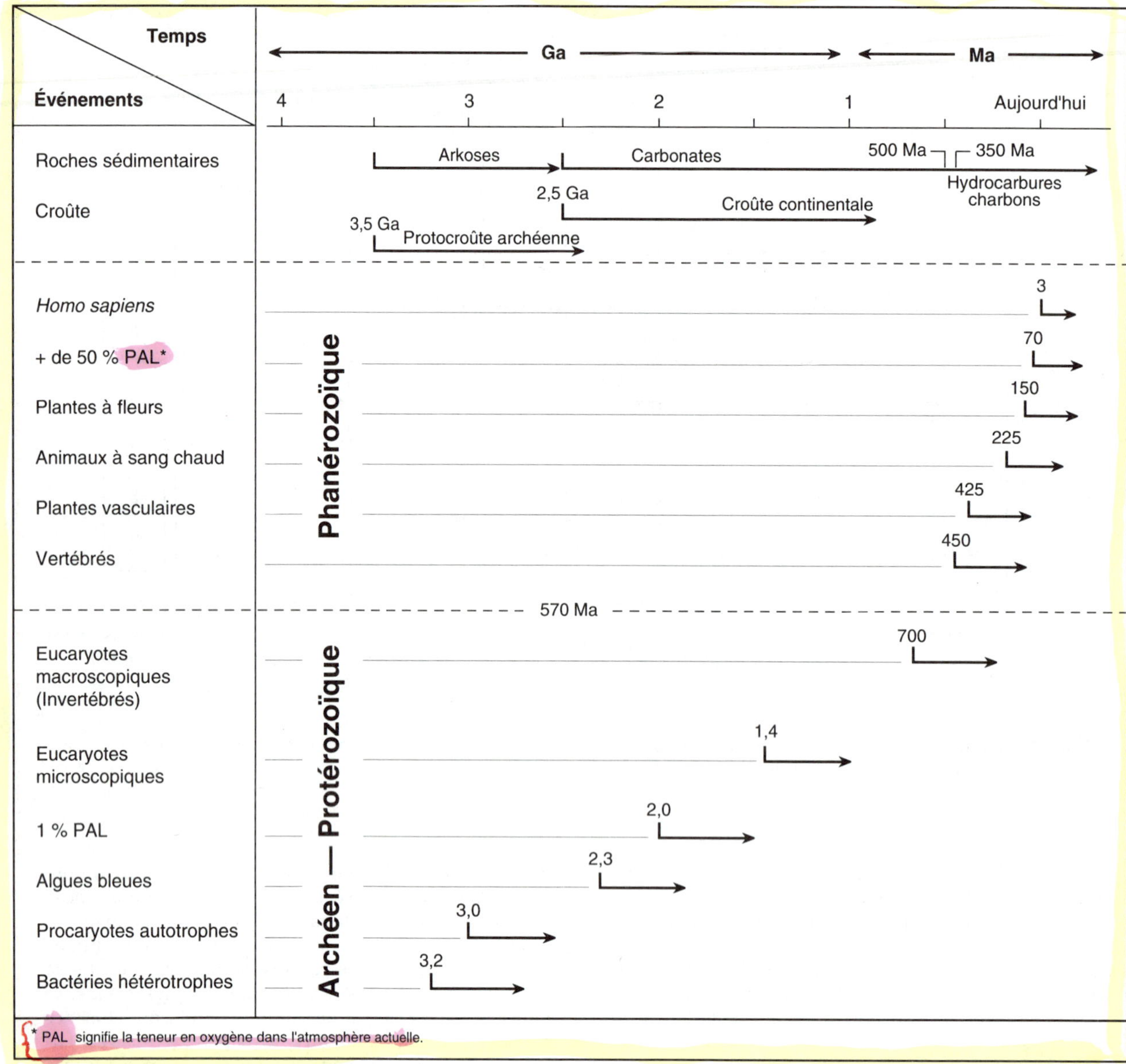

Figure 2.11 Évolution des organismes vivants et variations des contraintes environnementales au cours des temps géologiques (d'après des informations tirées de Windley, 1984).

CONCLUSION

Ce chapitre nous a appris que la Terre est un système différencié. Sa structure solide est à l'image d'un œuf : elle possède une coquille (l'écorce), un blanc (manteau) et un jaune (noyau). Les processus de différenciation, importants au début de l'histoire de la Terre, ont produit de gigantesques transferts de matière et libéré des gaz qui sont à l'origine de l'atmosphère et des océans. Dans le noyau, des mouvements de matière sont probablement responsables du champ magnétique, lequel se manifeste jusque dans la haute atmosphère par les aurores boréales. Dans le manteau, d'autres mouvements de masse assurent les déplacements des plaques lithosphériques.

La diversité et les transformations des systèmes géodynamiques, géochimiques et biologiques sont les fondements conceptuels nécessaires à la compréhension de l'évolution de la planète Terre. Une fois ces fondements acquis, une histoire peut être proposée : l'histoire de la Terre, celle de la migration des continents et celle de l'évolution de la vie.

La Terre est une planète en évolution. Elle vit des changements de toute nature depuis 4,5 Ga et elle ne retournera jamais à son état initial. L'histoire de notre planète prolonge celle de l'Univers et va dans le même sens : c'est l'histoire de la matière qui s'organise et qui se transforme sans cesse. En un mot, **l'histoire de la Terre n'est pas cyclique**.

VOCABULAIRE

Asthénosphère
Atmophiles

Chalcophiles
Champ magnétique

Datation absolue
Datation relative

Échelle numérique des temps géologiques
Éléments majeurs

Éléments mineurs
Évolution

Fossile

Géodynamique externe
Géodynamique interne
Géosystème
Gravité

Isochrone
Isotopes

Isostasie

Lithophiles
Lithosphère

Manteau

Noyau

Plaques lithosphériques

Sidérophiles
Silicates

Subsidence
Système Terre

Terres rares

Unités chronostratigraphiques
Unités géochronologiques
Unités polarochronostratigraphiques
Unités polarogéochronologiques

QUESTIONS

1. Quel est l'intérêt d'aborder l'étude de la Terre suivant une approche globale ? Discutez de cette démarche en précisant sur quels éléments elle s'appuie.
2. Quelles sont les sources d'énergie qui assurent le fonctionnement du géosystème ? Expliquez votre réponse.
3. Les divisions internes de la Terre sont avant tout d'ordre chimique. Expliquez comment se distribuent les éléments chimiques entre les grandes enveloppes de la planète.
4. Le modèle des plaques est devenu le fil conducteur des sciences géologiques. Qu'est-ce qu'une plaque lithosphérique ? À quels processus du géosystème peut-on appliquer ce modèle ?
5. Quelle différence y a-t-il entre datation absolue et datation relative des roches ? Expliquez votre réponse.
6. Énumérez quelques-unes des différences entre la datation à l'uranium-plomb et la datation au radiocarbone (^{14}C).
7. Que nous révèle l'étude des fossiles à propos de la diversité des espèces ? Expliquez votre réponse.
8. Quelle différence fait-on entre les unités chronostratigraphiques et les unités géochronologiques ? Expliquez votre réponse.

RÉFÉRENCES BIBLIOGRAPHIQUES

OUVRAGES RECOMMANDÉS

1. **Allègre, C.-J.**
1985 : *De la Pierre à l'Étoile.* Paris, Fayard, 302 p.

2. **Allègre, C.-J.**
1983 : *L'écume de la Terre.* Paris, Fayard, coll. le Temps des Sciences, 368 p.
La lecture de ces deux livres est essentielle pour se mettre au diapason de la géologie contemporaine.

3. **NASA**
1988 : *Earth System Science.* Washington, National Aeronautics and Space Administration, 208 p.
Une synthèse du système Terre dans une perspective globale (holistique). Disponible gratuitement à l'adresse suivante : Office for Interdisciplinary Earth Studies, University Corporation for Atmospheric Research, PO Box 3000, Boulder, CO 80307 USA.

4. **Gould, S. J.**
1988 : *Le sourire du flamand rose.* Paris, Seuil, 448 p.
Un livre passionnant qui regroupe 29 essais parus dans le *Natural History Magazine.* Ne traite pas spécifiquement de géologie; le fil conducteur des essais est la théorie de l'évolution.

5. **Windley, B. F.**
1984 : *The Evolving Continents.* 2e éd., Toronto, John Wiley & Sons, 399 p.
Un excellent volume de synthèse. Niveau avancé.

6. **Russell, D. A.**
1989 : *An Odyssey in Time – The Dinosaurs of North America.* Toronto, University of Toronto Press, 256 p.
Le meilleur volume sur les dinosaures et les péripéties de leur passage sur notre planète.

7. **de Rosnay, J.**
1966 : *Les origines de la vie.* Paris, Seuil, 190 p.
Très bon ouvrage qui traite des transformations de l'atome jusqu'à la cellule.

AUTRES SOURCES D'INFORMATION CONSULTÉES

Attenborough, D.
1979 : *Life on Earth.* Little, Brown and Company, 319 p.

Allègre, C.-J.
1987 : *12 clés pour la géologie.* Paris, Belin et France Culture, 160 p.

Blanc, M.
1990 : *Les héritiers de Darwin.* Paris, Seuil, coll. Science ouverte, 272 p.

Brownlow, A. H.
1979 : *Geochemistry.* Englewood Cliffs (N. J.), Prentice-Hall, 498 p.

Cairns-Smith, A. G.
1990 : *L'énigme de la vie.* Paris, Éditions Odile Jacob, 204 p.

Commission géologique du Canada
1980 : *La Terre : astre vivant.* Ottawa, Approvisionnements et Services Canada, 12 p.

Coppens, Y.
1983 : *Le singe, l'Afrique et l'homme.* Paris, Fayard, coll. le Temps des Sciences, 148 p.

Cowie, J. W. et Basset, M. G.
1989 : « 1989 Global Stratigraphic Chart ». Encart dans *Episodes*, vol. 12, n° 2.

Dercourt, J. et Paquet, J.
1985 : *Géologie : objets et méthodes.* 7e éd., Paris, Dunod Université, 347 p.

de Rosnay, J.
1988 : *L'aventure du vivant.* Paris, Seuil, 240 p.

Geological Society of America Inc.
1984 : *Geological Time Scale.* Map and Chart Series MCH050.

Hamblin, W. K.
1975 : *The Earth's Dynamic Systems.* Minneapolis, Burgess, 578 p.

Odin, G. S. et Odin, C.
1990 : « Échelle numérique des temps géologiques » dans *Géochronique*, n° 35, p. 12-21.

Pageau, Y.
1990 : *Le phénomène humain et l'évolution.* Montréal, Éditions du Méridien, coll. Vision globale, 520 p.

Plumb, K. A.
1991: « New Precambrian Time Scale » dans *Episodes*, vol. 14, n° 2, p. 139-140.

Pour la Science
1983 : *La Terre, planète vivante.* Numéro spécial (novembre), n° 73, 176 p.
1978 : *L'évolution.* Numéro spécial (novembre), n° 13, 174 p.

Service de la géoinformation
1986 : *Code stratigraphique nord-américain.* Québec, ministère de l'Énergie et des Ressources, Direction générale de l'exploration géologique et minérale, DV 86-02, 58 p.

Skinner, B. J. et Porter, S. C.
1989 : *The Dynamic Earth.* Toronto, John Wiley & Sons, 541 p.

PARTIE

2

Les matériaux de l'écorce terrestre

Les matériaux de l'écorce terrestre sont aux géologues ce que les archives sont aux historiens. Les roches des continents, dont certaines ont 3,9 milliards d'années, sont la mémoire de la Terre. L'étude de ces roches constitue l'essence des sciences géologiques. Elle fait l'objet de cette deuxième partie de l'ouvrage.

Les roches sont des assemblages de minéraux, formés eux-mêmes d'éléments chimiques, organisés le plus souvent en édifices cristallins (cristaux). Les cristaux sont des assemblages d'ions dont les motifs se répètent avec régularité dans les trois directions de l'espace, formant ainsi des réseaux tripériodiques. Le chapitre 3, consacré à leur étude, et le chapitre 4, traitant des minéraux, nous font entrer dans les infrastructures de la matière inorganique.

Les matériaux terrestres sont divisés en trois grandes familles : les roches ignées, les roches sédimentaires et les roches métamorphiques. Les roches ignées (chapitre 5) sont formées à partir de matériaux partiellement fondus : les magmas. Les roches sédimentaires (chapitre 6), dites exogènes, se forment à la surface de la Terre, sous des conditions de pression et de température peu élevées. Enfin, les roches métamorphiques (chapitre 7) sont le domaine de formation où les pressions et les températures sont modérées à élevées. Nous présentons, à la fin du chapitre 7, et en guise de conclusion à cette deuxième partie, le cycle des roches (encore appelé cycle géochimique).

1) Gerbe de natrolite sur un cristal d'analcime; provenance : mont Saint-Hilaire (Québec). 2) Cristaux de quartz; provenance : Bonsecours (Québec). 3) Cristal d'apatite dans de la calcite; provenance : Sandy Creek, Lac-à-la-Loutre (Québec). 4) Cristaux de sidérose; provenance : mont Saint-Hilaire (Québec). Ces spécimens font partie de la collection Sisi, Musée de géologie, Université Laval, Sainte-Foy, Québec. (Photographies : Michel Bourassa, Services des ressources pédagogiques, Université Laval. Spécimens sélectionnés par André Lévesque, conservateur du Musée.)

CHAPITRE 3

LES CRISTAUX OU LA MATIÈRE ORDONNÉE

On peut comparer un solide cristallin à un groupe de militaires à l'exercice : dans un tel ensemble règne un ordre quasi parfait : chacun est à sa place, et aucun soldat ne se singularise par une position fantaisiste dans le peloton.

J.-M. Dorlot, J.-P. Baïlon et J. Masounave, *Des matériaux.*

Objectifs pédagogiques

Au terme de ce chapitre vous devriez pouvoir :

- définir l'état cristallin;
- préciser les processus de formation des cristaux;
- énoncer les lois de base de la cristallographie;
- définir la notion de réseau de Bravais.

Les collections de minéraux renferment souvent des spécimens limités par des faces lisses comme des miroirs. À première vue, il n'est pas facile de concevoir que ces faces se sont formées naturellement et qu'elles ne soient en rien le résultat d'un travail de taille artificielle. Avec l'étude des substances solides aux formes externes bien définies, nous entrons dans le monde des cristaux.

3.1 GÉNÉRALITÉS SUR L'ÉTAT CRISTALLIN

Fondamentalement, le milieu cristallin est celui des atomes organisés à grande échelle. Un cristal est formé d'atomes ou de groupes d'atomes disposés de façon régulière, selon un modèle de base qui se répète dans l'espace. En fait, ce qui caractérise l'état cristallin, c'est l'arrangement ordonné des atomes selon des motifs qui se répètent par translation et rotation dans les trois directions de l'espace.

On parle d'un arrangement **tripériodique** pour qualifier un empilement qui résulte de la répétition d'un motif de base dans les trois directions de l'espace.

Dans un arrangement tripériodique, le paysage entourant chaque atome et chacun de ses homologues est toujours le même, peu importe la dimension du cristal. Cette définition s'applique à l'état cristallin parfait.

Les cristaux ou corps cristallisés ne sont pas rares dans la nature. En fait, ils composent la presque totalité des roches de l'écorce terrestre. À l'occasion, ils atteignent des dimensions imposantes. Un collectionneur brésilien a rassemblé des cristaux géants dont certains ont une masse comprise entre deux et quatre tonnes. Cette collection exceptionnelle est exposée au Muséum national d'histoire naturelle, à Paris. Au Québec, les départements de géologie des universités possèdent des collections de cristaux.

Un cristal se développe à partir d'un centre de croissance. Si le développement se fait sans perturbation, le cristal croît par additions successives d'atomes ou d'ions. Il s'établit alors plusieurs fronts de croissance, qui viennent constituer les **faces** cristallines. Ces dernières sont donc des discontinuités de croissance, car elles marquent l'arrêt de la cristallisation. Dans la nature, on n'observe qu'exceptionnellement cette disposition régulière des faces cristallines. Habituellement, des perturbations dans la croissance font que les faces peuvent se développer de manière disproportionnée, que certaines sont peu développées et que d'autres peuvent prendre une apparence irrégulière. Les cristaux sont rarement homogènes. Ils présentent des imperfections et des défauts, tant géométriques que physiques.

Un cristal se définit comme un corps solide homogène, limité par des faces planes régulièrement disposées et naturellement formées, qui sont l'expression externe d'un arrangement atomique tripériodique interne. Les angles entre les faces, ainsi que certaines propriétés physiques, sont caractéristiques de la substance qui le compose. **Un cristal est donc un polyèdre naturel de matière ordonnée**.

La destruction ou l'absence de formes géométriques extérieures ne changent en rien la propriété fondamentale du milieu cristallin, soit l'arrangement tripériodique d'un motif d'atomes. Ainsi, les fragments obtenus en brisant un cristal de quartz sont encore cristallisés, bien que non limités par des faces planes.

Le terme **amorphe** qualifie une substance qui ne présente pas l'état cristallin.

Il existe des substances qui sont intermédiaires entre l'état cristallin et l'état amorphe. Elles sont qualifiées de mésophases. Les cristaux liquides en sont un exemple.

Les cristaux possèdent plusieurs propriétés physiques. L'une d'entre elles, la température de cristallisation, est déterminante de leur état. L'expérience montre que les cristaux ont une température de fusion et de cristallisation fixe, à laquelle toute la matière passe d'un état à un autre. Par exemple, lorsqu'on chauffe des cristaux de neige, la température du mélange eau-neige demeure constante (0°C) jusqu'à liquéfaction totale. Par contre, lorsqu'on chauffe un corps amorphe, une baguette de verre par exemple, la température monte graduellement au fur et à mesure que le verre se transforme en une pâte de plus en plus fluide. Les cristaux ont donc, contrairement aux corps amorphes, une température de fusion fixe résultant de l'arrangement ordonné et régulier des atomes qui les composent. De plus, du fait de cet arrangement, plusieurs caractéristiques physiques des cristaux, telles la dureté, les propriétés optiques, électriques, etc., varient selon l'orientation considérée. Cette caractéristique des cristaux est l'**anisotropie**.

La technologie moderne exploite amplement les propriétés des cristaux. Il suffit de penser, entre autres, à la piézoélectricité mise à profit dans les montres à quartz (voir l'encadré 3.1) ou encore à la supraconductivité, qui permet aux ordinateurs d'effectuer les opérations demandées très rapidement.

ENCADRÉ 3.1

LE QUARTZ ET LA MESURE DU TEMPS

par Marco Quirion

De nos jours, la plupart des montres et des horloges sur le marché sont à quartz. Comment un cristal de quartz peut-il contribuer à la mesure précise du temps ?

Le quartz présente deux types de propriétés : des propriétés morphologiques et des propriétés physiques. Ses propriétés morphologiques sont étroitement liées à l'état cristallisé, c'est-à-dire à l'aspect externe du cristal; par exemple, les faces cristallines font partie de la morphologie du quartz. Ses propriétés physiques sont reliées à la matière elle-même. Il s'agit de propriétés thermiques, magnétiques et électriques.

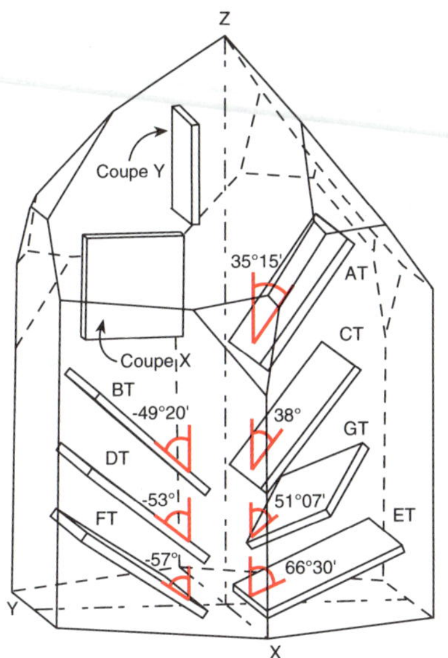

Figure 1 Directions de la taille des lames dans un cristal de quartz. L'intensité de l'effet piézoélectrique varie dans le cristal avec la direction considérée; cela permet la fabrication d'oscillateurs possédant des caractéristiques différentes. Les tailles les plus importantes sont celles dont les lames sont perpendiculaires à l'axe X ou Y (coupes X et Y). Ces lames sont utilisées pour des fréquences de 50 à 160 kHz et elles vibrent en tension. Pour des fréquences plus élevées (150 kHz jusqu'à 125 MHz) et des vibrations en cisaillement, on utilise des tailles particulières dites AT, BT, CT, DT, etc. Ces lames ont un plan parallèle à l'axe X et elles forment, avec l'axe Z, un angle de +35°15' pour AT et de -49°20' pour BT (d'après Berry, Dietrich, et Mason, 1983, p. 159).

Figure 3 Cristal de quartz synthétique produit par la Western Electric Co., New York, É.-U. Le cristal fait 14 cm de hauteur. On remarquera, à l'intérieur du cristal, la plaque ayant servi à sa croissance. (Photographie : Michel Bourassa, Service des ressources pédagogiques, Université Laval.)

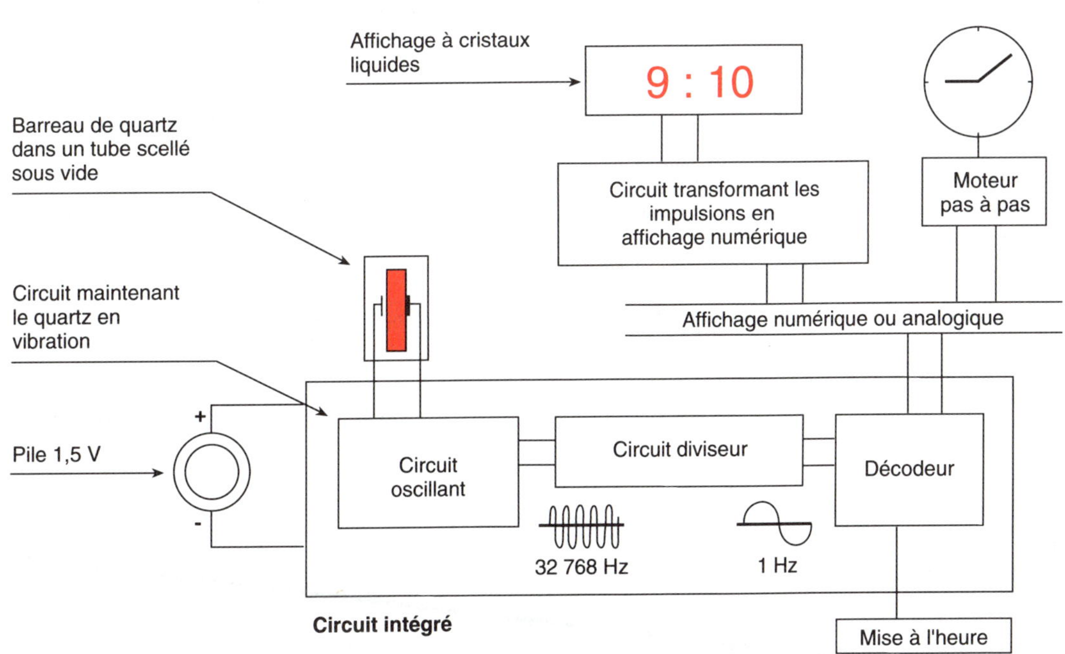

Figure 2 Schéma des composantes d'une montre à quartz.

Ce sont les propriétés électriques qui nous intéressent ici et plus particulièrement l'**effet piézoélectrique**. Pierre et Jacques Curie découvrirent ce phénomène en 1880, lorsqu'ils observèrent l'apparition de charges électriques, positives et négatives, aux extrémités opposées des directions polaires d'une lame de quartz; ce phénomène apparaît sous l'influence de forces extérieures soit de tension (charges positives), soit de compression (charges négatives). Ces déformations mécaniques des sous-réseaux des ions positifs et négatifs du cristal provoquent sa polarisation, et donc l'apparition de charges. Puisque les charges naissent aux extrémités d'un vecteur polaire, la piézoélectricité ne se manifeste que dans des cristaux ne possédant pas de centre de symétrie.

Le recours à la piézoélectricité en horlogerie vient du fait que le phénomène est réversible. Si l'on provoque une différence de potentiel entre les deux faces d'une lame de quartz, le cristal se contracte ou se dilate selon le sens du courant. On parle alors d'**effet piézoélectrique inverse**. Ce phénomène avait été prévu par Gabriel Lippmann quelques années après la découverte de la piézoélectricité et il fut confirmé par les Curie.

Si on applique un courant alternatif dans un cristal de quartz, il se déforme de manière élastique, c'est-à-dire qu'il se contracte et se dilate successivement. Il se met donc à vibrer et, comme toute substance élastique, il possède une fréquence de vibration qui lui est propre. Cette fréquence est très stable et d'une très grande régularité. La mesure du temps repose entièrement sur les oscillations de la lame cristalline et la périodicité des oscillations dépend, quant à elle, de la taille du cristal. De nos jours, on est en mesure de tailler un cristal de la forme et de la dimension qui correspondent à une fréquence donnée.

Pour les montres, on taille une lame très petite (fig. 1). Ses dimensions sont calculées de façon à ce qu'elle vibre à une fréquence de 32 768 Hz, ce qui offre le meilleur compromis quant à la précision et à l'efficacité. Toutefois, ce n'est qu'après un vieillissement prolongé que l'oscillateur aura une fréquence de vibration très précise. Afin de rendre la lame de quartz conductrice, on évapore un métal sur les deux faces parallèles et le tout est enfermé dans un tube scellé sous vide. Un circuit intégré divise 15 fois par 2 la fréquence initiale de sorte qu'elle passe à 1 Hz, soit un cycle par seconde et ce avec une très grande précision. Il ne reste plus qu'à relier ce dispositif à d'autres composantes électroniques et on obtient une montre d'une extrême précision (fig. 2).

Il existe de nombreux matériaux piézoélectriques. Parmi les cristaux naturels, on retrouve le quartz et la tourmaline. Notons que les cristaux d'espèces différentes n'ont pas d'effets piézoélectriques identiques.

Théoriquement, toute substance ne possédant pas de centre de symétrie est piézoélectrique, mais l'effet est souvent très faible. Les cristaux artificiels ainsi que les matériaux polycristallins (par exemple, les céramiques piézoélectriques) sont des substances qui présentent l'effet piézoélectrique.

Pour des applications pratiques, c'est surtout le quartz qu'on utilise, car il est physiquement et chimiquement très stable. Le quartz utilisé dans les dispositifs électroniques doit être de très bonne qualité et d'une très grande pureté. Ce n'est pas toujours le cas des cristaux naturels, car généralement des impuretés se glissent dans la structure au cours de leur formation. Il y a aussi le fait que très fréquemment les cristaux naturels de quartz sont maclés, ce qui annule l'effet piézoélectrique.

La technologie rend possible la fabrication de cristaux de quartz synthétique (fig. 3) dont les conditions thermodynamiques de croissance sont très bien connues. La synthèse hydrothermale est la méthode qui connaît le plus de succès. Elle donne des cristaux de grande taille et d'une très grande pureté. C'est dans de tels cristaux que sont taillés les bâtonnets qui servent d'oscillateurs dans les montres à quartz et dans bien d'autres appareils électroniques.

RÉFÉRENCES

Collectif
1979 : *Quartz, silice (minéralogie, gemmologie, industrie).* Paris, Édition de l'association régionale de paléontologie-préhistoire et des amis du muséum de Lyon, 144 p.

Berry, L. G., Dietrich, R. V. et Mason, B.
1983 : *Mineralogy.* San Francisco, W. H. Freeman, 561 p.

De la Taille, R.
1982 : « Quartz : des montres qui donnent aussi l'heure » dans *Science et vie*, n° 777 (juin), p. 94-169.

Flint, E.
1981 : *Principes de cristallographie.* Moscou, Éditions Mir, 232 p.

Levy, E.
1988 : *Dictionnaire de physique.* Paris, Presses universitaires de France, 892 p.

Picot, C.
1974 : « La piézoélectricité ». Série de deux articles parus dans *Toute l'électronique*, n°s 385 (février, p. 27-32) et 387 (avril, p. 79-83).

3.2 PROCESSUS DE CROISSANCE DES CRISTAUX

La croissance des cristaux ou **cristallisation** se fait suivant différents processus : à partir de solutions, de matière en fusion, de vapeurs, ou encore par recristallisation (à l'état solide). La cristallisation est un processus exothermique, c'est-à-dire qu'elle s'accompagne d'un dégagement de chaleur. Il faut que cette chaleur se dissipe pour entretenir la cristallisation. Voyons chacun des principaux modes de formation des cristaux.

3.2.1 Cristallisation à partir de solutions

Dans une solution, lorsqu'il y a évaporation du solvant jusqu'à sursaturation, des cristaux croissent par précipitation. La cristallisation est favorisée par l'abaissement de la température du solvant ou encore par l'abaissement de la pression. Sur la Terre, l'eau est le solvant universel. La majorité des substances chimiques de la catégorie des sels se cristallisent donc en ayant l'eau pour solvant. La halite, NaCl, est un exemple de minéral qui se cristallise à partir de solutions aqueuses. Si dans un récipient contenant une solution de ce sel nous laissons l'eau s'évaporer, la quantité de sel par unité de volume augmente. Lorsque le point de saturation est dépassé, c'est-à-dire lorsque l'eau restante ne peut plus retenir tout le sel en solution, un solide commence à précipiter. Si l'évaporation se fait très lentement, les ions Na^+ et Cl^- se groupent pour former un ou plusieurs cristaux représentant des polyèdres réguliers (fig. 3.1). Si l'évaporation se fait rapidement, les atomes n'ont pas le temps de bien s'ordonner; les cristaux sont alors irréguliers.

Les cristaux réguliers peuvent aussi se former en abaissant la température ou la pression des solutions. En effet, l'eau chaude dissout plus de sel que l'eau froide, et en faisant refroidir une solution chaude saturée, des cristaux se forment. De la même façon, l'abaissement de la pression d'une telle solution favorise la précipitation. Parmi les minéraux importants qui se développent dans les mers par précipitation, citons la calcite, le gypse, la halite et la sylvite. Nous les étudierons au chapitre 4.

3.2.2 Cristallisation à partir de matière en fusion

Des cristaux peuvent croître à partir de matières minérales en fusion. Ainsi en est-il de la formation de la glace par solidification de l'eau. Si nous abaissons la température de l'eau suffisamment, les molécules d'eau, qui pouvaient se déplacer librement dans toutes les directions, s'arrangent de façon ordonnée pour former des cristaux de glace. Plus la température baisse lentement, plus les cristaux obtenus seront de taille appréciable. La formation des roches ignées, c'est-à-dire des roches qui proviennent de la cristallisation des magmas, se fait suivant un processus similaire, bien que plus complexe. La figure 3.2 montre des cristaux à l'intérieur d'une roche ignée.

Figure 3.1 Cristaux cubiques de halite (sel) en provenance de Saltem Sea, Californie, É-U., et faisant partie de la collection Sisi du Musée de géologie de l'Université Laval. Les cristaux de cette espèce minérale se forment à partir de solutions. (Photographie : Michel Bourassa, Service des ressources pédagogiques, Université Laval. L'échantillon a été sélectionné par André Lévesque, conservateur du musée.)

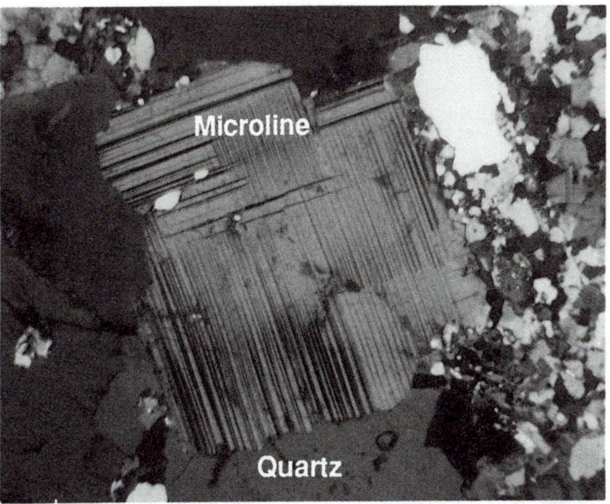

Figure 3.2 Cristaux d'une roche ignée (granite) examinés en lame mince. Au centre, un cristal de feldspath (microcline). (Photographie : Robert Ledoux, Université Laval, Sainte-Foy (Québec).)

3.2.3 Cristallisation à partir de vapeurs

Même si la cristallisation à partir de vapeurs est moins fréquente pour les minéraux des roches, ses règles de base sont les mêmes. L'exemple que nous connaissons le mieux de ce mode de cristallisation est celui de la formation de cristaux de neige à partir d'air saturé en vapeur d'eau. C'est aussi le mode de formation des cristaux de glace que l'on peut observer dans les fenêtres de nos maisons en hiver. Les régions volcaniques, avec leurs dépôts de matière minérale à la sortie des évents de fumerolles (émanations gazeuses), représentent bien ce mode de cristallisation (fig. 3.3).

3.2.4 Cristallisation à l'état solide

Certains minéraux croissent à partir de réactions chimiques solide- solide. Les roches métamorphiques, que nous étudierons au chapitre 7, sont formées de minéraux dont la croissance se fait à l'état solide par un échange d'ions à partir de cristaux déjà existants sous l'action de contraintes externes au système.

De façon générale, un minéral qui n'est pas restreint par l'espace lors de sa croissance peut donner un cristal bien développé. De telles conditions se rencontrent dans les cavités des roches ou encore le long des fractures ouvertes.

3.3 CRISTALLOGRAPHIE EXTERNE OU MORPHOLOGIQUE

La cristallographie externe ou morphologique est l'étude des formes extérieures des cristaux. Cette étude concerne l'arrangement des faces, leurs angles et la notion de polyèdre fondamental. Elle débouche, enfin, sur les notions de symétrie et de systèmes cristallins.

Figure 3.3 Cristaux de soufre développés à la sortie d'un évent de vapeurs sulfureuses. Fossa di Vulcano, île de Vulcano, au nord de la Sicile.

3.3.1 Faces cristallines

Les cristaux présentent régulièrement des faces planes. Ces faces peuvent avoir deux origines qu'il importe de distinguer clairement. On reconnaît les faces cristallines et les plans de clivage.

Les **faces cristallines**, comme on l'a vu précédemment, correspondent aux surfaces de croissance des cristaux. Elles sont en quelque sorte les murs qui terminent la construction de l'édifice cristallin. Les **plans de clivage** s'obtiennent par cisaillement des cristaux. Nous verrons au chapitre 4 que certains cristaux sont difficilement clivables. Certains autres, aux faces cristallines pourtant nettes, peuvent ne pas avoir de plans de clivage; c'est le cas quand leur arrangement atomique ne présente pas de plans de moindre cohésion.

Les cristaux présentent différents degrés de développement. Cela dépend surtout de leur mode de croissance. La figure 3.4 distingue des cristaux **euédriques** qui présentent des faces bien développées, **anédriques** qui ne présentent pas de faces et **subédriques** qui ne présentent qu'une partie des faces.

3.3.2 Loi de la constance des angles

Le Danois Niels Steensen (1638-1686), mieux connu sous son nom latin de Nicolaus Steno (à l'époque, les travaux scientifiques étaient rédigés en latin), fut le premier à établir que l'angle entre les faces équivalentes des cristaux de quartz est invariable. Les faces sont équivalentes quand elles ont les mêmes propriétés optiques, chimiques, physiques, électriques, etc. Pour le quartz, l'angle entre les faces équivalentes est de 120° quel que soit le développement.

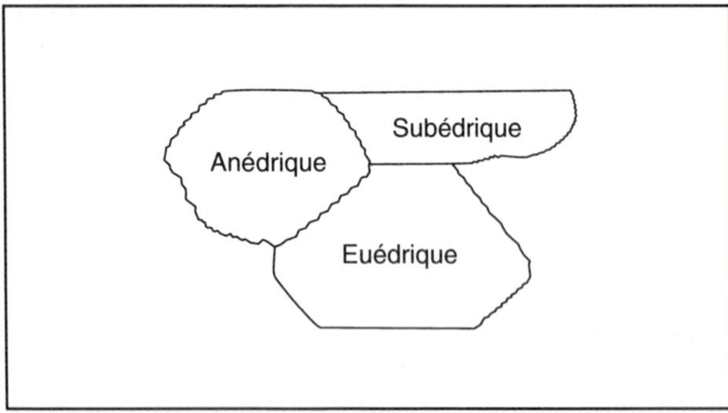

Figure 3.4 Différents états du développement des cristaux.

Romé de L'Isle (1736-1790) met en évidence, en 1783, une loi générale applicable à toutes les espèces cristallines. Cette loi, dite de la *constance des angles*, s'énonce comme suit :

> Dans les cristaux d'une même espèce minérale, et dans des conditions identiques de température et de pression, les angles formés par les faces équivalentes sont constants, quel que soit le développement de ces dernières.

Pour vérifier l'exactitude de cette loi, on peut utiliser un appareil appelé goniomètre. Le plus simple de ces appareils est le *goniomètre d'application* ou *goniomètre de contact*. Pour l'utiliser, on le place perpendiculairement aux faces à étudier et on fait la lecture des angles sur un cadran gradué en degrés.

Il existe aussi d'autres types de goniomètres très perfectionnés qui fonctionnent suivant des principes optiques.

3.3.3 Concept du polyèdre fondamental

René Just Haüy publia, en 1784, un document intitulé *Essai d'une théorie sur la structure des cristaux appliquée à plusieurs genres de substances cristallisées*. On raconte que Haüy[1], ayant par accident laissé tomber un cristal de calcite, s'aperçut que les fragments ressemblaient à des rhomboèdres (polyèdres dont les six faces sont des losanges égaux et parallèles deux à deux), et qu'ils présentaient toujours cette forme même si on les brisait davantage. Il en conclut que tous les cristaux de calcite, quelle que soit leur forme, résultent d'un empilement de petits polyèdres fondamentaux rhomboédriques. Les faces cristallines étaient alors interprétées comme des décroissements, sortes de micro-escaliers dont la hauteur des marches correspondait à divers multiples de l'arête du polyèdre. C'est en s'agençant de diverses façons que ces polyèdres composent les différents cristaux de calcite. Ces cristaux étant extrêmement petits, on voit comme une surface lisse les divers empilements de polyèdres fondamentaux. La figure 3.5 montre comment on peut empiler des rhomboèdres; elle montre aussi différents types de cristaux de calcite.

Il est donc possible de construire différents modèles de cristaux à partir de polyèdres fondamentaux, un peu comme un maçon construit un mur ou différentes formes en empilant des briques. Par exemple, par l'empilement de polyèdres fondamentaux cuboïdes, on peut obtenir un cube (6 faces), un octaèdre (8 faces), un dodécaèdre (12 faces) et bien d'autres formes encore. La grande pyramide de Chéops en Égypte illustre bien comment un empilement de polyèdres fondamentaux peut constituer un cristal possédant des faces planes. Ainsi, cette pyramide est construite à partir de blocs empilés les uns sur les autres et, lorsqu'on la regarde de très près, on peut facilement observer la forme de chacun de ses blocs ainsi que la manière dont ils sont empilés. Par contre, lorsque nous la regardons de très loin, ses faces nous paraissent planes. À une telle distance, il est impossible d'observer la forme des blocs et la méthode d'empilement ayant servi à l'édification de la pyramide (fig. 3.6).

Il faut bien comprendre que les polyèdres de Haüy, de même que l'analogie avec la construction d'un mur de brique présentée plus haut, sont en réalité une abstraction géométrique. La structure atomique d'un

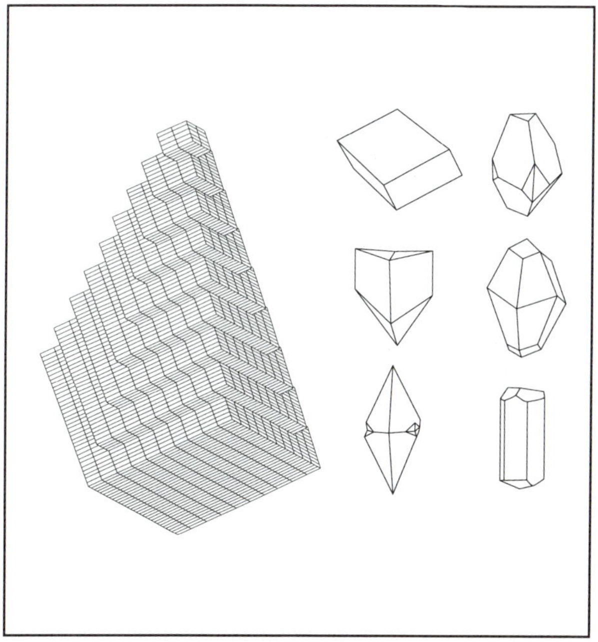

Figure 3.5 Cristaux de calcite. À gauche, reproduction de l'une des figures de Haüy montrant comment un cristal de calcite peut être formé par l'empilement de polyèdres fondamentaux rhomboédriques. À droite, différentes formes observées dans les cristaux de la même espèce minérale et qui seraient selon Haüy le résultat de divers empilements de petits rhomboèdres.

1. C'est à l'abbé Haüy que revient le mérite d'avoir élevé la cristallographie au rang de science. Jusque là, elle constituait l'une des branches de la minéralogie. Le concept de polyèdre fondamental ou encore de « molécule intégrante » indique qu'il est le premier à avoir reconnu la « périodicité », propriété fondamentale de tout corps cristallin.

cristal consiste en un agencement tridimensionnel périodique et continu d'atomes, chaque atome étant lié à ses voisins par des liens chimiques. Nous verrons à la section 3.4 qu'il est possible de décrire géométriquement cet empilement en fonction d'un parallélépipède de base (maille) d'arêtes a, b et c qui, répétées à l'infini, engendrent un cristal visible.

3.3.4 *Les éléments de symétrie des cristaux*

L'une des caractéristiques des cristaux est la régularité de l'arrangement de leurs faces cristallines. En examinant des cristaux bien développés d'un minéral, on se rend compte qu'ils présentent souvent des faces de même forme et de même dimension. Une telle régularité dans l'arrangement des faces détermine une certaine symétrie dans les cristaux que l'on peut associer à différents opérateurs.

On appelle opération de symétrie une opération géométrique qui amène en correspondance des sommets, des arêtes ou des faces d'un cristal. Les principaux opérateurs de symétrie sont le centre de symétrie, le plan de symétrie, les axes de symétrie simple et les axes d'inversion.

LE CENTRE DE SYMÉTRIE

Le centre de symétrie d'un cristal fait correspondre chaque face à une face homologue égale, parallèle et de position inverse. C'est pourquoi le centre de symétrie est également appelé **centre d'inversion**. Une figure de dimension finie ne peut posséder qu'un seul

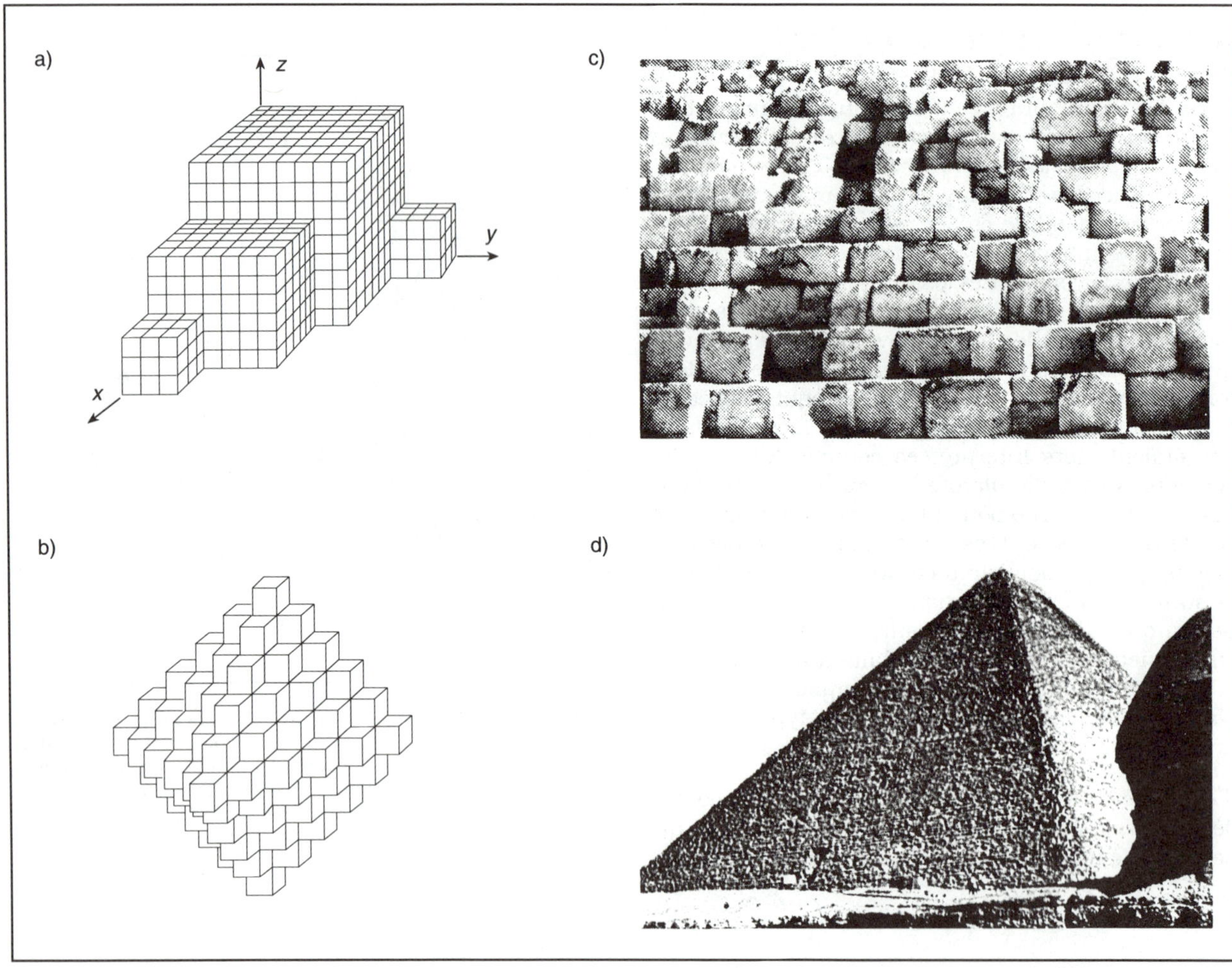

Figure 3.6 Les cristaux sont le résultat d'arrangements tripériodiques de polyèdres fondamentaux. En a), représentation schématique de la manière selon laquelle est construit un cristal cubique formé par un empilement de cubes; en b), octaèdre formé aussi à partir de cubes; en c), vue rapprochée de la pyramide de Chéops permettant de voir l'empilement des blocs; en d), les faces de la pyramide, vues de loin, paraissent planes. (Photographies : Ordre de la Rose-Croix A.M.O.R.C.)

centre de symétrie. Grâce au centre de symétrie, chaque face d'un objet ou d'un cristal correspond à une autre, opposée, parallèle et inversée (fig. 3.7).

LE PLAN DE SYMÉTRIE

Un plan de symétrie, ou miroir plan, est un plan qui permet, par symétrie simple, de donner l'image directe d'un objet placé devant lui (fig. 3.8).

LES AXES DE SYMÉTRIE SIMPLE

Les axes de symétrie simple sont des axes de rotation qui passent par le centre de symétrie du cristal et qui permettent de répéter en position une, deux, trois, quatre ou six fois un sommet, une arête, un plan, pour une rotation de 360°. Il est démontré en cristallographie que les seuls axes de symétrie qu'on trouve dans les cristaux sont des axes dont la rotation est de 360°, 180°, 120°, 90° et 60°. La figure 3.9 illustre chacun des axes de symétrie.

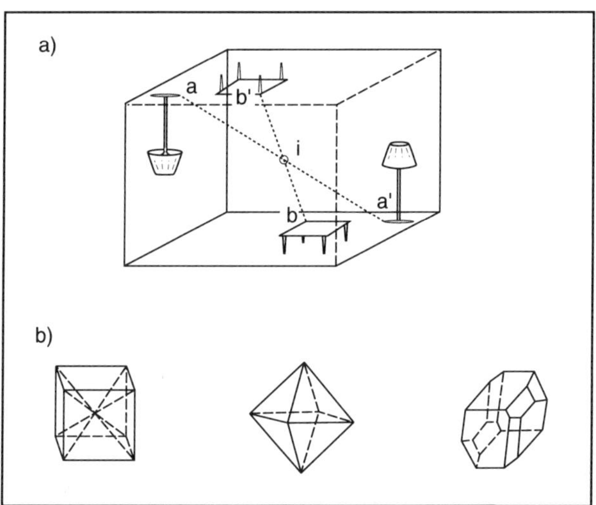

Figure 3.7 La notion de centre de symétrie. En a), représentation d'une chambre dont le centre géométrique est aussi un centre de symétrie (i). Tous les objets de la chambre sont situés à des distances égales et opposées du point i; en b), formes cristallines possédant un centre de symétrie (d'après Bloss, 1971, p. 6).

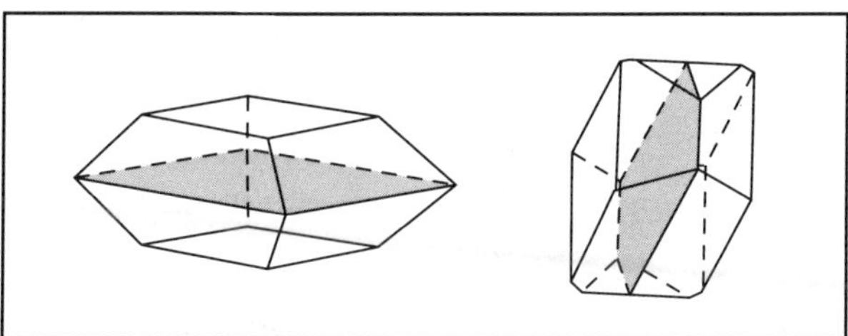

Figure 3.8 Formes cristallines possédant un plan de symétrie ou miroir plan.

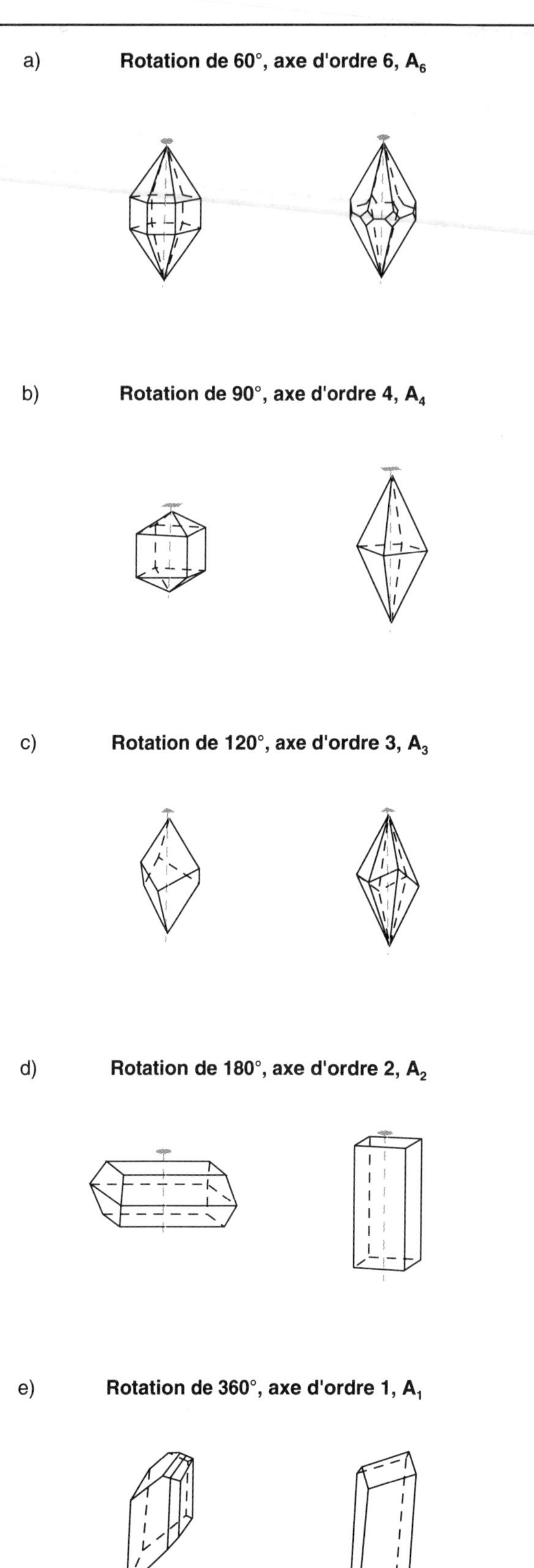

Figure 3.9 Axes de symétrie simple de quelques cristaux.

Dans un cristal de forme cubique, il est possible de reconnaître les éléments de symétrie suivants :

- trois axes d'ordre 4 passant par le milieu des faces;
- quatre axes d'ordre 3 passant par les sommets;
- six axes d'ordre 2 passant par le milieu des arêtes;
- des plans de symétrie perpendiculaires aux axes d'ordres 2 et 4;
- un centre de symétrie.

La figure 3.10 illustre les éléments de symétrie du cube.

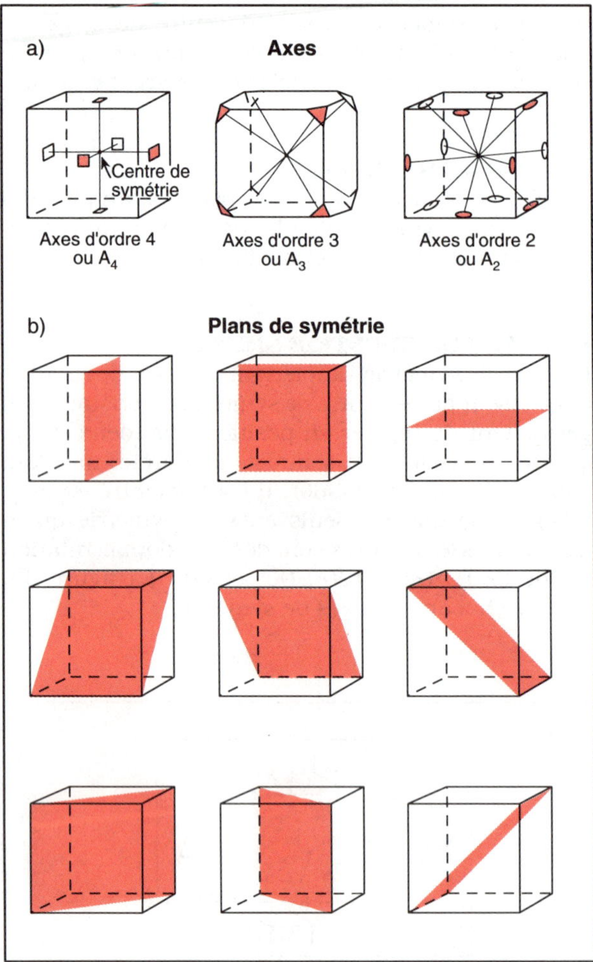

Figure 3.10 Axes de symétrie simple, plans de symétrie et centre de symétrie du cube.

LES AXES D'INVERSION

Les axes d'inversion sont des éléments de symétrie composée. Ces axes effectuent sur une face la rotation de l'ordre indiqué, suivie d'une inversion par le centre. Il s'agit en fait d'un axe de symétrie simple, couplé non pas avec un plan mais avec un point, soit le centre de symétrie. Tout comme les axes de symétrie simple, les axes d'inversion sont au nombre de cinq (fig. 3.11).

En résumé, un cristal possède toujours un ou plusieurs éléments de symétrie. Cependant, certains éléments de symétrie sont équivalents. Ainsi, l'axe d'inversion d'ordre 1, obtenu en effectuant une rotation de 360° puis une inversion par le centre, est équivalent à un centre de symétrie. L'axe d'inversion d'ordre 2, obtenu par une rotation de 180° et une inversion par le centre, est équivalent à un plan de symétrie ou miroir plan qui serait placé perpendiculairement à cet axe. Notons aussi qu'un cristal ne peut posséder plus d'un axe d'ordre 6. Le tableau 3.1 résume tous les éléments de symétrie qui permettent d'étudier la forme extérieure des cristaux.

Tableau 3.1 Éléments de symétrie permettant d'étudier la forme extérieure des cristaux.

Nom	Angle de rotation	Symbole écrit	Symbole graphique	Équivalence
Axe de symétrie simple d'ordre 1	$2\pi / 1 = 360°$	A_1	—	—
Axe de symétrie simple d'ordre 2	$2\pi / 2 = 180°$	A_2	⬮	—
Axe de symétrie simple d'ordre 3	$2\pi / 3 = 120°$	A_3	▲	—
Axe de symétrie simple d'ordre 4	$2\pi / 4 = 90°$	A_4	◆	—
Axe de symétrie simple d'ordre 6	$2\pi / 6 = 60°$	A_6	⬢	—
Axe d'inversion d'ordre 1	$2\pi / 1 = 360°$	$\overline{A}_1$	—	Centre de symétrie
Axe d'inversion d'ordre 2	$2\pi / 2 = 180°$	$\overline{A}_2$	—	Plan de symétrie
Axe d'inversion d'ordre 3	$2\pi / 3 = 120°$	$\overline{A}_3$	▲	—
Axe d'inversion d'ordre 4	$2\pi / 4 = 90°$	$\overline{A}_4$	◆	—
Axe d'inversion d'ordre 6	$2\pi / 6 = 60°$	$\overline{A}_6$	⬢	—
Plan de symétrie ou miroir plan	—	m	—	Axe d'inversion d'ordre 2
Centre de symétrie	—	$\overline{1}$	—	Axe d'inversion d'ordre 1

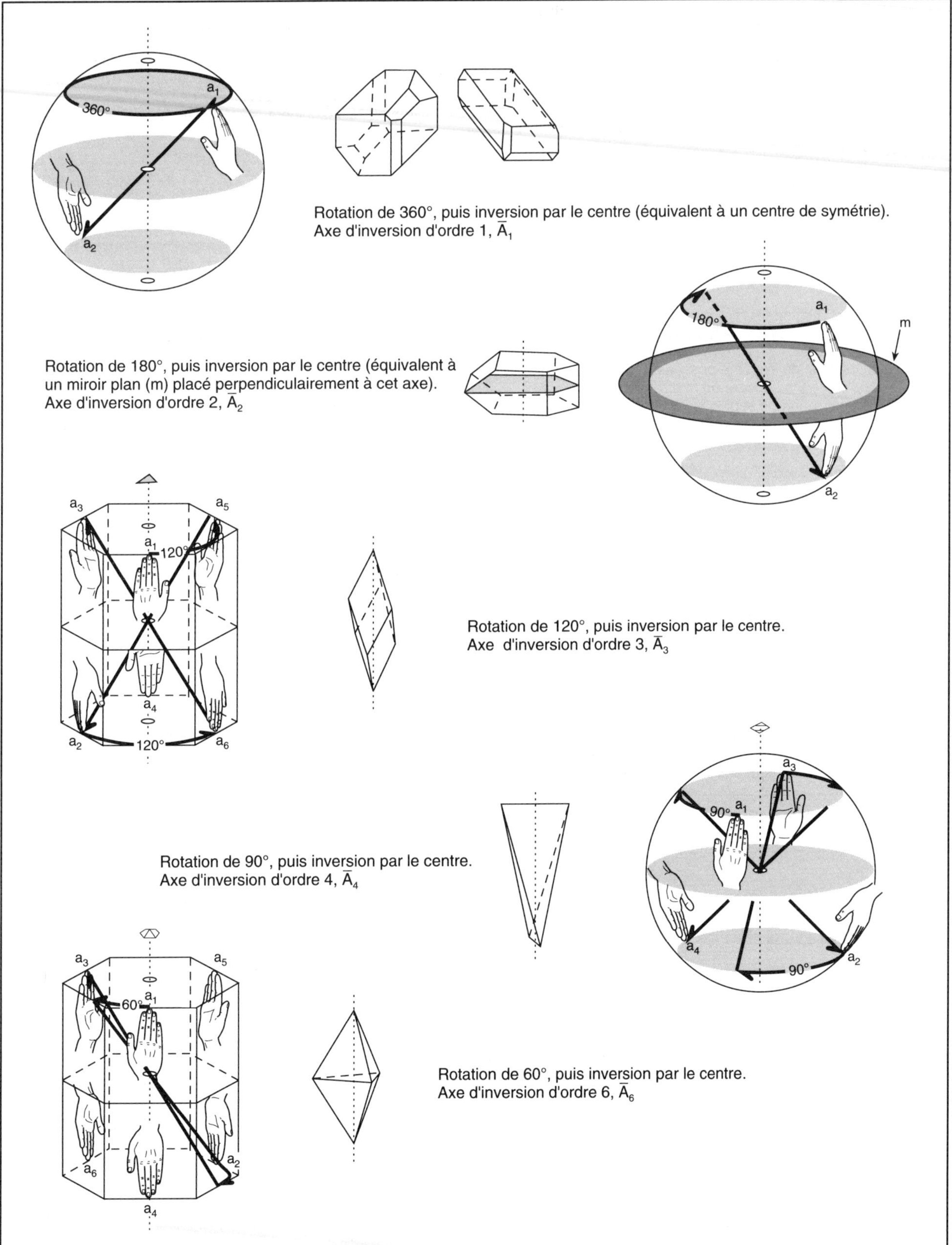

Figure 3.11 Les axes d'inversion. La notion d'axe d'inversion est illustrée par la rotation et l'inversion d'une main. Comme il y a inversion par le centre ou par un miroir plan, toute main droite génère une main gauche, et vice versa. Sont aussi illustrés les axes d'inversion de quelques cristaux.

Système cubique

- Les cristaux de ce système possèdent quatre axes de symétrie simple d'ordre 3.
- Ce système regroupe cinq classes de symétrie.
- Environ 12 % des minéraux se cristallisent dans ce système.

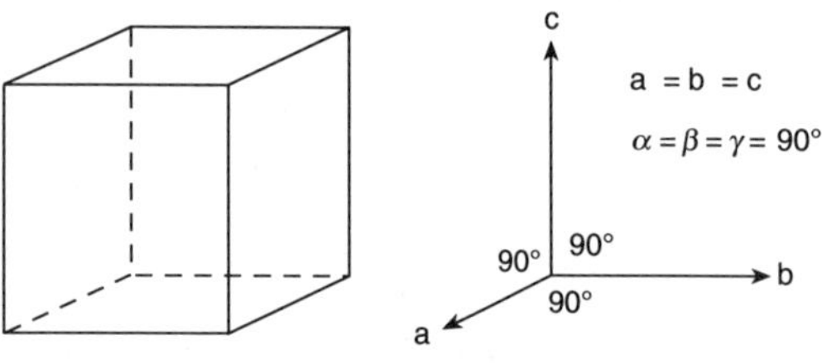

Système quadratique

- Les cristaux de ce système possèdent un axe de symétrie simple d'ordre 4 ou encore un axe d'inversion d'ordre 4.
- Ce système regroupe sept classes de symétrie.
- Environ 10 % des minéraux se cristallisent dans ce système.

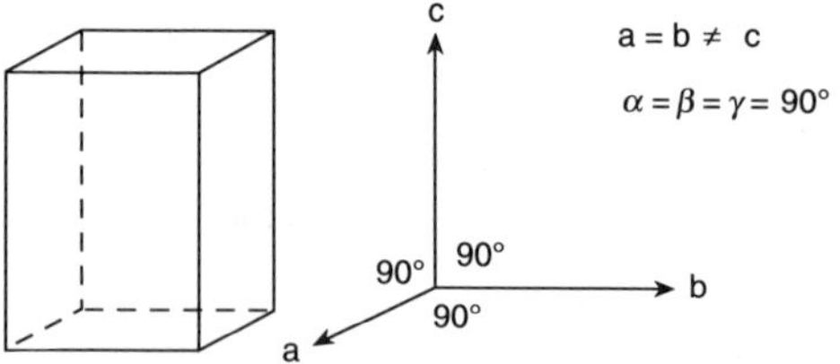

Système hexagonal

- Les cristaux de ce système possèdent un axe de symétrie simple d'ordre 6 ou encore un axe d'inversion d'ordre 6.
- Ce système regroupe sept classes de symétrie.
- Entre 7 % et 8 % des minéraux se cristallisent dans ce système.

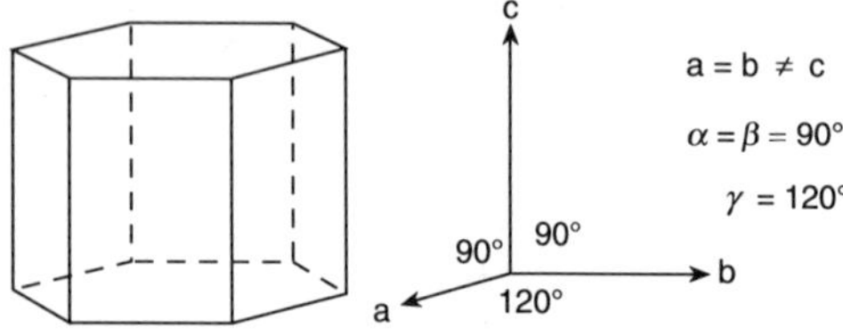

Système rhomboédrique

- Les cristaux de ce système possèdent un axe de symétrie simple d'ordre 3 ou encore un axe d'inversion d'ordre 3.
- Ce système regroupe cinq classes de symétrie.
- Près de 9 % des minéraux se cristallisent dans ce système.

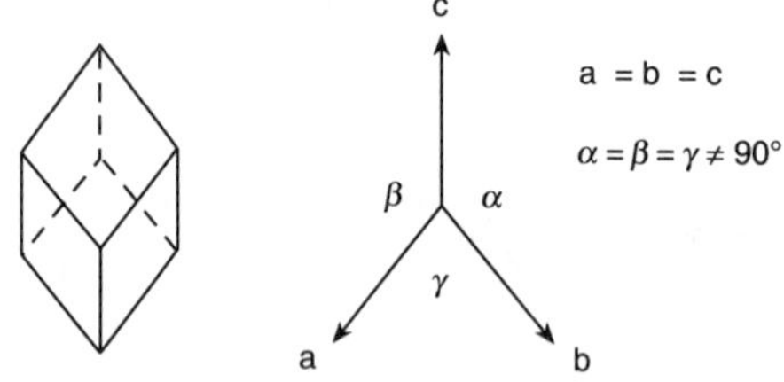

Système orthorhombique

- Les cristaux de ce système possèdent trois axes de symétrie d'ordre 2 perpendiculaires ou encore la combinaison d'un axe de symétrie simple d'ordre 2 et de deux axes d'inversion d'ordre 2 perpendiculaires entre eux*.
- Ce système regroupe trois classes de symétrie.
- Environ 22 % des minéraux se cristallisent dans ce système.

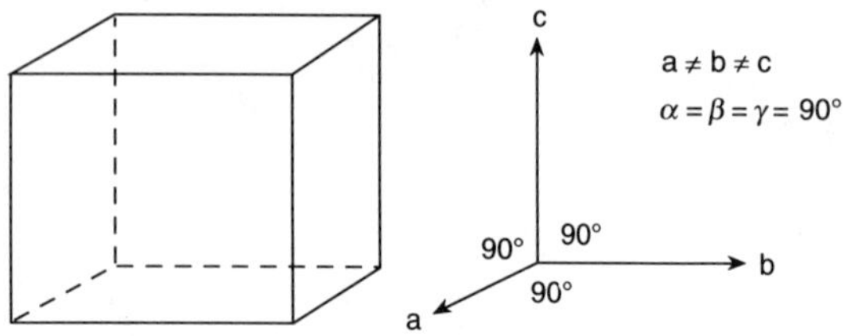

Système monoclinique

- Les cristaux de ce système possèdent un axe de symétrie simple d'ordre 2 ou encore un axe d'inversion d'ordre 2**.
- Ce système regroupe trois classes de symétrie.
- Environ 32 % des minéraux se cristallisent dans ce système.

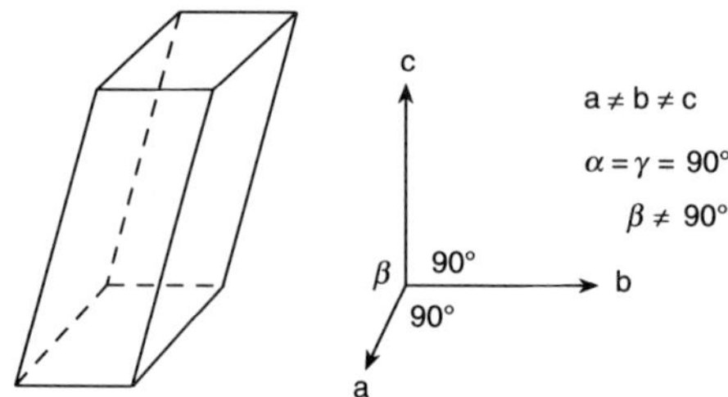

Système triclinique

- Les cristaux de ce système possèdent un axe de symétrie simple d'ordre 1 ou encore un axe d'inversion d'ordre 1***.
- Ce système regroupe deux classes de symétrie.
- Près de 7 % des minéraux se cristallisent dans ce système.

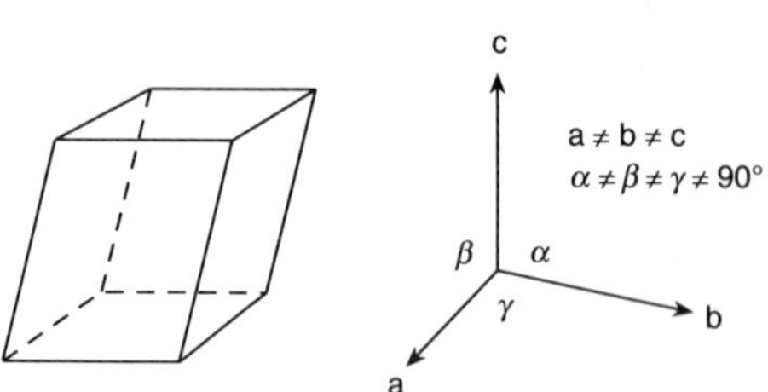

* Il faut se rappeler que l'axe d'inversion d'ordre 2 est équivalent à un miroir plan placé perpendiculairement à cet axe. Par conséquent, on pourrait aussi parler d'une combinaison d'un axe de symétrie simple d'ordre 2 et de deux plans de symétrie se recoupant le long de cet axe.

** L'axe d'inversion d'ordre 2 étant équivalent à un miroir plan, on pourrait aussi parler d'un cristal possédant un seul plan de symétrie.

*** L'axe d'inversion d'ordre 1 étant équivalent à un centre de symétrie, on pourrait aussi parler d'un cristal possédant un seul centre de symétrie.

Figure 3.12 Les sept systèmes cristallins et leurs caractéristiques.

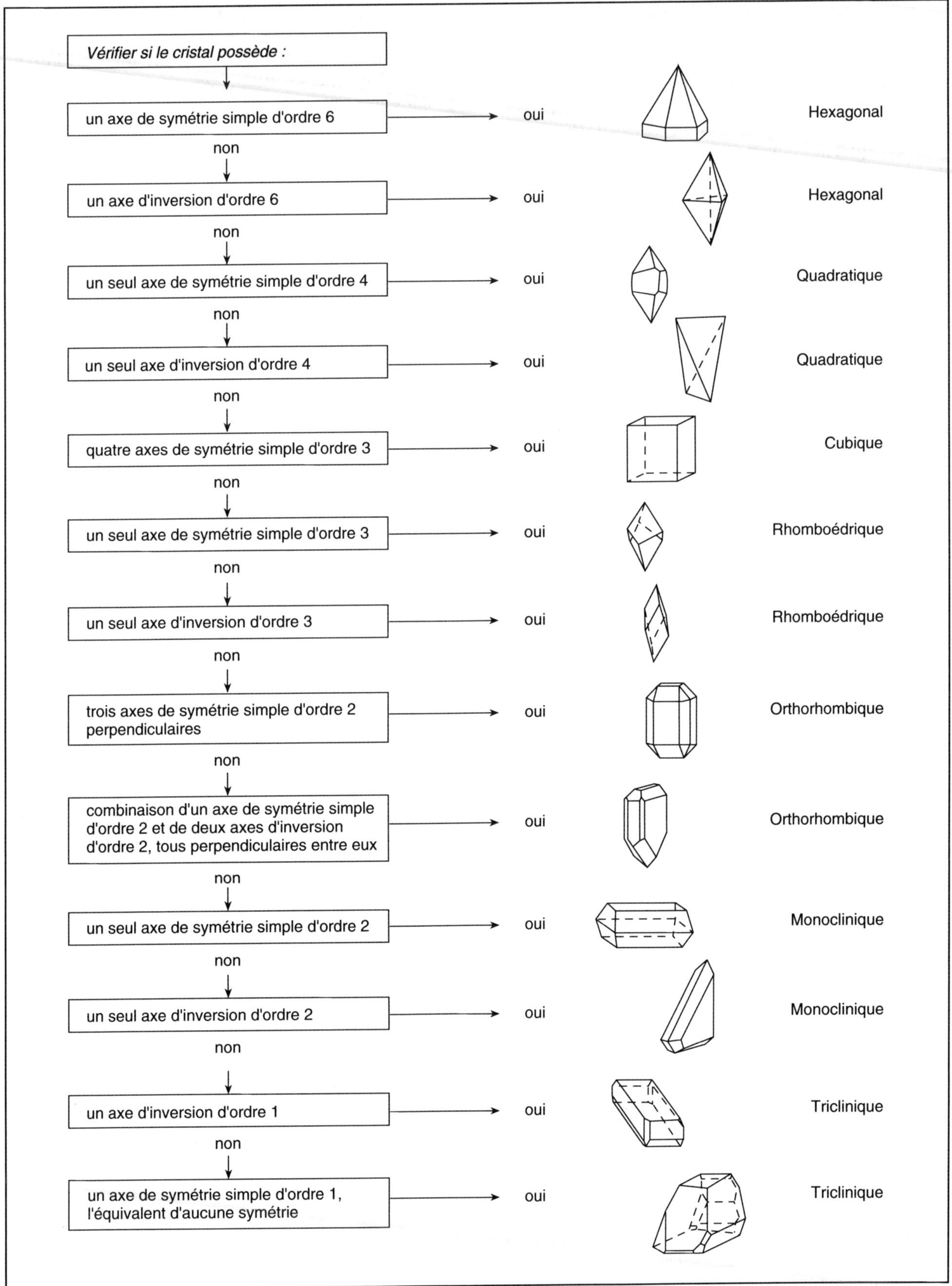

Figure 3.13 Détermination du système cristallin à partir des axes de symétrie simple et d'inversion.

3.3.5 *Les classes de symétrie et les systèmes cristallins*

En effectuant toutes les combinaisons possibles des éléments de symétrie décrits, on arrive à regrouper toutes les formes de cristaux en classes de symétrie. Le minéralogiste allemand Johan Hessel démontra, en 1830, qu'il ne pouvait pas y avoir plus de 32 classes de symétrie. Ce sont les 32 classes cristallographiques souvent nommées classes de symétrie ponctuelle.

Avec un ou plusieurs éléments de symétrie, et en réalisant diverses combinaisons, il est possible de créer et de justifier toutes les formes que peuvent montrer les cristaux. Les 32 classes de symétrie sont regroupées en sept systèmes cristallins sur la base de symétrie minimale. Par exemple, le système cubique comprend cinq classes de symétrie, chacune de ces classes possédant quatre axes d'ordre 3. De même, le système quadratique a comme condition de symétrie minimale un axe d'ordre 4 et il renferme sept classes de symétrie. Chaque système est caractérisé par un polyèdre fondamental défini par les paramètres a, b, c, α, β, γ (fig. 3.12).

3.3.6 *La détermination du système cristallin*

Pour déterminer le système cristallin auquel appartient un cristal donné, on identifie l'axe d'ordre le plus élevé. Ainsi, suivant leur énumération, il faut étudier les axes d'ordre 6, 4, 3, 2 et 1. Si un cristal possède un axe d'ordre 6, il appartient au système hexagonal. S'il ne possède pas d'axe de symétrie simple ou d'inversion d'ordre 6, il faut vérifier alors s'il possède des axes d'ordre 4. S'il en possède un seul, il appartient au système quadratique. S'il en possède plus d'un, il faut étudier les axes d'ordre 3 et ainsi de suite. On peut se reporter à la figure 3.13 pour appliquer cette méthode. Rappelons qu'une combinaison des axes sera toujours associée à d'autres éléments de symétrie. Ainsi, tout cristal possédant trois axes de symétrie simple d'ordre 4 montre aussi trois plans de symétrie qui leur sont associés.

3.3.7 *Les macles*

Lorsque deux ou plusieurs cristaux de la même espèce se développent en s'accolant ou en s'interpénétrant selon une relation géométrique définie, on parle de cristaux maclés.

Les cristaux maclés sont symétriques soit par rapport à un plan, lorsque l'un des cristaux est l'image de l'autre, soit par rapport à un axe ou à un centre, à la suite d'une rotation de 180°, de 120° ou de 90°. La symétrie des cristaux maclés concerne non seulement leur morphologie, mais aussi toutes leurs propriétés physiques. Lorsque les cristaux maclés sont en contact avec une face possible du type de cristal en question, on parle alors de contact. Par contre, s'ils adhèrent à une surface irrégulière, on parle alors de macle d'interpénétration. Les macles sont principalement le fait du mode de croissance ou des déformations.

LES MACLES DE CONTACT

Il y a macle de contact lorsque deux cristaux montrent une croissance dans deux directions à partir d'un même plan. La surface de contact ne peut pas être parallèle à un plan de symétrie du cristal, car il s'agirait d'une association parallèle de cristaux et non pas d'une macle. Par contre, elle est toujours parallèle à une face possible de celui-ci. En fait, l'un des cristaux semble être l'image de l'autre par rapport au plan de macle (fig. 3.14).

Les macles formées par plus de trois cristaux et disposées de la même façon, c'est-à-dire présentant le même type de macle, sont des macles successives ou multiples. Si la succession des plans de macle se fait de façon parallèle, on parle de macles **polysynthétiques** (fig. 3.15). Il s'agit d'un type spécial de macles de contact que l'on appelle aussi macle de l'albite parce que ce minéral montre souvent ce type de

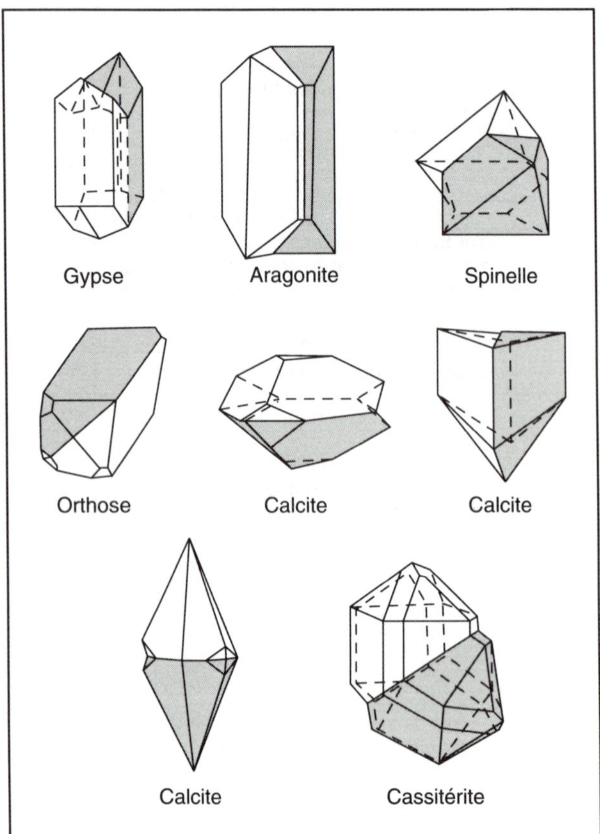

Figure 3.14 Macles de contact de différents cristaux.

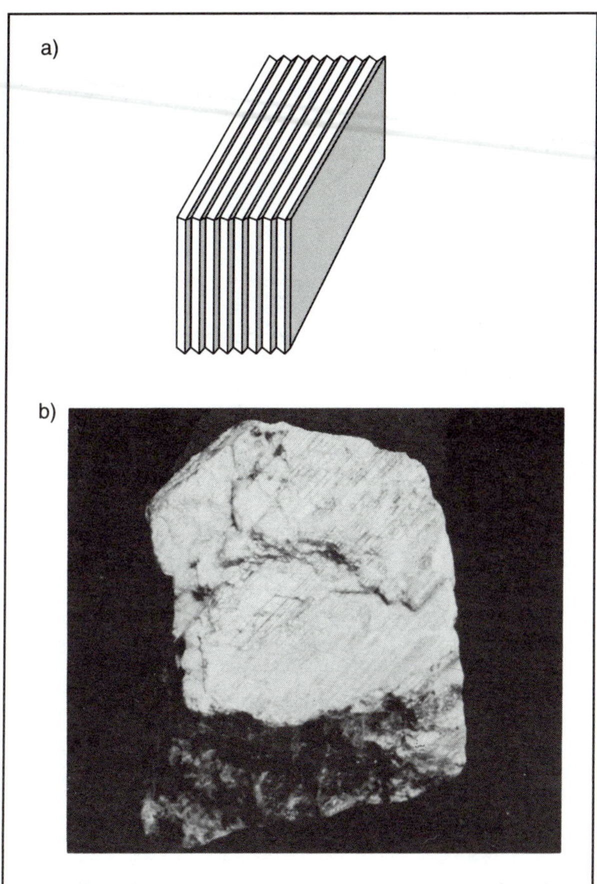

Figure 3.15 Les macles polysynthétiques. En a), représentation schématique de macles polysynthétiques. En b), stries sur un cristal de labrador (série des plagioclases) indiquant la présence de macles polysynthétiques.

macle. D'ailleurs, les autres minéraux du groupe auquel appartient l'albite, celui des plagioclases, présentent souvent ce type de macle. Si la succession des plans ne se fait pas de façon parallèle, il s'agit de macles cycliques (fig. 3.16).

LES MACLES D'INTERPÉNÉTRATION

Il y a macles d'interpénétration lorsque des cristaux s'interpénètrent suivant une surface de contact irrégulière. On les décrit plus facilement à partir d'un axe de symétrie dont la rotation est de 180°, de 120° ou de 90° (fig. 3.17a).

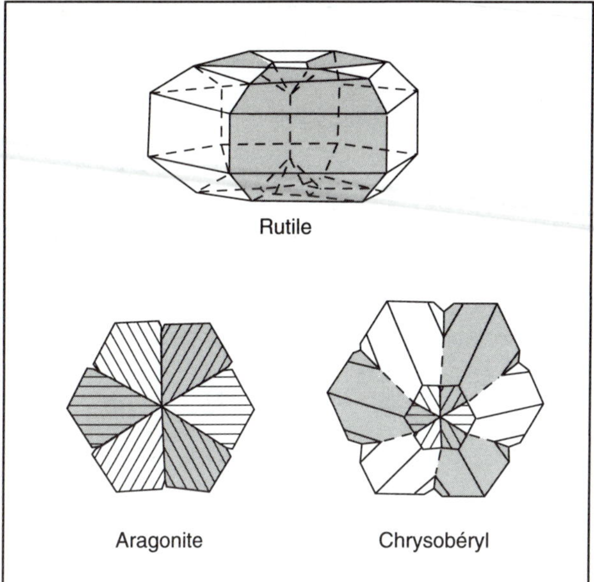

Figure 3.16 Macles cycliques de différents cristaux.

Les cristaux de quartz peuvent former des macles d'interpénétration. Lorsqu'un cristal de quartz droit[2] et un cristal de quartz gauche s'interpénètrent, on parle de macle du Brésil (fig. 3.17b). Si ce sont deux individus droits ou deux individus gauches qui s'interpénètrent, on parle alors de macle du Dauphiné (fig. 3.17c).

Le phénomène des macles dans le quartz est très commun et il peut devenir important de le déterminer. Les cristaux de quartz maclés ne présentent pas le phénomène de piézoélectricité[3] que possèdent les cristaux simples ou non maclés de cette espèce minérale.

3.4 CRISTALLOGRAPHIE INTERNE OU STRUCTURALE

À la section précédente, nous avons traité de l'arrangement des faces des cristaux sans nous préoccuper de l'arrangement interne des atomes qui les constituent. Pourtant, les faces naturellement formées sont reliées à une structure interne régulière. Nous allons donner un aperçu de cet aspect de la cristallographie.

---

2. Les cristaux droits et gauches sont des cristaux d'une même espèce minérale dont les structures sont identiques, sauf que l'un est l'image de l'autre vu dans un miroir. On pourrait les comparer à nos deux mains, le cristal droit correspondant à notre main droite et le cristal gauche à notre main gauche.
3. La piézoélectricité est une propriété que possèdent certains cristaux dépourvus de centre de symétrie. Elle se manifeste par une différence de potentiel entre les extrémités d'un axe cristallographique lorsqu'une pression ou une tension est exercée perpendiculairement à cet axe (voir l'encadré 3.1).

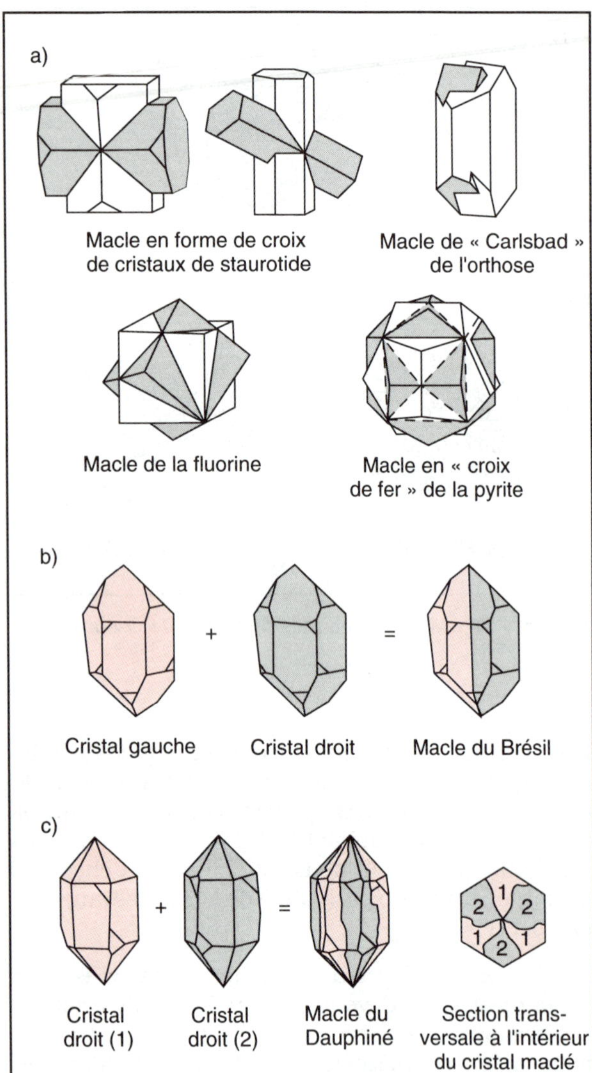

Figure 3.17 Les macles d'interpénétration. En a), macles d'interpénétration de différents cristaux; en b), macle du Brésil dans un cristal de quartz. La macle est le résultat de l'interpénétration d'un cristal gauche et d'un cristal droit; en c), macle du Dauphiné d'un cristal de quartz. La macle est issue de l'interpénétration de deux cristaux droits.

3.4.1 *Les réseaux cristallins*

On a établi que la caractéristique des cristaux est un arrangement tripériodique de motifs d'atomes. Pour comprendre cette représentation, nous allons examiner de quelle manière il est possible de placer et de déplacer des points (atomes ou groupes d'atomes) dans un espace à trois dimensions. La figure 3.18 permet de saisir les notions de rangée, de plan et de réseau réticulaires.

La **rangée réticulaire** est une série de points (deux suffisent) disposés à intervalle périodique et tous alignés dans une direction. Des rangées parallèles et équidistantes forment une **famille de rangées**.

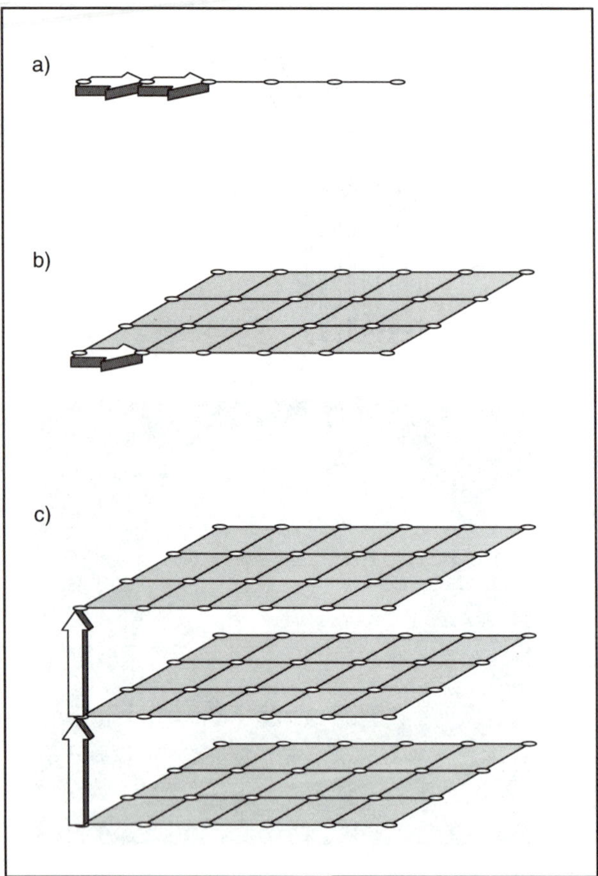

Figure 3.18 Les notions de rangée, de plan et de réseau réticulaire. En a), rangée réticulaire; en b), plan réticulaire; en c), réseau réticulaire (d'après Bloss, 1971).

Le **plan réticulaire** est un plan défini par deux rangées. Il contient une infinité de rangées réticulaires. Le plan est ainsi divisé en parallélogrammes jointifs.

Le **réseau réticulaire** est une série de plans réticulaires identiques, parallèles et équidistants. L'ensemble forme une famille de plans réticulaires. La distance la plus courte entre deux plans réticulaires voisins s'appelle la **distance interréticulaire**.

Nous sommes maintenant en mesure d'établir que les plans réticulaires divisent l'espace en parallélépipèdes identiques et juxtaposés.

> Le parallélépipède élémentaire qui par translation (opération qui permet de passer d'un point à un autre) édifie un réseau tridimensionnel se nomme la **maille** (ou cellule unitaire).

Étant donné que dans un même réseau il est possible de choisir des mailles différentes, la règle est de choisir la plus petite (on parle de maille élémentaire). Dans un réseau à trois dimensions, les trois translations non coplanaires les plus courtes définiront la maille la plus compacte possible. Une maille élémentaire conserve toutes les propriétés géométriques, physiques et chimiques d'un cristal, et contient suffisamment d'atomes pour respecter sa composition chimique. Les sommets de la maille constituent les **points homologues**. Ils sont situés aux intersections de deux ou trois rangées réticulaires.

Il nous faut maintenant confronter ces notions avec un vrai cristal. Grâce à la radiocristallographie, on connaît bien la disposition des atomes dans les édifices cristallins. Prenons une substance simple et commune, le sel, que nous appelons en cristallographie et en minéralogie la halite. Sa formule chimique est NaCl et il forme des cristaux cubiques. La figure 3.19 nous montre qu'un cristal de la halite résulte de l'empilement régulier d'ions, soit l'anion Cl^- et le cation Na^+. Telle est sa structure atomique. Cependant, pour identifier la maille de la halite, il nous faut extraire de cette structure un réseau. Pour ce faire, nous n'allons plus considérer les atomes individuels mais bien des **motifs**, c'est-à-dire un point représentant un atome ou un petit groupe d'atomes.

Les extrémités des vecteurs de translation des motifs donnent des points homologues dont l'assemblage définit le réseau.

Dans la structure de la halite, on bâtit le réseau à partir de points homologues qui représentent le point de contact des ions Na^+ et Cl^-. En superposant les plans réticulaires obtenus en groupant les points homologues, on construit un réseau cubique à faces centrées (voir plus loin).

En résumé, on peut définir un réseau comme la disposition dans l'espace d'un ensemble de points homologues, de telle façon que l'environnement de chacun de ces points soit toujours le même, quel que soit le point choisi. Le groupe d'atomes qui engendre par translation la totalité de la structure cristalline est le motif et les extrémités des vecteurs de translation forment un ensemble de points que l'on nomme les nœuds du réseau.

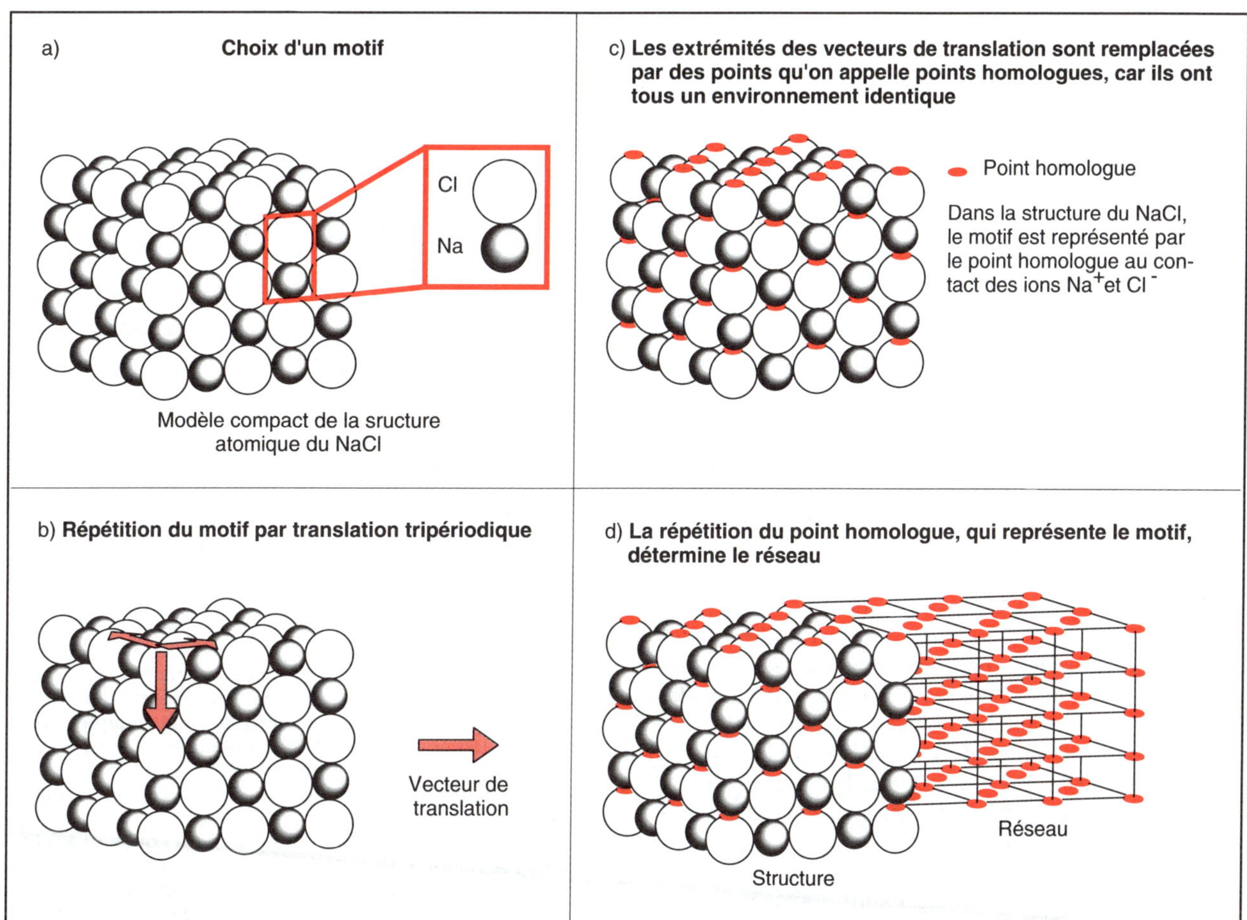

Figure 3.19 Détermination du réseau de Bravais de la halite, NaCl, à partir de sa structure atomique.

Le physicien français Auguste Bravais, en 1848, a démontré à l'aide de 112 théorèmes qu'il ne peut exister que 14 possibilités d'arrangement de points homologues dans l'espace. Ces 14 possibilités permettent d'obtenir des mailles jointives, sans laisser de vides dans les réseaux.

Ces structures sont connues sous l'appellation des 14 réseaux de Bravais. Ces réseaux concernent l'arrangement des ions composant les cristaux.

Pour illustrer cette notion, nous allons examiner les possibilités que présente un réseau fait de mailles cubiques (fig. 3.20). On constate, dans ce cas, qu'il existe trois façons d'assembler les plans réticulaires de points homologues.

Maille cubique simple Chaque point homologue est entouré de six autres points homologues et le vecteur de translation des plans réticulaires est parallèle aux arêtes du réseau cubique.

Maille cubique centrée Chaque point homologue est entouré de huit autres points homologues et le vecteur de translation des plans réticulaires est une diagonale rejoignant les sommets du réseau cubique.

Maille cubique à faces centrées Chaque point homologue est entouré de douze autres points homologues et le vecteur de translation des plans réticulaires est une diagonale rejoignant le milieu des arêtes du réseau cubique.

3.4.2 Constitution interne des cristaux à partir des réseaux de Bravais

La notion de réseau nous permet d'énoncer deux règles générales concernant la constitution interne des cristaux.

- Dans un cristal, les atomes sont disposés selon une architecture formée de parallélépipèdes identiques (polyèdres dont les six faces sont des parallélogrammes, les faces opposées étant égales et parallèles); chacun de ces parallélépipèdes représente une maille du cristal et se définit par la longueur de ses arêtes et par les angles de ses faces. Il s'agit des 14 réseaux de Bravais (fig. 3.21).

- Dans un cristal, les atomes sont disposés soit au sommet (nœuds), soit sur les faces ou encore à l'intérieur des mailles.

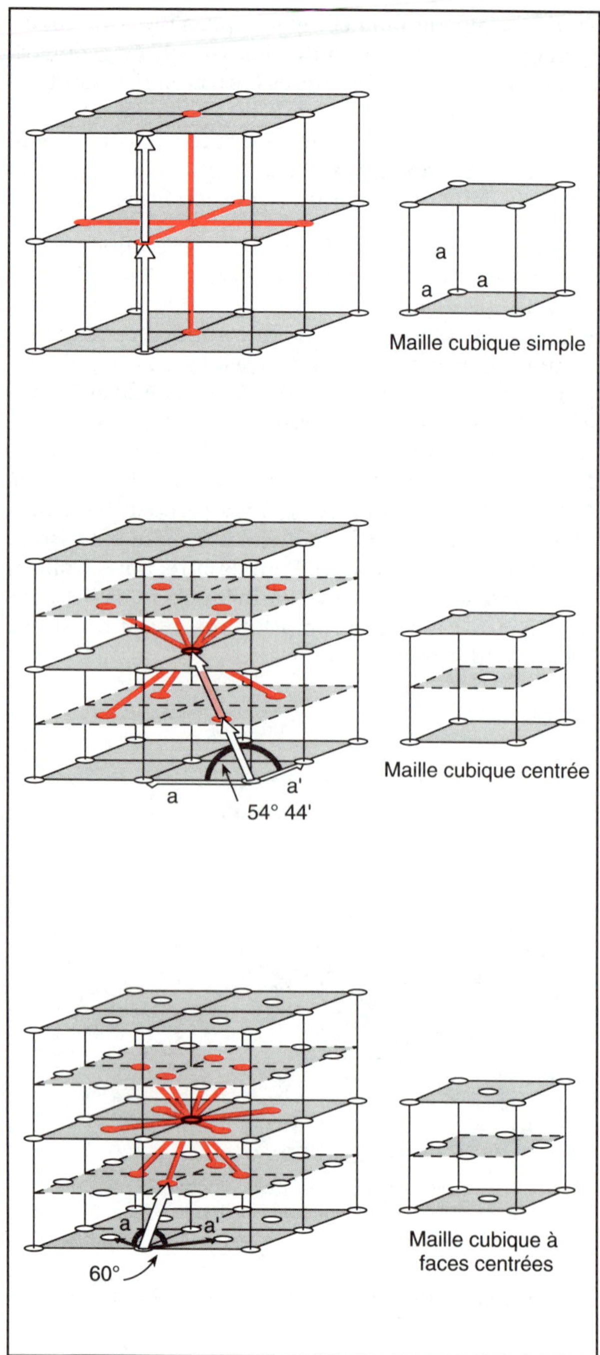

Figure 3.20 Réseaux de Bravais du système cubique et mailles respectives. La figure montre trois arrangements possibles des plans réticulaires et les trois mailles correspondantes, définies chaque fois par les plans réticulaires les plus rapprochés. On remarque que dans chaque cas la maille est délimitée par des plans réticulaires identiques. En ce qui concerne la maille cubique centrée, on peut démontrer par trigonométrie que le vecteur de translation forme un angle de 54°44' avec les rangées réticulaires de base de la maille (segment a). La longueur du vecteur équivaut à 0,866 celle du segment a. Pour la maille cubique à faces centrées, le vecteur de translation est à 45° avec la base et il forme un angle de 60° avec la diagonale a' de la base de la maille. La longueur du vecteur de translation est égale au segment a' (d'après Bloss, 1971, p. 149).

	Simple ou primitif (P)	**À bases centrées** (C)	**Centré** (I)	**À faces centrées** (F)
Cubique $\alpha = \beta = \gamma = 90°$ a = b = c	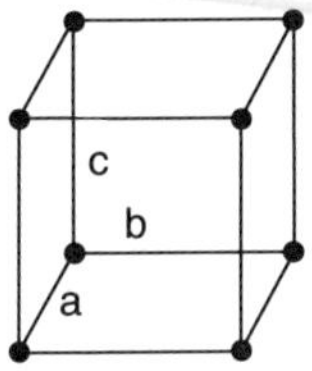 c b a	Impossible	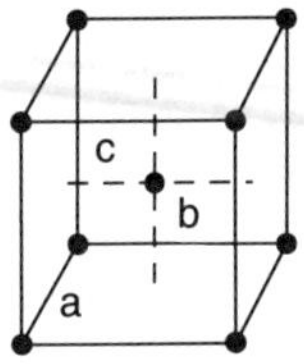 c b a	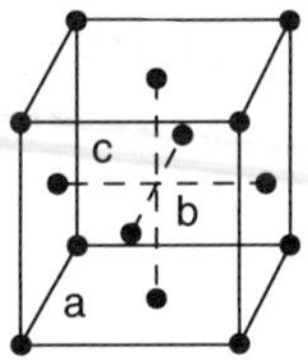 c b a
Quadratique $\alpha = \beta = \gamma = 90°$ a = b ≠ c	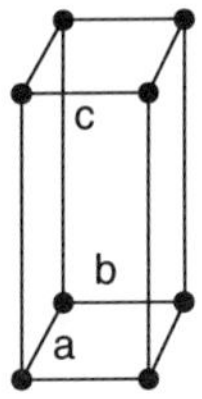 c b a	Identique à quadratique simple ou primitif	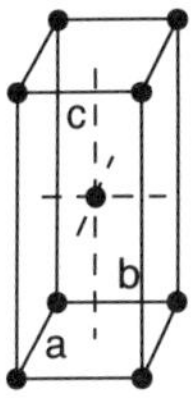 c b a	Identique à quadratique centré
Orthorhombique $\alpha = \beta = \gamma = 90°$ a ≠ b ≠ c	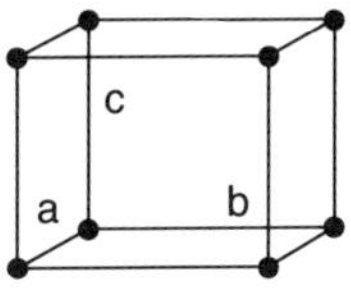 c a b	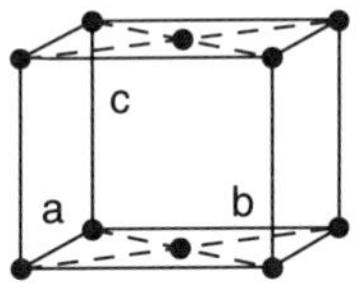 c a b	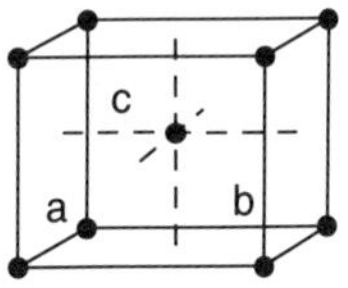 c a b	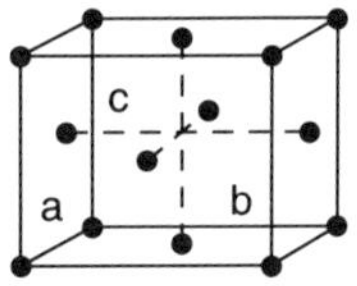 c a b
Hexagonal $\alpha = \beta = 90°$ $\gamma = 120°$ a = b ≠ c	Identique à hexagonal à bases centrées	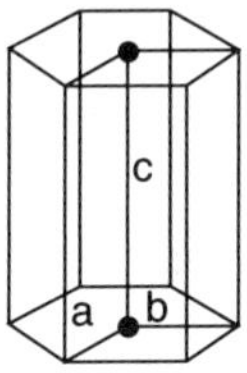 c a b	Identique à hexagonal à bases centrées	Identique à hexagonal à bases centrées
Rhomboédrique $\alpha = \beta = \gamma \neq 90°$ a = b = c	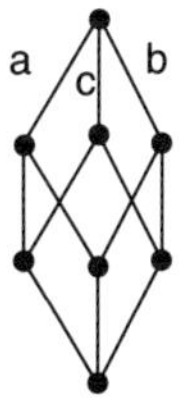 a c b	Impossible	Identique à rhomboédrique simple ou primitif	Identique à rhomboédrique simple ou primitif
Monoclinique $\alpha = \gamma = 90° \neq \beta$ a ≠ b ≠ c	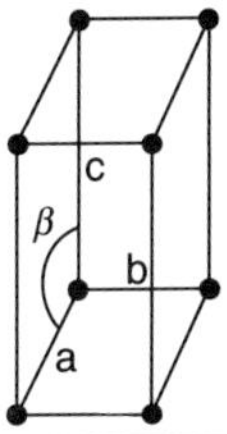 c β b a	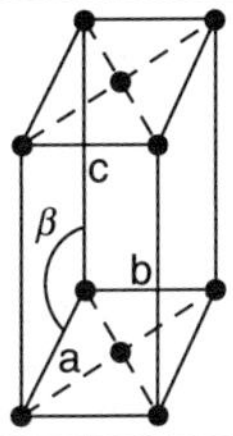 c β b a	Identique à monoclinique simple ou primitif	Identique à monoclinique simple ou primitif
Triclinique $\alpha \neq \beta \neq \gamma \neq 90°$ a ≠ b ≠ c	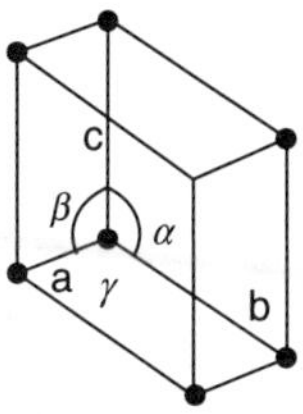 c β α a γ b	Identique à triclinique simple ou primitif	Identique à triclinique simple ou primitif	Identique à triclinique simple ou primitif

Figure 3.21 Distribution des 14 réseaux de Bravais dans les sept systèmes cristallins.

La figure 3.22 illustre la structure interne de différents cristaux. Chacun d'eux est formé par la répétition tripériodique d'une maille.

3.5 ISOMORPHISME, POLYMORPHISME ET ISOTYPISME

Pour exprimer la similitude géométrique ou chimique de certaines espèces minérales, on fait appel aux notions d'isormorphisme, de polymorphisme et d'isotypisme.

3.5.1 Isomorphisme

Deux espèces minérales sont **isomorphes** quand elles montrent une similitude de structure et de morphologie due à la présence d'ions ou de groupes d'ions de grosseurs semblables et agencés de manière similaire. Dans les substances isomorphes, les mailles cristallines ont des constantes proches. L'isomorphisme est dit parfait si les deux espèces peuvent donner des cristaux mixtes (cristaux de compositions différentes) quels que soient les rapports quantitatifs entre les espèces. Des substances comme la magnésite, $MgCO_3$, et la sidérose, $FeCO_3$, donnent une série isomorphe complète et constituent un exemple d'isomorphisme parfait. Par contre, entre la calcite, $CaCO_3$, et la magnésite, $MgCO_3$, il n'y a qu'une seule espèce de composition intermédiaire : la dolomite, $MgCa(CO_3)_2$. Cette substance est un exemple d'isomorphisme imparfait.

3.5.2 Polymorphisme

Deux espèces minérales sont **polymorphes** quand pour une même composition chimique elles présentent une structure cristalline distincte. Ainsi, une substance dont la composition chimique est $CaCO_3$

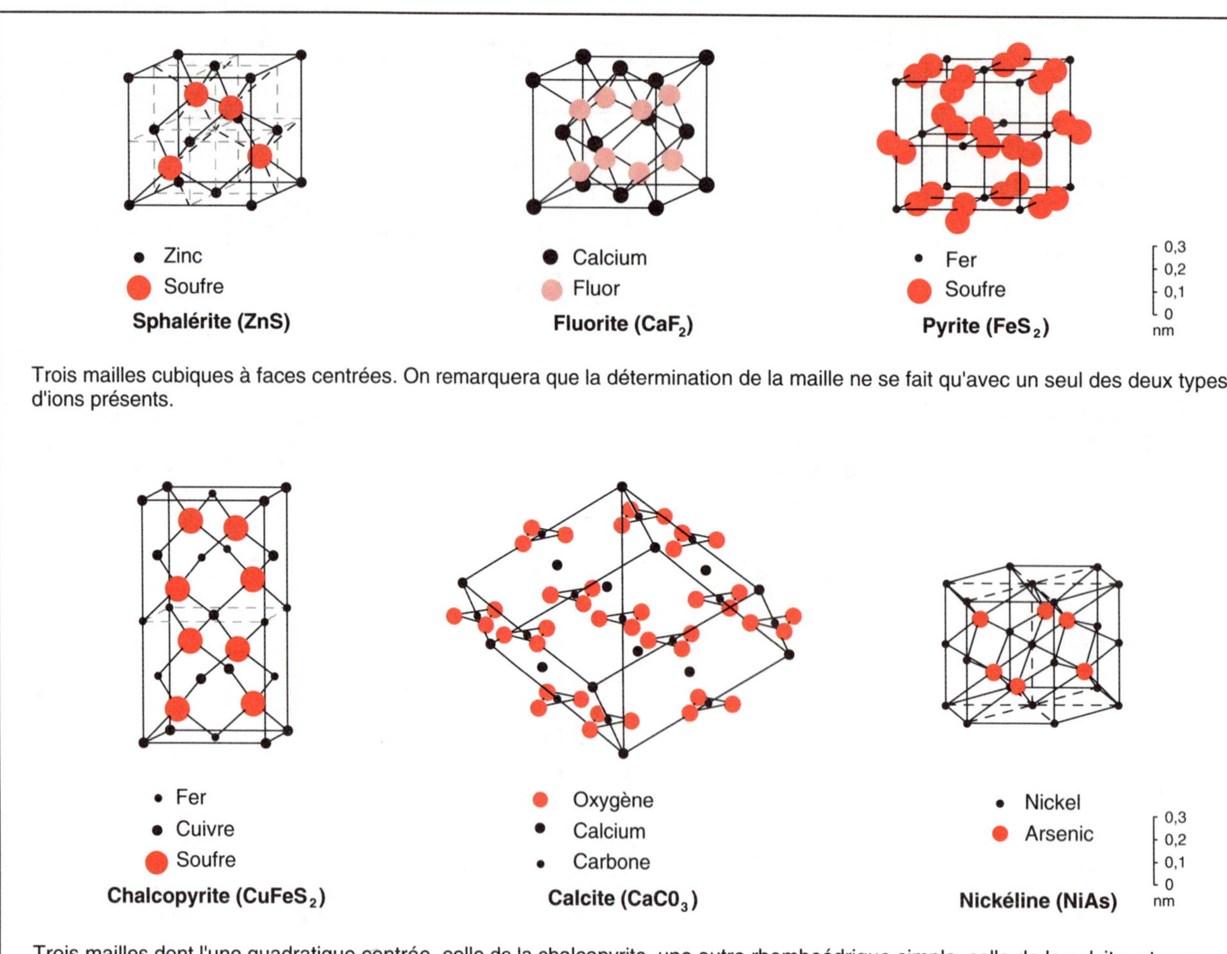

Figure 3.22 Structures internes de différents cristaux.

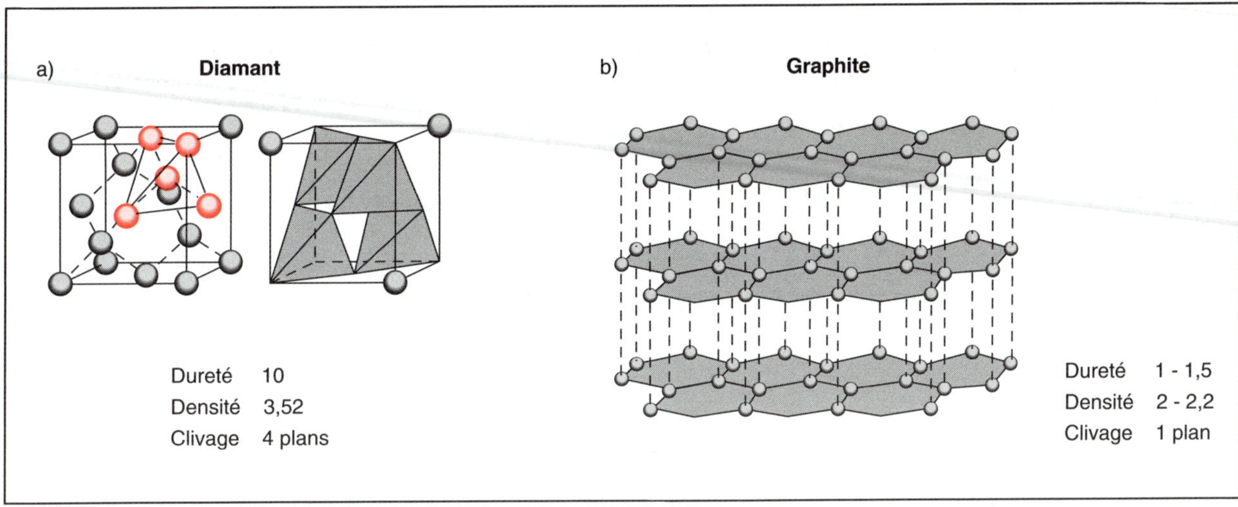

Figure 3.23 Le polymorphisme du carbone, C. En a), le diamant qui se cristallise dans le système cubique. Les atomes de carbone sont unis par des liaisons covalentes et la maille est un tétraèdre (en couleur sur la figure). Il y a un carbone à chacun des sommets du tétraèdre et un autre au centre. En b), le graphite qui se cristallise dans le système hexagonal. Les atomes de carbone sont unis par des liaisons covalentes et disposés en « nids d'abeille » hexagonaux. Il se forme ainsi des feuillets parallèles qui sont retenus par des liaisons de Van der Waals peu fortes qui procurent au graphite son clivage dans un plan.

existe sous deux formes stables, la calcite et l'aragonite. Ces deux minéraux présentent cependant une structure cristalline différente : la calcite se cristallise dans le système rhomboédrique, tandis que l'aragonite se cristallise dans le système orthorhombique. Les deux espèces diffèrent également de dureté et de densité.

Un autre exemple de polymorphisme nous est donné par le graphite et le diamant. Tous deux sont formés de carbone pur, C, et pourtant leurs propriétés physiques sont totalement différentes. Cela vient du fait que le graphite se cristallise dans le système hexagonal, tandis que le diamant se cristallise dans le système cubique (fig. 3.23).

3.5.3 *Isotypisme*

Deux espèces minérales sont **isotypes** (ou isostructurales) quand elles ont une même structure cristalline mais une composition chimique distincte. Les exemples sont nombreux : la halite, NaCl, et la sylvite, KCl, sont cubiques à faces centrées (fig. 3.24). La galène, PbS, a aussi la même structure.

CONCLUSION

L'état cristallin est l'état de la matière organisée. Dans un solide cristallin, chaque atome occupe une position bien définie dans l'espace, non seulement par rapport à ses voisins immédiats, mais aussi par rapport à tous les autres atomes, quelle que soit la distance qui les sépare. Pour caractériser l'état cristallin, on parle donc d'une organisation à grande échelle ou à longue distance.

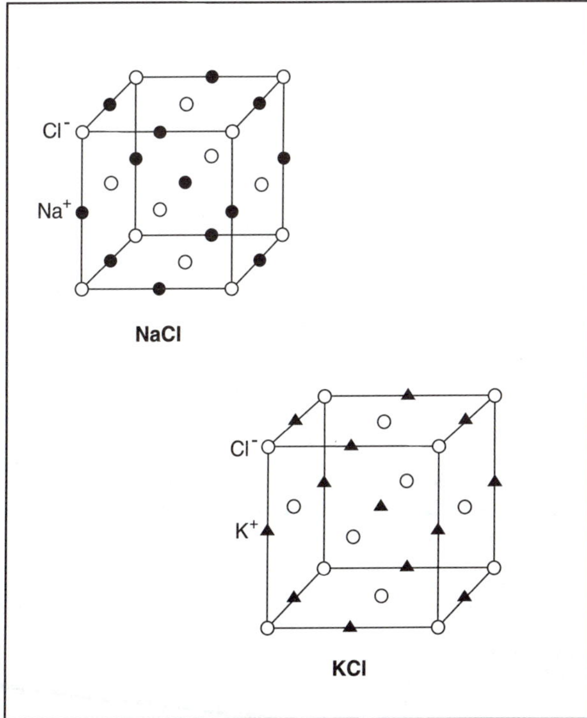

Figure 3.24 Deux espèces cristallines isotypes (ou isostructurales), la halite, NaCl, et la sylvite, KCl.

VOCABULAIRE

Anédrique
Axe de symétrie

Corps amorphe
Corps cristallin
Cristal
Cristallographie
Cubique à faces centrées
Cubique centré
Cubique simple

Éléments de symétrie
Euédrique

Faces cristallines

Isomorphisme
Isotypisme

Macles
Motifs

Plan réticulaire
Point homologue
Polyèdre de coordination
Polymorphisme

Rangée réticulaire

Réseau de Bravais
Réseau réticulaire

Subédrique
Système cristallin

QUESTIONS

1. À l'aide d'exemples, précisez les caractéristiques de l'état cristallin.
2. Faites une recherche personnelle pour trouver de quelle manière est organisée la structure du bois.
3. À l'aide d'un exemple, précisez la notion de motif.
4. Quelle différence y a-t-il entre la structure atomique d'une substance et le réseau de Bravais de cette même substance ?
5. Vrai ou faux ?
   a) Les substances amorphes se cristallisent toujours dans le système cubique.
   b) Une substance cristalline possède une température de fusion fixe.
   c) Un cristal dont les faces sont bien développées est dit anédrique.
   d) Le graphite et le diamant sont isotypes.
   e) Le cube possède six axes de symétrie d'ordre 2.

RÉFÉRENCES BIBLIOGRAPHIQUES

OUVRAGES RECOMMANDÉS

1. **Bariand, P., Cesbron, F. et Geffroy, J.**
   1977 : *Les minéraux. Leurs gisements, leurs associations.* Orléans, Éditions du BRGM, vol. 1, 145 p.; vol. 2, 288 p.; vol. 3, 489 p.
   Excellent ouvrage. Le volume 1 traite de cristallographie et des minéraux des roches. Les volumes 2 et 3 traitent des minéraux de concentration d'éléments communs et d'éléments rares. De très belles photographies en couleur et en noir et blanc.

2. **Bloss, F. D.**
   1971 : *Crystallography and Crystal Chemistry.* New York, Holt, Rinehart and Winston Inc., 545 p.
   Volume très didactique. Niveau avancé.

3. **Baronnet, A.,**
   1988 : *Minéralogie.* Paris, Dunod, coll. Géosciences, 184 p.
   Présente les fondements de la cristallographie et de la minéralogie. Niveau avancé.

4. **Achour, F. P.**
   1987 : *La gemmologie.* Sillery, Éditions Gemma, 198 p.
   Pour une initiation à l'art et à la science des pierres précieuses.

AUTRES SOURCES D'INFORMATION CONSULTÉES

Dorlot, J.-M., Baïlon, J.-P. et Masounave, J.
1986 : *Des matériaux.* Montréal, Éditions de l'École polytechnique, 467 p. (Voir le chapitre 3 : L'architecture atomique.)

Flint, E.
1981 : *Principes de cristallographie.* Moscou, Éditions Mir, 232 p.

Ledoux, R.
1989 : *Cristallographie.* Notes de cours et exercices de laboratoire, Cours GLG-10334, Département de géologie, Université Laval, 133 p. (théorie).

Vanders, I. et Kerr, P. F.
1967 : *Mineral Recognition.* Toronto, John Wiley & Sons Inc. 316 p.

CHAPITRE 4
LES MINÉRAUX

Que rien ne te demeure étranger, ni des pierreries et fructices de l'Orient, ni des métaux cachés au ventre des abîmes.

RABELAIS, *Lettre de Gargantua à Pantagruel.*

OBJECTIFS PÉDAGOGIQUES

Au terme de ce chapitre vous devriez pouvoir :

- définir ce qu'est un minéral;
- énoncer les principales propriétés physiques et chimiques des minéraux;
- présenter la classification des minéraux, donner des exemples de chaque classe et préciser leurs principaux usages;
- préciser ce qu'on entend par une solution solide;
- faire la relation entre la structure atomique des silicates et leur vulnérabilité à l'altération;
- identifier une vingtaine de minéraux communs.

Les minéraux sont à la géologie ce que les atomes sont à la chimie. Ce sont les composants des matériaux de l'écorce terrestre, et leur étude est la clef qui mène à la compréhension des divers aspects de la géologie.

Les minéraux constituent une richesse naturelle des plus importantes. Ressources non renouvelables, ils sont devenus des éléments indispensables aux sociétés modernes. Pourtant, la place prépondérante accordée aux minéraux puise ses racines très loin dans l'Histoire. En Égypte, et plus particulièrement dans la vallée du Nil, des peintures, qui datent de plus de 5000 ans, représentent des ouvriers travaillant des pierres et fondant des métaux. Encore plus loin dans le passé, dans les sociétés préhistoriques, on taillait le silex pour fabriquer les outils nécessaires à sa subsistance.

Depuis ce temps, notre dépendance vis-à-vis des minéraux s'est toujours accrue et nous utilisons sur une grande échelle les produits qui en sont dérivés. Par exemple, la majorité des matériaux employés dans l'industrie de la construction, tels les bétons de ciment, l'acier, le verre, le plâtre, les briques et les tuiles, trouvent leur origine dans les minéraux. L'industrie de l'automobile et l'aéronautique utilisent aussi dans une grande proportion les dérivés des minéraux. La construction des routes exige des granulats de qualité que fournissent les roches. Dans tous ces usages, les propriétés physiques et chimiques des minéraux sont largement mises à profit.

En plus des applications traditionnelles, les minéraux sont employés de façons diverses dans des secteurs d'activité beaucoup plus récents. Les montres à quartz (encadré 3.1) et les calculatrices de poche n'auraient jamais vu le jour sans l'utilisation de certaines propriétés des cristaux.

4.1 DÉFINITION DE MINÉRAL

Un **minéral** est une espèce chimique naturelle qui se présente le plus souvent sous la forme d'un solide cristallin. Sauf exception, les minéraux ont une composition chimique définie, non fixe, qui varie à l'intérieur de certaines limites, et des propriétés physiques qui permettent de les différencier les uns des autres.

Une telle définition d'un minéral exclut les matériaux synthétisés. Un diamant fabriqué artificiellement, même s'il est identique à un diamant naturel, n'est pas considéré comme un minéral.

Les termes roche et minerai n'ont pas la même signification que minéral. Une roche désigne tout matériau constitutif de l'écorce terrestre, généralement formé d'un assemblage de minéraux. Un minerai est un ensemble rocheux contenant des substances minérales utiles en concentration suffisante pour justifier une exploitation commerciale.

Actuellement, environ 3000 espèces minérales distinctes sont connues et de nouveaux minéraux sont régulièrement répertoriés. Au Québec, on a découvert de nouvelles espèces ces dernières années, notamment à la carrière Demix au mont Saint-Hilaire et à la mine Jeffrey d'Asbestos, pour ne nommer que ces deux endroits.

Les minéraux sont les composants des roches. Leur formation, qu'elle se produise à partir de solutions, de matière en fusion, de vapeurs ou encore par recristallisation, est due en fait à la réunion d'ions par des liaisons plus ou moins fortes, comme l'illustre la figure 4.1. Les différents minéraux sont donc caractérisés par les ions présents dans leur structure, c'est-à-dire leur composition chimique, et aussi par le type de liaison qui unit ces ions.

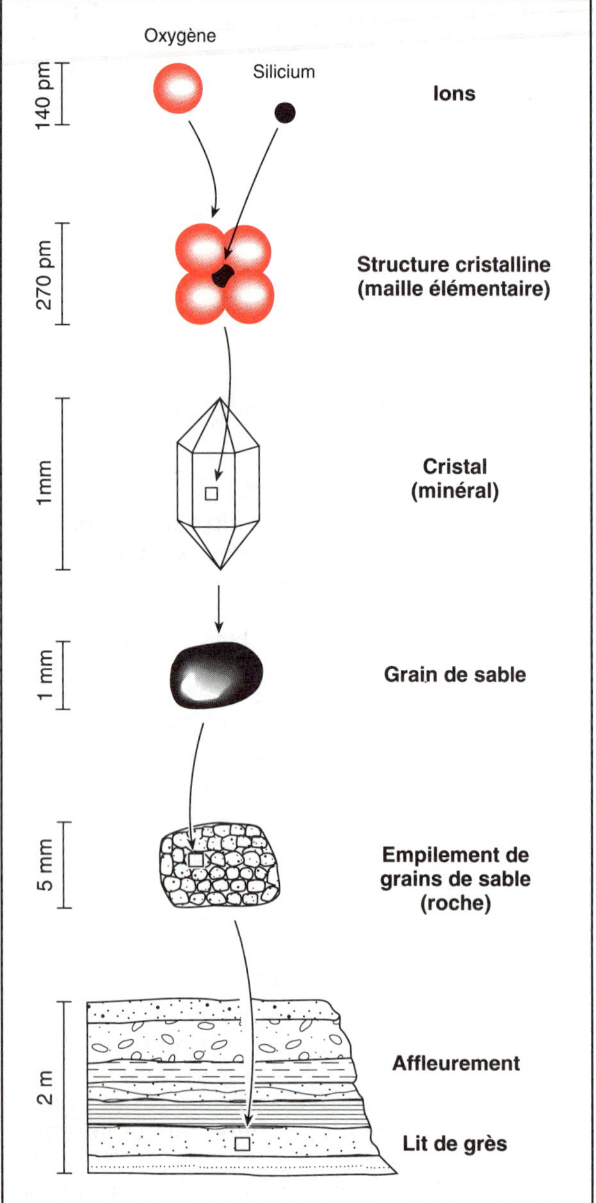

Figure 4.1 Les ions s'unissent pour former les minéraux qui, à leur tour, composent les roches (d'après Press et Siever, 1986, p. 54).

4.2 LES LIAISONS CHIMIQUES DANS LES MINÉRAUX

La plupart des minéraux sont formés par la combinaison de deux ou plusieurs éléments chimiques, exception faite de quelques minéraux appelés éléments natifs, tels l'or, l'argent, le platine, le cuivre, le soufre, le graphite, le diamant, et de quelques autres formés d'une seule sorte d'ions.

Les forces qui relient ensemble les divers ions déterminent en grande partie les différentes propriétés physiques et chimiques des minéraux. Ainsi, la dureté, l'éclat, la température de fusion, la conductivité thermique et électrique sont directement reliés au type de liaison chimique présent dans les minéraux. En général, plus la liaison chimique est forte, plus la température de fusion est élevée et plus le minéral est dur.

Les liaisons chimiques unissant les différents ions qui forment les minéraux sont de quatre types : les liaisons ioniques, les liaisons covalentes, les liaisons métalliques et les liaisons de Van der Waals.

4.2.1 *Les liaisons ioniques*

Les liaisons ioniques concernent le lien électrostatique entre ions de charges opposées. Une telle attraction s'explique par le fait que les atomes de certains éléments ont tendance à acquérir la structure du gaz noble qui les précède ou les suit dans le tableau périodique, et ce, grâce à une perte ou à un gain d'un ou de plusieurs électrons.

Dans les liaisons ioniques, il y a transfert d'électrons d'un atome à l'autre. Les forces d'attraction entre cations et anions s'exercent dans toutes les directions de l'espace, ce qui veut dire que chaque cation est entouré d'anions et vice versa. La liaison qui en résulte est multidirectionnelle. Prenons le cas du sodium et du chlore. Les deux ions, Na^+ et Cl^-, s'attirent électriquement pour former le minéral halite dont la formule chimique est NaCl (voir le chapitre 3).

Les cristaux possédant des liens ioniques ont une densité et une dureté généralement moyennes. Par contre, leur température de fusion est généralement élevée, et ils sont de mauvais conducteurs de chaleur et d'électricité. La figure 4.2 présente une liaison chimique de type ionique.

4.2.2 Les liaisons covalentes

Les liaisons covalentes se produisent entre atomes identiques et résultent de la mise en commun d'une ou de plusieurs paires d'électrons, chacun des atomes fournissant un électron par paire. Une fois la mise en commun effectuée, chaque atome complète ainsi son orbitale (fig. 4.3). Ces liaisons peuvent aussi s'établir entre atomes non identiques.

Dans les liaisons covalentes, les forces de cohésion entre les atomes sont orientées en fonction du nombre de paires d'électrons mises en commun. Les liaisons covalentes sont les plus fortes de toutes les liaisons chimiques. Un bon exemple de ce type de liaison est fourni par le diamant formé des seuls atomes de carbone qui possèdent quatre électrons de valence. Chaque atome partage ses quatre électrons de valence avec quatre atomes de carbone voisins.

Les cristaux présentant des liens covalents ont une dureté variable et ne sont généralement pas solubles. En plus d'une température de fusion très élevée, ils possèdent une très grande stabilité et sont de mauvais conducteurs d'électricité.

4.2.3 Les liaisons métalliques

Les liaisons métalliques caractérisent les métaux et se forment par une mise en commun des électrons de valence, qui peuvent se déplacer librement dans la structure. Les électrons de valence n'appartiennent à aucun ion en particulier et ils forment un nuage très mobile où baignent les cations. Les ions unis par ce genre de liaison sont parfaitement serrés les uns contre les autres. Les liaisons métalliques sont non directionnelles. Le cuivre natif, ainsi que l'argent ou l'or natifs, représentent bien ce type de liaison.

Les minéraux présentant des liaisons métalliques ont une rigidité et une température de fusion variables, ont une densité élevée, sont bons conducteurs d'électricité, et ont généralement une faible dureté.

4.2.4 Les liaisons de Van der Waals

Les liaisons de Van der Waals sont les plus faibles de toutes les liaisons chimiques. Elles sont dues aux forces résiduelles présentes à la surface des molécules. Le meilleur exemple de ce type de liaison est la faible attraction entre des molécules dipolaires ayant des charges opposées aux deux extrémités, comme les molécules d'eau. Lorsque la juxtaposition des atomes produit un dipôle induit dans un atome d'un minéral ou d'une molécule, cet atome devient polarisé. Les

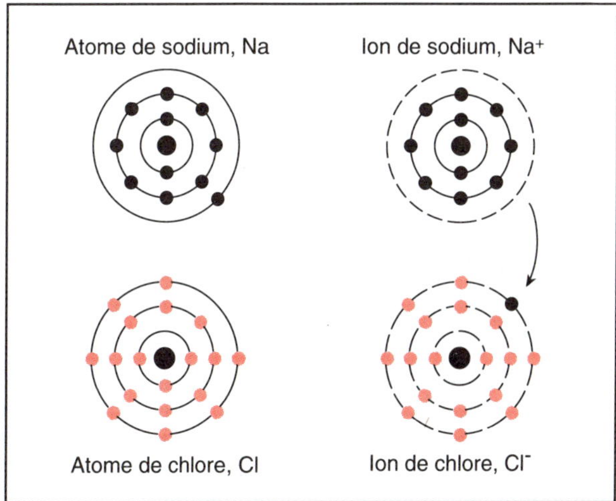

Figure 4.2 Représentation schématique d'une liaison ionique entre deux éléments chimiques, le chlore et le sodium.

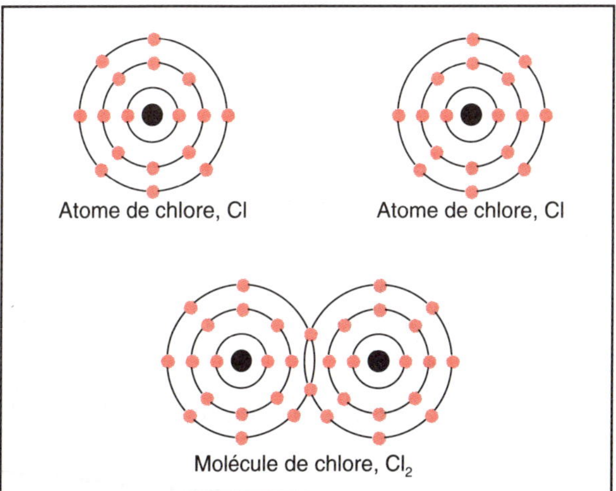

Figure 4.3 Liaison chimique de type covalent entre deux atomes de chlore.

faibles forces d'attraction électrostatique résultantes sont appelées liaisons de Van der Waals.

Dans le graphite, les feuillets d'atomes de carbone sont retenus par des liaisons de Van der Waals, ce qui explique la faible dureté et le clivage facile de ce minéral. Par contre, les atomes de carbone qui forment les feuillets sont retenus par des liens covalents.

La grande majorité des minéraux présente à la fois des liaisons ioniques et covalentes. La notion d'électronégativité (mesure de la tendance d'un atome d'attirer un électron) permet de connaître approximativement le pourcentage de chacune de ces liaisons dans un minéral donné. Il s'agit de faire la différence entre les électronégativités de deux éléments. Lorsque cette différence est faible, les liaisons sont essentiellement covalentes; par contre, si elle est élevée, les liaisons ont un caractère ionique fort. Par exemple, le silicium possède une électronégativité de 1,7 et l'oxygène de 3,5. Il s'agit de deux éléments très abondants dans la nature, dont la différence d'électronégativité est de 1,8 (3,5 – 1,7 = 1,8). D'après la figure 4.4, une liaison entre ces deux éléments aura un caractère à la fois ionique et covalent.

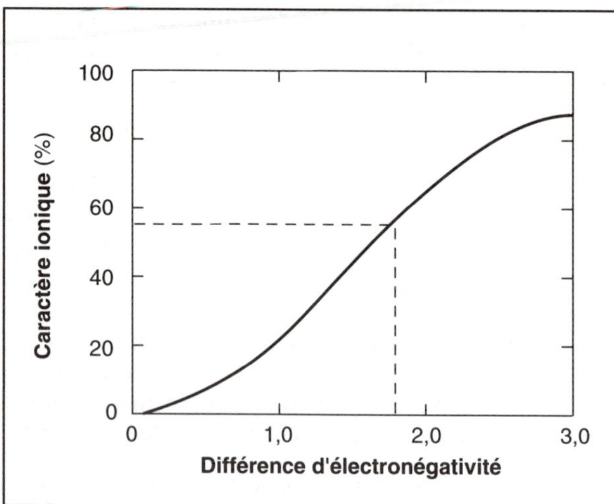

Figure 4.4 Graphique permettant de déterminer le pourcentage du caractère ionique d'une liaison.

4.3 POLYÈDRES DE COORDINATION

Lorsque deux ions s'unissent pour former une structure cristalline dans laquelle les forces prédominantes sont électrostatiques, chaque ion tend à s'approprier autant d'ions de charges opposées que possible. La disposition des éléments chimiques qui sont liés de cette façon s'apparente à un empilement de sphères rigides de grandeurs et de charges électriques différentes. Dans la nature, les composés ioniques purs sont rares. Néanmoins, on explique la structure de la plupart des minéraux que l'on rencontre dans les roches en les considérant comme tels, même si le minéral étudié possède des liaisons de type mixte, c'est-à-dire en partie covalentes et en partie ioniques.

Voici les principales règles qui régissent la formation des composés ioniques :

- Dans une espèce minérale donnée, les anions se groupent de manière géométrique constante autour des cations. La proportion de chacun dépend des dimensions relatives des cations et des anions en cause. La dimension relative est obtenue par le rapport du rayon du cation sur celui de l'anion (R_c/R_a).
- Si on suppose que les cations s'apparentent à des sphères de rayon fixe, l'arrangement le plus stable pouvant donner naissance à une substance ionique peut être déduit strictement à partir de considérations géométriques. Cet édifice de base est appelé **polyèdre de coordination**. Le nombre d'anions pouvant entourer un cation s'appelle le **nombre de coordination** du cation.
- Le cation partage ses charges de manière égale entre tous les anions qui l'entourent.
- Pour former un cristal neutre, les polyèdres de coordination doivent s'associer. S'il s'agit de tétraèdres, ils ne mettent jamais une face en commun, rarement une arête, le plus souvent des sommets.
- Une règle de parcimonie veut que, dans un polyèdre de coordination donné, le nombre d'ions de nature différente qui s'assemblent soit faible.

Dans les calculs pour déterminer les polyèdres de coordination, on fait appel à la notion de **rayon ionique**. Il s'agit en quelque sorte de « l'espace » présumément occupé par un ion dans un assemblage donné. Précisons que les valeurs calculées ne sont pas absolues et varient grandement suivant les différents édifices ioniques. Ainsi, l'ion Al^{3+} a un rayon de 39 pm en coordination IV et de 53 pm en coordination VI[1]. Le tableau 4.1 donne les rayons effectifs des principaux ions, calculés pour des structures où l'ion est entouré de quatre (coordination IV) ou six (coordination VI) ions de charge opposée. Quant à la figure 4.5, elle montre les différents polyèdres de coordination déduits à partir des rapports des rayons des cations et de l'oxygène. Pour ces calculs, on prend comme rayon des ions les valeurs obtenues en coordination VI. De plus, étant donné l'abondance de

1. Nous exprimons la valeur des rayons ioniques en picomètres (pm = 10^{-12} m).

l'oxygène dans l'écorce terrestre, le rapport est toujours fait avec cet anion, dont le rayon ionique est de 140 pm en coordination VI.

4.4 SUBSTITUTION ATOMIQUE ET SOLUTIONS SOLIDES

Généralement, lorsqu'on parle d'un minéral, on lui associe toujours une composition chimique définie. Cette conception n'est pas tout à fait exacte, car la grande majorité des minéraux présentent une composition qui, en réalité, varie à l'intérieur de certaines limites. Ces variations sont décrites sous l'expression de solutions solides.

On appelle **solution solide** un cristal homogène, de composition et de propriété intermédiaires entre plusieurs constituants purs. Par exemple, entre l'albite, $NaAlSi_3O_8$, et l'anorthite, $CaAl_2Si_2O_8$, il existe toutes les solutions solides intermédiaires définissant la série isomorphe des feldspaths plagioclases.

Tableau 4.1 Les rayons effectifs des ions les plus communs calculés pour des assemblages tétraédriques (IV) et octaédriques (VI). Les calculs font appel au sur le rayon ionique de l'ion le plus commun, l'oxygène, considéré en coordination VI (140 pm) (Shannon, 1976, p. 752).

Anion / Cation	Élément	Ion	Rayon IV (pm)	Rayon VI (pm)
●	Oxygène	$[O^{2-}]$	138	140
●	Chlore	Cl^-	181	—
●	Soufre	S^{2-}	184	—
•	Silicium	$[Si^{4+}]$	26	40
•	Aluminium	Al^{3+}	39	53
•	Magnésium	Mg^{2+}	57	72
•	Sodium	Na^+	—	100
•	Calcium	Ca^{2+}	99	102
●	Potassium	K^+	137	138

On reconnaît trois types de solutions solides : les solutions solides de substitution, les solutions solides interstitielles et les solutions solides de lacune ou d'omission. Pour différencier chacun de ces types, on peut les comparer au taux d'occupation des chambres d'un grand hôtel. Lorsque plusieurs chambres (sites atomiques) restent inoccupées, nous sommes en présence d'une solution solide par lacune ou omission. Lorsque toutes les chambres sont occupées et qu'on installe même des lits dans les corridors, il s'agit d'une solution solide interstitielle. Quant aux solutions solides de substitution, elles se produisent lorsque les chambres sont offertes à des personnes autres que celles qui devaient les occuper et en avaient fait la réservation. Examinons plus en détail ce dernier type de solution solide.

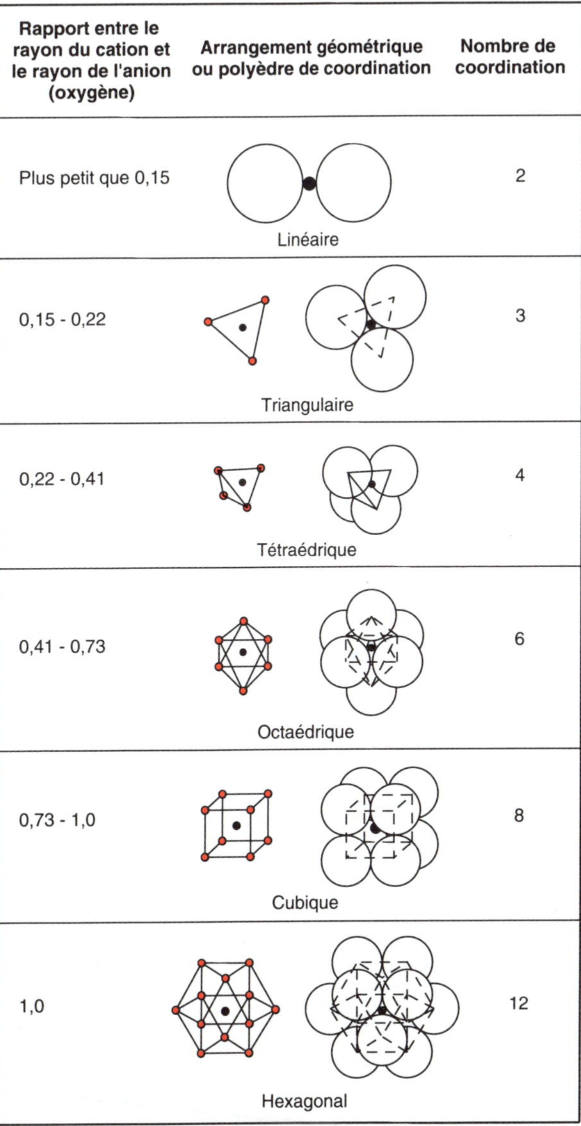

Figure 4.5 Structures de base ou polyèdres de coordination des composés ioniques.

Précédemment, nous avons vu que les structures des cristaux sont dépendantes de la grosseur des ions en présence et du type de liaison qui les unit. Étant donné que plusieurs éléments chimiques possèdent des propriétés semblables, la position qu'occupe un ion dans une structure peut également être occupée par un autre ion ayant à peu près le même rayon et une charge semblable. En général, pour qu'il y ait substitution, la différence entre les rayons des deux ions en cause ne doit pas dépasser de plus de 10 à 15 % le plus petit rayon. À hautes températures, cette différence est cependant souvent dépassée. La capacité de substitution dans une solution solide se compare avantageusement à la solubilité d'un sel dans l'eau, laquelle augmente avec la température.

Comme exemple d'éléments interchangeables, citons le silicium (40 pm) et l'aluminium (53 pm) ainsi que le fer (Fe^{2+} = 61 pm) et le magnésium (72 pm). Ces ions peuvent occuper la même position dans plusieurs minéraux et les rapports aluminium-silicium et magnésium-fer peuvent prendre n'importe quelle valeur entre 0 et 1.

Les solutions solides de substitution jouent un rôle très important en minéralogie. On en reconnaît trois catégories : les solutions solides à substitution totale, à substitution partielle et à substitution jumelée.

4.4.1 Les solutions solides à substitution totale

Lorsque deux éléments se substituent l'un à l'autre dans un minéral, on parle de solution solide à substitution totale. Il y a ainsi naissance d'une série minérale (tableau 4.2).

Tableau 4.2 Principales solutions solides à substitution totale.

Groupe	Ions substitués	Composés
Olivines	Mg^{2+} et Fe^{2+}	Forstérite, Mg_2SiO_4— Fayalite, Fe_2SiO_4
	Mg^{2+} et Mn^{2+}	Forstérite, Mg_2SiO_4— Téphrite, Mn_2SiO_4
Pyroxènes	Mg^{2+} et Fe^{2+}	Diopside, $CaMg(SiO_3)_2$— Hedenbergite, $CaFe(SiO_3)_2$
Amphiboles	Mg^{2+} et Fe^{2+}	Trémolite, $Ca_2Mg_5(Si_8O_{22})(OH)_2$— Actinolite, $Ca_2Fe_5(Si_8O_{22})(OH)_2$

Les minéraux forstérite, Mg_2SiO_4, et fayalite, Fe_2SiO_4, tous deux de la série des olivines, forment une solution solide à substitution totale. Leur structure est identique, et les ions Mg^{2+} et Fe^{2+} étant de rayons ioniques proches et de même charge électrique peuvent facilement s'interchanger. Lorsque ces deux éléments sont présents au moment de la cristallisation, il se forme une substance dont la composition en magnésium et en fer se situe entre celles de la forstérite et de la fayalite. On obtient ainsi des composés avec des teneurs variables en magnésium et en fer. La formule chimique générale $(Mg,Fe)_2SiO_4$ exprime cette composition variable de la série des olivines[2].

4.4.2 Les solutions solides à substitution partielle

Lorsque deux éléments ne peuvent pas se substituer facilement l'un à l'autre, étant donné la trop grande différence entre la grosseur de leurs ions, on parle alors de solution solide à substitution partielle (fig. 4.6).

Prenons comme exemple l'ion Ba^{2+} (135 pm) et l'ion Ca^{2+} (102 pm), qui se retrouvent respectivement dans les minéraux d'anhydrite, $CaSO_4$, et de barytite, $BaSO_4$.

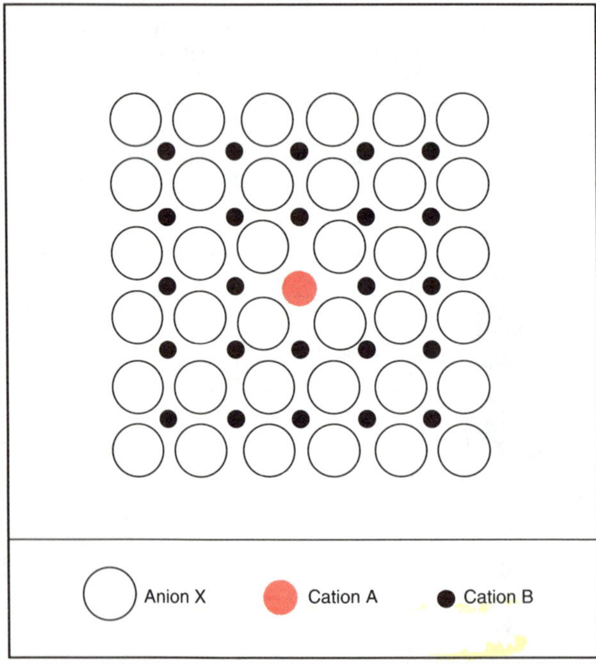

Figure 4.6 Solution solide à substitution partielle. La différence de grosseur entre les ions substitués est trop grande et la structure est ainsi dérangée et affaiblie.

2. Pour exprimer la formule chimique de certains minéraux, on utilise souvent des parenthèses. Si les éléments entre parenthèses sont séparés par une virgule, cela signifie qu'un seul ou plusieurs de ces éléments peuvent se trouver dans le minéral en question. Une formule ainsi écrite représente en fait la formule générale d'une solution solide, sans tenir compte des pourcentages de toutes les compositions possibles.

Tableau 4.3 Principales solutions solides à substitution jumelée.

Groupe	Ions substitués	Composés
Micas	$3Fe^{2+}$ pour $2Al^{3+}$ + lacune	Muscovite, $KAl_2(AlSi_3O_{10})(OH,F)_2$ — Annite, $KFe_3(AlSi_3O_{10})(OH,F)_2$ Biotite, $K(Mg,Fe)_3(AlSi_3O_{10})(OH,F)_2$ — Phlogopite, $KMg_3(AlSi_3O_{10})(OH,F)_2$
Plagioclases	Ca^{2+} et Al^{3+} pour Na^+ et $[Si^{4+}]$	Albite, $NaAlSi_3O_8$ — Anorthite, $CaAl_2Si_2O_8$

Certaines anhydrites peuvent contenir jusqu'à 8 % de barytite et certaines barytites jusqu'à 6 % d'anhydrite. Dans un tel cas, étant donné la différence de grosseur entre les ions en cause, la substitution ne peut se faire sur une plus grande échelle, car il y aurait déformation de la structure. Un autre exemple nous est donné par le microcline, $KAlSi_3O_8$, et l'albite, $NaAlSi_3O_8$, où il y a substitution de l'ion K^+ et de l'ion Na^+. Le rayon de l'ion K^+ est de 138 pm et celui de l'ion Na^+ est de 100 pm.

4.4.3 *Les solutions solides à substitution jumelée*

Lorsque la substitution entre éléments de charges différentes se produit par paires, pour garder la neutralité du minéral, on parle de substitution jumelée (tableau 4.3).

Un bon exemple de ce type de substitution nous est donné par l'anorthite, $CaAl_2Si_2O_8$, et l'albite, $NaAlSi_3O_8$, deux minéraux possédant une structure identique. L'ion Ca^{2+} (102 pm) occupe les mêmes positions dans la structure que l'ion Na^+ (100 pm), même si leurs charges sont différentes. La substitution simple de l'un pour l'autre ne peut pas se faire, car la neutralité de la structure serait dérangée. Toutefois, chacun de ces minéraux contient aussi soit l'ion Al^{3+} (53 pm), soit l'ion $[Si^{4+}]$ (40 pm), qui peuvent se substituer l'un à l'autre. La substitution se fait alors par paires (Ca^{2+} et Al^{3+} pour Na^+ et $[Si^{4+}]$) si bien que la neutralité du cristal se trouve préservée.

4.5 *CLASSIFICATION DES MINÉRAUX*

Au chapitre 2, nous avons vu que l'oxygène et le silicium sont les éléments lithophiles les plus importants. Vu le très grand nombre de composés à base de silicium, il est coutume de diviser les minéraux en deux grands groupes : ceux qui ne contiennent pas de silicium (les minéraux **non silicatés**) et ceux qui contiennent du silicium (les minéraux silicatés ou **silicates**).

4.5.1 *Les minéraux non silicatés*

On regroupe les minéraux non silicatés en sept classes :

- les éléments natifs;
- les sulfures et les sulfosels;
- les oxydes et les hydroxydes;
- les chlorures et les fluorures;
- les carbonates;
- les sulfates, les molybdates et les tungstates;
- les phosphates.

LES ÉLÉMENTS NATIFS

Parmi les 92 éléments naturels du tableau périodique, seulement un peu plus d'une vingtaine se retrouvent sous forme de minéraux. Le tableau 4.4 présente les principaux d'entre eux. Certains sont très rares, d'autres très communs. Dans cette classe de minéraux, un élément chimique est combiné à lui-même et non à d'autres éléments. Cette classe comprend des métaux, des métalloïdes et les deux polymorphes du carbone, le diamant et le graphite.

Tableau 4.4 Éléments natifs.

MINÉRAL	FORMULE CHIMIQUE	SYSTÈME CRISTALLIN
Or	Au	Cubique
Argent	Ag	Cubique
Cuivre	Cu	Cubique
Platine	Pt	Cubique
Fer	Fe	Cubique
Arsenic	As	Rhomboédrique
Antimoine	Sb	Rhomboédrique
Bismuth	Bi	Rhomboédrique
Diamant	C	Cubique
Graphite	C	Hexagonal
Soufre	S	Orthorhombique

LES SULFURES ET LES SULFOSELS

Les sulfures et les sulfosels sont des composés du soufre avec d'autres éléments (tableau 4.5). Dans le cas des sulfures, le soufre est combiné avec un ou plusieurs métaux. Dans le cas des sulfosels, le soufre est combiné non seulement avec un métal mais aussi avec un semi-métal. L'étain (Sn) et surtout l'antimoine (Sb) forment les principaux sulfosels. Cette classe de minéraux est très importante au point de vue économique. Ces composés fournissent une grande part des métaux de bases, tels le cuivre, le plomb, le zinc, le nickel, le mercure, etc.

LES OXYDES ET LES HYDROXYDES

La classe des oxydes et des hydroxydes comprend les minéraux formés d'un ou de plusieurs métaux combinés avec l'oxygène (tableau 4.6). Ces minéraux sont présents dans la plupart des roches, mais en quantité très faible. Économiquement, ils sont eux aussi précieux, car on peut en extraire plusieurs métaux dont le fer, l'étain, le chrome, l'aluminium, etc.

Certains termes comme limonite, bauxite et gummite sont souvent employés comme des noms de minéraux. Ils ne sont pas considérés comme tels et ils représentent en fait un assemblage ou mélange de certains d'entre eux :

- les bauxites sont un mélange d'hydroxydes d'aluminium (diaspore, bœhmite, gibsite, etc.);
- les limonites sont un mélange d'hydroxydes de fer (gœthite et autres);
- les gummites sont un mélange de minéraux contenant de l'uranium, du thorium et du plomb.

LES CHLORURES ET LES FLUORURES

Les chlorures et les fluorures sont des minéraux formés de métaux combinés avec le chlore ou le fluor (tableau 4.7).

Tableau 4.5 Sulfures et sulfosels.

MINÉRAL	FORMULE CHIMIQUE	SYSTÈME CRISTALLIN
Sulfures		
Argentite	Ag_2S	Cubique
Chalcosite	Cu_2S	Orthorhombique
Bornite	Cu_5FeS_4	Cubique
Galène	PbS	Cubique
Sphalérite	$(Zn,Fe)S$	Cubique
Chalcopyrite	$CuFeS_2$	Quadratique
Pyrrhotite	$Fe_{1-x}S$	Hexagonal
Pentlandite	$(Fe,Ni)_9S_8$	Cubique
Cinabre	HgS	Rhomboédrique
Réalgar	AsS	Monoclinique
Orpiment	As_2S_3	Monoclinique
Stibine	Sb_2S_3	Orthorhombique
Pyrite	FeS_2	Cubique
Marcasite	FeS_2	Orthorhombique
Arsénopyrite	$FeAsS$	Monoclinique
Molybdénite	MoS_2	Hexagonal
Sulfosels		
Pyrargyrite	Ag_3SbS_3	Hexagonal
Tétraédrite	$(Cu,Fe)_{12}Sb_4S_{13}$	Cubique

Tableau 4.6 Oxydes et hydroxydes.

MINÉRAL	FORMULE CHIMIQUE	SYSTÈME CRISTALLIN
Oxydes		
Glace	H_2O	Hexagonal
Cuprite	Cu_2O	Cubique
Périclase	MgO	Cubique
Zincite	ZnO	Hexagonal
Hématite	Fe_2O_3	Rhomboédrique
Corindon	Al_2O_3	Rhomboédrique
Ilménite	$FeTiO_3$	Rhomboédrique
Rutile	TiO_2	Quadratique
Pyrolusite	MnO_2	Quadratique
Cassitérite	SnO_2	Quadratique
Uraninite	UO_2	Cubique
Thorianite	ThO_2	Cubique
Spinelle	$MgAl_2O_4$	Cubique
Magnétite	$FeFe_2O_4$	Cubique
Chromite	$FeCr_2O_4$	Cubique
Hydroxydes		
Brucite	$Mg(OH)_2$	Hexagonal
Gœthite	$FeO(OH)$	Orthorhombique
Diaspore	$HAlO_2$	Orthorhombique
Bœhmite	$AlO(OH)$	Cubique
Gibsite	$Al(OH)_3$	Monoclinique

Tableau 4.7 Chlorures et fluorures.

MINÉRAL	FORMULE CHIMIQUE	SYSTÈME CRISTALLIN
Chlorures		
Halite	$NaCl$	Cubique
Sylvine	KCl	Cubique
Fluorures		
Fluorite	CaF_2	Cubique
Cryolite	Na_3AlF_6	Monoclinique

LES CARBONATES
Les carbonates contiennent le radical $(CO_3)^{2-}$ dans leur formule chimique et certains d'entre eux sont très largement répandus dans les roches, et principalement dans les roches sédimentaires (tableau 4.8).

LES SULFATES, LES MOLYBDATES ET LES TUNGSTATES
La classe des sulfates, des molybdates et des tungstates regroupe des minéraux peu communs, exception faite du gypse et de quelques autres espèces (tableau 4.9).

LES PHOSPHATES
Les phosphates (tableau 4.10) sont des minéraux essentiellement utilisés comme engrais. Ils sont relativement abondants dans certaines régions.

4.5.2 *Les minéraux silicatés ou silicates*

Les silicates comptent un très grand nombre de minéraux. Les roches sont avant tout des assemblages de silicates, bien que certains de ceux-ci soient très rares.

À la lumière des connaissances acquises sur les liaisons entre ions de charges opposées, on peut déduire l'arrangement géométrique que prennent les deux éléments les plus abondants dans les roches de l'écorce, soit l'oxygène $[O^{2-}]$ et le silicium $[Si^{4+}]$.

En calculant le polyèdre de coordination déterminé par le rapport entre le rayon du cation et le rayon de l'anion, on trouve 0,28 (40 pm/140 pm = 0,28). Ce nombre, compris entre 0,22 et 0,41, indique une coordination tétraédrique. L'oxygène occupe les sommets d'un tétraèdre, soit un solide limité par quatre faces triangulaires d'égales dimensions. Quant au silicium, il occupe le centre du tétraèdre.

La première structure à la base de la formation des silicates est donc le tétraèdre $[SiO_4]^{4-}$ où le cation $[Si^{4+}]$ s'entoure de quatre anions $[O^{2-}]$.

Tableau 4.8 Carbonates.

MINÉRAL	FORMULE CHIMIQUE	SYSTÈME CRISTALLIN
Calcite	$CaCO_3$	Rhomboédrique
Dolomite	$CaMg(CO_3)_2$	Rhomboédrique
Magnésite	$MgCO_3$	Rhomboédrique
Sidérite	$FeCO_3$	Rhomboédrique
Rhodocrosite	$MnCO_3$	Rhomboédrique
Smithsonite	$ZnCO_3$	Rhomboédrique
Aragonite	$CaCO_3$	Orthorhombique
Strontianite	$SrCO_3$	Orthorhombique
Cérusite	$PbCO_3$	Orthorhombique
Witherite	$BaCO_3$	Orthorhombique
Malachite	$Cu_2CO_3(OH)_2$	Monoclinique
Azurite	$Cu_3(CO_3)_2(OH)_2$	Monoclinique

Tableau 4.9 Sulfates, molybdates et tungstates.

MINÉRAL	FORMULE CHIMIQUE	SYSTÈME CRISTALLIN
Sulfates		
Gypse	$CaSO_4 \bullet 2H_2O$	Monoclinique
Anhydrite	$CaSO_4$	Orthorhombique
Barytite	$BaSO_4$	Orthorhombique
Célestite	$SrSO_4$	Orthorhombique
Anglésite	$PbSO_4$	Orthorhombique
Epsomite	$MgSO_4 \bullet H_2O$	Orthorhombique
Molybdates		
Wulfénite	$PbMoO_4$	Quadratique
Tungstates		
Wolframite	$(Fe,Mn)WO_4$	Monoclinique
Scheelite	$CaWO_4$	Quadratique

Tableau 4.10 Phosphates.

MINÉRAL	FORMULE CHIMIQUE	SYSTÈME CRISTALLIN
Apatite	$Ca_5(PO_4)_3(OH,F,Cl)$	Hexagonal
Lazulite	$(Mg,Fe)Al_2(PO_4)2(OH)_2$	Monoclinique
Turquoise	$CuAl_6(PO_4)_4(OH)_8 \bullet 4H_2O$	Triclinique
Autunite	$Ca(UO_2)_2(PO_4)_2 \bullet nH_2O$	Quadratique

Un tel assemblage possède quatre charges négatives non équilibrées ($[Si^{4+}] + 4[O^{2-}] \longrightarrow [SiO_4]^{4-}$). Pour former une structure cristalline, il faudra cependant que ces charges soient neutralisées.

Lors de l'étude des substitutions atomiques, on a vu que le rayon ionique de l'aluminium est voisin de celui du silicium (53pm contre 40 pm). Si l'on fait le calcul pour trouver le polyèdre de coordination entre l'aluminium et l'oxygène, on obtient 0,38, soit une coordination tétraédrique (53/140 = 0,38). Le cation Al^{3+}, tout comme $[Si^{4+}]$, s'entoure de 4 anions $[O^{2-}]$ pour former le tétraèdre $[AlO_4]^{5-}$ ($Al^{3+} + 4O^{2-} \longrightarrow [AlO_4]^{5-}$). Ce tétraèdre a cinq charges négatives (fig. 4.7a).

Tous les silicates sont formés par différents modes d'associations des deux tétraèdres de base que sont $[SiO_4]^{4-}$ et $[AlO_4]^{5-}$. On peut généraliser la formule chimique des deux tétraèdres par $[(Si,Al)O_4]^{(4,5)-}$.

Les deux structures de base pour construire la charpente des silicates sont analogues à des anions. Pour l'obtention de substances cristallines neutres, deux solutions existent : 1) des cations tels le sodium, Na^+, le potassium, K^+, le calcium, Ca^{2+}, le magnésium, Mg^{2+}, et le fer, Fe^{2+} et Fe^{3+}, viennent se loger entre les tétraèdres pour assurer la cohésion et l'électroneutralité de l'édifice; 2) un oxygène est mis en commun, c'est-à-dire qu'il est partagé entre deux cations $[Si^{4+}]$; on qualifie cet oxygène de **pontant** et sa neutralité est assurée. De là, on peut envisager deux possibilités, en quelque sorte opposées, pour la formation des silicates : des minéraux dont les tétraèdres demeurent totalement isolés (aucun ion d'oxygène n'est pontant) et des minéraux dont tous les ions d'oxygène sont pontants (les ions d'oxygène appartiennent tous à deux tétraèdres à la fois). Comme on l'a déjà vu, les tétraèdres s'enchaînent de préférence par les sommets, rarement par les arêtes et jamais par les faces, car les cations situés à l'intérieur de l'édifice seraient alors trop rapprochés l'un de l'autre, ce qui accroîtrait l'instabilité de la structure (fig. 4.7b).

Ces notions sur la structure des silicates sont fondamentales. Elles expliquent, par exemple, les différences de densité, de couleur et de résistance à l'altération des divers silicates. Les minéraux dont la construction de la charpente fait appel à beaucoup de cations (cas où peu d'ions d'oxygène sont pontants) sont généralement de couleur foncée, lourds et vulnérables à l'altération. De ce dernier point de vue, on peut citer les minéraux de la série des olivines, de formule chimique générale $(Mg,Fe)_2SiO_4$ et de couleur verte. La densité de ces minéraux est directement reliée à leur composition (fig. 4.8). Elle varie de 3,22 à 4,41. Quant aux silicates formés de tétraèdres dont beaucoup d'ions d'oxygène sont pontants, ce sont généralement des minéraux légers, pâles et plus résistants à l'altération. Ainsi, le quartz, formé d'enchaînements de tétraèdres $[SiO_4]^{4-}$ dans lesquels tous les ions d'oxygène sont pontants, est considéré comme une substance chimiquement pure (silice = SiO_2). C'est un minéral léger (d = 2,65), pâle, qui n'a pas de clivage (voir la section 4.6) et qui est pratiquement indestructible.

Au chapitre 5, consacré à l'étude du magmatisme, nous verrons que la cristallisation fractionnée des silicates à partir d'un magma débute, à haute température, par la formation de minéraux à tétraèdres isolés et se termine, à basse température, par la formation du quartz, dont tous les tétraèdres sont partagés par le biais des ions d'oxygène pontants.

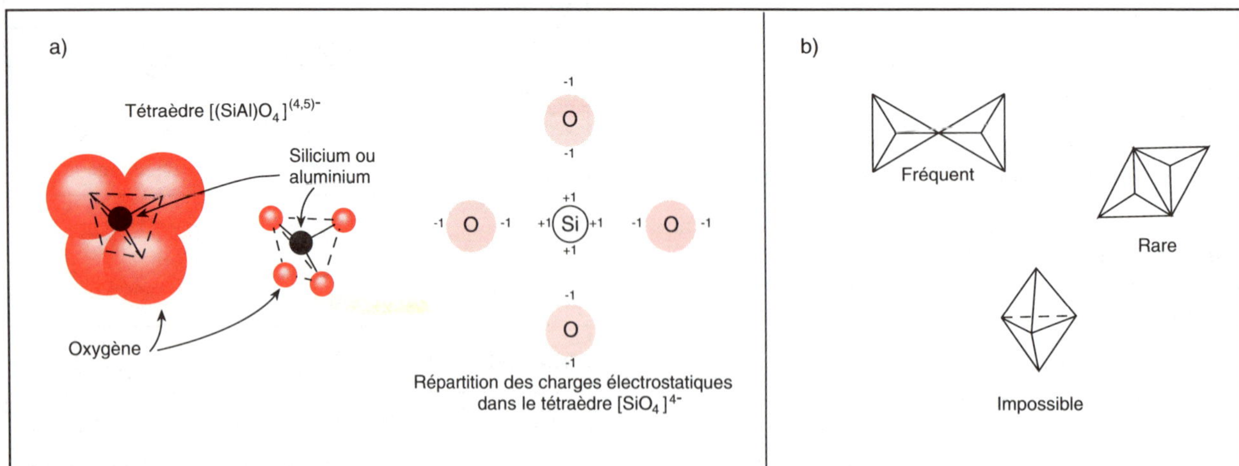

Figure 4.7 Structure de base des silicates. En a), le silicium ou l'aluminium (les substitutions de l'un pour l'autre sont fréquentes) s'entourent de quatre ions d'oxygène dans un arrangement tétraédrique. Il y a cependant une différence des charges négatives entre le tétraèdre à base de silicium et celui à base d'aluminium (le premier en a 4, le second 5). La formule chimique générale de cette structure s'écrit $[(Si,Al)O_4]^{(4,5)-}$; en b), modes d'associations des tétraèdres.

ENCADRÉ 4.1

LES AMIANTES

Le terme **amiante** ne désigne pas un minéral en particulier, mais un ensemble de silicates fibreux appartenant à deux groupes de minéraux : le groupe de la serpentine et le groupe des amphiboles. Certains silicates peuvent ainsi donner naissance à une forme minéralogique fibreuse, existant aussi sous forme non fibreuse, et ce, côte à côte.

Au Québec, la forme d'amiante la plus répandue est la chrysotile, que l'on exploite notamment dans les riches gisements de la région d'Asbestos et de Thetford Mines. On trouve aussi de la chrysotile dans les régions d'Amos, de Chibougamau et de Portuniq au Nouveau-Québec.

Amiante chrysotile.

Une fibrille ou fibre élémentaire de chrysotile est constituée d'une série de feuillets enroulés en hélice ou sous forme de cylindres parfaits. La fibrille la plus courante a un diamètre de 8 à 10 nm. Les autres types d'amiante (crocidolite, trémolite, etc.) résultent d'une croissance anormale selon l'axe c.

Représentation de fibrilles élémentaires vues en coupe sous le microscope électronique. L'intérieur des fibrilles et l'espace situé entre les fibrilles peuvent être remplis d'une matière amorphe de même composition chimique que la fibre.

Groupe minéralogique	Formule	Minéral non fibreux	Minéral fibreux
Serpentines	$Mg_3Si_2O_5(OH)_4$	Antigorite et lizardite	Chrysotile (amiante blanc)
Amphiboles	$Na_2Fe_3Fe_2Si_8O_{22}(OH,F)_2$	Riébeckite	Crocidolite (amiante bleu)
	$(Mg,Fe)_7Si_8O_{22}(OH)_2$	Série de la cummingtonite-grünérite	Cummingtonite-grünérite fibreuse (amosite : nom commercial)
	$Ca_2(Mg,Fe)_5Si_8O_{22}(OH,F)_2$	Série de la trémolite-actinolite	Trémolite-actinolite fibreuse
	$(Mg,Fe)_7Si_8O_{22}(OH,F)_2$	Anthophyllite	Anthophyllite fibreuse

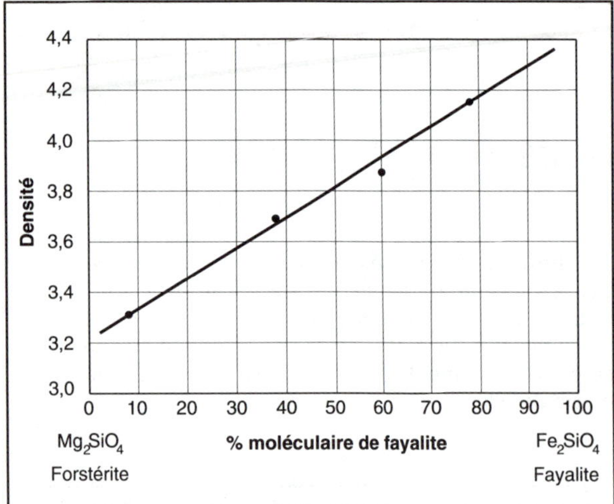

Figure 4.8 Relation densité-composition chez les minéraux de la série des olivines (d'après Berry, Mason et Dietrich, 1983, p. 116).

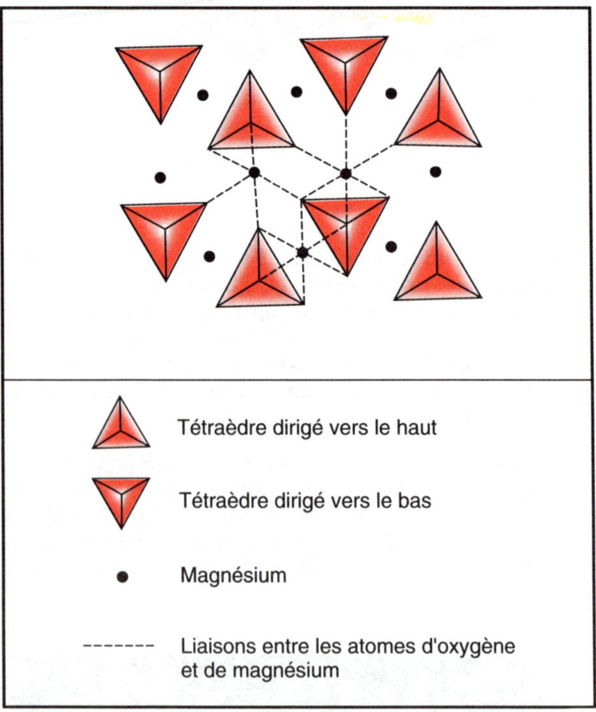

Figure 4.9 Structure d'une olivine. Les tétraèdres, isolés, sont reliés par des cations (ici le Mg^{2+}) qui neutralisent les charges négatives des ions d'oxygène.

Les silicates comprennent environ 600 espèces. Pour étudier convenablement ces minéraux, il faut les subdiviser en sous-classes. Cette subdivision se base sur les modes d'enchaînements de tétraèdres, en particulier sur le nombre d'ions d'oxygène qui sont pontants. En vertu de ce critère, on distingue six sous-classes. Les tableaux 4.11 à 4.16 présentent les principaux silicates, avec leur formule chimique et leur système cristallin. L'encadré 4.1 présente les amiantes, un groupe de silicates fibreux dont les usages industriels sont nombreux.

1. Les nésosilicates (silicates à tétraèdres isolés)

Dans les nésosilicates (tableau 4.11), chaque tétraèdre demeure indépendant. Il n'y a donc aucun oxygène pontant de sorte que le rapport silicium-oxygène (Si/O) est de 1/4. La charge résiduelle de chaque ion d'oxygène est satisfaite par des cations. Les minéraux de cette sous-classe sont peu siliceux, de couleur foncée et de densité élevée. On distingue les nésosilicates vrais et les nésosubsilicates.

Parmi les nésosilicates vrais, on retrouve principalement les olivines et les grenats. Les olivines constituent une solution solide continue entre le pôle magnésien (Mg_2SiO_4 = forstérite) et le pôle ferrifère (Fe_2SiO_4 = fayalite). La figure 4.9 montre la structure d'une olivine. Quant aux grenats, ils forment aussi des solutions solides complexes à base principalement d'aluminium, de fer, de calcium et de chrome.

Quant aux nésosubsilicates, ils sont mis à part parce qu'ils contiennent des ions d'oxygène qui n'appartiennent pas aux tétraèdres de base. Bon nombre de ces composés contiennent de l'aluminium.

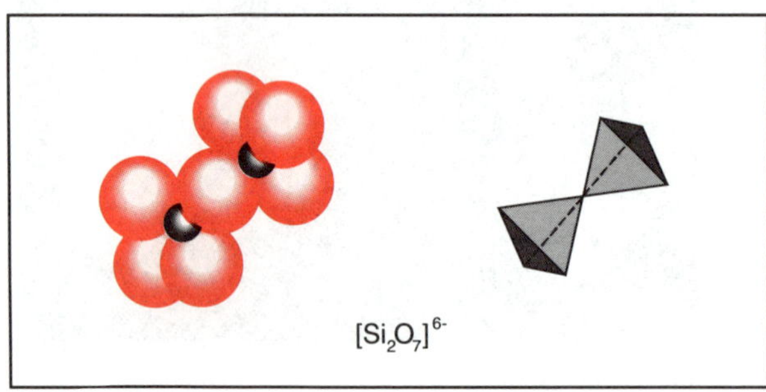

Figure 4.10 Structure générale des sorosilicates. Dans la charpente de ces minéraux, un seul oxygène est pontant. L'assemblage s'écrit $[Si_2O_7]^{6-}$.

2. Les sorosilicates (silicates aux tétraèdres en groupes de deux)

Dans les sorosilicates (tableau 4.12), on trouve un ion d'oxygène pontant. Dans un assemblage de deux tétraèdres, six ions d'oxygène demeurent à être équilibrés par des cations (fig. 4.10). Le rapport silicium-oxygène (Si/O) est de 2/7. On distingue des sorosilicates vrais et des sorosubsilicates. Un autre groupe rassemble des minéraux à structure complexe. Ces minéraux sont formés à la fois de tétraèdres isolés (nésosilicates) et de tétraèdres en groupements de deux (sorosilicates). Il s'agit, entre autres, du groupe de l'épidote.

Tableau 4.11 Nésosilicates.

MINÉRAL	FORMULE CHIMIQUE	SYSTÈME CRISTALLIN
Nésosilicates vrais		
Groupe des olivines		
Forstérite	Mg_2SiO_4	Orthorhombique
Fayalite	Fe_2SiO_4	Orthorhombique
Groupe des grenats		
Almandin	$Fe_3Al_2(SiO_4)_3$	Cubique
Pyrope	$Mg_3Al_2(SiO_4)_3$	Cubique
Grossulaire	$Ca_3Al_2(SiO_4)_3$	Cubique
Spessartite	$Mn_3Al_2(SiO_4)_3$	Cubique
Andradite	$Ca_3Fe_2(SiO_4)_3$	Cubique
Ouvarovite	$Ca_3Cr_2(SiO_4)_3$	Cubique
Autres nésosilicates vrais		
Zircon	$ZrSiO_4$	Quadratique
Thorite	$ThSiO_4$	Quadratique
Nésosubsilicates		
Kyanite	Al_2OSiO_4	Triclinique
Andalousite	Al_2OSiO_4	Orthorhombique
Sillimanite	Al_2OSiO_4	Orthorhombique
Topaze	$Al_2SiO_4(OH,F)_2$	Orthorhombique
Sphène (titanite)	$CaTiOSiO_4$	Monoclinique
Staurotide	$Fe_2Al_9O_6(SiO_4)_4(O,OH)_2$	Monoclinique

Tableau 4.12 Sorosilicates.

MINÉRAL	FORMULE CHIMIQUE	SYSTÈME CRISTALLIN
Sorosilicates vrais		
Groupe des mélilites		
Gehlénite	$Ca_2Al(AlSiO_7)$	Quadratique
Akermanite	$Ca_2Mg(Si_2O_7)$	Quadratique
Sorosubsilicates		
Lawsonite	$CaAl_2(Si_2O_7)(OH)\cdot 2H_2O$	Orthorhombique
Sorosilicates complexes		
Épidote	$Ca(Fe,Al)(Al_2O)(SiO_4)(Si_2O_7)(OH)$	Monoclinique
Idocrase (vésuvianite)	$Ca_{10}(Mg,Fe)_2Al_4(SiO_4)_5(Si_2O_7)_2(OH,F)_4$	Monoclinique

Tableau 4.13 Cyclosilicates.

MINÉRAL	FORMULE CHIMIQUE	SYSTÈME CRISTALLIN
Anneaux à trois tétraèdres		
Bénitoïte	$BaTiSi_3O_9$	Hexagonal
Anneaux à quatre tétraèdres		
Axinite	$(Ca,Fe,Mn)_3Al_2(BO_3)_3(Si_4O_{12}(OH)$	Triclinique
Anneaux à six tétraèdres		
Béryl	$Al_2Be_3Si_6O_{18}$	Hexagonal
Cordiérite	$(Mg,Fe)_2Al_4Si_5O_{18}$	Orthorhombique
Tourmaline	$(Na,Ca)(Li,Mg,Al)(Al,Fe,Mn)_6(BO_3)_3(Si_6O_{18})(OH)_4$	Hexagonal

3. Les cyclosilicates (silicates aux tétraèdres en anneaux)

Dans les cyclosilicates (tableau 4.13), les tétraèdres forment des anneaux par groupements de trois, quatre ou six (fig. 4.11). Sur ses quatre ions d'oxygène, chaque tétraèdre d'un anneau en partage deux avec ses voisins. Le rapport silicium-oxygène (Si/O) est de 1/3. L'arrangement à six tétraèdres est le plus commun, comme c'est le cas pour le béryl et la tourmaline.

4. Les inosilicates (silicates aux tétraèdres en chaînes simples ou doubles)

Dans les inosilicates (tableau 4.14) en chaînes simples, les tétraèdres sont disposés parallèlement les uns aux autres et forment des arrangements linéaires infinis. Chaque tétraèdre de la chaîne partage deux ions d'oxygène avec les tétraèdres adjacents. Le rapport silicium-oxygène (Si/O) est de 1/3 (fig. 4.12a).

Dans les inosilicates en chaînes doubles ou en rubans, la structure est constituée de deux chaînes simples condensées latéralement. On a donc la moitié des tétraèdres qui partagent deux ions d'oxygènes avec leurs voisins, l'autre moitié en partageant trois (fig. 4.12b). Le rapport silicium-oxygène (Si/O) est de 4/11. Les principaux minéraux de la sous-classe des inosilicates sont les pyroxènes (chaînes simples) et les amphiboles (chaînes doubles).

5. Les phyllosilicates (silicates aux tétraèdres en feuillets)

Dans les phyllosilicates (tableau 4.15), les tétraèdres sont reliés les uns aux autres par trois de leurs sommets. Un tel assemblage oblige trois des quatre atomes d'oxygène à se placer dans un même plan de sorte qu'on obtient des minéraux dont la structure est feuilletée. Chaque tétraèdre n'a qu'un seul ion d'oxygène non pontant. Le rapport silicium-oxygène (Si/O) est de 2/5. Dans cette sous-classe, on compte des minéraux importants et communs comme les micas et les argiles.

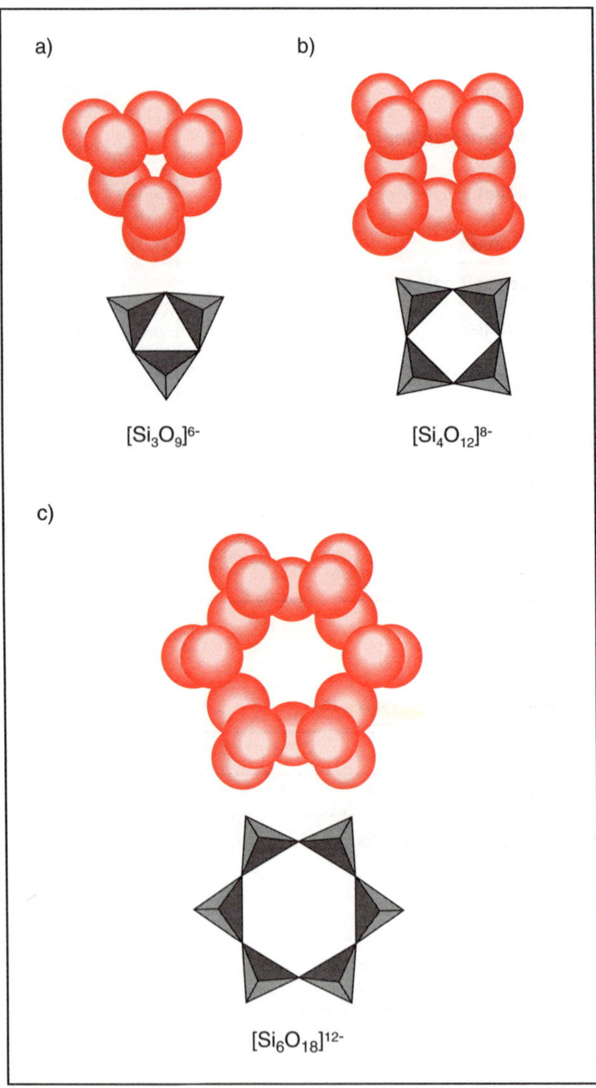

Figure 4.11 Structure des cyclosilicates. En a), anneau de trois tétraèdres; en b), anneau de quatre tétraèdres; en c), anneau de six tétraèdres. Les tétraèdres sont quelque peu inclinés vers l'extérieur pour les fins de l'illustration (d'après Bloss, 1971, p. 264).

Tableau 4.14 Inosilicates.

MINÉRAL	FORMULE CHIMIQUE	SYSTÈME CRISTALLIN
Pyroxènes (chaînes simples)		
Orthopyroxènes (ferromagnésiens)		
Série enstatite-hypersthène	$(Mg,Fe)_2Si_2O_6$	Monoclinique
Clinopyroxènes		
Calciques et ferromagnésiens		
Série du diopside-hédenbergite	$Ca(Mg,Fe)Si_2O_6$	Orthorhombique
Alcalins		
Acmite	$NaFeSi_2O_6$	Monoclinique
Jadéite	$NaAlSi_2O_6$	Monoclinique
Spodumène	$LiAlSi_2O_6$	Monoclinique
Pyroxénoïdes		
Wollastonite	$CaSiO_3$	Monoclinique
Pectolite	$NaCa_2Si_3O_8(OH)$	Triclinique
Rhodonite	$(Mn,Fe,Mg,Ca)SiO_3$	Triclinique
Amphiboles (chaines doubles)		
Orthoamphiboles		
Série de l'anthophyllite	$(Mg,Fe)_7Si_8O_{22}(OH)_2$	Triclinique
Clinoamphiboles		
Ferromagnésiens		
Série de la cummingtonite-grünérite	$(Fe,Mg)_7Si_8O_{22}(OH)_2$	Orthorhombique
Calco-sodiques		
Série de la trémolite-actinolite	$Ca_2(Fe,Mg)_5Si_8O_{22}(OH)_2$	Monoclinique
Série de la hornblende	$(Ca,Na,K)_{3-2}(Mg,Fe,Al)_5(Si,Al)_8O_{22}(OH,F)_2$	Monoclinique

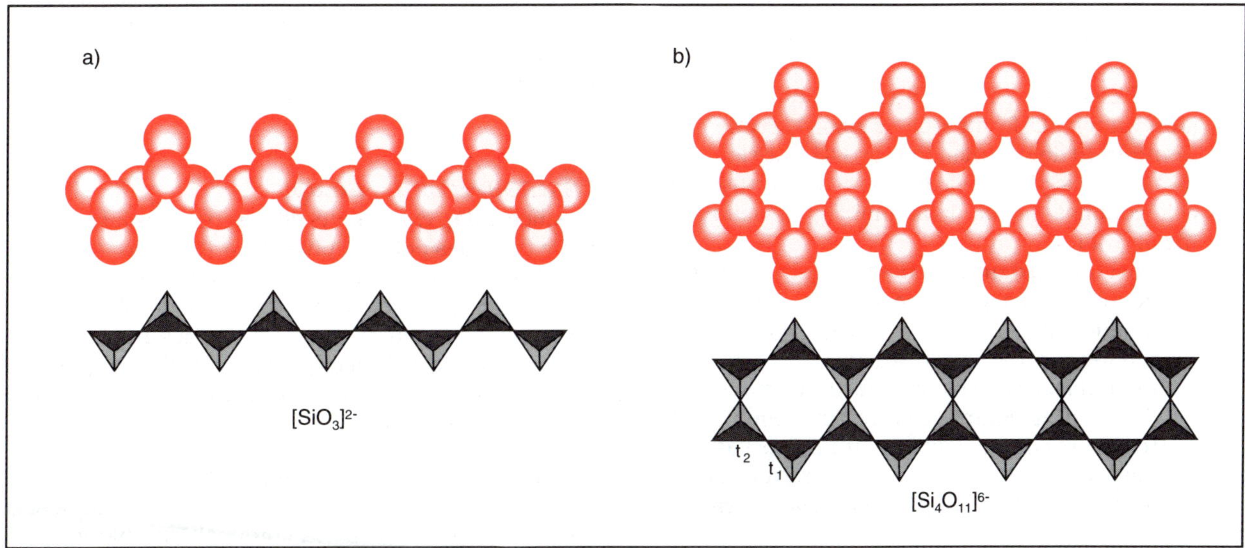

Figure 4.12 Structure des inosilicates. En a), chaînes simples dont les tétraèdres ont deux ions d'oxygène pontants (pyroxènes); en b), chaînes doubles ou en rubans (amphiboles) dont les tétraèdres sur les côtés (t_1) ont deux ions d'oxygène pontants (pour un rapport Si/O de 1/3) et ceux du milieu (t_2) en ont trois (pour un rapport Si/O de 1/2,5). Comme les chaînes sont doubles, on obtient un rapport Si/O de 4/11 (d'après Bloss, 1971, p. 264).

Tableau 4.15 Phyllosilicates.

MINÉRAL	FORMULE CHIMIQUE	SYSTÈME CRISTALLIN
Groupe de la pyrophyllite et du talc		
Pyrophyllite	$Al_2Si_4O_{10}(OH)_2$	Monoclinique
Talc	$Mg_3Si_4O_{10}(OH)_2$	Monoclinique
Groupe des micas		
Muscovite	$KAl_2(AlSi_3O_{10})(OH,F)_2$	Monoclinique
Phlogopite	$KMg_3(AlSi_3O_{10})(OH,F)_2$	Monoclinique
Biotite	$K(Mg,Fe)_3(AlSi_3O_{10})(OH,F)_2$	Monoclinique
Groupe des argiles		
Kaolinite	$Al_4Si_4O_{10}(OH)_8$	Triclinique
Montmorillonite	$Al_2Si_4O_{10}(OH)_2 \bullet nH_2O$	Monoclinique
Vermiculite	$Mg_3Si_4O_{10}(OH)_2 \bullet 4H_2O$	Monoclinique
Illite	$(K,Ca,Mg)Al_4Si_7AlO_{20}(OH)_4$	Monoclinique
Autres phyllosilicates		
Serpentine	$Mg_3Si_2O_5(OH)_4$	Monoclinique
Chlorite	$(Mg,Fe,Al)_6(Si,Al)_4O_{10}(OH)_8$	Monoclinique

L'unité structurale fondamentale des phyllosilicates est le **feuillet**, lui-même constitué de **couches**.

Les couches sont de deux types :

1) couche issue d'associations de tétraèdres $[SiO_4]^{4-}$ (abréviation : T);
2) couche issue d'associations d'octaèdres (abréviation : O) formées de cations Al^{3+} ou Mg^{2+} qui s'entourent de six anions (O^{2-} ou OH^-). Les feuillets de base des phyllosilicates sont constitués par ces couches selon deux motifs d'assemblage (fig. 4.13a) :
   - un feuillet à deux couches formé d'une couche de tétraèdres et d'une couche d'octaèdres (feuillet dit 1/1 ou TO); une argile, la kaolinite, répond à cette structure;
   - un feuillet à trois couches formé d'une couche d'octaèdres comprise entre deux couches de tétraèdres (feuillet dit 2/1 ou TOT); cet assemblage est le plus répandu; on le retrouve dans les micas (fig. 4.13b), le talc et la chlorite.

6. Les tectosilicates (silicates aux tétraèdres en charpente tridimensionnelle)

Chez les tectosilicates (tableau 4.16), les tétraèdres partagent leurs quatre ions d'oxygène avec des tétraèdres voisins : tous les oxygènes sont pontants. Un tel arrangement se traduit par une charpente tridimensionnelle (fig. 4.14).

Étant donné l'importance des tectosilicates, nous allons les étudier un peu plus en profondeur. Nous allons successivement examiner le groupe de la silice, le groupe des feldspaths, le groupe des feldspathoïdes et le groupe des zéolites.

LE GROUPE DE LA SILICE

La silice, SiO_2, existe sous de nombreuses formes. On parle donc des polymorphes de la silice, dont chacun possède son propre domaine de stabilité en fonction de la température et de la pression. Les polymorphes de la silice comptent pour 12,4 % des minéraux de l'écorce terrestre. Ils occupent ainsi la deuxième place pour l'abondance, tout de suite après les feldspaths. Examinons le quartz.

Le quartz est un minéral commun. On le trouve dans la plupart des roches ignées et métamorphiques, à condition toutefois que la composition chimique de ces roches en rende la présence possible. Il est aussi très abondant dans les sédiments à cause de sa durabilité qui s'explique par sa faible solubilité et l'absence de plans de clivage.

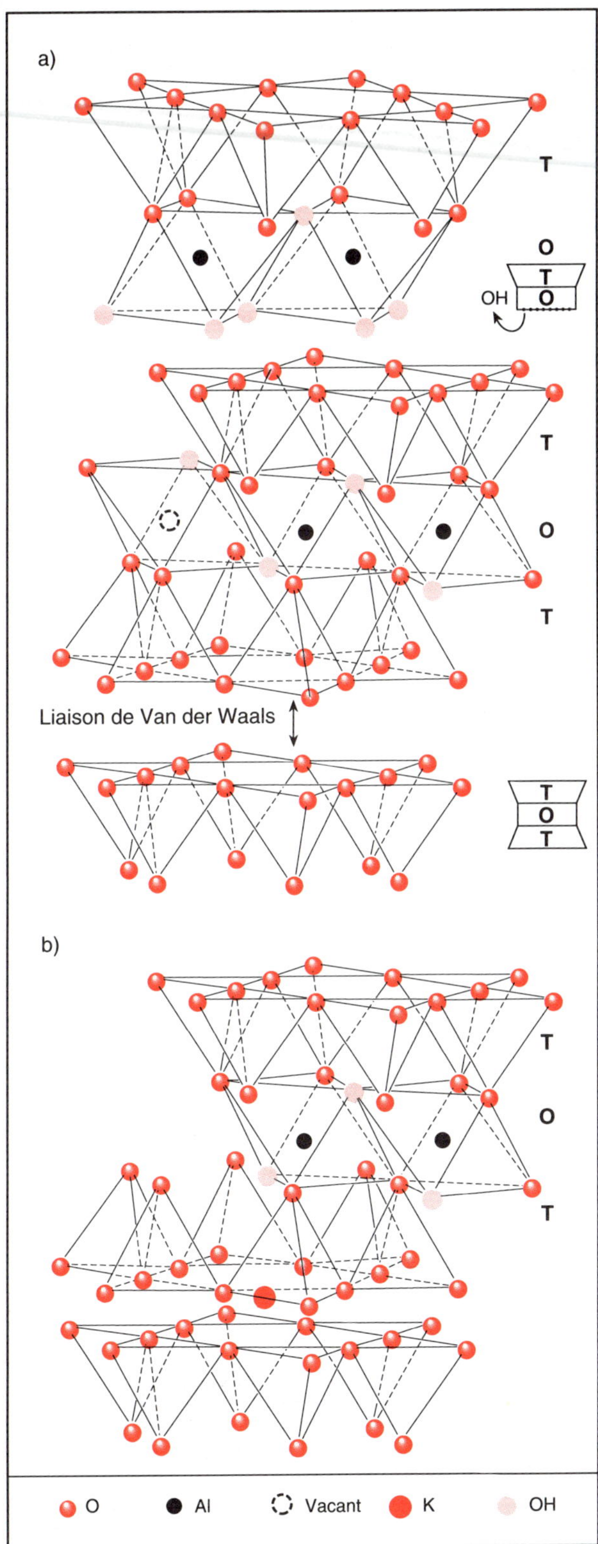

Figure 4.13 Structure des phyllosilicates. En a), feuillet formé d'une couche de tétraèdres (T) et d'une couche d'octaèdres (O); cette structure est dite TO. Feuillet formé d'une couche d'octaèdres et de deux couches de tétraèdres : cette structure est dite TOT. À droite de chaque dessin, on voit la représentation habituelle de ces structures. En b), structure d'un mica, la muscovite.

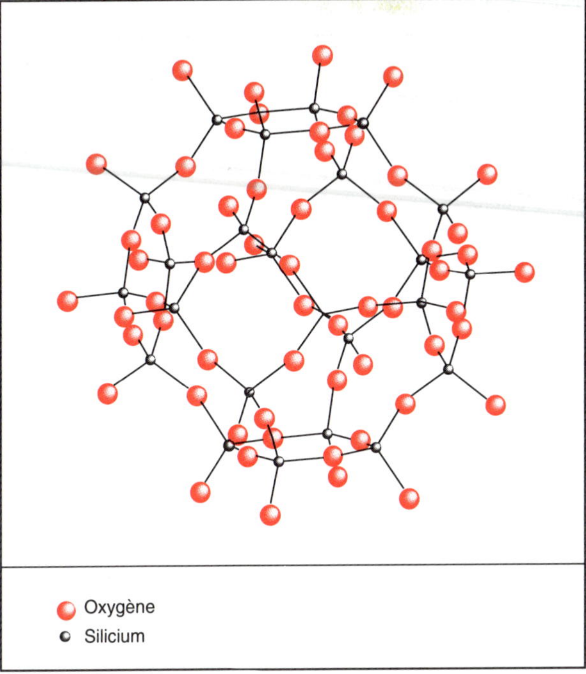

Figure 4.14 Structure en charpente des tectosilicates. Dans le cas du quartz-α (quartz de basse température), tous les tétraèdres sont à base de silicium et la charpente atteint par elle-même la neutralité électrique. Chaque ion d'oxygène est partagé entre deux ions de silicium pour un rapport Si/O de 1/2 (formule chimique du quartz : SiO_2).

On distingue plusieurs variétés de quartz, qui se regroupent principalement en quartz cristallins et en quartz cryptocristallins (tableau 4.17). Les quartz cryptocristallins sont les calcédoines. Elles se développent à partir de très petits cristaux de quartz dont l'assemblage hélicoïdal forme des fibres. Elles trouvent leur origine dans les solutions aqueuses.

LE GROUPE DES FELDSPATHS

Les feldspaths comptent pour plus de la moitié des minéraux qui composent l'écorce terrestre, soit 60,2 %. Contrairement à la silice, dont la charpente est entièrement à base de tétraèdres $[SiO_4]^{4-}$, les feldspaths voient l'introduction de tétraèdres $[AlO_4]^{5-}$. Ce sont des composés dans lesquels les tétraèdres à base d'aluminium accompagnent ceux à base de silicium dans des proportions de 1 sur 4 et de 2 sur 4.

En dépit d'un arrangement des tétraèdres avec tous les oxygènes pontants, le nombre de charges négatives des sommets est supérieur au nombre de charges positives des cations d'aluminium et de silicium qui en occupent le centre. Ces charges négatives sont neutralisées par des cations comme K^+, Na^+ et Ca^{2+} qui s'introduisent entre les tétraèdres. La présence de tétraèdres à base d'aluminium fait en sorte que les feldspaths sont souvent qualifiés d'**aluminosilicates**.

Tableau 4.16 Tectosilicates.

MINÉRAL	FORMULE CHIMIQUE		SYSTÈME CRISTALLIN
Groupe de la silice			
Quartz-α	SiO_2		Rhomboédrique
Quartz-ß	SiO_2		Hexagonal
Tridymite-α	SiO_2		Monoclinique
Cristobalite-α	SiO_2		Pseudocubique
Opale	$SiO_2 \cdot nH_2O$		(Amorphe)
Groupe des feldspaths			
Alcalins			
Microcline	$(K,Na)AlSi_3O_8$		Triclinique
Orthose	$(K,Na)AlSi_3O_8$		Monoclinique
Sanidine	$(K,Na)AlSi_3O_8$		Monoclinique
Plagioclases		(Teneur en anorthite)	
Albite	$NaAlSi_3O_8$	An_{0-10}	Triclinique
Oligoclase		An_{10-30}	Triclinique
Andésine		An_{30-50}	Triclinique
Labrador		An_{50-70}	Triclinique
Bytownite		An_{70-90}	Triclinique
Anorthite	$CaAl_2Si_2O_8$	An_{90-100}	Triclinique
Groupe des feldspathoïdes			
Néphéline	$(Na,K)AlSiO_4$		Hexagonal
Leucite	$KAlSi_2O_6$		Cubique
Sodalite	$Na_8Cl_2(AlSiO_4)_6$		Cubique
Groupe des zéolites			
Zéolites fibreuses			
Natrolite	$Na_2Al_2Si_3O_{10} \cdot 2H_2O$		Orthorhombique
Mésolite	$Na_2Ca_2(Al_2Si_3O_{10}) \cdot 8H_2O$		Monoclinique
Zéolites lamellaires			
Heulandite	$CaAl_2Si_7O_{18} \cdot 6H_2O$		Monoclinique
Stilbite	$CaAl_2Si_7O_{18} \cdot 7H_2O$		Monoclinique
Zéolites cubiques			
Analcime	$NaAlSi_2O_6 \cdot H_2O$		Cubique

Tableau 4.17 Principales variétés de quartz.

VARIÉTÉ	DESCRIPTION
Quartz cristallins	
Cristal gemme	Quartz incolore, montrant des faces cristallines bien développées.
Améthyste	Quartz violacé.
Quartz rose	Quartz rose.
Quartz enfumé	Quartz foncé ou noir.
Quartz laiteux	Quartz blanc et translucide.
Citrine	Quartz jaune.
Quartz cryptocristallins	
Agate	Calcédoine avec ruban aux couleurs nuancées.
Onyx	Calcédoine avec rubans réguliers et droits en plans parallèles.
Œil-de-tigre	Calcédoine fibreuse dont les rubans sont disposés transversalement aux fibres.
Chrysoprase	Calcédoine verte.
Chert et silex	Calcédoines opaques, grises ou noires. Le terme *chert* s'emploie surtout lorsque la substance minérale se présente sous une forme massive ou en dépôts stratifiés, et le terme *silex* lorsqu'elle apparaît sous la forme de nodules.
Jaspe	Calcédoine opaque, généralement rouge ou brun-rouge, et éventuellement verte, bleue ou jaune.

La charpente des feldspaths se présente comme une juxtaposition de rubans ondulés de tétraèdres (fig. 4.15). Constitués d'une succession d'anneaux, les rubans s'associent en mettant en commun les ions d'oxygène. Cette association assez lâche de rubans rend compte des clivages dans deux directions, à angle droit ou presque, selon les espèces, caractéristiques de tous les feldspaths.

Du point de vue chimique, on peut décrire les feldspaths communs comme des solutions solides entre trois termes extrêmes que l'on appelle **unités formulaires**. Il est coutume de représenter le domaine de composition possible des feldspaths à l'aide d'un diagramme triangulaire (ou ternaire) dont les sommets sont les unités formulaires (fig. 4.16). Les unités formulaires sont les suivantes :

$KAlSi_3O_8$ Orthose (Or)
$NaAlSi_3O_8$ Albite (Ab)
} Feldspaths alcalins (ou sodipotassiques)

$NaAlSi_3O_8$ Albite (Ab)
$CaAl_2Si_2O_8$ Anorthite (An)
} Feldspaths plagioclases (ou calco-sodiques)

En fonction de la température, l'étendue des solutions solides possibles varie. Au-dessus de 660°C, il y a solution solide complète du côté des feldspaths

Figure 4.15 Arrangement des tétraèdres dans la structure des feldspaths. La figure montre des anneaux de quatre tétraèdres qui forment des rubans. La juxtaposition de ces rubans donne les feldspaths (d'après Papike et Cameron, dans Klein et Hurlbut, 1985, p. 447).

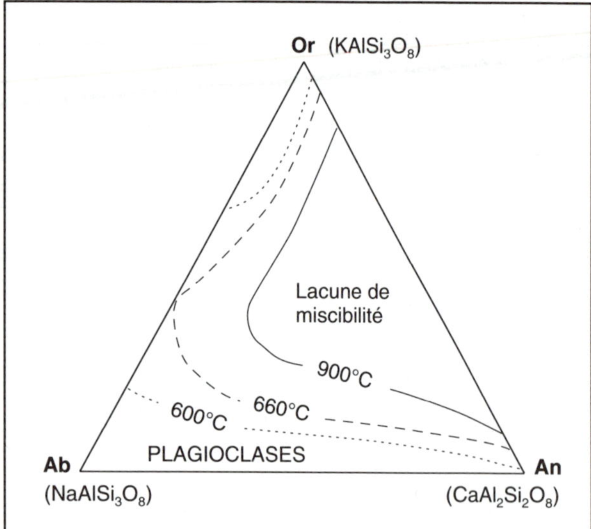

Figure 4.16 Diagramme triangulaire des feldspaths montrant l'étendue des solutions solides en fonction de la température. Les trois unités formulaires aux sommets du triangle sont respectivement l'orthose (Or), l'albite (Ab) et l'anorthite (An) (d'après Baronnet, 1988, p. 171).

alcalins (pôles Or-Ab). Au-dessous de 660°C, il n'y a pas de solution solide possible. Par contre, aux mêmes températures, il y a, chez les feldspaths plagioclases (de Ab à An), solution solide continue car les ions Na^+ et Ca^{2+} sont très semblables en terme de rayon ionique. Enfin, il n'y a pas de solution solide possible du côté Or-An.

Feldspaths alcalins Les minéraux les plus près du pôle potassique (Or) se présentent principalement sous trois formes : la sanidine (à haute température), le microcline et l'orthose (à basse température). La formule générale de ces feldspaths est $(K,Na)AlSi_3O_8$. Le microcline est le plus commun; la différence existant entre ce minéral et les autres feldspaths potassiques provient du fait que, dans le microcline, l'arrangement des ions de silicium et d'aluminium est ordonné, alors qu'il l'est partiellement dans l'orthose et peu dans la sanidine.

Feldspaths plagioclases Il est coutume de diviser arbitrairement les feldspaths plagioclases en fonction du pourcentage molaire en anorthite (An).

LE GROUPE DES FELDSPATHOÏDES

Les feldspathoïdes sont des aluminosilicates de compositions voisines de celles des feldspaths mais relativement moins riches en silice, SiO_2. Les principaux minéraux de ce groupe sont la néphéline et la leucite.

LE GROUPE DES ZÉOLITES

Les zéolites sont des tectosilicates à charpentes tétraédriques très variées. Ce sont des aluminosilicates hydratés dont les charges négatives de la charpente sont compensées principalement par les ions Ca^{2+}, Na^+ et K^+. Ils ont un caractère structural commun : de larges canaux qui contiennent des molécules d'eau peu liées à la charpente (dite eau zéolitique). Les zéolites sont notamment employées dans l'adoucissement des eaux dures (carbonatées), car le calcium peut aisément déloger le sodium de la structure. On distingue trois familles de zéolites : les zéolites fibreuses, lamellaires et cubiques.

Pour terminer l'étude des tectosilicates, rappelons que ces minéraux sont les plus communs dans les roches de l'écorce terrestre. Nous verrons au chapitre suivant, consacré au magmatisme, que ces minéraux sont qualifiés d'essentiels, en ce sens qu'ils servent de base à la classification des roches ignées.

4.6 IDENTIFICATION DES MINÉRAUX

L'identification des minéraux communs peut se faire à l'aide d'une clef (annexe A). L'emploi de cette clef exige la connaissance des principales propriétés physiques et chimiques des minéraux. Les principales propriétés que nous étudierons sont les suivantes :

- *les propriétés reliées à la lumière*, soit la couleur, le trait, l'éclat, la transparence et la luminescence;
- *les propriétés reliées aux caractéristiques cristallines*, soit les formes géométriques des cristaux, les agrégats de cristaux, le clivage, les cassures et les plans préférentiels de séparation, les stries, la ténacité et la dureté;
- *les propriétés reliées aux sens du goût, de l'odorat et du toucher*, soit la saveur, l'odeur et le toucher;
- *les propriétés reliées au magnétisme, à l'électricité ou à la radioactivité*, soit les propriétés magnétiques, les propriétés électriques et la radioactivité;
- *les autres propriétés*, soit l'expansion thermique, la densité et la masse volumique ainsi que la solubilité à l'acide chlorhydrique dilué.

4.6.1 Les propriétés reliées à la lumière

LA COULEUR

Les minéraux ont des couleurs fort variées, et les causes de la coloration sont multiples. Chez la plupart des espèces, la couleur est produite par une absorption sélective de certaines longueurs d'ondes de la lumière blanche. Lorsque la grande majorité des longueurs d'ondes sont absorbées, la substance apparaît noire ou presque. Dans le cas contraire, la substance apparaît blanche ou sans couleur. S'il y a absorption sélective de certaines longueurs d'ondes, une couleur est alors perceptible et cette dernière est complémentaire à celle absorbée.

De façon générale, on distingue les minéraux **idiochromatiques** et les minéraux **allochromatiques**.

Les minéraux idiochromatiques présentent une couleur constante et caractéristique. Dans leur cas, la couleur dérive d'éléments (ions ou groupes d'ions) inhérents au minéral. Parmi ces minéraux se trouvent la malachite, l'azurite, la turquoise, la rhodocrosite et la rhodonite.

Les minéraux allochromatiques ont une couleur changeante. La coloration est due à la présence, sous forme d'impuretés, d'un élément métallique tel le cobalt, le nickel, le cuivre, le manganèse, le chrome, le titane ou le vanadium. La très faible quantité de l'élément métallique n'influence pas la composition de base du minéral. De plus, un même métal peut engendrer des couleurs différentes suivant la structure du cristal hôte. Ainsi, le chrome colore en rouge le rubis et en vert l'émeraude.

Quelquefois, la couleur est due au type de liaison structurale. Ainsi s'expliquent les couleurs différentes des polymorphes, tels le diamant et le graphite. La couleur peut également être le résultat d'impuretés mécaniques ou pigmentation, telles des inclusions très fines de petits cristaux d'une autre espèce à l'intérieur du minéral. Ainsi, de petits cristaux d'hématite (les minéraux de fer sont fréquents comme pigments) peuvent donner une couleur rougeâtre à certains minéraux comme le quartz, les feldspaths, etc.

Parmi toutes les propriétés des minéraux, la couleur est celle qui attire notre attention le plus rapidement, mais c'est aussi celle qu'il faut utiliser avec le maximum de prudence, car il n'est pas rare, comme nous l'avons vu, qu'un minéral puisse présenter un large spectre de couleurs. Dans le tableau 4.18, quelques minéraux sont classés d'après les couleurs les plus fréquemment rencontrées. Il faut bien prendre note cependant que la couleur est une propriété très variable et que peu de minéraux possèdent une couleur spécifique.

LE TRAIT

Le trait est la couleur de la poudre d'un minéral. Cette caractéristique est beaucoup plus constante et, dans certains cas, peut permettre l'identification de l'espèce. Le meilleur moyen pour obtenir le trait d'un minéral est de le frotter contre une surface dure, rugueuse et blanche, comme une plaque de porcelaine non vernie.

Cependant, certains minéraux sont trop durs pour laisser un trait sur une telle plaque; il faut alors utiliser une lime ou encore écraser de petits fragments dans un mortier. Le tableau 4.19 donne une liste de certains minéraux avec la couleur de leur trait.

L'ÉCLAT

L'éclat est l'aspect qu'offre la surface des minéraux lorsqu'on les expose à la lumière du jour. Cette propriété est étroitement reliée à l'indice de réfraction des minéraux et à leur capacité d'absorption de la

Tableau 4.18 Couleur de quelques minéraux.

COULEUR	MINÉRAUX
Blanc	Quartz, calcite, dolomite, halite, talc, gypse, feldspaths
Vert	Malachite, chlorite, serpentine, apatite, épidote, olivine
Jaune	Soufre, carnotite, orpiment
Jaune laiton	Pyrite, chalcopyrite
Bleu	Azurite, turquoise, kyanite, covellite
Brun	Sidérite, gœthite, zircon, limonite
Violet	Fluorite, améthyste
Rose	Quartz rose, rhodocrosite, rhodonite, orthose
Orange	Réalgar, crocoïte
Rouge	Cinabre, hématite, zincite, nickéline, grenat, jaspe, cuivre natif
Doré ou bronzé	Or natif, marcasite, pyrrhotite
Argenté	Argent natif, platine, arsénopyrite
Gris plomb	Graphite, galène, molybdénite, hématite
Noir ou gris très foncé	Magnétite, ilménite, chromite, uraninite

lumière. L'éclat permet de diviser les minéraux en deux classes : les minéraux à éclat métallique et les minéraux à éclat non métallique. Il est difficile d'établir une limite exacte entre les deux types d'éclat. Quand un minéral présente un éclat à mi-chemin entre les deux types, on dit qu'il est submétallique. Les principaux types d'éclat des minéraux sont décrits au tableau 4.20.

LA TRANSPARENCE

La transparence est la capacité d'un minéral de transmettre la lumière. Cette propriété est reliée à la structure atomique et à la densité des minéraux. On dit qu'un minéral est *transparent* si un objet peut être vu à travers; il est *translucide* si les objets sont vus indistinctement; il est *opaque* lorsqu'un minéral absorbe toute la lumière et qu'aucun objet ne peut être vu à travers.

Tableau 4.19 Couleur de la masse et trait de quelques minéraux.

MINÉRAL	COULEUR	
	Masse	Trait
Hématite	Gris plomb ou rougeâtre	Brun rougeâtre
Graphite	Gris plomb	Gris plomb
Molybdénite	Gris plomb	Gris verdâtre
Sphalérite	Brunâtre	Brun jaunâtre
Chromite	Noir-brun	Brun
Pyrite	Jaune laiton	Gris-noir
Chalcopyrite	Jaune laiton	Noir verdâtre

LA LUMINESCENCE

La luminescence est la propriété que possèdent certains minéraux qui émettent de la lumière. Si le minéral émet de la lumière seulement lorsqu'il est irradié par une lampe à rayons ultraviolets, il démontre alors la propriété de *fluorescence*. S'il continue à émettre de la lumière après la cessation de l'irradiation, alors il est doué de *phosphorescence*. Certains échantillons d'opale, de calcite, de diamant, de fluorite sont fluorescents.

4.6.2 Les propriétés reliées aux caractéristiques cristallines

LES FORMES GÉOMÉTRIQUES DES CRISTAUX

Au chapitre 3, nous avons vu que les cristaux peuvent être regroupés en sept systèmes de base. Les cristaux d'un même système présentent des formes géométriques variées que l'on nomme **habitus**. La connaissance de ces habitus peut être utile pour identifier les cristaux (fig. 4.17).

Tableau 4.20 Différents types d'éclat des minéraux.

TYPE D'ÉCLAT	CARACTÉRISTIQUES
Métallique	Minéral qui réfléchit quasi totalement la lumière. On le rencontre surtout dans les métaux natifs (or, argent, cuivre) et la plupart des sulfures (galène, chalcopyrite, molybdénite).
Submétallique	Minéral qui réfléchit partiellement la lumière. De nombreux oxydes métalliques (chromite, magnétite, hématite, ilménite, pyrolusite) et quelques sulfures (cinabre) possèdent un tel éclat.
Non métallique	
Adamantin	Minéral qui réfléchit vivement la lumière. Cette propriété caractérise les minéraux translucides ou transparents, ayant des indices de réfraction élevés (diamant, sphalérite, zircon, rutile).
Vitreux	Minéral qui réfléchit la lumière à la façon du verre brisé. On le rencontre surtout dans les silicates, chlorures, fluorures et carbonates (quartz, fluorite, grenats).
Résineux	L'aspect du minéral rappelle celui de la résine (soufre, tourmaline).
Gras	La surface du minéral semble enduite d'une substance huileuse (talc, cryolite, néphéline).
Soyeux	Minéral qui ressemble à de la soie. Les meilleurs exemples se retrouvent dans le groupe des minéraux fibreux (chrysotile).
Nacré	La surface du minéral possède un miroitement irisé quelque peu semblable à l'intérieur de certains coquillages (chlorite).
Cireux	Minéral qui possède des surfaces luisantes (serpentine, non fibreuse « antigorite »).
Mat ou terreux	Minéral qui a l'apparence de la terre (limonite, kaolinite).

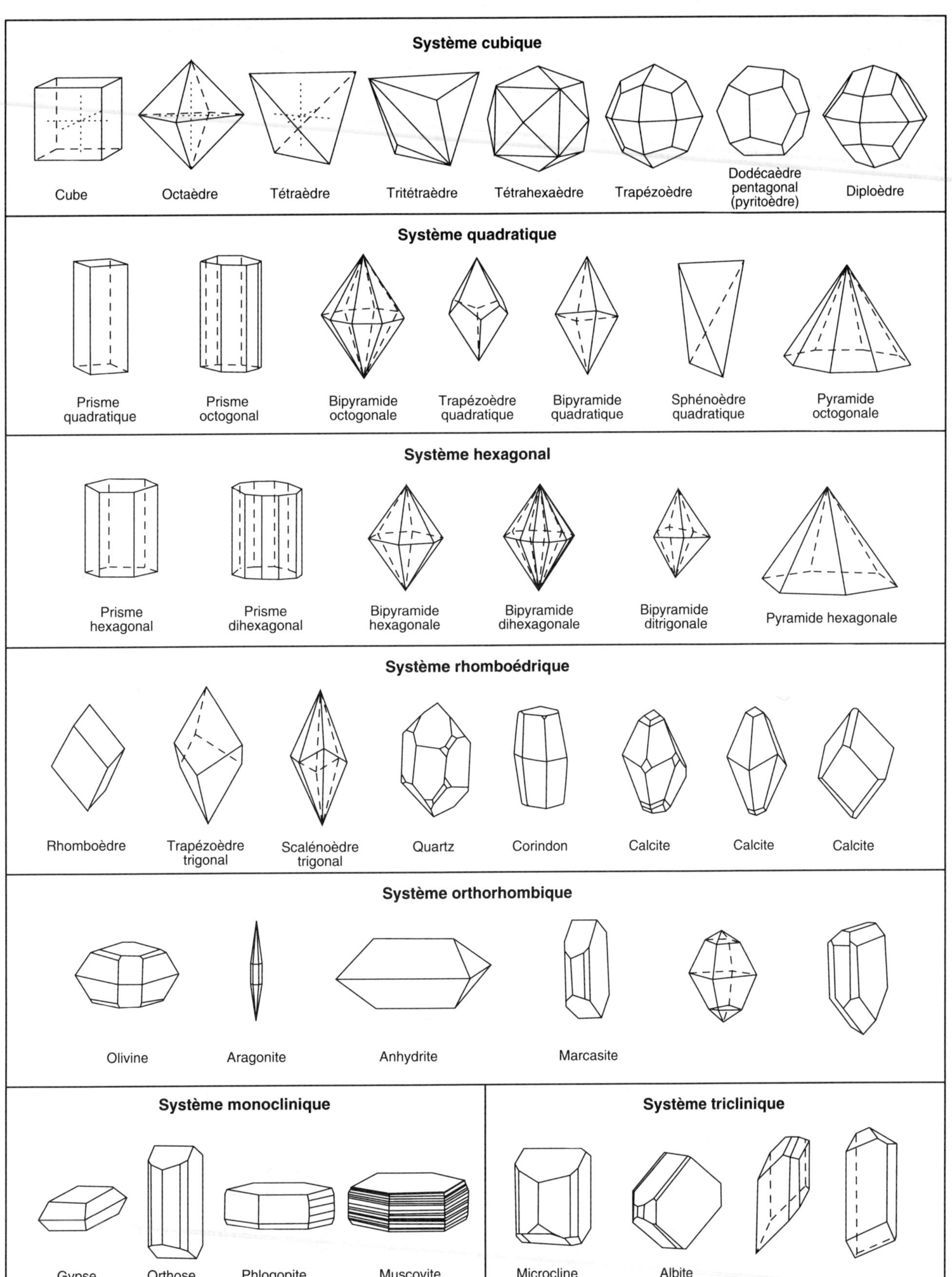

Figure 4.17 Principales formes géométriques des cristaux réparties selon les systèmes cristallins.

LES AGRÉGATS DE CRISTAUX

Les formes géométriques bien définies s'observent avant tout chez les spécimens individuels. Lorsque plusieurs cristaux sont présents dans une masse minérale, ils peuvent former différents modes d'assemblages ou **agrégats**. Les agrégats de cristaux prennent des formes imitatives (faciès) caractéristiques qui en facilitent l'identification (fig. 4.18).

LE CLIVAGE, LES CASSURES ET LES PLANS PRÉFÉRENTIELS DE SÉPARATION

De toutes ces propriétés, le clivage est de loin la plus importante.

Le clivage est l'aptitude qu'a un minéral de se briser suivant des plans parallèles entre eux.

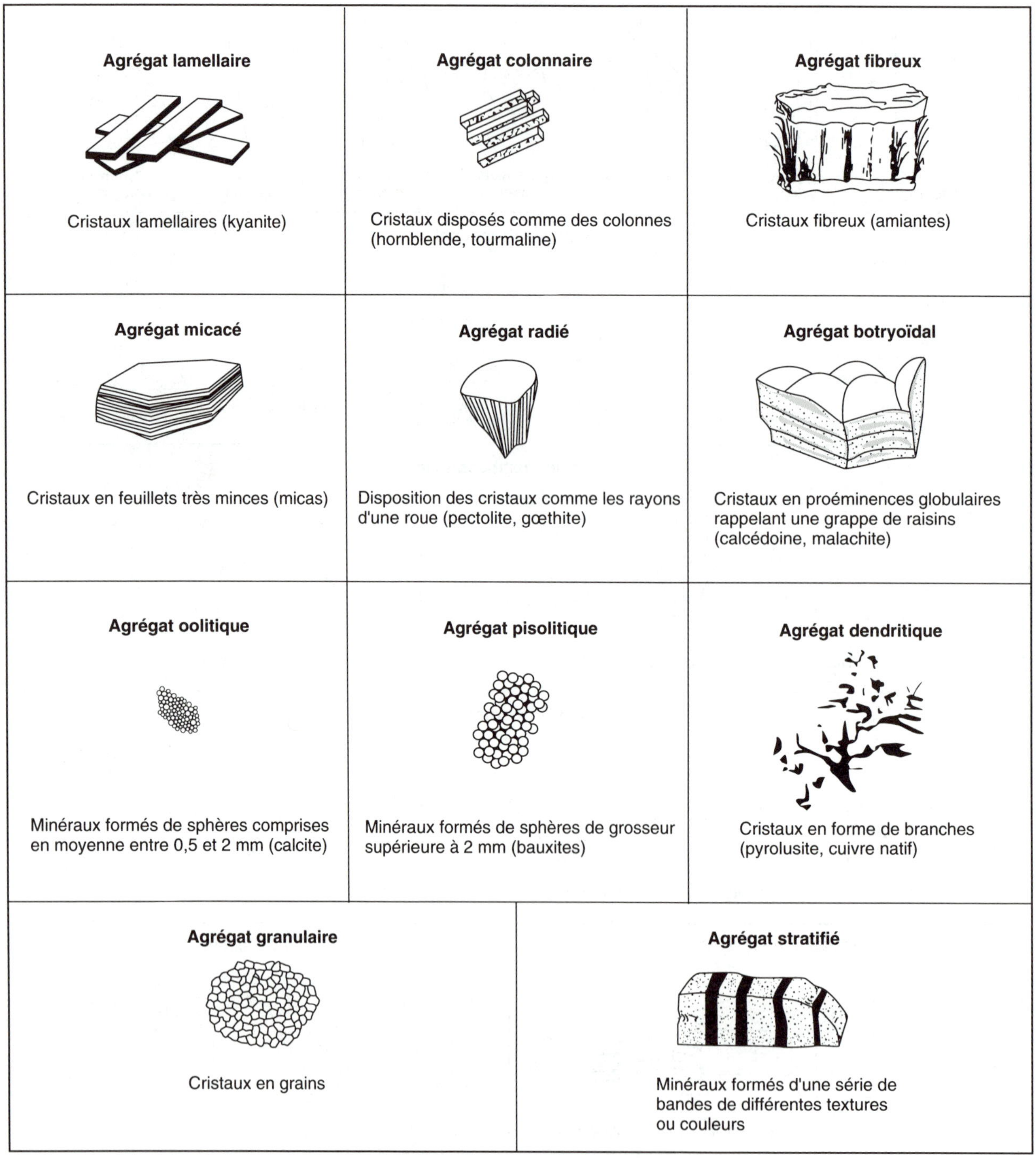

Agrégat lamellaire

Cristaux lamellaires (kyanite)

Agrégat colonnaire

Cristaux disposés comme des colonnes (hornblende, tourmaline)

Agrégat fibreux

Cristaux fibreux (amiantes)

Agrégat micacé

Cristaux en feuillets très minces (micas)

Agrégat radié

Disposition des cristaux comme les rayons d'une roue (pectolite, gœthite)

Agrégat botryoïdal

Cristaux en proéminences globulaires rappelant une grappe de raisins (calcédoine, malachite)

Agrégat oolitique

Minéraux formés de sphères comprises en moyenne entre 0,5 et 2 mm (calcite)

Agrégat pisolitique

Minéraux formés de sphères de grosseur supérieure à 2 mm (bauxites)

Agrégat dendritique

Cristaux en forme de branches (pyrolusite, cuivre natif)

Agrégat granulaire

Cristaux en grains

Agrégat stratifié

Minéraux formés d'une série de bandes de différentes textures ou couleurs

Figure 4.18 Les différentes formes imitatives (faciès) des agrégats de cristaux.

Les plans de clivage sont parallèles à des plans réticulaires liés entre eux par des forces de cohésion faibles. Les minéraux en feuillets (talc, micas, graphite) ont généralement un clivage facile et bien visible. Dans le graphite, par exemple, le clivage se situe entre les couches d'atomes de carbone. On a vu que ces couches sont retenues entre elles par des liaisons de Van der Waals faibles, alors que les atomes les constituant sont reliés par des liaisons covalentes fortes. Le graphite a ainsi des clivages dans une seule direction, parallèle aux couches de carbone. Les minéraux dont la structure atomique ne ménage pas de plans de faiblesse n'ont pas de clivage. C'est le cas du quartz dont les tétraèdres sont tous reliés fortement entre eux. Il est impossible de briser un cristal de quartz selon des plans déterminés à l'avance; le quartz n'a donc pas de clivage. Cependant, sous l'effet d'un choc thermique ou d'une contrainte mécanique très grande (impact d'une météorite par exemple), des clivages parallèles aux faces du prisme et de la pyramide peuvent apparaître.

La qualité du clivage peut être définie par les termes parfait, bon, distinct et indistinct. La trace d'un clivage parfait est une surface lisse et brillante. La calcite, les micas et la halite (fig. 4.19) ont des clivages parfaits. Quand la trace d'un clivage est interrompue par quelques plans transversaux, on parle d'un bon clivage. Les feldspaths ont de bons clivages dont les plans presque à angle droit aident grandement à leur identification. Certains minéraux se brisent assez facilement selon une direction donnée mais également selon d'autres directions. La trace du clivage est alors marquée par de nombreux paliers. On parle dans ce cas d'un clivage distinct. Enfin, quand il est difficile d'identifier le clivage, on le qualifie d'indistinct.

Les cassures On parle de cassure lorsqu'un minéral se brise en donnant des surfaces irrégulières. Il arrive que certains minéraux qui ne se clivent pas facilement présentent une cassure caractéristique. C'est notamment le cas du quartz, qui se brise en donnant des tessons à surface onduleuse, les

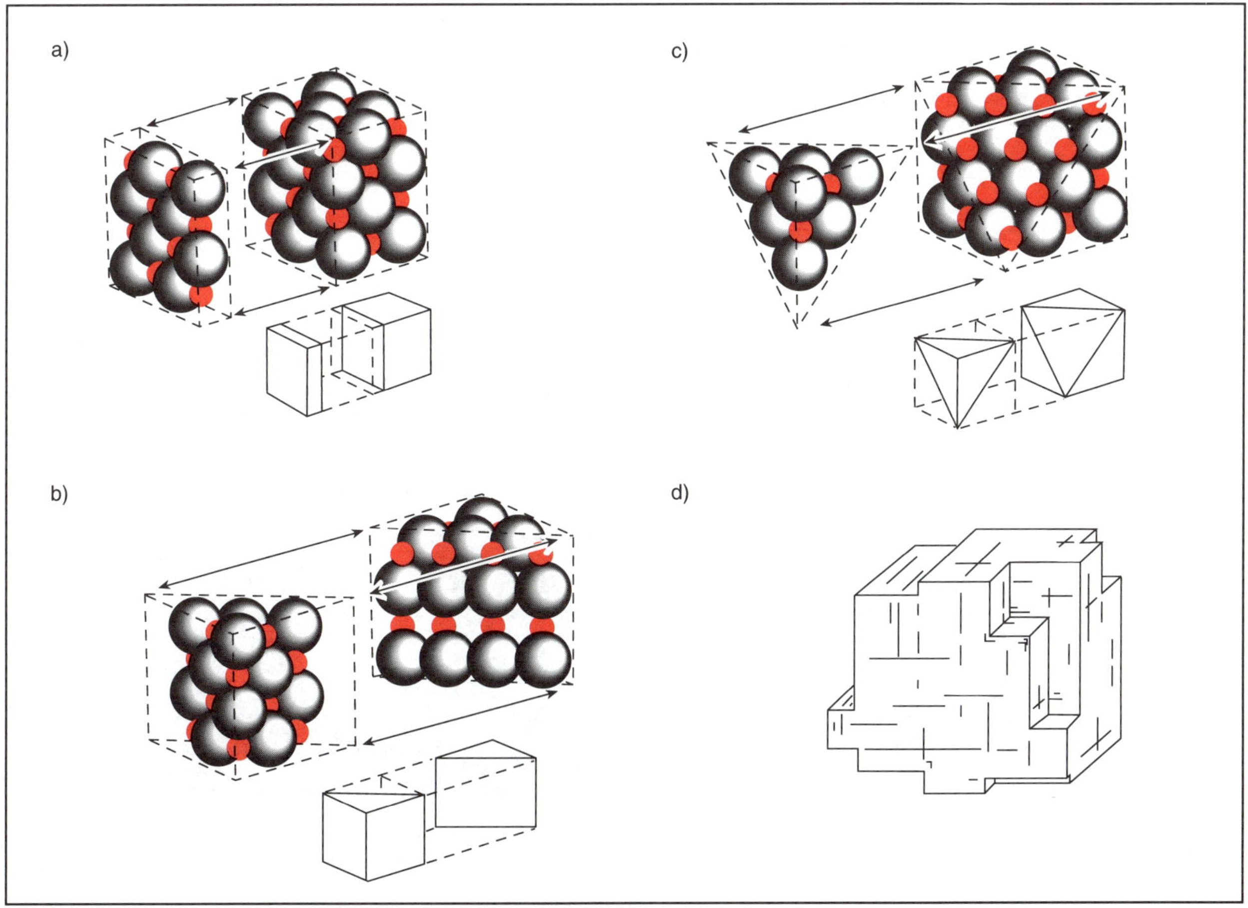

Figure 4.19 Clivages de la halite. La présence des clivages est directement reliée à des liaisons atomiques plus faibles dans certaines directions. Dans le cas de la halite, des plans de liaisons atomiques faibles existent parallèlement aux côtés du cristal, en a), de même que selon deux plans diagonaux, en b) et en c). Même s'il y a un clivage potentiel selon ces trois plans, ce n'est que d'après le plan parallèle aux côtés que la halite possède ses excellents clivages. À partir d'un sommet donné, on peut briser un cristal de halite selon trois directions à angle droit, chaque fois en obtenant des plans lisses et brillants, en d).

ondulations s'arrangeant concentriquement à partir du point de choc qui a produit la fracture. Ce type de cassure, qui rappelle l'intérieur d'une coquille, est qualifié de **conchoïdale**. On la retrouve non seulement dans le quartz mais aussi dans une lave vitreuse, l'obsidienne.

Les plans préférentiels de séparation Un plan préférentiel de séparation est très voisin d'un plan de clivage. La différence entre les deux réside surtout dans l'espacement entre les plans. Alors qu'un minéral peut se cliver un nombre infini de fois, les plans préférentiels de séparation sont beaucoup moins nombreux et davantage espacés. Les plans préférentiels de séparation se développent principalement le long des plans de macles.

La figure 4.20 illustre les principaux types de clivages, la cassure conchoïdale et le plan préférentiel de séparation.

CLIVAGES

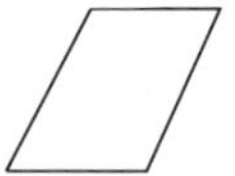

Clivage suivant une famille de plans* (exemple : micas)

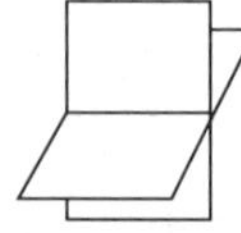

Clivage suivant deux familles de plans presque à angle droit (exemple : feldspaths)

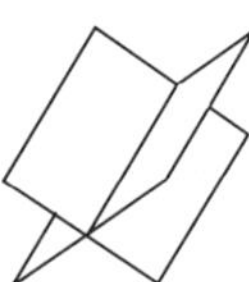
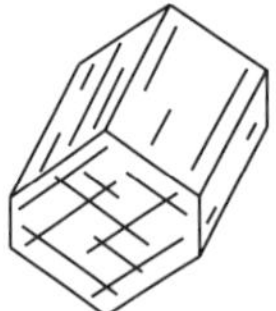

Clivage suivant deux familles de plans décrivant des angles de 56° et 124° (exemple : amphiboles)

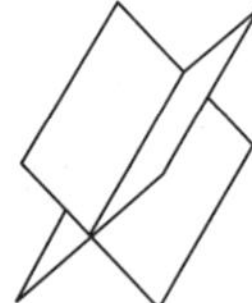

Clivage suivant deux familles de plans décrivant des angles de 87° et 93° (exemple : pyroxènes)

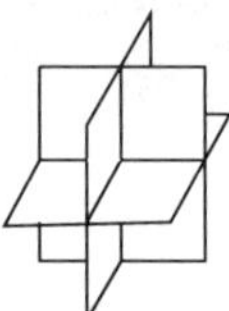
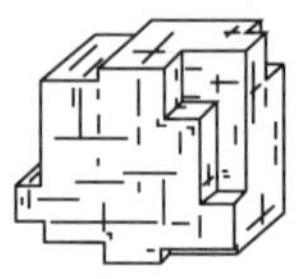

Clivage suivant trois familles de plans à angle droit (cube) (exemple : halite)

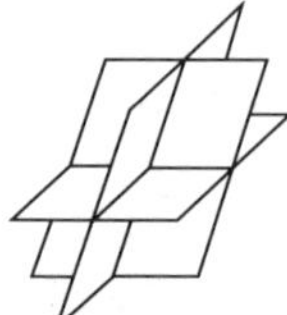
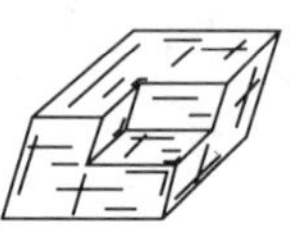

Clivage suivant trois familles de plans qui ne décrivent pas un angle droit (rhomboèdre) (exemples : calcite, dolomite)

CASSURE

Cassure conchoïdale : le minéral se brise en une forme ressemblant à l'intérieur d'un coquillage (exemple : quartz)

PLAN PRÉFÉRENTIEL DE SÉPARATION

Type de séparation se retrouvant dans le corindon et le diopside

* Des plans appartiennent à une même famille s'ils sont disposés parallèlement les uns aux autres.

Figure 4.20 Les principaux clivages des minéraux, la cassure conchoïdale et le plan préférentiel de séparation. Pour illustrer la cassure conchoïdale, on a photographié un spécimen d'obsidienne, une lave vitreuse foncée qui montre très bien ce type de cassure.

LES STRIES

Certains cristaux ont leurs faces cristallines marquées de stries. On a vu que les plagioclases sont caractérisés par des macles polysynthétiques qui produisent des stries. Chez d'autres minéraux, les stries correspondent à des paliers de croissance. La figure 4.21 montre les stries observables sur des cristaux de quartz, de tourmaline et de pyrite.

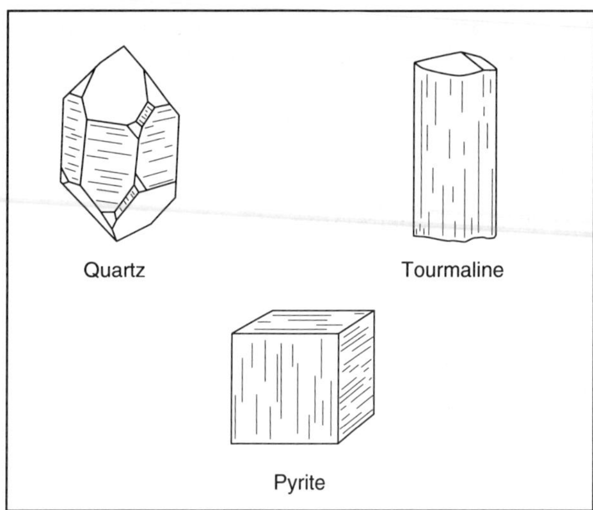

Figure 4.21 Stries sur les cristaux.

LA TÉNACITÉ

Un minéral est dit tenace s'il résiste bien aux chocs et fragile s'il se casse facilement. Les minéraux les plus durs ne sont pas nécessairement les plus tenaces, car le quartz, très dur, se broie facilement. Par contre, les fibres d'amiante chrysotile, de dureté moyenne, sont très tenaces.

Le tableau 4.21 énumère les principaux qualificatifs attribués aux minéraux en rapport avec leur ténacité.

LA DURETÉ

La dureté d'un minéral est sa capacité de se laisser rayer par un autre objet ou minéral. Elle nous indique ainsi la résistance qu'oppose un corps solide à la destruction de sa structure.

Afin de donner une mesure relative de la dureté des différentes espèces minérales, Friedrich Mohs, minéralogiste autrichien, présenta une échelle de dureté composée de dix minéraux connus et placés du plus tendre au plus dur. La figure 4.22 illustre l'échelle de dureté des minéraux.

On dit qu'un minéral est plus dur qu'un autre si le premier raye le second. Par ailleurs, deux minéraux identiques pourront se rayer l'un l'autre parce que certaines de leurs faces sont plus dures.

En procédant au test de dureté, il convient de prendre les précautions suivantes :

- bien s'assurer que le minéral est effectivement rayé;
- toujours choisir une surface sans produit de décomposition.

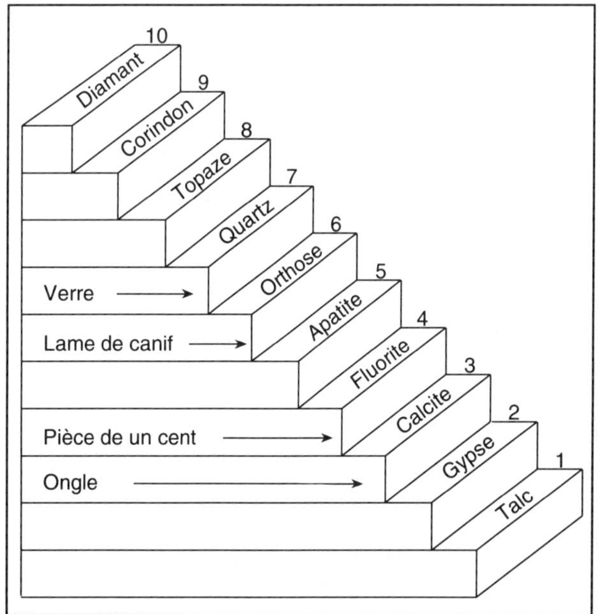

Figure 4.22 Échelle de dureté de Mohs.

Tableau 4.21 Ténacité des minéraux.

Qualificatif	Caractéristiques du minéral
Tenace	Résiste bien aux chocs (amiante).
Fragile	Se sépare en grains ou en poudre lorsque coupé avec un couteau (calcite).
Malléable	Peut être aplati avec un marteau sans casser (or, argent, cuivre).
Flexible	Peut être courbé de façon permanente sans casser (or).
Élastique	Reprend sa forme originale après avoir été courbé (micas).
Ductile	Peut être étiré en un long fil sans se rompre (or).

Les différences de dureté entre les minéraux de l'échelle de Mohs sont à peu près les mêmes, sauf pour le diamant, beaucoup plus dur que le corindon qui le précède. En fait, le diamant est quarante fois plus dur que le talc tandis que le corindon l'est neuf fois seulement.

La figure 4.23 illustre la dureté réelle des minéraux de l'échelle de Mohs.

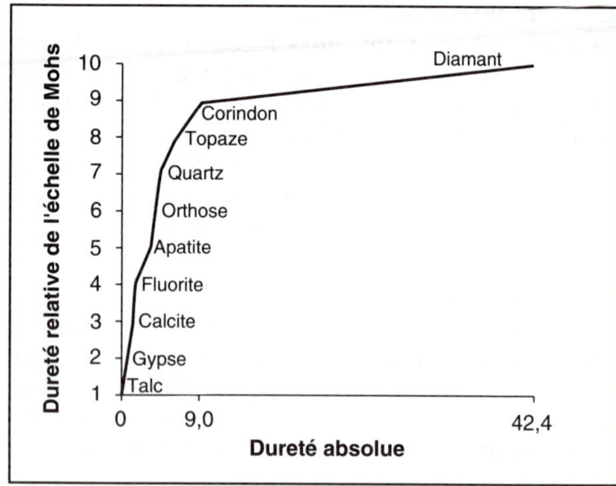

Figure 4.23 Minéraux de l'échelle de Mohs. Comparaison entre la dureté absolue de ces minéraux et leur dureté relative.

4.6.3 Les propriétés reliées aux sens du goût, de l'odorat et du toucher

LA SAVEUR

La saveur est une propriété qui se manifeste lorsqu'un minéral est soluble. Elle n'est pas tellement employée pour l'identification. Cependant, signalons que la halite a une saveur salée caractéristique.

L'ODEUR

Les minéraux ont en général des odeurs caractéristiques, certains naturellement, d'autres après avoir été chauffés ou encore soumis à la réaction d'un acide faible. Ainsi, l'arsénopyrite a une odeur d'ail lorsqu'elle est chauffée. Tout comme la saveur, cette propriété n'est guère employée pour l'identification des minéraux.

LE TOUCHER

Lorsque nous touchons les minéraux avec le bout des doigts, nous éprouvons une sensation qui peut devenir un critère d'identification pour certaines espèces. Ainsi, le talc et le graphite ont un toucher qualifié de gras ou d'onctueux.

4.6.4 Les propriétés reliées au magnétisme, à l'électricité ou à la radioactivité

LES PROPRIÉTÉS MAGNÉTIQUES

Certains minéraux ont la propriété d'être attirés par un aimant. La magnétite est très fortement attirée par l'aimant, tandis que le pyrrhotite ne l'est que légèrement et de façon variable.

LES PROPRIÉTÉS ÉLECTRIQUES

On peut classer les minéraux en deux groupes : les conducteurs et les non-conducteurs d'électricité. Les minéraux qui conduisent l'électricité ont une structure à base de liens métalliques. Les sulfures de métaux, les métaux natifs et certains oxydes sont généralement conducteurs d'électricité. Les méthodes de prospection géophysique mettent à profit cette propriété.

LA RADIOACTIVITÉ

Certains éléments chimiques comme l'uranium et le thorium possèdent la propriété de se désintégrer en émettant des radiations. Les minéraux qui contiennent ces éléments (uraninite, autunite, thorianite, thorite, etc.) sont dits radioactifs. On peut déceler la radioactivité par un compteur Geiger, un scintillomètre, ou encore par ses effets sur une pellicule photographique. La radioactivité est à la base des méthodes de prospection de l'uranium. On procède souvent à des relevés aéroportés pour scruter rapidement une région afin d'y déceler toute concentration anormale de radioactivité. Par la suite, on vérifie les anomalies directement sur le terrain.

4.6.5 Les autres propriétés

L'EXPANSION THERMIQUE

Lorsqu'on chauffe un minéral, son volume augmente. Cette propriété se mesure en pourcentage d'accroissement du volume lorsque la température passe de 0°C à 1°C. Ce *coefficient d'expansion thermique* varie d'un minéral à l'autre. La *chaleur spécifique* est la quantité de chaleur nécessaire pour élever de 1°C la température de 1 g d'un minéral donné.

LA DENSITÉ ET LA MASSE VOLUMIQUE

La densité et la masse volumique sont deux termes souvent employés l'un pour l'autre. Il y a cependant une différence fondamentale entre chacune de ces notions.

La **densité** d'un minéral est égale au rapport entre la masse d'un certain volume de ce minéral et la masse d'un même volume d'eau. Il s'agit donc d'un nombre qui n'a pas d'unité. Prenons un morceau de gypse pur dont le volume est exactement de 1 cm^3. Sa masse est de 2,32 g. Un même volume d'eau (1 cm^3) pesé à la température de 3,98°C a une masse de 1 g. Donc le rapport entre la masse du minéral et la masse du même volume d'eau est égal à 2,32 (2,32 g/1 g = 2,32) et ce nombre n'a pas d'unité.

La **masse volumique** est la masse de l'unité de volume. Elle est généralement exprimée en kilogrammes par mètre cube (kg/m^3). Ainsi, pour trouver la masse volumique du gypse pur, c'est-à-dire sa masse exprimée en kg/m^3, il faut se baser sur la valeur de la masse de 1 cm^3 de cette substance et l'amener à celle de 1 m^3. Nous trouvons alors que le gypse pur a une masse volumique de 2320 kg/m^3.

En d'autres mots, la densité nous dit combien de fois un minéral est plus lourd qu'un même volume d'eau, tandis que la masse volumique nous donne la masse, généralement exprimée en kg/m^3, de cette substance.

La densité est une aide précieuse pour l'identification des minéraux, bien que sa mesure exacte ne doive se faire que sur des échantillons très purs et à l'aide d'instruments de laboratoire. On parvient quand même, avec un peu d'habitude, à l'apprécier assez bien en soupesant les échantillons de minéraux. La densité de la plupart des minéraux est comprise entre 2 et 4.

Le tableau 4.22 donne la densité de quelques minéraux.

LA SOLUBILITÉ À L'ACIDE CHLORHYDRIQUE DILUÉ

Certains minéraux réagissent en entrant en effervescence (dégagement de gaz carbonique) lorsqu'ils sont en contact avec des acides. On emploie généralement de l'acide chlorhydrique dilué (10 %) pour ce genre de test.

Tableau 4.22 Densité de certains minéraux.

Minéral	Densité
Or	19,30
Argent	10,50
Galène	7,57
Hématite	5,26
Magnétite	5,20
Pyrite	5,01
Ilménite	4,72
Rutile	4,25
Sidérite	3,96
Diamant	3,52
Fluorite	3,18
Quartz	2,65
Orthose	2,56
Gypse	2,32
Soufre	2,07

Les minéraux de calcite et d'aragonite sont facilement dilués par des acides et produisent une effervescence. La dolomite, par contre, réagit lentement, sans effervescence visible. On doit la pulvériser pour obtenir une effervescence mitigée.

CONCLUSION

Les minéraux sont des substances chimiques inorganiques qui présentent une grande diversité de composition et des propriétés physiques et chimiques variées. Les silicates sont, de loin, les minéraux les plus abondants. Ce sont eux qui constituent les minéraux des roches. Nous allons donc en reparler abondamment au cours des trois prochains chapitres.

VOCABULAIRE

Agrégats
Alcalins
Allochromatiques
Aluminosilicates

Clivage

Densité
Dureté

Éclat
Électronégativité

Feldspath
Feldspathoïde

Habitus

Idiochromatique

Liaison covalente
Liaison ionique
Liaison métallique
Liaison de Van der Waals

Masse volumique
Minéral
Minéralogie
Minéraux non silicatés

Nombre de coordination

Plagioclases
Polyèdre de coordination

Quartz

Silicates
Silice
Silicium
Solution solide
Substitution atomique

Ténacité
Trait
Transparence

Zéolites

QUESTIONS

1. Définissez ce qu'est un minéral. Commentez votre définition.
2. Qu'en est-il de la notion de polyèdre de coordination ? Dans le cas des silicates, quels sont les polyèdres de coordination de base ? Expliquez votre réponse.
3. Pour quelle raison l'aluminium peut-il remplacer le silicium dans le tétraèdre de base des silicates ? Quelles conséquences cela entraîne-t-il dans la composition des minéraux silicatés ?
4. Dans chacune des classes de minéraux énumérées ci-après, choisissez deux exemples de minerais. Pour chacun des minéraux choisis, donnez la formule chimique, la dureté, la densité et la substance (métal ou autre) qu'il peut fournir. (Classes : éléments natifs, sulfures, oxydes, carbonates, silicates.)
5. En vous servant uniquement de la dureté et du clivage, comment pouvez-vous distinguer :
   a) la calcite de la halite ?
   b) les feldspaths du quartz ?
6. Quelle est la principale caractéristique permettant de différencier les feldspaths potassiques des feldspaths plagioclases ?
7. Expliquez pourquoi certains minéraux, comme le quartz, SiO_2, ont une formule chimique simple, alors que d'autres, comme les feldspaths plagioclases, ont une composition qui peut varier.
8. Définissez la notion de clivage. En vous servant d'exemples, expliquez pourquoi certains minéraux ont des clivages faciles, alors que d'autres n'en ont pas. Faites la distinction entre un plan de clivage et une face cristalline.
9. Expliquez le sens des mots suivants : silicium, silicates, silice.
10. Les silicates sont des minéraux très abondants et diversifiés. Par exemple, alors que la densité du quartz est de 2,65, celle du grenat almandin est de 4,32. À quoi attribuez-vous cette différence ? Commentez.
11. Pour chaque minéral énuméré ci-après, donnez le numéro correspondant à sa formule chimique.

a) FeS_2	f) $FeTiO_3$	Pyrite _________	Galène _________
b) NaCl	g) $CaCO_3$	Halite _________	Corindon _________
c) C	h) Al_2O_3	Graphite _________	Sphalérite _________
d) PbS	i) Fe_2O_3	Quartz _________	Calcite _________
e) SiO_2	j) ZnS	Hématite _________	Ilménite _________

12. Vrai ou faux ?
    a) La calcite se cristallise dans le système cubique.
    b) La halite a des clivages médiocres.
    c) Le quartz a une dureté de 7 sur l'échelle de Mohs.
    d) Les feldspaths n'ont pas de clivage.
    e) La pyrite est le principal minerai de cuivre.
13. Quelle est la densité de la barytite, $BaSO_4$? À quoi attribuez-vous une densité aussi élevée pour un minéral à éclat vitreux ?
14. Un échantillon de quartz minéralisé en or a une masse de 2 kg et une densité de 6,40. Déterminez la masse d'or contenu dans cet échantillon. Que vaut cet or au prix courant du marché le jour du calcul ? (L'or se transige en once troy ou d'apothicaire, laquelle vaut 31,103 476 8 g.)

RÉFÉRENCES BIBLIOGRAPHIQUES

OUVRAGES RECOMMANDÉS

1. **Bariand, P., Cesbron, F. et Geffroy, J.**
   1977 : *Les minéraux. Leurs gisements, leurs associations.* Orléans, Éditions du BRGM, vol. 1, 145 p.; vol. 2, 298 p.; vol. 3, 489 p.
   Excellent ouvrage. Le volume 1 traite de cristallographie et des minéraux des roches. Les volumes 2 et 3 traitent des minéraux de concentration d'éléments communs et d'éléments rares. De très belles photographies en couleur et en noir et blanc.

2. **Blackburn, W. H. et Dennen W. H.**
   1988 : *Principles of Mineralogy.* Dubuque, Iowa, Wm. C. Brown Publishers, 413 p.
   Couvre la minéralogie de manière complète et à jour.

3. **Berry, L. G., Mason, B. et Dietrich, R. V.**
   1983 : *Mineralogy.* San Francisco, W. H. Freeman, 561 p.
   Une excellente introduction à la minéralogie.

4. **Baronnet, A.**
1988 : *Minéralogie.* Paris, Dunod, coll. Géosciences, 184 p.
Présente les fondements de la cristallographie et de la minéralogie. Niveau avancé.

5. **Klein, C. et Hurlbut, Jr. C. S.**
1985 : *Manual of Mineralogy.* Toronto, John Wiley & Sons, 596 p.
Un classique de la minéralogie. Niveau avancé.

6. **Girault, J. et Ledoux, R.**
1991 : *Guide pratique d'identification des minéraux.* Québec, Publications du Québec, GT 91-01, 114 p.
Guide qui accompagne la collection de minéraux du ministère de l'Énergie et des Ressources.

7. **Sorrel, C. A. et Sandstrom, G. F.**
1981 : *Roches et Minéraux.* La Prairie, Éditions Marcel Broquet, 273 p. (Traduit de l'américain par Irène et Serge Galarneau.)
Excellent guide à prix abordable.

8. **Pough, H. F.**
1979 : *Guide des roches et minéraux.* Paris, Delachaux et Niestlé, coll. Les guides du naturaliste, 384 p.
Autre guide d'identification très utile et bien fait.

9. **Boivin, D. J.**
1985 : *Roches et minéraux du Québec. Guide d'excursion pour le collectionneur.* Montréal, Conseil de développement du loisir scientifique, 142 p.
Les routes à suivre, au Québec, pour bâtir une collection de minéraux.

AUTRES SOURCES D'INFORMATION CONSULTÉES

Aubert, G., Guillemin, C. et Pierrot, R.
1978 : *Précis de Minéralogie.* Paris, Masson, 335 p.

Bloss, F. D.
1971 : *Crystallography and Crystal Chemistry.* New York, Holt, Rinehart and Winston, 545 p.

Frye, K.
1981 : *The Encyclopedia of Mineralogy.* Encyclopedia of Earth Sciences, Volume 1VB. Stroudsburg, Penn., Hutchison Ross Publishing Co., 794 p.

Press, F. et Siever, R.
1986 : *Earth.* 4e éd., San Francisco, W. H. Freeman, 656 p.

Shannon, R. D.
1976 : « Revised Effective Ionic Radii and Systematic Studies of Interatomic Distances in Halides and Chalcogenides » dans *Acta Crystallographica*, A32, p. 752.

CHAPITRE 5

MAGMATISME ET ROCHES IGNÉES

> Une autre série de phénomènes, touchant le fractionnement chimique du globe, prennent également naissance dans la lithosphère. Des bains de silicates fondus, générés en profondeur, s'injectent plus haut dans l'écorce terrestre, où ils refroidissent et cristallisent. Ils peuvent soit arriver en surface, dans ce cas on parle de volcanisme, soit demeurer en profondeur, on parle alors de plutonisme. Comment naissent les magmas ? Quelle composition ont-ils ? Comment évoluent-ils chimiquement ? Voilà les questions d'un grand problème.
>
> C.-J. ALLÈGRE et G. MICHARD, *Introduction à la géochimie.*

OBJECTIFS PÉDAGOGIQUES

Au terme de ce chapitre vous devriez pouvoir :

- délimiter sur un diagramme p/t les domaines de formation des roches ignées;
- préciser les caractéristiques des séries tholéiitiques, calco-alcalines et alcalines;
- expliquer le processus de cristallisation fractionnée d'un magma selon le modèle de Bowen;
- identifier les principales textures des roches ignées;
- présenter une classification des principales roches ignées;
- identifier environ une dizaine de roches ignées.

Les roches sont formées de minéraux. L'étude des minéraux et de leurs assemblages dans les roches nous renseigne sur la genèse et l'évolution de ces dernières. La **pétrologie** est la science qui a pour objet de décrire les roches, de les classifier et d'en interpréter la genèse.

L'observation sur le terrain et les analyses réalisées en laboratoire ont permis aux géologues de définir les conditions de pression et de température spécifiques à la formation des roches. Chaque ensemble de roches se forme ainsi dans un contexte **géothermobarométrique** (pour température, t, et pression, p) qui lui est propre. Néanmoins, à la surface et à l'intérieur de la Terre, les roches participent à un vaste cycle d'échanges géochimiques. Connu sous le nom de cycle des roches, ce modèle très important sera présenté à la fin du chapitre 7 après l'étude des conditions de formation de chaque ensemble de roches.

5.1 DOMAINE IGNÉ OU DOMAINE DU MAGMATISME

Le domaine de la naissance des magmas est celui des hautes températures. À partir de 600°C, certains matériaux terrestres atteignent déjà leur température de fusion partielle. La figure 5.1 montre que le domaine igné voisine le domaine métamorphique dont il est séparé par la courbe du solidus du granite. La courbe vaut pour un granite saturé d'eau ($p_t = p_{H_2O}$). Le solidus fait la démarcation entre les domaines où la phase solide existe seule et où la phase solide coexiste avec une phase liquide. Nous verrons un peu plus loin que l'eau agit comme fondant et qu'elle a pour effet d'abaisser la température de fusion des roches. La figure montre également les courbes des géothermes estimés pour la croûte océanique actuelle et pour un bouclier ancien. Ces courbes nous montrent que la fusion est atteinte à une moindre profondeur sous la croûte océanique que sous la croûte continentale.

Les roches **ignées** ou magmatiques sont formées à partir du refroidissement d'un magma.

Lorsque le magma traverse l'écorce terrestre sans atteindre la surface et qu'il refroidit lentement, les minéraux ont le temps de se cristalliser. Dans ce cas, on parle de roches ignées **intrusives**. Lorsque le magma atteint la surface, le refroidissement est plus rapide. Les cristaux ont donc moins de temps pour se développer et ils demeurent plus petits ou sont absents. On parle alors de roches ignées **effusives** ou laves.

Selon leur teneur en silice, SiO_2, on distingue des roches ignées felsiques et mafiques[1]. Cette nomenclature s'applique tant aux roches intrusives qu'aux roches effusives.

Les roches **felsiques** ont une teneur en silice supérieure à 65 %. Leur composition modale ou normative (voir la section 5.3) comprend essentiellement du quartz, des feldspaths potassiques et des plagioclases. Les roches **mafiques** ont une teneur en silice comprise entre 45 et 52 %. Leur composition modale ou normative comprend des plagioclases, avec pyroxènes et péridots.

La composition chimique des roches ignées influe sur leur couleur. Généralement, les roches felsiques sont claires, car elles sont riches en silice; elles sont dites **leucocrates**. Les roches mafiques sont habituellement foncées, car elles sont riches en fer et en magnésium; elles sont dites **mélanocrates**. Ainsi, un basalte est mélanocrate et un granite est leucocrate. Pour préciser que toute la roche est sombre, on emploie le terme **holomélanocrate**. Quand toute la roche est claire, on emploie le terme **hololeucocrate**. Toutefois, on doit utiliser ces termes avec prudence. Par exemple, une anorthosite déformée est très claire sans être particulièrement riche en silice.

5.2 LE MAGMATISME

Le magma est la notion clé dans l'étude des roches ignées. Nous allons d'abord préciser les notions de magma et de chambre magmatique, puis nous aborderons le problème de leur genèse. Il ne sera question ici que des magmas générés par la fusion partielle de l'écorce terrestre et du manteau supérieur.

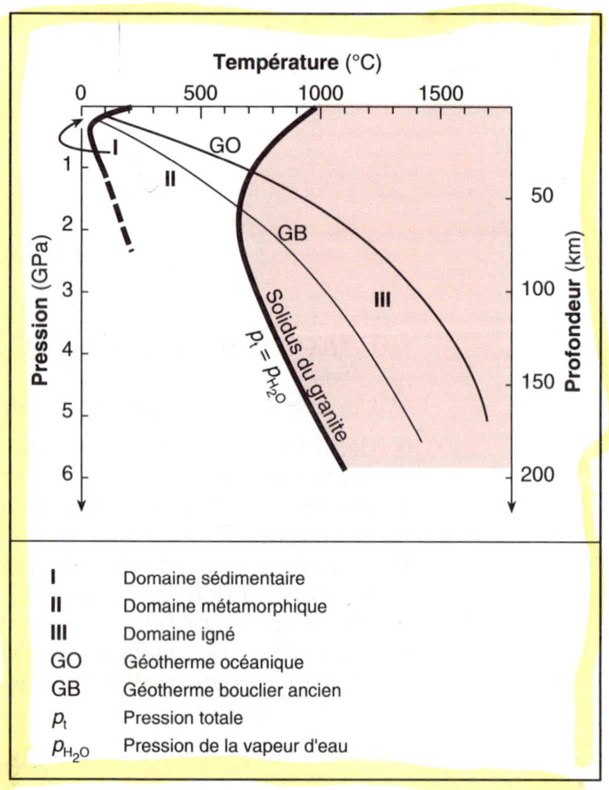

Figure 5.1 Diagramme *p/t* indiquant la position du domaine du magmatisme. Les conditions géothermobarométriques (température et pression) délimitent trois domaines de formation des matériaux rocheux : (I) domaine de la diagenèse (roches sédimentaires); (II) domaine du métamorphisme (roches métamorphiques); (III) domaine igné ou domaine de la fusion (roches ignées). Le passage du domaine du métamorphisme au domaine igné est donné par la courbe du solidus du granite, lorsque saturé d'eau ($p_t = p_{H_2O}$). La frontière entre ces deux domaines est plutôt une zone de transition qu'une démarcation nette.

1. On utilise maintenant les termes *felsique* et *mafique* plutôt que les anciens termes *acide* et *basique*. D'après le *Glossary of Geology*, le terme *felsique* est construit à partir des deux premières lettres du mot *feldspath*, de la première lettre du mot *lenad* (mot anglais désignant la leucite et la néphéline, deux feldspathoïdes) et de la première lettre du mot *silice*. Quant au terme *mafique*, il dérive de *magnésium* et de *fer*.

5.2.1 *Magma et chambre magmatique*

Un **magma** est un composé silicaté plus ou moins visqueux, porté à des températures comprises entre 700°C et 1400°C.

En effet, les magmas terrestres ont, le plus souvent, un caractère silicaté. De plus, ils renferment des composants volatils, dont l'eau, H_2O, et le gaz carbonique, CO_2. Des relevés géophysiques ont permis de localiser les magmas au niveau de « chambres magmatiques », domaines qui s'apparentent à de vastes poches aux bordures plus ou moins diffuses; ces chambres peuvent atteindre des volumes de plusieurs dizaines de kilomètres cubes. En Alaska, on a détecté une dizaine de chambres magmatiques localisées à des profondeurs variant entre 10 et 50 km. On connaît l'existence de chambres semblables sous le Massif central, en France.

Lors de leur montée vers la surface, les magmas, par relâchement de la pression lithostatique, libèrent leurs gaz. Les roches ignées que nous connaissons, en particulier les laves, correspondent donc à un magma appauvri en gaz. De plus, au cours du refroidissement qui entraîne leur cristallisation, les magmas subissent des différenciations ou fractionnements géochimiques qui produisent des suites de roches du type basalte, andésite, dacite, par exemple. Enfin, les « liquides » magmatiques qui traversent l'écorce terrestre participent nécessairement à des échanges chimiques et thermiques avec les roches encaissantes; on parle alors d'effets de contamination.

5.2.2 *La formation d'un magma*

Au point de vue physique, il est reconnu que les magmas sont générés par la fusion partielle d'un matériau initialement solide. Au cours des années 1960, on a proposé des modèles pour expliquer la genèse des magmas basaltiques, en particulier. Globalement, tout se passe comme si un liquide mobilisable (le magma) se séparait de la partie solide réfractaire. En fait, la partie liquide représente rarement plus de 30 % du volume du matériau initial. Pour que la fusion soit possible, un certain nombre de conditions doivent être réunies. Voyons les principaux facteurs qui interviennent dans ce processus.

LE PASSAGE DE L'ÉTAT SOLIDE À L'ÉTAT LIQUIDE

Des poches de liquide isolées apparaissent dans un solide en cours de fusion. Pour un rapport liquide-solide donné, les poches de liquide ont tendance à communiquer entre elles par diffusion ou par des conduits pour former un milieu continu. Cette circulation de liquide dans la masse solide détermine un premier seuil de percolation. Si la fusion se poursuit, la fraction liquide a tendance à ennoyer les parties encore solides. Lorsque la charpente solide est complètement démembrée, le système atteint un second seuil de percolation.

Dans le cas de mise en fusion de matériaux crustaux ou mantéliques en profondeur, il est aisé de comprendre, compte tenu des pressions en présence, que la fusion des matériaux ne peut jamais être totale. Les modèles actuels nous permettent d'estimer que cette fusion peut toucher, comme nous l'avons énoncé un peu plus haut, 30 % du matériel solide. On parle de fusion partielle. Ainsi, on peut décrire le bain magmatique comme un ensemble liquide plus ou moins fluide, enrichi en agrégats de cristaux maintenus en suspension. Ces amas de cristaux peuvent correspondre à du matériel réfractaire, ou à des « poches » de minéraux en croissance, si on est en situation de cristallisation. La figure 5.2 montre la courbe théorique du passage solide à liquide, ainsi que les deux seuils de percolation définis. Cette courbe est réversible.

LE RÔLE DE LA PRESSION ET DE L'EAU

Pour une même roche, et toutes choses étant égales par ailleurs, la température de fusion dépend de la pression du système dans lequel celle-ci est placée. À cet égard, on peut énoncer, à quelques nuances près, la règle suivante : la température de fusion d'une roche s'élève avec l'augmentation de la pression, soit avec la profondeur.

Par ailleurs, à une pression et à une température données, deux roches de nature chimique différente

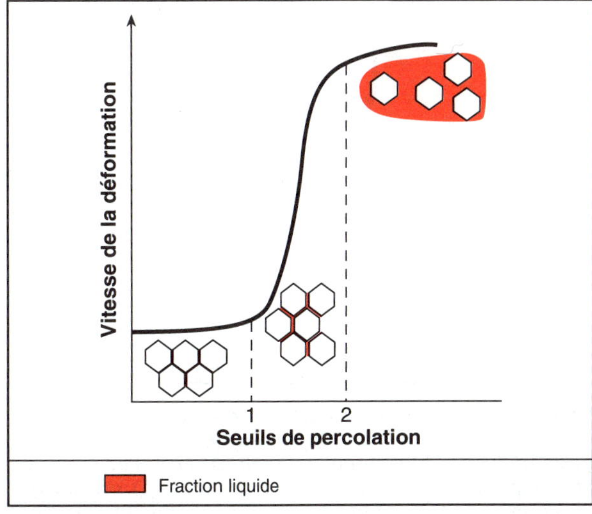

Figure 5.2 Courbe théorique du passage solide à liquide et seuils de percolation. Les seuils de percolation, 1 et 2, traduisent des changements de vitesse dans la déformation des réseaux cristallins (Nicolas, 1989, p. 20).

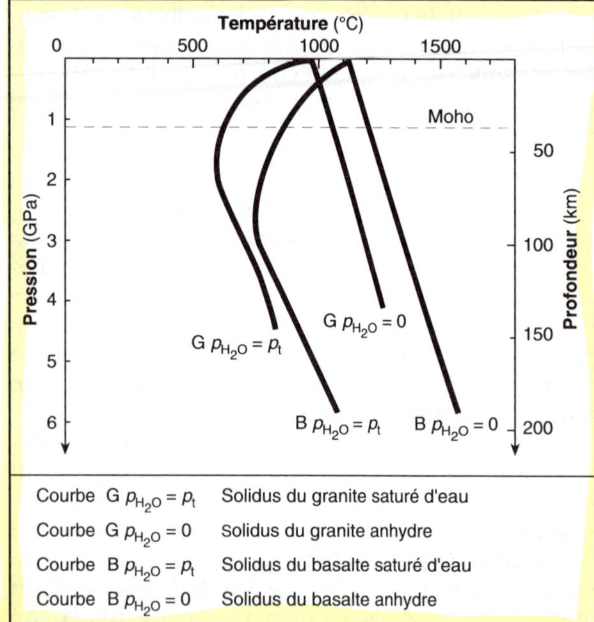

Figure 5.3 Courbes des solidus pour deux roches ignées communes de l'écorce terrestre : le granite et le basalte. Pour chacune des roches, on a deux courbes : l'une en condition saturé d'eau ($p_{H_2O} = p_t$) et l'autre en condition anhydre ($p_{H_2O} = 0$). Lorsque les roches sont anhydres, la température de fusion augmente de manière proportionnelle avec la profondeur, donc avec la pression (on observe une droite). En condition saturée, l'eau agissant comme fondant, la température de fusion diminue depuis la surface jusqu'à environ 50 à 60 km de profondeur. Ensuite, la température de fusion augmente régulièrement avec la profondeur. Les courbes montrent que dans les deux conditions, le basalte est plus réfractaire que le granite.

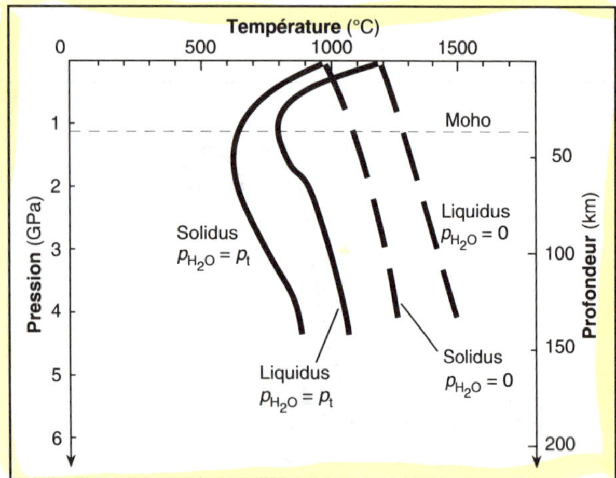

Figure 5.4 Courbes du solidus et du liquidus du granite, saturé d'eau et anhydre. Le liquidus et le solidus d'un granite anhydre ($p_{H_2O} = 0$) se situent à plus de 1000°C et augmentent avec la profondeur. En présence d'eau ($p_{H_2O} = p_t$), on note que liquidus et solidus sont atteints à des températures bien plus basses. De plus, dans l'écorce (au-dessus du Moho), il y a abaissement de la température de fusion partielle avec la profondeur. Ensuite, la température de fusion augmente avec la profondeur.

n'ont pas le même comportement. Pour illustrer ce fait, examinons les courbes du solidus des deux roches ignées les plus répandues dans l'écorce terrestre : le granite de la croûte continentale et le basalte de la croûte océanique (fig. 5.3). Pour les mêmes conditions de teneur en eau, les courbes du solidus du granite suivent un profil décalé par rapport à celui du basalte. C'est que le basalte est plus réfractaire que le granite.

La figure 5.3 indique qu'en plus de la pression, la teneur en eau du système contrôle la température de fusion des roches. Pour un système donné, la présence d'eau favorise l'abaissement de la température de fusion. La figure 5.4 présente les courbes du solidus et du liquidus du granite, pour deux conditions extrêmes : saturé d'eau (p_{H_2O} = pression totale (p_t)) et anhydre ($p_{H_2O} = 0$).

5.3 *MÉTHODES D'ÉTUDE DES ROCHES IGNÉES*

Pour préciser la composition minéralogique des roches ignées, on fait appel à deux types d'analyses : le mode et la norme. On traduit graphiquement les résultats de ces analyses sur des diagrammes de variation triangulaires ou rectangulaires. Ceux-ci sont fort utiles pour comparer le caractère géochimique des roches ignées. Voyons ces notions.

5.3.1 *Le mode et la norme*

Le **mode** correspond à la composition minéralogique d'une roche ignée, déterminée par analyse macroscopique et microscopique.

Le mode consiste à identifier les différents minéraux de la roche et à exprimer la part relative de chacun en pourcentage du volume occupé. Nous verrons à la section 5.7 que la classification des roches ignées se fonde principalement sur le mode.

La **norme** exprime la composition minéralogique théorique (virtuelle) d'une roche ignée.

Pour établir la norme d'une roche, on doit d'abord déterminer sa composition chimique, laquelle est donnée en pourcentage du poids en oxydes. Les milliers d'analyses chimiques faites à ce jour confirment que les éléments majeurs présents dans les roches ignées comprennent une dizaine d'oxydes de base : SiO_2, TiO_2, Al_2O_3, FeO et Fe_2O_3 (souvent exprimés Fe_{total}), MnO, MgO, CaO, Na_2O, K_2O et P_2O_5.

La teneur en pourcentage de chacun de ces oxydes étant obtenue, on répartit ceux-ci, suivant une procédure de calcul appelée **norme CIPW**, afin d'exprimer au mieux la composition minéralogique de la roche, comme si elle avait pu se cristalliser complètement[2]. Les minéraux ainsi définis par calculs sont qualifiés de **minéraux normatifs**.

Le calcul de la norme ne tient pas compte du contexte géochimique et géodynamique de formation de la roche. Seules les données chimiques sont retenues. L'intérêt de connaître la norme d'une roche tient dans le fait qu'il devient dès lors possible de comparer des roches ignées effusives non cristallisées avec des roches ignées intrusives cristallisées, et d'établir s'il existe ou non des liens pétrogénétiques entre les deux. La norme permet de mettre en évidence des similitudes ou des différences qui, autrement, passeraient inaperçues. Le tableau 5.1 fournit les données de l'analyse chimique, de même que la norme et le mode d'une roche ignée de l'Estrie.

Tableau 5.1 Résultats de l'analyse chimique, norme et mode d'une roche du pluton de Scotstown en Estrie (Québec) (Bourne, 1989, annexe IV, tableaux 2.1 et 2.3, échantillon n° 10, p. 96-97).

RÉSULTATS DE L'ANALYSE CHIMIQUE	
Oxydes	**Teneur** (% du poids)
SiO_2	64,80
TiO_2	0,68
Al_2O_3	17,40
FeO_t	3,95
MnO	0,06
MgO	1,69
CaO	4,25
Na_2O	4,03
K_2O	2,29
P_2O_5	0,19
PAF*	0,71

* Perte au feu

NORME CIPW	
Minéraux normatifs	**Teneur** (% du poids)
Quartz	20,13
Anorthite	20,06
Albite	36,57
Feldspath potassique	13,69
Corindon	1,12
Hématite	2,78
Hypersthène	4,72
Apatite	0,40
Ilménite	0,10

MODE	
Minéraux	**Teneur** (% du volume)
Quartz	21,57
Feldspath potassique	6,86
Plagioclases	61,76
Minéraux opaques	9,80

5.3.2 *Les diagrammes de variation*

Pour interpréter les résultats de l'analyse chimique d'une roche, et en tirer des informations de portée générale, on les reporte sur des diagrammes de variation. Les plus utilisés sont de deux types : les diagrammes rectangulaires, à deux variables, et les diagrammes triangulaires, à trois variables.

DIAGRAMMES RECTANGULAIRES

Parmi les diagrammes rectangulaires, l'un des plus utiles consiste à établir la proportion entre la teneur en alcalins, Na_2O et K_2O, et la teneur en silice, SiO_2, d'une série de roches. Pour ce faire, on porte en abscisse le pourcentage du poids en silice et en ordonnée le pourcentage du poids en alcalins. Ce diagramme permet de savoir si la roche analysée tombe dans le champ des roches alcalines ou dans celui des roches subalcalines (voir la section 5.4). Il a été initialement établi par MacDonald et Katsura (1964), pour l'étude des basaltes. La figure 5.5a montre que la roche analysée au tableau 5.1 tombe dans la série calco-alcaline des roches subalcalines (point P).

DIAGRAMMES TRIANGULAIRES

Le diagramme triangulaire le plus utilisé est connu sous le nom de diagramme **AFM**. Il tient compte de la teneur en alcalins (A), en fer total (F) et en magnésium (M) de la roche analysée. Les sommets sont respectivement les oxydes de sodium et de potassium, Na_2O et K_2O, pour A, les oxydes de fer, Fe_2O_3 et FeO, pour F et l'oxyde de magnésium, MgO, pour M. Ce diagramme permet de subdiviser les roches subalcalines

2. L'appellation CIPW reprend la première lettre du nom des chercheurs qui ont mis la méthode de calcul au point au début du siècle, soit trois pétrologues (Cross, Iddings et Pirsson) et un géochimiste (Washington). Le calcul de la norme d'une roche ignée est une opération complexe qui comporte au moins 25 étapes. Heureusement, les ordinateurs sont venus accélérer le travail.

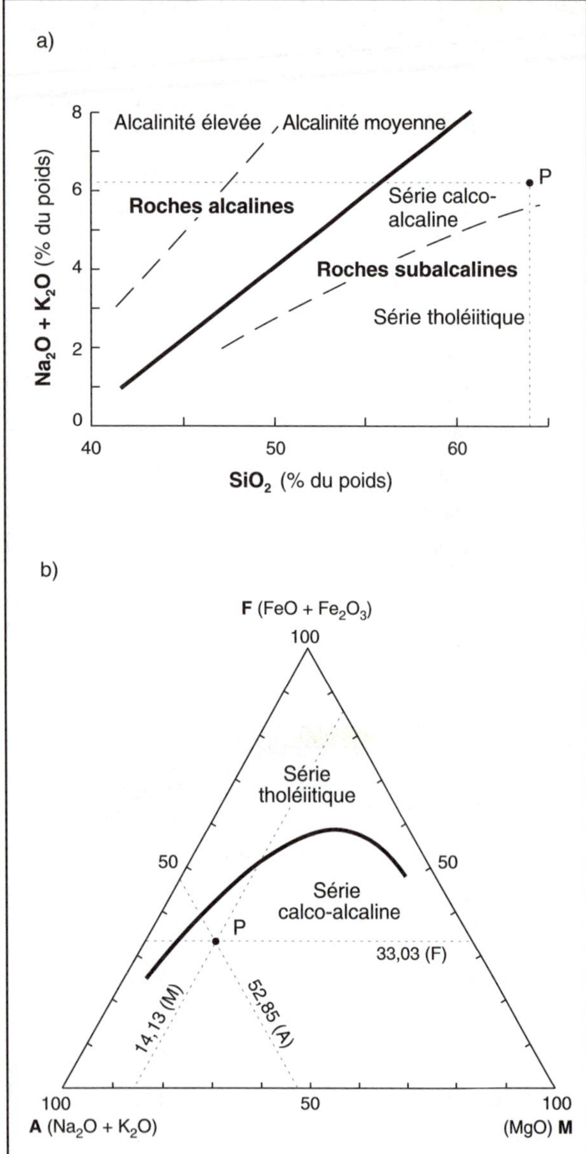

Figure 5.5 Diagrammes de variation des données géochimiques. En a), diagramme rectangulaire du rapport alcalins/silice délimitant le champ des roches alcalines et le champ des roches subalcalines. En se servant des données du tableau 5.1 (alcalins = 6,32 % et silice = 64,80 %), on trouve que la roche analysée est calco-alcaline (point P). En b), diagramme AFM délimitant le champ de la série tholéiitique et celui de la série calco-alcaline des roches subalcalines. En se servant des données du tableau 5.1, on additionne ensemble le pourcentage des alcalins, Na_2O et K_2O, du fer total, Fe_t, et de l'oxyde de magnésium, MgO, ce qui donne une valeur de 11,96 %. On recalcule de nouvelles proportions en ramenant cette valeur à 100,00; on obtient A = 52,85 %, F = 33,03 % et M = 14,13 %. Chaque sommet du triangle représente 100 % du groupe d'oxydes en question (A, F ou M), et le côté opposé au sommet correspond à 0 %. Dans notre exemple, on a tracé une droite parallèle au côté opposé à A passant par 52,85 %, une droite parallèle au côté opposé à F passant par 33,03 % et une dernière droite pour représenter M passant à 14,13 %. Les trois droites se recoupent au point P; ce point indique que l'échantillon analysé fait partie de la série calco-alcaline.

en roches tholéiitiques et en roches calco-alcalines. La figure 5.5b montre le diagramme AFM de la roche analysée au tableau 5.1.

5.4 *LES SÉRIES MAGMATIQUES*

Les roches ignées présentent entre elles des différences minéralogiques et chimiques importantes. On a cru longtemps que les magmas dérivaient seulement d'un ou deux matériaux parents. Il semble que ce n'est pas le cas : la diversité serait plutôt la règle.

Du point de vue géochimique, les roches ignées sont divisées en deux grands groupes : les roches **alcalines** et les roches **subalcalines**.

Le caractère alcalin ou subalcalin d'une roche est donné par le rapport entre sa teneur en alcalins, Na_2O et K_2O, et sa teneur en silice, SiO_2. On a vu à la section précédente que le diagramme rectangulaire alcalins/silice (fig. 5.5 a) permet de préciser le caractère des deux grandes catégories de roches ignées.

Les roches alcalines sont riches en sodium et en potassium, et pauvres en silice, SiO_2; leur norme peut contenir un feldspathoïde, des pyroxènes alcalins et des amphiboles alcalines.

Les roches subalcalines sont, toutes proportions gardées, relativement plus pauvres en alcalins et plus riches en silice, SiO_2; leur norme ne contient pas de feldspathoïdes.

De façon plus détaillée, on regroupe les magmas en trois séries : une série alcaline, une série tholéiitique et une série calco-alcaline. Chaque série est définie par une ou plusieurs suites magmatiques.

Une **suite magmatique** désigne un ensemble de roches ignées intrusives, effusives, ou les deux, apparentées à une des séries magmatiques, et présentant des caractères chimiques et minéralogiques identiques.

L'intérêt de ce classement est qu'il nous permet d'établir des corrélations entre les séries et les conditions géodynamiques dans lesquelles ces séries se mettent en place. Ainsi, les séries tholéiitiques sont fréquentes au niveau des dorsales océaniques, tandis que les séries calco-alcalines le sont dans les zones de collision des plaques lithosphériques (zones de subduction). Quant aux séries alcalines, elles caractérisent le magmatisme intraplaque : rifts continentaux et îles océaniques. Nous analyserons de plus près, au chapitre 19, les relations reconnues entre les séries magmatiques et l'environnement qui préside à leur évolution.

5.4.1 *Les séries des roches subalcalines*

Les roches subalcalines comprennent la série des roches tholéiitiques et la série des roches calco-alcalines. Le diagramme AFM de la figure 5.6 délimite le domaine respectif de chaque série.

LA SÉRIE THOLÉIITIQUE

Les roches de la série tholéiitique sont essentiellement des basaltes saturés à sursaturés en silice; les roches intermédiaires, soit les islandites, sont enrichies en fer. Les roches de cette série sont relativement plus pauvres en alcalins, Na_2O et K_2O, que celles de la série calco-alcaline pour une même valeur en silice, SiO_2.

La figure 5.7a illustre les étapes de différenciation magmatique d'un magma de nature tholéiitique selon le modèle de Bowen. Nous verrons plus loin que les mécanismes de la cristallisation fractionnée permettent de mieux comprendre ces transformations.

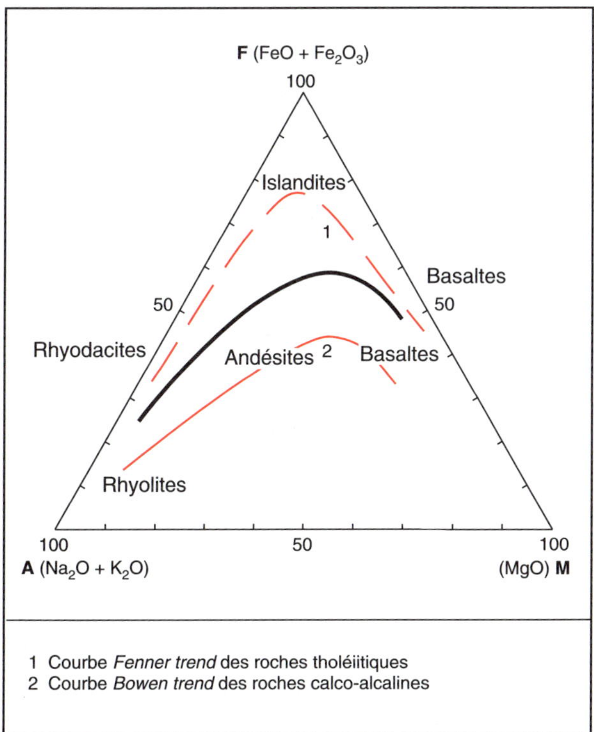

Figure 5.6 Les roches subalcalines. Diagramme AFM dans lequel sont présentées les suites de roches des séries tholéiitiques et les suites de roches des séries calco-alcalines. Les étapes de différenciation de ces suites sont chimiquement différentes. Ainsi, les magmas tholéiitiques passent par une étape d'enrichissement en fer pour les roches intermédiaires, soit les islandites (52 % < SiO_2 > 65 %). Le *Fenner trend* est la courbe qui caractérise ce mode de différenciation. Quant aux magmas calco-alcalins, ils présentent une courbe de différenciation moins accusée vers le pôle fer, et un plus grand enrichissement précoce en alcalins. Le *Bowen trend* est la courbe qui illustre un tel mode de différenciation.

LA SÉRIE CALCO-ALCALINE

Les roches de la série **calco-alcaline** apparaissent entre la série tholéiitique pauvre en alcalins et la série alcaline sur le diagramme alcalins/silice (fig. 5.5 a). La série calco-alcaline comprend des roches sursaturées en silice, avec plus d'alcalin Na_2O que de K_2O. On y retrouve des basaltes riches en aluminium, des andésites et des rhyolites.

La figure 5.7b illustre les étapes de différenciation magmatique d'un magma de nature calco-alcaline selon le modèle de Bowen.

5.4.2 *Les séries des roches alcalines*

Les roches alcalines sont riches en alcalins, Na_2O et K_2O, et pauvres en silice, SiO_2. On trouve dans ces roches de l'olivine et des feldspathoïdes. Pour les laves, on note des variations importantes de composition, en particulier du taux de sous-saturation en silice et du rapport du sodium sur le potassium.

On distingue une série fortement alcaline et une série moyennement alcaline. Les roches mafiques de la série moyennement alcaline correspondent soit à des basaltes alcalins, laves dépourvues de feldspathoïdes mais dont la norme donne de la néphéline (moins de 5 %), soit à des basanites, laves à feldspathoïdes dans lesquelles il y a plus de 5 % de néphéline virtuelle (norme). Dans la série fortement alcaline, les roches mafiques sont représentées par des néphélinites, laves très déficitaires en silice, dépourvues de feldspath et riches en feldspathoïdes. En ce qui concerne les suites auxquelles ces séries donnent naissance, on observe que les basaltes alcalins évoluent par différenciation vers des trachytes légèrement sous-saturés ou sursaturés en silice, et même vers des rhyolites. Les basanites et les néphélinites évoluent vers des phonolites.

La figure 5.7c illustre les étapes de différenciation magmatique d'un magma de nature alcaline selon le modèle de Bowen.

5.5 *DIFFÉRENCIATION ET CRISTALLISATION DES MAGMAS SILICATÉS*

Dans cette section, nous allons examiner par quels processus pétrologiques une roche ignée reconnue en surface a pu acquérir les caractères géochimiques et minéralogiques qui lui sont propres. Dès 1928, le Canadien Norman Bowen a proposé un modèle de différenciation générale toujours actuel. Voyons ce qu'il en est.

Prenons un bain silicaté M_1, porté à une température t_1 et placé sous pression constante p_c. La composition chimique de ce bain silicaté dépend de la composition

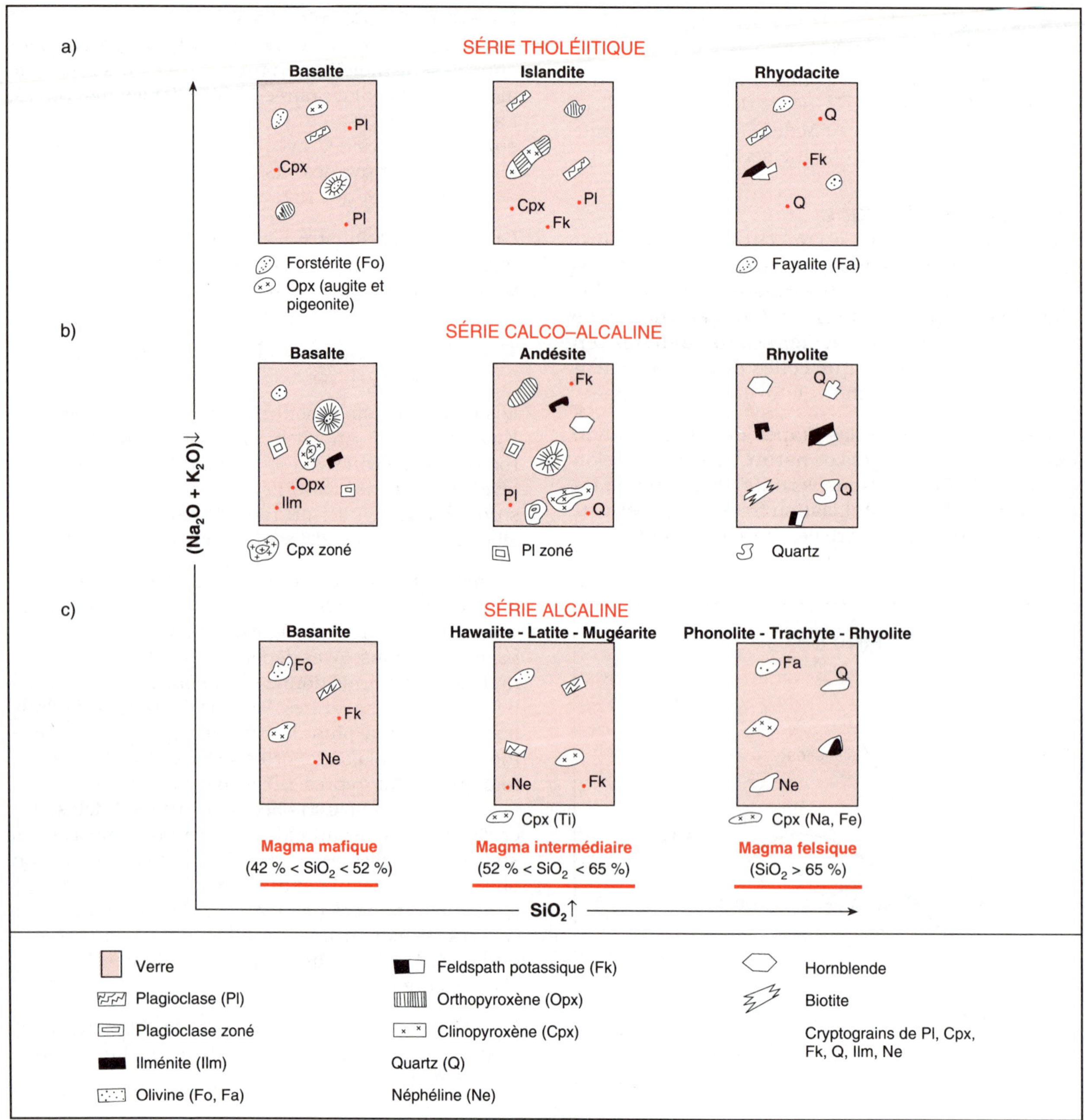

Figure 5.7 Principales étapes de différenciation suivies par les magmas des séries tholéiitique, calco-alcaline et alcaline. La différenciation se fait depuis le magma mafique vers le magma felsique. Les minéraux cités sont soit observables, soit virtuels (donnés par la norme). La roche comprend une partie vitreuse ou mésostase (recristallisée ou pas) et une partie cristallisée.

chimique du matériel qui l'a amorcée et des relations chimiques entretenues avec son environnement (contaminations). Dans les conditions d'observation, M_1 produit, à la température t_1, des minéraux X_1 :

$$M_1 = \text{liquide résiduel} + \text{minéraux } X_1 \text{ à } t_1 \text{ et } p_c$$

À ce stade de différenciation, le bain silicaté est un mélange de liquides et d'éléments solides. Deux mécanismes deviennent dès lors possibles.

L'évolution du bain silicaté se réalise dans un système magmatique ouvert; dans ce cas, la différenciation va s'apparenter à une **cristallisation fractionnée**.

L'évolution du bain silicaté se réalise dans un système fermé; dans ce cas, la différenciation sera de **type réactionnel**.

5.5.1 *La cristallisation fractionnée*

La **cristallisation fractionnée** suppose que les minéraux X_1 puissent sortir du système magmatique soit en montant à la surface par flottation, soit en descendant au fond de la chambre magmatique par gravité, soit en étant expulsés par tout autre moyen. Les minéraux ne réagissent pas avec le liquide résiduel. En conséquence,

$$M_1 \text{ produit } M_2 \text{ par le départ de } X_1;$$

$$M_2 = \text{liquide résiduel} = M_1 - X_1.$$

Si la température baisse lentement et passe de t_1 à t_2, et si p_c demeure, M_2 se trouve placé dans des conditions propices à la cristallisation d'autres minéraux, soit X_2. En conséquence,

$$M_2 = \text{liquide résiduel} + X_2.$$

Si les minéraux X_2 peuvent sortir du système sans réagir avec le liquide résiduel, nous aurons, comme à l'étape précédente :

$$M_2 \text{ produit } M_3 \text{ par le départ de } X_2;$$

$$M_3 = \text{liquide résiduel} = M_2 - X_2.$$

Le mécanisme de passage de M_1 à M_2, de M_2 à M_3, avec extraction de X_1 et X_2, correspond à la cristallisation fractionnée. Initialement, nous avions un bain silicaté, et nous avons pu suivre son évolution tout au cours de sa cristallisation par abaissement de la température, à pression constante. La suite des minéraux ainsi obtenus est ordonnée dans la mesure où les mécanismes de fractionnement ne sont pas perturbés.

La figure 5.8 montre l'évolution, suivant les mécanismes de la cristallisation fractionnée, d'un magma initial à caractère calco-alcalin basaltique. Les expériences de Bowen nous ont appris que la cristallisation fractionnée d'un tel magma donnait naissance à deux suites de minéraux : la suite continue des plagioclases et la suite discontinue des ferromagnésiens.

La cristallisation fractionnée est un puissant mode de différenciation magmatique. Si l'on tient compte des minéraux cardinaux (au nombre de trois), qui entrent dans la composition des roches ignées, on comprend pourquoi ceux-ci se regroupent : ils se cristallisent à la même température dans un même temps.

La cristallisation fractionnée permet aussi d'expliquer l'évolution des suites magmatiques. Elle a pour résultat de produire des séquences de roches dont la teneur en silice, SiO_2, augmente lorsque la température s'abaisse. La composition chimique globale de la dernière fraction résiduelle est ainsi fort différente de celle du liquide initial.

Le tableau 5.2 fournit les données de l'analyse chimique d'un certain nombre de laves. À l'aide de diagrammes de variation, on peut montrer comment certaines de ces roches appartiennent à une même suite magmatique théorique. La figure 5.9 présente un diagramme rectangulaire, qui montre les variations des teneurs en oxydes par rapport aux teneurs en silice, SiO_2. En reportant ces valeurs sur un diagramme AFM (fig. 5.10), on peut clairement voir que ces roches appartiennent à une suite calco-alcaline.

Tableau 5.2 Composition chimique moyenne de quelques roches volcaniques communes (Le Maitre, 1976).

OXYDE	PROPORTION DES OXYDES DANS LA ROCHE (% du poids)										
	1 Néphélinite	2 Hawaiite	3 Basalte	4 Tholéiite	5 Mugéarite	6 Andésite	7 Phonolite	8 Trachyte	9 Dacite	10 Rhyodacite	11 Rhyolite
SiO_2	42,43	48,65	50,06	50,72	52,28	56,86	57,49	62,61	66,36	67,52	74,00
TiO_2	2,71	3,30	1,86	1,96	2,11	0,88	0,64	0,71	0,58	0,60	0,27
Al_2O_3	14,90	16,32	15,99	14,98	16,98	17,22	19,47	17,26	16,12	15,53	13,53
Fe_2O_3	5,78	4,92	3,92	3,51	5,17	3,29	2,87	3,07	2,39	2,46	1,47
FeO	6,60	7,73	7,46	8,22	6,52	4,26	2,28	2,42	2,41	1,80	1,16
MgO	6,76	5,15	6,96	7,38	3,52	3,40	1,12	0,95	1,74	1,68	0,41
CaO	12,32	8,21	9,66	10,35	6,14	6,87	2,80	2,34	4,29	3,35	1,16
Na_2O	4,97	4,15	2,97	2,44	4,87	3,54	7,98	5,57	3,89	3,90	3,62
K_2O	3,53	1,58	1,12	0,45	2,46	1,67	5,38	5,08	2,22	3,16	4,38

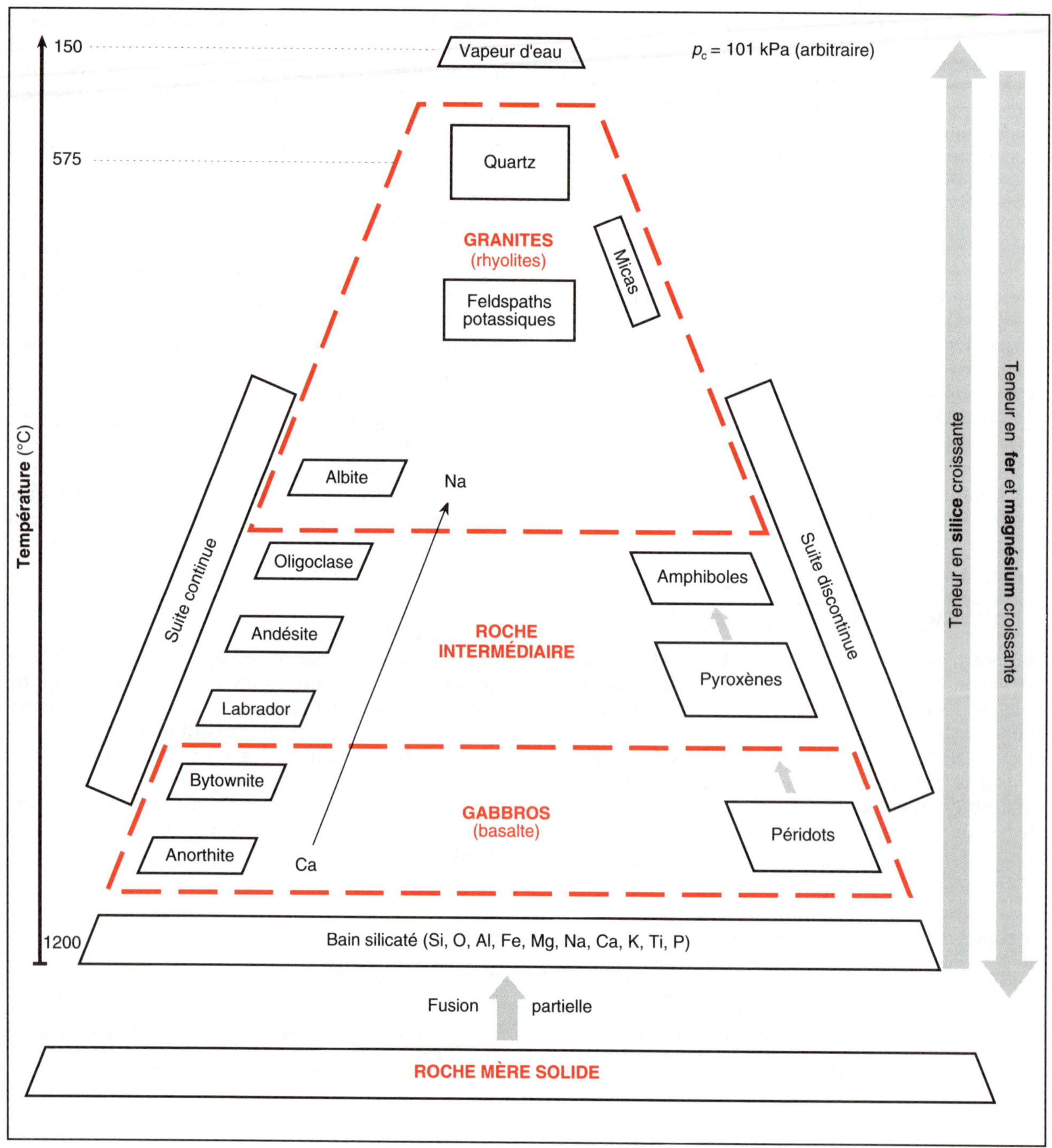

Figure 5.8 Cristallisation fractionnée d'une série magmatique calco-alcaline selon le modèle de Bowen. La cristallisation fractionnée des minéraux emprunte deux voies : la suite discontinue des ferromagnésiens et la suite continue des plagioclases. Ce schéma montre comment un même magma peut donner des roches mafiques (gabbros), des roches intermédiaires et des roches felsiques (granites).

5.5.2 *Suite réactionnelle*

Revenons à notre bain silicaté M_1, porté à une température t_1, sous une pression constante p_c. Si la cristallisation du magma se réalise sans le départ des minéraux du système lors du passage de t_1 à t_2 ($t_1 > t_2$), de t_2 à t_3 ($t_2 > t_3$), etc., on assiste alors à une série de réactions des minéraux X_1, X_2, X_3, etc., avec les liquides M_1, M_2, M_3, etc. Dans ce cas, on parle de réactions solides-liquides, avec formation de « couronnes de réactions primaires » autour des minéraux précurseurs. Ce processus est celui d'une suite réactionnelle; il entraîne peu de changements dans la composition chimique globale du système.

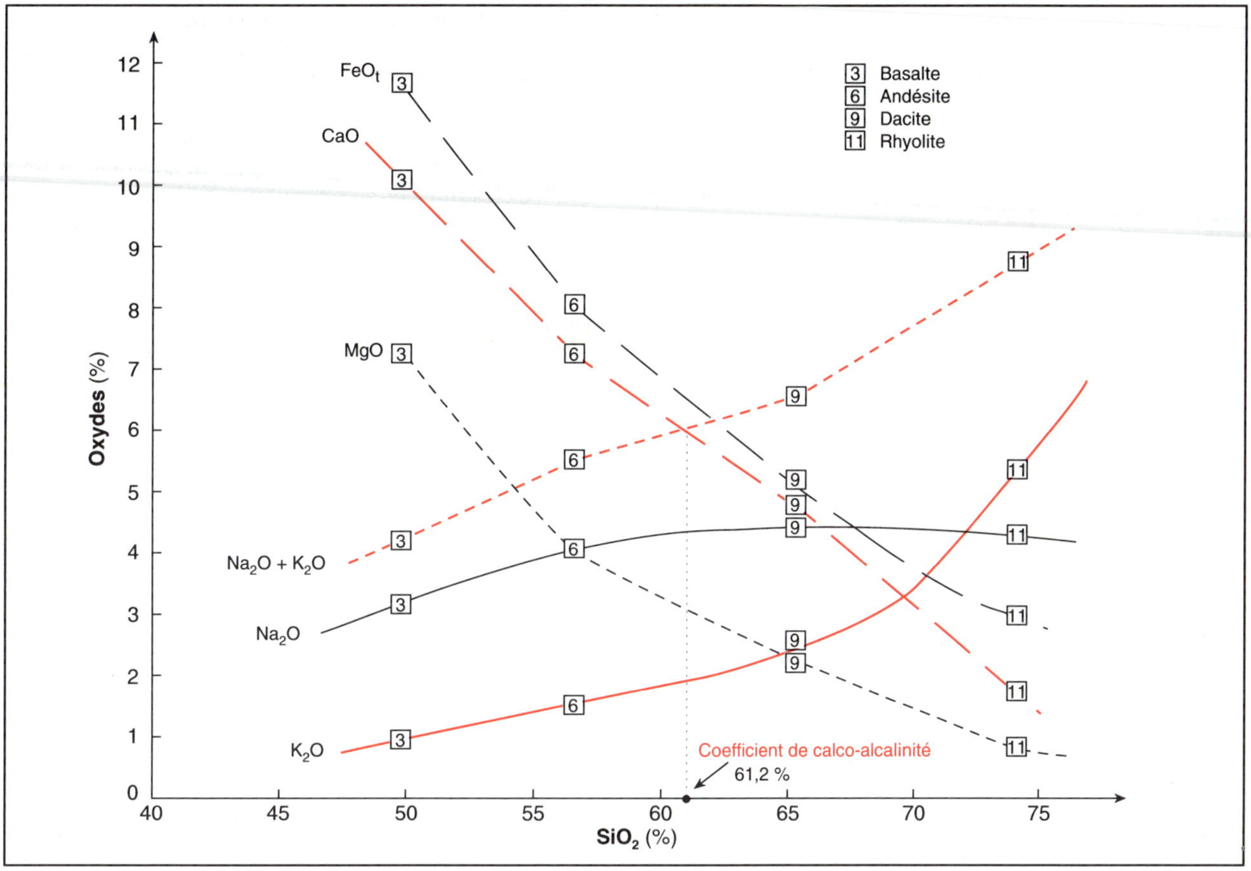

Figure 5.9 Diagramme de variation des oxydes $Na_2O + K_2O$, Na_2O, K_2O, MgO, CaO et FeO_t par rapport à SiO_2 pour les roches 3, 6, 9 et 11 du tableau 5.2. Du basalte (3) à la rhyolite (11), on note un appauvrissement en FeO_t, en CaO, en MgO et un enrichissement en alcalins ($Na_2 + K_2O$), en Na_2O et K_2O. Le schéma montre le coefficient de calco-alcalinité, paramètre donné par la projection du point de rencontre de la courbe de $Na_2 + K_2O$ avec la courbe de CaO, sur le côté occupé par SiO_2.

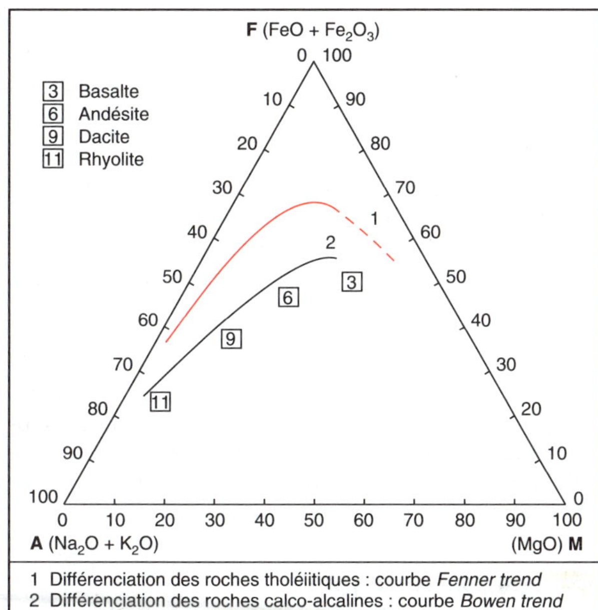

Figure 5.10 Exemple d'une suite magmatique. Diagramme AFM pour les roches 3, 6, 9 et 11 du tableau 5.2.

5.6 *LES TEXTURES DES ROCHES IGNÉES*

L'étude des roches ignées passe par l'étude de leur texture.

> La **texture** d'une roche ignée concerne l'agencement, la taille et la forme de ses minéraux.

Dès que la température d'un magma devient légèrement inférieure à sa température de fusion, les cristaux commencent à se développer, à partir ou non de germes. Les germes sont dus à des écarts locaux de température, ou encore à la présence d'impuretés. Les cristaux se développent ensuite par croissances successives de leurs faces, dont l'orientation et la formation sont déterminées par les réseaux réticulaires atomiques tridimensionnels. Tôt ou tard, les cristaux, qui croissent à l'intérieur d'un espace limité, se rapprochent les uns des autres et constituent des zones de contact irrégulières. Comme le montre la figure 5.11, le nombre de germes qui se forment à

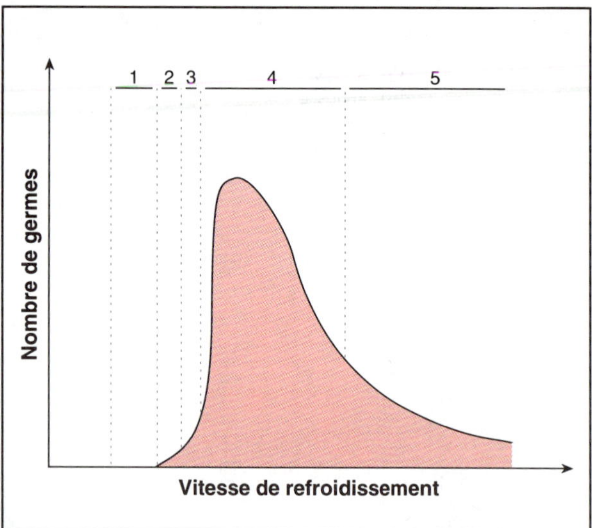

Figure 5.11 Magma et germes de cristaux. Le nombre de germes créés à l'intérieur d'une masse minérale est fonction de la vitesse de refroidissement et du degré de saturation de celle-ci. Dans la zone 1, les cristaux ne peuvent se développer que par l'introduction dans le liquide de petits « germes » ou supports susceptibles de favoriser la formation de réseaux réticulaires cristallins. Par contre, dans les zones 2, 3, 4 et 5, des germes de cristaux peuvent précipiter dans le liquide (The Open University, 1971, p. 30).

l'intérieur d'un liquide est fonction de la vitesse de refroidissement du liquide et de son degré de saturation.

La vitesse de refroidissement d'un magma détermine le degré de cristallisation de la roche qui en dérive. Un refroidissement rapide donne naissance à une roche dont la fraction non cristallisée est importante. Un refroidissement lent, au contraire, assure la formation d'une roche bien cristallisée.

Selon leur degré de cristallisation, on distingue les roches **hyalines** (totalement vitreuses), **hypocristallines** (vitreuses et cristallisées) et **holocristallines** (totalement cristallisées).

De façon générale, on tient compte du grain : les roches ignées à grain grossier (cristaux de plus de 5 mm), à grain moyen (cristaux entre 1 et 5 mm) et à grain fin (cristaux de moins de 1 mm). Une nomenclature fort élaborée sert à caractériser la texture de ces roches. Voyons quatre des principales textures des roches ignées et quelques autres que l'on rencontre moins fréquemment.

TEXTURE PHANÉRITIQUE

La texture phanéritique (grain grossier) indique un refroidissement lent et généralement en profondeur du magma. Les cristaux sont visibles à l'œil nu et peuvent être équigranulaires (fig. 5.12a). La texture phanéritique caractérise les roches dont la vitesse de refroidissement se situe dans la zone 2 de la figure 5.11. Elle est bien connue, en particulier dans les roches granitiques. Quand les cristaux atteignent une taille d'ordre centimétrique, décimétrique ou exceptionnellement métrique, on parle d'une texture **pegmatitique**. Cette texture est celle des pegmatites, roches cristallisées à partir d'un magma résiduel, très riches en fluides, qui se présentent le plus souvent en dykes (voir la section 5.8).

TEXTURE PORPHYRIQUE

Une roche à texture porphyrique montre de gros cristaux pris dans une mésostase (matrice) au grain plus petit (fig. 5.12b) et de même nature minéralogique que celle des gros cristaux . Les gros cristaux, dont la taille peut dépasser 1 cm, sont nommés **phénocristaux**. Ils se développent dans la chambre magmatique, en profondeur. La montée du magma entraîne, par la suite, la cristallisation de la mésostase. La dimension des petits cristaux alors formés est de l'ordre du millimètre. Cette texture est donc typique des roches ignées intrusives qui ont subi deux temps de cristallisation.

Par ailleurs, au cours de la cristallisation d'un magma, la position des germes dans la chambre magmatique va influer sur leur mode de développement. En observant des phénocristaux au microscope, on voit que ceux-ci peuvent être non zonés ou zonés. Pour expliquer cette particularité, on fait appel soit à la cristallisation à l'équilibre, soit à la cristallisation de Rayleigh.

Cristallisation à l'équilibre Elle se produit lorsque la diffusion des éléments, entre le cristal et le liquide, est suffisamment rapide pour maintenir l'équilibre des concentrations entre la phase solide et la phase liquide. Les cristaux formés dans ce contexte sont **non zonés**. Ce type de cristallisation se réalise au centre du corps magmatique, là où l'alimentation en magma nouveau est bien assurée.

Cristallisation de Rayleigh Elle se produit lorsque la diffusion des éléments, entre le cristal et le liquide, est telle que l'équilibre des concentrations entre la phase solide et la phase liquide n'est plus possible. Les cristaux formés dans ce contexte sont **zonés**, c'est-à-dire qu'ils présentent des anneaux de croissance. Ce type de cristallisation se réalise le long des parois de la chambre magmatique, là où l'arrivée de magma nouveau est limitée. Les plagioclases donnent souvent lieu à cet arrangement. À partir d'un germe calcique, la cristallisation évolue par l'ajout de couches de plus en plus sodiques.

TEXTURE APHANITIQUE

La texture aphanitique indique un refroidissement rapide du magma, le plus souvent en surface. Les roches, à grain fin, sont des laves. La majorité des

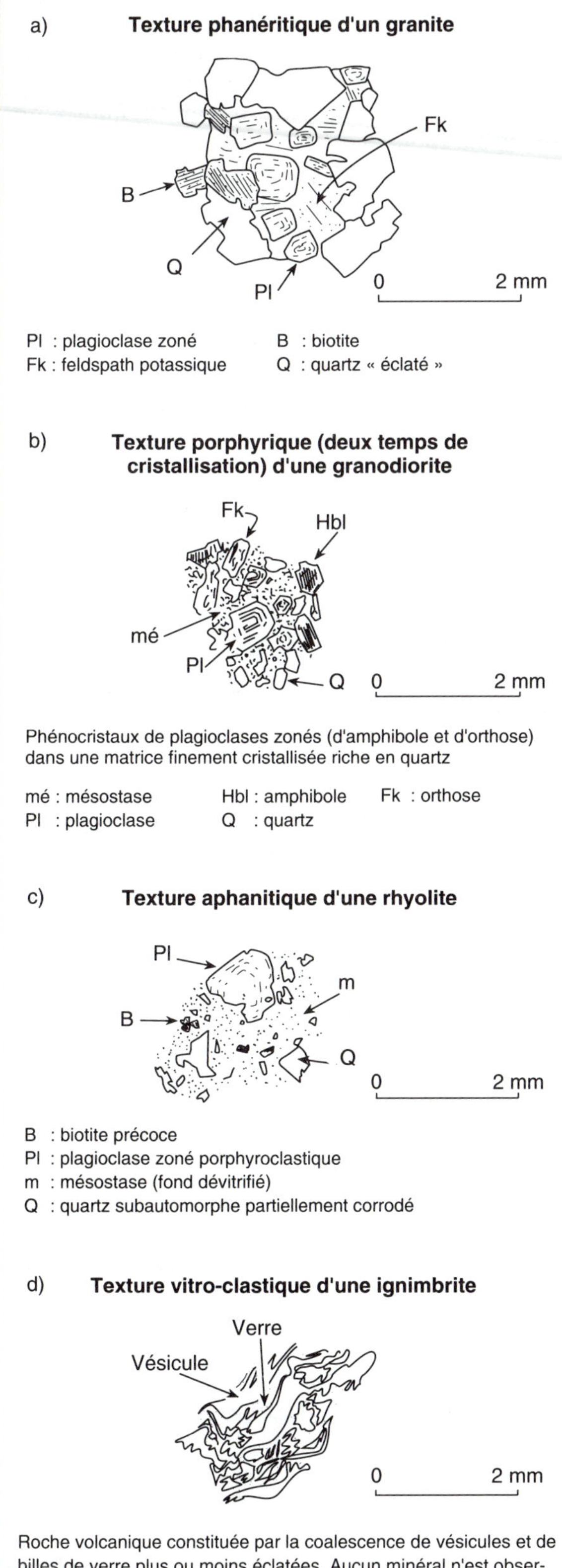

Figure 5.12 Principales textures des roches ignées (Bard, 1980).

cristaux ne sont pas visibles à l'œil nu ni même à la loupe. En lame mince, on peut voir que la roche présente deux phases : une phase finement cristallisée et une phase amorphe (pâte ou verre). Une partie du verre peut être recristallisée, ce qui donne une texture cryptocristalline. Les cristaux, que l'on nomme **microlites**, sont soit en baguettes enchevêtrées, soit disposés parallèlement les uns par rapport aux autres. Ces baguettes peuvent conserver ou non la direction d'écoulement du fluide. Les roches dont la vitesse de refroidissement se situe dans la zone 4 de la figure 5.11 présentent une texture aphanitique. Cette texture s'observe dans les roches basaltiques en particulier. Les roches foncées (mélanocrates) à texture aphanitique sont souvent désignées par le terme **mafite**. Le terme **felsite** désigne les roches pâles (leucocrates) à texture aphanitique telles les rhyolites (fig. 5.12c).

TEXTURE VITREUSE

Les roches qui ont une texture vitreuse présentent l'aspect particulier du verre. Elles résultent d'un refroidissement brutal du magma (zone 5 de la figure 5.11), généralement en surface.

Au point de vue chimique, les roches vitreuses ont la même composition que les roches ignées intrusives qui appatiennent à la même série. La texture vitreuse caractérise les obsidiennes, dont la composition chimique avoisine celle des granites. La figure 5.12d montre la texture vitro-clastique d'une ignimbrite, roche volcanique « poreuse », renfermant des billes de verre.

AUTRES TEXTURES

Pour compléter la notion de texture, mentionnons-en trois autres types. Certaines laves sont **vacuolaires**. Cette texture caractérise les roches qui montrent des vésicules dues à la présence de bulles de gaz libérées au moment de la solidification du magma. Les roches à texture **amygdaloïde** montrent de grosses vacuoles qui ressemblent à des amandes et qui se sont remplies peu à peu de calcite ou de silice (quartz, opale, calcédoine). Enfin, d'autres roches montrent une texture **granophyrique**, dite aussi micrographique. Cette texture correspond à la cristallisation d'un liquide magmatique résiduel, sursaturé en silice, avec intercroissance de feldspath (albite) et de quartz.

5.7 *LA CLASSIFICATION DES ROCHES IGNÉES*

La classification des roches ignées doit tenir compte de leur composition chimique, de leur composition minéralogique (mode) et de leur texture. De nombreuses classifications ont été proposées. Nous allons examiner les principales d'entre elles.

Il nous faut souligner que l'identification d'une roche ignée à l'aide de l'un ou l'autre des tableaux ou figures qui suivent est difficile à faire sans le recours à un examen en lame mince ou à une analyse chimique. Dans le cas d'une roche intrusive, on arrive généralement à identifier les principaux minéraux que celle-ci renferme et à trouver à quelle famille elle appartient (granite, syénite, gabbro, etc.). Dans le cas d'une roche effusive, la plupart du temps sans cristaux visibles, la couleur devient un critère dont il faut tenir compte. Rappelons que les laves pâles (leucocrates) sont généralement felsiques (par exemple, la rhyolite) et que les laves foncées (mélanocrates) sont généralement mafiques (par exemple, le basalte).

5.7.1 *Classification fondée sur le mode et la texture*

La classification fondée sur le mode et la texture regroupe les roches ignées selon deux critères : leur composition minéralogique, évaluée en pourcentage du volume (mode) et leur texture (tableau 5.3). Les divisions entre les principales familles de roches sont déterminées par la présence de certains minéraux, appelés minéraux **cardinaux**. Il s'agit du quartz, des feldspaths (potassiques et plagioclases) et des feldspathoïdes. Le tableau 5.4 donne la liste des principales roches ignées qui, à cause de leur composition minéralogique, ne pouvaient pas trouver place dans le tableau 5.3.

5.7.2 *Classification de Streckeisen*

La classification de Streckeisen est aussi fondée sur le mode et la texture. Le diagramme de la figure 5.13 donne la nomenclature des roches intrusives contenant moins de 90 % de minéraux mafiques. On construit ce diagramme en réunissant par la base deux triangles équilatéraux, aux sommets desquels

Tableau 5.3 Classification des principales roches ignées intrusives et effusives. En majuscule gras, les roches intrusives; en minuscule italique, les roches effusives (d'après Bayly, 1976).

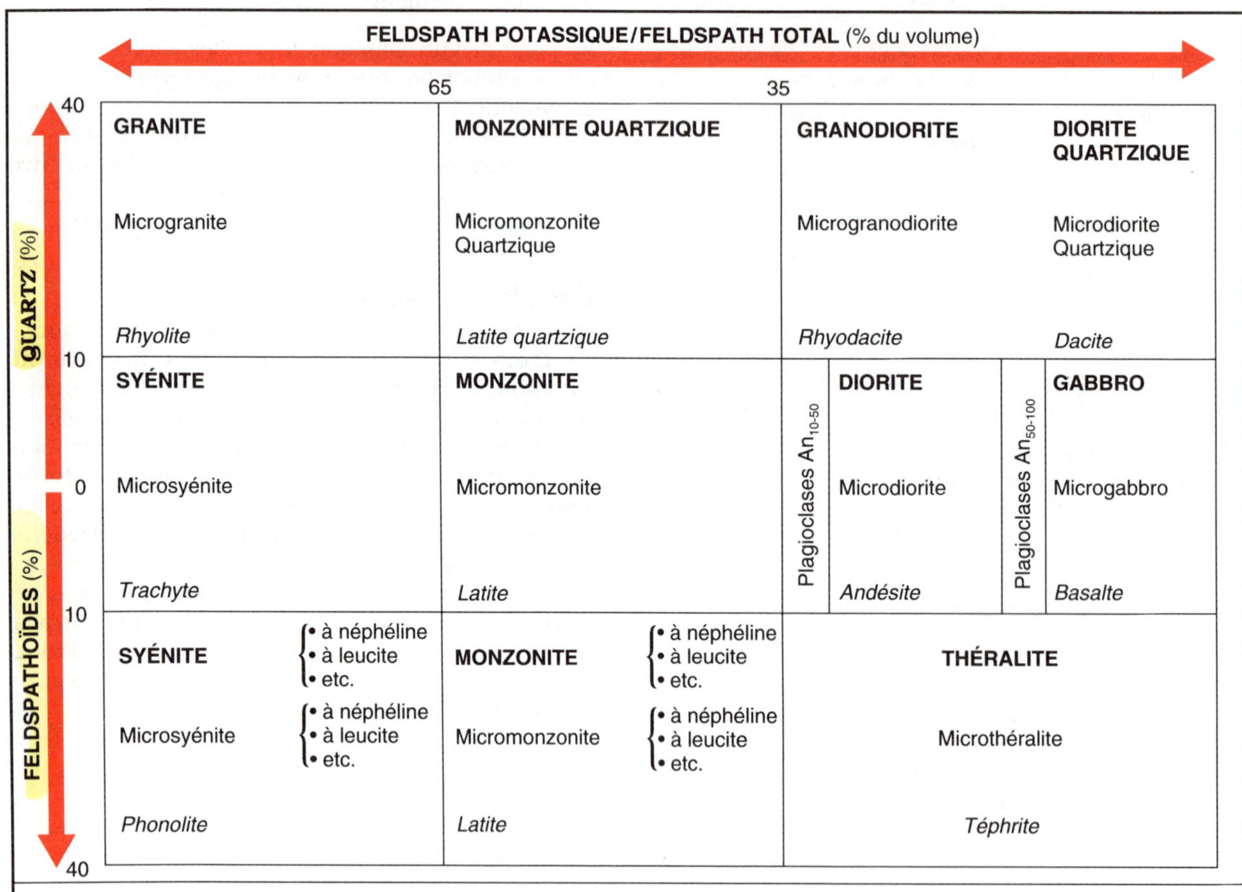

	FELDSPATH POTASSIQUE/FELDSPATH TOTAL (% du volume) > 65	65–35	< 35 (Plagioclases An_{10-50})	< 35 (Plagioclases An_{50-100})
QUARTZ (%) 40–10	**GRANITE** Microgranite *Rhyolite*	**MONZONITE QUARTZIQUE** Micromonzonite Quartzique *Latite quartzique*	**GRANODIORITE** Microgranodiorite *Rhyodacite*	**DIORITE QUARTZIQUE** Microdiorite Quartzique *Dacite*
QUARTZ (%) 10–0 / **FELDSPATHOÏDES (%)** 0–10	**SYÉNITE** Microsyénite *Trachyte*	**MONZONITE** Micromonzonite *Latite*	**DIORITE** Microdiorite *Andésite*	**GABBRO** Microgabbro *Basalte*
FELDSPATHOÏDES (%) 10–40	**SYÉNITE** • à néphéline • à leucite • etc. Microsyénite • à néphéline • à leucite • etc. *Phonolite*	**MONZONITE** • à néphéline • à leucite • etc. Micromonzonite • à néphéline • à leucite • etc. *Latite*	**THÉRALITE** Microthéralite *Téphrite*	

Remarques

1. Lorsque le plagioclase est une albite, la roche est située dans la colonne de gauche, quelle que soit la quantité de plagioclase présent.
2. Les termes diabase ou dolérite sont souvent employés à la place de microdiorite et de microgabbro.
3. Si une roche possède une texture porphyrique, il faut le préciser à la suite de son nom. Par exemple, on parle de microdiorite porphyrique ou de diabase porphyrique.

Tableau 5.4 Autres roches ignées.

ROCHE	DESCRIPTION
Laves vitreuses	
Obsidienne	Roche vitreuse noire à cassure conchoïdale lisse et brillante. Possède la composition chimique de la rhyolite ou parfois de la trachyte, et ne contient presque pas d'eau ($H_2O < 3$ %).
Pechstein	Rhyolite entièrement vitreuse, brunâtre, hydratée ($H_2O = 10$ %).
Perlite	Lave vitreuse de même composition que la rhyolite, riche en H_2O et se fragmentant en petites sphères.
Vitrophyre	Lave à cristaux assez gros entourés d'une pâte vitreuse.
Pierre ponce	Lave felsique vitreuse contenant de nombreuses petites vacuoles et flottant sur l'eau.
Scorie	Lave mafique vitreuse à surface poreuse.
Roche contenant plus de 90 % de plagioclases	
Anorthosite	Roche à grain grossier formée principalement d'andésine ou de labrador, ou encore de plagioclase plus calcique. Peut contenir de 5 à 10 % d'olivine et de pyroxène.
Roches ultramafiques*	
Dunite	Roche à grain grossier formée de plus de 90 % d'olivine.
Péridotite	Roche à grain grossier formée de plus de 90 % d'olivine et de pyroxène.
Hornblendite	Roche à grain grossier formée de plus de 90 % de hornblende. Type particulier d'amphibololite.
Pyroxénolite	Roche à grain grossier formée de plus de 90 % de pyroxène.
Roche formée de carbonates	
Carbonatite	Roche à grain grossier formée de carbonates (calcite, dolomite, ankérite et sidérose).

* Les roches ultramafiques contiennent moins de 10 % de feldspaths.

on place le quartz et les feldspathoïdes, des minéraux ne pouvant pas se retrouver ensemble dans une même roche ignée. Le pôle gauche est occupé par les feldspaths alcalins et l'albite (An_{00-05}), celui de droite par les plagioclases (An_{05-100}).

La figure 5.14 montre le diagramme pour les gabbros et les roches ultramafiques. Les gabbros comme tels sont des roches qui contiennent entre 35 et 65 % de plagioclases. Les leucogabbros renferment plus de 65 % de plagioclases tandis que les gabbros mélanocrates en renferment moins de 35 %. Une roche ultramafique est une roche holomélanocrate avec 90 % et plus de minéraux ferromagnésiens (surtout l'olivine, le pyroxène, l'amphibole). La figure montre aussi que l'anorthosite est une roche qui renferme plus de 90 % de plagioclases.

5.8 *LES MASSIFS INTRUSIFS*

Nous allons terminer ce chapitre en examinant brièvement les relations qui s'établissent entre le magma consolidé et les corps rocheux encaissants. On ne tiendra compte que des roches intrusives, les roches volcaniques étant étudiées au chapitre 19.

Les roches intrusives se mettent en place à travers des roches très fracturées. Elles forment généralement des massifs, de forme et de taille diverses. Ces massifs sont dits **concordants** lorsque la masse de magma consolidé est disposée plus ou moins parallèlement aux structures (schistosité, plans de stratification) de l'encaissant. Lorsque les roches intrusives recoupent les structures, elles forment des massifs **discordants**.

Les filons-couches (ou sills), les laccolites et les lopolites sont des massifs intrusifs concordants qu'on retrouve le plus souvent entre des strates de roches sédimentaires. Les dykes, les stocks et les batholites sont des massifs intrusifs discordants.

Les **filons-couches** et les **dykes** sont des masses intrusives en forme de lames. Dans le cas des filons-couches, la masse intrusive est concordante avec

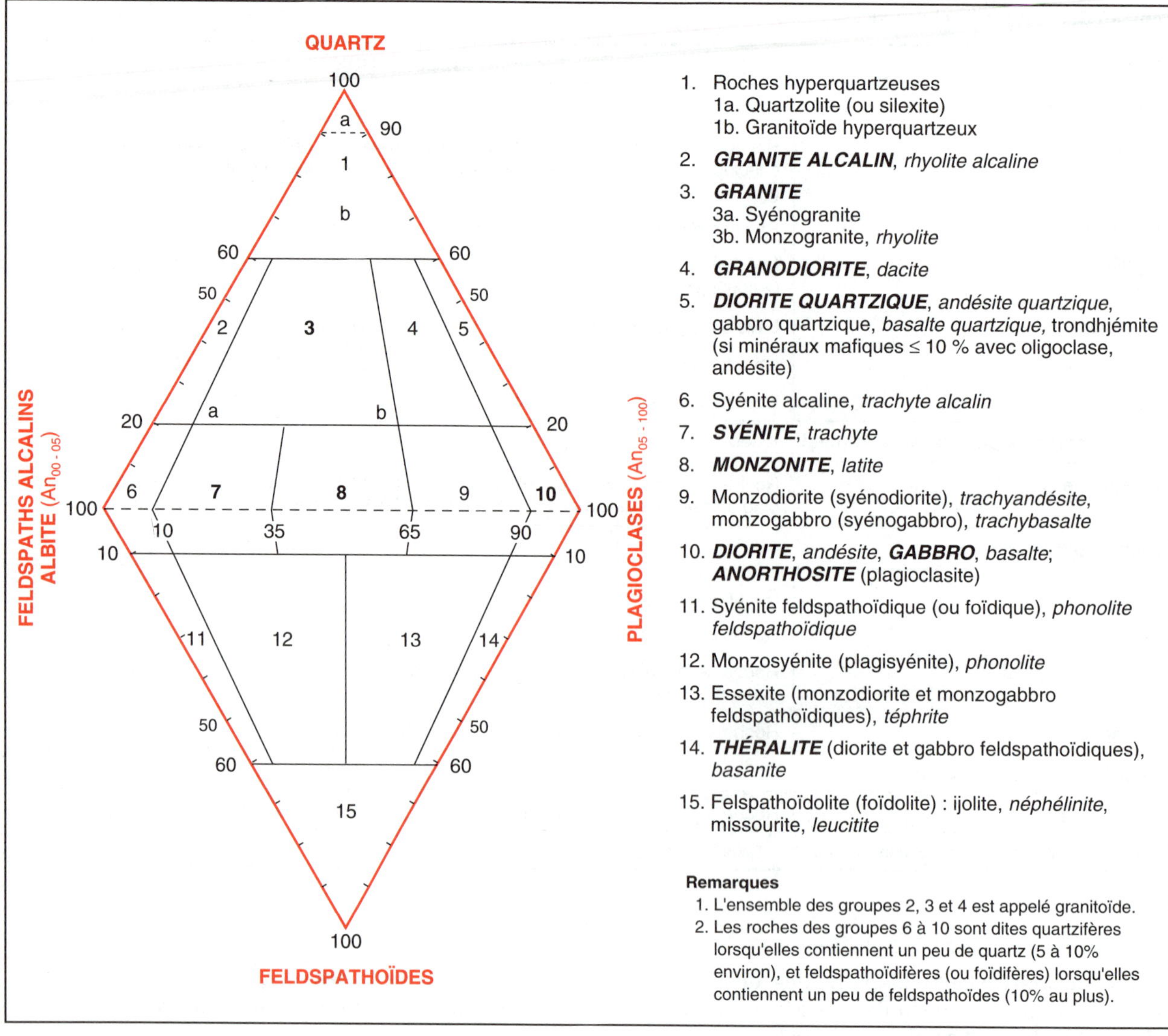

Figure 5.13 Classification de Streckeisen. En caractères gras, roches intrusives; en italique, roches effusives (laves) (Streckeisen, 1976, d'après Foucault et Raoult, 1988, p. 191).

l'encaissant. Les filons-couches ont des épaisseurs qui varient d'un mètre à plus d'une dizaine de mètres; ils peuvent s'étendre sur plusieurs kilomètres carrés. Quant aux dykes, ce sont des lames discordantes. Ils peuvent recouper les structures verticalement, horizontalement ou obliquement. Une lame intrusive qui recoupe un massif rocheux sans structure apparente, tel un massif de granite, forme aussi un dyke. Les dykes correspondent le plus souvent au remplissage de diaclases ou autres fissures.

Les **laccolites** sont des massifs concordants, en forme de coupoles : leur base est horizontale et leur sommet convexe vers le haut. Ils forment des massifs plus ou moins circulaires, généralement reliés à des dykes nourriciers sous leur partie la plus épaisse. Les **lopolites**, quant à eux, sont des massifs intrusifs plus étendus que les laccolites, dont la partie centrale est déprimée par suite de l'affaissement des roches encaissantes sous-jacentes. Les lopolites montrent très souvent une différenciation verticale : roches mafiques et ultramafiques vers la base et roches felsiques vers le sommet. Les **batholites** sont des massifs de dimensions imposantes (plus de 100 km^2); les **stocks** sont des massifs qui font moins de 100 km^2. La figure 5.15 illustre les structures intrusives que nous venons de décrire.

L'un des plus hauts sommets du Québec, le mont Jacques-Cartier, situé dans le parc de la Gaspésie, est un batholite de composition granitique. Le mont Albert, voisin, est formé de roches ultramafiques. Les collines Montérégiennes, au nombre de dix, sont des

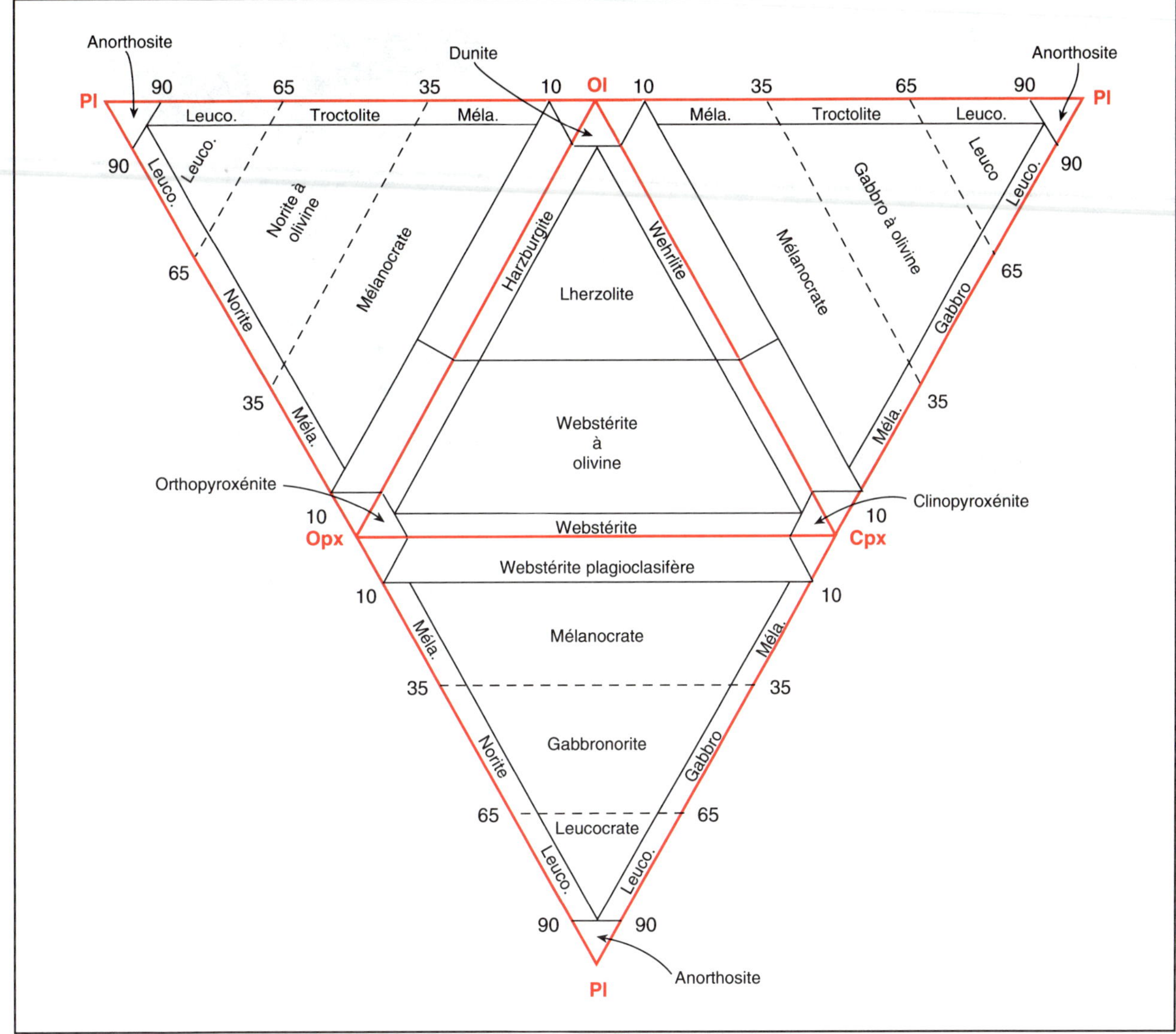

Figure 5.14 Classification et nomenclature des gabbros et des roches ultramafiques. Les pôles du diagramme sont occupés par l'olivine (Ol), l'orthopyroxène (Opx), le clinopyroxène (Cpx) et les plagioclases (Pl) (Streckeisen, 1976).

plutons mis en place au Crétacé. Ainsi, et contrairement à la croyance populaire, ce ne sont pas d'anciens volcans[3]. Les magmas qui en sont à l'origine sont montés par des fractures de la croûte continentale pour venir se cristalliser à l'intérieur des roches déjà en place, et ce, à plusieurs centaines de mètres de profondeur. On croit que l'activité magmatique responsable de leur formation est liée à l'ouverture de l'Atlantique. Les datations des roches des Montérégiennes donnent des âges de 124 ± 1 Ma. Ces roches comptent parmi les roches ignées les plus jeunes du Québec. La figure 5.16 montre l'emplacement des Montérégiennes tandis que la figure 5.17 montre la plus petite de ces collines, le mont Saint-Grégoire.

Les magmas qui ont formé les plutons que sont les Montérégiennes ont aussi nourri de nombreux filons-couches et de nombreux dykes. En circulant sur le mont Royal, il est facile d'observer des dykes. À Laval, au Centre de la nature (une ancienne carrière réaménagée en parc), on peut voir un filon-couche.

3. On peut se procurer gratuitement l'affiche GT 88-01 qui explique la formation du mont Saint-Hilaire, l'une des collines Montérégiennes, en en faisant la demande à l'adresse suivante : Ministère de l'Énergie et des Ressources, Centre de diffusion des données géoscientifiques, 5700, 4e avenue Ouest, bureau A-201, Charlesbourg (Québec) G1H 6R1.

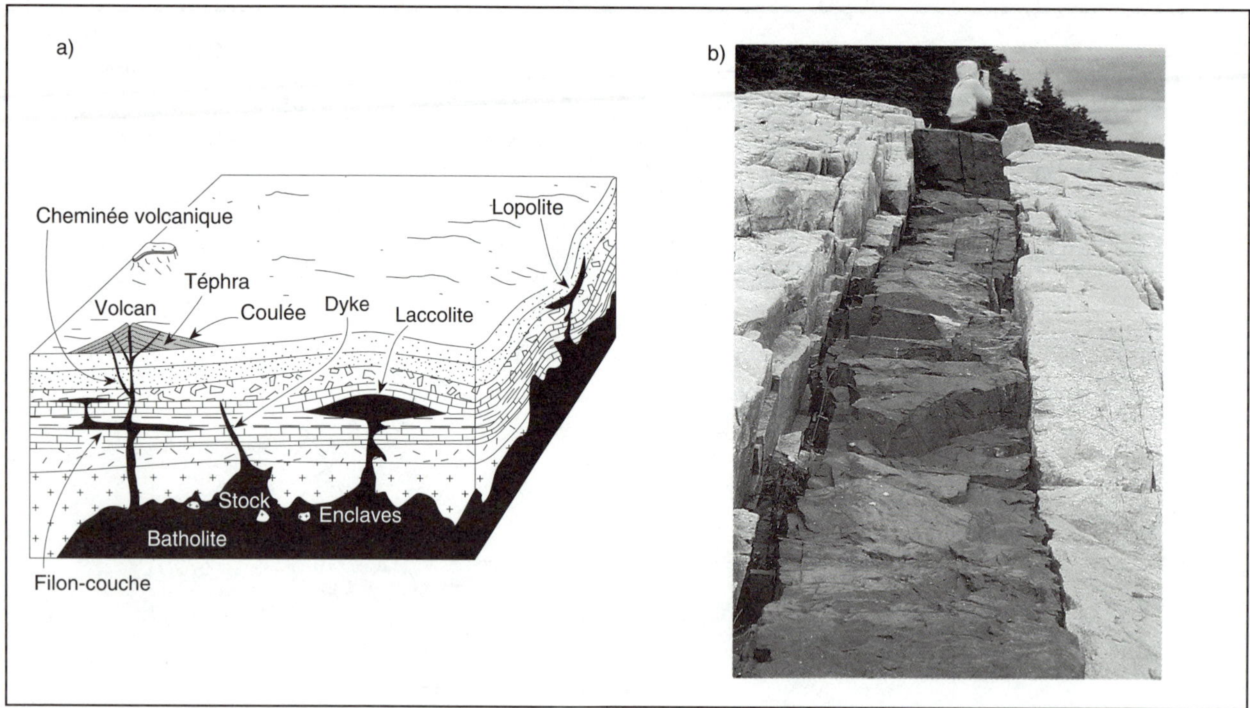

Figure 5.15 En a), schéma montrant les principaux massifs intrusifs concordants et discordants; en b), un dyke de composition basaltique qui recoupe une roche granitique, à Schoodic Point, Acadia National Park, Maine, É.-U.

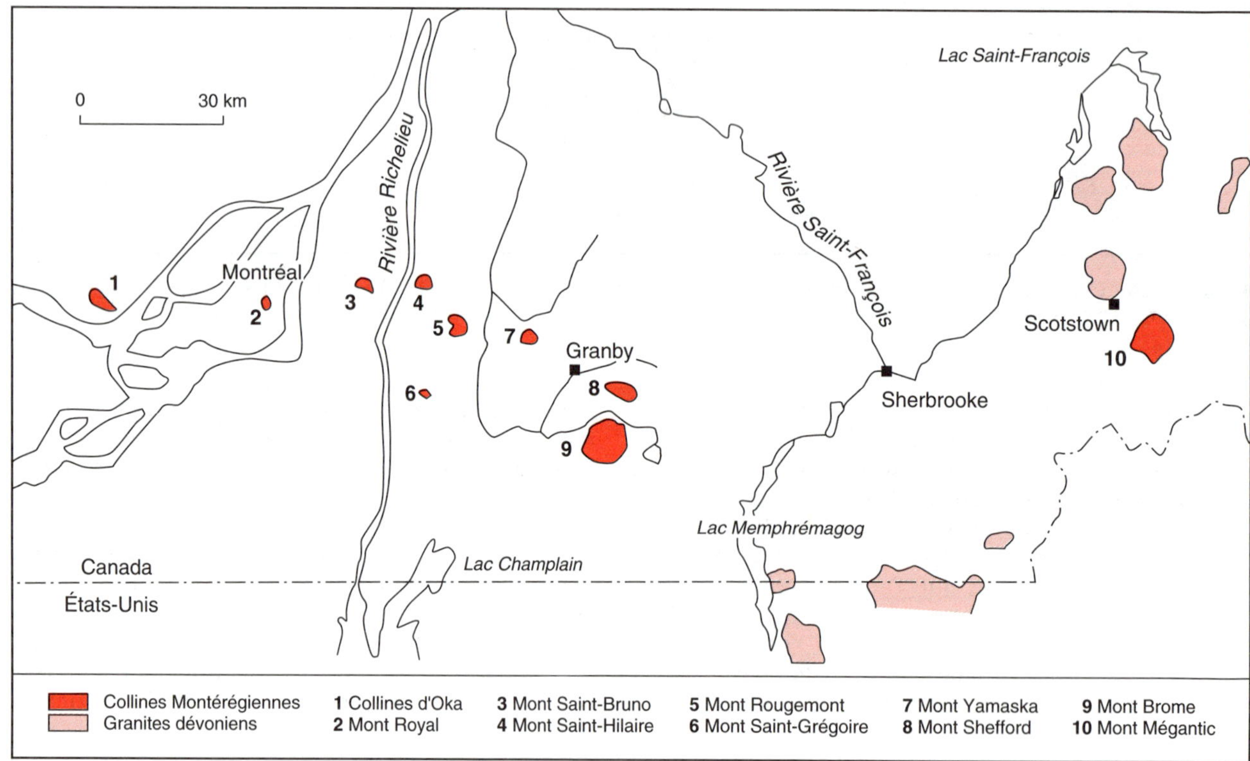

Figure 5.16 Les collines Montérégiennes. Ces massifs intrusifs (stocks) se sont mis en place au Crétacé; ils forment une série d'intrusions orientées d'est en ouest, probablement le long d'une fracture dans la croûte continentale. La carte montre aussi l'emplacement des granites de l'Estrie, dont la majorité sont d'âge dévonien; ces granites sont largement exploités comme pierre de construction.

Figure 5.17 Le mont Saint-Grégoire. Avec un diamètre avoisinant 680 m, le mont Saint-Grégoire est le plus petit des Montérégiennes. Il s'élève à environ 201 m au-dessus du niveau de la plaine environnante. (Photographie : Marc Delage.)

CONCLUSION

Ce chapitre a passé en revue les caractéristiques fondamentales du magmatisme et des roches ignées. Nous avons fait ressortir l'importance de l'analyse minéralogique et géochimique dans la définition de ces caractéristiques.

Nous avons appris que la texture des roches, c'est-à-dire l'agencement, la taille et la forme des minéraux, déterminée à l'œil nu ou au microscope, nous informe sur les conditions spatio-temporelles de formation des roches ignées : en surface, en profondeur, sous refroidissement rapide, lent, etc. Nous avons également appris que le mode et la norme permettent de définir la nature minéralogique et chimique du matériel analysé et que les roches ignées, en plus de leur caractère siliceux (teneur en silice, SiO_2), ont un autre caractère géochimique tout aussi important, à savoir leur degré d'alcalinité. On distingue donc les roches alcalines et les roches subalcalines.

Dans le chapitre qui traitera du volcanisme et des roches volcaniques, nous tenterons d'établir les relations qui existent entre les conditions géodynamiques globales et la nature géochimique du matériel en cause. Nous verrons aussi plus en détail les relations qui s'établissent entre les séries magmatiques et le style des manifestations volcaniques.

VOCABULAIRE

Alcalins

Batholite

Calco-alcalin
Chambre magmatique
Concordant

Diagramme AFM
Diagramme alcalins/silice
Discordant

Dyke

Felsique
Filon-couche

Holocristalline
Hyaline
Hypocristalline

Laccolite
Leucocrate

Lopolite

Mafique
Magma
Mélanocrate
Métamorphisme
Minéraux normatifs
Mode

Norme CIPW

Phénocristaux

Série continue
Série discontinue
Subalcalin

Thermobarométrique
Tholéiite

Ultramafique

QUESTIONS

1. Définissez un magma. Qu'est-ce qu'on entend par différenciation magmatique ?
2. De quelle manière la température de fusion d'une roche est-elle influencée par la présence de l'eau ? Expliquez à l'aide d'exemples.
3. Les roches ignées sont divisées en deux grands groupes : les roches alcalines et les roches subalcalines. Expliquez les différences entre les deux groupes.
4. À l'aide du diagramme AFM, déterminez à quel groupe appartient la roche ignée suivante :
   Fe_2O_3 = 12,00 % Na_2O = 2,32 %
   FeO = 0,00 % MgO = 10,90 %
   K_2O = 0,54 %
5. Quels types de feldspaths s'attend-on de trouver dans un granite ? dans un gabbro ? Expliquez.
6. Qu'est-ce qu'on entend par la texture porphyrique ? Comment une roche ignée peut-elle acquérir une telle texture ?
7. On donne, ci-dessous, la composition minéralogique de quatre roches ignées intrusives (% du volume). Trouvez le nom de ces roches en utilisant la classification de Streckeisen.

	Roche 1	Roche 2	Roche 3	Roche 4
Quartz (%)	25	—	21	—
Orthoclase (%)	40	72	15	—
Plagioclase (%)	26	12	46	65
Biotite (%)	5	2	3	1
Amphibole (%)	1	7	13	3
Pyroxène (%)	—	4	—	20
Olivine (%)	—	—	—	7
Autres (%)	3	3	2	4

8. Définissez les termes suivants :
   a) felsique;
   b) mélanocrate;
   c) mafique;
   d) dyke;
   e) norme CIPW.

RÉFÉRENCES BIBLIOGRAPHIQUES

OUVRAGES RECOMMANDÉS

1. **Bayly, B.**
   1976 : *Introduction à la pétrologie.* Paris, Masson, 356 p.
   Ouvrage général sur les trois ensembles de roches.

2. **Best, M. G.**
   1982 : *Igneous and Metamorphic Petrology.* San Francisco, W. H. Freeman, 630 p.
   Très bon ouvrage spécialisé sur les roches ignées et métamorphiques.

3. **Wilson, M.**
   1989 : *Igneous Petrogenesis : A Global Tectonic Approach.* New York, Unwin Hyman, Inc., 466 p.
   Les roches ignées dans le contexte de la tectonique des plaques.

AUTRES SOURCES D'INFORMATION CONSULTÉES

Allègre, C. J. et Michard, G.
1973 : *Introduction à la géochimie.* Paris, PUF, 220 p.

Bard, J. P.
1980 : *Microtextures des roches magmatiques et métamorphiques.* Paris, Masson, 192 p.

Bourne, J.
1989 : *Pétrographie et géochimie des plutons granitiques d'âges dévonien et crétacé de l'Estrie.* Québec, ministère de l'Énergie et des Ressources, ET 88-07, 119 p.

Bowen, N. L.
1956 : *The Evolution of the Igneous Rocks.* New York, Dover Publications, 322 p.

Brown, G. C. et Musset, A. E.
1981 : *The Inaccessible Earth.* Londres, George Allen and Unwin, 235 p.

Cox, K. G., Bell, J. D. et Pankhurst, R. J.
1979 : *The Interpretation of Igneous Rocks.* Londres, George Allen and Unwin, 450 p.

Girod, M., Bailey, D. K., Baker, P. E., Fisher, R. V., Maury, R., Rocci, M., Schmincke, H. et Upton, B. G.
1984 : *Les roches volcaniques, pétrologie et cadre structural.* Paris, Doin, 239 p.

Lameyre, J.
1975 : *Roches et minéraux. Vol. I – Les Matériaux. Vol. II – Les Formations.* Paris, Doin, 352 p.

Le Maitre, R. W.
1976 : « The Chemical Variability of Some Common Igneous Rocks » dans *Journal of Petrology*, vol. 17, p. 589-637.

1984 : « A Proposal by the IUGS Subcommission on the Systematics of Igneous Rocks for a Chemical Classification of Volcanic Rocks Based on the Total Alkali Silica (TAS) Diagram » dans *Australian Journal of Earth Sciences*, vol. 31, p. 243-255.

1989 : *A Classification of Igneous Rocks and Glossary of Terms.* Cambridge, Blackwell Scientific Publications, 204 p.

Macdonald, G. A. et Katsura, T.
1964 : « Chemical Composition of Hawaiian Lavas » dans *Journal of Petrology*, vol. 5, p. 82-133.

Nicolas, A.
1989 : *Principes de tectonique.* 2e éd., Paris, Masson, 223 p.

Philpotts, A. R.
1989 : *Petrography of Igneous and Metamorphic Rocks.* Englewood Cliffs (N. J.), Prentice Hall, 178 p.

Streckeisen, A.
1976 : « To Each Plutonic Rock its Proper Name » dans *Earth Science Reviews*, vol. 12, p. 1-33.

The Open University
1971 : *Earth Materials.* Bletchley, The Open University Press, 83 p.

Williams, H., Turner, F. J. et Gilbert, C. M.
1982 : *Petrography, an Introduction to the Study of Rocks in Thin Sections.* 2e éd., San Francisco, W. H. Freeman, 626 p.

Yoder, H. S. et Tilley, C. E.
1962 : « Origin of Basaltic Magmas, an Experimental Study of Natural and Synthetic Rock Systems » dans *Journal of Petrology*, vol. 3, p. 342-532.

CHAPITRE 6

ÉROSION ET ROCHES SÉDIMENTAIRES

J'ai vu la mer, là où s'étendait autrefois le sol le plus ferme; j'ai vu des terres qui étaient sorties du sein des flots; bien loin de la mer gisaient des coquilles marines.

PYTHAGORE.

OBJECTIFS PÉDAGOGIQUES

Au terme de ce chapitre vous devriez pouvoir :

- expliquer les processus à l'origine de la formation des roches sédimentaires;
- expliquer, par des exemples, les principaux processus de météorisation;
- montrer les différences entre les roches sédimentaires d'origine détritique et les roches sédimentaires d'origine chimique;
- présenter une classification des principales roches sédimentaires.

Les roches sédimentaires représentent 5 % du volume de l'écorce terrestre. Malgré cette faible valeur, elles couvrent les deux tiers de la surface des terres émergées et probablement la même proportion du fond des océans. Sur les continents, l'épaisseur moyenne des sédiments récents est de 1800 m, contre 300 m dans les océans.

Les roches sédimentaires sont la source de la presque totalité des ressources énergétiques minérales, tels les charbons, le gaz, les pétroles bruts et une grande partie de l'uranium. De plus, elles fournissent l'essentiel des matières premières comme les minerais de fer, les principaux sels, les phosphates et les produits de base pour les matériaux de construction (calcaire, argile, gypse, sable, etc.).

Au cours des temps géologiques, les roches sédimentaires ont pu conserver les traces d'activités biologiques. Les **fossiles** sont des restes ou des moulages d'organismes conservés dans les roches. L'étude des fossiles est l'objet d'une spécialité des sciences de la Terre : la **paléontologie**. Cette science fait la description des formes animales et végétales qui ont vécu sur la Terre tout au long de son histoire. L'encadré 6.1 présente sommairement les fossiles.

ENCADRÉ 6.1

LES FOSSILES

Les fossiles sont des restes ou moulages d'organismes que l'on trouve principalement dans les roches sédimentaires. Ils fournissent de précieux renseignements sur les conditions environnementales qui prévalaient au moment de la formation de la roche qui les renferme.

Parmi les **espèces animales fossiles**, on distingue les Protozoaires, animaux unicellulaires (Foraminifères, Radiolaires, etc.); les Invertébrés, animaux sans squelette interne centré sur une colonne vertébrale (Arthropodes, Lamellibranches, Spongiaires et Coraux); les Vertébrés, animaux possédant un squelette interne centré sur une colonne vertébrale (Poissons, Amphibiens, Reptiles, Oiseaux, Mammifères).

Parmi les **espèces végétales fossiles**, on distingue principalement les Thallophytes, les Cryptogames, les Gymnospermes et les Angiospermes.

Stromatolites du Protérozoïque, vus en coupe. Près de Kuujjuarapik, rive sud-est de la baie d'Hudson (Québec).

Greenhops boothi (Green). Dévonien moyen, Arkona (Ontario). Trilobites (collection et photographie : Pierre Gonin, collège de l'Outaouais.)

Triarthrus rougensis (Parks). Formation de Billings, Ordovicien moyen, Ottawa (Ontario). (Photographie : Pierre Gonin, collège de l'Outaouais.)

Bathyurus extans (Billings 1859). Formation de Gull River, Ordovicien moyen, Carrière Deschênes, Aylmer (Québec). (Photographie : Pierre Gonin, collège de l'Outaouais.)

Brachiopodes (coquilles) et crinoïdes (petits cercles) dans un calcaire de l'Ordovicien, île d'Anticosti (Québec). (Photographie : Marcel Labonté, collège de Sherbrooke.)

6.1 LA FORMATION DES ROCHES SÉDIMENTAIRES

La figure 6.1 situe le domaine de formation des roches sédimentaires dans le diagramme pression/température. Les roches sédimentaires sont dites exogènes. Elles se forment dans des conditions de pression et de température peu élevées, à l'interface de l'écorce, de l'atmosphère et de l'hydrosphère. Elles se présentent le plus souvent en strates d'épaisseur variable (fig. 6.2).

L'étude des roches sédimentaires nous amène dans le domaine de la géodynamique externe. Dans ce domaine, les processus géologiques sont en interaction avec l'atmosphère (climats) et l'hydrosphère.

Les processus responsables de la formation des roches sédimentaires sont l'**érosion**, l'**accumulation d'un dépôt** et la **diagenèse** (fig. 6.3).

L'érosion concerne l'ensemble des processus qui, à la surface du globe, enlèvent en tout ou en partie des terrains, modifiant ainsi le relief.

L'érosion commence par la **météorisation** (*weathering*). Deux processus y sont en cause : un

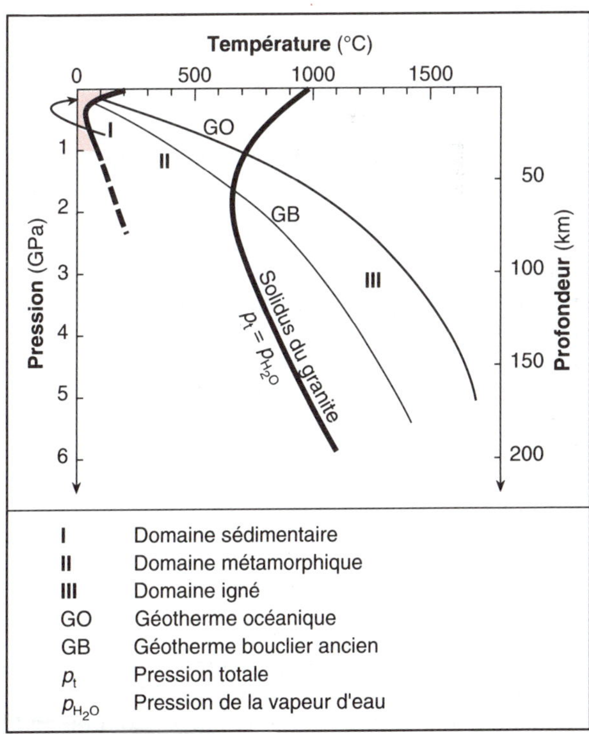

Figure 6.1 Diagramme p/t indiquant la position du domaine sédimentaire.

Figure 6.2 Roches sédimentaires. Les roches sédimentaires sont le plus souvent disposées en strates bien définies. La photo montre des strates en position subverticale. Affleurement le long de l'autoroute 20 Ouest, à la hauteur de Saint-Jean-Port-Joli (Québec).

processus mécanique, la **désagrégation physique**, qui ne modifie pas la structure des minéraux; un processus chimique, l'**altération**, qui détruit la structure des minéraux. Le plus souvent, les effets de l'un et l'autre processus s'additionnent. Après la météorisation, il y a **transport** des débris et des éléments solubles. Les agents de transport sont nombreux à la surface des aires continentales : eaux courantes, eaux souterraines, vent, glaciers, etc. Après de nombreuses étapes de reprise en charge et de transport, les diverses fractions forment des dépôts stables à long terme. Le passage de ces dépôts vers des roches consolidées est l'œuvre des processus de la diagenèse.

6.1.1 *La météorisation*

À la surface des continents, les minéraux des roches sont soumis à des processus physico-chimiques gouvernés par les conditions climatiques. Comme on le sait, les silicates constituent l'essentiel des minéraux des roches. C'est donc à ces minéraux que s'attaquent avant tout les processus de météorisation. Alors que le quartz résiste bien aux agents corrosifs, les autres silicates y sont vulnérables et finissent tôt ou tard par se désintégrer totalement. Une fraction des éléments chimiques ainsi libérés se réorganisent en minéraux dits de néoformation. Parmi ces minéraux, les argiles sont les plus abondants. Nous reviendrons sur ce sujet un peu plus loin.

DÉSAGRÉGATION PHYSIQUE

La désagrégation physique a pour effet de disloquer les massifs rocheux, d'en séparer et fractionner les constituants, sans modifier la nature des minéraux. Ce processus est dominant dans les régions aux climats froids ou désertiques. Dans les déserts et les régions semi-arides, les variations de température (surtout entre le jour et la nuit) soumettent les roches à de fortes contraintes thermiques et contribuent à leur éclatement. Sous les latitudes tempérées froides et humides, le rôle de l'eau est dominant. Celle-ci s'infiltre dans les fissures et dans les pores des roches. En gelant, le volume de l'eau augmente de

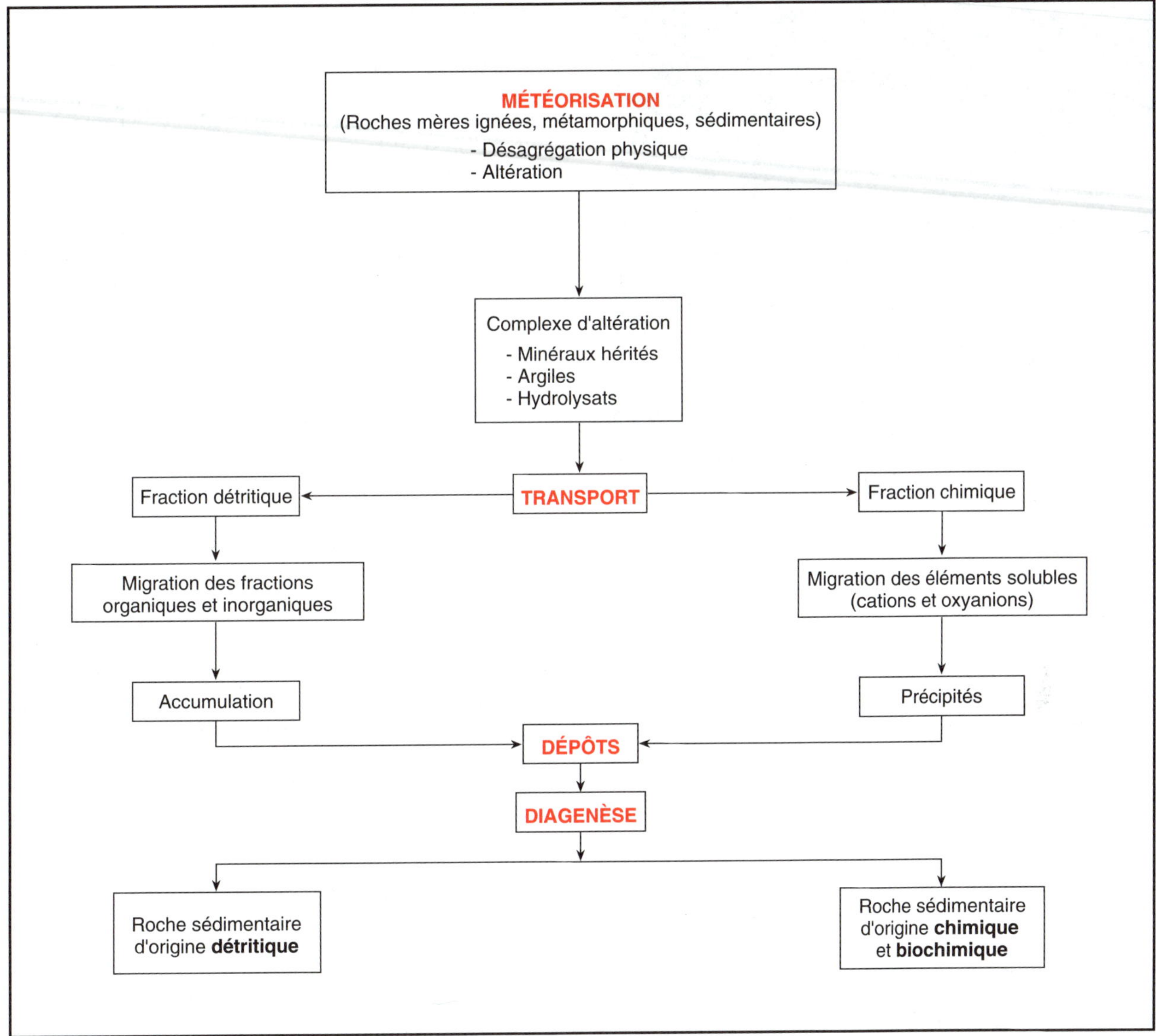

Figure 6.3 Les principaux processus à l'origine de la formation des roches sédimentaires : la météorisation, le transport, la formation des dépôts et la diagenèse.

9 %. Les fissures et les pores s'agrandissent, deviennent de plus en plus nombreux, et la roche se fragmente en éléments de plus en plus petits.

Dans certains cas, le processus de désagrégation physique est rapide, voire explosif[1] (fig. 6.4). Les roches éclatent si l'eau contenue dans les pores et les microfissures gèle intensément et rapidement. Seules des roches compétentes, capables de subir des contraintes élevées, sont susceptibles d'éclatement.

D'autres facteurs contribuent aussi à la désagrégation physique des roches. Mentionnons la cristallisation de certains minéraux dans les fractures, de même que les phénomènes de décompression consécutifs à l'érosion. Dans les cas de décompression par décapage des matériaux sus-jacents, il se crée des plans de cassures (joints) parallèles à la surface topographique, débitant le corps rocheux en litage mécanique, serré en surface et plus lâche en profondeur.

ALTÉRATION

Contrairement à la désagrégation physique, l'altération s'attaque à la structure même des minéraux. Ce processus est le plus répandu à la surface du globe.

1. À ce sujet, on consultera l'article de Yves Michaud, Jean-Claude Dionne et Larry D. Dyke, 1989, « Frost Bursting : A Violent Expression of Frost Action in Rock », p. 2075-2080.

Figure 6.4 L'action du gel. Vue de fragments de roche (basalte) éjectés par un relâchement soudain de contraintes engendrées par le gel d'eau interstitielle. L'absence de lichens, dans le fond de la dépression de même que sur les fragments, témoigne d'un événement récent. Lac Guillaume-Delisle, rive est de la baie d'Hudson (Québec). (Photographie : Yves Michaud.)

L'altération est commandée par deux types de mécanismes : des mécanismes de nature organique (altération biochimique) et des mécanismes de nature inorganique (altération géochimique). Ces derniers sont les plus importants.

L'altération **biochimique** est intimement liée à l'activité organique. Elle est favorisée par la présence des horizons organiques des sols et progresse de haut en bas. Elle est surtout efficace dans les sols jeunes et minces, sous climats tempérés.

L'altération **géochimique** est particulièrement intense dans les régions aux climats chauds et humides où la matière organique évolue rapidement.

L'HYDROLYSE

L'eau est l'agent vecteur des éléments actifs de l'altération géochimique. Selon la concentration des éléments en solution, on reconnaît quatre principaux processus d'altération : l'hydrolyse, l'acidolyse, l'alcalinolyse et la salinolyse (le suffixe *lyse* signifie destruction) (tableau 6.1). L'**hydrolyse** est le processus le plus répandu et le mieux connu. Elle concerne l'attaque des roches par des eaux pures ou chargées en CO_2. Elle domine sous les climats chauds et humides des régions tropicales et équatoriales. Dans les régions froides, l'acidolyse est dominante; elle est mise en action par des eaux chargées en acides organiques solubles. Enfin, la salinolyse et l'alcalinolyse, soutenues par des solutions concentrées en éléments alcalins, sont moins répandues.

Pour bien comprendre les mécanismes d'altération, en particulier l'hydrolyse, voyons ce qu'est une molécule d'eau et précisons la nature des rapports qu'entretient l'eau avec les principaux ions.

La molécule d'eau

Une molécule d'eau est globa-lement neutre au point de vue électronique. Cependant, la disposition de deux atomes d'hydrogène sur un atome d'oxygène entraîne un déséquilibre dans la répartition des charges. Une molécule d'eau isolée se comporte donc comme un dipôle : positif d'un côté et négatif de l'autre (fig. 6.5). Quoique la structure physique de l'eau soit encore mal connue, on sait que l'arrangement tridimensionnel des molécules se fait par le biais des ions d'hydrogène qui forment des ponts avec les pôles négatifs des molécules adjacentes.

L'eau et les ions en solution

La répartition inégale des charges sur les molécules d'eau fait en sorte que les ions en solution y exercent une certaine attraction. Les cations attirent le côté négatif du dipôle, et les anions le côté positif.

Tableau 6.1 Principaux mécanismes d'altération des roches selon les caractères des solutions d'attaque (d'après Pédro, 1979, dans Chamley, 1987, p. 3).

MÉCANISMES D'ALTÉRATION	SOLUTIONS D'ATTAQUE	CONCENTRATIONS EN ÉLÉMENTS SALINS	pH
Acidolyse	Eaux chargées en acides organiques solubles	Solutions diluées en éléments salins (env. N/1000)	< 5
Hydrolyse	Eaux pures ou chargées en CO_2		5 – 9,6
Salinolyse	Eaux chargées en sels d'acides forts (chlorures, sulfates)	Solutions concentrées en éléments salins (Na, K, Ca, etc.)	5 – 9,6
Alcalinolyse	Eaux chargées en sels d'acides faibles (carbonates, bicarbonates)		> 9,6

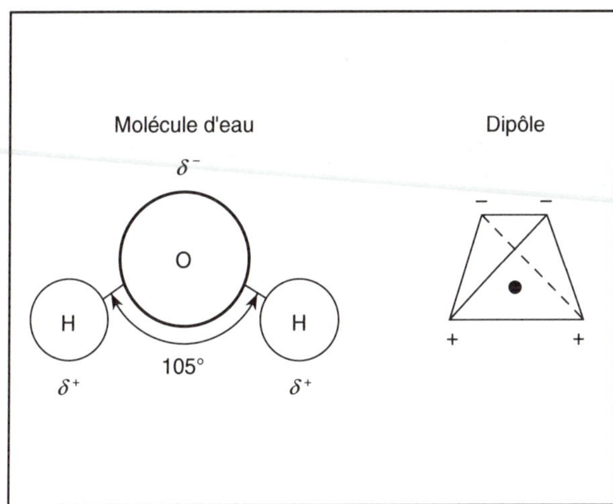

Figure 6.5 Molécule d'eau et dipôle de la molécule d'eau.

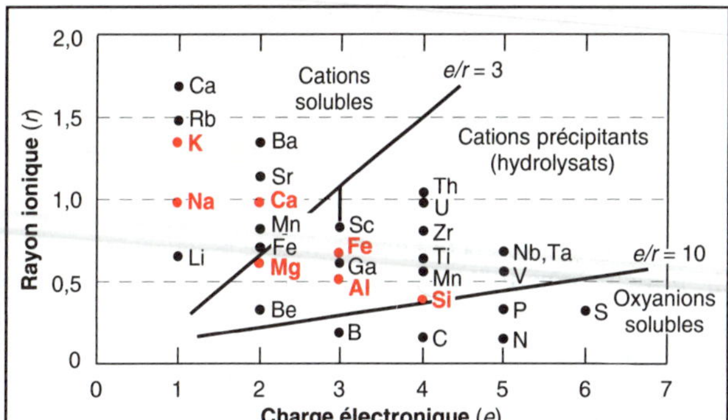

Figure 6.6 Diagramme rayon ionique/charge électronique délimitant le champ des cations solubles, des hydrolysats et des oxyanions solubles. La valeur des rayons ioniques a été ramenée à l'unité. Les sept cations inscrits en couleur sont, avec l'anion d'oxygène, les principaux ions des minéraux des roches (d'après Mason, 1966, p. 163).

Il est établi que l'affinité d'un ion pour l'eau est proportionnelle à sa charge (*e*) et inversement proportionnelle à son rayon (*r*).

Le facteur e/r, que l'on appelle **potentiel ionique**, contrôle ainsi l'hydrolyse des ions en solution. Examinons le comportement des principaux ions dans l'eau (fig. 6.6). On en reconnaît trois groupes :

1. Ions solubles

Les ions solubles présentent un potentiel ionique faible. Pour une large gamme de pH ($4 < pH < 10$), ils se maintiennent en solution vraie à l'état d'ions. Ils sont donc facilement entraînés hors du complexe d'altération par les eaux souterraines et les eaux courantes. Les principaux ions de ce groupe sont Na^+, K^+, Ca^{2+} et Mg^{2+}.

2. Ions des hydrolysats

Les ions des hydrolysats présentent un potentiel ionique moyen. Pour une large gamme de pH ($4 < pH < 10$), ils ont tendance à précipiter sous forme d'**hydrolysats**. Ces composés s'accumulent sur place et forment la phase résiduelle de l'altération. Parmi les ions de ce groupe, on compte Al^{3+}, Fe^{3+} et Ti^{4+}.

3. Oxyanions

Les ions de ce groupe présentent un potentiel ionique fort. Ils forment, par combinaison avec l'oxygène, des **oxyanions** (anions solubles). Les principaux ions de ce groupe sont C^{4+}, P^{5+} et S^{6+}. Ils forment les oxyanions CO_3^{2-}, PO_4^{3-} et SO_4^{2-}. Dans les conditions de pH naturels, ces oxyanions sont très solubles. Ils accompagnent en solution les cations Na^+, K^+, Ca^{2+} et Mg^{2+} et précipitent, entre autres, sous forme de carbonates, $CaCO_3$, $(Ca,Mg)(CO_3)_2$, ou de sulfates, $CaSO_4$.

Voilà donc le devenir des constituants majeurs des minéraux des roches. On constate qu'à la surface des aires continentales, l'altération, particulièrement par le biais de l'hydrolyse, est responsable de l'essentiel des actions chimiques.

Quand l'hydrolyse est menée à terme, sous des conditions climatiques chaudes, humides et sous protection forestière, il ne reste plus pour recouvrir la roche saine qu'une accumulation d'hydrolysats de silice, d'alumine et de fer. Ces éléments constituent alors l'essentiel du **complexe d'altération**.

L'encadré 6.2 fait le point sur les principales réactions responsables de l'altération géochimique. On y donne, entre autres, des exemples de réactions d'hydrolyse.

Minéraux primaires et minéraux secondaires

Analysons maintenant la figure 6.7. Le schéma qu'elle présente montre le sort que subissent les minéraux des roches mères.

Les minéraux des roches mères sont qualifiés de **primaires**. Les principaux minéraux primaires sont tous des silicates (feldspaths, quartz et ferromagnésiens). Les minéraux formés par réorganisation des éléments constituant les minéraux primaires sont les minéraux dits **secondaires**. Les principaux minéraux secondaires sont les argiles.

1. Minéraux hérités (ou résiduels)

Ce sont les minéraux primaires détachés des roches mères. Ils ne sont pas transformés, et les cristaux sont tout au plus fracturés ou émoussés. Le quartz, stable du point de vue physique et chimique, est le plus commun des minéraux hérités.

ENCADRÉ 6.2

L'ALTÉRATION DES ROCHES

L'altération des roches est l'œuvre de réactions chimiques qui modifient l'identité des minéraux primaires. On reconnaît principalement l'hydrolyse, l'oxydation et la carbonatation.

L'HYDROLYSE

L'hydrolyse comprend toutes les réactions de l'eau avec les minéraux des roches. À titre d'exemple, la réaction de décomposition de la forstérite, une olivine magnésienne, est une réaction d'hydrolyse :

$$Mg_2SiO_4 + 4H_2O \longrightarrow 2Mg^{2+} + 4OH^- + H_4SiO_4$$

Les réactions d'hydrolyse les plus importantes sont cependant celles qui concernent la transformation des minéraux les plus communs dans les roches, soit les feldspaths. L'hydrolyse de ces minéraux donne lieu à des transformations complexes que nous ne pouvons pas expliquer ici. Disons simplement que le rôle premier de l'hydrolyse est de libérer les éléments des cristaux dans les solutions. Les précipitations atmosphériques sont de première importance dans ce processus. On peut identifier trois stades d'hydrolyse liés à l'intensité des précipitations, chaque stade étant marqué par une mise en solution toujours plus importante de la silice. En prenant l'albite comme minéral primaire, on peut ainsi voir se former l'un des trois minéraux suivants : la montmorillonite (une argile à teneur variable NA, AL, Fe et Ng), la kaolinite ou la gibbsite. Ce dernier minéral est un hydrolysat d'alumine. Les réactions chimiques sont les suivantes :

$$\underset{\text{albite}}{3NaAlSi_3O_8} + Mg^{2+} + 4H_2O \longrightarrow \text{montmorillonite} + 2Na^+ + H_4SiO_4$$

$$\underset{\text{albite}}{4NaAlSi_3O_8} + 4H_2CO_3 + 18H_2O \longrightarrow 4Na^+ + 8H_4SiO_4 + \underset{\text{kaolinite}}{Al_4Si_4O_{10}(OH)_8} + 4HCO_3^-$$

$$\underset{\text{albite}}{3NaAlSi_3O_8} + H_2CO_3 + 7H_2O \longrightarrow 3Na^+ + 3H_4SiO_4 + \underset{\text{gibbsite}}{Al(OH)_3} + HCO_3^-$$

La kaolinite et la gibbsite sont des minéraux secondaires. Ils sont le résultat d'une néoformation à partir d'ions libérés par l'hydrolyse de minéraux primaires. Les processus responsables de la formation de ces deux minéraux ne prennent une grande ampleur que sous les climats chauds et humides.

L'OXYDATION

L'oxydation est le premier changement qui peut généralement être observé. Elle se manifeste particulièrement dans les roches qui contiennent du fer. À l'intérieur des minéraux ferromagnésiens (olivines, pyroxènes, amphiboles, biotite) et des sulfures de fer (pyrite, marcasite, pyrrhotite) où l'ion Fe^{2+} est transformé en Fe^{3+}, l'oxydation entraîne la dissociation des cristaux. Les exemples qui suivent montrent la formation de la serpentine et de l'hématite à partir de l'olivine, ainsi que celle de l'acide sulfurique à partir de la pyrite.

$$\underset{\text{olivine}}{3MgFeSiO_4} + \underset{\text{eau}}{2H_2O} \longrightarrow \underset{\text{serpentine}}{H_4Mg_3Si_2O_9} + SiO_2 + 3FeO$$

$$4FeO + O_2 \longrightarrow \underset{\text{hématite}}{2Fe_2O_3}$$

$$\underset{\text{pyrite}}{2FeS_2} + 2H_2O + 7O_2 \longrightarrow 2FeSO_4 + \underset{\text{acide sulfurique}}{2H_2SO_4}$$

LA CARBONATATION

La carbonatation est la formation de carbonates à partir de gaz carbonique, CO_2. Le gaz carbonique est très répandu dans l'air. Il se dissout facilement dans l'eau, la rendant plus acide. Cette eau acide attaque certaines roches facilement solubles comme les calcaires et les dolomies, et ce, surtout à basse température. Les ions K^+ et OH^- provenant des réactions d'hydrolyse des feldspaths peuvent réagir avec le H_2CO_3 provenant de la dissolution du gaz carbonique dans l'eau. Il en est de même des ions Mg^{2+} et OH^- provenant de la réaction d'hydrolyse de la forstérite.

$$2KOH + H_2CO_3 \longrightarrow K_2CO_3 + 2H_2O$$

$$Mg(OH)_2 + H_2CO_3 \longrightarrow MgCO_3 + 2H_2O$$

2. Minéraux secondaires

On peut regrouper les minéraux secondaires en trois catégories :

- argiles micacées, comme les illites et les vermiculites. Elles se forment par une hydratation des micas, accompagnée de processus chimiques (mobilité de certains cations). La charpente initiale des cristaux est conservée. On retrouve ces argiles dans les complexes d'altération et dans les sédiments des régions froides;
- argiles néoformées, construites à l'aide des éléments des minéraux primaires, préalablement libérés. Selon les milieux, on obtient la montmorillonite ou la kaolinite. La kaolinite se rencontre le plus souvent dans les complexes d'altération et dans les sédiments des régions chaudes et humides. Dans les régions tempérées, on trouve la montmorillonite;
- composés divers, comme des gels amorphes ou paracristallins, le plus souvent des hydrolysats ferrifères et alumineux. Les hydrolysats alumineux (sans silice) marquent l'aboutissement de l'altération.

Examinons maintenant d'un peu plus près le degré de vulnérabilité à l'altération des principaux silicates primaires des roches (fig. 6.8).

Le minéral le plus résistant, le quartz, est un tectosilicate, c'est-à-dire un silicate à charpente tridimensionnelle de tétraèdres. Sous climat chaud et humide, il lui arrive tout au plus d'être corrodé, de passer en solution très lentement et de produire de l'acide silicique, H_4SiO_4. Parmi les minéraux les plus fragiles, on remarque les ferromagnésiens, dans lesquels le degré de partage des ions d'oxygène est peu élevé.

On peut tenir pour acquis que moins un minéral est siliceux, plus il est vulnérable à l'altération géochimique. Les olivines, qui s'altèrent facilement, sont formées de tétraèdres isolés et reliés entre eux par des ions Mg^{2+} et Fe^{2+}. Ce sont précisément ces ions qui constituent les points faibles de l'édifice cristallin. Ils sont facilement mis en solution, ce qui a pour résultat de briser la charpente des minéraux. Chez les ferromagnésiens, les pyroxènes (augite), les amphiboles (hornblende) et les micas (biotite) suivent les olivines dans l'ordre de résistance à l'altération. Quant aux feldspaths, ils

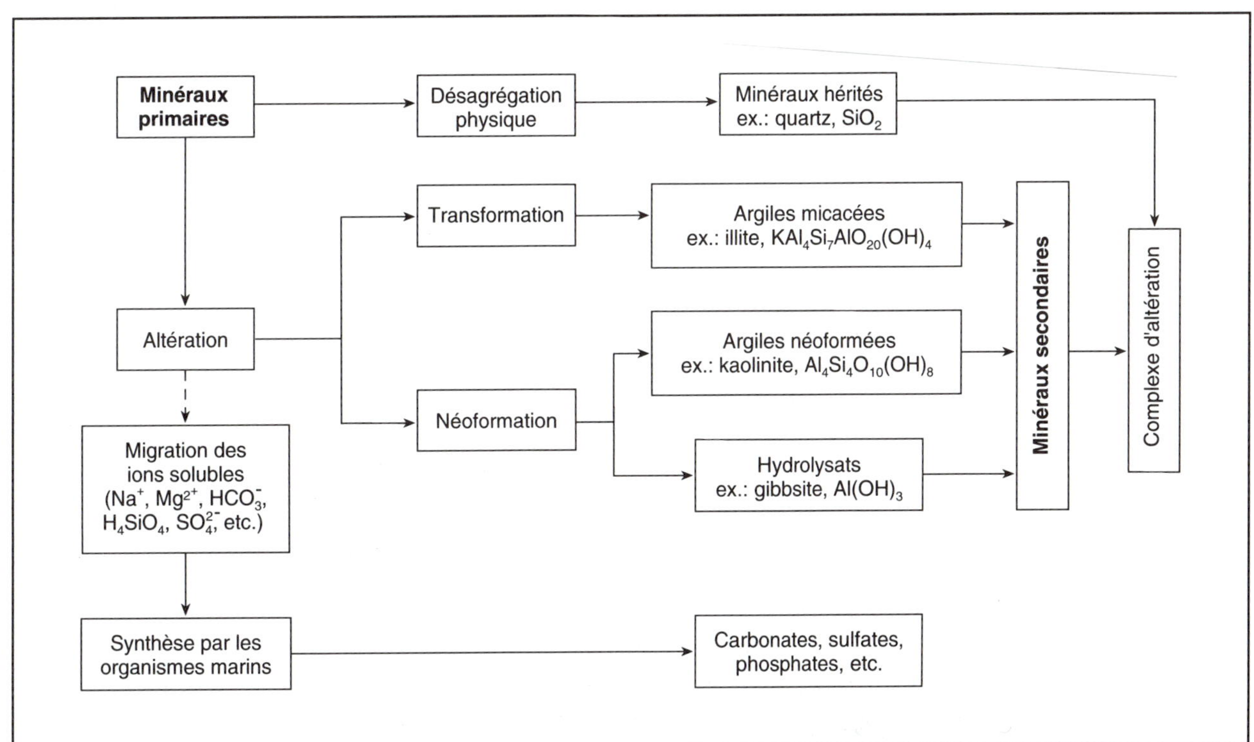

Figure 6.7 Processus d'évolution des minéraux primaires et formation du complexe d'altération. Le complexe d'altération comprend des minéraux hérités (non transformés), produits surtout par la désagrégation physique, et des minéraux secondaires (transformés et néoformés), produits par l'altération. Les minéraux hérités sont le quartz et des minéraux lourds (zircon, magnétite, ilménite, grenat, tourmaline, etc.). Les minéraux secondaires les plus importants sont les argiles. Les éléments solubles transportés hors du complexe d'altération sont repris par les organismes vivants et transformés en carbonates, sulfates, phosphates, etc. Il est à noter que le complexe d'altération comprend l'un ou l'autre des éléments de ce schéma général en fonction de la nature des minéraux et des autres conditions (climat, relief, etc.).

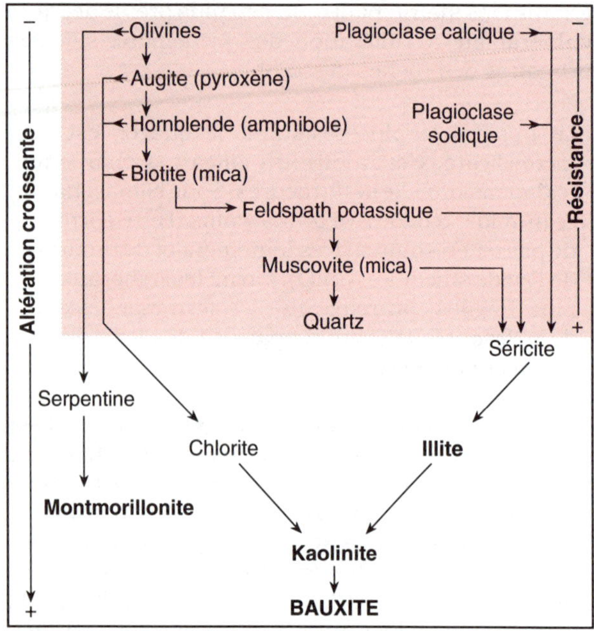

Figure 6.8 Étapes de la transformation des minéraux silicatés sous l'action de l'altération. L'altération des silicates se traduit, entre autres, par la néoformation des minéraux secondaires que sont les argiles (en caractères gras). L'aboutissement final est un hydrolysat alumineux, la bauxite, riche en gibbsite. La zone de couleur montre la résistance croissante de certains minéraux.

s'altèrent d'autant plus facilement qu'ils sont riches en aluminium. Par exemple, les plagioclases calciques sont moins résistants que les plagioclases sodiques, et ces derniers le sont moins que les feldspaths potassiques. Enfin, une altération intense et de longue durée mène à la formation de kaolinite et de bauxite (hydrolysat alumineux).

L'encadré 6.3 fait le point sur la structure d'un groupe de minéraux très abondants : les argiles. Quant à l'encadré 6.4, il présente une notion importante : la surface spécifique. Cette notion s'applique particulièrement bien aux argiles.

Conditions propices à l'altération prolongée

L'altération peut agir sur une longue période de temps sous un couvert végétal qui protège les massifs rocheux de l'érosion. Dans ces conditions, l'altération s'attaque aux roches sur une grande épaisseur et contribue à l'accumulation de plusieurs mètres d'altérites. Il faut cependant des centaines de milliers d'années pour que puisse se développer un complexe d'altération important.

La figure 6.9 présente le profil d'un complexe d'altération de plus de 10 m d'épaisseur développé au-dessus d'un gneiss riche en minéraux ferromagnésiens. Le profil se trouve en Afrique (Côte-d'Ivoire), sous couvert forestier. Le climat est

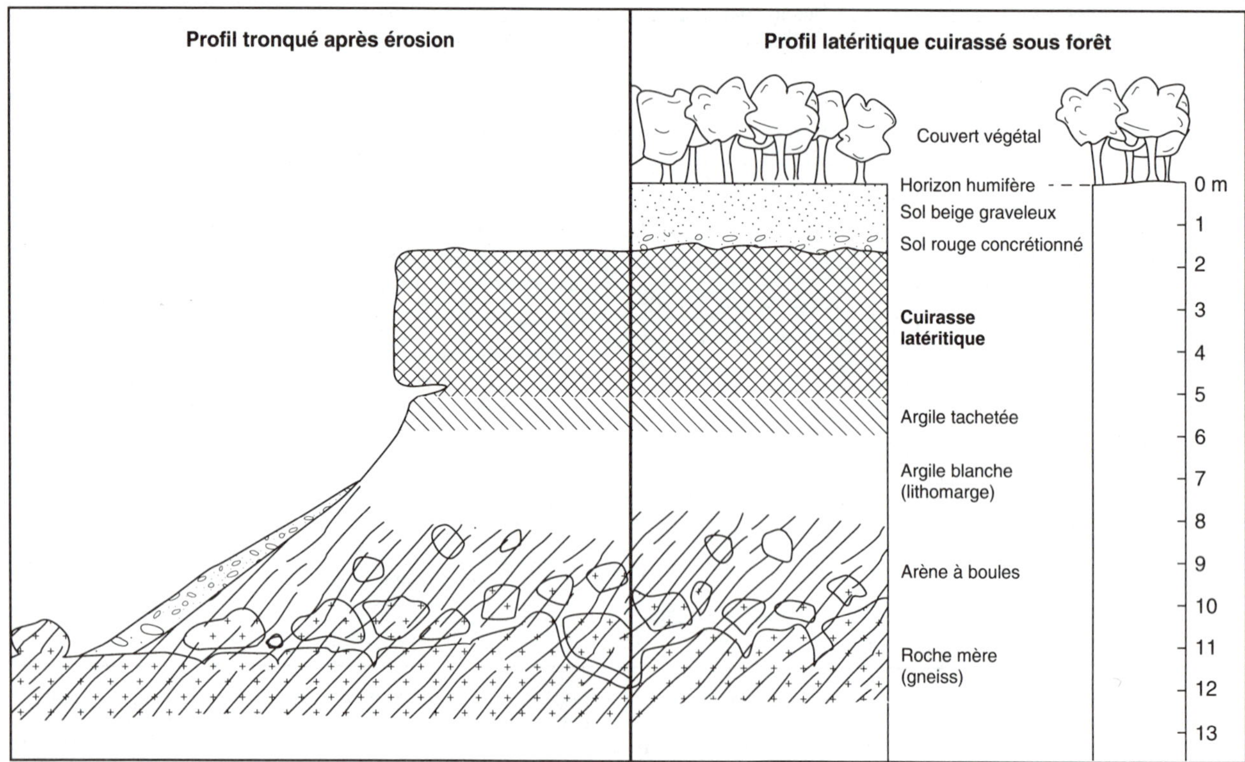

Figure 6.9 Complexe d'altération sous climat tropical humide. À droite, profil avec une épaisse cuirasse latéritique développée sous couvert forestier (Côte-d'Ivoire); à gauche, profil semblable mais tronqué par l'érosion (Soudan); la cuirasse latéritique est alors au sommet de la coupe (d'après Millot, 1964, p. 137).

ENCADRÉ 6.3

LES ARGILES

En géotechnique, on définit les argiles comme des matériaux naturels, de diamètre inférieur à 2 µm et qui, lorsque mélangées avec de l'eau, développent une plasticité (elles peuvent être moulées).

Une telle définition restreint la portée du terme argile, car toutes les autres particules inférieures à 2 µm, comme celles qui se trouvent dans la poussière de roche, ne présentent pas ce caractère de plasticité.

Du point de vue minéralogique, les argiles sont définies comme des silicates hydratés d'aluminium et de magnésium, structurés en feuillets. Elles appartiennent de ce fait à la sous-classe des **phyllosilicates** (voir la sous-section 4.5.2). Les argiles sont des minéraux secondaires, néoformés à partir des éléments des minéraux primaires (feldspaths et ferromagnésiens) des divers types de roches, surtout les roches ignées.

Entre les couches et les feuillets se logent des ions OH^- qui assurent un minimum de cohésion à la structure.

LES ARGILES DU GROUPE DE LA KAOLINITE

Les argiles du groupe de la kaolinite sont formées par l'association d'une couche de tétraèdres et d'une couche d'octaèdres (voir la figure 4.13). La kaolinite est le principal minéral de ce groupe. Sa formule chimique est $Si_4Al_4O_{10}(OH)_8$. Les cristaux de kaolinite se présentent sous la forme de plaquettes hexagonales, parfois allongées en lattes ou réduites à de simples losanges. La kaolinite est formée par altération de roches riches en aluminium.

LES ARGILES DU GROUPE DES MICAS

Les argiles du groupe des micas (voir la figure 4.13) sont formées par l'association d'une couche d'octaèdres comprise entre deux couches de tétraèdres. L'illite est la principale argile de ce groupe. Sa formule chimique est $KAl_4Si_7AlO_{20}(OH)_4$. L'illite pourrait être décrite comme une sorte de muscovite. Il s'agit du minéral argileux le plus abondant, en particulier dans les dépôts de mers postglaciaires du Québec. Nous en reparlerons au chapitre 13.

LES ARGILES DU GROUPE DE LA MONTMORILLONITE

Les argiles du groupe de la montmorillonite (voir la figure 4.13) sont formées aussi par l'association d'une couche d'octaèdres comprise entre deux couches de tétraèdres. Elles possèdent des propriétés de gonflement, phénomène qui se produit en présence d'eau et qui peut provoquer la dissociation complète des feuillets. Il y a entre les feuillets un certain nombre de couches d'eau, ce qui entraîne un écartement des feuillets, variable suivant les conditions du milieu. La montmorillonite est la plus importante des argiles de ce groupe. Sa formule chimique est $Al_2Si_4O_{10}(OH)_2 \bullet H_2O$.

subéquatorial, la pluviosité d'environ 1700 mm/a et la température moyenne de 27°C. De haut en bas, le profil (partie à droite de la figure) montre[2] :

- un horizon supérieur un peu lessivé, pauvre en humus (1 m);
- un horizon d'accumulation caractérisé par une hydrolyse intense des silicates. Il s'agit d'un horizon résiduel d'argile rouge que l'on désigne par l'expression **cuirasse latéritique** (4 m);
- un horizon d'argile tachetée, suivi d'un horizon d'argile blanche dite lithomarge (2 m);
- un horizon de départ (arène à boules) (de 3 à 4 m);
- la roche mère saine non altérée.

La partie gauche de la figure 6.9 montre un profil semblable, mais tronqué par l'érosion. Comme il arrive souvent que les profils soient observés et décrits dans cet état, cela donne lieu à des interprétations erronées, l'horizon cuirassé étant dans ce cas placé directement au sommet. Pour cette raison, on a longtemps cru que cet horizon se formait par remontée d'oxydes de fer du bas vers le haut. Il n'en est rien. L'horizon induré est d'abord le résultat de la migration du fer vers le bas depuis les couches organiques de surface. De plus, les apports par les eaux souterraines qui circulent latéralement dans le profil sont très significatifs. L'oxydation du fer véhiculé par les eaux souterraines explique le développement des

2. L'essentiel de la description de cette coupe est tiré de l'ouvrage *Géologie des argiles* de G. Millot, 1964, p. 138 et 143.

ENCADRÉ 6.4

LA SURFACE SPÉCIFIQUE

Pour bien comprendre la notion de surface spécifique, prenons l'exemple d'un cube de 1 cm de côté (voir la figure). Sa superficie totale est 6 cm^2. Si on le sépare en huit petits cubes, la superficie totale des fragments passe à 12 cm^2; en 64 petits cubes, elle passe à 24 cm^2; en 512 petits cubes, elle passe à 48 cm^2, soit huit fois celle des six faces du cube initial. Ainsi, en fracturant un cube en plus petits cubes, on augmente la surface totale de la matière sans rien changer à sa masse.

La notion de **surface spécifique** exprime la surface totale des particules d'un sédiment ou d'une substance pour une masse donnée. On exprime généralement la surface spécifique en cm^2/g ou en m^2/kg.

La fragmentation des massifs rocheux en particules de plus en plus fines entraîne une augmentation importante de la surface spécifique. L'augmentation des surfaces favorise une attaque chimique poussée. On doit comprendre que plus un matériau est fin, plus sa surface spécifique est élevée et plus il faut de liquide pour le mouiller. Ainsi, les argiles, qui sont des minéraux de très petites dimensions (un peu comme de la farine), peuvent retenir de grandes quantités d'eau. Si le ciment portland est moulu très fin, c'est précisément pour augmenter la surface de contact et favoriser le processus d'hydratation responsable de la « prise » du béton. À titre d'exemple, voici la surface spécifique de quelques matériaux :

Matériau	**Surface spécifique** (m^2/kg)
Argiles	25 à 150 × 10^3
Fumée de silice	20 à 30 × 10^3
Fumée de tabac	10 × 10^3
Cendre volante	400 à 700
Ciment portland	300 à 500

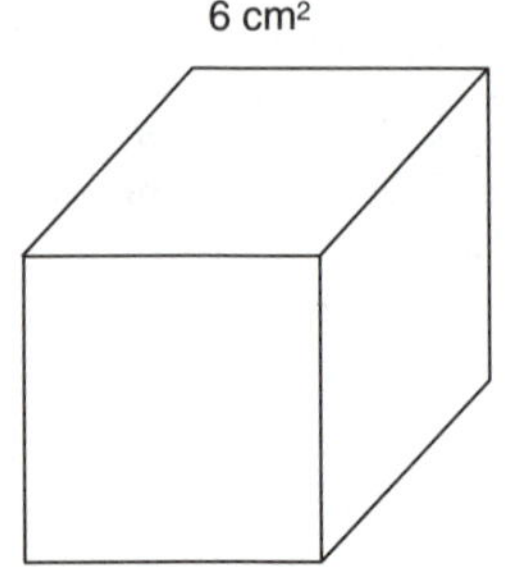

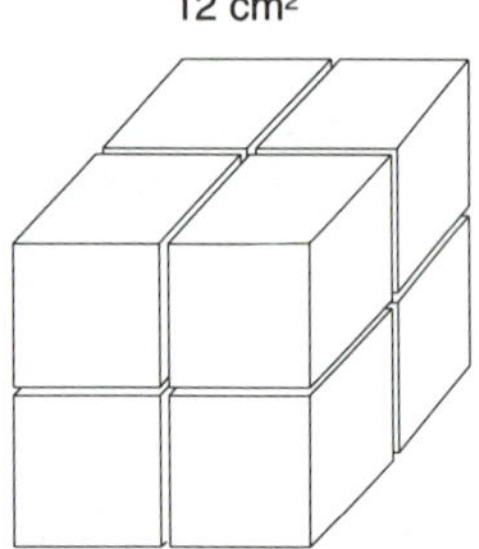

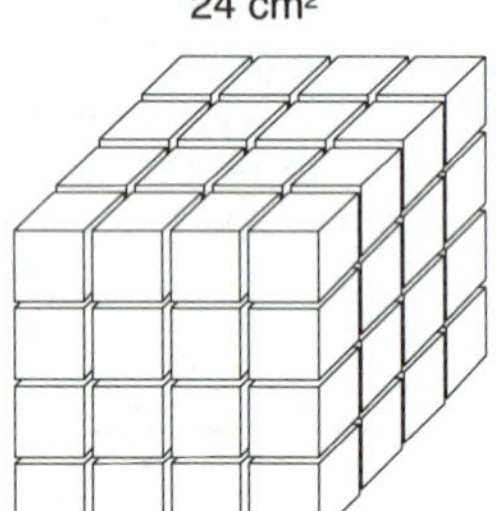

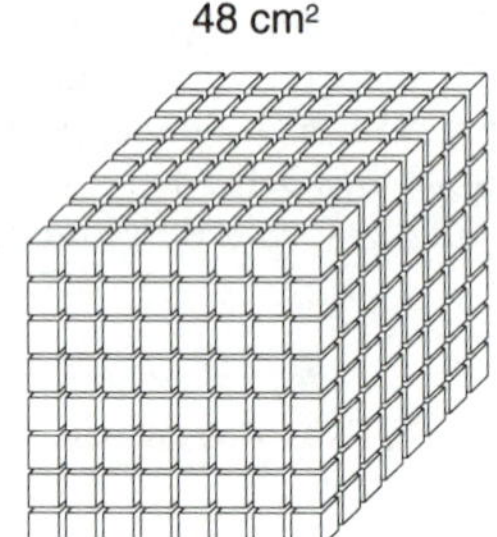

La notion de surface spécifique appliquée à un cube de 1 cm de côté.

cuirasses sur des épaisseurs et des superficies parfois considérables. Il faut dire en outre que le cuirassement est un phénomène secondaire et non obligatoire au sein des complexes d'altération latéritique.

En résumé, l'examen des processus de météorisation des roches fait ressortir le rôle capital que jouent les conditions climatiques. Par exemple, les mécanismes de dégradation du granite varient d'un climat à l'autre. Sous climat froid, la désagrégation physique est dominante. Sous climat tempéré, l'altération géochimique s'intensifie. Sous climat tropical humide, l'hydrolyse des silicates peut devenir totale; pour ce faire, l'altération doit pouvoir agir sur une très longue période, ce qui n'est possible qu'à l'abri d'une bonne protection végétale.

6.1.2 *Le transport*

Après la météorisation, les agents de transport peuvent prendre en charge des ions en solution ou des particules solides de grosseurs variables. Lorsque cesse le transport, il y a formation de dépôts de natures variées.

TRANSPORT DES IONS EN SOLUTION

Les ions libérés par les différentes réactions d'altération sont transportés en solution jusqu'à la mer, à la fois par les eaux souterraines et par les eaux de surface. Les premières, qui séjournent plus longtemps dans les roches que les secondes, sont habituellement les plus chargées en ions.

TRANSPORT DES PARTICULES SOLIDES

Les agents de transport des particules solides sont principalement les glaciers, le vent, les glaces flottantes et les eaux courantes. Des masses importantes de matériaux sont également mobilisées sous l'effet de la gravité. À la surface des continents, le rôle de ces agents est multiple. La plupart sont non seulement responsables du transport, mais ils contribuent aussi directement à la désagrégation physique (pensons à l'action d'abrasion des glaciers). Dans le même sens, l'eau est à la fois agent d'altération, agent de transport et milieu de sédimentation. Voilà pourquoi on les désigne plutôt comme agents d'érosion.

Au cours de son existence, un élément rocheux subit de nombreuses étapes de transport. Dans nos régions, les dépôts glaciogéniques (d'origine glaciaire au sens large) abondent. À l'échelle des temps géologiques, ils ne vont pas résider très longtemps aux endroits où ils ont été déposés. Des agents de transport, notamment l'eau ou le vent, vont les reprendre en charge et les apporter sur des aires de sédimentation stables à long terme (lacs, mers). Dans la quatrième partie de l'ouvrage, nous aborderons plus en détail le rôle des agents géologiques actifs à la surface des continents.

Le transport provoque l'usure des particules en leur faisant subir une série de chocs successifs. Celles-ci peuvent ainsi atteindre une forme d'équilibre proche de la sphère. C'est le cas de certains fragments de quartz dont l'aspect sphérique presque parfait résulte d'une longue abrasion par le vent. Dans les cours d'eau, les particules qui n'ont subi qu'un faible transport forment des dépôts de sédiments anguleux de toutes grosseurs. Par contre, lorsqu'elles sont transportées sur de grandes distances pendant un temps relativement long, elles finissent par prendre une forme quasi sphérique et par être toutes approximativement d'égales dimensions. On parle alors d'un sédiment bien trié. Le sédiment sera modérément trié si le transport s'effectue rapidement. Ces considérations nous amènent à la notion de maturité de texture (fig. 6.10).

Un sédiment possède une **maturité de texture** si les débris qui le constituent sont bien triés, c'est-à-dire s'ils sont approximativement d'égales dimensions et de forme plus ou moins sphérique. Au contraire, un sédiment a une **texture immature** si les débris qui le constituent sont mal triés, c'est-à-dire s'ils sont de différentes dimensions et de forme anguleuse.

Pour qualifier le contenu minéralogique du sédiment, on parle, là aussi, de maturité et d'immaturité.

Du point de vue minéralogique, un sédiment est dit **mature** si sa composition minéralogique est très différente de celle de la roche mère et **immature** si elle lui est semblable.

Prenons l'exemple d'un massif de granite qui contient de la hornblende, de la biotite, des plagioclases, du feldspath potassique et du quartz. Dans un sédiment déposé à proximité du massif, on trouve généralement tous les minéraux issus du granite. Il y a cependant un peu moins de plagioclases parce qu'une partie de ceux-ci sont déjà décomposés. Par contre, il y a abondance de feldspath potassique et de quartz, et le rapport quartz/feldspath potassique est peu élevé. Au fur et à mesure que l'on s'éloigne du massif granitique, les minéraux ferromagnesiens et les plagioclases diminuent, tandis que le rapport quartz/feldspath potassique augmente. Vient un endroit où les seuls résidus présents dans le sédiment sont des fragments de quartz; il s'agit alors d'un sédiment mature. En principe, le rapport quartz/feldspath potassique donne une bonne indication de la maturité minéralogique d'un sédiment.

Il est généralement plus facile de déterminer l'origine d'un sédiment immature que celle d'un sédiment mature. Pour déterminer l'origine des composants d'une roche sédimentaire, on analyse souvent l'assemblage des minéraux lourds[3] qu'elle contient. Ceux-ci constituent généralement moins de 1 % de la roche, mais leur assemblage peut être caractéristique et permettre de retracer l'origine des sédiments.

L'encadré 6.5 traite du rôle des courants de turbidité comme agent de transport.

6.1.3 *La formation des dépôts*

Les dépôts à l'origine des roches sédimentaires sont formés d'un mélange de particules solides et de précipités chimiques. On distingue donc une fraction **détritique** et une fraction **chimique**.

FRACTION DÉTRITIQUE

La fraction détritique comprend des particules de minéraux insolubles. Certaines sont héritées directement des minéraux primaires et les autres sont des minéraux secondaires argileux. Toutes ces particules sont transportées à l'état de grains solides, depuis les continents jusque sur des aires de sédimentation stable. Cette fraction comporte aussi, dans certaines circonstances, des fragments de roche de grosseurs variées.

3. Les minéraux lourds ont une densité supérieure à 2,87. Les plus fréquents dans les roches sédimentaires détritiques sont le sphène, le zircon, le rutile, l'anatase et la tourmaline.

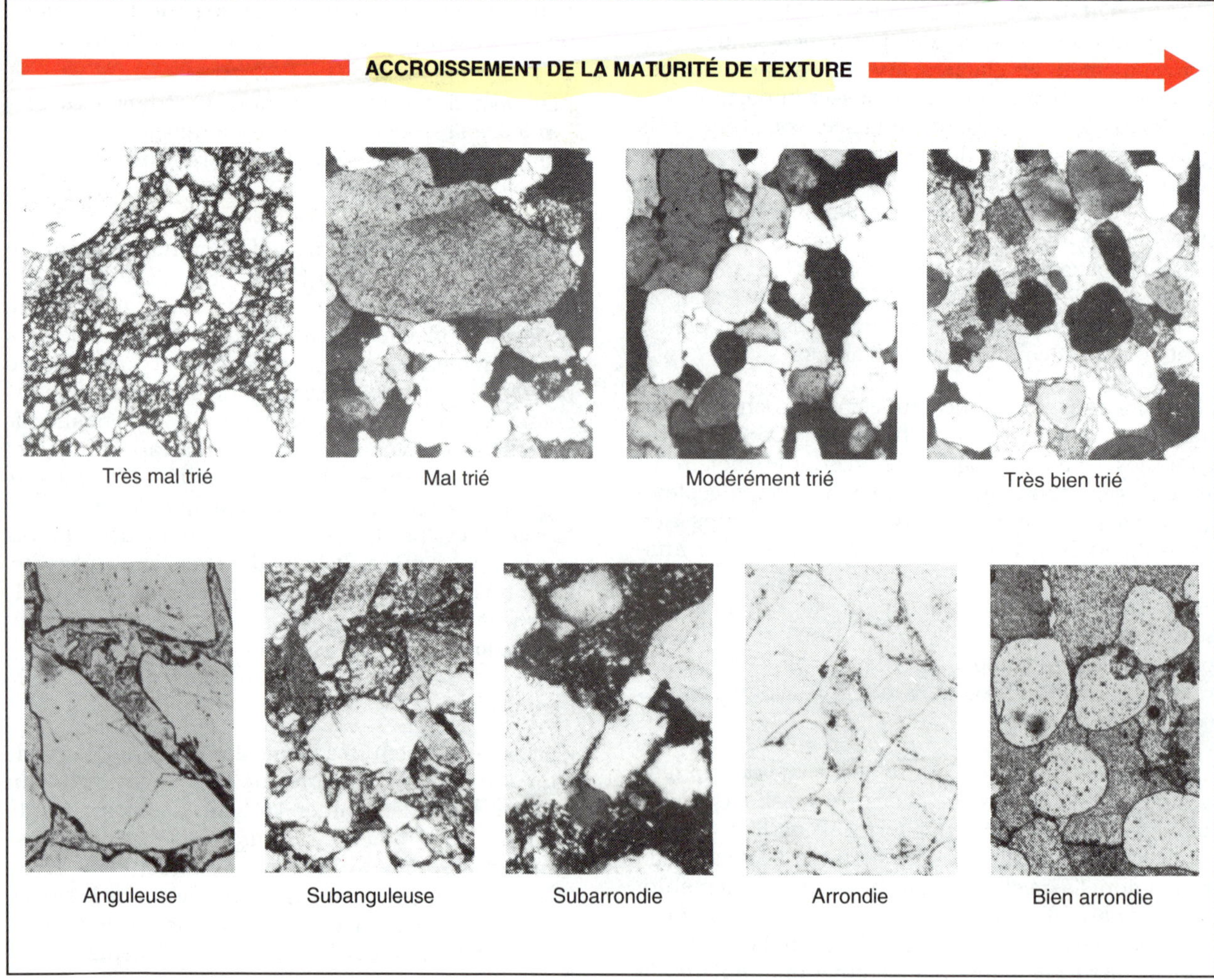

Figure 6.10 Maturité de texture d'une roche sédimentaire d'origine détritique. Cette notion concerne le tri et la forme. Une roche ayant une bonne maturité de texture est formée d'éléments bien arrondis et très bien triés. (Lames minces de roches; grossissement d'environ 40 ×.) (Photographies : Jean Beaulieu, Université de Montréal.)

FRACTION CHIMIQUE

La fraction chimique comprend tous les matériaux précipités à partir de solutions aqueuses. On sait que les éléments solubles sont principalement le calcium, le magnésium, le sodium et le potassium. Ces éléments servent de base au développement d'organismes marins, qui les utilisent pour la construction de leurs tests (enveloppes rigides qui les protègent). À mesure qu'ils meurent, ces tests forment des accumulations qui donnent des roches d'origine organique. Lorsque les eaux marines deviennent saturées en calcium et en magnésium, il y a formation de dépôts purement chimiques : calcaires, calcaires magnésiens et dolomies (voir la section 6.2).

6.1.4 *La diagenèse*

On appelle **diagenèse** l'ensemble des processus physiques et chimiques qui transforment progressivement un dépôt en une roche consolidée.

On peut diviser schématiquement l'évolution de la diagenèse[4] en quatre phases principales, de durée inégale et croissante (fig. 6.11).

PHASE I

La phase I se caractérise par une activité biochimique intense et une évolution précoce des carbonates et de

4. Cette section s'inspire largement de Chamley, *Sédimentologie*, 1987, p. 116 et 117. Nous avons également consulté l'ouvrage de Chamley (p. 35) pour certaines informations sur les roches siliceuses.

ENCADRÉ 6.5

LES COURANTS DE TURBIDITÉ OU COURANTS DE DENSITÉ

Lorsqu'un mouvement de terrain se produit sous l'eau, les matériaux se mélangent à l'eau et provoquent une augmentation de sa densité par rapport aux masses d'eau environnantes. Cette eau boueuse glisse sur le fond avec parfois beaucoup d'énergie et une grande vitesse. Il se crée ainsi un courant appelé *courant de densité* ou *courant de turbidité*, qui glisse sur le fond océanique par gravité et dont la vitesse peut atteindre 100 km/h. On peut comparer ce phénomène aux avalanches de neige des régions montagneuses, sauf que, dans ce cas, il s'agit d'avalanches sous-marines formées en majeure partie de débris arrachés aux continents par érosion et déposés sur le plateau ou sur le talus continental. Les courants de turbidité peuvent se former à la suite d'un tremblement de terre comme ce fut le cas en novembre 1929 près de Terre-Neuve. Des sédiments ont ainsi été transportés sur jusqu'à 700 km de distance. Les courants de turbidité constituent donc un agent de transport considérable, qui amène des matériaux déposés à proximité des côtes jusque dans les profondeurs abyssales. Ils sont aussi responsables de l'érosion de canyons sous-marins.

Lorsque le courant de turbidité perd de sa vitesse en arrivant dans les grandes profondeurs, les particules en suspension se déposent par ordre décroissant de taille. Il se crée ainsi un sédiment au *granoclassement vertical*, c'est-à-dire un sédiment qui présente une diminution progressive de la taille des grains, de la base vers le sommet. De tels sédiments forment les *turbidites*, qui sont des couches de sédiments détritiques déposées en une seule fois par un courant de turbidité. Leur épaisseur est de l'ordre de quelques décimètres, parfois d'un ou deux mètres, rarement plus. Sous sa forme la plus complète, on peut décrire une turbidite par la séquence type proposée par A. Bouma; celle-ci comprend cinq intervalles, de bas en haut (voir ci-après). Cependant, cette séquence type est souvent incomplète. On appelle *flysch* un empilement de turbidites suivant une séquence binaire. Certaines roches des Appalaches sont constituées de flyschs, qui forment au Québec une bande depuis l'Estrie jusqu'à la Gaspésie.

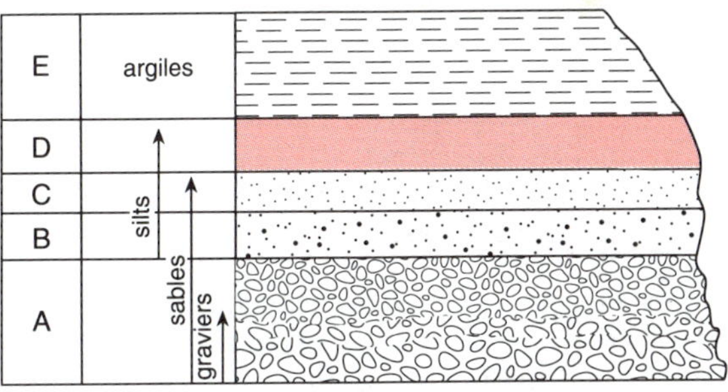

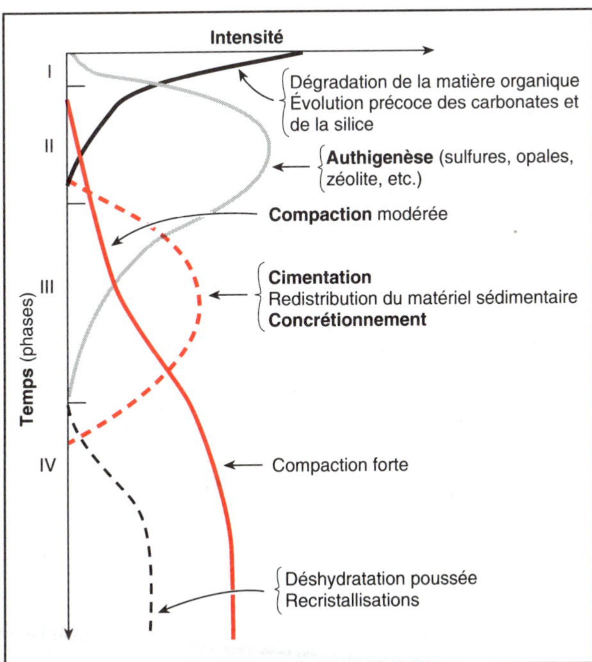

Figure 6.11 Les quatre phases de la diagenèse et les principaux processus diagénétiques (d'après Chamley, 1987, p. 116).

la silice. La plus grande partie de la matière organique, surtout celle d'origine animale, est détruite. Les tests en aragonite, en calcite et une grande partie de la silice d'origine biologique sont dissous. En même temps se produisent divers dégagements gazeux (CO_2, H_2S, NH_3).

PHASE II

La phase II est celle de l'**authigenèse** ou de la néoformation de sulfures, d'oxydes métalliques ou de silicates variés (opales, zéolites, argiles). La **compaction** débute et les particules de micas, entre autres, sont amenées à se disposer parallèlement les unes aux autres. La compaction causée par la charge des débris ou des précipités a pour conséquence de réduire le volume des vides par expulsion de l'eau interstitielle. La compaction augmente la densité du sédiment et multiplie les points de contact entre les grains. Son rôle est de première importance pour les sédiments argileux.

PHASE III

La phase III est celle de la **cimentation**. Elle conduit au remplissage des vides de la roche par précipitation d'opale, de silice, de calcite, de dolomite, d'oxydes de fer, d'argile, etc. Dans le cas des grès, les grains de sable (quartz) sont le plus souvent cimentés par de la calcite ou de la silice. Le ciment à base de calcite est fourni par la dissolution de coquilles d'aragonite ou d'autres sources de carbonates. Cette phase s'accompagne de formation de **concrétions**. Des éléments chimiques, mobilisés au cours des phases précédentes, se concentrent autour d'un nucléus : nodules et concrétions de marcassite (variété de pyrite, FeS_2), silex, sulfates, carbonates et phosphates divers.

PHASE IV

La phase IV débute par une déshydratation intense. Elle s'accompagne de diverses recristallisations, et la compaction s'intensifie. En profondeur, il y a aplatissement des fossiles et fracturations complexes. Au-delà de la phase IV de la diagenèse, on passe progressivement, sous l'influence de pressions et de températures croissantes, au domaine du métamorphisme.

6.2 CLASSIFICATION DES ROCHES SÉDIMENTAIRES

La façon la plus simple de classifier les roches sédimentaires consiste à les regrouper suivant la nature de la fraction qui dominait dans le dépôt d'origine. Nous allons ainsi distinguer les roches sédimentaires d'origine détritique et les roches sédimentaires d'origine chimique et biochimique.

6.2.1 *Les roches sédimentaires d'origine détritique*

Les roches sédimentaires d'origine détritique sont formées principalement d'éléments transportés et déposés à l'état de grains solides. On les regroupe en trois grandes classes selon la taille des éléments : les **rudites**, les **arénites** et les **lutites**. Le tableau 6.2 donne les limites granulométriques de chacune de ces classes et présente les principales roches sédimentaires détritiques : conglomérats, grès, siltstones, shales.

CONGLOMÉRATS

Les conglomérats sont formés de débris de roches dont la taille est supérieure à 2 mm (rudites) dans une proportion d'au moins 50 %. On distingue les **poudingues**, aux éléments arrondis, et les **brèches**, aux éléments anguleux. Les conglomérats sont **polygéniques** quand ils sont formés de débris de roches de nature différente et **monogéniques** quand les débris sont de même nature. Le conglomérat de Bonaventure, que l'on trouve à Percé, en Gaspésie, est un bon exemple d'un conglomérat polygénique. La figure 6.12 montre un conglomérat semblable de la région de Sherbrooke.

Les conglomérats se forment le long des rivages marins ou lacustres, ou encore dans le lit des rivières. Ils signalent souvent le début d'une transgression marine ou la fin d'une régression du même type.

GRÈS

Les grès sont formés de grains dont la taille oscille entre 62,5 µm et 2 mm (arénites). Généralement, le

Tableau 6.2 Classification des roches sédimentaires d'origine détritique.

CLASSES GRANULOMÉTRIQUES	DIAMÈTRE DES PARTICULES (mm)	NOM DE LA PARTICULE ISOLÉE	NOM DE L'AGRÉGAT DE PARTICULES NON CONSOLIDÉ	NOM DE LA ROCHE OU DE L'AGRÉGAT CONSOLIDÉ
Rudites	256	Bloc	Gravier de blocs	**Conglomérat**
	64	Gros galet	Gravier de gros galets	
	4	Petit galet	Gravier de petits galets	
	2	Granule	Gravier de granules	
Arénites	0,0625	Grain de sable	Sable	**Grès**
Lutites	0,0039	Grain de silt	Silt	**Siltstone**
		Particule argileuse	Poussière (sec), argile (humide), boue	**Shale**

Remarques

1. Les particules dont la taille est comprise entre 0,0625 et 0,0039 mm ne sont pas visibles à l'œil nu, mais entre les doigts elles donnent une sensation granuleuse. Elles sont souvent visibles isolément à la loupe.
2. Les particules dont la taille est inférieure à 0,0039 mm ne donnent pas une sensation granuleuse entre les doigts.
3. La *fraction granulométrique principale* est la fraction granulométrique qui compose 50 % et plus de la roche dans les roches dont le tri est mauvais.
4. La *fraction granulométrique secondaire* ou *matrice* est la fraction granulométrique qui compose moins de 50 % de la roche dans les roches dont le tri est mauvais.
5. Lorsque la roche globale possède plus d'une fraction granulométrique, on ajoute alors au nom de la roche un qualificatif décrivant la nature de la fraction granulométrique secondaire. On parle alors de conglomérat gréseux, de grès conglomératique, de grès silteux, etc.

Figure 6.12 Exemple de conglomérat polygénique. Affleurement dans le rang IV Ouest de Stoke, au nord-est de Sherbrooke en Estrie (Québec).

quartz est le minéral dominant, mais il y a des exceptions. La figure 6.13 montre une classification des grès. Elle tient compte du pourcentage de matrice (phase intergranulaire) ainsi que de la proportion des fragments de quartz, de feldspaths et de roches présents. Cette proportion détermine la maturité minéralogique des grès.

Certains termes que l'on ne retrouve pas dans la classification de la figure 6.13 sont couramment utilisés dans les documents géologiques nord-américains. Ces termes sont les suivants :

Grauwacke Le grauwacke est un grès immature de couleur gris verdâtre, composé de grains de quartz

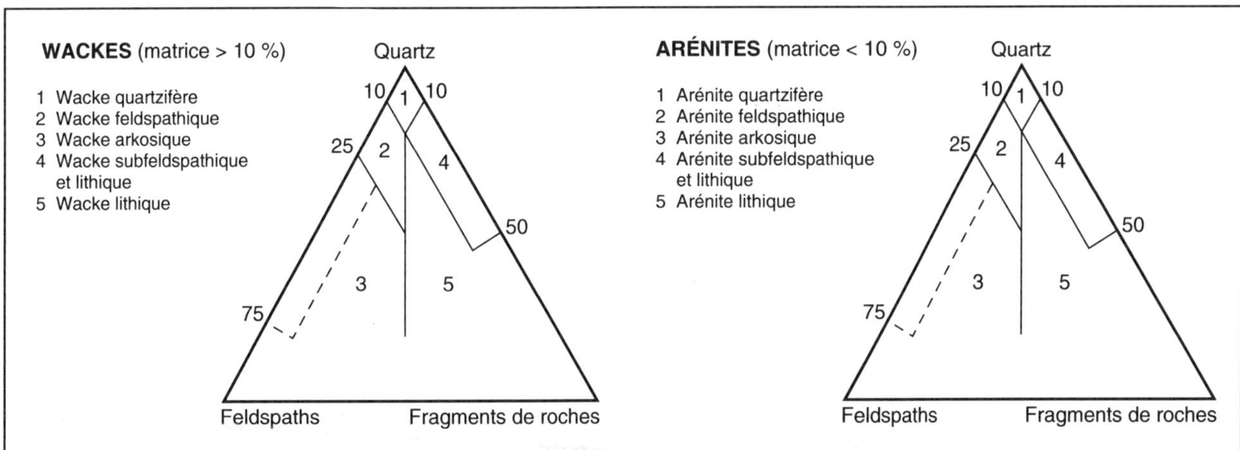

Figure 6.13 Classification des grès d'après Gilbert. Le pourcentage des fragments de quartz, de feldspaths et de roches se calcule sur une base de 100 %, après avoir exclu la matrice ou le ciment, ou les deux.

anguleux et d'une proportion à peu près égale de feldspaths et de fragments de roches. Une matrice argileuse constitue 10 à 30 % de la roche.

Arkose L'arkose est une roche dont la maturité de texture est moyenne. La matrice est inférieure à 10 % et les feldspaths constituent au moins 25 % des particules. De ce fait, l'arkose est souvent désignée par l'expression **grès feldspathique** ou **arkosique**.

Orthoquartzite L'orthoquartzite est une roche de grande maturité qui résulte d'un transport important. Elle est essentiellement composée de grains de quartz (plus de 90 %). Le grès de la Formation de Cairnside du Groupe de Potsdam (fig. 6.14), dans la région de Montréal, ainsi que celui de la Formation de Val-Brillant, en Gaspésie, sont des orthoquartzites contenant plus de 95 % de quartz. Ces roches se forment à partir de sables bien triés dérivant de roches.

SILTSTONES ET SHALES

Les siltstones et les shales sont majoritairement composés de particules dont la taille est comprise entre 62,5 µm et 3,9 µm pour les premières et inférieures à 3,9 µm pour les secondes (lutites). Ces roches détritiques, souvent appelées **pélites**, forment à elles seules plus de 50 % des roches sédimentaires. Le terme **argilite** désigne des shales peu lités. Lorsqu'il y a précipitation de calcite en même temps que sédimentation d'argiles, il se forme des **marnes argileuses** contenant entre 65 et 95 % d'argiles. Enfin, les **shales bitumineux** sont des roches contenant des hydrocarbures solides. On peut en retirer du pétrole par distillation, mais cette exploitation coûte cher.

Figure 6.14 Vue rapprochée d'un échantillon de grès du Groupe de Potsdam. D'âge cambrien, les grès de ce groupe reposent en discordance sur le socle précambrien. Ce grès, qui renferme entre 91 et 99 % de quartz, a une très grande maturité de texture.

En milieu continental, les silts et les argiles se déposent au fond des lacs et dans le lit des rivières. En milieu de transition, dans les estuaires et les lagunes, ces particules accompagnent d'autres types de dépôts. Actuellement, dans l'estuaire du Saint-Laurent, les silts et les argiles forment la majeure partie des dépôts d'eau profonde. On retrouve également ces sédiments dans les grands fonds océaniques.

6.2.2 *Les roches sédimentaires d'origine chimique et biochimique*

Les roches sédimentaires d'origine chimique et biochimique sont des dépôts consolidés formés principalement de substances précipitées par voie chimique ou par l'activité des organismes. Au fur et à mesure qu'elles précipitent, les substances peuvent être déplacées par les courants et les vagues. Dans ce contexte naissent des roches **allochimiques**. Par contre, si les substances ne montrent pas de traces de transport à l'intérieur même du milieu de sédimentation, on parle de roches **orthochimiques**.

Nous allons regrouper les roches sédimentaires chimiques et biochimiques selon leur composition : roches carbonatées, roches siliceuses, roches ferrifères, évaporites, roches phosphatées et roches carbonées.

ROCHES CARBONATÉES

On distingue deux groupes principaux de roches sédimentaires carbonatées : **les calcaires** et les **dolomies**. Les calcaires contiennent au moins 50 % de calcite, $CaCO_3$. Ils font effervescence à froid (dégagement bouillonnant de gaz carbonique) sous l'action d'un acide dilué (HCl à 10 %). Les dolomies contiennent au moins 50 % de dolomite, $CaMg(CO_3)_2$. Elles ne réagissent pas aux acides à froid. Les roches carbonatées peuvent contenir des impuretés comme des grains de sable, des silts, des argiles, etc.

Les carbonates actuels naissent dans les régions tropicales et subtropicales, sous forme de précipités à partir de l'eau de mer ou encore sous forme de sécrétions par les animaux. Les ions Ca^{2+} et CO_3^{2-} sont présents en très faibles concentrations dans l'eau de mer, soit respectivement 2 % et 0,2 % de tous les sels dissous en comparaison de 85 % pour les ions Na^+ et Cl^-. Ainsi, leur grande abondance, soit 20 % de toutes les roches sédimentaires, ne peut s'expliquer par la seule évaporation de l'eau de mer. En fait, la solubilité de la calcite, $CaCO_3$, est modifiée par la température de l'eau et la teneur en gaz carbonique, CO_2. Par exemple, plus il y a de gaz carbonique dans l'eau, plus celle-ci peut précipiter de calcite. C'est donc l'effet combiné de ces deux facteurs qui provoque la précipitation de la calcite dans les mers chaudes.

Les calcaires récents sont surtout composés d'aragonite, une forme instable de calcite. La première se cristallise dans le système orthorhombique et la seconde dans le système rhomboédrique. Dans des conditions normales, l'aragonite n'est pas un minéral stable et elle finit par se transformer en calcite. Cette transformation s'accompagne d'une augmentation de volume de la roche de 8,7 %. Par exemple, certains animaux marins invertébrés sécrètent des tests (enveloppes ou coquilles) de calcite, d'autres d'aragonite, et d'autres encore des deux composés à la fois. La minéralogie d'origine influera sur la qualité de préservation des fossiles. Ainsi, les récifs de coraux du Paléozoïque comme ceux que l'on retrouve dans la région de Saint-Adolphe-de-Dudswell, en Estrie (Québec), sont formés de calcite et bien préservés. Ils sont d'ailleurs exploités comme pierre à chaux. Par contre, les coraux du Mésozoïque, formés d'aragonite, sont preservés en partie seulement.

L'une des roches carbonatées que l'on rencontre justement dans les séries mésozoïques est la **craie**. Il s'agit d'une roche qui contient plus de 90 % de calcite, $CaCO_3$, à grain très fin, blanche, poreuse, tendre et friable. Elle se forme dans des bassins marins peu profonds, par accumulation de restes d'algues calcaires et de foraminifères planctoniques.

Avant de passer à l'étude de systèmes de classification plus poussés des roches carbonatées, voyons les différentes fractions qui peuvent s'y trouver.

- *Les particules détritiques* sont des fragments de quartz, de feldspath, etc., souvent présents en faible quantité.
- *Les particules allochimiques* sont des fragments ou objets composés de calcite ou d'aragonite. On reconnaît principalement les oolithes et les pisolithes (objets ronds), et une boue microcristalline, la micrite, dont le diamètre est inférieur à 4 µm.
- *Les particules orthochimiques* lient les éléments figurés (ceux qui ont une forme distincte). On reconnaît principalement une calcite cristalline : la sparite (diamètre compris entre 0,02 et 0,10 mm).

La classification des calcaires élaborée par Dunham et présentée à la figure 6.15 est fondée sur les différents assemblages des fractions énumérées précédemment. Il faut cependant préciser qu'une telle classification nécessite l'emploi du microscope. Une nomenclature plus pratique sur le terrain est donnée au tableau 6.3.

Les roches carbonatées, en particulier les calcaires, sont très vulnérables à la dissolution chimique.

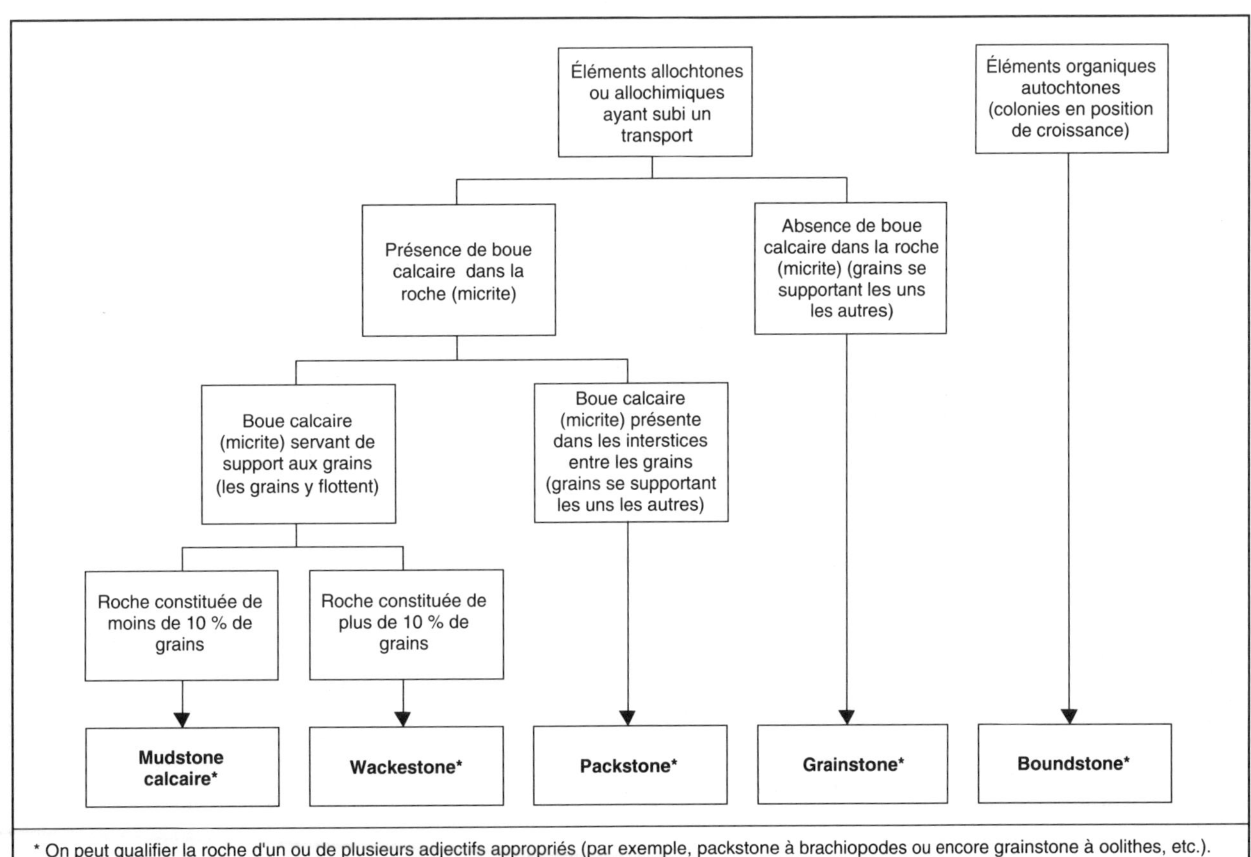

Figure 6.15 Classification des calcaires (d'après Dunham).

Certaines régions calcaires ont un relief qualifié de **karstique** (la région du Karst, en Yougoslavie, sert de modèle pour ce type particulier dc modelé). À l'île d'Anticosti et aux îles de Mingan (fig. 6.16), sur la Moyenne-Côte-Nord du Saint-Laurent, les roches carbonatées (calcaires et dolomies) abondent. Les formes karstiques sont particulièrement bien développées sur l'île d'Anticosti. La planche couleur 4 illustre le phénomène. Quant à l'encadré 6.6, il fait le point sur le modelé karstique.

ROCHES SILICEUSES

Les roches siliceuses contiennent plus de 50 % de silice. La silice des eaux naturelles provient en grande partie des continents, d'où elle est libérée par l'altération. Les apports d'origine volcanique sont faibles. Dans les eaux naturelles, la teneur en silice dissoute, H_4SiO_4, est faible : inférieure à 1 ppm pour l'eau de mer profonde, et voisine de 13 ppm pour l'eau des fleuves. La genèse de la plupart des roches siliceuses sédimentaires passe par des organismes qui fixent la silice dissoute.

Voici les principales roches siliceuses :

- Les **diatomites** sont des roches claires, légères et poreuses, formées entièrement ou presque de tests d'algues unicellulaires marines ou lacustres (boues à diatomées) dont la taille varie entre 0,02 et 0,3 mm. Les diatomites sont employées comme abrasifs ou comme absorbants.
- Les **radiolarites** sont des jaspes formés par accumulation de tests siliceux de micro-organismes (boues à radiolaires). Les radiolarites sont généralement colorées en rouge par des oxydes de fer.
- Les **lydiennes** sont des jaspes à radiolaires, colorés en gris ou en noir par des matières charbonneuses.
- Les **spongolites** sont des roches siliceuses formées de spicules d'éponges (souvent en opale) cimentées par de l'opale et de la calcédoine, avec des traces de calcaire et d'argile.

Tableau 6.3 Description de quelques calcaires et dolomies.

CALCAIRES ET DOLOMIES	DESCRIPTION
Calcaires	Formés de calcite ou aragonite, $CaCO_3$. Réagissent à l'acide chlorhydrique par une effervescence (dégagement de gaz carbonique). D'autant plus blanc que le calcaire contient moins d'impuretés. L'argile donne une couleur grise au calcaire, et le graphite le rend presque noir quand il est abondant.
Calcaires lithographiques	Formés à partir d'une boue carbonatée très fine. Très répandus. Reconnus pour leur bonne qualité comme pierre à bâtir ou d'ornementation.
Calcaires oolithiques ou pisolithiques	Formés par concrétion de fines couches de carbonate autour d'un noyau en milieu marin agité et peu profond. Noyau peut être un grain de quartz par exemple. Maintenus en suspension dans l'eau. Lorsque leur taille est suffisante, s'accumulent sur le fond pour être soudés par un ciment précipité de même composition.
Calcaires noduleux	Formés de nodules de calcaire soudés par un ciment. Peuvent se former par floculation de calcaire autour de coquilles d'ammonites qui sont roulées sur les fonds.
Travertins	Se forment aux émergences de certaines sources et quelquefois dans des cours d'eau peu profonds à petites cascades. Formés d'aragonite qui se recristallise ensuite en calcite.
Calcaires construits	Formés d'organismes en position de vie. On distingue principalement les *calcaires coraliens* et les *calcaires d'algues*.
Craies	Formées essentiellement d'une accumulation de *coccolithes* à squelettes calcaires unicellulaires marins de très petite taille (0,01 mm). Roche très fine, blanche, poreuse, tendre et friable.
Calcaires à foraminifères	Formés de tests de foraminifères.
Lumachelles	Formées de coquilles entières ou brisées de bivalves.
Calcaires à entroques	Formés de tests d'échinodermes et de tiges de crinoïdes.
Dolomies	Formées de dolomite, $CaMg(CO_3)_2$. Se forment principalement par remplacement de la calcite et réagissent très faiblement à l'acide chlorhydrique.

Remarque

Les roches carbonatées peuvent aussi contenir une proportion plus ou moins importante d'éléments détritiques. Il peut ainsi se former des *calcaires gréseux, argileux, marneux*, etc.

Enfin, certaines roches siliceuses connaissent des processus diagénétiques complexes. Ce sont les **cherts**. Parmi ces roches, on compte les **silex** retrouvés fréquemment dans les calcaires où ils sont le plus souvent en rognons disséminés ou groupés en niveaux parallèles à la stratification, comme c'est le cas dans la craie. Les silex se forment dans les lits poreux, à partir de l'eau interstitielle chargée en silice qui précipite autour de germes de croissance.

ROCHES FERRIFÈRES

Les roches ferrifères sont formées par précipitation d'hydroxydes de fer à partir de solutions ferrugineuses. Des dépôts de sable près de Trois-Rivières contiennent de la limonite et ont été exploités aux Vieilles Forges du Saint-Maurice. Les minerais de fer exploités sur la Côte-Nord ont aussi une origine sédimentaire.

ÉVAPORITES

Les évaporites, comme leur nom l'indique, naissent par évaporation intense de l'eau de mer. Actuellement, ces roches se forment en bordure du golfe Persique et de la mer Rouge. À partir d'une solution donnée, les minéraux se cristallisent selon l'ordre suivant : le gypse, $CaSO_4 \bullet 2H_2O$, l'anhydrite, $CaSO_4$, la halite, NaCl, la carnallite, $KMgCl_3 \bullet 6H_2O$, et la sylvite, KCl. Les évaporites ont tendance à former des dômes à cause de leur faible densité. Elles jouent un rôle économique important puisqu'elles fournissent le sel gemme, le gypse et la potasse.

Le Canada se classe parmi les premiers producteurs mondiaux de potasse, et les installations de production se trouvent toutes en Saskatchewan. L'appellation « potasse » dérive de l'ancienne méthode de production de carbonate de potassium par lixiviation des cendres de bois et par évaporation des solutions dont les résidus étaient recueillis dans de grands chaudrons en fonte. Le dépôt blanchâtre au fond des chaudrons était appelé *pot ash* par les anglophones.

Figure 6.16 Les roches sédimentaires carbonatées. Falaise dans la Formation de Romaine (dolomie), pointe nord-est de l'île Sainte-Geneviève, archipel de Mingan (Québec).

ENCADRÉ 6.6

LE MODELÉ KARSTIQUE

Les eaux chargées de gaz carbonique sont capables d'attaquer et de dissoudre la calcite des calcaires. On appelle modelé karstique le relief des pays calcaires qui est dû principalement à la dissolution des roches. On distingue les formes karstiques de surface et les formes karstiques souterraines.

LES FORMES KARSTIQUES DE SURFACE

Les formes karstiques de surface sont dues à l'action des eaux de ruissellement.

- Un *lapiez* est une surface de cannelures ou de rigoles, larges de 1 cm à 1 m, séparées par des lames tranchantes.
- Une *doline* est une dépression circulaire dont le fond plat est occupé par un résidu argileux rouge.
- Un *aven* est un gouffre qui s'ouvre sur les profondeurs.

LES FORMES KARSTIQUES SOUTERRAINES

Les formes karstiques souterraines sont dues principalement à l'action des eaux souterraines. Elles forment des galeries qui parfois s'élargissent en salles à cause des éboulements de la voûte. On y rencontre souvent des concrétions de calcite (stalagmites, stalactites, colonnades, draperies) qui couvrent les plafonds et les planchers.

Au Québec, les roches calcaires sont relativement peu nombreuses. Cependant, certaines régions présentent un intérêt évident pour les spéléologues[1]. Il s'agit des vallées de la Gatineau, de la Lièvre et du Saint-Laurent, de la dépression du lac Saint-Jean, ainsi que des régions de l'île d'Anticosti et de la péninsule gaspésienne. Les cavernes connues se caractérisent généralement par la présence de couloirs de dimensions réduites, par l'abondance des cours d'eau souterrains et par une faible concrétion.

Les formes karstiques ne se développent pas uniquement dans les roches carbonatées. Les roches formées de gypse, $CaSO_4 \bullet 2H_2O$, sont aussi très vulnérables à la dissolution. Aux Îles-de-la-Madeleine, de nombreuses formes de dissolution, dont des dolines aménagées dans le gypse, sont présentes dans le paysage.

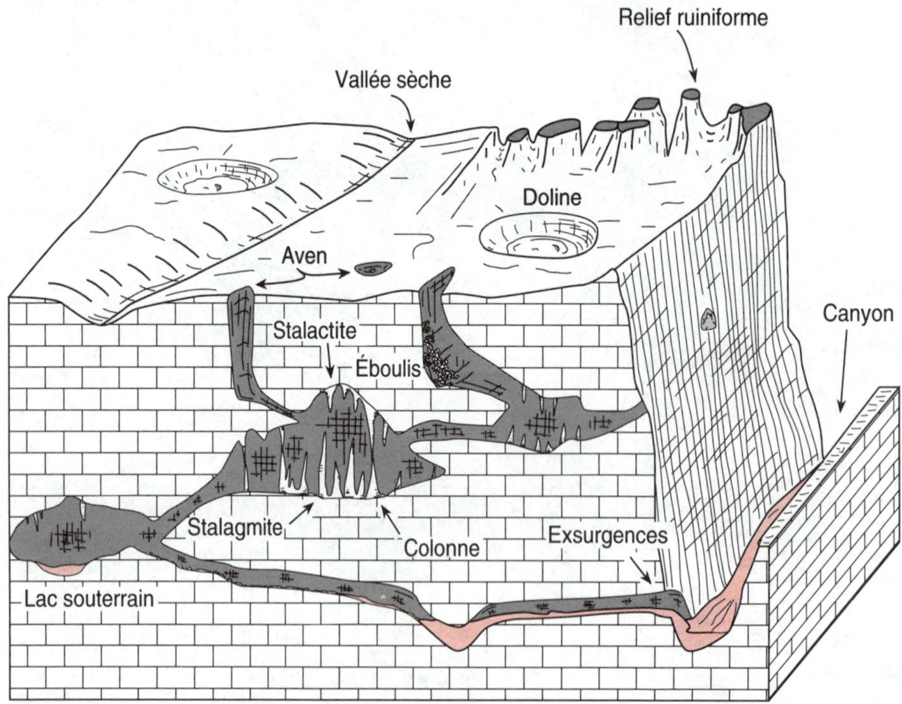

1. Pour plus de renseignements sur les cavernes au Québec, on consultera la Société québécoise de spéléologie. Cette société a pour but de grouper et de représenter les amateurs et les professionnels de la spéléologie, en plus de s'occuper des divers aspects de cette activité.

Exemple de dissolution chimique dans un bloc de calcaire. Carrière de Graybec inc., Division Domlim, à Saint-Adolphe-de-Dudswell (Québec).

Dolines sur l'île du Havre-Aubert, Îles-de-la-Madeleine (Québec). (Photographie Jean-Marie M. Dubois, Université de Sherbrooke.)

Dolines sur l'île de Cap-aux-Meules, Îles-de-la-Madeleine (Québec). (Photographie : Jean-Marie M. Dubois, Université de Sherbrooke.)

L'essentiel de la production mondiale de potasse (plus de 20 millions de tonnes) entre dans la fabrication d'engrais. C'est le protoxyde de potassium, K_2O, qui sert à exprimer la teneur[5] en potasse du minerai et la valeur de la production. La potasse est un élément indispensable au développement des feuilles des plantes. Certaines espèces cultivées, comme la luzerne, la pomme de terre, la canne à sucre et la betterave, sont très exigeantes en potasse.

ROCHES PHOSPHATÉES

Les roches phosphatées (ou phosphorites) contiennent des minéraux phosphatés sous forme amorphe ou cryptocristalline. Les phosphorites sédimentaires (marines) dérivent de l'apatite, $Ca_5(PO_4)_3(OH,F,Cl)$, des roches ignées. Les roches phosphatées se forment sur le plateau continental. On sait que le phosphore, P, est un élément essentiel à la vie animale et végétale. Les roches phosphatées servent à la fabrication d'engrais. La teneur en phosphore est généralement exprimée en phosphate, P_2O_5.

ROCHES CARBONÉES

Les roches carbonées sont essentiellement constituées de composés du carbone organique. On distingue principalement les charbons (houilles, lignites, tourbes) et les huiles minérales (asphalte, bitumes, pétroles). Voyons les charbons et les pétroles.

5. Les trois éléments chimiques en insuffisance dans bon nombre de sols sont l'azote, le phosphore et la potasse. Les engrais composés ont des teneurs variables en ces trois éléments, indiquées sur les emballages par trois chiffres, par exemple 5-10-5. Dans l'ordre, ces chiffres indiquent le pourcentage d'azote, N, de phosphate, P_20_5, et de potasse, K_2O. On parle ainsi d'engrais ternaires.

Charbons Le charbon est une roche sédimentaire stratifiée, servant de combustible, et essentiellement composée de débris de végétaux. Ces débris ont subi une évolution complexe avec enrichissement en carbone, déshydratation et appauvrissement en matières volatiles. Les charbons se forment en eau peu profonde, dans des milieux semblables aux marécages actuels de la Floride. Les principales catégories de charbon sont la tourbe, le lignite, le charbon proprement dit (houille) et l'anthracite.

La **tourbe**, formée surtout à partir de sphaignes, est légère, brune et contient 55 % de carbone. Une tourbière[6] se développe généralement à partir d'une dépression, sur un terrain relativement plat, dont le substratum est suffisamment imperméable pour maintenir la présence d'un plan d'eau. Des conditions climatiques caractérisées par un taux de précipitations élevé et un climat froid (hautes latitudes et régions montagneuses) permettent la production de la matière organique nécessaire à la formation de la tourbe. La tourbe est employée comme amendement organique dans les serres et les jardins. De nos jours, l'exploitation des tourbières est très mécanisée. La tourbe, préalablement hersée, est récupérée dans des boîtes à l'aide d'aspirateurs géants remorqués par des tracteurs. Elle est ensuite mise en sacs à l'usine avec une teneur en humidité comprise entre 35 et 45 %.

Le **lignite** contient entre 70 et 75 % de carbone. Il est formé de débris ligneux de couleur mate brun-noir. Le **charbon** proprement dit contient 85 % de carbone. Il est d'un noir mat ou brillant. L'**anthracite** est la roche la plus riche en carbone avec une teneur comprise entre 92 et 95 %. Elle ne tache pas les doigts. Le **graphite** est le terme ultime de l'évolution des charbons et il est dû au métamorphisme.

Pétroles Les pétroles sont des mélanges complexes de différents hydrocarbures (chaînes de carbone et d'hydrogène), probablement formés par la décomposition d'animaux microscopiques déposés avec du sable et de la boue dans les eaux marines. Dans 95 % des cas, on les retrouve dans les roches sédimentaires marines. On distingue l'asphalte du pétrole proprement dit. L'asphalte est un pétrole noir et très visqueux, connu également sous le nom de bitume.

Les gaz naturels se trouvent dans les mêmes gisements que les pétroles, mais ils peuvent aussi exister seuls. Le terme gaz naturel regroupe les carbures d'hydrogène, dont le méthane, l'éthane, le propane et le butane. Au début du siècle, on avait trouvé du gaz naturel dans la région de Yamachiche et de Louiseville. Des découvertes furent aussi faites dans les régions de Sainte-Geneviève, Verchères, Saint-Hyacinthe, Lanoraie, Saint-Grégoire et Portneuf. Une société du gouvernement du Québec, la SOQUIP (Société québécoise d'initiatives pétrolières), exploite deux puits de gaz naturel à Saint-Flavien (Saint-Flavien # 1 et # 3), une localité située à 45 km au sud-ouest de la ville de Québec[7]. Ces puits, exploités depuis le début des années 80, produisent annuellement environ 14 millions de mètres cubes de gaz et alimentent le marché industriel local (jusqu'en Beauce). Les réserves de gaz en place sont de l'ordre de 200 millions de mètres cubes. Le gaz est emmagasiné à plus de 1600 m de profondeur dans la dolomie de Beekmantown. Il est logé dans un réseau de fissures d'origine karstique.

6.3 STRUCTURES PRIMAIRES DES ROCHES SÉDIMENTAIRES

On appelle structures primaires des roches sédimentaires certaines figures contemporaines de la formation du sédiment. Il peut s'agir de structures conservées à l'intérieur du sédiment, tel le granoclassement (revoir l'encadré 6.5), ou encore de structures développées à la surface des lits. Elles sont donc dépendantes des conditions de sédimentation et principalement de la vitesse des courants et du taux de sédimentation. Plusieurs structures primaires indiquent la direction ou le sens des courants. De plus, certaines figures peuvent servir à déterminer la polarité des couches, soit leur position originelle par rapport à l'ordre de la sédimentation.

6.3.1 *La stratification entrecroisée*

La stratification entrecroisée est la sédimentation de minces lits élémentaires disposés obliquement par rapport aux limites de la couche ou de la formation sédimentaire détritique. Très souvent, l'obliquité est minimale ou même nulle à la base de la couche et augmente en s'élevant. Elle peut être formée par l'eau ou par le vent. La figure 6.17 illustre la stratification entrecroisée.

---

6. Pour en savoir plus sur les tourbières, on peut se procurer deux affiches (GT 89-01 et GT 89-02) distribuées gratuitement par le ministère de l'Énergie et des Ressources, Centre de diffusion des données scientifiques, 5700, 4e avenue Ouest, local A-201, Charlesbourg (Québec) G1H 6R1.

7. Information fournie par Pierre Houle de la SOQUIP.

6.3.2 Les rides

Les rides sont des oscillations qui se trouvent surtout au sommet des lits de grès. Elles peuvent être symétriques ou asymétriques et mesurer, en hauteur, de 1 à 5 cm ou davantage. Leur formation résulte du mouvement des vagues et de l'action des courants sur le fond, ou du vent. La figure 6.18 montre les deux principaux types de rides et un exemple de rides asymétriques dans le grès de Potsdam.

6.3.3 Les fentes de dessiccation

Les fentes de dessiccation sont des fissures ouvertes dans un sol argileux qui se dessèche. Ces fentes dessinent souvent un réseau polygonal qui peut être moulé et fossilisé par le dépôt d'un nouveau sédiment. La figure 6.19 illustre ces structures primaires.

Pour terminer ce chapitre, l'encadré 6.7 fait le point sur les discordances.

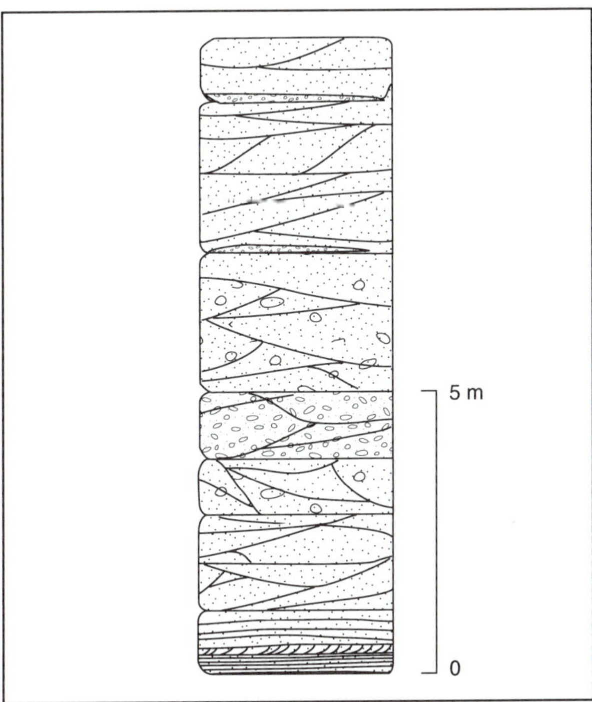

Figure 6.17 Stratification entrecroisée dans des bancs gréseux et conglomératiques.

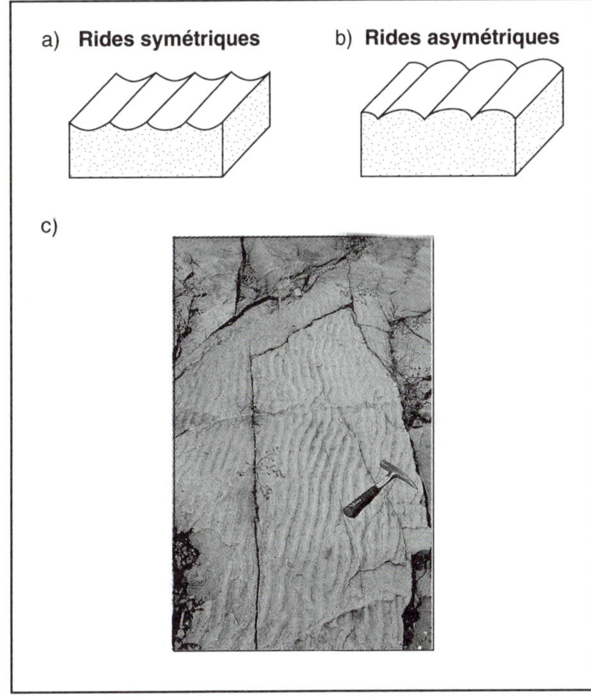

Figure 6.18 Rides. En a), rides symétriques; en b), rides asymétriques; en c), rides asymétriques dans le grès de Potsdam, sur l'île Perrot, région de Montréal (Québec).

a)

b)

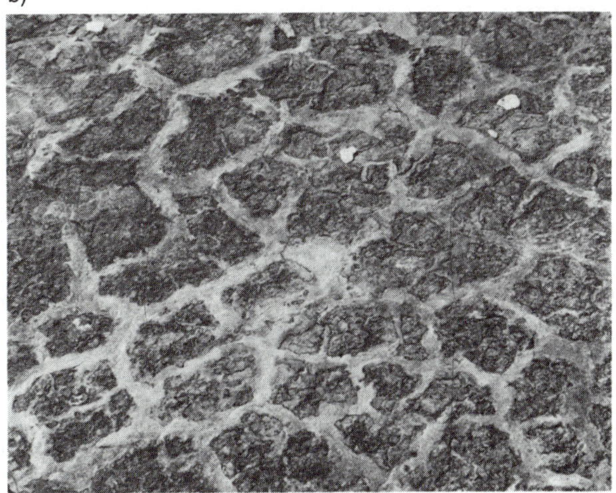

Figure 6.19 Fentes de dessiccation. En a), fentes de dessiccation récentes dans un sédiment argileux; en b), fentes de dessiccation fossiles. Les fentes formées dans l'argile ont été remplies ultérieurement par du sable devenu du grès (affleurement près des écluses de Beauharnois (Québec)).

ENCADRÉ 6.7

LES DISCORDANCES

On appelle discordance l'anomalie structurale qui met en contact une séquence sédimentaire non déformée sur une séquence plissée ou basculée. Les discordances marquent donc des événements géologiques importants, comme les régressions et les transgressions marines. On reconnaît deux principaux types de discordances.

DISCORDANCE MAJEURE

Ce terme est réservé pour décrire la discordance existant entre les dépôts stratifiés et un ensemble non stratifié. C'est ce type de discordance qui existe entre certaines roches des basses-terres du Saint-Laurent et les roches de la Province de Grenville.

Discordance majeure le long de la rivière Montmorency, dans le village de Courville, au nord-est de la ville de Québec.

DISCORDANCE ANGULAIRE

C'est une discordance entre deux séries sédimentaires dont les pendages au même point sont différents de part et d'autre de la surface de discordance. Elle résulte d'une déformation tectonique suivie d'une érosion de la formation la plus ancienne, recouverte ensuite par un dépôt plus récent.

Discordance angulaire (visible seulement à marée basse) entre le calcaire de Saint-Alban, du Dévonien, et les ardoises de Cap-des-Rosiers, de l'Ordovicien. (Photographie : L. M. Cumming, Commission géologique du Canada.)

CONCLUSION

Les roches sédimentaires appartiennent au domaine des basses pressions et des faibles températures. Elles se forment par la compaction et la déshydratation de dépôts de sédiments qui comprennent un cortège détritique et un cortège chimique. La classification des roches sédimentaires se fonde sur cette distinction.

VOCABULAIRE

Acidolyse
Altération
Altérites
Arénites
Argiles

Chaux
Cimentation
Compaction
Cuirasse latéritique

Désagrégation physique
Détritique
Diagenèse

Hydrolysat
Hydrolyse

Kaolinite

Karst

Lutites

Maturité de texture
Maturité minéralogique
Minéraux néoformés
Minéraux primaires
Minéraux secondaires

Oxyanions

Roches chimiques
Roches détritiques
Rudites

Surface spécifique

QUESTIONS

1. La météorisation est la première étape de la formation des sédiments. Expliquez comment elle agit.
2. On peut faire un parallèle entre l'ordre de cristallisation des principaux silicates (suites réactionnelles de Bowen étudiées au chapitre 5), le mode d'arrangement des tétraèdres de base et la vulnérabilité de ces minéraux à l'altération. Expliquez.
3. Une des roches ignées les plus communes sur les continents est le granite. En vous aidant de la figure 6.7, faites un schéma montrant de quelle manière les principaux minéraux du granite (quartz, feldspath potassique et ferromagnésiens) vont réagir à l'altération.
4. Présentez un tableau de classification des principales roches sédimentaires.
5. Les roches sédimentaires sont les plus susceptibles de renfermer des restes d'organismes du monde vivant que l'on appelle des fossiles. Faites une recherche personnelle sur les processus qui permettent une bonne conservation des fossiles.
6. Faites une recherche personnelle pour trouver les principaux usages industriels des roches sédimentaires suivantes : gypse, charbon, sel gemme (ou halite).

RÉFÉRENCES BIBLIOGRAPHIQUES

OUVRAGES RECOMMANDÉS

1. **Chamley, H.**
   1987 : *Sédimentologie.* Paris, Dunod, coll. Géosciences, 175 p.
   Bon volume de base, très didactique.

2. **Blatt, H.**
   1982 : *Sedimentary Petrology.* San Francisco, W. H. Freeman, 564 p.
   Couvre l'ensemble du sujet. Bonnes photographies.

3. **Boivin, D. J. et Di Vergilio, M.**
   1986 : *Minéraux, fossiles et roches.* Montréal, Guide du collectionneur, Conseil de développement du loisir scientifique, 144 p.
   Brochure destinée aux collectionneurs de minéraux, fossiles et roches. On peut se procurer cette brochure à l'adresse suivante : Conseil de développement du loisir scientifique, 4545, av. Pierre-de-Coubertin, C. P. 1000, Succ. M, Montréal (Québec) H1V 3R2.

4. **McIlreath, I. A. et Morrow, D. W. (sous la direction de)**
   1990 : *Diagenesis.* Geoscience Canada, Reprint Series 4, 324 p.
   Ouvrage de synthèse sur les processus diagénétiques. Niveau avancé.

AUTRES SOURCES D'INFORMATION CONSULTÉES

1976 : *Le gypse.* Ottawa, Énergie, Mines et Ressources Canada, Bulletin minéral MR 151F, Série de la politique minérale, 19 p.

1976 : *La potasse.* Ottawa, Énergie, Mines et Ressources Canada, Bulletin minéral MR 156F, Série de la politique minérale, 36 p.

1976 : *Le phosphate.* Ottawa, Énergie, Mines et Ressources Canada, Bulletin minéral MR 160F, Série de la politique minérale, 19 p.

1989 : *Le charbon au Canada.* Ottawa, Approvisionnements et Services Canada, nº de cat. M22-96/1989Frev, 6 p.

Bourguignon, P.
s. d. : *Les silicates argileux.* Liège, Presses universitaires, 78 p. (Notes de cours.)

Erhart, H.
1976 : *La genèse des sols en tant que phénomène géologique.* 2e éd. revue, corrigée, augmentée, Paris, Masson, coll. Évolution des Sciences, nº 8, 178 p.

Mason, B.
1966 : *Principles of Geochemistry.* 3e éd., Toronto, John Wiley & Sons, 329 p.

Meyer, R.
1987 : *Paléoaltérites et paléosols. L'empreinte du continent dans les séries sédimentaires.* Orléans, BRGM, Manuels et méthodes no 13, 164 p.

Michaud, Y., Dionne, J.-C. et Dyke, L. D.
1989 : « Frost Bursting : A Violent Expression of Frost Action in Rock » dans *Journal canadien des sciences de la terre,* vol. 26, p. 2075-2080.

Millot, G.
1964 : *Géologie des argiles.* Paris, Masson, 500 p.

Reading, H. G. (sous la direction de)
1986 : *Sedimentary Environments and Facies.* Cambridge, Blackwell Scientific, 680 p.

Reineck, H.-E. et Singh, I. B.
1980 : *Depositional Sedimentary Environments.* New York, Springer-Verlag, 552 p.

Walker, R. G. (sous la direction de)
1984 : *Facies Models.* Toronto, Geoscience Canada, Reprint Series 1, 317 p.

CHAPITRE 7

MÉTAMORPHISME ET ROCHES MÉTAMORPHIQUES

Dans la lithosphère, deux grands types de phénomènes vont prendre naissance. D'une part, les matériaux de surface subissent, dans certaines conditions et à certaines époques, des transformations minéralogiques considérables. Ces transformations, en phase solide, se produisent sous l'effet d'une augmentation de température et de pression. Elles sont appelées transformations métamorphiques.

C.-J. ALLÈGRE et G. MICHARD, *Introduction à la géochimie.*

OBJECTIFS PÉDAGOGIQUES

Au terme de ce chapitre vous devriez pouvoir :

- définir ce qu'est le métamorphisme;
- expliquer les facteurs responsables du métamorphisme;
- expliquer les notions de grade et de faciès métamorphiques;
- identifier les principales textures macroscopiques des roches métamorphiques;
- identifier une dizaine de roches métamorphiques.

Le métamorphisme concerne l'ensemble des transformations qu'un corps rocheux a subies en réponse aux changements des conditions physiques et chimiques du milieu. C'est un processus endogène qui met en œuvre des pressions et des températures élevées. De ce fait, les roches métamorphiques présentent des assemblages minéralogiques contrôlés par les conditions de température et de pression imposées, et elles montrent des textures qui leur sont propres. Les réactions chimiques qui accompagnent le métamorphisme sont de type solide-solide.

7.1 LE MÉTAMORPHISME

Le **métamorphisme** concerne l'ensemble des transformations texturales et minéralogiques que subit un corps rocheux placé dans un contexte physico-chimique différent de celui qui a présidé à sa formation.

Le diagramme *p/t* de la figure 7.1 délimite le domaine des roches métamorphiques. Ce domaine se place entre le domaine de la diagenèse (formation des roches sédimentaires) et celui du magmatisme (formation des roches ignées).

Le domaine des roches métamorphiques se subdivise en trois sous-domaines (fig. 7.2) :

- Le métamorphisme thermique ou thermométamorphisme est le sous-domaine contrôlé par la température. L'usage a consacré l'expression **métamorphisme de contact** pour des transformations en bordure des intrusions.
- Le **métamorphisme général** est le sous-domaine où la pression et la température varient simultanément. Ce sous-domaine est de loin le plus commun et concerne des transformations qui ont lieu en profondeur. L'encadré 7.1 précise les notions de

métamorphisme général ou régional, et de métamorphisme de contact.

- Le métamorphisme de pression ou dynamométamorphisme est le sous-domaine contrôlé par la pression. Ce type de métamorphisme est connu dans les zones d'impacts de météorites et aux abords des grandes failles actives de l'écorce terrestre où des cassures brutales produisent des pseudotachylites (veines de verre noir). L'encadré 7.2 fait le point sur le métamorphisme d'impact (ou de choc).

Pour l'essentiel, les roches métamorphiques qui se retrouvent dans les trois sous-domaines ne subissent pas de fusion partielle. On parle dans ce cas d'**ectinites**. Quant aux matériaux placés dans les conditions de pression et de température définies par la courbe de fusion du granite à $p_t = p_{H_2O}$, ils donnent des **migmatites** (voir la section 7.4).

Le corps rocheux qui subit les transformations est soit sédimentaire, soit igné, soit métamorphique.

> Le terme **protolite** sert à désigner la roche initiale ou roche mère qui, par une série de transformations géothermobarométriques, donne une roche métamorphique.

On sait déjà que l'étude des roches passe par celle de leurs minéraux. Pour bien comprendre le métamorphisme, on doit ajouter à cela l'étude des différentes associations des minéraux, à savoir la notion de paragenèse.

> Une association de minéraux syngénétiques et jointifs forme une **paragenèse**, ou paragenèse minéralogique.

Prenons le cas d'un granite, roche ignée plutonique. Cette roche se forme à partir d'un magma dans lequel les minéraux se développent suivant un ordre d'apparition qui peut correspondre à celui d'une cristallisation fractionnée.

Dans les roches ignées, on ne retrouve habituellement que les paragenèses héritées de la cristallisation.

Dans les roches métamorphiques, le corps rocheux peut contenir plusieurs paragenèses : paragenèses héritées du protolite, paragenèses spécifiques du degré du métamorphisme et paragenèse d'altération.

La figure 7.3 présente une série d'associations (paragenèses) de quatre minéraux (A, B, C et D) observées au microscope. Il y a deux paragenèses minéralogiques dans cette roche, chacune formée

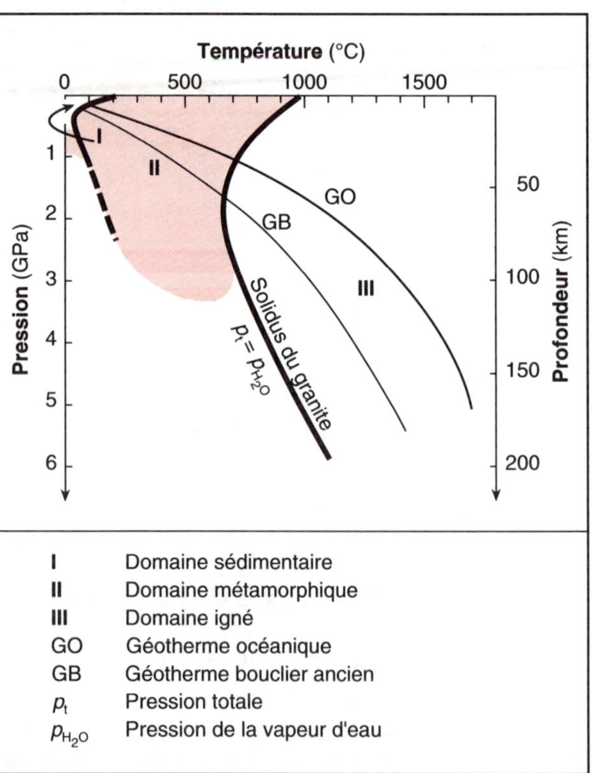

Figure 7.1 Diagramme *p/t* indiquant la position du domaine du métamorphisme.

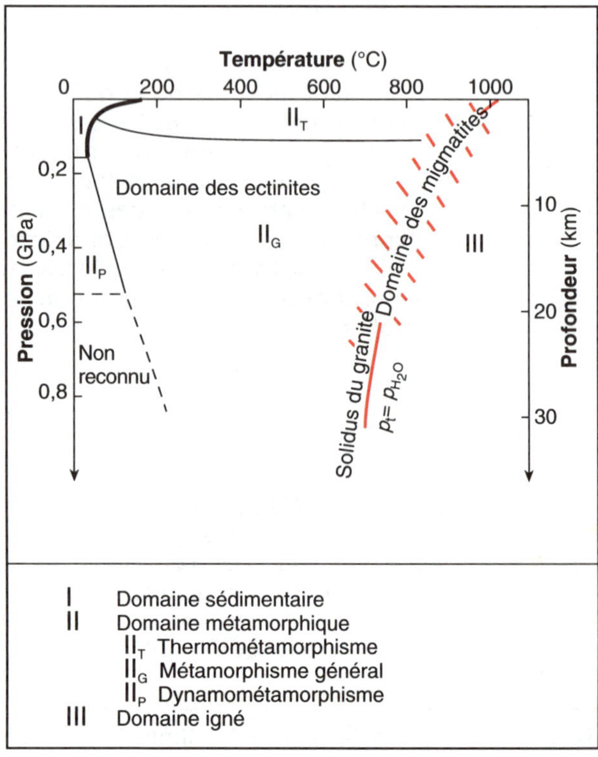

Figure 7.2 Diagramme *p/t* indiquant la position des différents sous-domaines du métamorphisme. Le domaine des ectinites est celui des transformations solide-solide; le domaine des migmatites est celui de l'apparition du mobilisat.

ENCADRÉ 7.1

MÉTAMORPHISME RÉGIONAL ET MÉTAMORPHISME DE CONTACT

MÉTAMORPHISME RÉGIONAL

Le métamorphisme régional affecte l'ensemble des roches sur des épaisseurs considérables et des superficies pouvant atteindre plusieurs milliers de kilomètres carrés. La grande majorité des phénomènes métamorphiques appartiennent à ce contexte. On en reconnaît deux types particuliers : le métamorphisme d'**enfouissement** et le métamorphisme **thermodynamique**.

Le **métamorphisme d'enfouissement** se passe à la base des séries sédimentaires de plusieurs kilomètres d'épaisseur qui n'ont subi aucun plissement. Étant donné qu'il y a apparemment peu de déformations, les roches conservent les structures acquises au cours de leur genèse. La température peut atteindre des maximums variant entre 400°C et 450°C.

Le **métamorphisme thermodynamique** se passe dans les grandes chaînes plissées aux limites des plaques lithosphériques. Il est relié à la déformation des roches. Lors de ce métamorphisme, les températures peuvent atteindre de 700°C à 800°C. Les structures des corps rocheux sont intensément modifiées. À grande profondeur, ces roches peuvent aussi subir une fusion partielle. Ce dernier processus, à la frontière du métamorphisme et du magmatisme, s'appelle l'**anatexie**. Dans les conditions d'anatexie, il se forme des roches de composition granitique (granites d'anatexie) lorsque des matériaux de la croûte continentale sont en cause.

MÉTAMORPHISME DE CONTACT

Le métamorphisme de contact survient lors de la mise en place de matériel intrusif chaud. Il s'agit d'un métamorphisme **thermique** opérant dans l'environnement immédiat des massifs intrusifs. Autour de ces massifs, on observe une auréole de métamorphisme dont la largeur peut varier de quelques mètres à plusieurs centaines de mètres, selon l'importance de la masse intrusive. Les roches ayant subi un métamorphisme essentiellement thermique sont des **cornéennes**. Leur composition minéralogique est fonction de la nature du protolite, de la température maximale atteinte et de la durée du processus.

L'auréole métamorphique peut se diviser en une série d'enveloppes. À la limite de l'intrusion, on retrouve les faciès typiques des paragenèses de hautes températures. En s'éloignant de l'intrusion, on rencontre les paragenèses symptomatiques de températures de plus en plus basses.

Le cœur igné des Montérégiennes, au Québec, est entouré par des cortèges de roches formées dans un contexte de métamorphisme de contact. La figure ci-dessous montre l'auréole de métamorphisme entourant le mont Rougemont. Les cornéennes se sont développées à partir de shales et de grès finement lités appartenant au Groupe de Lorraine.

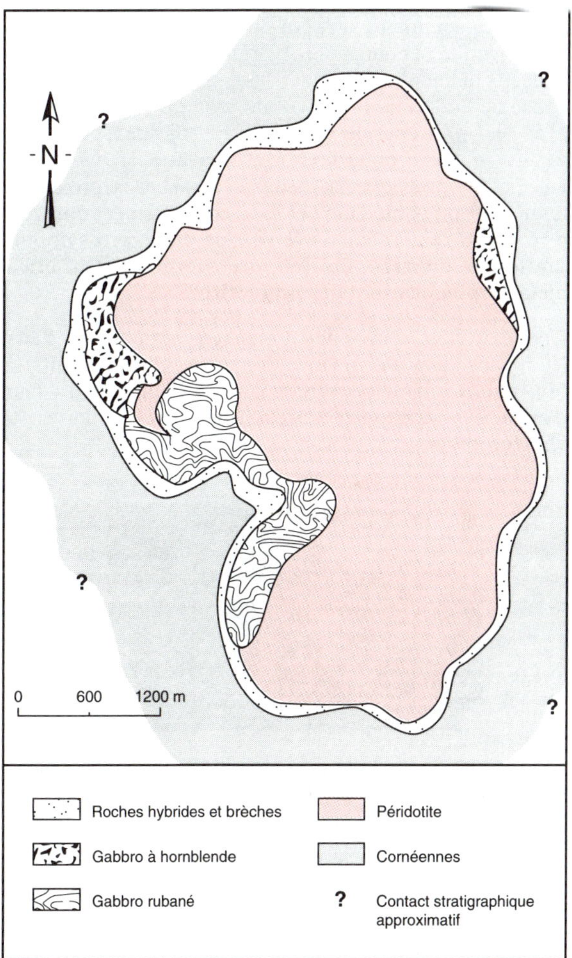

Géologie simplifiée du mont Rougemont, l'une des Montérégiennes. Ce massif, principalement composé de roches ultramafiques, est entouré d'une auréole de métamorphisme de contact formée de cornéennes (Philpotts, 1972, p. 11).

ENCADRÉ 7.2

MÉTAMORPHISME D'IMPACT

Le métamorphisme d'impact est exceptionnel; il est le plus souvent causé par la chute de météorites sur la Terre. Seules les grosses météorites traversent l'atmosphère pour créer des cratères. On connaît à l'heure actuelle près de 120 cratères d'origine météoritique. Le diamètre de ces cratères est compris entre 100 m et 150 km. La plupart se retrouvent dans les boucliers de l'Amérique du Nord, de l'Europe et de l'Australie. Un rapport de Parcs Canada décrit 34 structures d'impact météoritique pour le pays[1]. Au Québec, les cratères les plus connus sont ceux du Nouveau-Québec, de Manicouagan et de Charlevoix.

Que se passe-t-il quand une météorite frappe la Terre ? De façon très sommaire, on peut dire que l'énergie cinétique du projectile est changée en énergie mécanique et thermique. Au moment de l'impact, la météorite se vaporise à cause de la décélération brutale produite par le contact avec le sol. L'énergie cinétique se dissipe sous trois formes : chaleur, onde de choc et excavation d'un cratère. La chaleur provoque la fusion des roches à proximité immédiate du point d'impact. Les roches formées dans un tel contexte renferment du verre et des minéraux symptomatiques de très hautes pressions. Ces roches métamorphiques sont des **impactites**.

L'onde de choc génère des dommages permanents dans les roches de la région cible, dommages d'aspect unique qui permettent de reconnaître sans ambiguïté un lieu d'impact. Il s'agit, entre autres, de fractures coniques ou **shattercones**.

Shattercones conservés dans les roches de la région des Éboulements, dans Charlevoix (Québec).

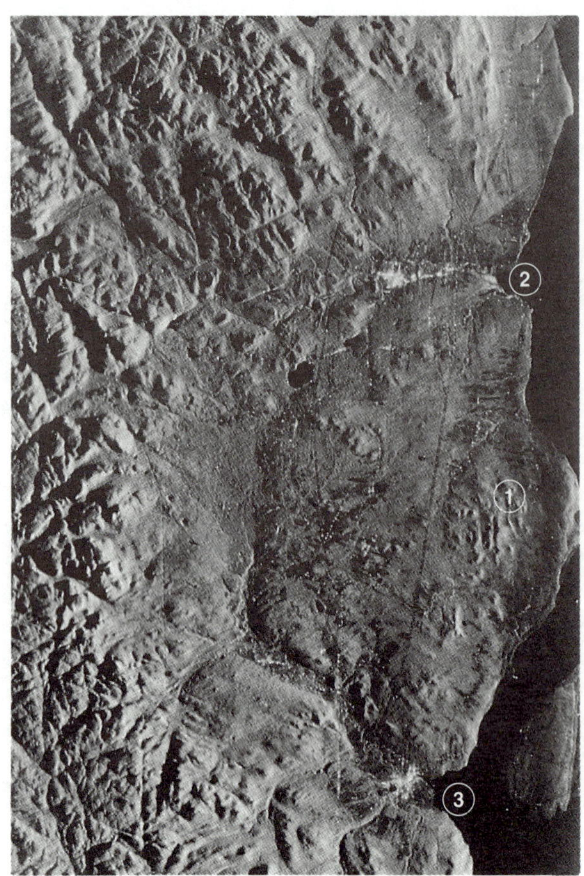

La région de Charlevoix (Québec) a été frappée par une météorite de 2 km de diamètre au Dévonien (350 Ma). L'impact a laissé une cicatrice clairement visible sur cette image radar. Le mont des Éboulements (1) est au centre d'une structure circulaire délimitée par une vallée périphérique occupée par la rivière Malbaie au nord, qui se jette dans le fleuve à La Malbaie (2), et par la rivière du Gouffre au sud, qui débouche à Baie-Saint-Paul (3). (Image prise par le Centre canadien de télédétection et gracieusement fournie par Maurice Lamontagne, CGC.)

1. Voir B. Y. Ogilvie, P. B. Robertson et R. A. F. Grieve, *Les astroblèmes du Canada*, Ottawa, 1982, Parcs Canada, 157 p. Soulignons que la Commission géologique du Canada a publié une carte qui montre 116 lieux d'impacts météoritiques sur la Terre. Il s'agit de la carte 1658A *Terrestrial Impact Structures*. Pour une étude complète du sujet, on consultera H. J. Melosh, *Impact Cratering. A Geologic Process*, Oxford, 1989, Oxford Monographs on Geology and Geophysics, nº 11, 245 p. Enfin, l'une des structures d'impact les plus célèbres du Québec a fait l'objet d'une publication synthèse : M. A. Bouchard *et al.*, *L'histoire naturelle du cratère du Nouveau-Québec*, vol. 7, Montréal, 1989, coll. Environnement et Géologie, Université de Montréal, 420 p.

Le cratère du Nouveau-Québec. Ce cratère est situé dans l'Ungava (ou Nunavik) par 61°18'N, 73°40'W. Il a un peu plus de 3 km de diamètre et plus de 400 m de profondeur. Le lac du cratère a 2,8 km de diamètre et 267 m de profondeur. Des datations au potassium-argon ont donné un âge maximal de 1,3 Ma. (Photographie : Marcel Ouellet, INRS-Eau.)

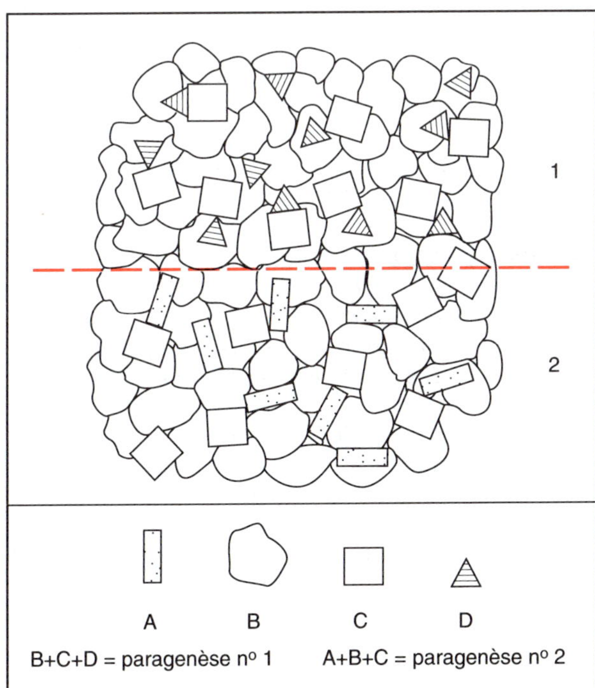

Figure 7.3 La notion de paragenèse minéralogique. Le minéral D ne jouxte jamais le minéral A. On en déduit que la roche comporte deux paragenèses minéralogiques : l'une est formée des minéraux B, C et D; l'autre est formée des minéraux A, B et C. Roche observée en lame mince au microscope (d'après Winkler, 1979, p. 29).

de trois minéraux en contact les uns avec les autres : les minéraux B, C et D forment une première paragenèse, les minéraux A, B et C en forment une seconde.

7.1.1 *Métamorphisme prograde et métamorphisme rétrograde*

De façon générale, on distingue le métamorphisme **prograde** et le métamorphisme **rétrograde**.

MÉTAMORPHISME PROGRADE

Lors du métamorphisme prograde, les transformations répondent à une augmentation de la pression et de la température du système. Les nouvelles paragenèses se forment en réponse à ces nouvelles conditions thermobarométriques.

MÉTAMORPHISME RÉTROGRADE

Lorsque les conditions qui président aux transformations correspondent à un abaissement de la température ou de la pression, ou des deux à la fois, le corps rocheux est en situation de métamorphisme rétrograde. Les nouvelles paragenèses témoignent de ces nouvelles conditions thermobarométriques.

La figure 7.4 illustre l'exemple du comportement d'un protolite de nature pélitique[1] (argileux) soumis à des variations de pression et de température. En (I), le corps rocheux subit l'action de la pression, sans augmentation notable de la température (il passe par un pic barométrique). Peuvent alors apparaître une suite de minéraux du métamorphisme dont la kyanite est un bon représentant, compte tenu de la composition du protolite (les argiles sont des silicates alumineux).

En (II), et après relâchement des contraintes mécaniques, le système passe par un pic thermique et de nouvelles paragenèses se forment, comprenant notamment la sillimanite.

En (III), le retour à des conditions thermobarométriques moins élevées place le corps rocheux dans des conditions de métamorphisme rétrograde, favorisant la formation de l'andalousite.

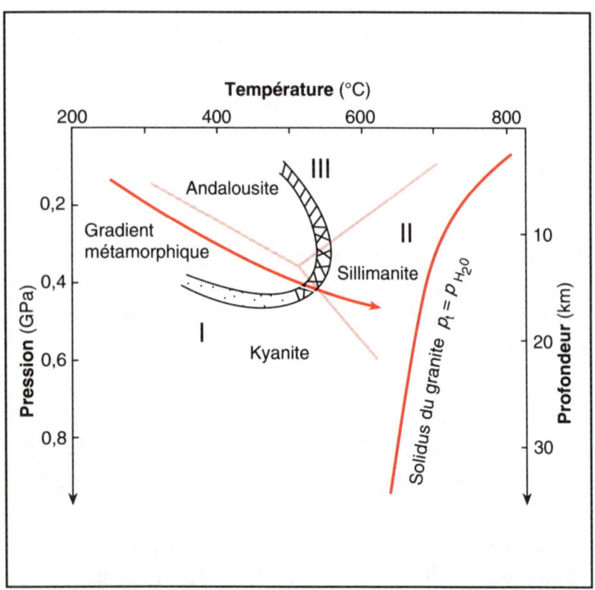

Figure 7.4 Diagramme *p*/*t* indiquant, pour un corps rocheux donné, les différentes étapes des transformations minéralogiques, lorsque celui-ci est placé dans des conditions contrôlées par un gradient métamorphique positif, et de pente moyenne. Les transformations minéralogiques sont données par les domaines de stabilité de trois silicates alumineux : andalousite, kyanite et sillimanite (Spear *et al.*, 1984).

7.1.2 *Métamorphisme en système fermé*

Un système fermé est un système qui n'échange que de l'énergie avec l'extérieur.

L'exemple donné à la figure 7.4 illustre bien ce cas. La roche initiale, de nature pélitique, conserve son caractère chimique; on parle alors de métamorphisme **isochimique**. Les transformations s'opèrent dans un système thermodynamique fermé. Les paragenèses s'ajustent aux nouvelles conditions sans que la composition globale de la roche change.

7.1.3 *Métamorphisme en système ouvert*

Dans un système ouvert, il y a échange de matière avec le milieu.

Ces échanges de matière sont contrôlés par la température. Les mécanismes qui régissent ces transferts sont dits métasomatiques. La formation du talc et de la wollastonite en sont de bons exemples.

CAS DU TALC

Les corps rocheux contenant du quartz et de la dolomite sont le siège, sous un grade faible (température entre 350°C et 500°C et pression à 0,3 GPa) d'une réaction du type suivant :

$$3 \text{ dolomite} + 4 \text{ quartz} + 1\ H_2O \longrightarrow 1 \text{ talc} + 3 \text{ calcite} + 3\ CO_2$$

ou

$$3\ (Ca,Mg)(CO_3)_2 + 4\ SiO_2 + 1\ H_2O \longrightarrow 1\ Mg_3Si_4O_{10}(OH)_2 + 3\ CaCO_3 + 3\ CO_2$$

CAS DE LA WOLLASTONITE

Contrairement aux réactions entre la dolomite et le quartz, les réactions de la calcite avec le quartz, qui mènent à la formation de wollastonite, demandent des températures assez élevées. La paragenèse quartz-calcite est très stable, et des réactions entre ces deux minéraux sont possibles en présence de dioxyde de carbone. Dans le cas du métamorphisme de contact (voir l'encadré 7.1) les conditions sont les suivantes : pression à 0,05 GPa et température à 600°C; pression à 0,1 GPa et température comprise entre 650°C et

1. Une roche pélitique renferme des particules dont le diamètre est compris entre 1 et 100 μm. C'est une roche sédimentaire riche en alumine formée de minéraux argileux, de quartz et de micas. Lors du métamorphisme, des silicates alumineux comme la kyanite, la sillimanite et l'andalousite, tous des polymorphes de Al_2OSiO_4, peuvent se développer. À partir d'un protolite argileux il ne peut pas se former de diopside, de la wollastonite, du grenat grossulaire ou de l'épidote, car ces minéraux sont riches en calcium, élément peu abondant dans les argiles.

670°C; pression à 0,2 GPa et température à 700°C. La réaction est du type :

Calcite + quartz ⟶ wollastonite + dioxyde de carbone

ou

$$CaCO_3 + SiO_2 \longrightarrow CaSiO_3 + CO_2$$

7.2 LES FACTEURS DU MÉTAMORPHISME

Les paramètres qui contrôlent le métamorphisme sont de deux ordres : les paramètres d'état extensifs et les paramètres d'état intensifs.

Les paramètres d'état **extensifs** sont dépendants du système. Ils sont proportionnels aux changements de dimension des composants du système subissant la transformation. Ils sont additifs. Parmi ces paramètres, mentionnons la position du système par rapport à la source des nouvelles contraintes thermobarométriques et géochimiques, le volume du système et la quantité de matière du système.

Les paramètres d'état **intensifs** sont indépendants du système. Ils ne dépendent ni de la dimension du système ni de la dimension d'un composant du système. De plus, ils ne sont pas additifs. Ces paramètres sont la contrainte lithostatique, la chaleur, l'eau, le potentiel chimique, etc. Analysons plus en détail quelques-uns des paramètres d'état intensifs.

7.2.1 *La chaleur*

La chaleur accroît la cinétique des réactions chimiques. Plus la température est élevée, plus les réactions métamorphiques sont accélérées. La chaleur provient des éléments radioactifs piégés dans les matériaux terrestres et de la friction des roches le long des zones de cisaillement actives, à toute échelle (microscopique à mégascopique).

> Tout apport de chaleur dans un système a tendance à en augmenter l'entropie. Cette augmentation oriente le système vers un plus grand désordre. Dans le cas qui nous intéresse, ces modifications se localisent dans les réseaux réticulaires des minéraux. Cet état de plus grand désordre est favorable aux réactions de types solide - solide. Le métamorphisme est dès lors possible.

Le métamorphisme thermique peut exercer son action sur des volumes importants de matériaux. C'est le cas dans les régions d'épaississement de l'écorce terrestre, par chevauchement ou effet de subduction, comme dans la région des hauts plateaux du Tibet. Dans d'autres circonstances, le métamorphisme est plus local, restreint aux zones de contact chaleur-corps rocheux. Les transformations peuvent être provoquées par le passage d'un fluide chaud (magma sous forme de dykes, de filons-couches, de laccolites, etc.) ou par une contrainte localisée (zone de cisaillement, de broyage).

7.2.2 *La contrainte lithostatique*

La contrainte lithostatique est causée par la pression géostatique appliquée en un point à l'intérieur d'un corps rocheux. Elle est égale dans toutes les directions (isotrope) et sa valeur dépend uniquement de la profondeur d'enfouissement de la roche, donc de la charge verticale. Son augmentation moyenne est d'environ 1 GPa par 10 km de profondeur. Le rôle de la contrainte lithostatique dans le métamorphisme semble moins important que celui de la chaleur, les réactions chimiques étant plus sensibles aux changements de température qu'aux changements de pression, toutes choses étant égales par ailleurs.

7.2.3 *L'eau*

Avec son radical OH, l'eau tient plusieurs rôles dans les mailles des réseaux cristallins : agent diffuseur, agent réactif, agent de ruptures des liaisons faibles. La présence d'eau, dans un système qui comprend des minéraux métastables sous certaines conditions de pression et de température, accélère les échanges d'ions et donne à certaines roches des textures **kélyphitiques**, caractérisées par des agrégats de petits cristaux qui forment une « couronne de réactions » autour des minéraux primaires. La planche couleur 1 montre un exemple d'une telle texture.

L'eau provient essentiellement du protolite lorsque celui-ci est sédimentaire. Elle peut cependant être le produit de réactions chimiques qui accompagnent la formation de nouvelles paragenèses ou avoir une origine magmatique. Il en va de même pour le dioxyde de carbone. Au cours des processus de transformations, le dioxyde de carbone et l'eau peuvent être expulsés du système, notamment lors du pic thermique. Ces mêmes fluides peuvent être de nouveau piégés par les minéraux de néoformation, lors de la relaxation des contraintes géothermobarométriques.

7.3 LES TEXTURES DES ROCHES MÉTAMORPHIQUES

On a vu au chapitre 5 que la texture des roches correspond à l'agencement, à la taille et à la forme des minéraux d'une roche. Dans le cas des roches métamorphiques, les différentes textures reconnues sont dues à l'augmentation de la température, de la pression ou des deux à la fois.

Si les modifications du protolite sont essentiellement texturales, on parle de recristallisation. Si les modifications entraînent la formation de nouvelles paragenèses, on parle de changement de faciès.

7.3.1 Textures liées à l'augmentation de la température

Les textures liées à l'augmentation de la température se développent quand un protolite vient en contact avec un corps rocheux chaud. Dans ce cas, le protolite n'est pas nécessairement soumis à un champ de contraintes orientées.

TEXTURE GRANOBLASTIQUE

La texture granoblastique est seulement observable au microscope. La forme des grains est polygonale (pentagonale ou hexagonale) et le contact entre les grains est souvent à 120° (point triple). Si la taille du grain est inférieure à 1 mm, la roche est une **cornéenne**. La texture granoblastique se retrouve fréquemment dans les marbres (calcaires métamorphiques) et les quartzites (grès métamorphiques). Le suffixe *blastique* signifie que la texture est entièrement d'origine métamorphique. Quant au préfixe *blasto*, il signifie que la texture est héritée du protolite.

TEXTURE PORPHYROBLASTIQUE

La texture porphyroblastique est observable à l'œil nu et au microscope. La roche contient de gros minéraux, des **porphyroblastes**, noyés dans une matrice finement cristallisée et pouvant être de même nature minéralogique. La taille des minéraux métamorphiques dépend de l'abondance des nucléus (germes de cristallisation) présents lors de la cristallisation. Les porphyroblastes semblent bien se développer lorsque la quantité de nucléus est faible.

La figure 7.5 et la planche couleur 1 illustrent les textures que nous venons de décrire.

La nature des assemblages minéralogiques du protolite commande également les transformations texturales. Voyons-en trois exemples.

CALCAIRES

Les roches calcaires, riches en calcite, $CaCO_3$, sont très sensibles à toute variation de température et de pression du système. Très tôt, les recristallisations se manifestent, donnant à la roche une texture **saccharoïde** (en grains de sucre), bien connue dans les marbres blancs.

GRÈS

Au début des transformations, le contour des grains de quartz se réorganise. Anguleux ou arrondis, les grains deviennent graduellement rectilignes et jointifs, avec formation de points triples. La roche métamorphique ainsi formée est un quartzite. Sa texture est granoblastique.

PÉLITES

Dans le cas des pélites, une augmentation de la pression et de la température entraîne une première modification; il y a alors formation de phyllosilicates

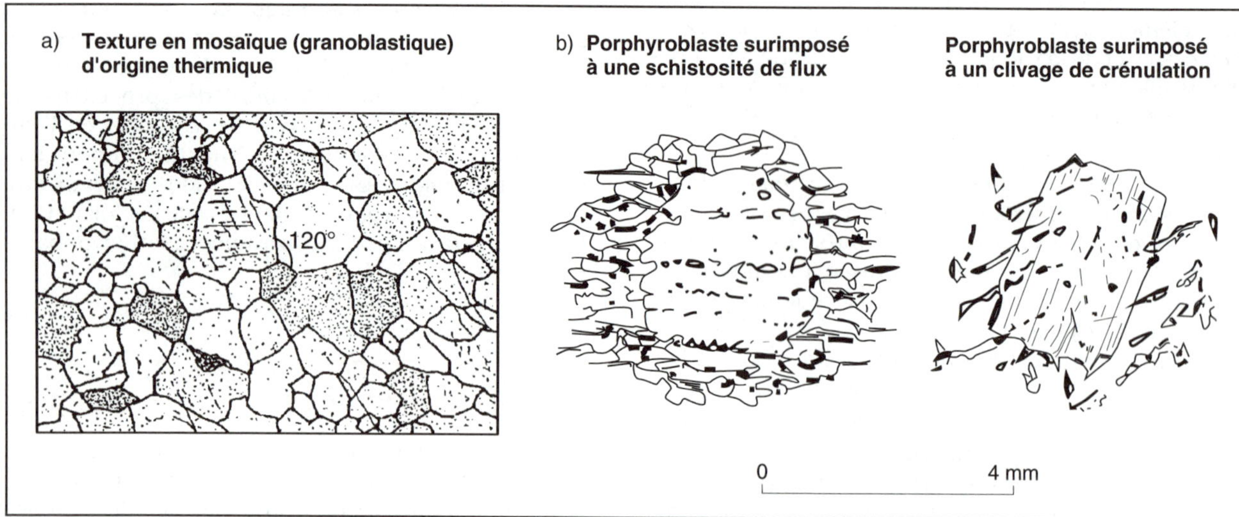

Figure 7.5 Textures des roches métamorphiques. En a), texture en mosaïque (granoblastique) d'origine thermique. Cristaux de hornblende équidimensionnels dont les contacts sont à 120°; grossissement de 30X (d'après Philpotts, 1989). En b), textures porphyroblastiques montrant deux habitus de minéraux, tous deux postcinématiques (d'après Bard, 1980, p. 94 et 158).

au joint des grains, sans alignement préférentiel. Par la suite, un deuxième changement peut s'amorcer principalement par ségrégation thermique : des niveaux fusibles clairs (quartz et feldspaths) et des niveaux réfractaires sombres (micas, amphiboles, pyroxènes) s'individualisent. La roche présente alors une texture **rubanée**. Cette ségrégation se réalisera d'autant plus aisément que les paragenèses des minéraux leucocrates sont du type feldspath potassique-quartz. Quand une partie de la roche passe par un stade de fusion partielle, on parle de migmatitisation. Les roches ainsi formées sont des migmatites (revoir le diagramme de la figure 7.2).

Une migmatite serait le résultat d'une fusion partielle *in situ*, sous des conditions de pression et de température élevées, en présence d'eau. Une partie de la roche fond et constitue le **mobilisat** (magma de composition granitique), alors que le reste demeure solide et constitue le **restat**. Il y a apparition de niveaux clairs (ou **leucosome**) composés de quartz et de feldspath, et de niveaux sombres (ou **mélanosome**) composés de minéraux plus réfractaires (biotite, amphiboles).

7.3.2 Textures liées à l'augmentation de la pression

Les textures liées à l'augmentation de la pression se développent quand un protolite est soumis à un champ de contraintes mécaniques, orientées ou pas. Ce processus est limité, car très vite, à toute augmentation d'intensité des contraintes correspond une augmentation de température et une recristallisation.

Le tableau 7.1 regroupe les principales textures liées aux déformations d'un corps rocheux placé sous contraintes mécaniques. La classification est fondée sur l'état de déformation du grain de la roche.

Les textures produites par le métamorphisme dynamique renvoient aux termes mylonite et cataclase. La **cataclase** désigne le broyage des éléments d'une roche en petits débris anguleux, tordus et étirés. Les roches cataclastiques résultent d'une granulation mécanique qui finit par désolidariser les cristaux du protolite. Une cataclase intense s'accompagne du développement de plans de foliation dans le corps rocheux. Dans ce cas, on parle de mylonitisation et la roche est une **mylonite**. Dans une mylonite, les cristaux du protolite ne sont plus, pour la plupart, identifiables à l'œil nu. Une ségrégation mécanique s'est opérée, avec différenciation de niveaux fragiles formés de quartz et de feldspaths brisés, et de niveaux phylliteux formés de micas et d'amphiboles regroupés sur les plans de foliation.

Certaines textures liées à la pression ne sont visibles qu'en lame mince. C'est le cas de la texture

Tableau 7.1 Classification texturale des roches métamorphiques déformées mécaniquement. La classification est fondée sur l'état du grain de la roche : roche broyée massive, roche broyée foliée, grain recristallisé et « verre ».

ÉTAT DE LA ROCHE	DÉFORMATION DE LA ROCHE (%)	NOM DE LA ROCHE
Roche broyée massive	0 - 10	Brèche tectonique
	10 - 50	Protocataclasite
	50 - 90	Cataclasite
	90 - 100	Ultracataclasite
Roche broyée foliée	0 - 10	Brèche tectonique
	10 - 50	Protomylonite
	50 - 90	Mylonite
	90 - 100	Ultramylonite
Grain recristallisé		
Recristallisation fine – point triple	—	Granoblastite
Fortement recristallisé – porphyroblaste	—	Blastomylonite
Verre	—	Pseudotachylite

poeciloblastique. Lors de la croissance des porphyroblastes, il arrive fréquemment que ceux-ci piègent d'autres minéraux. En les observant au microscope polarisant, on peut déterminer la nature de ces minéraux, placés en situation d'inclusions solides. Certains porphyroblastes poecilitiques conservent parfois des traces de déformations, par rotation syngénétique du grain ou cisaillement tardif. Ainsi, la disposition spiralée des inclusions solides dans les cristaux de grenat signale qu'ils ont subi une rotation lors de leur croissance. On verra, au chapitre 9, que ces déformations sont de bons indicateurs de l'orientation du cisaillement (indicateurs cinématiques).

7.4 GRADES ET FACIÈS MÉTAMORPHIQUES

Les roches métamorphiques résultent d'une série de transformations texturales et minéralogiques d'un protolite, dont la nature originelle a été le plus souvent oblitérée par l'action prolongée de contraintes multiples. Les notions de grades et de faciès métamorphiques permettent de préciser le caractère des roches métamorphiques.

GRADES MÉTAMORPHIQUES

Les **grades** métamorphiques concernent les différents domaines définis par les paramètres d'état indépendants du système, soit les paramètres intensifs : la pression et la température.

La figure 7.6 délimite, à l'aide de courbes expérimentales, les grades métamorphiques.

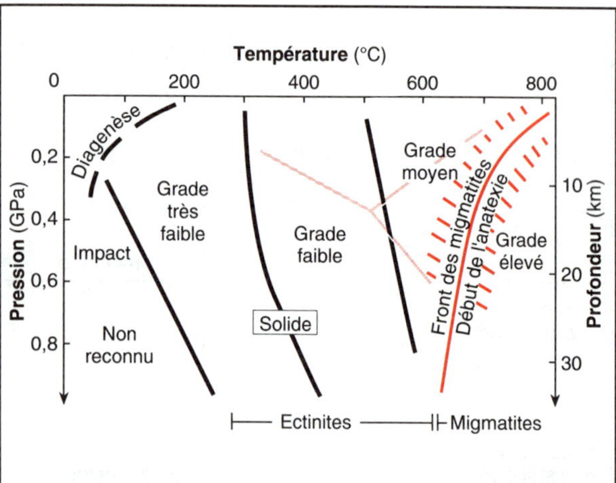

Figure 7.6 Les grades de métamorphisme. Les paramètres d'état indépendants, soit la pression et la température, délimitent quatre grades de métamorphisme à l'intérieur de l'écorce terrestre. Dans les champs des grades faible et moyen, des droites univariantes délimitent les domaines d'équilibre et le point triple invariant de l'andalousite, de la kyanite et de la sillimanite. Les ectinites n'ont pas subi de fusion, tandis que les migmatites ont subi une fusion partielle (d'après Winkler, 1979, p. 70).

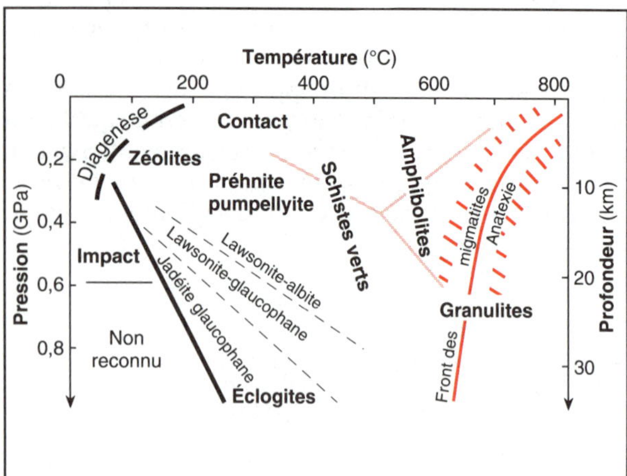

Figure 7.7 Les faciès du métamorphisme. Parmi les principaux, on reconnaît : faciès d'impact (*p*), faciès à zéolites (*p* et *t*), faciès de contact (*t*), faciès à préhnite-pumpellyite (*p* et *t*), faciès des schistes verts (*p*+ et *t*+), faciès des éclogites (*p*+ et *t*+), faciès des amphibolites (*p* et *t*), faciès des granulites (*p*+ et *t*+) (d'après Winkler, 1979, p. 65).

On distingue quatre grades de métamorphisme : très faible, faible, moyen et élevé. La notion de grades permet de reconnaître deux champs principaux de roches métamorphiques : les ectinites (roches n'ayant pas subi la fusion) et les migmatites (roches ayant subi un début de fusion partielle).

FACIÈS MÉTAMORPHIQUES

Le **faciès** d'une roche métamorphique est défini par les paragenèses de cette roche.

La figure 7.7 regroupe l'essentiel des faciès métamorphiques.

Chaque faciès métamorphique est défini par une suite de réactions solide-solide de minéraux placés dans des conditions de pression et de température précises. La représentation de ces réactions se fait par l'énoncé d'équations de réactions « à l'équilibre », ou par le tracé de courbes univariantes, dans un diagramme p/t. Ces courbes délimitent les domaines de stabilité des paragenèses des diverses séquences métamorphiques. La figure 7.8a montre les faciès métamorphiques pour les grades très faible à faible, la figure 7.8b pour le grade moyen et la figure 7.8c pour le grade élevé.

Les roches métamorphiques présentent un cortège de minéraux qui leur sont spécifiques. C'est ce que la notion de faciès cherche à mettre en évidence. Le tableau 7.2 fournit la liste et les formules chimiques des principaux minéraux des roches métamorphiques.

7.5 NOMENCLATURE DES ROCHES MÉTAMORPHIQUES

La nomenclature des roches métamorphiques tient principalement compte de leur texture et de leur composition minéralogique.

7.5.1 *Degré de déformation* (texture)

Pour déterminer le degré de déformation d'une roche métamorphique, on utilise la nomenclature proposée pour les textures macroscopiques et microscopiques (tableau 7.1).

7.5.2 *Faciès* (composition du protolite)

Le faciès d'une roche est lié à la nature du protolite.

Lorsque le *protolite est sédimentaire*, on ajoute le préfixe *para* au nom de la roche. Par exemple, les **paragneiss** sont des gneiss (texture foliée à rubanée)

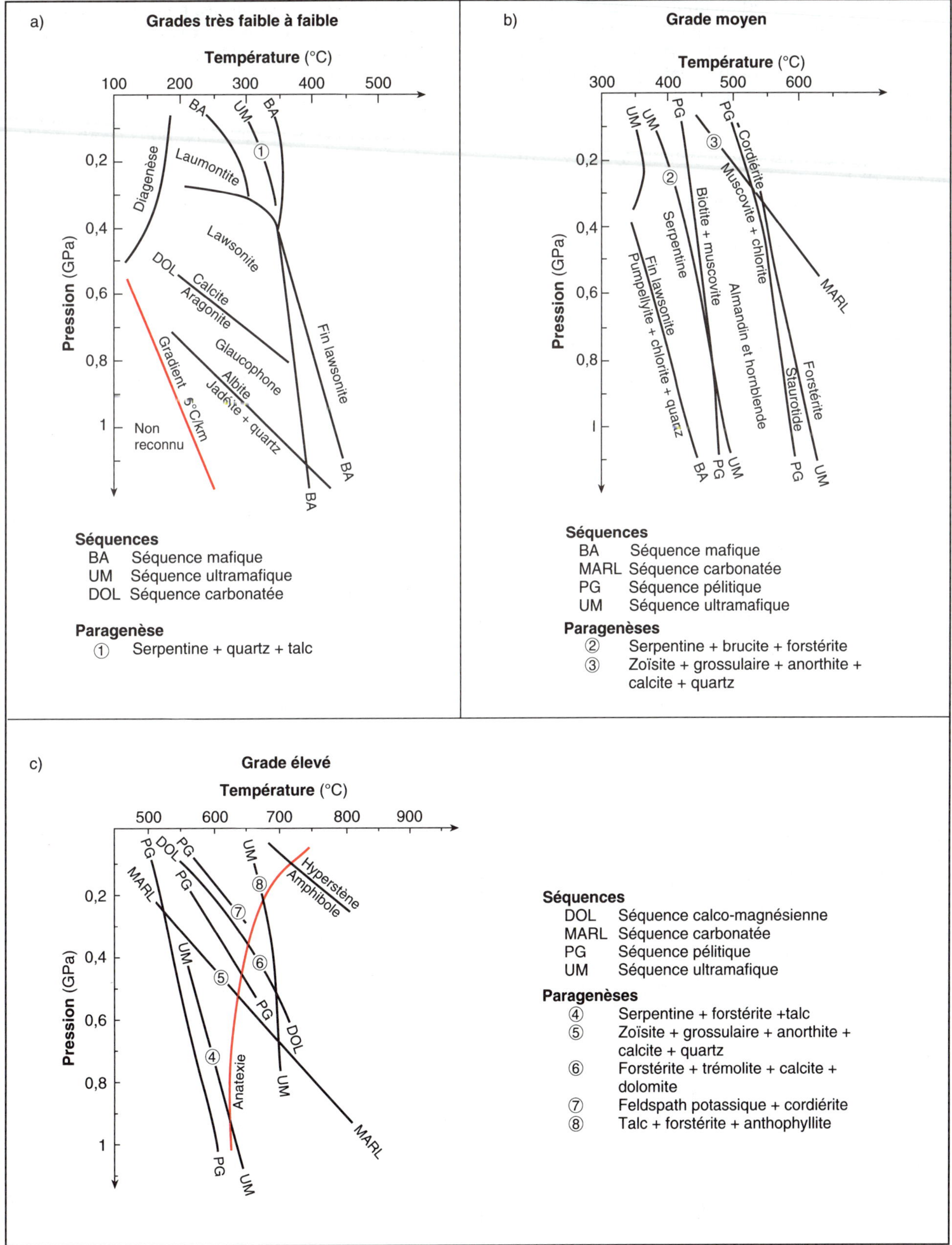

Figure 7.8 Domaines de stabilité des paragenèses des diverses séquences métamorphiques. En a), séquences correspondant aux grades très faible à faible; en b), séquences correspondant au grade moyen; en c), séquences correspondant au grade élevé (Winkler, 1979).

dont le protolite était sédimentaire. Avant d'identifier des séries rubanées (gneiss quartzo-feldspathiques, en particulier) à du matériel d'origine sédimentaire, on doit s'assurer que des indices tangibles de terrain précisent cette filiation. Alors, et seulement dans ce cas, on pourra utiliser le terme de paragneiss.

Quand le *protolite est igné,* on ajoute le préfixe *ortho* au nom de la roche. Ainsi, les orthogneiss sont des gneiss dont le protolite pouvait être un granite.

Le tableau 7.3 présente une synthèse des principales séquences de roches métamorphiques et des suites de transformations reconnues pour les protolites les plus communs. Les suites de roches donnent l'ordre croissant des transformations.

7.5.3 *Grade (p/t)*

Le grade est défini par les conditions géothermobarométriques. Ces conditions sont déterminées par la présence de paragenèses spécifiques. Nous avons retenu les termes de grade très faible, faible, moyen et élevé (fig. 7.8). D'autres approches peuvent être privilégiées, et à cette fin, on consultera les ouvrages spécialisés.

Tableau 7.2 Principaux minéraux des roches métamorphiques et leur formule chimique.

MINÉRAUX	FORMULE CHIMIQUE
Riches en Al	
Andalousite, kyanite, sillimanite	Polymorphes de Al_2OSiO_4
Pyrophyllite	$Al_2Si_4O_{10}(OH)_2$
Riches en Al, Mg et Fe	
Chlorite	$(Mg,Fe,Al)_6(Si,Al)_4O_{10}(OH)_8$
Cordiérite	$(Mg,Fe)_2Al_4Si_5O_{18}$
Staurotide	$Fe_2Al_9O_6(SiO_4)_4(O,OH)_2$
Riches en Al et Ca	
Anorthite	$CaAl_2Si_2O_8$
Épidote	$Ca(Fe,Al)(Al_2O)(SiO_4)(Si_2O_7)(OH)$
Laumontite	$CaAl_2Si_4O_{12} \cdot 4H_2O$
Lawsonite	$CaAl_2(Si_2O_7)(OH)_2 \cdot H_2O$
Margarite	$CaAl_2(Si_2Al_2)O_{10}(OH,F)_2$
Prehnite	$Ca_2Al_2Si_3O_{10}(OH)_2$
Pumpellyite	$Ca_4Al_4(Al,Fe^{+2},Fe^{+3},Mg,Mn)_2Si_6O_{23}(OH)_3 \cdot 2H_2O$
Scapolite	$(Na,Ca,K)_4[Al_3(Al,Si)_3Si_6O_{24}](Cl,F,OH,CO_3,SO_4)$
Riches en Ca	
Calcite	$CaCO_3$
Grenats	
• Andratite	$Ca_3Fe_2(SiO_4)_3$
• Grossulaire	$Ca_3Al_2(SiO_4)_3$
Idocrase (ou vésuvianite)	$Ca_{10}(Mg,Fe)_2Al_4(SiO_4)_5(Si_2O_7)_2(OH,F)_4$
Wollastonite	$CaSiO_3$

MINÉRAUX	FORMULE CHIMIQUE
Riches en Mg et Fe	
Actinolite	$Ca_2(Fe,Mg)_5Si_8O_{22}(OH)_2$
Anthophyllite	$(Mg,Fe)_7Si_8O_{22}(OH)_2$
Cummingtonite	identique à anthophyllite
Diopside	$CaMgSi_2O_6$
Dolomite	$(Ca,Mg)(CO_3)_2$
Enstatite	$MgSiO_3$
Grenats	
• Almandin	$Fe_3Al_2(SiO_4)_3$
• Pyrope	$Mg_3Al_2(SiO_4)_3$
• Spessartite	$Mn_3Al_2(SiO_4)_3$
Hédenbergite	$CaFeSi_2O_6$
Hornblende	$(Ca,Na,K)_{3-2}(Mg,Fe,Al)_5(Si,Al)_8O_{22}(OH,F)_2$
Hypersthène	$(Mg,Fe)_2Si_2O_6$
Talc	$Mg_3Si_4O_{10}(OH)_2$
Riches en K et Na	
Glaucophane	$Na_2(Mg,Fe^{+2})_3Al_2Si_8O_{22}(OH)_2$
Jadéite	$NaAlSi_2O_6$
Micas	
• Muscovite	$KAl_2(AlSi_3O_{10})(OH,F)_2$
• Phlogopite	$KMg_3(AlSi_3O_{10})(OH,F)_2$
• Biotite	$K(Mg,Fe)_3(AlSi_3O_{10})(OH,F)_2$

Remarque Pour l'essentiel, les minéraux riches en OH correspondent aux grades de métamorphisme faible à moyen.

Tableau 7.3 Les principales séquences de roches métamorphiques et les suites de roches formées à partir des protolites les plus communs. Les suites donnent les roches dans l'ordre croissant des transformations (d'après Spry, 1979).

PROTOLITES	SÉQUENCE	SUITES DE ROCHES	PROTOLITES	SÉQUENCE	SUITES DE ROCHES
Argiles	Pélitique	Ardoises – phyllades – schistes – gneiss granitiques – granulites*	**Basaltes**	Ignée mafique	Métabasaltes – schistes verts – amphibolites – granulites mafiques – charnockites – éclogites
Grès	Siliceuse	Quartzites	**Gabbros**	Ignée mafique	Métagabbros – amphibolites – coronites – granulites
Calcaires purs	Carbonatée	Marbres			
Calcaires impurs	Carbonatée	Calcaire folié – gneiss calco-silicaté	**Grauwackes**	Des grauwackes	Schistes – gneiss – granulites
Rhyolites	Ignée felsique	Schistes porphyriques			
Granites	Ignée felsique	Gneiss granitiques –gneiss dioritiques – granulites	**Conglomérats**	Des conglomérats	Conglomérats déformés – gneiss conglomératiques

* Le passage aux granulites indique le départ de l'eau du système et l'apparition des pyroxènes.

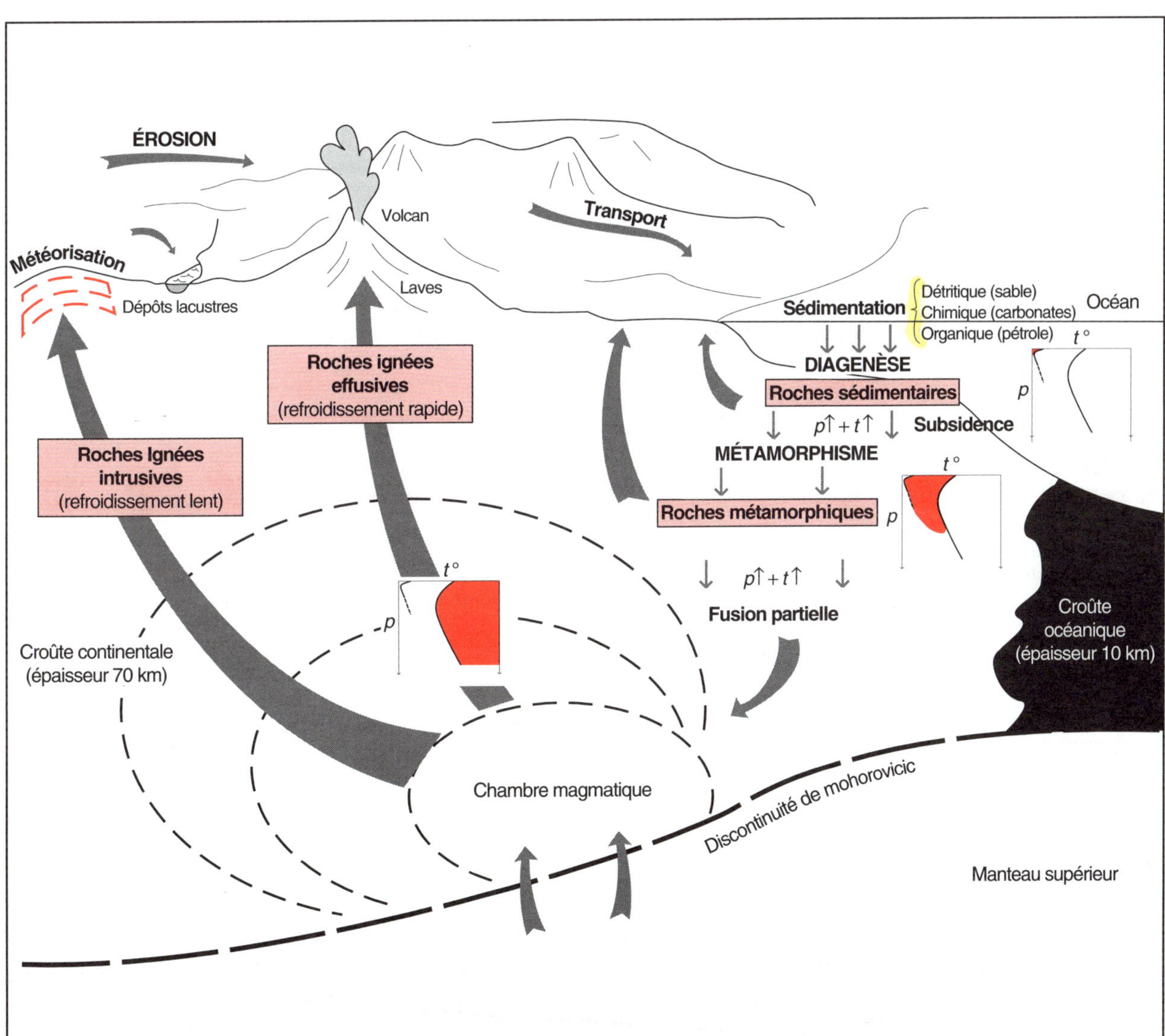

Figure 7.9 Le cycle des roches.

7.6 LE CYCLE DES ROCHES

Dans ce chapitre, ainsi que dans les chapitres 5 et 6, nous avons vu comment se forment les différentes roches. Pour terminer, replaçons les différents processus de transformation des matériaux de l'écorce terrestre dans leur vaste réseau d'échanges, soit le **cycle des roches**, aussi appelé cycle géochimique. Le schéma de la figure 7.9 replace les différents domaines et processus de formation des roches dans leur environnement géologique le plus probable et montre, à l'aide des diagrammes p/t, le rôle de ces contraintes. On y voit :

- l'érosion, qui comprend la météorisation, le transport et la sédimentation, trois processus de surface;
- les processus de diagenèse et l'entraînement par enfouissement (subsidence) des matériaux sédimentés autour des continents, dans un domaine dit précontinental;
- les processus du métamorphisme, qui transforment les protolites et qui sont gouvernés par l'élévation de la température et de la pression, notamment là où il y a affrontement de plaques lithosphériques (subduction, obduction);
- les processus de fusion partielle des matériaux crustaux et la remontée vers la base de l'écorce de matériaux du manteau, qui tendent à favoriser la formation de chambres magmatiques. Selon la vitesse de refroidissement des matériaux, il y aura formation de roches ignées intrusives ou effusives : un refroidissement graduel et lent des magmas favorise la formation de roches ignées intrusives; un refroidissement rapide en surface ou en profondeur de liquides magmatiques, après leur échappement du réservoir, favorise la formation d'un matériel igné effusif, les laves.

Les matériaux de l'écorce terrestre sont donc suceptibles de passer d'un état à l'autre au cours de leur histoire. Cest là l'information essentielle à retenir du cycle des roches.

CONCLUSION

On a longtemps pensé que les roches métamorphiques étaient des roches très anciennes, car on les retrouvait souvent dans les boucliers précambriens. En fait, le métamorphisme est un phénomène qui a marqué les matériaux terrestres depuis leur différenciation et qui se poursuit de nos jours, à tous les niveaux du manteau solide et de l'écorce terrestre. L'étude des roches métamorphiques passe par l'observation, l'analyse chimique et l'énoncé de modèles thermodynamiques rigoureux.

La connaissance des processus de transformation, par l'étude des textures et des paragenèses, permet de décrire l'environnement géodynamique particulier dans lequel les roches ont été placées. Le métamorphisme est intense dans les zones de collision des blocs crustaux. Il est prédominant aussi dans les zones d'enfouissement des matériaux mobilisés par l'érosion et déposés dans les vastes bassins sédimentaires subsidents.

VOCABULAIRE

Chaleur
Contrainte lithostatique
Cycle des roches

Eau
Ectinites
Entropie

Faciès

Grade

Isochimique

Métamorphisme
Métasomatisme
Migmatites

Orthogneiss

Paragenèse
Paragneiss
Paramètre d'état
Porphyroblaste
Pression
Protolite

Système

Température
Texture

QUESTIONS

1. En prenant une roche argileuse (pélite) comme protolite, donnez la séquence des transformations que peut subir cette roche dans un contexte de métamorphisme croissant. Complétez votre réponse en donnant une définition du métamorphisme.
2. La chaleur compte parmi les principaux facteurs du métamorphisme. Expliquez de quelle manière elle agit dans la transformation des minéraux des roches. Au Québec, un environnement géologique particulier a favorisé ce métamorphisme. Quel est cet environnement ? Expliquez votre réponse.

3. Définissez la notion de paragenèse minéralogique. Comment s'assurer qu'une association de minéraux appartient à la même paragenèse ? Expliquez et illustrez votre réponse.
4. Distinguez :
   a) un schiste d'un gneiss
   b) une ardoise d'une phyllade
   c) un quartzite d'un grès
   d) un granite d'un gneiss
5. Définissez les mots suivants :
   a) Protolite
   b) Isochimique
   c) Porphyroblaste
   d) Cataclase
   e) Mylonite
6. Vrai ou faux ?
   a) Une roche ne peut contenir qu'une seule paragenèse minéralogique.
   b) Dans le métamorphisme prograde, les protolites subissent une augmentation de pression et de température.
   c) Le calcaire est le protolite du quartzite.
   d) L'eau ne joue aucun rôle actif dans le métamorphisme.
   e) Une migmatite est une roche qui a subi une fusion partielle.

RÉFÉRENCES BIBLIOGRAPHIQUES

OUVRAGES RECOMMANDÉS

1. **Yardley, B. W. O.**
   1989 : *An Introduction to Metamorphic Petrology.* White Plains, N. Y., Longman, 248 p.
   Ouvrage de base sur le métamorphisme.

2. **Bayly, B.**
   1976 : *Introduction à la pétrologie.* Paris, Masson, 356 p.
   Bon ouvrage général sur les trois ensembles de roches.

3. **Best, M. G.**
   1982 : *Igneous and Metamorphic Petrology.* San Francisco, W. H. Freeman, 630 p.
   Excellent ouvrage spécialisé sur les roches ignées et métamorphiques.

AUTRES SOURCES D'INFORMATION CONSULTÉES

Bard, J. P.
1980 : *Microtextures des roches magmatiques et métamorphiques.* Paris, Masson, 192 p.

Deer, W. E., Howie, R. A. et Zussman, J.
1985 : *An Introduction to the Rock Forming Minerals.* White Plains, N. Y., Longman, 528 p.

Mueller, R. F. et Saxena, S. K.
1977 : *Chemical Petrology.* New York, Springer-Verlag, 398 p.

Philpotts, A. R.
1972 : *Les collines Montérégiennes : les monts Johnson et Rougemont.* Montréal, Congrès géologique international, livret-guide, 18 p.

1989 : *Petrography of Igneous and Metamorphic Rocks.* Englewood Cliffs, N. J., Prentice Hall, 178 p.

Spear, F. S., Selverstone, J., Hickmott, D., Crowley, P. et Hodges, K. V.
1984 : « P-T Paths From Garnet Zoning : A New Technique for Deciphering Tectonic Processes in Crystalline Terranes » dans *Geology*, n° 12, p. 87-90.

Spry, A.
1979 : *Metamorphic Textures.* Toronto, Pergamon Press, 350 p.

Williams, H., Turner, F. J. et Gilbert, C. M.
1982 : *Petrography : An Introduction to the Study of Rocks in Thin Sections.* San Francisco, W. H. Freeman, 626 p.

Winkler, H. G. F.
1979 : *Petrogenesis of Metamorphic Rocks.* 5e éd., New York, Springer-Verlag, 348 p.

PLANCHE 1

TEXTURES DES ROCHES

La technique conventionnelle utilisée pour identifier les minéraux des roches consiste à examiner des lames minces au microscope polarisant. Pour ce faire, on se sert d'un microscope pétrographique muni d'un filtre polaroïd. La lumière qui traverse les cristaux est filtrée par le polaroïd. On peut aussi examiner la lame mince en lumière naturelle, c'est-à-dire en lumière non polarisée.

Marc-André Bérubé, Université Laval

Granite provenant d'une carrière de la région de Shawinigan (Québec). Texture phanéritique. Composition : quartz, feldspaths plagioclases avec macles polysynthétiques, biotite et hornblende. Lumière polarisée (× 30).

Marc-André Bérubé, Université Laval

Brèche basaltique provenant de la région de Sherbrooke (Québec). Composition : chlorite, épidote, calcite, quartz, trémolite et actinolite. Lumière polarisée (× 30).

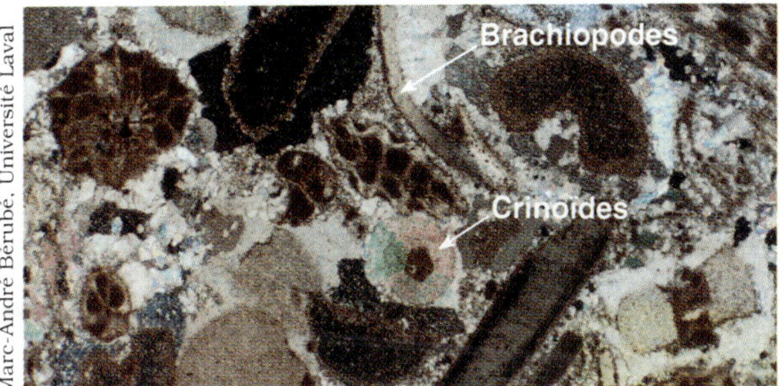

Marc-André Bérubé, Université Laval

Calcaire fossilifère provenant d'une carrière de la région de Québec (Québec). Composition : calcite (sparite à micrite), crinoïdes, brachiopodes et intraclastes. Lumière polarisée (× 30).

Marc-André Bérubé, Université Laval

Grès provenant du Gabon, Afrique. Composition : quartz, minéraux argileux, feldspath, fragments de roches. Lumière polarisée (× 30).

Étienne L. Martin, collège d'Alma

Anorthosite provenant du Lac-Saint-Jean (Québec). Texture granoblastique. Plus de 90 % des minéraux sont des plagioclases (labrador). Lumière polarisée (× 80).

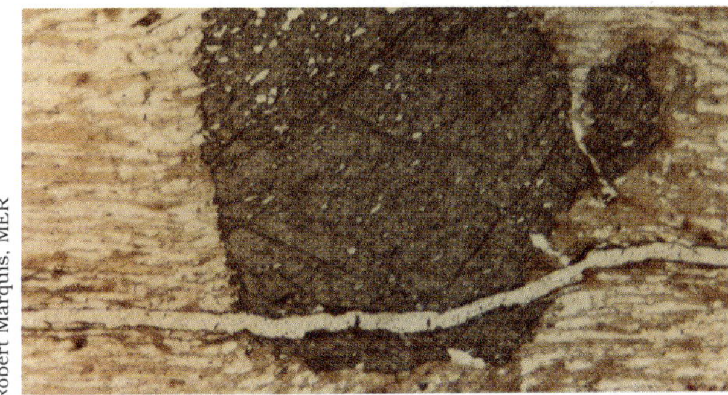

Robert Marquis, MER

Micaschiste du groupe de Trivio, lac Rapide, Abitibi (Québec). Composition : quartz, biotite et porphyroblaste de grenat. La croissance du grenat est syntectonique, alors que la veine de quartz dans la partie inférieure est tardive. Lumière naturelle (× 25).

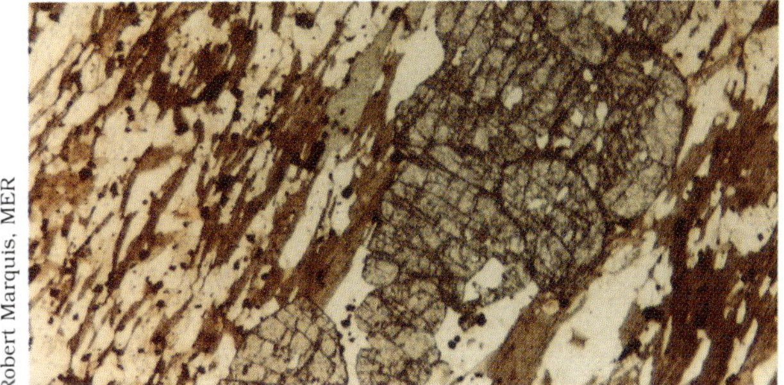

Robert Marquis, MER

Micaschiste du groupe de Garden Island, rive est du lac Matchi-Manitou, Louvicourt, Abitibi (Québec). Composition : biotite, chlorite, magnétite et grenat framboïdal. Lumière naturelle (× 25).

PLANCHE 2

GLACIER DE MALASPINA

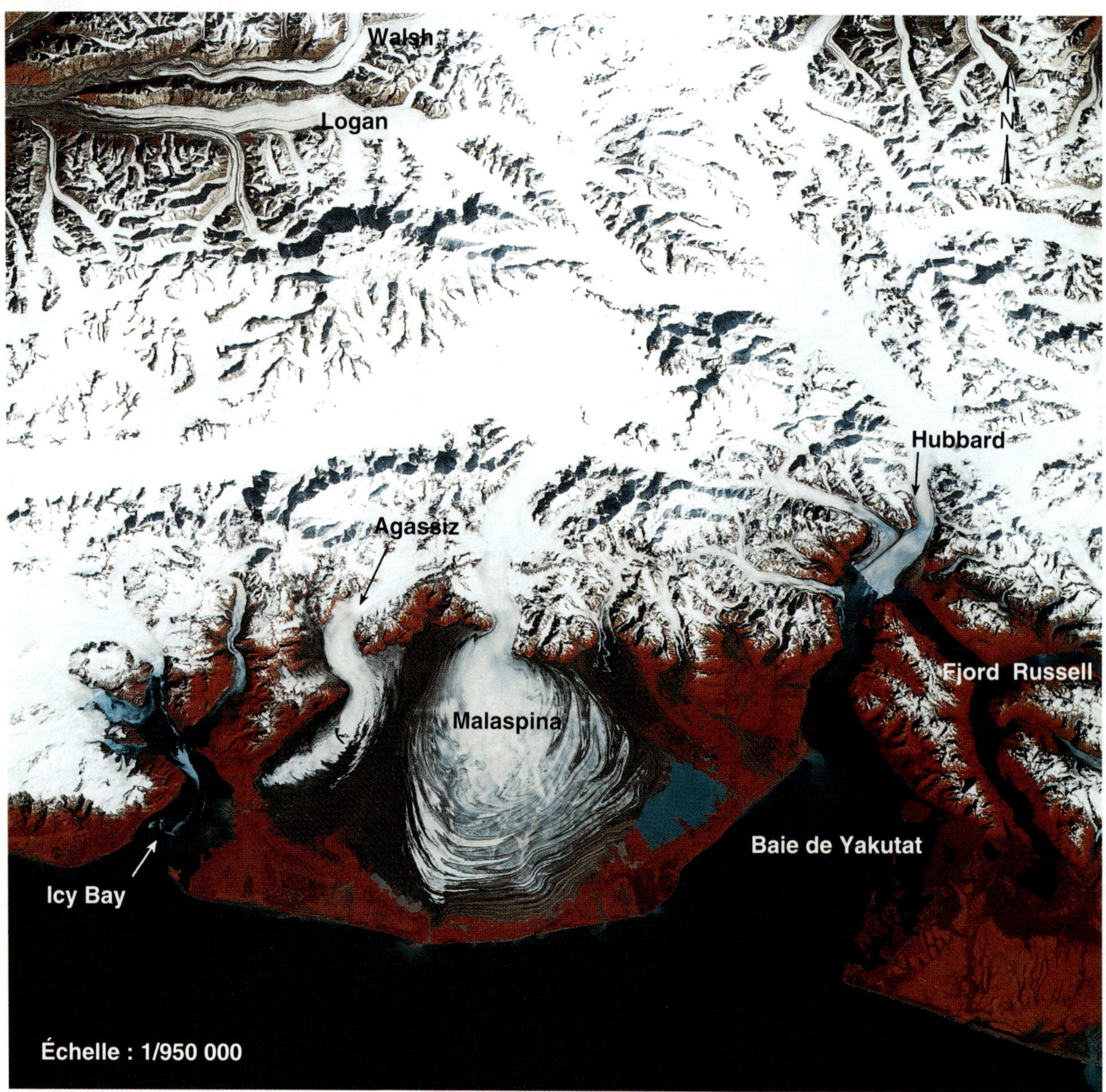

Au centre de cette image satellite, on voit le gigantesque glacier de Malaspina, à l'ouest de la baie de Yakutat dans le golfe d'Alaska. Du côté est, le glacier vêle dans le lac de Malaspina. À l'ouest, on voit le glacier d'Agassiz, voisin de Malaspina, et Icy Bay, au fond de laquelle donnent de nombreux glaciers. Tout à fait au nord de la baie de Yakutat, un rétrécissement forme la baie de Disenchantment dans laquelle donne le glacier d'Hubbard. Au moment de la prise de l'image, le 11 septembre 1986, le glacier d'Hubbard bloquait l'entrée du fjord Russell qui formait alors temporairement un lac. Ce lac devait se vidanger le 8 octobre de la même année. En haut, à gauche de l'image, l'impressionnant réseau des glaciers Logan et Walsh. (Image prise par le satellite américain Landsat.)

PARTIE

3

Les déformations des matériaux de l'écorce terrestre

Les matériaux de l'écorce terrestre sont très souvent déformés. Les déformations, matérialisées par des formes géométriques ou des structures, sont autant de témoins de l'évolution dynamique passée de la Terre. Les structures conservées par les roches sont variées et dépendent principalement de la nature des matériaux en cause. Les déformations s'observent autant à l'échelle des cristaux qu'à celles des massifs et des plaques lithosphériques.

L'analyse cinématique étudie la suite de déformations partielles qu'aurait subies un corps rocheux placé dans un champ de contraintes orientées. Quant à l'analyse dynamique, elle étudie l'action de ces contraintes.

Généralement, on parle de déformations finies lorsqu'on décrit les déformations observées à l'échelle d'un corps rocheux. Celles-ci regroupent l'ensemble des déformations partielles qui se sont relayées dans l'espace et dans le temps.

Dans cette troisième partie de l'ouvrage, il sera question, dans un premier temps, des fondements de l'analyse des matériaux placés sous contraintes (chapitre 8), puis, dans un deuxième temps, des principales déformations rencontrées dans les roches de l'écorce terrestre : les failles, les zones de cisaillement et les plis.

Plissement dans les roches sédimentaires de la Gaspésie dans la région de Rivière-à-Claude.

CHAPITRE 8

LES MATÉRIAUX SOUS CONTRAINTES

> Tout ce qui est simple est faux; tout ce qui est complexe est inutilisable.
>
> PAUL VALÉRY.

OBJECTIFS PÉDAGOGIQUES

Au terme de ce chapitre vous devriez pouvoir :

- ◆ différencier les contraintes et la déformation;
- ◆ relier les contraintes à la déformation;
- ◆ reconnaître les différents domaines de la déformation;
- ◆ traiter des différents niveaux structuraux;
- ◆ définir les structures planaires et les structures linéaires.

Les déformations des matériaux qui constituent l'écorce terrestre sont régies par les lois connues de la physique. Pour expliquer ces déformations, il faut faire appel à des notions de mécanique et de rhéologie, deux divisions importantes de la physique. Cette démarche nous amènera à différencier et à relier les notions de contraintes et de déformation, à définir les modalités de rupture et à distinguer, à l'intérieur de l'écorce, des niveaux structuraux. Ces notions sont fondamentales pour comprendre et interpréter correctement les déformations des roches qui se traduisent par des failles, des zones de cisaillement et des plis, sujets traités au chapitre 9.

8.1 LA MÉCANIQUE

La mécanique est la branche de la physique qui étudie l'effet des forces sur les corps. Elle comprend la statique, qui étudie les corps en équilibre, et la dynamique, qui étudie les corps en mouvement. La dynamique se divise elle-même en deux parties : la cinétique, qui relie les forces aux mouvements, et la cinématique, qui étudie les mouvements, abstraction faite des forces qui les produisent.

8.1.1 *Les forces et les contraintes*

Une force est capable de modifier l'état de mouvement d'un corps et éventuellement de le déformer. On la représente par un vecteur, c'est-à-dire un segment de droite orienté dans un espace à trois dimensions, dont la longueur est proportionnelle à la grandeur de la force. Ainsi, n'importe quel vecteur représentant une force se décrit en termes de composantes parallèles à trois axes de référence (X, Y et Z) perpendiculaires entre eux.

Les lois de la mécanique appliquées au comportement des roches soumises à des forces sont peu nombreuses. Elles se résument à quatre énoncés; le premier concerne la statique et les trois autres concernent la dynamique :

- la somme des forces agissant sur un corps en équilibre est nulle;
- tout corps au repos ou en mouvement rectiligne uniforme reste dans cet état aussi longtemps qu'aucune force extérieure ne lui est appliquée;
- un corps soumis à l'action d'une force extérieure est accéléré dans le sens de cette force; son accélération est directement proportionnelle à la force extérieure qui agit sur lui;

- pour toute force exercée par un corps sur un autre, il existe une force égale en grandeur, mais de sens opposé, exercée par le deuxième corps sur le premier.

Les forces produisent différents effets sur les corps rocheux selon la façon dont elles sont appliquées. On distingue généralement les forces agissant en compression, en tension, en couple et en torsion. La figure 8.1 illustre les différents jeux de forces.

Forces agissant en compression Le corps est soumis à des forces externes qui tendent à le comprimer. Un tel état est représenté par deux vecteurs antagonistes convergents placés sur un même axe.

Forces agissant en tension Le corps est soumis à des forces externes qui tendent à l'étirer. Un tel état est représenté par deux vecteurs divergents placés sur un même axe.

Forces agissant en couple Le corps est soumis à des forces externes égales, parallèles et dirigées en sens contraire l'une de l'autre. Les vecteurs sont orientés en sens opposés.

Forces agissant en torsion Le corps est soumis à des forces externes qui forment deux couples et qui impriment deux mouvements contraires. Pour chaque couple, les vecteurs sont orientés en sens opposés.

L'étude de l'équilibre ou du mouvement d'un corps, sous l'action de forces, exige une connaissance précise de ces forces. Leur analyse se fait en isolant le corps considéré. Il est cependant nécessaire de distinguer les forces extérieures qui sont appliquées sur un corps et les actions et réactions internes qu'engendrent ces forces.

Une **contrainte** est une force divisée par la surface sur laquelle elle s'applique. Lorsque cette surface tend vers zéro, la contrainte est représentée par un tenseur.

La figure 8.2 montre le cas d'une très petite surface rocheuse (*S*), d'orientation quelconque, soumise à une force (*F*) appliquée en un point (*M*). La contrainte (σ) se calcule de la façon suivante :

$$\sigma = \frac{dF}{dS}$$

où

F = force en kilogramme-force;

S = surface (plan d'attaque) en cm^2 sur laquelle la force est appliquée lorsque S tend vers zéro.

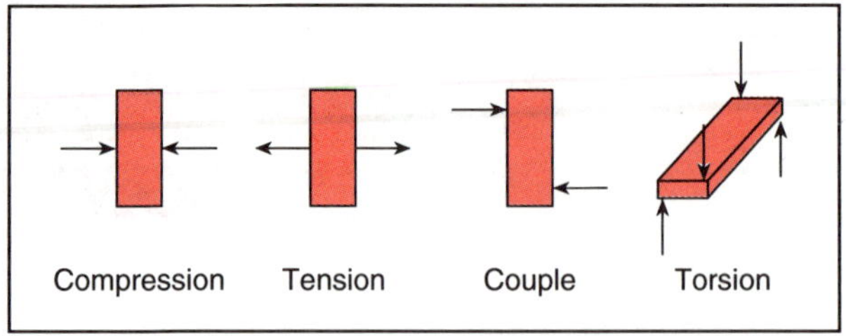

Figure 8.1 Représentation schématique de forces agissant sur un corps au repos.

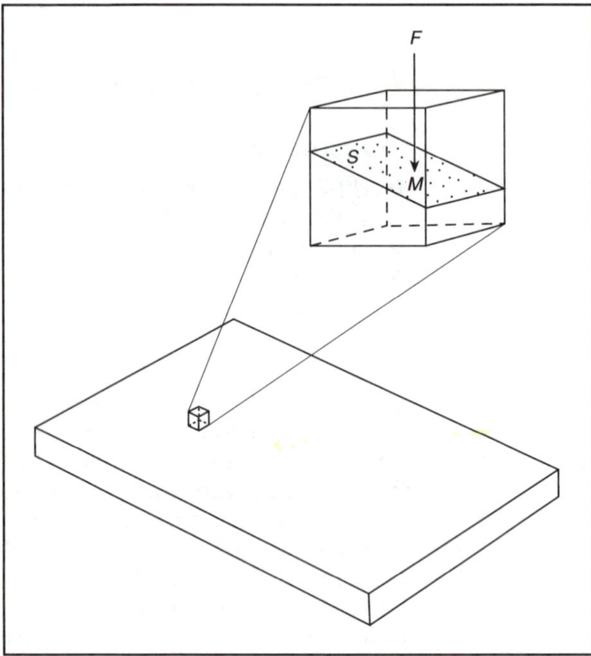

Figure 8.2 Illustration d'une force (*F*) appliquée en un point (*M*) sur une très petite surface rocheuse (*S*).

Il est possible de définir l'état des contraintes, en un point, si les forces agissant dans les trois directions référentielles de l'espace sont connues. Les forces agissant sur une surface sont des quantités vectorielles. Elles sont définies entièrement par leur grandeur (intensité) et leur orientation. Les contraintes (σ_i) sont des tenseurs, ce qui revient à dire qu'elles sont définies par leur grandeur, leur sens et l'orientation de la surface sur laquelle elles agissent. Lorsque les contraintes sont causées par des forces de même grandeur dans les trois directions de l'espace, on parle d'équilibre lithostatique[1]. Les contraintes qui définissent cet équilibre sont égales, en tous points du corps rocheux, peu importe l'orientation du plan

1. La contrainte lithostatique est causée par la pression géostatique appliquée en un point à l'intérieur du corps rocheux. Elle s'accroît avec la profondeur; son augmentation moyenne est d'environ 25 à 30 MPa par kilomètre de profondeur. Elle peut être comparée à la force qui s'exerce dans les liquides et qu'on appelle pression hydrostatique.

d'attaque. Le lieu géométrique de leur répartition dans l'espace est assimilé à une sphère (fig. 8.3a). Dans ce cas, le système de contraintes est dit **isotrope**. Par contre, lorsque l'intensité des contraintes dépend de la position du plan d'attaque *S* dans l'espace rocheux, le lieu géométrique de la répartition des vecteurs de contraintes est assimilé à un ellipsoïde de contraintes. Les vecteurs σ_1, σ_2 et σ_3 sont les paramètres de l'ellipsoïde (fig. 8.3b). Dans ce cas, le système est dit **anisotrope**.

Il existe trois plans perpendiculaires aux contraintes à l'intérieur du corps rocheux. Ce sont les plans principaux d'attaque. Les contraintes σ_1, σ_2 et σ_3 sont dites **contraintes principales normales**. Elles agissent en compression ou en tension.

Cependant, si le plan d'attaque n'est plus un plan principal mais un plan oblique aux contraintes principales, ces dernières ne sont plus perpendiculaires au plan sur lequel elles s'appliquaient. Chaque contrainte principale est alors divisée en deux contraintes composantes, l'une normale au plan incliné et l'autre tangente à ce plan. La composante tangentielle est appelée contrainte de **cisaillement** et la composante normale au plan est appelée contrainte normale de **compression** ou de **tension** (fig. 8.4).

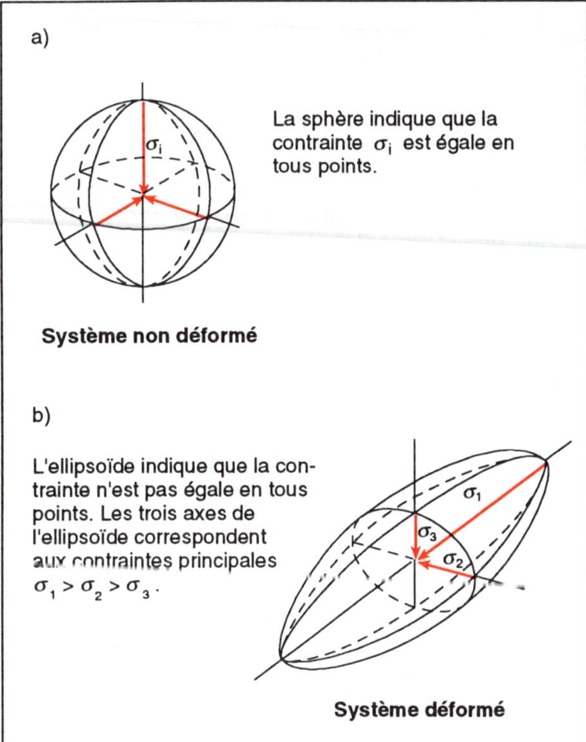

Figure 8.3 Relations entre les contraintes et le milieu. En a), la contrainte (σ_i) est égale en tous points (isotrope); en b), les contraintes principales ne sont pas égales (anisotropes).

8.1.2 *La déformation*

> La **déformation** concerne les changements qui se produisent dans les corps en réponse aux contraintes.

La déformation finie, ou déformation totale, s'exprime par l'élongation. L'élongation (*e*) traduit le changement de longueur de tout élément linéaire (*L*) dans un corps par rapport à la longueur originale de l'élément.

$$e = \frac{L_1 - L_0}{L_0}$$

où

L_0 = longueur initiale de la ligne;
L_1 = longueur finale de la ligne.

Cependant, l'élongation n'est pas une mesure physiquement significative de la déformation. Cette dernière résulte de l'addition de déformations infinitésimales. Mathématiquement, on exprime la déformation naturelle (ε) par :

$$\varepsilon = \frac{dl}{L_0}$$

où

dl = changement en longueur de l'élément linéaire;
L_0 = longueur initiale de l'élément linaire.

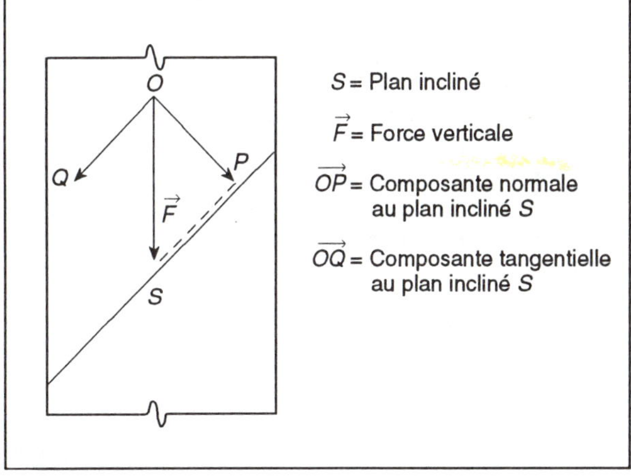

Figure 8.4 À l'intérieur d'une colonne (représentée ici en deux dimensions), il est possible de connaître l'état des contraintes s'exerçant sur un plan incliné. La force verticale $\vec{F}$ due au poids de la partie supérieure de la colonne et au poids qu'elle supporte est représentée par deux composantes. Ces deux composantes sont $\vec{OP}$, normale au plan *S*, et $\vec{OQ}$, parallèle à ce même plan. La composante normale $\vec{OP}$ est une contrainte de compression, car elle tend à comprimer le matériel en sens opposé au plan *S*. Elle serait en tension si le matériel avait tendance à être étiré de chaque côté du plan *S*. La composante tangentielle $\vec{OQ}$ est une contrainte de cisaillement.

La déformation est sans unité, car c'est un rapport entre deux longueurs.

CARACTÉRISTIQUES DE LA DÉFORMATION

La déformation est dite **continue homogène** lorsque des lignes droites inscrites dans un volume demeurent des lignes droites après la déformation et que les lignes parallèles demeurent parallèles. Par contre, la déformation est dite **continue hétérogène** si au moins une fraction des lignes droites inscrites dans un volume deviennent des lignes courbes et si les lignes parallèles perdent leur parallélisme après la déformation.

La figure 8.5 illustre les caractéristiques de chacun de ces types de déformation.

La déformation peut aussi être discontinue. Dans ce cas, le volume est non seulement déformé mais sectionné. Là aussi, on peut distinguer une déformation **discontinue homogène** et une déformation **discontinue hétérogène** (fig. 8.6).

Enfin, la déformation peut être pénétrante ou non pénétrante. Par exemple, une déformation qui apparaît comme continue et homogène à l'échelle d'un massif ou d'un affleurement se révélera être le plus souvent une déformation discontinue, à l'échelle de l'échantillon ou en lame mince. Dans ce cas, on dit que la déformation est **pénétrante** à l'échelle du massif ou de l'affleurement et **non pénétrante** à l'échelle de l'échantillon ou de la lame mince.

ELLIPSOÏDE DE DÉFORMATION

Tout comme on peut le faire pour les contraintes, on peut représenter la déformation par un ellipsoïde si celle-ci est anisotrope (fig. 8.7) ou par une sphère si elle est isotrope. Les axes X, Y et Z sont les paramètres de l'ellipsoïde de la déformation.

Les vecteurs principaux de l'ellipsoïde des contraintes peuvent être parallèles ou non aux axes de l'ellipsoïde de déformation (fig. 8.8). Lorsque les vecteurs de contraintes sont parallèles aux axes de déformation, la déformation est dite coaxiale ou **pure**. Les objets sont déformés mais les axes principaux de l'ellipsoïde de déformation ne subissent pas de rotation pendant l'application des contraintes. Lorsque les vecteurs de contraintes ne sont pas parallèles aux axes de déformation, on parle de déformation non coaxiale ou **cisaillement simple**. Les objets déformés subissent une distorsion ou une rotation. Dans le cas d'une déformation coaxiale, le vecteur de contrainte σ_1 correspond à l'axe de déformation Z; le vecteur de contrainte σ_2 correspond à l'axe de déformation Y; le vecteur de contrainte σ_3 correspond à l'axe de déformation X.

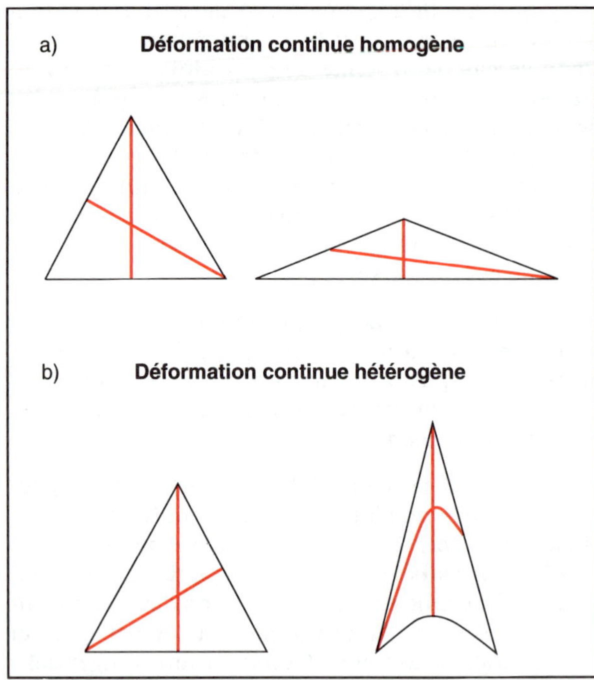

Figure 8.5 Déformations continues. En a), déformation continue homogène; cette déformation transforme toutes droites inscrites dans un volume en de nouvelles droites. En b), déformation continue hétérogène; cette déformation transforme au moins une partie des droites contenues dans un volume en lignes courbes.

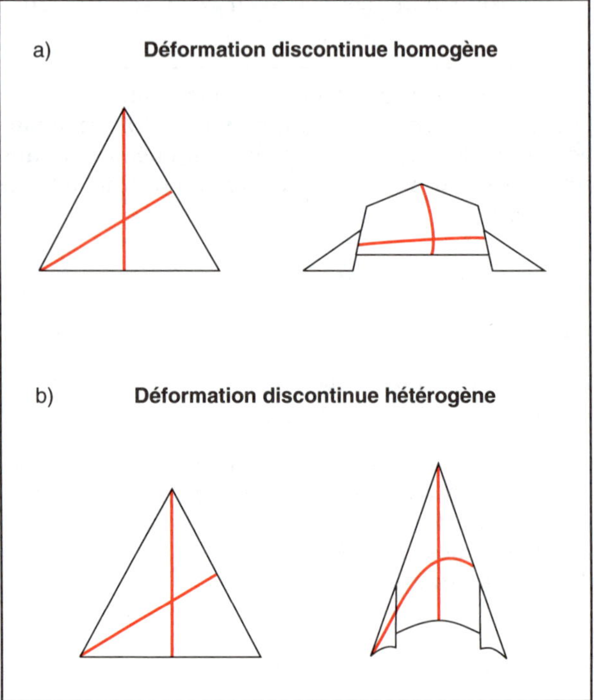

Figure 8.6 Déformations discontinues. En a), déformation discontinue homogène; en b), déformation discontinue hétérogène. Quand les déformations sont discontinues, le volume est fracturé.

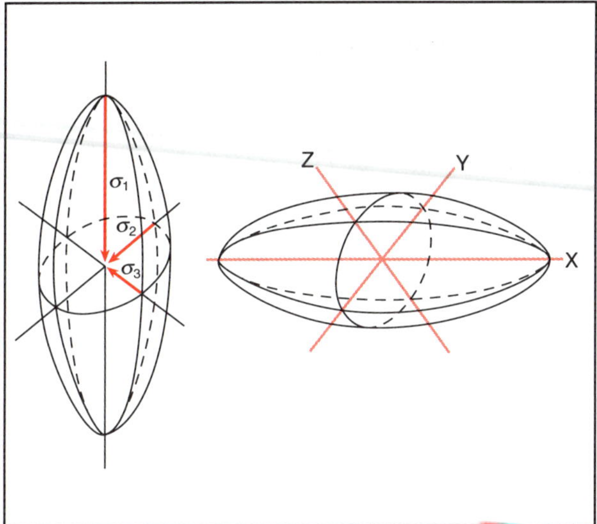

Figure 8.7 Ellipsoïde des contraintes et ellipsoïde de déformation. Au vecteur de contraintes σ_1 correspond l'axe de déformation Z; au vecteur de contraintes σ_2 correspond l'axe de déformation Y; au vecteur de contraintes σ_3 correspond l'axe de déformation X.

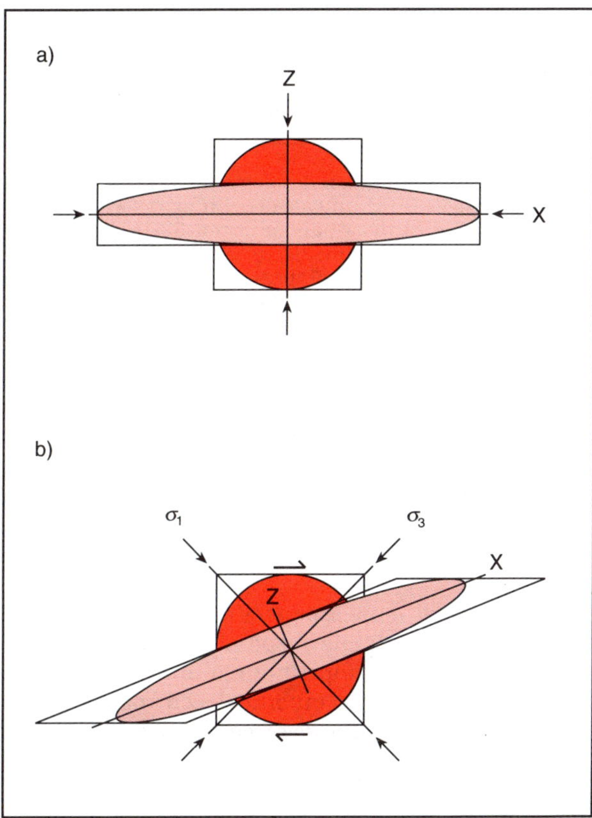

Figure 8.8 Déformation pure et déformation simple. En a), déformation pure ou coaxiale par aplatissement de la sphère initiale. Les vecteurs de contraintes sont parallèles aux axes de déformation. En b), déformation simple ou non coaxiale par cisaillement de la sphère initiale. Les vecteurs de contraintes ne coïncident plus avec les axes de déformation (d'après Nicolas, 1989, p. 26).

8.2 LA RHÉOLOGIE

La rhéologie est la branche de la physique qui étudie la viscosité, la plasticité, l'élasticité et l'écoulement de la matière. La rhéologie traite donc du comportement des différents corps lors de leur déformation. Pour illustrer son domaine, imaginons l'expérience suivante. Laissons tomber sur un plancher de béton une balle de caoutchouc, un rhomboèdre de calcite, une boule d'argile hydratée et de l'eau. Ces quatre substances sont soumises aux mêmes lois mécaniques lors de leur chute : la force agissant sur chacun de ces corps est proportionnelle à leur masse multipliée par l'accélération de la gravité. Cependant, leurs comportements en arrivant au sol diffèrent fondamentalement. Ainsi, la balle de caoutchouc rebondit plusieurs fois sur le plancher, la boule d'argile hydratée se déforme et colle au plancher, le cristal de calcite se fracture et ses débris s'éparpillent, tandis que l'eau se répand sur la surface d'attaque. Ces différents comportements ne sont pas prévus par la mécanique et relèvent du domaine de la rhéologie.

La figure 8.9 présente la courbe théorique de la déformation d'un matériau fragile (une roche, par exemple) en réponse aux contraintes. Au début, sous l'effet de la contrainte qui augmente, la roche subit une déformation qui est réversible si on supprime la contrainte. On est dans le domaine **élastique**. Le changement dans la pente marque le passage du domaine élastique au domaine **plastique**. Plus précisément, la transition entre la portion linéaire à pente forte et celle à pente faible s'appelle la **limite d'élasticité**. Cette limite correspond à la contrainte maximale que le matériau peut tolérer avant de subir une déformation irréversible. Dans le domaine élastique, la roche reprend sa forme initiale si la contrainte cesse. Dans le domaine plastique, la déformation de la roche est permanente. Au-delà du domaine plastique, on atteint le point de rupture. Disons enfin que

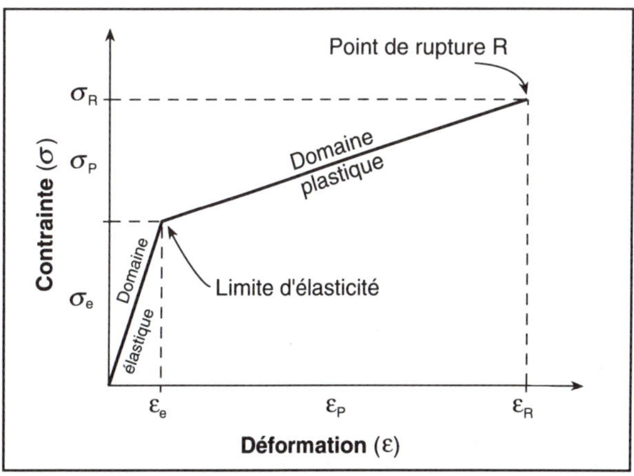

Figure 8.9 Les différents domaines de déformation (ε) en relation avec les contraintes (σ). Délimitation du domaine élastique, du domaine plastique et du point de rupture.

certains corps, les magmas par exemple, se déforment de façon **visqueuse**. On mesure alors la vitesse de déformation ($\dot{\varepsilon}$) plutôt que la longueur des axes X, Y et Z. Si la viscosité est permanente, il s'établit alors une relation linéaire entre la vitesse de déformation et la contrainte.

Voyons maintenant comment le temps intervient dans les différents processus de déformation. Alors que son action est nulle dans le domaine de la déformation élastique, le temps intervient dans les domaines des déformations plastique et visqueuse (fig. 8.10). En effet, la déformation visqueuse augmente de façon continue avec le temps. Quant à la déformation plastique, elle devient permanente au-delà d'un certain seuil de contraintes. Elle peut conduire ou non à la rupture.

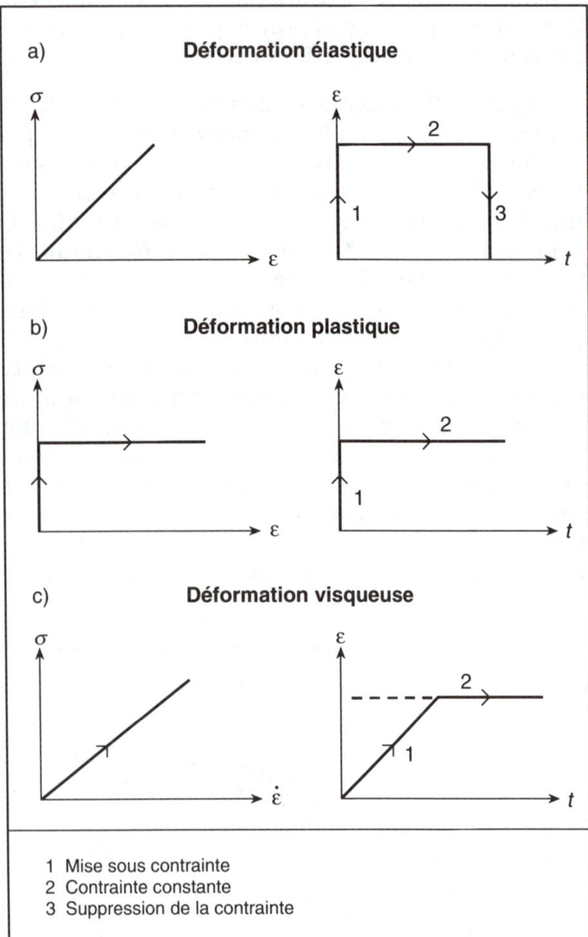

Figure 8.10 Relations contrainte-déformation (σ et ε) et déformation-temps (ε et *t*) pour les corps élastiques, plastiques et visqueux. En a), déformation élastique; elle est réversible et le temps ne l'influence pas. En b), déformation plastique; elle est permanente au-delà d'un certain seuil de contrainte. En c), déformation visqueuse idéale (liquide newtonien); elle se fait à vitesse constante $\dot{\varepsilon}$ pour une contrainte donnée, non nulle. Elle est fonction du temps (d'après Mattauer, 1973, p. 50).

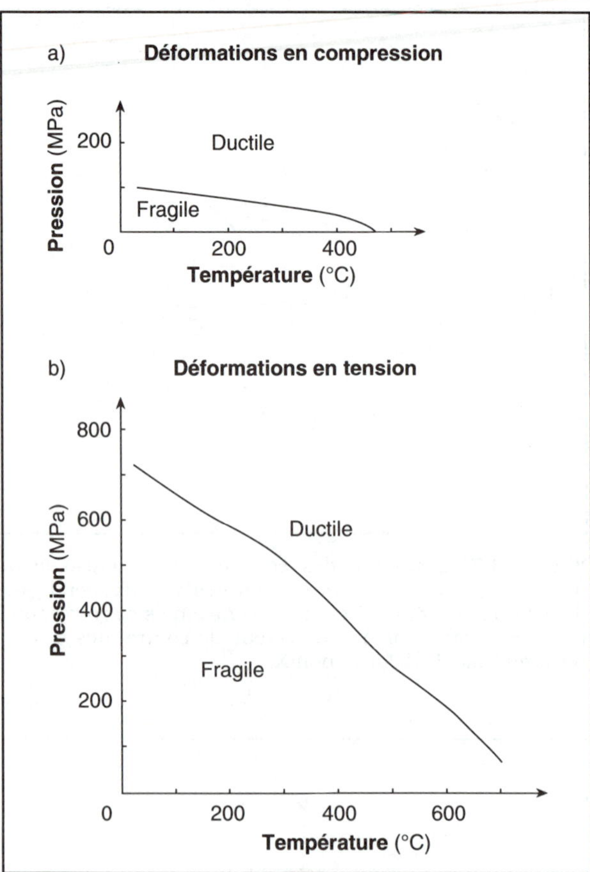

Figure 8.11 Délimitation des domaines du comportement ductile et fragile pour un calcaire. En a), déformations en compression; en b), déformations en tension. À une pression et à une température données, un calcaire ductile dans un champ de contraintes en compression peut être fragile dans un champ de contraintes en tension (d'après Heard, 1960).

Les corps réels, et en particulier les roches, ne répondent jamais parfaitement aux modèles établis pour des corps idéaux. Étant donné les conditions de pression et de température variées dans l'écorce terrestre, les roches sont le plus souvent simultanément élastiques, plastiques et visqueuses à des degrés divers.

En fonction de leurs réponses aux contraintes, les roches sont soit fragiles, soit ductiles. Les roches dites **fragiles** se rompent après une déformation plastique très faible ou nulle. Les roches dites **ductiles** montrent une déformation plastique avant de se rompre.

Dans les conditions de pression et de température qui prévalent à la surface de la Terre, les roches formées d'argile, de gypse, d'anhydrite et de halite, ainsi que les marnes et certains calcaires, peuvent être qualifiés de ductiles. Dans les mêmes conditions, la plupart des autres roches, tels les granites, gneiss, grès, etc., se comportent comme des matériaux fragiles.

Les roches fragiles sont qualifiées de roches **compétentes** par opposition aux roches ductiles dites **incompétentes**.

Avant d'analyser plus en détail les processus de déformation des matériaux terrestres que sont la rupture, l'étirement et l'aplatissement, disons un mot sur le comportement de la matière sous des conditions de pression et de température élevées, et sur l'importance de l'anisotropie de ces matériaux.

Les courbes pression-température (fig. 8.11) permettent de définir les champs de déformation d'un même corps rocheux placé en situation de compression ou de tension. On voit que le domaine fragile des roches est beaucoup plus étendu pour des contraintes en tension que pour les contraintes en compression.

L'analyse du comportement des matériaux rocheux placés sous contraintes permet de définir deux modèles de déformation : un modèle qui s'applique à des objets de petits volumes et un modèle qui s'applique sur le plan régional. Le premier modèle se traduit par le diagramme de Flinn, et le second s'appuie sur la notion de niveaux structuraux.

8.2.1 *Le diagramme de Flinn*

Le diagramme de Flinn (fig. 8.12) permet d'analyser la déformation de petits objets suivant trois cas limites : l'étirement, l'aplatissement et la déformation plane.

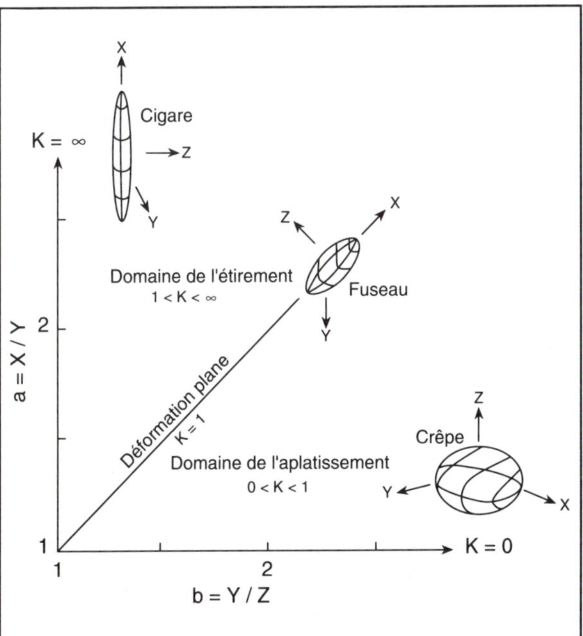

Figure 8.12 Le diagramme de Flinn. Ce diagramme permet de préciser le style de déformation par étirement ou aplatissement d'une sphère placée sous contrainte en autant que le volume initial de la sphère demeure constant durant la déformation.

Prenons un volume déformé. Posons Lx_0, Ly_0 et Lz_0 pour désigner les dimensions initiales du corps rocheux (avant déformation) et Lx, Ly et Lz pour désigner les nouvelles dimensions (après déformation). Posons X, Y et Z comme axes principaux de la déformation, σ_1, σ_2 et σ_3 comme contraintes principales et prenons e pour symboliser l'élongation. Nous obtenons :

$$X = 1 + eX \quad \text{avec} \quad eX = (Lx - Lx_0) / Lx_0$$

$$Y = 1 + eY \quad \text{avec} \quad eY = (Ly - Ly_0) / Ly_0$$

$$Z = 1 + eZ \quad \text{avec} \quad eZ = (Lz - Lz_0) / Lz_0$$

La valeur de K détermine le type de déformation.

Posons :

$$K = a-1/b-1 \quad \text{avec} \quad a = X/Y \quad \text{et} \quad b = Y/Z$$

Pour K = 0, l'ellipsoïde de déformation est de révolution avec Z comme axe de révolution. La déformation correspond à un **aplatissement** en forme de crêpe. L'axe de déformation Z subit un raccourcissement, alors que X et Y s'allongent selon une même valeur.

Pour K = 1, l'ellipsoïde de déformation est en forme de fuseau. Le vecteur Y ne varie pas, alors que X s'allonge et Z raccourcit. La déformation est **plane**.

Pour K = ∞, l'ellipsoïde de déformation est de révolution avec X comme axe de révolution. La déformation correspond à un **étirement** axial en forme de cigare. L'axe de déformation X s'allonge alors que Y et Z subissent des raccourcissements égaux.

Précisons que ces modèles de déformation demeurent valables tant que le volume initial du corps déformé reste constant. Le diagramme de Flinn facilite l'identification de deux cas limites de déformation des petits corps, soit l'étirement et l'aplatissement. Dans le domaine de l'étirement pur (K = ∞), il n'y a pas de structure plane. Dans le domaine de l'aplatissement pur (K = 0), il n'y a pas de structure linéaire. Entre ces deux cas se situent les structures planes et les autres structures intermédiaires.

8.2.2 *Les niveaux structuraux*

La notion de **niveau structural** vise à délimiter, à l'intérieur de l'écorce terrestre, des domaines superposés où prédomine un mécanisme de déformation en particulier.

Voyons tout d'abord les mécanismes élémentaires de la déformation dans ces domaines : le cisaillement, la flexion, l'aplatissement et l'écoulement.

- Le **cisaillement** est une déformation produite par une contrainte de cisaillement; on peut la représenter par des forces agissant en couple. Par exemple, un cube devient un parallélépipède dont deux faces ne sont plus parallèles à celles du cube initial.
- La **flexion** est une déformation continue des roches. Une strate qui se plisse tout en gardant une épaisseur constante est un bon exemple de ce type de déformation.
- L'**aplatissement** est une déformation produite par une contrainte σ_1 forte et par des contraintes σ_2 et σ_3 faibles. Lors de l'aplatissement, un cube est transformé en un parallélépipède rectangle de même volume dont les faces sont parallèles à celles du cube initial. Cette déformation est matérialisée par l'aplatissement des fossiles ou galets dans un plan perpendiculaire à σ_1 et par leur étirement parallèle à σ_3.
- L'**écoulement** est une déformation qui survient lorsque les roches se comportent comme des « liquides ». Ce mécanisme se produit à une profondeur où les roches sont portées à des températures et pressions élevées.

La figure 8.13 présente des schémas illustrant ces différents mécanismes de déformation.

On constate globalement que la compétence des roches diminue avec l'augmentation de la température et des contraintes mécaniques. Les déformations ne sont donc pas de même nature selon le niveau structural dans lequel elles se produisent. Le tableau 8.1 montre chacun des niveaux structuraux reconnus. Ce modèle ne s'attarde cependant pas sur les détails lithologiques et ne cherche pas à définir précisément les processus de déformation.

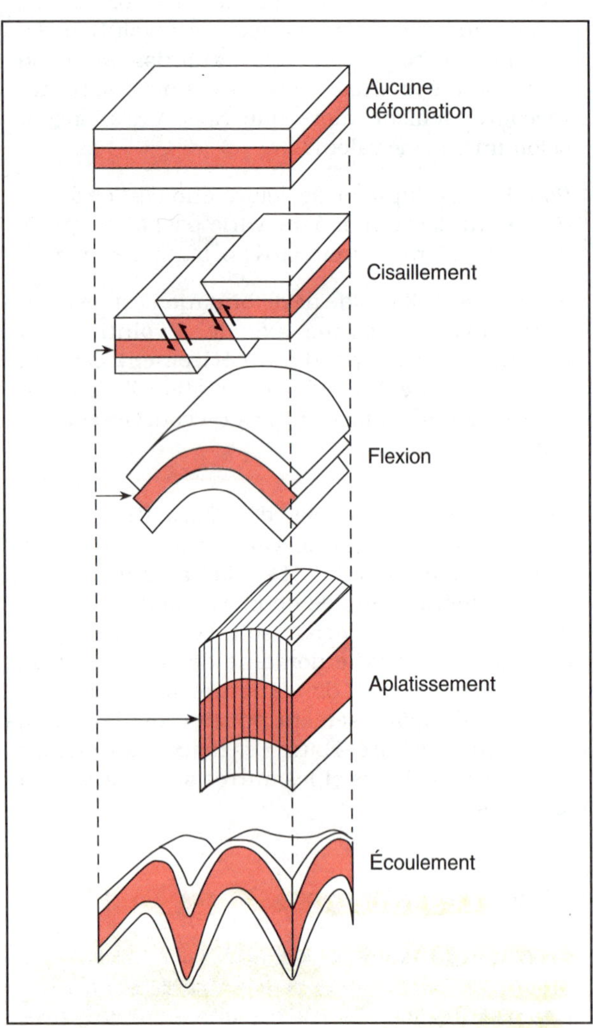

Figure 8.13 La déformation des roches. Schémas illustrant les différents mécanismes de la déformation des roches.

Tableau 8.1 Les différents niveaux structuraux dans une zone placée sous régime de contraintes anisotropes (d'après Gidon, 1987, p. 189-190).

Profondeur (km)	*p* (MPa)	Niveaux structuraux	État* et comportement des matériaux	Température (°C)
Géoïde terrestre				
		Supérieur	**Fragile** Fractures	
3	100			100
		Moyen	**Ductile** Flexion	
8	250			250
		Inférieur	**Ductile** Aplatissement Schistosité Glissement Foliation	
18	600			570
		Domaine des migmatites	**Fluide** Écoulement Anatexie	

* L'état des matériaux apparaît en caractères gras.

NIVEAU STRUCTURAL SUPÉRIEUR

C'est le domaine où toutes les roches ont leur compétence maximale. Les matériaux ont un comportement fragile, et les fractures dominent. L'érosion et la sédimentation peuvent modifier les structures des roches.

NIVEAU STRUCTURAL MOYEN

Le mécanisme de déformation dominant du niveau structural moyen est la flexion. Les matériaux ont un comportement ductile à compétent.

NIVEAU STRUCTURAL INFÉRIEUR

Au sommet du niveau structural inférieur coexistent les schistosités de flux et les clivages de fracture, selon la nature des roches. C'est le domaine de l'aplatissement. À un niveau plus profond, on atteint la limite supérieure de la foliation (gneiss). Les stratifications sont largement effacées.

NIVEAU STRUCTURAL DES INFRASTRUCTURES

Dans ce niveau, les roches ont un comportement fluide. La foliation tend à être oblitérée par un changement d'état des matériaux. C'est le domaine des **migmatites** (voir le chapitre 7).

8.3 EXAMEN DE QUELQUES DÉFORMATIONS

Nous allons terminer ce chapitre en examinant certains éléments structuraux générés par l'action des contraintes et rencontrés fréquemment dans les roches. Ces éléments structuraux, planaires ou linéaires, apparaissent sous un régime de contraintes élevées et continues. Au chapitre 9, nous verrons que les principales structures de déformation sont les failles, les zones de cisaillement et les plis. L'encadré 8.1 présente un type particulier de plis : les plis en *kink*.

8.3.1 *Les structures planaires*

Les structures planaires d'origine tectonique sont très fréquentes dans les corps rocheux. Très souvent, il arrive que ces structures acquises secondairement par les roches se surimposent à des structures déjà présentes. Dans les roches sédimentaires, le plan S_0 correspond le plus souvent au plan de stratification. Il est également possible d'identifier le plan S_0 dans les roches volcaniques (surface d'écoulement, litage des pyroclastites). La première structure planaire qui se superpose sur le plan S_0 sera désignée S_1; la deuxième sera désignée S_2, et ainsi de suite. Pour décrire les structures planaires, on tient compte de leur morphologie, de leur caractère pénétrant ou non, de leur intensité et de leur régularité.

Les principales structures planaires d'origine tectonique sont la schistosité de flux, le clivage de fracture, le clivage de crénulation et la foliation.

SCHISTOSITÉ DE FLUX

La **schistosité de flux** caractérise les corps rocheux qui se débitent en minces feuillets parallèles (fig. 8.14). Il s'agit d'une structure pénétrante très commune. L'espacement des feuillets est inférieur à 1 mm et la taille des minéraux (quartz, micas, calcite) répartis sur les plans d'aplatissement est de l'ordre de

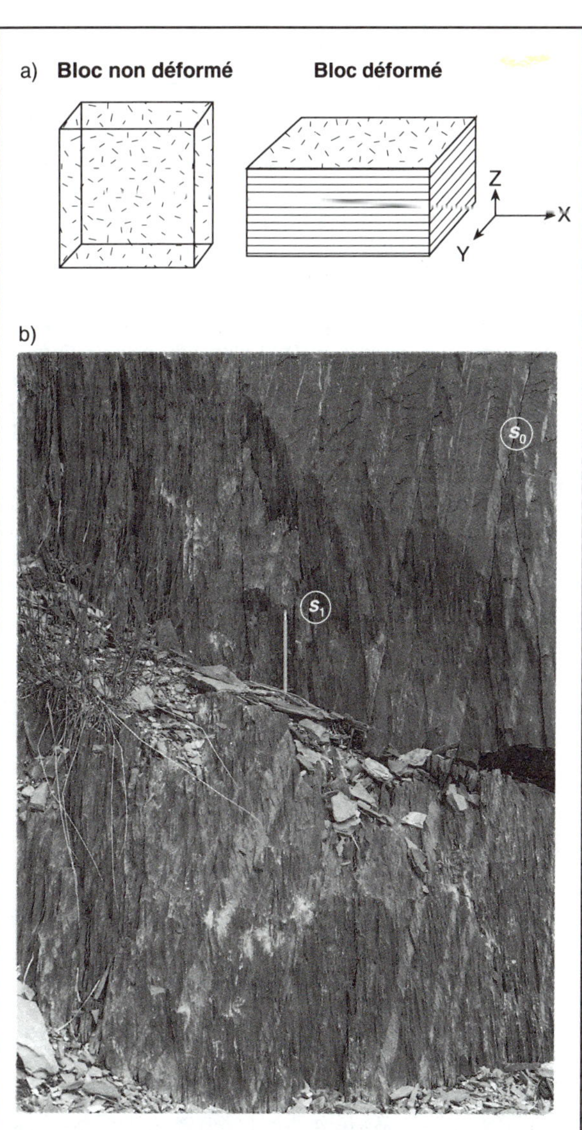

Figure 8.14 Schistosité de flux. En a), formation de la schistosité de flux, selon le plan XY, dans un corps rocheux placé dans un champ de contraintes orientées; en b), exemple de schistosité de flux. On notera comment la schistosité (S_1) subverticale identifiée par le crayon au centre recoupe la stratification oblique (S_0). Un plan de fracture, en haut à droite, tranche la schistosité et la stratification. Affleurement le long du rang IV Ouest, Stoke (Québec).

ENCADRÉ 8.1

LES PLIS EN *KINK*

par Robert Marquis

Un pli en *kink* est une structure asymétrique et non pénétrante, produite par la **rotation** d'une lamination ou d'une schistosité préexistante. Cet élément structural se développe lorsque les contraintes ne sont pas suffisamment fortes pour engendrer une schistosité de flux. Il s'agit d'une forme géométrique simple, très utile pour reconstituer le champ des contraintes (σ_1, σ_2 et σ_3).

La bande qui correspond spécifiquement au segment plissé est le *kink band*; il est limité par deux plans axiaux (*Pax*) subparallèles entre eux. Un *kink band* peut être simple ou conjugué. Dans tous les cas, il est oblique à la contrainte principale maximale σ_1. Dans le cas particulier des *kink bands* conjugués, σ_1 est la bissectrice de l'angle obtus entre les *kink bands* et σ_2 correspond à l'intersection des plans axiaux (*Pax*). La forme générale des *kink bands* varie en fonction de l'anisotropie des roches déformées et de l'angle θ. L'anisotropie est définie comme l'angle aigu entre σ_1 et le plan axial (*Pax*) d'un pli en *kink*. Quant à l'angle θ, il est mesuré entre σ_1 et l'attitude originelle des surfaces plissées (*S*). L'angle interne (γ) et l'angle externe (γ_k) sont deux autres paramètres utilisés pour décrire les *kink bands*.

Les plis en *kink* se rencontrent à toutes les échelles, depuis les cristaux jusqu'aux chaînes de montagnes. Dans le cas des cristaux, la formation d'un pli en *kink* se produit généralement sans changement de volume (l'anisotropie = $\gamma = \gamma_k$).

Kink bands conjugués
Pax
Anisotropie
γ γ_k
σ_1
S
σ_2
Limites du *kink band*
Premier *kink band*
Deuxième *kink band*

Plis en *kink*. Illustration de *kink bands* simples et conjugués. Identification de l'anisotropie, des plans axiaux (*Pax*) et des angles γ et γ_k. À volume constant, l'anisotropie γ est de 45° et l'angle θ est de 0° (d'après Suppe, 1985, p. 338).

Dans les roches, le développement des plis en *kink* s'accompagne la plupart du temps d'un changement de volume; on distingue alors les *kink bands* compressifs ou extensifs. Un *kink band* extensif se produit lorsque l'épaisseur initiale des surfaces plissées diminue régulièrement durant la déformation. Ce cas n'est pas le plus répandu. Il correspond à une asymétrie qui tend vers 90° et à angle θ qui tend vers 45°. Le cas le plus fréquent est celui du *kink band* compressif qui engendre d'abord une augmentation de volume par épaississement des surfaces plissées. Sur le terrain, cette augmentation de volume est mise en évidence par la présence de veines et de veinules limitées aux *kink bands*. L'augmentation maximale de volume est atteinte lorsque l'anisotropie tend vers 0, que θ est proche de 45° et que l'angle γ_k est égal à 90°. Au-delà de cette valeur pour γ_k, l'épaisseur des surfaces plissées diminue progressivement comme dans le cas des *kink bands* extensifs.

Dans bien des cas, le développement des plis en *kink* est rattaché à une déformation tardive, généralement post-métamorphique, possible à basse température; il traduit un comportement fragile des roches. Par conséquent, il n'est pas surprenant que le raccourcissement attribuable à la formation des plis en *kink* soit très faible (de l'ordre de 1 à 3 %).

Kink bands conjugués. Région de Chibougamau (Québec). (Photographie : Réal Daigneault, UQAC.)

quelques micromètres. La schistosité de flux se développe principalement dans les roches argileuses, très ductiles, par alignement préférentiel des minéraux lamellaires. Sa formation nécessite une surcharge rocheuse de plusieurs milliers de mètres d'épaisseur ainsi qu'une contrainte tectonique directionnelle. L'allongement, dans le plan de la schistosité, atteint ou dépasse couramment le rapport 2/1. Enfin, la rencontre de deux plans de schistosité a pour effet de débiter le massif rocheux en baguettes rectilignes, souvent appelées crayons ou frites (fig. 8.15). Le débit en frites peut également se produire à la rencontre d'une schistosité de flux et d'une fissibilité parallèle à la stratification.

Figure 8.15 Schistosité et débit en crayons. Le débit se forme par la rencontre des deux plans de schistosité; la longueur des crayons dépend de l'espacement entre les fractures de décompression qui sont tardives. Affleurement des Schistes de Mawcook, le long de l'autoroute 10, à la hauteur de Granby (Québec).

Les **ardoises** sont un bon exemple de roches dans lesquelles se développe facilement une schistosité de flux.

CLIVAGE DE FRACTURE

Le **clivage de fracture**[2] est une structure souvent discrète et peu pénétrante qui s'apparente beaucoup à des microfissures parallèles. Il présente un réseau de cassures développées dans les lits compétents des corps rocheux, formés d'alternances de lits compétents (fragiles) et de lits incompétents (ductiles). Simultanément au développement du clivage de fracture dans les lits fragiles, les lits ductiles acquièrent une schistosité de flux (fig. 8.16a). Dans le développe-

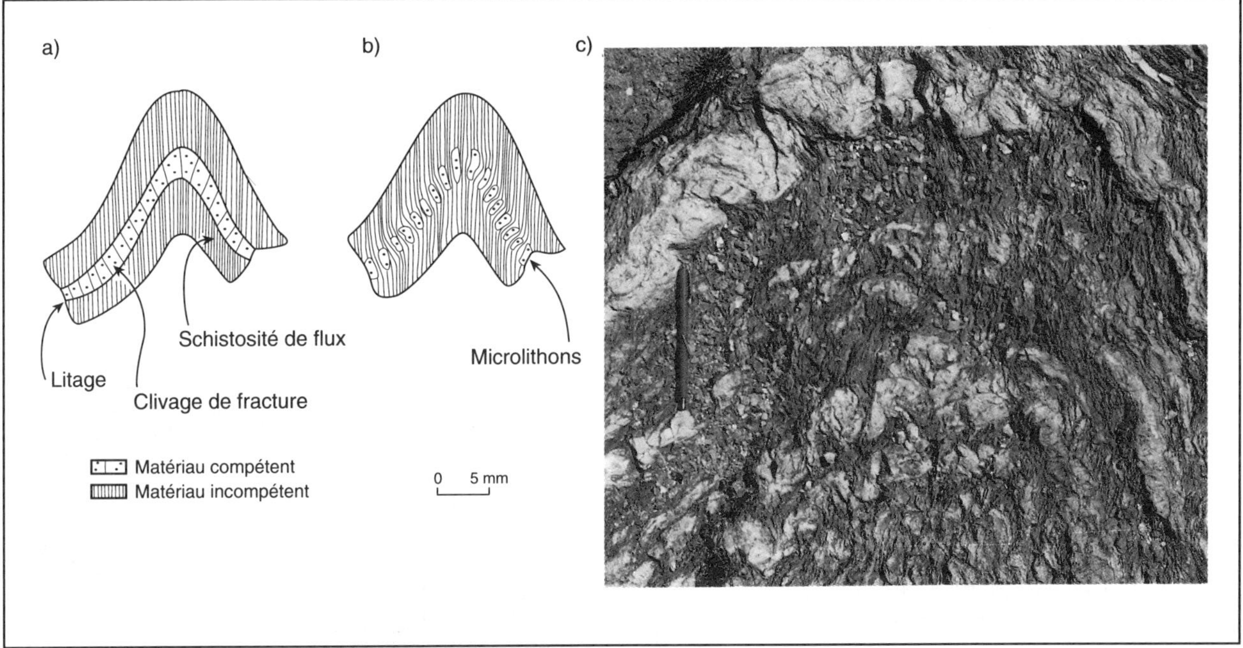

Figure 8.16 Clivage de fracture, réfraction et microlithons. En a), un clivage de fracture se développe dans les niveaux compétents alors que les niveaux incompétents montrent une schistosité de flux; l'angle entre les deux éléments structuraux donne la réfraction; en b), développement de microlithons par démembrement d'un matériau compétent; le litage originel est faiblement distinct; en c), exemple de plissement donnant naissance à une schistosité de flux dans les lits incompétents (foncés), à un clivage de fracture dans les lits compétents (pâles) décimétriques et à des microlithons dans les lits compétents centimétriques. Formation de Gilman, à Stukely-Sud. (Photographie : Robert Marquis, MER.)

2. Le mot clivage désigne un **plan**. Dans les roches, le plan est d'origine tectonique. Dans les minéraux, il est dû aux ruptures de liaisons atomiques faibles provoquées par des contraintes orientées.

ment du clivage de fracture, les lits compétents subissent un plissement plus intense que les lits incompétents. La résistance des lits compétents à la déformation produit des microfissures parallèles. Ces microfissures font un angle plus ou moins prononcé avec la schistosité de flux des lits incompétents selon que l'on se situe dans la charnière ou sur les flancs des plis. Il y a alors **réfraction** de la schistosité. Le clivage de fracture, dont l'espacement est centimétrique, individualise des volumes rocheux dépourvus de structure, les **microlithons** (fig. 8.16b). La figure 8.16c présente un exemple de déformation ayant produit tous ces types de déformation.

CLIVAGE DE CRÉNULATION

Le **clivage de crénulation** est une structure lâche qui résulte du microplissement d'une structure planaire pénétrante préexistante, comme la schistosité de flux (fig. 8.17). À l'échelle du corps rocheux, le clivage de crénulation est non pénétrant, car l'alignement nouveau des minéraux est surtout localisé sur les flancs des microplis. Il est généralement de type compressif et se forme par raccourcissement et plissement.

FOLIATION

La **foliation** est une structure planaire pénétrante qui se développe dans une roche métamorphique à la suite de la croissance de nouveaux minéraux. L'orientation de la contrainte maximale détermine l'alignement des minéraux et, par le fait même, celui du plan de foliation. Contrairement aux minéraux des ardoises, les minéraux d'une roche foliée sont généralement identifiables à l'œil nu ou à la loupe. Un type commun de roche foliée est formé d'alternances de lits micacés et de lits quartzo-feldspathiques d'origine métamorphique (fig. 8.18). La foliation entraîne une migration et une disposition nouvelle de la matière : c'est le litage tectonique.

8.3.2 *Les structures linéaires ou linéations*

On appelle **linéation** toute structure linéaire produite par l'action de contraintes orientées. Il peut s'agir de linéations d'intersection ou d'alignements de minéraux allongés, de taille et de nature diverses (linéation minérale).

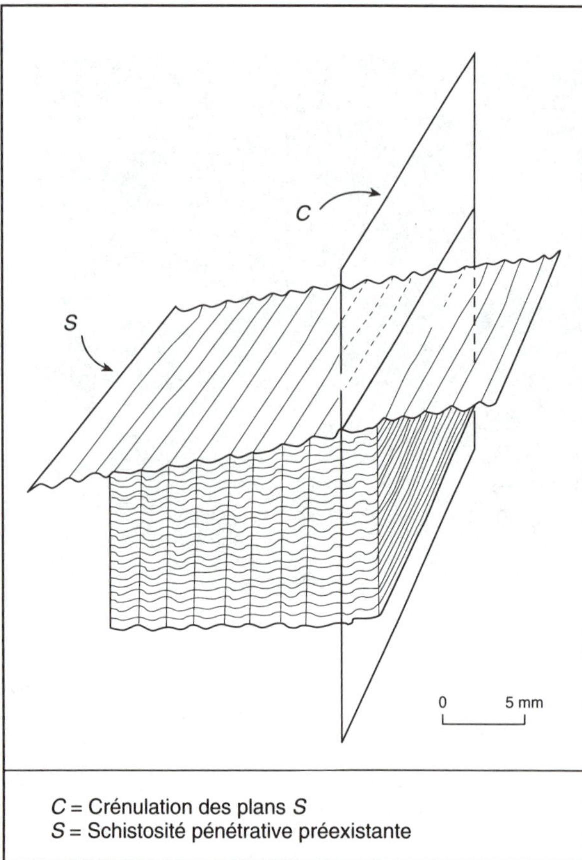

Figure 8.17 Clivage de crénulation. Bloc-diagramme montrant un clivage de crénulation (C) développé aux dépens d'une schistosité pénétrante préexistante (S).

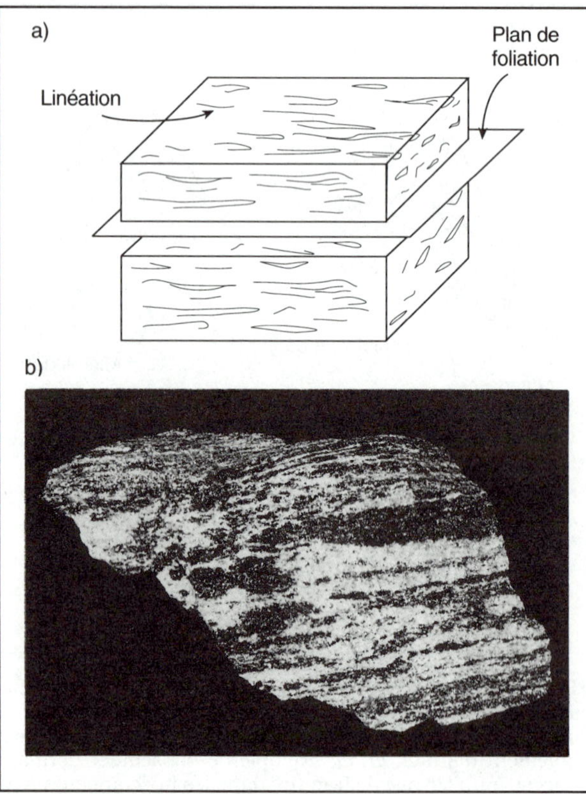

Figure 8.18 Foliation. En a), plan de foliation accompagné de linéation; en b), foliation dans une roche métamorphique (gneiss). La foliation est donnée par des alternances entre des lits de micas et de hornblende foncés, et des lits pâles de quartz et de feldspath. (Photographie : Marcel Labonté, collège de Sherbrooke.)

Il ne faut pas confondre linéation primaire et secondaire (tectonique). Ainsi, la fluidalité correspond à une linéation primaire de certaines laves donnée par l'orientation de microlites ou de cristallites disposés parallèlement à la direction d'écoulement.

La linéation peut s'observer dans la masse même d'un corps rocheux ou, plus souvent, sur un plan de schistosité ou de foliation. Par rapport à l'ellipsoïde de la déformation, la linéation se localise dans le plan XY. Nous en présentons deux types.

LINÉATIONS PARALLÈLES À L'AXE PRINCIPAL DE DÉFORMATION X

Il peut s'agir des linéations en **baguettes** (fig. 8.19). Ces linéations se présentent en agrégats de minéraux allongés, souvent riches en quartz; elles forment des alignements parallèles. D'autres linéations prennent la forme de stries parallèles, gravées par des objets durs lors de glissements couches sur couches.

LINÉATIONS PARALLÈLES À L'AXE PRINCIPAL DE DÉFORMATION Y

Il s'agit dans la plupart des cas de linéations d'intersection, de linéations de boudinage et de linéations de gaufrage (fig. 8.20). Les linéations d'**intersection** sont

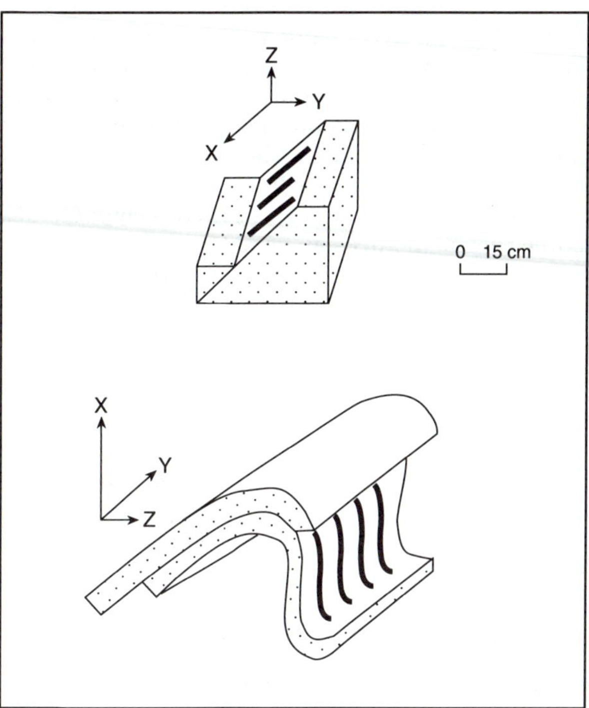

Figure 8.19 Linéations en baguettes développées selon l'axe X de la déformation.

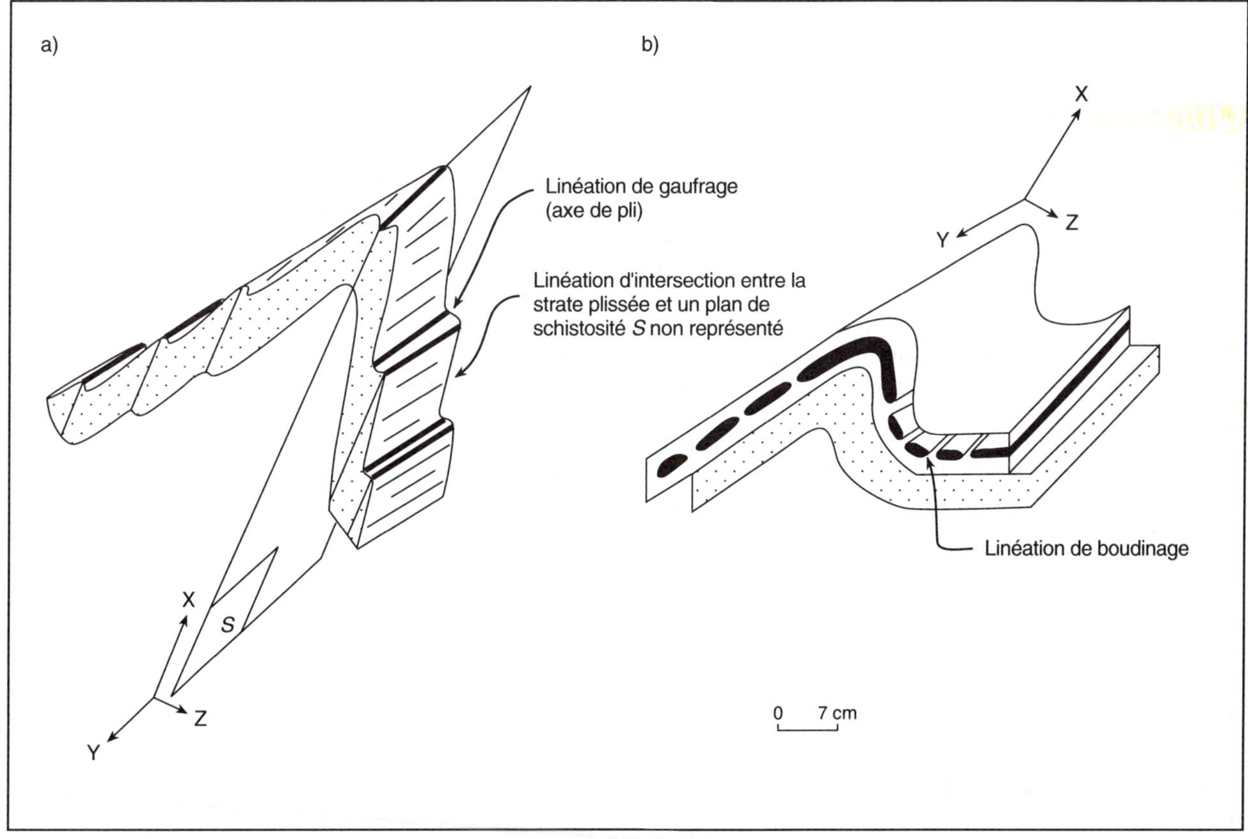

Figure 8.20 Linéations parallèles à l'axe principal de déformation Y. En a), linéations de gaufrage et linéations d'intersection; en b), linéations de boudinage. Toutes ces linéations s'orientent parallèlement à l'axe Y de l'ellipsoïde de déformation du pli.

le résultat du recoupement de deux plans. Les linéations de **gaufrage** correspondent à l'axe de petits plis serrés. La roche prend alors toutes les apparences d'une tôle ondulée. Ces deux types de linéations se développent dans des lits minces et incompétents. Quant aux linéations de **boudinage**, elles se développent dans des couches compétentes étirées et fragmentées au sein d'une matrice moins compétente. Elles se présentent en grosses baguettes parallèles.

CONCLUSION

Nous avons vu les fondements de l'analyse structurale des corps rocheux déformés. Souvenons-nous que la notion de niveau structural ne fait que présenter un schéma global des changements de comportement des roches de l'écorce lorsque les conditions de pression et de température varient. D'autres facteurs, notamment les caractéristiques lithologiques intrinsèques des corps rocheux, interviennent pour déterminer le type de déformation.

VOCABULAIRE

Anatexie
Anisotrope
Aplatissement
Ardoise

Cinématique
Cisaillement
Clivage de crénulation
Clivage de fracture
Coaxiale
Compression
Contrainte

Déformation
Diagramme de Flinn
Ductile

Écoulement
Élastique
Ellipsoïde
Étirement

Foliation
Force
Fragile

Isotrope

Limite d'élasticité
Linéations
Lithostatique

Microlithons
Migmatites

Niveau structural
Non coaxiale

Plastique

Rhéologie
Roche compétente
Roche incompétente

Schistosité de flux

Tension

Visqueux

QUESTIONS

1. Définissez la notion de contrainte. Précisez de quelles manières agissent les contraintes.
2. Quelle différence y a-t-il entre une déformation continue homogène et une déformation continue hétérogène ? Donnez des exemples de ces déformations dans les roches.
3. Dessinez l'ellipsoïde des contraintes et l'ellipsoïde de déformation qui correspondent à une déformation coaxiale et à une déformation non coaxiale. Dans chaque cas, identifiez clairement les vecteurs de contraintes et les axes de déformation.
4. Définissez et illustrez les quatre mécanismes élémentaires de la déformation.
5. Nommez et décrivez les principales structures planaires reconnues dans les corps rocheux.
6. Vrai ou faux ?
  a) Les roches ductiles sont souvent qualifiées de compétentes.
  b) Généralement, les roches sont plus résistantes en tension qu'en compression.
  c) Les microlithons se développent dans les lits incompétents des corps rocheux.
  d) La schistosité de flux est pénétrante.
  e) Les linéations sont nécessairement associées à la déformation.

RÉFÉRENCES BIBLIOGRAPHIQUES

OUVRAGES RECOMMANDÉS

1. Gidon, M.
1987 : *Les structures tectoniques*. Orléans, BRGM, Manuels et méthodes nº 15, 208 p.
Un livre complet et très didactique. L'index du livre renferme les termes anglais traduits dans le texte. Niveau avancé.

2. Park, R. G.
1989 : *Foundations of Structural Geology.* Routledge, Chapman & Hall, 160 p.
Excellent volume de base qui présente l'essentiel de la géologie structurale.

3. Nicolas, A.
1989 : *Principes de tectonique.* 2ᵉ éd., Paris, Masson, 223 p.
Bon petit livre de niveau avancé.

AUTRES SOURCES D'INFORMATION CONSULTÉES

Heard, H. C.
1960 : « Transition from Brittle to Ductile Flow in Solenhofen Limestones, as a Function of Temperature, Confining Pressure, and Interstitial Fluid » dans *Geological Society of America,* Memoir 79.

Mattauer, M.
1973 : *Les déformations des matériaux de l'écorce terrestre.* Paris, Hermann, coll. Méthodes, 493 p.

Means, W. D.
1979 : *Stress and Strain.* New York, Springer-Verlag, 339 p.

Ramsay, J. G. et Huber, M. I.
1983 : *The Techniques of Modern Structural Geology.* Vol. 1 : *Strain analysis.* Londres, Academic Press, 307 p.

Sibson, R. H.
1977 : « Fault Rocks and Mechanisms » dans *Geological Society of London Quaternaly Journal,* vol. 133, p. 191-214.

Suppe, J.
1985 : *Principles of Structural Geology.* Englewood Cliffs, N. J., Prentice-Hall, 537 p.

CHAPITRE 9

LES FAILLES, LES ZONES DE CISAILLEMENT ET LES PLIS

Les disciplines des sciences de la Terre dont l'objectif n'est pas essentiellement historique ou appliqué se classent assez naturellement en deux catégories selon qu'elles s'attachent à décrire la structure ou la composition des objets naturels. Ainsi, la géophysique, la cristallographie, la tectonophysique et la géologie structurale ou tectonique, la géomorphologie, et pour une large mesure, la sédimentologie se consacrent à l'étude des structures naturelles et à leur évolution, tandis que la géochimie, la minéralogie, la pétrologie visent à préciser la composition et l'évolution chimique des objets naturels. Une étude complète de l'objet géologique doit intégrer ces deux aspects.

A. Nicolas, *Principes de tectonique.*

Objectifs pédagogiques

Au terme de ce chapitre vous devriez connaître :

- le mécanisme responsable des failles;
- les trois principaux types de failles;
- les principaux indicateurs cinématiques des zones de cisaillement;
- les mécanismes responsables de la genèse des plis;
- la notion d'isogone de pendage;
- les trois principales classes de plis et leur genèse.

Au cours des temps géologiques, les continents ont subi plusieurs phases de déformations. Le cycle des roches (voir le chapitre 7) témoigne bien des continuelles transformations des matériaux de l'écorce terrestre. Les contraintes auxquelles sont soumises les roches se traduisent par un cortège de déformations qu'il est possible d'étudier autant à l'échelle du grain qu'à celle de l'ensemble d'un corps rocheux. Ce chapitre est consacré à l'étude des principales structures de déformation qui découlent des contraintes : les failles, les zones de cisaillement et les plis.

L'étude de la disposition actuelle des roches dans l'espace et des modifications d'attitude que celles-ci ont subies est l'objet de la **tectonique** ou **géologie structurale**. Cette science a pour but de décrire et d'analyser les structures observables en surface et de proposer des extrapolations quant au prolongement de ces structures en profondeur. Elle se donne aussi pour tâche de comprendre la nature et l'origine de ces structures, d'étudier les différents mécanismes des déformations, de quantifier l'intensité de celles-ci et d'établir des modèles prévisionnels. Les études tectoniques peuvent se réaliser à différentes échelles selon la dimension des objets étudiés. C'est ainsi que la microtectonique se pratique à l'échelle de l'échantillon et des affleurements. La tectonique plus classique étudie les mégastructures, telles les chaînes de montagnes. Enfin, la géotectonique ou tectonique globale étudie les déformations de l'écorce terrestre à partir des modèles expliquant la mobilité des plaques.

9.1 LES FAILLES

Les failles sont des ruptures accompagnées d'un mouvement relatif de deux compartiments distincts. Le mouvement peut être de l'ordre du millimètre, du mètre, du kilomètre ou même de la centaine de kilomètres.

Les failles sont des déformations discontinues. Elles résultent du comportement fragile des roches soumises à des contraintes de cisaillement suffisamment élevées pour engendrer une déformation permanente. Elles diffèrent des diaclases qui produisent comme elles une fracture des corps rocheux, mais sans mouvement des compartiments.

Le vocabulaire de la tectonique distingue la faille, la zone de failles et la zone de cisaillement (fig.9.1). Dans une **faille**, il est possible de mettre en évidence une surface de rupture nette. Une **zone de failles** comprend plusieurs failles parallèles ou anastomosées. Enfin, dans une **zone de cisaillement**, les blocs rocheux ont subi un déplacement, mais sans faire apparaître de failles visibles. Les zones de cisaillement se développent là où les roches sont dans des conditions ductiles. Dans la pratique, les termes faille et zone de cisaillement sont souvent employés l'un pour l'autre. Les deux expressions servent en quelque sorte à exprimer un déplacement à l'intérieur d'un corps rocheux. Il existe aussi des cas intermédiaires que l'on peut qualifier de fragile-ductile, où les deux types de déformation coexistent.

9.1.1 Description des éléments géométriques des failles

Les principaux éléments géométriques nécessaires pour décrire les failles sont illustrés à la figure 9.2. Une faille (au sens strict) comporte deux compartiments décalés de part et d'autre d'une surface de faille. La valeur du décalage est le rejet.

- La **surface** de faille est la discontinuité où se fait le décalage. Il s'agit le plus souvent d'une zone où se produit le cisaillement, dont l'épaisseur peut varier de quelques millimètres à plusieurs mètres. Assez souvent, on peut assimiler la surface de faille à un plan.
- Les compartiments sont les deux parties séparées de la faille ayant subi un déplacement relatif. Quand le plan de faille est incliné, cas de loin le plus commun, on nomme les compartiments toit et mur. Le **toit** est le compartiment au-dessus du plan de faille et le **mur** est le compartiment au-dessous.
- Les **lèvres** sont les véritables surfaces limites du toit et du mur. Elles sont parfois polies par le frottement et montrent, lorsque l'érosion les dégage, des **miroirs** de faille. Souvent, les miroirs de faille portent des marques dues au mouvement des compartiments. Ce sont des **tectoglyphes**. Parmi ces marques, on note des stries. Les tectoglyphes permettent assez souvent de déterminer la direction et le sens du déplacement relatif du toit et du mur.
- Le **rejet** (AB sur la figure 9.2) donne le déplacement net relatif des deux compartiments séparés. Il est la somme vectorielle du rejet incliné (AD) et du rejet

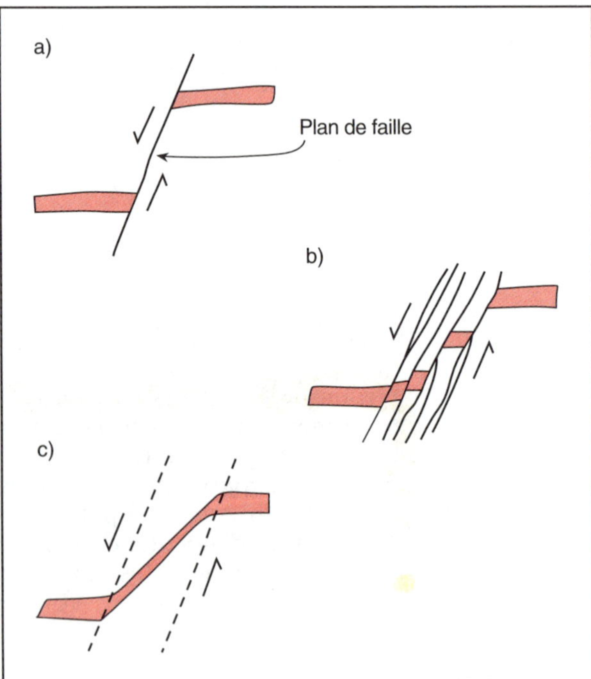

Figure 9.1 Failles et zone de cisaillement. En a), faille; en b), zone de failles; en c), zone de cisaillement (d'après Hobbs *et al.*, 1976, p. 300).

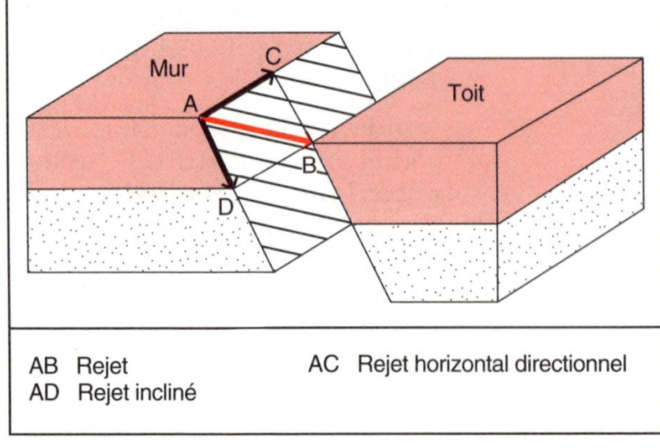

Figure 9.2 Les principaux éléments géométriques d'une faille. En hachuré, le plan de faille. Les compartiments déplacés sont le toit et le mur. Le rejet réel (AB) est la somme vectorielle du rejet incliné (AD) et du rejet horizontal directionnel (AC ou DB).

horizontal directionnel (AC ou DB). Le rejet mesure toujours un **mouvement relatif** des deux compartiments séparés. Il est impossible de connaître la nature précise du mouvement, à savoir si le toit et le mur ont bougé, si le toit seul a bougé, etc.
- La **trace** de faille est l'intersection du plan de faille et de la surface du sol.

9.1.2 *Le mécanisme des failles*

Comme nous l'avons indiqué précédemment, les failles (au sens strict) sont la manifestation d'un comportement fragile des roches. Elles se produisent donc près de la surface ou encore à faible profondeur. Par opposition, les zones de cisaillement se développent à une plus grande profondeur, là où la pression de confinement est forte.

Les expériences sur la rupture en compression de cylindres (éprouvettes) de roche permettent de mieux cerner les relations qui existent entre les contraintes. Elles permettent aussi de voir de quelle façon apparaissent les fractures et de quelle manière se disposent ces fractures dans la masse rocheuse. Pour ces expériences, les éprouvettes sont placées dans une enceinte cylindrique fermée et elles baignent dans l'huile. Cette huile sert à maintenir une pression de confinement interne constante. Une presse soumet les éprouvettes à des contraintes de compression, et le raccourcissement de l'éprouvette mesure la déformation. La figure 9.3a illustre l'appareil qu'on utilise pour effectuer ces essais. Quant à la figure 9.3b, elle présente des cylindres de marbre qu'on a soumis à des essais, sous diverses valeurs de contraintes de compression et de pression de confinement.

Dans la majorité des roches, les fractures conjuguées obtenues par cisaillement qui correspondent à des surfaces de faille forment un angle d'environ 30° avec la direction de la contrainte maximale. Cet angle ne peut pas dépasser 45°. Il est plus petit dans les roches compétentes et plus grand dans les roches incompétentes.

Ainsi, les failles correspondent à des fractures de **cisaillement** causées par trois contraintes agissant perpendiculairement les unes par rapport aux autres. Ces contraintes sont appelées σ_1, σ_2 et σ_3; σ_1 symbolise la contrainte maximale, σ_2 la contrainte intermédiaire et σ_3 la contrainte minimale. On peut les représenter par l'ellipsoïde des contraintes défini au chapitre 8.

À l'échelle de l'écorce terrestre, deux grands moteurs sont susceptibles de produire des contraintes de cisaillement : la pesanteur, qui engendre une contrainte maximale verticale, et les déplacements des plaques responsables de contraintes tangentielles à la surface terrestre. Comme les possibilités d'orientation moyenne des contraintes sont limitées, elles

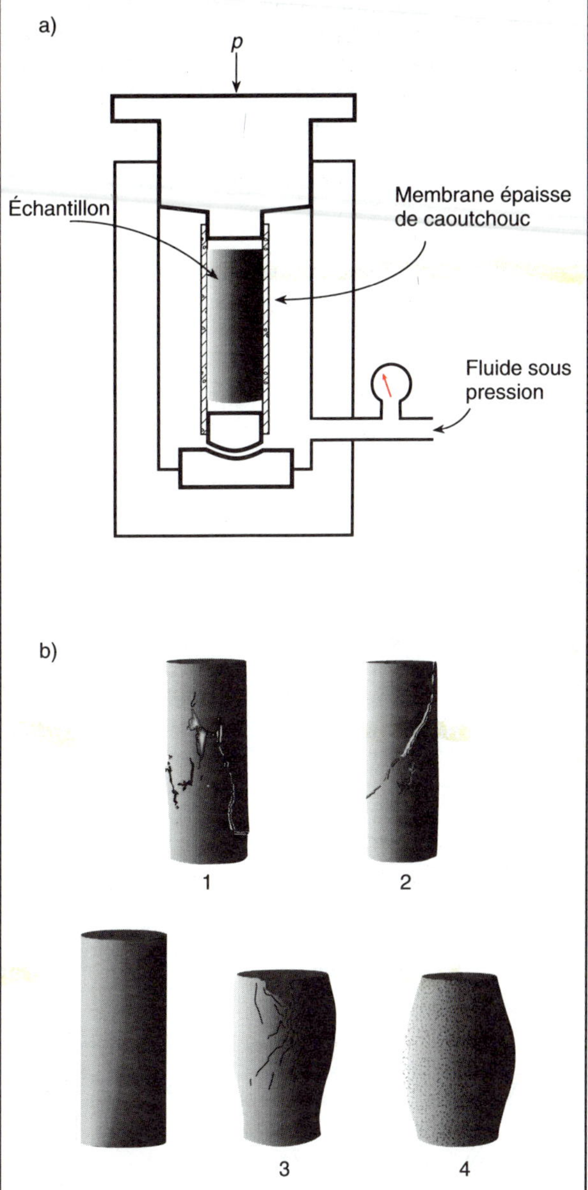

Figure 9.3 Essais de rupture en compression de cylindres de roche. En a), schéma simplifié d'une presse triaxiale utilisée pour briser des cylindres de roche à une pression de confinement constante; en b), cylindres de marbre soumis à des contraintes de compression et à des pressions de confinement croissantes. Le cylindre 1, brisé à la pression atmosphérique, montre des fractures de tension subparallèles à la direction de la contrainte; le cylindre 2, soumis à une contrainte de compression de 100 MPa et à une pression de confinement de 3,5 MPa, a subi une fracture de cisaillement simple. Les cylindres 3 et 4 sont raccourcis de 20 %; le cylindre 3, sous une contrainte de 150 MPa et une pression de confinement de 28 MPa, montre des fractures de cisaillement conjuguées; le cylindre 4, soumis à une pression de confinement de 100 MPa et à une contrainte de 200 MPa, présente un déformation ductile. Cependant, à l'échelle microscopique, la déformation est encore le résultat de l'effet cumulé de ruptures discontinues. À gauche du cylindre 3, on peut voir un cylindre non déformé, dont le diamètre est de 5 cm et la longueur de 130 cm (d'après Paterson, 1958, p. 467 et planche 1).

permettent de définir trois régimes tectoniques[1] principaux, responsables des déformations de l'écorce, auxquels on associe trois orientations différentes de l'ellipsoïde des contraintes et trois régimes de failles : extensif, compressif et coulissant. De ces régimes de failles découlent trois types de failles : normales, inverses et de décrochement (fig. 9.4).

– Le régime **extensif** correspond à des mouvements tangentiels d'écartement. Il induit un allongement horizontal accompagné d'un amincissement de l'écorce. À l'échelle régionale, la contrainte maximale (σ_1) est verticale et les contraintes intermédiaire et minimale (σ_2 et σ_3) sont tangentielles. Ce régime est celui des failles normales.

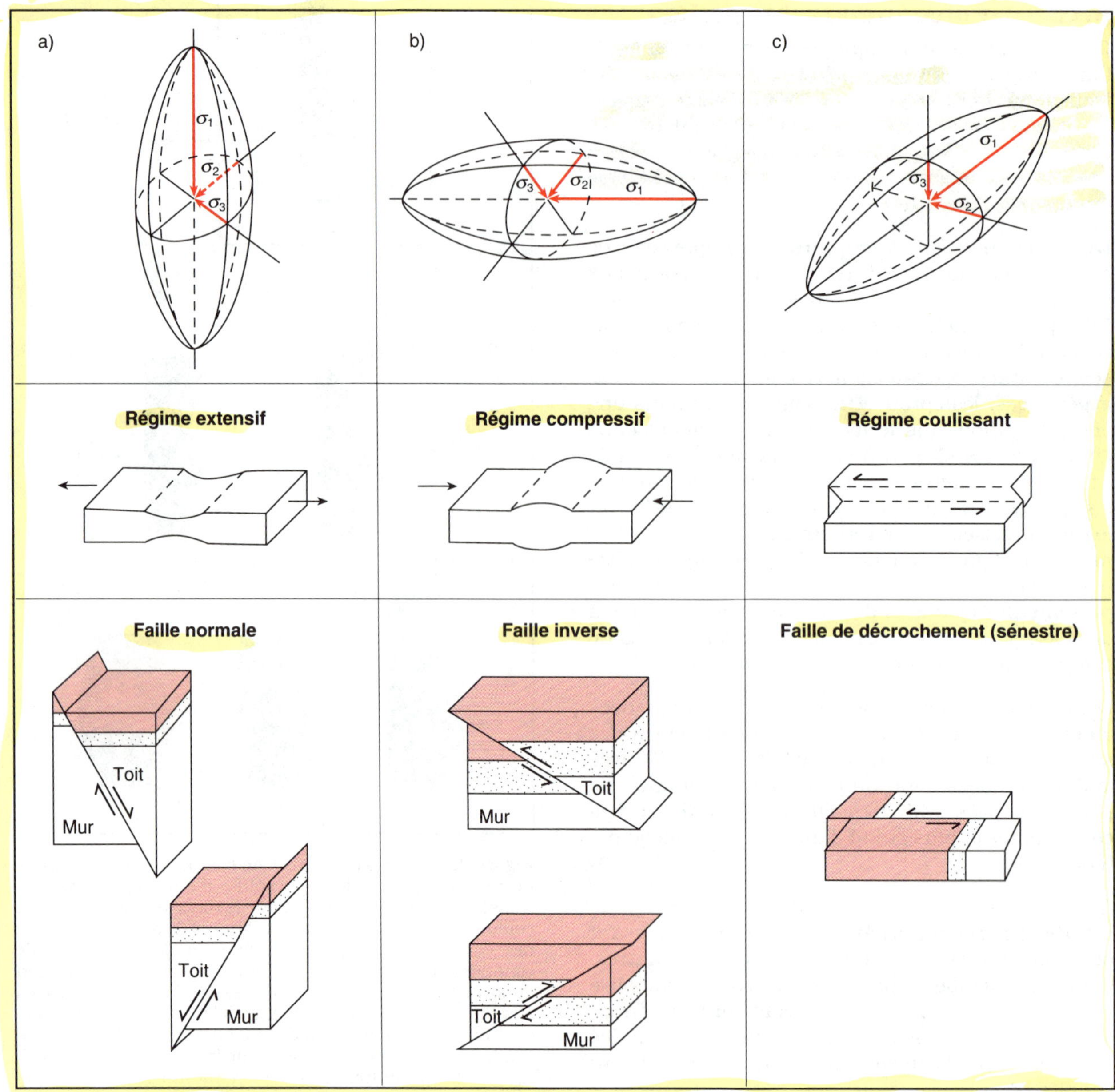

Figure 9.4 L'orientation de l'ellipsoïde des contraintes, les régimes tectoniques régionaux et les trois types de faille. En a), on reconnaît le régime extensif (amincissement de l'écorce), domaine des failles normales; en b), le régime compressif (épaississement de l'écorce), domaine des failles inverses; en c), le régime coulissant (décalage de blocs d'écorce), domaine des failles de décrochement (d'après Gidon, 1987, p. 28, pour les régimes tectoniques).

1. Les notions sur les régimes tectoniques sont tirées de M. Gidon, *Les structures tectoniques*, 1987, p. 28.

- Le régime **compressif** correspond à des mouvements tangentiels de rapprochement. Il induit un raccourcissement horizontal et un épaississement de l'écorce. À l'échelle régionale, les contraintes maximale et intermédiaire (σ_1 et σ_2) sont tangentielles et la contrainte minimale(σ_3) est verticale. Ce régime est celui des failles inverses.
- Le régime **coulissant** correspond à des mouvements tangentiels horizontaux. Il n'induit ni allongement ni raccourcissement de l'écorce, mais simplement un déplacement horizontal coulissant. À l'échelle régionale, les contraintes maximale et minimale (σ_1 et σ_3) sont tangentielles et la contrainte intermédiaire (σ_2) est verticale. Ce régime est celui des failles de décrochement.

Ces trois types de régimes tectoniques trouvent leur application non seulement à une échelle régionale mais également dans des configurations plus locales. Ils définissent en effet trois environnements tectoniques différents auxquels on peut rattacher les trois principales catégories de failles.

Figure 9.5 Faille normale dans des sédiments fluvioglaciaires de la région de Sherbrooke (Québec).

9.1.3 *Les catégories de failles*

En plus de tenir compte de la géométrie de l'ellipsoïde de déformation et de la géométrie de l'ellipsoïde des contraintes pour l'étude des failles, on doit également tenir compte de certains autres paramètres. Le principal critère à retenir est le type de rejet qui matérialise la déformation, car il renseigne sur le régime tectonique qui régnait au moment où celle-ci s'est formée.

Pour les failles normales et inverses, le rejet est **transversal** et pour les failles de décrochement, le rejet est **longitudinal**.

FAILLES NORMALES

Les failles normales (fig. 9.4a et 9.5) correspondent à des cisaillements en régime extensif. Dans une faille normale, le toit s'abaisse relativement au mur. Outre le déplacement vertical, une faille de ce type crée une extension horizontale, d'autant plus importante que le pendage de la faille est faible. Près de la surface terrestre, le pendage d'une faille normale est d'environ 60°. Au fur et à mesure que l'on s'enfonce en profondeur, il arrive que la surface de faille s'incurve et devienne subhorizontale. La faille est alors dite **listrique**.

Il n'est pas rare de rencontrer des regroupements de failles normales qui produisent une structure où se côtoient des grabens et des horsts (fig. 9.6).

Un **graben** est un fossé d'effondrement limité par des failles normales. Les plans de faille sont inclinés vers la partie centrale effondrée. On utilise le terme **rift** pour désigner les grabens dont la longueur est d'au moins 100 km et la largeur d'au moins 10 km.

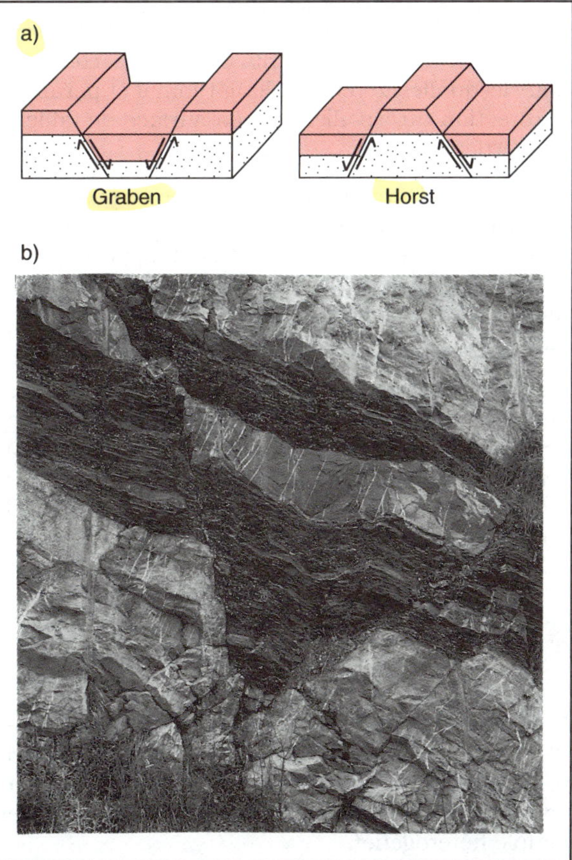

Figure 9.6 Graben et horst. En a), schémas d'un graben et d'un horst; en b), petit graben dans des roches sédimentaires à la hauteur de Rivière-du-Loup (Québec), le long de l'autoroute 20 Est.

Un **horst** comprend une série de compartiments limités par des failles normales, avec une partie centrale exhaussée par rapport aux bordures. Les plans de faille sont inclinés vers la partie externe de la structure surélevée.

Les conditions de formation des failles normales sont commandées par des systèmes d'ouverture de l'écorce terrestre, par exemple là où les plaques s'écartent les unes des autres, comme c'est le cas actuellement pour le rift est-africain ou pour celui de la mer Rouge.

Au Québec, un réseau de failles normales séparent les Basses-Terres du Saint-Laurent du Bouclier canadien.

Figure 9.7 Faille inverse dans la région de Matapédia, en Gaspésie (Québec). (Photographie : Pierre St-Julien, Université Laval.)

FAILLES INVERSES

Les failles inverses (fig. 9.4b et 9.7) correspondent à des cisaillements en régime compressif. Dans une faille inverse, le toit s'élève relativement au mur. Une faille de ce type crée un raccourcissement horizontal. Son pendage est d'environ 30°.

FAILLES DE DÉCROCHEMENT

Les failles de décrochement (fig. 9.4c et 9.8) correspondent à des cisaillements en régime coulissant pour lesquelles le rejet est longitudinal et parallèle à la direction du cisaillement. La surface de faille est subverticale.

Une faille de décrochement est dite dextre ou sénestre. Elle est **dextre** si, en regardant vers la trace de faille, l'horizon repère du compartiment opposé semble s'être déplacé vers la droite. Elle est **sénestre** si ce même horizon repère semble s'être déplacé vers la gauche.

Il existe également une catégorie de failles de décrochement qui se forment exclusivement à la frontière de deux plaques : les failles transformantes. Nous y reviendrons au chapitre 17. Enfin, l'encadré 9.1 fait le point sur le repérage géométrique des éléments planaires.

Figure 9.8 Faille de décrochement du Grand Pabos dans le nord de la Gaspésie. On peut suivre la trace de cette faille orientée d'est en ouest sur plus de 140 km de longueur, de la rivière Nouvelle jusqu'à la baie du Petit Pabos. (Photographie : Michel Malo, INRS-Géoressources.)

9.2 *LES ZONES DE CISAILLEMENT*

Une **zone de cisaillement** est une structure tabulaire d'épaisseur variable dont la longueur peut atteindre une centaine de kilomètres; cette zone occupe un couloir de déformation correspondant à un cisaillement simple hétérogène[2].

2. L'information sur les zones de cisaillement est tirée en grande partie du document de Réal Daigneault, *Déformation et cisaillement : concepts et applications*, 1991.

ENCADRÉ 9.1

LE REPÉRAGE GÉOMÉTRIQUE DES ÉLÉMENTS PLANAIRES

Les éléments planaires sont nombreux dans la nature. Dans les roches, ils sont matérialisés principalement par les plans de stratification, les plans de failles, les diaclases, les dykes et les foliations. La géologie structurale se pratiquant sur le terrain par l'étude des affleurements, il est essentiel de se familiariser avec la manière de mesurer l'orientation des éléments planaires dans l'espace. Tout élément planaire, quel qu'il soit, se définit géométriquement par son **attitude**, c'est-à-dire par sa direction et par son pendage.

La **direction** d'un élément planaire est donnée par l'azimut d'une ligne horizontale contenue dans ce plan. La direction se mesure à la boussole, et sa valeur peut varier entre 0° et 360° par rapport au Nord géographique.

Le **pendage** est l'angle maximal ou de plus grande pente d'un élément planaire avec l'horizontale. Le pendage est toujours mesuré perpendiculairement à la direction en appliquant la règle dite de la main droite. Cette règle veut que le pendage se trouve toujours à droite de la direction. Ainsi, dans le cas d'un pendage vers l'est, la direction est mesurée vers le nord. Si le pendage est vers l'ouest, on mesure la direction vers le sud (180°) pour garder le pendage à droite. La figure 1 illustre les notions de direction et de pendage.

La figure 2 montre différentes représentations de l'épaisseur réelle et de l'épaisseur apparente d'une strate rocheuse en fonction de son pendage et de la pente du terrain. L'épaisseur d'une strate observée en plan correspond à son épaisseur réelle seulement lorsque ces deux éléments planaires sont perpendiculaires entre eux. Dans tous les autres cas, l'épaisseur apparente sera plus grande que l'épaisseur réelle. L'épaisseur visible d'une strate vue en plan est bien souvent une épaisseur apparente à cause de la relation angulaire entre le pendage de la strate et la surface du terrain.

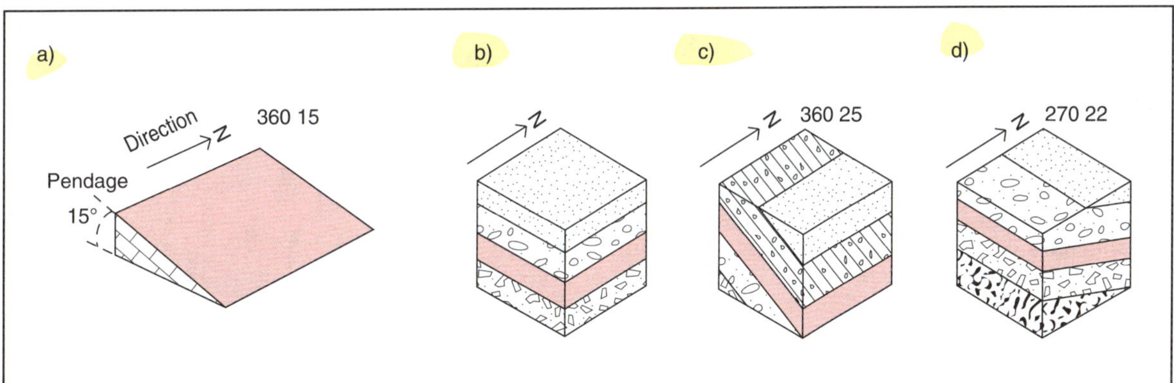

Figure 1 En a), direction et pendage des strates rocheuses. La direction est N 360° et le pendage 15° E. En appliquant la règle de la main droite, on écrit ces deux valeurs ainsi : 360 15. En b), strates horizontales; en c), strates de direction N 360° (N-S) avec un pendage de 25° E (360 25); en d), strates de direction N 270° (E-W) avec un pendage de 22° N (270 22).

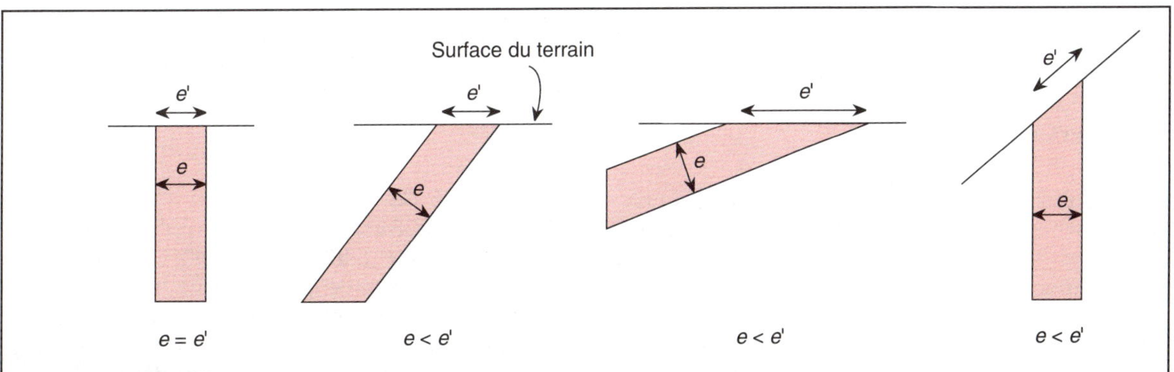

Figure 2 Différentes représentations d'épaisseur réelle (e) et d'épaisseur apparente (e') de strates rocheuses en fonction de leur pendage et de la surface du terrain.

9.2.1 Éléments de définition

Une zone de cisaillement montre une déformation variable et progressive de l'extérieur de la zone vers le centre. Le couloir déformé est compris dans une **enveloppe** à l'intérieur de laquelle la direction du cisaillement est matérialisée par des déformations distinctes ou par des plans réguliers que l'on désigne par la lettre *C*. Au sein de cette enveloppe, la schistosité, que l'on désigne par la lettre *S*, fait un angle avec la direction du cisaillement (fig. 9.9a). Pour comprendre la géométrie et la cinématique d'une zone de cisaillement, on doit tenir compte de la relation angulaire entre le cisaillement, (*C*), et la schistosité, (*S*). Cette relation angulaire tient au fait que la schistosité est le résultat d'une déformation coaxiale, tandis que le cisaillement est le résultat d'une déformation non coaxiale. Le cisaillement optimal sur un plan donné est obtenu à partir d'une contrainte principale (σ_1) faisant un angle de 45° avec ce plan. La schistosité, quant à elle, forme un angle identique avec la direction du cisaillement. Elle est donc subperpendiculaire à la compression maximale. La contrainte maximale exercée sur un plan oblique produit nécessairement un déplacement le long de ce plan. Il se trouve que la schistosité est entraînée et prend un aspect sigmoïde. La figure 9.9b montre qu'un mouvement continu sur le plan de cisaillement tend à diminuer l'angle entre la schistosité et le cisaillement.

Le plan dans lequel se trouve la relation angulaire entre la schistosité et le cisaillement représente le plan de mouvement principal. Enfin, dans une zone de cisaillement, les linéations d'étirement traduisent la direction du transport (fig. 9.10).

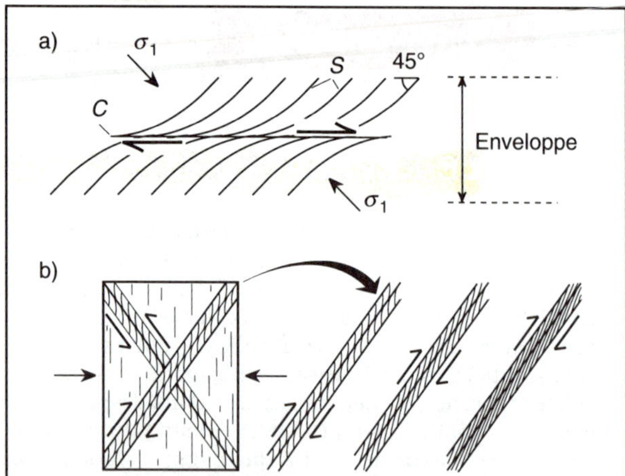

Figure 9.9 Zone de cisaillement. En a), une zone de cisaillement comprend une enveloppe à l'intérieur de laquelle se concentre le cisaillement. Entre le plan de cisaillement, (*C*), et la schistosité, (*S*), se développe une relation angulaire. En b), le mouvement continu sur le plan de cisaillement tend à diminuer l'angle entre la schistosité, (*S*), et le cisaillement, (*C*) (d'après Daigneault, 1991, p. 25).

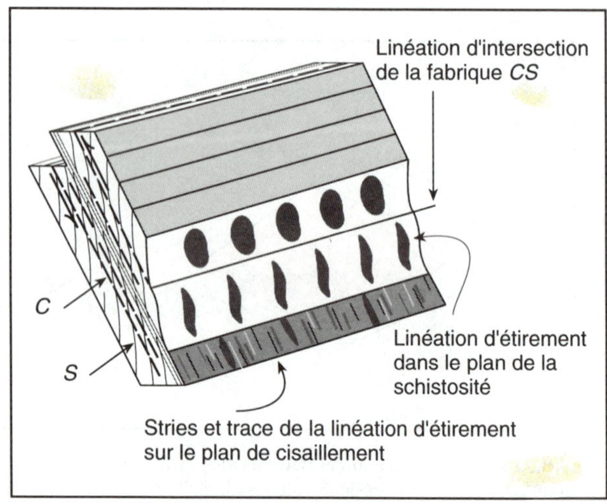

Figure 9.10 Relation entre la schistosité et le cisaillement dans une zone de cisaillement à mouvement inverse. L'intersection des plans *C* et *S* donne une linéation d'intersection horizontale et perpendiculaire à la linéation d'étirement. Les stries se forment en milieu fragile et les étirements en milieu ductile (d'après Daigneault, 1991, p. 26).

9.2.2 Les indicateurs cinématiques

Voyons maintenant les principaux éléments qui permettent de diagnostiquer le sens du mouvement dans les zones de cisaillement.

> Les structures mégascopiques ou microscopiques susceptibles d'indiquer le sens du mouvement dans une zone de cisaillement sont nommées **indicateurs cinématiques**.

Les indicateurs cinématiques sont souvent les cristaux des roches. La figure 9.11 présente des exemples qui montrent tous une composante sénestre, soit un mouvement vers la gauche.

Il faut prendre soin de bien interpréter ces structures. Elles donnent souvent des indications contradictoires. Pour éviter des erreurs, il est préférable de mesurer des indicateurs différents et de répéter les mesures sur plusieurs affleurements.

FABRIQUE CS

La fabrique *CS* est la relation entre le cisaillement, *C*, et la schistosité, *S* (fig.9.11a). On a vu précédemment que la schistosité est perpendiculaire à la contrainte maximale, σ_1, et que le cisaillement fait un angle maximal de 45° avec cette même contrainte. La direction du mouvement s'obtient donc en simulant une contrainte dans une direction perpendiculaire à la schistosité et en observant la résultante sur le plan de cisaillement.

ROTATION DE CRISTAUX

La rotation de cristaux est un processus qui concerne les minéraux des roches métamorphiques qui croissent sous un régime de contraintes non coaxiales. Dans leur développement, les porphyroblastes incorporent progressivement de la matière de la roche ambiante, et il se forme des traînées d'inclusions. La géométrie des traînées indiquera d'abord le sens du mouvement, puis la relation chronologique entre le métamorphisme et la déformation. Si la traînée d'inclusion est rectiligne, cela signifie que le cristal s'est formé avant le mouvement. Si la traînée d'inclusion est de forme sigmoïde, cela signifie que le cristal est contemporain du mouvement. Dans le premier cas, on dit que la croissance du cristal est précinématique (ou prétectonique) et dans le second cas qu'elle est syncinématique (ou syntectonique) (fig. 9.11b).

OMBRES DE PRESSION ASYMÉTRIQUES

Les ombres de pressions asymétriques se développent généralement dans les roches foliées. Leur croissance est favorisée par la présence de petits corps rigides logés dans une matrice plus ductile. Dans un régime de déformation non coaxiale, les ombres de pression asymétriques sont susceptibles de fournir des indications sur le sens du cisaillement. On reconnaît deux types principaux d'ombres de pression asymétriques : le type sigma et le type delta. L'ombre

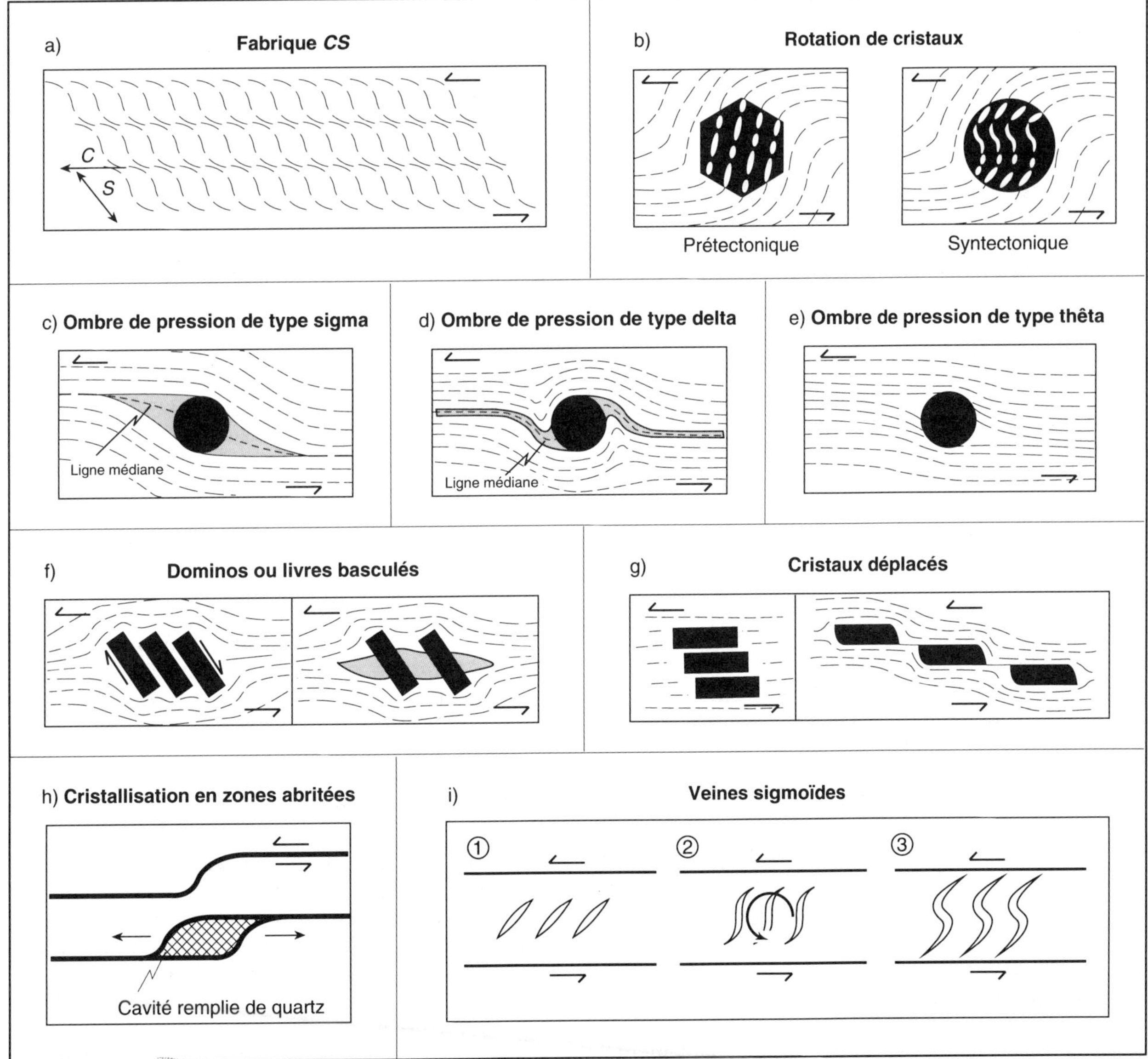

Figure 9.11 Principaux indicateurs cinématiques. Toutes les structures rendent compte d'un mouvement sénestre (d'après Ramsay et Huber dans Daigneault, 1991, p. 31).

de pression de type sigma se développe avec peu ou pas de rotation. Elle se termine par des pointes qui indiquent la direction du mouvement (fig. 9.11c). L'ombre de pression de type delta se développe sur un corps en rotation (fig. 9.11d). Enfin, on reconnaît un troisième type d'ombre de pression : le type thêta. Ce type se distingue des deux autres par l'absence de queue visible. Il montre plutôt des perturbations asymétriques de la matrice qui tendent à s'empiler sur les flancs opposés du noyau résistant (fig. 9.11e).

DOMINOS OU LIVRES BASCULÉS

Les structures en dominos ou en livres basculés se forment par glissement le long de discontinuités orientées obliquement par rapport au sens du cisaillement (fig. 9.11f). Il est important de noter que le mouvement observé le long de ces discontinuités (dextres), devenues des microfailles, est l'inverse du mouvement principal (sénestre).

CRISTAUX DÉPLACÉS

Il s'agit du déplacement de cristaux tronqués dans le plan de la foliation principale. À cette échelle, les cristaux déplacés indiquent le mouvement principal (fig. 9.11g).

CRISTALLISATION EN ZONES ABRITÉES

Le cisaillement de surfaces irrégulières peut donner lieu à l'ouverture de cavités qui sont immédiatement comblées par du quartz ou d'autres minéraux de remplissage (fig. 9.11h).

VEINES SIGMOÏDES

Une veine d'extension qui s'ouvre dans une zone de cisaillement subit une rotation qui engendre une forme sigmoïde. En théorie, le plan de la veine forme un angle de 45° avec la direction du plan *C*. Si l'ouverture se poursuit pendant la déformation progressive, les extrémités de la veine demeurent en équilibre avec le système de contrainte externe alors que le cœur plus ancien subit une rotation engendrée par le cisaillement. On obtient ainsi des veines sigmoïdes typiques d'une genèse synchrone du cisaillement. Généralement, les veines sont en échelon; elles sont confinées à un couloir dont la direction est celle de la zone de cisaillement (fig. 9.11i). Le plus souvent, les veines sont remplies de quartz (fig. 9.12) ou de calcite. Il peut arriver que l'aspect sigmoïde soit inversé si le cisaillement s'exerce en périphérie de la veine plutôt qu'au cœur.

ROTATION DE BOUDINS

On a vu que les boudins se forment par étirement d'horizons compétents logés dans un encaissant moins compétent. Repris par une contrainte de cisaillement, les boudins peuvent subir une rotation compatible avec le sens du cisaillement. La figure 9.13 montre des boudins ayant subi une rotation dans une composante de cisaillement sénestre. Précisons que l'interprétation des boudins est souvent délicate; elle doit se faire de concert avec les autres indicateurs cinématiques.

Figure 9.12 Veines sigmoïdes. Veines de quartz sigmoïdes indiquant un mouvement sénestre. (Photographie : Robert Daigneault, UQAC.)

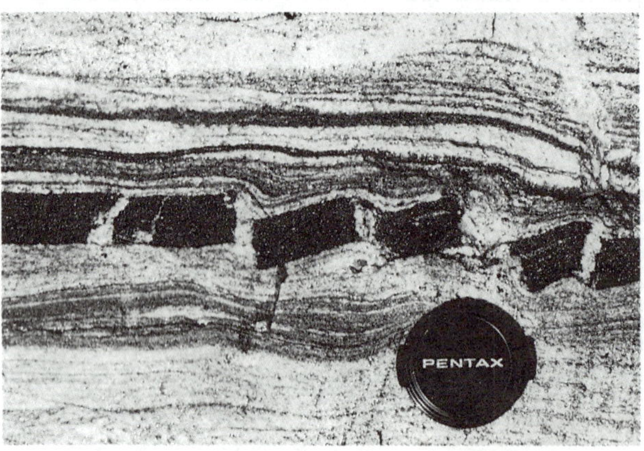

Figure 9.13 Rotation de boudins. Les boudins, préalablement formés par des contraintes de tension, ont été repris dans une zone de cisaillement à mouvement sénestre et ont subi une rotation. Boudins formés dans un dyke de diabase logé dans des orthogneiss de la province de Grenville. Affleurement dans la région de Dolbeau, Lac-Saint-Jean (Québec). (Photographie : Étienne L. Martin, collège d'Alma.)

9.3 *LES PLIS*

Les **plis** sont des déformations continues formées d'ondulations plus ou moins serrées. Ils sont la manifestation d'un comportement ductile des roches. Ils se présentent à toutes les échelles, depuis le millimètre jusqu'à la dizaine de kilomètres, et ont des formes variées.

Très communs, les plis sont le moyen le plus simple d'absorber une contrainte de compression horizontale pour des strates rocheuses ductiles. Pour qu'un pli soit mis en évidence dans les roches, il faut que celles-ci présentent au moins un horizon repère. En général, les plis sont formés par l'ondulation de toute une famille de surfaces. Certaines structures des roches métamorphiques, les surfaces de stratification des roches sédimentaires et occasionnellement des roches volcaniques sont le domaine par excellence des plis. Les chaînes de montagnes montrent toujours des roches plissées.

9.3.1 *Éléments géométriques des plis*

Comme pour les failles, la description et l'étude des plis fait appel à un certain nombre d'éléments géométriques que nous allons définir. La figure 9.14 montre une vue en coupe et une vue en perspective d'une surface plissée. Sur la vue en coupe, on détermine :

- le point de crête, c'est-à-dire le point de la surface plissée qui occupe la position la plus élevée par rapport à une ligne horizontale de référence;
- le point de creux, c'est-à-dire le point de la surface plissée qui occupe la position la plus basse par rapport à une ligne horizontale de référence;
- le point de courbure maximale, c'est-à-dire le point de la surface plissée où la courbure[3] atteint une valeur maximale;
- le point d'inflexion, c'est-à-dire le point où la courbure de la surface plissée s'inverse.

Sur la vue en perspective, on distingue :

- la ligne de crête, c'est-à-dire la ligne qui joint les points de crête successifs pour une surface donnée;
- la ligne de creux, c'est-à-dire la ligne qui joint les points de creux successifs pour une surface donnée;
- la charnière, c'est-à-dire la ligne qui joint les points de courbure maximale successifs pour une surface donnée;
- la surface axiale, c'est-à-dire la surface qui regroupe des charnières successives. Lorsque la surface est planaire, on peut utiliser l'expression *plan axial*;
- la ligne d'inflexion, c'est-à-dire la ligne qui joint les points d'inflexion successifs pour une surface donnée;
- les flancs, c'est-à-dire les côtés de la surface courbée de part et d'autre de la charnière.

Les charnières, tout comme les lignes de crêtes et de creux, peuvent être rectilignes ou courbées, et les charnières adjacentes peuvent être parallèles ou convergentes. Toute section de la surface plissée perpendiculaire à une charnière s'appelle le profil du pli.

9.3.2 *Les formes externes des plis*

On distingue deux formes externes de plis : les plis cylindriques et les plis non cylindriques.

Si la surface plissée semble être produite par le déplacement dans l'espace d'une ligne (la génératrice) qui reste parallèle à une charnière, les plis sont dits **cylindriques**. Les autres types de plis sont dits **non cylindriques**; leurs surfaces plissées ne sont plus le résultat du déplacement dans l'espace d'une génératrice qui reste parallèle à elle-même.

Sur des distances relativement faibles, la plupart des plis peuvent être divisés en segments considérés comme cylindriques. Par contre, si un pli non cylin-

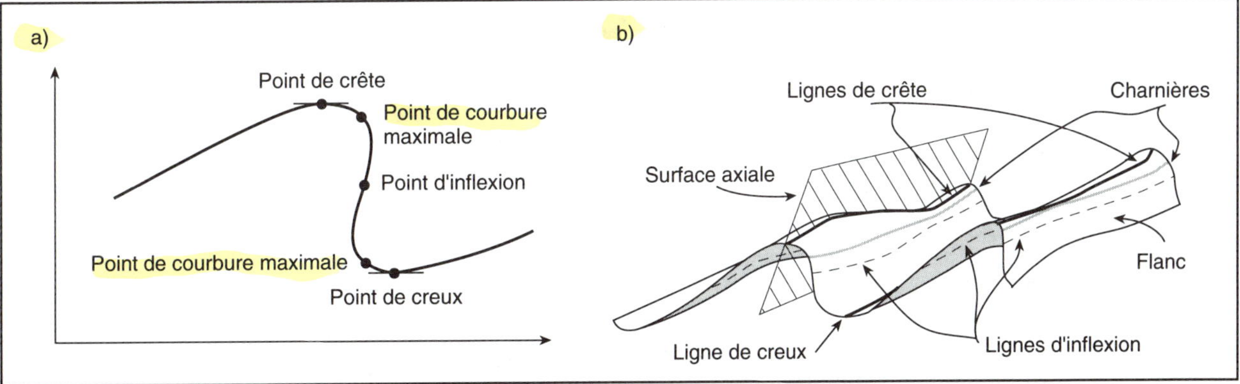

Figure 9.14 Les éléments géométriques d'une surface plissée. En a), vue en coupe et en b), vue en perspective (d'après Ramsay, 1967, p. 346).

3. On peut évaluer la courbure d'un cercle de cette façon : le rayon de courbure d'un cercle est égal à son rayon; plus le rayon de courbure est petit, plus la courbure est grande ou prononcée. Inversement, plus le rayon de courbure est grand, plus la courbure est faible ou petite.

drique décrit un cône, on parlera de pli conique. La figure 9.15 illustre ces deux formes de plis.

Dans les plis cylindriques, l'attitude de l'axe du pli est définie par sa direction et son plongement. L'axe et la charnière du pli peuvent être horizontaux, verticaux ou obliques. L'angle de plongement de la charnière ou de l'axe du pli est mesuré à partir de l'horizontale, tout comme le pendage d'une couche. Dans les plis non cylindriques, il n'y a pas un seul axe de pli mais plusieurs axes qui convergent vers l'apex du cône.

9.3.3 Description des plis cylindriques

Les paramètres suivants servent à décrire et à cataloguer les plis : polarité des courbures, taille, attitude de l'axe, du plan axial et des flancs, et angle d'ouverture.

POLARITÉ DES COURBURES

D'après la courbure de la surface repère, on distingue l'antiforme et la synforme.

> Une **antiforme** est un pli qui se ferme vers le haut. La concavité est tournée vers le bas. Une **synforme** est un pli qui se ferme vers le bas. La concavité est tournée vers le haut. Quand on connaît l'âge relatif des strates, on attribue le nom d'**anticlinal** à un pli antiforme dont le cœur est occupé par les strates les plus anciennes et le nom de **synclinal** à un pli synforme dont le cœur est occupé par les strates les plus jeunes.

Lorsque des séries renversées sont plissées ou que des plis sont renversés, il est possible d'observer des synclinaux antiformes et des anticlinaux synformes.

La figure 9.16 montre les relations d'âge qui existent à l'intérieur de couches plissées en anticlinal et en synclinal.

TAILLE

La longueur d'onde est le meilleur moyen pour estimer la taille d'un pli (fig. 9.17a). On peut également mesurer son amplitude verticale. On distingue des plis régionaux (plurikilométriques), des plis locaux (kilométriques à hectométriques) et des plis mésoscopiques (décamétriques à centimétriques). Les plis observés au microscope sont dits microscopiques.

ATTITUDE DE L'AXE

Afin de bien décrire la disposition d'un pli cylindrique dans l'espace, il faut aussi connaître l'attitude de son axe (fig. 9.17b). D'après ce critère, le pli cylindrique est dit vertical, plongeant ou horizontal.

ATTITUDE DU PLAN AXIAL

Un pli est droit si son plan axial est vertical. Il est dit couché si son plan axial est horizontal. Entre les deux, on distingue le pli déjeté dont les flancs sont pentés en sens contraire et le pli déversé dont les flancs sont pentés dans le même sens (fig. 9.17c).

ANGLE D'OUVERTURE

L'angle d'ouverture des flancs d'un pli témoigne de l'intensité du plissement. Plus cet angle est petit (pli isoclinal = 0°), plus il témoigne d'une déformation intense (fig. 9.17d).

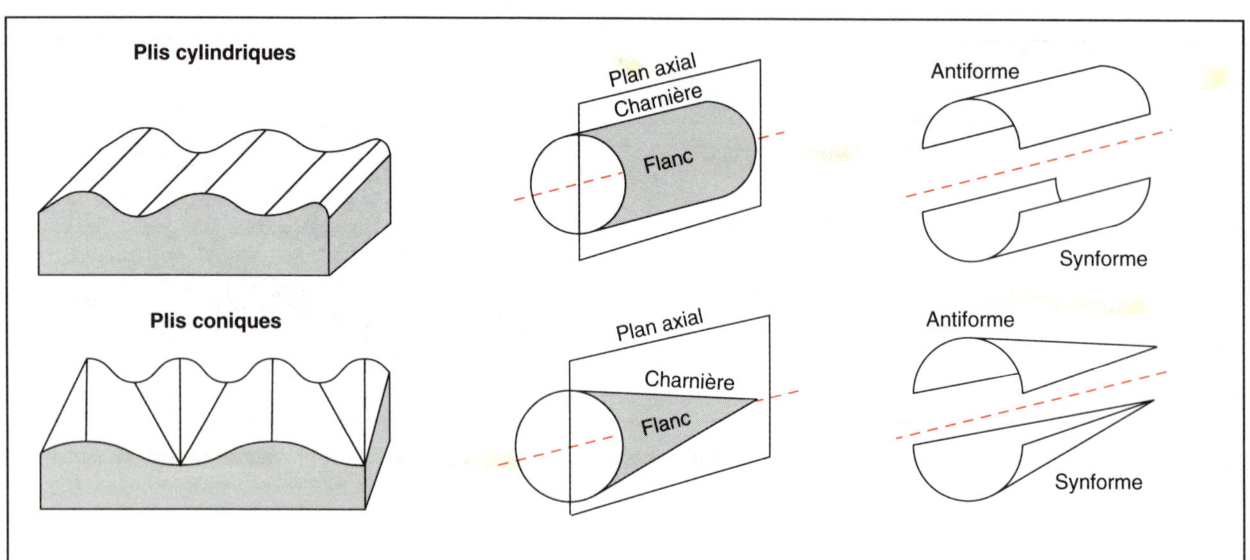

Figure 9.15 Les formes externes des plis. Illustration d'un pli cylindrique et d'un pli conique avec courbures des surfaces plissées correspondantes.

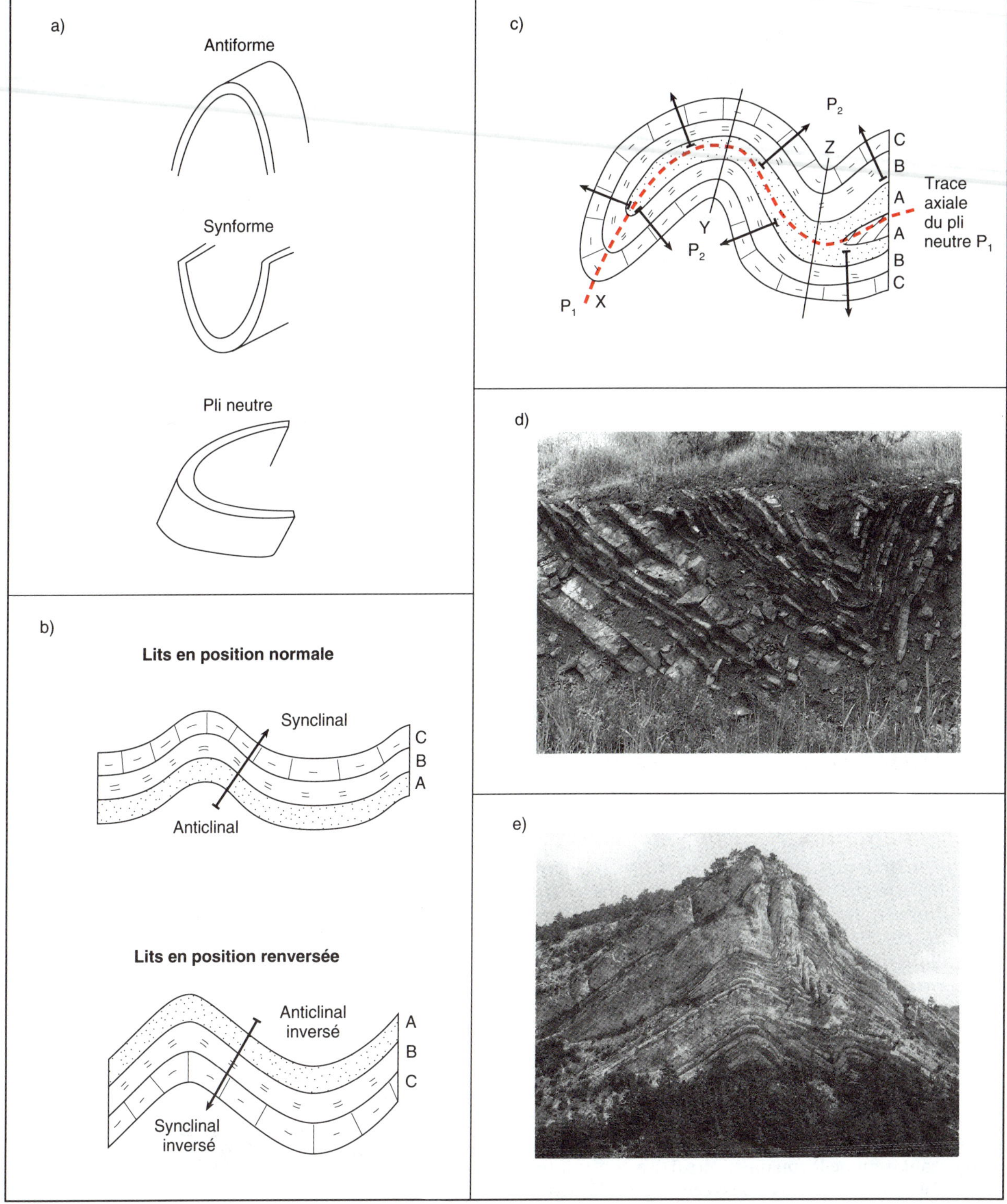

Figure 9.16 Anticlinal et synclinal. En a), antiforme, synforme et pli neutre. L'antiforme se ferme vers le haut et le synforme se ferme vers le bas; le pli neutre se ferme de côté. En b), plis dans une séquence dont on connaît la polarité stratigraphique. Dans la séquence en position normale (lits anciens à la base), la structure montre un anticlinal et un synclinal. Dans un anticlinal, le cœur du pli est occupé par les roches les plus vieilles et dans un synclinal, le cœur du pli est occupé par les roches les plus jeunes. Dans la séquence en position renversée (lits anciens au sommet), la structure montre un synclinal inversé et un anticlinal inversé. En c), exemple de plissements superposés : pli neutre P_1 montrant un anticlinal inversé P_1, en X, un synclinal inversé P_2 en Y et un synclinal en Z; en d), synclinal le long de l'autoroute 20 Est à la hauteur de Saint-Jean-Port-Joli (Québec); en e), anticlinal, dans le Gapençais, Hautes Alpes, au nord-ouest de Sisteron (France) (pour a) à c), d'après Park, 1989, p. 11; pour e), photographie : Étienne L. Martin, collège d'Alma).

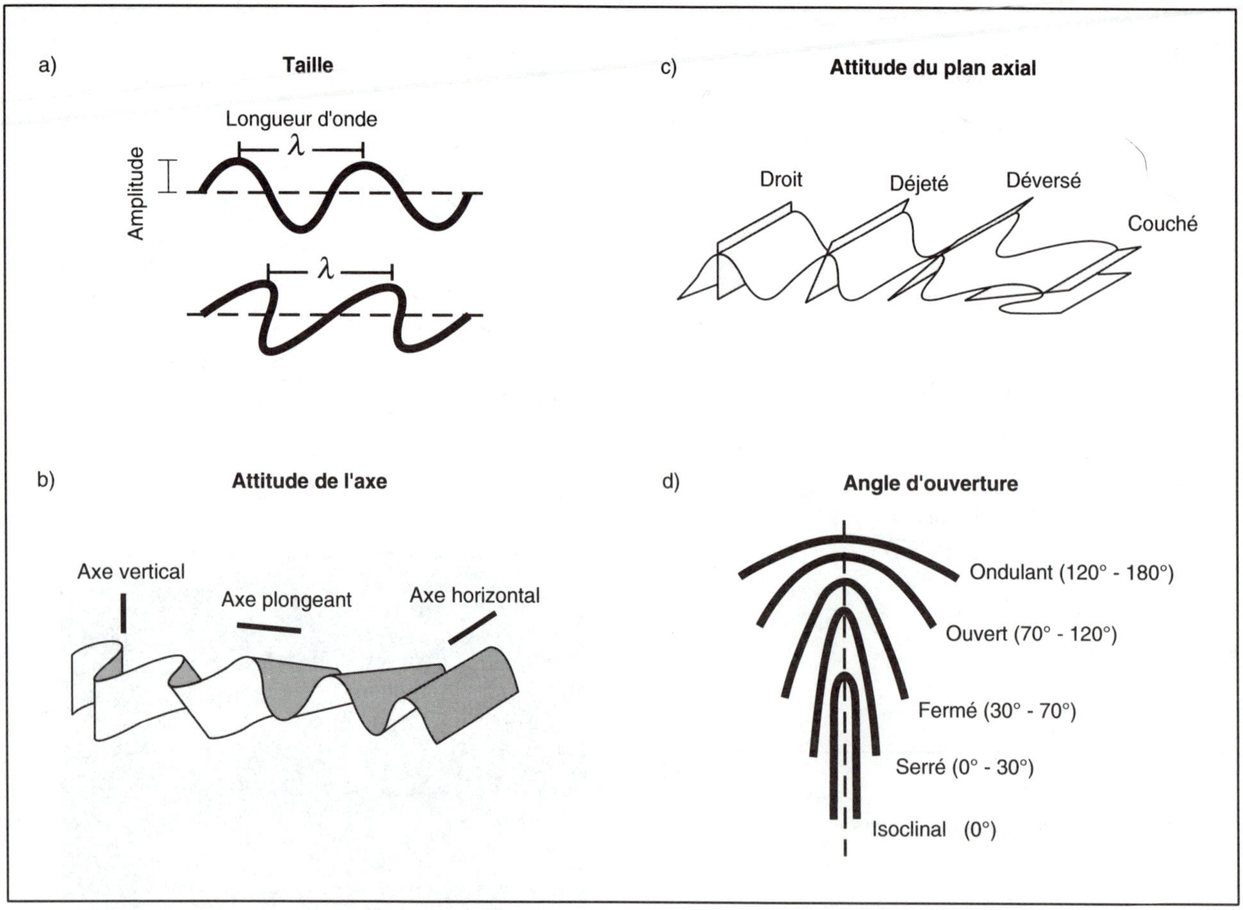

a) Taille
Longueur d'onde
Amplitude
λ

c) Attitude du plan axial
Droit
Déjeté
Déversé
Couché

b) Attitude de l'axe
Axe vertical
Axe plongeant
Axe horizontal

d) Angle d'ouverture
Ondulant (120° - 180°)
Ouvert (70° - 120°)
Fermé (30° - 70°)
Serré (0° - 30°)
Isoclinal (0°)

Figure 9.17 Principaux paramètres morphologiques servant à définir les plis. En a), taille; en b), attitude de l'axe; en c), attitude du plan axial; en d), angle d'ouverture (d'après Daigneault, 1991, p. 9).

9.3.4 *La genèse des plis*

Jusqu'à maintenant, nous avons décrit les plis d'un point de vue purement géométrique. Nous avons limité notre étude aux plis cylindriques et nous avons appris à classifier ceux-ci d'après différents critères. Nous allons maintenant établir un lien entre le champ des contraintes, la nature des matériaux et le style des plis.

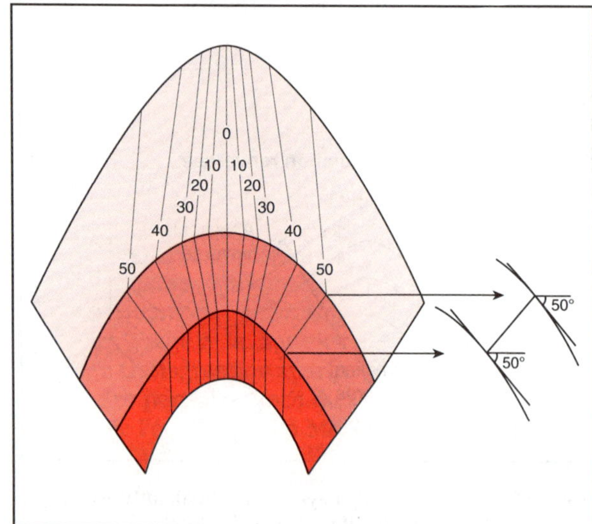

Figure 9.18 Les isogones de pendage. Pour obtenir le motif de dispersion des isogones de pendage, il faut mesurer le pendage des surfaces en différents points des flancs, puis relier sur le profil du pli les points de même pendage de surfaces adjacentes (d'après The Open University, 1972, p. 96).

CLASSIFICATION DES PLIS

Les structures plissées de grande envergure sont formées, pour la plupart, de matériaux de nature et d'épaisseur variables. Suivant leur nature, les matériaux réagissent de façon différente à des contraintes semblables. Les structures plissées de grande envergure sont donc des entités complexes, formées d'un assemblage de matériaux différents dont chacun peut présenter un comportement spécifique. Il est possible de produire une étude détaillée de tels plis en ayant recours à des critères géométriques que l'on appelle les isogones de pendage (fig. 9.18). Une fois tracées, les isogones de pendage dessinent des motifs de dispersion qui permettent de classifier les plis.

Les **isogones** de pendage sont les lignes qui relient les points de même pendage d'un ensemble de surfaces plissées adjacentes à l'intérieur d'un même pli. Les isogones forment ainsi une série de lignes brisées. Pour les dessiner, il faut mesurer le pendage des couches en différents points des flancs, puis relier les points de même pendage de surfaces adjacentes. Les deux surfaces qui délimitent une strate plissée sont qualifiées d'**extrados** pour le coté convexe, et d'**intrados** pour le côté concave.

La classification basée sur les isogones de pendage tient compte également de la courbure des surfaces plissées à l'extrados et à l'intrados, et de l'épaisseur relative des strates aux charnières et aux flancs des plis. En appliquant ces critères, il est possible de distinguer trois classes et trois sous-classes de plis (fig. 9.19).

Classe 1 Dans une couche plissée, la courbure de l'intrados est toujours plus grande que celle de l'extrados. Les isogones de pendage convergent vers le bas dans les antiformes et vers le haut dans les synformes.

Classe 2 Dans une couche plissée, la courbure de l'intrados est toujours égale à celle de l'extrados, si bien que les isogones de pendage sont parallèles entre elles.

Classe 3 Dans une couche plissée, la courbure de l'intrados est toujours plus petite que celle de l'extrados. Les isogones de pendage divergent vers le bas dans les antiformes et vers le haut dans les synformes.

Tous les plis rencontrés dans la nature, indépendamment de leurs dimensions et de leurs formes, appartiennent à l'une ou à l'autre des trois classes décrites[4]. Certaines classes et sous-classes sont cependant plus importantes, entre autres, les classes 1 et 2 et la sous-classe 1B. Nous verrons un peu plus loin l'importance de déterminer les variations d'épaisseur des niveaux plissés pour préciser cette classification des plis.

FORMATION DES PLIS

Voyons maintenant comment et dans quelles conditions se forment les plis.

Il est possible de reproduire expérimentalement la formation des plis en appliquant des contraintes sur des matériaux initialement non déformés. Établissons les relations entre ces contraintes et les déformations qu'elles génèrent. L'expérience consiste à placer un matériau compétent d'épaisseur limitée à l'intérieur d'un matériau ductile, de forte épaisseur. Si le système est placé dans un champ de contraintes anisotropes ($\sigma_1 > \sigma_2 > \sigma_3$), le matériau compétent se plisse. L'axe principal X de l'ellipsoïde de déformation est orienté perpendiculairement au plan défini par les axes Z et Y de ce même ellipsoïde. On note un certain nombre de déformations. Le matériau compétent se plisse avec formation d'une charnière et de flancs, tandis que le matériau ductile se moule sur cette structure. La charnière est parallèle à l'axe Y.

Fondamentalement, deux mécanismes différents sont à l'origine des plis : la **flexion** et le **cisaillement**. Ce dernier est produit par glissement ou par aplatissement, ou par les deux processus à la fois. L'intervention de l'un ou l'autre mécanisme est fonction de la compétence des roches. Les deux processus comportent plusieurs variantes et peuvent se combiner l'un avec l'autre:

- Le plissement par flexion s'accompagne de déformations de charnière ou de déformations de flancs (fig. 9.20a). Dans le cas d'une déformation de flancs, l'étirement des couches peut engendrer des linéations de boudinage et des linéations en baguettes.
- Le plissement par cisaillement simple hétérogène se produit par glissement, par aplatissement ou par les deux mécanismes à la fois (fig. 9.20b).

Voyons comment et dans quelles conditions les plis des trois classes décrites précédemment se forment.

PLIS DE CLASSE 1

Les plis de la classe 1 sont très fréquents; ils se forment dans les conditions de contraintes connues au niveau structural moyen. Les isogones de pendage de tous les plis de la classe 1 convergent vers la partie centrale du pli. Selon l'épaisseur des couches, les plis de la classe 1 se divisent en trois sous-classes (1A, 1B et 1C). Dans le cas des plis de la sous-classe 1A, l'épaisseur réelle des couches, c'est-à-dire celle mesurée en travers des flancs, est toujours supérieure à celle mesurée dans la zone de charnière. Dans les plis de la sous-classe 1B, les couches conservent la même épaisseur en tout point de la courbure; on les dit **isopaques** ou parallèles (fig. 9.21). Enfin, dans les plis de la sous-classe 1C, l'épaisseur réelle des couches est toujours plus grande dans la charnière que sur les flancs.

Pour bien comprendre le mode de formation des plis de la classe 1, analysons diverses situations.

Roches sédimentaires finement litées Dans ce cas, les plans de stratification ou limites entre des couches de compétence différente constituent autant de plans

4. Les notions de cette partie du chapitre sont tirées du volume de John G. Ramsay, *Folding and Fracturing of Rocks*, 1967.

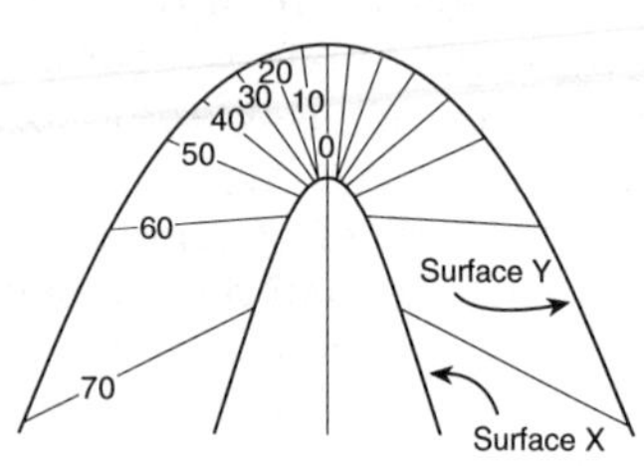

CLASSE 1

Sous-classe 1A

Les isogones de pendage sont fortement convergentes. L'épaisseur réelle des couches mesurée en travers des flancs est toujours supérieure à celle mesurée dans la zone de charnière. Les isogones convergent vers le bas dans les antiformes et vers le haut dans les synformes.

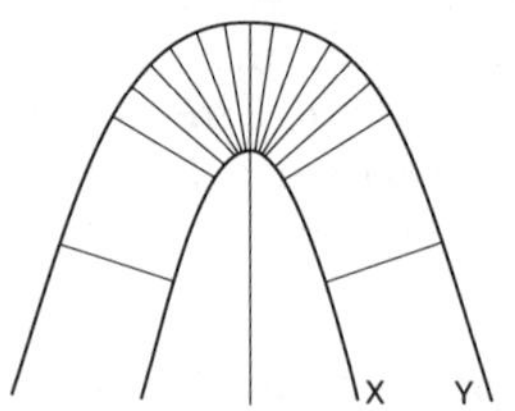

Sous-classe 1B

Les isogones de pendage sont convergentes. Ces plis sont aussi appelés *plis isopaques ou parallèles.* L'épaisseur réelle des couches est constante. Les isogones de pendage sont ainsi toujours perpendiculaires aux surfaces plissées et convergent vers le bas dans les antiformes et vers le haut dans les synformes.

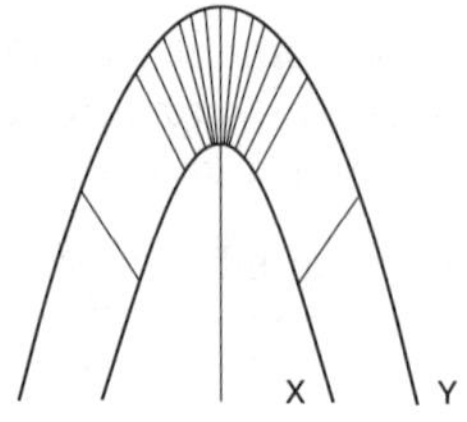

Sous-classe 1C

Les isogones de pendage sont faiblement convergentes. L'épaisseur réelle des couches mesurée en travers des flancs est toujours inférieure à celle mesurée dans la zone de charnière. Les isogones de pendage convergent vers le bas dans les antiformes et vers le haut dans les synformes.

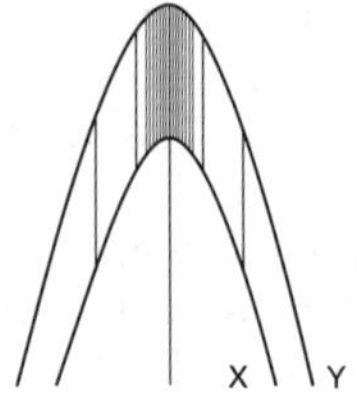

CLASSE 2

Les isogones de pendage sont parallèles entre elles. Ces plis sont aussi appelés *plis semblables.* La forme géométrique des surfaces plissées est identique. L'épaisseur des couches mesurée parallèlement à la surface axiale demeure constante. L'épaisseur réelle est cependant toujours plus petite sur les flancs que dans la zone de charnière. La courbure des surfaces plissées est aussi identique.

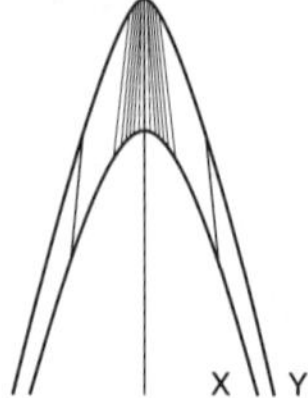

CLASSE 3

Les isogones de pendage sont divergentes. L'épaisseur des couches mesurée sur les flancs parallèlement à la surface axiale est toujours inférieure à celle mesurée le long des charnières. L'épaisseur réelle mesurée sur les flancs est aussi nécessairement inférieure à celle mesurée dans la zone de charnière.

Figure 9.19 Classification des plis en trois classes en fonction des isogones de pendage (d'après Ramsay, 1967, p. 365).

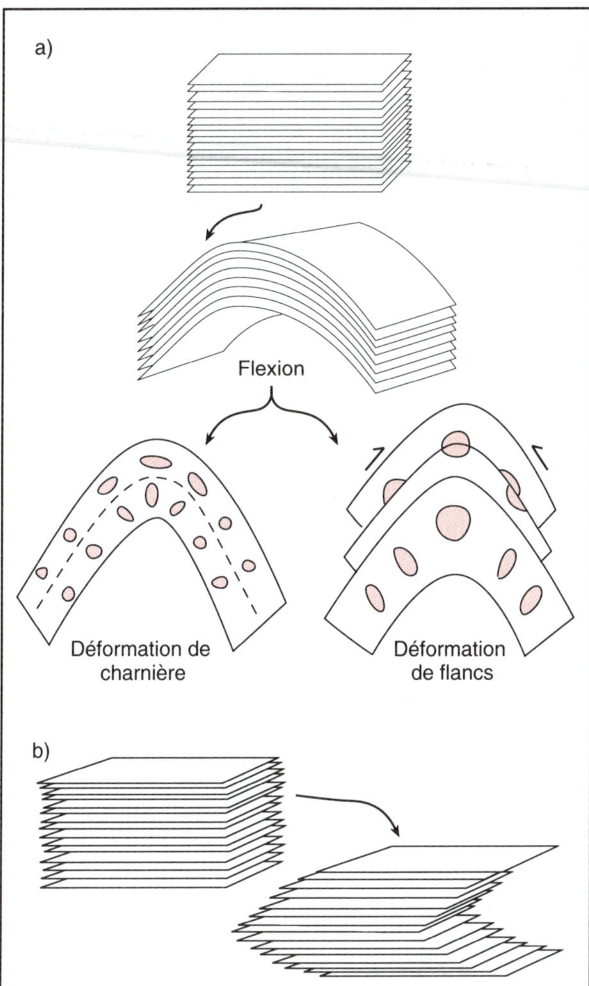

Figure 9.20 Mécanismes de formation des plis. En a), plissement par flexion. La flexion entraîne une déformation de charnière ou une déformation de flancs. En b), plissement par cisaillement simple hétérogène.

Figure 9.21 Plis de la sous-classe 1B développés dans des lits compétents de grès (pâles) et des lits incompétents de siltstone (foncés) de la Formation de Gilman, au nord-ouest de Stukely-Sud (Québec). (Photographie : Robert Marquis, MER.)

de faiblesse. Lors du plissement, les couches glissent les unes sur les autres. La couche supérieure glisse sur la couche inférieure et se déplace vers la charnière en formation. Comme l'épaisseur initiale des couches demeure inchangée, les plis appartiennent à la sous-classe 1B. Ces plis se créent par flexion et glissement.

Le meilleur exemple pour illustrer ce genre de plis consiste à courber les pages d'un annuaire téléphonique. Chaque page de l'annuaire représente une couche, et la surface de contact entre deux pages, un plan de faiblesse. Pour que le plissement soit possible, il faut que les pages glissent les unes sur les autres le long des plans de faiblesse. Les roches sédimentaires finement litées font de même.

Bien que ce soit à une toute autre échelle, des glissements similaires se produisent également à l'intérieur de chacune des couches. Ils ne sont cependant pas aussi importants que ceux qui surviennent entre les couches, car les plans de stratification sont nombreux dans les roches sédimentaires finement litées. La figure 9.22 illustre la déformation par glissement des couches.

Roches sédimentaires formées de couches épaisses Lorsqu'une couche épaisse est plissée, on observe des déformations sur les flancs et dans la charnière.

Pour se représenter ce qu'est une **déformation de flancs**, on peut encore utiliser l'exemple de l'annuaire téléphonique. Cette fois-ci, l'ensemble des pages représente une couche épaisse de roches. En dessinant des cercles sur la tranche de l'annuaire on simule la

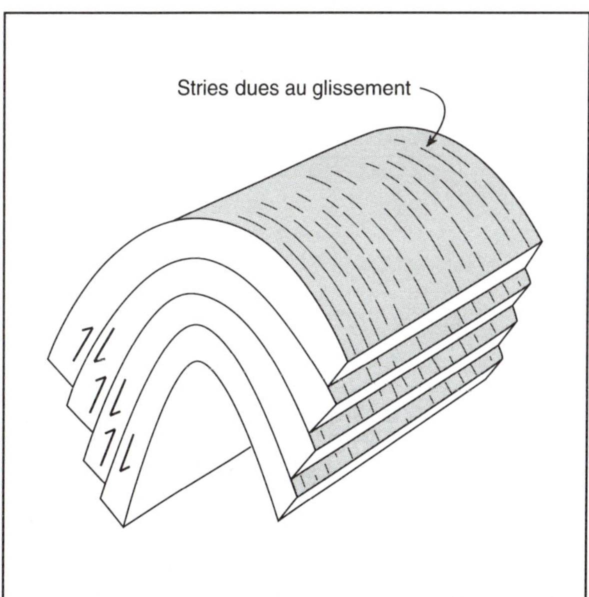

Figure 9.22 Glissement le long des plans de stratification lors de la formation des plis dans les roches sédimentaires finement litées.

déformation. Durant le plissement, l'annuaire subit une déformation plastique pour s'adapter au plissement. Les cercles de référence deviennent des ellipses sur les flancs et ils demeurent intacts dans la charnière, ce qui démontre que la déformation est maximale dans les flancs et minimale dans les charnières, comme l'illustre la figure 9.23. C'est pour cette raison qu'une telle déformation est appelée déformation de flancs.

La déformation de flancs est causée par une déformation plastique qui touche plus particulièrement les flancs des plis. Le cisaillement entraîne la formation de discontinuités, soit des microfractures ou des fractures (fentes) plus grandes.

Le deuxième type de déformation qui touche les couches épaisses est la **déformation de charnière**. Une bonne façon d'illustrer ce genre de déformation consiste à comprimer une éponge. Ici encore, on peut dessiner des cercles sur la bordure de l'éponge et observer la déformation. Après plissement, le modèle de déformation obtenu est semblable à celui représenté à la figure 9.24. L'observation des cercles de référence permet de constater que la déformation est maximale dans les charnières, d'où son nom.

La plupart des cercles initiaux deviennent des ellipses par étirement ou par raccourcissement. Dans l'intrados, les cercles sont soumis à un raccourcissement (compression) tandis qu'ils sont soumis à un étirement (extension) dans l'extrados. Ces deux extrêmes sont séparés par une surface neutre sans déformation. Dans l'extrados étiré apparaissent souvent des fractures de tension remplies de veines (quartz, calcite, ou les deux). Dans l'intrados raccourci, on observe des microfailles inverses. La figure 9.25 illustre de quelle manière se créent les fractures dans les couches qui subissent une déformation de charnière.

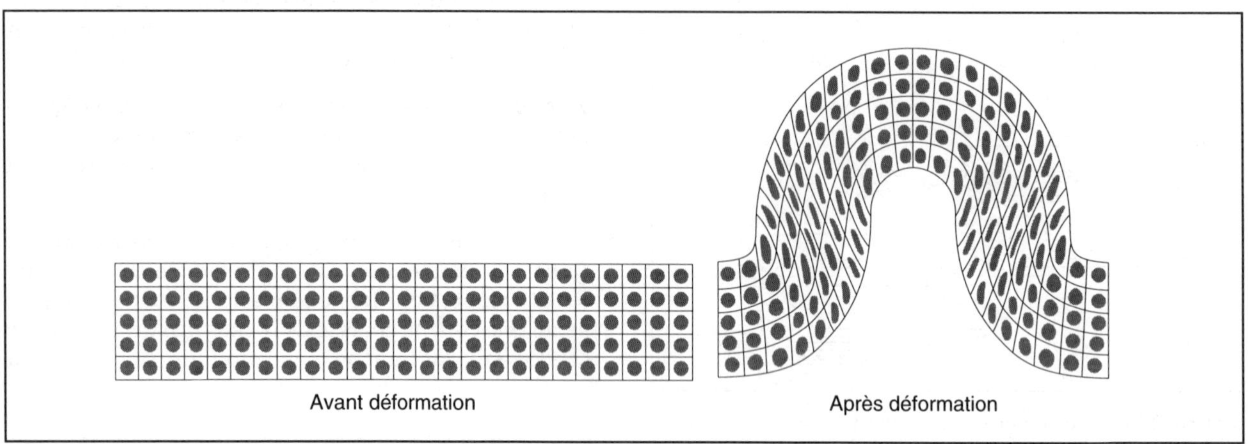

Figure 9.23 Déformation de flancs dans une strate épaisse. Lors du plissement, les cercles de référence deviennent des ellipses sur les flancs et demeurent intacts dans la charnière (d'après Ramsay, 1967, p. 391).

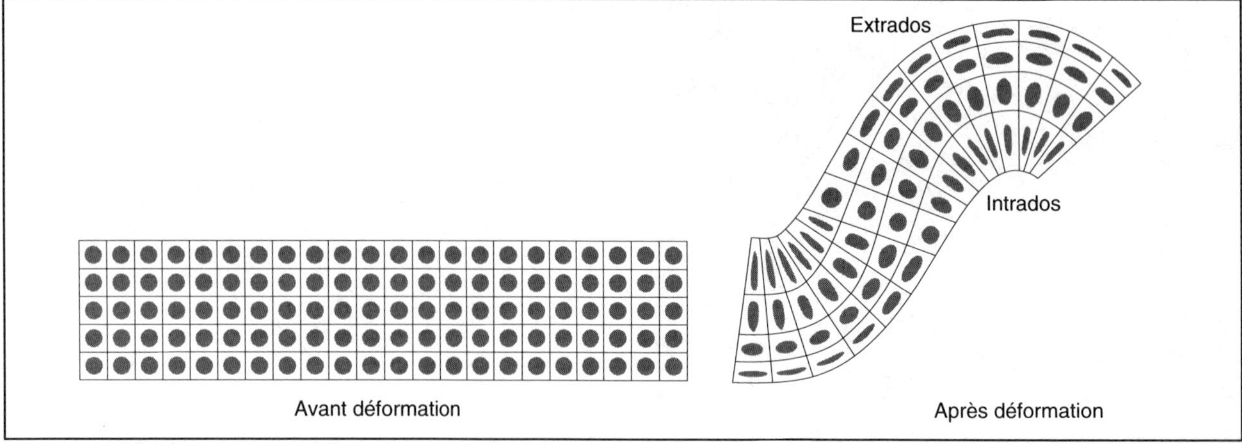

Figure 9.24 Déformation de charnière dans une strate épaisse. Lors du plissement, les cercles de référence deviennent des ellipses. Dans l'intrados, les cercles subissent une compression et dans l'extrados, ils subissent une extension (d'après Ramsay, 1967, p. 398).

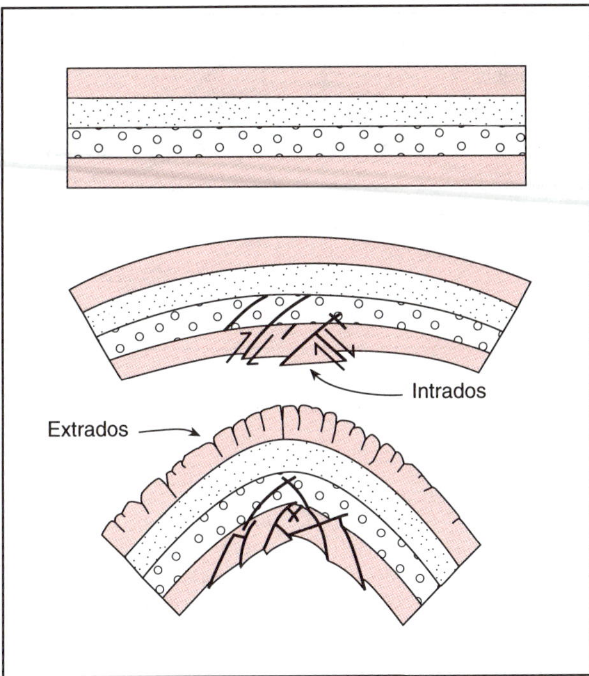

Figure 9.25 Fractures et déformation de charnière. Dans l'intrados, formation de microfailles; dans l'extrados, formation de fractures d'extension. La plupart du temps, les fractures sont remplies de quartz ou de calcite (d'après Ramsay, 1967, p. 401).

PLIS DE CLASSE 2

Les plis de la classe 2 ou **plis semblables** sont aussi très fréquents. Il s'agit de plis dont les isogones de pendage sont parallèles entre elles et parallèles au plan axial. L'épaisseur réelle des couches est plus réduite aux flancs que dans la zone de charnière, mais l'épaisseur apparente, mesurée parallèlement au plan axial, est constante en autant que le plissement se fasse uniquement par glissement (fig. 9.26).

> Deux mécanismes de déformation sont à l'origine des plis semblables : l'aplatissement et le glissement. Ces mécanismes contrôlent les déformations de matériaux semi-ductiles.

Plis semblables formés par glissement Ces plis résultent d'une déformation par cisaillement simple hétérogène. Une telle déformation se produit toujours parallèlement à une direction donnée.

Le meilleur exemple pour illustrer la géométrie des plis formés par glissement nous est fourni par la déformation d'un jeu de cartes. La figure 9.27 montre la position de chacune des cartes avant la déformation. Des lignes horizontales sont aussi dessinées sur la tranche du jeu afin de représenter différentes couches de roches. On pousse alors avec l'index sous le jeu afin de faire déplacer les cartes vers le haut. Celles-ci bougent différemment les unes par rapport

Figure 9.26 Plis de la classe 2 ou plis semblables. Plis développés dans des roches sédimentaires (grès et argilite) métamorphisées au faciès des schistes verts. Formation de Baby, fosse du Labrador. (Photographie : Normand Goulet, UQAM.)

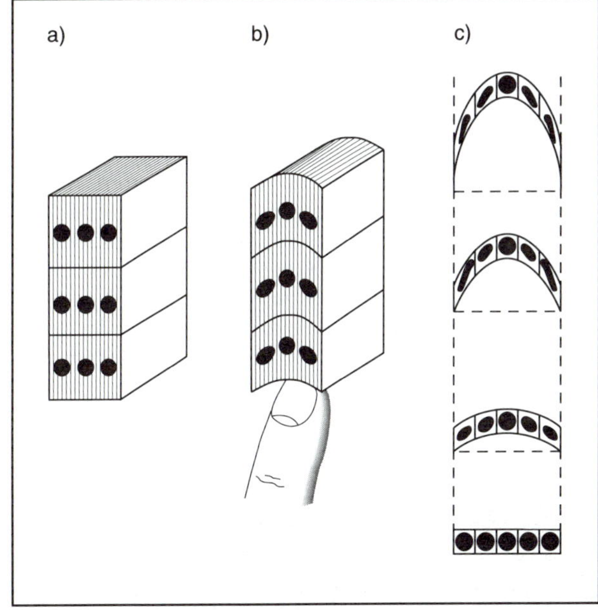

Figure 9.27 Plis semblables formés par glissement. En a), couches avant le plissement; en b), couches plissées à la suite d'un mouvement de la matière suivant une série de plans parallèles au plan axial du pli; en c), déformation observée dans un pli semblable formé de cette façon. La matière plisse toujours parallèlement à la surface axiale sans qu'il y ait raccourcissement de la couche. Par contre, il y a modification de l'épaisseur de la couche dans la zone des flancs au fur et à mesure que le plissement se précise (d'après Mattauer, 1973, p. 249).

aux autres de façon à épouser le profil du doigt. Les plans de déplacement sont parallèles les uns par rapport aux autres. Ils sont aussi parallèles à la surface axiale du pli ainsi créé.

Plis semblables formés par aplatissement Le mécanisme de l'aplatissement est caractérisé par un étirement perpendiculaire à la contrainte maximale (σ_1).

PLIS DE CLASSE 3

Les plis de la classe 3 correspondent aux déformations qui surviennent dans les matériaux incompétents. En effet, si une couche compétente est interstratifiée dans des horizons de nature incompétente et que l'ensemble est soumis à un champ de contraintes, le niveau compétent contrôle la déformation. Il se déforme comme des plis de la classe 1, le plus souvent de la sous-classe 1B. Pour accommoder la déformation des niveaux compétents, les niveaux incompétents se déforment suivant un modèle de plis de la classe 3, et ce, de préférence dans les charnières. Dans ce style de plis, les isogones de pendage sont divergentes. Il y a amincissement et étirement des flancs, avec épaississement de la charnière. On parle de plis par fluage ou par **écoulement**. La figure 9.28 montre un pli de la classe 3.

9.3.5 Les plis diapirs

Il est fréquent de rencontrer des plis diapirs dans les mégastructures, que celles-ci soient liées ou non aux chaînes de montagnes. Ces structures résultent de la mise en place diapirique d'un matériau enfoui, moins dense ou plus fluide que les matériaux accumulés au-dessus de lui. Sous l'effet de la chaleur, d'une variation de la pression lithostatique ou de l'application de contraintes tectoniques, ce matériau moins dense est entraîné vers la surface à la manière d'une bulle de gaz dans un liquide. Ce déplacement d'un fort volume de roches génère, dans les couches intrudées, une structure en dôme qu'on appelle pli **diapir**. Les matériaux susceptibles d'une déformation par diapirisme sont des magmas semi-consolidés ou des sédiments de faible densité et très mobilisables, tels ceux de la famille des évaporites (fig. 9.29). Au Québec, les diapirs les mieux connus sont les dômes de sel des Îles-de-la-Madeleine.

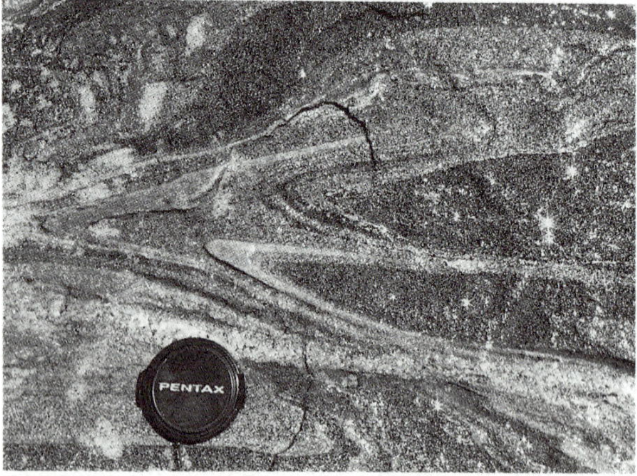

Figure 9.28 Pli de la classe 3. Petit pli dans des orthogneiss de la Province de Grenville, à Dolbeau, Lac-Saint-Jean (Québec). (Photographie : Étienne L. Martin, collège d'Alma.)

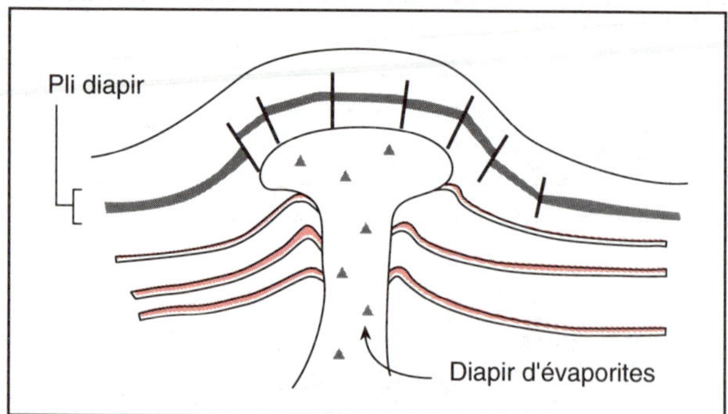

Figure 9.29 Pli diapir développé par la montée vers la surface d'une masse d'évaporites.

CONCLUSION

Dans les chapitres 8 et 9, nous avons montré que les matériaux terrestres sont marqués par des structures de déformation et que l'acquisition de ces structures fait partie de l'histoire rhéologique de l'écorce terrestre. En d'autres termes, tout corps rocheux enregistre en se déformant une partie des contraintes qu'il subit. La déformation peut être simple ou complexe. Lorsque plusieurs déformations se recoupent, on parle de déformations superposées. L'étude des objets déformés permet de reconstituer le champ des contraintes responsables de la déformation. Cependant, pour identifier les mécanismes dynamiques de la déformation, il est nécessaire de comprendre la cinématique, application qui va plus loin que la simple étude des objets déformés.

Il a fallu attendre que soit développée la théorie de la tectonique des plaques au milieu du XXe siècle pour que l'on comprenne, à partir de modèles globaux, les causes géodynamiques des mégastructures. Dans la partie 6 du présent ouvrage (La Terre : planète active), nous pourrons donc, sans trop de difficultés, aborder la reconnaissance des mégastructures telles les nappes de charriage et les chaînes de montagnes. Nous pourrons aussi nous pencher sur les tremblements de terre et le volcanisme, phénomènes qu'il faut replacer dans un contexte géodynamique global en constante évolution.

VOCABULAIRE

Anticlinal
Antiforme
Attitude

Boudins

Charnière
Chevauchement
Cisaillement

Dextre
Direction

Faille
Faille de décrochement
Faille inverse
Faille listrique
Faille normale
Flanc d'un pli

Géodynamique
Graben

Horst

Indicateurs cinématiques
Isogone

Mur

Pendage
Pli
Pli conique
Pli cylindrique
Pli non cylindrique
Plongement

Régime tectonique
Rejet

Surface axiale
Synclinal
Synforme

Tectonique
Toit

Zone de cisaillement

QUESTIONS

1. Faites le lien entre les trois types de failles déterminés par les régimes tectoniques et les différentes orientations de l'ellipsoïde des contraintes à la surface de la Terre.
2. Faites une recherche personnelle qui présente le contexte géologique de la faille de la chute Montmorency près de Québec. Précisez bien de quel type de faille il s'agit.
3. Quelle est la différence entre un synclinal et un anticlinal ? Précisez la disposition (polarité) des couches dans chaque cas.
4. Définissez la notion d'isogone de pendage. À quoi sert ce paramètre des plis ? Expliquez avec des exemples.
5. Expliquez le ou les modes de formation des plis parallèles et des plis semblables.
6. Définissez la notion d'indicateurs cinématiques. Donnez-en trois exemples en les expliquant et en les illustrant.
7. Vrai ou faux ?
   a) Dans une faille normale, le toit s'abaisse par rapport au mur.
   b) Les failles du régime extensif sont les failles inverses.
   c) Dans un pli droit, le plan axial est subhorizontal.
   d) Le boudinage est le résultat de forces agissant en tension.
   e) Un synclinal est nécessairement une synforme.

RÉFÉRENCES BIBLIOGRAPHIQUES

OUVRAGES RECOMMANDÉS

1. **Gidon, M.**
   1987 : *Les structures tectoniques.* Orléans, BRGM, Manuels et méthodes, n° 15, 208 p.
   Un livre complet et très didactique. Un point faible : les illustrations. L'index du livre renferme les termes anglais traduits dans le texte. Niveau avancé.

2. **Park, R. G.**
   1989 : *Foundations of Structural Geology.* Routlegde, Chapman & Hall, 160 p.
   Excellent volume de base qui fournit l'essentiel de la géologie structurale.

3. **Daigneault, R.**
   1991 : *Déformation et cisaillement : concepts et applications.* Québec, ministère de l'Énergie et des Ressources, DV 89-16, 49 p.
   Cours synthétique en géologie structurale appliquée à la sous-province archéenne de l'Abitibi. Présente l'essentiel des notions à propos des zones de cisaillement. Bien illustré. Niveau avancé.

4. **Dennis, J. G.**
   1987 : *Structural Geology : An Introduction.* Dubuque, Iowa, Wm. C. Brown Publishers, 448 p.
   Ouvrage en 16 chapitres qui présente les fondements de la géologie structurale. Très bien illustré.

5. **Nicolas, A.**
1989 : *Principes de tectonique.* 2e éd., Paris, Masson, 223 p.
Bon petit livre de niveau avancé.

6. **Hanmer, S. et Passchier, C.**
1991 : *Shear-Sense Indicators : A Review.* Ottawa, Commission géologique du Canada, Étude 90-17, 72 p.
Présente une analyse critique des structures de déformation généralement utilisées comme indicateurs de l'orientation du cisaillement.

AUTRES SOURCES D'INFORMATION CONSULTÉES

Billings, M. P.
1972 : *Structural Geology.* Englewood Cliffs, N. J., Prentice Hall, 606 p.

Blès, J.-L. et Feuga, B.
1981 : *La fracturation des roches.* Orléans, BRGM, Manuels et méthodes, n° 1, 120 p.

Hobbs, B. E., Means, W. D. et Williams, P. F.
1976 : *An Outline of Structural Geology.* Toronto, John Wiley & Sons, 571 p.

Mattauer, M.
1973 : *Les déformations des matériaux de l'écorce terrestre.* Paris, Hermann, coll. Méthodes, 493 p.

Paterson, M. S.
1958 : « Experimental Deformation and Faulting in Wombeyan Marble » dans *Bulletin of Geological Society of America,* vol. 69, p. 465-476.

Ramsay, J. G.
1967 : *Folding and Fracturing of Rocks.* Toronto, McGraw Hill, 568 p.

Ramsay, J. G. et Huber, M. I.
1987 : *The Techniques of Modern Structural Geology.* Vol. 2 : *Folds and Fractures.* Londres, Academic Press, 400 p.

The Open University (Course Team)
1972 : *Internal Processes.* Bletchley, Bucks., The Open University Press, 118 p.

PARTIE

4

Le domaine continental

Cette quatrième partie du volume est consacrée aux processus géologiques qui contribuent à modifier les reliefs des continents : l'érosion et la sédimentation. Ces processus sont responsables de la **géodynamique externe**. Les agents d'érosion et de sédimentation sont l'eau, la glace, le vent et les organismes vivants. L'érosion concerne l'ensemble des processus externes qui contribuent à la dégradation des continents. Elle a pour effet de transférer les matériaux détritiques des points hauts vers les points bas et d'alimenter les bassins de sédimentation.

Le chapitre 10 porte sur l'action géologiques de l'air et de l'eau de surface. Alors que l'air exerce son action géologique dans les premiers mètres au-dessus du sol, l'eau emprunte deux circuits principaux sur les continents. Le premier, de courte durée, est celui des eaux de surface (ou eaux courantes). Le second, beaucoup plus long, différé, est celui des eaux souterraines. On reviendra sur les eaux souterraines dans la partie 7 de cet ouvrage. Le domaine océanique sera l'objet de la partie 5.

Le chapitre 11 traite de l'action de la glace sur la terre. Il y est question de trois grands domaines glaciologiques : celui de la glace des glaciers (glaciaire), celui des glaces flottantes (glaciel) et celui de la glace présente dans les terrains gelés en permanence (glace de sol). De nos jours, les processus glaciaires sont actifs uniquement dans le Grand Nord et dans certaines régions de hautes montagnes. Cependant, le territoire québécois conserve un héritage glaciaire récent largement responsable des paysages actuels. Le chapitre 12 est entièrement consacré à ce sujet.

La gravité terrestre intervient dans tous les processus externes : écoulement des eaux, écoulement glaciaire et mouvements de terrain. Ces derniers sont abordés au chapitre 13; on y traite des mouvements de type coulées qui sont nombreux au Québec. Finalement, le chapitre 14 porte sur les sols, dont l'étude est l'objet de la pédologie.

Partie de la calotte glaciaire de Viking avec ses cataractes de glace et ses glaciers émissaires dont quelques-uns alimentent des glaciers de piémont. Région située à environ 160 km au sud-ouest du lac Hazen, île d'Ellesmere, dans la région des îles de la Reine-Élizabeth (81°33'N, 76°00' W). Vue prise en direction du sud-est. (Photographie : Photothèque nationale de l'air, T404L-56.)

CHAPITRE 10
L'EAU ET LE VENT

How many years can a mountain exist
Before it's washed to the sea ?

BOB DYLAN, *Blowin' in the Wind.*

OBJECTIFS PÉDAGOGIQUES

Au terme de ce chapitre vous devriez connaître :

- le cycle de l'eau sur la Terre;
- le rôle géologique de l'eau;
- les modalités de la sédimentation des deltas;
- les causes de la répartition géographique des déserts;
- les différents types de dunes et leurs caractéristiques;
- les conditions éoliennes du passé au Québec.

L'eau et l'air font partie de notre environnement quotidien et ils manifestent leur présence de maintes façons. Ces deux fluides de faible viscosité ont un rôle géologique de première importance. Dans plusieurs régions, ils combinent leur action alors que dans les déserts, le vent est pratiquement seul à agir. L'eau et le vent sont des agents d'érosion, de transport et de sédimentation efficaces. Dans ce chapitre, nous allons tout d'abord étudier le rôle géologique de l'eau. Précisons qu'il n'y sera question que des eaux de surface, les eaux océaniques et souterraines étant traitées dans d'autres parties de l'ouvrage. Puis, nous verrons le rôle géologique du vent.

10.1 *L'EAU*

L'eau est la principale ressource de la planète. Sans eau, il n'y aurait pas de vie. Au chapitre 6, on a vu qu'elle est responsable de l'altération géochimique des masses rocheuses par le biais de l'hydrolyse; qu'elle contribue au transport des altérites; qu'elle constitue le milieu de formation de beaucoup de roches sédimentaires. Tous ces facteurs en font un agent d'érosion important. L'eau occupe les deux tiers de la superficie de la planète. Au Québec, les eaux douces recouvrent environ 12 % de la surface du territoire.

10.1.1 *Généralités sur l'eau*

Le tableau 10.1 présente les principales utilisations de l'eau autant par l'humain que par l'environnement. Le tableau 10.2 montre la répartition mondiale de l'eau sur la Terre. On peut voir qu'avec plus de 97 % du volume total d'eau, les océans dominent l'hydrosphère; que le volume d'eau emmagasiné dans le sous-sol (eaux souterraines) est 43 fois supérieur à celui de tous les lacs et rivières rassemblés, et 3,5 fois inférieur à celui des glaciers.

Le volume total d'eau du globe est de l'ordre de 1384×10^{15} m^3. L'eau des océans, des glaciers, des lacs, des rivières, du sous-sol, de l'atmosphère et de la biosphère est constamment recyclée. On considère qu'il faut 4 000 ans à l'eau des océans pour se renouveler, 16 000 ans à celle des glaces polaires, environ 300 ans à la partie active des eaux souterraines et 9 jours à la vapeur d'eau de l'atmosphère. De telles considérations nous mènent à l'étude du cycle de l'eau.

Tableau 10.1 Les utilisations de l'eau.

In situ	Par prélèvement	À des fins énergétiques
Faune et flore aquatiques	Fins domestiques	Énergie hydro-électrique
Pêche sportive	Fins agricoles	Énergie thermique
Pêche commerciale	Fins industrielles	Énergie thermonucléaire
Loisirs		Hydromécanique
Navigation commerciale		
Flottage		

Tableau 10.2 Estimation de la répartition mondiale des eaux (d'après Peixoto et Oort, 1990, p. 570).

Réservoirs	Volume (Pm^3)	Proportion du volume total (%)
Océans	1350	97,6
Continents		
– Glaciers	25	1,8
– Eaux souterraines	8,4	
– Lacs et rivières	0,2	
– Biosphère	0,0006	
Atmosphère	0,013	
Total	1383,6	

10.1.2 *Le cycle de l'eau*

La figure 10.1 schématise le cycle de l'eau[1]. Ce concept englobe les phénomènes du mouvement, de la perte et du renouvellement des eaux sur la Terre. Il s'agit en fait d'un modèle simplifié des différents changements subis par l'eau, tant dans sa forme que dans ses déplacements. On peut diviser le cycle de l'eau en un **cycle externe** et un **cycle interne**. Dans le premier, on reconnaît trois étapes principales : l'évaporation, la précipitation et l'écoulement (de surface et souterrain). Quant au second, il concerne le retour de l'eau dans les profondeurs terrestres par la subduction, et dans l'océan par les émissions volcaniques et les sources hydrothermales. Examinons les composantes du cycle externe.

L'**évaporation** est le passage de l'eau de l'état liquide à l'état gazeux.

L'évaporation se produit lorsque les molécules d'eau, animées d'un mouvement continuel, acquièrent suffisamment d'énergie pour se libérer de la surface de l'eau et s'échapper dans l'atmosphère. L'échange net de molécules d'eau par unité de temps à la surface du liquide détermine le **taux d'évaporation**. L'évaporation peut aussi se produire directement à partir de la neige. On parle alors de sublimation.

La **sublimation** est le processus du passage direct de l'état solide à l'état gazeux.

Parmi les facteurs qui influencent l'évaporation à partir d'une surface d'eau libre, mentionnons l'intensité et la durée de la radiation solaire, les conditions de vent, l'humidité relative, le couvert nuageux et la pression atmosphérique.

Une autre partie des vapeurs d'eau provient des plantes et du sol. Le phénomène par lequel l'eau est emmagasinée dans les tissus des plantes, puis convertie en vapeur et rejetée dans l'atmosphère s'appelle la **transpiration**. L'eau ainsi rendue à l'atmosphère réintègre le cycle de l'eau. On regroupe sous le terme **évapotranspiration** la somme de l'évaporation du sol et de la transpiration des plantes.

La **précipitation** comprend toutes les formes d'humidité qui tombent de l'atmosphère (pluie, grêle, giboulée, neige, rosée, gelée) à la surface de la Terre[2]. La source primaire de la précipitation est la vapeur d'eau.

Le processus de la précipitation ne se produit que sous certaines conditions; il est indispensable que l'air se refroidisse suffisamment pour causer la condensation ainsi que la croissance des gouttes d'eau ou des cristaux de glace. Pour se refroidir, les masses d'air humides doivent obligatoirement s'élever dans l'atmosphère.

L'humidité atmosphérique provient surtout de l'évaporation des grandes étendues d'eau (océans) et de la

1. Cette section sur le cycle de l'eau s'inspire en grande partie du *Manuel des principes d'hydrologie* sous la direction de D. M. Gray, 1972. Pour des notions de climatologie, on consultera le livre d'André Hufty, *Introduction à la climatologie*, 1976.
2. On devrait remplacer l'expression *pluies acides* par *précipitations acides*, d'autant plus qu'une large part de la pollution nous arrive sous forme de neige dont la fonte au printemps provoque le « choc acide ».

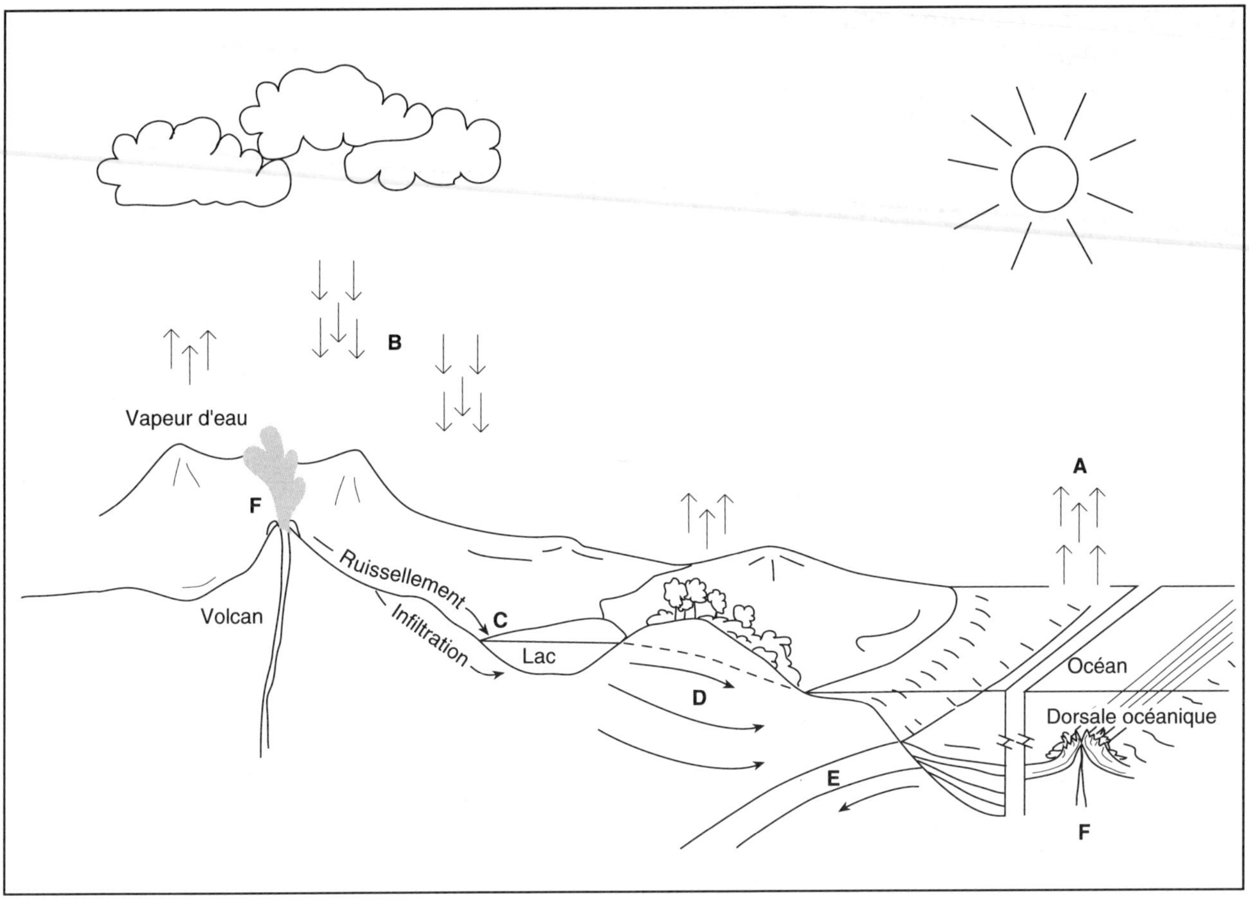

Figure 10.1 Le cycle de l'eau. Les processus du transfert de l'eau à l'intérieur du système Terre comprennent une partie atmosphérique, soit l'évaporation (A) et la précipitation (B), et une partie terrestre, soit l'écoulement de surface (C) et souterrain (D). Ces processus font partie du cycle externe. Le cycle interne, qui fait intervenir la lithosphère, concerne le retour de l'eau aux grandes profondeurs du manteau et de l'océan par la subduction (E), les émissions volcaniques et les sources hydrothermales des dorsales océaniques (F). Les principaux réservoirs de l'eau sont les océans, les continents et l'atmosphère.

transpiration. Les grandes masses d'eau relativement chaudes et les zones de végétation luxuriante constituent d'excellentes sources d'humidité, contrairement aux régions froides et désertiques. Le golfe du Mexique est l'exemple type d'une source d'humidité importante.

La condensation de la vapeur d'eau en un nuage de gouttelettes précède le processus de précipitation. Pour qu'il y ait formation de gouttelettes, la présence de noyaux de condensation est indispensable. De tels noyaux abondent dans l'atmosphère. Ils proviennent de plusieurs sources, comme les sels de l'océan, la poussière des sols argileux, la pollution industrielle, les cendres volcaniques, etc. Le diamètre moyen des gouttelettes dans un nuage est de 25 µm. En raison de leur petitesse, ces gouttelettes tombent très lentement et c'est seulement lorsque leur grosseur dépasse 250 µm de diamètre qu'il y a précipitation significative. Il faut des millions de gouttelettes dans un nuage pour former une goutte de pluie. La figure 10.2 montre comment se forment les précipitations.

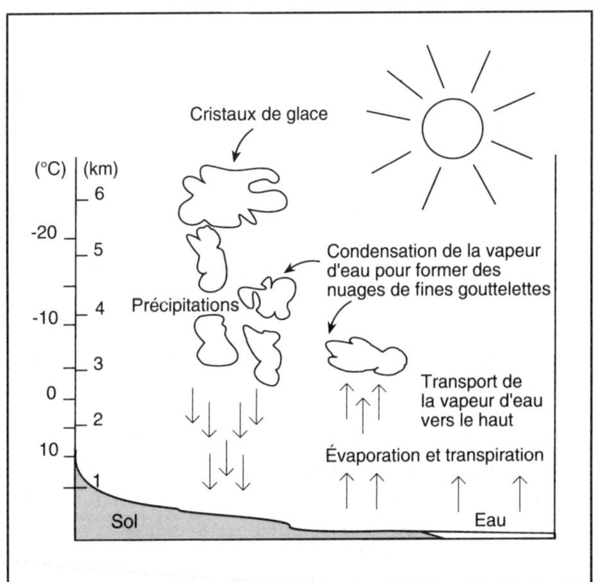

Figure 10.2 La formation des précipitations (Gray, 1972).

10.1.3 *L'écoulement des eaux de surface*

Les eaux qui s'écoulent à la surface du sol sans parcourir un système bien défini sont appelées **eaux de ruissellement**. Ces eaux finissent par se rassembler au sein d'une masse de plus en plus importante pour se retrouver dans des **cours d'eau**. Ces derniers empruntent sur le terrain des systèmes bien organisés dont la forme traduit la nature du sous-sol. L'examen de l'organisation du réseau de drainage d'une région se révèle très utile pour comprendre la disposition des roches ou la nature des formations superficielles. L'encadré 10.1 explique dans quels environnements se retrouvent les différents types de réseaux de drainage.

Les cours d'eau importants, les rivières par exemple, comprennent un ou plusieurs **chenaux** occupés par l'eau et des dépôts de sédiments (**barres**) qui entravent l'écoulement.

> Les cours d'eau peuvent être classés selon la morphologie de leurs chenaux. De ce point de vue, on en distingue trois types principaux : les cours d'eau à **chenal rectiligne**, à **chenal à méandres** et à **chenal anastomosé**.

La figure 10.3 illustre les trois types de chenaux des cours d'eau. Les cours d'eau à chenal rectiligne sont rares. Le plus souvent, ils sont restreints aux tronçons supérieurs et encaissés dans des ravins profonds. Les chenaux à méandres naissent dans le tronçon inférieur des cours d'eau et dans les vallées à pentes longitudinales faibles où les eaux ont une vitesse réduite et une charge sédimentaire fine importante (fig. 10.4).

Les cours d'eau dont le chenal est dit anastomosé présentent de multiples chenaux secondaires qui se divisent et se rejoignent en contournant les barres pour former des îles d'orientation et de formes variables. Ce mode d'écoulement caractérise les sections supérieures ou moyennes des rivières à pente assez prononcée où les eaux sont localement abondantes, rapides et fortement chargées en sédiments grossiers. Lors des crues, la rivière envahit l'ensemble de son lit majeur et submerge les barres de graviers. À chaque crue, la position des barres et des chenaux change. La figure 10.5 illustre ce type d'arrangement du lit d'un cours d'eau.

Il faut cependant prendre note des points suivants. Avec le temps, le lit d'un même cours d'eau peut changer de forme, et ce, de l'amont vers l'aval. Par ailleurs, il existe des formes intermédiaires entre celles décrites ici. Enfin, au Québec, la dernière glaciation a fortement bouleversé les réseaux de drainage, et l'érosion est loin d'avoir évacué les sédiments. Pour toutes ces raisons, les modèles théoriques relatifs à l'évolution morphologique des cours d'eau ne s'appliquent pas toujours.

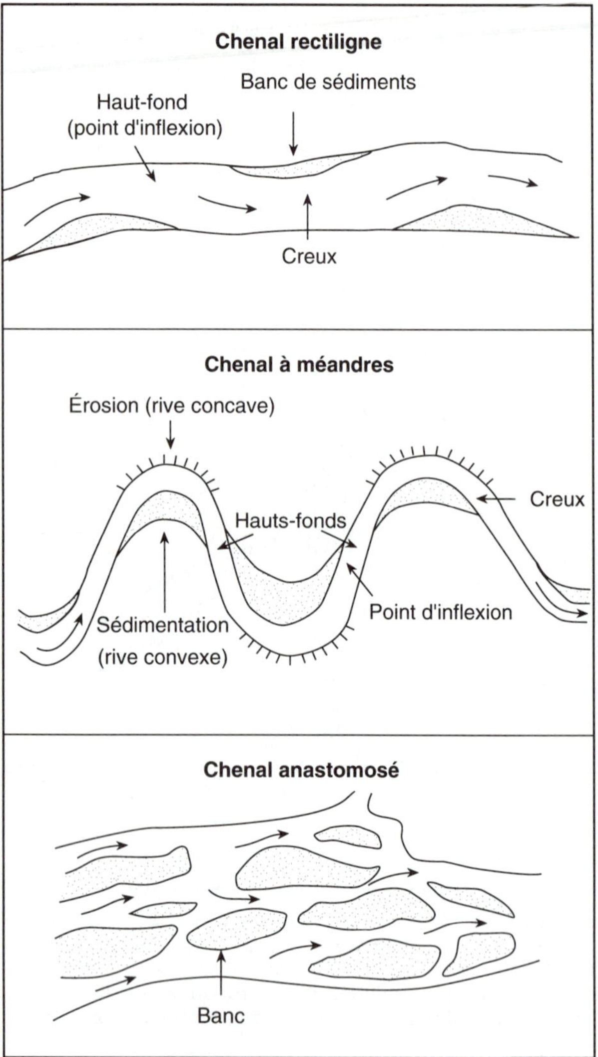

Figure 10.3 Principaux types de chenaux que présentent les cours d'eau (vues en plan).

Abordons un dernier point. L'écoulement de l'eau est qualifié de **laminaire** lorsque les particules de fluide se déplacent en couches parallèles sans se mélanger, mis à part l'effet très faible de mélange moléculaire. L'écoulement est qualifié de **turbulent** lorsque les particules de fluide se déplacent de façon complexe, de sorte que les lignes de courant ne restent pas parallèles à l'axe du courant et se croisent entre elles.

Si l'eau s'écoule sur une surface lisse, on observe généralement un écoulement laminaire. Par contre, l'écoulement devient turbulent sur un lit accidenté et dans les sections où la vitesse d'écoulement s'accroît. La figure 10.6 illustre ces deux formes d'écoulement.

Figure 10.4 Plaine alluviale occupée par la rivière Coaticook dont le chenal est à méandres. On remarquera les nombreux méandres abandonnés. Région au nord-ouest de Compton, en Estrie (Québec). (Photographie aérienne Q 71111-49, Photocartothèque québécoise.)

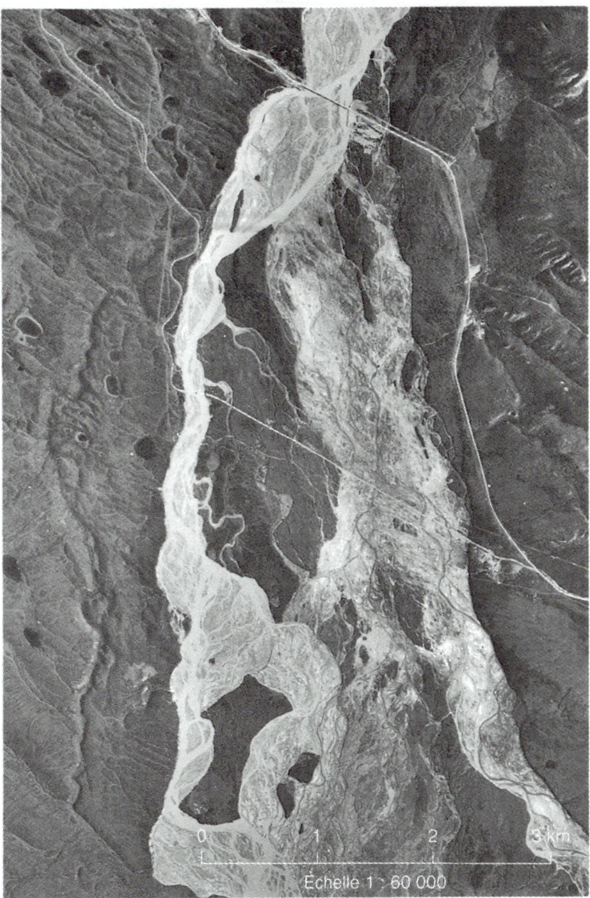

Figure 10.5 Rivière à chenal anastomosé. Très bel exemple fourni par la rivière Donjek, qui coule dans la région du lac Klouane, au Yukon. La rivière coule vers le nord (haut de la photo). La route de l'Alaska traverse la rivière, et on peut voir deux ponts sur la photographie. Un premier (le plus au sud) a dû être abandonné, car ses assises ont été détruites par les courants. On en a construit un second dans la partie plus étroite du chenal. (Photographie aérienne A 15728-114, Photothèque nationale de l'air, Ottawa.)

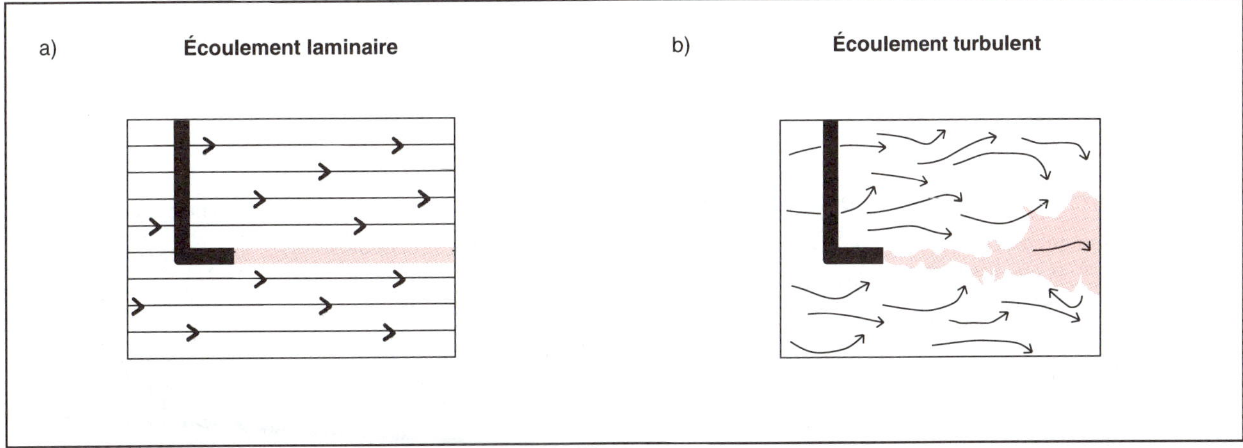

Figure 10.6 L'écoulement de l'eau. En a), écoulement laminaire; les lignes d'écoulement ne se croisent pas. En b), écoulement turbulent; les lignes d'écoulement se recoupent.

ENCADRÉ 10.1

LES RÉSEAUX DE DRAINAGE

Les différents réseaux de drainage donnent des renseignements sur la nature du sous-sol. Ils sont fonction de la nature et de la structure du substratum rocheux et des sols. Les exemples suivants illustrent les principaux types de drainage rencontrés.

Drainage radial

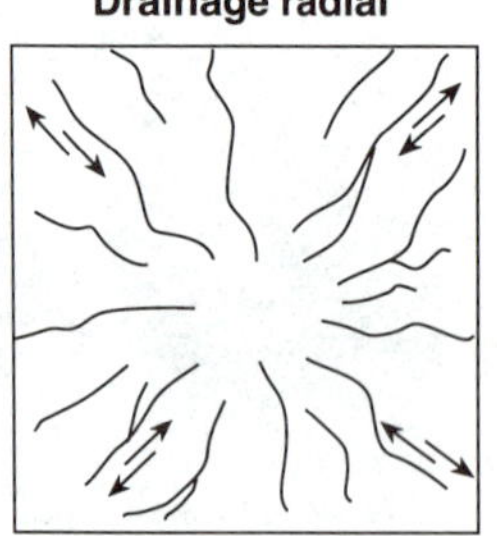

1. On peut s'attendre à trouver le drainage radial sur les collines isolées, par exemple les Montérégiennes, les cônes volcaniques et les régions où les roches ont subi un bombement. La direction de l'écoulement peut se faire de façon convergente ou divergente.

Drainage dendritique

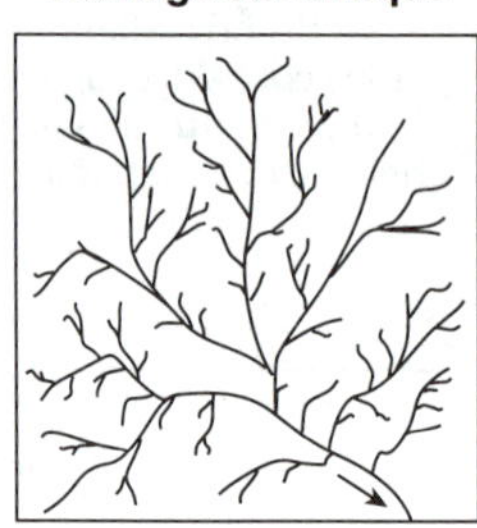

2. Le drainage dendritique présente la forme des branches d'un arbre. Il est très répandu et se développe sur les sédiments fins (silts et argiles), et là où la structure des roches n'influe pas sur l'écoulement de l'eau.

Drainage annulaire

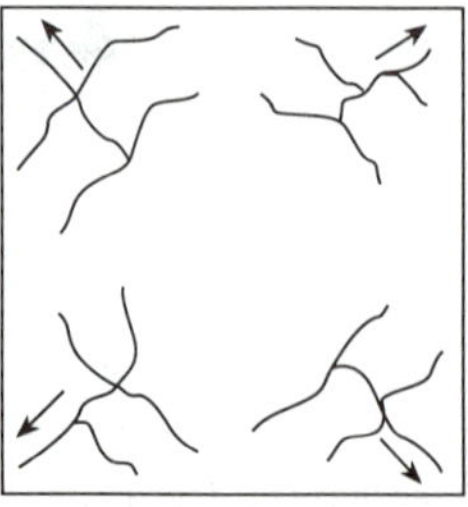

3. Le drainage annulaire se rencontre là où des roches sédimentaires forment des dômes. Il peut aussi se développer dans les zones d'impact des grosses météorites ou astroblèmes comme dans Charlevoix.

Drainage en treillis

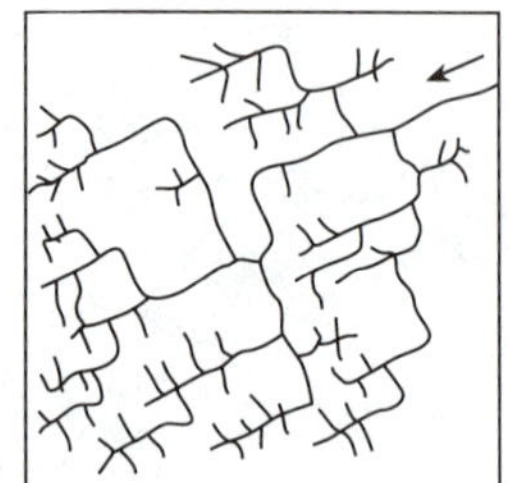

4. Le drainage en treillis se développe dans les régions où la structure des roches détermine l'écoulement des eaux. Il peut s'agir de roches plissées ou inclinées avec des failles parallèles.

Drainage rectangulaire

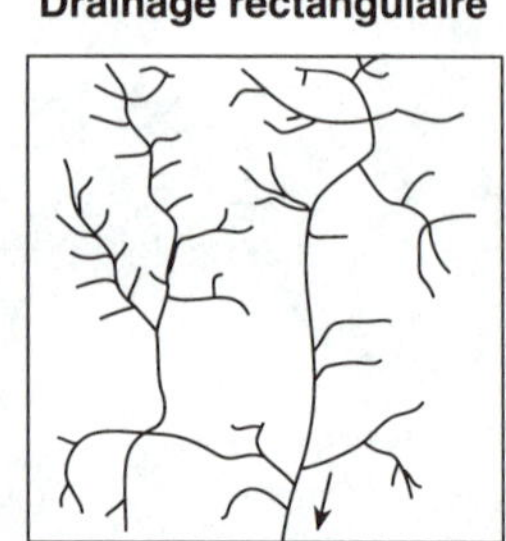

5. Le drainage rectangulaire peut être déterminé par des diaclases, des failles ou encore des roches hétérogènes. Il peut aussi être produit artificiellement dans les régions habitées.

Drainage dérangé

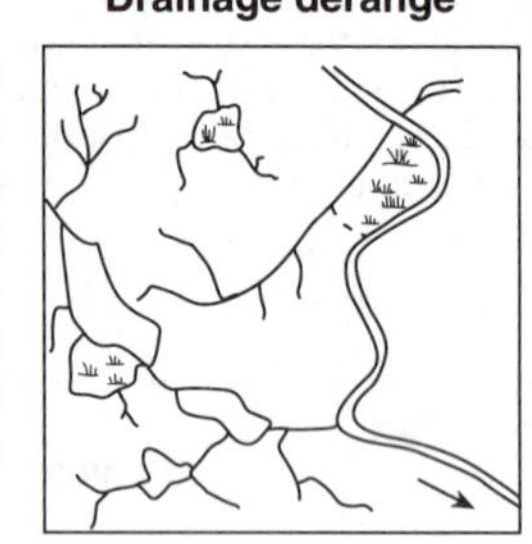

6. Le drainage dérangé est très répandu au Québec et il ne présente aucune orientation préférentielle. Les eaux s'écoulent au hasard des petites dépressions ou des pentes que les glaciers ont laissées en créant des lacs très nombreux.

Drainage anastomosé

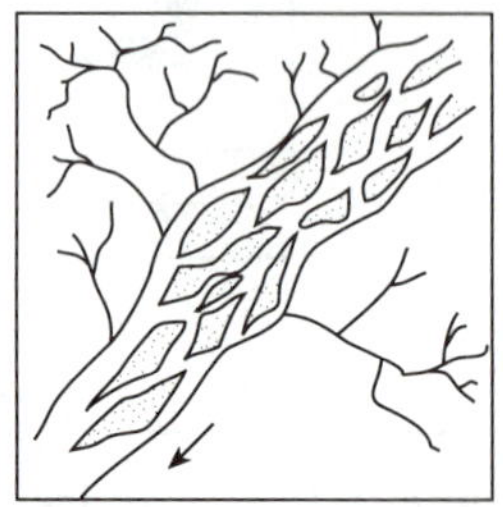

7. Le drainage anastomosé se rencontre là où il y a surabondance de dépôts (sables, graviers, etc.). Il est aussi très commun au front des glaciers, car l'eau y est peu profonde et les alluvions abondantes.

ENCADRÉ 10.2

LES INONDATIONS AU QUÉBEC

Au Québec, plusieurs bassins hydrographiques sont propices aux inondations. Trois types de crues sont responsables des inondations : les crues d'averses, les crues de fonte des neiges et les crues d'embâcles de glace.

Les mesures de lutte contre les inondations, ou les moyens d'en atténuer les dommages, peuvent se classer en deux types : les mesures de correction et les mesures de prévention.

Mesures de correction Les mesures de correction s'attaquent directement aux causes de la submersion des terrains en modifiant les caractéristiques hydrologiques du cours d'eau. Elles visent à réduire la fréquence et l'importance des débordements. On procédera donc à la construction de barrages-réservoirs pour écrêter les crues, ou à la construction de digues pour empêcher l'envahissement des zones d'inondation. On peut aussi augmenter la capacité d'écoulement du cours d'eau en effectuant un dragage ou encore en érigeant des canalisations de dérivation. Tous ces travaux perturbent cependant l'équilibre naturel du cours d'eau; on ne doit donc les envisager qu'en dernier recours.

Mesures de prévention Les mesures de prévention prennent appui sur un programme de cartographie des plaines d'inondation et des zones de risque d'inondation.

Tronçon de la route 271, près de Saint-Jacques-de-Leeds (Québec), emporté par la crue d'un petit ruisseau survenue lors de fortes pluies dans la nuit du 13 au 14 août 1988.

Les cartes sont réalisées dans le cadre d'une convention signée entre le gouvernement du Canada et celui du Québec. D'ici la fin du siècle, les régions du Québec aux prises avec des problèmes d'inondations devraient avoir fait l'objet d'une cartographie à grande échelle.

Sur les cartes du risque d'inondation, on divise la plaine d'inondation en deux zones selon la fréquence et les risques d'inondation : la zone dite de **grand courant** et la zone dite de **faible courant**. La zone de grand courant s'étend depuis le rivage jusqu'à la limite que peuvent atteindre les eaux lors de la crue qui, selon les statistiques, est susceptible de se produire une fois tous les 20 ans, c'est-à-dire avec une probabilité annuelle de 5 %. La zone de courant faible s'étend depuis la limite de la zone de grand courant jusqu'à la limite que peuvent atteindre les eaux de la crue qui, selon les statistiques, est susceptible de se produire une fois tous les 100 ans, c'est-à-dire avec une probabilité annuelle de 1 %. Sur les cartes, on identifie donc la zone d'inondation de la crue centenaire et, à l'intérieur de cette dernière, on trace la limite de la crue de 20 ans. Toute construction est prohibée à l'intérieur des limites de la crue de 20 ans, à quelques exceptions près : l'annexe E de la convention fournit une liste des catégories d'ouvrages qui sont soustraits d'office à l'application de ces restrictions et l'annexe F donne la liste des catégories d'ouvrages admissibles à une demande de dérogation. À l'intérieur des limites de la crue centenaire, seules des constructions rencontrant des normes efficaces de protection sont autorisées. La mise en œuvre de cette réglementation relève, comme toute autre intervention sur le territoire, de l'autorité des municipalités par le biais de leurs règlements de construction.

Inondation causée par une crue d'embâcles de glace sur la rivière Chaudière, à Beauceville (Québec), le 7 avril 1991. (Photographie : MENVIQ, Direction régionale de la Chaudière-Appalaches.)

> Le **débit** d'un cours d'eau est le volume d'eau qui s'écoule en un lieu par unité de temps. Il est généralement exprimé en mètres cubes par seconde (m^3/s).

Le débit s'obtient en multipliant la vitesse moyenne de l'eau par la surface du profil transversal. La vitesse d'un cours d'eau varie en fonction de l'endroit où elle est mesurée. Ainsi, elle est plus grande vers le centre du cours d'eau et près de la surface. Sa vitesse moyenne est calculée en tenant compte de ces variations.

10.1.4 *L'action géologique de l'eau*

La figure 10.7 montre que c'est dans les régions de moyenne et de basse altitude que l'eau exerce son action géologique avec le plus de vigueur. La plupart du temps, l'eau reprend en charge des colluvions (dépôts de versants) et des sédiments apportés des régions hautes par les glaciers pour les transporter plus bas et les déposer dans des endroits où ils demeureront stables à long terme. Seuls les dépôts stables à long terme sont susceptibles de se réorganiser en roches consolidées.

TRANSPORT FLUVIAL

Le mode de transport des particules par l'eau courante a fait l'objet d'expériences de la part de F. Hjulström. Son diagramme d'équilibre publié en 1939 (fig. 10.8) permet d'établir s'il y aura érosion, transport ou sédimentation en faisant le rapport entre la vitesse du courant et le diamètre des particules en présence.

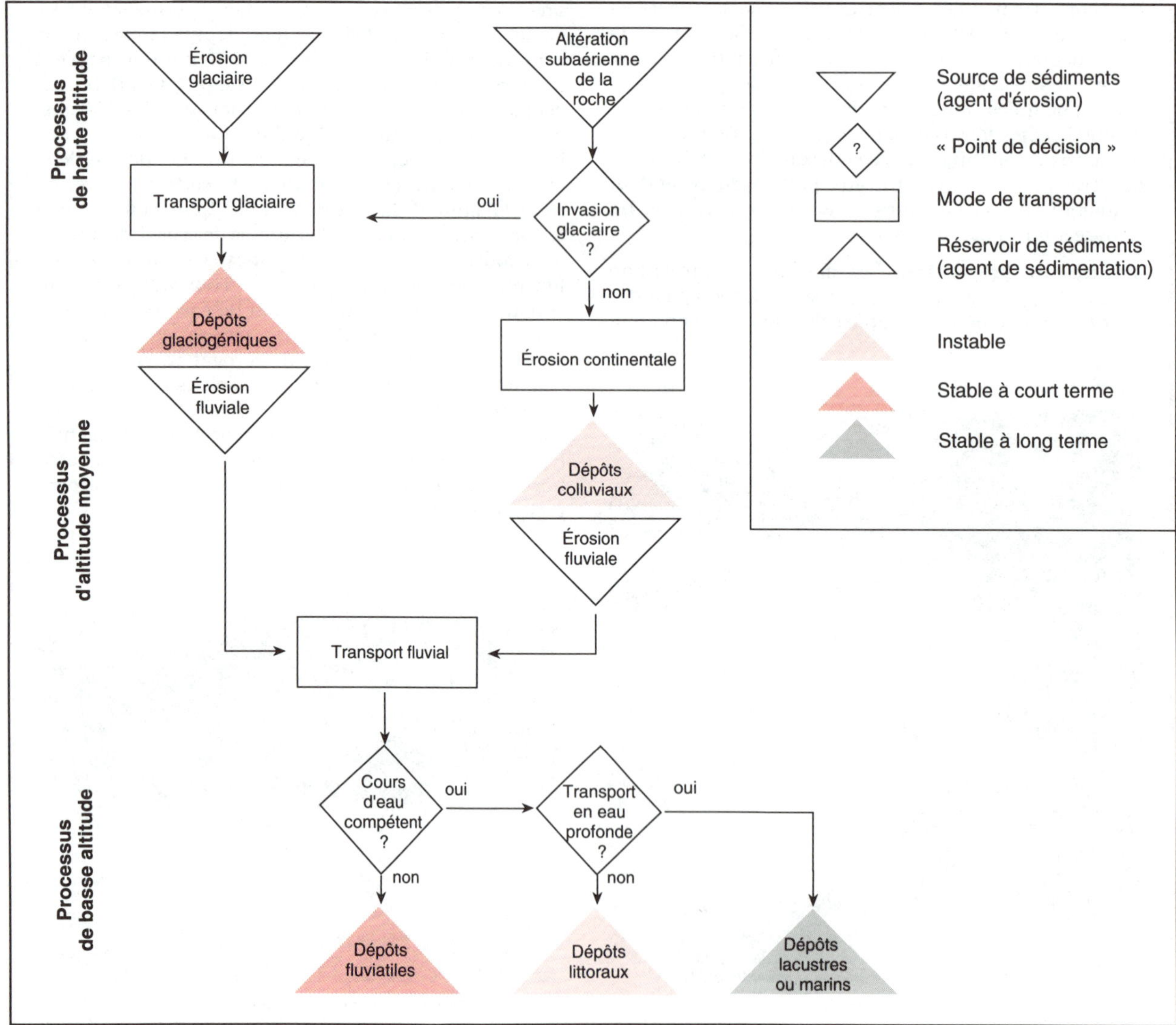

Figure 10.7 Modèle d'érosion-transport-sédimentation selon l'altitude. Les dépôts lacustres et marins, aboutissement ultime du transport, sont les seuls qui puissent prétendre à la stabilité à long terme (d'après Church dans Fulton, 1989, p. 647).

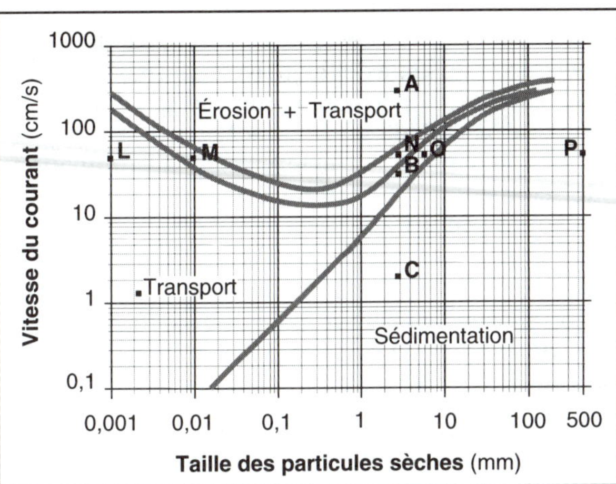

Figure 10.8 Diagramme établi expérimentalement par F. Hjulström : équilibre des particules minérales en fonction de leur taille et de la vitesse du courant qui les balaie. Le fuseau (où se situent les points M et N) correspond à une zone intermédiaire entre transport et érosion-transport. Examinons deux situations pour bien comprendre les relations que ce diagramme permet d'établir. Supposons d'abord des particules de 3 mm de diamètre. En A, où l'eau circule à 300 cm/s, elle sépare les particules les unes des autres et les élimine du bac d'expérimentation : il y a érosion. En B, l'eau est capable de déplacer les particules jetées dans le courant; en revanche, elle ne peut vaincre les forces qui les maintiennent sur le fond : il y a exclusivement transport. En C, l'eau circule sans arracher aucune particule et sans transporter aucune de celles qu'on y jette : il y a sédimentation. Examinons maintenant le comportement de particules de tailles variables en fonction d'une vitesse constante de 50 cm/s. Des points L à M, l'eau est incapable d'arracher les particules immobiles dans le bac; mais si on y jette les particules, elle pourra les transporter. Des points M à N, les particules seront arrachées et évacuées du bac. Des points N à O, même observation qu'aux points L à M mais pour des particules beaucoup plus grosses. Des points O à P, même jetées dans le courant, les particules se déposent immédiatement dans le fond (diagramme d'après Hjulström, 1939; commentaires d'après Dercourt et Paquet, 1985, p. 160).

Le transport fluvial des produits de la météorisation s'effectue essentiellement par trois mécanismes : transport en solution, transport en suspension et déplacement sur le fond (traction et saltation)[3].

Transport en solution Nous avons vu au chapitre 6 qu'une fraction significative des minéraux des roches est mise en solution par l'altération. Les concentrations totales de solides dissous sont tributaires des conditions géologiques. De ce point de vue, il est intéressant de comparer les cours d'eau qui prennent naissance sur le Bouclier canadien et ceux des basses-terres du Saint-Laurent. Sur le Bouclier, les concentrations totales de solides dissous sont d'environ 150 mg/l, contre environ 300 mg/l dans les basses-terres. On sait que la proportion de roches solubles (carbonatées) est plus grande dans cette dernière région. Le long du fleuve Saint-Laurent, la concentration de la charge dissoute diminue légèrement vers l'est avec l'arrivée des eaux en provenance du Bouclier et des Appalaches.

Transport en suspension Dans le transport en suspension, les particules sont dispersées au sein du fluide en mouvement. Les particules fines de silt et d'argile peuvent être portées par l'eau. Dans certaines conditions de très forts débits, au moment des crues, les sables peuvent aussi demeurer en suspension. Dans nos régions, le transport en suspension est à son maximum au printemps. Ce mécanisme de transport se caractérise par des événements de grande intensité mais de courte durée. Voyons-en quelques exemples.

La charge sédimentaire du fleuve Mackenzie qui se jette dans la mer de Beaufort est estimée à environ 150 millions de tonnes par an. L'essentiel de cette charge est transporté en suspension, entre juin et octobre. En ce qui concerne le fleuve Saint-Laurent, le volume de sédiments en suspension qu'il transporte est davantage lié à ses affluents qu'à lui-même. Vers l'amont, les Grands Lacs constituent un important piège à sédiments. Il se trouve que la quantité de sédiments disponible pour le reste du parcours est considérablement réduite. Les calculs montrent que les concentrations de sédiments, en aval de la confluence de la rivière des Outaouais et du fleuve, varient de 0 à 30 mg/l et que le débit sédimentaire annuel moyen y est de 2,5 millions de tonnes. Le plus fort débit sédimentaire enregistré en une journée y a été de 25 000 tonnes.

Déplacement sur le fond Dans le déplacement sur le fond, la vitesse de déplacement des particules est inférieure à celle de l'eau. Le charriage de fond résulte de la traction et du roulement des particules, accompagné ou non de saltation. La **traction** est l'entraînement des particules sur le fond par un fluide en mouvement. La **saltation** est à mi-chemin entre la suspension et le roulement. Ce processus concerne le déplacement de particules par petits bonds successifs vers l'avant.

Il y a eu très peu d'études visant à quantifier, pour un cours d'eau donné, l'importance du déplacement sur le fond. On sait seulement que ce mécanisme de transport est particulièrement significatif dans les cours d'eau à lit graveleux.

3. Bon nombre des données des paragraphes qui suivent proviennent de T. J. Day, « Processus fluviaux » dans *Le Quaternaire du Canada et du Groenland* sous la direction de R. J. Fulton, 1989.

SÉDIMENTATION FLUVIALE

Les sédiments déposés par les cours d'eau sont des **alluvions**. Les facteurs qui contrôlent le dépôt des alluvions sont nombreux. Ils tiennent autant de la disposition structurale et de la nature des roches, de l'allure générale du relief, du climat, que des activités humaines.

De l'amont vers l'aval, on peut distinguer trois sections dans un cours d'eau.

Section supérieure Dans cette partie élevée du cours d'eau, de multiples ruisseaux à forte pente se réunissent progressivement. C'est le domaine de l'érosion et il n'y a guère de sédimentation.

Section moyenne Située en piémont ou en plaine, le cours d'eau y présente un petit nombre de chenaux, voire un seul chenal, à pente modérée ou faible. Une partie de la charge transportée peut être abandonnée dans cette section. C'est ici que les cours d'eau construisent des levées (dépôts d'alluvions en bordure du chenal) et des barres de méandres, et qu'ils accumulent des sédiments fins quand ils débordent et inondent les terrains bas adjacents au chenal principal. La sédimentation a principalement lieu en périodes de crues.

Section inférieure Cette section nous conduit à l'embouchure du cours d'eau, zone importante de sédimentation. Le cours d'eau s'y divise en de nombreux chenaux de divagation, et la sédimentation s'y fait sous forme de delta.

Par définition, un **delta** (nom venant de la lettre grecque majuscule delta qui est en forme de triangle) est une construction fluviale généralement conique née à l'embouchure des cours d'eau, dans la mer ou dans un lac, et formée par accumulation de sédiments en raison de la chute brutale de la vitesse du courant.

La construction des deltas est favorisée par des apports importants de sédiments et par la subsidence de la zone de sédimentation. Les principaux facteurs responsables de la configuration des deltas sont les suivants :

- la morphologie de la côte et la pente du plateau continental (dans le cas d'un océan);
- la direction et la force des vagues;
- l'interaction entre le transport par la dérive littorale et l'apport fluvial;
- l'amplitude de la marée (marnage).

Idéalement, un delta a la forme d'un cône qui se développe par déplacements successifs du lit principal. En réalité, les deltas ont rarement cette forme théorique, comme on le verra un peu plus loin. En coupe verticale, les matériaux déposés sont caractérisés par des lits parallèles mais inclinés. Chaque lit se trouve à un moment donné au front du delta. Chaque nouvel apport de sédiments se dépose en couches par-dessus les précédentes et ainsi de suite, ce qui permet l'allongement du delta.

La figure 10.9 présente une coupe qui permet de voir la disposition des principales couches dans un delta.

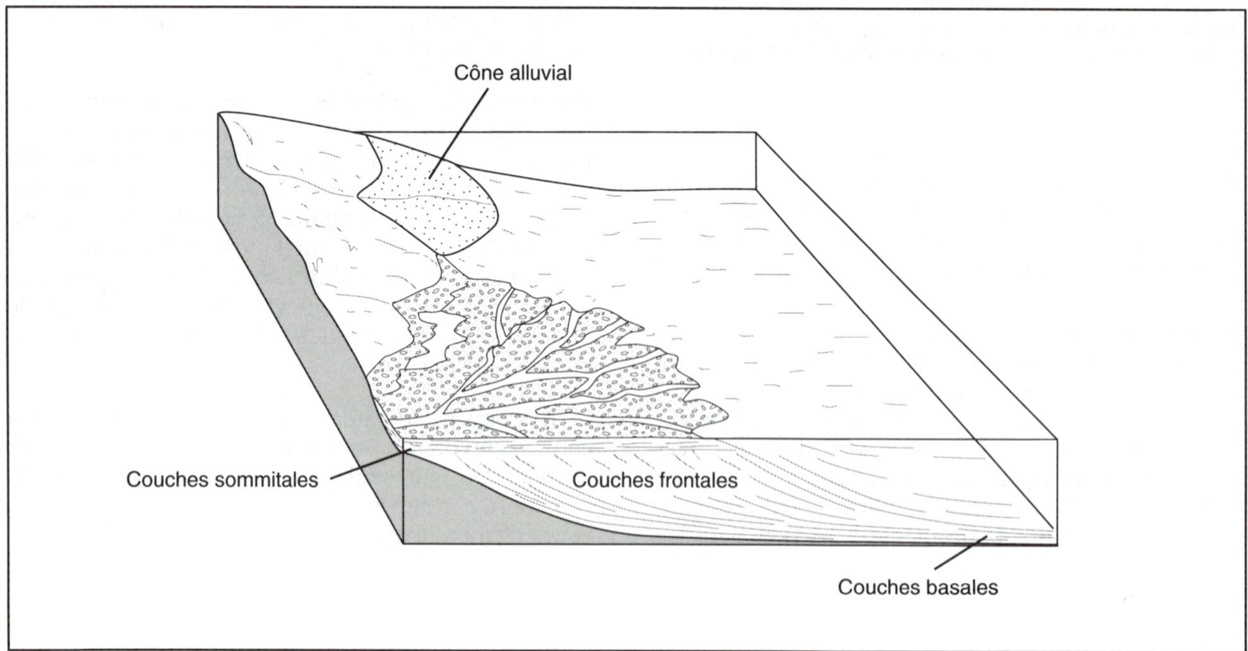

Figure 10.9 Principales caractéristiques d'un delta construit dans un lac.

Dans un delta, on peut reconnaître les **couches sommitales**, les **couches frontales** et les **couches basales**.

En observant des deltas en voie de formation à l'embouchure des grands fleuves, on a pu relier leur construction à trois processus. Dans certains environnements, ce sont les processus fluviaux qui dominent. Dans d'autres, les vagues contrôlent la sédimentation. Enfin, dans certains cas, les forces résultant de la marée jouent ce rôle. Ainsi, on peut distinguer trois principaux types de deltas et un nombre indéterminé de types intermédiaires. La figure 10.10 présente un diagramme triangulaire dans lequel est indiqué le régime qui prévaut au front de 15 deltas contemporains; la figure 10.11 illustre les trois principaux types de deltas reconnus.

Type 1 : le cours d'eau domine

Les deltas de type 1 se forment dans un environnement où la sédimentation est contrôlée par le cours d'eau. Dans cet environnement, les vagues ont peu d'énergie, le marnage est de faible ampleur et la dérive littorale est peu importante. Le fond marin est à pente douce et le cours d'eau apporte une importante charge de sédiments fins. On obtient, dans ces conditions, un delta formé de dépôts de sable en forme de doigt, perpendiculaires au rivage. Le delta du Mississippi, avec sa forme en « patte d'oiseau » si caractéristique, en est l'exemple type.

Type 2 : les vagues dominent

Les deltas de type 2 se forment dans un environnement où les vagues contrôlent le faciès des dépôts sédimentaires en remaniant constamment les apports fluviaux. Cette dynamique se rencontre sur les côtes des océans et des grandes mers. La forme du delta est alors largement tributaire de la dérive littorale. Généralement, ces types de deltas sont des contructions asymétriques orientées dans le sens de la propagation des vagues. Le delta du Rhône, fleuve qui prend sa source en Suisse, coule en France et se jette dans le golfe du Lion (Méditerranée), est de ce type.

Type 3 : la marée domine

Les deltas de type 3 se forment dans un environnement où le marnage est tel que les courants générés par la marée redistribuent les sédiments. Ils sont formés de barres plus ou moins parallèles à la direction des courants de flot et de jusant; ces barres sont séparées par des chenaux profonds. Le delta commun du Gang ā et du Brahmâputra débouchant sur le golfe du Bengale est de ce type, de même que le delta construit dans le golfe de Papua, en Nouvelle-Guinée.

Pour terminer, mentionnons que la plupart des rivières qui se déversent dans l'estuaire du Saint-Laurent ainsi que dans la baie James et la baie d'Hudson construisent actuellement des deltas. La figure 10.12 montre le delta actuel de la rivière Mingan, sur la Moyenne-Côte-Nord du Saint-Laurent.

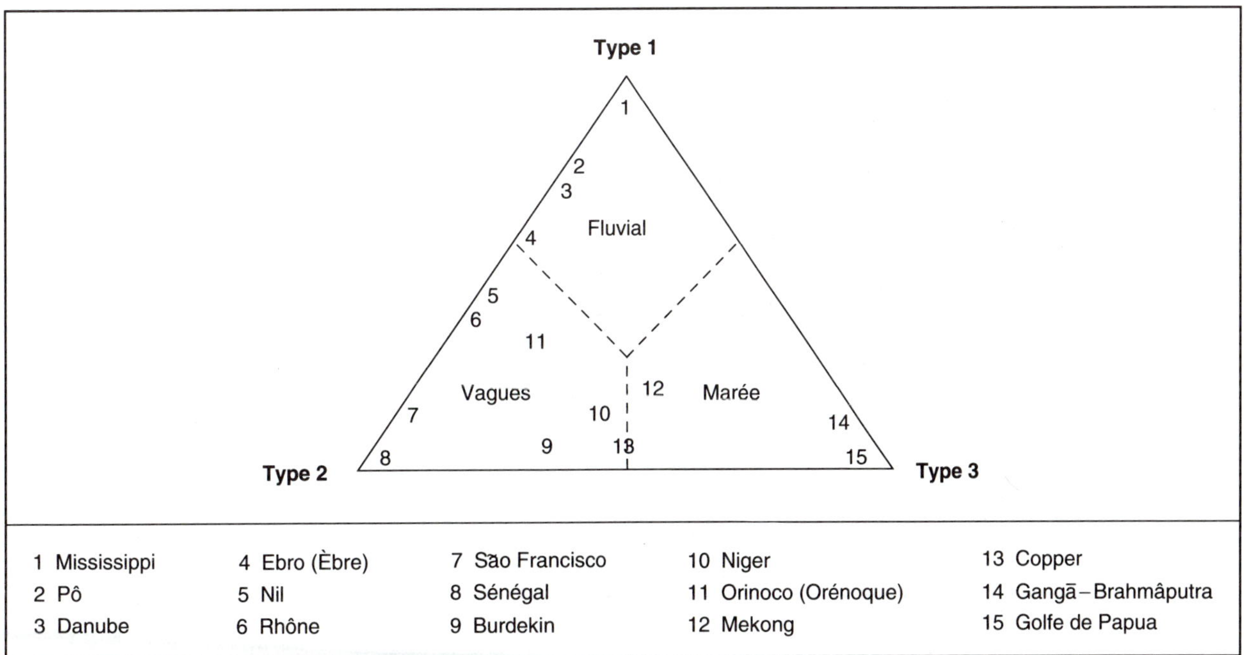

Figure 10.10 Diagramme triangulaire permettant d'associer certains deltas contemporains à l'un des trois principaux processus responsables de la construction de ce type de dépôt (d'après Galloway dans Reading, 1981, p. 103).

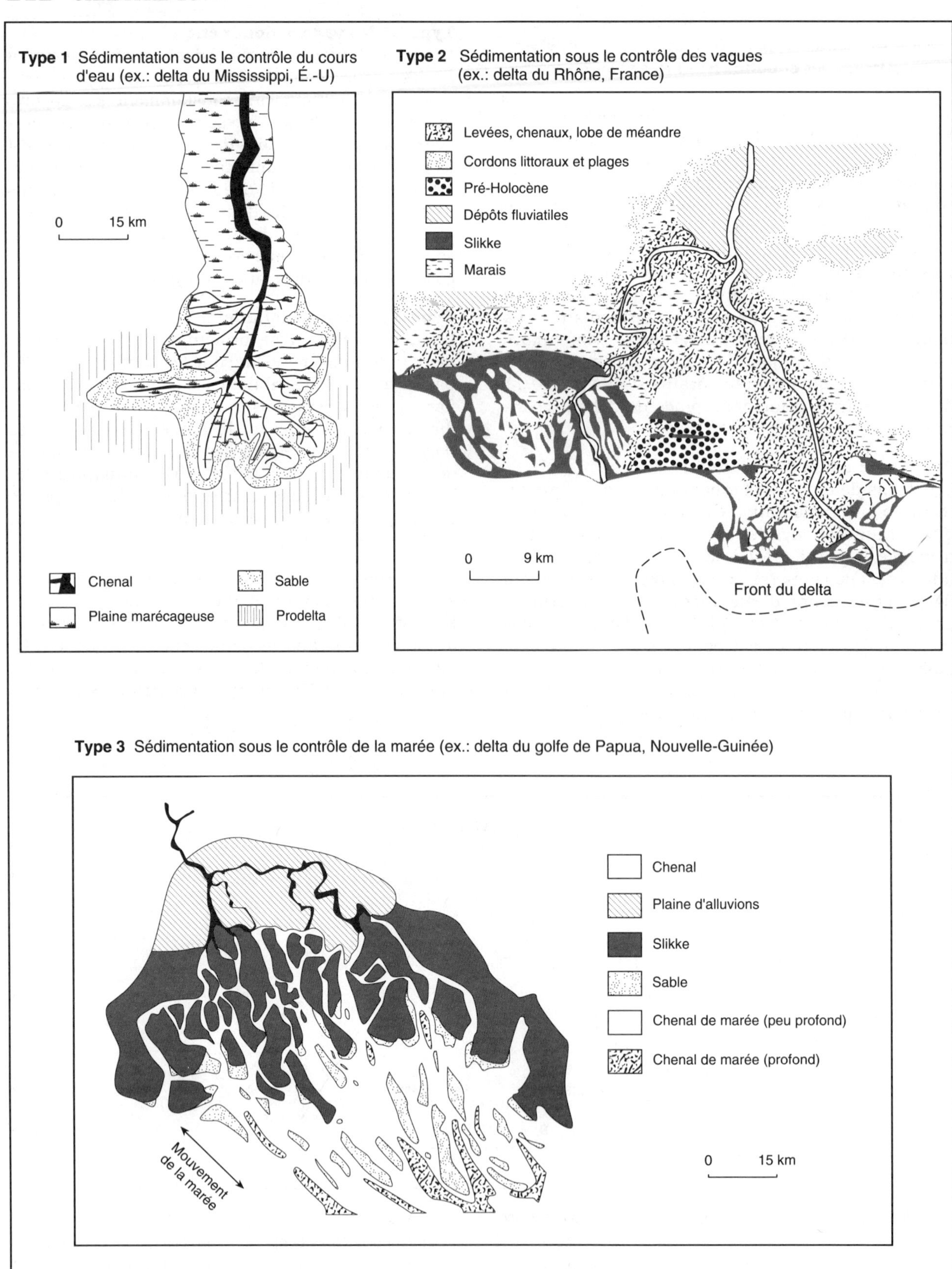

Figure 10.11 Croquis de la morphologie de trois deltas représentatifs de chaque mode de sédimentation (d'après Fisher *et al.* dans Miall, 1984, p. 105).

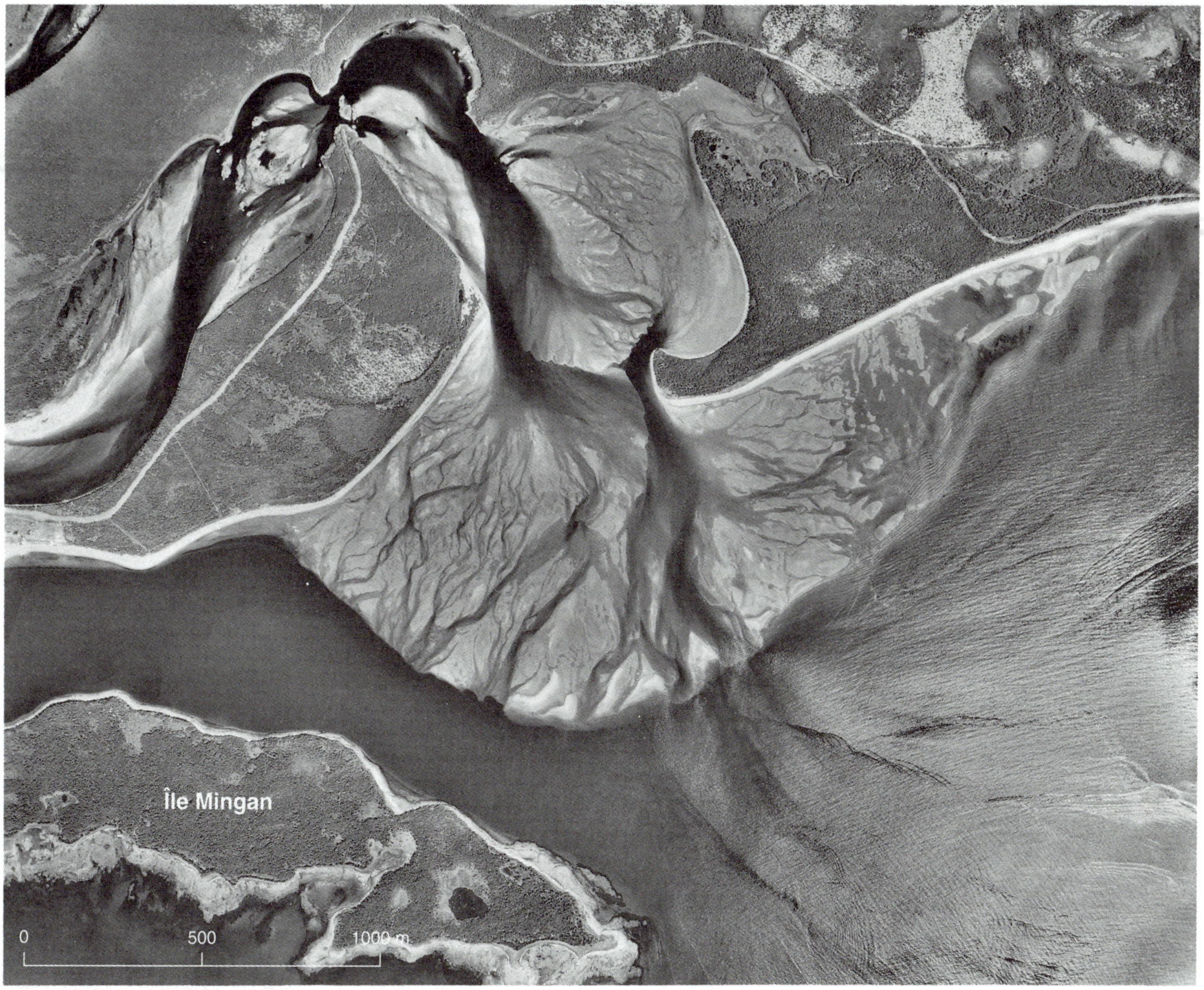

Figure 10.12 Vue, à marée basse, du delta de la rivière Mingan, Moyenne-Côte-Nord du Saint-Laurent (Québec). Il s'agit d'un bel exemple de delta de type I, c'est-à-dire dont la sédimentation est contrôlée par le cours d'eau. (Photographie aérienne A 317-111, Aéro-Photo (1961) inc.)

Figure 10.13 Cône alluvial construit par un cours d'eau qui débouche sur les bords du fjord Russell, à l'est de la baie de Disenchantment, dans le sud de l'Alaska.

Une forme apparentée au delta est le **cône alluvial** (ou cône de déjection). Il s'agit d'une accumulation en forme d'éventail mise en place par un cours d'eau dont le débit diminue brutalement au débouché d'une vallée montagneuse étroite où il est canalisé. Les cônes alluviaux se forment donc dans des régions de piémont ou en bordure des plaines. La figure 10.13 illustre ce type de dépôt fluviatile.

10.2 *LE VENT*

Le vent résulte du déplacement des masses d'air. On caractérise le vent par sa direction et sa vitesse. La vitesse du vent dépasse régulièrement 100 km/h et peut atteindre 400 km/h. Comme le fluide air a une très faible viscosité, il s'écoule le plus souvent en régime turbulent. Comme l'eau, le vent est en mesure de façonner des rides sur les surfaces sablonneuses.

Avant de traiter de l'action géologique du vent et d'examiner l'héritage éolien conservé sur le territoire québécois, voyons quelques définitions.

10.2.1 *Définitions*

L'action du vent est dominante dans les milieux désertiques.

Un **désert** est une région où les précipitations sont inférieures à 250 mm/a.

L'aridité caractérise donc les déserts, lesquels peuvent être chauds ou froids. L'aridité fait que la végétation est absente ou si clairsemée qu'elle ne peut pas enrayer l'action du vent.

Il y a des formations superficielles d'origine éolienne sur tous les continents. Dans l'hémisphère Nord, la plupart sont apparues dans les environnements subdésertiques froids des périodes glaciaires du Quaternaire. C'est d'ailleurs dans ce contexte que les formations éoliennes se sont développées au Canada, à quelques exceptions près. Actuellement, la dynamique éolienne est active sur les littoraux marins, comme ceux de la baie d'Hudson, et dans les zones localement dénudées à cause des incendies ou de l'action humaine.

La carte de la figure 10.14 montre que les régions désertiques du globe se rencontrent sous des climats arides chauds, semi-arides et froids (polaires). En vertu des différents facteurs qui expliquent la faiblesse des précipitations, on regroupe les déserts en quatre classes : les déserts tropicaux, les déserts continentaux, les déserts côtiers et les déserts froids.

DÉSERTS TROPICAUX

Les déserts tropicaux sont des déserts chauds localisés approximativement à la hauteur des tropiques du Cancer et du Capricorne (23°27'N et S). Ces déserts sont associés aux ceintures de haute pression qui règnent en permanence au-dessus des régions tropicales, ce qui explique la faiblesse des précipitations. Les déserts africains du Sahara, de Kalahari et de Rub'al-Khali sont de ce type. Le Grand Désert d'Australie fait aussi partie de cette catégorie.

DÉSERTS CONTINENTAUX

Les déserts continentaux sont situés à l'intérieur de certains continents, loin des sources d'humidité. Les étés y sont chauds et les hivers froids et secs. En Asie centrale, les déserts de Gobi et de Takli Makan sont de ce type.

DÉSERTS CÔTIERS

Les déserts côtiers sont situés sur les marges de certains continents. Les déserts du Chili et du Pérou en sont de bons exemples. Ces régions peuvent être privées de précipitations pendant des décennies. L'aridité s'explique par des remontées d'eau marine profonde qui rafraîchissent les masses d'air de la côte et réduisent leur capacité de retenir l'humidité (voir le chapitre 15). Quand ces masses d'air froid rencontrent les masses d'air chaud du continent, elles peuvent tout au mieux produire des brouillards côtiers mais pas de précipitation.

En d'autres endroits, comme sur la côte ouest de l'Amérique du Nord, les reliefs montagneux sont orientés nord-sud. Ils forcent les masses d'air humide en provenance du Pacifique à s'élever et à se refroidir. Les versants du côté ouest des montagnes sont donc bien arrosés, alors que ceux du côté est reçoivent des vents asséchants et peu de précipitations. Ainsi s'explique l'aridité du sud-est de la Californie, par exemple. Le sud de l'Alberta, balayé régulièrement par le chinook, vent sec qui descend des Rocheuses, connaît régulièrement de longues périodes de sécheresse.

DÉSERTS FROIDS

Les trois types de déserts examinés jusqu'ici correspondent à des régions où les précipitations sont faibles et les températures relativement élevées. De vastes déserts occupent aussi les régions polaires où les précipitations sont faibles à cause de l'air froid et sec. Ces régions peuvent conserver des glaciers, mais ces derniers sont peu actifs en raison de la faible alimentation en neige. On retrouve de tels déserts dans le nord du Groenland et dans certaines parties de l'Arctique canadien et de l'Antarctique.

10.2.2 *L'action géologique du vent*

Au même titre que l'eau, le vent est responsable de processus d'érosion, de transport et de sédimentation. Au niveau du sol, la vitesse du vent est pratiquement nulle. Dès qu'on s'élève de quelques millimètres ou centimètres, elle s'accroît rapidement. Quand le vent au-dessus du sol atteint une vitesse supérieure à la vitesse de chute des grains qu'il y a en surface, il est alors en mesure de soulever sélectivement ces grains et de les transporter plus ou moins loin avant de les déposer quand il y a ralentissement temporaire de la vitesse. Tout comme l'eau, le vent transporte les particules par traction, saltation et en suspension. Ces mécanismes ont été examinés à la sous-section 10.1.4.

La mobilisation des particules par le vent a pour résultat de les séparer en deux groupes distincts : les sables d'une part, les silts et les argiles d'autre part. Les **dunes** constituent les principales accumulations sablonneuses. Quant aux silts et aux argiles, ils produisent les **loess**. Ajoutons à ces deux types de dépôts les dépôts dits **nivéo-éoliens** qui se forment dans les régions froides. Ils sont faits d'un mélange de neige et de particules rocheuses.

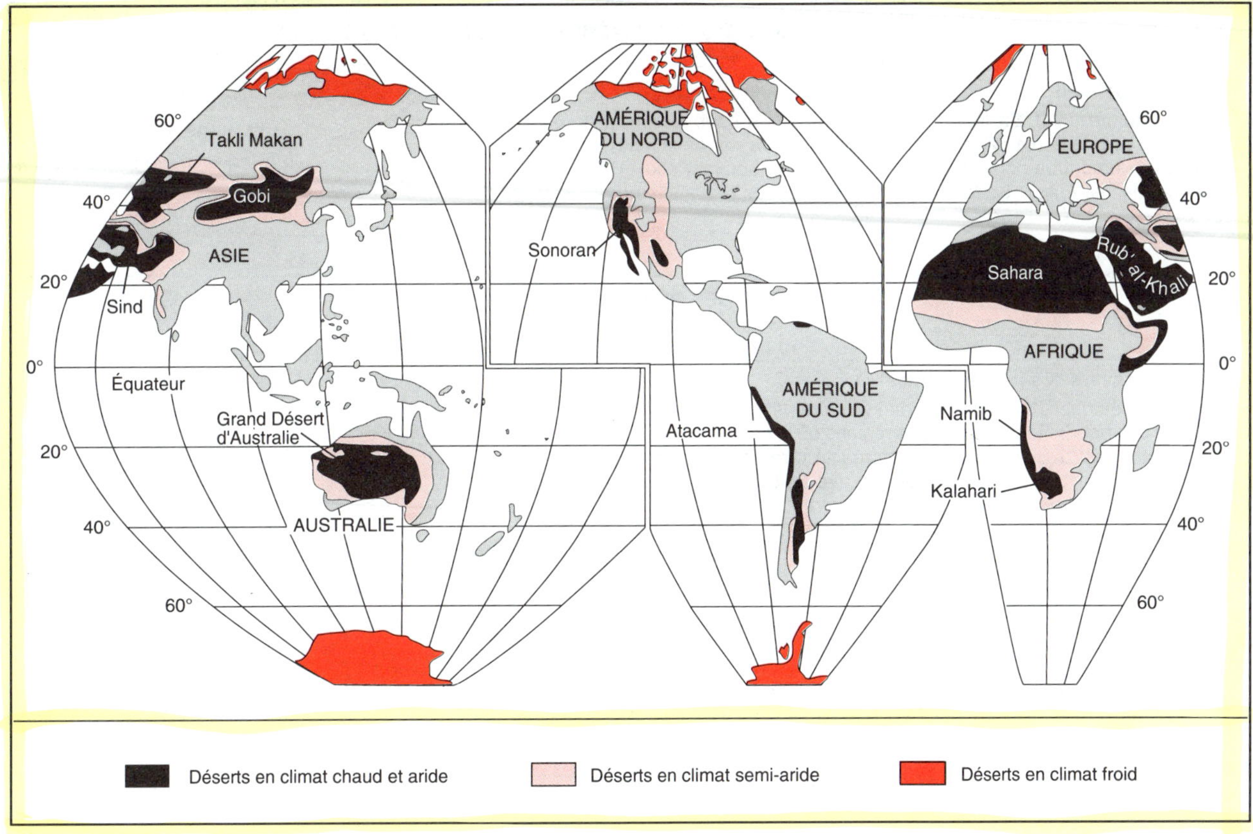

Figure 10.14 Les régions du globe où règnent des climats arides chauds, semi-arides et arides froids, avec les principaux déserts (d'après Skinner et Porter, 1989, p. 242).

DUNES

L'accumulation du sable par le vent se traduit le plus souvent par la formation de dunes. Les **dunes** sont des collines de dimension décamétrique à kilométrique qui peuvent atteindre plusieurs centaines de mètres de hauteur. Dans sa forme élémentaire, une dune se présente comme une grande ride dissymétrique comprenant un versant doux qui fait face au vent et un versant raide (30°-35°) situé sous le vent, ces deux versants étant séparés par une crête.

Le facteur le plus important dans la formation des dunes est la condition hydrique du sable. On peut envisager deux situations opposées : le sable est soit sec, soit humide.

Lorsque le sable est sec depuis la surface jusqu'à une profondeur relativement importante, les dunes sont de **type désertique** (barkhanes, dunes transversales, dunes longitudinales). Inversement, le sable humide produit toujours des **dunes paraboliques** dont les formes peuvent être très variées.

Dans un sable sec, le vent construit très rapidement de petites crêtes transversales. S'il y a abondance de matériel, ces crêtes se développent pour devenir de grandes **barkhanes**. Si elles se développent là où peu de sable est disponible, elles se transforment alors en petites barkhanes isolées. On comprend aisément que les systèmes dunaires de ce type n'atteignent de grands développements que dans les déserts.

Quand le sable est humide, le vent doit d'abord sécher celui-ci avant de pouvoir le déplacer. Dès qu'une petite dépression est creusée dans le sable (**cuvette de déflation**), le vent s'y engouffre, augmente de vitesse et sèche le sable plus rapidement. Au fur et à mesure que les grains sont projetés vers l'avant, il se forme une accumulation, quelconque d'abord, de plus en plus arquée ensuite, et la dépression s'allonge et s'agrandit de façon à former une dune parabolique.

À partir de ces observations, on comprend que les dunes paraboliques sont les plus communes, sinon les seules présentes sur le territoire canadien et québécois. L'histoire géologique récente (Holocène) explique cette situation. Durant cette période, les dépôts de sable devenaient disponibles à mesure qu'ils émergeaient de l'eau. De plus, comme le climat n'a jamais été sec, le sable est demeuré humide pendant toute la durée de l'activité éolienne, laquelle a cessé graduellement avec l'installation de la végétation. Par conséquent, il n'y a pas de barkhane ni de

DUNES DES RÉGIONS TEMPÉRÉES (SABLE HUMIDE)

Dune parabolique

Dune en forme de U. Sa face convexe est orientée sous le vent et terminée par une pente raide. Généralement formée par déflation (la dépression amont se nomme caoudeyre), elle est souvent couverte d'un peu de végétation. Se forme sur les littoraux des régions tempérées.

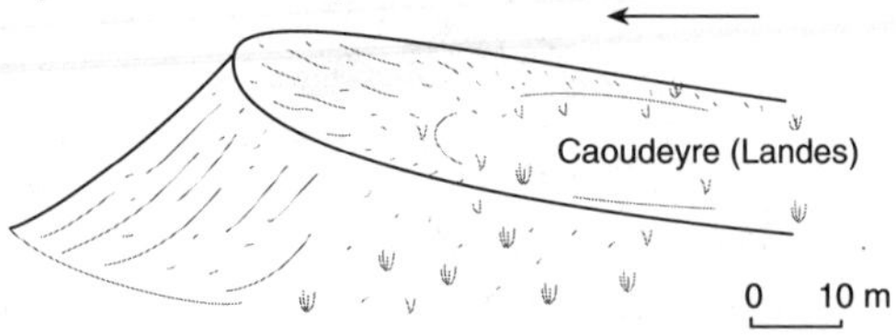

DUNES DES DÉSERTS (SABLE SEC)

Dunes transversales (barkhanoïdes)

Rides asymétriques, allongées perpendiculairement par rapport à la direction du vent. Se forment dans les régions où le sable abonde et où la végétation est pauvre. Elles sont en réalité rarement rectilignes et montrent souvent une forme intermédiaire avec le type barkhane, d'où le nom de barkhanoïde qu'on leur donne souvent.

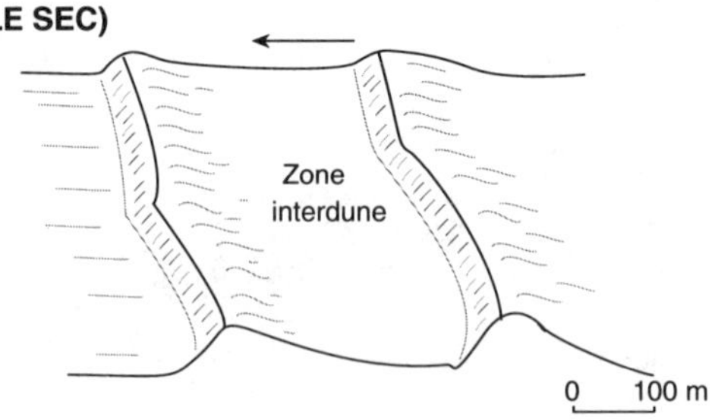

Barkhane

Petite dune en forme de croissant dont les bras, migrant plus rapidement que le corps central, sont pointés dans le sens du vent. La pente raide est située sur la face concave. Se forme dans les régions où le vent est constant, à vitesse moyenne, et où la couverture de sable est réduite. Peut atteindre une hauteur de 1 m à plus de 30 m.

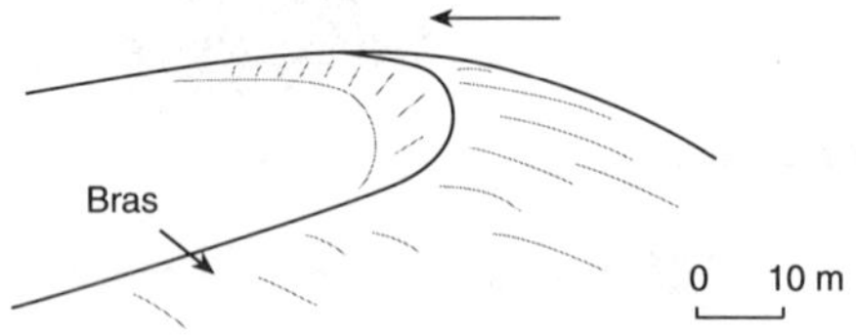

Dunes longitudinales

Crêtes longues et droites, posées parallèlement à la direction du vent dominant. Peuvent atteindre 100 m de hauteur et 100 km de longueur. Les espaces entre les dunes se nomment gassis au Sahara. Se forment dans les déserts où le sable abonde et où le vent souffle avec puissance dans une seule direction ou dans deux directions convergentes.

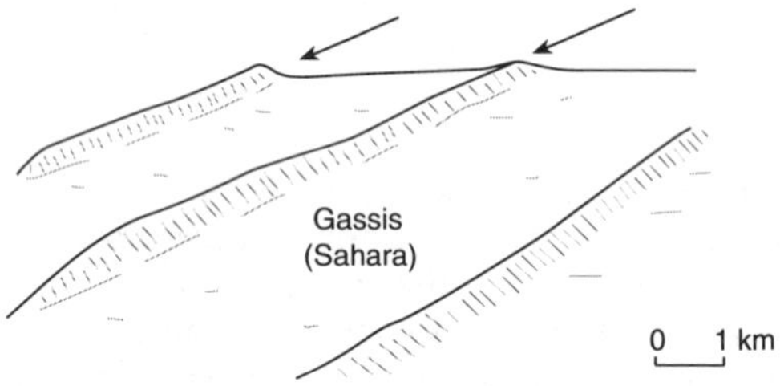

Dune en dôme

Dune à forme circulaire et aplatie ne montrant pas de dissymétrie morphologique nette. Se forme dans les régions où souffle un fort vent unidirectionnel.

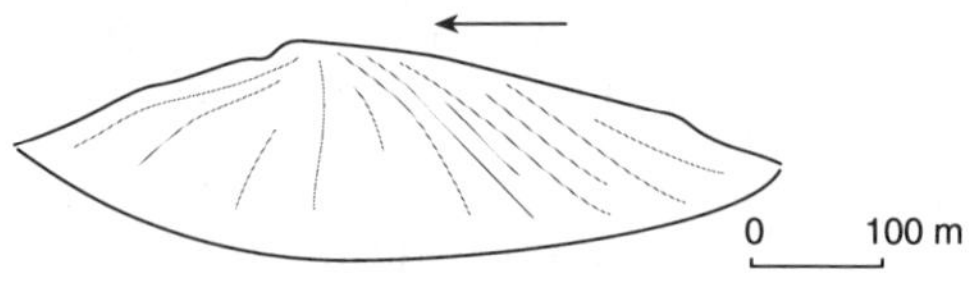

Dune en étoile

Colline isolée qui résulte de la convergence d'au moins trois rides rectilignes en un point élevé. Chaque ride est active et évolue séparément en fonction de la direction du vent. Peut atteindre 100 m de hauteur.

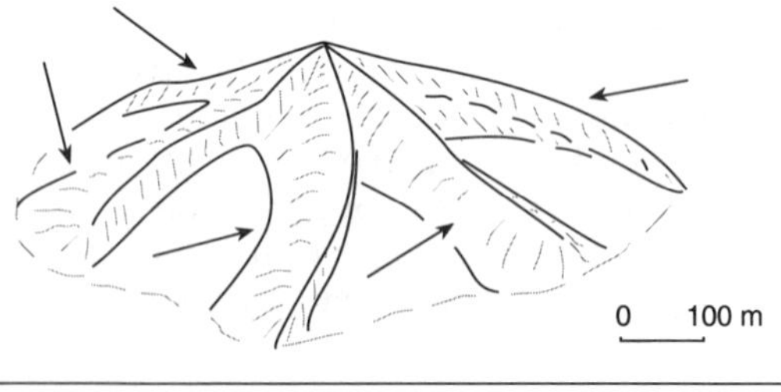

Remarque Les flèches indiquent la direction du vent.

Figure 10.15 Classification morphologique des dunes.

dune longitudinale connue au Canada. Dans les quelques régions où il y a activité éolienne de nos jours, de petites accumulations apparentées à ces formes peuvent prendre naissance, mais elles ne demeurent en place que pour quelques jours seulement. Toutes ces considérations nous amènent à conclure qu'il n'existe fondamentalement que deux types de dunes : les dunes des déserts et les dunes paraboliques. La figure 10.15 présente la classification morphologique des principales dunes construites par le vent; la figure 10.16 montre une dune parabolique.

Figure 10.16 Dune parabolique. Le vent souffle de la droite. Au sud de Golmud, nord-ouest de la Chine.

LOESS

Les loess constituent des dépôts de couleur jaunâtre à gris, friables mais cohérents, composés de silt (60 % à 80 %), d'un peu d'argile et de sable fin. Au Canada, les dépôts de loess ont rarement plus de 1 m d'épaisseur. Dans certaines régions de la Chine, par contre, ils peuvent atteindre plusieurs centaines de mètres d'épaisseur (fig. 10.17). Une telle accumulation de particules fines est rendue possible si ces dernières sont piégées par une végétation herbacée dense. Au fur et à mesure que des particules se déposent, les herbes repoussent au-dessus de la surface du dépôt. Pour cette raison, les dépôts de loess ne sont pas lités; la croissance des plantes détruit tout litage et, en revanche, laisse dans le dépôt un réseau de canalicules (fins canaux) qui confèrent aux loess une bonne porosité.

Figure 10.17 Dépôt de loess. Dans le centre-nord de la Chine, les dépôts de loess atteignent des épaisseurs de plusieurs centaines de mètres. L'érosion de ces matériaux fins explique, en partie, pourquoi les rivières et les fleuves (tel le fleuve Jaune), qui prennent leur source dans cette région, sont tellement chargés en sédiments. Région de Landzhou, Chine.

DÉPÔTS NIVÉO-ÉOLIENS

Les dépôts nivéo-éoliens sont très particuliers. Ils se forment dans des régions froides comme le Québec nordique et certaines régions montagneuses.

> L'expression **nivéo-éolien** s'applique à des alternances de couches de débris (surtout du sable) et de neige.

Des observations récentes[4] confirment que dans certaines circonstances le vent est capable de déplacer des particules de la taille des graviers. Au cours du mois de mars 1980, près de Gros-Morne, en Gaspésie, une forêt a reçu en moins de 24 heures une couche de débris éoliens d'une épaisseur de 0,5 à 2 mm. Les débris pris en charge par le vent provenaient d'un éboulis de roches schisteuses. La neige était noircie et complètement couverte par les apports éoliens sur une superficie de plus de 1000 m^2. À proximité de l'éboulis, le vent avait déposé des plaquettes de schiste d'un diamètre de 2 à 3 cm et d'une épaisseur de

4. On consultera « La dynamique des éboulis schisteux au cours de l'hiver, Gaspésie septentrionale, Québec », de Bernard Hétu et Pierre Vandelac dans *Géographie physique et Quaternaire*, 1989.

1 à 2 mm. Plus loin dans la forêt, les débris diminuaient de taille, passant au sable et au silt.

Le transport nivéo-éolien est particulièrement important dans les régions nordiques aux hivers froids et secs où la fréquence de vents violents est élevée. Une étude[5] sur la dynamique éolienne dans la région immédiate du village de Whapmagoostui-Kuujjuarapik (55°17'N, 77°48'W), sur la côte orientale de la baie d'Hudson, a confirmé l'importance du transport nivéo-éolien. Les conditions climatiques font que la déflation éolienne est plus efficace durant la saison nivale que durant la saison sans neige. En milieu ouvert (non forestier), on a mesuré que plus de 80 % du bilan sédimentaire annuel est attribuable au transport hivernal. Au cours de l'hiver 1987-1988, on a évalué à 10,8 × 10^3 m^3 le volume total de sédiments transportés, déposés sur une surface de 7,4 km^2. À certains endroits, au pléni-enneigement (en mars), les dépôts nivéo-éoliens atteignaient une épaisseur de 3,5 m. La figure 10.18 montre des structures sédimentologiques caractéristiques du nivéo-éolien des régions subarctiques.

10.2.3 *Les dunes au Québec*

Au Québec[6], même si des formations éoliennes se retrouvent un peu partout sur le territoire, elles couvrent généralement de petites superficies. Les dunes y sont le plus souvent stabilisées par la végétation, exception faite des dunes actives sur les littoraux de la baie d'Hudson, des Îles-de-la-Madeleine et de la Côte-Nord du Saint-Laurent, entre autres.

> Au Québec méridional, il existe des champs de dunes paraboliques dans quatre grandes régions : le rebord des Laurentides, la plaine au sud du Saint-Laurent, le Lac-Saint-Jean et la Côte-Nord du Saint-Laurent.

La figure 10.19 illustre le type de dunes rencontré. Bien que ces régions soient des entités géomorphologiques et géologiques différentes, certaines de leurs sous-régions ont une topographie semblable. On trouve les dunes dans les territoires plats et faiblement ondulés, à des altitudes variant entre 2 m et 212 m au-dessus du niveau de la mer. Au chapitre 12, nous traiterons de l'héritage que nous a laissé la dernière grande glaciation. La genèse des dunes au Québec est tributaire de cet héritage, notamment des épisodes de

a)

b)

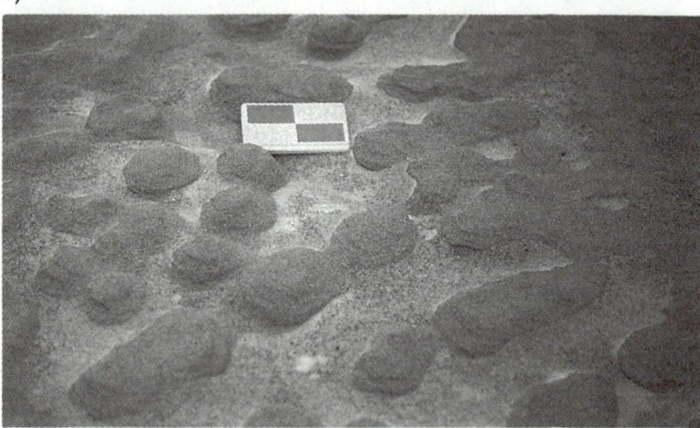

Figure 10.18 Le nivéo-éolien dans la région de Whapmagoostui-Kuujjuarapik (55°17'N, 77°48'W), sur la côte orientale de la baie d'Hudson, Territoire du Nouveau-Québec. En a), sédiments formés d'alternances de neige et de sable (17 mai 1988). En b), vue d'une surface éolisée (29 janvier 1988). (Photographies : Simon Bélanger, Centre d'études nordiques, Université Laval.)

5. Voir le mémoire de maîtrise de Simon Bélanger, *Transport nivéo-éolien en milieu dunaire subarctique, côte orientale de la mer d'Hudson (Québec)*, 1989.
6. À propos des dunes du Québec méridional, on consultera l'article de Danielle Côté, Jean-Marie M. Dubois et Louise Nadeau, « Les dunes du Québec méridional : contribution à l'étude des vents dominants durant l'Holocène » dans *Le Géographe canadien*, 1990. À propos des dépôts éoliens ailleurs au Canada, on consultera *Sand Dune Occurrences of Canada* de Peter P. David, 1977.

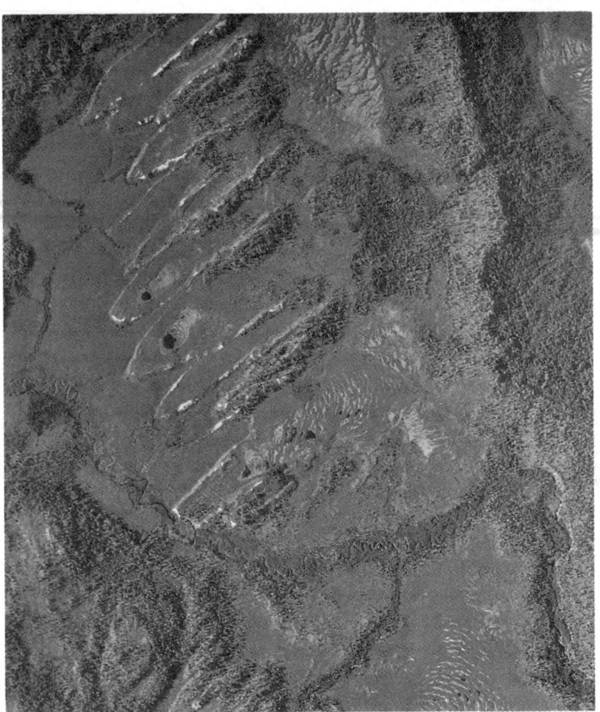

Figure 10.19 Dunes paraboliques de la rivière Romaine, sur la Moyenne-Côte-Nord du Saint-Laurent (Québec), formées par des vents du nord-est (carte topographique 12 L/05). (Photographie aérienne Q 67325-17, Photocartothèque québécoise.)

submersion marine qui ont suivi la fonte du dernier grand glacier. Les dunes se sont développées sur les littoraux des mers postglaciaires, sur les deltas et sur les dépôts fluvioglaciaires.

On trouve aussi des dunes dans l'Outaouais, dans la région de Val-d'Or, en Abitibi, de même qu'en Jamésie et en Hudsonie. Nous allons voir brièvement dans quelles conditions se sont développées les dunes de quelques-unes des régions mentionnées.

JAMÉSIE ET HUDSONIE

Les dépôts éoliens de la Jamésie et de l'Hudsonie[7] se présentent sous forme de dunes paraboliques et transversales. Ces dunes sont en majeure partie fixées. Elles témoignent donc d'une activité éolienne ancienne, probablement antérieure à l'installation de la première couverture végétale, soit quelques millénaires. Néanmoins, l'action du vent y est toujours efficace, notamment après les feux de forêt qui surviennent régulièrement dans ce territoire. Il en a probablement toujours été ainsi. Des reprises d'activité éolienne récentes s'observent un peu partout en Jamésie. Sur la côte est de la baie d'Hudson, la plupart des dunes sont vives et semblent relativement récentes.

Les dunes se sont développées sur des formations sableuses et sablo-graveleuses d'origines diverses : sédiments littoraux, fluviatiles, fluvioglaciaires, lacustres et marins. On en observe souvent dans des tourbières à proximité des dépôts de sable (fig. 10.20). C'est que les zones de déflation qui ont fourni le sable aux dunes se sont graduellement entourbées. On rencontre aussi des dunes isolées, à plusieurs centaines de mètres, voire à quelques kilomètres de la source de sable. Les vents responsables de la construction des dunes de cette région soufflaient de l'ouest. En considérant les deux quadrants ouest (nord-ouest et sud-ouest), on obtient en effet la provenance des vents qui ont façonné 82 % des dunes. Les autres ont été formées sous l'action de vents du sud-est et du sud.

CENTRE-SUD DU QUÉBEC

Des preuves d'activité éolienne ancienne sont également bien conservées dans le centre du Québec[8], notamment dans la plaine au sud du Saint-Laurent et sur le rebord des Laurentides. La carte de la figure 10.21 montre quatre secteurs où l'on retrouve des dunes : Drummondville, Victoriaville, Trois-Rivières

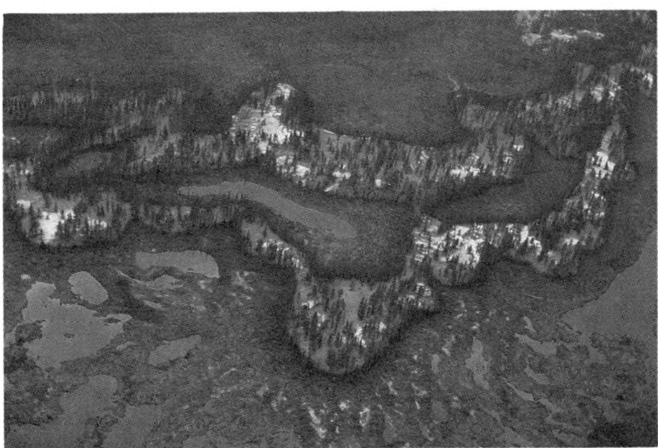

Figure 10.20 Vue aérienne de dunes paraboliques développées sur des dépôts marins, au nord-est (77°45'W, 52°45'N) de Wemindji, Territoire du Nouveau-Québec. Les dunes, d'environ 10 m de hauteur, envahissent une tourbière. Sur la photographie, le vent souffle du haut vers le bas. (Photographie : Jean-Claude Dionne, Université Laval.)

7. Les informations sur cette région sont tirées principalement du rapport de Jean-Claude Dionne, *Dunes et dépôts éoliens en Jamésie et Hudsonie, Québec subarctique*, 1978.
8. Les informations sur les dunes du centre du Québec proviennent de deux sources : « The Coeval Eolian Environment of the Champlain Sea Episode » de P. P. David, 1988; « Holocene Development of Parabolic Dunes in the Central St. Lawrence Lowland, Québec » de L. Filion, 1987.

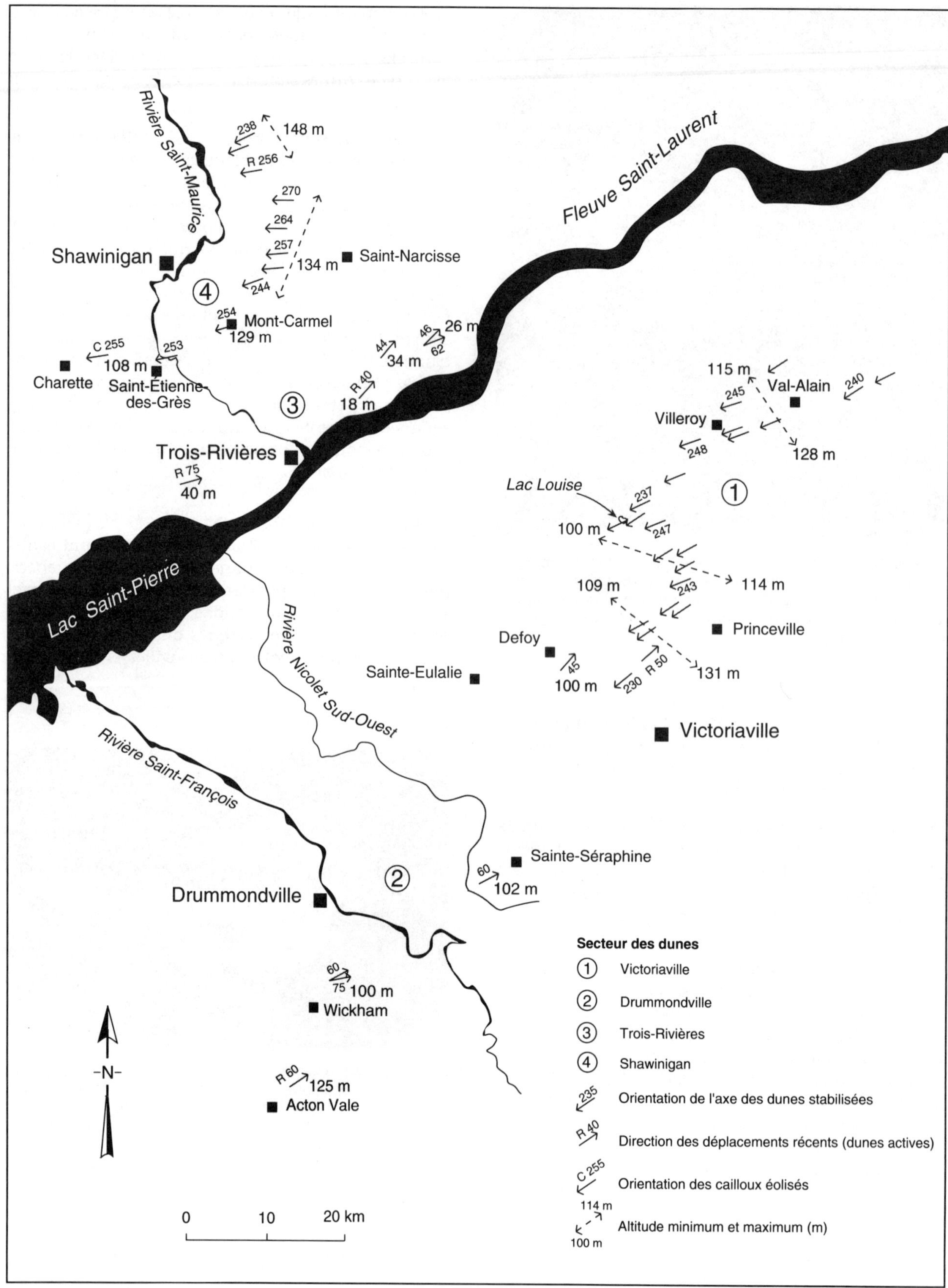

Figure 10.21 Localisation des principaux secteurs de dunes dans le centre du Québec (d'après David, 1988, p. 293).

et Shawinigan. Cependant, les dunes ne forment nulle part, dans les quatre régions délimitées, des concentrations importantes. Elles sont toutes fixées par une végétation plus ou moins dense (arbres ou arbustes). Les aires de déflation sont souvent comblées par de la tourbe. Seuls certains secteurs perturbés par l'activité humaine donnent lieu à des processus éoliens à l'heure actuelle.

Dans les quatre régions, les dunes sont de type parabolique. Elles se présentent selon trois variantes. Il y a tout d'abord les dunes étroites et très étirées, comme on peut en voir dans la région de Victoriaville, près de Villeroy. La dune de Mont-Carmel, dans la région de Shawinigan, est aussi de ce type. Il y a aussi les dunes paraboliques simples, comme celles que l'on retrouve dans la région de Shawinigan. Celles-ci sont partiellement masquées par de la tourbe. Finalement, il y a les dunes composées, résultat de la réunion de plusieurs petites dunes. L'ensemble prend l'allure d'une grande dune parabolique (fig. 10.22). La partie convexe des dunes composées est constituée de segments juxtaposés, alors que ses côtés sont formés d'une succession de longues crêtes asymétriques disposées bout à bout. Ces dunes sont les moins communes; on ne les retrouve que dans la région de Victoriaville.

Les dunes de la région de Drummondville et de Victoriaville se sont développées sur les dépôts littoraux de la mer de Champlain (voir le chapitre 12). Il y a environ 12,0 ka, cette mer a inondé les terres basses de la vallée du Saint-Laurent au fur et à mesure que fondait le dernier grand glacier continental. Les deux régions, qui sont dans le prolongement l'une de l'autre, dessinent un corridor de 20 à 25 km de largeur. Pour ce qui est des deux secteurs de la Mauricie, les dunes sont installées sur des dépôts lacustres et fluviatiles.

Dans le secteur de Victoriaville, les dunes ont été formées par des vents soufflant du nord-est. De nos jours, le vent souffle depuis le sud-ouest, soit en direction tout à fait contraire. Dans les régions de Drummondville et de Trois-Rivières, les vents soufflaient dans la même direction qu'aujourd'hui, soit du sud-ouest. Enfin, dans la région de Shawinigan, les vents responsables des dunes soufflaient du nord-est.

Figure 10.22 Grande dune parabolique formée par la réunion de plusieurs petites dunes, dans la région au nord-est de Princeville (Québec). La zone de déflation (D) est comblée par de la tourbe et un petit lac (le lac Louise) occupe une dépression juste derrière le front. Les paléovents soufflaient du nord-est. (Photographie aérienne A 18641-138, Photothèque nationale de l'air, Ottawa.)

LAC-SAINT-JEAN

Des formes éoliennes sont bien conservées en plusieurs endroits au Lac-Saint-Jean[9]. Tout d'abord, au nord du lac Saint-Jean, il y a des dunes dans six secteurs : au nord-est de Girardville, au nord-est d'Albanel, au nord-ouest et au sud-est de Dolbeau, à l'ouest de Normandin et au nord-est de Notre-Dame-de-la-Doré. Au total, plus de 250 km^2 sont éolisés à divers degrés dans cette partie du territoire. Les dunes se sont développées sur les deltas fluvioglaciaires des rivières Mistassini et Mistassibi; ces dunes existent depuis environ 7,0 et 9,5 ka.

Un peu plus vers le nord-est, dans la région de Saint-Augustin, des dunes se sont formées sur l'ancien delta de la rivière Péribonca. Il y a aussi présence de champs de dunes bien définies à l'ouest de Saint-Léon-de-Chicoutimi.

Au sud-est du lac, deux secteurs retiennent l'attention. Tout d'abord, Saint-Gédéon où des dunes sont présentes sur une grande flèche littorale; certaines sont fixées, d'autres actives. Ensuite, à une quarantaine de kilomètres à l'intérieur des terres, l'extrémité nord-ouest du lac Kénogami (fig. 10.23) est occupée par des champs de dunes bien définies (dunes paraboliques et dunes en forme de V).

Au Lac-Saint-Jean, les sables qui ont servi à l'édification des dunes proviennent du remaniement par le vent des sédiments de deltas ou de dépôts fluvioglaciaires. Pour expliquer ces formations, il faut donc remonter, ici encore, à des événements qui ont suivi la dernière grande glaciation. Pour la région en question, ces événements postglaciaires ont débuté il y a 10 ka environ. Non seulement était-ce alors la fonte du dernier glacier, mais les terres les plus basses étaient inondées par une transgression marine, la Mer de Laflamme. La principale activité éolienne a probablement eu lieu au fur et à mesure que les terres émergeaient et que la mer se retirait. De plus, là comme en Jamésie et en Hudsonie, de grands feux ont pu laisser le sol plus ou moins à nu et favoriser l'action du vent pendant de longs moments.

Finalement, les paléovents responsables de la construction des dunes au Lac-Saint-Jean soufflaient de l'ouest et du nord-ouest. Quand on examine la rose des vents actuels, on voit que ceux-ci soufflent toujours dans les mêmes directions.

Figure 10.23 Champ de dunes au nord-ouest du lac Kénogami, Lac-Saint-Jean (Québec). Ces dunes se sont développées à la marge d'une plaine d'épandage fluvioglaciaire. Les paléovents soufflaient du nord-ouest. (Photographie aérienne Q 64194-111, Photocartothèque québécoise.)

9. La planche A-10 de *L'Atlas régional du Saguenay–Lac-Saint-Jean* présente des photographies aériennes de dunes de la région. Cet atlas a été produit par Les laboratoires de Géographie de l'UQAC en 1981. On pourra aussi consulter « Dépôts meubles Saguenay–Lac-Saint-Jean » de P. Lasalle et G. Tremblay, 1978.

VOCABULAIRE

EAU

Chenal à méandres
Chenal anastomosé
Chenal rectiligne
Condensation
Couches basales
Couches frontales
Couches sommitales
Crue
Cycle de l'eau

Débit

Delta

Écoulement laminaire
Écoulement turbulent
Évaporation
Évapotranspiration

Inondation

Précipitation

Réseau de drainage

Ruissellement

Saltation

Traction
Transpiration
Transport en solution
Transport en suspension

VENT

Barkhane

Déflation
Désert
Dune
Dune parabolique

Loess

Nivéo-éolien

QUESTIONS

1. Quelles sont les principales étapes du cycle de l'eau ? Expliquez-les brièvement, en distinguant la partie atmosphérique de la partie terrestre.
2. Quelles différences y a-t-il entre un écoulement laminaire et un écoulement turbulent ?
3. Les courbes du diagramme de F. Hjulström sont reproduites dans un grand nombre de livres de géologie. Qu'est-ce qui fait l'intérêt de ce diagramme ? Quelles informations en tire-t-on ? Explicitez votre réponse.
4. Les plus importants deltas se construisent dans la mer à l'embouchure des grands fleuves. Quels sont les principaux facteurs qui contribuent à la formation des deltas ? Combien de types de deltas peut-on distinguer ?
5. Comment s'explique la répartition des déserts sur le globe ? Donnez des exemples de chaque type de désert.
6. Quel type de dunes s'est développé sur le territoire canadien et québécois ? Expliquez leur contexte de formation et tirez-en quelques considérations générales sur la genèse des dunes.
7. Vrai ou faux ?
   a) Dans une barkhane, le versant à pente douce est du côté convexe de la dune.
   b) Il y a des dunes au Québec parce que le climat était aride au début de l'Holocène (entre 10 et 8 ka).
   c) Au Québec, l'érosion éolienne n'est efficace qu'en été, alors qu'il n'y a pas de neige au sol.
   d) Un delta est une accumulation de sédiments dans le tronçon supérieur d'un cours d'eau.
   e) Le vent se déplace le plus souvent en régime turbulent.

RÉFÉRENCES BIBLIOGRAPHIQUES

OUVRAGES RECOMMANDÉS

1. **Campy, M. et Macaire, J. J.**
   1989 : *Géologie des formations superficielles.* Paris, Masson, 434 p.
   Bon volume d'introduction. Voir le chapitre VIII – Les formations fluviatiles et le chapitre X – Les formations éoliennes.

2. **Fulton, R. J. (sous la direction de)**
   1989 : *Le Quaternaire du Canada et du Groenland.* Ottawa, Commission géologique du Canada, Géologie du Canada, n° 1, 907 p. et 5 cartes.
   Volume de référence indispensable. Voir le chapitre 9 : Processus géomorphologiques au Canada.

AUTRES SOURCES D'INFORMATION CONSULTÉES

Bélanger, S.
1989 : *Transport nivéo-éolien en milieu dunaire subarctique, côte orientale de la mer d'Hudson (Québec).* Québec, Mémoire de maîtrise, École des gradués, Université Laval, 66 p.

Côté, D., Dubois, J.-M. M. et Nadeau, L.
1990 : « Les dunes du Québec méridional : contribution à l'étude des vents dominants durant l'Holocène » dans *Le Géographe canadien*, vol. 34, n° 1, p. 49-62.

David, P. P.
1977 : *Sand Dune Occurrences of Canada.* Ottawa, Rapport du contrat 74-230, Indian and Northern Affairs, National Parks Branch, n. p.

1979 : « Sand Dunes in Canada » dans *GEOS*, numéro du printemps, p. 12-14.

1988 : « The Coeval Eolian Environment of the Champlain Sea Episode » dans *The Late Quaternary Development of the Champlain Sea Basin* sous la direction de N. R. Gadd. Ottawa, Geological Association of Canada, Special Paper 35, p. 291-305.

Dercourt, J. et Paquet, J.
1985 : *Géologie, objets et méthodes.* 7e éd., Paris, Dunod Université, 347 p.

Dionne, J.-C.
1978 : *Dunes et dépôts éoliens en Jamésie et Hudsonie, Québec subarctique.* Ottawa, Environnement Canada, Rapport d'information, 46 p.

Filion, L.
1987 : « Holocene Development of Parabolic Dunes in the Central St. Lawrence Lowland, Québec » dans *Quaternary Research*, vol. 28, nº 2, p. 196-209.

Gray, D. M. (sous la direction de)
1972 : *Manuel des principes d'hydrologie.* Ottawa, Conseil national de recherches du Canada, 600 p.

Hétu, B.
1989 : « La dynamique des éboulis schisteux au cours de l'hiver, Gaspésie septentrionale, Québec » dans *Géographie physique et Quaternaire*, vol. 43, nº 3, p. 389-406.

Lasalle, P. et Tremblay, G.
1978 : *Dépôts meubles Saguenay Lac Saint-Jean.* Québec, ministère des Richesses naturelles, Rapport géologique 191, 61 p. et 7 cartes.

Miall, A. D.
1984 : « Deltas » dans *Facies Models* sous la direction de R. G. Walker. Ottawa, Geoscience Canada, Reprint Series 1, p. 105-118.

Mollard, J. D et Janes, J. R.
1985 : *La photo-interprétation et le territoire canadien.* Ottawa, Approvisionnements et Services Canada, 425 p. (Voir les chapitres 5 et 6.)

Pearse, P. H., Bertrand, F. et MacLaren, J. W.
1985 : *Vers un renouveau.* Ottawa, Rapport d'enquête sur la politique fédérale relative aux eaux, Gouvernement du Canada, nº cat. En-37-71/1985-1F, 259 p.

Peixoto, J. P. et Oort, A. H.
1990 : « Le cycle de l'eau et le climat » dans *La Recherche*, vol. 21, nº 221, p. 570-579.

Reading, H. G. (sous la direction de)
1986 : *Sedimentary Environments and Facies*, 2e éd., Cambridge, Blackwell Scientific, 680 p.

Reineck, H.-E. et Singh, I. B.
1980 : *Depositional Sedimentary Environments.* New York, Springer-Verlag, 552 p.

Rufty, A.
1976 : *Introduction à la climatologie.* Paris, PUF, 264 p.

Skinner, B. J. et Porter, S. C.
1989 : *The Dynamic Earth.* Toronto, John Wiley & Sons, 541 p.

CHAPITRE 11

LE GLACIAIRE, LE GLACIEL ET LE PERGÉLISOL

Vous êtes terres plus que pierres
pergélisols à pavots ensoleillés
de tout leur or de tout leur suc.

CAMILLE LAVERDIÈRE, *Autres fleurs de gel.*

OBJECTIFS PÉDAGOGIQUES

Au terme de ce chapitre vous devriez :

- pouvoir expliquer comment se forme la glace des glaciers;
- connaître les différences entre un glacier tempéré et un glacier froid;
- connaître les différents types de glaciers;
- connaître le rôle géologique des glaciers;
- connaître le rôle géologique des glaces annuelles;
- être en mesure de définir le pergélisol et connaître sa répartition au Québec.

Ce chapitre est consacré aux glaces continentales. Nous y étudierons les trois manifestations géologiques dominées par le froid, soit le glaciaire, le glaciel et le pergélisol, ces deux dernières entrant dans la catégorie des phénomènes périglaciaires. Nous verrons tout d'abord le glaciaire, domaine se rapportant aux glaciers et à leur action. On retrouve les glaciers dans les régions polaires et à l'étage supérieur des reliefs montagneux où ils naissent de la transformation de la neige en glace. Nous aborderons ensuite le glaciel, domaine se rapportant à l'action géologique des glaces flottantes, c'est-à-dire des glaces annuelles présentes sur les cours d'eau et les plans d'eau des régions froides. Finalement, nous étudierons le pergélisol, domaine qui concerne les sols gelés, soit la partie de l'écorce terrestre soumise en permanence à des températures égales ou inférieures à 0°C. Dans cette section, nous aborderons non seulement les caractéristiques des terrains pergélisolés, mais nous passerons aussi en revue les techniques de construction à appliquer dans de tels sols.

11.1 *LE GLACIAIRE*

Le glaciaire est l'action géologique des glaciers et des plates-formes de glace. À une certaine époque, des glaciers occupaient de vastes territoires, notamment le nord de l'Europe et de l'Amérique du Nord. En fait, nous sortons tout juste du dernier âge glaciaire, un événement très important de l'histoire géologique récente. Dans cette section, nous allons avant tout examiner les glaciers actuels. Il est en effet nécessaire de connaître ces glaciers pour comprendre et interpréter les phénomènes glaciaires hérités du passé que nous étudierons au chapitre 12.

11.1.1 *De la neige à la glace*

Les glaciers se trouvent dans des régions au climat suffisamment froid pour qu'une partie de la neige tombée durant un hiver dure jusqu'à l'hiver suivant. Ces conditions se retrouvent particulièrement sur les sommets des montagnes où la neige peut s'accumuler sur des épaisseurs considérables et se transformer lentement en glace. La matière première pour former de la glace est donc une grande quantité de neige. Par exemple, sur le Juneau Icefield, non loin de Juneau, la capitale de l'Alaska, les précipitations de neige atteignent 30 m par année.

La figure 11.1 illustre de quelle manière un cristal de neige fraîche devient un grain de glace. Par sublimation ou évaporation, les cristaux de neige se transforment en petits grains sphériques. Les couches de neige sus-jacentes tassent ces grains. Une augmentation passagère de température peut libérer une certaine quantité d'eau entre les grains, laquelle regèle pour former des grains plus gros. Au bout d'une année, habituellement, la neige est transformée en **névé**. Les grains atteignent alors 1 mm de diamètre. L'étape suivante, celle du passage de névé à glace, est beaucoup plus longue. Elle s'accomplit plus ou moins rapidement selon l'accumulation de neige et la température. Il existe en effet une relation étroite entre la température du névé et le taux de croissance des cristaux de glace. De ce point de vue, la glace réagit comme toute autre substance solide. Les processus de transformation sont accélérés quand les cristaux sont dans un état proche de leur température de fusion. Dans les régions au climat très froid, la transition névé-glace se produit donc à de plus grandes profondeurs et elle nécessite plus de temps que dans les régions moins froides. Ainsi, dans l'Antarctique (Station Plateau – 79°15'S, 40°30'E) où le névé est à -57°C, la transition névé-glace se produit à 160 m de profondeur, et le processus complet s'accomplit en 3500 ans. Au Groenland (Camp Century – 77°11'N, 61°10'W) où le névé est à -24°C, la transition névé-glace se produit à 68 m de profondeur, et le passage vers une glace pure s'étend sur 125 ans. Par contre, dans les régions où les températures fluctuent autour de 0°C, le processus peut ne prendre que quelques années.

Au fur et à mesure que le névé est comprimé sous la masse de neige accumulée, la pression expulse l'air encore présent dans les grains. En principe, la glace pure a une porosité nulle et une densité de 0,917. Mais seuls les cristaux de glace proprement dits atteignent cet état. En effet, des vides peuvent subsister entre les cristaux. Le tableau 11.1 résume les étapes de la genèse de la glace des glaciers.

11.1.2 *Régime thermique et bilan glaciologique*

Les interactions sont nombreuses entre l'atmosphère et les glaciers. Non seulement les conditions atmosphériques générales régissent-elles le volume global de glace sur les continents, mais il y a également une relation étroite entre la température de l'air et celle de la glace des glaciers.

On distingue des **glaciers tempérés** et des **glaciers froids**.

Rappelons tout d'abord un premier fait. Une augmentation de pression a pour résultat d'abaisser la température de fusion de la glace. C'est pourquoi il est si facile de patiner sur une surface glacée : la masse de notre corps étant concentrée sur des lames étroites, la grande pression exercée par celles-ci sur la surface fait fondre la glace; il se crée alors un mince film d'eau qui facilite le glissement. Cette eau regèle aussitôt que cesse la pression.

Supposons un glacier de 1500 m d'épaisseur. La pression qui prévaut à sa base (14 MPa) est suffisante

Tableau 11.1 Les principales étapes de la genèse de la glace des glaciers.

Étapes	Densité	Porosité (%)	Pression
Cristaux de neige fraîche	0,05 - 0,08	95	↓
Neige granulaire	0,10 - 0,40	60 - 70	
Névé	0,55	50	
Glace des glaciers	0,89 - 0,90	—	
Glace pure (cristaux)	0,917	0	

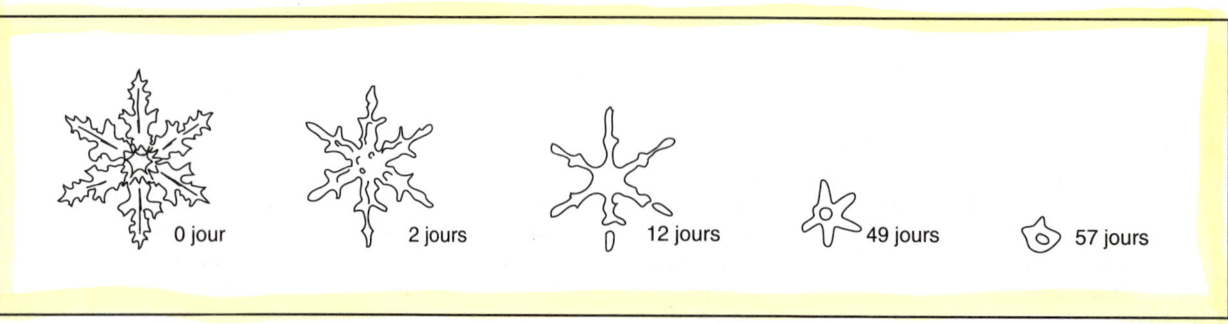

Figure 11.1 Les étapes de la transformation d'un cristal de neige en un grain de glace (Bader *et al.*, 1954).

pour abaisser de 1°C la température de fusion de la glace. Dans ces conditions, un glacier réussit à maintenir son état solide lorsque le gradient de température est l'inverse de celui de la pression. Vers la base d'un glacier, la température doit absolument s'abaisser pour contrer la fusion due à l'augmentation de la pression. Certains glaciers possèdent donc un mécanisme d'autorefroidissement interne qui assure leur survie. Ce mécanisme est simple : au fur et à mesure que la pression augmente dans un glacier, une fraction de la glace fond (il faut 335 kJ pour fondre 1 kg de glace). Or, l'essentiel de la chaleur qui fait fondre la glace provient du glacier lui-même. Cette perte thermique assure le refroidissement de la glace restante. Sauf en hiver, alors que la température dans les premiers mètres de glace tombe en dessous de 0°C, un **glacier tempéré** est formé d'une glace qui se maintient en permanence dans un état tel que pression et fusion s'équilibrent. On dit de cette glace qu'elle est à la **température de fusion sous pression**. Il peut y avoir de l'eau (moins de 1 % du volume) dans toute la masse du glacier, de la base jusqu'au sommet. Cette eau est confinée dans un réseau complexe de conduites micrométriques.

Dans un **glacier froid**, toute la masse de glace est maintenue à une température inférieure à celle de la fusion sous pression. De plus, contrairement à ce qui se produit dans les glaciers tempérés où la température augmente de la base vers la surface, dans un glacier froid, la température augmente avec la profondeur. Le flux géothermique ainsi que la chaleur générée par l'écoulement contribuent largement à l'élévation de la température dans les niveaux inférieurs d'un glacier froid. Dans un glacier de 1500 m d'épaisseur, un tel régime thermique est possible seulement si la température moyenne annuelle de l'air est de -40°C. Par conséquent, les glaciers froids ne se retrouvent que dans les régions vraiment polaires.

Dans les glaciers tempérés, la chaleur émanant du flux géothermique et celle générée par la friction sur le lit ne peuvent pas se propager vers la surface, car la température y est déjà plus élevée. La chaleur séjourne donc à l'interface glacier-substratum où elle fait fondre environ 6 mm de glace par année. La figure 11.2 montre les gradients de température dans les deux types de glaciers étudiés. Elle donne aussi les profils de température pour trois calottes glaciaires froides qui couvrent les secteurs montagneux des îles Devon, d'Ellesmere et Axel Heiberg dans les îles de la Reine-Élisabeth. Signalons que bien qu'il existe des glaciers entièrement froids et des glaciers presque entièrement tempérés, la plupart d'entre eux ont en fait des zones froides et des zones tempérées.

Pour un glacier donné, il est possible d'établir un bilan de masse annuel. Lorsque l'accumulation est plus importante que l'ablation, on comprend que le

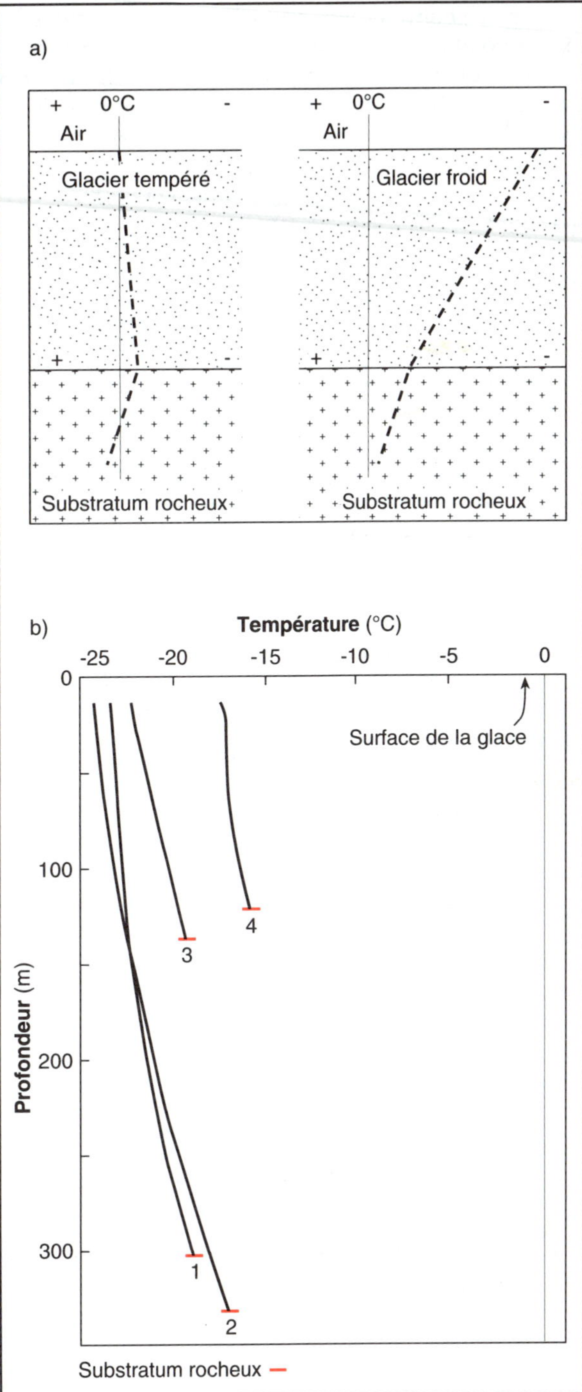

Figure 11.2 Régime thermique des glaciers. En a), le gradient des températures dans un glacier tempéré et dans un glacier froid. Dans un glacier tempéré, la glace est à température de fusion sous pression de la surface jusqu'à la base. Dans un glacier froid, la température se maintient bien en dessous de ce seuil et elle augmente vers la base à cause de l'apport calorifique du flux géothermique et de la chaleur générée par le fluage interne. En b), profils de température pour trois calottes glaciaires des îles de la Reine-Élisabeth : 1, calotte glaciaire de Devon, à 1800 m d'altitude; 2 et 3, calotte glaciaire d'Agassiz, à 1700 m et 1710 m respectivement; 4, calotte glaciaire de Meighen, à 268 m d'altitude (pour b) : d'après Koerner dans Fulton, 1989, p. 503).

bilan soit positif, et vice versa. Plusieurs années de bilans positifs auront pour effet d'accroître substantiellement la masse globale du glacier. La figure 11.3 présente le bilan de quatre glaciers des îles de la Reine-Élisabeth. Les bilans négatifs des premiers relevés refléteraient quelques années chaudes de la décennie de 1950. Dans l'ensemble, cependant, rien n'indique qu'il y ait eu un réchauffement ou un refroidissement climatique au cours de la période de 25 ans que couvrent les relevés.

11.1.3 *Les glaciers bougent*

L'une des principales caractéristiques des glaciers est leur capacité d'**écoulement**. Le moteur premier de ce processus est bien sûr la gravité. De plus, la glace n'étant pas un solide intégral mais plutôt un solide polycristallin dont la limite d'élasticité est assez faible, l'écoulement glaciaire en est facilité.

> Deux facteurs contribuent à expliquer le mouvement (écoulement) d'une masse de glace : (1) les **déformations internes**, causées par les contraintes auxquelles la glace est soumise; (2) le mouvement de tout le glacier par **glissement sur son lit** (on parle de glissement basal).

DÉFORMATIONS INTERNES

Prenons un cube de glace situé à la base d'un glacier. Ce cube est soumis à des conditions de pression isotrope à cause de la colonne de glace sus-jacente. Reprenons la notion de contrainte étudiée au chapitre 8. Nous pouvons établir que la contrainte normale à une profondeur i est donnée par la formule générale suivante :

$$\sigma_i = \rho\, g \bullet d_i$$

où

σ_i = contrainte normale à une profondeur i;

ρ = masse volumique de la glace (917 kg/m^3);

g = accélération de la gravité (9,8 m/s^2);

d_i = épaisseur du glacier (m).

Par ailleurs, un glacier est aussi le siège de contraintes de cisaillement, lesquelles, comme on le sait, sont responsables des déformations. À une profondeur i dans le glacier, la contrainte de cisaillement est égale à :

$$\tau_i = \sigma_i \bullet \sin \alpha$$

où

τ_i = contrainte de cisaillement à une profondeur i (kPa);

σ_i = contrainte normale à une profondeur i;

α = angle de la surface du glacier (°).

Pour un glacier de 200 m d'épaisseur, avec un angle de surface de 2° (sin 0,035), la contrainte de cisaillement serait :

$$\tau_1 = 917 \times 9{,}8 \times 200 \times 0{,}035 = 62\ 906\ \text{N/m}^2 \text{ ou } 63\ \text{kPa}$$

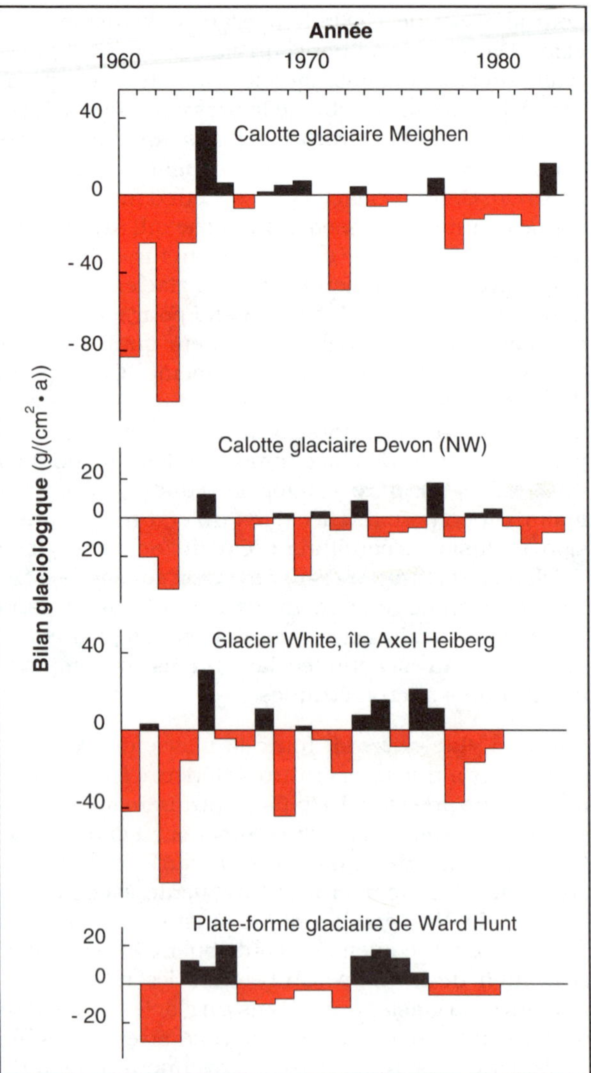

Figure 11.3 Bilans glaciologiques de quatre glaciers des îles de la Reine-Élisabeth (T. N.-O.). Le grisé noir représente un bilan positif et le grisé de couleur, un bilan négatif (Koerner dans Fulton, 1989, p. 504).

Cette équation montre que la contrainte de cisaillement (donc la déformation) augmente en fonction de l'épaisseur du glacier et de la pente de la surface. Il faut noter que c'est la pente de la surface glaciaire qui détermine la direction de l'écoulement, et non la pente du lit glaciaire.

La déformation de la glace en réponse aux contraintes s'appelle le **fluage**, processus analogue à celui que subissent les métaux et les roches. Le fluage est complexe. Il se traduit surtout par des glissements le long des faces externes des cristaux et, dans une certaine mesure, entre les feuillets des atomes. Dans ce dernier cas, il y a déformation des cristaux de glace et recristallisation. La figure 11.4 résume les types de déformations à l'origine du fluage.

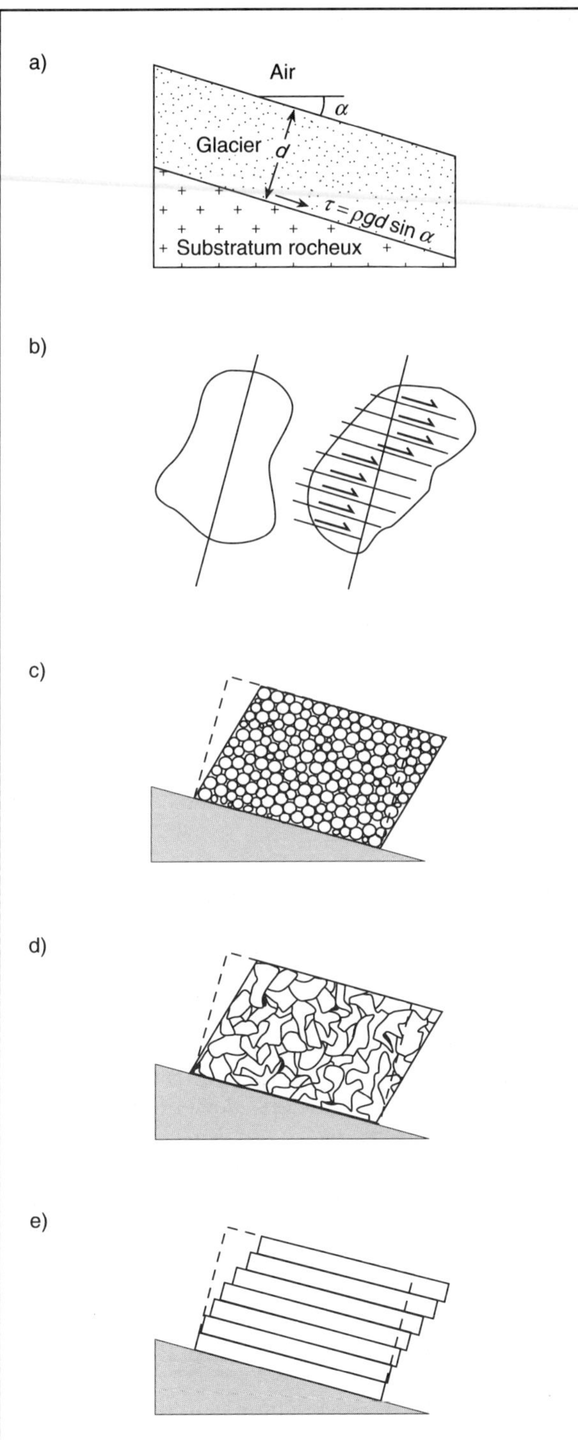

Figure 11.4 Ensemble des déformations dues aux contraintes de cisaillement et responsables du fluage d'une masse de glace. En a), les contraintes de cisaillement à la base d'un glacier sont fonction du poids de la glace et de la pente du glacier. En b), glissements entre les feuillets d'atomes (déformations intracristallines). En c), réaménagements entre les cristaux ou grains de glace (déformations intercristallines). En d), changements de phase (dégel, regel, évaporation). En e), glissements le long de plans dans la masse de glace (pour b), c), d) et e) : d'après Sharp, 1988, p. 65).

Pour qu'il y ait fluage, il faut une pression suffisante et continue. C'est à la base d'un glacier que le fluage est maximal. Toutefois, étant donné que la déformation se propage et se cumule d'un cristal de glace à l'autre, il s'ensuit que la vitesse d'écoulement liée au fluage interne augmente en allant de la base d'un glacier vers sa surface. Le fluage de la glace est favorisé aux températures allant de -10°C à 0°C. On notera que la présence de débris intraglaciaires accroît la résistance au cisaillement de la glace. Cette résistance atteint son maximum avec une teneur en débris de 25 %; au-delà de cette valeur, l'influence de la teneur en débris diminue.

GLISSEMENT SUR LE LIT

Les glaciers se déplacent aussi par simple glissement sur leur lit (glissement basal). Ce processus est particulièrement important pour les glaciers tempérés, ceux-ci ayant un régime thermique qui favorise la présence d'eau dans toute leur masse. Par contre, comme les glaciers froids peuvent être soudés à leur lit et qu'ils ne contiennent pas d'eau, le glissement de toute leur masse est pratiquement nul, sauf dans certaines conditions très particulières. Ils bougent principalement par fluage interne.

Le glissement sur le lit des glaciers tempérés est donc rendu possible par une couche d'eau qui réduit la friction à la base. Une bonne partie de cette eau est produite quand le glacier se bute à des obstacles mineurs qui font varier la pression et fondre la glace. De plus, comme on l'a vu, le flux géothermique contribue également à la fusion. Il semble qu'un film d'eau de quelques millimètres d'épaisseur soit suffisant pour faire augmenter le glissement sur le lit de 40 % à 100 %. La figure 11.5 schématise quelques processus actifs à la base d'un glacier tempéré.

Dans certaines conditions, et à des intervalles plus ou moins réguliers, le glissement sur le lit devient tellement important qu'on parle de **crues** pour qualifier l'écoulement de certains glaciers. Lorsqu'ils connaissent ces périodes de perturbations, les glaciers peuvent atteindre une vitesse d'écoulement 100 fois supérieure à la vitesse dite normale. En Amérique du Nord, on compte plus de 200 glaciers susceptibles d'entrer régulièrement dans une phase de crue. La présence de moraines très déformées est une preuve qu'un glacier connaît régulièrement des crues.

Le glacier de Variegated, au nord de la baie de Yakutat, dans le golfe d'Alaska, a fait l'objet d'une attention toute particulière. De 1906 jusqu'au milieu des années 60, ce glacier avait traversé quatre phases majeures de crues dont la périodicité était de 17-20 ans. La dernière ayant eu lieu en 1964-1965, des chercheurs américains ont décidé, en 1973, de mettre sur pied un important programme de surveillance du glacier afin d'observer et d'étudier sa prochaine crue.

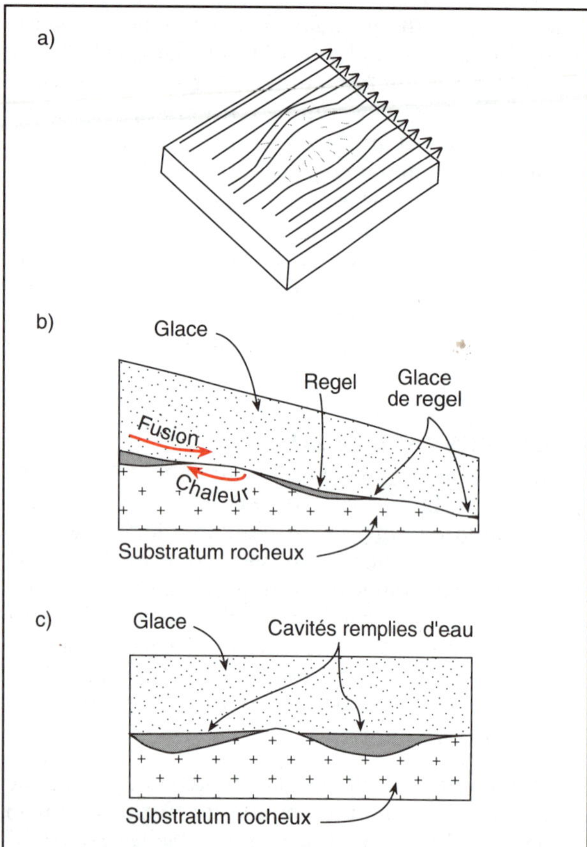

Figure 11.5 Quelques phénomènes se produisant à la base d'un glacier tempéré. En a), déformations plastiques de la glace autour d'un obstacle. En b), phase de gel-dégel causée par un obstacle rocheux. En c), cavités remplies d'eau contribuant à réduire la friction du glacier sur son lit (d'après Selby, 1985, p. 423).

Attendue impatiemment, c'est en 1982-1983 que celle-ci s'est produite. Les chercheurs ont pu suivre le processus minute par minute et comprendre un peu mieux ce phénomène exceptionnel. Sans expliquer ici tous les facteurs responsables des crues d'un glacier, disons que la cause principale des crues est à chercher dans le régime d'écoulement de l'eau sous-glaciaire. Dans certaines circonstances, une grande quantité d'eau est forcée de circuler dans un système de cavités aménagées dans la glace, à la base du glacier; ces cavités sont reliées entre elles par des conduites de très petits diamètres. La très forte pression hydraulique qui en résulte a pour effet de décoller de son lit des sections importantes du glacier. Il semble qu'un soulèvement d'un centimètre ou deux soit suffisant pour accélérer le glissement et amorcer une crue. Dans le cas du glacier de Variegated, 95 % du mouvement lors de la crue de 1982-1983 était dû à une augmentation du glissement sur le lit. Mentionnons que la partie aval du glacier a atteint des pointes de vitesse de 40 à 60 m par jour au cours du mois de juin 1983.

En résumé, on peut dire qu'un glacier est un solide mobile qui doit continuellement restructurer son réseau cristallin pour s'ajuster aux contraintes. De plus, les conditions à l'interface glace-lit changent sans arrêt et perturbent le mécanisme d'écoulement sur le lit.

11.1.4 *La classification des glaciers*

Les glaciers actuels sont confinés aux zones montagneuses et aux régions polaires. De nos jours, ils couvrent environ 10 % de la surface terrestre. Plus on se dirige vers les pôles, plus la limite des neiges persistantes est à basse altitude. Alors que dans les régions équatoriales cette limite dépasse 5000 m d'altitude, elle est comprise entre 1000 et 5000 m dans les régions tempérées (2800 m dans les Alpes) et entre 0 et 600 m dans les régions polaires.

En se fondant sur leurs formes et leurs dimensions, on peut distinguer trois grands groupes de glaciers : les glaciers indépendants du relief, soit l'inlandsis et la calotte glaciaire; les plates-formes de glace; les glaciers dépendants du relief.

Le tableau 11.2 présente le détail de cette classification des glaciers.

GLACIERS INDÉPENDANTS DU RELIEF

On entend par glaciers indépendants du relief des glaciers qui recouvrent complètement de vastes territoires. Dans ces immenses systèmes régionaux, les directions de l'écoulement sont fonction de la forme du glacier et de l'épaisseur de la glace, et non des particularités du relief sous-jacent. Dans leurs phases terminales, ces glaciers deviennent toutefois dépendants du relief.

On réserve le terme **inlandsis** à un glacier dont la superficie dépasse 50 000 km² et le terme **calotte glaciaire** à un glacier dont la superficie est inférieure à 50 000 km². L'inlandsis et la calotte glaciaire comprennent généralement des dômes glaciaires qui alimentent des glaciers émissaires.

Le **dôme glaciaire** est la composante principale de l'inlandsis ou de la calotte glaciaire; il noie complètement le terrain. Les sommets d'un dôme peuvent culminer à des altitudes de 4200 m (Antarctique Est). Quant à l'épaisseur de la glace, elle dépasse souvent 3000 m; on a mesuré une épaisseur maximale de 4300 m en Antarctique.

On parle de dôme glaciaire notamment à cause de la surface généralement convexe de cette région des glaciers. Ce profil en forme de parabole est le résultat direct des caractéristiques d'écoulement d'une telle

Tableau 11.2 Classification des glaciers.

Glaciers indépendants du relief	
Inlandsis	Glacier dont la superficie dépasse 50 000 km^2
Calotte glaciaire	Glacier d'envergure régionale dont la superficie est inférieure à 50 000 km^2
Plate-forme de glace	
	Prolongement flottant des inlandsis et des calottes glaciaires
Glaciers dépendants du relief	
Champ de glace	Petite calotte glaciaire qui coiffe les sommets des montagnes et qui peut alimenter des glaciers émissaires
Glacier de niche	Petit glacier accroché à une paroi rocheuse
Glacier de cirque	Glacier qui occupe une dépression en forme d'amphithéâtre, le plus souvent à flanc de montagne
Glacier de vallée	Glacier confiné dans une vallée rocheuse et dominé par de hautes parois; généralement alimenté par des glaciers de cirque et des cascades de glace
Glacier de marée	Glacier (le plus souvent de vallée) dont le front donne dans la mer
Glacier de piémont	Glacier qui s'étale dans les terrains bas à la sortie d'une vallée
Autres petits glaciers	

masse plastique. S'il y a une alimentation constante en neige, la glace s'accumule tant et aussi longtemps que les contraintes de cisaillement n'entraînent pas de déformations. Comme on le sait, ces contraintes sont fonction à la fois de l'épaisseur de la glace et de la pente de la surface du glacier. Plus la glace est mince, plus la pente de la surface doit être forte pour maintenir l'écoulement, et vice versa. Vers le centre, là où la glace est à son épaisseur maximale, la surface d'un dôme glaciaire est donc en pente douce. En allant vers les bordures, où la glace est moins épaisse, la pente de la surface augmente considérablement. Ce modèle théorique d'un dôme parabolique s'applique bien aux glaciers actifs, ceux pour qui il y a équilibre entre l'accumulation et l'ablation. Cependant, il existe de nombreux exemples de grands glaciers dont les dômes sont irréguliers. La plupart du temps, ces irrégularités sont causées par des perturbations du régime d'alimentation et d'écoulement.

Le **glacier émissaire** est une masse de glace qui s'individualise à la périphérie d'un dôme de glace. Très souvent, il s'agit d'un système glaciaire localisé dans des dépressions sur la bordure du dôme. Si le dôme est bien alimenté, les glaciers se caractérisent par un écoulement rapide qui alimente des courants glaciaires. Les véritables glaciers émissaires irradient bien au-delà des limites du dôme. Les plus beaux exemples s'observent en Antarctique : le glacier de Lambert, long de 700 km et le glacier de Beardmore, d'une longueur de 200 km et d'une largeur de 23 km, qui s'avance dans les monts Transantarctiques.

Inlandsis

Il existe deux inlandsis sur le globe : celui du Groenland et celui de l'Antarctique.

Le Groenland[1] est la plus grande île de la Terre. Il a une superficie de 2 175 600 km^2, dont 78 % (1 701 300 km^2) est recouverte par un inlandsis, 3 % (65 500 km^2) est occupée par des glaciers locaux et 19 % (408 800 km^2) est libre de glace. Les zones d'accumulation et d'ablation représentent respectivement 84 % et 16 % de la superficie du glacier. Selon différentes estimations, le volume de glace équivaudrait à un volume d'eau compris entre $2,4 \times 10^6$ km^3 et $2,7 \times 10^6$ km^3. L'inlandsis du Groenland est la plus grande masse glaciaire de l'hémisphère Nord et la deuxième à l'échelle de la planète (après l'inlandsis de l'Antarctique). Il contient environ 7 % du volume mondial de l'eau douce.

La figure 11.6 illustre les altitudes de la surface et de la base du glacier. On y distingue deux dômes, l'un au sud et l'autre vers le centre, qui culminent respectivement à 2830 m et 3205 m d'altitude. La ligne nord-sud de partage des glaces est décalée à l'est du centre géographique, car le terrain sous-glaciaire est plus élevé de ce côté-là (voir la coupe transversale, fig. 11.6b).

La glace de l'inlandsis du Groenland a une épaisseur moyenne de 1790 m et une épaisseur maximale de 3420 m (observée à 71°42'N, 38°48'W). La température annuelle moyenne de la glace va de 0°C à -32°C. Pour comprendre cet écart, rappelons-nous que la température de la glace augmente généralement avec la profondeur en raison du flux géothermique et du réchauffement interne causé par la déformation de la glace. À certains endroits, la glace à la base de l'inlandsis atteint sa température de fusion sous pression (-2,6°C sous 3000 m de glace). Deux contextes favorisent les températures basales élevées de certains secteurs de l'inlandsis du Groenland :

1. Les informations sur cet inlandsis sont tirées de la troisième partie du livre *Le Quaternaire du Canada et du Groenland*, sous la direction de R. J. Fulton, 1989.

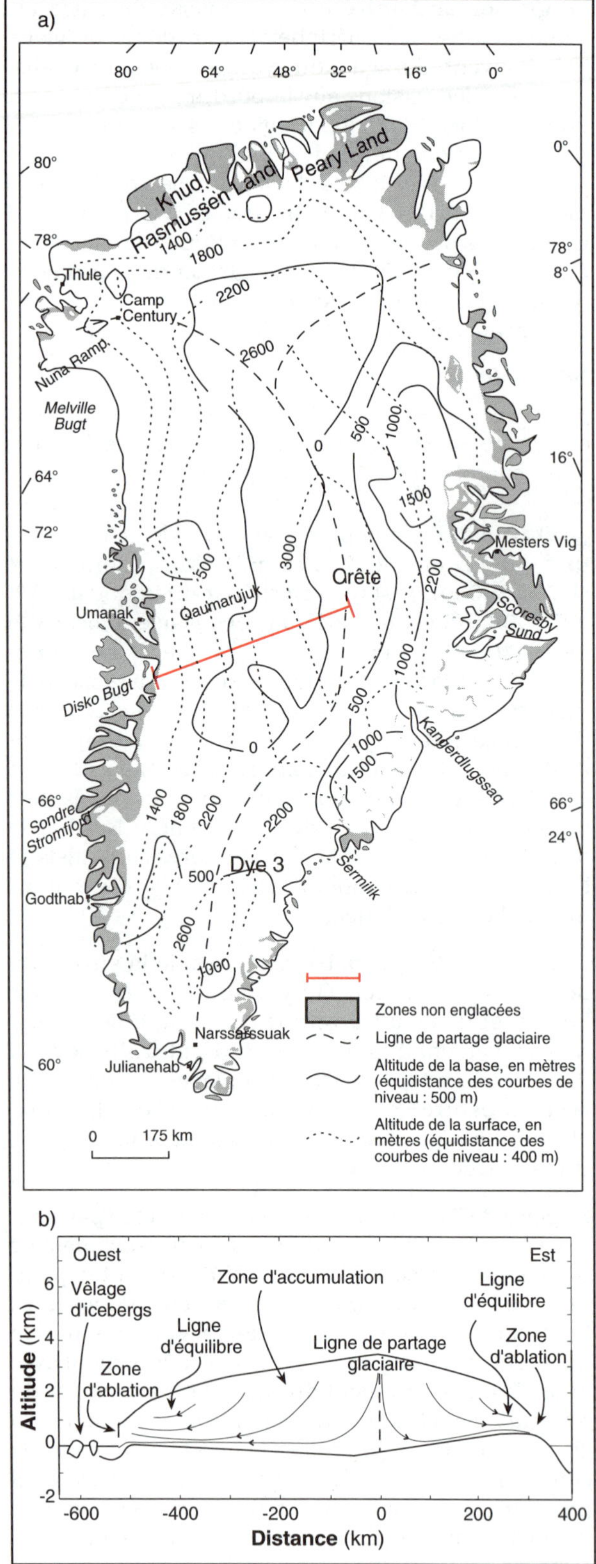

Figure 11.6 Inlandsis du Groenland. En a), altitude de la surface et de la base de l'inlandsis. Vers le centre une grande région est sous le niveau marin. La ligne de partage des glaces est décalée vers l'est à cause du relief sous-jacent. En b), écoulement glaciaire schématisé le long d'une coupe transversale de l'inlandsis (d'après Reeh dans Fulton, 1989, p. 857-858).

- *quand une grande épaisseur de glace est combinée à un taux d'accumulation faible (dans le centre, le milieu et le nord-est).* Les précipitations sur le Groenland sont en effet inégalement réparties. De façon générale, elles diminuent du sud au nord, passant d'environ 250 g / (cm^2 • a) sur la côte sud-est à moins de 15 g / (cm^2 • a) dans le nord-est;
- *quand un écoulement rapide est combiné à des températures de surface élevées (zones marginales du sud et de l'ouest).* Près de la marge du glacier, les conditions locales favorisent en effet un régime thermique différent. Les terrains bas, caractérisés par un écoulement glaciaire rapide et canalisé, sont davantage propices à la fusion basale. Les secteurs à fort relief, où la glace est mince et presque stagnante, ont généralement une base froide.

Quant à l'inlandsis de l'Antarctique, il a une superficie de 12 336 000 km^2. L'épaisseur moyenne de sa glace est de 2200 m. On estime que si cet inlandsis venait à fondre, le niveau mondial des océans s'élèverait de 59 m; toutes les installations portuaires du globe seraient inondées. Cet inlandsis alimente d'imposantes plates-formes de glace (voir plus loin).

Calottes glaciaires Au Canada, les calottes glaciaires de Barnes et de Penny, sur la terre de Baffin, ont des superficies qui dépassent 40 000 km^2. Dans la région des îles de la Reine-Élisabeth, les glaciers couvrent une superficie de 108 600 km^2, ce qui représente 5 % de la couverture glaciaire de l'hémisphère Nord. La plupart des grands glaciers se situent dans les régions montagneuses des îles de Devon (calotte glaciaire de Devon), d'Ellesmere (calotte glaciaire d'Agassiz) et d'Axel Heiberg (calotte glaciaire de Müller).

PLATES-FORMES DE GLACE

Une plate-forme de glace est le prolongement flottant d'un inlandsis ou d'une calotte glaciaire.

Les plates-formes de glace sont communes dans l'Antarctique où elles comblent de vastes baies (fig. 11.7). Parmi les principales d'entre elles, mentionnons la plate-forme de Ross, au sud, qui s'avance dans la mer de Ross; la plate-forme de Filchner, au nord-ouest, présente dans la mer de Weddell; la plate-forme d'Amery, au nord-est, qui donne dans l'océan Indien. Dans les îles de la Reine-Élisabeth, la plate-forme de Ward Hunt déborde au nord-ouest des côtes de l'île d'Ellesmere.

Les plates-formes de glace n'existent que lorsque la température moyenne estivale est inférieure à 0°C. Elles constituent des modèles uniques pour l'étude du fluage interne. Les frictions basales y sont en effet presque nulles, et la glace y est suffisamment épaisse (environ 200 m) pour que naissent des contraintes de cisaillement. Comme ces plates-formes sont le plus souvent alimentées par des courants glaciaires,

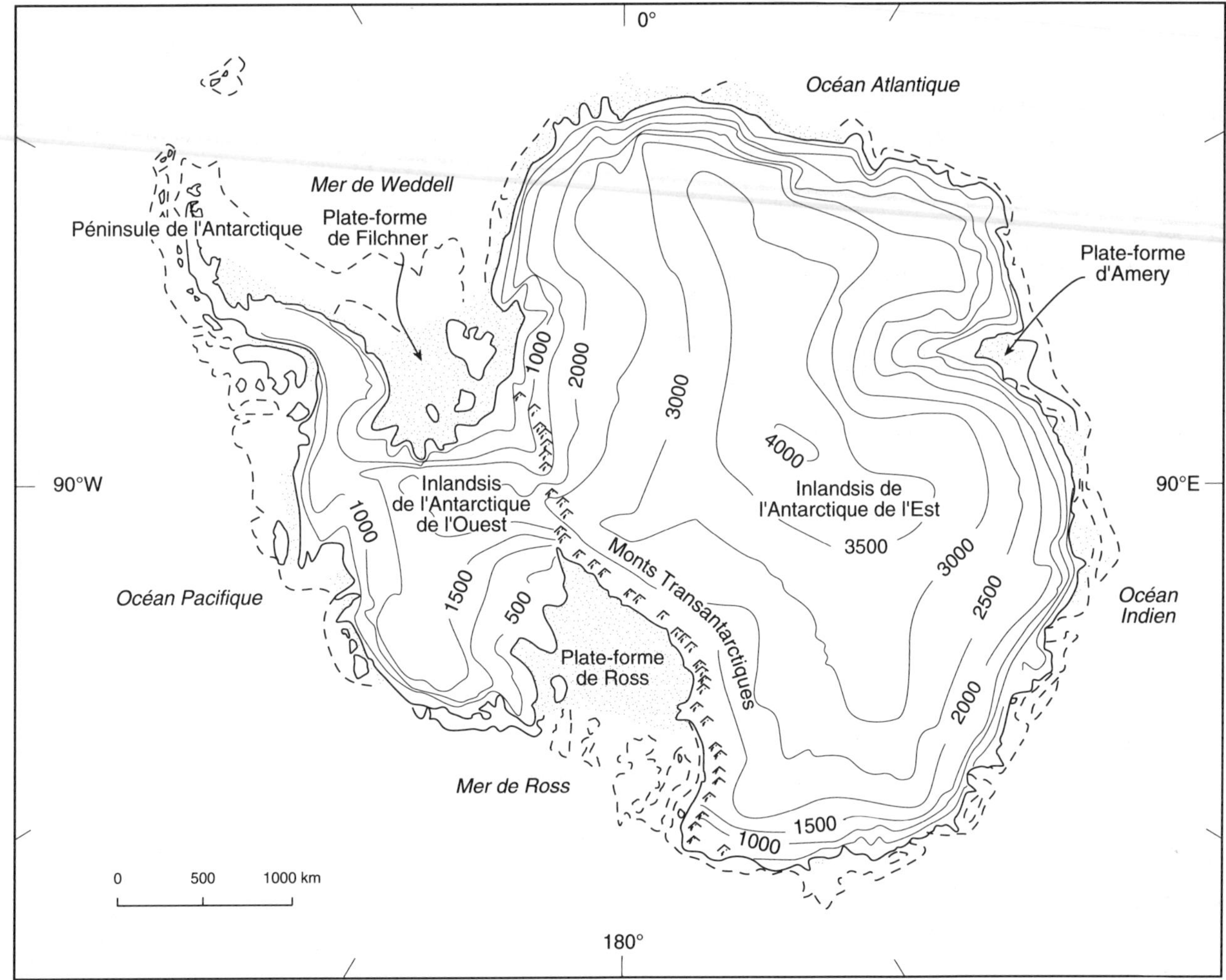

Figure 11.7 L'inlandsis de l'Antarctique et ses principales plates-formes de glace (d'après Radok, 1985, p. 84).

l'écoulement y est très rapide, allant de 0,8 à 2,6 km/a. De ce fait, la présence d'îles servant de points d'ancrage est nécessaire à la stabilité des grandes plates-formes glaciaires.

Notons enfin que ces glaciers génèrent d'importants icebergs tabulaires. Un des plus gros jamais observé s'est détaché de la plate-forme de Ross, en octobre 1987. Haut comme la tour Eiffel, il fait 154 km de longueur et 36 km de largeur. On l'a baptisé B-9.

GLACIERS DÉPENDANTS DU RELIEF

La forme et les directions générales de l'écoulement des glaciers qui dépendent du relief sont fortement contrôlées par la topographie. Parmi ces glaciers, on distingue :

- les champs de glace;
- les glaciers de cirque;
- les glaciers de vallée;
- les glaciers de marée ;
- les glaciers de piémont.

Les **champs de glace**, de dimensions variables, recouvrent bon nombre des sommets des régions montagneuses. Au Canada, le Columbia Icefield, à cheval entre l'Alberta et la Colombie-Britannique, est le plus grand champ de glace des Rocheuses, avec une superficie de 325 km². Tout comme les dômes de glace, les champs de glace peuvent alimenter des glaciers émissaires qui s'avancent dans des vallées. Les glaciers d'Athabasca et de Saskatchewan sont les deux principaux glaciers émissaires alimentés par le Columbia Icefield. Le glacier d'Athabasca débute à 2710 m d'altitude; il a une épaisseur d'environ 320 m près de sa source et une longueur de 6 km.

Les **glaciers de cirque** sont relativement petits. Ils occupent, aux flancs des montagnes, des corniches qu'ils façonnent graduellement en amphithéâtre. On

Figure 11.8 Bel exemple de cirque glaciaire développé dans des schistes. Mont-Saint-Pierre, Gaspésie (Québec). (Photographie : Bernard Hétu, UQAR.)

appelle **cirque glaciaire** la forme en creux caractéristique qu'un glacier de cirque laisse derrière lui, une fois qu'il a fondu. Les cirques glaciaires sont nombreux en Gaspésie, particulièrement dans les hautes terres du nord de la péninsule (monts Chic-Chocs et McGerrigle). Au total, on a dénombré plus d'une vingtaine de cirques dans cette région, tous à plus de 800 m d'altitude. La figure 11.8 présente un cirque glaciaire situé près de Mont-Saint-Pierre.

Dans certaines régions montagneuses, de véritables réseaux hiérarchiques de glaciers de cirque alimentent des **glaciers de vallée**, que l'on nomme aussi glaciers alpins. Très souvent, des glaciers secondaires se joignent au glacier principal, formant un ensemble comparable à un réseau de drainage de type dendritique. En général, les glaciers de vallée ne dépassent pas quelques dizaines de kilomètres de longueur. Le glacier d'Aletsh, le plus long des Alpes, fait 24 km. Exceptionnellement, le glacier d'Hubbard, sur la côte sud de l'Alaska, a 122 km de longueur. De plus, le front de ce gigantesque glacier débouche dans la mer (baie de Disenchantment, près de Yakutat). De ce fait, il s'agit d'un **glacier de marée** (fig. 11.9). En Alaska seulement, on compterait 52 glaciers de marée.

Figure 11.9 Un glacier de marée, le glacier d'Hubbard, dont le front débouche dans la baie de Disenchantment, près de Yakutat, dans le golfe d'Alaska. (Photographie prise le 26 juillet 1989.)

Lorsqu'un glacier s'étale dans les terrains bas à la sortie d'une vallée, il devient un **glacier de piémont**. Les glaciers alaskiens de Bering et de Malaspina, ce dernier proche voisin d'Hubbard, sont des exemples spectaculaires de glaciers de piémont (fig. 11.10). Chacun de ces deux glaciers a une superficie qui approche les 5000 km^2.

Revenons aux glaciers de vallée pour les étudier plus à fond. La figure 11.11 en présente les principaux éléments.

Un glacier de vallée est une langue de glace qui s'écoule dans une vallée aux limites bien établies. Ce type de glacier constitue un très bel exemple d'un système naturel ouvert et dynamique. Vers l'amont se trouve la **zone d'accumulation** et vers l'aval, la **zone d'ablation**. Dans la première zone, là où il y a accumulation de neige, le glacier augmente de volume et de masse. Dans la seconde zone, au contraire, sa masse et son volume décroissent par fusion, évaporation et vêlage d'icebergs. Ce dernier processus est particulièrement important pour les glaciers de marée et pour les glaciers dont le front aboutit dans un lac ou une rivière.

À la fin de l'été, la zone d'accumulation et la zone d'ablation sont clairement distinctes : la première est

Figure 11.10 Glacier de piémont. Cette vue du glacier de Malaspina, au nord-ouest de la baie de Yakutat, dans le golfe d'Alaska, permet d'en saisir le gigantisme. À droite de la photo, on peut voir l'impressionnant réseau de cordons de débris (moraines) que traîne ce glacier. Les moraines sont plissées à cause des nombreuses crues et d'un régime d'écoulement en compression. Les plis sont de classe 3 avec épaississement des charnières et amincissement des flancs. (Photographie : Robert M. Krimmel, USGS, le 12 septembre 1986.)

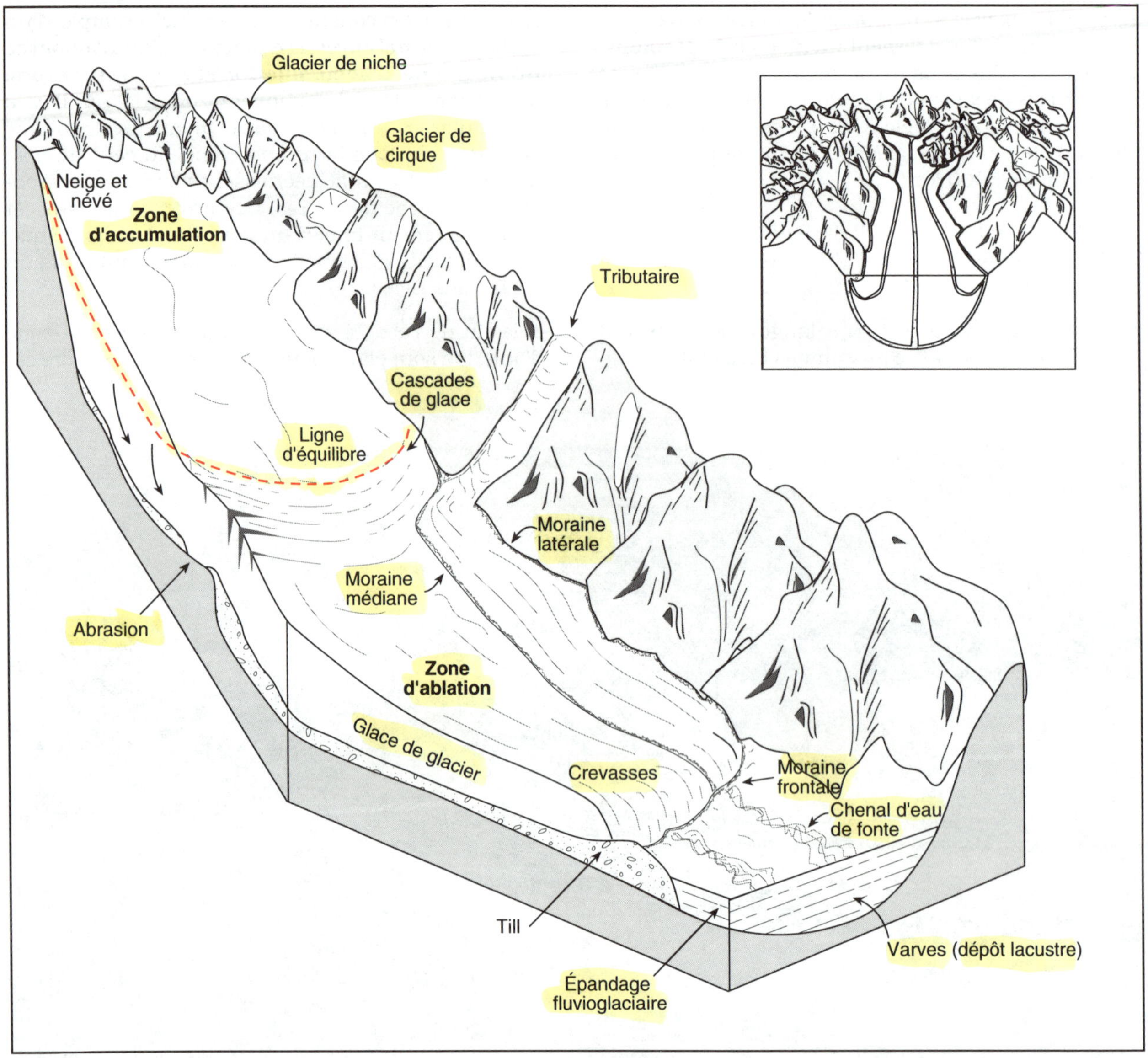

Figure 11.11 Principales caractéristiques d'un glacier de vallée. La coupe présente la disposition interne des moraines.

blanche de la neige fraîche non fondue de l'hiver précédent, et la seconde, constituée de vieille neige et de glace, est de teinte plus foncée. La démarcation entre les deux zones est soulignée par la **ligne d'équilibre** (ou limite des neiges persistantes). Suivant les tendances du climat, cette ligne fluctue en altitude : elle est plus haute lors des années sèches et tempérées, et plus basse lors des années humides et froides.

Si le glacier de vallée vient à fondre tout à fait, il laisse derrière lui une longue dépression à fond plat, dominée par des parois rocheuses élevées (vallée en U ou auge glaciaire). Au Québec, il existe maints exemples de vallées glaciaires, en particulier dans les Laurentides et en Gaspésie (fig. 11.12). La vallée

Figure 11.12 Vallée de Mont-Saint-Pierre, en Gaspésie (Québec). Auge glaciaire (fjord) débouchant sur le Saint-Laurent. Le fond plat est dû au remblaiement par des dépôts marins postglaciaires. (Photographie : Bernard Hétu, UQAR.)

de la rivière Jacques-Cartier, au nord de Québec, est un modèle bien connu. On peut aussi considérer comme une auge glaciaire le chenal du Saint-Laurent, depuis l'embouchure du Saguenay jusqu'au talus continental.

11.1.5 *L'action géologique des glaciers*

Les glaciers, surtout les glaciers tempérés, sont des agents géologiques très efficaces dont l'action se traduit par l'érosion du substratum rocheux et par le transport de grandes quantités de matériaux détritiques.

ÉROSION GLACIAIRE

Les glaciers ont un pouvoir d'érosion modéré et sélectif, même s'ils exercent leur action de multiples façons. Avant d'aborder les effets de l'érosion glaciaire, décrivons brièvement les processus en cause. À part l'altération chimique qu'exercent les eaux de fonte sur certains types de roches solubles (calcaires, marbres, par exemple), les processus fondamentaux de l'érosion glaciaire sont des processus mécaniques; il s'agit de l'abrasion, de la fracture et du débitage.

Abrasion glaciaire du substratum rocheux

> Les débris rocheux enchâssés dans la semelle glaciaire agissent comme un papier de verre sur la surface rocheuse sous-jacente à la glace : il s'agit de l'**abrasion glaciaire**.

De nombreux facteurs interviennent dans le processus de l'abrasion glaciaire. Voici les plus importants :

- la concentration à la semelle du glacier d'une certaine quantité de débris rocheux : ces débris servant d'abrasif, leur concentration est donc déterminante;
- la vitesse d'écoulement de la glace : plus elle est grande, plus l'abrasion est importante;
- un apport régulier de nouveau matériel à la base du glacier : cet apport est nécessaire parce qu'à la longue, les particules s'usent et perdent leur pouvoir abrasif;
- l'action de l'eau sous-glaciaire : cette eau réduit la friction et ralentit l'abrasion. Par contre, elle accentue localement la vitesse d'écoulement et elle peut enlever les particules fines en ne laissant que les plus grosses, qui sont plus efficaces. De même, comme elle est fortement sous pression, cette eau est capable d'user le lit glaciaire et elle joue un rôle non négligeable dans le processus de sédimentation;
- les différences de dureté entre les particules abrasives et le substratum;
- la forme des particules : une particule aux arêtes vives est plus abrasive qu'une autre aux faces arrondies.

À la lumière de ces facteurs, on voit que ce sont surtout les glaciers tempérés qui réunissent les conditions favorables à un travail d'abrasion efficace.

Fracture et débitage du substratum rocheux La fracture et le débitage des roches contribuent également à l'érosion glaciaire. S'il est relativement facile d'expliquer les mécanismes de l'abrasion, il est cependant plus difficile d'expliquer ceux qui sont responsables de la fracture de roches saines. En effet, à peu près tous les types de roches ont une solidité suffisante pour résister aux contraintes qui s'exercent à la base d'un glacier. Néanmoins, de nombreuses observations nous forcent d'admettre qu'il se produit bel et bien des fractures dans les lits rocheux sous-glaciaires. À petite échelle, on observe des fractures de broutage et des marques d'éclatement que l'on nomme des broutures; à plus grande échelle, des rochers dissymétriques (voir la section suivante). L'une des théories les plus intéressantes pour expliquer le débitage glaciaire fait intervenir les irrégularités du lit rocheux. Les obstacles rocheux peuvent en effet être fracturés à cause de la répartition inégale des pressions de la glace : à l'amont des bosses rocheuses, les contraintes sous-glaciaires sont supérieures à celles développées à l'aval. Les contraintes différentielles ainsi engendrées seraient suffisantes pour fracturer la roche du côté aval des bosses.

> En résumé, l'érosion glaciaire est le résultat de l'abrasion, de la fracture et du débitage du lit rocheux. Elle laisse sur le substratum rocheux des formes et des marques typiques dont plusieurs peuvent servir à établir le sens de l'écoulement glaciaire régional et local.

FAÇONNEMENT GLACIAIRE DU SUBSTRATUM ROCHEUX

Ici, nous allons décrire les résultats de l'érosion glaciaire en examinant tout d'abord les formes à l'échelle de l'affleurement et, ensuite, celles plus petites qui se mesurent autant en mètres qu'en centimètres et en millimètres.

Formes à l'échelle de l'affleurement rocheux À l'échelle de l'affleurement rocheux ou du groupe d'affleurements, il existe principalement trois formes caractéristiques résultant du profilage exercé par l'action combinée de l'abrasion et du débitage. Les plus communes de ces formes sont les **roches moutonnées**, mais elles sont aussi les plus petites. Hautes de quelques mètres, elles ne sont pas très allongées; elles se développent surtout dans des roches massives et homogènes comme celles du Bouclier canadien et elles se présentent à peu près toujours en groupes. Vient ensuite le **rocher dissymétrique** beaucoup plus long (plusieurs centaines de mètres) et beaucoup plus haut (jusqu'à 50 m). Enfin, et contrairement aux deux formes précédentes, le **rocher profilé** présente un versant aval adouci par l'abrasion. Les rochers profilés ont une taille qui se compare à celle des rochers dissymétriques, et leur profil en long rappelle tout à fait une forme d'accumulation que l'on nomme drumlin (voir le chapitre 12). Dans les deux cas, le gros bout est tourné vers l'amont glaciaire. La figure 11.13a illustre les trois formes décrites et la figure 11.13b montre un exemple de rocher dissymétrique.

Autres formes d'érosion glaciaire La figure 11.14 présente une vue d'ensemble des autres marques d'érosion glaciaire susceptibles d'être conservées sur les affleurements rocheux. Parmi celles-ci, les plus communes et les plus caractéristiques sont linéaires. Il s'agit des **stries** (largeur inférieure à 5 mm) et des **rainures** (entre 0,5 et 1 cm de largeur). Ces petites incisions, qui rappellent des égratignures, sont souvent parallèles entre elles, mais elles peuvent aussi se recouper. Ces marques résultent de l'attaque de l'affleurement par des matériaux érosifs grossiers. La figure 11.15 montre un exemple contemporain de stries et de rainures. Certaines stries sont des incisions en forme de *V* auxquelles on donne le nom de **stries en forme de coin**. Un autre type analogue présente une extrémité évasée, résultat du détachement d'un plus gros éclat du socle rocheux : il s'agit de la **clouure** ou **strie en tête de clou**. En général, pour ces deux derniers types de stries, il est établi que le glacier s'écoulait dans le sens de l'extrémité la plus large de la marque. Enfin, les **queues-de-rat** résultent de l'abrasion différentielle causée par la présence d'inclusions plus dures (veines de quartz, cubes de pyrite, nodules de silex) dans le plancher rocheux. Ces obstacles agissent à la manière d'une butée et protègent de l'abrasion une zone effilée qui demeure en saillie du côté aval par rapport à l'écoulement glaciaire. Contrairement aux marques décrites précédemment, les queues-de-rat sont donc des formes en relief, et leur dissymétrie longitudinale permet d'établir avec certitude le sens de l'écoulement glaciaire, soit de l'obstacle vers la zone effilée (fig. 11.16).

La **cannelure** est une incision allongée et souvent isolée, dont la longueur est variable. La largeur des cannelures varie entre 1 cm et 5 m. Leur profondeur correspond généralement au tiers de leur largeur (fig. 11.17). Elles résultent de l'action combinée des eaux de fusion pressurisées et de l'abrasion glaciaire proprement dite.

Les **fractures de broutage** sont produites par une pression oblique qui résulte d'une contrainte verticale et d'une contrainte de cisaillement exercée par le glacier en mouvement. On notera que la concavité des fractures de broutage est tournée vers l'aval glaciaire. La **brouture** est, quant à elle, une marque d'éclatement du substratum rocheux. La roche se fracture sous la pression exercée par un bloc enchâssé dans la glace. La **brouture concave** (ou brouture en croissant) est celle que l'on rencontre le plus fréquemment. Il s'agit d'une forme en creux, arquée, comprenant un plancher de faible pente sur lequel vient se buter un mur concave qui indique l'amont glaciaire (fig. 11.18).

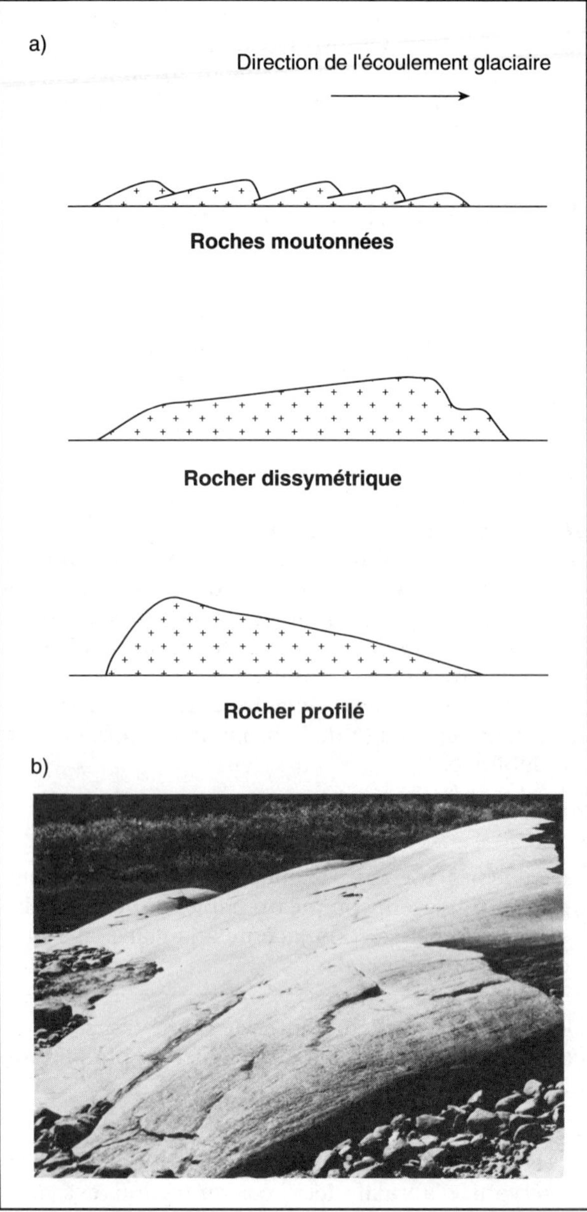

Figure 11.13 Affleurements rocheux sculptés par l'érosion glaciaire. En a), les trois formes généralement rencontrées (d'après Dionne, 1987). En b), rocher dissymétrique sur la rive gauche de La Grande Rivière, au nord-est de la baie James. L'écoulement glaciaire se faisait de la gauche vers la droite. (Photographie : Camille Laverdière, Université de Montréal.)

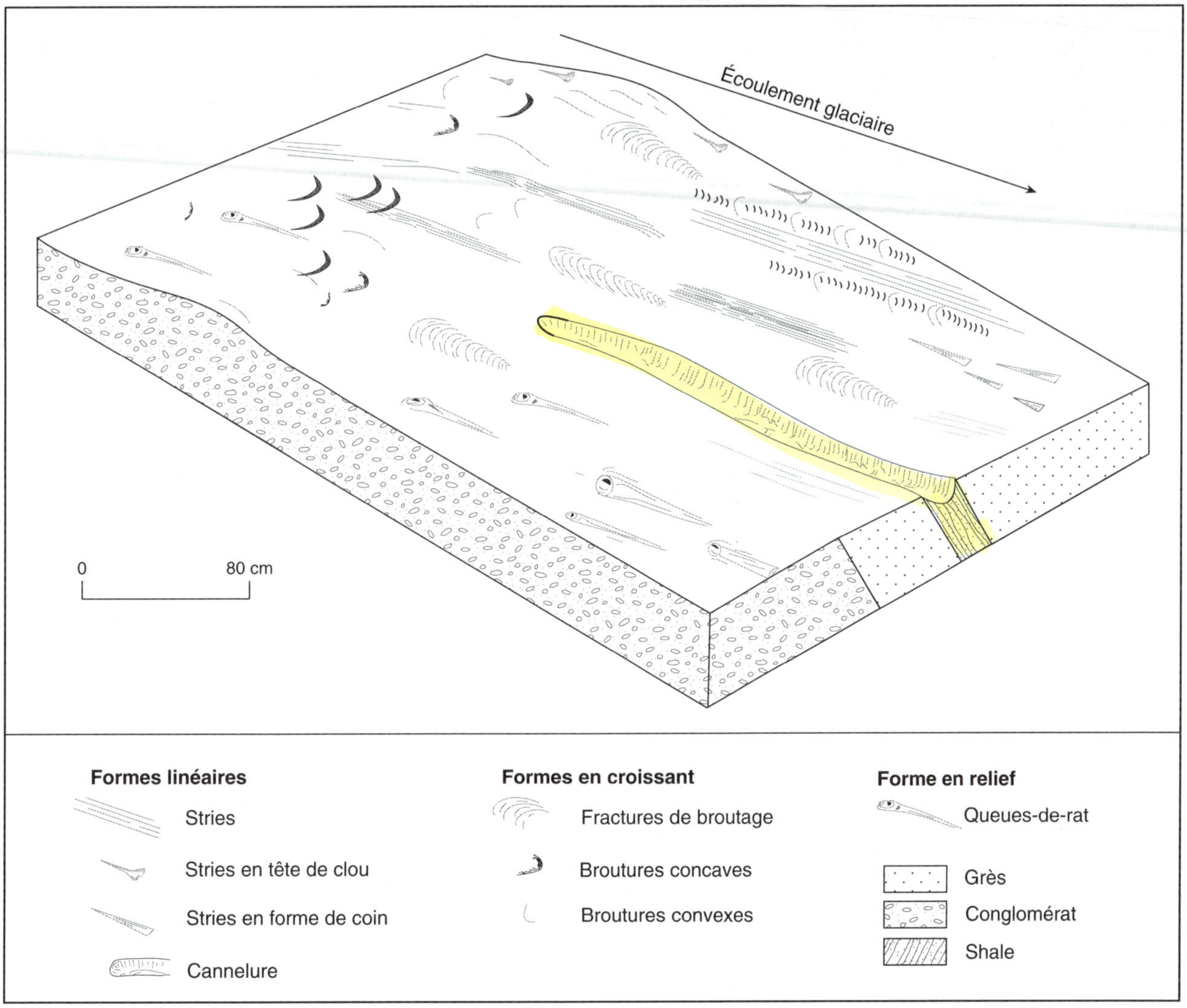

Écoulement glaciaire

0 80 cm

Formes linéaires

Stries

Stries en tête de clou

Stries en forme de coin

Cannelure

Formes en croissant

Fractures de broutage

Broutures concaves

Broutures convexes

Forme en relief

Queues-de-rat

Grès

Conglomérat

Shale

Figure 11.14 Principales formes d'érosion glaciaire susceptibles d'être conservées sur les affleurements rocheux des régions englacées. La plupart des formes reproduites donnent le sens de l'écoulement glaciaire (d'après Prest, 1983, p. 36).

Figure 11.15 Affleurement avec des stries et des rainures parallèles, juste en face du front du glacier d'Athabasca (Alberta). (Photographie prise le 19 août 1987.)

Figure 11.16 Queue-de-rat dans une roche calcaire. L'obstacle à l'origine de cette forme en saillie est un noyau de chert. Écoulement glaciaire du bas vers le haut. Près de Kuujjuarapik, sur la rive sud-est de la baie d'Hudson (T. N.-Q.).

Figure 11.17 Longue cannelure glaciaire sur des dolomies, au nord-est de l'île à la Chasse, archipel de Mingan, Moyenne-Côte-Nord du Saint-Laurent (Québec).

Figure 11.18 Broutures et fractures de broutage. Sur le même affleurement, on observe côte à côte des broutures concaves (à gauche du crayon) et des fractures de broutage (à droite du crayon). On notera que la concavité des broutures est tournée vers l'amont glaciaire, alors que c'est le contraire dans le cas des fractures de broutage. Écoulement glaciaire du bas vers le haut. Affleurement de grès, Formation de Cairnside (Groupe de Potsdam), près de Saint-Hermas, au nord-ouest de Montréal (Québec).

TRANSPORT GLACIAIRE

La figure 11.19 illustre le cheminement du matériel détritique dans un glacier. On peut identifier les trois principales provenances des matériaux :

- les produits de l'érosion glaciaire (farine de roche et éléments plus grossiers);
- les formations superficielles accumulées sur le substratum rocheux avant le développement du glacier;
- les débris tombés sur la glace depuis les versants.

Une fois pris en charge par la glace, les matériaux peuvent être transportés en position **supraglaciaire** (sur la glace), **intraglaciaire** (incorporés à la glace depuis la surface par les crevasses ou à la base le long des plans de cisaillement) ou **infraglaciaire** (au contact glace-substratum). Les matériaux connaissent des destins divers : ils peuvent être déposés en cours de progression, repris en charge par la glace, remaniés par les eaux de fonte, etc. Les sédiments issus directement ou indirectement de l'action des glaciers constituent les **dépôts glaciogéniques**.

Les débris transportés par les glaciers émergent souvent de la surface des glaciers sous la forme de longues crêtes rectilignes ou déformées. Ce sont les **moraines**. Les glaciers de vallée et de piémont sont les mieux pourvus en moraines de toutes sortes. Il est généralement possible de distinguer au moins trois types de moraines, définis suivant leur position par rapport au glacier : la moraine latérale, la moraine médiane et la moraine frontale. En bordure d'un glacier, entre la glace et le versant rocheux, s'accumule la **moraine latérale**. Quand il y a confluence de deux glaciers, leurs moraines latérales respectives produisent une **moraine médiane.** Précisons que ces cordons de blocs rocheux, surélevés au-dessus du niveau moyen du glacier et de section triangulaire, ne sont que l'émergence d'accumulations qui s'étendent en profondeur, généralement jusqu'au plancher du glacier, sauf dans le cas d'un glacier qui vient s'emboîter dans la partie supérieure d'un autre (revoir la figure 11.11). Lorsque des glaciers s'écoulent en parallèle, ils gardent leur individualité. Contrairement à l'eau de plusieurs cours d'eau confluant, la glace de glaciers voisins ne se mélange pas. Les moraines latérales et médianes sont bien visibles à la fin de l'été, surtout dans la section centrale du glacier, en bas de la ligne d'équilibre. Au fil des années, les moraines finissent par émerger du glacier par ablation différentielle, les débris isolant la glace et ralentissant sa fonte (fig. 11.20).

Enfin, en bordure du front glaciaire, les débris accumulés donnent la **moraine frontale**. Nous verrons au chapitre 12 que le territoire québécois est jalonné de ce type de moraines. S'il s'agit du dépôt marquant la position la plus avancée d'un glacier, on parle de **moraine terminale**.

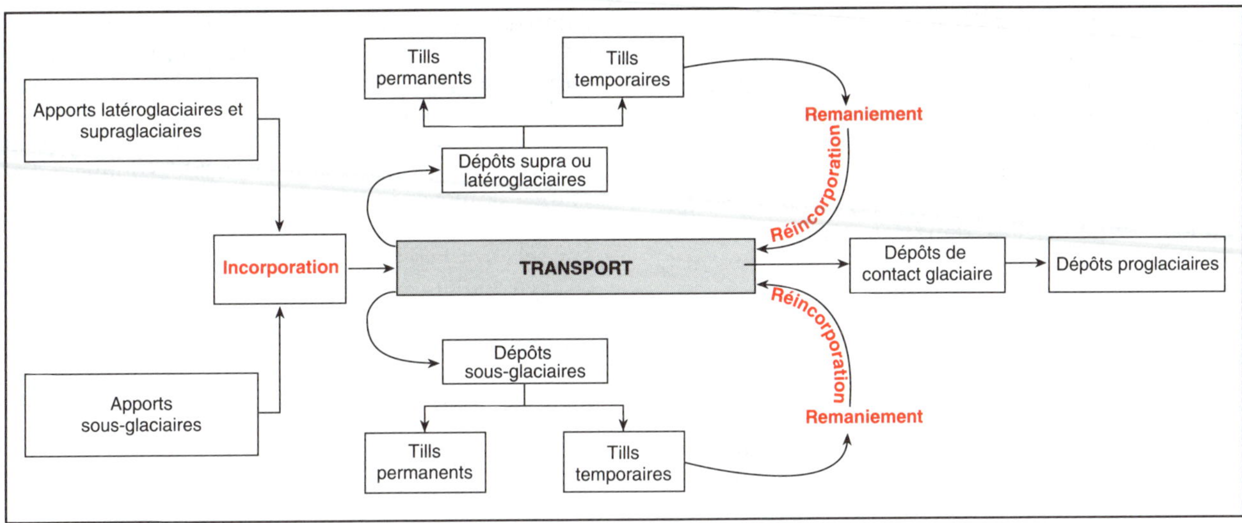

Figure 11.19 Les entrées et les sorties du matériel détritique dans un glacier. Les débris peuvent suivre un cheminement simple ou plus complexe : ils peuvent être déposés temporairement, remaniés et repris en charge avant d'être déposés définitivement (d'après Campy et Macaire, 1989, p. 163).

a)

b)

Figure 11.20 Moraines de glaciers actuels. En a), bel exemple de moraines médianes rectilignes sur le glacier de Gilkey, près de Juneau, en Alaska. Les structures arquées, bien visibles au premier plan, sont des **ogives**. En b), une partie de l'impressionnant réseau de moraines qui accompagne le glacier de Bering, situé à l'ouest du glacier de Malaspina. Les moraines déformées et plissées sont la preuve des nombreuses crues que connaît ce glacier. (Les deux photographies ont été prises le 26 juillet 1989.)

11.1.6 *Conclusion*

On a pu voir dans les pages précédentes que les solides mobiles que sont les glaciers contribuent à modifier le relief sur lequel ils s'installent. Tout comme l'eau, ils sont à la fois des agents d'érosion et de transport. Au chapitre 12, nous verrons que les dépôts glaciogéniques constituent l'essentiel des formations superficielles dans les régions autrefois englacées.

11.2 *LE GLACIEL*

Le **glaciel** désigne l'ensemble des processus (érosion, transport, sédimentation et protection) associés à l'action des glaces annuelles et des icebergs.

Faisons tout d'abord la distinction entre le glaciaire et le glaciel. On sait déjà que le glaciaire est un terme réservé à l'action des glaciers des continents de même qu'aux plates-formes de glace dans la mesure où la glace est encore attachée au glacier ou dépendante de ce dernier. Quant au glaciel, terme franco-québécois, il concerne l'action géologique des glaces qui participent au cycle de l'eau. Il s'agit des glaces qui se forment chaque hiver sur les plans d'eau et les cours d'eau, et des masses de glace qui se détachent du front des glaciers pour donner des icebergs. L'action géologique des icebergs, blocs de glace mobile pouvant atteindre plusieurs milliers de tonnes, se traduit principalement par l'affouillement des fonds marins, ce qui laisse des sillons de longueur et de largeur variables.

Les glaces annuelles concernent près de la moitié des littoraux du globe, soit une longueur estimée à environ 200 000 km. Ces littoraux comprennent les rivages des régions froides des deux hémisphères et de larges secteurs des régions tempérées à hiver froid. Au Canada, le glaciel touche près de 90 % des 60 000 km de littoraux maritimes et lacustres. Au cours du Pléistocène, l'action des glaces annuelles s'exerçait sur une plus grande étendue. Sur la côte est des États-Unis, par exemple, on retrouve des influences glacielles pléistocènes dans les États au sud de New York.

L'action géologique des glaces annuelles[2] se manifeste sous quatre aspects fondamentaux interreliés : érosion, transport, sédimentation et protection.

11.2.1 *L'érosion glacielle*

Sur les rivages rocheux, en particulier ceux de roches tendres (schistes, calcaires), les glaces exercent de l'abrasion sous forme de stries et de rainures. Les pressions sur les affleurements rocheux sont parfois suffisantes pour déloger des fragments de grande taille. C'est toutefois sur les littoraux constitués de matériel meuble que les glaces flottantes ont le plus d'efficacité. Les rivages à pente faible, soumis à des marées de moyenne à grande amplitude, sont les plus touchés. Sur les rives du Saint-Laurent maritime et sur celles de la baie James et de la baie d'Hudson, les rivages sablonneux et argileux sont abondamment labourés et affouillés par les glaces flottantes. On y observe des milliers de dépressions de forme plus ou moins circulaire, de dimensions variables, généralement de 15 à 30 cm de profondeur, et des rainures longues parfois de plus de 2 km, larges de 30 à 50 cm et profondes de 20 à 45 cm. La figure 11.21 montre ce type d'action.

11.2.2 *Le transport glaciel*

Les glaces flottantes transportent des matériaux de natures variées et de toutes les catégories granulométriques, allant des plus fins (argiles) aux blocs de quelques mètres de côté. La charge détritique peut théoriquement équivaloir à un dixième de la taille des glaçons. Le matériel peut être soudé à la base des glaçons, comme il peut leur être incorporé ou reposer à la surface. Le déplacement du matériel varie selon la modalité de prise en charge et les conditions de déglacement (l'état d'agitation de la nappe d'eau) : de quelques mètres à quelques kilomètres pour les sédiments soudés à la base des glaçons, de quelques kilomètres à quelques dizaines de kilomètres pour ceux qui reposent à la surface, et sur de plus longues distances encore pour les sédiments incorporés à la glace (fig. 11.22).

11.2.3 *La sédimentation glacielle*

Il va sans dire que si les glaces flottantes érodent et prennent en charge de grandes quantités de débris qu'elles transportent ailleurs, elles jouent en conséquence un rôle sédimentologique de premier ordre. Au Québec, dans les zones intertidales du Saint-Laurent et de la baie James, les glaces abandonnent chaque année plusieurs millions de tonnes de débris. Quoiqu'une partie de ces débris soit déposés au hasard de la fonte, la sédimentation se fait le plus souvent dans des endroits privilégiés, déterminés par divers facteurs comme la topographie, les courants, la marée, le vent et l'englacement littoral. L'apport de blocs erratiques (encadré 11.1) constitue probablement la manifestation la plus évidente de la sédimentation glacielle. Sur la rive sud du Saint-Laurent, les rivages sont fréquemment couverts de blocs

---

2. Les informations sur le glaciel sont tirées de quelques-uns des nombreux écrits que le professeur Jean-Claude Dionne, de l'Université Laval, a consacrés à ce sujet.

provenant du Bouclier canadien, sur une distance de 10 à 35 km. Or, ces blocs reposent directement sur des sédiments marins postglaciaires dont l'épaisseur est de plusieurs mètres. Ils ne peuvent donc pas être glaciaires; leur présence dans cette position stratigraphique met en évidence le rôle majeur des glaces flottantes dans la sédimentation littorale des régions froides. La figure 11.23 illustre la sédimentation par l'action glacielle.

Figure 11.21 Rainure et bourrelet de sédiments causés par le déplacement d'un bloc sous l'action des glaces. Fleuve Saint-Laurent, île Verte (Québec), le 8 juin 1982. (Photographie : Jean-Claude Dionne, Université Laval.)

Figure 11.22 Bloc de grès à la dérive sur un glaçon. Fleuve Saint-Laurent, près de Neuville (Québec), le 10 avril 1982. (Photographie : Jean-Claude Dionne, Université Laval.)

Figure 11.23 Morceau de glace échoué sur le rivage avec une couche de sédiments demeurés soudés à sa base. Fleuve Saint-Laurent, près de Neuville (Québec), le 23 avril 1982. (Photographie : Jean-Claude Dionne, Université Laval.)

11.2.4 *La protection glacielle*

En plus d'être des agents d'érosion, de transport et de sédimentation, les glaces flottantes protègent efficacement les littoraux contre l'action des vagues, des courants et des agents biologiques durant un bonne partie de l'année. Dans les régions arctiques, les glaces entravent l'action des vagues et des courants durant 8 à 11 mois par année. Il en résulte une évolution très lente des littoraux. Plus au sud, cette protection dure moins longtemps, allant de 1 à 6 mois. L'évolution des formes du rivage se fait quand même plus lentement et les matériaux subissent un façonnement moins poussé.

11.2.5 *Conclusion*

En conclusion, il faut retenir que le glaciel est un processus géologique important, en particulier dans un territoire comme le Québec, où les hivers sont relativement rigoureux et le réseau hydrographique très développé. De plus, les répercussions pratiques du glaciel se révèlent nombreuses, notamment dans les zones de villégiature et là où il existe des aménagements portuaires, des murs de protection, des digues et des chenaux de navigation. Tenir compte du glaciel dans la planification des aménagements côtiers s'impose si l'on veut éviter certains dégâts.

11.3 *LE PERGÉLISOL*

Avec l'étude du pergélisol, on aborde le troisième phénomène géologique qui met en cause le froid et la glace.

> Le pergélisol constitue la **cryosphère**. Cette enveloppe discontinue, gelée en permanence, est présente dans un grand nombre de régions au climat rigoureux.

Le pergélisol concerne au moins 20 % des terres émergées. Sa présence impose des contraintes sévères dans la mise en valeur des régions froides. Il est surtout répandu dans le nord de l'Amérique, de l'Eurasie et dans l'Antarctique. Plus précisément, on le rencontre dans l'Arctique et le Subarctique canadien, en Alaska, au Groenland et au Spitsberg (nord-est du Groenland). Au Canada, le pergélisol occupe 50 % du territoire. Au Québec, il apparaît dès le 51e degré de latitude Nord et il est particulièrement répandu au nord du 56e parallèle. Le pergélisol présente des difficultés particulières quand vient le temps de construire des infrastructures comme des édifices, des routes, des pistes d'atterrissage, etc. Dans la construction des fondations, entre autres, on applique des techniques spécifiques pour surmonter les difficultés que provoque le gel prolongé du sol.

ENCADRÉ 11.1

LES BLOCS ERRATIQUES

Les **blocs erratiques** sont des blocs rocheux de fort volume transportés par les glaciers. En Amérique du Nord, un des plus gros bloc erratique connu se trouve près d'Okotoks, à 50 km au sud de Calgary, en Alberta. Connu sous le nom de « Big Rock », il mesure 40 m sur 18 m sur 10 m. Maintenant fracturé en deux parties, sa masse est estimée à 18 000 t. Ce bloc erratique fait partie d'une longue traînée que l'on retrouve dans cette région du piémont des Rocheuses. On ne connaît pas la provenance exacte de ce bloc de grès, mais l'on croit qu'il pourrait s'être détaché du mont Edith Cavell, dans la région de Jasper. Il aurait donc été transporté sur 400 km environ, probablement à la surface du glacier, car il est très anguleux et nullement strié.

Connaître la dispersion des blocs erratiques présente un grand intérêt, surtout dans le cadre d'études régionales. En effet, lorsque le contexte lithologique s'y prête, il devient parfois possible de cerner la région d'origine de certains blocs. Cette information s'ajoute aux autres indices qui permettent d'établir le sens de l'écoulement glaciaire.

Lorsque l'érosion a dégagé les blocs de leur matrice, ils peuvent se retrouver perchés sur des affleurements rocheux, en position parfois précaire, ou posés sur des piédestaux.

Bloc perché, région du lac Le Grand (carte topographique 23 F/13). (Photographie : Camille Laverdière, Université de Montréal.)

Bloc (conglomérat) dans le rang VI Ouest de la municipalité de Stoke, en Estrie (Québec).

« Big Rock », près d'Okotoks, dans le sud de l'Alberta.

Bloc perché en position instable, à l'ouest du lac Cambrien (carte topographique 24 C/06). (Photographie : Camille Laverdière, Université de Montréal.)

ENCADRÉ 11.2

LES PALSES, LES PINGOS ET LES SOLS STRUCTURÉS

Le pergélisol et les conditions périglaciaires en général donnent naissance à des formes de terrain exclusives et souvent spectaculaires. Pour illustrer ce fait, examinons de plus près les palses, les pingos et un exemple de sol structuré, les polygones de pierres.

Les **palses**[1] sont des buttes cryogènes de taille métrique et décamétrique qu'on retrouve surtout dans la zone à pergélisol discontinu. Elles atteignent de 1 à 7 m de hauteur et ont un diamètre inférieur à 100 m. Les palses se forment dans des tourbières et sont composées soit de tourbe, soit d'un matériel meuble minéral recouvert d'une bonne épaisseur de tourbe. Elles peuvent être boisées ou non. Elles renferment presque uniquement de la glace de ségrégation, interstratifiée avec des couches minérales et alimentée originellement par une nappe phréatique libre. C'est ainsi que les palses se forment par progression du pergélisol depuis la surface, et c'est la croissance des lentilles de glace de sol qui entraîne le soulèvement gélival de la butte. Lorsque de grandes superficies de terrains tourbeux sont soulevées par la glace de ségrégation, on parle de **plateau palsique**. La figure 1 montre un champ de palses et de structures thermokarstiques.

Les **pingos** (fig. 2) sont des collines massives recouvertes de sol et de végétation dont le cœur est formé de glace. Le mot, d'origine inuit, désigne une colline d'allure conique. Les pingos peuvent atteindre 50 m de hauteur et 300 m de diamètre à la base. La plupart d'entre eux se forment dans de faibles dépressions comblées de sédiments fins gorgés d'eau, comme des fonds de lacs en voie d'assèchement. On pense que la progression du gel dans le sol, depuis les bords de la dépression vers l'intérieur, crée une pression hydraulique très forte qui favorise la croissance d'une lentille de glace et donne naissance à un pingo. Au Canada, le long de la côte ouest de l'Arctique, on a dénombré 1450 pingos[2], la plupart étant situés dans la région du delta du Mackenzie et dans la péninsule de Tuktoyaktuk, sur les bords de la mer de Beaufort.

Quant aux **sols structurés**, il s'agit de toute surface de terrain (y compris la végétation) qui présente un arrangement ordonné. À titre d'exemple, mentionnons les polygones (fig. 3), les cercles avec triage et sans triage, les nids et les traînées de pierres, les cercles de boue, etc. Les polygones dessinent une figure fermée, aux côtés plus ou moins rectilignes.

Figure 1 Vue aérienne d'un champ de palses et de structures thermokarstiques (dépressions découlant de la fonte du pergélisol). Vallée de la rivière Sheldrake, à 20 km au nord du golfe de Richmond, dans l'Ungava. (Photographie : Michel Allard, Centre d'études nordiques, Université Laval.)

Figure 2 Pingo d'une hauteur de 37 m, près de Tuktoyaktuk, Territoires de Nord-Ouest. (Photographie : J. R. Mackay, Université de la Colombie-Britanique, Vancouver.)

Figure 3 Polygones de pierres sur le mont Jacques-Cartier, en Gaspésie.

1. Sur les palses, on pourra consulter « Géophysique et dynamique holocène de plateaux palsiques à Kangiqsualujjuaq, Québec nordique » d'Émile Gahé, Michel Allard et Maurice K. Séguin, 1987.
2. Pour une excellente étude des pingos, on consultera « Pingos of the Tuktoyaktuk Peninsula Area, Northwest Territories » de J. R. Mackay, 1979.

11.3.1 *Définition du pergélisol*

Le pergélisol désigne la partie de l'écorce terrestre soumise pendant au moins deux années consécutives à une température égale ou inférieure à 0°C. Le pergélisol est donc un terrain en état de gel permanent. Il comprend la **glace de sol pérenne,** mais exclut les glaciers et les glaces flottantes.

Le pergélisol existe dans les régions polaires et montagneuses. Sa formation et son maintien dans ces régions s'expliquent principalement par le déficit thermique qui s'établit entre l'atmosphère et la surface de la Terre. Le climat est ainsi le principal facteur à l'origine du pergélisol. De façon générale, il existe une relation plus ou moins étroite entre les moyennes annuelles des températures de l'air et celles des températures du sol (voir la sous-section 11.3.3).

Le pergélisol se définit donc essentiellement sur la base de l'état thermique du terrain plutôt que sur la nature de celui-ci.

La glace de sol est une composante importante du pergélisol. Dans certaines formations superficielles, elle peut représenter jusqu'à 60 % en volume des premiers mètres supérieurs de pergélisol. On distingue principalement trois formes de glace de sol.

Glace interstitielle La glace interstitielle est celle que contiennent les pores du sol et des roches.

Glace de ségrégation La glace de ségrégation est formée par migration de l'eau interstitielle vers la partie gelée; l'eau y forme des lentilles et des couches de glace qui peuvent atteindre 10 m d'épaisseur.

Glace de fente en coin La glace de fente en coin est un amas de glace, généralement en forme de coin dont l'apex pointe vers le bas. Cette glace est feuilletée ou litée dans le sens vertical et elle est souvent blanchâtre. On distingue les coins de glace syngénétiques (formés en même temps que le pergélisol) et les coins de glace épigénétiques (formés dans un sol déjà gelé). Ces derniers sont les plus typiques. Ils se développent dans des fentes de contraction thermique (fentes de gel) dans lesquelles se forme du givre et où pénètrent les eaux de fonte de la neige. Au fil des années, le gel ouvre la fente de plus en plus, et le coin de glace s'épaissit et s'allonge. Certains coins de glace peuvent atteindre une profondeur de plus de 25 m et adopter des formes variées. La figure 11.24 montre un coin de glace développé dans le pergélisol de la plaine côtière du Yukon. L'encadré 11.2 fait le point sur quelques formes de terrain parmi les plus caractéristiques des régions pergélisolées.

Pour compléter cette définition, soulignons que la couche superficielle du pergélisol alterne, au rythme des saisons, entre l'état congelé et l'état décongelé. Cette couche est le **mollisol** (ou couche active).

Figure 11.24 Coin de glace développé dans le pergélisol, à Kay Point, plaine côtière du Yukon. (Photographie 204054, Commission géologique du Canada, Jean-Serge Vincent.)

L'épaisseur du mollisol varie d'une année à l'autre, en fonction de facteurs comme la température de l'air, la végétation, le drainage, le type de terrain, le manteau nival, la pente et l'orientation des versants.

11.3.2 *Le pergélisol au Québec*

La figure 11.25 montre la répartition du pergélisol au Nouveau-Québec et au Labrador. Plus de la moitié de la superficie du Québec est comprise à l'intérieur des limites du pergélisol.

La région pergélisolée se subdivise en quatre zones : la zone à **pergélisol continu**; la zone à **pergélisol discontinu et répandu**; la zone à **pergélisol discontinu et dispersé**; la zone à **pergélisol sporadique**.

Ces subdivisions de la région pergélisolée sont fondées sur la reconnaissance des formes de terrain liées au pergélisol, sur les facteurs écologiques de l'enneigement, sur la distribution des formations végétales et sur des données climatiques.

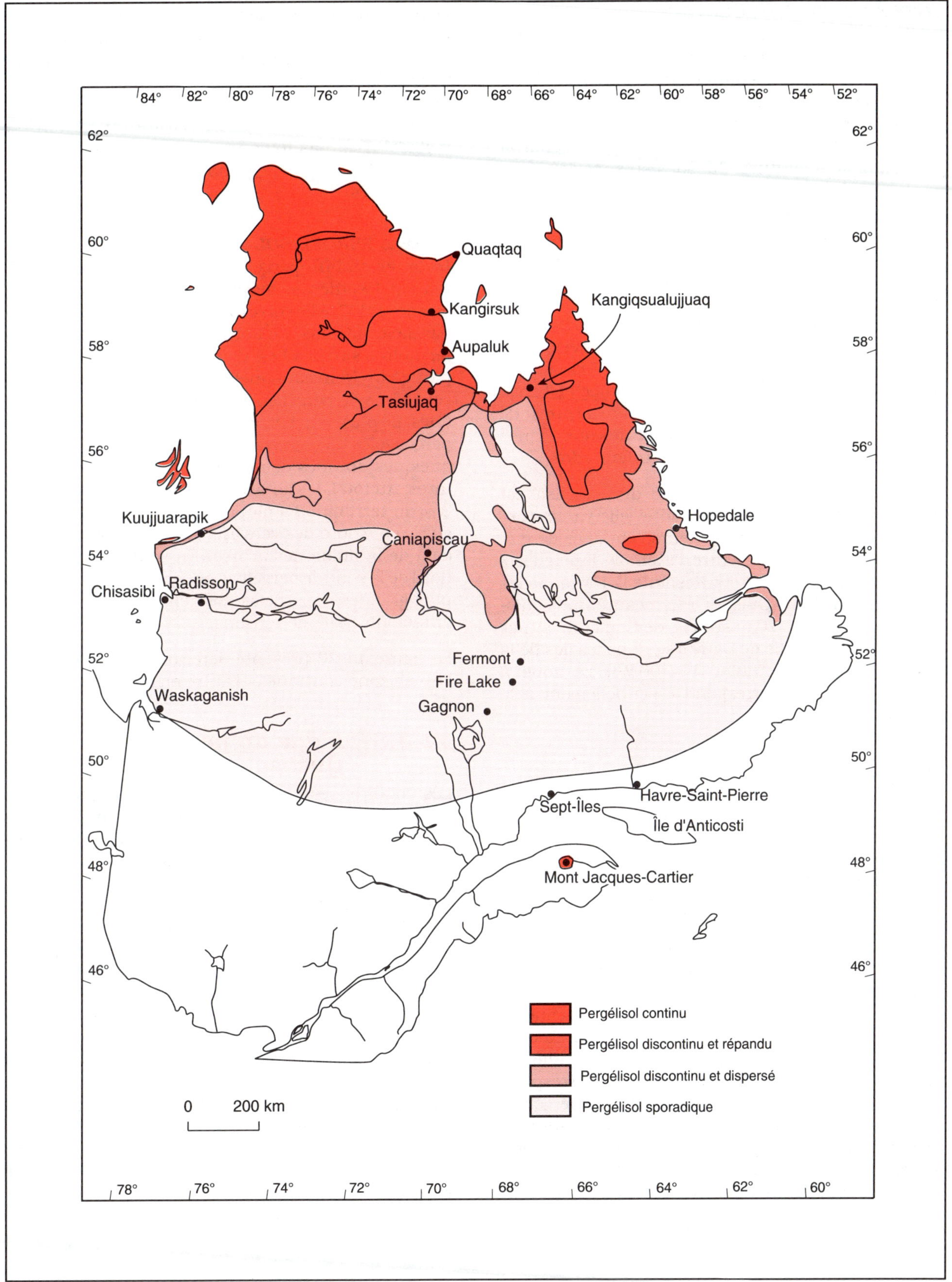

Figure 11.25 Distribution du pergélisol au Québec nordique et au Labrador (d'après Allard et Séguin, 1987, p. 145).

ZONE À PERGÉLISOL CONTINU

La limite entre les zones à pergélisol continu et à pergélisol discontinu est tracée, de façon conventionnelle, en tenant compte des isothermes[3] annuelles de la température de l'air. En effet, il existe une relation étroite entre la température atmosphérique et celle du sol. En général, en un endroit donné, la température du sol est supérieure de quelques degrés à la température de l'air (en moyenne, 3,3°C de plus). Cette relation est susceptible d'être modifiée localement par certains facteurs comme les microclimats, les conditions géologiques particulières et la couverture nivale, laquelle a une grande influence sur la température du sol. La limite sud du pergélisol continu est fixée en fonction de l'isotherme moyenne annuelle atmosphérique de -8,0°C, ce qui donne une température à la surface du sol de quelque -5,0°C. Pour le Québec et Terre-Neuve, cette zone comprend le territoire à l'ouest de la baie d'Ungava et un secteur de hautes montagnes au nord du Nouveau-Québec et du Labrador.

Dans la zone continue, l'épaisseur du pergélisol est d'environ 100-150 m vers le sud et elle va en s'accroissant pour atteindre plusieurs centaines de mètres dans le Grand Nord. À titre d'exemple, le pergélisol atteint 400 m d'épaisseur à Resolute (74°N) dans les Territoires du Nord-Ouest. On a mesuré une épaisseur maximale de 720 m sur l'île de Cameron, située au nord-ouest de l'île de Bathurst, dans les îles de la Reine-Élisabeth (76°30'N, 104°00'W). La zone à pergélisol continu correspond essentiellement à la toundra arctique.

ZONE À PERGÉLISOL DISCONTINU

En ce qui concerne le pergélisol discontinu, il est difficile d'établir sa limite sud en fonction d'une isothermie atmosphérique moyenne annuelle. Des conditions similaires de pergélisol se retrouvent à Kuujjuarapik, au sud-est de la baie d'Hudson, à Schefferville, située aux environs du 55°N au Nouveau-Québec, et à Hopedale sur la côte du Labrador. Pourtant, la moyenne annuelle des températures est de -4,1°C au premier endroit, de -3,2°C au deuxième et de -1,7°C au troisième. De façon générale, on considère que les régions à pergélisol discontinu connaissent des températures moyennes annuelles de l'air comprises entre -1,0°C et -7,0°C. L'isotherme de 10,0°C pour le mois le plus chaud, qui correspond de près à la limite des arbres, démarque le pergélisol discontinu et répandu du pergélisol discontinu et dispersé. Cependant, par souci de clarté, on a retenu le seuil de 50 % d'occupation du territoire par le pergélisol pour distinguer les deux zones sur la carte.

Dans ces deux zones, le pergélisol mesure à peine un mètre d'épaisseur dans les territoires du sud. Par contre, au nord, il peut dépasser une centaine de mètres dans la partie voisine de la zone continue. Le plafond du pergélisol varie en fonction des conditions climatiques locales et de la nature du terrain. Le mollisol n'est pas toujours en contact direct avec le pergélisol, puisque de grands territoires ne sont pas pergélisolés.

ZONE À PERGÉLISOL SPORADIQUE

La limite sud du pergélisol sporadique suit grossièrement l'isotherme moyenne annuelle atmosphérique de -1,1°C. Elle correspond sensiblement au 51°N, parallèle qui passe au nord de Sept-Îles et englobe les territoires situés à l'est de la baie James, la majeure partie du Nouveau-Québec et du Labrador. Dans cette zone, le pergélisol se présente en îlots sporadiques. Le plus souvent, ce sont des tourbières qui sont pergélisolées. Les noyaux de tourbe gelée varient de quelques dizaines de mètres carrés à plusieurs hectares. Au total, les îlots de sol gelé occupent moins de 2 % du territoire. La plupart du temps, on les trouve sur le côté nord des versants et sur les sommets, au-delà de la limite des arbres. En se dirigeant vers le nord de la zone, le pergélisol occupe graduellement de plus grandes superficies, tout en touchant une plus grande diversité de terrains.

La figure 11.26 présente deux profils de pergélisol, l'un en zone continue et l'autre en zone discontinue.

11.3.3 *L'âge du pergélisol au Québec*

Les nombreuses fluctuations du climat au cours du Quaternaire ont vraisemblablement entraîné des changements importants dans la répartition et dans l'épaisseur du pergélisol. La répartition actuelle du pergélisol reflète à la fois les conditions héritées de la dernière glaciation et les caractéristiques du climat postglaciaire. Il est raisonnable de croire qu'une bonne part de l'inlandsis qui recouvrait le Québec subarctique était un glacier tempéré, donc proche de la température de fusion sous pression de la surface jusqu'à la base. Dans cette condition, on estime que le sol ne pouvait pas être gelé en profondeur. Dans le Territoire du Nouveau-Québec, le pergélisol aurait commencé à se développer au moment de la déglaciation, soit autour de 7,9 ka. Cependant, la submersion marine postglaciaire (Mer de Tyrrell) a protégé du gel permanent de vastes territoires côtiers. Le pergélisol dans ces régions est donc plus jeune encore.

3. L'isotherme est la ligne qui joint, sur une carte météorologique, les points montrant une température moyenne identique pour une période donnée.

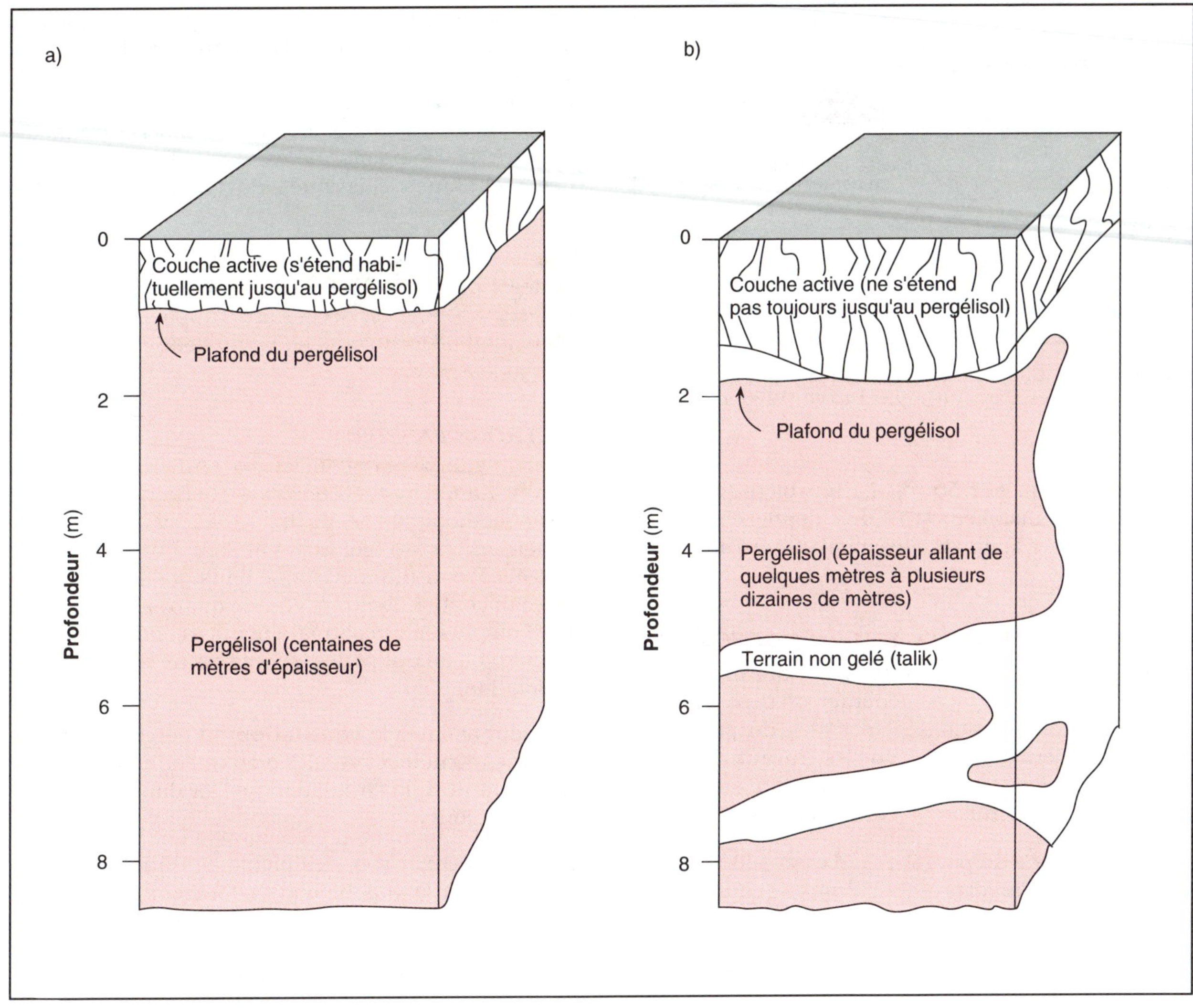

Figure 11.26 Profils du terrain en région pergélisolée. En a), profil d'un pergélisol en zone continue. En b), profil d'un pergélisol en zone discontinue. On désigne par le terme *talik* les lentilles de matériau non gelé (d'après Brown, 1970).

Dans le Québec arctique et dans les régions subarctiques n'ayant jamais été colonisées par une végétation dense et protectrice, le pergélisol est sans doute établi depuis la déglaciation, ou depuis l'émersion postglaciaire pour les régions côtières.

Pour terminer, mentionnons que des études effectuées dans la partie moins septentrionale du Québec laissent à penser qu'il existe un noyau de pergélisol sur le mont Jacques-Cartier, en Gaspésie[4]. L'épaisseur de la masse de pergélisol serait de 45 à 60 m, et le mollisol varierait autour de 5,75 m. La température moyenne annuelle de l'air fluctue entre -3,0°C et -5,0°C, ce qui est suffisamment froid pour créer des conditions propices à la formation d'un pergélisol. On considère donc que le pergélisol du mont Jacques-Cartier est contemporain et qu'il se maintient dans les conditions climatiques actuelles. La figure 11.27 présente une coupe du mont Jacques-Cartier, révélant la masse présumée de pergélisol au sommet.

Par ailleurs, sur le mont du Lac des Cygnes, à une quinzaine de kilomètres au nord de la municipalité de Saint-Urbain, comté de Charlevoix, on a trouvé du pergélisol au sein d'une tourbière de dimension

4. À ce sujet, on consultera « Permafrost Existence and Distribution in the Chic-Chocs Mountains, Gaspésie, Québec » de R. J. E. Brown et J. T. Gray, 1979.

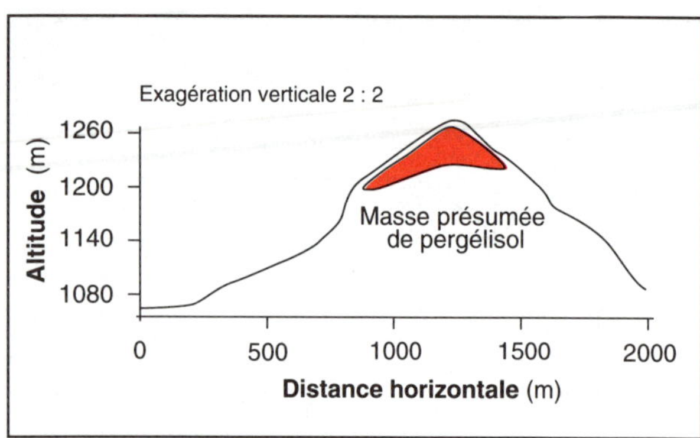

Figure 11.27 Coupe de la masse de pergélisol au sommet du mont Jacques-Cartier (Gray et Brown, 1970, p. 311).

restreinte (60 m sur 50 m). La tourbière (47°41'N, 70°36'W) est installée dans une dépression de la roche en place, à approximativement 960 m d'altitude[5].

11.3.4 *Construire sur le pergélisol*

Construire sur le pergélisol présente des problèmes très particuliers. De façon générale, on peut dire que trois des caractéristiques principales du pergélisol ont des incidences directes sur les travaux de construction : la teneur en glace, la sensibilité aux changements de température et l'imperméabilité.

Teneur en glace du pergélisol Le pergélisol à forte teneur en glace de sol présente le plus de contraintes. Dans un sédiment fin ou dans la tourbe, la glace agit comme un ciment qui lie les particules en une sorte de conglomérat très résistant. Mais, en dégelant, ce sol se transforme en une boue visqueuse dont la capacité portante devient faible ou médiocre.

Sensibilité aux changements de température Le pergélisol est très sensible aux changements de température, en particulier s'il se maintient dans un état proche de l'instabilité. La moindre modification des conditions naturelles du milieu perturbe l'équilibre thermique du sol. Par exemple, le défrichement peut entraîner la fonte de lentilles de glace enfouies profondément et, conséquemment, provoquer des affaissements de terrain.

Imperméabilité Le pergélisol est pratiquement imperméable. L'eau ne pouvant pénétrer dans un sol gelé, elle se retrouve souvent en excès à la surface, même si la plupart des territoires pergélisolés connaissent de faibles précipitations. Cette eau de surface complique les opérations en modifiant sans cesse les conditions d'un chantier.

Certains pergélisols ne présentent pas de problèmes au dégel. C'est le cas des sols granulaires bien drainés ou du substratum rocheux sain. Étant donné que ces terrains ont généralement une teneur en glace de sol assez faible, les changements de température modifient très peu leurs propriétés. On peut donc employer des techniques classiques de fondations sur ces assises.

Cependant, si les conditions du terrain sont telles que le dégel du sol va créer des conditions d'instabilité inacceptables, il est nécessaire d'appliquer l'une des deux méthodes suivantes : la méthode passive ou la méthode active.

MÉTHODE PASSIVE

La méthode passive consiste essentiellement à conserver intactes les conditions thermiques du sol. Cette méthode permet de tirer profit des avantages de la permanence du gel. Elle s'impose dans le cas d'un pergélisol continu, développé dans des sols à grains fins qui contiennent une grande quantité de glace de sol. Pour assurer la permanence des conditions de gel dans le sol, on utilise des techniques de ventilation ou d'isolation.

On peut assurer la **ventilation** du pergélisol en érigeant les structures sur des pieux ou en assurant, par des conduites, la circulation de l'air dans le système de fondations.

Dans le premier cas, des pieux sont ancrés dans le pergélisol, à la vapeur ou par forage. La structure, installée ensuite sur ces pieux, est ainsi surélevée par rapport au sol (fig. 11.28a). On peut utiliser des pieux de bois (fig. 11.28b), d'acier (section en H ou tuyaux) ou de béton précontraint. On les enfonce généralement à des profondeurs allant de 5 à 10 m. En laissant un espace minimal de 0,6 m entre la structure et le terrain, on assure une bonne circulation d'air et le maintien du pergélisol au droit de la construction. Pour augmenter l'efficacité du système, il arrive que l'on place des panneaux réfléchissants en bordure sud des fondations de l'édifice, de façon à réduire le réchauffement du sol par le rayonnement solaire.

Quant à la technique d'**isolation**, elle fait appel à des conduites disposées dans le plancher ou les fondations. Pour les petites structures, on peut simplement placer, dans le coussin granulaire qui porte la construction, une série de tuyaux parallèles ouverts aux deux extrémités dans lesquels l'air circule librement par convection. Pour des structures plus imposantes, il est souvent nécessaire de munir les tuyaux d'un système de ventilateurs, afin d'assurer un bon dégagement de l'air chaud qui s'échappe de l'édifice. L'air

5. D'après Serge Payette, « Un îlot de pergélisol sur les hauts sommets de Charlevoix, Québec », 1984. On consultera aussi « The Thermal Regime of a Permafrost Body at Mont du Lac des Cygnes, Québec » de Michel Allard et Richard Fortier, 1990.

a)

b)

Figure 11.28 En a), exemple d'un gros édifice porté par des pieux. (Photographie : Conseil national de recherches du Canada, DBR/NRC n° BR-74101.) En b), pieux en bois, enfoncés dans le pergélisol, devant recevoir un bâtiment. À Inuvik, Territoires du Nord-Ouest, 69°N, 136°W. (Photographie : B. Ladanyi, CINEP.)

de l'extérieur est envoyé dans les conduites, lesquelles sont enterrées sous l'édifice. Des cheminées verticales assurent l'entrée et la sortie de l'air. Il est bon de noter que les ventilateurs ne fonctionnent qu'en hiver. Lorsque la température extérieure est supérieure à -3,0°C, comme c'est le cas durant l'été, le système s'arrête et l'accès de l'air aux conduites est bloqué de façon à prévenir l'infiltration d'air chaud dans les fondations.

Les techniques de ventilation que nous venons de décrire sont les plus efficaces pour conserver le pergélisol intact. Elles sont aussi les plus chères. Dans certains cas, on se contentera donc de procéder à l'isolation du pergélisol en y appliquant une couche protectrice de gravier. Cette couche aura de 30 à 60 cm d'épaisseur pour les petites structures non chauffées, conçues pour supporter de légers déplacements. Pour les grandes structures chauffées, elle devra avoir environ 3,5 m d'épaisseur. Soulignons qu'il est possible d'incorporer de l'isolant, comme de la tourbe ou des matériaux synthétiques, dans le coussin de gravier.

MÉTHODE ACTIVE

On emploie la méthode active lorsqu'il s'avère impossible de maintenir en permanence les conditions du pergélisol. Cette solution est généralement retenue si le pergélisol est discontinu et mince, et s'il s'est développé dans des matériaux inadéquats pour des fondations.

On choisit l'une des deux options suivantes selon la nature du terrain.

- On peut procéder au dégel et à la consolidation du sol avant d'installer des fondations. Ces dernières sont alors conçues en fonction des propriétés du sol naturel modifié.
- On peut remplacer le pergélisol par un matériau non gélif. Les fondations sont alors conçues en fonction des propriétés du nouveau sol mis en place.

Bien que la méthode active exige que l'on effectue des travaux d'excavation difficiles et coûteux dans le pergélisol, elle est parfois la plus économique, et c'est elle qui convient le mieux, entre autres, à des bâtiments non chauffés. Comme dans tous les projets de construction réalisés sur le pergélisol, on doit surveiller soigneusement le drainage du chantier. De plus, étant donné que la méthode active ne prévoit pas de contrôle de la température du sol, il faut concevoir les fondations en conséquence. Des fondations dites flexibles et des joints spéciaux permettent le mouvement des différentes sections du bâtiment sans produire de déformations dans les sections adjacentes.

Pour terminer, précisons que, très souvent, les conditions d'un chantier se prêtent aussi bien à la méthode passive qu'à la méthode active. On fait le choix final en tenant compte des usages à court et à long terme de la construction projetée. En outre, il faut veiller à ne pas modifier les conditions thermiques du sol qui supporte les édifices adjacents à une nouvelle structure. Il est particulièrement important de respecter cette mise en garde dans la construction d'édifices portés par des pieux et dont la stabilité dépend du maintien du pergélisol. Dans tout nouveau projet, il faut donc vérifier si les fondations projetées sont compatibles avec celles des structures déjà construites.

La figure 11.29 présente différents types de fondations adéquates pour la construction en régions pergélisolées.

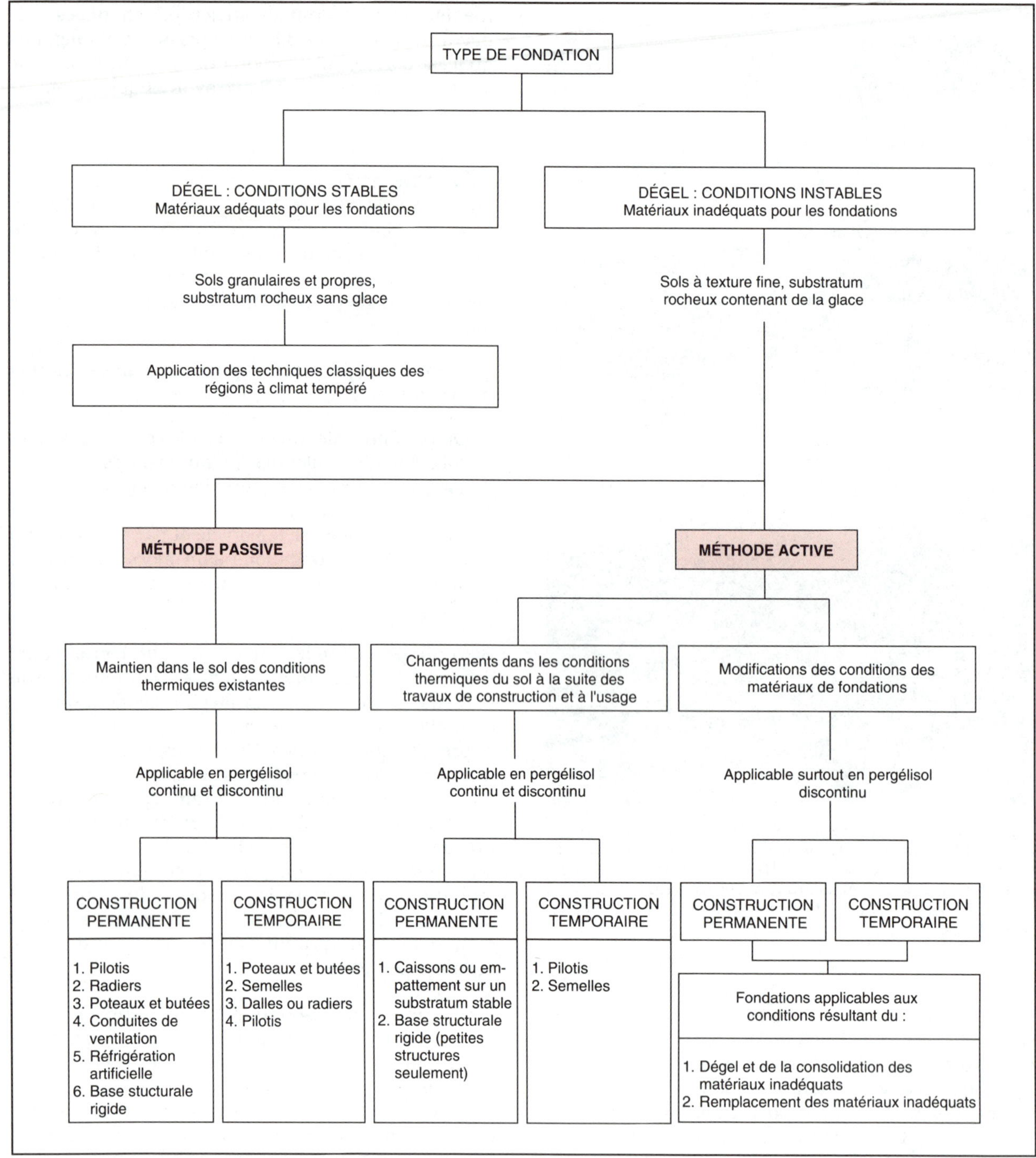

Figure 11.29 Choix possibles de fondations pour les régions pergélisolées (d'après Johnston, 1981, p. 250).

11.3.5 *Conclusion*

On réalise maintenant des travaux de tous genres dans les régions nordiques. Qu'il s'agisse de projets miniers, pétroliers, hydro-électriques ou autres, ces travaux nécessitent tous une bonne connaissance des propriétés du pergélisol et une technologie adaptée. De plus, l'environnement périglaciaire constitue un milieu particulièrement fragile, dont l'équilibre peut être facilement rompu et dont la restauration est longue. Les considérations environnementales devraient être au premier plan au moment de la conception et de la réalisation de tout projet de construction sur le pergélisol.

VOCABULAIRE

Abrasion glaciaire

Brouture

Calotte glaciaire
Cannelure
Champ de glace
Cirque glaciaire
Crue
Cryosphère

Dépôt glaciogénique
Dôme glaciaire

Écoulement glaciaire

Fluage

Glace de fente en coin
Glace de ségrégation
Glace de sol
Glace interstitielle
Glaciel
Glacier de cirque
Glacier de marée
Glacier de piémont
Glacier de vallée
Glacier émissaire
Glacier froid
Glacier tempéré

Inlandsis
Isolation

Ligne d'équilibre

Méthode active
Méthode passive
Mollisol
Moraine
Moraine frontale
Moraine latérale
Moraine médiane
Moraine terminale

Névé

Palse
Pergélisol
Pergélisol continu
Pergélisol discontinu
Pergélisol sporadique
Périglaciaire
Pingo
Plate-forme de glace
Polygone de pierres

Queue-de-rat

Rainure
Roche moutonnée
Rocher dissymétrique
Rocher profilé

Sol structuré
Strie

Température de fusion sous pression

Ventilation

Zone d'ablation
Zone d'accumulation

QUESTIONS

1. Décrivez le lent processus de transformation de la neige en glace, processus qui aboutit à la formation des glaciers.
2. Les glaciers sont des solides mobiles. De ce fait, ils se révèlent des agents géologiques très efficaces. Expliquez le processus d'écoulement glaciaire.
3. Quelles différences y a-t-il entre un glacier tempéré et un glacier froid ?
4. Précisez ce qu'on entend par le glaciel.
5. Donnez une définition du pergélisol en précisant son étendue au Québec. Faites la distinction entre le pergélisol continu, discontinu et sporadique.
6. Quelles sont les principales difficultés que pose le pergélisol en ce qui concerne les travaux de construction ?
7. En ce qui a trait aux fondations dans le pergélisol, expliquez la différence entre la méthode active et la méthode passive.
8. Trouvez le terme ou l'expression qui correspond à la définition.
   a) Glacier dont la superficie dépasse 50 000 km^2.
   b) Glacier dont le front débouche dans la mer.
   c) Limite entre la zone d'accumulation et la zone d'ablation.
   d) Forme d'érosion glaciaire allongée et en saillie causée par la présence d'un obstacle dans le plancher rocheux.
   e) Couche du pergélisol qui dégèle en saison estivale.

RÉFÉRENCES BIBLIOGRAPHIQUES

OUVRAGES RECOMMANDÉS

1. Sharp, R. P.
1988 : *Living Ice – Understanding Glaciers and Glaciation.* Cambridge, Cambridge University Press, 225 p.
Petit livre qui présente les glaciers de façon simple. Bonnes photographies.

2. Campy, M. et Macaire, J. J.
1989 : *Géologie des formations superficielles.* Paris, Masson, 434 p.
Bon volume d'introduction. Voir le chapitre VII – Les formations glaciaires.

3. Allard, M. et Séguin, M. K.
1987 : « Le pergélisol au Québec nordique : bilan et perspectives » dans *Géographie physique et Quaternaire*, vol. XLI, nº 1, p. 141-152.
Une bonne synthèse du pergélisol au Québec.

4. **Washburn, A. L.**
1979 : *Geocryology – A Survey of Periglacial Processes and Environments.* Londres, Edward Arnold, 406 p. Un des meilleurs textes sur les processus liés au froid.

5. **Sugden, D. E. et John, B. S.**
1979 : *Glaciers and Landscapes – A Geomorphological Approach,* 2e éd. Londres, Edward Arnold, 376 p. Un très bon livre sur la géomorphologie glaciaire.

AUTRES SOURCES D'INFORMATION CONSULTÉES

Allard, M. et Fortier, R.
1990 : « The Thermal Regime of a Permafrost Body at Mont du Lac des Cygnes, Québec » dans *Journal canadien des sciences de la terre,* vol. 27, n° 5, p. 694-697.

APGGQ (Association professionnelle des géologues et des géophysiciens du Québec)
1990 : *Application de la géologie du Quaternaire à l'exploration minérale.* Notes pour un cours intensif donné à Québec en mars 1990, 245 p.

Bader, H. *et al.*
1954 : *Snow and its Metamorphism.* Washington, U.S. Army Corps of Engineers, Snow, Ice and Permafrost Research Establishment, Transe 14.

Brown, R. J. E.
1970 : *Permafrost in Canada. Its Influence on Northern Development.* Toronto, University of Toronto Press, 234 p.

Brown, R. J. E. et Gray, J. T.
1979 : « Permafrost Existence and Distribution in the Chic-Chocs Mountains, Gaspésie, Québec » dans *Géographie physique et Quaternaire,* vol. XXXIII, n°s 3-4, p. 299-316.

Clark, M. J.
1988 : *Advances in Periglacial Geomorphology.* Toronto, John Wiley & Sons, 481 p.

Colbeck, S. C.
1980 : *Dynamics of Snow and Ice Masses.* Londres, Academic Press, 468 p.

Conseil national de recherches du Canada
1988 : *La terminologie du pergélisol et notions connexes.* Ottawa, Note de service technique 142, 154 p.

Dionne, J.-C.
1987 : « Tadpole Rock (Roc drumlin) : A Glacial Streamline Moulded Form » dans Menzies, J. et Rose, J., *Drumlin Symposium.* Rotterdam, A. A. Balkema, p. 149-159.

Drewry, D.
1986 : *Glacial Geologic Processes.* Londres, Edward Arnold, 276 p.

Fulton, R. J. (sous la direction de)
1989 : *Le Quaternaire du Canada et du Groenland.* Ottawa, Commission géologique du Canada, Géologie du Canada, vol. 1, 907 p. et 5 cartes.

Gahé, É, Allard, M. et Séguin, M. K.
1987 : « Géophysique et dynamique holocène de plateaux palsiques à Kangiqsualujjuaq, Québec nordique » dans *Géographie physique et Quaternaire,* vol. XLI, n° 1, p. 33-46.

Johnston, G. H.
1981 : Permafrost Engineering Design and Construction. Toronto, John Wiley & Sons, 540 p.

Mackay, J. R.
1979 : « Pingos of the Tuktoyaktuk Peninsula Area, Northwest Territories » dans *Géographie physique et Quaternaire,* vol. XXXIII, n° 1, p. 3-61.

Markham, W. E.
1988 : *L'Atlas des glaces – Baie d'Hudson et ses abords.* Ottawa, Environnement Canada, Service de l'environnement atmosphérique, 123 p.

Payette, S.
1984 : « Un îlot de pergélisol sur les hauts sommets de Charlevoix, Québec » dans *Géographie physique et Quaternaire,* vol. XXXVIII, n° 3, p. 305-307.

Prest, V.
1983 : *L'héritage glaciaire du Canada.* Ottawa, Commission géologique du Canada, Rapport divers 28, 125 p.

Radok, U.
1985 : « Les glaces de l'Antarctique » dans *Pour la Science,* n° 96 (octobre), p. 79-86.

Selby, M. J.
1985 : *Earth's Changing Surface.* Oxford, Clarendon Press, 420 p.

PLANCHE 3

SOLS PODZOLIQUES

Podzol développé sur des sables deltaïques au nord de Trois-Rivières (Québec). On notera l'importante accumulation de matière organique en surface, l'horizon Ae (gris) bien développé et l'horizon B rougeâtre (riche en fer).

Podzol à l'est du village de LG-4, Baie-James (Québec). On notera l'accumulation d'humus (foncé) immédiatement sous l'horizon cendreux. (Photographie : Camille Laverdière, Université de Montréal.)

Blocs arrachés à l'horizon d'ortstein d'un podzol, au nord-ouest du lac Brézel, à l'entrée de la rivière Manitou, Basse-Côte-Nord du Saint-Laurent (Québec). Dans ce profil, l'horizon d'ortstein s'est développé sur plus de 1 m d'épaisseur.

ÂGE DES ROCHES DE L'ATLANTIQUE NORD

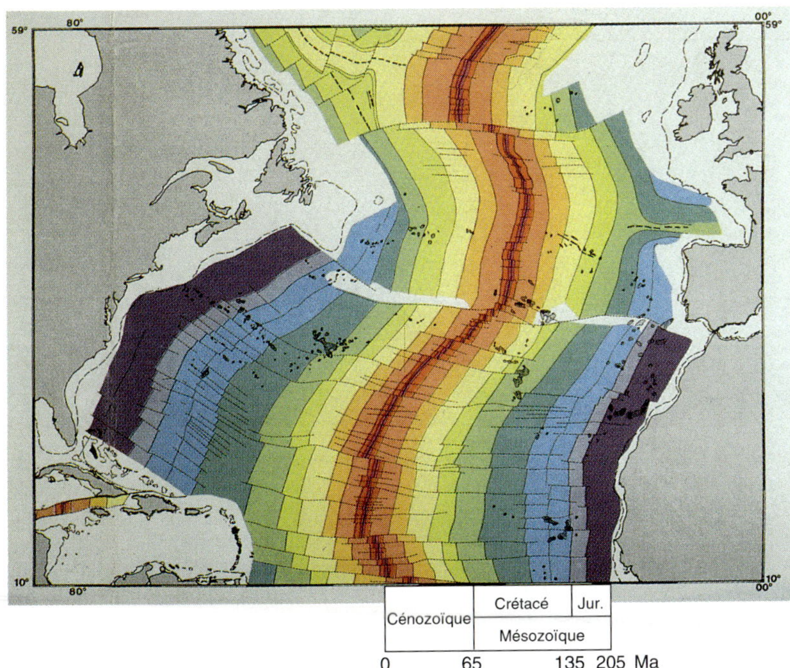

Limite active

Limite inactive

Zone de fracture

Isobathe 200 m

L'âge des roches du fond de l'Atlantique Nord établi grâce aux anomalies magnétiques. Les plus vieilles roches sont d'âge jurassique (160 Ma) et les plus jeunes sont d'âge cénozoïque. (P.R. Vogt et R.K. Perry. *North Atlantic Ocean : Bathymetry and Plate Tectonic Evolution*. The Geological Society of America, MC-35, 1981; reproduit avec permission.)

PLANCHE 4

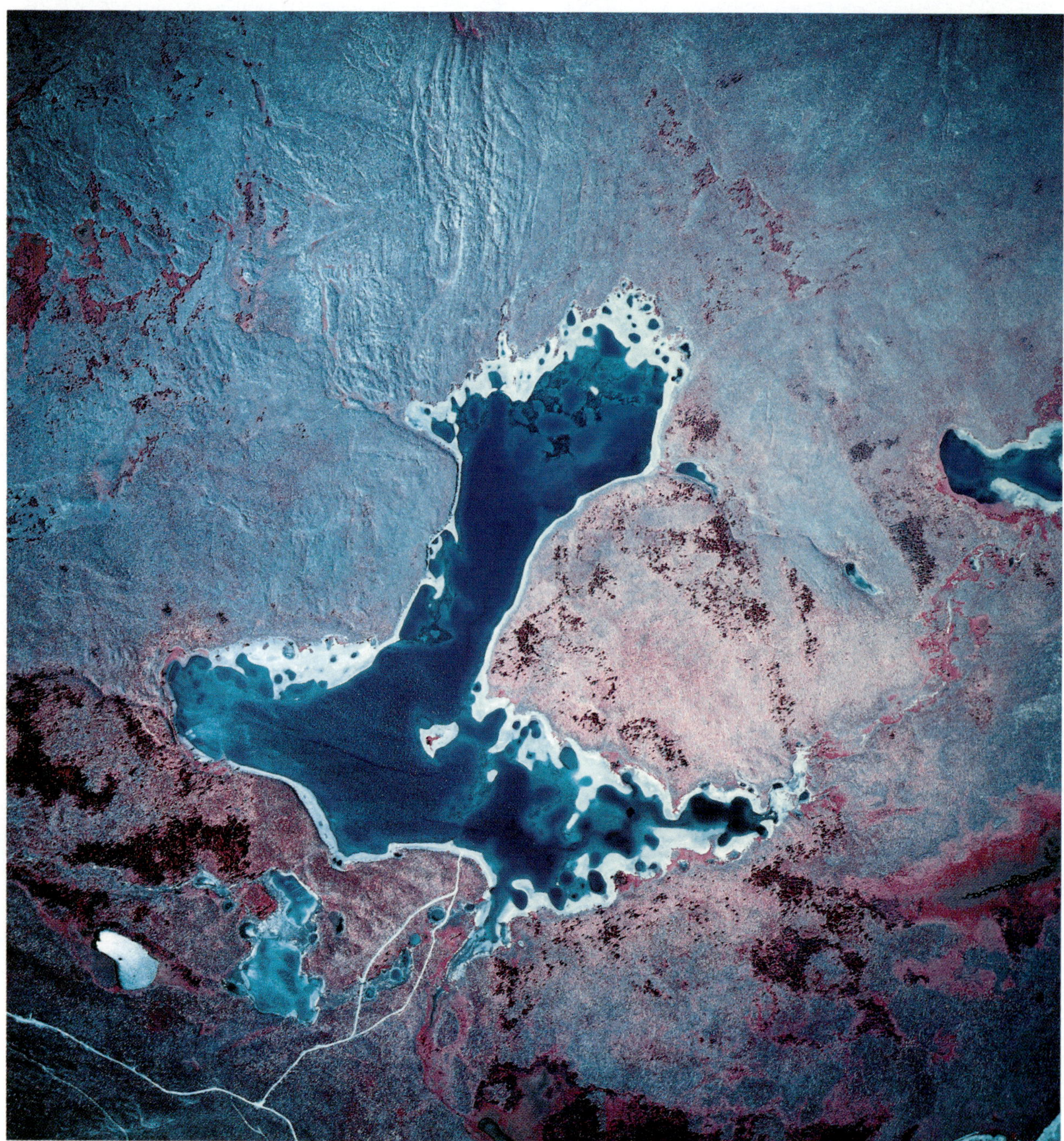

L'île d'Anticosti est formée de roches carbonatées, principalement des calcaires de l'Ordovicien et du Silurien. La grande perméabilité de ces roches confère à l'île toutes les particularités d'un paysage karstique. Cette photographie aérienne prise dans la bande infrarouge du spectre électromagnétique montre le lac Smith, localisé sur le plateau central de l'île. Le niveau d'eau de ce lac varie. Il s'abaisse de 2,5 à 4 m entre juin et août, lors de la période d'étiage, et augmente de plus de 1,15 m entre septembre et décembre, durant les pluies abondantes. Il atteint son niveau maximal au printemps. Prise le 18 juillet 1973, donc en période d'étiage, la photographie montre le pourtour émergé du lac où une centaine de **dolines** (dépressions circulaires ou elliptiques) se sont développées aux points de rencontre de diaclases orthogonales ouvertes par dissolution et gélifraction. Au nord du lac, la roche carbonatée partiellement à nue est disséquée par un **lapiez** (surface creusée de rigoles de dissolution). (Photographie Q 73329-234 à l'échelle du 1/15 000, Photocartothèque québécoise.)

CHAPITRE 12
L'HÉRITAGE DU QUATERNAIRE

Ce pays par le froid possédé
à peine sorti des eaux marines
qui se rappelle plus vieille aventure encore
dont il garde vivant le passage glacé.

CAMILLE LAVERDIÈRE, *Autres fleurs de gel.*

OBJECTIFS PÉDAGOGIQUES

Au terme de ce chapitre vous devriez connaître :

- les grandes lignes de la chronologie du Quaternaire;
- les méthodes (techniques) employées pour établir les changements climatiques survenus pendant l'Holocène;
- les principaux événements liés à la déglaciation du territoire québécois, y compris l'épisode des transgressions marines postglaciaires;
- la nature et la genèse des principaux sédiments glaciogéniques, de même que leur morphologie.

Les glaciers sont aujourd'hui disparus du territoire québécois. Pourtant, il y a aussi peu que 18 ka, la majeure partie de ce vaste territoire était recouverte par un inlandsis. C'est donc dire que nous sortons tout juste d'un âge glaciaire. Des faits nombreux et variés témoignent de l'action des glaciers, au Québec. Dans ce chapitre, nous verrons l'essentiel du riche héritage que nous a laissé la dernière glaciation.

12.1 LE QUATERNAIRE

Le Quaternaire, qui a débuté à 1,65 Ma, est dominé par des perturbations majeures du climat. De longues périodes de refroidissement, et c'est certainement là le fait géologique le plus important du Quaternaire, ont favorisé la croissance d'inlandsis sur de grandes régions continentales. On estime que 30 % de la superficie des continents (soit environ 44,4 millions de kilomètres carrés) a été englacée à divers moments au cours de cette période, contre 10 % environ de nos jours (15 millions de kilomètres carrés).

Le tableau 12.1 présente la nomenclature en usage au Canada pour le Quaternaire. Les unités chronostratigraphiques retenues se fondent principalement sur la subdivision des sédiments quaternaires en unités **glaciaires** et **non glaciaires**.

Le Quaternaire comprend le **Pléistocène** (de 1,65 Ma jusqu'à 10 ka) et l'**Holocène** (de 10 ka jusqu'à nos jours).

Le Pléistocène est subdivisé en inférieur, moyen et supérieur. Afin de faciliter les corrélations d'une région à l'autre, on distingue des étages et des sous-étages. C'est ainsi que le Pléistocène moyen correspond à l'**Illinoien**, un étage principalement glaciaire. Il a été peu étudié. Au Canada, on le connaît en détail seulement pour le sud de l'Alberta et de la Saskatchewan, et pour l'île de Banks (ouest de l'Arctique). Le Pléistocène supérieur comprend le **Sangamonien** et le **Wisconsinien**. Le Sangamonien, qui va de 130 à 80 ka, est défini comme un étage non glaciaire, alors que le Wisconsinien, qui va de 80 à 10 ka, constitue le dernier étage glaciaire.

L'Holocène termine le Quaternaire. Sa limite inférieure marque le début d'une période de réchauffement climatique sur toute la planète. De 10 ka à 4 ka, le climat a probablement été plus clément qu'au cours des derniers millénaires. Le fait le plus marquant de l'Holocène concerne cependant l'accroissement de l'activité humaine. Au cours de cette période, l'être humain est devenu rapidement un agent géologique de première importance. Les débuts de l'agriculture marquent l'entrée de l'humanité dans cette voie. Depuis, que l'on songe simplement aux bouleversements géologiques entraînés par les travaux de construction (édifices, routes, canalisations, tunnels, dragage, carrières, etc.). En fait, on devrait considérer l'Holocène non pas comme une subdivision du Quaternaire fondée sur des facteurs naturels, mais plutôt comme la transition vers le « Quinaire » ou « Technogène ». Les changements technologiques ont fait entrer la Terre dans une phase évolutive sans précédent qui va se poursuivre au cours du prochain millénaire[1].

Dans les sections qui suivent, nous étudierons plus en détail le Wisconsinien et l'Holocène.

Tableau 12.1 Subdivisions chronostratigraphiques du Quaternaire (d'après Fulton, 1989, p. 3).

			Étage	Sous-étage	Étage isotopique marin	Âge approx. (ka)
QUATERNAIRE	HOLOCÈNE				1	10
QUATERNAIRE	PLÉISTOCÈNE	Supérieur	Wisconsinien	Supérieur	1	13
				Supérieur	2	23
				Moyen	2	32
				Moyen	3	65
				Inférieur	4	80
			Sangamonien		5	130
		Moyen	Illinoien		6	
					7	
					8	
					9	
			?		| | |	
					15	790
		Inférieur				1650
TERTIAIRE	PLIOCÈNE					

12.1.1 *Des isotopes bien précieux*

Le tableau 12.1 montre que le Quaternaire est aussi subdivisé en fonction d'étages isotopiques marins. Étant donné que les fonds marins présentent une succession pratiquement continue de sédiments, ils ont beaucoup mieux conservé que les continents les preuves des oscillations climatiques du Quaternaire. C'est pourquoi la stratigraphie isotopique marine s'impose comme le meilleur schéma de référence pour évaluer les fluctuations globales du volume des glaciers continentaux.

> La stratigraphie du Quaternaire se fonde largement sur la mesure de la proportion des **isotopes d'oxygène** dans les coquilles des fossiles.

L'oxygène est un élément commun dans la composition des substances naturelles. Il possède trois isotopes caractérisés par des masses atomiques de 16, 17 et 18. Le premier isotope compte pour 99,76 % du total d'oxygène. Le deuxième est rare (0,04 %); le troisième n'est guère plus abondant (0,20 %) mais il a l'intérêt d'être extrêmement sensible aux processus naturels. Que ce soit dans l'eau de mer, dans la coquille d'un organisme marin ou dans la glace des glaciers, la quantité relative d'atomes d'oxygène de masse 18 par rapport à celle d'atomes de masse 16 varie généralement très peu. Les écarts naturels, même s'ils sont très faibles (ils s'expriment en ‰), reflètent toujours

1. On consultera à ce sujet l'article de G. Ter-Stepanian, « Beginning of the Technogene », 1988.

des changements climatiques. Voyons de plus près le lien qui existe entre ce phénomène et l'étude des glaciers continentaux du passé.

L'analyse de la teneur en isotopes d'oxygène de la calcite de certains coquillages anciens des grands fonds océaniques montre des variations significatives. Pour les comprendre, il faut réexaminer sommairement le cycle de l'eau sur la Terre (voir le chapitre 10). Quand l'eau des océans s'évapore pour former les nuages, l'oxygène 18, à cause de sa plus grande masse, se retrouve en quantité relative plus importante dans l'eau de mer que dans l'atmosphère. Il s'ensuit que l'eau des précipitations contient une moins grande quantité d'atomes d'oxygène 18 que les eaux marines à partir desquelles elle s'est formée. Comme les eaux douces continentales finissent par retourner éventuellement dans les océans, une certaine constance dans les proportions des isotopes s'établit. Par contre, s'il y a refroidissement climatique, de plus en plus d'eau douce demeure stockée sur les continents sous forme de glace (par le biais des précipitations de neige, rappelons-le); l'équilibre isotopique est alors rompu : **plus le volume des glaciers s'accroît, plus il y a d'atomes d'oxygène de masse 18 dans l'océan, et moins il s'y trouve d'atomes d'oxygène de masse 16**. Cet enrichissement de l'eau marine en oxygène 18 pendant les périodes glaciaires s'exprime clairement dans la composition des carbonates que sécrètent les organismes.

En mesurant la proportion d'isotopes d'oxygène 18 par rapport aux isotopes d'oxygène 16 dans les coquilles des foraminifères fossiles échantillonnés à partir d'une carotte de sédiments des fonds océaniques, il est possible de déterminer la variation du volume total des glaciers continentaux à travers les temps géologiques récents. De même, la mesure des concentrations d'oxygène 18 dans des carottes de glace des inlandsis ou des calottes glaciaires permet de retracer les grandes fluctuations climatiques. Dans la glace, une **diminution de la teneur en oxygène 18 signale un refroidissement climatique**.

Même si de nombreux facteurs sont susceptibles de perturber l'efficacité du tri des isotopes d'oxygène lors de l'évaporation de l'eau, il n'en demeure pas moins que l'information que l'on tire de ce phénomène fournit un schéma global de l'englacement des continents à travers les âges. Comme on l'a déjà mentionné, les dépôts des fonds océaniques présentent une succession pratiquement continue, contrairement aux séquences sédimentaires continentales qui, elles, sont forcément discontinues à cause de l'érosion ou des lacunes dans la sédimentation. La figure 12.1 montre, pour la fin du Quaternaire, les courbes de variations de la concentration en oxygène 18 pour deux groupes d'échantillons de sédiments océaniques. Au cours de tout le Quaternaire, l'englacement

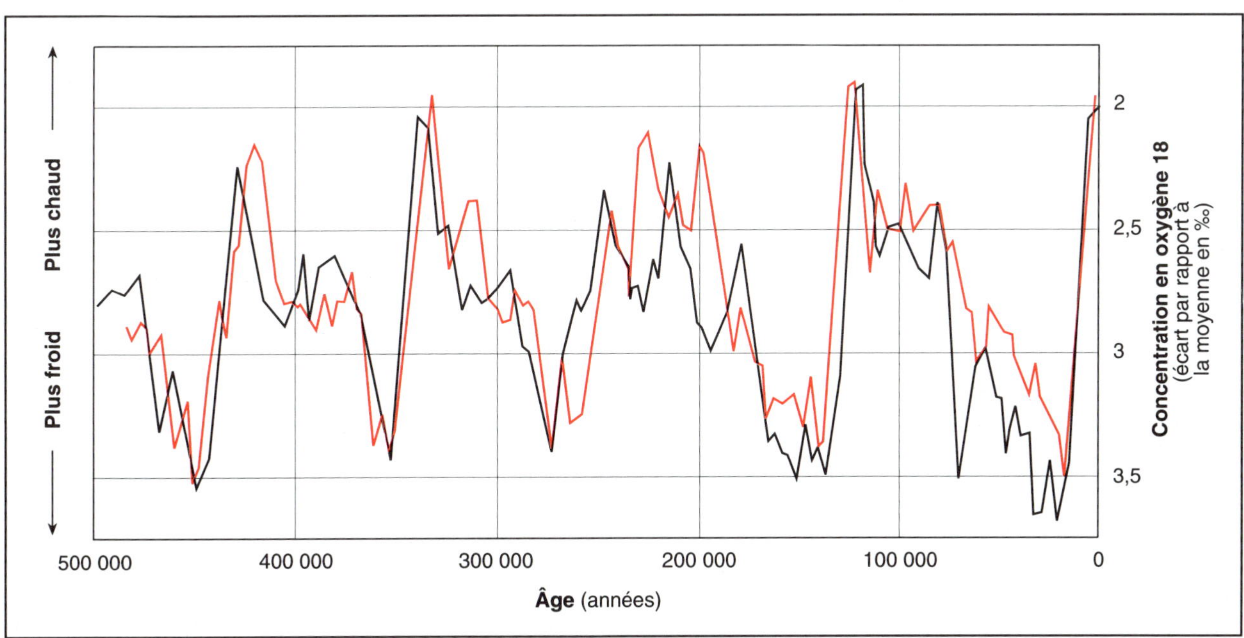

Figure 12.1 L'oxygène 18 dans les sédiments marins. Le graphique montre les variations de la concentration en oxygène 18 pour deux ensembles de données isotopiques acquises sur des matériaux sédimentaires extraits du fond des océans. Les valeurs sont remarquablement semblables bien que les deux échantillons proviennent d'endroits très éloignés l'un de l'autre. On notera que plus la concentration en oxygène 18 dans une couche océanique est élevée, plus la quantité de glace continentale est importante lors de la sédimentation et plus le climat est froid. On remarquera qu'il y a aujourd'hui moins de glace qu'il n'y en a jamais eu pendant les 120 000 dernières années (d'après Covey, 1984, p. 27).

de la planète a oscillé une vingtaine de fois entre un état à fort volume de glace, comme il y a 18-20 ka, et un état à faible volume de glace, comme actuellement.

12.1.2 *Un dernier glacier au Wisconsinien*

Le Wisconsinien est subdivisé en inférieur (80-65 ka), moyen (65-23 ka) et supérieur (23-10 ka). Au cours du Wisconsinien inférieur, de grands inlandsis ont recouvert presque tout le Canada. De nombreux chercheurs estiment que ce sous-étage marque l'extension maximale des glaciers. Par contre, au cours du Wisconsinien moyen, les inlandsis auraient libéré une grande partie de l'ouest et du sud du Canada, pour ensuite revenir en force au Wisconsinien supérieur.

> Lors du dernier maximum glaciaire, deux grands glaciers recouvraient le territoire canadien et le nord des États-Unis : l'inlandsis de la Cordillère dans l'Ouest et l'Inlandsis laurentidien dans l'Est.

Issu de dômes glaciaires formés principalement sur le Bouclier canadien, l'**Inlandsis laurentidien**[2] s'est étendu vers l'ouest sur la plate-forme des Plaines intérieures et jusqu'aux contreforts des Rocheuses. Au sud, il a dépassé le parallèle 40°N. Sur le rebord atlantique (vers le sud-est), il est demeuré, selon l'épisode considéré, coalescent à des calottes satellites venant des Appalaches, ou a débordé et englobé certaines d'entre elles. La glace s'est avancée sur le plateau continental, au large des côtes du Maine, de la Nouvelle-Écosse, du golfe du Saint-Laurent et du Labrador. Au nord-est, elle a envahi une grande partie des îles du sud de l'Archipel arctique canadien et de la terre de Baffin. Au nord-ouest, elle a occupé le pourtour oriental de l'île de Banks.

L'Inlandsis laurentidien a recouvert un territoire considérable. Il s'étendait approximativement sur 4200 km d'est en ouest et sur 3200 km du nord au sud, soit une superficie comprise entre 10,2 et 11,3 millions de kilomètres carrés, pour un volume compris entre 18 et 26 millions de kilomètres cubes d'après les modèles qui permettent d'en faire l'estimation. Au paroxysme glaciaire, voilà 18 ±4 ka, son épaisseur variait entre 3200 m et 400 m, selon les endroits. L'ampleur de l'abaissement du niveau moyen global des océans n'est pas établi avec certitude. (On parle de **glacio-eustatisme** pour désigner les variations du niveau marin causées par les glaciations continentales.) Selon les calculs effectués, certains l'établissent entre 70 et 80 m, et d'autres à près du double. Quant au continent, on ne connaît pas non plus son enfoncement total sous le poids de la glace (on parle de **surcharge glacio-isostatique** pour désigner ce phénomène). Néanmoins, on a mesuré des relèvements postglaciaires de 220 m près du centre géographique de l'Inlandsis laurentidien. Entre Ottawa et Montréal, le niveau marin relatif s'est abaissé d'environ 200 m depuis 12 ka. À l'heure actuelle, l'émersion postglaciaire maximale est d'environ 12 mm/a, centrée aux environs de la baie James.

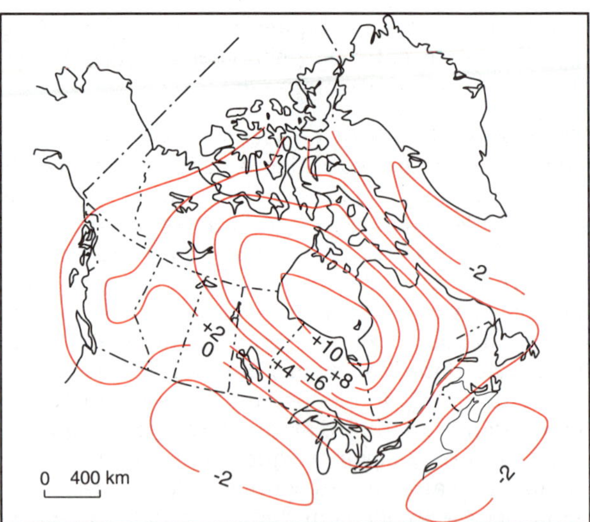

Figure 12.2 Mouvements (en mm/a) de l'écorce terrestre depuis le dernier maximum glaciaire. Alors que le centre du Québec se soulève à la vitesse de plus de 10 mm/a, les régions périphériques s'enfoncent lentement (-2 mm/a) (Goodacre *et al.*, 1989, p. 15).

Faisons déjà appel à des notions que nous aborderons en détail un peu plus loin dans ce livre. Le fait que le réajustement isostatique postglaciaire ne soit pas encore terminé prouve bien que la Terre n'est pas un simple solide élastique. Comme la surcharge glaciaire s'est exercée sur une longue période de temps, la déformation actuelle de la planète est en grande partie due à une sorte d'écoulement visqueux de la matière du manteau; c'est que pendant la phase d'englacement du continent, la matière profonde a été en quelque sorte expulsée vers les marges de l'inlandsis. Depuis la fonte des glaces, le rayon de la Terre augmente donc aux endroits jadis englacés, cette augmentation résultant du retour de la matière mantélique. La redistribution de cette matière est responsable du relèvement des territoires autrefois englacés et de la submersion des régions qui étaient situées à la périphérie des glaciers. C'est ainsi que dans les Maritimes, sur la côte est de la terre de Baffin et dans les régions qui étaient à l'ouest de l'Inlandsis laurentidien, on assiste actuellement à un enfoncement de l'écorce terrestre. La carte de la figure 12.2 donne les vitesses des mouvements verticaux de

2. Une grande partie de l'information qui suit provient d'un article de S. Occhietti, « Dynamique de l'Inlandsis laurentidien du Sangamonien à l'Holocène », 1987.

cette dernière, pour le nord de l'Amérique, depuis le dernier maximum glaciaire.

Les spécialistes estiment que loin de constituer un dôme glaciaire unique, l'Inlandsis laurentidien était multidômes et formé de centres coalescents d'accumulation et d'écoulement. C'est ce qu'on appelle un glacier composite. On distingue trois grands secteurs occupés par l'inlandsis au Wisconsinien supérieur : les secteurs du Labrador, du Keewatin et de Baffin. Chacun était constitué de plusieurs dômes, de calottes glaciaires satellites et d'axes de partage des glaces dont l'emplacement a pu varier dans le temps. De plus, chaque secteur était animé d'une dynamique relativement distincte, autant pendant les phases de croissance que pendant celles de fonte. La figure 12.3 montre la situation d'englacement du Canada et des États-Unis au Wisconsinien supérieur.

12.1.3 *L'Holocène*

La figure 12.4 présente, pour les dix derniers millénaires, les variations de la composition isotopique de l'oxygène dans la glace de deux carottes prélevées dans les calottes glaciaires de Devon et d'Agassiz. La carotte de la calotte glaciaire d'Agassiz révèle qu'une période chaude a persisté sans interruption entre 10 ka et environ 4 ka, et qu'il y a eu refroidissement progressif après. La période la plus chaude s'est étendue entre 9 ka et 7 ka. Quant à la carotte de la

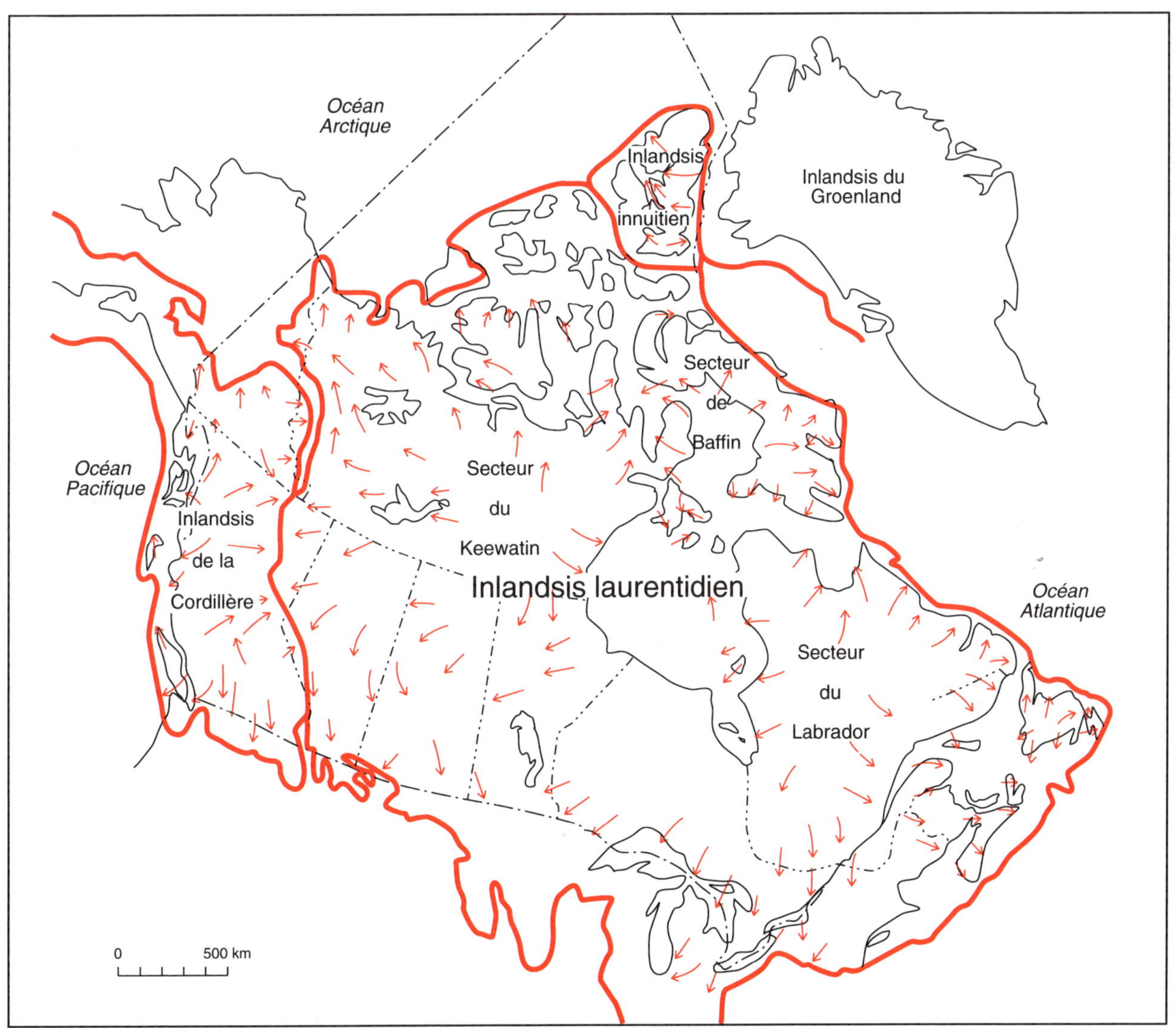

Figure 12.3 Au Wisconsinien supérieur, voilà 18 ±4 ka, la majeure partie du Canada était recouverte par deux grands glaciers : l'Inlandsis de la Cordillère et l'Inlandsis laurentidien; ce dernier, de loin le plus imposant, était formé de plusieurs dômes coalescents. Entre les deux glaciers, un corridor libre de glace, discontinu et diachrone, a peut-être servi de voie d'entrée en Amérique à des personnes venant d'Asie par la voie terrestre du Béring (maintenant inondée à la suite de la fonte des deux inlandsis) (d'après Fulton, 1989, p. 8).

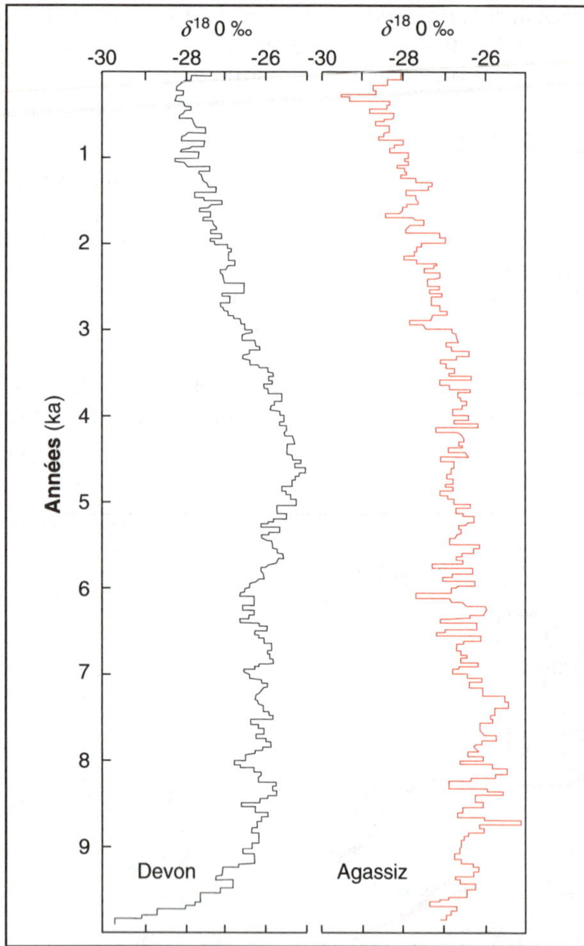

Figure 12.4 Variations de la composition isotopique de l'oxygène dans les calottes glaciaires de Devon et d'Agassiz. Quand la glace montre des valeurs isotopiques négatives (vers la gauche), cela indique un refroidissement du climat, et vice versa (d'après Koerner, dans Fulton, 1989, p. 507).

calotte glaciaire de Devon, elle met en évidence une période de chaleur maximale à 5 ka, suivie d'un refroidissement progressif. En dépit de ces quelques différences, les profils isotopiques permettent de conclure qu'en général il a fait plus froid durant les trois derniers millénaires que durant les six précédents.

L'épisode relativement chaud du début de l'Holocène a été nommé l'**Hypsithermal** (de 7,0 à 5,0 ka). Quant aux années plus froides qui suivent, elles constituent le **Néoglaciaire** (de 3,0 ka jusqu'à nos jours).

De nombreux indices laissent présager des changements climatiques d'envergure au cours des prochaines décennies. À cet égard, en examinant attentivement le comportement du climat au cours du second millénaire de l'histoire contemporaine, on peut faire des prévisions dans une perspective beaucoup plus globale. En effet, pour bien mesurer l'ampleur et la portée réelle des changements à venir, il est de première importance de connaître les fluctuations climatiques du passé.

Les spécialistes[3] ont identifié clairement au moins trois grandes périodes de changements climatiques entre l'an mil et aujourd'hui :

- une période chaude au Moyen Âge (« petit optimum »);
- une période froide culminant au XVIIe siècle (Petit Âge glaciaire);
- une période de réchauffement depuis 1850, avec chaleur maximale pendant les décennies de 1940 et de 1980.

Le « petit optimum » du Moyen Âge s'étend de 800 à 1200 de notre ère. On estime que les températures moyennes d'été en Europe centrale devaient être de 1,0°C à 1,4°C plus élevées que celles des étés du XXe siècle. C'est ainsi que vers 880, on cultivait de l'orge et du blé dans le nord de la Norvège (69°).

Le **Petit Âge glaciaire** concerne les années qui vont, en gros, de 1570 à 1850. Cette période[4] de refroidissement climatique est clairement établie. Entre autres, les changements dans la position des fronts glaciaires fournissent des informations très intéressantes. En effet, même si de nombreux facteurs influencent le comportement des glaciers, ceux-ci sont très sensibles aux perturbations climatiques : en périodes de réchauffement, ils diminuent progressivement de volume, et leurs fronts se retirent vers l'amont des vallées; en périodes froides, au contraire, ils augmentent de volume et s'avancent loin vers l'aval. La vallée bien connue de Chamonix, dans les Alpes françaises, dominée par le mont Blanc et ses glaciers, présente des exemples spectaculaires de fluctuations des fronts glaciaires. De nombreux textes officiels font état de la destruction de maisons et du « progrès » des glaciers sur des terres cultivées, et ce, dès le début du XVIIe siècle. Vers 1600, le glacier d'Argentière a rejoint le village d'Argentière (épargné) et détruit le hameau de La Rosière. Aujourd'hui, les glaces sont à plus de 1 km de là. En 1616, le glacier des Bois a atteint Le Châtelard, un petit bourg d'une vingtaine de maisons dont il ne reste plus maintenant que les

3. À ce sujet, on consultera *Histoire du climat depuis l'an mil* d'Emmanuel Le Roy Ladurie, 1983. Il s'agit d'une remarquable synthèse des données connues, pour l'Europe surtout. On consultera également H. H. Lamb, *Climate, History and the Modern World*, 1982. Ce livre traite des climats pour les 10 000 dernières années, en parallèle avec l'évolution de l'activité humaine.
4. Sur le Petit Âge glaciaire et l'Holocène en général, on consultera *The Little Ice Age* de Jean M. Grove, 1988.

ruines. Tous ces lieux étaient établis depuis longtemps. Leur destruction par des glaciers est le résultat d'avancées qui ont progressé bien au-delà des limites atteintes au cours des siècles précédents. Les glaciers chamoniards ont valeur d'exemple : le maximum glaciaire dont ils témoignent est reconnu d'un bout à l'autre des Alpes. Néanmoins, la période de 1570 à 1850 ne forme pas un bloc pour autant. Par exemple, les premières décennies du XVIIIe siècle ont été relativement chaudes. Cependant, les quelques années plus tièdes qu'on a recensées ne font qu'atténuer le caractère froid du climat pendant les deux siècles et demi qu'a duré le Petit Âge glaciaire.

Cet épisode de refroidissement est non seulement le plus important de l'époque historique, mais probablement le plus froid de tout le Néoglaciaire. De nombreux faits témoignent de l'ampleur du Petit Âge glaciaire sur toute la planète. Les températures moyennes (celles de l'été tout au moins) accusaient des baisses de 1,5°C à 2,5°C. Les glaciers du Canada, et particulièrement ceux de la Cordillère de l'ouest, ont conservé des traces remarquables de cette période froide. Les nombreuses moraines frontales et latérales abandonnées loin des fronts glaciaires actuels témoignent bien de l'événement (fig. 12.5). Une étude[5] réalisée à partir de 33 glaciers des Rocheuses a permis d'identifier trois phases de construction des moraines : entre 1500 et 1700, au début de 1700 et vers 1850. Des photographies prises entre 1880 et 1920 montrent que les fronts glaciaires étaient à cette époque très proches des positions maximales atteintes au cours du Petit Âge glaciaire.

Figure 12.5 Crête morainique édifiée par le glacier de Cavell pendant le Petit Âge glaciaire. Parc national de Jasper (Alberta).

Finalement, le réchauffement récent démarre pendant la décennie de 1850. Dès 1855, les premiers signes de recul des glaciers se font sentir dans la vallée de Chamonix. En un an (1867-1868), la Mer de glace aurait reculé de 150 m. De même, le glacier du Rhône, soigneusement jalonné d'année en année par le Service topographique de la Suisse, n'a pas cessé de reculer pendant la période comprise entre 1874 et 1916. Au Canada, le glacier d'Athabasca (Alberta) a reculé sans arrêt depuis la seconde moitié du XXe siècle. Au cours des décennies de 1940 et de 1950, le recul a atteint des vitesses de 25 à 30 m par année, pour ralentir ensuite.

Les glaciers ne sont pas les seuls à réagir aux perturbations climatiques. La végétation y est également très sensible[6]. En période froide, par exemple, les arbres croissent moins rapidement, et cela se traduit par la largeur des cernes annuels. La figure 12.6 présente l'évolution de la largeur des cernes de croissance de l'épinette noire dans la région du lac Bush, dans le nord du Québec (57°47'N, 75°45'W). En faisant l'inventaire détaillé d'un quadrat de 900 m² (30 m sur 30 m), on a compté 233 épinettes noires, dont 136 vivantes et 97 mortes. Il est possible, grâce à la présence d'anneaux diagnostiques, d'établir un lien chronologique entre les troncs vivants et les troncs morts. C'est ainsi qu'à partir de mesures effectuées sur 26 troncs, on a pu reconstituer la croissance des cernes pour la période allant de 1398 jusque vers 1980. L'augmentation marquée de la croissance des épinettes, vers la fin du XIXe siècle, traduit le passage de la forme arbustive à la forme arborescente et marque la fin du Petit Âge glaciaire.

5. Voir les articles de B. H. Luckman, « Reconstruction of Little Ice Age Events in the Canadian Rocky Mountains », 1986, et « Dating the Moraines and Recession of Athabasca and Dome Glaciers, Alberta, Canada », 1988.
6. À ce sujet, on consultera l'article de Serge Payette, Louise Fillion et Michel Allard, « Les écosystèmes naturels du nord-est américain à l'heure du changement global », 1988. On consultera aussi « Secular Climate Change in Old-Growth Tree-Line Vegetation of Northern Quebec » de Serge Payette, Louise Fillion, Line Gauthier et Yves Boutin, 1985.

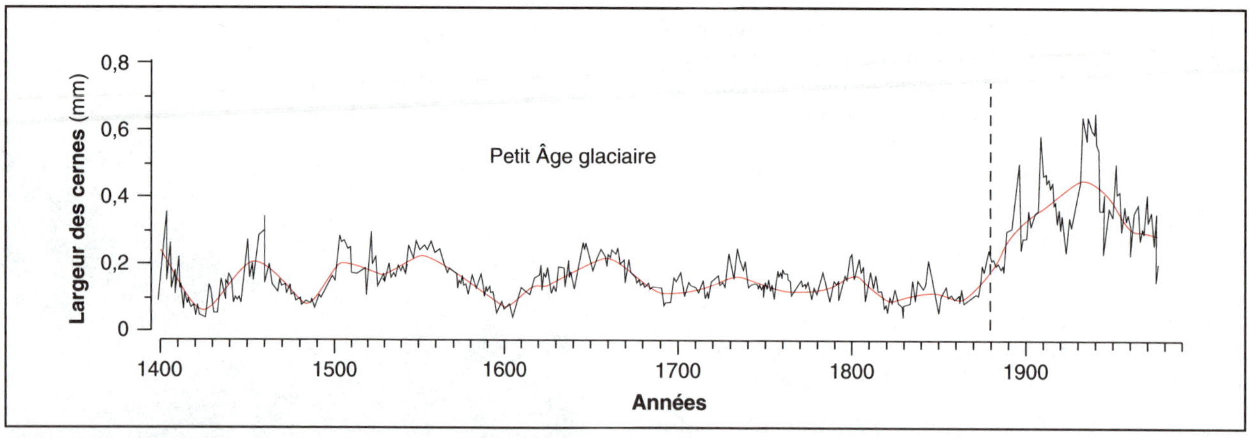

Figure 12.6 Évolution de la largeur des cernes de l'épinette noire dans la région du lac Bush (57°47'N, 75°45'W) au Territoire-du-Nouveau-Québec. À partir de 1880, on note une augmentation marquée de la croissance radiale des épinettes. Il y a passage de la forme arbustive à la forme arborescente en réponse à l'amélioration climatique qui suit le Petit Âge glaciaire (Payette *et al.*, 1988, p. 13).

Au cours du XXe siècle, les décennies de 1940 et de 1980 ont été les plus chaudes. Pendant la décennie de 1960, le réchauffement quasi mondial du climat a fait place à un certain rafraîchissement. En vertu d'un balancement plus ou moins irrégulier, la température a baissé de 0,2°C par rapport aux moyennes terrestres d'ensemble. Si l'on fait abstraction de la pollution atmosphérique, une tendance au refroidissement devrait se poursuivre à long terme, soit jusque vers l'an 2015, à raison de -0,15°C, en moyenne, par décennie. Pourtant, il semble de plus en plus difficile d'ignorer le rôle des activités humaines dans la perturbation du climat terrestre. Les détériorations que l'on prévoit risquent de modifier considérablement le fonctionnement de plusieurs systèmes de l'écosphère. Les prévisions sont donc très difficile à faire.

12.2 LA DÉGLACIATION DU SUD-EST DU QUÉBEC

À son plus fort, l'Inlandsis laurentidien s'est avancé jusqu'à la hauteur de Long Island (dans la région de New York) et des îles de Nantucket et de Martha's Vineyard, au sud de Cape Cod (Massachusetts). Sur ces deux dernières îles, on retrouve d'ailleurs des dépôts qui font partie de tout un ensemble d'autres dépôts semblables retrouvés le long de la côte atlantique. Ces dépôts constituent un long bourrelet morainique édifié par le dernier grand glacier. Sur la côte est des États-Unis, cette moraine marque la position la plus avancée atteinte par le glacier. De ce fait, il s'agit d'une **moraine terminale**. Le front glaciaire était probablement à la hauteur de Long Island il y a 18 ka. Dans la partie sud de la péninsule de Cape Cod, on retrouve aussi une autre moraine (la moraine de Sandwich). Cependant, cette moraine est un peu plus jeune que celle de l'île de Nantucket et elle a été construite par un lobe secondaire de glace.

À la fin du Wisconsinien supérieur (vers 18-16 ka) commence une phase de réchauffement climatique qui sera ressentie dans tout l'hémisphère Nord. Ce réchauffement amorce la fonte de l'Inlandsis laurentidien dont les derniers lambeaux subsisteront dans la région de Schefferville (Nouveau-Québec) jusque vers 7,0 ka.

Pour le nord de la Nouvelle-Angleterre, les étapes de la régression du front glaciaire sont mal connues. En se fondant sur l'âge des moraines terminales et en appliquant un taux de recul de quelques centaines de mètres par an, le front glaciaire devait se trouver dans la partie sud de l'Estrie vers 13,5-13,0 ka. Déjà, à ce moment-là, la fonte des glaces avait fait remonter le niveau marin de plusieurs mètres. Dans le golfe et l'estuaire du Saint-Laurent, l'inlandsis, qui devait alimenter des plates-formes de glace et quelques glaciers de marée, se désintégrait principalement par vêlage d'icebergs. Un long bras de mer provenant des eaux de l'Atlantique a alors pénétré progressivement les terres jusqu'à la hauteur de Tadoussac. Cette première transgression marine postglaciaire à avoir inondé des parties basses du Québec a constitué la phase I de l'épisode de la Mer de Goldthwait. Étant donné l'importance des transgressions marines postglaciaires, nous leur consacrerons plus loin une section entière.

Il serait trop long de présenter dans le détail l'histoire de la déglaciation de tout le territoire québécois, d'autant plus que l'on ne retrouve pas partout la même suite d'événements. L'histoire du Pléistocène du sud du Québec, en particulier celle du sud-est, a fait l'objet de bonnes études de synthèse[7] au cours des décennies de 1970 et de 1980. On se limitera donc ici à présenter les grandes étapes de la déglaciation du sud du Québec.

La figure 12.7 résume les étapes du retrait de l'Inlandsis laurentidien dans la région qui nous intéresse. Pour l'essentiel, la carte montre que le territoire est jalonné par une série de bourrelets morainiques plus ou moins parallèles; ce sont des moraines frontales. La carte montre aussi l'emplacement occupé par une calotte glaciaire autonome, centrée sur la région de Thetford Mines, la Calotte résiduelle des Bois-Francs. Voyons de plus près ce qu'il en est.

12.2.1 *Les moraines frontales*

Pour expliquer le déglacement du sud-est du Québec, on a retenu le modèle d'un inlandsis dont la fonte est ponctuée de pauses bien marquées. Au cours de ces pauses, le recul du front glaciaire cesse et, en bordure de la glace stationnaire, d'importantes quantités de débris rocheux s'accumulent, apportés surtout par les eaux de fonte : ce sont des **moraines frontales**.

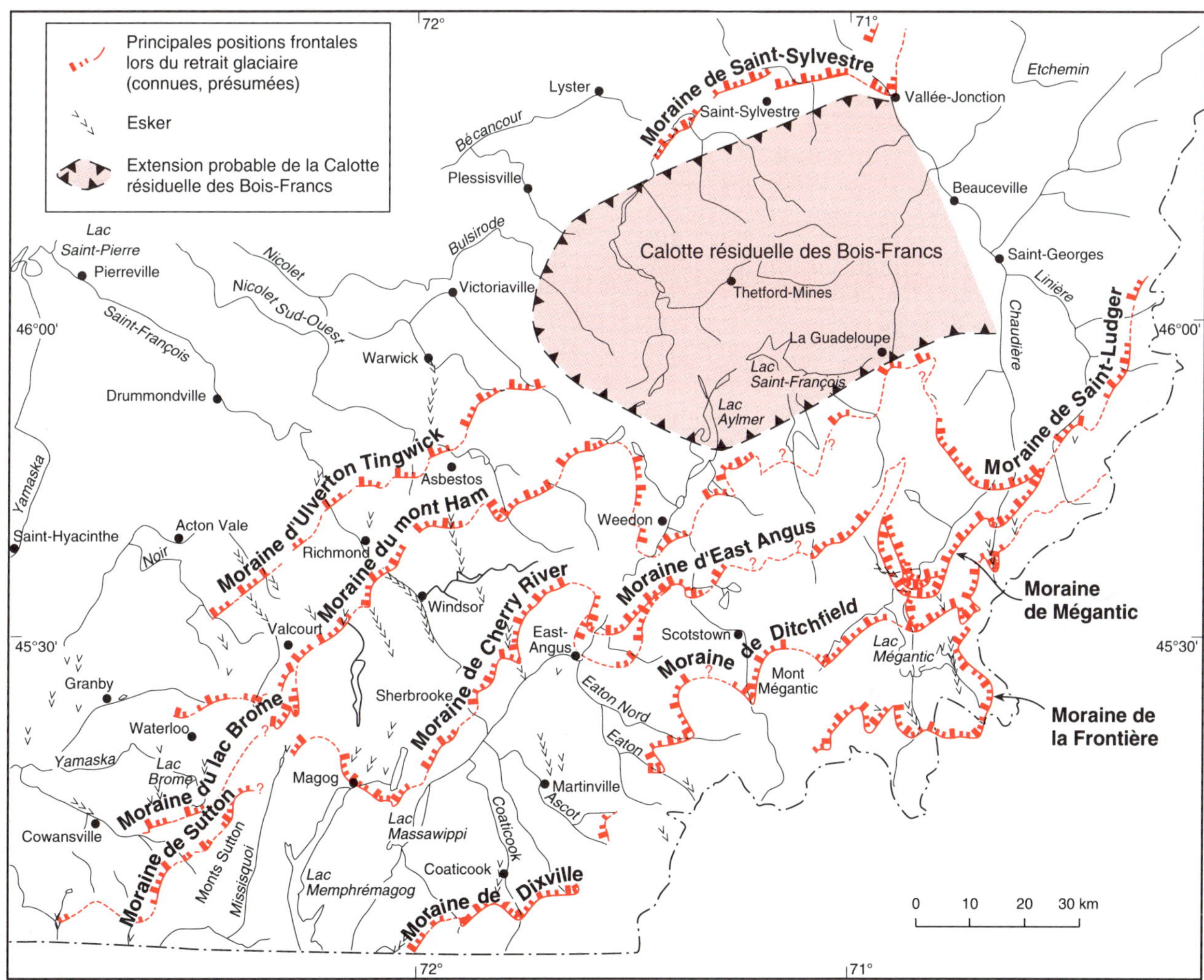

Figure 12.7 Principales moraines frontales (moraines de récession) dans le sud-est du Québec et emplacement occupé par la calotte résiduelle des Bois-Francs (d'après Parent, 1987, p. 220).

7. Parmi ces études, citons d'abord la thèse de doctorat de Michel Parent, *Late Pleistocene Stratigraphy and Events in the Asbestos-Valcourt Region, Southeastern Québec*, 1987; « Les derniers 100 000 ans d'histoire du paysage naturel des Cantons de l'Est » de Jean-Marie M. Dubois et Michel Parent dans *Les Cantons de l'Est*, 1989; « Paléogéographie du Québec méridional entre 12 500 et 8000 ans BP » de M. Parent, J.-M. M. Dubois, P. Bail, A. Larocque et G. Larocque, 1985; *Réévaluation des systèmes morainiques du sud du Québec (Wisconsinien supérieur)* de G. Prichonnet, 1984; *Surficial Geology of the Lac Mégantic Area, Québec* de W. W. Shilts, 1981; *Deglaciation of Southern Québec* de N. R. Gadd, B. C. McDonald et W. W. Shilts, 1972; « Quaternary Stratigraphy and Events in Southeastern Quebec » de B. C. McDonald et W. W. Shilts, 1971.

Dans le sud-est du Québec, les nombreuses moraines frontales que l'on a cartographiées marquent **les positions successives que le front de l'inlandsis a occupé pendant l'épisode de la fonte.** De ce fait, on peut qualifier ces dépôts de **moraines de récession**.

Les moraines frontales montrées à la figure 12.7 sont formées principalement d'amas de sédiments fluvioglaciaires. On les reconstitue à partir de segments discontinus que l'on raccorde selon leur altitude et leur disposition générale, de même qu'en fonction de leurs relations avec des **lacs proglaciaires**. Ce dernier point est fort important. Dans le sud-est du Québec, la plupart des vallées se drainent vers le nord, en direction du Saint-Laurent. Au moment de la déglaciation, le front glaciaire, qui reculait lui aussi dans cette direction, bloquait l'aval des vallées et empêchait l'écoulement normal des eaux. Les parties en amont d'une grande vallée, celle occupée par la rivière Saint-François par exemple, ont donc été momentanément ennoyées par des lacs dits proglaciaires en raison de leur origine. Une partie des segments morainiques ont été, de ce fait, mis en place dans l'eau au contact de la glace.

PREMIÈRE ÉTAPE

La plus ancienne moraine cartographiée est la moraine de la Frontière, sise au sud de Lac-Mégantic. Elle a probablement été construite vers 13 ka. Peu après, dans la même région, le front glaciaire édifiait la moraine de Ditchfield et, dans la région de Coaticook, la moraine de Dixville. Au moment de la construction de ces moraines se formaient les premiers lacs glaciaires : le Lac glaciaire Mégantic et le Lac glaciaire Coaticook. Tous les deux avaient leur décharge du côté américain, respectivement par les vallées des rivières Kennebec et Connecticut.

DEUXIÈME ÉTAPE

La suite de la déglaciation est marquée dans le paysage par un système de moraines très bien défini. Il s'agit de la moraine d'East Angus, dans la vallée du haut Saint-François et sur le flanc nord-ouest des monts Stoke; de la moraine de Cherry River, aux environs de Sherbrooke et de Magog; de la moraine de Mégantic, dans la vallée de la haute Chaudière; de la moraine de Sutton et de la moraine du lac Brome, sur le flanc nord-ouest des monts Sutton. Selon l'hypothèse retenue par les spécialistes, toutes ces moraines sont contemporaines. C'est lorsque le front glaciaire responsable de la construction de ces moraines a recommencé de fondre que la plupart des eskers de la région ont été construits. Leur sédimentation s'est faite dans des tunnels sous-glaciaires ou intraglaciaires, ou encore à l'embouchure immédiate de tunnels, selon les modèles que nous examinerons à la section 12.5.

TROISIÈME ÉTAPE

La troisième étape de la déglaciation du sud-est du Québec nous conduit à la moraine du mont Ham, sise à mi-distance entre Windsor et Richmond. À ce moment-là, le front glaciaire barrait la vallée moyenne de la rivière Saint-François et un très grand lac proglaciaire atteignait alors son extension maximale : ce fut la phase de Sherbrooke du **Lac glaciaire Memphrémagog**. La figure 12.8 montre les régions qui furent inondées par ce lac. Le niveau de ce vaste plan d'eau était contrôlé par un exutoire (cote d'altitude actuelle de 249 m) qui empruntait la dépression occupée de nos jours par le lac Nick, situé au nord-ouest de la baie du Sergent de l'actuel lac Memphrémagog. Les eaux s'écoulaient vers le sud par la vallée de la rivière Missisquoi Nord. La carte montre également les isobases du plan d'eau. Expliquons de quoi il s'agit.

Les **isobases** sont des lignes qui relient les anciens rivages (paléorivages) de **même altitude** et de **même âge**. Les isobases permettent de calculer l'ampleur du gauchissement de la lithosphère causé par la surcharge glacio-isostatique.

On remarque que les isobases atteignent la cote actuelle de 240 m d'altitude dans la région en amont de Sherbrooke, et la cote de 270 m dans la région de Windsor. Pour quelle raison les paléorivages d'un même lac ne se retrouvent-ils pas tous aujourd'hui à la même altitude ? Il faut comprendre qu'à proximité du front glaciaire (vers le nord-ouest), la lithosphère ploie encore sous la masse du glacier. Plus vers le sud, on ressent déjà l'effet de la décharge glacio-isostatique. On peut mesurer que les isobases de 270 m et de 240 m (différence de 30 m) sont espacées de 30 km. C'est donc dire que, lors de la phase de Sherbrooke du Lac glaciaire Memphrémagog, la déformation causée par le glacier entraînait un gauchissement de la lithosphère de 1 m/km en moyenne. On estime qu'un fléchissement de cet ordre était le fait d'un glacier bien ancré sur le territoire et encore relativement épais, probablement de plus d'un kilomètre. Quant à la tranche d'eau associée au Lac glaciaire Memphrémagog, elle a dû dépasser 100 m dans l'axe de la vallée moyenne du Saint-François. Mentionnons qu'à la même époque un autre lac (le Lac glaciaire Vermont) s'étendait sur le piémont des Appalaches, dans la région de Cowansville et de Granby. Dans la vallée de la rivière Chaudière, le front glaciaire édifiait la moraine de Saint-Ludger, et le Lac glaciaire Mégantic s'agrandissait considérablement.

QUATRIÈME ÉTAPE

La quatrième étape de déglaciation est marquée par l'édification des plus jeunes moraines du sud-est du Québec. Il s'agit de la moraine de Saint-Sylvestre, qui constitue un bourrelet isolé au nord-est de cette

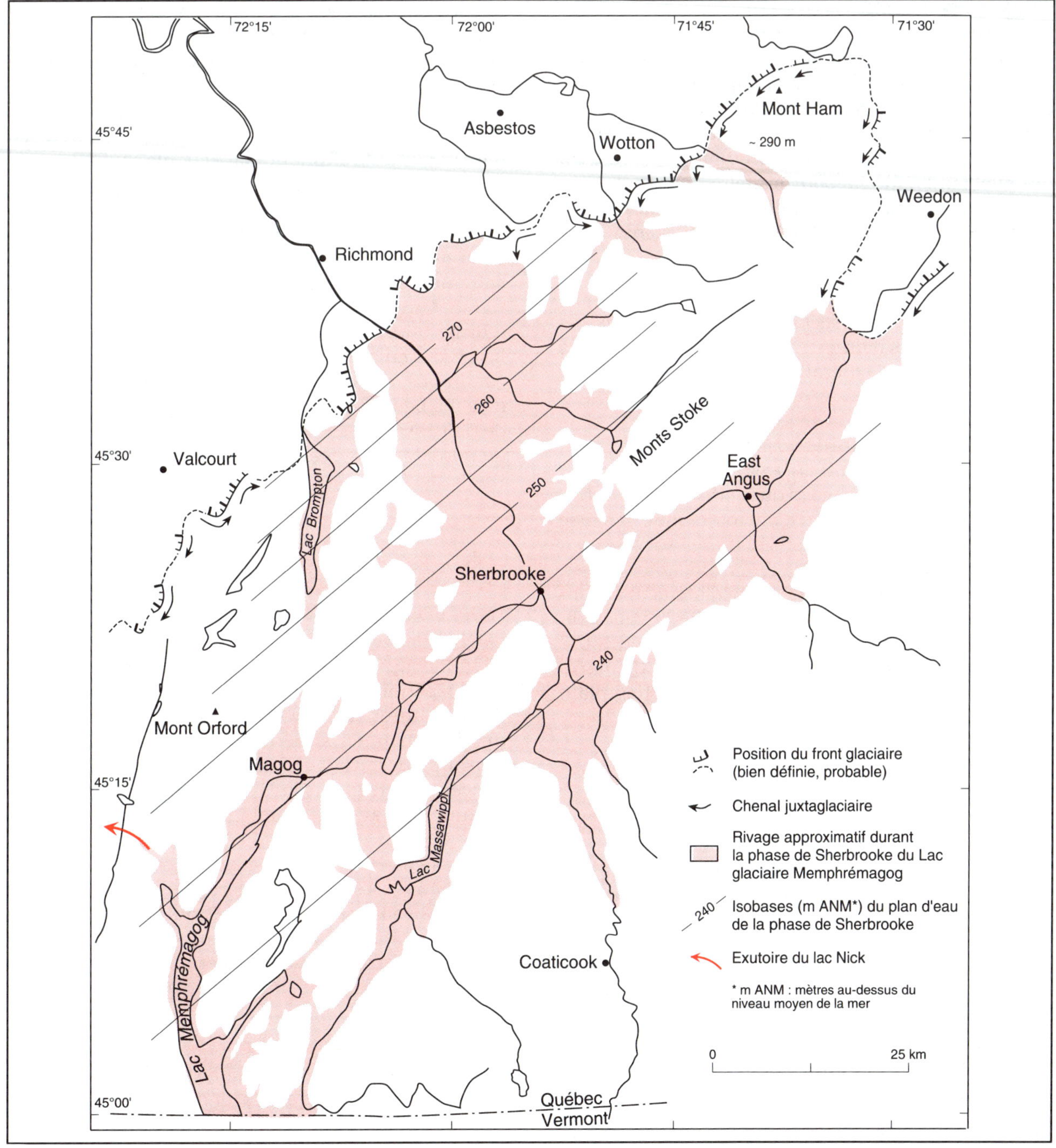

Figure 12.8 Le Lac glaciaire Memphrémagog (phase de Sherbrooke); étendue et altitudes maximales lors de la construction de la moraine du mont Ham (d'après Parent, 1987, p. 184).

région, et de la moraine d'Ulverton-Tingwick, plus au sud-ouest. Ces deux moraines n'ont aucun raccordement net, et aucun contrôle ne permet, pour le moment, de déterminer si elles ont le même âge. Il est probable que la moraine de Saint-Sylvestre soit la plus jeune des deux. Au moment de l'édification de la moraine d'Ulverton-Tingwick, on sait que le niveau du lac glaciaire Memphrémagog s'était abaissé considérablement. Les eaux de ce lac en vinrent à communiquer avec celles du lac glaciaire Vermont. Le niveau de ce dernier était alors contrôlé par un exutoire retrouvé à Fort Ann, une localité sise au sud du lac Champlain, dans l'État de New York. Les eaux se vidangeaient vers l'Atlantique via la vallée de l'Hudson. Au sud de Sherbrooke, les paléorivages témoins de ce stade lacustre sont à 190 m d'altitude.

CINQUIÈME ÉTAPE

Le retrait glaciaire subséquent a permis une plus grande extension encore des eaux glaciolacustres sur le piémont appalachien, de même que dans les vallées du haut Saint-Laurent, de l'Outaouais et dans la dépression du lac Champlain. Ce stade lacustre fort important a favorisé la sédimentation de varves. Un des meilleurs endroits pour examiner ces varves est une coupe le long de la rivière Landry, qui coule à proximité de Danville. L'intérêt que présente cette coupe est double.

- Les varves (sédiments de lacs glaciaires, comme nous le verrons à la section 12.4) sont recouvertes par des dépôts marins. Ainsi, nous savons que les eaux douces ont été graduellement remplacées par des eaux salées. C'est l'épisode des mers postglaciaires (voir la section 12.3).
- Les varves recèlent des fossiles, entre autres un ostracode qui vit en eau très froide, le *Candona subtriangulata*. Précisons que cette espèce benthique (qui vit sur le fond) est microscopique. À cause de la présence de ce fossile dans ses varves, on a nommé **Lac Candona** le grand plan d'eau proglaciaire qui a précédé immédiatement l'inondation des terres les plus basses de la vallée du Saint-Laurent et du piémont des Appalaches par les eaux salées de l'Atlantique. Cet épisode marin fort important est celui de la Mer de Champlain (encadré 12.1).

SIXIÈME ÉTAPE

Pour terminer, disons un mot sur la moraine de Saint-Narcisse (figure de l'encadré 12.1). Cette longue moraine, la plus jeune du Québec méridional, s'allonge sur la rive nord du Saint-Laurent sur près de 550 km. Partant du lac Simon, au nord-ouest de Montréal, elle passe à une vingtaine de kilomètres au nord de Trois-Rivières, pour poursuivre son tracé dans la Réserve faunique des Laurentides, au nord de Québec, jusque dans la région de Saint-Siméon, à l'est de La Malbaie. L'intérêt suscité par la moraine de Saint-Narcisse vient surtout du fait que son édification serait l'effet d'une récurrence mineure de l'Inlandsis laurentidien.

Selon une première hypothèse, cette reprise de l'activité glaciaire aurait été causée par le retour momentané d'un climat sensiblement plus froid que celui qui avait présidé jusque-là à la fonte du glacier. Une autre hypothèse explique la genèse de cette moraine en faisant plutôt intervenir la notion de rééquilibrage du front glaciaire, sans influence de changements climatiques importants[8]. L'argument pour étayer cette hypothèse repose sur le fait que de longs segments de la moraine de Saint-Narcisse (au moins 170 km) ont été construits au contact de la mer. Le front glaciaire se serait désintégré principalement par vêlage d'icebergs, à un rythme suffisamment rapide pour rompre l'équilibre accumulation-ablation du glacier. Soulagé d'un important volume de glace en une courte période de temps, le glacier a dû compenser cette perte par un accroissement de l'écoulement. Cette phase de rééquilibrage a pu être responsable de la construction de la moraine. Cette hypothèse n'infirme pas nécessairement l'idée qu'une détérioration climatique serait à l'origine de la réactivation du glacier. Elle affirme tout au plus que le mécanisme de rééquilibrage est en mesure de fonctionner dans certaines conditions, sans les changements climatiques présumés. La figure 12.9 montre un tronçon de la moraine de Saint-Narcisse. Il s'agit d'un bourrelet observable au nord de Saint-Jean-de-Matha, un village des Basses-Laurentides.

12.2.2 *Calotte résiduelle des Bois-Francs*

Dans le scénario de la déglaciation du sud-est du Québec, la région de Thetford Mines pose une énigme de taille aux chercheurs. De nombreux faits de terrain permettent de croire qu'une importante masse de glace autonome recouvrait cette région vers la fin du Wisconsinien supérieur. Premièrement, signalons qu'on retrouve dans ce secteur une bonne concentration de marques d'érosion glaciaires (stries, queues-de-rat) qui témoignent d'une direction d'écoulement vers le nord[9]. Des marques affichant une telle orientation de l'écoulement glaciaire sont rares dans les régions périphériques. Deuxièmement, il y a absence de moraines frontales et d'autres dépôts juxtaglaciaires (sauf un petit esker près de Saint-Sylvestre). Troisièmement, à plusieurs endroits, un épais manteau de till d'ablation recouvre le dernier till de fond régional.

Ces observations supportent l'hypothèse qu'une calotte glaciaire autonome et active, avec écoulement radial, a probablement couvert la région de Thetford Mines au Wisconsinien supérieur. Ce glacier isolé a été nommé **Calotte résiduelle des Bois-Francs.**

On estime que c'est vers12,5-12,2 ka qu'une calotte glaciaire autonome aurait été isolée sur la région de Thetford Mines. L'écoulement radial de cette masse de

8. À ce sujet, on consultera C. Hillaire-Marcel et S. Occhietti, « Chronology, Paleogeography and Paleoclimatic Significance of the Late and Post-Glacial Events in Eastern Canada », 1980.
9. Rappelons à ce sujet l'article de Robert Y. Lamarche, « Northward Moving Ice in the Thetford Mines Area of Southern Quebec », 1971.

Figure 12.9 Segment de la moraine de Saint-Narcisse, au sud du lac Noir, près de Saint-Jean-de-Matha dans les Basses-Laurentides. Les moraines sont souvent constituées de sable et de gravier que l'on exploite comme granulats (on remarquera la gravière à droite de la route principale). (Photographie : Hydro-Québec, Projet Lignes de Transport, nº 506-26.)

glace pourrait être responsable des marques d'érosion orientées vers le nord. Néanmoins, l'activité de cette calotte résiduelle n'a pas été très importante. L'étude de la dispersion des blocs erratiques montre que le transport des matériaux a été de faible ampleur. De plus, il n'est pas impossible que les marques associées à un écoulement vers le nord soient héritées d'une glaciation appalachienne beaucoup plus ancienne.

12.3 LES MERS POSTGLACIAIRES DU QUÉBEC

On a signalé précédemment que la surcharge glacio-isostatique a pour résultat d'enfoncer profondément la lithosphère dans l'asthénosphère. Selon les régions, il en résulte une subsidence qui équivaut au quart, voire au tiers de l'épaisseur de la glace.

Dès que les inlandsis commencent à s'amincir et à rétrécir, deux événements surviennent simultanément :

- l'eau de fonte retourne peu à peu aux océans et le niveau marin s'élève graduellement : c'est le phénomène de glacio-eustatisme, déjà mentionné;
- la lithosphère, soulagée de la surcharge glaciaire, reprend progressivement sa position initiale, en raison de l'isostasie.

Toutefois, une longue période sépare le moment de la disparition du glacier et celui du retour du continent à l'équilibre d'avant la glaciation. Pendant tout le temps qu'a duré l'épisode de la fonte de l'Inlandsis laurentidien, de grandes parties du centre, de l'est et du nord du Québec, demeurées enfoncées de plusieurs centaines de mètres, ont été momentanément inondées par les eaux salées des océans qui bordent le Québec : il s'agit de l'épisode des **mers postglaciaires**.

On sait qu'une **transgression** est l'envahissement d'une partie d'un continent par l'océan. Quand l'eau se retire, par émersion lente des terres, il s'agit d'une **régression**. Dans le cas d'une mer postglaciaire, la phase de transgression est très courte. Elle connaît son apogée dès le départ des glaces. Très tôt, la phase de régression s'amorce, rapide au début, ponctuée de ralentissements ensuite et, finalement, beaucoup plus lente.

La figure 12.10 montre la répartition et la dénomination des mers postglaciaires du Québec. Au total, quelque 220 000 km^2 de territoire ont été submergés à divers moments.

Dans la reconstitution paléogéographique des mers postglaciaires, on distingue des **phases** à l'intérieur de chacune des transgressions. On doit comprendre qu'une mer donnée n'a jamais inondé en même temps l'ensemble du territoire qu'on lui assigne sur la carte de la figure 12.10. Il en est de même pour les transgressions entre elles : quand débutent celles au nord, celles plus anciennes au sud se sont déjà retirées du territoire qu'elles occupaient.

> Le qualificatif de **diachrone** exprime que ni l'inondation, ni l'exondation des terres n'ont été simultanées partout sur le territoire.

Les phases des mers postglaciaires tiennent compte avant tout du mode de déglaciation du territoire, lequel était influencé à la fois par les fluctuations du climat et par les conditions paléogéographiques générales. Ainsi, ces différentes phases peuvent être mises en corrélation avec les systèmes morainiques frontaux qui jalonnent les territoires concernés. Pour bien comprendre le contexte de la fonte de l'inlandsis dans les régions basses du territoire, il faut s'imaginer la mer qui envahit le terrain au fur et à mesure que le front glaciaire recule. C'est l'étape très courte de la transgression, qui sera suivie par l'étape beaucoup plus longue de la régression.

Les premières transgressions marines postglaciaires ont été celles de la **Mer de De Geer**, dans le golfe du Maine, et celle de la **Mer de Goldthwait** (abordée brièvement dans la section précédente), dans le golfe du Saint-Laurent. La phase I de cette dernière a débuté il y a environ 14 ka. Elle aurait duré entre 500 et 1500 ans. Rapidement, le glacier a continué de fondre. Au sud, une calotte s'est retirée sur la péninsule de la Gaspésie à partir des côtes. Plus tard, la

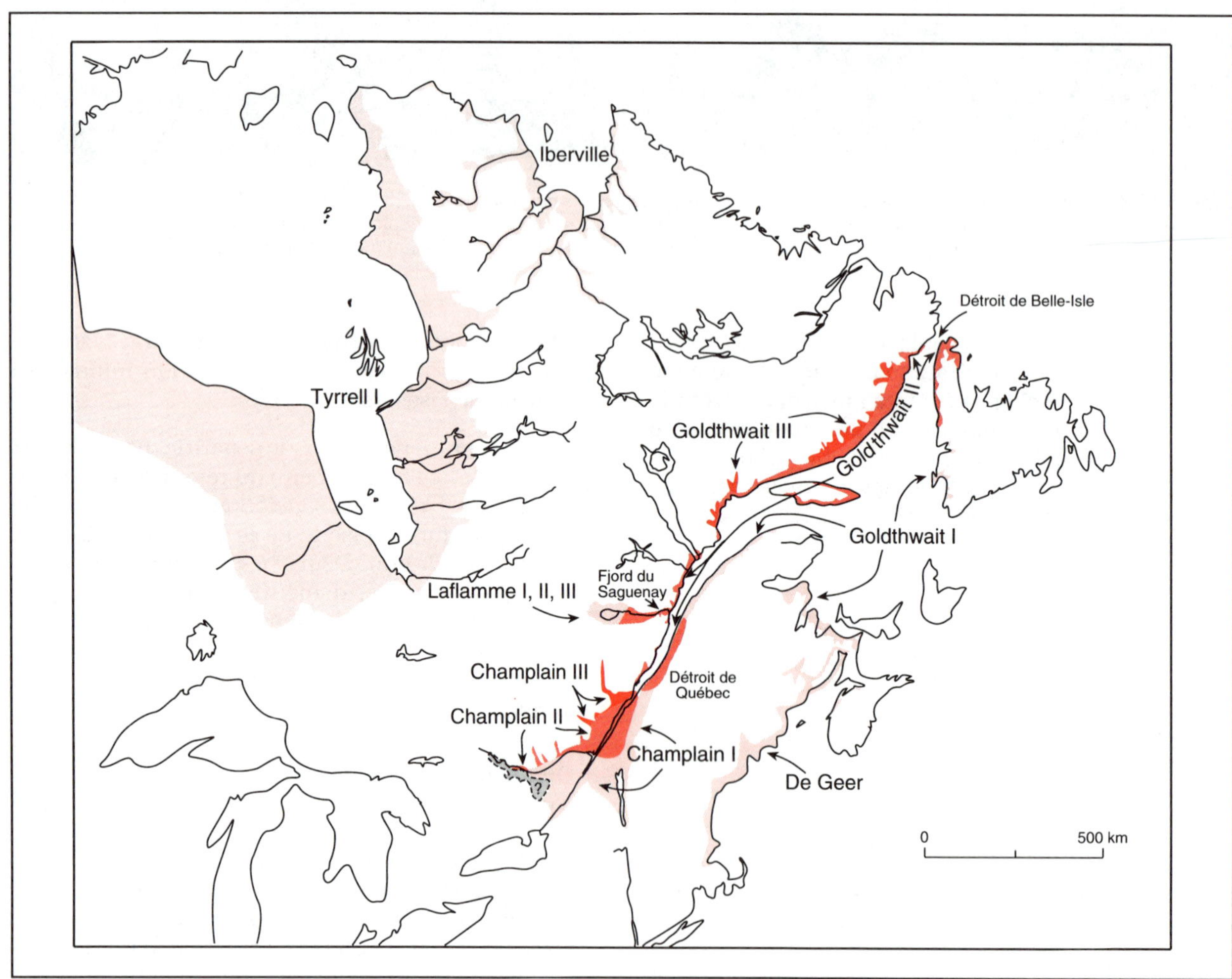

Figure 12.10 Dénominations et limites maximales diachrones des mers postglaciaires de l'est de l'Amérique du Nord (d'après Hillaire-Marcel et Occhietti, 1980, p. 385).

glace a libéré l'entrée du fjord du Saguenay, si bien que la Mer de Goldthwait en est venue à submerger un grand territoire dans le golfe et l'estuaire du Saint-Laurent : ce fut la phase II de cette mer.

Vers 12,8 ka, le front glaciaire se stabilisa. De nombreux complexes morainiques témoignent de cette halte dans la fonte du glacier, telle la moraine de Saint-Antonin, sur la rive sud de l'estuaire du Saint-Laurent.

Lorsqu'a recommencé le recul des fronts glaciaires, le Saint-Laurent s'est élargi de plus en plus et l'étroit couloir à la hauteur de Québec s'est ouvert. Les eaux de la mer de Goldthwait ont alors envahi lentement une grande partie des basses-terres du Saint-Laurent pour donner naissance à la **Mer de Champlain** (encadré 12.1). Les régions couvertes jadis par la Mer de Champlain sont, de nos jours, les plus densément peuplées du Québec.

La phase III de la Mer de Goldthwait a suivi la déglaciation de la rive nord de l'estuaire du Saint-Laurent. C'est à peu près en même temps, soit vers 10 ka, que s'est formée la **Mer de Laflamme** au fur et à mesure que le haut Saguenay et la dépression occupée par le lac Saint-Jean étaient libérés de la glace. Cet épisode marin s'est terminé vers 8 ka. À cette même époque, la fonte de l'inlandsis, dans le détroit d'Hudson, a fait place à la **Mer de Tyrrell** qui a inondé les territoires entourant la baie d'Hudson. Quant à la **Mer d'Iberville**, elle a occupé les terrains bordant la baie d'Ungava.

Les datations des invasions marines montrent bien qu'au moment où commencent les transgressions dans les régions nordiques, celles qui ont inondé des territoires plus au sud prennent déjà fin, en réponse à l'émersion du continent. Comme on l'a mentionné plus haut, les transgressions marines postglaciaires sont un bel exemple d'événements géologiques diachrones.

Au début du chapitre (revoir la figure 12.2), on a établi que l'émersion du continent se poursuit toujours, à la vitesse de plus de 10 mm/a, dans la région de la baie d'Hudson. Autrement dit, l'épisode de la Mer de Tyrrell n'est pas encore terminé. Certains évaluent à 200 m l'émersion encore à venir du continent dans cette région. Comme cette valeur correspond à la profondeur maximale actuelle de la baie d'Hudson, cette dernière pourrait fort bien disparaître un de ces bons matins !

Les mers postglaciaires ont laissé de nombreuses preuves de leur présence sur le territoire québécois. Examinons les principaux sédiments et les principales formes de terrain associés à ces transgressions.

- Pendant les phases maximales, alors qu'en beaucoup d'endroits l'eau est relativement profonde, la mer devient un bassin de sédimentation pour des particules fines, entre autres, des **argiles**. Il n'est pas rare que les accumulations de sédiments fins marins atteignent de 30 à 50 m d'épaisseur. Les argiles marines sont réputées être des matériaux très instables. Elles ont tendance à se liquéfier facilement et à donner des **coulées**. Comme elles recouvrent le cœur habité du Québec, elles posent de grands défis à l'aménagement (voir le chapitre 13).
- Les sédiments marins recèlent de nombreux fossiles[10], dont des coquillages de Mollusques, des Gastéropodes, des Pélécypodes, des Ostracodes, des Foraminifères, d'autres Invertébrés et des Mammifères marins. Parmi ces derniers, on compte plusieurs espèces de Baleines (y compris des bélugas), des Marsouins et des Phoques. Pour la Mer de Champlain, on a identifié une centaine de mollusques jusqu'à présent. Ce nombre, relativement modeste, reflète un degré de salinité généralement faible, comme en atteste aussi la taille inférieure à la moyenne de la plupart des coquilles examinées. Les coquilles les plus fréquemment trouvées dans les sédiments des mers postglaciaires sont des bivalves (*Macoma balthica*, *Mya arenaria*, *Portlandia arctica*, *Elphidium barletti*, *Hiatella arctica* et *Mytilus edulis*). La figure 12.11 montre des coquilles de quatre de ces espèces.
- Des **deltas**, perchés à différentes altitudes, correspondent aux étapes d'émersion du continent. Ils sont constitués de sables et de graviers bien stratifiés. Beaucoup de ces deltas sont étagés. Ils s'apparentent à des escaliers géants dont chacune des marches indique un niveau donné de la mer, la marche la plus élevée étant la plus ancienne. À titre d'exemples, mentionnons le delta de la rivière Saint-Maurice, sur lequel est construite une bonne partie de la ville de Trois-Rivières, et celui de la rivière Trois-Pistoles (fig. 12.12).
- De nombreux **talus d'érosion marine** (falaise morte) témoignent des moments de ralentissement dans l'ajustement isostatique ou d'autres phénomènes dynamiques. Ces escarpements sont par-

---

10. On consultera l'article « Inventaire systématique et paléoécologie des mammifères marins de la Mer de Champlain (Fin du Wisconsinien) et de ses voies d'accès » de C. R. Harrington et Serge Occhietti, 1988; « Les faunes des mers post-glaciaires du Québec : quelques considérations paléoécologiques » de Claude Hillaire-Marcel, 1980; « Foraminiferal Distribution in the Central and Western Parts of the Pleistocene Champlain Sea Basin, Eastern Canada » de Jean-Pierre Guilbault, 1989; *Faunas of the Pleistocene Champlain Sea* de F. J. E. Wagner, 1970.

Macoma balthica (petit papillon). Maxville (Ontario). Mer de Champlain (11,04 ±0,18 ka).

Mya arenaria (mye commune). Baie-Comeau (Québec). Mer de Goldthwait (9-10 ka).

Hiatella arctica (saxicave arctique). Rivière Pigou, Côte-Nord du Saint-Laurent (Québec). Mer de Goldthwait (9-10 ka).

Mytilus edulis (moule bleue). Baie-Comeau (Québec). Mer de Goldthwait (9-10 ka).

Figure 12.11 Coquilles de Mollusques fréquemment trouvées dans les sédiments des mers postglaciaires. Spécimens récoltés par Jean-Marie M. Dubois, Université de Sherbrooke, et photographiés par Marcel Labonté, Centre des médias, collège de Sherbrooke. Les coquilles sont à 60 % de leur taille réelle.

fois sculptés dans le substratum rocheux, mais la plupart du temps ils entaillent des sédiments (sables, argiles) déposés plus tôt dans la mer. L'ensemble est habituellement composé d'un replat et d'un talus, créant une forme en terrasse appelée, en raison de son origine, **terrasse marine**.

Pour terminer cette section, précisons qu'en dépit de leur brièveté relative, les épisodes marins ont quand même joué un rôle majeur dans l'évolution géologique du Québec. L'abondante sédimentation sur les basses terres a contribué à masquer le modelé glaciaire et à construire un relief calme, brisé par des terrasses. Des sols fertiles et propices à beaucoup de cultures se sont par la suite développés sur les sédiments marins.

12.4 LES SÉDIMENTS GLACIOGÉNIQUES

Au Québec et au Canada, les **sédiments glaciogéniques**[11] constituent, et de loin, la fraction la plus importante de l'ensemble des formations superficielles allochtones. Le qualificatif de glaciogénique s'applique à tout sédiment et à tout processus dont l'origine est liée directement ou indirectement à l'action des glaciers.

Pour les fins qui nous intéressent, on distingue trois types principaux de sédiments glaciogéniques : 1) Les sédiments déposés directement par la glace, c'est-à-dire les **sédiments glaciaires**. Ce sont essentiellement les différents types de **tills**. 2) Les sédiments ayant subi un remaniement plus ou moins important par l'eau de fonte de la glace, c'est-à-dire les **sédiments fluvioglaciaires**. 3) Les **sédiments glaciolacustres** déposés dans des lacs bloqués au front des glaciers.

La différence entre les tills et les sédiments fluvioglaciaires est d'ordre génétique. Il faut préciser que les deux sont parfois mélangés et qu'il y a souvent passage graduel de l'un à l'autre. La distinction demeure quand même essentielle pour comprendre la genèse des sédiments glaciogéniques.

11. Pour une étude complète des sédiments glaciogéniques, on consultera *Genetic Classification of Glacigenic Deposits*, sous la direction de R. P. Goldthwait et C. L. Matsch, 1989. Il s'agit du rapport final d'une commission de l'INQUA (Union internationale pour l'étude du Quaternaire) sur la genèse et la lithologie des dépôts glaciogéniques quaternaires. Dans cette section, nous utilisons une terminologie conforme aux recommandations de cette commission.

Figure 12.12 L'émersion du continent permet à la mer de construire des formes de relief caractéristiques. En bas, à droite 1), le delta relique de la rivière Trois-Pistoles et sa bordure entaillée par l'érosion. En 2), plages et cordons littoraux et en 3), sédiments argileux. En 4), falaise ancienne. Région située à l'ouest de Trois-Pistoles, sur la rive sud du Saint-Laurent (Québec). (Photographie aérienne Q 78107-75, Photocartothèque québécoise.)

Encadré 12.1

LA MER DE CHAMPLAIN

À la fin du Wisconsinien supérieur, lorsque l'Inlandsis laurentidien se met à fondre lentement et libère le territoire québécois, les terres basses de la vallée du Saint-Laurent sont progressivement inondées par les eaux salées de l'océan Atlantique. On a donné le nom de **Mer de Champlain** à la transgression marine postglaciaire qui a submergé le cœur du Québec, principalement la région de Montréal, et une partie du sud-est ontarien[1].

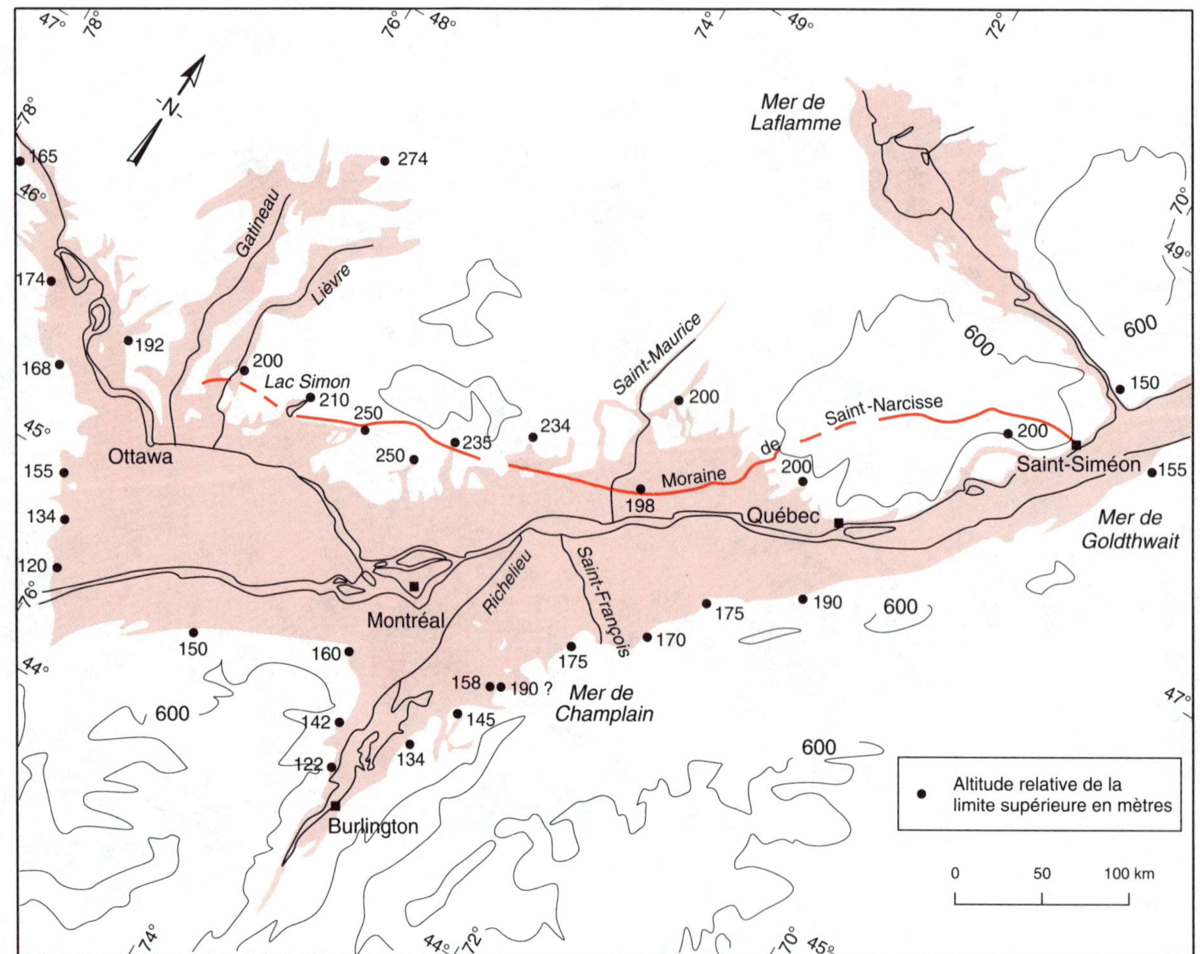

Étendue maximale et diachrone de la Mer de Champlain et des bassins paramarins dans les Laurentides. La carte montre aussi l'emplacement de la Mer de Laflamme, dans le bassin du lac Saint-Jean, et celui du bras occidental de la Mer de Goldthwait, en aval de Québec. L'altitude relative (en mètres) des limites supérieures atteintes par la mer est également indiquée. Finalement, on retrouve l'emplacement de la moraine de Saint-Narcisse (d'après Parent et Occhietti, 1988, p. 216).

1. Pour une bonne synthèse de ce sujet, on consultera l'article de Michel Parent et de Serge Occhietti, « Late Wisconsinan Deglaciation and Champlain Sea Invasion in the St. Lawrence Valley, Québec », 1988; on consultera aussi *The Late Quaternary Development of the Champlain Sea Basin*, sous la direction de Nelson R. Gadd, 1989, et l'article de Pierre LaSalle et Claude Chapdelaine, « Review of Late-Glacial and Holocene Events in the Champlain and Goldthwait Seas Areas and Arrival of Man in Eastern Canada », 1990.

Une phase d'invasion précoce débute dans la région de Québec vers 12,4 ka. C'est la phase I, dite aussi phase de Charlesbourg. Elle dure environ 400 ans. L'eau salée est alors confinée à la région immédiate de Québec. En effet, des glaces empêchent encore l'inondation des terrains dans le sud-ouest du Québec. Cette dernière région est quand même submergée, mais par les eaux douces d'un très grand lac, le Lac Candona. L'épisode lacustre de Candona précède donc la venue des eaux océaniques dans ce qui va constituer le bassin principal de la Mer de Champlain. Il semble bien que le passage de l'eau douce à l'eau salée dans le bassin central soit survenu assez rapidement, à la suite de la rupture du barrage de glace qui retenait les eaux du Lac Candona. Cette rupture marque donc le début de la phase II de la Mer de Champlain, vers 12,0 ka. Le remplacement du Lac Candona par la mer provoque une chute d'environ 60 m du niveau du plan d'eau.

Vers la fin de la phase II, approximativement entre 11,0 et 10,8 ka, l'Inlandsis laurentidien édifie la moraine de Saint-Narcisse, sur la bordure sud des hautes terres des Laurentides. Lorsque la glace se retire finalement de ces territoires, la phase III de la Mer de Champlain prend place. Pendant ce dernier épisode de transgression, les vallées des grandes rivières des Laurentides sont inondées par des eaux marines qui voisinent avec des plans d'eaux saumâtres ou non salées. En même temps, plus au sud, le processus de régression (par émersion du continent) est déjà amorcé depuis un certain temps. Au cours de la période allant de 10,0 à 9,3 ka, les eaux marines sont progressivement remplacées par les eaux douces du **Lac à Lampsilis**. Ce nom lui vient d'une espèce de palourde (*Lampsilis siliquoidea*) que l'on retrouve fossilisée dans les sédiments de ses anciens rivages. Vers 6,7 ka, le réseau hydrographique de la vallée du Saint-Laurent avait, à peu de choses près, sa configuration actuelle.

On estime à 55 000 km^2 la superficie totale inondée de façon diachrone par les eaux de la Mer de Champlain. Cette grande mer épicontinentale dessinait un triangle dont les sommets étaient la ville de Québec au nord-est, le lac Champlain au sud et les régions de Cornwall et d'Ottawa à l'ouest. Le bassin fermé de cette mer était soumis à un apport considérable d'eaux continentales. On estime que les conditions hydrologiques générales y étaient voisines de celles de l'actuelle baie James, avec des salinités de 10 à 30 et des températures moyennes de l'eau de -1,0°C à -8,0°C.

12.4.1 *Les sédiments glaciaires : les tills*

Le till est un mélange de débris rocheux de toutes tailles déposés directement par la glace[12] sans intervention majeure des eaux de fonte. L'expression **diamicton glaciaire** traduit bien ce qu'est le till.

En effet, le terme diamicton désigne un mélange de matériaux rocheux sans connotation génétique. Un glacier dépose ses sédiments sans les trier, c'est-à-dire sans séparer les particules selon leur grosseur. Pour cette raison, le till est généralement dépourvu de litage interne, contrairement aux sédiments déposés par l'eau. Néanmoins, comme on l'a vu, l'eau est parfois abondante dans les glaciers et certains tills présentent un litage plus ou moins bien défini.

Le terme till a un sens double :

- génétique : le till est un sédiment déposé directement par un glacier; ainsi, dans une séquence de sédiments, la présence d'un till signifie que la région était couverte par un glacier au moment du dépôt de ce till;
- sédimentologique : la plupart du temps, le till est un sédiment mal trié, constitué d'une farine de roche (la **matrice** du till) qui renferme des éléments grossiers (blocs et galets); la matrice du till en détermine les propriétés importantes comme la teneur en eau, la perméabilité et la compacité.

Au Canada, le till recouvre environ 75 % du territoire. Au Québec, il constitue la roche mère de la majorité des sols forestiers et d'une bonne partie des sols agricoles. Un grand nombre de constructions (édifices, routes, etc.) reposent sur le till, lequel constitue par ailleurs le matériau principal de certains grands ouvrages, comme les digues (voir la sous-section 12.6.2).

On n'arrive plus à compter, dans la documentation géologique, les tentatives de classification des tills. Même si la plupart sont fondées sur des considérations génétiques, il n'en demeure pas moins que, pour caractériser les tills, les possibilités sont infinies. Ainsi, on peut prendre en compte le processus de

12. L'expression *till glaciaire* est un pléonasme, le till étant nécessairement glaciaire au sens strict.

dépôt lui-même, la position du matériel par rapport au glacier (sur, dans ou sous la glace) et considérer l'environnement de dépôt (aérien ou sous-aquatique). Si l'on tient compte de tous les facteurs qui interviennent dans la formation des tills, on peut théoriquement en distinguer une trentaine de types. Dans la suite de cette section, il sera uniquement question du till de fond et du till d'ablation, soit les deux tills les plus communs sur le territoire québécois.

TILL DE FOND

Le till de fond est déposé quand le glacier abandonne les matériaux rocheux qu'il traîne à sa base. Les forces de friction entre le glacier en mouvement et le substratum provoquent l'accrétion des matériaux sur le lit glaciaire. Le till de fond s'édifie ainsi élément par élément, ou par paquets, en un dépôt compact et dense qui peut atteindre plusieurs mètres d'épaisseur (fig. 12.13). Il ne peut donc être déposé que par un glacier tempéré et actif. Pour certains auteurs, ce till est le seul véritable dépôt glaciaire. Les particules qui le forment ne sont pas triées. Très souvent, les cailloux sont striés et un fort pourcentage d'entre eux présentent une forme caractéristique dite « en fer à repasser ». Ils ont le grand axe orienté de façon parallèle et la plupart pointent dans une même direction, soit celle de l'écoulement glaciaire.

Les glaciers s'alimentent, pour une bonne part, en matériel rocheux à même le substratum sur lequel ils progressent. La nature de ce dernier détermine donc le type de minéraux et de fragments de roche qui composent le till, de même que la granulométrie de sa matrice. Au Québec, il est intéressant de noter que le till présente des caractéristiques différentes dans les trois grandes régions géologiques : les Appalaches, les basses-terres du Saint-Laurent et le Bouclier canadien. En général, le till du Bouclier est pauvre en carbonates et en argile, mais riche en sable, reflétant le substratum cristallin du territoire. Dans les Appalaches et les basses-terres, les roches sédimentaires sont abondantes, et le till est plus carbonaté et plus riche en silt et en argile. Le tableau 12.2 résume les caractéristiques générales du till en fonction des trois grandes régions géologiques du Québec.

Figure 12.13 Un till de fond, le Till de la Chaudière, sur les berges de la rivière Ascot près de Johnville, Estrie (Québec).

Tableau 12.2 Les caractéristiques générales du till sont fonction de la nature du substratum rocheux sur lequel s'alimente le glacier. Au Québec, les tills du Bouclier canadien, des basses-terres du Saint-Laurent et des Appalaches se différencient nettement (d'après Scott dans Leggett, 1977, p. 55-67).

Région	Nature du substratum rocheux	Caractéristiques générales du till
Bouclier canadien	Assemblage complexe de roches ignées et métarmorphiques.	Till de couleur variable, très pauvre en argile. Non carbonaté. Contient des minéraux résistants (quartz) et beaucoup de blocs. Très souvent, le till est déposé en une mince couverture (placage) de 2 à 8 m d'épaisseur. Peut atteindre 30 m dans certaines vallées remblayées.
Basses-terres du Saint-Laurent	Plate-forme de calcaires, de dolomies, de shales et de grès. Intrusions de roches ignées.	Till de couleur beige à gris, localement rougeâtre, riche en illite-chlorite. 25-50 % de carbonates. La fraction argileuse est souvent importante, quoique très variable. De 10 à 15 % des minéraux et des roches proviennent des Laurentides. Remanié par les eaux marines en beaucoup d'endroits.
Appalaches	Chaîne de montagnes formées de roches sédimentaires, surtout des shales et des grès, ainsi que de divers types de schistes et de roches volcaniques. Une bande de roche ultramafique (serpentine) enrichit le till en fer, en magnésium, en nickel, en cobalt et en chrome.	Till de couleur gris à noir, riche en illite-chlorite. 5-15 % de carbonates. Beaucoup de granules de pyrite. La matrice se compose de sable, de silt et d'argile en parties égales. Les blocs de plus de 60 cm de diamètre sont rares dans la matrice mais abondent en surface. L'épaisseur du till de fond varie de 3 à 30 m et celle du till d'ablation de 3 à 10 m.

Figure 12.14 Till d'ablation. Affleurement à l'est du lac Ha ! Ha !, au Saguenay (Québec). (Photographie : Jean-Claude Dionne, Université Laval.)

Figure 12.15 Sédiments juxtaglaciaires dans l'esker de Coaticook, au sud-est de Sherbrooke (Québec).

TILL D'ABLATION

Le till d'ablation provient des débris supraglaciaires et intraglaciaires. Au moment de la fonte, ces débris tombent ou glissent sur le sol. Des débris gorgés d'eau qui se détachent de la glace en se déformant donnent du **till flué**. Dans l'ensemble, le till d'ablation est lâche, peu compact, généralement plus mince que le till de fond. Il est parfois grossièrement stratifié, la matrice fine ayant été emportée par les eaux de fonte. La plupart du temps, le till d'ablation recouvre le till de fond (fig. 12.14).

12.4.2 *Les sédiments fluvioglaciaires*

Comme l'indique leur nom, les sédiments fluvioglaciaires sont déposés par les eaux de fonte de la glace. Ce sont donc des dépôts de remaniement et ils sont très variés, autant par la granulométrie que par les formes qu'ils présentent. Pour les classifier, on tient compte du faciès du sédiment et de la morphologie du dépôt, éléments qui renseignent tous deux sur la proximité du glacier.

C'est ainsi que les sédiments fluvioglaciaires comprennent les dépôts **juxtaglaciaires** (dits aussi intraglaciaires) et les dépôts **proglaciaires**, accumulés à l'aval du glacier, le plus souvent dans des rivières et des lacs. Les deux classes de sédiments s'interpénètrent graduellement.

DÉPÔTS JUXTAGLACIAIRES

Les dépôts juxtaglaciaires sont accumulés par les eaux de fonte qui circulent dans, sous ou sur la glace. À cause des variations subites du régime hydraulique, ils présentent des changements brusques de tri, de texture et de stratification. Des lentilles de till peuvent se trouver à l'intérieur ou au sommet des sédiments. De plus, comme c'est aussi souvent le cas avec les tills, des déformations importantes perturbent les couches, car la glace sert de support temporaire lors de la sédimentation. Lorsque la glace fond, les lits basculent, glissent, et des failles s'installent. Dans l'ensemble, les sédiments juxtaglaciaires sont à granulométrie grossière (fig. 12.15). Ils se présentent le plus souvent sous la forme de kames et d'eskers (voir la sous-section 12.5.2).

DÉPÔTS PROGLACIAIRES

Dans les dépôts proglaciaires, l'influence directe du glacier se fait de moins en moins sentir. En fait, le faciès des sédiments est de type fluviatile. La sédimentation se fait souvent dans des chenaux anastomosés, et les lits sont à stratifications entrecroisées. Graduellement, ces sédiments fluvioglaciaires se mêlent aux alluvions apportées par les cours d'eau extérieurs au glacier. Les dépôts proglaciaires forment principalement des deltas, des cônes, des terrasses et des plaines d'épandage. Cette dernière accumulation est aussi désignée par le terme de sandr, d'origine islandaise. La figure 12.16 montre une plaine d'épandage dans la vallée de la rivière Sheldrake, Moyenne-Côte-Nord du Saint-Laurent.

Figure 12.16 Plaine d'épandage ou sandr. Sur la Moyenne-Côte-Nord du Saint-Laurent (Québec), la rivière Sheldrake entaille une vaste plaine d'épandage.

12.4.3 *Les sédiments glaciolacustres*

Les marges glaciaires retiennent souvent des lacs éphémères qui deviennent, pour un temps, des bassins de sédimentation, surtout pour les particules fines de silt et d'argile.

Parmi les sédiments **glaciolacustres**, certains montrent des alternances de lits minces d'argile et de lits plus épais de silt ou de sable fin qui se répètent sur de grandes épaisseurs. De tels sédiments sont appelés des **rythmites**, car on peut déceler un rythme ou une période dans le processus de sédimentation. Quand une séquence de deux couches (ou **doublet**) représente la sédimentation d'une année, on parle de **varves**.

La structure unique des varves est due à un contrôle saisonnier du débit des cours d'eau qui alimentent le lac. Au printemps et pendant l'été, les eaux de fonte du glacier sont plus lourdes que l'eau du lac, car elles sont chargées de sédiments. Elles ont tendance à circuler dans les niveaux inférieurs du lac. Ces courants de fond déposent la couche épaisse de sable ou de silt. Cette couche estivale montre souvent des laminations entrecroisées et du granoclassement. Pendant l'hiver, la fonte du glacier ralentit et l'apport en sédiments grossiers diminue : les particules fines peuvent alors se déposer. C'est ainsi que les varves comprennent généralement une couche épaisse, sédimentée l'été, et une couche mince, sédimentée l'hiver, d'où la périodicité annuelle. De plus, une discontinuité apparaît entre chaque doublet. L'épaisseur des doublets varie de quelques millimètres à plusieurs centimètres. L'intérêt des varves est bien sûr de permettre une datation absolue (un doublet = un an) de la durée minimale d'existence de certains lacs proglaciaires. La figure 12.17 montre des varves de la région située à l'est du lac Témiscamingue.

a)

b)

Figure 12.17 Exemples de varves. En a), varves à l'est du lac Témiscamingue (Québec). En b), détail de varves, près de la rivière des Quinze, Témiscamingue. L'épaisseur des doublets est d'environ 3 cm. Les varves de ce territoire ont été déposées dans les lacs glaciaires Ojibway et Barlow. (Photographies : Jean-Serge Vincent, Commission géologique du Canada.)

12.5 *MORPHOLOGIE DES SÉDIMENTS GLACIOGÉNIQUES*

Jusqu'à présent, nous avons examiné le mode de mise en place et la nature sédimentologique variée des sédiments glaciogéniques. Analysons maintenant la morphologie des dépôts, c'est-à-dire la **forme** qu'ils prennent sur le terrain. Généralement, ces dépôts dominent et s'imposent sur toutes les autres formations superficielles. L'identification géomorphologique est le fondement de leur étude sur une photographie aérienne. On emploie régulièrement la technique de la photo-interprétation dans les travaux géologiques et géomorphologiques. En identifiant correctement certaines formes de terrain, il est possible d'en retracer la genèse et de déterminer la nature des sédiments qu'elles renferment. Cette méthode est très efficace pour trouver des granulats dans les régions éloignées et peu habitées.

12.5.1 *Moraine*

Au moins deux conditions doivent être respectées pour qu'un relief soit désigné par le terme moraine :

- il doit s'agir d'un dépôt suffisamment épais pour créer un relief qui soit indépendant du substratum rocheux ou des autres formations meubles sous-jacentes;
- il doit être clairement démontré qu'il s'agit d'un dépôt glaciogénique.

Le terme **moraine** désigne avant tout une forme de terrain et non pas un sédiment. Un certain usage, surtout parmi les non-spécialistes, fait encore qu'on emploie le mot moraine comme synonyme du mot till.

Comme on l'a vu, le till est un sédiment glaciaire (déposé directement par un glacier). Sur le terrain, le till prend diverses formes et, entre autres, il constitue bon nombre de moraines, mais pas toutes. Les moraines peuvent être formées de till, de sédiments fluvioglaciaires ou d'un mélange des deux.

Il y a de nombreuses variétés de moraines. Nous avons vu, au chapitre 11, que les glaciers actuels en sont bien pourvus. Sur le territoire canadien, de nombreuses moraines ont été abandonnées par le dernier inlandsis. Il sera uniquement question de ces formes dans les lignes qui vont suivre.

Au Canada, les spécialistes ont identifié une quinzaine de types de moraines (tableau 12.3). Chacune de ces moraines correspond à un relief qui lui est propre.

La classification des formes morainiques distingue celles à **dominante linéaire** et celles à **dominante aréolaire**. Cette distinction renvoie à la position des moraines par rapport à l'écoulement glaciaire. Les moraines à dominante linéaire peuvent avoir été déposées parallèlement ou transversalement par rapport à l'écoulement glaciaire. Quant aux moraines à dominante aréolaire, elles ne sont pas orientées.

Comme il est hors de question de traiter ici de tous les types de moraines rencontrées sur le territoire canadien et québécois, nous allons présenter celles qui ont des caractéristiques particulièrement bien définies. Voyons tout d'abord la moraine de Rogen et la moraine de De Geer, mises en place transversalement à l'écoulement glaciaire; puis, la moraine de fond fuselée, et les drumlins et drumlinoïdes, déposés parallèlement à l'écoulement glaciaire.

MORAINE DE ROGEN

La moraine de Rogen se caractérise par des alignements de grande ampleur qui impriment au territoire

Tableau 12.3 Classification des formes morainiques (Parent dans APGGQ, 1990, p. 49).

FORMES À DOMINANTE LINÉAIRE		**FORMES À DOMINANTE ARÉOLAIRE**
Parallèles à l'écoulement glaciaire	**Transversales à l'écoulement glaciaire**	**Non orientées**
Formes sous-glaciaires (glace en mouvement)		
Moraines de fond fuselées Drumlins et drumlinoïdes Traînées morainiques derrière abri	Moraines de Rogen (ou côtelées) Moraines d'écaillage glacio-tectonique Moraines de ligne d'ancrage Moraines de fond ondulées	Moraines de fond Moraines de fond bosselées
Formes glacio-pressées (glace immobile)		
Crêtes d'extrusion longitudinales	Crêtes d'extrusion transversales	Crêtes d'extrusion non orientées ou rectilignes Plateaux morainiques
Formes de marge glaciaire		
Moraines latérales Moraines médianes Moraines interlobaires Moraines de kames	Moraines de De Geer Moraines frontales (crêtes) Moraines de poussée Collines Kalixpinnmo Certaines moraines de kames ou deltaïques	Moraines de décrépitude(surpraglaciaires)

Figure 12.18 Moraine de Rogen. Bel exemple de moraine de Rogen, au nord-est du lac Caniapiscau, Territoire-du-Nouveau-Québec (carte topographique 23 K/04). (Photographie : Camille Laverdière, Université de Montréal.)

Figure 12.19 Moraine de De Geer. Vue (vers l'est) d'une série de crêtes formant une moraine de De Geer, au nord de La Grande Rivière et à l'est de la rivière Kanaaupscow, Territoire-du-Nouveau-Québec. (Photographie 202775-D, CGC, Jean-Serge Vincent.)

l'aspect général des côtes d'un animal (d'où le nom moraine côtelée que certains auteurs lui donnent). La moraine de Rogen tient son nom d'un lac suédois à proximité duquel elle est très bien représentée. Généralement, on retrouve ce type de moraine dans certaines plaines basses ou dans le fond des vallées. Les crêtes, souvent arquées et formées de till, atteignent de 3 à 5 km de longueur. Elles sont espacées de 100 à 400 m par des dépressions occupées par des lacs ou des champs de blocs qui accentuent la morphologie d'ensemble. Les crêtes sont asymétriques, leur plus forte pente étant tournée vers l'aval glaciaire. Ces moraines résulteraient de l'empilement d'écailles de glace chargées de débris intraglaciaires. Elles seraient donc liées à un écoulement en compression qui provoque le cisaillement de la glace. On retrouve de nombreuses moraines de Rogen sur le Bouclier canadien (fig. 12.18), sur l'île de Terre-Neuve, de même que dans la région de Cornwall et dans l'État de New York.

MORAINE DE DE GEER

La moraine de De Geer tient son nom de Gerard De Geer qui fut le premier à étudier cette forme, en Suède, en 1889. Cette moraine est formée de till, à quelques exceptions près. Elle se présente le plus souvent en champs dont la superficie varie de quelques kilomètres carrés à plusieurs centaines de kilomètres carrés. Ces champs sont des groupements de crêtes relativement étroites (5 à 150 m) et peu élevées (1 à 10 m), longues de 50 à 1500 m. L'espacement entre les crêtes est variable, de l'ordre d'une centaine de mètres. La question de la genèse de cette moraine a fait l'objet de nombreuses théories[13]. Quel processus est responsable de l'édification d'une forme de terrain aussi régulière (fig. 12.19), qui se répète spatialement en dépit de variations sédimentologiques ? À l'heure actuelle, la plupart des chercheurs considèrent que les crêtes sont le résultat de remplissage de crevasses aménagées à la base du glacier. Il est probable que ces crevasses se forment en réponse à des contraintes générées par des vitesses d'écoulement différentiel de la glace. Un inlandsis connaît une telle dynamique lors des périodes de rééquilibration de son front. Par exemple, dans le cas des crêtes morainiques de la région de Chapais, la glace était en contact avec les eaux du Lac glaciaire Ojibway. L'ablation se faisait principalement par vêlage. Pour maintenir son profil d'équilibre, le glacier devait augmenter sa vitesse d'écoulement. Sur la marge, entre autres dans les dépressions, la glace s'amincissait et des crevasses superficielles et basales se développaient. Les crêtes morainiques seraient le résultat du remplissage de ces crevasses lors de la phase de stagnation qui suit la phase active de l'écoulement glaciaire. Finalement, la désintégration de la marge glaciaire par vêlage aurait libéré les crêtes de leur moule de glace.

MORAINE DE FOND FUSELÉE

La moraine de fond fuselée est le résultat d'un alignement serré de cannelures peu profondes et de crêtes surbaissées, habituellement entaillées dans du till. Les structures, allongées et étroites, attei-

13. Pour en savoir plus sur ce type de moraine, on consultera la thèse de maîtrise de Luc M. Beaudry, *Morphologie et sédimentologie de moraines de De Geer, région de Chapais, Québec*, 1988.

gnent des kilomètres de longueur. La surface du terrain prend l'allure d'une feuille de tôle ondulée. Cette moraine est surtout présente dans les Territoires du Nord-Ouest.

DRUMLINS ET DRUMLINOÏDES

Les drumlins sont des collines rondes, ovales ou allongées. Ils sont rarement isolés, formant plutôt des concentrations dans certaines régions où ils constituent des **champs de drumlins**. Ainsi, on dénombre plus de 10 000 drumlins dans le centre-ouest de l'État de New York et plus de 2300 en Nouvelle-Écosse. On en retrouve aussi en grand nombre dans les régions nordiques du Québec, dans le nord de la Saskatchewan (fig. 12.20) et dans la région de Peterborough, en Ontario. En moyenne, la longueur des drumlins varie de 1 km à 2 km, leur largeur de 400 m à 600 m et leur hauteur de 5 m à 50 m. Les drumlinoïdes, quant à eux, se distinguent des drumlins par une forme générale plus étroite et plus allongée.

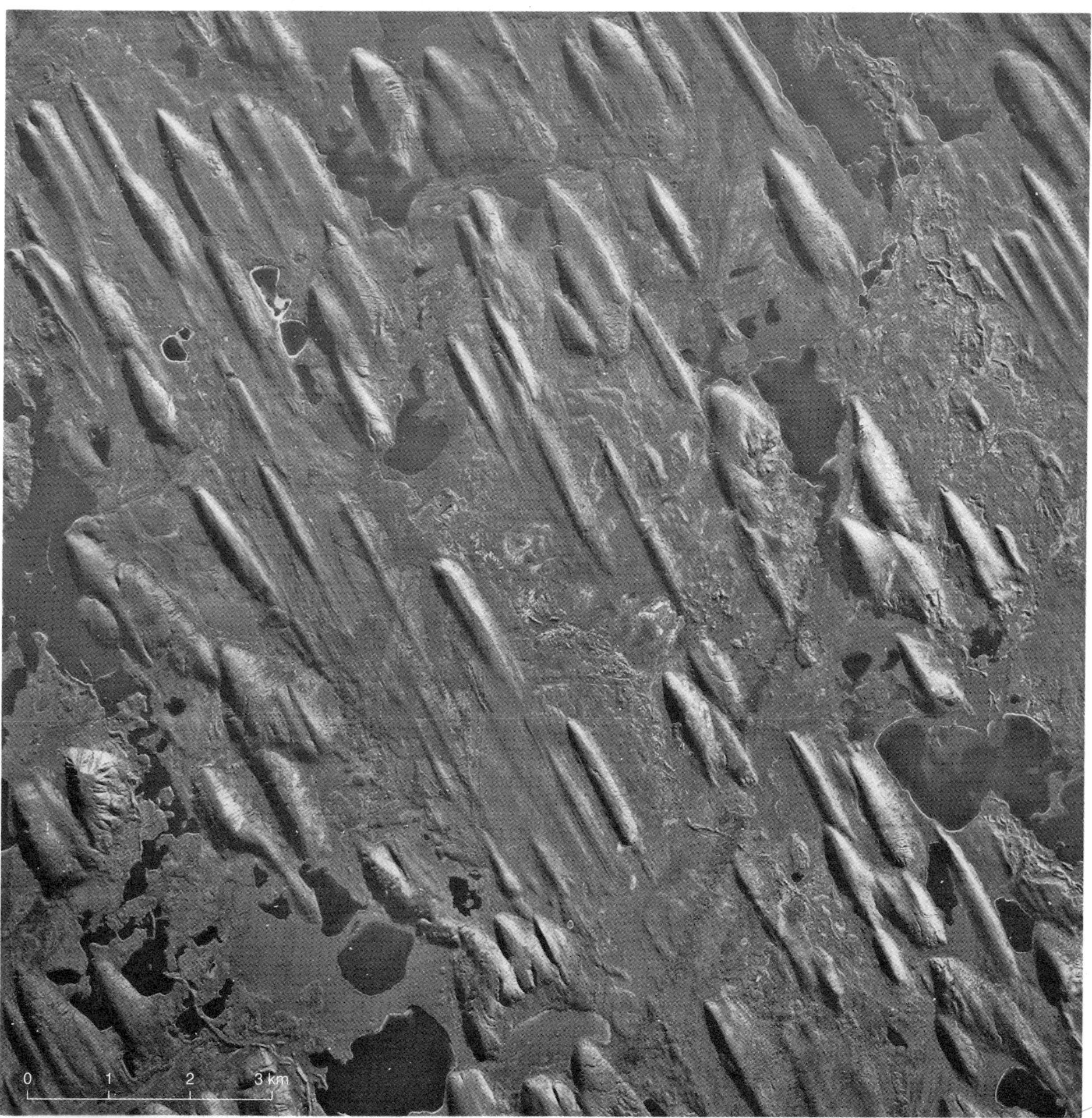

Figure 12.20 Une partie du champ de drumlins de la région du lac Livingstone, dans le nord de la Saskatchewan (carte topographique 74 J/11). On notera la présence d'un système d'eskers, en bas à gauche. Écoulement de la glace depuis le haut, à gauche, vers le bas, à droite. (Photographie aérienne A 14509-5, Photothèque nationale de l'air.)

Figure 12.21 Drumlin à la hauteur de la sortie Morley, autoroute transcanadienne, à l'ouest de Calgary (Alberta). Écoulement glaciaire de la gauche vers la droite.

Les drumlins et les drumlinoïdes ont plusieurs caractéristiques en commun : une forme générale allongée et le grand axe toujours aligné dans la direction de l'écoulement glaciaire. De même, leur profil en long est souvent dissymétrique, montrant un versant doux qui se raccorde à une extrémité plus large, plus courte et surélevée qui se termine par une pente raide. Le gros bout du drumlin indique l'amont de l'écoulement glaciaire.

Les drumlins et les drumlinoïdes sont le plus souvent constitués de till, mais il arrive aussi qu'ils renferment des sédiments fluvioglaciaires. La question de l'origine de ces dépôts est des plus intéressantes[14]. L'idée la plus répandue veut que les drumlins soient des formes dégagées par l'érosion glaciaire, à partir de sédiments déjà en place.

Dans le sud du Québec, il y a très peu de drumlins et de drumlinoïdes. Par contre, on en retrouve beaucoup au nord du 50e parallèle; les drumlinoïdes, entre autres, couvrent de vastes territoires dans les régions entourant la baie James et, un peu plus au sud, les lacs Mistassini et Albanel. Ce sont les plus grands spécimens connus au Québec. La figure 12.21 montre un drumlin près de Calgary, en Alberta.

12.5.2 *Dépôts juxtaglaciaires*

Une bonne proportion des moraines que nous venons d'examiner sont formées de till. Les dépôts que nous allons maintenant étudier sont constitués de sédiments juxtaglaciaires. La figure 12.22 illustre le contexte de mise en place de ces dépôts.

KAMES

Les kames sont des monticules ou des buttes de taille variable, aux pentes raides. Elles se forment par accumulation de sédiments dans les dépressions d'un glacier stagnant. La fonte ultérieure de la glace laisse sur le terrain des buttes isolées, parfois groupées, formées de sables et de graviers grossiers. Ces matériaux sont déformés, car ils s'effondrent à mesure que le plancher ou les parois de glace fondent.

TERRASSE DE KAMES

La terrasse de kames prend naissance en bordure d'un glacier, lorsque les eaux de fonte accumulent des sédiments entre la glace et le versant d'une vallée. D'un côté, les sédiments s'appuient sur un rebord rocheux ou sur des dépôts morainiques et, de l'autre, ils reposent contre la glace. Quand cette dernière fond, l'ensemble du dépôt se borde peu à peu d'un talus plus ou moins raide, situé du côté occupé auparavant par la glace. Une telle construction, comprenant une surface relativement plane, terminée par un talus en pente forte, se nomme une terrasse. Dans ce cas-ci, étant donné l'origine de contact glaciaire, il s'agit d'une **terrasse de kames**. Assez souvent, la surface d'un tel dépôt est ponctuée par des kettles (voir la figure 12.22).

ESKER

Les eskers se présentent en crêtes allongées, rectilignes ou sinueuses, continues ou discontinues. Leurs dimensions sont variables : en longueur, quelques centaines de mètres à plus de 800 km; en largeur, généralement moins de 150 m; en hauteur, rarement plus de 50 m.

Les eskers abondent dans les régions où, au moment de la déglaciation, une grande quantité d'eau circulait dans la bordure d'une calotte glaciaire ou d'un inlandsis. Même si les eskers isolés sont communs, ils ont tendance à se trouver en groupes. C'est le cas dans le Maine, dans le nord du Québec, au Labrador et dans le district du Keewatin. On n'en rencontre pratiquement pas au nord du 72e parallèle.

La formation des eskers est complexe. Elle est déterminée par les facteurs suivants :

- l'évacuation des eaux de fonte : une bonne partie des eaux de fonte est évacuée par des conduites aménagées dans la glace;
- la nature de la conduite : chenal ouvert (écoulement libre) ou tunnel plein d'eau (écoulement sous pression);

14. Pour en savoir plus sur la genèse des drumlins, on consultera « Drumlins Carved by Deforming Till Streams Below the Laurentide Ice Sheet » de Joseph I. Boyce et Nicholas Eyles, 1991. Certains auteurs soutiennent que le rôle des eaux de fonte serait prépondérant. À ce sujet, on consultera les articles « A Glaciofluvial Origin for Drumlins of the Livingstone Lake Area, Saskatchewan » de John Shaw et Donald Kvill, 1984; « Drumlin Formation by Subglacial Meltwater Erosion » de John Shaw et David R. Sharp, 1987.

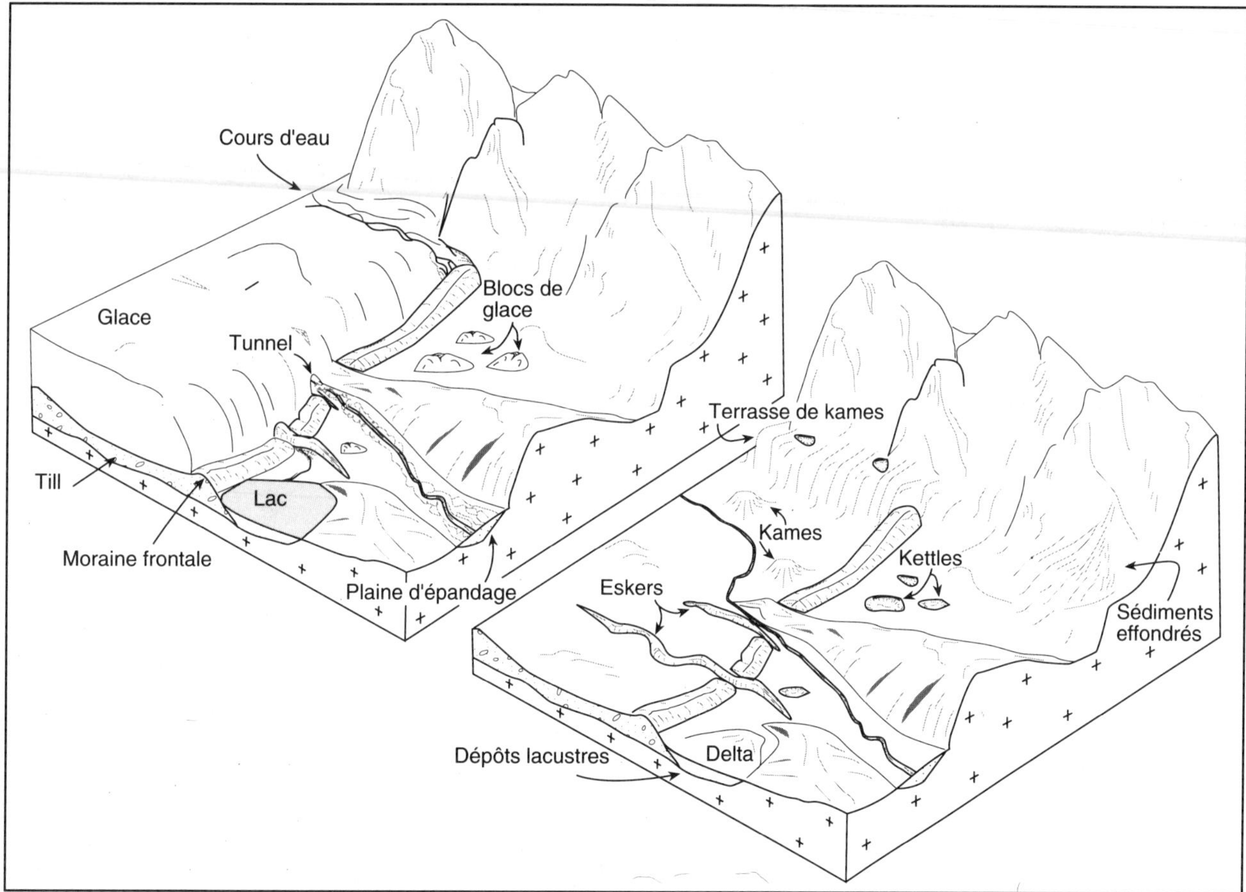

Figure 12.22 Mode de mise en place et nomenclature des dépôts hérités de la fonte d'un glacier (dépôts juxtaglaciaires).

- la position des sédiments : sur la glace, dans la glace ou sous la glace;
- le milieu de sédimentation : dans la conduite ou au front glaciaire.

L'interaction de ces facteurs donne lieu à trois modèles différents de sédimentation pour les eskers.

Sédimentation dans des chenaux subaériens L'eau de fonte s'écoule librement dans des chenaux bordés par des parois de glace. Les cours d'eau sont anastomosés et la sédimentation est du type fluviatile. Les sédiments sont fins vers les bordures de l'esker et de plus en plus grossiers vers le centre.

Sédimentation dans des tunnels L'eau de fonte circule dans des tunnels à la base du glacier. Elle est confinée de toutes parts et s'écoule sous pression. La sédimentation se fait sur le lit glaciaire au fur et à mesure que le toit de glace fond. Les sédiments sont des couches régulières de sable et de gravier. L'esker formé dans ces conditions est une crête simple aux versants raides.

Sédimentation de type deltaïque Les sédiments s'accumulent dans l'eau, à la sortie de tunnels sous-glaciaires. Il s'agit en fait de cônes de déjection construits surtout en été, au maximum de la fonte. Ce mode de sédimentation donne des eskers discontinus ou en chapelet, formés d'une suite de buttes espacées plus ou moins régulièrement. Dans chaque butte, le faciès des sédiments change rapidement de l'amont vers l'aval, passant des graviers grossiers aux sables et, finalement, à des particules plus fines.

La figure 12.23 présente deux des trois modèles de sédimentation des eskers et la figure 12.24 montre un esker du Territoire-du-Nouveau-Québec.

Pour résumer la morphologie des sédiments glaciogéniques, rappelons que les moraines sont constituées de sédiments variés, très souvent du till. Leur mise en place et leur modelé est surtout l'œuvre de la glace, mais les eaux de fonte interviennent également dans ce processus. Quant aux kames, aux terrasses de kames et aux eskers, ils sont formés de sédiments fluvioglaciaires, plus précisément juxtaglaciaires. Ils renferment des sables et des graviers déposés en couches, lesquelles sont déformées et souvent faillées.

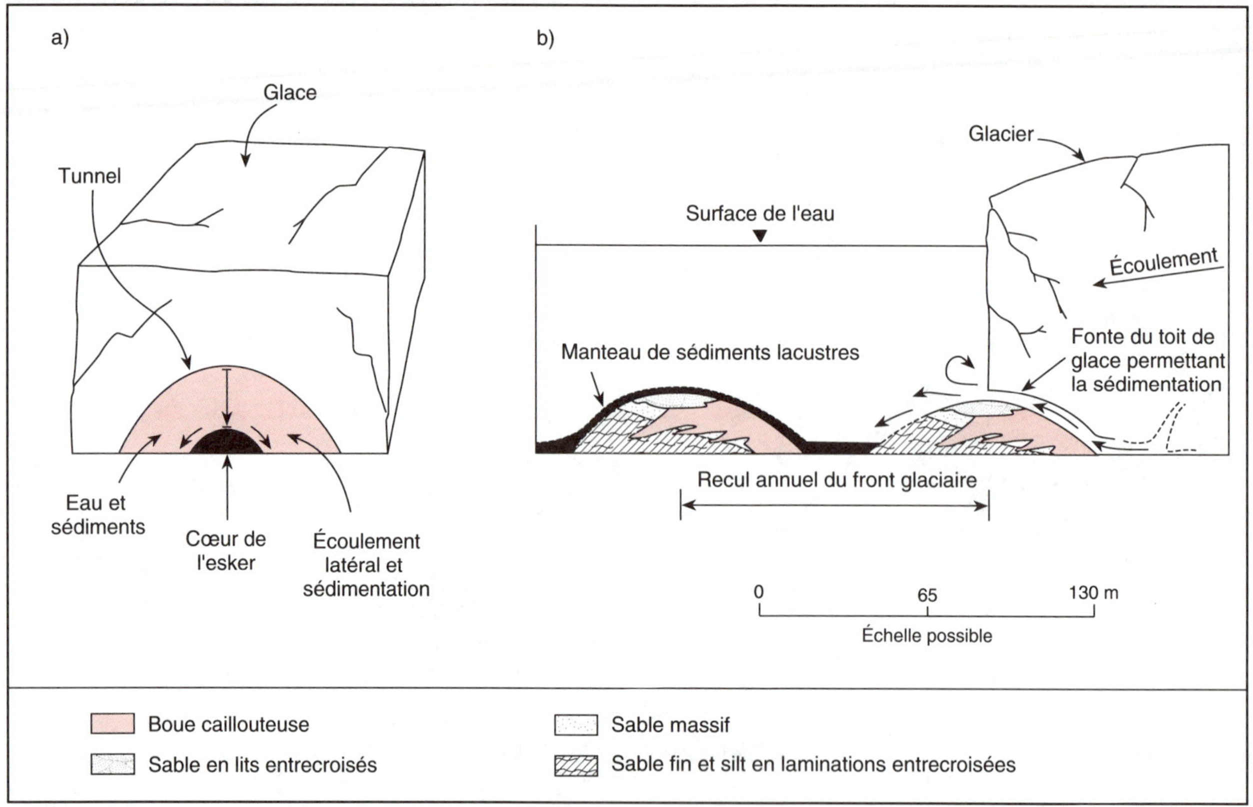

Figure 12.23 Deux modèles de sédimentation expliquant la morphologie des eskers. En a), sédimentation sur le fond d'un tunnel sous-glaciaire dans lequel l'eau circule sous pression. En b), sédimentation de type deltaïque lorsque les eaux glaciaires surgissent au fond d'un lac. Le recul annuel du front glaciaire entraîne la formation d'un esker en chapelet (McDonald et Banerjee dans Joplin et McDonald, 1975).

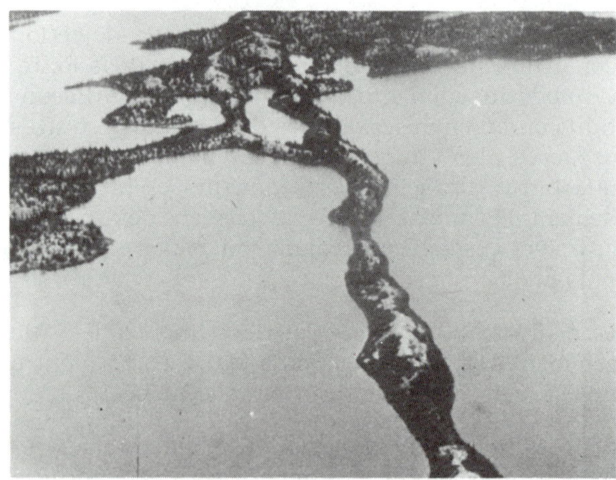

Figure 12.24 Esker près de la Petite rivière de la Baleine, Territoire-du-Nouveau-Québec. (Photographie : Michel Yergeau.)

CONCLUSION

L'Inlandsis laurentidien a joué un rôle très important dans l'évolution géologique récente du Québec. Il a non seulement modifié passablement l'allure du relief préexistant, mais il a déplacé et accumulé des quantités considérables de sédiments. Alors que les sédiments fluvioglaciaires sont une source importante de granulats et d'eau souterraine (voir le chapitre 22), les argiles marines, on le verra au prochain chapitre, sont susceptibles de coulées. Quant au till, il est de plus en plus étudié dans un but de prospection minière. Son analyse géochimique peut renseigner sur la composition minéralogique du substratum rocheux régional et fournir des renseignements permettant la découverte de gisements de minerai. L'interprétation des résultats des analyses peut orienter la suite des travaux de prospection et aider à localiser les endroits d'éventuels forages.

VOCABULAIRE

Argiles marines

Bloc erratique
Brouture

Calotte résiduelle des Bois-Francs
Cannelure

Diachrone
Diamicton
Drumlin
Drumlinoïde

Esker

Fluvioglaciaire
Fossiles marins

Glacio-eustatisme

Holocène

Illinoien
Inlandsis laurentidien
Isobases
Isotopes d'oxygène

Kame
Kettle

Lac proglaciaire

Mer de Champlain
Mer postglaciaire
Moraine
Moraine frontale

Petit Âge glaciaire
Pléistocène

Quaternaire

Régression

Sangamonien
Sédiments fluvioglaciaires
Sédiments glaciaires
Sédiments glaciogéniques
Sédiments glaciolacustres
Surcharge glacio-isostatique

Terrasse de kames
Till
Till d'ablation
Till de fond
Transgression

Varves

Wisconsinien

QUESTIONS

1. Expliquez de quelle manière les isotopes de l'oxygène peuvent servir à identifier les fluctuations du climat ancien.
2. Expliquez en vertu de quoi les glaciers et la végétation sont de bons indicateurs des fluctuations climatiques.
3. Sous la forme d'un tableau, présentez les sédiments glaciogéniques en précisant bien les caractères principaux de chacun.
4. Définissez ce qu'est le till. Donnez les principales caractéristiques de ce sédiment. Précisez les propriétés générales du till que l'on retrouve sur le Bouclier canadien, sur les basses-terres du Saint-Laurent et sur les Appalaches.
5. Précisez le contexte général de la mise en place des sédiments fluvioglaciaires. Pour quelles raisons ces dépôts sont-ils une bonne source d'approvisionnement en granulats ?
6. Quelles ont été les principales mers postglaciaires au Québec ? Expliquez pour quelle raison ces transgressions ont pu se produire. Présentez quelques faits qui attestent de leur présence passée.
7. Trouvez le terme ou l'expression correspondant à la définition.
   a) Diamicton déposé par accrétion entre la semelle glaciaire et le socle rocheux.
   b) Sédiments glaciolacustres constitués de doublets à périodicité annuelle.
   c) Dépôts de sédiments juxtaglaciaires accumulés dans un tunnel sous-glaciaire.
   d) Dépression plus ou moins circulaire laissée par la fonte tardive d'un bloc de glace.
   e) Mer postglaciaire ayant inondé les basses terres du Saguenay–Lac-Saint-Jean.

RÉFÉRENCES BIBLIOGRAPHIQUES

OUVRAGES RECOMMANDÉS

1. Fulton, R. J. (sous la direction de)
1989 : *Le Quaternaire du Canada et du Groenland.* Ottawa, Commission géologique du Canada, Géologie du Canada, vol. 1, 907 p. et 5 cartes.
Un volume de référence indispensable pour connaître le Quaternaire de ces deux territoires.

2. Prest, V. K.
1983 : *L'héritage glaciaire du Canada.* Ottawa, Commission géologique du Canada, Rapport divers 28, 119 p. et une carte.
Brochure d'accès facile.

3. Pagé, P.
1990 : *Environnements quaternaires.* Montréal, Département des Sciences de la Terre, UQAM, 449 p.
Notes de cours qui abordent tous les aspects du Quaternaire. On peut se les procurer auprès de l'auteur.

4. **APGGQ (Association professionnelle des géologues et des géophysiciens du Québec)**
1990 : *Application de la géologie du Quaternaire à l'exploration minérale.* Notes pour un cours intensif donné à Québec en mars 1990, 245 p.
L'article de Michel Parent, au tout début du document, constitue une bonne introduction à la géologie glaciaire. Les autres articles traitent de prospection glaciosédimentaire.

5. **Cormier, C.**
1991 : *Vocabulaire canadien du Quaternaire.* Ottawa, Commission géologique du Canada (à paraître).
Synthèse de la terminologie propre au Quaternaire du Canada. Anglais-Français et Français-Anglais, 850 notions, 300 définitions bilingues.

AUTRES SOURCES D'INFORMATION CONSULTÉES

s. a.
1988 : *L'industrie minérale du Québec 1988.* Québec, ministère de l'Énergie et des Ressources, Direction des communications, 130 p.

Beaudry, L.-M.
1988 : *Morphologie et sédimentologie de moraines de De Geer, région de Chapais, Québec.* Ottawa, École des Études supérieures et de la recherche, Université d'Ottawa, mémoire de maîtrise, 145 p.

Boyce, J. I. et Eyles, N.
1991 : « Drumlins Carved by Deforming Till Streams Below the Laurentide Ice Sheet » dans *Geology*, vol. 19, p. 787-790.

Campy, M. et Macaire, J.-J.
1989 : *Géologie des formations superficielles.* Paris, Masson, 434 p. (Chapitre VII – Les formations glaciaires.)

Covey, C.
1984 : « L'orbite de la Terre et les périodes glaciaires » dans *Pour la Science*, n° 78 (avril), p. 22-31.

DiLabio, R. N. W. et Coker, W. B. (sous la direction de)
1989 : *Drift Prospecting.* Ottawa, Geological Survey of Canada, Paper 89-20, 169 p.

Fulton, R. J. et Andrews, J. T. (sous la direction de)
1987 : « La calotte glaciaire laurentidienne » dans *Géographie physique et Quaternaire*, vol. XLI, n° 2, 320 p. et 4 cartes en pochette.

Gadd, N. R. (sous la direction de)
1989 : *The Late Quaternary Development of the Champlain Sea Basin.* Ottawa, Association géologique du Canada, Special Paper 35, 312 p.

Gadd, N. R., McDonald, B. C. et Shilts, W. W.
1972 : *Deglaciation of Southern Québec.* Ottawa, Geological Survey of Canada, Paper 71-47, 19 p.

Goldthwait, R. P. et Matsch, C. L. (sous la direction de)
1989 : *Genetic Classification of Glacigenic Deposits.* Rotterdam, A. A. Balkema, 294 p.

Goodacre, A. K. *et al.*
1989 : « Gravity, Galileo and the Geological Survey of Canada » dans *GEOS*, vol. 18, n° 4, p. 11-17.

Grove, J. M.
1988 : *The Little Ice Age.* Londres, Methuen, 498 p.

Guilbault, J.-P.
1989 : « Foraminiferal Distribution in the Central and Western Parts of the Pleistocene Champlain Sea Basin, Eastern Canada » dans *Géographie physique et Quaternaire*, vol. 43, n° 1, p. 3-26.

Harrington, C. R. et Occhietti, S.
1988 : « Inventaire systématique et paléoécologie des mammifères marins de la Mer de Champlain (Fin du Wisconsinien) et de ses voies d'accès » dans *Géographie physique et Quaternaire*, vol. 42, n° 1, p. 45-64.

Hillaire-Marcel, C.
1980 : « Les faunes des mers post-glaciaires du Québec : quelques considérations paléoécologiques » dans *Géographie physique et Quaternaire*, vol. XXXIV, n° 1, p. 3-59.

Hillaire-Marcel, C. et Occhietti, S.
1980 : « Chronology, Paleogeography and Paleoclimatic Significance of the Late and Post-Glacial Events in Eastern Canada » dans *Zeitschrift für Geomorphologie*, vol. 24, n° 4, p. 373-392.

Lamarche, R.-Y.
1971 : « Northward Moving Ice in the Thetford Mines Area of Southern Quebec » dans *American Journal of Science*, vol. 271, novembre, p. 383-388.

Lamb, H. H.
1982 : *Climate, History and Modern World.* Londres, Methuen, 387 p.

Lamothe, M.
1983 : « Le dernier été » dans *Québec Science*, n° de novembre, p. 27-31.

LaSalle, P. et Chapdelaine, C.
1990 : « Review of Late-Glacial and Holocene Events in the Champlain and Goldthwait Seas Areas and Arrival of Man in Eastern Canada » dans Lasca, P. et Donahue, J., *Archaeological Geology of North America*, Boulder, Geological Society of America, Centennial Special Volume 4, p. 1-19.

Le Roy Ladurie, E.
1983 : *Histoire du climat depuis l'an mil.* Tomes 1 et 2. Paris, Flammarion, Tome 1, 258 p. et Tome 2, 288 p.

Luckman, B. H.
1986 : « Reconstruction of Little Ice Age Events in the Canadian Rocky Mountains » dans *Géographie physique et Quaternaire*, vol. XL, p. 17-28.

1988 : « Dating the Moraines and Recession of Athabasca and Dome Glaciers, Alberta, Canada » dans *Arctic and Alpine Research*, vol. 20, n° 1, p. 40-54.

McDonald, B. C. et Banerjee, I.
1975 : « Nature of Esker Sedimentation » dans *Glaciofluvial and Glaciolacrustrine Sedimentation*, sous la direction de A. V. Joplin et de B. C. McDonald. Tulsa, Soc. écon. Paléont. Minér., Special Publication, p. 23.

McDonald, B. C. et Shilts, W. W.
1971 : « Quaternary Stratigraphy and Events in Southeastern Quebec » dans *Geological Society of America Bulletin*, vol. 82, p. 683-698.

Occhietti, S.
1987 : « Dynamique de l'Inlandsis laurentidien du Sangamonien à l'Holocène » dans *Géographie physique et Quaternaire*, vol. XLI, n° 2, p. 301-313.

Parent, M.
1987 : *Late Pleistocene Stratigraphy and Events in the Asbestos Valcourt Region, Southeastern Québec.* London, Faculty of Graduate Studies, The University of Western Ontario, 316 p.

Parent, M. et Dubois, J.-M. M.
1989 : « Les derniers 100 000 ans d'histoire du paysage naturel des Cantons de l'Est » dans *Les Cantons de l'Est*, Sherbrooke, Les éditions de l'Université de Sherbrooke, p. 29-49.

Parent, M., Dubois, J.-M. M., Bail, P. et Laroque, A.
1985 : « Paléogéographie du Québec méridional entre 12 500 et 8000 ans BP » dans *Recherches amérindiennes au Québec*, vol XV, nos 1-2, p. 17-37.

Parent, M. et Occhietti, S.
1988 : « Late Wisconsinan Deglaciation and Champlain Sea Invasion in the St. Lawrence Valley, Québec » dans *Géographie physique et Quaternaire*, vol. 42, n° 3, p. 215-246.

Payette, S., Filion, L. et Allard, M.
1988 : « Les écosystèmes naturels du nord-est américain à l'heure du changement global » dans *Interface*, vol. 9, n° 6, p. 10-15.

Payette, S., Filion, L., Gauthier, L. et Boutin, Y.
1985 : « Secular Climate Change in Old-Growth Tree-Line Vegetation of Northern Québec » dans *Nature*, vol. 315, n° 6015, p. 135-138.

Prichonnet, G.
1984 : *Réévaluation des systèmes morainiques du sud du Québec (Wisconsinien supérieur).* Ottawa, Commission géologique du Canada, Étude 83-29, 20 p.

Ruddiman, W. F. et Wright, H. E., Jr. (sous la direction de)
1987 : *North America and Adjacent Oceans During the Last Deglaciation.* Boulder, Geological Society of America, The Geology of North America, vol. K-3, 501 p.

Scott, J. S.
1977 : « Geology of Canadian Till » dans *Glacial Till*, sous la direction de R. F. Legget. Ottawa, The Royal Society of Canada, Special Publications, n° 12, p. 55-67.

Shaw, J. et Kvill, D.
1984 : « A Glaciofluvial Origin for Drumlins of the Livingstone Lake Area, Saskatchewan » dans *Journal canadien des sciences de la terre*, vol. 21, p. 1442-1459.

Shaw, J. et Sharp, D. R.
1987 : « Drumlin Formation by Subglacial Meltwater Erosion » dans *Journal canadien des sciences de la terre*, vol. 24, p. 2316-2322.

Shilts, W. W.
1981 : *Surficial Geology of the Lac Mégantic Area, Québec.* Ottawa, Geological Survey of Canada, Memoir 397, 102 p.

Ter-Stepanian, G.
1988 : « Beginning of the Technogene » dans *Bulletin de l'Association internationale de géologie de l'ingénieur.* Paris, nº 38, p. 133-142.

Wagner, F. J. E.
1970 : *Faunas of the Pleistocene Champlain Sea.* Ottawa, Commission géologique du Canada, Bulletin 181, 104 p.

CHAPITRE 13

LES MOUVEMENTS DE TERRAIN

> Le chemin du roi s'effondra sur une longueur de trois arpents et demi. Un garage et quelques petites constructions furent emportés; la grange et la maison de M. Onésime Méthot restèrent à demi suspendues au-dessus du vide. Tout cela avait duré environ un quart d'heure.
>
> LÉO-G. MORIN, C.S.C., *La coulée d'argile de Saint-Louis (comté de Richelieu).*

OBJECTIFS PÉDAGOGIQUES

Au terme de ce chapitre vous devriez pouvoir :

- établir une classification générale des principaux mouvements de terrain;
- définir les principaux mouvements de terrain en vous appuyant sur des exemples;
- expliquer la notion de sensibilité applicable aux sédiments argileux;
- présenter les facteurs susceptibles de déclencher des coulées d'argiles sensibles.

Les mouvements de terrain constituent un facteur très important de l'évolution morphologique du relief terrestre. Sur le plan pratique, ils mettent en péril la vie et les installations humaines. Dans certains pays, ils sont si fréquents qu'ils figurent au premier rang des catastrophes dites naturelles, à côté des séismes, des éruptions volcaniques et des inondations, par opposition aux accidents dits technologiques, comme celui de Tchernobyl, par exemple.

Outre la gravité terrestre, qui se révèle être la force motrice première expliquant les mouvements de terrain, deux agents facilitent le déplacement : l'eau et l'air. Le rôle de l'air est particulièrement important dans le mouvement des masses rocheuses de grand volume. En effet, l'air est souvent comprimé entre les blocs où il agit comme un coussin capable de supporter momentanément la masse en mouvement. Quant à l'eau logée dans les matériaux, elle génère des pressions interstitielles qui font diminuer la résistance au cisaillement. Certains matériaux deviennent alors plastiques et déformables.

De nombreux facteurs contribuent au déclenchement des mouvements de terrain, notamment l'érosion au pied des talus, les tremblements de terre, les précipitations abondantes sur de courtes périodes de temps et, de plus en plus, les activités humaines qui perturbent très souvent les conditions naturelles des terrains.

13.1 CLASSIFICATION DES MOUVEMENTS DE TERRAIN

Les mouvements de terrain à la surface de la Terre sont si diversifiés qu'il est impossible d'en établir une classification qui tienne compte en même temps de tous les facteurs en cause. Le tableau 13.1 présente une classification qui distingue les mouvements selon le ou les sens du déplacement.

Dans la suite de ce chapitre, nous allons d'abord étudier des mouvements dont la composante est à la fois verticale et horizontale : la chute de blocs et l'écroulement rocheux. Puis, nous verrons les principaux mouvements à dominante horizontale, soit le glissement, la coulée et la solifluxion. Une section entière sera consacrée aux mouvements de sédiments marins postglaciaires que l'on trouve au Québec. Ensuite, nous aborderons les mouvements à dominante verticale les plus importants : l'affaissement et l'effondrement. Pour terminer, nous parlerons brièvement des mesures de correction et de prévention concernant les mouvements dans les sédiments marins.

13.2 CHUTE DE BLOCS ET ÉCROULEMENT ROCHEUX

On parle généralement de **chute** quand des blocs tombent isolément ou en groupes, tandis qu'on parle plutôt d'**écroulement** quand une importante masse rocheuse tombe en se désagrégeant.

Dans la chute de blocs, le gros du déplacement se fait suivant la verticale. Il se termine par le rebondissement et le roulement des blocs de plus en plus fragmentés. L'écroulement est quelquefois précédé du **renversement**, c'est-à-dire de l'inclinaison lente des compartiments rocheux. Le renversement est causé principalement par des poussées en provenance des masses adjacentes, entraînées par la gravité, ou par les fortes pressions des liquides emprisonnés dans les fissures. Si le mouvement n'est pas contrôlé, le matériel bascule et s'écroule. Le renversement peut survenir dans tous les types de roches, mais le plus souvent il se produit dans des roches bien litées : grès, calcaires, schistes (fig. 13.1).

Tableau 13.1 Classification générale des mouvements de terrain. Les mouvements sont donnés dans un ordre croissant de vitesse et d'ampleur de déplacement (d'après Flageollet, 1989, p. 25).

AMPLEUR DU DÉPLACEMENT ET GRAVITÉ DU MOUVEMENT (↓)

DÉPLACEMENTS À DOMINANTE(S)		
verticale et horizontale	**horizontale**	**verticale**
■ Chute de blocs ■ Écroulement rocheux ■ « Éboulement » catastrophique	■ Déformation lente de versants ■ Solifluxion ■ Glissement • rotationnel • plan • composite • sous-marin • pelliculaire ■ Glissement-coulée ■ Coulée • coulée de sable • coulée d'argile sensible • coulée de débris • avalanche de débris	■ Tassement ■ Gonflement et rétraction ■ Affaissement ■ Effondrement • pompage de fluides • soutirage de matériaux fins • de cavités souterraines • vides naturels • carrières • mines

Figure 13.1 Pans de falaises renversés. On remarquera les diaclases verticales dans ce massif de roches sédimentaires carbonatées. Île Saint-Charles, archipel de Mingan, Moyenne-Côte-Nord du Saint-Laurent (Québec).

Les écroulements sont fréquents dans les falaises vives. Les vagues attaquent les couches tendres et laissent en surplomb les lits plus résistants. Tôt ou tard, l'écroulement se produit (fig. 13.2).

Les nombreux talus rocheux qui bordent les routes sont propices aux chutes et aux écroulements. Si le talus est très élevé ou le massif rocheux friable, on doit souvent aménager des paliers pour réduire les risques d'accidents. Si c'est nécessaire, on installe aussi une clôture pour retenir les blocs rocheux (fig. 13.3).

13.3 GLISSEMENT DE TERRAIN

Le glissement est un mouvement de terrain lent ou rapide qui se développe le long d'une surface visible ou présumée que l'on nomme **surface de glissement** (ou surface de rupture). Le glissement suppose un déplacement le long d'une surface de cisaillement bien définie à l'intérieur de la masse de matériaux. Dans l'usage, l'acception du terme est cependant moins restrictive.

Un glissement de terrain est la descente d'une masse de roches, de terre ou de débris le long d'un versant.

Les glissements se produisent surtout sur les versants naturels des bords de la mer, des grands cours d'eau et des ravins. À l'occasion, ils modifient les talus en déblai et en remblai des diverses constructions, surtout ceux des routes.

Sur une surface donnée, l'instabilité prend place lorsque les **contraintes de cisaillement** dépassent la **résistance au cisaillement.**

Figure 13.2 Section de falaise écroulée à la suite du sapement des couches tendres par les vagues. Grosse île au Marteau, archipel de Mingan, Moyenne-Côte-Nord du Saint-Laurent (Québec).

Figure 13.3 Le long de certaines routes, les talus rocheux élevés sont aménagés en paliers et une clôture empêche les blocs de rouler jusque sur la chaussée. On en voit un exemple le long de la route 138, près de Forestville (Québec). La roche est une syénite. (Photographie : ministère des Transports, gouvernement du Québec.)

Les contraintes de cisaillement résultent du poids des matériaux, des pressions de l'eau interstitielle et des surcharges locales au haut des talus. Quant à la résistance au cisaillement, elle varie énormément quand il s'agit des roches. Elle est assurée par la **cohésion** et le **frottement**. Ces propriétés sont intrinsèques aux matériaux. Par exemple, les sables et les graviers sont généralement sans cohésion interne. Leur résistance au cisaillement dépend uniquement du frottement des grains entre eux. Dans le cas des argiles, elle varie selon la teneur en eau du terrain : plus les argiles sont humides, plus elles sont **plastiques**, et plus leur angle de frottement interne diminue. Quand elles sont sèches, elles se fragmentent en petits parallélipipèdes et leur comportement s'apparente à celui des sables.

On distingue généralement deux types de glissements : le glissement **rotationnel** et le glissement **plan**. Ajoutons à ceux-ci les glissements **pelliculaires** qu'on peut considérer comme un type particulier de glissement plan.

Figure 13.4 À Hull, bel exemple de décrochement (avec une liquéfaction partielle du matériel) dans un versant haut d'une dizaine de mètres. (Photographie : Service de géotechnique, ministère de l'Énergie et des Ressources, gouvernement du Québec.)

13.3.1 *Le glissement rotationnel*

Le glissement rotationnel prend naissance dans un milieu homogène et isotrope, c'est-à-dire dans lequel il n'y a pas de discontinuités structurales planes qui permettent de déterminer, au départ, la forme et la surface de glissement. Cette dernière correspond à une surface de cisaillement et peut être assimilée à un arc de cercle. Dans ce type de glissement, le mouvement s'apparente à une rotation de la masse autour du centre du cercle.

L'exemple le plus simple de glissement rotationnel est le **décrochement**. Il s'agit d'un glissement d'étendue limitée qui se développe le long d'une surface concave située à une faible profondeur dans un versant. Il n'y a pas de liquéfaction importante du matériel emporté. Le décrochement constitue sans doute le mouvement de terrain le plus commun à survenir sur les versants qui entaillent des sédiments (fig. 13.4).

13.3.2 *Le glissement plan*

Dans le glissement plan, le mouvement est une **translation** sur une surface de cisaillement plane. Ici, la géométrie du glissement est déterminée par les discontinuités du milieu. Les plans de faiblesse qui favorisent le mouvement sont le litage (couche incompétente), les structures planaires d'origine tectonique (schistosité), les failles et les diaclases. Contrairement au glissement rotationnel, le glissement plan est avant tout tributaire des caractéristiques structurales du massif.

Le glissement plan survient le plus souvent dans les roches sédimentaires où il se développe au contact d'une couche incompétente, par exemple un lit de shale. La figure 13.5 montre la trace d'un glissement survenu au mois de juin 1981, le long de la route 132, près de Marsoui en Gaspésie. Le mouvement s'est produit dans un talus rocheux aménagé dans des lits de grès et de shale, présentant un pendage de 45° environ.

Près de la municipalité de Mont-Saint-Pierre, en Gaspésie, les spécialistes du ministère des Transports[1] suivent, depuis 1977, le mouvement d'un bloc rocheux d'environ 45×10^3 m^3 (12×10^4 t). Le bloc se détache lentement d'un massif de roches sédimentaires constitué d'une alternance de shale noir et de siltstone calcaro-dolomitique, à travers lesquels s'intercalent des lits de grès calcaire. Il se déplace selon un mouvement de translation. Le plan de glissement se localise au niveau d'une strate de shale noir qui repose sous un lit compétent de grès calcaire. En examinant des photographies aériennes prises en 1948, on a pu

1. Voir à ce sujet le rapport rédigé par André Drolet, *Glissement lent dans le roc Mont Saint-Pierre (Québec)*, 1988.

Figure 13.5 Bel exemple de glissement plan survenu en juin 1981, le long de la route 132, près de Marsoui, en Gaspésie (Québec). (Photographie : ministère des Transports, gouvernement du Québec.)

déterminer que le mouvement de translation était déjà en marche à cette époque. Pour la période allant de novembre 1978 à mai 1988, on a mesuré un déplacement net de 1,08 m. Alors que la vitesse de déplacement était de l'ordre de 17-20 cm/a dans les premières années, elle est tombée à 8-10 cm/a au cours des dernières années des mesures. La figure 13.6 illustre de façon éloquente ce cas très rare du glissement d'un bloc rocheux d'un tel volume.

La ville de Sillery, près de Québec, offre de bons exemples de glissements reliés au litage des roches sédimentaires. Sur un tronçon du boulevard Champlain, près du pont Pierre-Laporte[2], il se produisait parfois des glissements qui apportaient des débris de roc sur la voie nord (voir l'encadré 13.1). Les blocs se détachaient de la Formation de Saint-Nicolas qui comprend des lits de grès et de shale inclinés de 36° vers la route. On a remédié à la situation en prenant les mesures suivantes :

- décapage du lit supérieur de grès et de tous les blocs en équilibre instable;
- boulonnage suivant un patron en quinconce (1,25 m centre-centre) avec des ancrages actifs de 4 à 5 m de longueur pour une certaine partie du versant (fig. 13.7);

a)

b)

Figure 13.6 Près de la municipalité de Mont-Saint-Pierre en Gaspésie (Québec), un énorme bloc rocheux glisse lentement sur un lit de shale. En a), vue aérienne de l'escarpement et du bloc. En b), vue du vide arrière laissé par le mouvement du bloc. (Photographies : a) ministère de l'Énergie et des Ressources, Service de géotechnique, gouvernement du Québec; b) André Drolet, Service des sols et chaussées, ministère des Transports, gouvernement du Québec.)

2. L'information provient des spécialistes du ministère des Transports, gouvernement du Québec.

ENCADRÉ 13.1

HISTORIQUE DES GLISSEMENTS ROCHEUX DANS LE SECTEUR DE LA RUE CHAMPLAIN À QUÉBEC

1836 9 février – Chute de pierre, mort-terrain et neige dans la rue Champlain qui est couverte par une couche de matériau atteignant 12 m d'épaisseur. Un mort. L'éboulement se serait produit sur le coup de canon de midi.

1841 17 mai – La partie du cap Diamant située vis-à-vis des magasins du Roi, sur une longueur d'environ 105 m, s'écroule sur la rue Champlain, emportant avec elle le mur des fortifications, détruisant six maisons, tuant 30 personnes, et en blessant autant.

1852 14 juillet – Deux maisons sont écrasées et sept personnes tuées lors d'un éboulement mineur. Le même jour, une chute de blocs à l'autre extrémité du cap Diamant écrase une maison.

1864 11 octobre – Chute de blocs sous la batterie de canons du Jardin inférieur du Gouverneur, en face de la rue des Carrières, sur la rue Champlain, écrasant les maisons portant les numéros 58 et 60; quatre morts.

1875 3 février – Rue Champlain, huit morts, une maison détruite.

1889 19 septembre – Chute de blocs majeure sous la terrasse, à l'extrémité ouest, au bord des barricades; sept maisons détruites dans la rue Champlain, 35 morts.

On notera que les dates des chutes ne correspondent en aucun cas à celles des tremblements de terre.

Source : Chagnon, Lebuis et Allard, 1979.

Éboulis de 1889 à Québec. (Photographie : L.-P. Vallée, Archives de la ville de Québec, centre de documentation photographique.)

Figure 13.7 Boulons d'ancrage dans le haut de l'escarpement rocheux qui domine le boulevard Champlain, à la hauteur du chemin des Foulons, à Sillery (Québec).

- installation d'un treillis métallique et de tiges d'ancrage de 7 à 10 m dans une autre zone;
- injection d'un coulis de ciment additionné d'un agent expansif (intraplast N) dans les ancrages.

Depuis que les travaux énumérés ci-dessus sont réalisés, on ne rapporte plus de glissements rocheux à cet endroit. Cependant, toujours le long du boulevard Champlain, mais plus à l'est, un important glissement est survenu aux premières heures du mois d'avril 1982. La masse de roche s'est détachée de l'escarpement situé à l'est de la Citadelle et a bloqué la voie sur une trentaine de mètres de largeur (fig. 13.8). En 1983, deux autres glissements survenaient à proximité du même endroit. Le premier s'est produit le 19 mars, à 23 h 30, et le second le 20 mars, à 2 h 30. Dans ce dernier cas, une personne a été blessée et sa maison détruite. Finalement, un autre glissement s'est produit vers 16 h, le 3 avril 1984, en face de la gare maritime.

13.3.3 *Glissement pelliculaire*

Le glissement pelliculaire concerne le mouvement d'une très mince couche de débris sur un versant rocheux raide. Plus précisément, ce sont des décollements de la couverture végétale et de couches de débris (altérites ou sédiments glaciogéniques) qui recouvrent la roche.

On a observé des glissements pelliculaires en Gaspésie, dans la Réserve faunique des Laurentides et sur la Côte-Nord du Saint-Laurent[3]. Dans cette dernière région, sur une bande large de 150 km dans le secteur compris entre Godbout et Blanc-Sablon, on a identifié par photo-interprétation environ 500 de ces mouvements de terrain. L'épaisseur des matériaux mobilisés dépasse rarement 40 à 45 cm. Les mouvements se produisent sur des versants rocheux dont la pente dépasse 35°. Ils laissent des couloirs de quelques dizaines de mètres de largeur et d'une longueur de 6 à 15 fois supérieure. Les plus longs couloirs observés mesurent 250 m et sont généralement rectilignes. Les glissements pelliculaires seraient causés par la saturation en eau des débris de la partie supérieure du versant. Après rupture des forces de cohésion, les matériaux glissent brusquement et rapidement vers le bas de la pente, entraînant au passage l'ensemble de la couverture végétale et meuble de la partie basse du versant. La figure 13.9 illustre ce type de mouvement de terrain. Quant à l'encadré 13.2 il présente le glissement de Frank, en Alberta.

13.4 *COULÉE*

Une coulée est une masse des matériaux en mouvement à peu près complètement fluidifiée.

Les coulées surviennent dans tous les types de matériaux : sédiments plastiques, comme les argiles, sédiments plus grossiers, comme les sables, matériaux hétérogènes désignés débris. Les coulées les plus fréquentes et les plus dévastatrices sont portées par l'eau ou la neige (on parle de coulées humides). Mais, comme on le verra plus loin, il survient des coulées sèches dans lesquelles le fluide interstitiel est l'air. De tous les types de coulées reconnues, la coulée de débris est la plus dévastatrice.

13.4.1 *Coulée de débris*

L'expression **coulée de débris** désigne un mélange d'eau et de matériaux grossiers emballés dans une matrice fine qui se déplace rapidement à la manière d'un fluide visqueux, très souvent confiné dans le chenal d'un torrent.

Les coulées de débris mobilisent couramment des volumes de matériaux supérieurs à 10^5 m^3. Elles surviennent surtout dans les régions de hautes montagnes[4]. Le Québec n'y est guère exposé. On observe cependant de petites coulées de débris dans les monts Chic-Chocs.

3. Voir l'article de Jean-Claude Dionne et Louise Filion, « Glissements pelliculaires sur versants rocheux, Côte-Nord du Saint-Laurent, Québec », 1984.
4. Pour en savoir plus sur les coulées de débris, on consultera l'excellente étude de Bernard Sauret dans le *Bulletin de liaison des laboratoires des Ponts et Chaussées*, 1987, n°s 150-151, p. 65 à 77.

Figure 13.8 Amoncellement de débris rocheux bloquant partiellement le boulevard Champlain, à Québec, au matin du 1er avril 1982. Le glissement est survenu à la hauteur du quai de la Reine, en face des installations de Transports Canada. (Photographie : Roland Marcoux, *Le Soleil.*)

Figure 13.9 Deux cicatrices de glissements pelliculaires sur versant rocheux, au nord-est de Baie-Johan-Beetz, Côte-Nord du Saint-Laurent (Québec). (Photographie : Jean-Claude Dionne, Université Laval.)

Les coulées de débris démarrent quand l'eau mobilise des matériaux rocheux accumulés au pied des versants abrupts. Elles peuvent être précédées par de fortes pluies, ou par une activité volcanique sous-glaciaire qui fait fondre rapidement la neige et la glace des sommets.

On appelle **lahar** une coulée de débris déclenchée par l'éruption d'un volcan.

Dans beaucoup de situations, l'absence de végétation facilite l'action de l'eau qui peut ainsi transformer une accumulation de débris de roche en un courant destructeur.

Les minéraux argileux, combinés à l'eau, donnent au mélange suffisamment de cohésion pour assurer le transport de blocs pouvant atteindre une dimension de plusieurs mètres cubes. Dans certains événements exceptionnels, le volume de ces blocs peut dépasser 100 m^3. Au Pérou, dans la cordillère Blanche, on signale des blocs rocheux de 3×10^3 m^3 transportés par des coulées de débris.

Les vitesses des coulées de débris sont généralement comprises entre 0,5 et 15 m/s. Certaines coulées s'étendent sur des dizaines de kilomètres. Dans la région de Wrightwood, en Californie, des coulées de débris ont parcouru 25 km au total et transporté des blocs sur 20 km.

Pour compléter cette brève étude des coulées de débris, disons un mot de la catastrophe de Yungay, au Pérou. Cette ville était construite sur le bord du Rio Santa qui coule au pied du Nevado Huascaran, un pic de 6663 m recouvert de glaciers. Le 31 mai

1970, un tremblement de terre fit se détacher une masse de glace de 800 m de largeur d'un glacier suspendu. Dévalant des pentes extrêmement raides, la masse de glace délogea des quantités importantes de débris rocheux, tout en franchissant de petits lacs. En moins de quatre minutes, de 50 à 100 millions de mètres cubes de glace, de neige, de débris rocheux et de boue s'écoulèrent sur une distance de 14,5 km, à une vitesse moyenne de 320 km/h, sur une dénivellation de 3660 m. On a émis l'hypothèse que les matériaux étaient portés par un coussin d'air ou de vapeur qui réduisait les frictions. Étant donné que la coulée de débris de Yungay était non seulement constituée d'un mélange de matériaux rocheux et d'eau, mais qu'elle comportait aussi de la neige et de la glace, elle correspond davantage à une **avalanche de débris**. Une couche de sédiments, épaisse d'une dizaine de mètres, a enseveli la petite ville de Yungay, ne laissant émerger que le clocher de l'église et la tête des palmiers. Au moins 18 000 personnes sont mortes dans cette catastrophe naturelle, alors que 93 personnes ont eu la vie sauve en se réfugiant sur une colline où se trouvait le cimetière !

Figure 13.10 Cicatrice laissée par une coulée de sable sec. La coulée a été déclenchée par le recul (érosion) du talus en pente forte aménagé dans les sédiments fins (silts argileux marins) de la base. Falaise à la hauteur de Forestville (Québec), sur la rive nord du fleuve Saint-Laurent. (Photographie : Denis Demers, Service des sols et chaussées, ministère des Transports, gouvernement du Québec.)

13.4.2 *Coulée de sable*

Les coulées dans les dépôts de sable sont fréquentes. Elles se produisent et dans le sable sec, et dans le sable humide. Généralement, les **coulées de sable sec** sont déclenchées par l'appel au vide créé par le raidissement des talus aménagés dans les sédiments plus cohésifs, sous-jacents. La figure 13.10 montre une cicatrice laissée par une **coulée de sable sec** sur les bords du fleuve Saint-Laurent, à la hauteur de Forestville.

Quant aux **coulées de sable humide**, elles sont relativement fréquentes et présentent un intérêt particulier. Ces mouvements peuvent survenir très rapidement, de façon répétitive, et emporter de grandes quantités de matériaux. On estime que dans la plupart des cas, l'action érosive des eaux souterraines est responsable du déclenchement et surtout du mode de progression des coulées de sable humide survenues au Québec.

Parmi les coulées de sable humide les plus spectaculaires survenues au Québec, il y a celles localisées près de l'embouchure de la rivière Moisie, au nord-est de Sept-Îles[5]. Au matin du 16 juin 1959, un résident a aperçu un jet d'eau, très chargé en sédiments, qui sortait de la base de l'escarpement sur la rive gauche de la rivière Moisie. Pendant près de 10 minutes, l'eau a jailli sans arrêt, s'élevant jusqu'à 10 m environ au-dessus du sol. Par la suite, l'escarpement a commencé à se déstabiliser, et la coulée de sable proprement dite a débuté. Elle s'est poursuivie durant cinq heures, emportant dans la rivière Moisie un volume de 2×10^5 m^3 de sédiments, volume suffisant pour bloquer temporairement ce grand cours d'eau. Le 4 novembre 1966, soit après plus de sept ans d'inactivité, une autre coulée emporta cette fois-ci $3{,}5 \times 10^6$ m^3 de sable. Les deux coulées ont laissé dans le paysage un réseau exceptionnel de ravins de 2,5 km de longueur et de 30 m de profondeur (fig. 13.11). Le grand intérêt de ces deux coulées vient précisément du fait qu'elles ont produit des dépressions allongées (ravins), hiérarchisées, et non pas des cicatrices plus ou moins circulaires, comme c'est habituellement le cas avec les coulées de sable.

Les deux coulées sont survenues à la suite de fortes pluies, lesquelles avaient complètement saturé les sables deltaïques. Graduellement, les pressions hydrauliques dans le dépôt ont augmenté suffisamment pour détruire les structures primaires des sédiments et déclencher les coulées. Mais pourquoi ces coulées ont-elles créé un ravinement de type dendritique ? Pour expliquer le mode de progression des coulées de la rivière Moisie, on a émis l'hypothèse qu'elles étaient

5. Voir à ce sujet l'article de L. A. Dredge et B. G. Thom, « Development of a Gully-Flow Near Sept-Îles, Québec », 1976.

ENCADRÉ 13.2

UN RÉVEIL BRUTAL À FRANK (ALBERTA)

La ville de Frank est située à environ 150 km au sud de Calgary, dans la vallée de la rivière Crowsnest, juste à l'est de Crowsnest Pass (col du Nid de Corbeau). Le 29 avril 1903 à 4 h 10, les habitants de cette petite localité minière furent réveillés on ne peut plus brutalement. En effet, quelque 30 millions de mètres cubes de roches se sont soudainement détachées des deux tiers supérieurs du flanc est du mont Turtle, pour glisser et s'écraser dans la vallée plus bas. Les débris ont recouvert le quartier sud de la ville, bloqué la voie ferrée et la route principale. La poussière libérée par le glissement a provoqué de nombreuses décharges électriques avant de retomber lentement sur la vallée, tel un drap mortuaire. Au total, 70 personnes ont péri dans cette catastrophe naturelle.

La figure présente une coupe SW-NE du mont Turtle qui aide à mieux comprendre les conditions géologiques propices au glissement catastrophique. Des calcaires massifs et des calcaires argileux du Paléozoïque, plissés en anticlinal, forment la crête du mont. L'anticlinal a été charrié vers l'est, le long de la faille de chevauchement de Turtle Mountain. Il repose en discordance sur des grès, des shales et des roches charbonneuses d'âge mésozoïque. Le glissement est survenu quand une portion importante du flanc est de l'anticlinal s'est détachée le long d'une surface de rupture développée **parallèlement au litage.** Cette surface s'arrête sur un embranchement secondaire de la faille de Turtle Mountain, qui met en contact des lits renversés et plongeant vers l'ouest avec des lits à pendage vers l'est, c'est-à-dire parallèles à la pente.

La masse rocheuse s'est complètement désintégrée dans sa chute, si bien que c'est un manteau de débris rocheux qui recouvre aujourd'hui le sol en face du mont Turtle. Les matériaux grossiers couvrent une superficie de 3 km^2, sur une épaisseur moyenne de 14 m. Le glissement a duré 100 secondes environ.

De nombreux chercheurs ont tenté d'expliquer l'apparente fluidité de la masse rocheuse et l'absence de débris au pied même du mont Turtle. Comme causes possibles du caractère fluide du matériel, on a avancé l'hypothèse d'un coussin d'air comprimé, de la vapeur, de la poussière, de l'eau et de la boue. Une étude de Cruden et Hungr (1986) a confirmé que les débris exhibent un triage vertical. À la base, on retrouve du calcaire broyé dont la granulométrie correspond à celle du sable et du gravier. Au sommet sont concentrés de gros blocs majoritairement anguleux. Les deux auteurs en arrivent à la conclusion qu'un tel granoclassement inverse indique que les matériaux ne furent pas fluidifiés par des pressions de gaz dans les vides, d'autant plus que l'on ne retrouve aucune structure d'échappement dans les débris.

Au-delà des prédispositions géologiques, on n'a pas identifié les autres mécanismes responsables du déclenchement

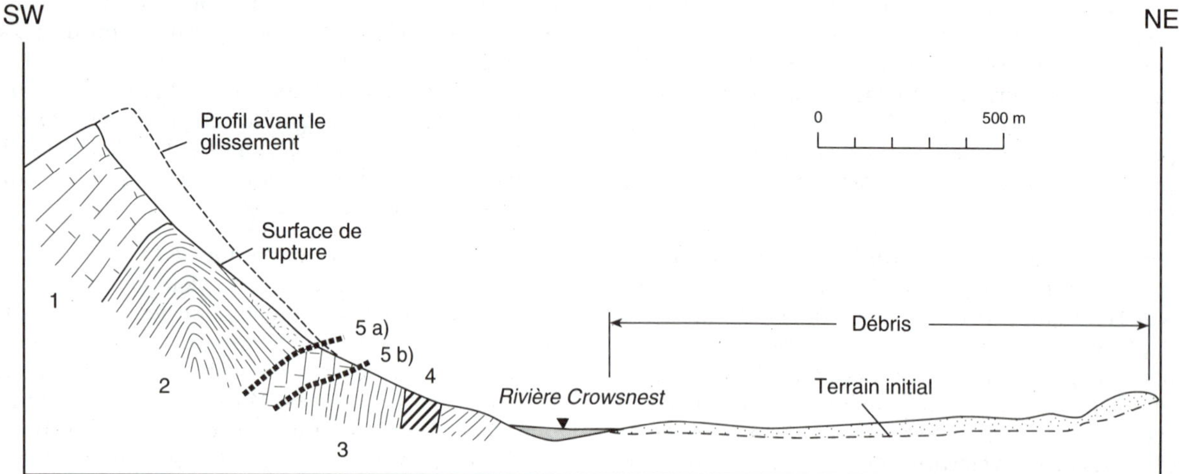

Coupe SW-NE du mont Turtle, Frank, Alberta; 1) calcaire massif et dolomie (Carbonifère); 2) calcaire argileux; 3) grès et shale (Jurassique); 4) grès, shale et charbon (Crétacé); 5) en a), faille de chevauchement de Turtle Mountain et en b), faille secondaire (d'après Cruden et Krahn, 1973, p. 586).

Vue du flanc est du mont Turtle et cicatrice du glissement du 29 avril 1903. (Photographie : Chester B. Beaty, University of Lethbridge, Alberta.)

de la catastrophe. À l'époque, une grande controverse a surgi à propos des travaux miniers de la *Canadian American Coal and Coke Company*, à qui on a voulu attribuer la responsabilité du glissement. Il semble bien que seuls des facteurs purement climatiques soient en cause. Des journées très chaudes et pluvieuses ont précédé la nuit très froide du glissement. Le gel de l'eau de fonte, de la neige et de la glace a pu augmenter suffisamment les contraintes dans les fissures du massif pour provoquer son détachement. De plus, on avait enregistré des tremblements de terre deux ans auparavant. Ceux-ci ont pu eux aussi contribuer à affaiblir la roche. Disons, en terminant, que la ville actuelle de Frank est construite à 2 km au nord de l'emplacement occupé en 1903.

RÉFÉRENCES

Cruden, D. M.

1976 : « Major Rock Slides in the Rockies » dans *Canadian Geotechnical Journal*, vol. 13, p. 8-20.

Cruden, D. M. et Hungr, O.

1986 : « The Debris of the Frank Slide and Theories of Rock Slide-Avalanche Mobility » dans *Canadian Journal of Earth Sciences*, vol. 23, p. 425-432.

Cruden, D. M. et Krahn, J.

1973 : « A reexamination of the Geology of the Frank Slide » dans *Canadian Geotechnical Journal*, vol. 10, p. 581-591.

a)

b)

Figure 13.11 Coulée de sable humide. En a), réseau de ravins laissé par la coulée de sable humide survenue en bordure de la rivière Moisie près de Sept-Îles (Québec). En b), vue au sol du ravin principal. La sortie vers la rivière est au haut de la photographie. (Photographie : b) Jean-Marie M. Dubois, Université de Sherbrooke.)

tributaires de tout un **réseau souterrain** d'écoulement des eaux. Pour atteindre le point le plus bas, c'est-à-dire la rivière, les eaux souterraines empruntaient des voies préférentielles plus perméables, sortes de chenaux souterrains dans lesquels régnaient les plus fortes pressions hydrauliques. Une fois amorcées, les coulées ont pu progresser de la rive vers l'intérieur des terres en suivant les chenaux. Au fur et à mesure que le sable était évacué à la sortie de ces chenaux, des effondrements alimentaient les coulées par le dessus. Les ravins créés par les coulées se seraient ainsi formés aux endroits des conduites souterraines où régnaient les plus forts gradients hydrauliques responsables de la liquéfaction du matériel.

Pour désigner ce mode très particulier de ravinement par les eaux souterraines, on parle d'**érosion par suffosion**; pour désigner la dépression allongée qui en résulte, on parle de **ravin de suffosion**.

Les ravins de suffosion se développeraient de préférence dans les sables d'origine deltaïque. Outre ceux de la rivière Moisie, de tels ravins se sont formés à l'est de Havre-Saint-Pierre et à l'embouchure du Saguenay, à l'anse Saint-Étienne.

13.5 *LA SOLIFLUXION*

La **solifluxion** est le mouvement lent d'une masse de terrain saturé d'eau. Ce processus est particulièrement répandu dans les régions où le sol est gelé profondément en permanence. Dans ce contexte, les couches superficielles de terrain se déplacent souvent par mouvements d'ensemble, certains lents, d'autres rapides.

La solifluxion n'étant pas restreinte aux régions où le sol est gelé en permanence, on nomme **gélifluxion** la solifluxion dans les terrains pergélisolés.

Nous avons vu au chapitre 11 que le pergélisol se caractérise par une couche superficielle (le mollisol) qui dégèle en été, et une couche sous-jacente à la première qui demeure gelée en permanence. Puisque l'eau ne peut pas pénétrer dans la couche gelée, les matériaux à la base du mollisol deviennent saturés et perdent leur cohésion. Quand il y a gélifluxion, la partie supérieure du mollisol bouge lentement (environ 1,0 cm/a) sur les matériaux mous, tout en gardant généralement sa cohérence. La preuve en est que la couverture végétale des lobes de gélifluxion demeure intacte, la plupart du temps (fig. 13.12). La gélifluxion est donc un mouvement de terrain qui se situe à mi-chemin entre le glissement et la coulée proprement dite; elle est commandée par une augmentation de la teneur en eau du sol après un dégel

Figure 13.12 Lobes de gélifluxion sur le versant d'une moraine frontale. La gélifluxion se produit sur 40 cm d'épaisseur dans du matériel grossier (gravier) recouvert par une couche d'humus de 10 cm d'épaisseur. L'endroit est près de la localité de Spence Bay, à l'extrémité nord du district de Keewatin. (Photographie 203535-U, A.S. Dyke, CGC.)

superficiel. La gélifluxion se produit particulièrement dans les terrains silteux, sur des pentes de 5° à 20°, bien qu'elle s'observe aussi sur des versants ne dépassant pas 1° de pente. La gélifluxion se traduit par des nappes, des lobes linguiformes et des traînées. Par ailleurs, il arrive que des mouvements plus rapides surviennent dans les régions pergélisolées. Il y a alors glissement de tout le mollisol sur l'horizon gelé. On utilise l'expression **rupture par décollement** pour désigner ce processus.

Dans le Québec méridional, la solifluxion agit dans les talus argileux dénudés des cours d'eau. Le phénomène, qui survient principalement lors du dégel printanier ou après de fortes pluies, constitue un processus important de dégradation des talus argileux.

13.6 *LES MOUVEMENTS DE TERRAIN DANS LES SÉDIMENTS MARINS DES MERS POSTGLACIAIRES*

On a vu au chapitre 12 que de grandes parties du territoire québécois ont été inondées par les eaux océaniques, au fur et à mesure que fondait l'Inlandsis laurentidien. Historiquement (voir l'encadré 13.3), les sédiments déposés dans les eaux salées et saumâtres de ces mers postglaciaires ont été le siège des plus importants et des plus meurtriers mouvements de terrain dans l'histoire du Québec.

> De façon générale, les sédiments marins postglaciaires comprennent des argiles surmontés par des sables.

Seule une fraction des argiles marines (variable selon les endroits) est constituée de particules inférieures à 2 µm, soit des argiles au sens granulométrique. Cette fraction fine (inférieure à 2 µm) du dépôt est constituée d'une farine de roche dans laquelle on retrouve (comme on le verra plus loin) des feldspaths, du quartz, des pyroxènes, de l'amphibole et, bien sûr, des minéraux argileux, dans le sens minéralogique du terme. Ainsi, selon le contexte, le terme argile prend trois significations différentes, que rendent trois expressions communément employées.

Argiles marines : sédiments fins marins dont l'analyse granulométrique montre qu'ils sont composés d'argile au sens granulométrique (particules inférieures à 2 µm), de silt (2 µm à 60 µm) et de sable (60 µm à 2 mm).

Pourcentage d'argile : pourcentage établi à partir d'une analyse granulométrique. Désigne la fraction d'un sédiment composée de particules dont le diamètre moyen est inférieur à 2 µm.

Minéraux argileux : silicates (phyllosilicates, surtout de l'**illite**) qui constituent une fraction (variable) des particules fines (inférieures à 2 µm).

13.6.1 *Les argiles sensibles*

Le qualificatif de sensible est souvent employé pour caractériser certaines argiles marines.

> La **sensibilité** est le rapport entre la résistance au cisaillement de l'argile intacte et celle de l'argile remaniée, mesurée à la teneur en eau naturelle. Un échantillon est considéré comme intact quand il est dans ses conditions naturelles.

La sensibilité s'exprime ainsi :

$$S_t = \frac{C_u}{C_r}$$

où

S_t = sensibilité;

C_u = résistance au cisaillement de l'argile intacte (kPa);

C_r = résistance au cisaillement de l'argile remaniée (kPa).

ENCADRÉ 13.3

PRINCIPALES COULÉES ARGILEUSES AU QUÉBEC ENTRE 1840 ET 1991

Date	Lieu	Superficie (ha)	Pertes de vie
4 avril 1840	Rivière Maskinongé	28	–
14 novembre 1859	Mont-Saint-Hilaire, rivière Richelieu	20	–
1er 1877	Sainte-Geneviève-de-Batiscan, ruisseau Veillet	2,5	5
8 mai 1883	Charette, rivière Yamachiche	18	–
27 avril 1894	Saint-Alban, rivière Sainte-Anne	647	4
21 septembre 1895	Saint-Luc, rivière Champlain	12	5
11 avril 1896	Grandes-Bergeronnes, fleuve Saint-Laurent	55	–
7 mai 1898	Saint-Thuribe, rivière Blanche	34,5	1
11 octobre 1903	Poupore, rivière du Lièvre	43,5	–
27 avril 1908	Notre-Dame-de la-Salette, rivière du Lièvre	3,5	33
1er octobre 1924	Kénogami, rivière aux Sables	10	–
? novembre 1924	Shawinigan, affluent de la rivière Saint-Maurice	3,5	–
24 juillet 1935	Saint-Vallier, rivière des Mères	5,5	–
9 août 1939	Sainte-Geneviève, rivière Batiscan	3	–
? mai 1943	Sainte-Emmélie (comté de Lotbinière), rivière du Grand Chêne	1,3	–
1944 ou 1945	Saint-Léon (comté de Maskinongé), rivière Chacoura	2,5	–
18 mai 1945	Saint-Louis, rivière Yamaska	2,8	–
? 1947	Desbiens, rive du lac Saint-Jean	3,8	–
6 août 1951	Sainte-Odile, rivière Rimouski	10,9	–
5 avril 1953	Saint-Prosper (comté de Champlain), rivière Charest	16	1
23 mai 1954	Saint-Jude, rivière Salvail	2,2	–
12 novembre 1955	Nicolet, rivière Nicolet	1,7	3
23 mai 1962	Rivière Toulnustouc	23	8
11 décembre 1963	Saint-Joachim-de-Tourelle, ruisseau de la Grande Tourelle	2,3	4
13 juin 1964	Desbiens, rive du lac Saint-Jean	1,5	–
? mai 1970	Rivière-Saint-Jean, fleuve Saint-Laurent	2,3	–
4 mai 1971	Saint-Jean-Vianney, rivière Petit Bras	30	31
19 avril 1975	Saint-Ambroise-de-Kildare, rivière Blanche	5,5	–
2 avril 1976	Saint-Léon (comté de Maskinongé), rivière Chacoura	1	–
3 mai 1978	Sainte-Madeleine-de-Rigaud, affluent de la rivière Rigaud Est	3	1
3 avril 1980	Havre-Saint-Pierre, fleuve Saint-Laurent	6,3	–
? mai 1983	Desbiens, rive du lac Saint-Jean	–	–
25 septembre 1985	Saint-Luc, rivière Champlain	5,0	–
? avril 1986	Les Escoumins, fleuve Saint-Laurent	1,2	–
? novembre 1988	Brownsburg, ruisseau des Vases	–	–
? juillet 1989	Saint-Liguori, rivière Ouareau	6,5	–
6-7 avril 1991	Nicolet, rivière Nicolet	1,2	–
10 avril 1991	Saint-Adolphe, rivière Batiscan	0,5	–

Source : d'après le ministère de l'Énergie et des Ressources et Environnement-Québec.

Vue stéréoscopique de la coulée de Nicolet (Québec), connue sous l'appellation « d'éboulis de Nicolet », survenue le samedi 12 novembre 1955 sur l'heure du midi. Trois personnes périrent dans la catastrophe. Une station-service, l'Académie commerciale des Frères des écoles chrétiennes, trois maisons et une partie de l'évêché, construit près de la cathédrale, furent détruites. (Photographies aériennes 377 n°s 24 et 25, échelle nominale 1/5000, Photocartothèque québécoise.)

Pour l'argile marine, le c_u varie de 10 à 100 kPa environ et augmente avec la profondeur. Le c_r varie de moins de 0,075 kPa (valeur minimale mesurable au pénétromètre à cône) à 15 kPa et semble indépendant de la profondeur. Quant à la sensibilité, elle peut varier de 1 à plus de 500. On obtient des valeurs infinies de sensibilité lorsque la valeur de C_r est inférieure à celle mesurable au pénétromètre à cône. On considère qu'un rapport de 32 caractérise une argile très sensible. Au-delà de 64, il s'agit d'une argile hypersensible. D'une façon générale, les coulées se produisent lorsque S_t dépasse 50 et que C_r est inférieur à 1 kPa.

13.6.2 *Définition des mouvements*

De façon générale, on observe que les mouvements dans les sédiments marins des mers postglaciaires sont des glissements : dans la plupart des cas, il est possible de retrouver une surface de rupture. Très souvent, une fraction plus ou moins importante de la masse glissée est remaniée et elle entraîne les matériaux sus-jacents. Dans d'autres cas, la majeure partie des matériaux sont à l'état remanié, et on est en présence d'une **coulée argileuse** typique.

Le fait que certains mouvements ressemblent davantage à un glissement et d'autres à une coulée est en partie lié au litage. Lorsqu'une grande épaisseur d'argile très **sensible** est en cause, toute la masse des matériaux est suffisamment remaniée pour permettre son écoulement. Le mouvement qui s'est produit le 4 mai 1971 à Saint-Jean-Vianney est un bon exemple de véritable coulée (fig. 13.13). Étant donné que cette coulée est la plus importante des dernières décennies, et qu'elle a fait l'objet d'un grand nombre d'études[6], nous allons en dire un mot. La coulée de 1971 est entièrement comprise à l'intérieur des limites d'une vaste cicatrice laissée par deux coulées anciennes que des datations font remonter à voilà environ 300 à 500 ans. Ce fait constitue un cas rare dans les annales des coulées au Québec. C'est dire qu'une bonne partie des sédiments emportés en 1971 avaient déjà été remaniés; que les anciennes coulées avaient déjà aplani le relief de la région. Malgré cela, l'érosion dans la région étant très intense, elle a de nouveau créé des accidents topographiques et des conditions critiques d'instabilité, ce qui explique la coulée de 1971. À Saint-Jean-Vianney, la stratigraphie du dépôt était la suivante (du bas vers le haut) : 1) quelques poches de sédiments glaciaires localisées dans les dépressions de la roche en place; 2) une épaisse séquence d'argiles marines non remaniées; 3) de 20 à 30 m d'argiles marines remaniées; 4) des dépôts de sables marins d'épaisseur variable selon les endroits. L'argile de Saint-Jean-Vianney est stratifiée, silteuse, grise, fossilifère, et elle renferme des lits minces de sable et de gravier. Le sédiment renferme en moyenne 40 % de silt et 55 % d'argile. La teneur en eau naturelle de cette argile tourne autour de 45 % avec une salinité qui atteint des valeurs aussi basses que 1 g/l. De plus, et c'est là un élément important, cette argile a une résistance au cisaillement très élevée. En conséquence, les cours d'eau peuvent y entailler des ravins profonds (plus de 40 m) aux berges très escarpées. Comme cette argile est sensible à l'infini, elle se comporte, une fois remaniée, comme un liquide visqueux et donne lieu à des coulées qui

Figure 13.13 Vue de la coulée de Saint-Jean-Vianney, au Saguenay (Québec), survenue le 4 mai 1971. La coulée a commencé vers 22 h 15 pour atteindre à 22 h 55 le quartier est de la municipalité et emporter 40 maisons en l'espace de cinq minutes (31 personnes ont perdu la vie dans cette catastrophe naturelle). Un total de 6,9 millions de mètres cubes de sédiments ont été emportés et la coulée couvrait une superficie de 30 ha. À la suite de l'événement, les maisons demeurées en place ont été déménagées et le talus aplani. (Photographie : Studio Jean le photographe, Alma.)

6. On consultera en particulier le *Rapport de synthèse des études de la coulée d'argile de Saint-Jean-Vianney* de Pierre La Rochelle, 1974. De plus, on pourra consulter « The Saint-Jean-Vianney Landslide : Observations and Eyewitnesses Accounts » de F. Tavenas, J.-Y. Chagnon et P. La Rochelle, 1971.

peuvent se propager sur de vastes superficies. Enfin, l'épaisse couche d'argile non remaniée dans laquelle se trouvait d'ailleurs la surface de rupture de la coulée est un sédiment bien stratifié.

Contrairement à la coulée de Saint-Jean-Vianney, où une grande quantité de sédiments sensibles s'est mise en branle, dans bon nombre de situations, seule une couche d'argile sensible localisée en profondeur se remanie. Les matériaux sus-jacents gardent plus ou moins leur structure et sont emportés par tranches. Même si la couche argileuse sensible est la seule qui soit entièrement remaniée, c'est quand même elle qui commande le comportement de toute la masse. De ce fait, les premiers matériaux emportés n'agissant plus comme contrepoids à la base du nouveau talus, il peut se produire une série de ruptures consécutives.

On parle d'un mouvement par **rétrogression** pour désigner ce mode de recul d'un versant.

Le mouvement dure tant et aussi longtemps que ne sont pas atteintes de nouvelles conditions d'équilibre entre les contraintes motrices et la résistance du sol. Ces conditions peuvent être atteintes, par exemple, par l'ascension lente du plan de rupture vers la surface du terrain. Quand une bonne partie du matériel emporté demeure intact, on obtient des cicatrices dont le fond est dit en **horst et graben** à cause des blocs (souvent en forme de prismes et de coins que l'on appelle pinacles) qui créent des inégalités de relief. Le glissement de Rigaud (3 mai 1978) et celui de Saint-Luc (25 septembre 1986) (fig. 13.14) sont des exemples de ce type de mouvements, que l'on peut qualifier de glissement-coulée.

Figure 13.14 Glissement de Saint-Luc, localité sise au nord-est de Cap-de-la-Madeleine (Québec) (carte topographique 31 I/8). Le 25 septembre 1986, le rang Saint-Joseph Ouest était emporté sur une longueur d'environ 200 m par la rupture successive d'une dizaine de tranches de terrain ayant laissé une topographie en horst et graben. (Photographie : Robert Bergeron, ministère de l'Environnement, gouvernement du Québec.)

13.6.3 *Minéralogie des argiles marines*

Pour comprendre davantage les raisons qui font que certaines argiles marines sont très sensibles au remaniement, examinons-les de plus près.

Les minéraux qui composent les sédiments marins proviennent principalement de l'abrasion du substratum rocheux par le dernier inlandsis. Le tableau 13.2 fournit la composition minéralogique moyenne de 70 échantillons d'argile marine prélevés en sept endroits différents. Les minéraux primaires (c'est-à-dire des grains arrachés aux roches) les plus abondants sont, dans l'ordre, les plagioclases, le quartz, le microcline, la hornblende, la dolomite et la calcite. Une telle composition confirme que le Bouclier canadien est la source principale des sédiments. Dans une moindre mesure, les sédiments marins contiennent aussi des minéraux argileux (phyllosilicates). On y trouve principalement de l'illite, et ce, dans des proportions allant de 2,7 à 11 %. Il faut préciser que le pourcentage de minéraux argileux varie grandement dans les sédiments marins. De façon générale, on peut affirmer que ce pourcentage s'élève avec l'augmentation du pourcentage de la fraction fine (particules inférieures à 2 μm).

13.6.4 *Des flocons d'argile*

Des expériences de laboratoire démontrent que des feuillets d'argile mis en suspension dans l'eau se déplacent sous l'influence d'un champ électrique. Cette mobilité s'explique par le fait qu'il y a une charge électronique dans ces feuillets.

Dans les phyllosilicates, la charge est d'abord reliée à l'arrangement moléculaire. Dans la couche tétraédrique, par exemple, le remplacement d'un ion Si^{4+} par un ion Al^{3+} crée, dans le réseau, un déficit d'une charge négative. Des substitutions similaires surviennent dans la couche octaédrique et produisent les mêmes effets. Un deuxième facteur de charge a trait à la dissociation des groupes d'hydroxydes présents à la surface des particules. En fonction du pH de la solution, il se produit une ionisation des hydroxydes, ce qui libère des charges sur les faces qu'ils occupaient. Finalement, la création des charges découle aussi de l'adsorption préférentielle de certains ions contenus dans la solution.

Tableau 13.2 Composition minéralogique de 70 échantillons de sédiments marins (données extraites de Locat, Lefebvre et Ballivy, 1984, p. 535).

ENDROIT	NOMBRES D'ÉCHANTILLONS	MINÉRAUX PRIMAIRES (%)							MINÉRAUX ARGILEUX (%)
		Plagioclases	Quartz	Microcline	Hornblende	Dolomite	Calcite	P*	Illite
Mer de Tyrrell									
Kuujjuarapik	14	43	15	14	12	2	1	13	7
Mer de Champlain									
Saint-Marcel	6	35	12	9	11	5	2	26	9
Saint-Léon	15	36	12	13	13	4	–	32	11
Saint-Alban	19	25	21	10	9	1	1	33	11
Saint-Barnabé	3	37	12	14	13	4	1	19	7
Shawinigan	5	37	20	15	13	2	–	13	9
Mer de Laflamme									
Chicoutimi	8	41	20	13	10	1	1	14	3

* Différence entre la masse totale de l'échantillon sec et la masse des minéraux primaires.

Les densités de charge électrique positive et négative se traduisent dans le milieu aqueux par une capacité d'échange cationique, si une charge est négative, ou anionique, si une charge est positive. La capacité d'échange correspond à la somme des ions attirés à la surface de l'argile, permettant d'arriver à l'électroneutralité du feuillet.

Les minéraux argileux, en suspension dans l'eau, présentent dans les conditions naturelles une charge superficielle globalement négative. Ils cherchent donc à s'entourer d'un certain nombre de cations.

Cette situation prévaut dans les milieux marins ou saumâtres, riches en sels, et plus particulièrement en chlorure de sodium, NaCl. Les minéraux argileux s'entourent d'une grande quantité de cations surtout Na^+, K^+, Mg^{2+}, et de molécules d'eau. Étant donné l'importance de leur surface spécifique, ils sont en mesure d'adsorber une couche d'eau dont le volume dépasse souvent celui des grains solides. De plus, les cations neutralisent les charges négatives des argiles et, ainsi, diminuent considérablement les forces de répulsion entre les feuillets qui sont alors en mesure de se rapprocher et de former des flocons. Pour désigner ce processus, on parle de la **floculation** des feuillets argileux.

Les charges négatives et positives n'étant pas réparties uniformément sur les faces des feuillets, ces derniers floculent de façon aléatoire. La structure des flocons est dite en « château de cartes » (fig. 13.15). Les contacts se font surtout entre les arêtes d'un feuillet et les faces des feuillets adjacents. Les pores entre les feuillets sont occupés par des films d'eau adsorbée, riche en ions, fortement retenue aux particules, et par de l'eau dite libre, moins concentrée en

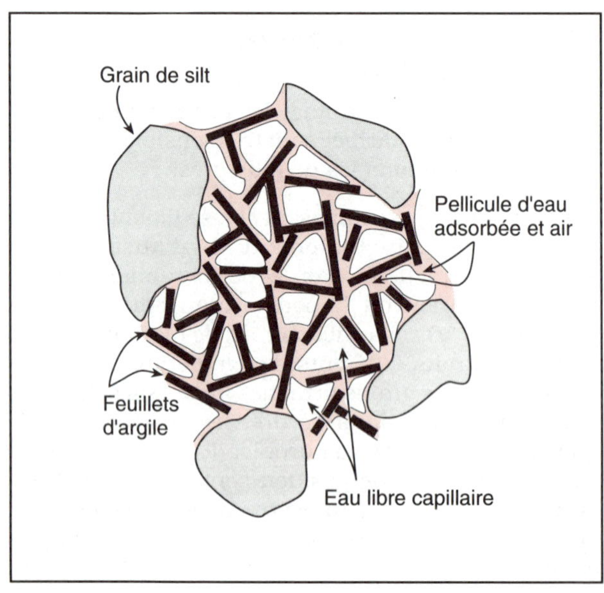

Figure 13.15 Structure en « château de cartes » de flocons d'argile intacts (d'après La Rochelle, 1972, p. 48).

ions. La structure du sédiment favorise donc une teneur naturelle en eau très élevée. On comprend facilement le rôle important de cette eau interstitielle qui entoure les particules solides. Elle permet les échanges complexes entre le solide et les ions.

13.6.5 *Origine de la sensibilité des argiles*

Comment s'explique la grande sensibilité des argiles marines ? Au chapitre 12, on a vu que par isostasie les sédiments argileux sont lentement sortis des bassins marins. Depuis, les eaux de surface (pluies et fonte de la neige) s'infiltrent et circulent à travers les couches silteuses et sablonneuses des dépôts. Il en résulte un **lessivage** des argiles. Plus précisément, la teneur en sels de l'eau interstitielle est considérablement réduite, ce qui provoque la dissociation des cations des feuillets d'argile et, en conséquence, l'augmentation des forces de répulsion entre eux. On estime qu'au moment de leur sédimentation dans les mers postglaciaires, la salinité moyenne du milieu était de l'ordre de 25 à 26 g/l, alors que dans un milieu vraiment marin, elle est de 34 à 35 g/l. De plus, la salinité a beaucoup varié, car le milieu était en évolution constante à cause de l'émersion du continent et de l'arrivée d'eaux douces en permanence. Il semble que les argiles marines deviennent hypersensibles si le lessivage réduit la salinité de l'eau interstitielle à des valeurs inférieures à 2 g/l.

Ce fait est bien vérifié pour les argiles du bassin de la rivière Yamaska, où de grandes superficies sont exposées à des mouvements de terrain. Dans la zone propice aux glissements (décrochements) plutôt qu'aux coulées, les teneurs en sel sont élevées. Par contre, dans la zone à coulées, les valeurs de c_r sont inférieures à 1,0 kPa et les teneurs en sel s'abaissent en dessous de 2,6 g/l. Autrement dit, la sensibilité des argiles augmente avec la baisse de la salinité. Pour une sensibilité supérieure à 30, la teneur en sel est généralement inférieure à 2 g/l (fig. 13.16).

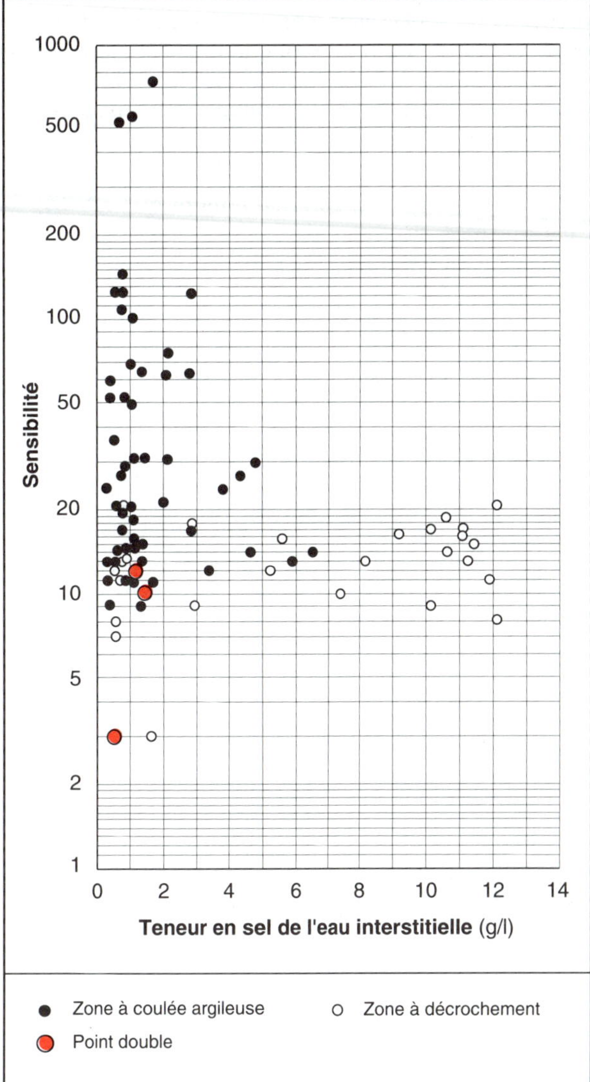

Figure 13.16 Sensibilité des argiles marines en fonction de la teneur en sel de l'eau interstitielle. Pour les argiles les plus sensibles, propices aux coulées, la teneur en sel de l'eau interstitielle est généralement inférieure à 2 g/l (Rissmann, Allard et Lebuis, 1985, p. 23).

Les recherches démontrent que les ions monovalents sont plus facilement lessivés que les ions bivalents. Par lessivage, l'argile passe donc d'un système de cations Na^+ dominants à un système de cations Ca^{2+} et Mg^{2+} abondants dans l'eau interstitielle. Le volume de cette eau demeure constant. La faible salinité de l'eau interstitielle n'est pas le seul facteur qui explique l'hypersensibilité d'une argile. Des agents dispersants ou défloculants joueraient également un rôle important. La plupart de ces agents sont des composés organiques et inorganiques. Les composés organiques sont des acides, des polyphénols, des hydrocarbones et des produits de l'humus des sols. Ces matières organiques agiraient par peptisation, un processus complexe qui détruirait les liaisons entre les feuillets des argiles. Quant aux matières inorganiques dispersantes, elles proviennent en bonne partie des eaux usées. Elles comprennent les composés NaOH, Na_2CO_3 et Na_3PO_4, dont les radicaux sont des anions. Ces derniers sont adsorbés aux bords à charge positive des feuillets et détruisent ainsi les liaisons bord-face existantes. La matière organique contribuerait, elle aussi, à neutraliser les arêtes positives des minéraux argileux.

De façon générale, les agents dispersants se lient aux ions Ca^{2+} et Mg^{2+} pour former un précipité, si bien qu'en fin de compte ce sont les cations monovalents Na^+ et K^+ qui dominent dans l'eau interstitielle des argiles hypersensibles, et ce, bien qu'ils soient délogés plus facilement que les cations bivalents. La présence d'agents dispersants, qui entraînent le calcium et le magnésium, explique l'apparente contradiction entre la domination des cations monovalents dans l'eau interstitielle et le fait qu'ils soient lessivés plus facilement.

Les analyses démontrent clairement que les argiles marines sont d'autant plus sensibles que le pourcentage de cations Na^+ et K^+ présents dans l'eau interstitielle est élevé (tableau 13.3).

Par ailleurs, certains chercheurs estiment que la nature sensible des argiles marines est étroitement liée à la présence des minéraux primaires (quartz, feldspaths, etc.) et des matières amorphes. Tandis que les minéraux argileux sont floculés par attraction électrique (charges positives et négatives), les minéraux primaires sont simplement retenus par des forces de Van der Waals et une certaine cimentation des grains. Or, il semble qu'en présence d'une augmentation de pH postérieure à la sédimentation en eau salée, une partie des minéraux primaires soit dissoute et la cimentation, détruite. On remarque aussi une augmentation significative de la teneur en eau. Dans de telles circonstances, le moindre remaniement rompt les faibles liens électrochimiques restants et une coulée peut survenir.

On en vient finalement à la conclusion que plus la fraction des minéraux argileux dans un sédiment marin est élevée, moins ce sédiment est sensible. Plus la fraction des minéraux primaires est grande, plus le sédiment est sensible, donc susceptible d'être remanié.

Effectivement, on remarque de façon générale que les coulées se produisent surtout dans les dépôts silteux, riches en quartz et en feldspaths. Ces matériaux se trouvent principalement du côté nord du Saint-Laurent, là où justement les plus grandes coulées se produisent. Celle de Saint-Alban, au nord-est de Trois-Rivières, est un exemple de coulée exceptionnelle. Elle touche une superficie de plus de 6 km^2. Le sédiment sensible est constitué d'une alternance de lits de sable très fin, de silt et d'argile d'au moins 30 m d'épaisseur. Le tout est recouvert d'une quinzaine de mètres de sable et de graviers.

La figure 13.17 montre une coulée survenue près de Havre-Saint-Pierre, Moyenne-Côte-Nord du Saint-Laurent.

En résumé, les mécanismes précis pouvant expliquer la grande sensibilité des sédiments marins postglaciaires sont complexes. Le lessivage par les

Tableau 13.3 Quelques données sur 16 échantillons d'argiles marines provenant de localités du Québec et de l'Ontario. Les échantillons sont placés par ordre croissant du degré de sensibilité. On notera la relation étroite entre l'augmentation du pourcentage de cations monovalents Na^+ et K^+ présents dans l'eau interstitielle et la diminution équivalente du pourcentage de cations bivalents Ca^{2+} et Mg^{2+} (d'après Penner et Burn, 1978, p. 273).

Échantillon	Profondeur (m)	Argile (%)	Surf. spéc. (m^2 / g)	Sensibilité	Ca^{2+} + Mg^{2+} (%)	Na^+ +K^+ (%)
136-2	9,8	85	78	11	—	—
94-13-3	6,7	82	72	30	47	53
124-19-5	18,3	77	62	33	13	87
126-5-4	22,9	85	72	34	11	89
126-4-4	19,8	89	—	45	10	90
126-1-4	10,7	78	60	53	9	91
126-3-4	16,8	79	66	60	10	90
126-2-4	13,7	78	60	74	9	91
129-16-4	17,4	85	85	118	—	—
124-3-5	3,7	71	79	126	7	93
129-7-5	9,1	79	76	183	8	92
124-12-5	11,9	76	79	453	5	95
94-20-5	16,2	72	47	575	8	92
124-9-6	9,2	86	80	600	5	95
94-27-1	22,0	67	54	900	6	94
123-2-3	—	54	29	> 1 000	2	98

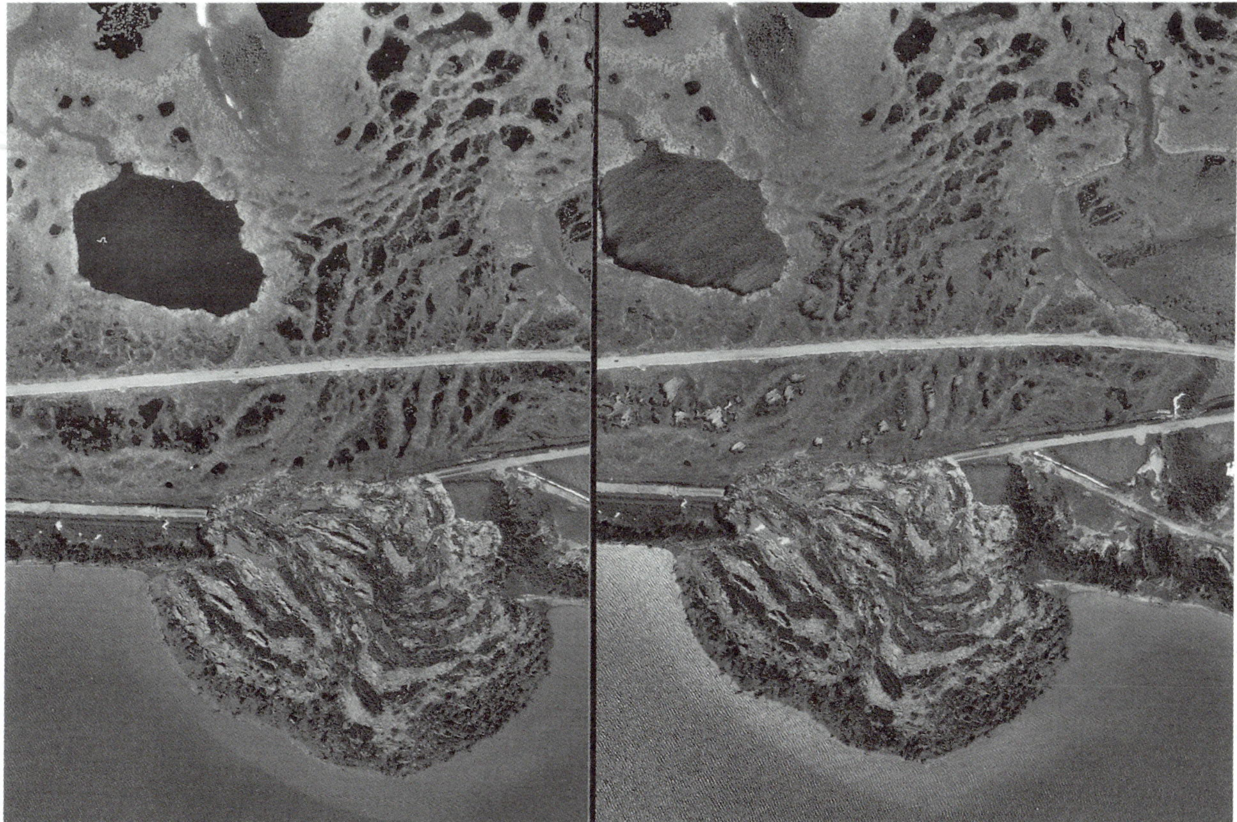

Figure 13.17 Vue stéréoscopique de la coulée survenue le 3 avril 1980, près de la municipalité de Havre-Saint-Pierre, Moyenne-Côte-Nord du Saint-Laurent (Québec). La coulée a une superficie d'environ 6,3 ha. La stratigraphie du dépôt était la suivante : 2 à 3 m de tourbe en surface, suivis de 3 à 5 m de sable et d'une épaisseur indéterminée d'argile silteuse sensible. La route 138, seul accès par voie terrestre à Havre-Saint-Pierre, a été emportée sur une longueur de 480 m (carte topographique 12 L/04, échelle nominale 1/12 000). (Photographies AP-8035, n°s 76-77, Aéro-Photo (1961) inc.)

eaux douces accompagnées d'agents défloculants augmente certainement leur sensibilité dans de nombreux cas. D'un autre côté, on observe que les plus grandes coulées surviennent dans des dépôts dont la proportion de minéraux primaires (qui se traduit par un fort pourcentage de silt) est assez élevée.

13.6.6 *Les causes des mouvements*

On ne peut pas identifier une cause unique et générale aux mouvements de terrain que nous sommes en train d'étudier. La combinaison d'un certain nombre de facteurs crée les conditions propices à l'action des processus en cause. Nous avons vu que les argiles acquièrent, dès leur sédimentation en eau salée ou saumâtre, une microstructure qui les rend sensibles ou hypersensibles, donc susceptibles de se liquéfier facilement. Mais, de nombreux autres facteurs extrinsèques interviennent pour déclencher le mouvement.

La majorité des coulées importantes surviennent sur des versants dont les pentes ont 12° et plus. Ces versants bordent des dépôts dont l'épaisseur dépasse 10 m et dont la stratigraphie comporte souvent des couches perméables de sable fin permettant l'infiltration de l'eau.

On estime que 80 % des mouvements dans les argiles marines sont déclenchés par l'érosion des cours d'eau dans le bas des versants (sapement). Les 20 % restants sont causés par des activités humaines.

Supposons une masse argileuse commençant à la berge d'une rivière et s'étendant vers l'intérieur. En profondeur, cette argile est pratiquement saturée en permanence. Par contre, sur la rive, le suintement le long de la pente l'empêche d'atteindre la saturation. L'argile agit ainsi à la manière d'une paroi qui retient le reste de la masse. Lors des crues printanières ou automnales, le sapement de la base du versant provoque des décrochements mineurs qui ouvrent une brèche dans l'argile saturée. Comme il n'y a plus alors de contrepoids pour retenir le sédiment sensible, le processus de rétrogression peut s'enclencher.

Des facteurs d'ordre hydrologique interviennent également pour une large part dans les mouvements de terrain. Ainsi, un mauvais égouttement des eaux de surface favorise l'infiltration et augmente les pressions interstitielles. C'est ce qui explique que beaucoup de coulées aient eu lieu à proximité de tourbières, comme à Saint-Jean-Vianney; qu'une nappe phréatique élevée soit un facteur déterminant; que les mouvements se produisent souvent au printemps, à la fonte des neiges, ou à l'automne, lors de fortes pluies.

Finalement, des facteurs divers, comme les vibrations causées par la mise en place de pieux, le dynamitage, des ruptures dans les réseaux d'égouts et d'aqueducs, des installations sanitaires qui fonctionnent mal et qui saturent le sol, les tremblements de terre, la construction de remblais au haut des talus ou les excavations au pied des talus, peuvent être à l'origine de glissements et provoquer des coulées dans les argiles marines.

La figure 13.18 montre une partie de la cicatrice laissée par un glissement de type rotationnel, survenu le 2 novembre 1974, à Saint-Michel-d'Yamaska. Deux autres mouvements ont suivi celui-ci, l'un en décembre de la même année et l'autre en juillet 1975. Ce dernier glissement a été provoqué par les travaux qu'on exécutait pour corriger les premiers glissements.

13.7 *L'AFFAISSEMENT ET L'EFFONDREMENT*

Contrairement aux mouvements étudiés dans les sections précédentes, l'affaissement et l'effondrement font partie des mouvements de terrain à dominante verticale. Le tableau 13.4 résume les principaux facteurs qui en sont à l'origine.

On parle d'**affaissement** pour désigner un mouvement lent, progressif, qui forme une dépression topographique continue, sans rupture apparente, parfois en cuvette. Quand il s'agit d'un mouvement brutal, qui laisse une dépression aux bords sensiblement verticaux, on parle d'**effondrement.** Avec le temps, il peut arriver que certains types d'affaissement dégénèrent en un effondrement. De même, un effondrement qui survient en profondeur peut s'amortir progressivement vers le haut et se prolonger en surface par un affaissement.

Figure 13.18 Une partie de la cicatrice laissée par un glissement de type rotationnel survenu le 2 novembre 1974 à Saint-Michel-d'Yamaska (Québec) (carte topographique 31 I/02).

Tableau 13.4 Principaux facteurs responsables des mouvements de terrain à dominante verticale (d'après Costa et Baker, 1981, p. 285).

Facteurs géologiques
Activité volcanique
Mouvements tectoniques (plis, failles, etc.)
Dissolution chimique (phénomène karstique)
Séismes (tassements et failles consécutifs aux vibrations des ondes)
Canalisations par les eaux souterraines (suffosion)
Dégel du pergélisol (phénomène thermokarstique)
Dessiccation des sols argileux, en particulier par certaines espèces d'arbres
Oxydation des matières organiques
Facteurs anthropiques
Extraction de fluides (pétrole, gaz, eau)
Exploitation minière
Travaux de drainage (abaissement des nappes phréatiques)
Surcharges (édifices, barrages, etc.)
Hydrocompaction (compaction causée par un apport d'eau qui réduit les frictions entre les grains d'un matériau poreux)

Il va sans dire que ces phénomènes posent de sérieux inconvénients à la stabilité des ouvrages et des bâtiments construits dans leur zone d'influence. Ainsi, les constructions érigées sur les bords d'un affaissement subissent une inclinaison différentielle qui entraîne une dislocation des fondations. Les effondrements se produisent avec soudaineté et sont donc plus difficiles à prévoir. Il importe, lors de l'établissement d'un projet de construction, d'envisager l'éventualité de ces mouvements de terrain. Voyons quelques exemples de chacun des deux types de mouvements.

13.7.1 *L'affaissement*

Disons tout d'abord un mot sur les mouvements d'ampleur régionale causés par des facteurs géologiques. Les tremblements de terre sont à l'origine de modifications importantes du relief, tant à la surface des continents que dans le fond des océans. Ils peuvent, d'un seul coup, donner naissance à des dépressions et à des escarpements de grande ampleur. De même, les régions volcaniques sont probablement les plus exposées aux phénomènes de variation du niveau du sol ou des fonds marins.

La région de Napoli (Naples), en Italie, offre de nombreux exemples de variations du niveau du sol. Entre autres, dans la vieille ville de Pozzuoli à l'ouest de Napoli, on peut admirer les ruines du Tempio di Serapide (fig. 13.19). À une hauteur d'environ 5,70 m, les colonnes en marbre de ce temple sont percées de petits trous, œuvre de mollusques qui vivent dans la mer; les mollusques s'abritent dans ces trous. C'est donc dire que ce temple a enregistré, depuis son édification par les Romains, les variations du niveau relatif de la côte italienne par rapport à l'océan : après sa construction, le sol s'est affaissé (sans doute à la suite d'une éruption volcanique), amenant la submersion de la base des colonnes. Au cours de l'épisode de stabilité qui a suivi, les mollusques ont foré les trous. Après, le sol a remonté, ramenant les fondations et les colonnes du temple hors de l'eau. Le gros de cette émersion daterait des années 1500, mais elle est loin d'être terminée. Des mesures de nivellement font état de soulèvements de 2,40 m entre 1970 et 1985, centrés sur la région de Pozzuoli. L'intense activité volcanique qui règne autour de la baie de Napoli, dominée par le Vésuve, en est directement responsable.

Figure 13.19 Colonnes du Tempio di Serapide à Pozzuoli, près de Napoli (Naples) en Italie. À la base des colonnes se démarque un niveau plus foncé; c'est à cette hauteur que les mollusques ont foré des trous. Les variations du niveau marin enregistrées par ce temple sont d'autant plus célèbres qu'elles ont été interprétées dans ce qui est considéré comme le premier ouvrage de géologie moderne : *Principles of Geology*, de Charles Lyell, publié en 1828.

Les exemples de désordres causés par des constructions élevées sur des terrains compressibles sont nombreux. Le cas de la Tour penchée à Pisa (Pise), dans le nord-ouest (Toscane) de l'Italie, est un des plus connus mondialement[7]. Le **tassement différentiel** du sol remonte au tout début de la construction, en 1173. La Tour (qui est en fait le campanile d'une église) fut terminée en 1272, et les tassements se poursuivent sans cesse depuis. Ils étaient d'environ 2 mm par an vers 1690, de 1 mm par an entre 1800 et 1900, de moins de 1 mm par an ensuite. La construction a une hauteur de 54,10 m, et l'écart à la verticale est de 5,58 m au sommet. Les fondations ont 19,2 m de diamètre avec une ouverture centrale de 4,5 m de diamètre. On ignore si cette couronne repose sur des piliers. Le sous-sol comporte une couche de 3,9 m de sable argileux, suivie de 6,3 m de sable, le tout surmontant une couche d'argile d'épaisseur inconnue. Le tassement différentiel se produit dans ces sédiments.

Passons maintenant aux problèmes d'affaissement reliés aux activités humaines. Ceux causés par le pompage de fluides, entre autres d'eau souterraine, sont probablement les plus nombreux. À Mexico, l'une des mégalopoles de la planète, la partie centrale de la ville s'est enfoncée de 1,5 m entre 1900 et 1940. Une rapide augmentation du mouvement a fait en sorte que l'enfoncement total atteignait 7 m vers 1970. L'affaissement du terrain est causé principalement par l'intense exploitation d'un aquifère captif (artésien à l'origine), constitué de sables et de graviers confinés entre des argiles silteuses. Dès 1854, plus de 140 puits pompaient cette nappe. Inévitablement, non seulement les couches de sables et de graviers se sont-elles compactées, mais l'augmentation des contraintes effectives dans les couches imperméables en provoqua également le tassement. En conséquence, des tubages de puits originairement à l'égalité du sol en vinrent à émerger de plus de 6 m dans les airs !

Des problèmes d'affaissement du terrain causés par le pompage de l'eau souterraine, accompagné parfois de l'extraction de pétrole et de gaz, se rencontrent dans plusieurs grandes villes. Mentionnons les cas les plus sérieux : London (Londres) en Angleterre, Long Beach en Californie, Houston au Texas, Tōkyō, Nagoya et Ōsaka, toutes trois au Japon, Venezia (Venise) en Italie et Krung-Thep (Bangkok) en Thaïlande.

Le tassement des sols argileux, à la suite du pompage de l'eau par les racines des arbres, est un problème géotechnique particulièrement intéressant[8]. On a étudié cette situation dans la région d'Ottawa dès le milieu des années 50. Certaines espèces d'arbres, comme les peupliers, les saules, les ormes et les érables argentés, ont besoin de grandes quantités d'eau pour assurer leur croissance. Quand le sol est à structure ouverte et que sa teneur en eau est élevée, sa capacité de contraction est alors très grande. Le retrait de l'eau produit une diminution de volume et provoque des tassements partiellement irréversibles, à cause de l'absence de minéraux argileux gonflants.

Les affaissements peuvent aussi survenir à cause de l'abaissement de la nappe phréatique. Par exemple, durant les dernières années de la décennie de 1980, années qui furent particulièrement sèches et chaudes, l'abaissement de la nappe phréatique aurait causé le tassement du sol argileux et provoqué des dommages à plus de 800 maisons, principalement dans les quartiers de Mercier, d'Hochelaga-Maisonneuve et de Rivière-des-Prairies, dans la région de Montréal.

Examinons un dernier exemple. La ville de Noranda, en Abitibi, a connu d'importants problèmes d'affaissement de terrain. Dans un quartier limité par les rues Murdoch, Churchill, Saguenay et la 17e rue, une vingtaine de maisons ont subi des dégâts plus ou moins sérieux. Connu depuis de nombreuses années, le problème s'est aggravé au cours de l'été de 1981. Selon les spécialistes du ministère de l'Énergie et des Ressources[9], l'affaissement est causé par le drainage de l'argile. Il s'agit d'une argile glaciolacustre dont la teneur en eau naturelle est très élevée. Il semble bien que le drainage de cette argile entraîne deux conséquences principales : (1) une augmentation des contraintes verticales sur l'argile sous-jacente; (2) la consolidation et une diminution de volume du sol drainé.

L'effet combiné des deux phénomènes provoque un **tassement** significatif du terrain, ce qui cause d'importants dommages aux maisons, comme la détérioration des fondations.

Dans le quartier en question, l'épuisement en eau du sol semble relié aux facteurs suivants :

- à la présence de gros saules dont le tronc atteint environ 1 m de diamètre et dont la croissance rapide exige beaucoup d'eau;
- au pavage de la rue, des trottoirs et de la zone intermédiaire, qui réduit l'infiltration;
- peut-être au rabattement de la nappe en lien avec la présence du réseau d'égouts et d'aqueducs.

---

7. Les informations qui suivent proviennent de R. F. Legget et P. F. Karrow, *Handbook of Geology in Civil Engineering*, 1983, chapitre 22, p. 32.
8. On pourra consulter la brochure *Les arbres à croissance rapide peuvent endommager les maisons* de K. N. Burn et E. Penner, 1976.
9. *Étude du problème d'affaissement de Noranda*, document préparé par Robert Bergeron, 1981.

13.7.2 *L'effondrement*

La plupart des vides naturels souterrains susceptibles de provoquer des effondrements dommageables sont d'origine karstique. Ils résultent de la dissolution de roches solubles, comme les calcaires, ou très solubles comme le gypse et d'autres évaporites (voir le chapitre 6). Dans la plupart des cas, la dissolution agit principalement en profondeur et le toit de la cavité finit par s'effondrer.

Quant aux effondrements provoqués par l'activité humaine, il faut retenir ceux consécutifs à l'exploitation des carrières et des mines. En Europe, notamment, le nombre de carrières souterraines est considérable. Sur le seul territoire de la ville de Caen[10], en Normandie, dans le nord-ouest de la France, on estime à 11 millions de mètres cubes le volume de pierre extrait depuis les époques romaines et gauloises, dont plus de la moitié provient de carrières souterraines. On exploitait ces carrières par chambres et piliers, sur une hauteur de 5 à 10 m et sous 8 à 12 m de recouvrement. De telles exploitations sont inexistantes au Québec, les carrières étant toutes à ciel ouvert.

Par contre, le Québec compte de nombreuses mines souterraines; ces mines n'échappent pas aux accidents, même s'ils y sont relativement rares. Au soir du 20 mai 1980, une partie du toit de la mine Belmoral, située à 13 km de Val-d'Or en Abitibi, s'effondrait. La catastrophe a tué huit mineurs. Une commission publique d'enquête a pu faire la lumière sur cet événement et le rapport qu'elle a publié fournit les causes de l'effondrement[11]. La figure 13.20 montre la dépression laissée par l'effondrement.

Figure 13.20 Dépression laissée par l'effondrement du toit de la mine Belmoral, près de Val-d'Or en Abitibi (Québec). La photographie a été prise le 21 mai 1980, soit le lendemain de l'accident. (Photographie : Sûreté du Québec, poste de Val-d'Or.)

---

10. On consultera *Les mouvements de terrain et leur prévention* de J.-C. Flageollet, 1989, p. 39-40.
11. On consultera le rapport de la Commission d'enquête sur la tragédie de la mine Belmoral et les conditions dans les mines souterraines, vol. 1, *Rapport final sur les circonstances, les conditions préalables et les causes de la tragédie du 20 mai 1980*, 1981.

13.8 MESURES DE CORRECTION ET DE PRÉVENTION

Disons tout d'abord un mot sur les mesures de correction. Il sera uniquement question ici des travaux visant à corriger les mouvements qui surviennent dans les sédiments marins postglaciaires. Ces travaux s'imposent si la sécurité des personnes et des biens est menacée. La méthode de la **butée de pied** est couramment employée pour stabiliser les versants. Sans entrer dans le détail, disons que le principe est d'asseoir, au pied du versant instable, une masse de matériau grossier; cette masse agit comme contre-poids et est capable de maintenir le versant en place. On a utilisé cette méthode pour la première fois en 1975 pour corriger un glissement à Saint-Michel-d'Yamaska. On l'a aussi employée à Saint-Léon, dans le comté de Maskinongé, à Louiseville et à beaucoup d'autres endroits. Notamment, le ministère des Transports y a eu recours pour réparer des glissements ayant emporté des tronçons de routes.

Dans le domaine de la prévention, l'expérience québécoise est plutôt limitée. Parmi les mesures techniques de prévention, certaines ont trait à la modification de la géométrie du talus, d'autres à l'écoulement souterrain et d'autres encore, à la reconstitution du tapis végétal des rives ou des talus dangereux. Cependant, la meilleure mesure de prévention est encore d'éviter tous travaux de construction sur les versants exposés aux mouvements. À cet égard, un zonage basé sur la cartographie des zones à risques est l'outil nécessaire. Il est impossible de prédire les mouvements de terrain. Cependant, on est en mesure de délimiter les zones où le danger est élevé. Au Québec, depuis l'entrée en vigueur de la *Loi sur l'aménagement et l'urbanisme* en 1980, l'aménagement du territoire se fait principalement sous l'autorité des municipalités régionales de comté (MRC). Celles-ci se sont dotées de schémas d'aménagement dont une partie du contenu obligatoire a trait aux *zones de contraintes liées à la sécurité publique*. Ces zones sont principalement les secteurs qui présentent des risques de mouvements de terrains et les plaines inondables. En principe, les municipalités exercent maintenant un contrôle beaucoup plus sérieux de la construction dans ces parties de leur territoire. Il faut voir là une note encourageante par rapport à la situation qui prévalait avant 1980.

CONCLUSION

Les mouvements de terrain comptent parmi les principaux processus de la géodynamique externe. Ils déplacent dans un court laps de temps des volumes considérables de matériaux et, de ce fait, se révèlent des agents morphogénétiques de premier plan. Plus gravement, ils causent des pertes de vie nombreuses et ils entraînent des dégâts très sérieux aux constructions. Une célèbre phrase de Francis Bacon dit que *Nature, to be commanded, must be obeyed.* Face aux mouvements de terrain (et aux inondations dont nous avons parlé au chapitre 10), ce sage précepte devrait trouver sa pleine signification. Ces phénomènes naturels étant pour la plupart impossibles à prédire, la prévention doit devenir la règle à suivre vis-à-vis eux.

VOCABULAIRE

Affaissement
Argiles marines

Butée de pied

Chute
Contrainte
Coulées d'argiles

Décrochement

Écroulement
Effondrement

Floculation

Glissement
Glissement-coulée

Glissement plan
Glissement rotationnel

Lessivage

Phyllosilicates

Renversement
Rétrogression

Sensibilité
Suffosion
Surface de glissement
Surplomb

Tassement

QUESTIONS

1. Précisez l'importance des mouvements de terrain comme processus géologique. Faites une recherche personnelle dans laquelle vous montrerez comment les mouvements de terrain comptent parmi les plus importantes catastrophes naturelles.
2. Quelles distinctions fait-on entre le glissement rotationnel et le glissement plan ? Précisez les mécanismes propres à chacun.

3. Répondez aux questions suivantes sur les mouvements dans les argiles sensibles au Québec.
   a) Rappelez brièvement l'origine des sédiments dont il est question ici.
   b) Comment peut-on affirmer que les argiles marines dérivent principalement de l'abrasion glaciaire des roches du Bouclier canadien ?
   c) Expliquez comment la structure floculée des argiles marines permet de mieux comprendre le comportement de ces sédiments.
   d) Qu'est-ce que la notion de sensibilité ?

4. Faites une recherche personnelle pour trouver quelques exemples d'affaissements ou d'effondrements autres que ceux dont il est question dans le chapitre.

RÉFÉRENCES BIBLIOGRAPHIQUES

OUVRAGES RECOMMANDÉS

1. Flageollet, J.-C.
1989 : *Les mouvements de terrain et leur prévention.* Paris, Masson, coll. Géographie, 224 p.
Bon volume d'introduction à ce sujet.

2. Schuster, R. L. et Krizek, R. J. (sous la direction de)
1978 : *Landslides Analysis and Control.* Washington, Transportation Research Board, Commission on Sociotechnical Systems, National Research Council, National Academy of Sciences, Special Report 176, 234 p. et 1 figure en pochette.
Document de référence indispensable.

AUTRES SOURCES D'INFORMATION CONSULTÉES

Bergeron, R.
1981 : *Étude du problème d'affaissement de Noranda.* Québec, ministère de l'Énergie et des Ressources, Service de géotechnique, 8 p. plus photos et annexes.

Bulletin de liaison des laboratoires des Ponts et Chaussées
1976 : *Stabilité des talus.* Vol. 1 – *Versants naturels.* Paris, LCPC, numéro spécial 11, 188 p.

1987 : *Risques naturels.* Paris, LCPC, numéro double (150-151), 229 p.

Burn, K. N. et Penner, E.
1976 : *Les arbres à croissance rapide peuvent endommager les maisons.* Ottawa, Conseil national de recherches du Canada, division des recherches sur le bâtiment, note d'information n° 100, F, 4 p.

Chagnon, J.-Y., Lebuis, J. et Allard, J. D.
1979 : *Argiles sensibles, pentes instables, mesures correctives et coulées des régions de Québec et de Shawinigan.* Ottawa, Association géologique du Canada, livret-guide de l'excursion B-11, 44 p.

Commission d'enquête sur la tragédie de la mine Belmoral et les conditions dans les mines souterraines
1981 : *Rapport final sur les circonstances, les conditions préalables et les causes de la tragédie du 20 mai 1980* (vol. 1). Québec, gouvernement du Québec, Conseil exécutif, 297 p.

Costa, J. E. et Baker, V. R.
1981 : *Surficial Geology – Building With the Earth.* Toronto, John Wiley & Sons, 498 p. (Voir les chapitres 9 et 10.)

Crozier, M. J.
1986 : *Landslides Causes, Consequences & Environment.* Routledge, Chapman & Hall, 252 p.

Cruden, D. M.
1991 : « A Simple Definition of a Landslide » dans *Bulletin de l'Association internationale de géologie de l'ingénieur*, n° 43, p. 27-29.

De Bellefeuille, L.
1977 : « Le Québec sur une peau de banane » dans *Québec Science*, vol. 15, n° 9, p. 29-34.

Dionne, J.-C. et Filion, L.
1984 : « Glissements pelliculaires sur versants rocheux, Côte-Nord du Saint-Laurent, Québec » dans *Géographie physique et Quaternaire*, vol. XXXVIII, n° 2, p. 193-200.

Dredge, L. A. et Thom, B. G.
1976 : « Development of a Gully-Flow Near Sept-Îles, Québec » dans *Journal canadien des sciences de la terre*, vol. 13, n° 8, p. 1145-1151.

Drolet, A.
1988 : *Glissement lent dans le roc Mont Saint-Pierre (Québec).* Québec, ministère des Transports, Service des sols et chaussées, Division géotechnique, Section mécanique des roches, RTQ 88-29, 20 p. plus trois annexes.

Eisbacher, G. H. et Clague, J. J.
1984 : *Destructive Mass Movements in High Mountains : Hazard and Management.* Ottawa, Geological Survey of Canada, Paper 84-16, 230 p.

La Rochelle, P.
1974 : *Rapport de synthèse des études de la coulée d'argile de Saint-Jean-Vianney.* Québec, ministère des Richesses naturelles, S-151, 88 p.

Lefebvre, G. et Grondin, G.
1978 : *Études des caractéristiques des argiles du Québec et critères d'identification des argiles extrasensibles.* Québec, ministère de l'Énergie et des Ressources, DP-610, 270 p.

Legget, R. F. et Karrow, P. F.
1983 : *Handbook of Geology in Civil Engineering.* Toronto, McGraw-Hill, paginé par chapitres.

Locat, J., Lefebvre, G. et Ballivy, G.
1984 : « Mineralogy, Chemistry, and Physical Properties Interrelationships of Some Sensitive Clays from Eastern Canada » dans *Revue canadienne de géotechnique*, vol. 21, n° 3, p. 530-540.

Mollard, J. D et Janes, J. R.
1985 : *La photo-interprétation et le territoire canadien.* Ottawa, Approvisionnements et Services Canada, 425 p. (Voir le chapitre 4.)

Penner, E. et Burn, K. N.
1978 : « Review of Engineering Behaviour of Marine Clays in Eastern Canada » dans *Revue canadienne de géotechnique*, vol. 15, n° 2, p. 269-282.

Tavenas, F., Chagnon, J.-Y. et La Rochelle, P.
1971 : « The Saint-Jean-Vianney Landslide : Observations and Eyewitnesses Accounts » dans *Revue canadienne de géotechnique*, vol. 8, n° 3, p. 463-478.

CHAPITRE 14
LES SOLS

Évolution de la matière minérale et évolution biologique sont toutes deux les produits du Temps, mais une différence essentielle caractérise leurs métamorphoses. Le monde minéral évolue en cycles et revient toujours pareil à lui-même, tandis que les Êtres organisés ne sont jamais revenus pareils à ceux qui les ont précédés. Sans cesse, le transformisme les conduit à de nouvelles formes et à de nouvelles aptitudes.

HENRI ERHART, *La genèse des sols en tant que phénomène géologique.*

OBJECTIFS PÉDAGOGIQUES

Au terme de ce chapitre vous devriez pouvoir :

- définir un sol;
- expliquer les processus de podzolisation et de gleyification;
- préciser les causes de la dégradation des sols agricoles;
- énumérer les facteurs responsables de la fragilité d'un sol.

Un sol est la mince couche de terre arable qui recouvre, de manière discontinue, la surface des continents.

L'étude des sols (origine, répartition, taxonomie, évolution, etc.) est l'objet de la **pédologie**. Les **pédologues** étudient plusieurs aspects des sols : physique, chimie, biologie, conservation, fertilisation, etc. En ce qui nous concerne, nous allons traiter plus particulièrement des processus géologiques qui contribuent à la naissance des sols.

Les sols constituent l'un des sous-systèmes les plus précieux de l'écosphère : ils sont le support de la végétation et ils se renouvellent à un rythme très lent. On estime qu'il faut, en moyenne, 200 ans pour former 1 cm de sol. Le sol qui s'étend sur environ 1 m d'épaisseur est l'épiderme de la Terre.

14.1 GENÈSE D'UN SOL

Un sol est le résultat d'un ensemble de processus en relation avec le climat, le substratum minéral et le monde vivant. La figure 14.1 montre les interactions qui mènent au développement d'un sol.

On sait que les minéraux des roches sont attaqués par désagrégation physique et altération chimique. Les premières altérites qui se forment constituent un lithosol. Très rapidement, l'arrivée des organismes vivants, tant des végétaux que des animaux, a pour effet d'incorporer de la matière organique aux éléments minéraux et de déclencher une série de processus physico-chimiques complexes. Avec le temps, ce mélange **organo-minéral**, peu différencié au départ, devient lentement un sol.

La **pédogenèse** est l'ensemble des processus responsables du développement et de l'évolution des sols. On peut aussi employer l'expression **processus pédogénétiques**.

À mesure qu'il évolue, un sol s'épaissit et se différencie en couches successives, bien distinctes mais souvent irrégulières (fig. 14.2).

Les différentes couches d'un sol sont appelées des **horizons** et l'ensemble des horizons constituent le **profil** d'un sol.

Un horizon est une couche de sol minéral ou organique parallèle à la surface du terrain et dont l'individualisation est due à des processus pédogénétiques. Un horizon se différencie par des propriétés comme sa couleur, sa structure et sa texture, de même que par sa composition chimique, biologique et minéralogique. Les horizons sont identifiés par des lettres. Pour les principaux horizons organiques, la lettre **O** désigne les résidus végétaux de tourbières et de marécages, et les lettres **L**, **F** et **H** servent à nommer les litières forestières à divers stages de décomposition. Quant aux horizons minéraux, on les désigne par les lettres **A**, **B** et **C**. Pour distinguer les sous-horizons, on ajoute des suffixes minuscules aux lettres majuscules, par exemple **Ae**, **Bf**, **Bhf**, etc[1].

Les sols qui existent actuellement à la surface des continents ont une histoire plus ou moins longue. Au Québec, ils sont jeunes (moins de 13 000 ans) puisqu'ils n'évoluent que depuis la fonte définitive de l'Inlandsis laurentidien ou du retrait des lacs et des mers postglaciaires. Par contre, il arrive que des sols anciens fossilisés se retrouvent sous des dépôts récents : ce sont des **paléosols**.

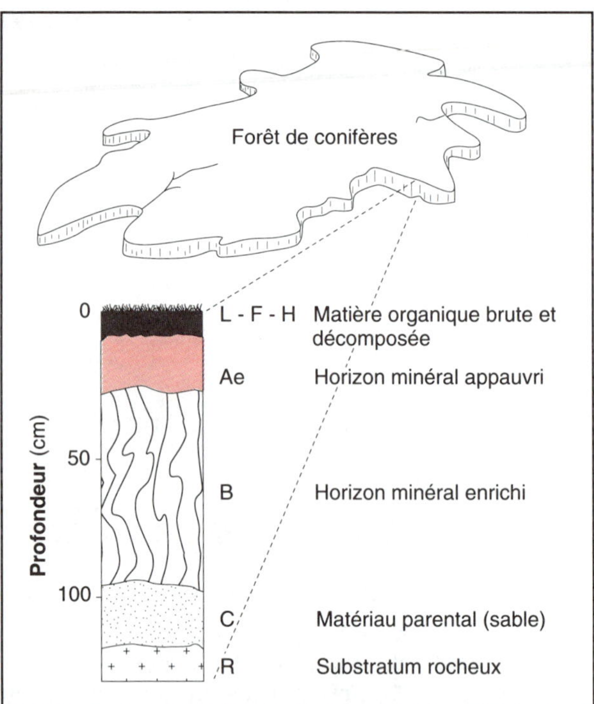

Figure 14.2 Profil d'un sol et principaux horizons. Un sol comprend des horizons organiques de surface, des horizons minéraux sous-jacents et un matériau parental. Ce dernier peut être le substratum rocheux ou une formation superficielle (till, sédiments marins, fluvioglaciaires, lacustres, etc.). Des lettres identifient les horizons.

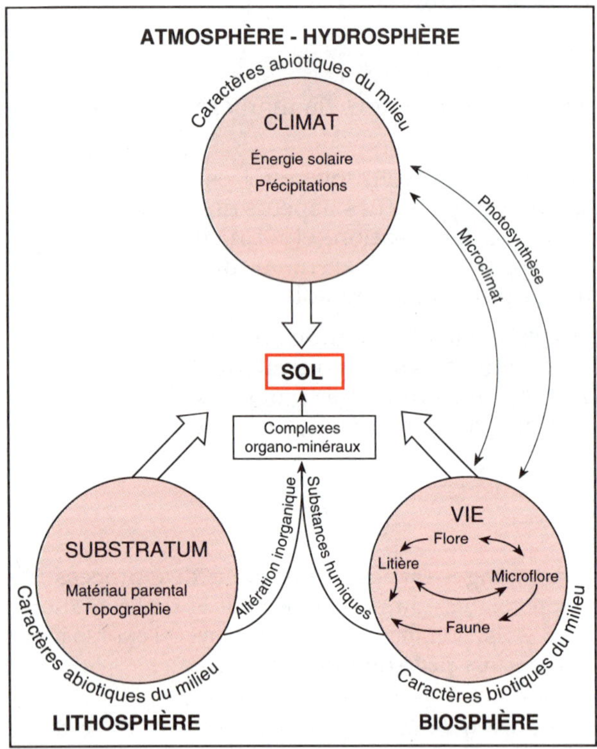

Figure 14.1 Genèse d'un sol. Un sol est le résultat de processus rattachés au climat, au substratum rocheux et à la vie. Il évolue dans le temps vers un pédoclimax ou sol parvenu à maturité (d'après Jeanson dans Pesson, 1971, p. 213).

14.2 LES COMPOSANTS D'UN SOL

Un sol est formé de quatre éléments principaux : la matière minérale, la matière organique, l'eau et l'air.

14.2.1 La matière minérale

La matière minérale est la fraction inorganique d'un sol. Elle se compose de fragments de roches et de minéraux dérivés du matériau parental. Ce dernier peut être le substratum rocheux lui-même, mais la plupart du temps, il s'agit d'une formation superficielle allochtone comme du till, des sédiments fluvioglaciaires, fluviatiles, éoliens, marins, lacustres, etc.

Les particules minérales les plus grossières (sable et limon grossier) constituent le squelette ou support du sol. Ils en déterminent certaines propriétés, en particulier le drainage. Quant aux particules de limon fin

1. Pour la nomenclature complète des horizons, on consultera *Le système canadien de classification des sols* du comité d'experts sur la prospection pédologique d'Agriculture Canada, 1987.

et d'argile, elles forment la fraction fine, laquelle, avec l'humus fourni par la matière organique, est le siège d'une activité chimique intense.

La **texture** d'un sol est déterminée par la proportion des différentes fractions granulométriques de sa partie minérale. L'analyse granulométrique consiste à déterminer le pourcentage de sable, de limon et d'argile contenu dans un sol. Pour effectuer cette analyse, on procède par tamisage pour les particules grossières et par densimétrie[2] (méthode Bouyoucos) pour les particules fines de limon et d'argile.

Les particules d'un sol sont classées en fonction de leur diamètre; on les considère sphériques même si elles ne le sont pas nécessairement. On distingue trois types de particules :

- le **sable**, dont le diamètre varie entre 2 mm et 50 µm;
- le **limon** (ou **silt**), dont le diamètre varie entre 50 µm et 2 µm (les pédologues emploient de préférence le terme *limon*);
- l'**argile**, dont le diamètre est inférieur à 2 µm (on a vu au chapitre 13 que ce terme a plusieurs sens; il s'agit, ici, des argiles au sens granulométrique).

La figure 14.3 présente un diagramme triangulaire des classes de texture des sols définies en fonction de leur pourcentage respectif de sable, de limon et d'argile.

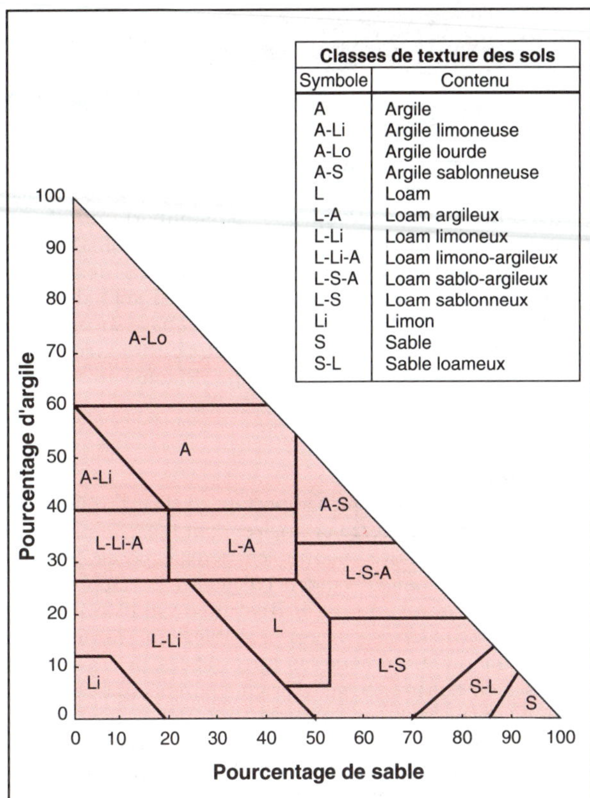

Figure 14.3 Classes texturales d'un sol et nomenclature employée pour désigner les sols en fonction de ce critère. Pour chaque classe, on donne le pourcentage de sable et d'argile, le résidu étant le limon (d'après le Comité d'experts sur la prospection pédologique d'Agriculture Canada, 1987, p. 142).

14.2.2 *La matière organique*

La fraction organique du sol provient de résidus d'origine végétale et animale, en partie décomposés et en partie resynthétisés. C'est un composant transitoire qui doit être renouvelé constamment. La matière organique constitue généralement de 3 à 5 % du poids d'un sol. En dépit de cette faible teneur, son rôle est primordial. La matière organique fournit aux plantes une part significative du phosphore et du soufre et elle est leur principale source d'azote. Elle est aussi une importante source d'énergie pour les micro-organismes qui vivent dans le sol. Sans elle, l'activité biochimique serait presque nulle.

Entité biophysique par excellence, un sol montre bien la complexité d'un écosystème. Les innombrables légions de coléoptères, de myriapodes, de fourmis, de collemboles, de nématodes, d'acariens, de rotifères, de protozoaires, de larves diverses, sans compter les bactéries, les actynomycètes et les champignons, sont engagés dans une bataille pour décomposer la matière organique et libérer les éléments comme le carbone, l'azote, le phosphore, le potassium, le magnésium, le calcium et le soufre sous une forme assimilable par les végétaux supérieurs. L'encadré 14.1 traite des organismes qui vivent dans le sol.

La figure 14.4 montre l'itinéraire que suit la matière organique dans le sol. Les molécules complexes de la matière organique fraîche subissent l'attaque des organismes habitant le sol : on parle de décomposition microbienne. Ce premier processus de **minéralisation** produit des substances minérales et gazeuses (comme le gaz carbonique, CO_2). Il s'agit d'une minéralisation relativement rapide et qualifiée de primaire.

2. Les particules de limon et d'argile sont trop fines pour qu'on puisse les séparer mécaniquement. On procède plutôt par densimétrie. En résumé, la méthode consiste à placer l'échantillon de sol fin dans un volume d'eau et d'agiter le mélange solide-liquide pendant un temps donné. On laisse ensuite reposer et on mesure, aux intervalles de temps spécifiés, la densité du mélange avec un instrument qui s'appelle un densimètre. En utilisant un abaque, on peut ensuite calculer la proportion de limon et d'argile dans l'échantillon.

ENCADRÉ 14.1

UN SOL BIEN VIVANT

Un sol est un système biologique complexe peuplé d'innombrables organismes vivants. Le tableau ci-dessous présente les groupes les plus importants d'organismes généralement présents dans un sol. Une très forte proportion de cette population appartient au règne végétal. Certains animaux, comme les vers de terre, passent leur cycle vital entièrement dans le sol alors que d'autres, comme les reptiles et plusieurs insectes, n'y résident qu'une partie du temps. Disons un mot des animaux.

Macrofaune

Un des membres les plus importants de la macrofaune du sol est le **ver de terre** ordinaire, dont il existe plusieurs espèces. La figure montre les deux espèces les plus communes : l'*Allolobophora caliginosa* Sav. en a) et le *Lumbricus terrestris* L. en b). Il est intéressant de noter que le *Lumbricus terrestris* n'est probablement pas originaire de l'Amérique. Lorsque les forêts et les prairies furent mises en culture, ce ver d'origine européenne remplaça rapidement les types indigènes, incapables de s'adapter. Les vers de terre sont importants à bien des points de vue. En sol riche, leur nombre peut atteindre $2{,}5 \times 10^6$/ha et la quantité de terre qu'ils font passer à travers leur corps peut s'élever à $34\ t \cdot ha^{-1} \cdot a^{-1}$. En moyenne, leurs déjections atteignent $25\ t \cdot ha^{-1} \cdot a^{-1}$.

Microfaune

Parmi les animaux microscopiques qui abondent dans les sols, les **nématodes** (fig. c) comptent parmi les plus nombreux. Ce sont des vers non segmentés que l'on compte généralement par millions au mètre carré. Il s'agit d'organismes ronds et filiformes dont l'extrémité caudale est pointue en forme d'aiguille. Leurs dimensions sont presque toujours microscopiques, si bien qu'il est rare de pouvoir les observer à l'œil nu. Certains nématodes pénètrent les racines et causent des dégâts considérables aux plantes. La lutte contre ces ravageurs est très difficile.

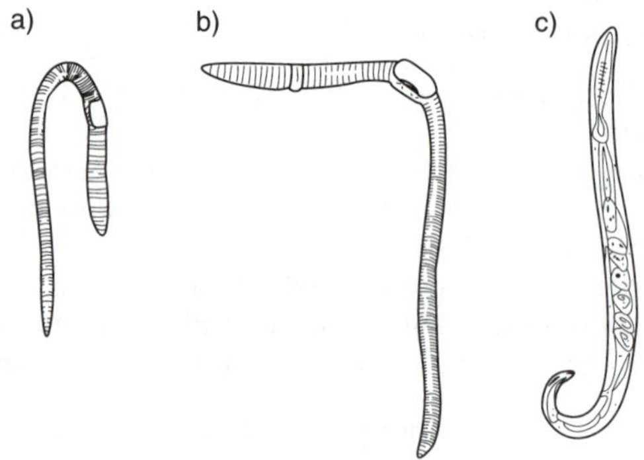

Principaux groupes d'organismes généralement présents dans un sol (d'après Buckman et Brady, 1965, p. 98).

ANIMAUX	**Macro**	Se nourrissant pour une bonne partie de plantes	• Petits mammifères : écureuils, spermophiles, marmottes, soricidés • Insectes : fourmis, coléoptères, vers blancs, etc. • Myriapodes • Cloportes • Mites • Limaces et escargots • Vers de terre
		Prédateurs en grande partie	• Taupes • Insectes : un grand nombre de fourmis, de coléoptères, etc. • Mites, dans certains cas • Centipèdes • Araignées
	Micro	Prédateurs ou parasites ou se nourrissant de résidus des plantes	• Nématodes • Protozoaires • Rotifères
PLANTES	Racines des plantes supérieures		
	Algues		• Vertes; bleu-vert; diatomées
	Mycètes		• Champignons; levures; moisissures
	Actinomycètes		
	Bactéries		• Aérobies; anaérobies; autotrophes; hétérotrophes

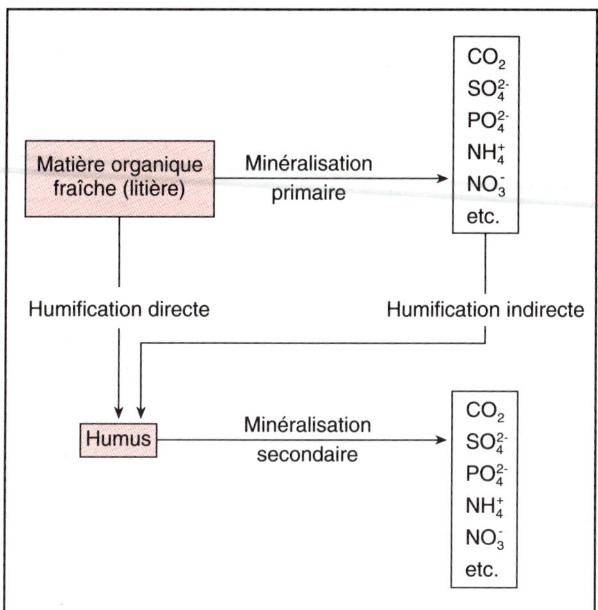

Figure 14.4 Itinéraire suivi par la matière organique dans un sol. La matière organique subit une première transformation relativement rapide, la minéralisation primaire; puis, elle subit une minéralisation secondaire, beaucoup plus longue, qui passe par l'humification (d'après Duchaufour, 1988, p. 34).

Une partie de la matière organique échappe à la minéralisation primaire et sert à l'élaboration de molécules nouvelles, de nature colloïdale et de couleur foncée : c'est le processus de l'**humification** qui produit l'**humus**.

Les composés s'associent aux minéraux (argiles et oxydes) et se minéralisent à leur tour. On parle alors d'une minéralisation secondaire.

Il est intéressant, ici, de faire un parallèle entre l'évolution de la matière organique et l'évolution de la matière minérale. La matière organique fraîche engendre l'humus, un peu à la manière dont les minéraux primaires donnent naissance aux différents types d'argiles, qui sont des minéraux secondaires.

L'argile est le pendant inorganique de l'humus; ces deux constituants existent à l'état **colloïdal**, c'est-à-dire sous forme de particules individuelles extrêmement petites, ayant une grande surface spécifique, et capables d'adsorber des ions et des molécules d'eau.

C'est dire que les propriétés physiques et chimiques des sols sont grandement influencées par l'argile et l'humus. Ces deux constituants contrôlent les réactions chimiques et les échanges d'éléments nutritifs entre le sol et les végétaux.

14.2.3 *L'eau*

L'eau a une importance considérable dans un sol. Non seulement elle intervient dans la nutrition des plantes comme véhicule des éléments dissous, mais elle contribue directement à la pédogenèse. La majeure partie de l'eau du sol provient des précipitations. Dans certaines situations, l'eau souterraine sature le sol de façon plus ou moins permanente (dépressions marécageuses). L'eau qui tombe sur un sol emprunte deux voies : une partie ruisselle à la surface pour atteindre rapidement les cours d'eau; l'autre partie, entraînée par la gravité, circule verticalement dans les pores grossiers et moyens (supérieurs à 10 μm).

Dans la partie du sol non saturée, l'eau occupe les pores fins et très fins (inférieurs à 10 μm). Il s'agit de l'eau **capillaire**, maintenue en place par les forces de capillarité (tension superficielle). Cette eau est disponible pour les plantes. Au contact même des particules, on trouve une couche d'eau de **rétention** fixée par les forces d'attraction moléculaires, beaucoup supérieures aux forces de gravité. Une partie de cette eau est dite **adsorbée** (retenue par des forces d'adsorption).

Rappelons que plus un sol est à texture fine, plus il est susceptible de renfermer une grande proportion d'eau de rétention. Dès lors, on comprend que des plantes qui croissent sur un sol très argileux puissent manquer d'eau même si la teneur en eau du sol est encore élevée. Il faut savoir que l'eau de rétention n'est pas disponible pour les plantes, contrairement à l'eau capillaire.

14.2.4 *L'air*

Sous plusieurs rapports, l'air présent dans un sol diffère de celui de l'atmosphère. Premièrement, l'air du sol n'est pas continu mais logé dans un labyrinthe de pores. Deuxièmement, il contient généralement plus d'humidité que l'air de l'atmosphère. Troisièmement, l'air d'un sol renferme beaucoup plus de dioxyde de carbone, CO_2, et moins d'oxygène que l'air de l'atmosphère. Alors que l'atmosphère contient 20 % d'oxygène, l'air du sol peut n'en contenir que 10-12 %. La quantité et la composition de l'air contenu dans un sol sont déterminées dans une large mesure par les rapports entre l'air et l'eau. On a vu précédemment que les sols à grains fins retiennent, en proportion de leur volume, une grande quantité d'eau. En conséquence, ils sont moins bien aérés et moins bien oxygénés.

14.3 *PROCESSUS PÉDOGÉNÉTIQUES*

Nous avons vu dans la première partie de ce chapitre qu'un sol résulte des interactions entre le climat, les éléments minéraux et les organismes de la biosphère, auxquelles s'ajoute le facteur temps. Précisons davantage les processus en cause dans la genèse et l'évolution des sols.

La distribution des sols à la surface du globe est sous le contrôle de facteurs bioclimatiques (climat et végétation liée à ce climat) et du temps (durée de l'évolution). Au chapitre 6, en traitant de l'altération, nous avons montré qu'une même roche ne s'altère pas de la même manière dans les régions froides, tempérées ou tropicales. De plus, si le complexe d'altération est « jeune » (quelques milliers d'années), il n'aura pas les mêmes caractéristiques que s'il est âgé de plusieurs centaines de milliers d'années.

Suivant les zones climatiques, on reconnaît deux types de pédogenèse : une dominante **biochimique** sous les climats boréaux et tempérés, et une dominante **géochimique** sous les climats chauds et humides.

L'altération biochimique est le fait d'eaux chargées en acides organiques solubles. Il y a alors **acidolyse** des roches. L'altération géochimique est le fait d'eaux pures ou chargées en dioxyde de carbone, CO_2. Il y a alors **hydrolyse** des roches. Ainsi s'esquisse une distribution latitudinale des processus pédogénétiques que résume le tableau 14.1. Ce tableau présente le schéma des zones climatiques, des processus pédologiques et des processus géochimiques à l'échelle de la planète. Précisons que des facteurs locaux (topographie, végétation, nature des roches, etc.) peuvent venir modifier l'intensité des processus présentés ici.

De ce qui précède, et de manière un peu plus précise, on peut classer les processus pédogénétiques en quatre groupes principaux[3] : 1) les processus liés à des conditions locales; 2) les processus conditionnés par de forts contrastes saisonniers; 3) les processus liés à l'humification (altération biochimique); 4) les processus contrôlés par une altération géochimique prolongée. Les deux premiers processus étant le fait de conditions particulières, nous allons examiner uniquement les deux autres.

14.3.1 *Les processus liés à l'humification*

L'humus participe activement aux transferts de matière au sein du profil. Dans certains cas, ces transferts sont très importants et ils se matérialisent dans le sol par des horizons nombreux et bien définis.

Lorsque la redistribution des éléments est importante, le profil d'un sol se différencie en un horizon **éluvial** (appauvri) et en un horizon **illuvial** (enrichi). Un tel arrangement des horizons caractérise, entre autres, les **sols podzoliques** qui résultent de la **podzolisation**.

PODZOLISATION

Même si elle n'y est pas restreinte, la podzolisation survient dans les régions au climat froid et humide, couvertes de forêts de résineux capables de fournir régulièrement une bonne quantité de matière organique. Un matériau parental filtrant et siliceux (comme un sable), pauvre en ions métalliques, favorise le processus. La podzolisation s'amorce par les acides organiques et carboniques qui agissent sur les minéraux. Ces acides libèrent les éléments alcalins, détruisent les argiles et solubilisent le fer et l'aluminium. L'horizon organique, plus ou moins saturé par l'hydrogène, perd graduellement ses composants qui sont entraînés vers le bas du profil. Il y a **lessivage** des éléments.

Immédiatement sous l'horizon organique de surface s'individualise un horizon gris, d'aspect cendreux (podzol veut dire sol cendreux en russe), que l'on identifie par les lettres **Ae** (e pour éluviation) dans la description des profils de podzols.

L'horizon Ae est entièrement constitué de quartz fin, minéral résistant à toutes formes d'altération chimique et s'accumulant sur place. L'horizon Ae est donc une couche résiduelle de quartz. Sous l'horizon Ae se trouve l'horizon **B**. Cet horizon en est un d'illuviation (enrichissement). Au sommet de l'horizon B, on trouve souvent de l'humus. Cet humus a migré au travers de l'horizon Ae depuis la base des horizons organiques de la surface. La partie sommitale de l'horizon B, enrichie en humus, est de couleur foncée. On l'identifie par les lettres **Bh** (h pour humus). Enfin, les sesquioxydes (oxydes de métaux, surtout de fer) s'accumulent aussi dans l'horizon B, généralement sous le Bh, et leur présence se traduit par une couleur rougeâtre. La partie inférieure de l'horizon B [**Bhf, Bf** (f pour fer)] est constituée principalement de composés organiques liés au fer, à l'aluminium et au manganèse. Ces produits sont fortement acides et pauvres en calcium et en magnésium. On peut donc conclure que la podzolisation est essentiellement un processus d'appauvrissement, sauf pour la matière organique.

Il peut arriver qu'une partie de l'horizon B soit tout à fait indurée, c'est-à-dire parvenue au stade d'une roche cohérente.

3. Nous adoptons ici la classification de Ph. Duchaufour, dans *Abrégé de pédologie*, 1988, p. 121 et suivantes.

Tableau 14.1 Types d'altération, zones climatiques, processus pédogéochimiques et types de sols à la surface de la planète. La surface occupée est exprimée en pourcentage des terres émergées actuelles (d'après Pédro, 1968).

	ZONES CLIMATIQUES	ÉVOLUTION PÉDOGÉOCHIMIQUE	SURFACE OCCUPÉE (%)	MINÉRAUX SECONDAIRES	TYPES DE SOLS
	Polaire	Nulle parce que zones englacées	10	–	–
Altération biochimique	Boréal Tempéré	Podzolisation Gleyification	16	Solubilisation (argiles 2/1) H	• Sols podzoliques • Sols gleysoliques
	Tempéré	Aluminisation	12,5	(Argiles 2/1) Al	• Sols ocres podzoliques • Sols bruns acides
Altération géochimique	Méditerranéen Tropical sec	Bisiallitisation	26,5	(Argiles 2/1) Ca	• Sols fersiallitiques • Sols bruns tropicaux • Vertisols
	Tropical humide Équatorial	Monosiallitisation	18	Kaolinite	• Sols ferrugineux
		Allitisation	13	Gibbsite	• Sols ferrallitiques • Ferrallites
	Désertique absolu	Inconnue	4	–	–

Une couche indurée retrouvée dans un podzol est appelée **ortstein**. Par ortstein, on entend un horizon Bh, Bhf ou Bf fortement cimenté, d'au moins 3 cm d'épaisseur et qui se trouve dans plus du tiers (latéralement) de la surface exposée du profil.

Les ortsteins[4] se développent sur des matériaux dont la texture est sablonneuse (généralement plus de 70 % de sable). On ne trouve pas d'ortstein dans les sédiments fins (silteux et argileux) marins ou lacustres, ni dans les tills à matrice fine, ni dans les sédiments à très grande perméabilité comme des graviers grossiers. La formation des ortsteins est donc favorisée par des conditions de bon drainage. De plus, on a remarqué qu'ils sont souvent présents dans les endroits où il y a fluctuation de la nappe phréatique accompagnée de la saturation temporaire de tout le profil du sol. L'induration survient pendant les années où la nappe est à son plus bas niveau. Cependant, les ortsteins se développent aussi en absence de nappe.

Dans les podzols du Québec où elle est présente, la couche indurée a une épaisseur qui varie de 3 cm à plus de 2 m. Les plus grandes superficies de podzols avec des horizons à ortstein sont situées, par ordre décroissant d'importance, sur la Côte-Nord du Saint-Laurent, sur la rive sud du Saint-Laurent entre le lac Saint-Pierre et Lévis, à l'ouest et à l'est du lac Saint-Jean, aux Îles-de-la-Madeleine et dans la région de Rivière-du-Loup.

La planche couleur 3 présente des profils caractéristiques de podzols et elle montre aussi des blocs détachés d'un horizon à ortstein.

GLEYIFICATION

La podzolisation, qui exige des conditions de bon drainage, n'est pas le seul processus pédogénétique répandu au Québec. Les stations moins bien drainées sont souvent le siège de la **gleyification**, un processus en quelque sorte inverse de la podzolisation. L'argile marine postglaciaire se révèle un excellent matériau parental pour ce processus.

Les sols **gleysoliques** ont des caractéristiques qui dénotent un profil saturé d'eau de façon périodique ou sur des périodes prolongées. Ces sols sont généralement associés à une nappe phréatique élevée ou à une saturation temporaire au-dessus d'une couche relativement imperméable. Les horizons du profil des

4. Sur les ortsteins, on consultera l'article de Jean-Marie M. Dubois, Yvon A. Martel, Danielle Côté et Louise Nadeau, « Les ortsteins du Québec : répartition géographique, relations géomorphologiques et essai de datation », 1990.

gleysols sont généralement peu différenciés. Lorsque le profil est saturé d'eau, c'est-à-dire en milieu anaérobique, on observe la formation de fer ferreux par réduction. Dans certains cas, ce fer est lessivé. En saison sèche, les composés de fer et de manganèse peuvent remonter vers la surface par le biais de l'eau capillaire et s'oxyder au contact de l'air du sol. C'est alors qu'apparaissent dans le profil des **marbrures**, c'est-à-dire des taches rouges, jaunes ou brunes. L'ensemble du profil d'un gleysol est cependant dominé par les couleurs grises et bleues, abondantes surtout dans les parties inférieures et symptomatiques de la réduction. Cette apparence tachetée du profil est le principal critère pour diagnostiquer les sols à drainage insuffisant que sont les gleysols. On désigne les horizons gleyifiés par la lettre **g** (par exemple **Bg**). Une fois drainés, les gleysols constituent d'excellents sols agricoles. Au Québec, on les retrouve dans la plaine de Montréal, dans le Bas-Saint-Laurent et au Lac-Saint-Jean.

14.3.2 *Les processus contrôlés par une altération géochimique prolongée*

Les sols développés sous la dominance de l'altération géochimique sont ceux des régions au climat chaud. Dans cet environnement climatique, les processus pédogénétiques sont indépendants de la matière organique superficielle et ils s'exercent sur une grande profondeur. L'altération très poussée s'attaque aux minéraux primaires les plus résistants. Le drainage doit être suffisant pour permettre l'évacuation plus ou moins complète des éléments solubles. De plus, les argiles néoformées l'emportent, en général, sur les argiles héritées ou transformées. Les oxydes libres, surtout les oxydes de fer, sont abondants et bien cristallisés, de sorte que les sols ont des profils de couleur rouge ou ocre désignés par le terme général de **latérites**.

> Les facteurs qui contrôlent la pédogenèse en climat tropical humide sont les suivants : 1) l'altération des minéraux primaires, activée par un bon drainage et des conditions de pH neutre; 2) la mobilisation des éléments alcalins (sodium, calcium, potassium et magnésium); 3) la prédominance des processus donnant naissance à des minéraux de néoformation. Ces trois facteurs sont en relation, pour un matériau donné, d'une part avec la zone climatique, d'autre part avec le temps.

La figure 14.5 montre les différents types de sols qui se développent, en fonction du temps, sous les climats chauds. Le climat intervient par le facteur hydrologique et par le facteur température. Selon les conditions, on voit se développer des sols fersiallitiques, des sols ferrugineux et des sols ferrallitiques.

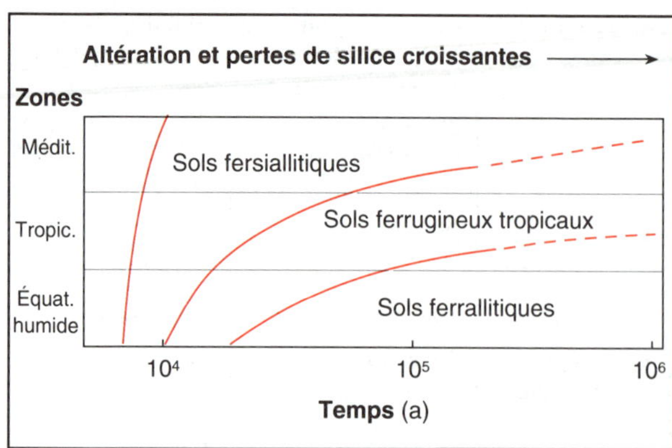

Figure 14.5 La pédogenèse en climat chaud. Si l'on fait abstraction de certaines conditions locales particulières, les processus pédogénétiques sont fonction des conditions climatiques (température et précipitations) et du facteur temps (d'après Duchaufour, 1988, p. 128).

SOLS FERSIALLITIQUES

Les sols fersiallitiques caractérisent les régions aux climats subtropicaux et tropicaux, à saison sèche marquée. L'humification est poussée et les argiles de type 2/1 dominent (montmorillonites); il s'agit d'argiles de néoformation en partie. Il y a une forte individualisation des oxydes de fer, qui peuvent se fixer rapidement sous forme d'hématite et donner un horizon rouge. Ce processus est celui de la **rubéfaction.** Le complexe absorbant est le plus souvent saturé en calcium. Cette saturation s'accomplit notamment à la fin de la saison humide. Elle est favorisée par l'activité biologique et un milieu à pH neutre.

SOLS FERRUGINEUX

Les sols ferrugineux caractérisent les régions aux climats tropicaux. Ils représentent une phase d'évolution intermédiaire entre les sols fersiallitiques et les sols ferrallitiques. L'altération y est plus poussée que dans les sols fersiallitiques, mais moins complète par contre que dans les sols ferrallitiques. Certains minéraux primaires peuvent persister (orthose, muscovite). La perte de silice et des éléments alcalins est accentuée. Les argiles 2/1 deviennent minoritaires par rapport aux argiles 1/1 (kaolinite). Suivant les conditions, les oxydes de fer peuvent être rubéfiés ou non.

SOLS FERRALLITIQUES

Les sols ferrallitiques se retrouvent dans les régions aux climats équatoriaux humides, sans saison sèche, caractérisées par une forêt dense toujours verte. Il y a altération pratiquement complète des minéraux primaires, sauf du quartz, sur plusieurs mètres d'épaisseur. On assiste à la mobilisation de tous les constituants : silice, fer, alumine. Les argiles, entièrement néoformées, sont constituées de kaolinite. Dans les milieux favorables à l'évacuation de la silice (bon drainage, faible réserve de silice, climat très humide), une partie des oxydes d'aluminium restants se retrouvent sous forme de gibbsite. Ce processus est celui de l'**allitisation**.

La formation des sols ferrallitiques, lesquels constituent les véritables latérites, est un processus très lent (plusieurs centaines de milliers d'années) surtout lorsque le matériau parental est granitique. Sur des roches moins siliceuses (gabbro, basalte, péridotite), le processus peut être plus rapide, ces roches étant plus vulnérables à l'altération, car plus riches en silicates ferromagnésiens (pyroxènes et amphiboles).

En complément à cette étude des processus proprement pédogénétiques, l'encadré 14.2 montre les liens qui existent entre le développement des sols et certains processus géologiques.

14.4 LA DÉGRADATION DES SOLS AGRICOLES

Nous ne saurions terminer ce chapitre sans aborder la question de la dégradation des sols. Les sols dont nous avons parlé jusqu'à maintenant sont essentiellement les sols forestiers, c'est-à-dire les sols qui sont encore le siège de processus pédogénétiques actifs. Dès que l'on coupe la forêt, le sol perd sa protection et la pédogenèse est sérieusement enrayée. Sur tous les continents, cette situation est maintenant devenue la règle. Même les grandes forêts équatoriales comme celles de l'Amazonie vont finir par disparaître à peu près complètement d'ici peu, à moins que des mesures radicales ne soient prises pour arrêter les coupes.

Le sol est le fruit d'une évolution plusieurs fois millénaire. Une fois détruit, il ne se régénérera pas avant plusieurs générations. On doit considérer ces précieux centimètres de matière organo-minérale comme une ressource non renouvelable. Au Canada, plus de la moitié du territoire est pergélisolé. On estime que moins de 9 % des terres sont propices à l'agriculture. Il y a donc urgence de protéger les sols agricoles. Heureusement, il est possible de pratiquer l'agriculture sans détériorer les sols. Les techniques de conservation sont connues. Il s'agit maintenant de les appliquer, d'autant plus que l'humanité doit nécessairement cultiver des plantes et élever des animaux pour se nourrir, et que ces activités dépendent de la qualité des sols.

> Il y a trois principales causes de dégradation des sols cultivés : les pertes de matériaux, la détérioration chimique et la détérioration physique.

Les facteurs responsables des pertes de matériaux sont l'érosion hydrique (par l'eau) et éolienne (par le vent), et l'oxydation de la matière organique. Quant à la détérioration chimique, elle est causée par la salinisation, l'acidification et la pollution diffuse. Enfin, la détérioration physique est due au compactage et à d'autres perturbations semblables. Dans ce qui va suivre, nous allons dire un mot de l'érosion (hydrique et éolienne), de l'acidification et du compactage.

14.4.1 *L'érosion*

L'érosion du sol se produit dans toutes les régions du Canada[5]. Certaines cultures la favorisent davantage que d'autres. C'est le cas de la culture des pommes de terre et de la culture du maïs, pratiquées surtout à l'Île-du-Prince-Édouard, au Nouveau-Brunswick, dans le sud du Québec et de l'Ontario, et dans certaines régions de l'Ouest. Examinons d'abord l'érosion par l'eau.

> Quatre facteurs contribuent à l'érosion par l'eau. Ce sont la pluviosité, la pente du terrain, la couverture végétale et le type de sol.

Pluviosité Dans le facteur pluviosité, ce n'est pas la quantité totale de précipitations qui importe, mais leur intensité. Plus l'intensité est forte, plus le sol s'érode. Nous examinerons cet aspect un peu plus loin avec un exemple.

Pente La vitesse de ruissellement de l'eau à la surface du sol augmente non seulement avec l'angle de la pente, mais aussi avec sa longueur. Sur un long versant, la vitesse de l'eau de ruissellement est plus grande et les particules de sol délogées par les gouttes de pluie sont transportées plus loin.

Couverture végétale Une couverture végétale (forêt, prairie) protège le sol de l'érosion, même sur pente forte.

Type de sol La texture du sol joue un rôle important sur l'intensité de l'érosion par l'eau. En général, les sols à texture grossière (sablonneux et graveleux), plus perméables, sont moins exposés que les sols à texture fine (argileux), moins perméables.

Voyons quelques données. À l'Île-du-Prince-Édouard, pendant une période de cinq ans (1973-1977), les pertes annuelles de sol ont été de 0,2 t/ha sur des terrains gazonnés dont la pente variait entre 7 et 12 %. Sur un terrain en pente de 12 %, cultivé pour la pomme de terre, les pertes ont été de 19,6 t/ha.

5. Pour une étude synthèse de ce sujet, on peut consulter le chapitre 7 de l'ouvrage *Les terres du Canada : stress et impacts* de W. Simpson-Lewis *et al.*, 1983.

ENCADRÉ 14.2

LE RÔLE GÉOLOGIQUE DE LA PÉDOGENÈSE

On peut établir un certain nombre de liens entre les processus pédogénétiques, la végétation et la formation des roches sédimentaires. Nous présentons ici les grandes lignes d'un modèle élaboré par Henri Erhart et connu sous le nom de **théorie de la biorhexistasie**[1].

Le concept est somme toute assez simple. En observant notre environnement, on voit que la surface du globe terrestre comprend des aires continentales et des zones océaniques bien identifiées. Le milieu précontinental est l'environnement privilégié de la sédimentation, et l'on sait que les sédiments participent à un long cheminement géochimique qui débute sur les continents.

Nous avons montré au chapitre 6 que certains sédiments se forment à partir des produits de l'altération des minéraux primaires des roches. Les processus diagénétiques ont pour effet de transformer les éléments mobilisés et de contrôler la formation de minéraux secondaires, entre autres, des argiles. Ces processus sont longs et doivent pouvoir s'exercer à l'intérieur d'un système fermé, c'est-à-dire à l'abri de l'érosion. En effet, il existe sur les aires continentales un antagonisme entre l'action de l'érosion (rapide) et l'action de l'altération (lente). Seul un couvert végétal permanent est en mesure de protéger les aires continentales de l'érosion et de favoriser une intense altération chimique des roches. La production d'altérites sur plusieurs dizaines de mètres d'épaisseur devient dès lors possible.

Les régions forestières donnent lieu à des processus pédogénétiques puissants. Au cours des temps géologiques, cette situation a pu perdurer pendant des centaines de milliers d'années. De temps en temps, des changements climatiques d'ampleur planétaire venaient rompre cette stabilité biologique. La théorie de la biorhexistasie cherche à établir la filiation entre les processus pédogénétiques et la genèse des roches sédimentaires.

La théorie de la biorhexistasie énonce qu'au cours des temps géologiques, la Terre est passée successivement par des périodes de **biostasie** et des périodes de **rhexistasie**.

BIOSTASIE

Au cours des périodes de biostasie (stabilité biologique), la couverture végétale se développe au maximum sur les aires continentales, dans les limites imposées par les climats. Dans les régions tropicales humides, l'altération conduit à des sols ferrallitiques (latérites) de plusieurs mètres d'épaisseur. Pendant la période de biostasie, les continents se chargent d'une phase résiduelle d'altérites, alors que migrent en solution vers l'océan les ions de potassium, de sodium, de calcium, de magnésium et une partie du silicium.

En empêchant l'érosion de s'exercer, la forêt joue un rôle de filtre géochimique ou de **filtre-séparateur**. Sa présence prolongée fait que les produits solubles gagnent les aquifères et les bassins sédimentaires alors que les éléments insolubles constituent un résidu particulaire.

Pendant les périodes de biostasie, des organismes marins qui utilisent le calcium, le magnésium et le silicium pour la construction de leurs tests se développent, ce qui favorise une sédimentation biochimique intense dans l'océan. De même, il y a saturation progressive de l'eau de mer en calcium d'abord, en magnésium ensuite, ce qui conduit à des dépôts purement chimiques de calcaires et de dolomies. La sédimentation d'origine détritique est faible.

RHEXISTASIE

Au cours des périodes de rhexistasie[2], le couvert végétal se raréfie ou disparaît complètement sur d'immenses aires continentales. L'érosion devient intense et remanie toute la phase résiduelle héritée de la période de biostasie. Dans la mer, la sédimentation d'origine détritique prédomine et, sur les continents, les processus pédogénétiques sont réduits à leur minimum. Les fleuves drainent vers l'océan des eaux pauvres en éléments dissous.

La rhexistasie n'exige pas une dénudation totale des continents. Dans la plupart des cas, des modifications climatiques ou tectoniques conduisent simplement à un changement plus ou moins important du couvert végétal, susceptible de donner naissance à un nouveau type de sol. Si des conditions nouvelles s'installent, une période de biostasie prend place avec des effets géochimiques et sédimentologiques qui peuvent être différents de ceux de la biostasie précédente.

Pour terminer, prenons le cas d'une aire continentale principalement formée de roches granitiques et ayant subi une altération prolongée sous climat chaud et humide (période de biostasie) suivie d'une période d'érosion (rhexistasie). La théorie de la biorhexistasie prévoit la succession sédimentaire suivante (de haut en bas) formée dans la mer proche :

- grès à minéraux primaires, arkoses et conglomérats, roches reliées à des événements post-rhexistatiques;
- argiles (surtout de la kaolinite), **bauxites**, hydroxydes de fer, sables ou grès, toutes ces roches étant formées des éléments résiduels de la période de biostasie transportés pendant la période de rhexistasie;
- calcaires ou dolomies, roches à silice hydratée, toutes ces roches s'étant formées pendant la période de biostasie.

La succession de ces roches constitue une série évolutive complète.

La théorie de la biorhexistasie met de l'avant quelques idées simples : rôle de filtre géochimique séparateur de la forêt équatoriale humide, altération chimique décroissante et érosion de plus en plus intense pour les paysages privés de couvert végétal.

1. Cet encadré résume bien imparfaitement l'essai d'Henri Erhart *La genèse des sols en tant que phénomène géologique*, 1976. Ce petit livre d'une grande richesse devrait être lu par toute personne intéressée par les processus géologiques.
2. Le mot rhexistasie a une racine grecque qui signifie rompre; il y a donc rupture de la stabilité biologique caractéristique de la biostasie.

Au Québec[6], on a fait des mesures pour quantifier l'érosion hydrique, entre autres, dans la région du Lac-Saint-Jean (Saint-Cœur-de-Marie), dans Charlevoix (Cap-aux-Corbeaux) et dans l'Estrie (Lennoxville). À partir des données du tableau 14.2, on peut voir les relations qui existent entre la quantité d'eau ruisselée, les pertes de sol et l'intensité de la pluie. Par exemple, le 14 août 1968, à Saint-Cœur-de-Marie, il est tombé en 18 minutes pratiquement la même quantité d'eau qu'en quatre heures le 19 juillet et qu'en huit heures le 20 août. Le 14 août, la quantité de terre emportée par les eaux de ruissellement a été six fois supérieure à celle prélevée lors des deux autres pluies, soit 24 200 kg/ha par rapport à 3900 kg/ha et à 4200 kg/ha. Ainsi, une faible quantité d'eau occasionne une érosion intense si elle tombe en un temps très court. Le tableau 14.3 complète l'information sur l'érosion par l'eau. Il fournit les pertes annuelles de sol pour trois stations d'essais localisées au Québec selon les cultures qu'on y pratique. Quant à la figure 14.6, elle montre un exemple des dommages causés par l'érosion hydrique.

Au Canada, les régions les plus exposées à l'érosion éolienne sont le sud-est de l'Alberta et le sud-ouest de

Tableau 14.2 Quantité et durée de quelques pluies d'été, pourcentage d'eau ruisselée et quantité de terre érodée sur sol nu (d'après Mehuys, 1981, p. 4).

DATE	QUANTITÉ DE PLUIE (mm)	DURÉE DE LA PLUIE	PLUIE RUISSELÉE (%)	TERRE ÉRODÉE (kg/ha)
Loam Taillon, Saint-Cœur-de-Marie (1968), pente 18 %				
6 juillet	15,4	1 h 10 min	24	2 500
9 juillet	11,6	5 h	4	250
17 juillet	15,9	2 h	43	11 600
19 juillet	17,5	4 h	39	3 900
31 juillet / 1er août	13,4	1 h 45 min	24	1 900
9 août	16,5	3 h	22	1 300
14 août	**18,6**	**18 min**	**67**	**24 200**
17 août	16,0	6 h	20	1 100
20 août	17,8	8 h	45	4 200
24 août	17,8	2 h	50	3 300
Loam argileux Coaticook, Lennoxville (1974), pente 10 %				
8 juillet	42,4	10 h	8	110
10 juillet	22,6	7 h	19	330
19 juillet	27,9	7 h	5	440
19 juillet	8,6	15 min	75	3 100
19 juillet	7,3	2 h	62	2 800
27 juillet	19,8	3 h	38	1 900
29 juillet	17,8	4 h	12	150
31 juillet	12,7	2 h	79	2 100

Tableau 14.3 Pertes de sol annuelles moyennes dans trois stations d'essais situées respectivement au Lac-Saint-Jean, dans le comté de Charlevoix et dans les Cantons de l'Est (d'après Mehuys, 1981, p. 5).

TRAITEMENT	TERRE ÉRODÉE (kg/ha)
Loam Taillon, Saint-Coeur-de-Marie, pente 18 % (6 ans)	
Prairie permanente	3
Foin (perpendiculairement à la pente)	11
Foin (sens de la pente)	9
Céréales (perpendiculairement à la pente)	150
Céréales (sens de la pente)	500
Sol nu	34 000
Loam sablo-graveleux Charlevoix, Cap-aux-Corbeaux, pente 15 % (10 ans)	
Prairie	60
Foin	560
Céréales	3 800
Pommes de terre (perpendiculairement à la pente)	3 300
Pommes de terre (sens de la pente)	6 000
Sol nu	28 100
Loam argileux Coaticook, Lennoxville, pente 10 % (4 ans)	
Prairie permanente	190
Maïs sur chaume (culture minimum, sens de la pente)	1 000
Maïs continu (sens de la pente)	12 700
Sol nu	31 100

6. Pour le Québec, les informations sur l'érosion par l'eau sont tirées d'une brochure du ministère de l'Agriculture, des Pêcheries et de l'Alimentation, rédigée par Guy Mehuys et intitulée *L'érosion par l'eau*, 1981.

Figure 14.6 L'érosion hydrique. Dommages causés par l'eau de ruissellement sur un sol nu. (Photographie n° 572 C, ministère de l'Agriculture, des Pêcheries et de l'Alimentation du Québec, Direction des communications.)

la Saskatchewan. Il est très difficile de quantifier l'importance de l'érosion éolienne. Dans le sud du Manitoba, un chercheur a pu mesurer la quantité de matériaux accumulés dans un fossé longeant un champ ensemencé la veille d'une journée fort venteuse. D'après les calculs, 4000 m^3 de sol ont été enlevés d'une surface de 32 ha, ce qui correspond à une perte d'environ 160 t/ha.

14.4.2 *L'acidification*

Sous les climats frais et humides, les sols ont une tendance naturelle à devenir acides. Cependant, ce phénomène est accentué par les pratiques culturales. Parmi les facteurs contribuant à augmenter l'acidité d'un sol, mentionnons l'apport d'engrais chimiques contenant de l'azote et du soufre, le lessivage de certains éléments basiques ou leur prélèvement par les plantes cultivées.

L'acidification est néfaste tant pour les plantes cultivées que pour le sol. Elle entraîne une diminution des rendements, un ralentissement de la décomposition de la matière organique, une diminution de l'activité biologique et enzymatique. La pratique du chaulage est un moyen efficace pour enrayer les effets négatifs de l'acidification des sols.

14.4.3 *Le compactage*

Le compactage du sol est le tassement artificiel causé par le passage répété des instruments aratoires lourds. Le compactage est un réarrangement des particules du sol, les petites particules se logeant dans les vides laissés entre les grosses. Il s'ensuit une augmentation de la densité, une diminution de la perméabilité et une destruction de la structure. La **structure** d'un sol a trait à l'organisation des particules en agrégats de formes et de grosseurs variables. Une bonne structure favorise l'aération et la percolation de l'eau.

Le compactage du sol diminue le taux d'infiltration de l'eau et favorise ainsi l'érosion hydrique si les autres conditions s'y prêtent. Il se traduit aussi par une baisse des rendements attribuable à la diminution du nombre de racines profondes et bien développées. En outre, le compactage rend le sol difficile à travailler, ce qui exige un surplus d'énergie.

CONCLUSION

Malgré sa faible épaisseur, un sol constitue l'un des sous-systèmes les plus dynamiques de l'écosphère. Les sols servent de support aux processus de photosynthèse et au cycle du carbone. À ce titre, ils constituent le milieu d'échange privilégié entre l'énergie solaire, l'atmosphère et l'hydrosphère. À l'échelle planétaire, la dégradation des sols les plus fertiles se traduit déjà par des famines et la migration de milliers de personnes. Dans certains pays au taux de natalité élevé, la situation ne peut que se détériorer à court terme. Dans l'avenir, une nouvelle classe de réfugiés « environnementaux » va se faire de plus en plus nombreuse.

VOCABULAIRE

Acidification
Allitisation
Altération

Biostasie

Colloïde
Compactage

Eau du sol
Éluvial
Érosion

Ferrallitique
Ferrugineux
Fersiallitique

Gleyification
Gleysol

Horizon
Humification
Humus

Illuvial

Marbrures
Minéralisation

Organo-minéral
Ortstein

Pédogenèse
Pédologie
Podzol
Podzolisation
Profil

Rhexistasie
Rubéfaction

Sol
Structure

Texture

QUESTIONS

1. On peut définir un sol comme une entité organo-minérale. Expliquez cette définition.
2. Les sols podzoliques sont très répandus au Québec. Comment se présente le profil d'un podzol ? Quelles sont les conditions qui favorisent la podzolisation ?
3. Dans quelles conditions se passent la gleyification ? Expliquez ce processus.
4. Précisez de quelle manière s'effectue la pédogenèse en climat chaud et humide. Expliquez les processus géochimiques dominants, énumérez les types de sols rencontrés, etc.
5. Qu'est-ce que la texture d'un sol ? Quels rôles jouent les particules fines dans un sol ?
6. L'érosion des sols agricoles par l'eau est un problème important. Faites une recherche personnelle sur les causes de cette détérioration et proposez des mesures susceptibles de l'enrayer.

RÉFÉRENCES BIBLIOGRAPHIQUES

OUVRAGES RECOMMANDÉS

1. **Duchaufour, Ph.**
1988 : *Abrégé de pédologie.* 2e éd., Paris, Masson, 224 p.
Volume assez didactique qui reprend l'essentiel du *Traité de pédologie* du même auteur.

2. **Scott, A.**
1968 : *Les sols. Nature, propriétés et amélioration.* Montréal, Librairie Beauchemin, 372 p.
Un bon livre de base adapté au contexte du Québec.

3. **s. a.**
1976 : *Glossaire des termes de la science des sols.* Ottawa, Agriculture Canada, Publication 1459, 44 p.
Brochure très utile pour les définitions des termes de la pédologie.

4. **Brady, N. C.**
1974 : *The Nature and Properties of Soils.* New York, Macmillan, 639 p.
Un des meilleurs textes en langue anglaise.

5. **Erhart, H.**
1976 : *La genèse des sols en tant que phénomène géologique.* 2e éd., revue, corrigée et augmentée, Paris, Masson, coll. Évolution des Sciences, n° 8, 178 p.
Un essai des plus intéressants.

AUTRES SOURCES D'INFORMATION CONSULTÉES

Buckman, H. O. et Brady, N. C.
1965 : *Les sols : Nature et propriétés. Précis d'édaphologie.* New York et Paris, Intercontinental Editions, Inc. et Les Éditions d'Organisation, 499 p.

Buol, S. W., Hole, F. D. et McCracken, R. J.
1973 : *Soil Genesis and Classification.* Iowa, The Iowa State University Press, 360 p.

Comité d'experts sur la prospection pédologique d'Agriculture Canada
1987 : *Le système canadien de classification des sols.* 2e éd., Ottawa, Agriculture Canada, publication 1646, 170 p.

Comité sénatorial permanent de l'agriculture, des pêches et des forêts
1984 : *Nos sols dégradés – Le Canada compromet son avenir.* Ottawa, Sénat du Canada, 143 p. (version française).

Delvigne, J.
1965 : *Pédogenèse en zone tropicale. La formation des minéraux secondaires en milieu ferrallitique.* Paris, Dunod, 177 p.

Dubois, J.-M. M., Martel, Y.-A., Côté, D. et Nadeau, L.
1990 : « Les ortsteins du Québec : répartition géographique, relations géomorphologiques et essai de datation » dans *Le Géographe canadien,* vol. 34, n° 4, p. 303-317.

Duvignaud, P.
1980 : *La synthèse écologique.* Paris, Doin, 380 p.

Foth, H. D.
1978 : *Fundamentals of Soil Science.* 6e éd., Toronto, John Wiley & Sons, 436 p.

Fyfe, W. S.
1989 : « Soil and Global Change » dans *Episodes,* vol. 12, n° 4, p. 249-254.

Mehuys, G.
1981 : *L'érosion par l'eau.* Québec, ministère de l'Agriculture, des Pêcheries et de l'Alimentation, Agdex 572, 15 p.

Pédro, G.
1968 : « Distribution des principaux types d'altération chimique à la surface du globe » dans *Revue de géographie physique et de géologie dynamique,* vol. X, n° 5, p. 457-470.

Pesson, P. *et al.*
1971 : *La vie dans les sols. Aspects nouveaux. Études expérimentales.* Paris, Gauthier-Villars, 472 p.

Simpson-Lewis, W., McKechnie, R. et Neimanis, V.
1983 : *Les terres du Canada : stress et impacts.* Ottawa, Environnement Canada, Direction de la recherche et du développement en matières politiques, Direction générale des terres, 349 p. Vendu par Approvisionnements et Services Canada, n° de catalogue En 73-2/6F. (Le chapitre 7 traite plus particulièrement de la dégradation des sols.)

Tabi, M., Tardif, L., Carrier, D., Laflamme, G. et Rompré, M.
1990 : *Rapport synthèse. Inventaire des problèmes de dégradation des sols agricoles du Québec.* Québec, ministère de l'Agriculture, des Pêcheries et de l'Alimentation, Direction de la recherche et du développement, Service des sols, 72 p.

PARTIE

5

Le domaine océanique

L'océanographie, science pluridisciplinaire ayant pour objet les océans, est une nouvelle venue dans les sciences de la Terre. Certains scientifiques abordent maintenant la reconstitution des phénomènes géologiques s'étalant sur de très longues périodes à partir de modèles de fonctionnement des océans actuels. Ils cherchent ainsi à expliquer telle formation géologique ancienne en établissant des parallèles avec, par exemple, la géochimie des accumulations sédimentaires au fond des bassins océaniques, ou encore avec les mécanismes de la tectonique des plaques.

Au chapitre 15, nous présentons la géomorphologie des fonds océaniques et les fluctuations de la surface marine. Au cours des dernières décennies, la cartographie du relief des fonds sous-marins a été à l'origine de l'essor de l'océanographie. Ce chapitre va servir d'amorce à la compréhension du fonctionnement global de la planète présenté à la partie 6. Nous verrons ensuite comment les grands mouvements océaniques, tant en surface qu'en profondeur, contribuent à équilibrer le bilan thermique de la planète, et à en distribuer les différents paramètres physico-chimiques.

Le chapitre 16 traite de l'équilibre biogéochimique global de la planète, entre les continents, l'atmosphère, les océans, la croûte océanique et la biosphère. Une attention particulière sera accordée au rôle joué par les océans, en tant que vaste réservoir temporaire (pour des périodes variant de quelques années à plusieurs centaines de millions d'années) où aboutissent les éléments détritiques et dissous produits par l'érosion des continents. Nous présenterons entre autres, dans ce chapitre, les divers types de sédiments océaniques, qui après diagenèse, formeront les roches sédimentaires. Nous verrons également les cycles géochimiques des six éléments majeurs de l'eau de mer, ainsi que du silicium et du carbone.

Le navire de recherche du programme international *Ocean Drilling Program* : *Sedco BP 471* (*Joides Resolution*).

CHAPITRE 15

STRUCTURE ET DYNAMIQUE DES OCÉANS

Je voudrais voir la mer
Et ses plages d'argent
Et ses falaises blanches
Fières dans le vent

MICHEL RIVARD, *Je voudrais voir la mer.*

OBJECTIFS PÉDAGOGIQUES

Au terme de ce chapitre vous devriez pouvoir :

- énoncer les principales caractéristiques des grandes provinces morphologiques des fonds marins;
- expliquer les différences fondamentales qui existent entre des vagues de tempête, un tsunami et la marée;
- expliquer pourquoi et comment les océans sont mis en mouvement, à la fois en surface et en profondeur;
- comparer la vitesse des différents mouvements océaniques planétaires aux constantes de temps des grands cycles géologiques.

Les océans ont toujours exercé une grande influence sur l'histoire de la Terre, ne serait-ce qu'en jouant un rôle premier dans le développement de la vie. Non seulement sont-ils le siège de la tectonique des plaques qui façonne notre planète à très long terme, mais ils sont aussi le moteur des transformations biogéochimiques qui gouvernent les grands cycles géologiques à beaucoup plus court terme. Dans ce chapitre, nous décrirons les limites inférieures et supérieures des océans, soit la morphologie des fonds océaniques d'une part, et les fluctuations de la surface des océans sous l'action des vagues et des marées d'autre part. Nous étudierons ensuite les grands mouvements des eaux océaniques qui contribuent à maintenir notre planète dans un état remarquablement stationnaire.

15.1 *LE FOND DES OCÉANS*

De l'antiquité jusqu'au siècle dernier, les connaissances des humains sur l'océan étaient d'ordre strictement alimentaire (pêche) ou marchand (transport de marchandises). La profondeur de l'océan n'était envisagée qu'avec crainte. Après les essais infructueux de Magellan en 1521, qui, ne touchant pas le fond de l'océan avec une corde plombée de 400 m de long, avait déclaré que les océans étaient sans fond, il fallut attendre la fin du XIXe siècle pour qu'on s'intéresse sérieusement aux océans en tant que monde à trois dimensions.

On a produit la première esquisse de **carte bathymétrique**, ou carte des profondeurs des océans, à la suite de la fameuse expédition du navire britannique *HMS Challenger* qui sillonna les océans Atlantique, Indien et Pacifique entre 1872 et 1876. De cette expédition sont nées les bases de la géologie marine moderne, avec la première description de la nature **biogénétique** des sédiments marins (ces sédiments sont formés de débris d'organismes marins). En outre, c'est lors de cette expédition que furent pressenties les dorsales océaniques, cet imposant relief qui sillonne les océans.

15.1.1 Outils de reconnaissance de la morphologie des océans

ÉCHO-SONDE

Ce n'est qu'en 1922 avec l'invention de l'écho-sonde par Marti que l'on a pu commencer le sondage systématique des océans. L'appareil, placé sous la coque d'un navire, émet à partir d'un transmetteur un signal acoustique à impulsions dans l'eau. Un récepteur enregistre alors le laps de temps qui s'écoule entre l'émission du signal et son retour en surface, après réflexion sur le fond. En envoyant les pulsations à un rythme rapproché (avec une fréquence de 2 à 40 kHz), on obtient une réponse quasi ininterrompue de la mesure de la profondeur de l'eau.

Les écho-sondes classiques ne permettent cependant pas de déterminer avec précision les profondeurs marines, la vitesse de propagation du son dans l'eau de mer variant selon la température, la salinité et la pression (1500 m/s ±75 m/s). En outre, les pulsations acoustiques sont émises selon un cône d'au moins 30° par la plupart des appareils. Par conséquent, plus la profondeur à déterminer est grande, plus l'écho-sonde donnera une valeur moyenne approximative du fond, brouillant les détails trop petits. Par exemple, un canyon sous-marin de moins de 800 m de large creusé dans une plaine abyssale de 3000 m de profondeur sera indétectable à l'aide d'une écho-sonde classique. Pour pouvoir repérer l'épave du Titanic de 300 m de long qui reposait à 4000 m de profondeur, on a dû utiliser des écho-sondes à faisceaux multiples et les coupler à un imageur à balayage latéral, écho-sonde traînée à environ 100 m du fond et émettant ses pulsations horizontalement.

Lorsque le navire se déplace à vitesse constante, les **échogrammes** (enregistrements graphiques des profondeurs obtenus avec les écho-sondes) donnent l'allure du fond marin. En plus d'enregistrer la profondeur totale, les profils d'écho-sondes révèlent diverses structures internes de la colonne d'eau. Avec un œil exercé, on peut reconnaître la nature générale du fond océanique par l'allure de la réflexion. Un trait flou représente des sédiments non consolidés, alors qu'un trait bien marqué indique un fond beaucoup plus dur. En utilisant des écho-sondes de grande précision, il est même possible de déterminer l'épaisseur des différentes couches sédimentaires à partir des structures fines révélées par l'échogramme.

Sur l'échogramme de la figure 15.1, le fond est constitué de sable et de graviers. Les oscillations représentent de grosses vagues de sable d'une hauteur d'environ 10 m dues à l'action des violents courants (plus de 3,5 m/s) qui balaient le fond du chenal. Ces vagues de sable apparaissent démesurément pentues. C'est que l'**exagération verticale** y est de 40, ce qui veut dire que les pentes des vagues sont en réalité 40 fois moins raides qu'elles apparaissent sur l'échogramme. Cette exagération verticale permet de visualiser la topographie de grandes étendues marines sur de courts enregistrements. On peut aussi repérer sur l'échogramme des éléments de la colonne d'eau qui génèrent une réflexion dans le faisceau de l'écho-sonde. Ainsi les particules planctoniques près de la surface et les bancs de poissons sont-ils bien visibles (voir la sous-section 16.2.3). On peut aussi distinguer la **thermocline**, endroit de fort gradient de température entre les eaux chaudes de surface et les eaux froides en profondeur (voir la sous-section 15.3.3).

ALTIMÉTRIE PAR SATELLITES

Les altimètres sur satellite permettent de mesurer la distance qui sépare le satellite de la surface de la planète avec une précision de l'ordre de quelques centimètres. Après avoir épuré ces mesures des fluctuations de la surface des océans dues aux vagues, aux marées, aux courants et aux changements de pression atmosphérique, on obtient une image de l'allure moyenne de la surface à l'équilibre des océans, le **géoïde**.

La forme du géoïde est irrégulière et accuse des creux et des bosses dont la hauteur peut atteindre 150 à 200 m par rapport au sphéroïde de base. Ces variations sont étroitement liées à l'épaisseur et à la densité de la croûte océanique qui fixent le champ gravitationnel à la surface de la planète.

Un champ de gravité élevé correspond à une croûte océanique épaisse, comme au niveau des dorsales, alors qu'un champ de gravité faible est caractéristique des fosses abyssales. Comme on peut le voir à la figure 15.2, le géoïde présente des bosses détectables au-dessus des dorsales océaniques (de l'ordre de quelques mètres de hauteur), et des creux très marqués au-dessus des fosses abyssales (plusieurs dizaines de mètres de profondeur).

En utilisant des altimètres, on a pu dresser des cartes bathymétriques générales de l'ensemble des océans avec une résolution horizontale de l'ordre de 50 km sans avoir à effectuer d'interminables sondages. Pour réaliser une cartographie détaillée, on doit cependant utiliser des écho-sondes de précision.

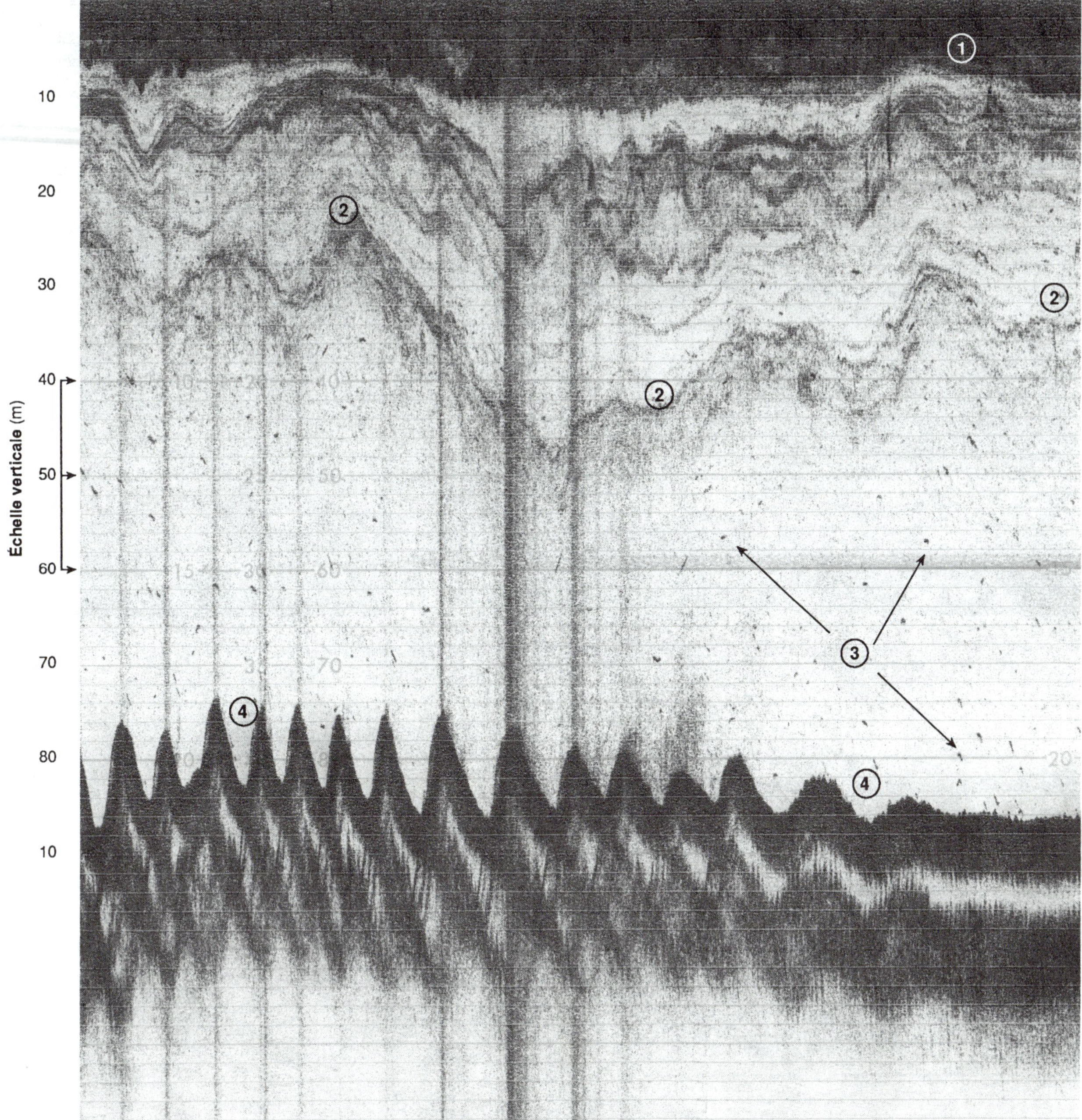

Figure 15.1 Échogramme du passage de l'île aux Coudres, dans l'estuaire du Saint-Laurent. 1) surface; 2) thermocline dont la profondeur varie avec le passage d'une onde interne; 3) poissons; 4) vagues de sable. L'ensemble de l'échogramme est exagéré verticalement environ 40 fois par rapport à l'échelle horizontale.

15.1.2 *Répartition des océans et des continents*

Les océans couvrent 360×10^6 km² des 510×10^6 km² de la planète, soit plus de 71 % de sa superficie. La distribution actuelle des océans est asymétrique, avec un hémisphère aqueux centré dans le Pacifique équatorial (94,5 % d'eau) et un hémisphère rassemblant presque toutes les terres émergées, centré sur l'Afrique (53 % de continents).

Bien que la masse océanique forme une entité indivisible au point de vue des propriétés physicochimiques, on l'a divisée géographiquement en quatre océans : Pacifique, Atlantique, Indien et Arctique (tableau 15.1). Le Pacifique contient à lui seul plus de la moitié du volume océanique total, tandis que l'Arctique ne contient qu'environ 1 % des eaux océaniques mondiales. Malgré sa taille des plus modestes, l'océan Arctique est néanmoins le lieu principal de

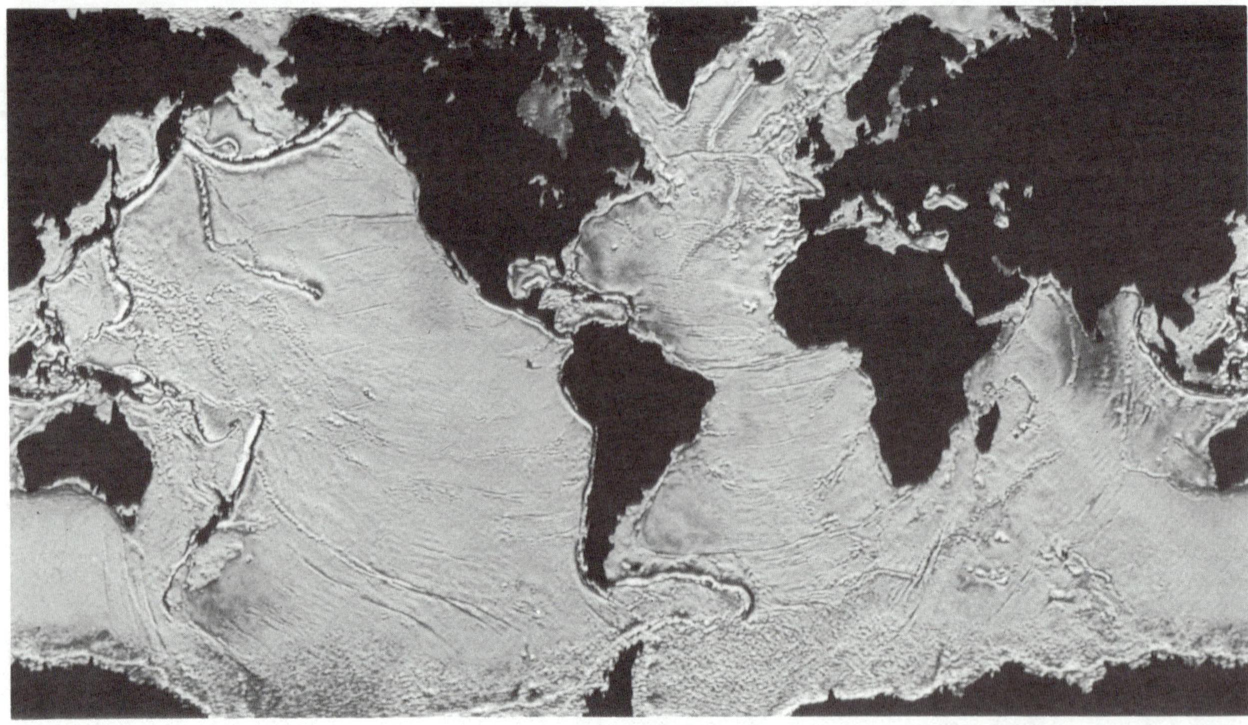

Figure 15.2 Le géoïde marin défini par le satellite américain Seasat. On remarque des élévations au-dessus des dorsales océaniques et d'importants creux au niveau des fosses abyssales (National Geophysical Data Center).

Tableau 15.1 Les quatre océans en chiffres.

Océan	Surface (10^6 km^2)	Volume (10^6 km^3)	Profondeur moyenne (m)
Pacifique	181	714	3940
Atlantique	94	337	3575
Indien	74	284	3840
Arctique	12	14	1117
Total ou moyenne	**361**	**1349**	**3729**

formation des eaux océaniques profondes à l'échelle planétaire (voir la section 15.3).

La figure 15.3 présente la **courbe hypsométrique** de la surface de la Terre. Cette courbe montre la répartition proportionnelle des élévations continentales et des profondeurs océaniques moyennes. On notera que, d'un point de vue géologique, la vraie limite entre les continents et les océans ne se situe pas au littoral, mais au niveau du **talus continental**, endroit où l'on passe rapidement des eaux côtières peu profondes aux eaux océaniques profondes. Par rapport au niveau moyen des eaux, l'élévation moyenne des continents est de 840 m et la profondeur moyenne des océans est de 3800 m.

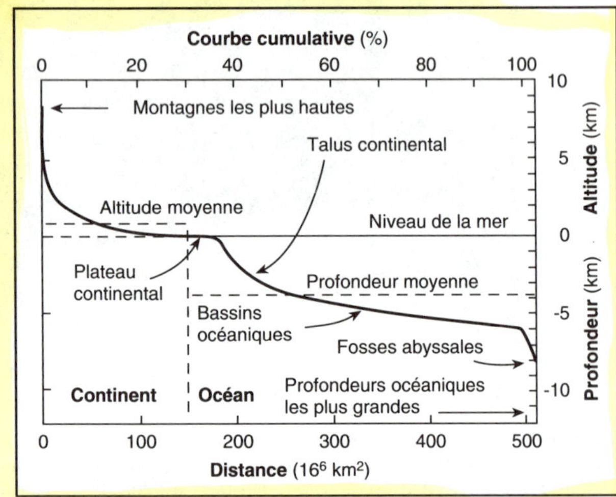

Figure 15.3 Courbe hypsométrique cumulative de la surface de la Terre (d'après Boillot, 1990).

Les fonds sous-marins sont regroupés en trois grandes provinces morphologiques : les **marges continentales**, portion submergée des continents; les **bassins océaniques**, au relief peu accidenté et d'environ 5000 m de profondeur; les **dorsales océaniques**.

La répartition des trois grandes provinces océaniques à travers l'ensemble des océans est donnée à la figure 15.4a. La figure 15.4b présente une vue en coupe, avec une forte exagération verticale, de l'allure de ces trois provinces selon un axe ouest-est, allant de l'Amérique du Sud à l'Afrique du Sud.

La figure 15.5 présente les détails des trois grandes provinces morphologiques des fonds marins de l'Atlantique Nord s'échelonnant des latitudes 20°N à 50°N. On y voit que les marges continentales prolongent d'environ 100 à 200 km les continents émergés. Les bassins océaniques, à l'est et à l'ouest, couvrent au total à peu près la même superficie que la dorsale qui les sépare, soit 40 % du fond de l'Atlantique Nord.

Dans les deux sous-sections suivantes, nous examinerons les marges continentales et les bassins océaniques. Il ne sera question des dorsales océaniques qu'au chapitre 17, cette province morphologique faisant partie intégrante des fondements de la théorie de la tectonique des plaques. Notons simplement que plus du tiers de la superficie du fond de l'Atlantique Nord est occupé par la dorsale médio-atlantique et

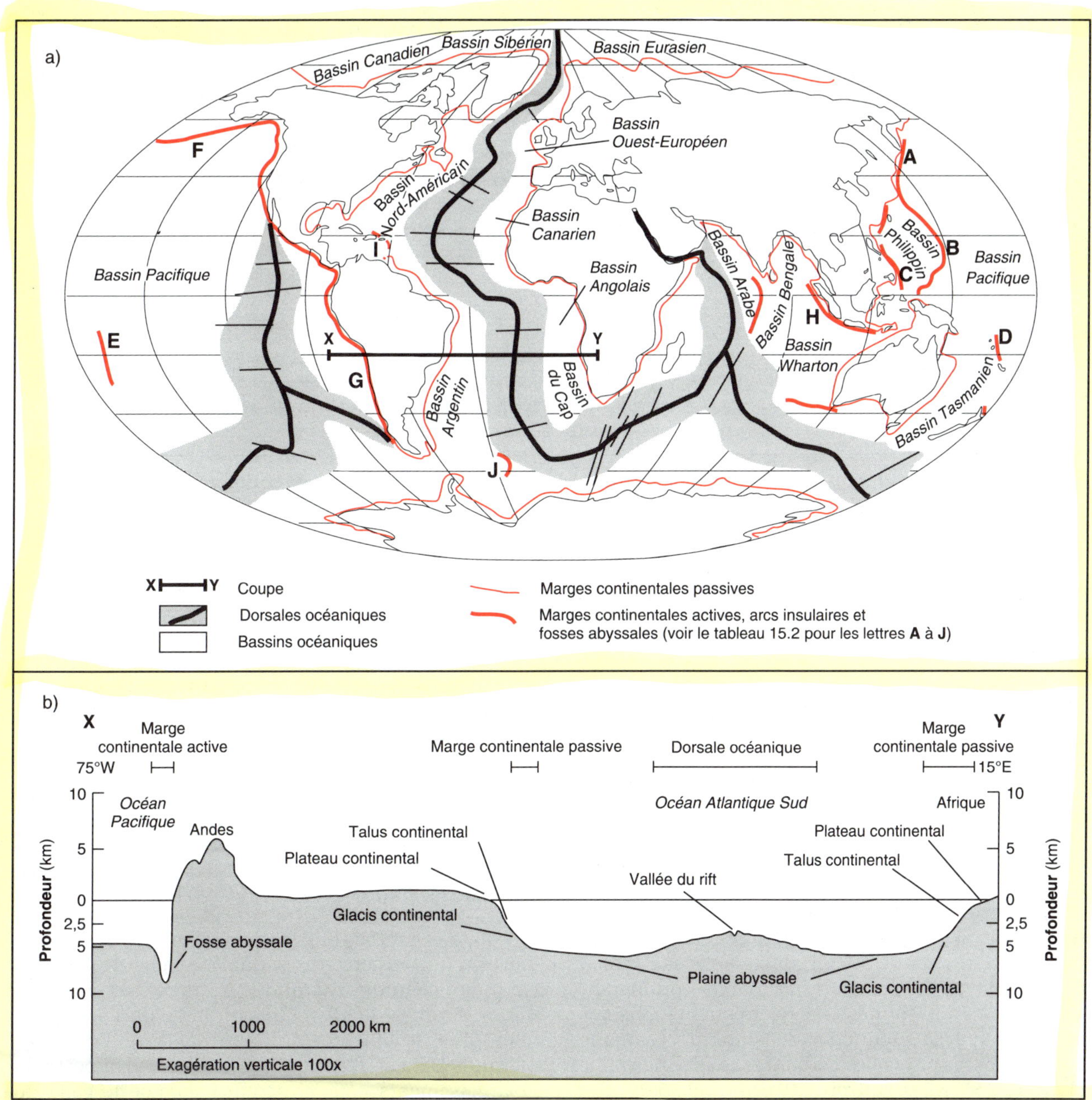

Figure 15.4 Morphologie générale des fonds océaniques. En a), les provinces morphologiques; les lettres A à J représentent les fosses abyssales décrites au tableau 15.2. En b), coupe topographique des points XY à 20°S, de l'Amérique du Sud à l'Afrique.

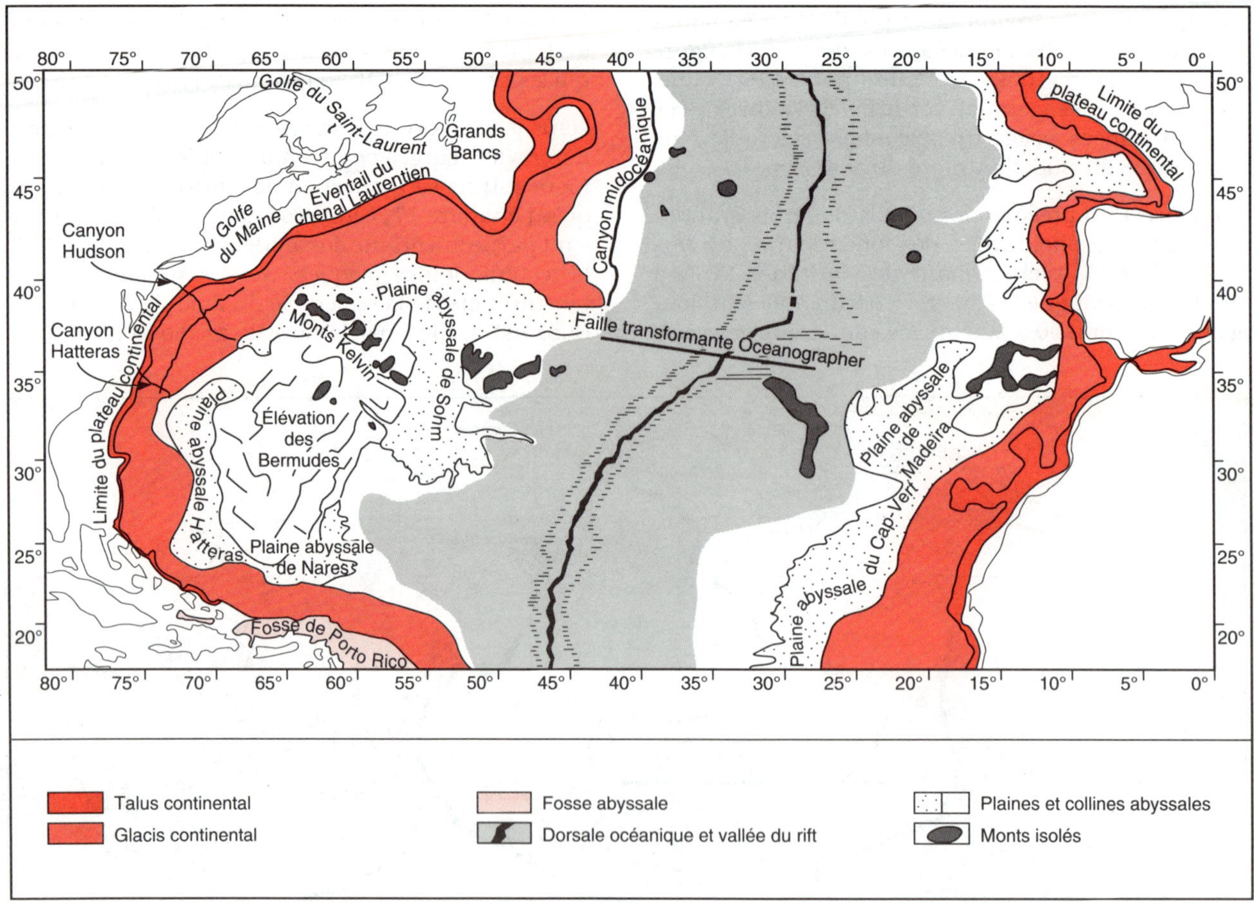

Figure 15.5 Topographie du fond de l'Atlantique Nord, de 20° à 50° de latitude nord (d'après Heezen *et al.*, 1963).

que deux failles transformantes majeures, les failles de Gibbs et Oceanographer, ont permis l'ouverture séquentielle de ce bassin.

15.1.3 *Marges continentales*

On distingue deux types de marges continentales : les marges continentales **passives** et les marges continentales **actives**.

Les marges continentales passives sont caractéristiques de la transition stable d'un continent à un océan, c'est-à-dire qu'elles ne subissent ni sismicité, ni volcanisme. La plupart des marges continentales de l'océan Atlantique et de l'ouest de l'océan Indien sont de ce type. Au contraire, les marges continentales actives sont soumises à de fréquents séismes provoqués par la subduction de la croûte océanique dans les fosses abyssales bordant le continent (voir le chapitre 18). Elles se trouvent principalement à la périphérie de l'océan Pacifique, où elles forment une ceinture quasi continue, ainsi que dans le nord-est de l'océan Indien.

MARGES CONTINENTALES PASSIVES

Les marges continentales passives sont constituées de trois parties : le **plateau continental** (ou plate-forme continentale), le **talus continental** et le **glacis continental** (fig. 15.4b).

Le plateau continental est le prolongement direct et submergé du continent. La profondeur moyenne de cette zone (à l'heure actuelle, moins de 200 m) est fortement influencée par la montée du niveau des eaux en période interglaciaire ou par la baisse en période glaciaire (-100 m, il y a 20 000 ans).

Le plateau continental des marges continentales passives a une largeur très variable. À la figure 15.5, on voit que celui de l'Atlantique Nord s'étend sur quelques dizaines de kilomètres au large du Portugal et sur plus de 500 km au large de Terre-Neuve (les Grands Bancs). Il peut aussi présenter d'importants élargissements épicontinentaux comme le golfe du Saint-Laurent ou le golfe du Maine, et des chenaux profonds comme le chenal Laurentien, qui atteint 400 m de profondeur.

Le talus continental correspond à la région où la faible déclivité de l'ordre de 0,2° du plateau continental augmente brusquement à 3-6°. Sur une distance de quelques kilomètres, la profondeur passe de 200 m à plus de 3000 m. Le talus continental est parfois entaillé par des canyons sous-marins prolongeant l'embouchure des grands fleuves, par exemple les canyons Hatteras et Hudson au large de l'Amérique du Nord (fig. 15.5).

Quant au glacis continental, il présente une topographie au relief très doux, avec une pente allant en s'adoucissant au fur et à mesure que l'on progresse vers les bassins océaniques. Les canyons qui entaillent le talus continental s'évasent sur le glacis et forment des figures en éventail, par exemple l'éventail du chenal Laurentien.

Les marges continentales passives sont enfouies sous une épaisse couche sédimentaire qui s'accumule au rythme de plusieurs mm/a. Cette couche sédimentaire masque les fossés d'effondrement aux parois abruptes qui caractérisent la topographie initiale de la transition entre la croûte continentale et la croûte océanique (fig. 15.6). Les sédiments sont composés à la fois de particules détritiques charriées par les rivières et de débris biogénétiques issus des fortes productions végétales et animales caractéristiques des marges continentales.

La sédimentation sur le plateau et le talus continental est régulière, dictée par les crues des fleuves et les périodes d'intense production biologique. Lorsque les sédiments ont atteint une épaisseur critique, ou s'ils sont soumis à un séisme, ils peuvent débouler le talus continental et former un courant de turbidité (revoir l'encadré 6.5). Le glacis continental reçoit ainsi d'énormes quantités de sédiments. Ces accumulations dépassent même 10 km d'épaisseur en certains endroits au large des côtes américaines de l'Atlantique Nord.

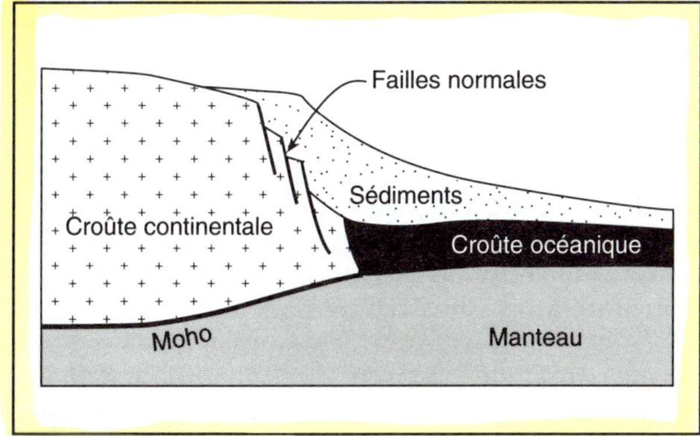

Figure 15.6 Représentation schématique d'une marge continentale passive, avec la transition entre la croûte continentale et la croûte océanique, et l'accumulation des sédiments (d'après The Open University Team, 1989c).

MARGES CONTINENTALES ACTIVES ET ARCS INSULAIRES

Les marges continentales actives ont une morphologie différente des marges continentales passives. Le plateau continental y est très peu étendu. Au large du Pérou, par exemple, sa largeur dépasse à peine une dizaine de kilomètres (fig. 15.4b). Le talus continental descend ensuite jusqu'au fond de la fosse abyssale, soit à plus de 6000 m de profondeur (jusqu'à plus de 8000 m de profondeur dans le cas du Pérou-Chili). Les sédiments détritiques et biogénétiques qui se déposent sur l'étroit plateau et le talus continental déboulent périodiquement jusqu'au fond de la fosse abyssale et, par le fait même, ne se répandent pas jusque dans les plaines abyssales avoisinantes. On ne retrouve pas de glacis continental au bas du talus, les sédiments étant recyclés au fur et à mesure de leur production par la subduction de la plaque océanique.

Dans l'Atlantique Nord, seule la fosse de Porto Rico est repérable (fig. 15.5). On en déduit que les plus vieilles portions de la croûte océanique de l'Atlantique Nord existent toujours, enfouies sous les sédiments, et qu'elles n'ont pas commencé à disparaître par un système de subduction.

En plus des fosses abyssales des marges continentales actives créées par la subduction d'une croûte océanique sous une croûte continentale, on trouve aussi des fosses participant à la subduction d'une croûte océanique sous une croûte océanique. Cette deuxième forme de subduction entraîne la formation d'**arcs insulaires**, comme au Japon ou aux Philippines. Le tableau 15.2 présente les caractéristiques des principales fosses abyssales.

15.1.4 *Bassins océaniques*

Les bassins océaniques occupent de larges portions des fonds océaniques entre les marges continentales et les dorsales (fig. 15.4a). Ils sont caractérisés par une morphologie très douce, allant des **plaines abyssales** aux **collines abyssales**, dont la hauteur ne dépasse pas quelques centaines de mètres. Ces immenses étendues passives représentent la croûte océanique accidentée enfouie sous une couche sédimentaire plus ou moins épaisse. Lorsque la couche sédimentaire est relativement mince, comme dans l'océan Pacifique, les reliefs sous-jacents de la croûte océanique sont encore perceptibles et forment des collines, contrairement à ce que l'on observe dans l'océan Atlantique, où l'épaisseur des sédiments est telle que tous les reliefs originaux de la croûte sont imperceptibles sous la surface des plaines abyssales.

Dans l'exemple de l'Atlantique Nord (fig. 15.5), on retrouve plusieurs immenses plaines abyssales à

Tableau 15.2 Les caractéristiques des principales fosses sous-marines. Les fosses sont localisées sur la figure 15.4a par les lettres A à J.

FOSSE ABYSSALE	Profondeur maximale (m)	Longueur totale (km)	Largeur maximale (km)
Pacifique			
A. Kouriles-Kamchatka-Japon-Bonin	10 500	3 800	>100
B. Mariannes	10 863	2 550	70
C. Philippines	10 497	1 400	-
D. Nouvelles-Hébrides	-	-	-
E. Kermadec-Tonga	10 633	3 000	50
F. Aléoutiennes	7 700	3 700	-
G. Pérou-Chili	8 100	8 700	100
Indien			
H. Java	7 500	4 500	80
Atlantique			
I. Porto-Rico	8 400	1 550	120
J. Sandwich	8 400	1 450	90

l'est et à l'ouest de la dorsale, comme les plaines de Sohm et de Madeira. Des monts isolés d'origine volcanique peuvent aussi percer au travers des bassins océaniques et s'élever à plusieurs milliers de mètres au-dessus de la profondeur moyenne des plaines ou des collines abyssales. Par exemple, les monts Kelvin font partie d'une chaîne volcanique alimentée par un point chaud (voir le chapitre 17). De grandes étendues des bassins océaniques s'élèvent parfois au-dessus du niveau moyen des plaines sous l'action des puissantes contraintes tectoniques dues aux mouvements des plaques. C'est le cas de l'élévation des Bermudes.

15.2 LA SURFACE DES OCÉANS ET SES FLUCTUATIONS

Comme on l'a déjà dit, le géoïde est la surface à l'équilibre des océans. Outre le fait que cette surface se distingue d'un sphéroïde par ses bosses et ses creux de plusieurs dizaines de mètres de hauteur dans les zones des dorsales et des fosses océaniques, elle est soumise à de nombreuses fluctuations, à court ou à long terme, périodiques ou non, de quelques dizaines à quelques centaines de mètres d'amplitude. Ces fluctuations jouent un rôle particulier sur le bord des continents. En fixant la position des lignes de rivages, elles contrôlent les zones d'érosion, de sédimentation et de production biologique. L'étude des effets des fluctuations actuelles du géoïde sur les côtes et les fonds marins permet d'interpréter et de reconstituer les environnements sédimentaires du passé.

15.2.1 Fluctuations à long terme du géoïde

Trois phénomènes font fluctuer le niveau moyen des océans à très long terme : le **tecto-eustatisme**, le **sédimento-eustatisme** et le **glacio-eustatisme**.

TECTO-EUSTATISME

À très long terme (plusieurs millions d'années), le niveau moyen des océans fluctue en fonction de facteurs tectoniques regroupés sous l'appellation de tecto-eustatisme. L'un des principaux facteurs du tecto-eustatisme est la variation du volume occupé par les dorsales océaniques à la surface de la planète. Il existe une relation positive entre le volume occupé par la croûte océanique en un point donné et son âge de formation en ce point : plus la croûte est âgée, plus elle s'est refroidie, et plus elle s'est contractée. À longueurs de dorsale égales, une croûte océanique en rapide expansion occupe un volume beaucoup plus important qu'une croûte s'ouvrant plus lentement. Selon la proportion de dorsales en expansion rapide (occupant un gros volume) par rapport à celles en expansion lente (occupant un volume plus petit), le niveau moyen des eaux océaniques va monter ou descendre à un rythme très lent, soit de quelques millimètres par milliers d'années (fig. 15.7a). Par exemple, on estime que la période d'expansion rapide de la croûte océanique à la fin du Crétacé a provoqué une élévation des eaux océaniques d'environ 350 m, submergeant une bonne partie des continents. À l'opposé, la formation de grandes chaînes de montagnes, en diminuant la fraction de l'écorce terrestre submergée, peut provoquer une importante baisse du niveau de la mer. On estime, par exemple, que la formation de l'Himalaya, au Tertiaire, a fait baisser le niveau des océans d'environ 50 m.

SÉDIMENTO-EUSTATISME

Le sédimento-eustatisme agit parallèlement au tecto-eustatisme sur le niveau moyen des eaux à l'échelle planétaire à très long terme. Lorsque les sédiments s'accumulent progressivement sur les fonds océaniques, la profondeur moyenne de l'eau a tout d'abord tendance à diminuer proportionnellement à la hauteur des sédiments accumulés. Comme le montre la figure 15.7b, la remontée des eaux ne sera effective que si la croûte océanique est stable ou en relèvement isostatique. Par contre, si le bassin est en subsidence,

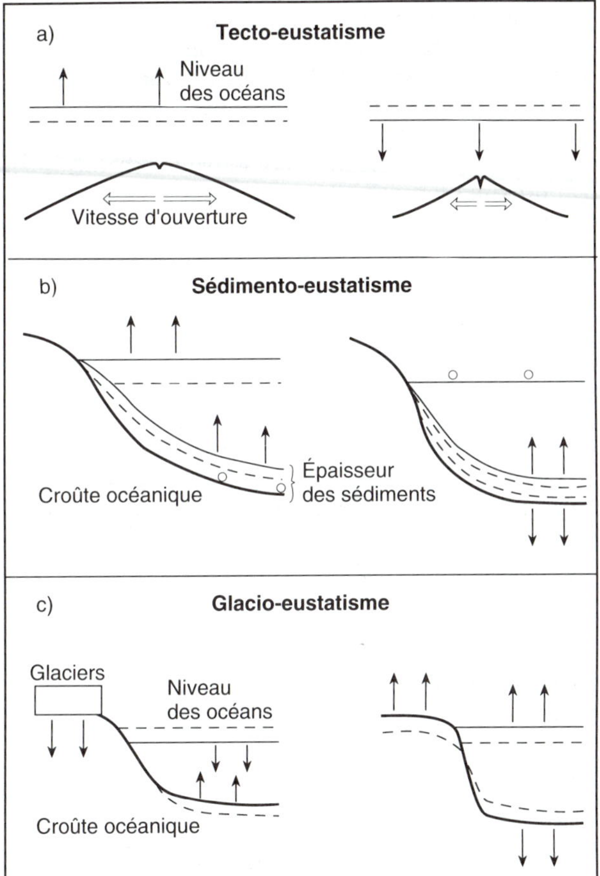

Figure 15.7 Fluctuations à long terme du géoïde. En a), tecto-eustatisme. Les dorsales qui s'ouvrent rapidement occupent un volume plus important que les dorsales qui s'ouvrent lentement. En b), sédimento-eustatisme. Le niveau de l'eau monte proportionnellement à l'accumulation sédimentaire si la croûte est stable; par contre, si la croûte est en subsidence, la profondeur de l'eau reste à peu près constante. En c), glacio-eustatisme. Le poids des glaciers abaisse la croûte continentale, tandis que la croûte océanique se relève; en période interglaciaire, c'est le contraire qui se produit.

une grande épaisseur de sédiments pourra s'accumuler sans changer la profondeur moyenne des eaux océaniques (revoir l'encadré 2.1).

GLACIO-EUSTATISME

À l'échelle de quelques milliers d'années, le climat peut jouer un rôle déterminant sur les fluctuations du niveau moyen du géoïde. Pendant les périodes glaciaires, d'énormes volumes d'eau sont stockés sur les continents sous forme de glace, ce qui a pour conséquence d'abaisser le niveau moyen des eaux océaniques. Simultanément, les croûtes continentales s'enfoncent sous le poids de la glace et les croûtes océaniques se relèvent avec la diminution du poids de la colonne d'eau par compensation isostatique (fig. 15.7c).

Le niveau moyen actuel des océans a monté de 100 à 120 m depuis la dernière période glaciaire du Wisconsinien supérieur, après la fonte des grands inlandsis de l'Amérique du Nord et de l'Europe. En même temps, la croûte continentale au niveau du Québec, nouvellement libérée du poids des glaciers, continue de se relever de plusieurs millimètres par an, comme nous l'avons vu au chapitre 12.

15.2.2 *Fluctuations à court terme du géoïde*

Les fluctuations à court terme du géoïde sont multiples. Les différences de pression atmosphérique au-dessus de la mer font dévier la surface d'équilibre des océans d'environ 1 cm sur une distance de 100 km. Les vents réguliers, quant à eux, peuvent engendrer des pentes quasi permanentes du niveau moyen des océans par rapport au géoïde pouvant atteindre 1 m/100 km. Par contre, les fluctuations périodiques du niveau de la mer (les vagues de tempête et les marées) atteignent des amplitudes élevées sur de courts intervalles de temps : on a mesuré des vagues de plus de 30 m de hauteur lors d'une tempête au large de l'Antarctique; des marées atteignant jusqu'à 18 m d'amplitude balaient deux fois par jour la baie de Fundy en Nouvelle-Écosse; enfin, les séismes sous-marins provoquent des tsunamis dont les vagues dévastatrices atteignent plusieurs mètres de hauteur en arrivant près des côtes.

VAGUES : GÉNÉRALITÉS

Une vague est un déplacement périodique (considéré sinusoïdal), dans le temps et dans l'espace, de la surface de l'eau par rapport à la surface d'équilibre.

Pour caractériser une vague, on retient trois paramètres principaux (fig. 15.8) : sa **période** (T) est l'intervalle de temps qui sépare le passage de deux crêtes (ou de deux creux) en un point donné; sa **longueur d'onde** (L) est la distance horizontale entre

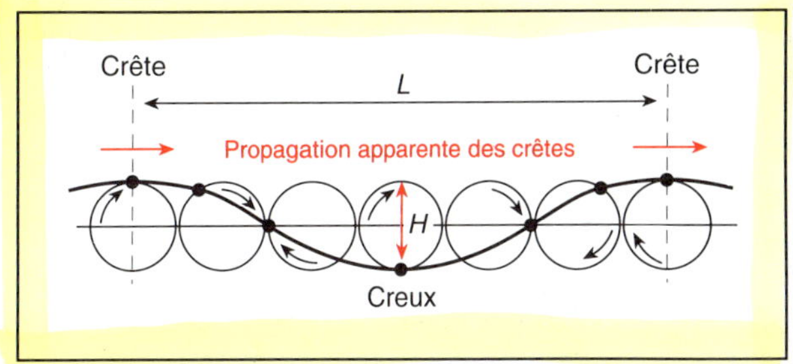

Figure 15.8 Principaux paramètres d'une vague et mouvements circulaires des particules d'eau à la surface d'une vague lors de la propagation apparente des crêtes.

deux crêtes (ou deux creux); sa **hauteur** (H) est la distance verticale entre la crête et le creux.

Les vagues sont des ondes progressives, c'est-à-dire qu'elles véhiculent de l'énergie d'un point à un autre. Néanmoins, il faut bien comprendre que seule l'onde se déplace en apparence, et que les mouvements réels de l'eau sont limités à de petits cercles stationnaires proches de la surface (fig. 15.8). La propagation d'une crête n'est alors qu'une illusion d'optique, puisqu'en aucun cas l'eau ne se propage avec la crête. La vitesse de propagation de l'onde, vitesse apparente de la crête, est appelée **vitesse de phase** (C_p) alors que la vitesse de propagation de l'énergie est la **vitesse de groupe** (C_g). Ces deux vitesses ne sont pas nécessairement identiques.

Selon la longueur d'onde (L) de la vague par rapport à la profondeur totale de l'eau (h) de l'endroit, le mouvement circulaire des particules à la surface est ressenti jusqu'au fond ou non. C'est ainsi qu'on distingue deux catégories de vagues : les **vagues en eau profonde** et les **vagues en eau peu profonde**.

On parle de vague en eau profonde lorsque le mouvement des particules est limité à la surface ($L < 4h$); dans ces vagues, les particules ont un mouvement circulaire dont le rayon décroît de manière exponentielle avec la profondeur.

On parle de vague en eau peu profonde lorsque toute la colonne d'eau est mise en mouvement ($L > 20h$); dans ces vagues, le mouvement des particules se transmet progressivement jusqu'au fond, selon une ellipse de plus en plus aplatie, c'est-à-dire que le déplacement horizontal de l'eau reste le même de la surface au fond, alors que son élévation diminue progressivement. La figure 15.9 illustre les deux catégories de vagues.

Outre les mouvements internes des particules, les vagues d'eau peu profonde se distinguent des vagues d'eau profonde par leur vitesse de groupe égale à leur vitesse de phase, c'est-à-dire que l'énergie de ces vagues se propage en même temps que le déplacement des crêtes. Le tableau 15.3 fournit des formules d'approximation des vitesses de phase et de groupe pour chacune des deux catégories de vagues. Il fournit aussi la formule d'approximation des variations de

Tableau 15.3 Formules se rapportant aux caractéristiques physiques des vagues en eau profonde et des vagues en eau peu profonde.

Caractéristiques physiques	Vagues en eau profonde	Vagues en eau peu profonde
Approximation	$L < 4\,h$	$L > 20\,h$
Vitesse de phase	$C_p = \sqrt{\frac{gL}{2\pi}}$	$C_p = \sqrt{g\,h}$
Vitesse de groupe	$C_g = 0{,}5\ C_p$	$C_g = C_p$
Variation de pression à la profondeur z (z < 0 sous le géoïde)	$\Delta P_{max} = \rho\, g\, H\, e^{2\pi z/L}$	$\Delta P_{max} = \rho\, g\, H$

L Longueur d'onde de la vague	h Profondeur totale de la colonne d'eau
H Hauteur de la vague	g Constante de gravité (9,81 m/s²)
C_p Vitesse de phase	C_g Vitesse de groupe
π Pi (3,1415926...)	
ρ Masse volumique de l'eau	P Pression

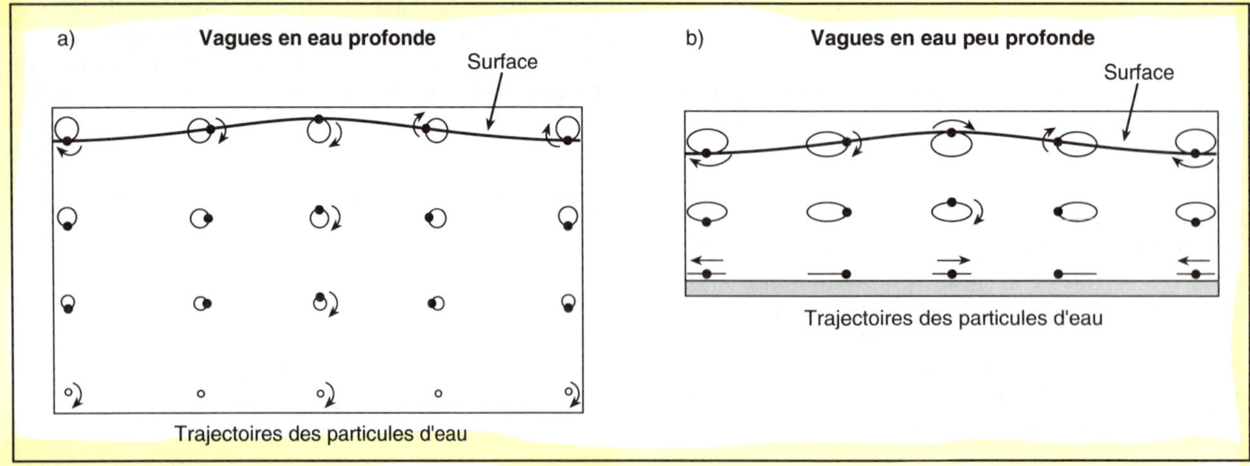

Figure 15.9 Mouvements schématiques des particules d'eau au passage de vagues. En a), les particules ont un mouvement circulaire de rayon décroissant exponentiellement avec la profondeur dans des vagues en eau profonde; en b), les particules conservent la même amplitude horizontale de mouvement jusqu'au fond dans des vagues en eau peu profonde.

pression sur le fond qu'entraîne le passage des vagues. Lorsqu'il s'agit du passage des vagues en eau peu profonde, ces variations sont proportionnelles à la hauteur de la vague. En revanche, les vagues en eau profonde n'entraînent pas de telles variations.

En vertu des mécanismes responsables de leur déclenchement, on reconnaît trois principaux types de vagues : les vagues de tempête, les tsunamis et la marée. Le tableau 15.4 donne les caractéristiques de chacun des trois types de vagues.

VAGUES DE TEMPÊTE

Les vagues de tempête se forment sous l'action du vent au-dessus de l'eau. La période (T) des vagues formées ainsi que leur hauteur (H) dépendent de la vitesse du vent, de la durée pendant laquelle il souffle, et du **fetch**, soit la distance sur laquelle il souffle (fig. 15.10).

Au large des côtes, soit à des profondeurs de 50 m et plus, les vagues de tempête se comportent comme des vagues en eau profonde. Par contre, en approchant des côtes, elles se transforment en vagues d'eau peu profonde. Les effets des plus grosses tempêtes en eau profonde ne se font donc plus sentir au-delà d'une centaine de mètres de profondeur au maximum. Cette propriété est bien connue des pilotes des sous-marins qui ont à naviguer pendant les tempêtes et des ingénieurs qui ont à calculer la stabilité des plates-formes de forage. De plus, les sédiments marins, aussi légers et peu consolidés soient-ils, ne seront pas remaniés par les vagues de tempête, à condition d'être accumulés à une profondeur qui satisfait l'approximation des vagues en eau profonde ($h > L/4$).

TSUNAMIS

Un tsunami[1] est une vague de grande longueur d'onde déclenchée le plus souvent par un séisme de forte magnitude (6,5 et plus) causé par le mouvement

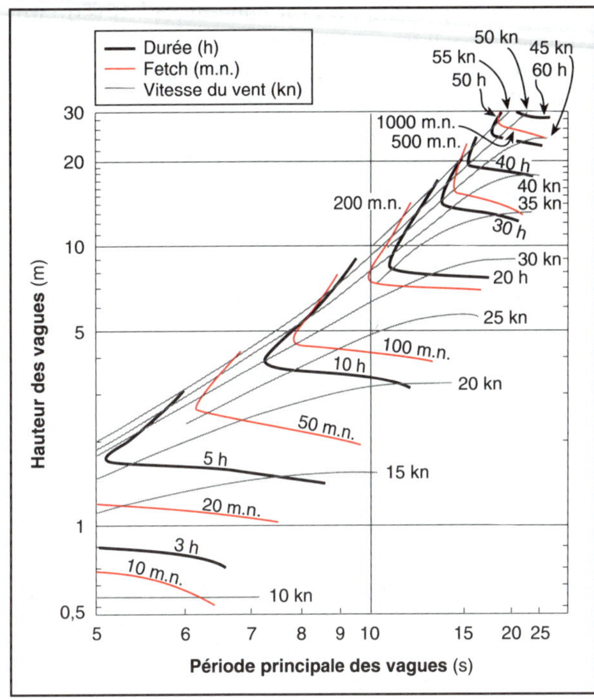

Figure 15.10 Hauteur et périodes empiriques de vagues de tempête formées sous l'action de la vitesse du vent (en nœuds), de son fetch (en milles nautiques) et de la durée pendant laquelle il souffle (en heures) (1 mille nautique (m.n.) = 1853 m et 1 nœud (kn) = 0,515 m/s ou 1 m.n./h).

Tableau 15.4 Caractéristiques physiques des vagues en eau profonde et en eau peu profonde communes.

TYPES DE VAGUES	PÉRIODE (T) (s)	LONGUEUR D'ONDE (L) (m)	PROFONDEUR DE L'EAU (h) (m)	HAUTEUR DE LA VAGUE (H)	VITESSE DE PHASE (C_p) (m/s)	VITESSE DE GROUPE (C_g) (m/s)
Vagues en eau profonde						
Tempête océanique	6-10	80-200	> 50	Jusqu'à 30 m et plus	11-17	6-9
Vagues en eau peu profonde						
Tempête sur une côte	6-10	50-150	< 5	Jusqu'à 10 m et plus	~ 7	~ 7
Marée médio-océanique	4×10^4 (12,4 h)	10^7	~ 4000	Quelques dizaines de cm	~ 200	~ 200
Tsunami médio-océanique	~ 900	2105	~ 4000	Quelques dizaines de cm	~ 200	~ 200

1. Le terme japonais *tsunami*, qui signifie *onde de port*, doit être employé à la place de *raz de marée*. En effet, cette dernière expression porte à confusion, car le type de vague dont on parle ici n'a rien à voir avec la marée.

d'une faille normale. Le rejet doit être de plusieurs mètres et la faille longue d'au moins 100 km. Depuis l'épicentre du séisme se propagent alors une série de vagues, hautes d'environ 1 m, avec une longueur d'onde comprise entre 150 et 1000 km. Avec une telle longueur d'onde, soit plus de 20 fois la profondeur moyenne de l'océan, on doit considérer un tsunami comme une vague en eau peu profonde, et ce, même en plein milieu de l'océan où les profondeurs dépassent 4000 m. Ainsi, le déplacement des particules dans l'onde est transmis à toute la colonne d'eau, ce qui représente une énergie considérable par rapport aux simples déplacements de surface des particules dans les vagues de tempête.

Les côtes et les îles du Pacifique (Japon, Hawaï, Mexique, etc.) sont fréquemment touchées par des tsunamis provoqués par les nombreux séismes sous-marins associés aux zones de subduction. Obéissant à l'approximation des ondes en eaux peu profondes dans plusieurs milliers de mètres d'eau, les vitesses de phase et de groupe des tsunamis sont extrêmement élevées, atteignant plusieurs centaines de kilomètres à l'heure (tableau 15.4) et rendant de ce fait toute évacuation des populations impossible. Par contre, le passage de toute onde en eau peu profonde communique une variation de pression proportionnelle à la hauteur de la vague au fond de l'océan (tableau 15.3). Avec l'installation d'un réseau de détecteurs de pression de grande précision réparti sur le fond du Pacifique, on peut maintenant détecter la propagation d'un tsunami et prévenir à temps les populations côtières de son arrivée imminente.

MARÉE

Le phénomène de la marée est principalement dû à l'action combinée de l'attraction gravitationnelle de la Lune sur les océans de la Terre et de la rotation du système Terre-Lune autour de son centre de masse. L'onde théorique de la marée est comme une immense vague planétaire formée de deux crêtes (marées hautes) et de deux creux (marées basses) alternant sur le pourtour de la Terre. Les déviations théoriques des crêtes et des creux par rapport au géoïde sont de l'ordre de 20 à 30 cm. Les deux crêtes sont alignées sur l'axe Terre-Lune, la première étant située directement sous la Lune, alors que la deuxième est située complètement à l'opposé de la Lune.

La distance qui sépare les deux crêtes théoriques de marée haute étant égale à la moitié de la circonférence de la Terre, soit 20 000 km, on peut donc considérer la marée comme une onde progressive simple à deux crêtes, obéissant à l'approximation des vagues en eau peu profonde, puisque sa longueur d'onde, 20 000 km, est bien supérieure à 20 fois la profondeur océanique moyenne (tableau 15.4).

Forces responsables de la marée

Pour expliquer les fondements théoriques du phénomène des marées, nous devons rappeler quelques principes fondamentaux de la physique que nous traduirons, pour en alléger la description, en formules.

Les deux crêtes de l'onde de marée à la surface de l'eau de la Terre, celle en direction de la Lune et celle à l'opposé de la Lune, résultent principalement de l'équilibre entre la **force d'attraction gravitationnelle** de la Lune sur la Terre et la **force centrifuge** due à la rotation du système Terre-Lune autour de son centre de masse[2].

Avant d'expliciter les deux forces s'exercant sur une masse d'eau à la surface de la Terre, précisons la position du centre de masse du système Terre-Lune. La masse de la Terre représentant environ 81 fois la masse de la Lune, le centre de masse (CM) du système Terre-Lune est très excentré du côté de la Terre, à environ 4400 km du centre de la Terre ou 1900 km sous la surface, sur l'axe Terre-Lune (fig. 15.11). Comme la Terre pivote sur elle-même, la position du centre de masse change continuellement, de manière à toujours rester à 1900 km sous la surface de la planète sur l'axe Terre-Lune. La Terre et la Lune effectuent un tour complet autour de leur centre de masse commun en 27,3 jours. Par ailleurs, c'est autour de ce centre de masse que le système Terre-Lune effectue sa rotation annuelle autour du Soleil (fig. 15.12).

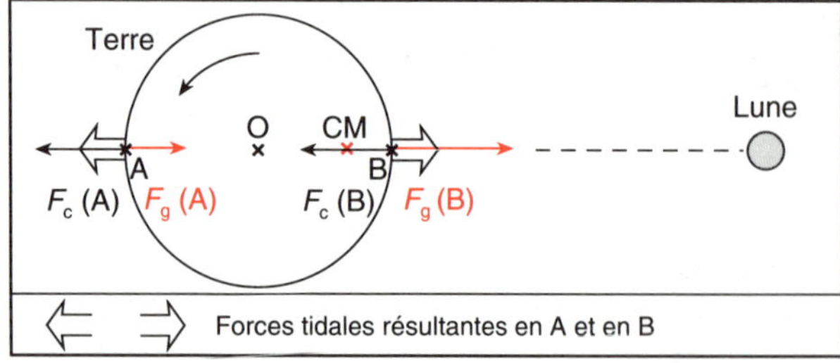

Figure 15.11 Le système Terre-Lune, vu du pôle Nord, avec son centre de masse (CM). Les forces tidales en deux points opposés de la surface de la Terre résultent des forces d'attraction gravitationnelles (F_g) et des forces centrifuges (F_c).

2. Notons que la force centrifuge est une force « fictive » si l'on applique les lois classiques de Newton par rapport à un référentiel fixe, c'est-à-dire en dehors des mouvements de rotation de la Terre autour de son axe en un jour, autour du centre de masse Terre-Lune en un mois et autour du Soleil en un an. Pour simplifier l'explication du phénomène des marées, on a choisi de se rapporter à un référentiel fixé à la Terre, et donc de parler de force centrifuge.

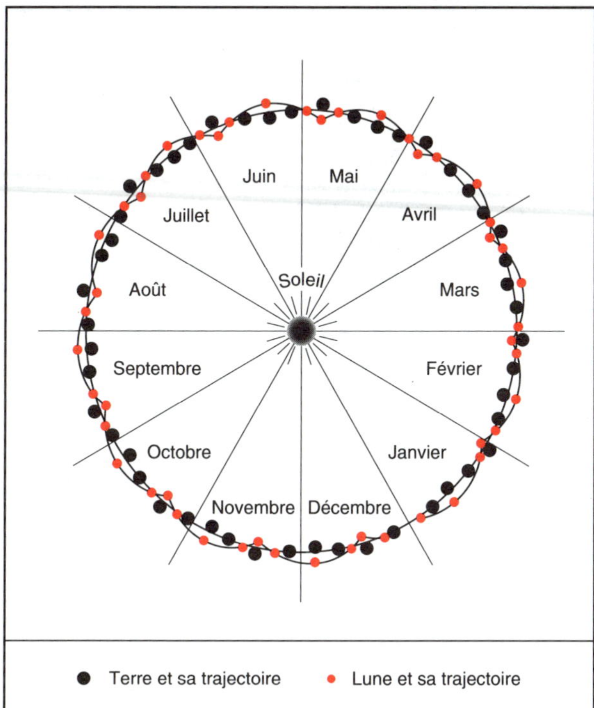

Figure 15.12 Rotation du centre de masse du système Terre-Lune autour du Soleil en une année (d'après Thurman, 1987).

Rôle de la Lune

Toute masse d'eau à la surface de la Terre, où qu'elle soit, est soumise à la force d'attraction gravitationnelle de la Lune. Cette force (F_g), formulée par Newton dès 1687, est directement proportionnelle au produit de la masse d'eau (m) et de la masse de la Lune (M) et inversement proportionnelle au carré de la distance (d) qui les sépare :

1) $F_g = G \times m \times M / d_2$

où

G = constante universelle de gravité ($6{,}67 \times 10^{-11}$ m^3/kg s^2).

Considérons deux points, A et B, situés dans un plan passant par le centre de la Terre et de la Lune (fig. 15.11). Sur le point A situé à l'opposé de la Lune, la force d'attraction gravitationnelle, F_g(A), est plus faible que sur le point B, F_g(B), en raison de la plus grande distance qui le sépare de la Lune. En A et en B, l'équation 1) devient :

2) $F_g(A) = G \times m \times M / (r + R)^2$

3) $F_g(B) = G \times m \times M / (r - R)^2$

où

r = distance du centre de la Terre au centre de la Lune;
R = rayon de la Terre.

La rotation mensuelle de la Terre autour du centre de masse du système Terre-Lune confère une trajectoire circulaire similaire pour tous les points de la Terre (fig. 15.13). Ces mouvements circulaires ont un rayon égal à la distance du centre de la Terre au centre de masse, soit 4400 km. Pour bien comprendre la représentation de la figure 15.13, notons que l'on ne tient pas compte de la rotation de la Terre autour de son axe dans un premier temps (cette rotation sera considérée plus tard lors de la description de la propagation de la marée d'un côté à l'autre de la planète). Avec une telle trajectoire, tous les points de la Terre sont dès lors soumis à une force centrifuge (F_c), force autre que celle simplement due à la rotation de la Terre sur elle-même. Tous les points de la planète subissent une force centrifuge de même intensité, dont la direction est indiquée à la figure 15.11 :

4) $F_c(O) = F_c(A) = F_c(B)$

La force centrifuge qui s'exerce sur toute la Terre à partir de sa rotation autour du centre de masse doit équilibrer la force d'attraction globale de la Lune sur la Terre pour que la distance de la planète à son satellite reste constante. Ainsi, les forces gravitationnelle et centrifuge au centre de la Terre sont de même intensité, mais opposées. En valeur absolue, on obtient :

5) $F_c(O) = F_g(O) = G \times m \times M / r^2$

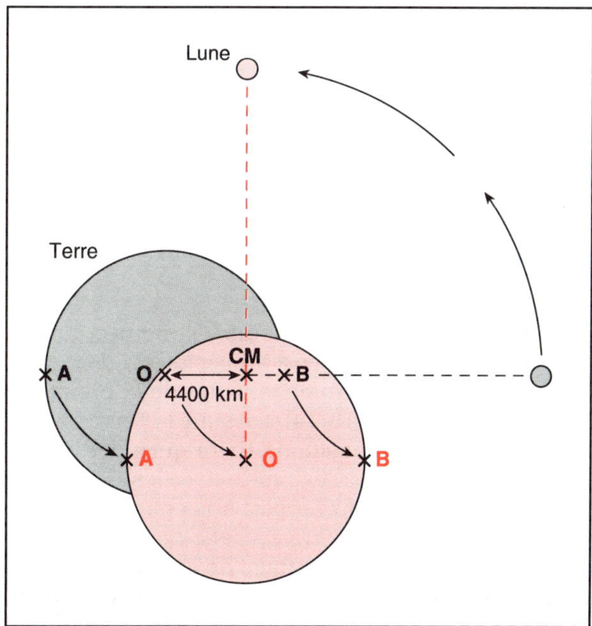

Figure 15.13 Rotation excentrée de la Terre autour de son centre de masse (un quart de tour), vue du pôle Nord. Tous les points de la Terre ont une trajectoire circulaire d'un rayon de 4400 km et subissent donc la même force centrifuge. Dans ce schéma, on ne tient pas compte de la rotation du centre de masse du système Terre-Lune autour du Soleil, ni de la rotation de la Terre autour d'elle-même.

La **force tidale** (ou force de marée) en un point est la résultante des forces gravitationnelle et centrifuge en ce point. Au point B, l'intensité de la force gravitationnelle d'attraction de la Lune est légèrement plus élevée que celle de la force centrifuge. La force tidale résultante est alors dirigée vers la Lune. Au contraire, la force tidale au point A est dirigée au-delà de la Lune puisque l'intensité de la force gravitationnelle est maintenant plus faible que celle de la force centrifuge (fig. 15.11). On obtient ainsi, en combinant les équations 2) à 5) :

6) $F_{\text{tidale}}(A) = F_c(A) - F_g(A)$
$= G \times m \times M/r^2 - G \times m \times M/(r + R)^2$

7) $F_{\text{tidale}}(B) = F_g(B) - F_c(B)$
$= G \times m \times M/(r - R)^2 - G \times m \times M/r^2$

Les équations 6) et 7) se simplifient en utilisant l'approximation $1/(1 + \varepsilon)^2 \approx 1 - 2\varepsilon$ lorsque $\varepsilon << 1$:

8) $F_{\text{tidale}}(A) = F_{\text{tidale}}(B) \approx 2 \times G \times m \times M \times R/r^3$

Les deux forces tidales extrêmes (en A et en B) ont la même intensité mais des directions opposées. L'intensité de la force tidale en tout autre point que A et B est plus faible qu'en ces deux cas extrêmes. Aux deux points sur l'axe perpendiculaire au plan passant par les centres de la Terre et de la Lune, la force tidale est nulle.

Un petit calcul comparatif révèle que l'intensité de la force tidale qui s'applique sur des masses d'eau situées en A ou en B est 10 millions de fois plus petite que l'intensité de la force d'attraction gravitationnelle terrestre qui retient ces masses d'eau sur Terre. L'intensité de la force tidale est donc beaucoup trop faible pour expliquer le phénomène des marées à la surface de la Terre par une simple attraction perpendiculaire au géoïde en direction de la Lune ou à l'opposé de la Lune. On doit plutôt interpréter le phénomène comme résultant d'un déplacement « horizontal » de l'eau, le long du géoïde.

La hauteur théorique de chacune des deux crêtes de l'onde de marée par rapport au géoïde est d'environ 35 cm, alors que la profondeur des deux creux est d'environ 17 cm (fig. 15.14). Lorsque la Terre tourne sur elle-même, les positions théoriques des crêtes restent alignées avec la Lune, et celles des creux sont en quadrature par rapport aux crêtes. Au cours d'une rotation de la Terre sur elle-même, tous les points océaniques à la surface de la planète subissent le passage des deux crêtes et des deux creux de l'onde de marée, soit deux marées hautes en alternance avec deux marées basses. Comme on l'a expliqué précédemment, les masses d'eau demeurent quasi stationnaires d'une marée haute à une marée basse, puisque seule l'onde et non la matière se propage. Ainsi, il ne faut surtout pas imaginer qu'en 24 heures, l'eau du Pacifique s'est propagée jusque dans l'Atlantique et est revenue à son point de départ afin de suivre les mouvements apparents de la Lune.

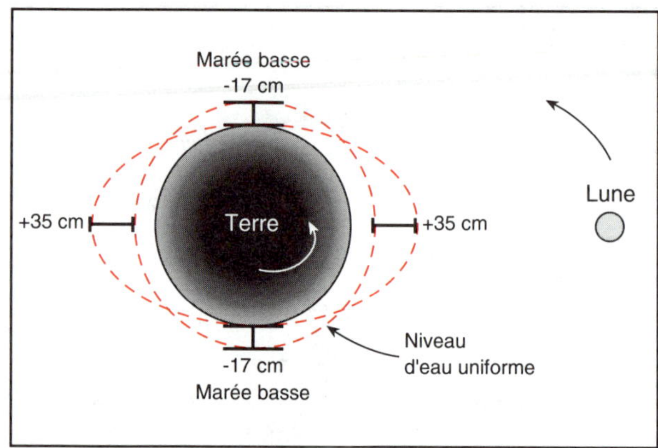

Figure 15.14 Amplitudes des crêtes et des creux théoriques de l'onde de marée à la surface de la Terre vue à la verticale du pôle Nord.

Comme la Lune tourne autour de la Terre, il lui faut 24 h 50 min pour se retrouver sous le même méridien. Ainsi, la période principale semi-diurne de la marée (le temps séparant deux marées hautes consécutives) est de 12 h 25 min.

Le phénomène réel des marées à la surface de la Terre est en fait beaucoup plus complexe que la simple propagation de l'onde lunaire principale. On a répertorié plus de 400 composantes pour décrire avec précision les fluctuations de l'intensité de la force de marée au cours du temps. Les effets combinés de l'ensemble de ces composantes résultent en une modulation des hauteurs des ondes de marée lunaire principale pouvant aller du simple au triple selon des périodes de plusieurs semaines, mois ou même années.

Une des principales variations de l'intensité de la force de marée est due à l'orbite elliptique de la Lune autour de la planète. À son **apogée**, la Lune est à environ 405 800 km de la Terre, comparativement à environ 375 200 km à son **périgée**. Ces 10 % de variation de la distance Terre-Lune se traduisent par des variations de l'intensité de la force tidale lunaire principale de l'ordre de 30 %, cette force étant inversement proportionnelle au cube de la distance (équation 8). Le passage du périgée à l'apogée s'effectue en 27,5 jours environ.

Rôle du Soleil

Le Soleil produit, tout comme la Lune, des forces tidales sur l'eau de la Terre. L'intensité des forces tidales solaires est d'environ 0,45 fois celle des forces tidales lunaires. En effet, même si la masse du Soleil représente plus de 26 millions de fois celle de la Lune, la distance Terre-Soleil est 400 fois plus grande que la distance Terre-Lune, et l'on a vu précédemment que la force tidale d'un astre est inversement proportionnelle au cube de la distance qui le sépare de la masse d'eau considérée.

Pour schématiser les interactions de la Lune et du Soleil sur les océans de notre planète, on a représenté à la figure 15.15 les crêtes de marée théoriques produites par chacun des deux astres en supposant que les déclinaisons de la Lune et du Soleil étaient nulles. Dans les deux cas où la Lune et le Soleil sont alignés, c'est-à-dire en période de pleine Lune ou de nouvelle Lune, les forces tidales lunaires et solaires s'additionnent pour produire de très forts **marnages** (amplitude d'une marée haute à une marée basse). C'est ce que l'on appelle les **marées de vives eaux**. Au contraire, en période de premier quartier ou de dernier quartier, les forces tidales lunaires et solaires sont en quadrature. Les marées résultantes restent encore dirigées selon l'axe Terre-Lune, mais ont des amplitudes réduites au tiers de celles des marées de vives eaux. On parle dans ce cas de **marées de mortes eaux**. Un cycle complet de nouvelle Lune à nouvelle Lune s'étend sur 29,5 jours. Ce cycle est plus long que la période de rotation de la Terre et de la Lune autour de leur centre de masse commun (27,3 jours), puisque pendant ce temps, le système Terre-Lune a tourné un peu autour du Soleil.

Marée réelle

Bien que les lois de la physique concernant les forces d'attraction gravitationnelle et centrifuge soient tout à fait valables pour expliquer la marée, de nombreux éléments viennent modifier l'allure de ce phénomène.

- La présence des continents empêche la libre propagation de l'onde de marée autour de la planète. En outre, la forme de certaines baies côtières engendre un effet de résonance responsable de très hautes marées, comme c'est le cas à la baie de Fundy en Nouvelle-Écosse.
- La propagation de la marée ne peut se faire librement autour de la Terre, étant freinée par la trop faible profondeur moyenne des océans. Cette profondeur moyenne (environ 4000 m) permet une vitesse de phase de la marée de l'ordre de 200 m/s, vitesse environ deux fois plus faible que la vitesse nécessaire à la crête de marée pour se propager sur la moitié de la circonférence de la Terre en un peu plus de 12 heures.

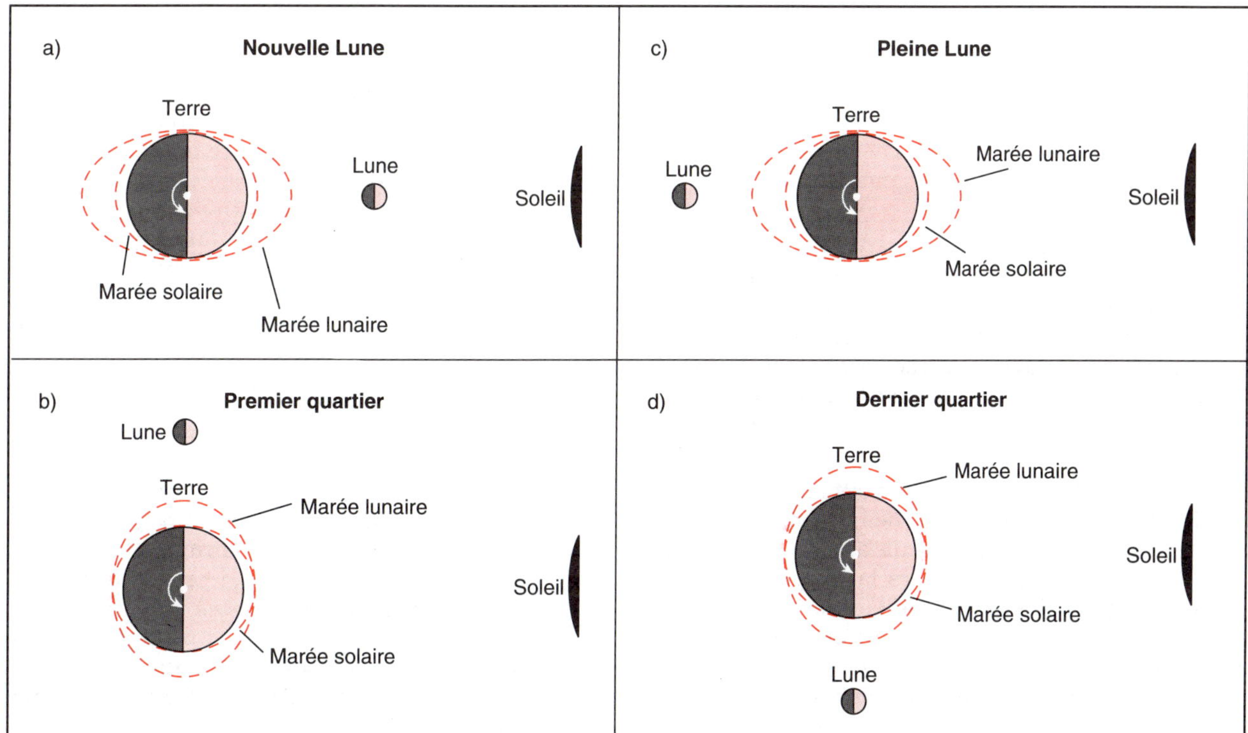

Figure 15.15 Représentation schématique des actions combinées de la Lune et du Soleil sur la production des marées à la surface de la Terre. En a), nouvelle Lune : le Soleil et la Lune sont en conjonction, marées de vives eaux; en b), premier quartier : le Soleil et la Lune sont en quadrature, marées de mortes eaux; en c), pleine Lune : le Soleil et la Lune sont en opposition, marées de vives eaux; en d), dernier quartier : le Soleil et la Lune sont en quadrature, marées de mortes eaux (d'après The Open University Team, 1989a).

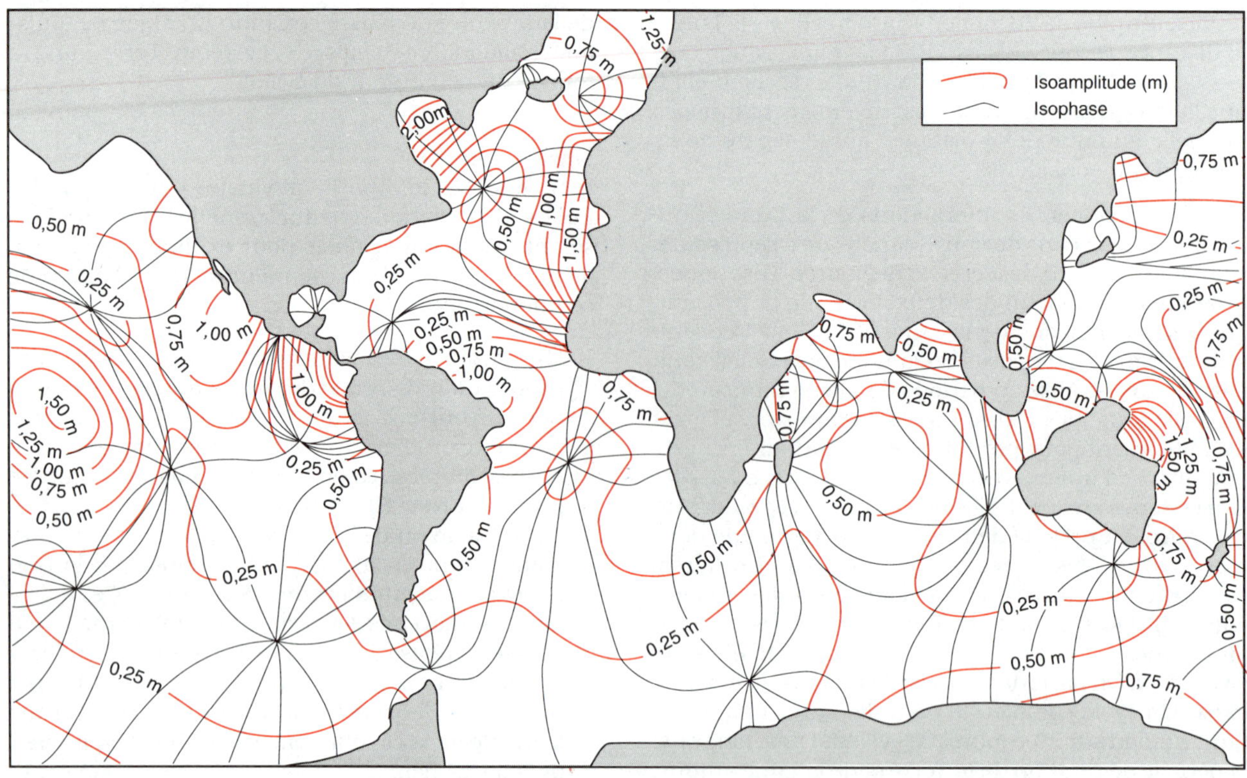

Figure 15.16 Diagramme généré par ordinateur de l'ensemble des points amphidromiques pour la composante lunaire semi-diurne principale de marée. On retrouve les lignes d'isoamplitude en couleur, et les lignes d'isophase en noir (d'après The Open University Team, 1989a).

- Tout mouvement à la surface de la planète ne peut s'effectuer sans être dévié par la force de Coriolis[3], à savoir vers sa droite dans l'hémisphère Nord et vers sa gauche dans l'hémisphère Sud.

La combinaison des lois théoriques de physique, de la forme et des variations de profondeur des bassins océaniques et de la force de Coriolis se manifeste dans un ensemble de systèmes tidaux locaux. Chacun de ces systèmes possède un **point amphidromique**, ou nœud central, autour duquel s'effectue la propagation locale de l'onde de marée.

La figure 15.16 montre la distribution des points amphidromiques à la surface des océans. L'amplitude des marées océaniques, nulle au niveau du point amphidromique, augmente vers la périphérie de ce point. Les **lignes d'isoamplitude** forment un réseau plus ou moins concentrique autour des points amphidromiques. Les **lignes d'isophase**, qui partent radialement des points amphidromiques, représentent quant à elles tous les points qui sont en phase pour la propagation de la marée. On retrouve simultanément tous les points en marée haute et tous les points en marée basse sur deux lignes d'isophase, de part et d'autre du point amphidromique. L'onde de marée se propage en tournant autour du point amphidromique, en général dans le sens antihoraire dans l'hémisphère Nord et dans le sens horaire dans l'hémisphère Sud, sous l'influence de la force de Coriolis.

Bien que l'allure réelle générale de la marée soit très différente de l'onde progressive simple théorique, l'ensemble du système des points amphidromiques correspond aux composantes principales de la marée que nous avons décrites plus haut. Ainsi, la rotation d'une crête de marée haute autour d'un point amphidromique s'effectue en 12,4 heures, la période lunaire semi-diurne principale. Les amplitudes des marées réparties autour du même point sont aussi modulées par les déclinaisons de la Lune et du Soleil, et par les distances de la Terre à chacun des deux

3. Tous les corps en mouvement à la surface de la Terre subissent la force de Coriolis, due à la rotation de la Terre sur elle-même. Cette force dévie, proportionnellement à leur vitesse, tous les corps vers la droite de leur mouvement dans l'hémisphère Nord, et vers la gauche dans l'hémisphère Sud. La force de Coriolis est par ailleurs nulle à l'équateur et maximale aux pôles, étant proportionelle au sinus de la latitude.

astres. Enfin, les variations d'amplitude des marées de vives eaux et de mortes eaux sont conservées, avec cependant un certain retard possible par rapport aux phases lunaires correspondantes.

15.3 LA COLONNE D'EAU

Les deux enveloppes fluides qui encerclent la Terre (l'atmosphère et les océans) sont en perpétuel mouvement et en interaction directe. Les échanges thermiques dans l'atmosphère se traduisent par des vents, qui entraînent à leur tour les grands courants océaniques de surface. Nous allons donc tout d'abord étudier le bilan énergétique de l'atmosphère et de l'océan. En effet, ce sont les déséquilibres énergétiques entre les hautes et les basses latitudes qui, en modifiant les densités moyennes des masses d'eau océaniques, déclenchent la circulation océanique profonde des océans. Enfin, nous verrons les grands mouvements qui agitent l'ensemble de la colonne d'eau.

15.3.1 *Le bilan énergétique*

L'ensemble de notre planète, tant son atmosphère que ses océans ou ses continents, est en équilibre énergétique (fig. 15.17). Globalement, la quantité d'énergie que l'atmosphère reçoit du Soleil sous forme de lumière (Q'_s) équivaut à la quantité d'énergie réémise sous forme de rayonnement thermique par l'atmosphère vers l'espace (Q'_b). Par contre, un bilan énergétique détaillé de l'atmosphère nous révèle que les basses latitudes affichent un surplus ($Q'_s > Q'_b$), alors que les hautes latitudes sont en déficit ($Q'_s < Q'_b$). L'équilibre énergétique de la planète est rétabli par déplacements d'air (vents) ou d'eau (courants océaniques).

> Dans les régions équatoriales et tropicales, les **alizés** soufflent d'est en ouest, alors qu'aux latitudes moyennes, dominent les **vents d'ouest**. Ces vents contribuent à équilibrer le bilan énergétique planétaire en transportant des masses d'air chaud vers les hautes latitudes, d'une part, et en entraînant des courants chauds vers les pôles, d'autre part.

Les flux de rayonnement thermique (Q_b) émanant des océans sont très loin de compenser les flux de radiation solaire (Q_s) reçus. En plus de l'advection des eaux chaudes (Q_v), les transports d'énergie vers les pôles se font aussi directement par conduction de chaleur spécifique des eaux chaudes vers l'atmosphère plus froide (Q_h). Enfin, l'évaporation de la surface des océans est responsable de la plus importante perte de chaleur des océans vers l'atmosphère (Q_e). Cette chaleur latente d'évaporation est ensuite relâchée à de plus hautes latitudes lorsque la vapeur d'eau se recondense et forme les nuages. Les facteurs de l'équilibre énergétique des océans sont non seulement responsables de la répartition des températures à la surface de la Terre, mais aussi de la distribution générale des précipitations.

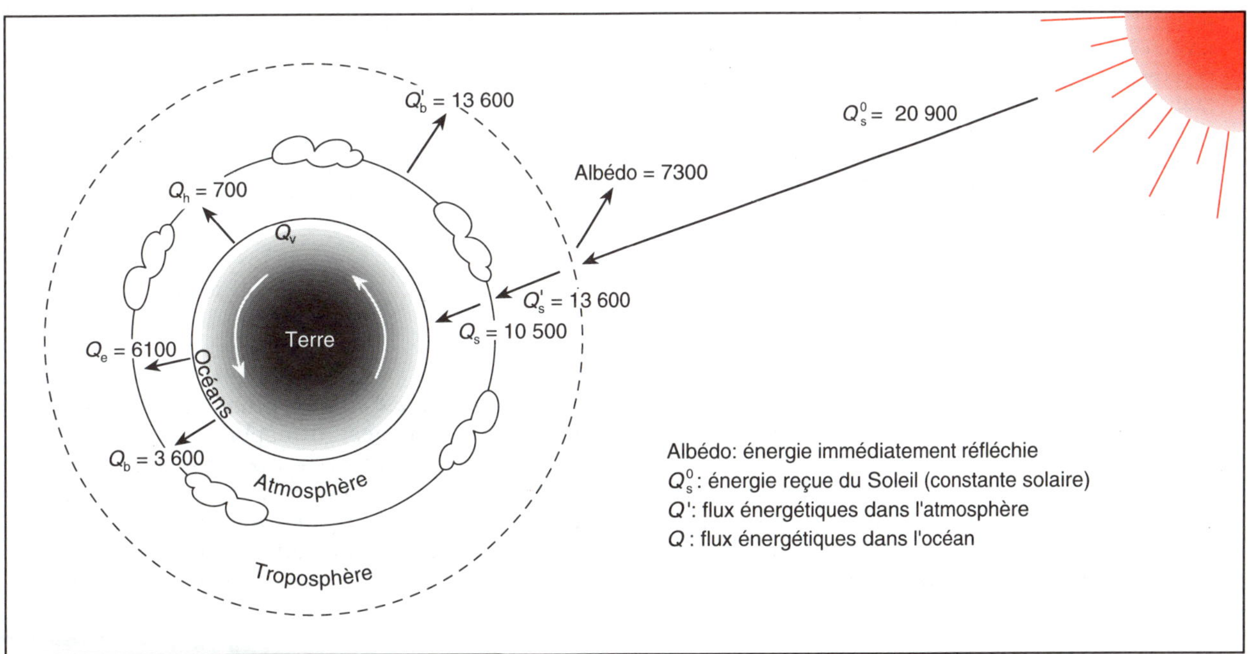

Figure 15.17 Transferts de chaleur entre l'atmosphère et les océans, exprimés en J/cm²/s. Chaque flux représente une moyenne intégrée pour toute la planète. Les déficits ou surplus d'énergie locaux sont équilibrés par les vents et les courants océaniques qui n'apparaissent pas sur ce schéma.

ENCADRÉ 15.1

LA VORTICITÉ

Les masses d'eau en mouvement sont à la fois déviées par la vorticité planétaire (f), directement reliée à la force de Coriolis, et par la vorticité relative (ξ), décrivant le « couple de torsion » de la masse d'eau par rapport à la Terre. Si D est la profondeur de la masse d'eau en mouvement, sa vorticité potentielle, $(f + \xi)/D$, est constante. Le couple de torsion d'une masse d'eau est appliqué dans le sens antihoraire lorsque la vorticité relative est positive, et dans le sens horaire lorsqu'elle est négative.

Lorsque les courants côtiers de l'ouest des grands tourbillons de l'hémisphère Nord se déplacent vers de plus hautes latitudes, ils sont soumis à une force de Coriolis grandissante, c'est-à-dire à une plus grande vorticité planétaire (f ↑). Pour conserver leur vorticité potentielle constante, les courants développent alors une vorticité relative dans le sens horaire ($\xi < 0$). Ainsi, les courants côtiers de l'ouest dans l'hémisphère Nord subissent des vorticités relatives et planétaires qui vont dans le même sens. Cela a pour effet de fortement concentrer et d'accélérer ces courants. Au contraire, les courants côtiers de l'est de l'hémisphère Nord développent une vorticité relative antihoraire ($\xi > 0$) pour contrebalancer une vorticité planétaire décroissante avec la latitude (f ↓). Ces courants sont alors fortement étirés sur de grandes étendues et leur intensité est réduite.

Une démonstration similaire à la précédente montrerait pourquoi l'intensification des courants côtiers dans l'hémisphère Sud est toujours observée du côté ouest des océans par rapport à un étirement du côté est. Les cinq grands courants côtiers de l'ouest dans le monde (le Gulf Stream, le courant du Brésil, le Kuroshio, le courant de l'Australie de l'Est, le courant d'Agulhas) sont concentrés en moyenne sur moins de 200 km de large et coulent à une vitesse de l'ordre de 1 à 2 m/s.

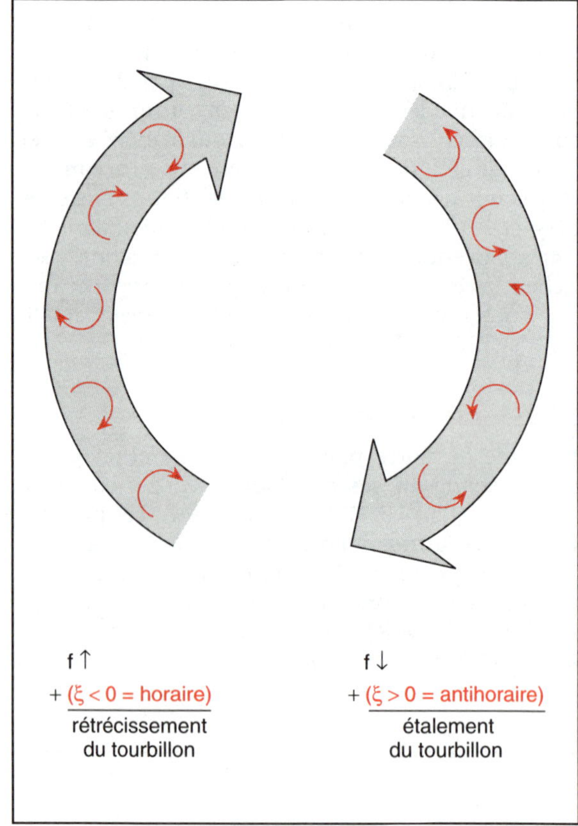

Vorticités planétaire (f) et relative (ξ) dans un tourbillon de profondeur constante de l'hémisphère Nord. Les deux vorticités se combinent à l'ouest des océans pour créer de grands courants très intenses, alors qu'elles s'opposent à l'est des océans et étirent les courants côtiers.

Aux latitudes moyennes, les régions ouest de tous les océans de la planète sont le siège des plus grands transferts énergétiques. De forts courants océaniques chauds, les **courants côtiers de l'ouest**, y transportent de la chaleur vers le nord-est dans l'hémisphère Nord, et vers le sud-est dans l'hémisphère Sud. Simultanément, ces régions sont soumises à une intense évaporation. À l'inverse, les **courants côtiers de l'est**, plus diffus que les courants côtiers de l'ouest, transportent vers l'équateur des eaux froides formées aux hautes latitudes ou remontées des profondeurs. La notion de **vorticité**[4] permet de comprendre les différences d'intensité des courants côtiers de l'ouest et de l'est de part et d'autre d'un même grand tourbillon de surface (encadré 15.1).

4. La vorticité est la tendance qu'a une masse d'eau à tourner.

15.3.2 *La sphère d'eau chaude*

Les mouvements dans la sphère d'eau chaude, c'est-à-dire la partie supérieure de la colonne d'eau océanique, concernent les courants de surface. On distingue les courants de dérive et les courants géostrophiques.

COURANTS DE DÉRIVE

En démontrant que la contrainte du vent à la surface de l'eau est équilibrée par la force de Coriolis et les forces internes de friction, le physicien Ekman a expliqué, dans les années 1890, l'allure de l'entraînement du vent sur une colonne d'eau. Lorsque le vent souffle au-dessus de l'eau, cette dernière est déviée en surface à 45° à droite du vent dans l'hémisphère Nord (et à 45° à gauche du vent dans l'hémisphère Sud) avec une vitesse qui équivaut à environ 3 % de celle du vent. Le mouvement des eaux de surface est ensuite transmis en profondeur par la friction causée par la turbulence. Cet entraînement d'une couche d'eau par une autre moins profonde subit encore une fois une déviation due à la force de Coriolis. Plus on s'enfonce sous la surface, plus l'eau est déviée (vers la droite ou vers la gauche selon l'hémisphère), plus sa vitesse diminue en raison de la friction. L'allure générale du mouvement d'une colonne d'eau soumise à un vent régulier prend alors la forme d'une spirale, appelée « spirale d'Ekman ». Le déplacement de la colonne d'eau intégré sur toute la spirale d'Ekman se fait à 90° à droite du vent dans l'hémisphère Nord et à 90° à gauche du vent dans l'hémisphère Sud. La profondeur totale moyenne sur laquelle l'effet de la spirale d'Ekman se fait sentir dépasse rarement une cinquantaine de mètres.

Le double système des vents d'ouest et des alizés est directement responsable de la mise en mouvement des **courants de dérive** formant les grands **tourbillons** à la surface des océans. La figure 15.18 montre les principaux courants océaniques de surface. Dans l'Atlantique Nord, par exemple, l'entraînement des eaux de surface à 45° à droite des vents pousse simultanément les eaux tropicales vers le nord-ouest et les eaux septentrionales vers le sud-est. Le transport général des eaux, intégré sur toute la spirale d'Ekman, se fait vers le nord pour les alizés et vers le sud pour les vents d'ouest. Il en résulte une **zone de convergence** des eaux océaniques aux environs de 30°N, que l'on appelle la mer des Sargasses. On trouve des zones de convergence similaires au cœur des grands tourbillons de surface des océans Atlantique Sud, Indien et Pacifique Nord et Sud.

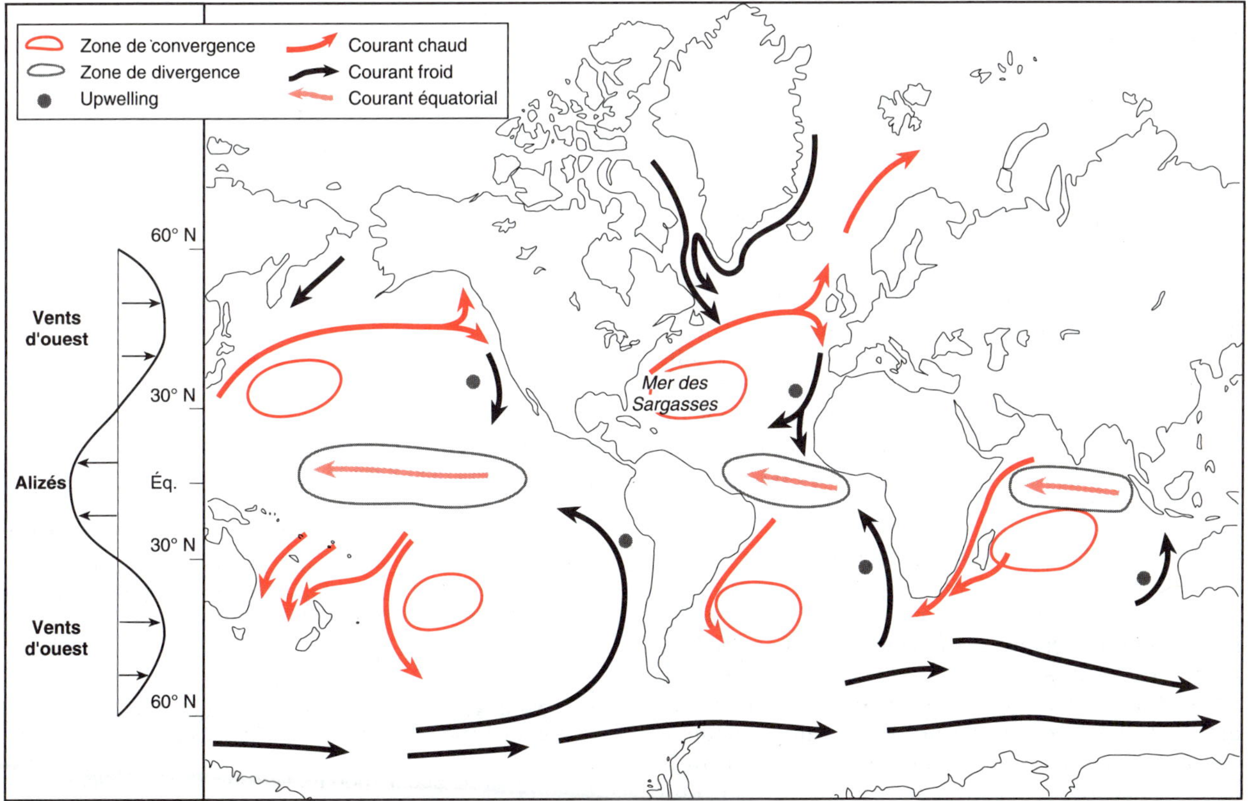

Figure 15.18 Les principaux courants océaniques de surface juxtaposés aux vents dominants. On a indiqué les principales zones de convergence, de divergence et d'*upwellings*.

À l'opposé des zones de convergence des latitudes moyennes, les régions équatoriales sont caractérisées par des **zones de divergence** des eaux de surface, les masses d'eau étant transportées à droite des alizés au nord de l'équateur et à gauche de ces vents au sud de l'équateur.

Les vents d'ouest qui soufflent au-dessus du Pacifique sont déviés par les chaînes de montagnes qui bordent le côté ouest des continents (Cordillères américaines et Andes). Ces déviations sont aussi accentuées par la formation de basses pressions atmosphériques au-dessus des continents en été. La direction des vents dominants au niveau de la côte californienne devient du nord-ouest, et du sud-ouest pour la côte péruvienne. Ces vents entraînent les eaux de surface à 90° à droite pour la Californie, et à 90° à gauche pour le Pérou, c'est-à-dire vers le large dans les deux cas (fig. 15.18). Le niveau de la surface de l'océan s'abaisse alors de quelques dizaines de centimètres par rapport au géoïde sur le bord des côtes. Ce transport des eaux de surface vers le large est compensé par une remontée des eaux profondes, appelée ***upwelling***.

Les *upwellings* du Pérou et de la Californie sont des zones de très grande productivité biologique en raison des fortes concentrations de sels nutritifs (phosphates, nitrates) qu'ils remontent de plusieurs centaines de mètres de profondeur. On retrouve des phénomènes similaires d'*upwelling*, mais de moins forte intensité, au large des côtes du Maroc et de l'Angola.

COURANTS GÉOSTROPHIQUES

Les niveaux de surface des courants côtiers de l'ouest et de l'est ne sont pas les mêmes que ceux qu'on observe sur le géoïde marin (fig. 15.2). Ainsi, le niveau de surface des 50 km de largeur du Gulf Stream a environ 1 m de plus que le géoïde marin. À l'est des océans, la surface des zones d'*upwelling* est aussi caractérisée par une pente additionnelle de l'ordre de quelques centimètres par centaine de kilomètres. De façon similaire, les thermoclines ou les surfaces d'isosalinité (haloclines) dans la colonne d'eau sont très souvent inclinées par rapport au géoïde marin.

Toute masse d'eau immobile présentant une pente en surface ou en profondeur est rapidement ramenée à l'état d'équilibre du géoïde marin sous l'action des forces dues aux **gradients horizontaux de pression**. Par contre, on observe des pentes stables en présence de courants océaniques lorsque les forces dues aux gradients horizontaux de pression sont localement équilibrées par la force de Coriolis qui s'exerce sur le courant océanique. Le système pente-courant est dit en équilibre géostrophique, et on parle alors de **courant géostrophique** (fig. 15.19a).

On retrouve des courants géostrophiques partout dans les océans où il y a des gradients horizontaux de pression stables, c'est-à-dire des pentes maintenues constantes pour la surface de l'eau ou pour les **pycnoclines** (surfaces d'isodensité) par rapport au géoïde marin. Alors que les effets du vent entraînent les courants de dérive sur une cinquantaine de mètres en moyenne, les gradients horizontaux de pression, responsables des courants géostrophiques, se font sentir jusqu'à plusieurs centaines de mètres de profondeur (soit jusqu'à ce que les gradients horizontaux de pression soient nuls). Par exemple, les pentes des pycnoclines au niveau du Gulf Stream ne deviennent nulles que vers 800 à 1000 m de profondeur (fig. 15.19b), ce qui signifie que ce courant

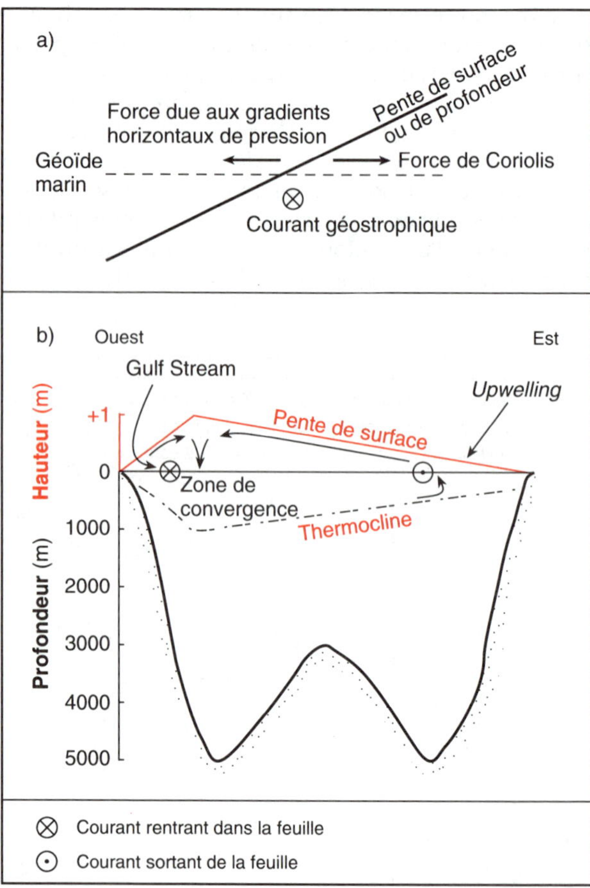

Figure 15.19 Courants géostrophiques (hémisphère Nord). En a), principe de l'approximation géostrophique. Les forces dues aux gradients horizontaux de pression sont équilibrées par la force de Coriolis s'exerçant sur le courant géostrophique. En b), application de l'approximation géostrophique à la sphère d'eau chaude de l'océan Atlantique Nord, vue en coupe. On notera que les échelles des pentes de surface et des profondeurs de la thermocline sont différentes. Le Gulf Stream coule vers le nord jusqu'à une profondeur de 800 à 1000 m. Le courant d'*upwelling* coule vers le sud jusqu'à une profondeur de 200 à 500 m. Le niveau de la thermocline principale est à l'équilibre, c'est-à-dire sans mouvement.

se déplace en réalité sur toute cette profondeur en tant que courant géostrophique, et non sur les premiers 50 m seulement comme le transport d'Ekman le laissait présumer. De façon similaire, les effets de la pente de surface des *upwellings* sont transmis jusqu'à plusieurs centaines de mètres de profondeur.

Les grands tourbillons de surface des océans, initialement mis en mouvement par les vents, affectent donc la colonne d'eau jusqu'à une profondeur de 400 à 1000 m. Les grandes masses d'eau ainsi mises en mouvement forment ce que l'on appelle la **sphère d'eau chaude**.

15.3.3 *La sphère d'eau froide*

En dessous de la sphère d'eau chaude se maintiennent des masses d'eau profondes beaucoup plus froides et plus denses qui constituent la **sphère d'eau froide**. Les deux sphères sont séparées par la thermocline, zone de transition où la température passe de 10°C à 4°C sur une distance de quelques centaines de mètres. La profondeur de l'isotherme de 8°C, le cœur de la thermocline, est très variable, allant de plus de 1000 m aux latitudes moyennes, sous les zones de convergence, à moins de 200 m dans les zones de divergence équatoriales. À des latitudes supérieures à 60°, la sphère d'eau chaude est absente, et la sphère d'eau froide est en contact avec l'atmosphère (fig. 15.20).

Les différentes masses d'eau des sphères d'eau chaude et d'eau froide ont chacune une densité propre définie par un couple caractéristique température – teneur en sel (salinité). Ces propriétés physico-chimiques gouvernent l'ordre de la superposition des différentes masses d'eau les unes par rapport aux autres, les moins denses se plaçant au-dessus des plus denses.

La température et la salinité initiales de chacune des masses d'eau sont fixées dans les régions où elles sont en contact avec l'atmosphère, c'est-à-dire en surface. Nous avons vu à la section 15.3.1 comment le bilan thermique régional de l'atmosphère équilibre la température des eaux de surface et comment le bilan d'évaporation – précipitation qui en découle contrôle leur salinité moyenne. Lorsque les masses d'eau s'isolent de l'atmosphère en s'enfonçant sous d'autres masses d'eau plus légères, leurs température et salinité initiales ne peuvent alors être modifiées que par mélange partiel avec les autres masses d'eau présentes dans la colonne d'eau. Cependant, les grandes masses d'eau ne se mélangent les unes avec les autres que très lentement, et gardent l'empreinte de leurs caractéristiques originales pendant des centaines d'années, tout en se déplaçant sur des milliers de kilomètres à la surface de la planète.

MASSES D'EAU FROIDES DE SURFACE

À des latitudes supérieures à 60°, une fraction des eaux de la sphère d'eau chaude s'échappe des grands tourbillons vers les masses d'eau polaire. Par exemple, une partie du courant de l'Atlantique Nord, le prolongement du Gulf Stream, pénètre dans la mer de Norvège en passant au-dessus du plateau des Îles Faeroe, entre l'Écosse et l'Islande.

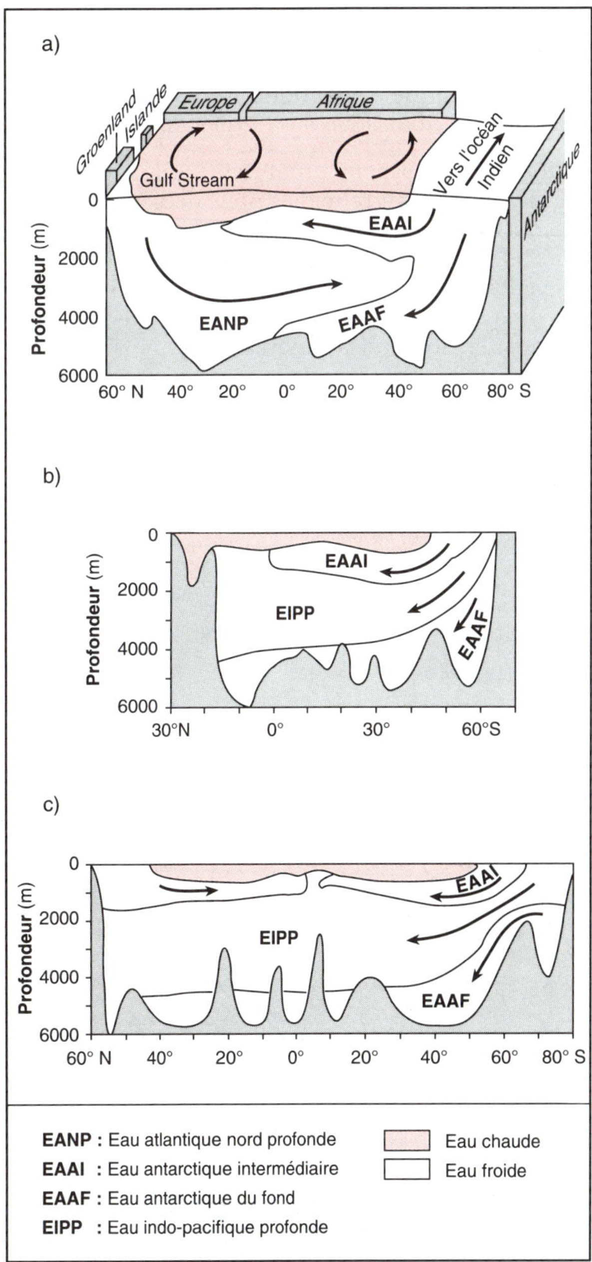

Figure 15.20 Sphères d'eau chaude et sphères d'eau froide. En a), diagramme schématique en trois dimensions des courants dans les sphères d'eau chaude et d'eau froide de l'Atlantique. En b), coupe des mouvements des grandes masses d'eau dans l'océan Indien. En c), coupe des mouvements des grandes masses d'eau dans l'océan Pacifique.

Les eaux chaudes et salées du courant de l'Atlantique Nord se refroidissent dans les mers de Norvège et du Groenland, et se mélangent avec des masses d'eau très froides et un peu moins salées provenant de l'océan Arctique (fig. 15.21). Ces mélanges déstabilisent la structure de la colonne d'eau, et l'on observe d'intenses mouvements de convection sur plusieurs milliers de mètres de profondeur. La nouvelle masse d'eau froide formée du mélange des eaux arctique et atlantique nord quitte l'Arctique en repassant au-dessus du plateau des Îles Faeroe ou en coulant entre l'Islande et le Groenland. Cette masse d'eau polaire de grande densité va ensuite s'enfoncer sous la sphère d'eau chaude de l'Atlantique Nord pour former la masse d'eau atlantique nord profonde, EANP.

Autour du continent antarctique (fig. 15.22), les masses d'eau sont refroidies dans deux petites mers épicontinentales, la mer de Weddell et la mer de Ross, à la fois par conduction au contact des glaciers et par les vents froids qui soufflent des calottes glaciaires. De plus, les teneurs en sel de ces masses d'eau augmentent lorsque la banquise se forme, le sel étant expulsé de la structure de la glace en formation. La densité élevée de ces masses d'eau antarctiques très froides et relativement salées leur permet de s'enfoncer à la fois sous la sphère d'eau chaude et sous la masse d'eau atlantique nord profonde, EANP.

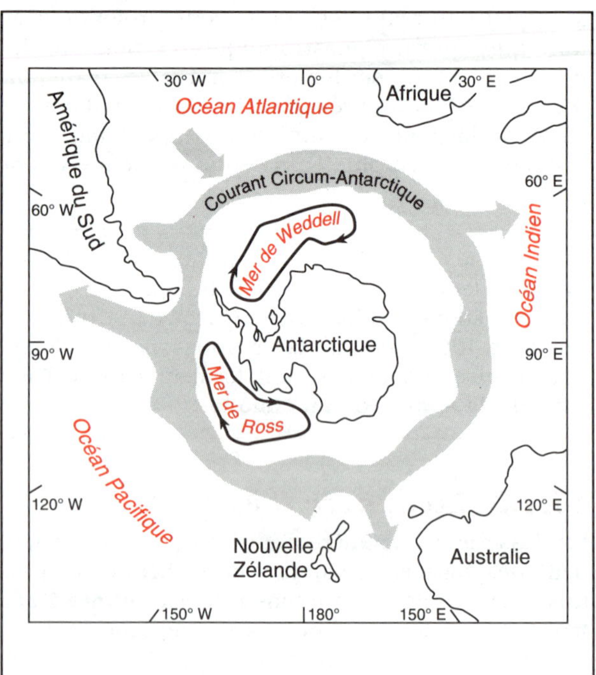

Figure 15.22 Courants de surface autour de l'Antarctique.

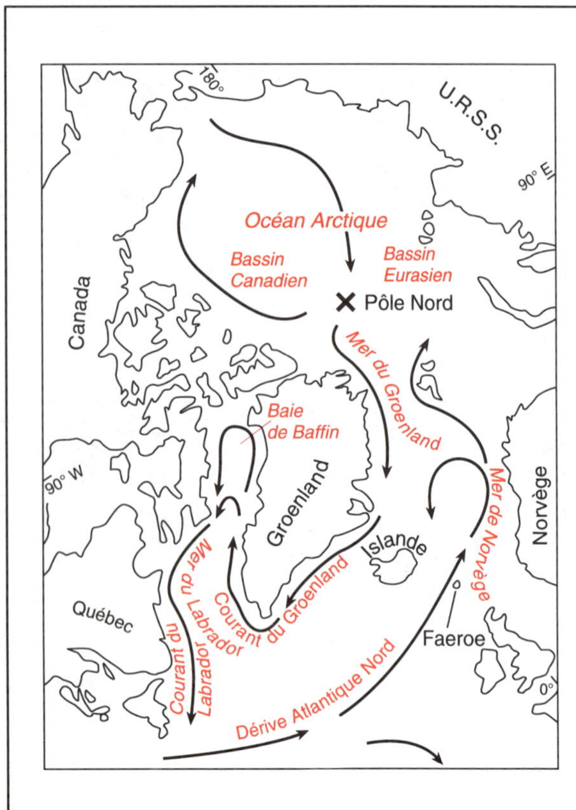

Figure 15.21 Courants de surface de l'Arctique et des mers adjacentes à l'Atlantique Nord. La masse d'eau transportée par le courant du Labrador s'enfonce sous le courant atlantique nord à la hauteur des Grands Bancs de Terre-Neuve.

MASSES D'EAU FROIDES PROFONDES

Dans l'Atlantique, on distingue trois masses d'eau profondes étagées sous la sphère d'eau chaude. La masse d'eau atlantique nord profonde, EANP, est caractérisée par une température moyenne de 3°C et une salinité de 34,9 (voir la définition de la salinité à la sous-section 16.1.1). Elle occupe pratiquement tout le volume de l'océan Atlantique entre 1000 et 3500 m de profondeur (fig. 15.20a). Après s'être formée dans l'océan Arctique et ses mers périphériques (mers de Norvège, du Groenland, du Labrador), elle s'enfonce rapidement sous la sphère d'eau chaude à la hauteur des Grands Bancs de Terre-Neuve. Cette masse d'eau se déplace principalement à l'ouest de la dorsale médio-atlantique, étant déviée vers sa droite au début de sa trajectoire par la force de Coriolis. Bien que la force de Coriolis change de direction au sud de l'équateur, la masse d'eau continue de se déplacer à l'ouest de la dorsale, ne pouvant remonter dans des régions moins profondes de plus faibles densités afin de passer par-dessus la dorsale.

En arrivant dans l'Atlantique Sud, la masse d'eau atlantique nord profonde remonte vers la surface, n'étant plus contrainte à rester en profondeur sous la sphère d'eau chaude plus légère. En arrivant en surface vers 60°S, elle diverge à la fois vers le nord et vers le continent antarctique. La fraction qui part vers le nord est refroidie à nouveau par l'air froid provenant du pôle et par la fonte des grands icebergs qui se détachent de l'inlandsis et des plates-formes de glace. Ces icebergs étant formés d'eau douce, leur fonte a pour effet de diminuer la salinité moyenne des eaux de surface à environ 34,3. Une fraction de cette nouvelle masse d'eau froide et relativement peu salée replonge vers le nord à partir de 50°S sous la sphère d'eau chaude, mais reste au-dessus de la masse d'eau atlantique nord profonde, étant moins dense que cette dernière. Il s'agit de la masse d'eau antarctique intermédiaire, EAAI. Celle-ci remonte dans l'Atlantique jusqu'à 20°N avant de se mélanger complètement aux autres masses d'eau présentes.

La fraction de la masse d'eau atlantique nord profonde qui diverge vers l'Antarctique se refroidit considérablement dans les endroits adjacents au continent, comme la mer de Weddell. La température des eaux y baisse à moins de 0°C, ce qui les rend particulièrement denses. Une fraction de cette nouvelle masse d'eau repart vers le nord en s'enfonçant à la fois sous la masse d'eau antarctique intermédiaire et sous la masse d'eau atlantique nord profonde. Il s'agit de la masse d'eau antarctique du fond, EAAF. Celle-ci se répand à plus de 3500 m de profondeur dans l'Atlantique jusqu'au nord de l'équateur, où elle finit par se mélanger à la masse d'eau atlantique nord profonde.

Toute la masse d'eau atlantique nord profonde qui remonte en surface dans l'Atlantique Sud ne repart pas vers le nord en profondeur avec la masse d'eau antarctique intermédiaire et la masse d'eau antarctique du fond. Une fraction de ces masses d'eau se mélangent entre elles et alimentent le grand courant circum-antarctique (fig. 15.18). Ce courant se dirige vers l'est sous l'effet de la force de Coriolis (de l'Atlantique Sud à l'Indien Sud, puis finalement au Pacifique Sud) et passe au-dessus des obstacles du fond de l'océan, comme les dorsales. Au cours de son périple autour de l'Antarctique, le courant distribue d'importants volumes d'eau vers l'océan Indien et vers l'océan Pacifique qui s'enfoncent sous leurs sphères d'eau chaude pour devenir la masse d'eau indo-pacifique profonde, EIPP (fig. 15.20b et 15.20c).

Comme la masse d'eau atlantique nord profonde, la masse d'eau indo-pacifique profonde est prise en sandwich entre les deux masses d'eau antarctiques que nous avons vues précédemment. Ces deux masses d'eau se sont formées sous des conditions similaires dans la mer de Weddell pour les océans Atlantique et Indien, et dans la mer de Ross pour l'océan Pacifique.

La masse d'eau indo-pacifique profonde représente à elle seule environ 40 % du volume total des eaux océaniques. Avec une salinité moyenne de 34,7 et une température comprise entre 1°C et 2°C, elle est constituée d'environ 30 % d'eau atlantique nord profonde, 20 % d'eau antarctique intermédiaire et 50 % d'eau antarctique du fond. Il est donc intéressant de souligner que les océans Indien et Pacifique profonds sont en partie remplis avec de l'eau provenant de l'Arctique, bien que les échanges directs soient pratiquement inexistants au niveau du détroit de Béring dans le Pacifique Nord.

La circulation générale de la sphère d'eau froide des océans, la **circulation thermohaline**, est gouvernée par la densité de ses masses d'eau, contrairement à la sphère d'eau chaude où les mouvements sont induits par des forces atmosphériques extérieures.

Les mouvements dans la sphère d'eau froide sont beaucoup plus lents que ceux des grands courants de surface dans la sphère d'eau chaude. Néanmoins, à l'échelle géologique, ces mouvements sont très rapides. Par exemple, la masse d'eau atlantique nord profonde met en moyenne moins de 300 ans pour passer de l'Arctique à l'Antarctique, et la masse d'eau indo-pacifique profonde prend environ 250 ans pour se rendre de l'Antarctique jusque dans le nord de l'océan Indien et 500 ans pour se rendre de l'Antarctique jusque dans le nord de l'océan Pacifique.

Par des mesures au radiocarbone dans les océans, on a montré que l'eau de la sphère d'eau froide avait un temps de séjour de 1500 ans au maximum. Les eaux les plus anciennes se trouvent au fond de bassins océaniques semi-isolés, comme le bassin de Guinée à l'est de la dorsale médio-atlantique. Par ailleurs, la masse d'eau indo-pacifique profonde au nord du Pacifique contient une fraction de l'eau atlantique nord profonde, qui a mis plus de 1000 ans à parcourir le trajet de l'Arctique au Pacifique en passant par l'Antarctique. Ces eaux âgées sont à la fois considérablement appauvries en oxygène dissous et très riches en sels nutritifs à cause de la biodégradation continue de la matière organique produite en surface.

CONCLUSION

Dans ce chapitre, nous avons vu les caractéristiques morphologiques des océans et les fluctuations du géoïde. À l'intérieur de ces limites, les transports océaniques, tant en surface qu'en profondeur, sont multiples et très rapides. Ils contribuent non seulement à équilibrer le bilan thermique de la Terre en tous points, mais participent aussi à l'établissement de nombreux cycles géologiques en contrôlant le bilan sédimentaire de la planète. Ainsi, l'eau qui s'évapore des océans retombe sur les continents et est responsable des processus d'érosion; les océans sont à la fois le principal lieu d'accumulation des particules issues de l'érosion des continents, et une zone très importante de précipitation de matières solides tant organiques qu'inorganiques qui vont former les épaisses couches sédimentaires. Dans le chapitre qui suit, nous allons aborder plus en détail les grands cycles géochimiques des océans et souligner le rôle qu'ils ont joué dans l'établissement de modèles d'interprétation géologique.

VOCABULAIRE

Alizés
Altimètre
Arcs insulaires

Bassins océaniques
Biogénétique

Carte bathymétrique
Circulation thermohaline
Collines abyssales
Courants côtiers
Courants de dérive
Courants géostrophiques
Courants océaniques
Courbe hypsométrique

Déclinaison
Dorsale océanique

Échogramme
Écho-sonde

Fetch
Force centrifuge
Force d'attraction gravitationnelle
Force de Coriolis
Force tidale
Fosse abyssale

Géoïde
Glacio-eustatisme
Glacis continental
Gradients horizontaux de pression

Hauteur

Longueur d'onde

Marée
Marées de mortes eaux
Marées de vives eaux
Marges continentales actives
Marges continentales passives
Marnage

Océanographie

Période
Plaines abyssales
Plateau continental
Point amphidromique
Pycnocline

Sédimento-eustatisme
Sphère d'eau chaude
Sphère d'eau froide

Talus continental
Tecto-eustatisme
Thermocline
Tourbillon
Tsunami

***U**pwelling*

Vague en eau peu profonde
Vague en eau profonde
Vents d'ouest
Vitesse de groupe
Vitesse de phase
Vorticité

Zones de convergence
Zones de divergence

QUESTIONS

1. a) Repérez les principaux éléments physiographiques des fonds océaniques des profils de la figure suivante.

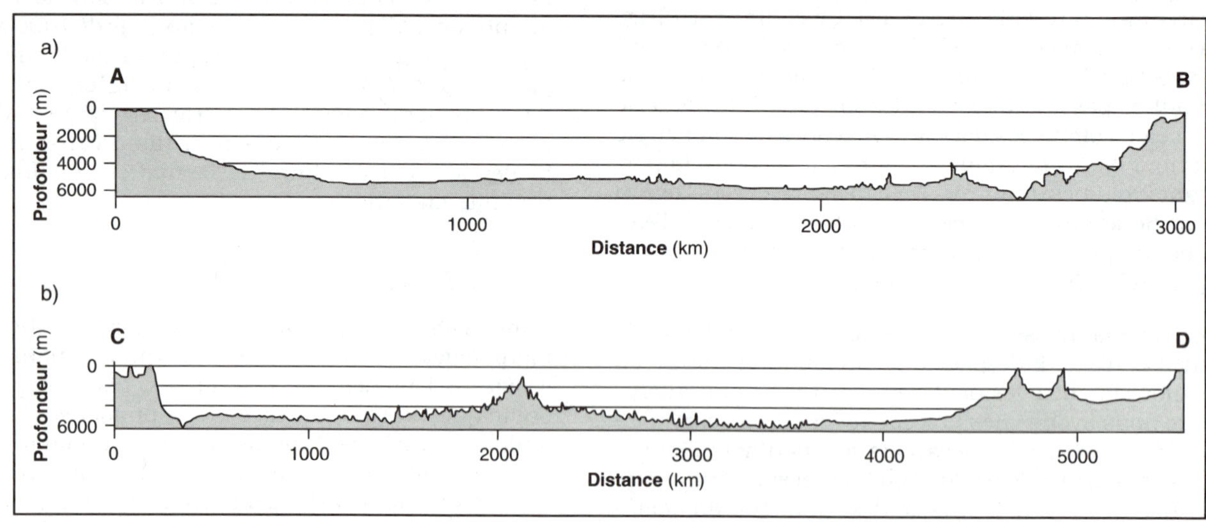

Profils transversaux des fonds océaniques de l'Atlantique Nord. En a), entre New York, É.-U. (point A) et les Barbades, Antilles (point B). En b), entre Saint-Christophe, Antilles (point C) et Dakar, Sénégal (point D).

b) Calculez l'exagération verticale de chacun des profils (rapport de l'échelle verticale sur l'échelle horizontale).

2. Énumérez les raisons qui font que l'épaisseur moyenne des sédiments des bassins océaniques du Pacifique ne dépasse pas quelques centaines de mètres, alors qu'elle atteint plusieurs kilomètres dans les bassins de l'Atlantique.
3. Il y a 12 ka, la plaine du Saint-Laurent au niveau de Montréal était couverte par les eaux de la Mer de Champlain. Le volume des océans a continué à augmenter jusqu'à la fin de la fonte des grands inlandsis, il y a environ 7 ka. Comment peut-on néanmoins expliquer que la plaine du Saint-Laurent soit émergée depuis 8 ka ?
4. a) Un fort vent de 30 nœuds souffle pendant 10 heures sur le golfe du Saint-Laurent sur une distance de 100 milles nautiques (fetch). Quelles sont la période et la hauteur maximale des vagues générées d'après la figure 15.10 ? À quelle approximation les vagues générées correspondent-elles ?
   b) En prenant le centre de la tempête situé à environ 130 milles nautiques au nord-est (30° par rapport au nord) des Îles-de-la-Madeleine, calculez le temps que prendra l'énergie des vagues créées au cœur de la tempête pour se propager jusqu'à l'archipel.
   c) Si les vagues atteignant les Îles-de-la-Madeleine ont été créées par un courant de turbidité situé au même endroit que le cœur de la tempête, quelles sont les nouvelles caractéristiques des vagues (approximation, période, hauteur, temps de propagation de l'énergie) ?
5. Quelles conditions doivent être réunies pour créer des marées d'amplitude maximale ? Considérez toutes les composantes principales de marée décrites dans ce chapitre.
6. Pourquoi les points amphidromiques sont-ils le plus souvent situés au niveau des zones les moins profondes des océans (par exemple les dorsales), ou au niveau de hauts-fonds (comme des îles) sur les marges continentales ? Considérez la vitesse de phase de la propagation de l'onde de marée.
7. Décrivez la circulation océanique générale qui existerait si la Terre tournait dans le sens horaire. Quelles seraient les principales différences climatiques à la surface de notre planète ?
8. Comment les principales masses d'eau océaniques (eau de surface; eau atlantique nord profonde, EANP; eau antarctique intermédiaire, EAAI; eau antarctique du fond, EAAF; eau indo-pacifique profonde, EIPP) seraient-elles modifiées si le continent Antarctique n'existait pas ?

RÉFÉRENCES BIBLIOGRAPHIQUES

OUVRAGES RECOMMANDÉS

1. **Boillot, G.**
   1990 : *Géologie des marges continentales.* 3e édition, Paris, Masson, 135 p.
   Ouvrage général d'introduction aux phénomènes géodynamiques des marges continentales.

2. **The Open University Team (Brown, J., Colling, A., Park, D., Phillips, J., Rothery, D. et Wright, J.)**
   1989a : *Waves, Tides and Shallow-Water Processes.* Oxford, Pergamon Press, 187 p.
   Ouvrage de vulgarisation très bien illustré traitant des phénomènes des vagues et des marées.

3. **The Open University Team (Brown, J., Colling, A., Park, D., Phillips, J., Rothery, D. et Wright, J.)**
   1989b : *Ocean Circulation.* Oxford, Pergamon Press, 187 p.
   Ouvrage général attrayant sur la circulation océanique de surface et profonde.

AUTRES SOURCES D'INFORMATION CONSULTÉES

Broecker, W. S. et Denton, G. H.
1989 : « The Role of Ocean-Atmosphere Reorganizations in Glacial Cycles » dans *Geochimica and Cosmochimica Acta*, vol. 53, p. 2465-2501.

Duxbury, A. C. et Duxbury, A. B.
1989 : *An Introduction to the World's Oceans.* 2e éd. Dubuque, Iowa, Wm C. Brown Publishers, 408 p.

Forrester, W. D.
1983 : *Manuel canadien des marées.* Ottawa, ministère des Pêches et des Océans, Service hydrographique du Canada, 148 p.

Heezen, B. C., Tharp, M. et Ewing, M.
1963 : *The Floors of the Oceans, I. The North Atlantic.* Boulder, Colorado Geological Society of America, Special Paper 65, 115 p.

Knauss, J. A.
1978 : *Introduction to Physical Oceanography*. Englewood Cliffs, N. J., Prentice Hall, 338 p.

Lacombe, H.
1971 : *Les mouvements de la mer, courants, vagues et houle, marées*. Paris, Doin, 98 p.

The Open University Team (Brown, J., Colling, A., Park, D., Phillips, J., Rothery, D. et Wright, J.)
1989c : *The Ocean Basins, Their Structure and Evolution*. Oxford, Pergamon Press, 171 p.

NASA
1986 : *Oceanography From Space*. Dossier de cartes.

Thurman, H. V.
1987 : *Essentials of Oceanography*. Columbus, Merrill Publishing Company, 370 p.

Whitehead, J.
1989 : « Les cataractes géantes de l'océan » dans *Pour la Science*, n° 138, p. 42-51.

CHAPITRE 16

ÉQUILIBRE GÉOCHIMIQUE DES CONTINENTS ET DES OCÉANS

L'océan est le tombeau et le berceau de la Terre.

BERNARDIN DE SAINT-PIERRE.

OBJECTIFS PÉDAGOGIQUES

Au terme de ce chapitre vous devriez pouvoir :

- expliquer pourquoi l'eau de mer est salée;
- énoncer les principales réactions géochimiques qui permettent d'expliquer pourquoi la composition de l'eau de mer reste constante;
- distinguer les principaux processus biogéochimiques océaniques s'étalant sur plusieurs millions d'années de ceux ne dépassant pas quelques années;
- faire le lien entre la distribution des divers sédiments marins et les conditions environnantes (continents, production biologique, dorsales actives).

On a vu aux chapitres précédents que le cycle de l'eau est l'une des principales composantes des processus de météorisation des roches existantes et de la formation de nouvelles roches sédimentaires. À quelques rares exceptions près, tous les produits de la météorisation des roches se retrouvent dans les océans au bout d'un certain temps. Nous examinerons dans ce chapitre les différents cycles géochimiques mettant en cause les particules solides et les divers éléments dissous dans les océans. Nous verrons que le postulat de base proposant l'équilibre géochimique global entre les océans et les continents n'est que partiellement vérifiable, pour chaque élément pris individuellement, dans l'état actuel de nos connaissances.

16.1 APPORTS CONTINENTAUX ET ATMOSPHÉRIQUES AUX OCÉANS

L'eau étant un excellent solvant, elle n'existe pas à l'état pur à la surface de la Terre. À moins d'être distillée, elle contient toujours une quantité variable de matières dissoutes, de particules solides et de gaz. Les océans étant le réservoir ultime de l'hydrosphère, l'eau de mer est une solution dans laquelle les 92 éléments chimiques naturels de la surface de la planète se retrouvent plus ou moins fortement concentrés. Les fortes concentrations en certains éléments dissous distinguent les eaux océaniques salées des eaux douces des lacs et des rivières.

16.1.1 *De l'eau salée*

La **salinité** est la teneur en éléments dissous de l'eau de mer. La concentration moyenne de ces sels est d'environ 35 g/kg d'eau de mer. La conductivité électrique de l'eau étant directement proportionnelle à sa teneur en sels dissous, on exprime, par convention, la salinité sous la forme d'un rapport de conductivité sans unité, K_{15}.

Le rapport de conductivité électrique K_{15} est calculé comme suit :

$$K_{15} = \frac{\text{conductivité de l'échantillon d'eau de mer}}{\text{conductivité d'une solution standard de KCl}}$$

La concentration de la solution standard de chlorure de potassium, KCl, à 15°C et à 101,325 kPa (1 atm) est de 32,4356 g/kg. La relation empirique qui donne la salinité (S) en fonction du rapport K_{15} est la suivante :

$$S = 0{,}0080 - 0{,}1692\, K_{15}^{1/2} + 25{,}3851\, K_{15} + 14{,}0941\, K_{15}^{3/2} - 7{,}0261\, K_{15}^{2} + 2{,}7081\, K_{15}^{5/2}$$

Les matières entrant dans la composition chimique de l'eau de mer sont transportées par les rivières, les eaux souterraines, les vents et les glaciers. Elles peuvent aussi provenir d'échanges avec l'atmosphère, d'éruptions volcaniques terrestres et sous-marines, et de l'érosion des côtes par les vagues.

On distingue deux grands types d'apport aux océans : les **éléments dissous** et les **éléments particulaires**. La distinction entre ces deux formes de matière est uniquement fondée sur la taille des éléments présents.

Les éléments d'un diamètre moyen inférieur à 0,45 μm sont considérés dissous. Ils comprennent surtout des ions libres, par exemple ceux du chlore et du sodium, et des ions groupés, par exemple la plupart des carbonates. Ces éléments restent en solution jusqu'à ce qu'ils participent à une réaction chimique ou qu'ils soient utilisés par les organismes (végétaux ou animaux), ce qui peut prendre de quelques jours à plusieurs dizaines de millions d'années.

Certains constituants dissous, comme les hydroxydes de fer, $Fe(OH)_2$ ou $Fe(OH)_3$, ont tendance à se combiner entre eux pour former des colloïdes si petits (entre 0,20 μm et 0,40 μm) qu'ils restent indéfiniment en suspension dans l'eau, à moins de subir des processus d'agrégation. Les filtres qu'on utilise couramment pour séparer les éléments dissous des éléments particulaires ayant des pores de 0,45 μm de diamètre, ils ne permettent donc pas de distinguer clairement le fer réellement dissous du fer sous forme colloïdale ou agrégée.

Les éléments d'un diamètre moyen supérieur à 0,45 μm sont dits particulaires et composent le **seston**. Ils sont formés de particules minérales (grains de sable, de silt et d'argile, poussières éoliennes et cosmiques) et de particules biogénétiques. Selon leur taille et leur densité, ces particules restent en suspension dans la colonne d'eau pendant une période qui varie de quelques jours à plusieurs centaines d'années.

16.1.2 *Apports continentaux dissous aux océans*

Les éléments chimiques dissous dans l'eau des océans proviennent en grande partie de l'altération des roches continentales sous l'action, entre autres, de leur lessivage par les eaux de pluie et les eaux de la fonte des neiges. Les divers éléments sont solubilisés à la suite de réactions de dissolution totale ou d'hydrolyse (dissolution partielle) de certains minéraux des roches en contact avec l'eau (revoir l'encadré 6.2). Le tableau 16.1 indique l'origine des principaux éléments dissous dans l'eau de mer.

Tableau 16.1 Minéraux d'origine des principaux éléments dissous dans l'eau de mer et réactions de météorisation.

Élément	Minéraux d'origine	Réaction de météorisation
Mg^{2+}	Amphiboles	Dissolution
	Pyroxènes	Dissolution
	Olivines	Dissolution
	Dolomite	Hydrolyse
K^{+}	Feldspaths potassiques	Hydrolyse
Na^{+}	Feldspaths sodiques	Hydrolyse
Ca^{2+}	Calcite	Dissolution
	Dolomite	Dissolution
HCO_3^-	Calcite	Dissolution
	Dolomite	
SiO_2	Pyroxènes	Hydrolyse
	Feldspaths	Hydrolyse

Les concentrations respectives des divers éléments dans les eaux de ruissellement continentales dépendent directement de la nature des roches soumises aux processus de météorisation (tableau 16.2). Elles sont aussi fonction de nombreux paramètres environnementaux, tels le degré d'exposition des roches à l'eau ou le pH de l'eau.

Une fois en solution, les éléments sont entraînés vers les océans par les eaux de ruissellement. Environ 35 % de la pluie qui tombe sur les continents, soit $3{,}2 \times 10^{13}\ m^3/a$, rejoint les océans en passant par les rivières. Le reste s'évapore ou s'incorpore aux eaux souterraines. Les rivières contiennent en moyenne 120 ppm (parties par million) d'éléments dissous, ce qui porte à environ $3{,}6 \times 10^{12}$ kg/a les apports annuels de sels dissous aux océans.

La contribution des eaux souterraines est quant à elle beaucoup plus difficile à quantifier, puisqu'on ne peut pas en mesurer ponctuellement les apports par percolation aux océans, comme on le fait directement aux embouchures des fleuves. On estime que les

Tableau 16.2 Exemples de teneurs en éléments dissous dans les rivières, en fonction de deux types de roche lessivée.

Élément	**Granite (Sierra Nevada)** pH de l'eau : 6,9 (ppm)	**Basalte (Hawaï)** pH de l'eau : 5,1 (ppm)
SiO_2	23	1,2
Al^{3+}	0,0	0,0
Fe^{3+}	0,1	0,18
Ca^{2+}	7,0	0,9
Mg^{2+}	0,03	1,9
Na^+	3,9	6,3
K^+	1,0	0,6
HCO_3^-	34	6
SO_4^{2-}	0,0	4,0
Cl^-	0,4	9,1

apports des eaux souterraines en éléments dissous aux océans correspondent à environ 10 % de ceux des eaux courantes, c'est-à-dire à près de 4×10^{11} kg/a.

Bien que les apports d'éléments dissous aux océans par les volcans terrestres ne correspondent en poids qu'à 1 % des apports des rivières, ils contribuent de façon non négligeable à introduire dans le système océanique des métaux de transition comme le manganèse et le fer, ainsi que des éléments relativement rares comme le bore, le soufre, le chlore, le brome, l'iode et l'arsenic.

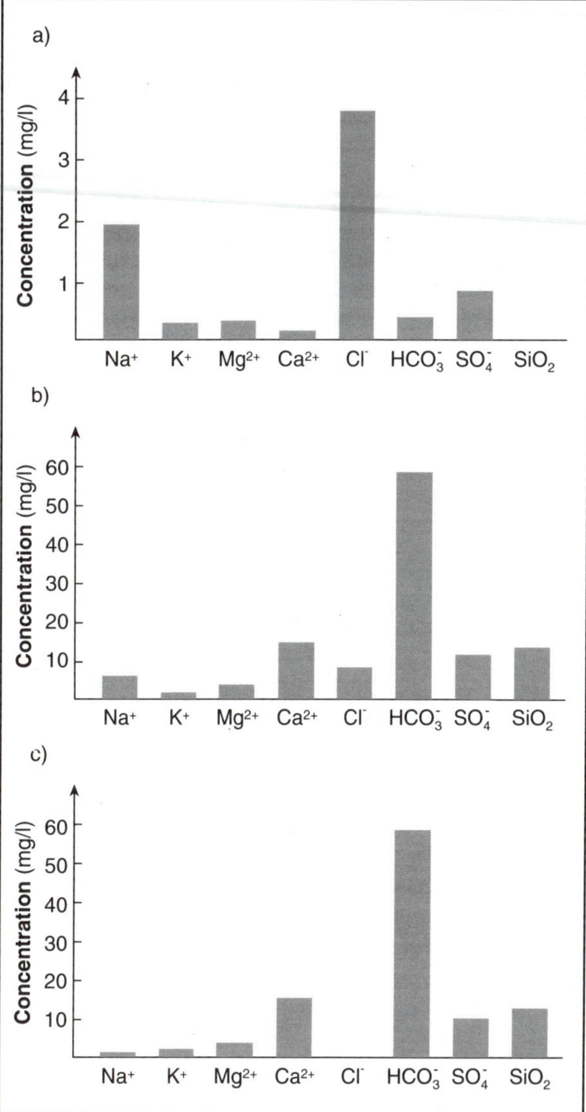

Figure 16.1 Concentrations en éléments dissous. En a), dans les eaux de pluie; en b), dans les rivières; en c), dans les rivières après avoir enlevé les sels recyclés dans l'atmosphère qui retombent avec la pluie (The Open University Team, 1989b).

16.1.3 *Apports atmosphériques dissous aux océans*

Une fraction importante de certains composés dissous retrouvés dans les rivières provient directement de l'eau de pluie. En effet, certains ions comme ceux du sodium, du potassium, du magnésium, ainsi que les chlorures et les sulfates sont facilement transportés dans l'air lors de l'évaporation des eaux océaniques et retombent sur les continents avec la pluie. On relève couramment des concentrations de 8 ppm de l'ion Na^+ et 4 ppm de l'ion Cl^- dans les pluies côtières (jusqu'à 22 ppm de l'ion Na^+ au Texas et 23 ppm de l'ion Cl^- à Seattle). La figure 16.1 montre comment les apports annuels réels d'éléments dissous des rivières aux océans sont considérablement réduits lorsqu'on tient compte de la fraction relative des sels recyclés dans l'atmosphère par évaporation.

Les principaux gaz dissous qu'on retrouve dans l'eau de mer sont l'azote, N_2, l'oxygène, O_2, le gaz carbonique, CO_2, et les gaz rares comme l'argon. Leurs concentrations varient grandement d'une masse d'eau à l'autre et avec la profondeur. Une partie importante de ces gaz provient de la solubilisation des gaz atmosphériques à la surface de l'océan (fig. 16.2). Plusieurs paramètres physiques influent sur la solubilité des gaz. Ainsi, elle décroît lorsque la température ou la salinité augmentent, mais croît avec la pression (les concentrations de saturation de l'oxygène sont maximales dans les eaux profondes, froides et peu salées). La solubilité des gaz dépend aussi de paramètres comme l'interaction ion-dipôle de l'azote avec l'eau (voir la sous-section 16.3.1).

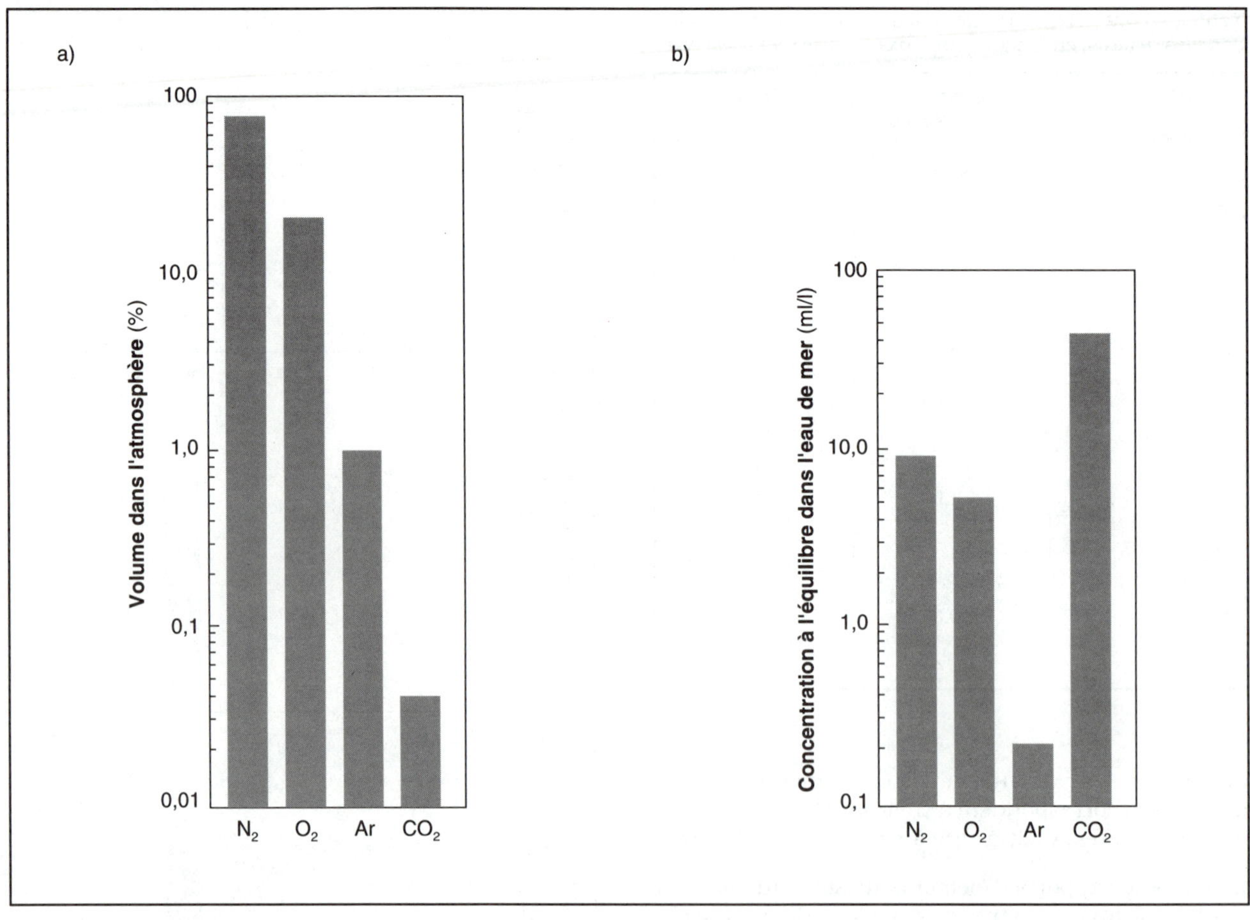

Figure 16.2 Gaz dans l'atmosphère et les océans. En a), pourcentages volumétriques des principaux gaz dans l'atmosphère; en b), concentrations en équilibre avec l'atmosphère de ces quatre gaz dans l'eau de mer à 24°C (The Open University Team, 1989b).

Une fraction de l'oxygène dissous est aussi directement produite par les organismes, par **photosynthèse** phytoplanctonique, alors que le gaz carbonique peut provenir de la **respiration** des organismes vivants ou de l'oxydation de la matière organique par les bactéries. La figure 16.3 montre les concentrations d'oxygène dissous dans l'océan Atlantique.

L'ensemble des apports dissous représentent en poids moins de 20 % de tous les apports continentaux de matière aux océans, la plus grande part provenant du charriage de matières particulaires. Néanmoins, les matières dissoutes sont beaucoup plus réactives que les matières solides. Elles dominent les réactions d'équilibrage chimique à court terme dans les océans.

16.1.4 *Apports continentaux particulaires aux océans*

Les apports de matières solides continentales aux océans sont estimés à environ $1,8 \times 10^{13}$ kg/a; ils sont quatre fois plus élevés que ceux des matières dissoutes.

Les particules insolubles proviennent principalement de la météorisation des roches continentales et de l'érosion des sols (voir le chapitre 6). Elles sont surtout composées de grains de quartz et d'argile, une bonne partie de leurs éléments les plus solubles ayant été perdus au cours des processus d'hydrolyse.

On estime que plus de $1,3 \times 10^{12}$ kg/a de solides arrachés aux continents rejoignent l'océan en passant par les fleuves à fort courant. On a longtemps sous-estimé les apports de matières particulaires continentales, les principales rivières étudiées de par le monde étant traditionnellement celles d'Europe ou d'Amérique du Nord, qui charrient peu de solides en suspension. En étudiant les grands fleuves de l'Asie du Sud-Est, on s'est rendu compte que ceux-ci apportent une contribution majeure en particules solides aux océans (fig. 16.4). La plupart des solides transportés par les rivières se déposent sur les plateaux ou talus continentaux (voir le chapitre 15). Ces sédi-

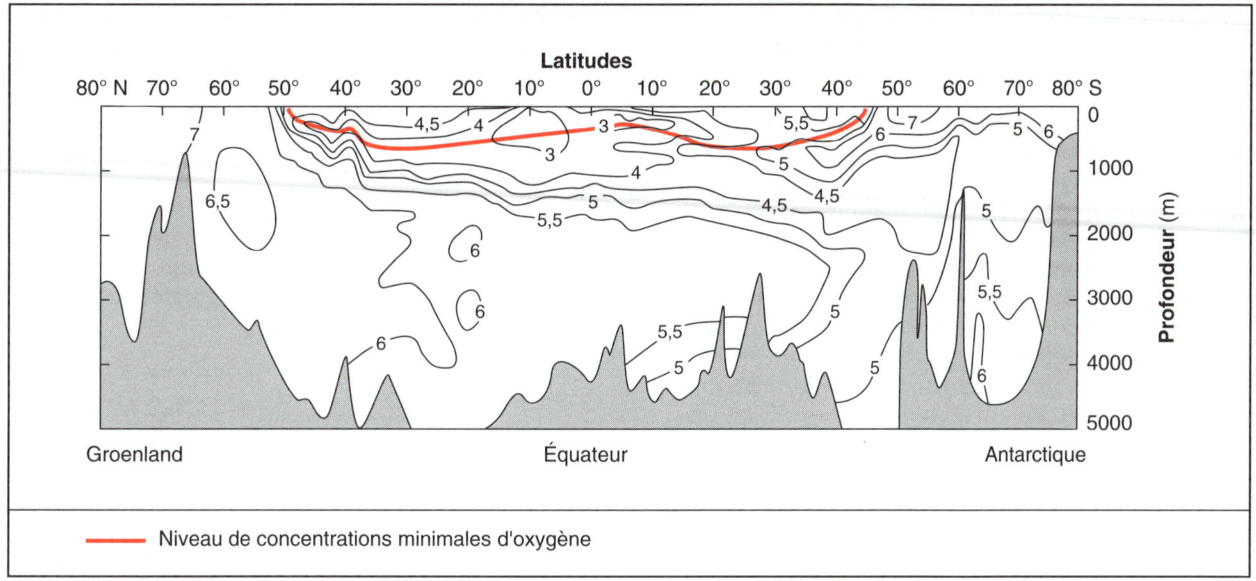

Figure 16.3 Concentrations d'oxygène dissous dans l'océan Atlantique (ml/l). Les eaux froides de l'Arctique et de l'Antarctique ont les plus hautes teneurs en oxygène. Aux moyennes et basses latitudes, les concentrations d'oxygène, O_2, sont maximales en surface (photosynthèse) et diminuent jusqu'à la thermocline principale (vers -500 m), zone d'accumulation temporaire des particules (respiration et oxydation).

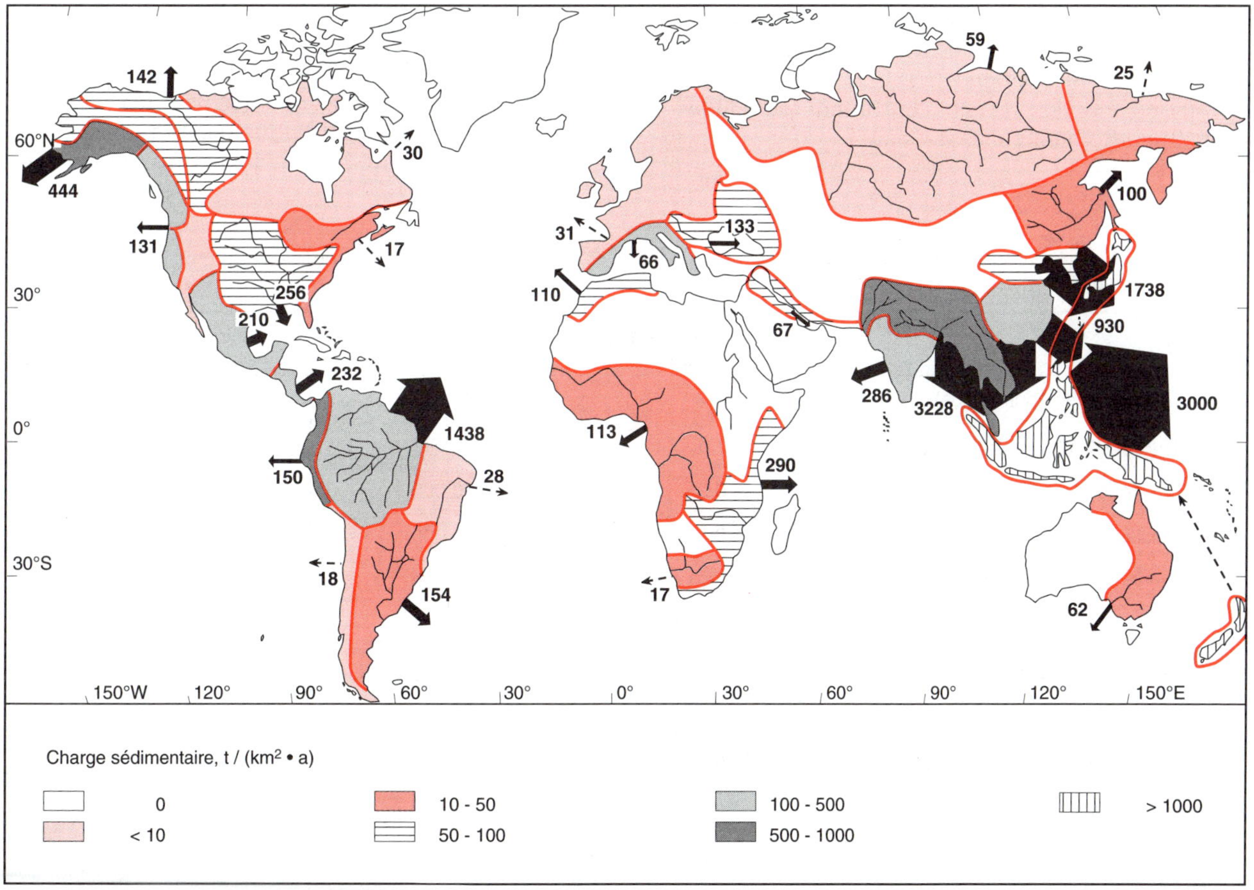

Charge sédimentaire, t / (km² • a)

0 · < 10 · 10 - 50 · 50 - 100 · 100 - 500 · 500 - 1000 · > 1000

Figure 16.4 Apports continentaux particulaires aux océans. La largeur des flèches correspond à la quantité des apports respectifs (Mt/a) des différents bassins de drainage. La charge sédimentaire par unité de surface de chaque bassin est donnée par les teintes de rose et de grisé sur la carte (Milliman et Meade, 1983).

ments peuvent s'accumuler sur d'importantes épaisseurs avant de débouler vers les fonds abyssaux par des courants de turbidité (revoir l'encadré 6.5).

La charge de matière en suspension n'est pas proportionnelle au débit des fleuves. Ainsi, l'Amazone, le plus grand fleuve du monde, charrie la moitié moins de particules que les rivières indiennes au débit trois fois plus faible (tableau 16.3). Ces différences majeures sont dues non seulement au relief moins accidenté de l'Amazonie, mais surtout à son couvert végétal qui agit comme un filtreséparateur. Les forêts amazoniennes retiennent les particules insolubles beaucoup plus efficacement que les flancs dénudés de l'Himalaya, où coulent le Gange et le Brahmâputra. Le Saint-Laurent, quant à lui, charrie 1 % des eaux douces du monde et draine 6 % de la surface de l'Amérique du Nord. En dépit de son importance relative et de sa turbidité élevée en amont de l'estuaire (plus de 100 mg/l de solides en suspension), sa contribution en matières particulaires est tout à fait négligeable sur le plan mondial.

La **turbidité** d'une eau représente la charge en matières particulaires en suspension. Elle est quantifiée soit par le degré de transmission d'un rayon lumineux dans l'eau, soit par la masse des solides en suspension par unité de volume. Il faut calibrer les unités optiques (NTU, pour *new turbidity units*) en fonction des concentrations de solides (mg/l) pour chaque masse d'eau.

Les glaciers produisent aussi un apport de particules aux océans en pulvérisant le substratum rocheux sur lequel ils avancent. Lorsque des icebergs se détachent des glaciers, ils entraînent avec eux des particules arrachées aux continents. Ces apports de solides aux océans équivalent à environ 10 % de ceux des matières particulaires en suspension charriées par les rivières. Leur contribution, estimée à environ 2×10^{12} kg/a, est surtout significative autour de l'Antarctique et du Groenland. On ne compte pas dans ces apports le produit de l'érosion des sédiments glaciogéniques continentaux déposés lors des périodes glaciaires successives. Ces derniers sont considérés dans les apports détritiques par les rivières.

Le produit du transport de solides par le vent est, quant à lui, de l'ordre de 1 à 4×10^{11} kg/a. Les particules proviennent surtout de la ceinture aride du Sahara en hiver, et de l'Arabie en été. Les plus petits grains de sable peuvent être transportés sur de grandes distances et composent une fraction importante des sédiments océaniques dans les zones peu productives et loin des côtes.

Finalement, l'érosion des côtes par l'action des vagues produirait un apport de particules solides à l'océan du même ordre de grandeur que celui du vent (environ 2×10^{11} kg/a).

Au total, on estime qu'environ $2{,}25 \times 10^{13}$ kg/a de composés solides et dissous rejoignent les océans; il est cependant difficile de distinguer les apports naturels des apports dus aux activités humaines. Ces

Tableau 16.3 Principaux apports particulaires des grands fleuves aux océans. Les fleuves sont placés par ordre d'importance de charriage solide.

Fleuves	Charriage solide (10^{12} kg/a)	Débit (m^3/s)	Ordre d'importance des fleuves pour leurs débits
1. Gange-Brahmâputra (Inde)	1,7	38 500	3
2. Huang He-Yang Tse Kiang (Chine)	1,6	30 000	5
3. Amazone (Brésil)	0,9	190 000	1
4. Mississippi (États-Unis)	0,21	18 000	6
5. Orénoque (Venezuela)	0,21	35 000	4
6. Irrawady (Birmanie)	0,27	14 000	11
7. Mekong (Viêt-Nam)	0,16	15 000	9
8. Hungho (Viêt-Nam)	0,16	4 000	?
9. Mackenzie (Canada)	0,10	10 000	14
10. Indus (Inde)	0,10	8 000	19
11. La Plata (Argentine)	0,09	15 000	10
? Zaïre (Zaïre)	0,04	40 000	2
? Saint-Laurent (Québec)	0,004	11 000	12

chiffres, bien que révisés constamment, ne sont qu'une approximation grossière et constituent une source d'imprécision importante dans les calculs concernant l'équilibre géochimique de la planète.

16.2 ÉLÉMENTS INORGANIQUES DISSOUS DANS L'EAU DE MER

Alors que la salinité des eaux océaniques profondes est très constante (entre 34,6 et 34,8), celle des eaux de surface varie en fonction des apports des rivières, des précipitations et de l'évaporation. La mer Méditerranée et la mer Rouge ont des salinités de surface pouvant atteindre et même dépasser 40, en raison de la forte évaporation à laquelle elles sont soumises. À l'inverse, les grandes rivières se jetant dans la mer Baltique ou la baie d'Hudson contribuent à diminuer la salinité de surface de ces mers à une valeur inférieure à 20. Le cas des mers fermées est particulier, puisque les éléments dissous proviennent du drainage de grandes surfaces et ne sont pas dilués dans un large volume océanique. La salinité de la mer Morte atteint ainsi un record de plus de 400.

16.2.1 *Éléments majeurs*

On appelle **élément majeur** tout élément inorganique dissous dont la concentration dépasse 100 ppm (équivalent à 100 mg/kg) dans l'eau de mer. Ces éléments sont au nombre de six : les ions Cl^-, Na^+, Mg^{2+}, S^{6+}, Ca^{2+} et K^+.

Ces six éléments représentent 99 % du poids de l'ensemble des composés inorganiques dissous dans l'eau de mer (fig. 16.5a). Tous ne sont pas sous forme ionique libre. Dans les calculs de constantes de précipitation, il faut alors faire intervenir les concentrations « effectives » ou **activités**, qui sont toujours plus faibles que les vraies concentrations. Si certains ions comme Na^+ et K^+ sont libres à 99 %, d'autres comme les sulfates SO_4^{2-} et les bicarbonates HCO_3^- ne le sont qu'à 54 et 69 %. Dans le cas d'ions formant des complexes comme Al^{3+}, le pourcentage d'ions libres peut être inférieur à 5 %. Tous les éléments majeurs, sauf le calcium, sont dits **conservatifs**, c'est-à-dire qu'ils sont distribués avec des rapports constants les uns par rapport aux autres dans toutes les eaux océaniques, quelle que soit la salinité absolue. Par exemple, les rapports Na^+/Cl^- et Mg^{2+}/Cl^- sont respectivement de 0,555 00 et 0,066 91, et ce, indépendamment de la profondeur ou de l'activité organique. Ces éléments, bien que très abondants, ne sont donc pas significativement utilisés par une quelconque réaction biologique.

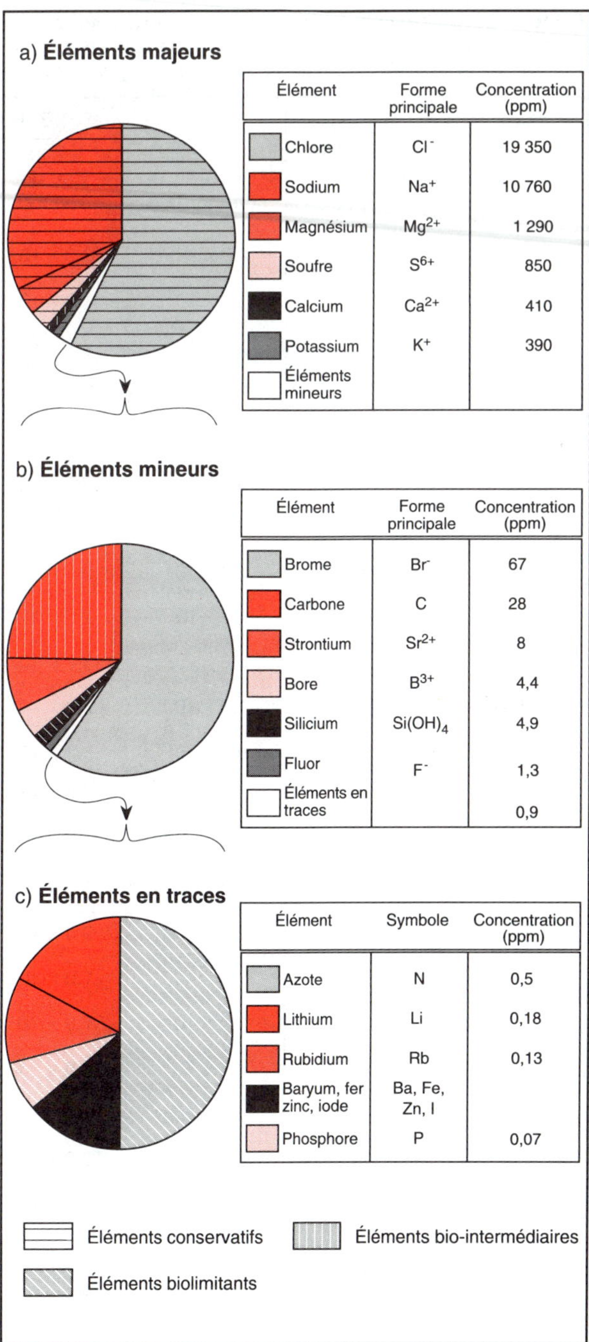

a) Éléments majeurs

Élément	Forme principale	Concentration (ppm)
Chlore	Cl^-	19 350
Sodium	Na^+	10 760
Magnésium	Mg^{2+}	1 290
Soufre	S^{6+}	850
Calcium	Ca^{2+}	410
Potassium	K^+	390
Éléments mineurs		

b) Éléments mineurs

Élément	Forme principale	Concentration (ppm)
Brome	Br^-	67
Carbone	C	28
Strontium	Sr^{2+}	8
Bore	B^{3+}	4,4
Silicium	$Si(OH)_4$	4,9
Fluor	F^-	1,3
Éléments en traces		0,9

c) Éléments en traces

Élément	Symbole	Concentration (ppm)
Azote	N	0,5
Lithium	Li	0,18
Rubidium	Rb	0,13
Baryum, fer zinc, iode	Ba, Fe, Zn, I	
Phosphore	P	0,07

Figure 16.5 Éléments inorganiques dissous dans l'eau de mer (les concentrations sont en ppm). Les différents éléments conservatifs, bio-intermédiaires et biolimitants sont repérés sur les graphiques.

16.2.2 *Éléments mineurs*

Les **éléments mineurs** ont des concentrations comprises entre 1 et 100 ppm dans l'eau de mer. Ils représentent moins de 1 % du poids de l'ensemble des éléments inorganiques dissous.

Tableau 16.4 Teneurs moyennes et temps de séjour estimés des différents éléments dans les quatre réservoirs principaux : la croûte continentale, les eaux des rivières, les eaux océaniques et les sédiments marins. Les éléments majeurs sont tramés en couleur et les éléments mineurs le sont en gris (complété d'après Taylor et McLennan, 1985).

ÉLÉMENT	NOMBRE ATOMIQUE	TENEUR MOYENNE DES ÉLÉMENTS (g/g)					TEMPS DE SÉJOUR (a)
		Croûte continentale	Eau des rivières	Eau de mer	Argiles rouges	Sédiments siliceux (1) et carbonatés (2)	
Li	3	$2{,}0 \times 10^{-5}$	3.0×10^{-9}	1.7×10^{-7}	$5{,}7 \times 10^{-5}$	–	$2{,}5 \times 10^{6}$
Be	4	$1{,}5 \times 10^{-6}$	$1{,}0 \times 10^{-11}$	$2{,}0 \times 10^{-13}$	$2{,}6 \times 10^{-4}$	–	$6{,}3 \times 10$
B	5	$1{,}0 \times 10^{-5}$	$1{,}0 \times 10^{-8}$	$4{,}5 \times 10^{-6}$	$2{,}3 \times 10^{-4}$	–	$1{,}6 \times 10^{7}$
F	9	$6{,}3 \times 10^{-4}$	$1{,}0 \times 10^{-9}$	$1{,}3 \times 10^{-6}$	$1{,}3 \times 10^{-3}$	–	$7{,}9 \times 10^{5}$
Na	11	$2{,}3 \times 10^{-2}$	$6{,}3 \times 10^{-4}$	$1{,}1 \times 10^{-2}$	$4{,}0 \times 10^{-2}$	–	$2{,}0 \times 10^{8}$
Mg	12	$3{,}2 \times 10^{-2}$	$4{,}1 \times 10^{-4}$	$1{,}3 \times 10^{-3}$	$2{,}1 \times 10^{-2}$	–	$5{,}0 \times 10^{7}$
Al	13	$8{,}4 \times 10^{-2}$	$5{,}0 \times 10^{-8}$	$8{,}0 \times 10^{-10}$	$8{,}4 \times 10^{-2}$	–	$7{,}0 \times 10^{0}$
Si	14	$2{,}7 \times 10$	$6{,}5 \times 10^{-6}$	$2{,}8 \times 10^{-6}$	$2{,}5 \times 10$	$4{,}7 \times 10$ (1)	$8{,}0 \times 10^{3}$
P	15	$1{,}0 \times 10^{-2}$	$2{,}0 \times 10^{-8}$	$7{,}1 \times 10^{-8}$	$1{,}5 \times 10^{-3}$	–	$4{,}0 \times 10^{4}$
S	16	$2{,}6 \times 10^{-2}$	$3{,}7 \times 10^{-6}$	$9{,}0 \times 10^{-4}$	$1{,}3 \times 10^{-3}$	–	$5{,}0 \times 10^{8}$
Cl	17	$1{,}3 \times 10^{-4}$	$7{,}8 \times 10^{-6}$	$2{,}0 \times 10^{-2}$	$2{,}1 \times 10^{-2}$	–	$6{,}3 \times 10^{8}$
K	19	$9{,}0 \times 10^{-3}$	$2{,}3 \times 10^{-6}$	$4{,}0 \times 10^{-4}$	$2{,}5 \times 10^{-2}$	–	$1{,}3 \times 10^{7}$
Ca	20	$5{,}3 \times 10^{-2}$	$1{,}5 \times 10^{-5}$	$4{,}1 \times 10^{-4}$	$9{,}3 \times 10^{-3}$	$4{,}0 \times 10$ (2)	$1{,}2 \times 10^{6}$
Sc	21	$3{,}0 \times 10^{-5}$	$4{,}0 \times 10^{-12}$	$6{,}7 \times 10^{-13}$	$1{,}9 \times 10^{-5}$	–	$2{,}5 \times 10$
Ti	22	$5{,}4 \times 10^{-3}$	$3{,}0 \times 10^{-9}$	$< 9{,}6 \times 10^{-10}$	$4{,}6 \times 10^{-3}$	–	$< 1{,}6 \times 10^{2}$
V	23	$2{,}3 \times 10^{-4}$	$9{,}0 \times 10^{-10}$	$1{,}2 \times 10^{-9}$	$1{,}2 \times 10^{-4}$	–	$8{,}0 \times 10^{3}$
Cr	24	$1{,}9 \times 10^{-4}$	$1{,}0 \times 10^{-9}$	$2{,}0 \times 10^{-10}$	$9{,}0 \times 10^{-5}$	–	$1{,}6 \times 10^{3}$
Mn	25	$1{,}4 \times 10^{-3}$	$7{,}0 \times 10^{-9}$	$3{,}0 \times 10^{-10}$	$6{,}7 \times 10^{-3}$	–	$3{,}2 \times 10$
Fe	26	$7{,}4 \times 10^{-2}$	$4{,}0 \times 10^{-8}$	$6{,}0 \times 10^{-11}$	$6{,}5 \times 10^{-2}$	–	$7{,}0 \times 10$
Co	27	$2{,}9 \times 10^{-5}$	$1{,}0 \times 10^{-10}$	$2{,}0 \times 10^{-12}$	$7{,}4 \times 10^{-5}$	–	$2{,}0 \times 10$
Ni	28	$1{,}1 \times 10^{-4}$	$3{,}0 \times 10^{-10}$	$5{,}0 \times 10^{-10}$	$2{,}3 \times 10^{-4}$	–	$1{,}6 \times 10^{3}$
Cu	29	$7{,}5 \times 10^{-5}$	$7{,}0 \times 10^{-9}$	$3{,}0 \times 10^{-10}$	$2{,}5 \times 10^{-4}$	–	$1{,}0 \times 10^{3}$
Zn	30	$8{,}0 \times 10^{-5}$	$2{,}0 \times 10^{-8}$	$4{,}0 \times 10^{-10}$	$2{,}0 \times 10^{-4}$	$1{,}0 \times 10^{-4}$ (2)	$1{,}3 \times 10^{3}$
Ga	31	$1{,}8 \times 10^{-5}$	$9{,}0 \times 10^{-11}$	$2{,}0 \times 10^{-11}$	$2{,}0 \times 10^{-5}$	–	$8{,}0 \times 10^{2}$
Ge	32	$1{,}6 \times 10^{-5}$	$5{,}0 \times 10^{-12}$	$5{,}0 \times 10^{-12}$	$2{,}0 \times 10^{-6}$	–	$2{,}0 \times 10^{3}$
As	33	$1{,}0 \times 10^{-6}$	$2{,}0 \times 10^{-9}$	$1{,}7 \times 10^{-9}$	$1{,}3 \times 10^{-5}$	–	$1{,}0 \times 10^{5}$
Se	34	$5{,}0 \times 10^{-8}$	$6{,}0 \times 10^{-11}$	$1{,}3 \times 10^{-10}$	$1{,}7 \times 10^{-7}$	–	$6{,}3 \times 10^{5}$
Br	35	$2{,}5 \times 10^{-6}$	$2{,}0 \times 10^{-8}$	$6{,}7 \times 10^{-5}$	$7{,}0 \times 10^{-5}$	–	$7{,}9 \times 10^{8}$
Rb	37	$3{,}2 \times 10^{-5}$	$1{,}0 \times 10^{-9}$	$1{,}2 \times 10^{-7}$	$1{,}1 \times 10^{-4}$	–	$7{,}9 \times 10^{5}$
Sr	38	$2{,}6 \times 10^{-4}$	$7{,}0 \times 10^{-8}$	$7{,}6 \times 10^{-6}$	$1{,}8 \times 10^{-5}$	$2{,}3 \times 10^{-3}$ (2)	$5{,}0 \times 10^{6}$
Y	39	$2{,}0 \times 10^{-5}$	$4{,}0 \times 10^{-11}$	$7{,}0 \times 10^{-12}$	$4{,}0 \times 10^{-5}$	–	$1{,}3 \times 10^{2}$
Zr	40	$1{,}0 \times 10^{-4}$	–	$3{,}0 \times 10^{-11}$	$1{,}5 \times 10^{-4}$	–	$1{,}6 \times 10^{2}$
Nb	41	$1{,}1 \times 10^{-5}$	–	$< 5{,}0 \times 10^{-12}$	$1{,}4 \times 10^{-5}$	–	$< 2{,}5 \times 10^{2}$

Mo	42	$1,0 \times 10^{-6}$	$6,0 \times 10^{-10}$	$1,1 \times 10^{-8}$	$2,7 \times 10^{-5}$	–	$3,2 \times 10^{5}$
Pd	46	$1,0 \times 10^{-9}$	–	–	$4,0 \times 10^{-9}$	–	–
Ag	47	$8,0 \times 10^{-8}$	$3,0 \times 10^{-10}$	$2,7 \times 10^{-12}$	$1,1 \times 10^{-7}$	–	$2,0 \times 10^{5}$
Cd	48	$9,8 \times 10^{-8}$	$1,0 \times 10^{-11}$	$8,0 \times 10^{-11}$	$3,0 \times 10^{-7}$	$6,5 \times 10^{-7}$ (2)	$7,9 \times 10^{5}$
In	49	$5,0 \times 10^{-8}$	–	$1,0 \times 10^{-13}$	$8,0 \times 10^{-8}$	–	$1,0 \times 10^{3}$
Sn	50	$2,5 \times 10^{-6}$	$4,0 \times 10^{-11}$	$5,0 \times 10^{-13}$	$3,0 \times 10^{-6}$	–	$1,3 \times 10^{2}$
Sb	51	$2,0 \times 10^{-7}$	$7,0 \times 10^{-11}$	$1,5 \times 10^{-10}$	$1,0 \times 10^{-6}$	–	$1,3 \times 10^{5}$
I	53	$5,0 \times 10^{-7}$	$7,0 \times 10^{-9}$	$5,6 \times 10^{-8}$	$\geq 1,0 \times 10^{-5}$	–	$< 4,0 \times 10^{6}$
Cs	55	$1,0 \times 10^{-6}$	$2,0 \times 10^{-11}$	$2,9 \times 10^{-10}$	$6,0 \times 10^{-6}$	–	$4,0 \times 10^{4}$
Ba	56	$4,3 \times 10^{-4}$	$2,0 \times 10^{-8}$	$1,4 \times 10^{-8}$	$2,3 \times 10^{-3}$	–	$5,0 \times 10^{3}$
La	57	$1,6 \times 10^{-5}$	$4,8 \times 10^{-11}$	$4,5 \times 10^{-12}$	$4,2 \times 10^{-5}$	–	$8,0 \times 10$
Ce	58	$3,3 \times 10^{-5}$	$7,9 \times 10^{-11}$	$3,5 \times 10^{-12}$	$8,0 \times 10^{-5}$	–	$3,0 \times 10$
Pr	59	$3,9 \times 10^{-6}$	$7,3 \times 10^{-12}$	$1,0 \times 10^{-12}$	$1,0 \times 10^{-5}$	–	$8,0 \times 10$
Nd	60	$1,6 \times 10^{-5}$	$3,8 \times 10^{-11}$	$4,2 \times 10^{-12}$	$4,1 \times 10^{-5}$	–	$8,0 \times 10$
Sm	62	$3,5 \times 10^{-6}$	$7,8 \times 10^{-12}$	$8,0 \times 10^{-13}$	$8,0 \times 10^{-6}$	–	$8,0 \times 10$
Eu	63	$1,1 \times 10^{-6}$	$1,5 \times 10^{-12}$	$1,5 \times 10^{-13}$	$1,8 \times 10^{-6}$	–	$6,0 \times 10$
Gd	64	$3,3 \times 10^{-6}$	$8,5 \times 10^{-12}$	$1,0 \times 10^{-12}$	$8,3 \times 10^{-6}$	–	$1,0 \times 10^{2}$
Tb	65	$6,0 \times 10^{-7}$	$1,2 \times 10^{-12}$	$1,7 \times 10^{-13}$	$1,3 \times 10^{-6}$	–	$1,0 \times 10^{2}$
Dy	66	$3,7 \times 10^{-6}$	$7,2 \times 10^{-12}$	$1,1 \times 10^{-12}$	$7,4 \times 10^{-6}$	–	$1,0 \times 10^{2}$
Ho	67	$7,8 \times 10^{-7}$	$1,4 \times 10^{-12}$	$2,8 \times 10^{-13}$	$1,5 \times 10^{-6}$	–	$1,3 \times 10^{2}$
Er	68	$2,2 \times 10^{-6}$	$4,2 \times 10^{-12}$	$9,2 \times 10^{-13}$	$4,1 \times 10^{-6}$	–	$1,6 \times 10^{2}$
Tm	69	$3,2 \times 10^{-7}$	$6,1 \times 10^{-13}$	$1,3 \times 10^{-13}$	$5,7 \times 10^{-7}$	–	$1,6 \times 10^{2}$
Yb	70	$2,2 \times 10^{-6}$	$3,6 \times 10^{-12}$	$9,0 \times 10^{-13}$	$3,8 \times 10^{-6}$	–	$2,0 \times 10^{2}$
Lu	71	$3,0 \times 10^{-7}$	$6,4 \times 10^{-13}$	$1,4 \times 10^{-13}$	$5,5 \times 10^{-7}$	–	$2,0 \times 10^{2}$
Hf	72	$3,0 \times 10^{-6}$	–	$< 7,0 \times 10^{-12}$	$4,1 \times 10^{-6}$	–	$< 1,3 \times 10^{3}$
Ta	73	$1,0 \times 10^{-6}$	–	$< 2,5 \times 10^{-12}$	$1,0 \times 10^{-6}$	–	$2,0 \times 10^{3}$
W	74	$1,0 \times 10^{-6}$	$3,0 \times 10^{-11}$	$1,0 \times 10^{-10}$	$1,0 \times 10^{-6}$	–	$7,9 \times 10^{4}$
Re	75	$5,0 \times 10^{-10}$	–	$4,0 \times 10^{-12}$	$1,0 \times 10^{-9}$	–	$3,2 \times 10^{6}$
Ir	77	$1,0 \times 10^{-10}$	–	–	–	–	–
Pt	78	–	–	–	–	–	–
Au	79	$3,0 \times 10^{-10}$	$2,0 \times 10^{-12}$	$4,9 \times 10^{-12}$	–	–	$1,6 \times 10^{6}$
Hg	80	$8,0 \times 10^{-8}$	$7,0 \times 10^{-11}$	$1,0 \times 10^{-12}$	$1,0 \times 10^{-7}$	–	$7,9 \times 10^{3}$
Tl	81	$3,6 \times 10^{-8}$	–	$1,0 \times 10^{-11}$	$1,2 \times 10^{-6}$	–	$6,3 \times 10^{3}$
Pb	82	$8,0 \times 10^{-6}$	$1,0 \times 10^{-9}$	$2,0 \times 10^{-12}$	$3,0 \times 10^{-5}$	–	$5,0 \times 10$
Bi	83	$6,0 \times 10^{-8}$	–	$2,0 \times 10^{-11}$	$5,5 \times 10^{-7}$	–	$2,5 \times 10$
Th	90	$3,5 \times 10^{-6}$	$< 1,0 \times 10^{-10}$	$6,0 \times 10^{-14}$	$1,3 \times 10^{-5}$	–	$3,0 \times 10^{0}$
U	92	$9,1 \times 10^{-7}$	$4,0 \times 10^{-11}$	$3,1 \times 10^{-9}$	$2,6 \times 10^{-6}$	–	$1,0 \times 10^{6}$

Parmi les six éléments mineurs, on retrouve à la fois des éléments rares sur les continents comme le brome, Br^-, le strontium, Sr^{2+}, le bore, B^-, et le fluor, F, et des éléments aussi communs et importants que le silicium et le carbone (fig. 16.5b). Ces deux derniers éléments, ainsi que le calcium (élément majeur), sont dits **bio-intermédiaires**, ce qui signifie qu'ils sont partiellement utilisés dans l'activité biologique marine en surface. Les concentrations de calcium et de carbone dissous peuvent diminuer respectivement de 1 % et de 15 % en surface par rapport à leurs teneurs en profondeur en l'absence de toute consommation biologique.

16.2.3 *Éléments en traces*

Tous les éléments inorganiques dissous dont les concentrations sont inférieures à 1 ppm dans l'eau de mer sont regroupés sous l'appellation d'**éléments en traces**. Ils comprennent, entre autres, des éléments abondants dans la croûte continentale, comme le fer et l'aluminium, et des sels nutritifs indispensables au développement de la vie marine (fig. 16.5c).

Les concentrations des métaux dissous dans l'eau de mer sont beaucoup plus faibles que dans les eaux continentales, et ce, en dépit de leurs importants apports directs par les sources hydrothermales au niveau des dorsales (voir la sous-section 16.3.2). Cela s'explique par la grande réactivité de ces éléments qui précipitent rapidement dans l'eau de mer. Ainsi, certains fonds océaniques sont couverts de **nodules**, concrétions formées à partir de la précipitation d'éléments dissous dans l'eau de mer, qui contiennent jusqu'à 140×10^3 ppm de fer et 19×10^3 ppm de manganèse, alors que les teneurs respectives de ces éléments dans l'eau sont de 10^{-2} ppm et 10^{-3} ppm.

Les oxydes d'azote et de phosphore dissous sont les principaux sels nutritifs du **phytoplancton**, plantes flottantes microscopiques à la base de toute la chaîne alimentaire dans l'océan. Les concentrations bioassimilables de ces éléments, très faibles en partant, peuvent être complétement réduites à zéro en surface, à la suite d'intenses périodes de production phytoplanctonique appelées *blooms*. C'est pourquoi ces éléments sont dits **biolimitants**, puisque leur épuisement limite non seulement la production primaire, mais aussi toute la vie marine supérieure, à commencer par le zooplancton, qui en dépend. Outre les phosphates et les oxydes d'azote, il semblerait que, sous certaines conditions, le silicium et le fer dissous puissent aussi devenir biolimitants. En aquaculture, on stimule souvent les productions en rajoutant un ou plusieurs éléments biolimitants dans l'eau.

16.2.4 *L'équilibre de la composition de l'eau de mer*

De nombreux indices géologiques portent à croire que la composition chimique des océans a peu changé depuis plusieurs centaines de millions d'années. Les compositions chimiques d'évaporites ou de roches sédimentaires marines anciennes sont tout à fait similaires à celles des roches qui se forment de nos jours, et ce, tant pour les éléments majeurs que pour les éléments mineurs ou en traces. Le système océanique est donc caractérisé par un état d'équilibre à long terme (*steady state*).

La constance de la composition chimique de l'eau de mer implique que tous les éléments qui pénètrent dans le système océanique doivent en être éliminés après un temps de séjour plus ou moins long. Il faut donc arriver à relier les diverses entrées et sorties possibles de chaque élément dans le système océanique, tout en tenant compte des transformations chimiques et biologiques intra-océaniques. On a évalué la composition moyenne de quatre réservoirs principaux d'éléments chimiques pour tenter d'établir le bilan géochimique global de la planète (tableau 16.4). Ces quatre réservoirs sont : la croûte continentale, point de départ de la météorisation; les eaux des rivières, transition entre les continents et les océans; les eaux océaniques, réservoir temporaire des divers éléments; les sédiments marins, dernier lieu d'accumulation des éléments. L'importance de la croûte océanique en tant que source d'éléments (par hydrolyse des minéraux des basaltes en contact avec l'eau de mer et par circulation de fluides hydrothermaux) et en tant que dernier réservoir (absorption d'éléments) est encore mal connue et n'apparaît pas dans le tableau 16.4. On y reviendra à la sous-section 16.3.2.

Les teneurs moyennes et l'ordre d'importance de chaque élément, selon qu'on les retrouve dans l'un ou l'autre des quatre réservoirs définis précédemment, sont différents. Par exemple, bien que les rivières soient la principale source de matières dissoutes des océans, l'eau de mer est loin d'être une version concentrée de la composition moyenne des rivières. Pour tenter d'expliquer l'équilibre géochimique de la planète, il faut alors considérer chaque élément comme une entité ayant un cycle qui lui est propre. Ainsi, la spécificité des réactions de météorisation de chaque élément explique en partie les écarts qui existent entre la composition de la croûte continentale et celle des rivières. Par exemple, les éléments les moins solubles se retrouveront plutôt sous forme de solides en suspension; ils ne figurent pas au tableau 16.4. Par contre, les éléments recyclés par évaporation dans l'atmosphère seront plus concentrés dans les rivières qu'après simple météorisation. L'enrichisse-

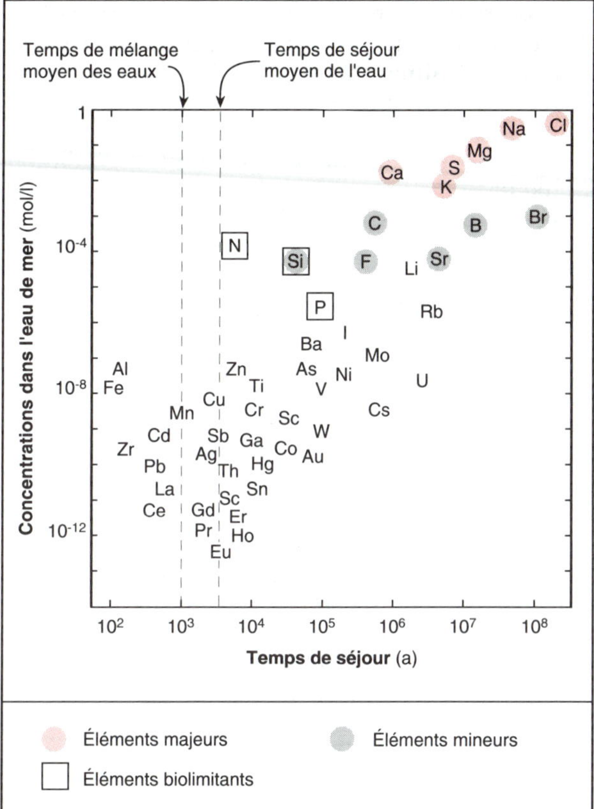

Figure 16.6 Relation entre les temps de séjour et les concentrations des principaux éléments dissous dans l'eau de mer. Le graphique indique aussi le temps de séjour moyen de l'eau dans les océans ainsi que le temps de mélange moyen des eaux océaniques. Les éléments majeurs, mineurs et biolimitants sont repérés sur la figure (d'après The Open University Team, 1989b).

ment des argiles marines profondes en certains métaux, comme le fer, le manganèse, le cuivre et le baryum, est quant à lui attribuable à l'activité volcanique sous-marine.

16.2.5 *Le temps de séjour*

Les réactions spécifiques qu'on a mentionnées n'expliquent pas le double paradoxe suivant : on retrouve dans l'eau de mer de fortes concentrations d'éléments pourtant rares dans la lithosphère, et de faibles concentrations d'éléments pourtant très communs sur les continents.

La notion de **temps de séjour** a été énoncée pour répondre globalement à cette question. Il s'agit du temps moyen qui s'écoule entre l'introduction d'un élément dans l'océan et son incorporation définitive aux sédiments. Plus l'élément est réactif, soit chimiquement, soit par le biais des organismes, plus son temps de séjour est court.

Pour un élément donné, on calcule le temps de séjour en faisant le rapport entre la quantité totale de cet élément dans l'océan et les apports annuels effectifs de cet élément à l'océan. Dans les apports effectifs, on tient compte des éléments rapidement recyclés dans l'atmosphère. Les temps de séjour sont très variables, allant de quelques années pour le fer ou le manganèse, à plusieurs centaines de millions d'années pour le sodium et le chlore (tableau 16.4).

Les éléments les plus inertes chimiquement et ceux qui ne participent que très marginalement aux processus biologiques ont les plus longs temps de séjour. Ils se retrouvent alors proportionnellement beaucoup plus concentrés dans l'eau de mer que dans la croûte continentale. La figure 16.6 indique que les six éléments majeurs de l'eau de mer ont des temps de séjour dépassant le million d'années, alors que des éléments en traces comme le fer et l'aluminium ont des temps de séjour très courts. Les éléments biolimitants restent, quant à eux, quelques milliers d'années en solution dans l'eau, temps de séjour qui représente une moyenne entre leurs rapides consommation et régénération dans les eaux de surface, et leur non-utilisation dans les eaux profondes.

Avant de se remélanger avec les eaux de surface, les eaux océaniques séjournent en profondeur pendant des périodes de temps qui varient de quelques centaines d'années dans l'Atlantique à tout au plus 1500 ans dans le Pacifique Nord (voir le chapitre 15). Le temps de mélange moyen des eaux océaniques, d'au plus 1000 ans (fig. 16.6), est donc plus court que le temps de séjour moyen de tous les éléments qui est d'environ 4000 ans (le même que celui de l'eau, d'ailleurs). Par conséquent, la distribution des divers éléments dans les océans est bien homogénéisée, et ce, particulièrement pour les éléments à long temps de séjour comme les éléments majeurs et mineurs.

16.3 CYCLES GÉOCHIMIQUES

On a dit à la section précédente que les différents cycles géochimiques à la surface de notre planète avaient atteint un état d'équilibre. Il est cependant important de préciser que cette stabilité, à long terme, ne signifie pas une constance géochimique éternelle et absolue. En effet, les divers environnements géochimiques ont grandement évolué depuis la formation de la planète.

- De nombreux éléments provenant du cœur de la planète ont été progressivement introduits dans le système de surface, à commencer par le gaz carbonique et l'eau. On considère qu'aujourd'hui les apports nouveaux d'éléments depuis le magma par

les gaz volcaniques (*excess volatiles*) sont très restreints et ne comprennent que des quantités minimes de chlore, de soufre, de brome et de bore.
- À beaucoup plus court terme, on sait que l'environnement géochimique de la biosphère fluctue légèrement au cours des cycles glaciaires-interglaciaires. Par exemple, les teneurs en gaz carbonique dans l'atmosphère ont doublé depuis le dernier maximum glaciaire, et ce, indépendamment de la production de ce gaz par les activités humaines.

Dans cette section, on traitera des différentes théories en vigueur pour expliquer l'équilibre des cycles géochimiques. Chacune des réactions dont il sera question est caractérisée par une échelle temporelle qui lui est propre. Des cycles concernant la destruction et la formation de roches sur plusieurs millions d'années seront juxtaposés à des cycles de précipitation et de sédimentation biogénétiques s'étalant sur moins d'un an. La figure 16.7 schématise les réactions qui serviront à décrire les cycles géochimiques des principaux éléments dissous dans l'eau de mer. On y retrouve les processus suivants :

- les différents apports par les rivières d'éléments produits par météorisation des roches continentales, circulation hydrothermale au niveau des dorsales océaniques, émissions volcaniques et échanges avec l'atmosphère (point 1);
- les transformations intra-océaniques inorganiques (d'adsorption ou de précipitation) et organiques (fixation biologique et biodégradation) (point 2);
- la sédimentation d'une fraction des particules organiques et inorganiques vers les fonds océaniques (point 3);
- les réactions d'équilibrage chimique dans les sédiments (diagenèse) et de la croûte océanique avec l'eau de mer (altération des basaltes) (point 4);
- le départ définitif des éléments contenus dans les sédiments ou dans la croûte par subduction (point 5) ou par métamorphisme (point 6).

16.3.1 *Équilibres à court terme*

L'équilibre géochimique de l'océan est partiellement contrôlé par des réactions à court terme, soit le tampon acide et l'oxydo-réduction. La cinétique et les diverses constantes de solubilisation-précipitation de ces réactions sont bien connues; on peut en effet les étudier en les reproduisant expérimentalement en laboratoire.

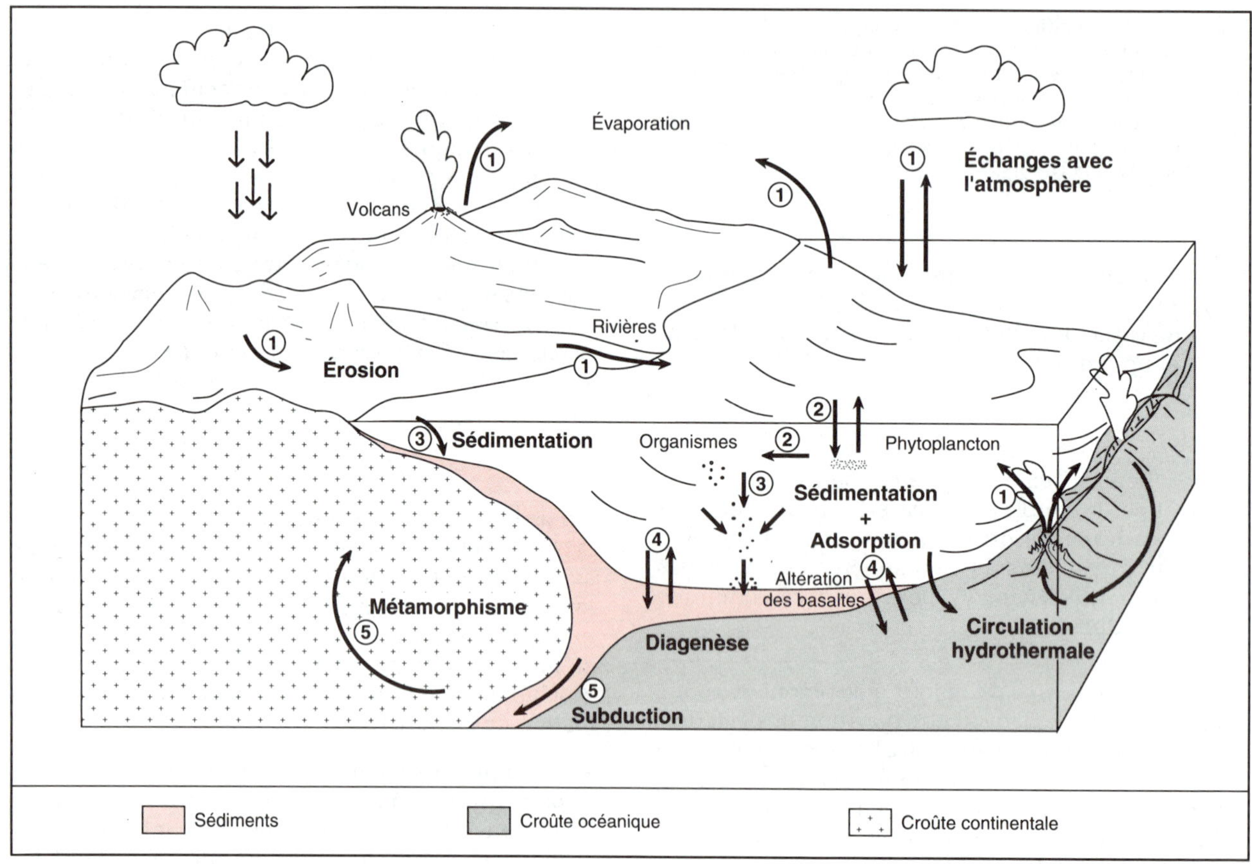

Figure 16.7 Cycles géochimiques dans l'hydrosphère. Les chiffres renvoient aux différents processus décrits dans le texte.

ACIDITÉ

L'acidité (**pH**) de l'eau de mer est régie à la fois par la dissolution du gaz carbonique dans l'eau de mer et par la précipitation planctonique du carbonate de calcium (voir la section 16.3.2 et l'encadré 16.1) :

$$CO_2(gaz) + H_2O \rightleftharpoons H_2CO_3 \rightleftharpoons H^+ + HCO_3^- \rightleftharpoons 2H^+ + CO_3^{2-}$$

$$\rightleftharpoons CO_3^{2-} + Ca^{2+} \rightleftharpoons CaCO_3 \text{ (solide)}$$

Cette double série de réactions « tamponne » le pH de l'eau de mer à des valeurs spécifiques de l'ordre de 8,1 en surface et de 7,6 en profondeur. Si l'acidité des eaux est augmentée par apports externes (précipitations acides), on observe un rapide déplacement des différentes formes carbonées du carbonate de calcium, $CaCO_3$, vers le gaz carbonique, CO_2. Autrement dit, le pH initial est rétabli par une légère dissolution du carbonate de calcium.

Les teneurs moyennes des différentes formes de carbone dissous sont aussi fixées par la série de réactions précédentes. Si la concentration du gaz carbonique dans l'eau augmente (volcans, combustion des produits fossiles), le système tampon évolue vers une double dissolution :

$$CO_2 + CO_3^{2-} + H_2O \rightleftharpoons 2HCO_3^- \text{ (dissolution liquide)}$$

$$CO_2 + CaCO_3 + H_2O \rightleftharpoons 2HCO_3^- + Ca^{2+} \text{ (dissolution solide)}$$

L'océan peut donc potentiellement absorber tout le gaz carbonique présent en excès dans l'atmosphère. Néanmoins, les temps de mélange élevés réduisent la capacité qu'ont les océans de neutraliser le gaz carbonique à court terme. En effet, bien que la moitié du gaz carbonique produit par l'humanité annuellement soit dissous dans les masses d'eau de surface après quelques années, plusieurs dizaines de milliers d'années sont nécessaires pour que la dissolution soit totale et équilibrée avec les eaux profondes.

OXYDO-RÉDUCTION

Les réactions d'**oxydo-réduction** jouent un rôle important dans l'équilibrage géochimique à court terme de l'eau de mer. Certains éléments peuvent voir leur solubilité grandement modifiée par le changement de leur état de valence au cours de réactions d'oxydo-réduction. La capacité de l'eau de mer à oxyder certains éléments et à les maintenir dans cet état est très élevée en raison des fortes teneurs en oxygène O_2 dissous que l'on retrouve dans toutes les masses d'eau océaniques. Pour caractériser les conditions d'oxydo-réduction, on emploie les potentiels d'oxydo-réduction, Eh, exprimés en volts. En présence de conditions oxydantes, Eh est supérieur à 0, alors qu'en conditions réductrices, Eh est inférieur à 0. Par exemple, le fer dans l'eau sera présent sous sa forme oxydée Fe^{3+} plutôt que sous sa forme réduite Fe^{2+}. La forme trivalente du fer étant beaucoup plus insoluble que la divalente, on ne retrouvera pratiquement pas de fer dissous dans l'eau de mer. Tout le fer précipite en effet rapidement dans la colonne d'eau sous forme d'oxyhydroxydes qui sédimentent ensuite vers le fond. Outre le fer, l'état géochimique de nombreux éléments de transition (zinc, cuivre, manganèse, chrome, etc.) et de l'azote, du soufre et de l'iode est déterminé, dans l'eau de mer, à partir des conditions de pH et d'oxydo-réduction ambiantes (fig. 16.8).

Dans les sédiments récents, le passage d'un environnement oxydé à un environnement réduit lors de la biodégradation de la matière organique enfouie est à l'origine de la destruction progressive des oxydes métalliques. Les divers métaux ainsi que de nombreux composés adsorbés sont alors remis en solution dans les eaux interstitielles. Ils diffusent ensuite soit vers la colonne d'eau, où ils reprécipitent partiellement dans la zone sédimentaire oxydée, soit vers le bas, où ils forment des sulfures insolubles ou d'autres minéraux authigènes (voir *Processus inorganiques de sédimentation* à la section suivante).

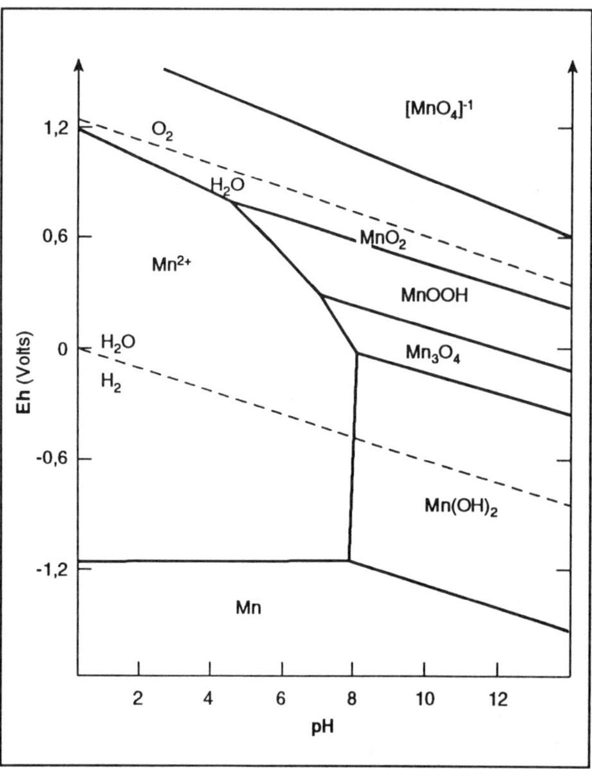

Figure 16.8 Exemple de diagramme Eh-pH pour le manganèse dans l'eau. Dans les eaux océaniques de surface (pH = 8,1, Eh > 0), le manganèse est sous forme d'oxyhydroxydes MnOOH. Dans les couches anoxiques des sédiments profonds (pH = 7,5, Eh < 0), le manganèse est dissous sous sa forme réduite Mn^{2+}.

ENCADRÉ 16.1

LA BIOGÉOCHIMIE DU CARBONE

La majeure partie du carbone à la surface de la planète (environ 85 %) se retrouve dans les roches et les sédiments carbonatés, comme le montre le tableau. La teneur en matière organique des sols et des sédiments représente l'autre réservoir important de carbone (environ 15 %).

Le cycle du carbone fait intervenir des processus biogéochimiques entre les continents, les océans et l'atmosphère. L'action combinée du gaz carbonique des sols et de l'atmosphère avec les eaux de pluie contribue tout d'abord à altérer les roches carbonatées (point 1 de la figure). Les ions bicarbonates produits rejoignent les océans par les rivières.

Dans l'océan, le carbone dissous est présent sous plusieurs formes, équilibrées par une série de réactions tampons (point 2 de la figure). L'ion bicarbonate, HCO_3^-, domine les autres formes de carbone dissous dans l'eau de mer, à savoir l'acide carbonique, H_2CO_3, l'ion carbonate, CO_3^{2-}, et le bioxyde de carbone, CO_2.

Divers réservoirs de carbone à la surface de la planète (1 mol de carbone pèse 12 g).

Réservoirs de carbone	Masse approximative (mol)	Proportion du total (%)
Roches et sédiments carbonatés	34×10^{20}	84,9
Carbone organique dans les sols et les sédiments	6×10^{20}	15
Combustibles fossiles	6×10^{17}	0,02
Carbone dissous dans les océans et les eaux douces	3×10^{18}	0,08
Carbone dans l'atmosphère	4×10^{16}	–
Biomasse totale	7×10^{17}	–
Production biologique annuelle dans les océans	$1,7 \times 10^{15}$/a	–
Production biologique annuelle sur les continents	$2,5 \times 10^{15}$/a	–
Production anthropique annuelle de combustion de produits fossiles	4×10^{14}/a	–

Une partie du bioxyde de carbone dissous dans les océans est fixée par photosynthèse par les organismes phytoplanctoniques pour former des chaînes carbonées organiques (point 3 de la figure). Ce carbone organique est ensuite transféré dans les maillons supérieurs de la chaîne alimentaire. Simultanément, une fraction des ions carbonatés dissous sert à sécréter des enveloppes calcaires pour des formes planctoniques comme les coccolithophores, les foraminifères et les ptéropodes (point 4 de la figure). Lorsque les organismes meurent, la presque totalité de la matière organique est biodégradée et environ les quatre cinquièmes du carbonate de calcium, $CaCO_3$, précipité sont redissous dans les eaux froides et profondes avant que les particules biogénétiques ne sédimentent au fond. Cette sédimentation de $CaCO_3$ constitue néanmoins la principale sortie de carbone du système océanique.

Le bioxyde de carbone, CO_2, dissous dans les océans est en équilibre avec les teneurs de gaz carbonique, CO_2, dans l'atmosphère. Les processus de biodégradation et de respiration dans l'océan contribuent au dégazage du CO_2 vers l'atmosphère (point 5 de la figure). Ce gaz carbonique est alors disponible pour la photosynthèse terrestre. Le carbone organique fixé par les organismes terrestres se retrouve dans le sol après la mort de ceux-ci, et sa biodégradation fournit du bioxyde de carbone, CO_2, qui participe à l'altération des roches carbonatées.

Les sédiments et roches carbonatés marins sont métamorphisés après avoir été introduits dans la croûte par subduction. Ils peuvent alors produire du gaz carbonique qui est réémis dans l'atmosphère par les émanations volcaniques (point 6 de la figure). Une autre faible fraction du carbone (sous forme de gaz carbonique, CO_2, ou de méthane, CH_4) émise par les volcans peut aussi provenir du dégazage du manteau.

Depuis le début de l'ère industrielle, les émissions anthropiques de gaz carbonique, à partir de la combustion des produits carbonés fossiles (gaz naturel, pétrole, charbon), contribuent à augmenter de façon significative les teneurs en ce gaz de l'atmosphère. On est ainsi passé de 270 ppm environ de gaz carbonique en 1850 à plus de 355 ppm en 1991. Bien que l'océan puisse à long terme absorber cet excédent, il n'en reste pas moins qu'à court terme sa présence dans l'atmosphère pourrait entraîner des bouleversements climatiques par ce qu'on appelle « l'effet de serre ». La température moyenne à la surface de la Terre a déjà augmenté de plus de 0,6°C en un siècle, et toute augmentation additionnelle significative pourrait sérieusement compromettre l'équilibre thermique et écologique actuel de la planète.

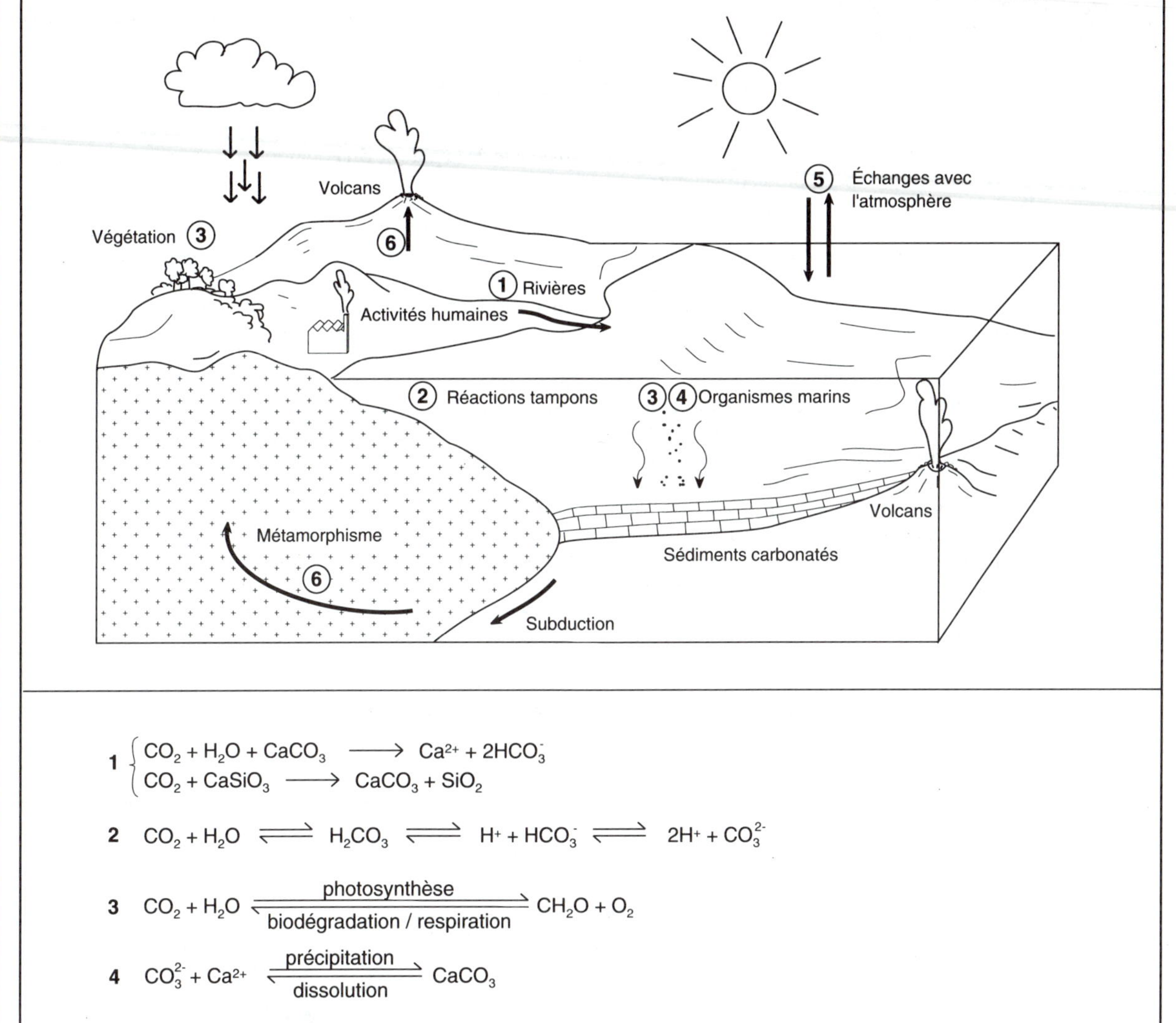

$$1\ \begin{cases} CO_2 + H_2O + CaCO_3 \longrightarrow Ca^{2+} + 2HCO_3^- \\ CO_2 + CaSiO_3 \longrightarrow CaCO_3 + SiO_2 \end{cases}$$

$$2\quad CO_2 + H_2O \rightleftharpoons H_2CO_3 \rightleftharpoons H^+ + HCO_3^- \rightleftharpoons 2H^+ + CO_3^{2-}$$

$$3\quad CO_2 + H_2O \underset{\text{biodégradation / respiration}}{\overset{\text{photosynthèse}}{\rightleftharpoons}} CH_2O + O_2$$

$$4\quad CO_3^{2-} + Ca^{2+} \underset{\text{dissolution}}{\overset{\text{précipitation}}{\rightleftharpoons}} CaCO_3$$

$$5\quad CO_2\ (\text{atmosphère}) \rightleftharpoons CO_2\ (\text{dissous})$$

$$6\quad CaCO_3 + SiO_2 \longrightarrow CaSiO_3 + CO_2$$

Cycle du carbone.

16.3.2 *Équilibres à long terme*

Les réactions chimiques à court terme que nous venons de voir ne concernent que quelques éléments aux courts temps de séjour et n'expliquent que partiellement l'équilibre de ces éléments. Par exemple, la série de réactions tampon du carbone est trop faible pour expliquer la neutralisation complète des acides forts (chlorhydriques, HCl, et sulfuriques, H_2SO_4) provenant de l'activité volcanique et des bases fortes (hydroxyde de sodium, NaOH, hydroxyde de potassium, KOH, hydroxyde de magnésium, $Mg(OH)_2$) issues du lessivage des sols.

L'équilibre géochimique d'éléments qui, dans l'océan, sont très peu réactifs et ont un très long temps de séjour, découle de réactions complexes et lentes, telles la diagenèse tardive des sédiments ou l'altération progressive des basaltes de la croûte océanique. Ces réactions sont beaucoup moins bien connues que les réactions à court terme, étant très difficilement reproductibles en laboratoire à cause des très longues constantes de temps, des températures très élevées et des fortes pressions avec lesquelles elles se produisent.

ENCADRÉ 16.2

LES SÉDIMENTS MARINS

Les sédiments marins représentent une des sorties principales des cycles géochimiques pour plusieurs éléments. Ils couvrent l'ensemble des fonds océaniques sur une épaisseur variant de quelques mètres au centre des dorsales jusqu'à plus de 15 km, dans le nord-ouest de l'Atlantique (fig. 1). Leur composition est variée et reflète soit la proximité des continents, soit de fortes productions biologiques, soit encore une intense activité hydrothermale.

Les successions sédimentaires observées au fond des grands bassins océaniques représentent un enregistrement en continu de la variabilité des flux de particules au cours du temps. Grâce aux analyses fines des accumulations sédimentaires couvrant quelques milliers d'années, on peut reconstituer les changements locaux de production biologique et d'apports détritiques au cours des transitions d'époques glaciaires à interglaciaires. À l'échelle de plusieurs millions d'années, la nature et l'épaisseur des couches sédimentaires reflètent les conditions successives de sédimentation en un point donné d'une plaque océanique lors de sa migration tectonique. Dans l'exemple de la figure de la question 7, une épaisse couche sédimentaire formée de silice biogénétique témoigne du passage de la plaque du Pacifique sous la zone équatoriale très productive (radiolaires).

On calcule que 95 % des sédiments détritiques apportés par les rivières se déposent sur les marges continentales. Comme le montre la figure 2, on les retrouve principalement au large de l'Amérique du Nord et de l'Europe, ainsi qu'aux embouchures des grands fleuves asiatiques. Ils peuvent ensuite débouler vers de plus grandes profondeurs à la suite de forts courants de turbidité. Les plaines abyssales proches des continents et non séparées de ces derniers par une fosse océanique sont alors périodiquement soumises à des influx de particules solides.

Les débris rocheux arrachés aux continents par les glaciers peuvent, quant à eux, rejoindre les océans lorsque les fronts de ces glaciers vêlent pour former des icebergs. Les blocs, graviers et grains de sable emprisonnés dans la glace peuvent alors être transportés sur des centaines de kilomètres par la dérive des icebergs. Ces sédiments glaciomarins couvrent le fond des océans polaires ou subpolaires, là où les icebergs fondent et relâchent leur contenu solide.

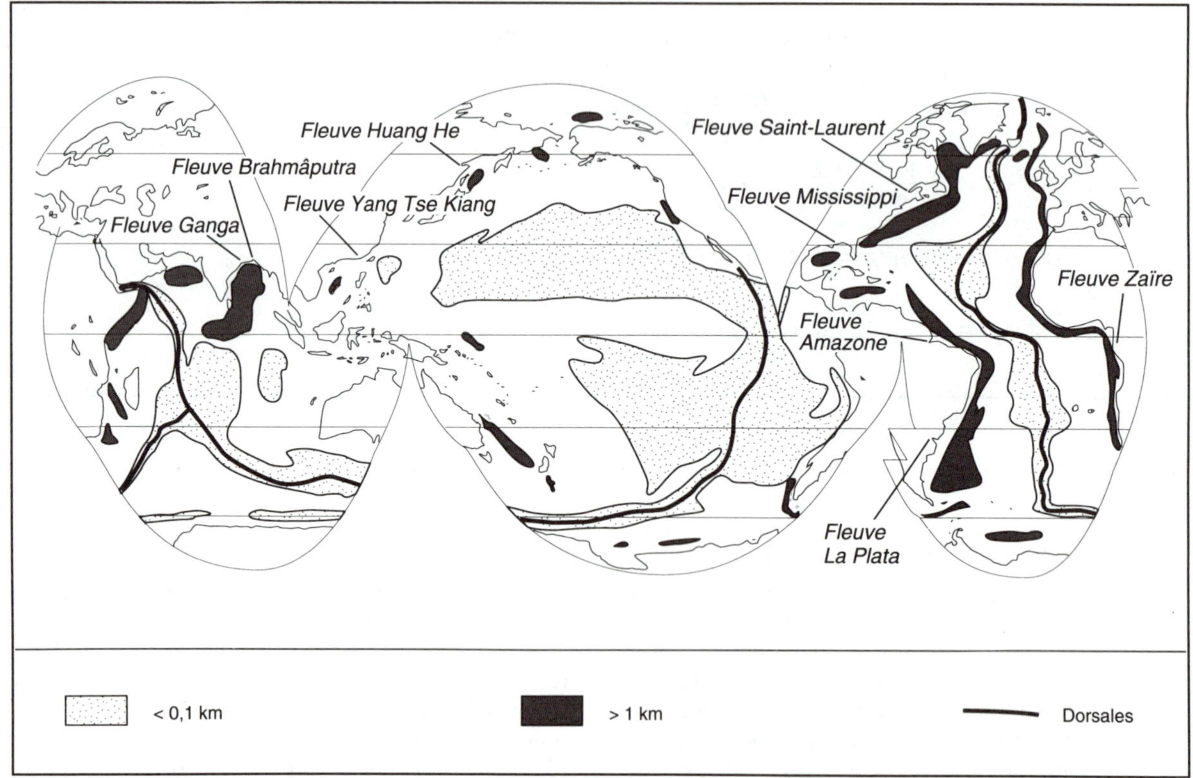

Figure 1 Épaisseur moyenne des sédiments marins. Les sédiments détritiques s'accumulent à un taux de plus de 1 cm par millénaire sur les marges continentales, comparativement à un taux de moins de 1 mm par millénaire dans les régions pélagiques non soumises aux courants de turbidité.

Les particules détritiques transportées par le vent se répandent dans tous les océans. Étant donné leurs faibles concentrations, elles ne sont détectables dans les sédiments qu'en l'absence de toute autre source plus abondante de débris biogénétiques qui pourrait les masquer. Ces particules détritiques, combinées avec des minéraux d'argile néoformés, forment alors ce que l'on appelle les argiles rouges et couvrent surtout les plaines abyssales du Pacifique qui sont loin des côtes et sont caractérisées par de faibles productivités biologiques.

Les particules biogénétiques sont de loin la composante principale des sédiments pélagiques. On retrouve d'importants dépôts de sédiments carbonatés là où les particules de calcite et d'aragonite échappent à la dissolution, c'est-à-dire dans les régions relativement chaudes et de moyenne à faible profondeur. Les dorsales des faibles et moyennes latitudes sont de fait couvertes de tests de foraminifères ou de coccolites. Les épaisseurs de particules carbonatées sont beaucoup plus importantes dans l'Atlantique que dans le Pacifique, la dissolution du $CaCO_3$ débutant à de plus grandes profondeurs dans l'Atlantique en raison des concentrations en CO_3^{2-} plus élevées.

Les particules biogénétiques siliceuses dominent par ailleurs la composition des sédiments des océans froids et productifs, là où les particules carbonatées sont facilement dissoutes. Les frustules de diatomées sont la principale composante des sédiments subpolaires, au-delà de l'influence directe des apports glaciels. Les tests de Radiolaires sont aussi une des composantes principales des sédiments du Pacifique Équatorial, dans le prolongement des zones d'*upwellings* fortement productives du Pérou et de la Californie.

Les nodules polymétalliques sont les sédiments authigènes (c'est-à-dire issus de la précipitation de l'eau de mer) les plus abondants. On les retrouve dans les zones à argiles rouges caractérisées par de très faibles taux de sédimentation, ces zones permettant la croissance des concrétions par un contact prolongé avec l'eau de mer. La proximité d'émission de fluides hydrothermaux est aussi requise en tant que source particulièrement concentrée de métaux. Les plaines abyssales du Pacifique Nord sont ainsi littéralement couvertes de nodules.

On retrouve aussi dans les sédiments océaniques, à proximité du centre des dorsales, des particules de verre basaltique émises par les volcans sous-marins, ainsi que des particules cosmogénétiques, appelées tectites, provenant de la désintégration de météorites dans l'atmosphère.

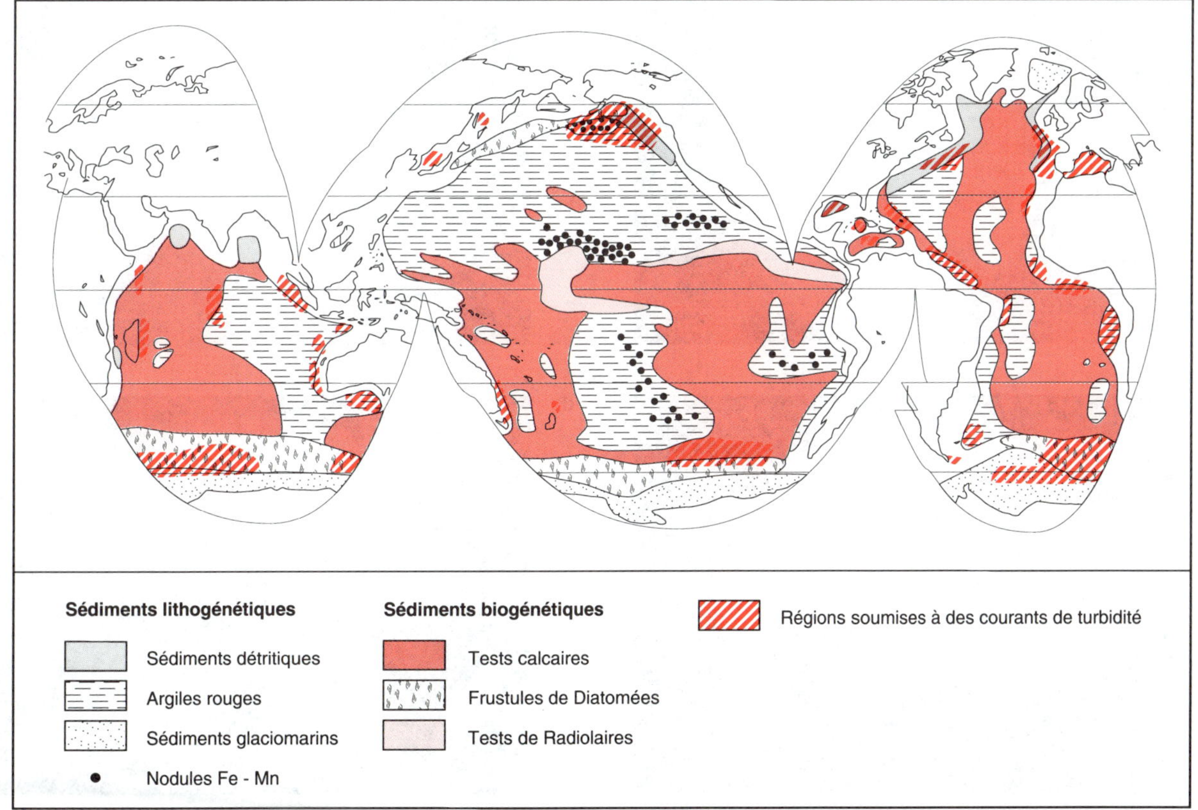

Figure 2 Distribution des sédiments marins. Les régions hachurées représentent les principales zones pélagiques où se produisent des courants de turbidité.

SÉDIMENTATION DE PARTICULES BIOGÉNÉTIQUES

Les micro-organismes vivant à la dérive dans la colonne d'eau, le Phytoplancton ou le Zooplancton, sont les principaux vecteurs du transfert d'éléments dissous majeurs et mineurs comme le calcium, le silicium et le carbone, depuis les océans vers les sédiments. Après avoir vécu quelques semaines dans la colonne d'eau, ces organismes tombent vers le fond, formant une pluie de particules qui composent les couches sédimentaires biogénétiques (encadré 16.2). Alors que la dégradation bactérienne détruit pratiquement toute la fraction organique de ces organismes durant leur sédimentation vers le fond, une proportion importante de leur enveloppe inorganique est préservée. On sépare ces organismes en deux groupes, suivant qu'ils sécrètent des enveloppes calcaires ou siliceuses (fig. 16.9).

Dans le premier groupe d'organismes, soit ceux à enveloppes calcaires, on retrouve les **Coccolithophores** (fig. 16.9a), une forme phytoplanctonique dont les écailles calcitiques démantelées, les **coccolites** (fig. 16.9b), sont communes dans les sédiments profonds. Bien que minuscules (<10 μm en général), ces écailles peuvent former d'importantes couches sédimentaires, comme celles dans lesquelles sont entaillées les imposantes falaises de craie bordant le Pas-de-Calais, entre la France et l'Angleterre. On retrouve aujourd'hui des sédiments composés en tout ou en partie de coccolites dans plusieurs plaines abyssales.

Les **Foraminifères**, organismes zooplanctoniques, produisent des enveloppes ou **tests** calcitiques dont la taille varie entre 30 μm et 1 mm (fig. 16.9c). Bien que la plupart des Foraminifères vivent dans les eaux océaniques de surface, certains d'entre eux vivent plutôt dans les eaux profondes et sur les fonds océaniques (Foraminifères **benthiques**). Comme les coccolites, les tests de ces organismes sont une composante importante des sédiments carbonatés des plaines abyssales des basses et moyennes latitudes. Par contre, ils sont facilement sujets à la dissolution dans les eaux froides et profondes, n'étant pas protégés par une fine membrane organique comme les coccolites (voir la sous-section 16.3.4).

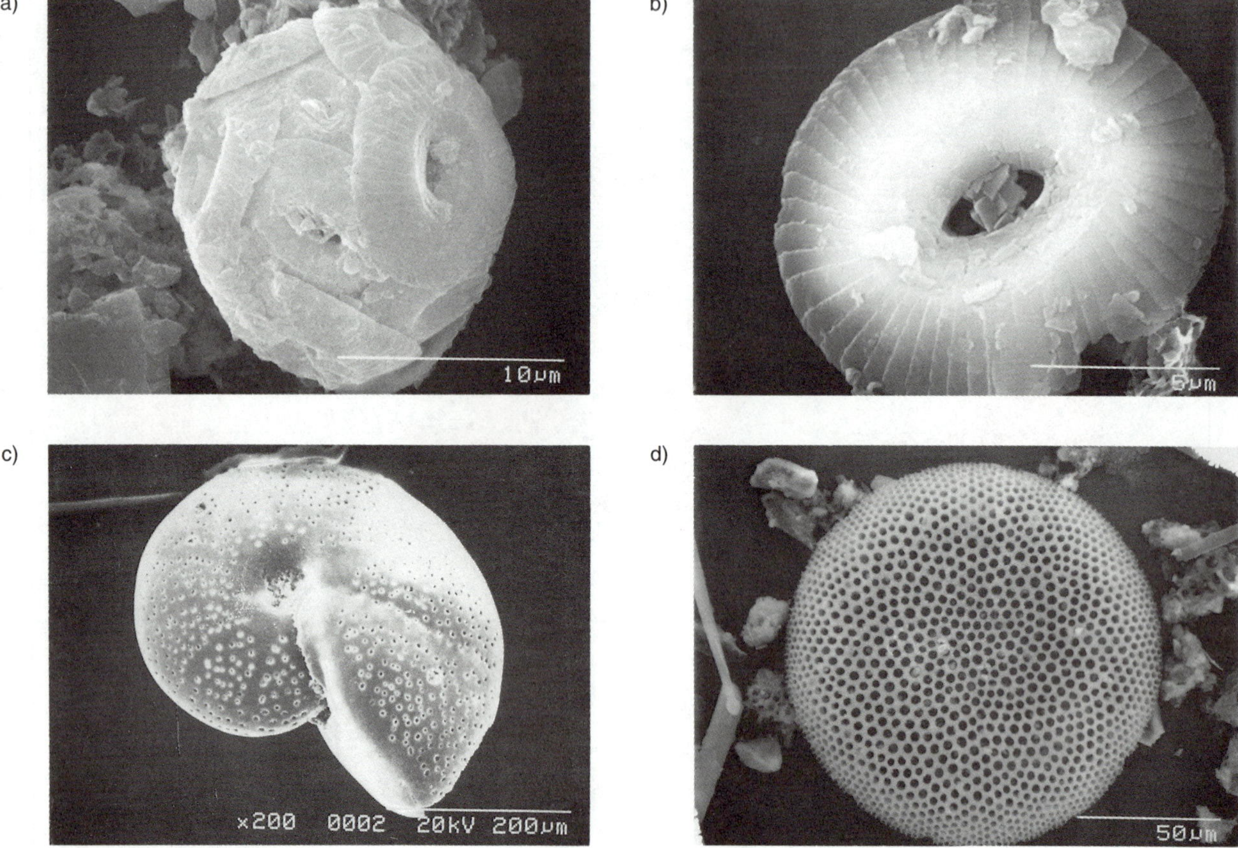

Figure 16.9 Organismes planctoniques. En a), coccosphère calcaire d'un Coccolithophore (*Coccolitus pelagicus*); en b), coccolites d'un Coccolithophore *Coccolitus pelagicus*; en c), test calcaire foraminifère (*Melonis zaandmae*); en d), frustule siliceuse de Diatomée. (Photographies prises au microscope électronique à balayage par Johanne Turgeon au Département des sciences de la Terre, UQAM.)

Un dernier ordre d'organismes zooplanctoniques participe de façon significative à la formation de sédiments calcaires dans les régions tropicales et subtropicales. Il s'agit des **Ptéropodes**, mollusques gastéropodes, dont la coquille peut atteindre 2 cm de long. La coquille de ces organismes est en **aragonite**, une forme de carbonate de calcium qui ne contient pas d'impuretés de magnésium comme la **calcite** des coccolites ou des tests de Foraminifères. Comme l'aragonite est un minéral beaucoup plus soluble que la calcite dans les eaux océaniques froides et profondes, on ne retrouve pas de coquilles de Ptéropodes sur des fonds de plus de -2000 m dans l'Atlantique et de plus de -1000 m dans le Pacifique (voir la sous-section 16.3.4).

Dans le second groupe d'organismes marins, soit ceux produisant des particules siliceuses, on retrouve les **Diatomées** (fig. 16.9d), algues unicellulaires dont la taille varie de quelques micromètres à environ 20 µm. Les Diatomées ont une charpente, appelée **frustule**, en silice amorphe hydratée ($SiO_2 \bullet nH_2O$, *n* signifiant qu'un nombre variable de molécules d'eau sont liées à la silice). Les frustules des Diatomées planctoniques composent une fraction importante des sédiments océaniques biogénétiques des hautes latitudes comme dans le nord du Pacifique ou aux alentours de l'Antarctique. Dans les sédiments des régions côtières peu profondes, on retrouve aussi des frustules de Diatomées benthiques. Bien que la dissolution des frustules siliceuses soit beaucoup moins rapide que celle des particules calcaires, on doit la prendre en considération pour établir les flux quantitatifs de silicium depuis la colonne d'eau vers les sédiments.

De tous les organismes zooplanctoniques ayant des tests siliceux, les **Radiolaires** sont les organismes les plus abondants. Ils ont un squelette de plusieurs dizaines de micromètres de diamètre duquel partent des rayons. Les Radiolaires vivant près de la surface ont des rayons plus fins que ceux vivant dans les eaux plus profondes; ils sont donc beaucoup plus sensibles à la dissolution. Dans les eaux des hautes latitudes, on retrouve les tests des Radiolaires mélangés aux frustules des Diatomées; dans les régions tropicales fortement productives des *upwellings*, on les retrouve mélangés aux tests calcaires.

PROCESSUS INORGANIQUES DE SÉDIMENTATION

Parallèlement à la formation de tests et de frustules par les organismes, on observe différentes réactions de précipitation inorganique d'éléments dissous dans l'eau de mer. Dans la colonne d'eau, les réactions de précipitation proprement dites sont relativement rares. Contrairement à ce qui se passait dans des périodes géologiques plus reculées, il n'y a pas à l'heure actuelle de grandes formations d'évaporites (voir le chapitre 6) qui pourraient expliquer partiellement le départ de certains éléments comme le sodium et le chlore (halite), le calcium et les sulfates (gypse), etc. Ainsi, même si les concentrations des ions Ca^{2+} et des carbonates CO_3^{2-} dépassent le taux de saturation du carbonate de calcium, $CaCO_3$, dans l'eau de mer, la formation spontanée de carbonate de calcium est limitée à quelques lagunes des Bahamas. Cela s'explique par la non-disponibilité de plus des deux tiers des carbonates qui forment des paires d'ions avec les ions Mg^{2+}. Par contre, les particules en suspension, en particulier lorsqu'elles sont couvertes de bactéries, sont la source de nombreuses réactions d'adsorption. Par exemple, la majeure partie de métaux comme le fer et l'aluminium et de radio-éléments comme le thorium, ^{230}Th, et le césium, ^{137}Cs, sont transférés depuis la colonne d'eau vers les sédiments par adsorption sur le seston.

À l'interface eau-sédiment, la formation de nodules polymétalliques représente la principale réaction de précipitation directe de l'eau de mer. Ces concrétions de quelques centimètres de diamètre sont composées principalement d'oxydes de manganèse, MnO_2, (~ 30 %) et d'oxydes de fer, Fe_2O_3, (~ 20 %) et contiennent aussi d'importantes concentrations de cuivre, de nickel et de cobalt (jusqu'à 3 % au total). Les oxydes métalliques précipitent de façon concentrique autour d'un noyau (fragment volcanique, dent de requin), à la vitesse de quelques millimètres par million d'années. Ces taux de croissance étant beaucoup plus faibles que les vitesses de sédimentation environnantes (de l'ordre de quelques mètres par million d'années), on suppose que les nodules sont périodiquement remobilisés par des animaux benthiques, qui se nourrissent des micro-organismes vivant sur leur pourtour. Certains fonds océaniques, comme les plaines abyssales du Pacifique Nord, sont littéralement couverts de nodules polymétalliques. Ces concrétions représentent donc une sortie majeure pour les métaux entrant dans le cycle océanique par les rivières et par les sources hydrothermales.

RÔLE DE LA DIAGENÈSE DANS L'ÉQUILIBRE GÉOCHIMIQUE GLOBAL

On a vu au chapitre 6 que les particules, une fois sédimentées, réagissaient en fonction des conditions environnementales pour tendre vers un nouvel état d'équilibre géochimique.

> Les échanges diagénétiques entre les sédiments et les eaux interstitielles engendrent des flux d'éléments soit de rétention, soit de libération, entre les sédiments et les eaux surnageantes. Ces flux peuvent grandement contribuer à expliquer l'équilibre géochimique global de certains éléments dans l'hydrosphère.

De nombreuses réactions diagénétiques contribuent à la dégradation de la matière organique sédimentée et aux changements de conditions d'oxydo-réduction subséquentes. La réduction des sulfates dans la couche sédimentaire anoxique entraîne la précipitation de sulfures métalliques telle la pyrite, FeS_2. De cette réaction découle, à l'heure actuelle, la principale fixation du soufre introduit par les rivières, l'atmosphère ou les sources hydrothermales dans le système océanique.

Lors de la diagenèse des sédiments carbonatés, certains atomes de calcium sont remplacés par des atomes de magnésium. Cette réaction, appelée **dolomitisation**, puise ses ions Mg^{2+} dans les eaux interstitielles tout en y relâchant des ions Ca^{2+}. À long terme, les sédiments carbonatés sont à la fois une source importante de calcium pour les eaux océaniques et un piège de magnésium. La diagenèse des sédiments siliceux, quant à elle, s'accompagne d'une petite dissolution de silice, SiO_2, dans les eaux interstitielles.

Un dernier groupe de réactions diagénétiques, que l'on appelle parfois les réactions de **météorisation inverse** (*reverse weathering*), suppose l'altération à long terme des minéraux d'argile déposés au fond des océans. Dans les années 1970, les géochimistes Sillén, Mackenzie et Garrels ont proposé que les minéraux d'argile amorphes aux rayons X présents dans les sédiments pourraient réagir avec certains ions dissous dans les eaux interstitielles. La validité de cette théorie est encore très controversée parce que les réactions en cause sont difficilement observables ou reproductibles, étant très lentes, et fixant ou libérant d'infimes quantités d'éléments par unité de volume sédimentaire. Néanmoins, à l'échelle planétaire, elles pourraient expliquer, en tout ou en partie, la sortie du système océanique des quatre cations majeurs (Na^+, K^+, Ca^{2+}, Mg^{2+}) ainsi que celle du silicium.

Ces réactions peuvent se formuler de la façon suivante :

$$\text{Al-silicate} + SiO_2 + HCO_3^- + \text{cation} \longrightarrow$$
(éléments en solution)

$$\text{cation-Al-silicate} + CO_2 + H_2O$$
(minéraux d'argile)

Le tableau 16.5 présente quelques minéraux d'argile très souvent retrouvés au fond des océans dont la formation pourrait contribuer à réincorporer les cations majeurs et le silicium. L'illite, la montmorillonite et la chlorite sont des minéraux d'argile fréquemment produits par l'altération des roches continentales. Il est donc difficile de distinguer la fraction de ces minéraux d'argile ayant été directement formés à la suite de réactions de météorisation inverse de la fraction provenant des continents. Par contre, l'analcine et la clinoptilotite sont des zéolites assez rares à la surface des sédiments, mais qui deviennent relativement abondantes dans les couches sédimentaires plus anciennes. Elles semblent donc s'être cristallisées *in situ*, fixant d'importantes quantités d'ions Na^+ et Ca^{2+} des eaux interstitielles.

Tableau 16.5 Minéraux d'argile fréquemment retrouvés dans les sédiments marins et pouvant contribuer à fixer les cations majeurs.

Minéraux d'argile	Cations fixés	Formule approximative
Illite	K^+	$K_{0,5}Al_{2,5}Si_{3,5}O_{10}(OH)_2$
Montmorillonite sodique	Na^+	$Na_{0,33}Al_{2,33}Si_{3,67}O_{10}(OH)_2$
Analcine	Na^+	$Na(AlSi_2O_6) \bullet H_2O$
Clinoptilotite	Na^+, Ca^{2+}	$(Ca,Na)(Al_2Si_7O_{13}) \bullet 6H_2O$
Chlorite magnésienne	Mg^{2+}	$Mg_5Al_2Si_3O_{10}(OH)_8$

ALTÉRATION DES BASALTES À BASSES TEMPÉRATURES

Les basaltes néoformés au fond de l'océan ne sont pas en équilibre chimique dans des conditions océaniques profondes. Ainsi, certains minéraux formés à hautes températures et sous de fortes pressions évoluent vers un nouvel état d'équilibre au contact des eaux océaniques profondes.

Certains éléments caractéristiques des olivines, des pyroxènes et des amphiboles (silicates cristallisés à hautes températures), comme le magnésium, vont avoir tendance à se dissoudre, surtout si le pH de l'eau de mer est relativement bas. Il en est de même pour le calcium, retrouvé dans l'anorthite, autre minéral formé très tôt au cours de la cristallisation. À l'inverse, des éléments tel le potassium de l'eau de mer auront une certaine propension à s'incorporer aux basaltes exposés aux conditions des fonds océaniques. Ces réactions d'équilibration se poursuivent tant que les basaltes sont en contact avec l'eau de mer, directement exposés ou soumis aux fluides interstitiels des sédiments. Les vitesses de réaction sont très lentes et restent encore mal définies.

On a pu observer quelques indices de transformation des composés ignés formés au fond des océans. Certains verres basaltiques réagissent au contact de l'eau de mer pour former des minéraux d'argile pélagiques comme la montmorillonite à forte teneur en magnésium ou des zéolites comme la phillipsite,

$(K,Na,Ca)_3(Al_3Si_5O_{16}) \cdot 6H_2O$. Dans ces deux exemples, la formation de minéraux d'argile à partir des basaltes océaniques s'accompagnerait d'une fixation des cations majeurs de l'eau de mer.

On poursuit actuellement des recherches afin d'évaluer plus précisément le rôle joué par ces réactions d'altération des basaltes à basses températures dans l'équilibre géochimique global. Les résultats préliminaires fournis par les grandes expéditions océanographiques internationales du *Deep Sea Drilling Project* sur le *Glomar Challenger* et de l'*Ocean Drilling Program* sur le *Joides Resolution*[1] tendent à prouver que ces réactions sont peut-être un des processus dominant l'équilibrage des divers éléments majeurs.

ALTÉRATION DES BASALTES À HAUTES TEMPÉRATURES

La découverte à la fin des années 1970 de sources hydrothermales sur les dorsales océaniques a grandement modifié le concept d'équilibre géochimique global envisagé jusque-là par les chercheurs.

Les **sources hydrothermales** sont dues à la convection de l'eau de mer qui pénètre par de multiples fissures superficielles jusqu'à plusieurs kilomètres de profondeur dans la croûte océanique. L'eau se réchauffe alors par la proximité d'une chambre magmatique et remonte en empruntant un conduit vers la surface. Lorsque le fluide sort à plus de 350°C, il se forme d'impressionnantes cheminées de plusieurs mètres de hauteur crachant d'épais nuages de particules noires, les **fumeurs noirs** (*black smokers*) (fig. 16.10). À des températures plus faibles, on observe des **fumeurs blancs** (*white smokers*) (30°C à 330°C) ou de simples percolations d'eau tiède (10°C à 20°C). Au cours de cette circulation, l'eau de mer initiale s'enrichit et s'appauvrit simultanément de nombreux éléments dissous. Bien qu'il soit encore difficile de quantifier précisément ces échanges, il est certain qu'ils jouent un rôle fondamental dans l'équilibre géochimique global, ne serait-ce qu'en percolant tout le volume des eaux océaniques en quelques millions d'années.

Avec la circulation hydrothermale, les processus d'altération des basaltes en contact avec l'eau de mer sont accélérés et donnent lieu à la formation de nouveaux minéraux. Pratiquement tous les minéraux des laves en coussins, des dykes basaltiques et des gabbros formés au fond des océans subissent un certain métamorphisme aux températures et pres-

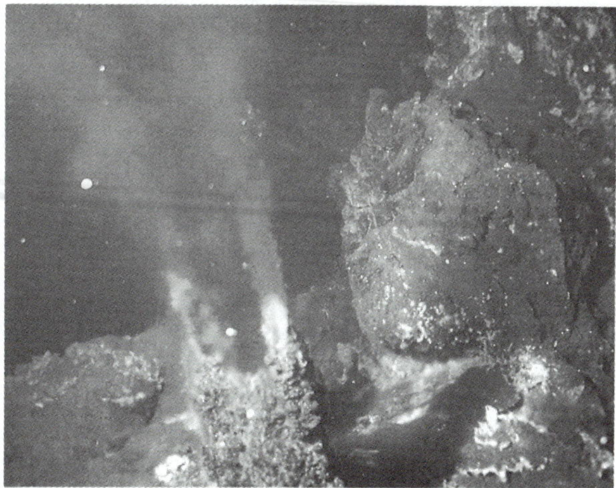

Figure 16.10 Fumeur noir de la dorsale Explorer, dans le nord-est du Pacifique, à environ 1950 m de profondeur. La double cheminée fait environ 1,40 m de hauteur. (Photographie : K. Juniper, UQAM, Campagne Pisces IV, 1984.)

sions moyennes (200°C à 400°C, >200 MPa) caractéristiques de la circulation hydrothermale. Les pyroxènes, les olivines et les plagioclases calciques originaux sont transformés en plagioclases sodiques, en chlorite, en épidote et en quartz, minéraux que l'on retrouve dans les schistes verts.

En comparant d'une part les concentrations des divers éléments dissous dans les fluides hydrothermaux à celles de l'eau de mer, et d'autre part les teneurs moyennes de ces mêmes éléments dans les schistes verts par rapport à celles des basaltes non altérés, il est possible de préciser le rôle des sources hydrothermales dans l'équilibre géochimique global. Ainsi, d'importantes quantités de magnésium dissous et d'eau sont incorporées aux basaltes. Simultanément, du calcium et dans une moindre mesure du potassium sont dissous dans les fluides hydrothermaux. Quant au sodium, il peut être soit fixé, soit relâché, lors de la convection de l'eau de mer dans la croûte océanique. Les sources hydrothermales constituent donc un processus essentiel de l'équilibrage géochimique global des cations majeurs.

Nous avons vu que la composition des schistes verts comprenait un certain pourcentage de silice. Cette silice est facilement dissoute par les fluides hydrothermaux les plus chauds. On a mesuré des concentrations de plus de 500 ppm de silice, SiO_2, dans les fluides des fumeurs noirs dont la température dépassait 400°C. Par contre, dès que la température des fluides diminue, le silicium précipite de nouveau sous forme de quartz dans les fissures. Il est donc

1. Le *Sedco BP 471 Joides Resolution*, navire de recherche du programme international *Ocean Drilling Program*, permet de recueillir des carottes dans des profondeurs d'eau allant jusqu'à -8200 m. Il est équipé de 9150 m de tubes de forage (voir la photographie à la page 330).

difficile de savoir si au bout du compte la circulation hydrothermale représente une source ou un piège à silicium.

Le chlore, quant à lui, semble être présent dans des concentrations plus faibles à la sortie des sources hydrothermales que dans l'eau de mer. Cependant, on ne s'explique pas encore sous quelle forme cet élément peut précipiter dans la croûte océanique.

Une bonne partie des sulfates dissous dans l'eau de mer précipitent avec le calcium pour former l'anhydrite, $CaSO_4$. La fraction du soufre qui ne précipite pas est réduite sous forme d'anhydrite sulfureux, H_2S. Simultanément, les métaux comme le fer et le manganèse des basaltes sont rapidement dissous sous les conditions acides ($pH < 4$) des fluides hydrothermaux. Les métaux et l'anhydride peuvent alors se combiner et former des sulfures insolubles. Ces sulfures précipitent à la sortie des sources hydrothermales et composent à la fois les cheminées et les fumées des fumeurs noirs. Les particules métalliques en suspension sont ensuite entraînées par les courants de fond et se déposent à plus ou moins grande distance des sources. Les sulfures de fer, de cuivre et de zinc peuvent aussi précipiter à l'intérieur de la croûte supérieure, formant tout un réseau de filons dans les fissures. Les grands gisements de sulfures massifs des complexes ophiolitiques de Terre-Neuve et de Chypre se sont formés à la suite de la circulation hydrothermale de l'eau de mer dans la croûte océanique.

Les sources hydrothermales supportent une faune tout à fait unique grâce à la chimiosynthèse bactérienne. La biomasse produite atteint des sommets de 10 à 20 kg de carbone par an, quantité de 1000 à 10 000 fois plus élevée que celle des fonds abyssaux sans source hydrothermale. Les organismes vivant à proximité ou sur des fumeurs, tels les vers tubulaires géants (*riftia*), les vers de Pompéi (*alvinella*) ou les bivalves (*bathymodiolus* ou *calyptogena*) vivent en symbiose avec les bactéries. Les animaux captent le gaz carbonique, CO_2, l'anhydride sulfureux, H_2S, et l'oxygène, O_2, pour les bactéries qui en retour produisent des molécules organiques dont ces animaux ont besoin pour se développer.

16.3.3 Cycles géochimiques des éléments majeurs dissous

Le tableau 16.6 résume les diverses entrées et sorties d'éléments majeurs et bio-intermédiaires dissous dans l'océan. Dans l'état actuel des connaissances, nous ne pouvons exprimer que qualitativement les apports et les retraits de chacun des éléments. Voyons l'importance relative de chacune des réactions présentées dans le tableau pour les différents éléments majeurs.

CYCLE DU POTASSIUM

Le potassium est introduit dans l'océan soit par les rivières à la suite de l'hydrolyse des feldspaths potassiques, soit par les sources hydrothermales par lessivage des basaltes à hautes températures. On connaît par ailleurs peu de réactions de sortie pouvant réintégrer de grandes quantités d'ions K^+. Une des seules réactions clairement mise en évidence est la formation de phillipsite (zéolite) à partir de verre basaltique en contact avec l'eau de mer.

CYCLE DU SODIUM

L'hydrolyse des feldspaths sodiques dissout progressivement le sodium. Environ la moitié des ions Na^+ qui rejoint annuellement les océans par les rivières est recyclée dans l'atmosphère par évaporation. Les réactions diagénétiques dans les sédiments marins ou les réactions d'altération des basaltes à basses températures qui participent à la formation des minéraux d'argile sont les seules réactions qui pourraient expliquer partiellement la sortie des ions Na^+ du système océanique.

CYCLE DU CALCIUM

Le calcium est certainement l'élément majeur qui participe au plus grand nombre de réactions; son temps de séjour est de un à deux ordres de grandeur plus courts que ceux des autres éléments majeurs. Sur les continents, le calcium provient de la dissolution totale des roches carbonatées et de l'hydrolyse des feldspaths calciques. Dans les océans, il est à nouveau massivement dissous à la fois à hautes températures dans les fluides hydrothermaux (en dépit de la précipitation de l'anhydride $CaSO_4$) et à basses températures par échange avec les ions Mg^{2+} dans la dolomitisation des sédiments carbonatés. La principale réaction de fixation du calcium est biologique; elle se produit par l'entremise des tests de Foraminifères et des Coccolites. La formation diagénétique de clinoptilotite dans les sédiments représente un autre piège secondaire pour les ions Ca^{2+}.

CYCLE DU MAGNÉSIUM

Contrairement aux trois autres cations majeurs, le magnésium est un élément dont on connaît plus de sorties que d'entrées dans le système océanique. Le magnésium dissous transporté par les rivières est issu de la dissolution progressive totale des amphiboles, des olivines, des pyroxènes et de la dolomite des roches continentales. Dans les océans, ce cation est incorporé dans les particules biogénétiques calcitiques à la fois lors de leur précipitation et après leur enfouissement par dolomitisation. En outre, l'hypothétique formation de chlorite dans les sédiments contribuerait également à sortir cet élément du système océanique. De grandes quantités de cations Mg^{2+} sont par ailleurs précipités lors de la circulation hydrothermale.

CYCLE DU CHLORE

Bien que le chlore soit l'élément le plus abondant dans l'eau de mer après l'oxygène et l'hydrogène, son cycle géochimique global est encore mal connu. Cet élément provient essentiellement de l'activité volcanique qui le relâche sous forme de gaz, Cl_2, et d'acide chlorhydrique, HCl. Une petite fraction du chlore émis est juvénile, n'ayant encore jamais participé à un cycle géochimique à la surface de la planète. Après avoir été massivement recyclé dans l'atmosphère par évaporation, le chlore semble n'être que modérément fixé par la circulation hydrothermale à plus long terme puisqu'il n'existe pas de nos jours de grands bassins évaporitiques qui pourraient contribuer à le fixer à plus long terme.

CYCLE DU SOUFRE

Le soufre suit un cycle tout à fait comparable à celui du chlore dans l'hydrosphère. Il est principalement émis par les volcans sous forme d'anhydride sulfureux, H_2S, et de particules de soufre pur. Il est transporté dans l'atmosphère ou les rivières sous la forme ionique SO_4^{2-}. Il précipite dans les zones anoxiques des sédiments en association avec des métaux comme le fer (formation de pyrite, FeS_2). Dans les sources hydrothermales, d'importantes quantités de soufre sont fixées par précipitation d'anhydrite, $CaSO_4$, dans les cheminées des fumeurs. Simultanément, les conditions réductrices des sources hydrothermales favorisent aussi la formation de sulfures massifs avec des métaux comme le fer, le cuivre et le nickel.

16.3.4 *Cycles géochimiques des éléments bio-intermédiaires*

Le tableau 16.6 résume les principaux paramètres gouvernant la précipitation du carbonate de calcium et de la silice. Quant au tableau 16.7, il donne les principales entrées et sorties de silicium et de carbone dissous dans l'océan.

CYCLE DU SILICIUM

Le silicium dissous dans les océans est principalement introduit par l'hydrolyse des feldspaths et par la dissolution totale des amphiboles-pyroxènes des roches des continents. Les sources hydrothermales représentent aussi un apport important de silice en solution. En dépit de ces apports, le silicium est sous-saturé dans l'océan. Des organismes comme les diatomées et les radiolaires réussissent néanmoins à précipiter la silice pour former leurs frustules et leurs tests. Une fois précipitées, les particules siliceuses ne se redissolvent que très lentement, et forment localement d'épaisses couches sédimentaires. Les quantités de silicium incorporées aux sédiments siliceux biogénétiques ne représentent qu'une faible proportion de l'ensemble du silicium apporté aux océans. Les précipitations diagénétiques d'aluminosilicates dans les sédiments et de quartz dans les fissures des sources hydrothermales sont les seules autres réactions qui pourraient équilibrer le départ de cet élément à l'échelle globale, dans l'état actuel des recherches.

Tableau 16.6 Paramètres géochimiques contrôlant la distribution du silicium et du carbone dans l'océan.

Paramètre géochimique	Silicium	Carbone
Saturation (surface)	Sous-saturé pour SiO_2	Sursaturé pour $CaCO_3$
Saturation (fond)	Sous-saturé pour SiO_2	Sous-saturé pour $CaCO_3$
Précipitation	Organique (Diatomées et Radiolaires)	Organique (Foraminifères, Coccolithopores et Ptéropodes)
Dissolution	Très lente, indépendante de la température et de la profondeur	Accrue dans les eaux froides et profondes
Sédiments	Antarctique et Pacifique Nord (Diatomées), *upwellings* du Pacifique équatorial (Radiolaires)	Zones moyennement profondes, chaudes ou tempérées (dorsales, plaines abyssales)
Équilibre général	10 % du cycle du silicium	75 % du cycle du carbone
Équilibre à court terme	Aucune réaction tampon	Réaction tampon entre CO_2, HCO_3^-, CO_3^{2-}, $CaCO_3$

CYCLE DU CARBONE

Le carbone dissous dans les océans provient essentiellement de la dissolution des carbonates sur les continents. Dans les océans, les différentes formes de carbone dissous, la principale étant le bicarbonate, HCO_3^-, sont en équilibre avec le gaz carbonique de l'atmosphère et les sédiments carbonatés (voir l'encadré 16.2). Bien que les carbonates soient sur-saturés, leur précipitation est dominée uniquement par les organismes planctoniques. Contrairement à la silice, la majeure partie des particules carbonatées biogénétiques produites n'atteignent pas le fond, étant dissoutes dans les eaux froides et profondes. La sédimentation du carbonate de calcium, $CaCO_3$, n'explique que les deux tiers environ du départ du carbone des eaux océaniques. Une petite fraction de carbone organique présent dans la colonne d'eau peut aussi être incorporée dans les sédiments. Ce carbone entre dans une faible proportion de la com-

Tableau 16.7 Cycles géochimiques actuels des principaux éléments dissous dans l'eau de mer : entrées (en gris), sorties (en rouge), entrée et sortie (en rose). (On n'a pas indiqué des processus comme la formation d'évaporites ou de pétrole-charbon caractéristiques d'autres périodes géologiques.)

Élément dissous	Météorisation des roches continentales		Volcans	Atmosphère	Sédiments biogénétiques	Diagenèse	Altération des basaltes	
	Hydrolyse	Dissolution					à basses températures	à hautes températures
Potassium	Feldspaths potassiques					Météorisation inverse : illite ?	Formation de zéolites ?	Circulation hydrothermale
Sodium	Feldspaths sodiques			Recyclage par évaporation		Météorisation inverse : zéolites, montmorillonite ?	Formation de zéolites ?	Circulation hydrothermale
Calcium	Feldspaths calciques	Calcite Silicates de calcium			Foraminifères Coccolithophores Ptéropodes	Météorisation inverse : zéolites Dolomitisation des carbonates	Formation de zéolites ? Formation de montmorillonite ?	Circulation hydrothermale
Magnésium		Amphiboles Olivines Pyroxènes Dolomite			Foraminifères Coccolithophores (calcite)	Météorisation inverse : chlorite ? Dolomitisation des carbonates	Dissolution de Mg ? Formation de montmorillonite ?	Circulation hydrothermale
Chlore			Émissions gazeuses Cl_2, HCl	Recyclage par évaporation		Enfouissement dans les eaux interstitielles ?		Circulation hydrothermale Volcans sous-marins
Soufre			Émissions gazeuses H_2S et S particulaire			Sulfures métalliques dans conditions de réduction (ex. FeS_2)		Circulation hydrothermale Ca/So_4, sulfures métalliques Volcans sous-marins
Silicium	Feldspaths	Quartz Amphiboles Pyroxènes Silicates de calcium			Diatomées Radiolaires	Météorisation inverse ? Silicification des sédiments siliceux	Dissolution de Si ? Formation de zéolites ?	Circulation hydrothermale Précipitation de quartz
Carbone		Carbonates	Émission de CO_2 Métamorphisme des carbonates Dégazage de Ch_4 du manteau	Production de CO_2 par combustion de produits fossiles et oxydation de matière organique	Calcite/aragonite et carbone organique	Météorisation inverse : $HCO_3^- \rightarrow CO_2$ Oxydation de la matière organique		Circulation hydrothermale ? Dégazage de CH_4 du manteau

position des sédiments déposés sur les marges continentales, alors qu'il est pratiquement absent des sédiments pélagiques. La biodégradation du carbone organique enfoui est à l'origine des changements de conditions d'oxydo-réduction dans les sédiments. À l'heure actuelle, on ne connaît aucune autre réaction majeure impliquant le carbone dans la circulation hydrothermale qui pourrait équilibrer le cycle du carbone dans l'hydrosphère.

CONCLUSION

Nous avons vu dans ce chapitre que les produits de la météorisation des roches continentales représentaient les principaux apports d'éléments dissous et particulaires aux océans. Les émanations volcaniques atmosphériques et sous-marines constituent aussi une source non négligeable de certains éléments.

On postule que l'ensemble des cycles géochimiques dans l'océan ont atteint un équilibre. Cette hypothèse se fonde sur des observations comparatives de la composition d'anciens sédiments marins avec les conditions actuelles. Il faut donc arriver à équilibrer toutes les entrées et les sorties de chaque élément dans le système océanique. Alors que les particules solides se déposent très rapidement au fond des océans, certains éléments dissous peuvent séjourner jusqu'à plusieurs millions d'années dans les eaux océaniques. C'est pour ces derniers qu'il est le plus difficile d'établir avec certitude un bilan des apports et des retraits.

L'accumulation de sédiments tant biogénétiques que détritiques joue un rôle important dans l'équilibrage des éléments. On ne peut pas néanmoins considérer les flux sédimentaires instantanés comme un départ permanent et unique des éléments associés aux particules solides. En effet, les réactions de diagenèse viennent fixer de nouveaux éléments ou au contraire en remobiliser certains déjà enfouis. Enfin, les réactions d'altération des basaltes océaniques, soit par simple contact avec l'eau de mer, soit après circulation hydrothermale, semblent jouer un rôle fondamental dans l'équilibrage des divers éléments dans l'hydrosphère. Ces réactions, encore fort mal connues, sont loin d'apporter une évaluation quantitative précise des apports et retraits des éléments en cause.

VOCABULAIRE

Aragonite
Argiles rouges

Benthique

Calcite
Coccolite
Coccolithophore
Colloïdes

Diagenèse
Diatomée
Dolomitisation

Élément bio-intermédiaire
Élément biolimitant
Élément conservatif
Élément dissous
Élément en traces
Élément majeur
Élément mineur
Élément particulaire

Foraminifère
Frustule
Fumeur blanc
Fumeur noir

Météorisation inverse

Nodules

Oxydation
Oxydo-réduction

Pélagique
pH
Photosynthèse
Phytoplancton
Ptéropode

Radiolaire
Respiration

Salinité
Schistes verts
Seston
Symbiose

Tectites
Temps de séjour
Test
Turbidité

Zooplancton

QUESTIONS

1. a) Pourquoi les précipitations acides ne représentent-elles pas un danger immédiat pour l'environnement marin ?

b) Que se passe-t-il autour d'un volcan sous-marin d'un atoll corallien qui émet de grandes quantités de gaz riches en CO_2 ? Comment les algues calcaires vont-elles bénéficier des émissions de gaz carbonique à une distance raisonnable du volcan et aider à rétablir l'équilibre initial ?

2. a) Les quantités de silicium apportées par les rivières sont environ cinq fois plus grandes que les quantités de calcium. Comment peut-on alors expliquer que le silicium soit près de 150 fois moins concentré dans l'eau de mer que ne l'est le calcium ? Outre les différents apports, considérez les temps de séjour respectifs de ces deux éléments.

b) À quantités égales de silicium et de calcium fixées par les organismes planctoniques, comment explique-t-on les proportions beaucoup plus importantes de silicium biogénétique enfouies par rapport à celles du calcium ?

3. Quelles sont les différences majeures entre les cycles géochimiques des deux principaux éléments dissous dans l'océan, le chlore et sodium ?
4. Dans quelles conditions (endroit, saison, production biologique, etc.) le silicium dissous peut-il être un élément biolimitant ?
5. Comment les matières particulaires détritiques participent-elles à l'équilibre géochimique mondial ? (Tenez compte de leur composition initiale dans les rivières et de leur nouvelle composition après diagenèse.)
6. D'où proviennent les hautes teneurs en baryum dans les argiles rouges ?
7. On a recueilli les quatre carottes suivantes sur les flancs de la dorsale du Pacifique Est (voir l'encadré 16.2 pour répondre à cette question).

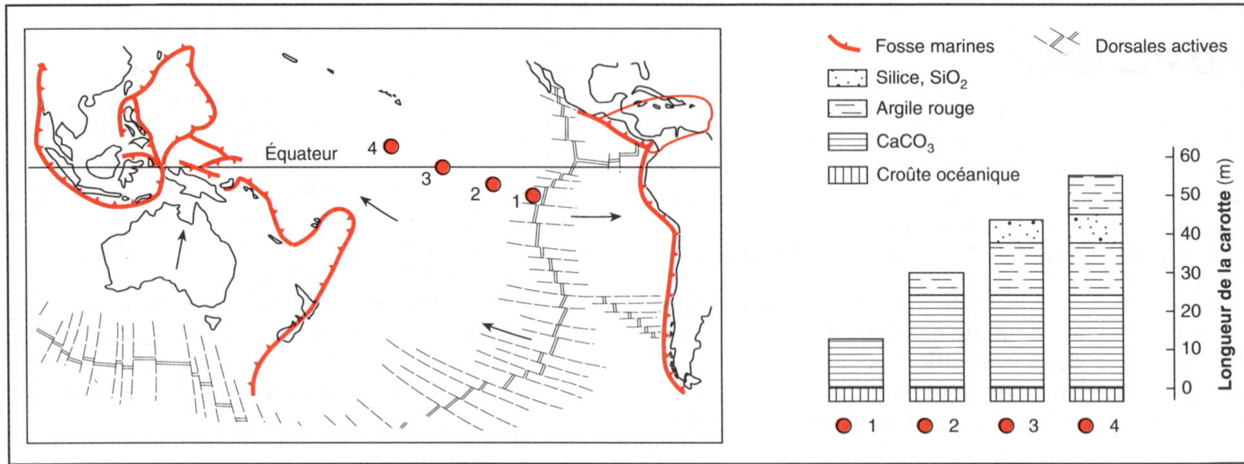

a) Pourquoi la couche sédimentaire est-elle de plus en plus épaisse ?
b) Comment peut-on expliquer l'apparition de la couche d'argile rouge en surface de la carotte n° 2 ? Pourquoi n'était-elle pas visible dans la carotte n° 1 ?
c) De quoi sont formés les sédiments siliceux à la surface de la carotte n° 3 ? Pourquoi les retrouve-t-on en surface dans la carotte n° 3 et enfouis dans la carotte n° 4 ?
d) En prenant un taux de sédimentation de l'ordre de $1\ m/10^6\ a$, estimez les âges respectifs de la formation de la croûte océanique à la base de chacune des quatre carottes. Estimez la distance approximative qui sépare l'axe de la dorsale de chacune des quatre carottes (prenez une vitesse d'ouverture de la plaque du Pacifique par rapport au centre de la dorsale d'environ 8 cm/a).

RÉFÉRENCES BIBLIOGRAPHIQUES

OUVRAGES RECOMMANDÉS

1. **The Open University Team (Brown, J., Colling, A., Park, D., Phillips, J., Rothery, D. et Wright, J.)**
1989a : *Ocean Chemistry and Deep Sea Sediments.* Oxford, Pergamon Press, 134 p.
Ouvrage de vulgarisation très bien illustré traitant de la géochimie des océans.

2. **The Open University Team (Brown, J., Colling, A., Park, D., Phillips, J., Rothery, D. et Wright, J.)**
1989b : *Seawater : Its Composition, Properties and Behaviour.* Oxford, Pergamon Press, 165 p.
Ouvrage général attrayant sur les propriétés physiques et chimiques de l'eau de mer.

3. **Duxbury, A. C. et Duxbury, A. B.**
1989 : *An Introduction to the World's Oceans.* Dubuque, Iowa, Wm C. Brown Publishers, 408 p.
Ouvrage général sur les principes océanographiques modernes.

4. **Taylor, S. R. et McLennan, S. M.**
1985 : *The Continental Crust : Its Composition and Evolution.* Oxford, Blackwell Scientific Publications, 312 p.
Ouvrage spécialisé sur l'évolution géochimique de l'écorce terrestre.

AUTRES SOURCES D'INFORMATION CONSULTÉES

Berner, E. K. et Berner, R. A.
1987 : *The Global Water Cycle, Geochemistry and Environment.* Englewood Cliffs, N. J., Prentice Hall, 397 p.

Broecker, W. S.
1983 : « Les océans » dans *Pour la Science*, numéro spécial 28F, p. 110-121.

Broecker, W. S. et Peng, T.-H.
1982 : *Tracers in the Sea.* Columbia University, Publication of the Lamont-Doherty Geological Observatory, 690 p.

Drever, J. I.
1978 : *Sea Water – Cycles of the Major Elements.* Stroudsburg, Penn., Benchmark Papers in Geology, Dowden, Hutchingon & Ross Inc., vol. 45, 320 p.

Duplessy, J.-C. et Morel, P.
1990 : *Gros temps sur la planète.* Paris, Éditions Odile Jacob, 297 p.

Gregor, C. B., Garrels, R. M., Mackenzie, F. T. et Maynard, J. B.
1988 : *Chemical Cycles in the Evolution of the Earth.* New York, John Wiley & Sons, 276 p.

Lydon, J. W.
1988 : « Volcanogenic Massive Sulphide Deposits. Part 2 : Genetic Models » dans *Geoscience Canada*, Reprint series 3, vol. 15, p. 155-181.

Milliman, J. D. et Meade, R. H.
1983 : « World-Wide Delivery of River Sediment to the Oceans » dans *The Journal of Geology*, vol. 91, p. 1-21.

Stumm, W.
1987 : *Aquatic Surface Chemistry.* New York, John Wiley & Sons, 520 p.

PARTIE

6

La Terre : planète active

Les éléments radioactifs, concentrés dans le noyau de la Terre, constituent un formidable réservoir d'énergie thermique. Cette énergie se dissipe lentement vers la surface sous forme de chaleur. Passage obligé entre le noyau et l'écorce, le manteau est soumis à de très fortes contraintes physiques. Il est le siège de gigantesques courants de convection qui entraînent à leur suite de grands morceaux de matière.

La tectonique des plaques (chapitre 17) est le modèle géodynamique sur lequel se fonde notre compréhension de l'évolution des domaines continentaux et océaniques. À notre échelle du temps, on fait appel à ce modèle pour expliquer les mécanismes des séismes (chapitre 18) et de l'activité volcanique (chapitre 19). À l'échelle des temps géologiques (dizaines de millions d'années), la mobilité des plaques lithosphériques permet de comprendre la participation de celles-ci à l'édification des chaînes de montagnes (chapitre 20).

Éruption du mont St. Helens au mois de mai 1980 (Photographie : NASA; reproduite par EROS Data Center, U.S. Geological Survey.).

CHAPITRE 17
LA TECTONIQUE DES PLAQUES

The most profound effect of plate tectonics on the Earth sciences, however, was to expedite its transition from a largely qualitative, datacataloguing natural science to a quantitative physical science.

Cependant, l'impact le plus significatif de la tectonique des plaques sur la géologie a été de transformer cette science naturelle purement qualitative et collectrice de données en une science physique quantitative.

PETER MOLNAR, *Nature*.

OBJECTIFS PÉDAGOGIQUES

Au terme de ce chapitre vous devriez pouvoir :

- rappeler les principaux faits de la dérive des continents;
- montrer l'importance du paléomagnétisme;
- préciser le concept de l'expansion des fonds océaniques;
- définir ce qu'est une plaque lithosphérique;
- préciser les limites des plaques lithosphériques;
- présenter des preuves de la théorie de la tectonique des plaques lithosphériques;
- rendre compte de la portée scientifique exceptionnelle du modèle des plaques lithosphériques.

La théorie de la tectonique des plaques est venue révolutionner le domaine des sciences de la Terre au début des années 1960. Cette théorie propose un modèle physique cohérent qui explique plusieurs phénomènes géologiques d'importance comme les séismes, les volcans, l'édification des chaînes de montagnes, etc. Les dernières décennies ayant confirmé la richesse du modèle, il est dès lors convenu de parler de **tectonique globale** quand on renvoie aux processus géodynamiques qui la définissent.

17.1 LA DÉRIVE DES CONTINENTS

C'est au début du siècle que furent énoncées les premières hypothèses pour montrer que les continents n'ont pas toujours occupé leur emplacement actuel. Dans une communication présentée en 1908, un Américain, F. B. Taylor, expliquait la formation des montagnes d'âge tertiaire par la collision de « feuilles de croûte », entités annonciatrices des « plaques ». Wegener fut cependant le premier à proposer une explication scientifique de la complémentarité des rivages des continents qui bordent l'océan Atlantique. Il fonda son hypothèse sur une étude comparée des caractéristiques paléoclimatiques, géologiques et paléontologiques de territoires séparés[1].

Les arguments paléontologiques sont fondés sur le fait que flore et faune du Paléozoïque montrent de grandes similitudes d'un continent à l'autre. Par contre, à partir du Mésozoïque (250 Ma), on note une diversification des organismes entre les continents.

1. Pour en savoir plus sur les travaux de Wegener et de ses précurseurs, on consultera les deux premiers chapitres du livre de A. Hallam, *Une révolution dans les sciences de la Terre*, 1976. Sur Taylor, on consultera l'article de Stanley M. Trotten, « Frank B. Taylor, Plate Tectonics and Continental Drift », 1981.

Pour expliquer la répartition des fossiles du Paléozoïque, Wegener proposa que les continents formaient, pendant une bonne partie de cette ère, un ensemble unique : la **Pangée**.

En rassemblant les continents en un bloc unique, Wegener a proposé une explication de la répartition géographique de deux types de sédiments d'âge carbonifère : des dépôts de houille (charbon) trouvés dans le nord-est de l'Amérique du Nord, dans le nord-est de l'Asie et en Europe du Nord; des tillites (tills consolidés) trouvés en Afrique du Sud, en Australie, en Inde et en Antarctique. Alors que les charbons sont des vestiges organiques témoins de conditions climatiques chaudes, on sait que les tills sont des dépôts glaciaires révélateurs de conditions climatiques froides. La répartition de ces dépôts sur le globe ne peut pas s'expliquer par l'emplacement actuel des continents. Par contre, sur la carte de Wegener (fig. 17.1), les tillites ceinturent la position présumée du pôle Sud et les dépôts de houille coïncident avec le paléoéquateur de l'époque.

Ces observations permirent à Wegener d'énoncer sa théorie, la théorie de la dérive des continents. Après avoir rallié de nombreux partisans, cette théorie fut l'objet de critiques virulentes, faute d'une explication géodynamique cohérente de ce déplacement, et l'idée fut abandonnée jusqu'en 1960.

De nos jours, et on le verra plus loin dans le chapitre, on sait que ce ne sont pas les continents qui se déplacent, mais des entités beaucoup plus grandes : les plaques. Néanmoins, si l'on s'en tient aux continents comme tels, les preuves de leur déplacement sont nombreuses et bien étayées.

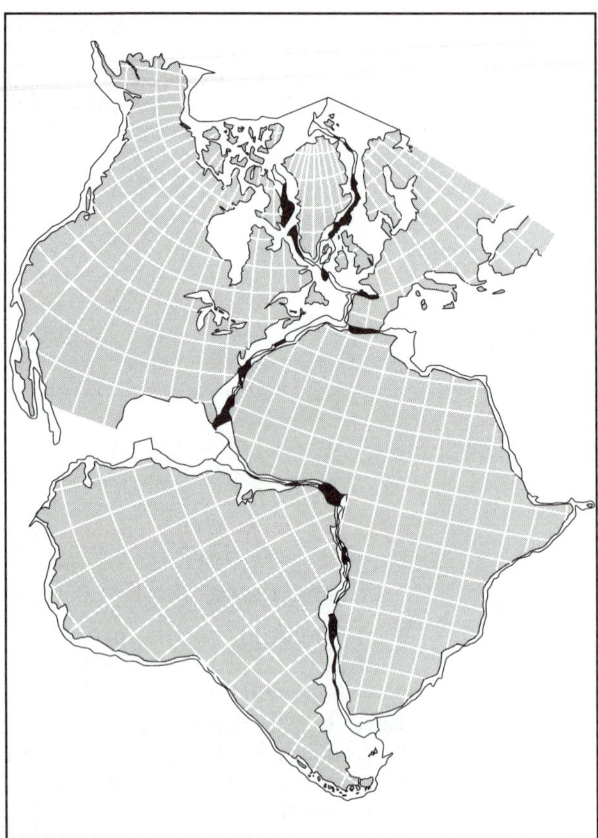

Figure 17.2 Les continents rassemblés. L'assemblage en un bloc unique a été fait à l'ordinateur par Sir Edward Bullard, J. Everett et A. Smith de l'Université de Cambridge. L'isobathe 2000 m (à mi-hauteur du talus continental) limite les blocs continentaux. Il y a présence de vides (en blanc) et de chevauchements (en noir), mais la largeur moyenne de ces zones ne dépasse pas 100 km sur la majeure partie des lignes de contact (Hurley dans *Pour la Science*, 1979, p. 336).

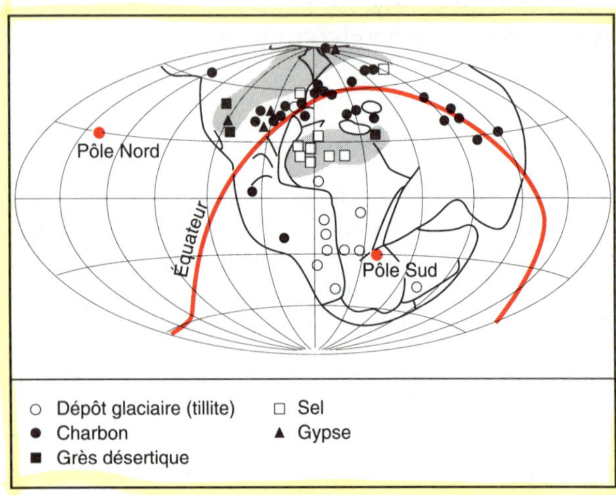

Figure 17.1 Le continent unique de Wegener : la Pangée. Cette position des continents actuels, en un bloc unique, vers la fin du Paléozoïque, explique bien la distribution des tillites dans l'hémisphère Sud et des dépôts de charbon dans l'hémisphère Nord. Ces deux sédiments datent du Carbonifère (Wegener, 1937, p. 155).

17.1.1 *Un casse-tête parfait*

Le premier argument de Wegener, soit la similitude des contours des continents qui bordent l'Atlantique, tient toujours. De plus, on dispose maintenant de données précises quant à la véritable limite des continents : le talus continental (voir le chapitre 15). La figure 17.2 montre comment s'emboîtent les continents qui bordent l'Atlantique dans un assemblage réalisé par ordinateur, à partir de l'isobathe 2000 m.

17.1.2 *Le pôle magnétique en balade*

Les informations tirées du magnétisme des roches sont précieuses. Dans une lave qui refroidit ou dans des dépôts de sédiments, les oxydes de fer comme la magnétite s'orientent parallèlement au vecteur du champ magnétique du moment. De nombreuses roches continentales et océaniques renferment donc d'innombrables « petites boussoles » qui gardent en mémoire les paramètres du champ magnétique terrestre qui prévalait au moment de leur formation. Ce magnétisme, qualifié de primaire, peut être très utile pour retrouver l'emplacement passé des continents.

Le magnétisme mesuré en laboratoire sur les roches est appelé magnétisme naturel **rémanent** ou paléomagnétisme. On mesure un magnétisme thermorémanent dans les roches ignées et un magnétisme détritique dans les roches sédimentaires.

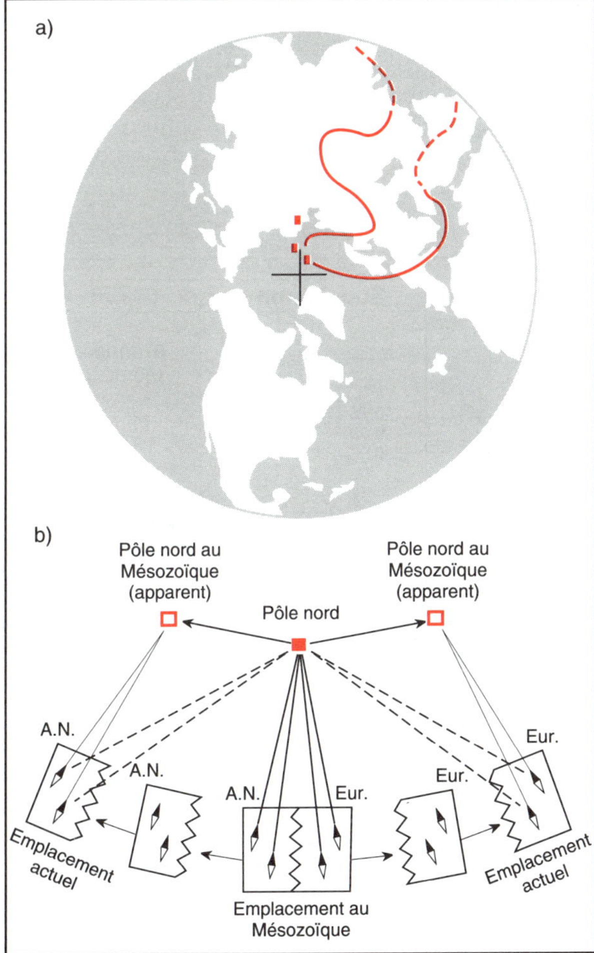

Figure 17.3 Les pôles en balade. On a tracé les routes de migration du pôle nord magnétique à partir de la mesure du magnétisme rémanent des roches de l'Amérique du Nord (A.N.) et de l'Europe (Eur.). En a), les courbes montrent les emplacements du pôle nord magnétique au cours des derniers 500 millions d'années. Les deux courbes donnent des emplacements apparents, car on estime que le magnétisme terrestre a toujours été de type dipolaire, comme il l'est de nos jours. En b), on voit comment on peut obtenir un emplacement commun du pôle nord magnétique en ramenant les continents à la position qu'ils occupaient il y a 225 Ma (Hamblin, 1975, p. 340).

Les roches sédimentaires acquièrent leur magnétisme tout de suite après le dépôt ou pendant la diagenèse. Les roches ignées l'acquièrent en cours de refroidissement du magma. La température à partir de laquelle les minéraux conservent leur magnétisme est dite **température de Curie**. Cette température est de 578°C pour la magnétite et de 600°C pour les autres minéraux susceptibles d'aimantation.

Grâce au magnétisme rémanent, il est possible de retracer la migration des pôles magnétiques pour des périodes s'étalant sur des centaines de milliers d'années. Ces mesures sont plausibles en admettant qu'au cours des temps géologiques le champ magnétique de la Terre a toujours été un dipôle (pôle nord et pôle sud magnétiques) suivant le modèle déjà examiné au chapitre 2.

Les nombreuses mesures du magnétisme rémanent des roches de l'Amérique du Nord et de l'Europe montrent que le pôle nord magnétique se déplace au fur et à mesure que l'on remonte dans le passé géologique (fig. 17.3). En règle générale, les différentes positions recensées du pôle ne coïncident pas pour des roches de même âge sur des continents différents. Sur un même continent, elles sont toutefois voisines. Mais si, sur un même continent, des roches d'âges différents sont mesurées, les positions du pôle changent à nouveau.

Qu'est-il arrivé ? Ou bien le pôle nord magnétique a effectivement changé d'emplacement au cours des temps géologiques, ou bien ce sont les masses continentales qui se sont déplacées. On pense que le pôle nord magnétique n'a pas eu cette mobilité, mais que ce sont plutôt les continents qui se sont déplacés.

17.1.3 *Des roches de même âge*

Une autre manière de confirmer le déplacement des continents est de comparer les motifs de dispersion de roches de même âge entre différents continents. Les datations obtenues sur des roches prélevées en divers endroits de l'Afrique et de l'Amérique du Sud mettent en lumière des liens de parenté lithostratigraphiques sans équivoque. On a pu identifier plusieurs domaines rocheux de même âge qui forment des continuités remarquables si l'on rapproche les deux continents (fig. 17.4). Certains de ces ensembles ont 2 Ga; d'autres datent de 450 Ma à 650 Ma.

17.2 *DES OCÉANS ÉTERNELLEMENT JEUNES*

Le fond des océans est un plancher de roches ignées mafiques recouvert de sédiments. La croûte océanique a une épaisseur comprise entre 5 et 10 km. Elle se forme en permanence à partir de magmas issus du manteau supérieur. De la base au sommet, on reconnaît des cumulats de péridotites, du gabbro et un

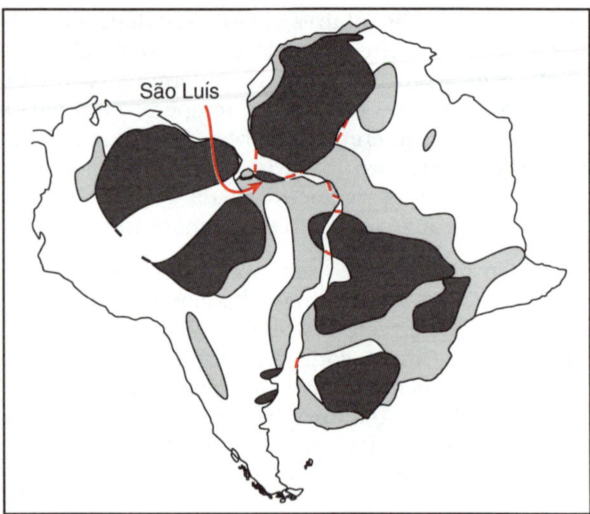

Figure 17.4 Des roches de même âge en Afrique et Amérique du Sud. Les ensembles colorés datent de 2 Ga et les parties ombrées représentent des roches généralement âgées de 450 Ma à 650 Ma. On voit que la région de São Luís est un morceau de l'Afrique de l'Ouest demeuré accroché au Brésil (Hamblin, 1975, p. 21).

complexe de dykes mafiques, le tout surmonté de laves en coussins de nature basaltique. Au chapitre 20, nous reviendrons sur l'origine et la nature exacte de ces roches.

La croûte océanique est produite en permanence au niveau des dorsales. Des matériaux nouveaux viennent s'ajouter régulièrement aux roches déjà en place. Ce processus d'apport continu de magma d'origine mantélique est nommé **accrétion** (voir la section 17.3). De part et d'autre de l'axe central d'une dorsale, la croûte océanique nouvellement formée s'éloigne et s'enfonce au fur et à mesure qu'elle se forme. Elle est progressivement recouverte de sédiments. On a vu que la nature et la stratigraphie des sédiments confirment que les fonds océaniques se déplacent (chapitre 16).

Le plancher océanique ne peut pas s'étaler indéfiniment, puisque le rayon de la Terre reste constant. Il existe donc des structures par lesquelles la croûte océanique est détruite. Ce processus compense les gains de matériaux faits aux dorsales. Les endroits de destruction de la croûte océanique sont les zones de subduction (voir la section 17.3).

> On peut ainsi comparer le fond des océans à un immense tapis roulant qui assure un renouvellement constant de la croûte océanique. Dans l'Atlantique Nord, les plus vieilles roches datent de 160 Ma (Jurassique), comme le montre la planche couleur 3.

17.2.1 *Anomalies magnétiques*

Les mesures du magnétisme rémanent des roches ont donné lieu à une découverte fondamentale. Le vecteur champ magnétique n'a pas toujours eu le même sens que celui que l'on mesure de nos jours. Périodiquement, les lignes de force du champ magnétique terrestre s'inversent : le pôle nord magnétique devient le pôle sud magnétique, et vice versa.

> Au cours des cinq derniers millions d'années, on a relevé quatre périodes majeures d'inversions des lignes de force du champ magnétique de la Terre. Lorsque la polarité géomagnétique est dans le même sens qu'aujourd'hui, elle est dite **normale**. Pendant les époques où elle est de sens opposé, elle est dite **inverse**.

La figure 17.5 présente les unités polarogéochronologiques établies pour les cinq derniers millions d'années. Ces unités représentent des tranches de temps définies à partir des inversions de la

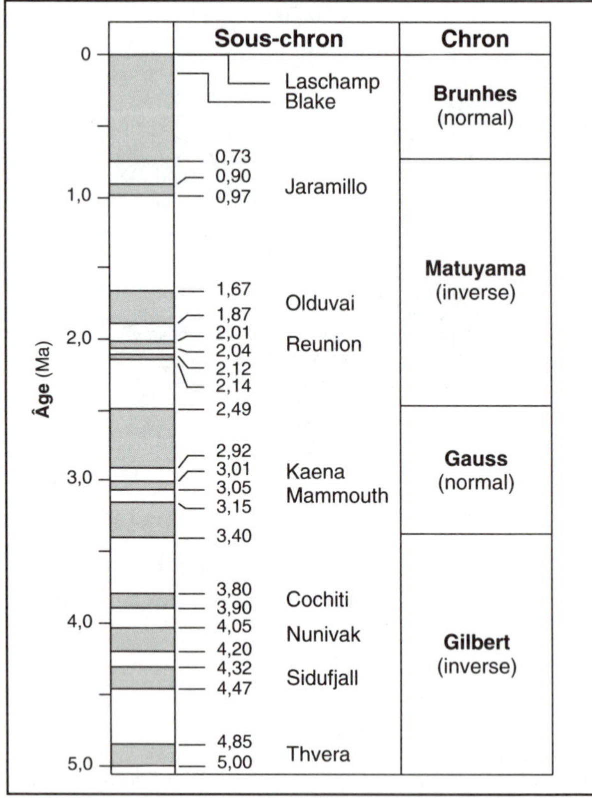

Figure 17.5 Unités polarogéochronologiques des cinq derniers millions d'années. Ces unités temporelles ont été établies à partir de nombreuses mesures du magnétisme rémanent faites sur des laves échantillonnées sur tout le globe. Les unités comprennent des chrons de polarité normale et inverse, de même que de nombreux sous-chrons. La cause des renversements périodiques du champ magnétique de la Terre est mal connue (Condie, 1989, p. 133).

polarité magnétique de corps rocheux. L'unité polaromagnétique de base est le **chron**. Il concerne des durées comprises entre 1 et 10 millions d'années. Le **sous-chron** s'applique à des durées de 0,1 à 1 million d'années. Ainsi, un chron comprend un certain nombre de sous-chrons, et sa polarité peut être à dominance normale, inverse, ou les deux à la fois. Le dernier sous-chron, celui de Laschamp, inverse, remonte à voilà 20 ka. La découverte des inversions périodiques des lignes de force du champ magnétique s'est révélée d'une très grande richesse pour comprendre et expliquer la mécanique propre aux fonds océaniques.

On se sert de magnétomètres pour mesurer le magnétisme rémanent des laves des fonds océaniques. Ces instruments enregistrent deux valeurs : celle du champ magnétique global et celle du champ magnétique local, c'est-à-dire le champ magnétique fossilisé dans les basaltes de la croûte océanique. Supposons qu'une lave se soit refroidie au cours d'un chron à polarité normale (Brunhes, par exemple); son magnétisme rémanent positif vient s'ajouter au champ total et donne une **anomalie positive**. En revanche, dans une lave refroidie au moment d'un chron à polarité inverse (Matuyama, par exemple), le magnétisme rémanent négatif se soustrait du champ total et donne une **anomalie négative**.

La cartographie des anomalies magnétiques positives et négatives fournies par les basaltes océaniques révèle que de part et d'autre des dorsales les bandes d'anomalies sont à toutes fins utiles symétriques (fig. 17.6).

On peut affirmer que des basaltes se situant plus ou moins à égale distance de part et d'autre de l'axe d'une dorsale et montrant une même anomalie magnétique sont du même âge. Étant du même âge, ils appartiennent au même épanchement de magma, émis dans l'axe de la dorsale, et séparé ultérieurement. **Il y a donc mouvement horizontal de matière à partir des dorsales.**

Les anomalies magnétiques des roches du plancher océanique confirment que le champ magnétique terrestre s'inverse régulièrement. De plus, la distribution des inversions magnétiques par rapport aux dorsales montre le rôle actif que ces dernières jouent dans la genèse de la croûte océanique. Les dorsales sont le siège d'un volcanisme permanent qui produit

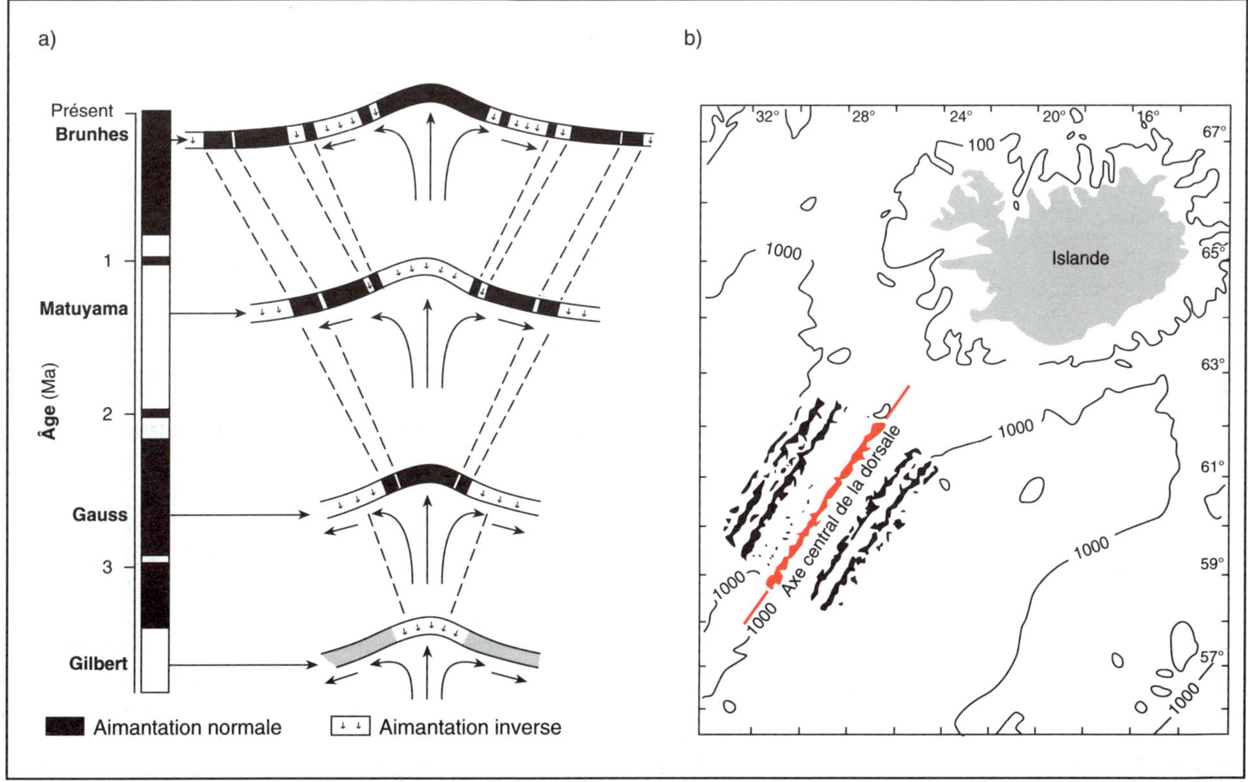

Figure 17.6 Anomalies magnétiques des basaltes océaniques. En a), schémas montrant de quelle manière une dorsale océanique enregistre les inversions du champ magnétique terrestre. Le fond océanique est la projection horizontale de l'échelle temporelle des inversions (d'après Allègre, 1983, p. 98). En b), les anomalies magnétiques mesurées dans l'Atlantique Nord, de part et d'autre de la dorsale de Reykjanes, au sud de l'Islande. La symétrie des anomalies est frappante. En s'éloignant de la dorsale, les roches sont de plus en plus vieilles (Orowan dans Press et Siever, 1986, p. 485).

les laves basaltiques de la partie supérieure de la croûte océanique. À partir de l'axe des dorsales, il y a mouvement horizontal ou **expansion des fonds océaniques**.

17.2.2 *La vitesse d'expansion du fond océanique*

Les traces des inversions du champ magnétique sont conservées autant dans les sédiments que dans les laves. À partir d'une carotte de sédiments, on peut dater les anomalies grâce aux fossiles que celle-ci contient. En admettant que les anomalies mesurées dans les basaltes océaniques soient analogues à celles retrouvées dans les couches stratigraphiques, il devient dès lors possible d'obtenir l'âge des fonds océaniques. Connaissant la surface couverte par les anomalies (distance à l'axe de la dorsale), on peut calculer une vitesse d'expansion du fond océanique.

La figure 17.7 montre le principe de la méthode de datation des anomalies. À partir des données magnétiques d'un sondage stratigraphique, on fait une corrélation avec les résultats des levés magnétiques en mer. À cause des limites actuelles des méthodes de

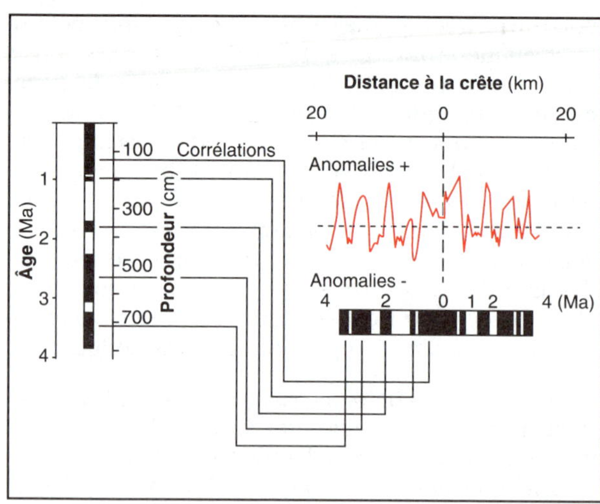

Figure 17.7 Datation des anomalies magnétiques du fond des océans. Grâce aux limites des inversions reconnues dans un sondage stratigraphique (réalisé ici au sud du Chili) et aux âges donnés par les fossiles, on peut faire des corrélations avec les anomalies magnétiques des basaltes. On notera que l'échelle est en centimètres pour le sondage et en kilomètres pour les anomalies du fond océanique (d'après Opdyke *et al.*, Pitman et Heirtzler dans Dercourt et Paquet, 1985, p. 136).

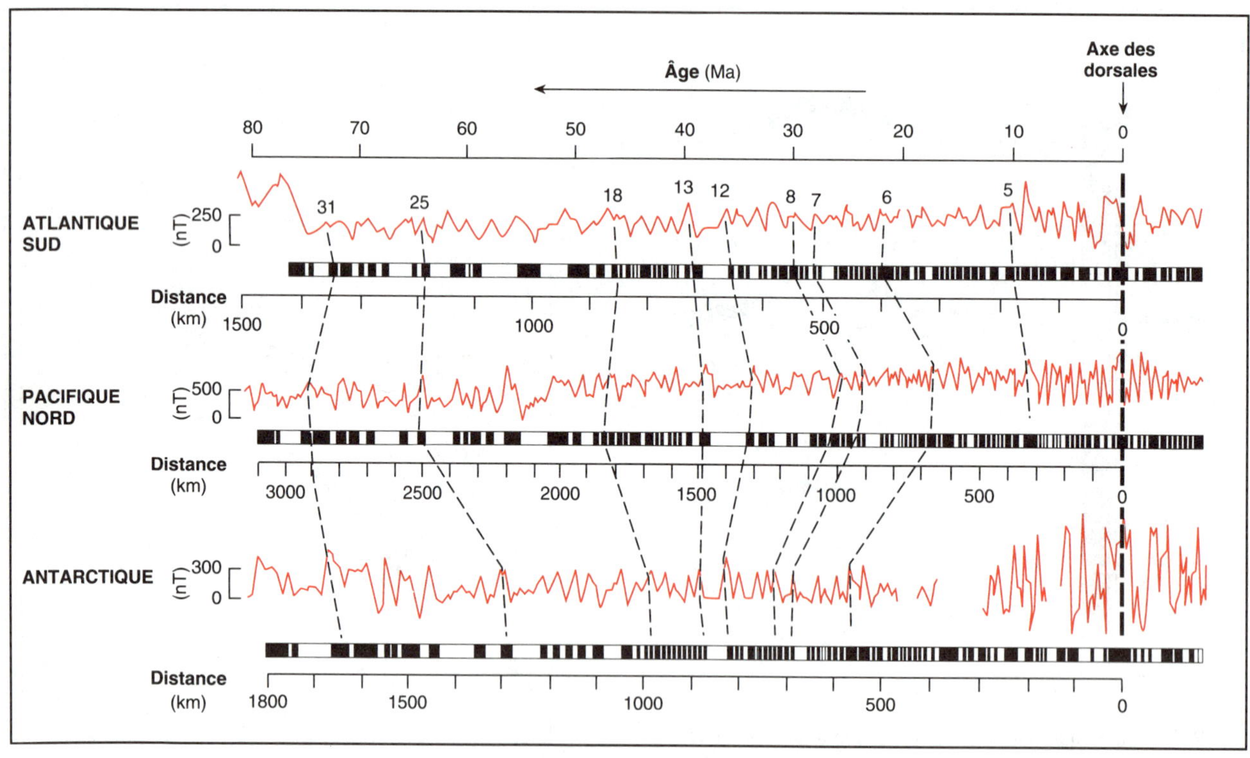

Figure 17.8 Le paléomagnétisme des roches du fond des océans. Profils magnétiques obtenus dans trois régions océanographiques et corrélations entre eux. L'espacement entre les anomalies diffère d'un profil à l'autre à cause des vitesses différentes d'expansion. Le recensement des anomalies magnétiques du fond des océans a permis d'établir une séquence de 171 inversions au cours des derniers 76 millions d'années. Le fond océanique garde donc en mémoire l'histoire récente du champ magnétique terrestre. Le magnétisme est mesuré en nT. Au chapitre 2, on a vu que le vecteur du champ magnétique est en moyenne de 50 000 nT, valeur plusieurs fois supérieure aux valeurs des anomalies (Heirtzler, 1968, dans Press et Siever, 1986, p. 488).

datation, l'âge des inversions magnétiques n'est connu par datations directes que pour les cinq derniers millions d'années. Une période aussi courte ne couvre qu'une fraction des anomalies mesurées dans les fonds océaniques. Les datations des anomalies plus anciennes sont faites sur la base d'un taux d'expansion constant du fond océanique au cours des temps géologiques. La figure 17.8 montre comment, pour trois dorsales, on en est arrivé à corréler entre elles les anomalies magnétiques mesurées. Il en ressort que le taux d'expansion n'est pas uniforme d'une dorsale à l'autre. La figure 17.9 fournit les vitesses d'expansion de différentes dorsales.

Une importante campagne de forage des sédiments de l'Atlantique a permis de confirmer les âges obtenus à l'aide des anomalies magnétiques. L'âge des sédiments déposés sur les basaltes augmente régulièrement lorsqu'on s'éloigne de la dorsale (fig. 17.10).

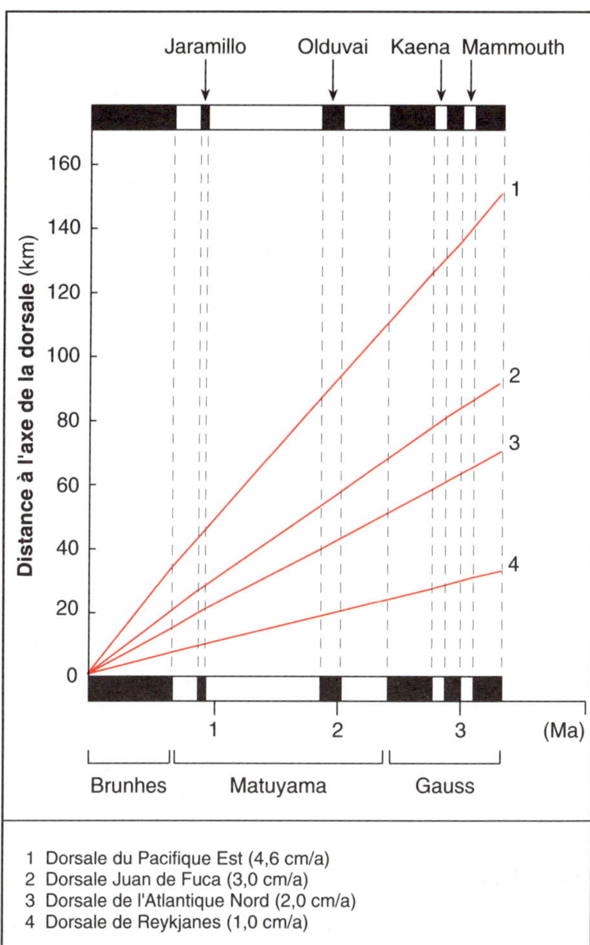

Figure 17.9 Vitesse d'expansion des fonds océaniques. Connaissant l'âge des anomalies magnétiques et leur distance à une dorsale, on peut obtenir un graphique âge-distance et calculer une vitesse de création de la croûte océanique. Les quatre dorsales ont des vitesses d'expansion qui diffèrent (d'après Allègre, 1983, p. 109).

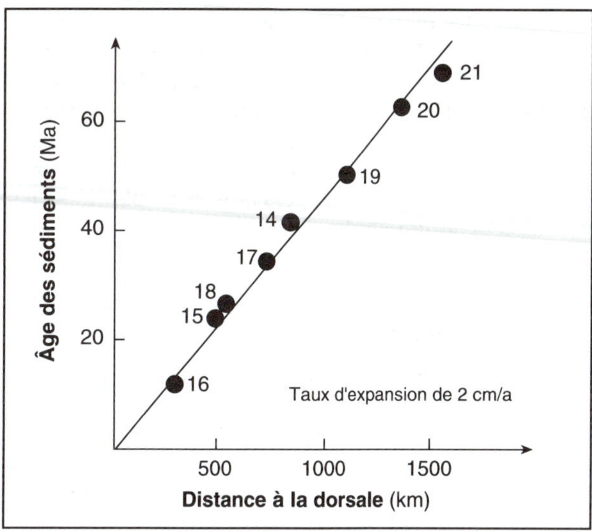

Figure 17.10 L'âge des sédiments océaniques. Les forages du *Joides*, dans l'Atlantique, montrent que plus on s'éloigne de l'axe de la dorsale, plus les sédiments sont vieux. Les numéros correspondent à différents sites de forage (Maxwell dans Allègre, 1983, p. 114).

17.3 LA TECTONIQUE GLOBALE : LE JEU DES PLAQUES

L'hypothèse de la dérive des continents de Wegener et le concept plus récent de l'expansion des fonds océaniques voient leur prolongement dans la **théorie de la tectonique des plaques**. Cette théorie considère que l'enveloppe solide externe de la Terre est fracturée en un certain nombre d'entités de grandeurs variables. Ces calottes sphériques, qui bougent les unes par rapport aux autres, sont les plaques. La théorie de la tectonique des plaques fait appel aux notions de lithosphère et d'asthénosphère (voir le chapitre 2).

> Une **plaque** est une entité de lithosphère en mouvement sur l'asthénosphère.

Il faut mentionner que l'épaisseur de la lithosphère est assez bien définie dans les régions océaniques, mais que les chercheurs sont fortement en désaccord quant à cette épaisseur dans les régions continentales. De plus, les propriétés mécaniques de la lithosphère sont encore mal comprises. Elles sont probablement complexes, étant donné les grandes variations de température et de composition de la lithosphère actuelle. Ainsi, différentes parties de la lithosphère répondent de diverses façons aux contraintes ou charges extérieures. La température joue un rôle important dans la détermination des propriétés rhéologiques de la lithosphère. Les parties froides et externes se comportent comme un corps élastique et cassant, tandis que les régions plus chaudes peuvent donner lieu à un écoulement visqueux (Keen et Beaumont, 1990, p. 423).

La théorie des plaques lithosphériques se fonde sur le postulat que la lithosphère est rigide, donc qu'elle est en mesure de se déplacer sans trop se déformer. La majeure partie de l'énergie interne de la Terre se dissipe en bordure des plaques, sous forme mécanique par les séismes, et sous forme thermique par le magmatisme. Voyons les trois limites de plaques : les dorsales océaniques, les zones de subduction et les failles transformantes.

17.3.1 *Les dorsales océaniques*

Les **dorsales océaniques** forment le relief le plus important de la planète. Leur longueur totale est d'environ 64 000 km. Dans l'Atlantique, on reconnaît la dorsale de Reykjanes, au sud de l'Islande, celle de l'Atlantique Nord, entre l'Europe et l'Amérique du Nord, et celle de l'Atlantique Sud, entre l'Afrique et l'Amérique du Sud. Ces dorsales divisent en quelque sorte l'océan Atlantique en deux parties. Leur largeur est de l'ordre de 1000 km et certains sommets s'élèvent à 3000 m au-dessus du fond de l'océan. Ces trois dorsales sont souvent regroupées sous l'appellation unique de dorsale médio-atlantique.

Zones de divergence, les dorsales sont le siège de séismes peu profonds (foyers à moins de 70 km) causés par des contraintes de **tension** générées par l'écartement des deux plaques. C'est le long des zones axiales effondrées que se mettent en place les magmas nouveaux, de nature tholéiitique, et que s'opère l'ouverture de l'écorce. Les dorsales sont donc le centre actif de l'expansion du fond des océans. Elles constituent la limite **constructive** des plaques.

Les dorsales océaniques ont une morphologie largement contrôlée par leur vitesse d'expansion. Les dorsales lentes (1 à 3 cm/a) forment un imposant relief, dont le centre est occupé par un fossé tectonique profond que l'on nomme **rift**. Pour les dorsales intermédiaires, dont la vitesse d'expansion est de 5 à 9 cm/a, le rift n'a plus que 50 à 200 m de profondeur. Lorsque la vitesse d'expansion dépasse 9 cm/a (dorsale rapide; sa vitesse peut atteindre 16 cm/a), la dorsale est surbaissée et il n'y a plus de rift médian. Au contraire, la crête de ces dorsales est marquée par une ride topographique de plusieurs centaines de mètres de hauteur et de 5 à 20 km de largeur.

La relation entre morphologie et vitesse d'expansion s'explique bien si on se replace dans le contexte thermique des dorsales. Dans ces régions, la croûte océanique est mince, et on mesure un flux thermique très important dû à la proximité du manteau supérieur. Aux dorsales lentes, le magma a le temps de refroidir avant d'être renouvelé et de subir un déplacement. Il forme une importante accumulation, proche du sillon central, ce qui donne un relief accusé. Par contre, aux dorsales rapides, le magma chaud s'étale largement de part et d'autre de l'axe, donnant un relief surbaissé. À titre comparatif, la dorsale du Pacifique Est, rapide, s'étend sur plus de 2000 km de largeur. Les dorsales de l'Atlantique, lentes, ont tout au plus 1000 km de largeur; dans ces dorsales, le rift médian est présent à peu près partout. Il a une profondeur qui varie de 1,0 à 2,8 km, avec une moyenne de 1,4 km par rapport aux sommets adjacents; sa largeur à la base varie de 20 à 40 km.

17.3.2 *Les zones de subduction*

La rencontre de deux plaques donne habituellement naissance au processus de **subduction**. La subduction désigne l'enfoncement d'une plaque sous une autre et sa résorption lente dans le manteau. Les zones de subduction peuvent mettre en cause une plaque océanique et une plaque continentale, ou encore deux plaques océaniques. Il existe également des cas où un continent se glisse sous un autre continent, épaississant la croûte de façon considérable, comme dans le haut-plateau du Tibet.

FOSSE OCÉANIQUE ET ARC INSULAIRE

Le lieu d'affrontement entre deux plaques se matérialise topographiquement par une **fosse** océanique. Il s'agit d'une dépression allongée où l'on mesure les plus grandes profondeurs de la surface terrestre. Dans la fosse des Mariannes[2], au sud du Japon, la profondeur atteint -10 915 m. Le Pacifique est bordé par une dizaine de fosses; c'est l'océan qui en compte le plus. Les fosses océaniques sont les marqueurs topographiques du processus de subduction. Elles sont les limites **destructives** des plaques.

Dans les zones de subduction, l'activité sismique est plus intense qu'aux dorsales. D'une part, les foyers des séismes sont profonds et peuvent atteindre 700 km. Des foyers aussi profonds semblent confirmer la nature rigide du manteau moyen. D'autre part, les foyers les plus profonds sont également les plus éloignés du lieu d'affrontement entre les deux plaques. Dans une coupe à travers une zone de subduction, l'alignement des foyers matérialise la surface de subduction de la plaque qui s'enfonce dans le manteau terrestre. Le plan sismique que dessine une plaque en subduction délimite une zone dite de **Wadati-Benioff**.

Les zones de subduction sont le siège d'un volcanisme actif. Le magma, typiquement calco-alcalin, provient de la fusion de la plaque descendante et des sédi-

2. D'après la carte *World Ocean Floor* du National Geographic, 1981.

ments que cette plaque porte. Dans le cas où un bassin d'arrière-arc sépare la fosse du continent, le volcanisme donne naissance à des îles.

L'expression **arc insulaire** désigne une guirlande d'îles volcaniques alignées parallèlement aux fosses.

Le couple arc insulaire–fosse est caractéristique de nombreuses zones de subduction. La forme arquée de ces structures est due au fait que les deux plaques qui se font face sont des calottes sphériques. Quand une plaque glisse sous une autre par le processus de subduction, cela s'exprime topographiquement par une fosse arquée dont le côté convexe est tourné vers la plaque descendante, généralement la plaque océanique, plus dense. Ainsi, les fosses et les arcs insulaires qui les accompagnent ont le plus souvent leur partie convexe tournée vers l'océan. Les îles Aléoutiennes et la fosse du même nom, au large de l'Alaska, constituent un bel exemple du couple arc insulaire–fosse.

TYPES DE ZONES DE SUBDUCTION

La figure 17.11 présente les deux principaux types de zones de subduction : les zones à contraintes élevées et les zones à contraintes faibles.

La zone de subduction délimitée par la fosse du Pérou-Chili (fig. 17.11a) représente le type à contraintes élevées. La plaque océanique est jeune et fortement bombée à l'avant de la fosse. De forts séismes définissent un plan de Wadati-Benioff faiblement incliné. Un important **prisme d'accrétion**[3] comble la fosse océanique. La marge continentale est active, le volcanisme est calco-alcalin (andésite).

La zone de subduction délimitée par la fosse des Mariannes, au sud-est du Japon (fig. 17.11b), représente le type à contraintes faibles. La plaque océanique est vieille, il n'y a pas de prisme d'accrétion et des séismes de faible puissance définissent un plan de Wadati-Benioff fortement incliné. À l'approche de la fosse, des contraintes de tension fracturent en horst et grabens la partie supérieure de la plaque descendante. Enfin, un volcanisme tholéiitique construit un arc insulaire encore jeune, séparé du continent par un bassin océanique secondaire, dit bassin d'arrière-arc (voir plus loin).

Ces deux zones de subduction représentent des types extrêmes entre lesquels il y a plusieurs types intermédiaires. Dans les zones de subduction à contraintes élevées, la plaque descendante et la plaque chevauchante sont solidaires l'une de l'autre. Ainsi explique-t-on les forts séismes dus à des contraintes de compression et le prisme d'accrétion imposant de ces zones. Dans les zones de subduction à contraintes faibles, la présence d'un bassin d'arrière-arc confirme que la plaque chevauchante est soumise à des contraintes de tension.

BASSINS D'ARRIÈRE-ARC

Dans de nombreuses zones de subduction, les arcs insulaires sont séparés du continent par des bassins océaniques intérieurs. Dans ces bassins d'arrière-arc, dont la dimension est modeste, la croûte est de nature tholéiitique, tout comme dans les grands océans. Les mesures d'anomalies magnétiques effectuées dans ces bassins confirment que cette croûte se forme à partir d'une dorsale active.

Les mécanismes responsables de la naissance des bassins d'arrière-arc sont mal connus. Deux modèles

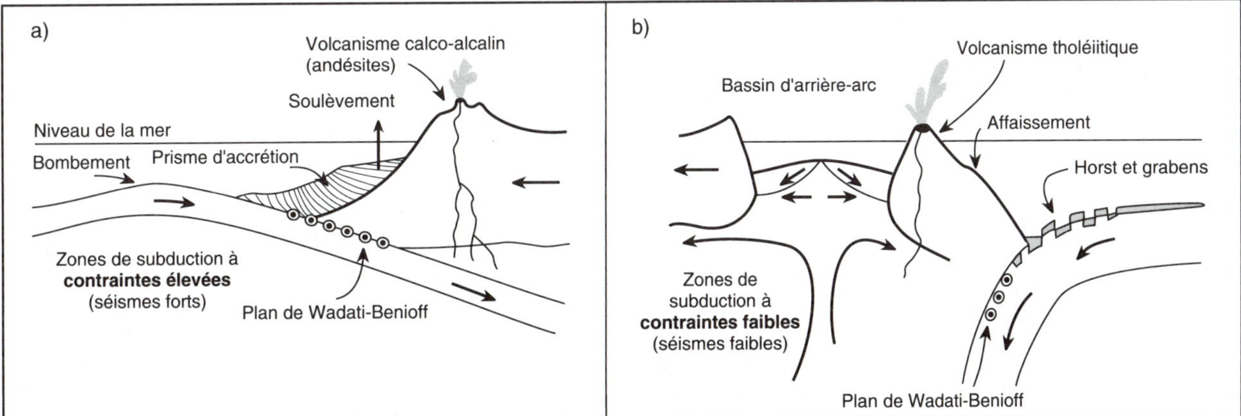

Figure 17.11 Types de zones de subduction (Uyeda dans Condie, 1989, p. 185).

3. Le prisme d'accrétion est un assemblage de matériaux rocheux disposés en écailles successives sur le front externe d'un arc insulaire.

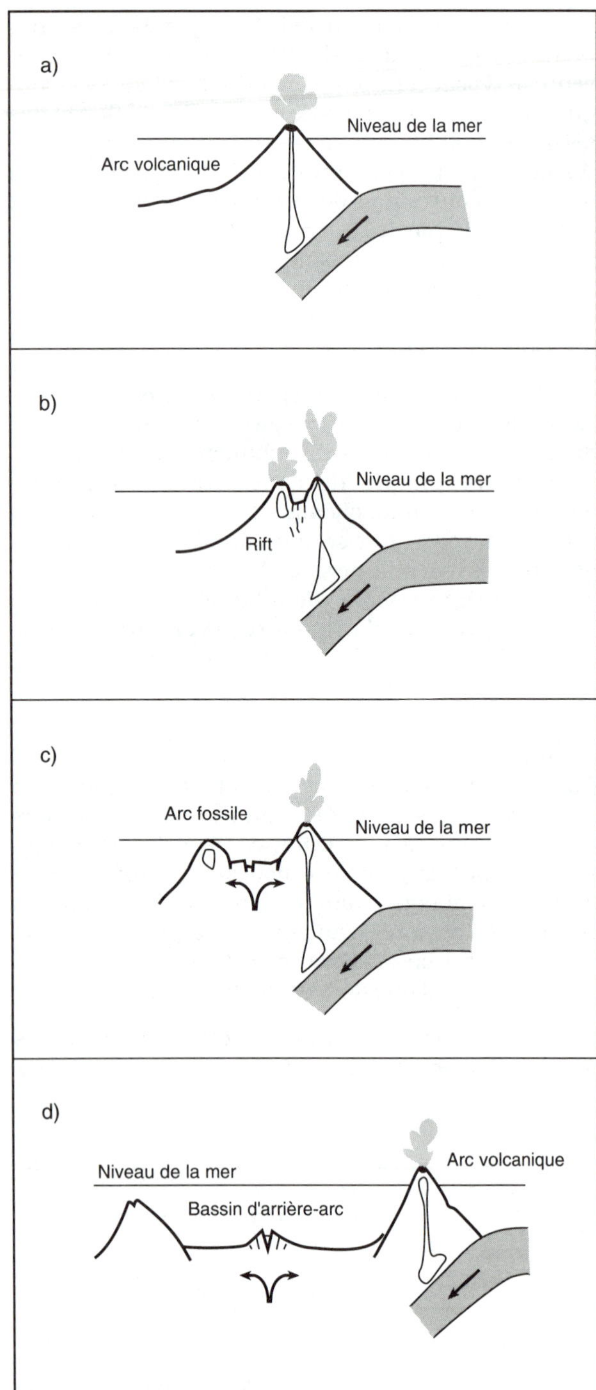

Figure 17.12 Modèle général de l'évolution d'un bassin d'arrière-arc. En a), subduction et naissance d'un arc volcanique. En b), ouverture de l'arc volcanique et formation d'un rift. Le rift s'installe dans des zones de faiblesse de l'arc, comme les conduits magmatiques. Des failles normales encadrent le rift. En c), une nouvelle croûte océanique s'épanche dans le rift, au fur et à mesure que l'arc fossile s'éloigne du nouvel arc en formation. En d), au fur et à mesure que le bassin s'élargit, les flancs du rift s'affaissent et il y a subsidence de tout l'ensemble. Pour un arc donné, le cycle de formation de bassins d'arrière-arc peut se répéter plusieurs fois, comme c'est le cas dans le bassin des Philippines (Karig dans Condie, 1989, p. 183).

sont mis de l'avant : expansion active et expansion passive. Dans le modèle d'une expansion active, des panaches de matériaux mantéliques monteraient vers la surface pour percer la lithosphère et donner naissance à une dorsale; ou encore, des courants de convection, induits dans l'asthénosphère, favoriseraient l'ouverture de la lithosphère. Dans le modèle d'une expansion passive, c'est l'interaction complexe entre la plaque descendante et la plaque chevauchante qui créerait les contraintes de tension nécessaires à l'ouverture d'une dorsale. La figure 17.12 schématise l'évolution d'un bassin océanique d'arrière-arc.

Les mécanismes de la formation d'un bassin d'arrière-arc montrent la logique du système des plaques : à une limite destructive correspond immédiatement une limite constructive. Les dorsales secondaires des bassins d'arrière-arc viennent en effet assurer la pérennité du système des plaques. Elles peuvent d'ailleurs évoluer en dorsale principale et donner naissance à des océans de grande dimension.

17.3.3 *Les failles transformantes*

La figure 17.13 montre la topographie d'une partie du fond de l'océan Atlantique dominée par la dorsale de Reykjanes et celle de l'Atlantique Nord. En observant attentivement cette carte, on voit clairement que les dorsales ne forment point un relief continu mais sont, au contraire, sectionnées transversalement et décalées par toute une série de cassures.

> Les grandes cassures qui rompent la continuité des dorsales sont des **failles transformantes**. Il s'agit d'une troisième limite de plaques, avec les dorsales et les zones de subduction.

MÉCANISME DES FAILLES TRANSFORMANTES

Une faille transformante *transforme* un mouvement d'écartement en un mouvement de glissement. Alors qu'à partir de l'axe d'une dorsale il y a un mouvement d'écartement des deux plaques, sur le segment actif d'une faille transformante il y a glissement des deux plaques l'une contre l'autre (fig. 17.14).

Les failles transformantes sont le siège de contraintes de **cisaillement** qui génèrent des séismes à foyers peu profonds. Seul le segment de la faille compris entre les deux tronçons de la dorsale (bb' sur la figure 17.14b) est actif d'un point de vue sismique. Dans le prolongement de ce segment, les deux plaques glissent en parallèle. Sur cette cicatrice, qui marque les anciennes limites coulissantes des deux plaques, la faille est inactive. Ainsi, la singularité d'une faille transformante est d'être active sur une partie de son tracé et inactive sur l'autre partie. De plus, une faille transformante n'entraîne pas de modification des plaques, contrairement aux deux

Figure 17.13 Le relief de l'Atlantique Nord est dominé par la dorsale de l'Atlantique Nord et celle de Reykjanes. Les deux dorsales sont disloquées par des failles transformantes qui leur sont perpendiculaires. Chacune des failles transformantes constitue une limite de plaques, au même titre que les tronçons des dorsales. À partir des dorsales, les plaques qui s'éloignent l'une de l'autre sont, à l'ouest, la plaque de l'Amérique du Nord, et à l'est, la plaque de l'Eurasie et de l'Afrique.

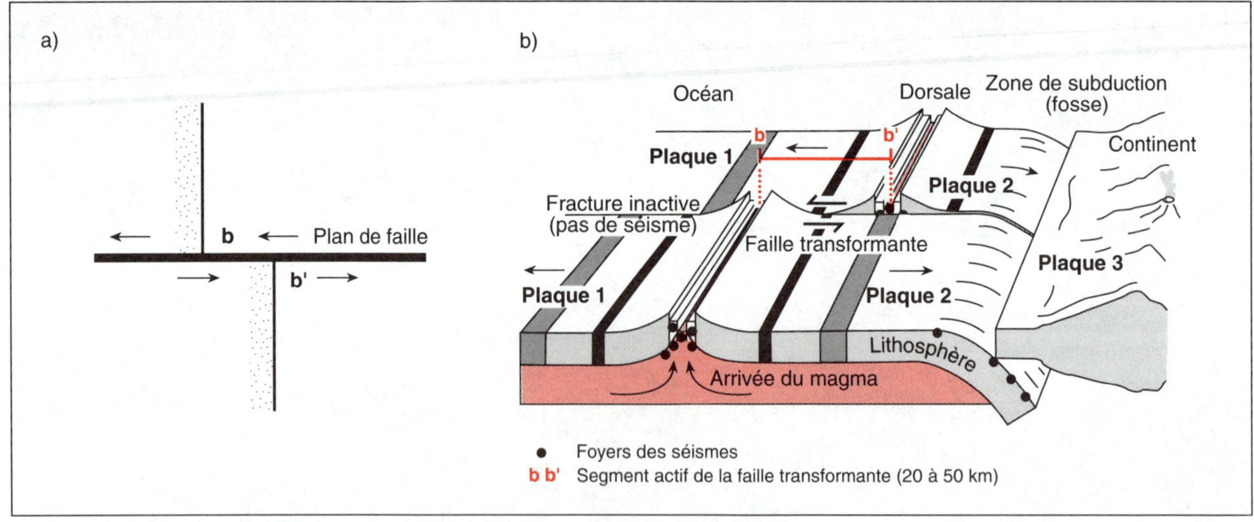

Figure 17.14 La notion de faille transformante. En a), une faille de décrochement conventionnelle. Les deux compartiments séparés par la faille coulissent sur un plan vertical et le rejet (bb') augmente. En b), faille transformante. Le « rejet » (bb') ne change pas de valeur bien qu'il y ait du mouvement sur le plan de faille. Dans le cas illustré ici, la faille transformante décale deux tronçons d'une même dorsale, chacun délimitant la plaque 1 et la plaque 2. Le raccordement entre les deux tronçons se fait par le segment bb' de la faille transformante. Sur ce segment, les deux plaques glissent l'une contre l'autre sans que la valeur du « rejet », la distance bb', ne change. On dit que le déplacement réel (le mouvement coulissant des deux plaques) est différent du mouvement attendu (le changement de la distance bb'). Une faille transformante donne ainsi lieu à une catégorie de mouvements exclusifs à la limite entre deux plaques.

limites examinées précédemment (dorsales et zones de subduction). La faille transformante est donc une limite **conservatrice**.

Comme le montre la figure 17.15, entre 10°N et 53°N, 82 failles transformantes brisent la continuité de la dorsale de l'Atlantique Nord. L'espacement moyen entre chaque faille est de 55 km. La dorsale est donc formée d'une suite de courts tronçons, dont l'alignement est d'ailleurs dérangé par l'effet de bordure qui résulte du glissement généré par les failles transformantes. Les modifications topographiques dues au mouvement de coulissage des plaques se répercutent sur des distances allant de 15 km à 30 km du point d'intersection au centre d'expansion. Le jeu des failles a pour résultat de creuser et d'élargir le rift médian de façon parfois considérable.

Les failles transformantes reliant deux tronçons d'une dorsale sont les plus répandues. Certaines d'entre elles peuvent aussi relier une dorsale à une zone de subduction ou une zone de subduction à une autre zone de subduction (fig. 17.16). Le nord-ouest de l'Amérique du Nord fournit un bon exemple du rôle des failles transformantes. Dans le prolongement l'une de l'autre, du sud vers le nord, on rencontre deux failles transformantes : celle de San Andreas, qui relie la dorsale du Pacifique Est à la dorsale de Juan de Fuca, et celle de la Reine-Charlotte, qui relie la dorsale de Juan de Fuca à la zone de subduction de la fosse des Aléoutiennes. Dans le Pacifique Sud, la faille transformante Alpine traverse la Nouvelle-Zélande en reliant la zone de subduction de la fosse de Tonga-Kermadec, au nord, à la zone de subduction de la fosse de Puysegur, au sud.

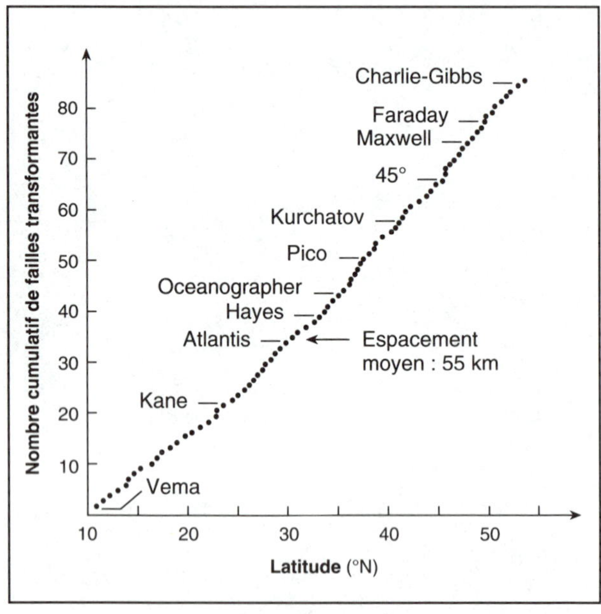

Figure 17.15 Failles transformantes. Au total, 82 failles transformantes interrompent la continuité de la dorsale de l'Atlantique Nord, entre 10°N et 53°N. Un certain nombre de failles ont reçu des noms (d'après Macdonald dans Vogt et Tucholke, 1986, p. 62).

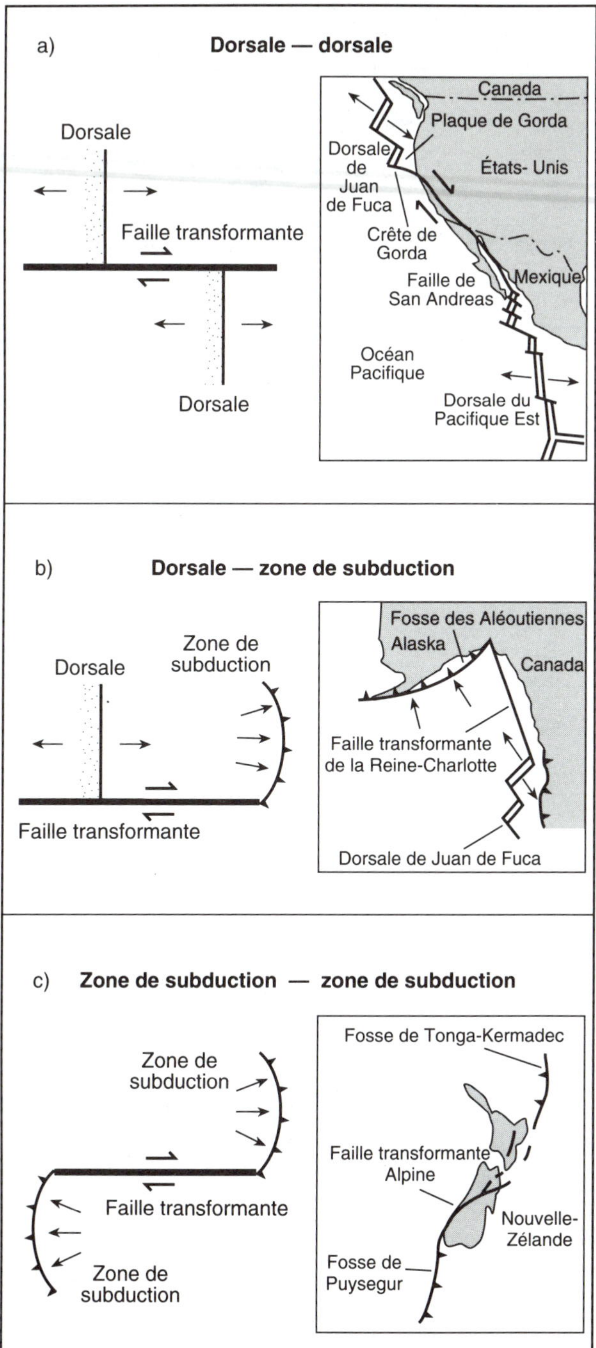

Figure 17.16 Les trois types de failles transformantes. Sur la côte nord-ouest de l'Amérique du Nord, on reconnaît en a) une faille transformante de dorsale à dorsale (faille de San Andreas) et en b) une faille transformante de dorsale à zone de subduction (faille de la Reine-Charlotte); en c), une faille transformante de zone de subduction à zone de subduction (faille Alpine) qui traverse la Nouvelle-Zélande.

La terre compte plus d'une douzaine de plaques importantes (fig. 17.17). Certaines, comme la plaque du Pacifique, sont entièrement océaniques; d'autres sont principalement continentales ou mixtes, comme les deux plaques américaines.

17.4 *LE MOTEUR DES PLAQUES*

Comment s'explique la mobilité des plaques ? Quelles forces sont à l'origine des mouvements ? Encore de nos jours, il n'y a que des réponses incomplètes à ces questions. Tout au plus peut-on affirmer qu'il s'agit d'un système thermomécanique dont les engrenages logent dans le manteau. Ce dernier est le siège de cellules de convection alimentées par l'énergie thermique que libère la désintégration des éléments radioactifs. La figure 17.18 montre trois modèles possibles de la circulation de la matière ductile du manteau.

Pour comprendre la mobilité des plaques, il faut cependant aller bien au-delà des mécanismes actifs dans le manteau. En effet, la question du moteur des plaques soulève directement celle de la naissance d'un nouvel océan. Il nous faut donc examiner les processus qui sont à l'origine des rifts continentaux, rifts qui peuvent évoluer vers un océan et dont l'ouverture entraîne l'écartement des plaques.

LES POINTS CHAUDS

On pense que la rupture initiale de la croûte continentale est facilitée par des remontées de magma en provenance du manteau inférieur. Il s'agit de volcans nommés **points chauds**, alimentés par des chambres magmatiques dont l'emplacement est fixe. Ces volcans[4] sont la manifestation en surface de panaches ou colonnes ascendantes de magma issues d'un niveau nommé D". Ces points sources pourraient loger dans le manteau inférieur (fig. 17.19).

Plusieurs points chauds qui percent et soulèvent la lithosphère peuvent affaiblir suffisamment celle-ci pour en provoquer la rupture. Un alignement de points chauds finit par donner naissance à un système de rifts continentaux[5]. Ces rifts évoluent, s'élargissent et donnent naissance à un océan. La figure 17.20 montre de quelle manière agissent les points chauds dans l'ouverture d'un bassin océanique. On note que les rifts anciens, cicatrisés sur les marges continentales passives, servent de voie d'écoulement aux grands fleuves. On en retrouve en Amérique du Sud et en Afrique.

---

4. Pour en savoir plus sur les points chauds, on consultera l'article « Panaches et points chauds » de Gregory Vink, Jason Morgan et Peter Vogt, 1985.
5. Sur cette question de la fracture des continents, on consultera l'article de Vincent Courtillot et Gregory Vink, « Comment se fracturent les continents », 1983, et l'article d'Enrico Bonatti, « Séparation des continents et formation des océans », 1987.

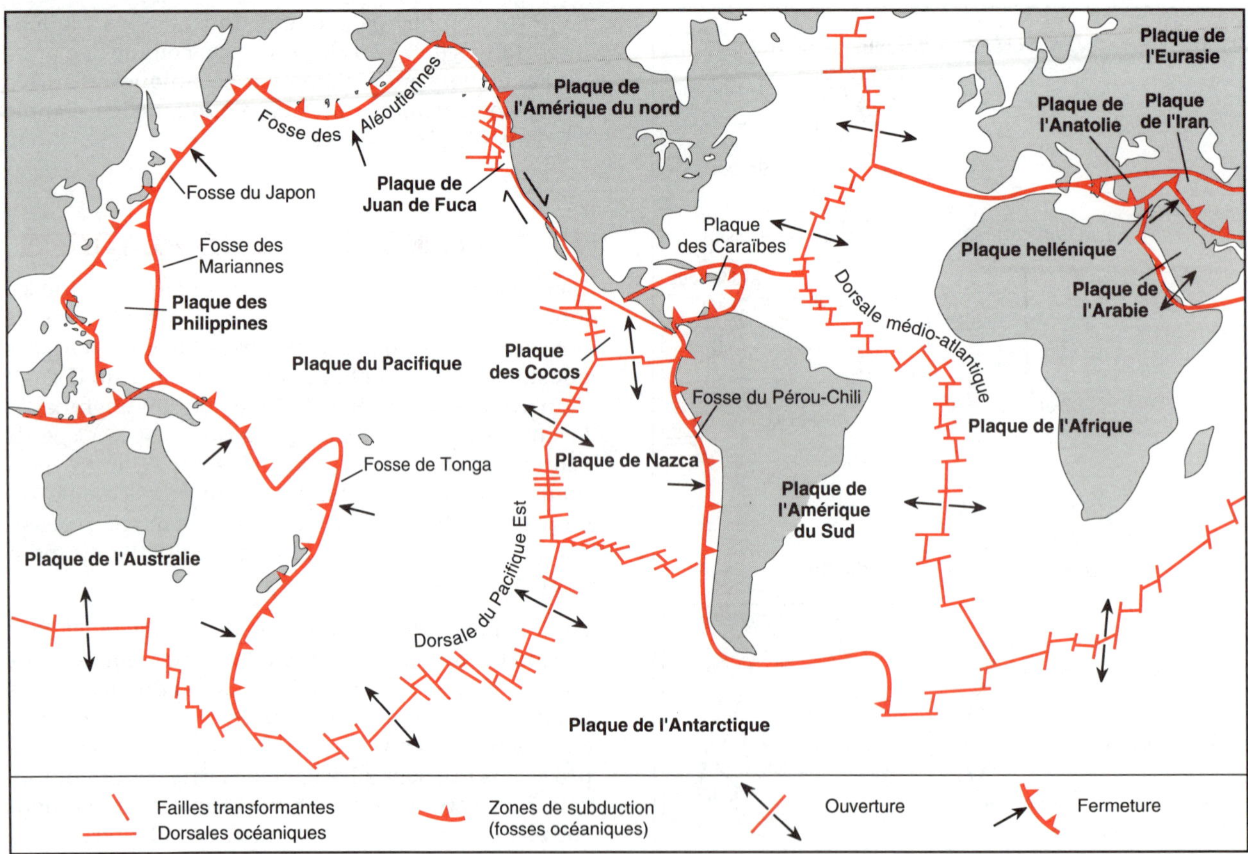

Figure 17.17 La tectonique des plaques. Principales plaques délimitées par les zones sismiques actives que sont les dorsales, les fosses et les failles transformantes.

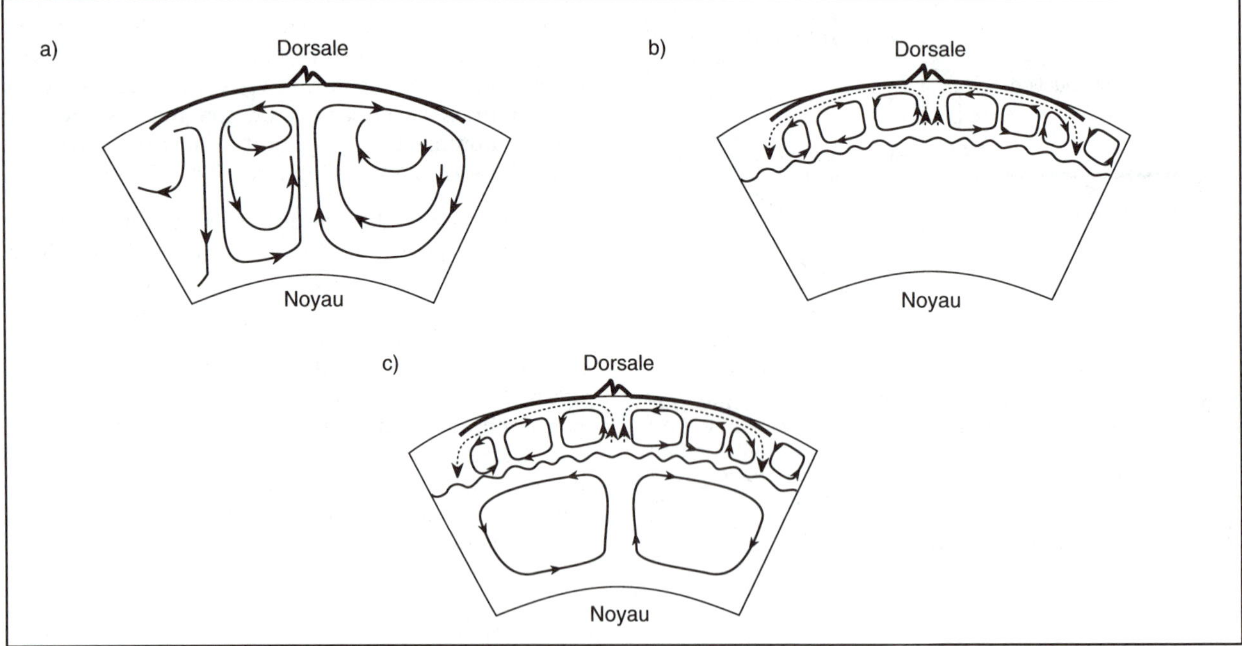

Figure 17.18 Le moteur de la tectonique des plaques : les cellules de convection dans le manteau. Certains modèles font état, en a), de cellules de convection dans tout le manteau; en b), de cellules dans le manteau supérieur seulement; en c), de cellules indépendantes dans le manteau supérieur et le manteau inférieur (d'après Pomerol et Renard, 1989, p. 177).

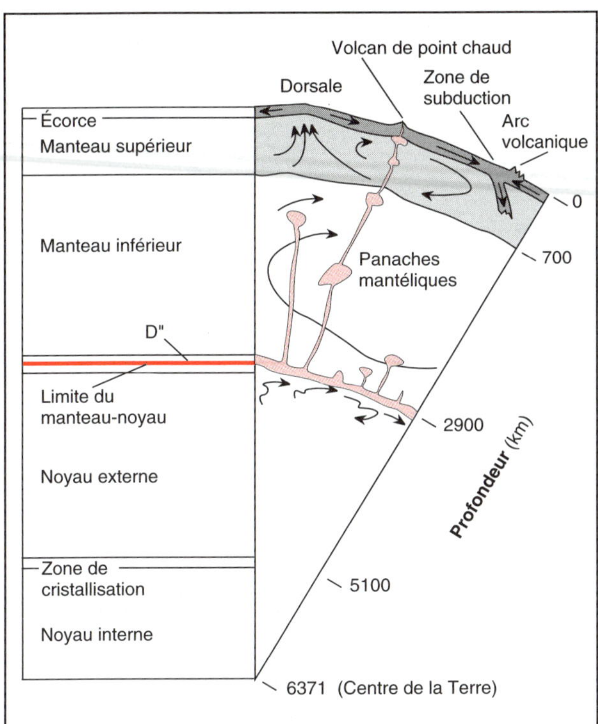

Figure 17.19 Modèle des panaches du manteau et naissance d'un volcan de point chaud. À la base du manteau inférieur, la chaleur libérée par le noyau amène une partie des roches en fusion, créant une couche appelée D". Cette couche alimente d'énormes panaches ascendants qui parviennent à atteindre la surface où ils donnent un volcan de point chaud (d'après Courtillot, 1990, p. 47).

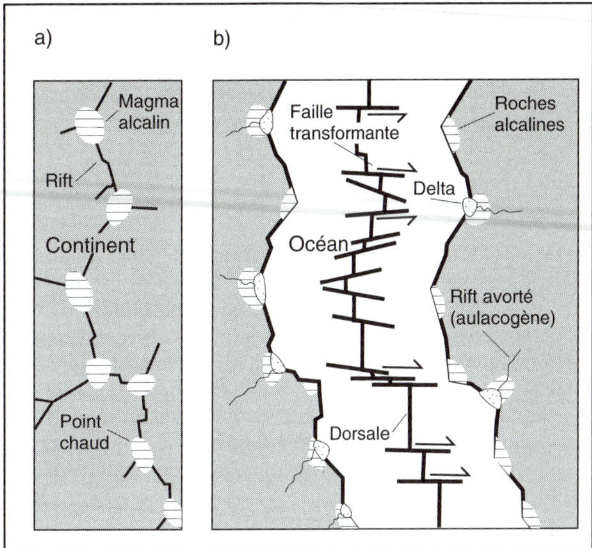

Figure 17.20 Le rôle des points chauds dans l'ouverture d'un bassin océanique. En a), des panaches percent la croûte continentale et activent des rifts dont la rencontre donne un point triple; en b), ouverture de l'océan à la suite de l'évolution des principaux rifts. Les rifts avortés, appelés aulacogènes, sont comblés de sédiments et servent de couloirs aux grands fleuves; des deltas s'édifient à leur embouchure (Dewey et Burke, 1974, dans Condie, 1989, p. 161).

Un rift continental est donc susceptible d'évoluer vers un océan. Généralement, c'est le début d'un long processus. À la suite d'une phase d'ouverture et d'expansion, un océan amorce une phase de fermeture. Cette fermeture entraîne des collisions entre microcontinents et, graduellement, un supercontinent prend forme. L'encadré 17.1 traite de ce sujet.

LES BASALTES DE PLATEAU

Les points chauds jouent un rôle de premier plan dans le volcanisme intense qui caractérise la phase d'ouverture d'un rift continental. On trouve sur certains continents des volumes considérables de lave que l'on nomme basaltes de plateau ou **trapps**. Les trapps ont de grandes affinités géochimiques avec les basaltes des dorsales. Le modèle des plaques apporte une nouvelle lumière sur l'origine de ces basaltes[6].

Un point chaud donne naissance à une anomalie thermique positive localisée dans le manteau supérieur. Des mesures effectuées à l'aplomb du point chaud du cap Vert, au large du Sénégal, montrent que la température du manteau y est de 100°C à 150°C plus élevée que la température moyenne (1340°C). Immédiatement sous la lithosphère, le point chaud engendre un panache thermique de 1000 km de diamètre (fig. 17.21). Une bosse de

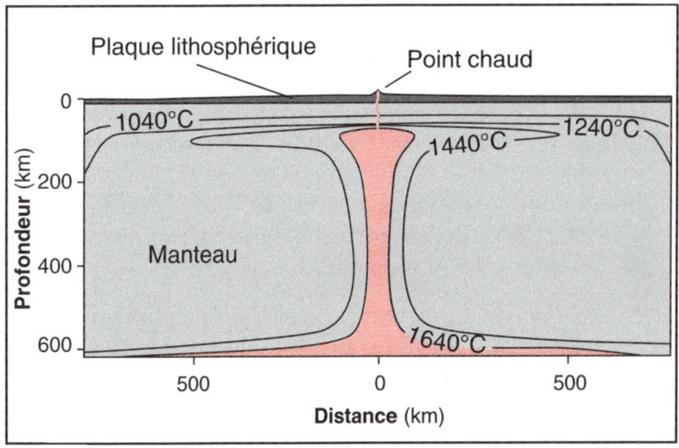

Figure 17.21 Anomalie thermique positive sous un point chaud. Les panaches de roches anormalement chaudes, provenant des profondeurs du manteau, agissent loin du point chaud qui les surmonte. Sur ce modèle informatique, valable pour le point chaud du cap Vert, apparaissent les écarts de température par rapport à la moyenne du manteau supérieur (1340°C); on y voit un panache de plus de 1000 km de diamètre qui s'aplatit sous la lithosphère (White et McKenzie, 1989, p. 84).

6. L'information à ce sujet est tirée de l'article de Robert White et Dan McKenzie, « Le volcanisme de rift », 1989.

ENCADRÉ 17.1

LE CYCLE DE WILSON

Le modèle des plaques répond-il aux exigences de processus réguliers et cycliques ? Au fur et à mesure que s'accumulent les connaissances, les chercheurs sont en mesure d'apporter des éléments de réponse à cette question. On peut démontrer qu'à plusieurs reprises, au cours des ères géologiques, un supercontinent rassemblant tous les continents s'est formé, puis fragmenté, donnant chaque fois naissance à un océan. Une fois parvenu à maturité, cet océan amorce un épisode de fermeture et un supercontinent s'assemble à nouveau. Le géophysicien canadien J. Tuzo Wilson est l'un des chercheurs qui ont élaboré un scénario expliquant les déplacements des plaques sur une longue période de temps. De là l'expression **cycle de Wilson** pour nommer les différents stades de la vie d'un océan.

Différents stades du processus cyclique d'ouverture et de fermeture d'un océan

Stade d'ouverture – Au stade d'ouverture, il y a formation d'un rift continental (fossé d'effondrement limité de bords surélevés avec une activité volcanique plus ou moins forte) causé par l'amincissement de la lithosphère. On croit que la rupture initiale de la croûte continentale serait générée par une accumulation de chaleur sous le supercontinent, laquelle proviendrait des remontées de magma ayant leur source dans la mésosphère, les *points chauds.* Plusieurs points chauds perçant et soulevant la lithosphère pourraient l'affaiblir suffisamment et provoquer sa rupture. Un alignement de points chauds finirait par donner naissance à un système de rifts continentaux. Ce stade est actuellement observable dans la région du rift est-africain (Afrique orientale).

Stade d'océan étroit – En s'élargissant de plus en plus, le rift continental, devenu une dorsale, est bientôt occupé par une croûte océanique et un jeune océan. Ce stade est aujourd'hui illustré par la mer Rouge et le golfe de Californie.

Stade d'océan large – Le stade d'océan large est celui auquel est parvenu l'Atlantique. La circulation des eaux y est aisée.

Stade de subduction – On estime qu'environ 200 millions d'années après l'ouverture d'un rift, une zone de subduction ou zone de destruction de plaques se forme sur un ou deux côtés de l'océan. La croûte océanique en contact avec le continent commence à plonger sous la croûte continentale et forme une zone de subduction (comme celles se trouvant en bordure de la plaque du Pacifique). Quelquefois, un arc insulaire est aussi présent (par exemple, les îles Aléoutiennes sur la côte nord-ouest de l'Amérique du Nord) (stade premier de subduction). Ainsi, le mouvement des plaques est inversé, et s'amorce alors une phase de fermeture. Lentement, les continents dispersés commencent à se rapprocher (stade second de subduction).

Stade de collision – Le résultat final de la fermeture de l'océan est une collision entre continents et la formation d'une chaîne de montagnes. C'est dans un tel contexte que se sont formées les Appalaches au sud du Québec il y a 350 Ma à 450 Ma.

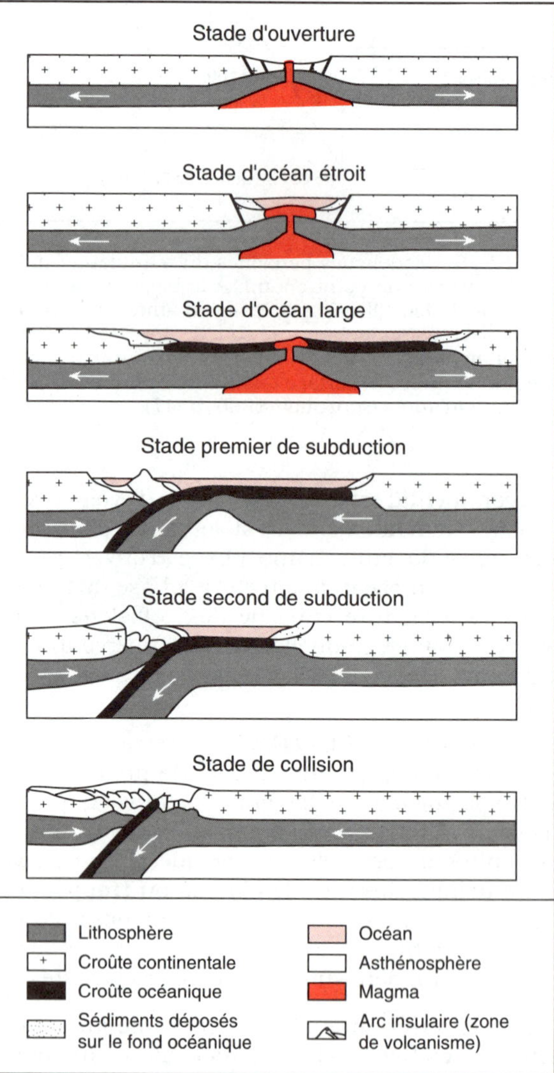

Coupes montrant les étapes successives de l'évolution d'un océan depuis son ouverture jusqu'à sa fermeture.

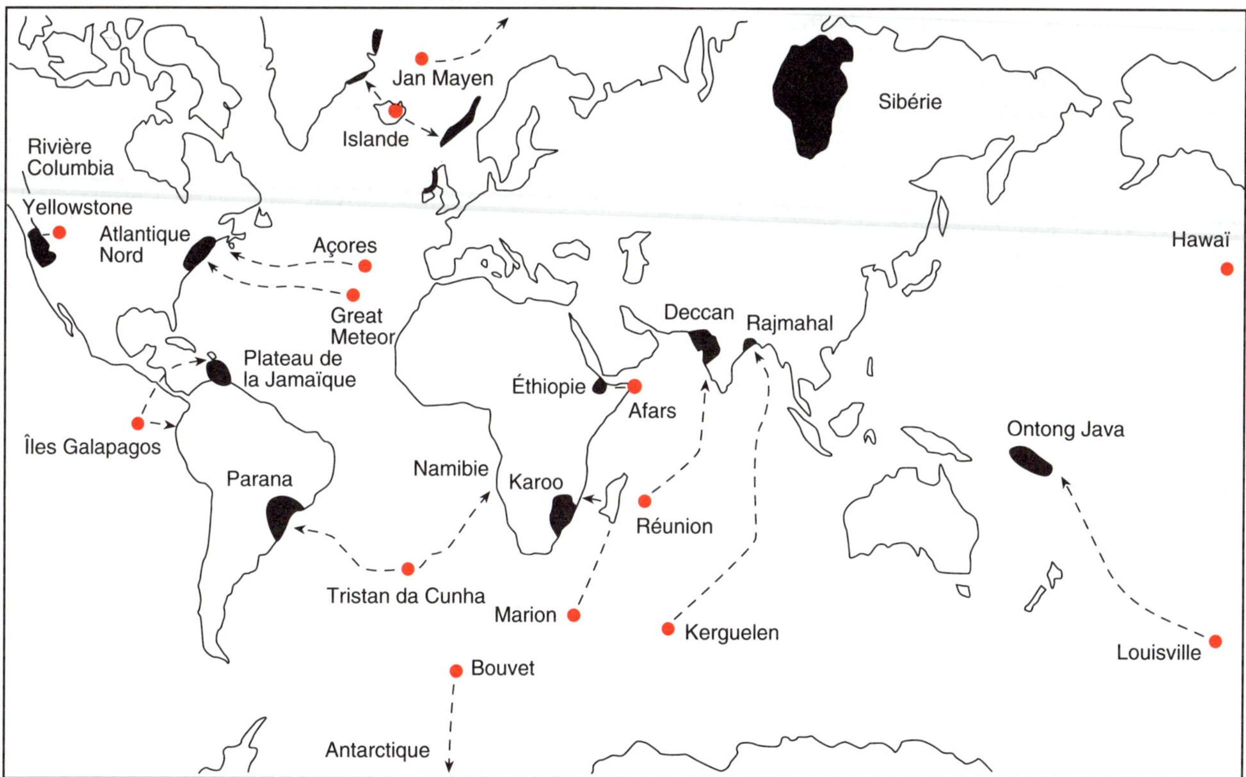

Figure 17.22 Points chauds et déplacements des plaques. Les basaltes de plateau, ou trapps, recouvrent de grandes superficies. Chaque région de trapps (en noir) peut être reliée à un point chaud où l'activité volcanique se poursuit dans une position géographique approximativement fixe, tandis que les plaques lithosphériques se déplacent (Courtillot, 1990, p. 45).

1500 km de diamètre soulève le plancher océanique. Lorsqu'un rift continental s'ouvre au-dessus d'une anomalie thermique développée par un point chaud, la détente fait fondre les roches bien davantage que s'il s'ouvrait au-dessus d'un manteau à température normale. Le volume de magma produit est alors considérable.

À titre d'exemple, les trapps du Deccan, dans le sud-ouest de l'Inde, couvrent 600 000 km^2. Ils se sont formés il y a 65 Ma lors de la rupture de l'Inde et des îles Seychelles, alors situés au-dessus de l'anomalie thermique qui entoure le point chaud de la Réunion. Dans l'Atlantique Nord, dont l'ouverture s'est faite il y a 57 Ma, le point chaud de l'Islande est responsable des épanchements de basalte de la côte ouest du Groenland. De la même manière, on peut expliquer les coulées de basalte retrouvées sur la bordure est de l'Amérique du Sud et sur la bordure sud-ouest de l'Afrique. À cette latitude, l'ouverture de l'Atlantique s'est faite il y a 120 Ma au-dessus du point chaud de Walvis, qui se trouve aujourd'hui sous l'île de Tristan da Cunha. Les traces laissées par la séparation des plaques de l'Amérique du Sud et de l'Afrique sont conservées sous la forme d'alignements de volcans éteints. C'est dire que les volumes importants de basalte épanchés sur les marges continentales passives sont le fruit d'un volcanisme de point chaud. La figure 17.22 montre qu'il est effectivement possible de rattacher chaque région de basaltes de plateau à un point chaud toujours actif.

CONCLUSION

La surface du globe est subdivisée en plaques rigides de forme sphérique, d'une centaine de kilomètres d'épaisseur : les plaques lithosphériques. Ces plaques s'écartent sans se déformer; elles glissent sur l'asthénosphère, un substratum visqueux.

On reconnaît trois limites de plaques, définies par les zones sismiques. Aux dorsales, une activité volcanique permanente, alimentée par le manteau supérieur, donne naissance à la croûte océanique; les plaques y naissent et s'éloignent ensuite l'une de l'autre. Aux zones de subduction, deux plaques se font face et l'une d'entre elles est détruite. La destruction s'accompagne de volcanisme dans les arcs insulaires et les marges continentales actives. Aux failles transformantes, il y a mouvement de coulissage, sans destruction ni construction de plaques. Les trois limites sont dites respectivement divergente (constructive), convergente (destructive) et transformante (conservatrice).

Les continents se déplacent passivement avec les plaques. Légers, ils sont insubmersibles et renferment les plus vieilles roches de la planète. L'histoire de la Terre est donc inscrite dans ses continents. En revanche, les roches des fonds océaniques, qui ont moins de 200 Ma, sont géologiquement jeunes.

Il faut considérer la théorie des plaques comme un modèle simple, qui fournit un cadre cohérent à l'interprétation de l'ensemble des données géologiques, géochimiques, géophysiques et paléontologiques. Dans l'étude de cette planète en constante évolution, la théorie des plaques est devenue le cadre structurel et fonctionnel auquel on renvoie les moindres observations. Le grand mérite de la théorie des plaques est d'avoir sorti la géologie de ses compartiments étanches et de l'avoir réorientée vers un objet unique d'étude : la Terre. Cette théorie unificatrice met de l'avant une démarche environnementale, dans ce sens qu'elle se fonde sur une perception globale alimentée par des études locales très détaillées.

VOCABULAIRE

Anomalie magnétique
Anomalie thermique
Arc insulaire
Asthénosphère

Basaltes de plateau

Chron polaire
Cycle de Wilson

Dérive des continents

Dorsale

Expansion des fonds océaniques

Faille transformante
Fosse

Inversion magnétique

Limite conservatrice
Limite constructive
Limite destructive
Lithosphère

Magnétisme rémanent

Paléomagnétisme
Plan de Wadati-Benioff
Plaque
Point chaud
Prisme d'accrétion

Sous-chron polaire

Tectonique des plaques
Température de Curie
Trapps

Zone d'accrétion
Zone de subduction

QUESTIONS

1. Définissez les expressions et mots suivants :
   a) dorsale océanique;
   b) lithosphère;
   c) asthénosphère;
   d) plaque lithosphérique;
   e) point chaud.
2. Expliquez le rôle que jouent les dorsales et les zones de subduction dans la dynamique des plaques lithosphériques.
3. Le mouvement le long d'une faille transformante ne donne lieu ni à la création ni à la destruction de plaques. Expliquez ce processus.
4. Quelle preuve a-t-on pour confirmer le concept de l'expansion des fonds océaniques ? En quoi ce concept sert-il la théorie des plaques lithosphériques ?
5. Comment pourriez-vous reconnaître une ancienne limite de plaques à l'intérieur d'une région continentale ? Commentez votre réponse.

RÉFÉRENCES BIBLIOGRAPHIQUES

OUVRAGES RECOMMANDÉS

1. **Allègre, C.-J.**
   1983 : *L'écume de la Terre.* Paris, Fayard, coll. Le Temps des Sciences, 368 p.
   Excellente synthèse des débuts de la théorie de la tectonique des plaques lithosphériques.

2. **Collectif**
   1983 : *Pour la Science – La Terre.* Numéro spécial, n° 73, 175 p.
   Très bonne synthèse des connaissances sur les grands systèmes de la planète.

3. Hallam, A.
1976 : *Une révolution dans les sciences de la Terre.* Paris, Seuil, coll. Points, série Sciences, 191 p.
Un petit volume, toujours d'actualité, qui montre le cheminement suivi à partir de la théorie de la dérive des continents pour en arriver à la tectonique des plaques.

AUTRES SOURCES D'INFORMATION CONSULTÉES

Bonatti, E.
1987 : « Séparation des continents et formation des océans » dans *Pour la Science*, n° 115, p. 44-53.

Condie, K. C.
1989 : *Plate Tectonics & Crustal Evolution.* 3e éd., Toronto, Pergamon Press, 476 p. et une carte des plaques tectoniques en pochette.

Courtillot, V.
1990 : « Une éruption volcanique ? » dans *Pour la Science*, n° 158, p. 40-48.

Courtillot, V. et Vink, G.
1983 : « Comment se fracturent les continents » dans *Pour la Science*, n° 71, p. 100-108.

Dercourt, J. et Paquet, J.
1985 : *Géologie – Objets et Méthodes.* 7e éd., Paris, Dunod Université, 347 p. (Voir le chapitre 9.)

Équipe scientifique KAIKO
1988 : *À moins 6000 m.* IFREMER, CNRS et University of Tokyo Press, 103 p. (Pour les photographies prises à grande profondeur.)

Frankel, H.
1988 : « From Continental Drift to Plate Tectonics » dans *Nature*, vol. 335, n° 8, p. 127-130.

Hamblin, W. K.
1975 : *The Earth's Dynamic System.* Minneapolis, Burgess Publishing Co., 578 p.

Keen, C. E. et Beaumont, C.
1990 : « Géodynamique des marges continentales de divergence » dans *Géologie de la marge continentale de l'Est du Canada.* Ottawa, Commission géologique du Canada, Géologie du Canada, n° 2, p. 421-508.

Macdonald, K. et Fox, P.
1990 : « La dorsale médio-océanique » dans *Pour la Science*, n° 154, p. 76-83.

Mascle, A.
1989 : « Les prismes d'accrétion » dans *La Recherche*, vol. 20, n° 215, p. 1308-1316.

Molnar, P.
1988 : « Continental Tectonics in the Aftermath of Plate Tectonics » dans *Nature*, vol. 335, n° 8, p. 131-137.

Pomerol, Ch. et Renard, M.
1989 : *Éléments de géologie.* 9e éd., Paris, Armand Colin, 616 p.

Pour la Science
1979 : *La dérive des continents – La tectonique des plaques.* Paris, Pour la Science S.A.R.L., Diffusion Belin, 216 p.

Press, F. et Siever, R.
1986 : *Earth.* 4e éd., San Francisco, W. H. Freeman, 656 p. (Voir le chapitre 20.)

Trotten, S. M.
1981 : « Frank B. Taylor, Plate Tectonics and Continental Drifts » dans *Journal of Geological Education*, vol. 29, p. 212-220.

Vink, G., Morgan, J. et Vogt, P. R.
1985 : « Panaches et points chauds » dans *Pour la Science*, n° 92, p. 80-88.

Vogt, P. R. et Perry, R. K.
1981 : *North Atlantic Ocean : Bathymetry and Plate Tectonic Evolution.* Boulder, The Geological Society of America, MC-35, 21 p. plus une carte.

Vogt, P. R. et Tucholke, B. E.
1986 : *The Geology of North America.* Volume M : *The Western North Atlantic Region.* Boulder, The Geological Society of America, Decade of North American Geology, 696 p.

Wegener, A.
1937 : *La genèse des continents et des océans.* Paris, Nizet et Bastard, 236 p.

White, R. et McKenzie, D.
1989 : « Le volcanisme de rift » dans *Pour la Science*, n° 143, p. 80-89.

CHAPITRE 18
LES SÉISMES

> Six mois après le tremblement de terre du Saguenay, personne n'a encore une image précise de l'ampleur des dégâts matériels qu'il a causés. Quelques secondes ont suffi pour causer des dommages de plusieurs millions de dollars sur le territoire québécois, mais aucun organisme central n'a à ce jour établi un bilan global des coûts.
>
> CLAUDE TESSIER, *Le Soleil.*

OBJECTIFS PÉDAGOGIQUES

Au terme de ce chapitre vous devriez pouvoir :

- définir les notions de foyer réel et d'épicentre d'un séisme;
- faire la différence entre les ondes P et les ondes S d'un séisme;
- expliquer de quelle manière les ondes sismiques nous révèlent la structure interne de la Terre;
- préciser les causes des séismes par le biais du modèle des plaques;
- faire le point sur la sismicité de l'est du Canada, en particulier sur celle du Québec.

Le **séisme** (ou tremblement de terre) est, avec l'éruption volcanique, l'une des manifestations les plus spectaculaires des forces internes qui agitent notre planète. Un séisme résulte de mouvements qui surviennent le long des plans de faille. Les failles sont activées par les contraintes qui agissent sur les roches. Un séisme libère, de façon soudaine, une grande quantité d'énergie. On calcule qu'environ un million de séismes ébranlent la Terre chaque année. De ce nombre, 100 000 ont une magnitude égale ou supérieure à 3. (La notion de magnitude est expliquée à l'annexe C.)

C'est aux frontières des plaques lithosphériques que les roches sont soumises aux plus fortes contraintes. Le modèle des plaques va donc nous servir de cadre général pour expliquer la sismicité de notre planète.

18.1 DÉFINITIONS

SISMOLOGIE

L'étude des séismes est l'objet de la **sismologie**, une branche de la géophysique. Au Canada, les **sismologues** œuvrent non seulement à mieux comprendre les mécanismes à l'origine des séismes, mais également à mettre au point des cartes de zonage des risques sismiques. Ces cartes fournissent des lignes directrices qui permettent aux architectes et aux ingénieurs de concevoir des édifices capables de résister à des secousses majeures, de manière à limiter les pertes de vie et les dégâts matériels.

Les prévisions des séismes sont l'objet de beaucoup de recherches. À l'heure actuelle, on connaît les zones à risques élevés, les magnitudes attendues, mais on ne connaît aucune méthode qui permette de prédire le moment précis où se produira un séisme dans une région donnée. Une méthode expérimentée en Grèce au début des années 80 (méthode VAN) semblait porteuse d'espoir. Pourtant elle n'a pas réellement fait la preuve de son efficacité[1].

FOYERS RÉEL ET RELATIF D'UN SÉISME

Les mouvements des plaques lithosphériques soumettent les roches de l'écorce à des contraintes considérables. Lorsqu'en un endroit ces contraintes dépassent la résistance mécanique des roches, une faille se produit : c'est un séisme.

Une faille s'installe à l'endroit le plus fragile d'un secteur donné. Un mouvement relatif des masses rocheuses de part et d'autre du plan de faille permet le relâchement des contraintes accumulées. Le plan de faille est relativement limité. Par exemple, pour le séisme du Saguenay survenu en novembre 1988[2], on estime que ce plan s'étendait sur environ 100 km². Le mouvement des compartiments rocheux est maximal au centre du plan de faille et s'annule à la périphérie (fig. 18.1).

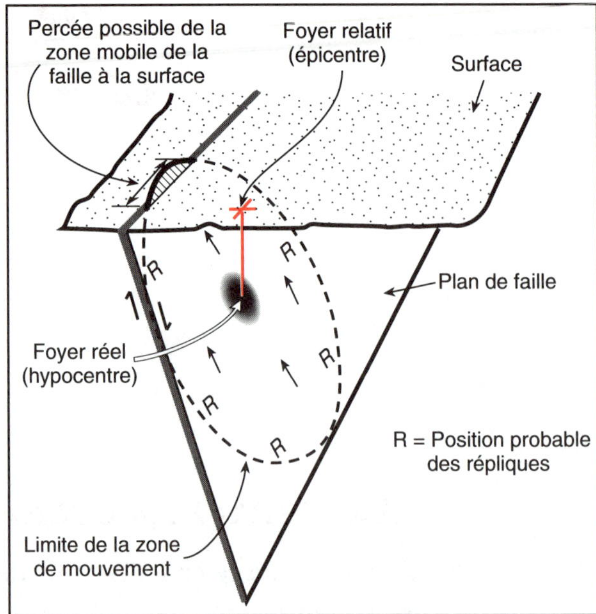

Figure 18.1 Foyers réel et relatif d'un séisme. Le foyer réel ou hypocentre est le lieu à l'intérieur de la Terre, le long d'un plan de faille, où se produit la rupture principale. Les ondes se propagent à partir du foyer réel. Le foyer relatif ou l'épicentre correspond à la zone située, en surface, à la verticale du foyer réel (d'après Roy, 1991, p. 27).

Le **foyer réel** (ou hypocentre) d'un séisme désigne l'emplacement de la rupture principale. Le **foyer relatif** (ou épicentre) d'un séisme correspond à la zone située en surface, à la verticale du foyer réel. La faille sera visible en surface seulement si sa taille dépasse la profondeur du foyer réel; autrement, tout le mouvement des masses rocheuses se fait en profondeur.

Dans une région donnée, les séismes ont tendance à se déplacer vers les secteurs où les contraintes n'ont pas encore été relâchées. C'est ainsi qu'une grande faille peut se développer par relais de sites successifs de rupture. Lorsqu'une telle faille est formée, elle devient la zone faible de la région, et les séismes tendent à s'y concentrer, tantôt à un endroit, tantôt à un autre. À la longue, toutes les portions de la faille finissent par bouger, et le cycle peut recommencer tant et aussi longtemps que le système local de contraintes est maintenu par les forces internes du globe.

Il existe une classification des séismes fondée sur la profondeur du foyer réel, à savoir : les séismes superficiels (leurs foyers réels se situent à moins de 100 km), les séismes intermédiaires (les foyers réels se situent entre 100 et 300 km) et les séismes profonds (les foyers réels se situent à plus de 300 km). Les séismes superficiels sont beaucoup plus nombreux que les séismes intermédiaires et profonds. Ces derniers ont des foyers réels qui ne dépassent pas 700 km. Dans l'est du Canada, tous les séismes se produisent dans l'écorce à moins de 30 km de profondeur.

Les séismes constituent rarement des phénomènes isolés. Ils sont la plupart du temps précédés d'événements mineurs que l'on nomme **secousses prémonitoires** (précurseurs). De même, ils sont généralement suivis, parfois sur de longues périodes de temps, de secousses qui diminuent graduellement en magnitude et en fréquence : les **répliques**.

18.2 SISMOGRAPHES, ONDES SISMIQUES ET INFORMATIONS FOURNIES PAR LES ONDES SISMIQUES

Dans cette section, nous verrons tout d'abord les techniques mises au point pour enregistrer les ondes émises par un séisme. Ensuite, nous nous attarderons sur la nature de ces ondes. Enfin, nous examinerons les informations que ces ondes fournissent sur la structure interne de la Terre.

1. On consultera l'article « La méthode VAN pour la prédiction des séismes : pourquoi les géophysiciens sont-ils sceptiques ? » de Denis Hatzfeld, 1990.
2. On consultera *Cassures de la croûte terrestre au Saguenay – Lac St-Jean* de D. W. Roy, 1991, p. 26 et sous-section 18.4.2.

18.2.1 *Sismographes et sismogrammes*

Lorsqu'une rupture se produit en profondeur, le long d'un plan de faille, l'énergie libérée émet des vibrations qui se propagent dans toutes les directions sous forme d'**ondes sismiques**. Dans les stations sismographiques, des **sismographes** enregistrent ces ondes sous forme de **sismogrammes**[3] (fig. 18.2). À partir des mesures enregistrées de l'amplitude des ondes et en tenant compte de la distance entre l'épicentre et la station sismographique, il est possible de calculer la **magnitude** d'un séisme. Cette notion fournit une mesure quantitative de l'énergie libérée au foyer réel d'un séisme. La magnitude est donnée d'après l'échelle de Richter. Le tableau 18.1 propose une classification des séismes fondée sur la magnitude.

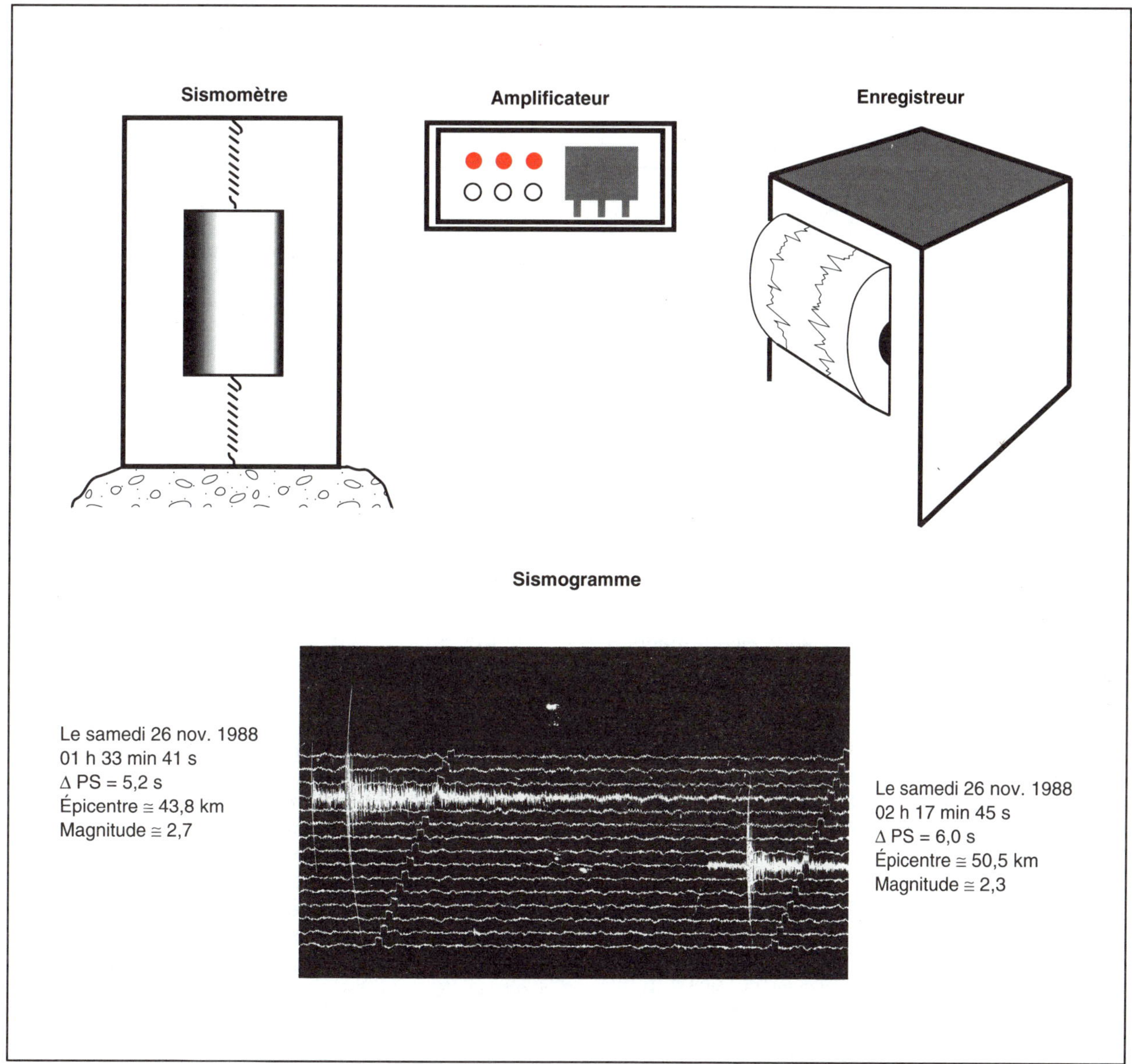

Figure 18.2 Schéma des composantes d'une station sismographique. Le sismomètre et l'amplificateur peuvent être placés à distance et reliés à l'appareil enregistreur par radio ou par téléphone (télémesures). Le sismogramme, gracieusement fourni par Léonard Duchesne du collège de Jonquière, montre l'enregistrement de deux répliques du séisme du Saguenay survenu le 25 novembre 1988.

3. Les informations sur les sismographes sont tirées du feuillet *Les sismographes* de la série *Géodoc*, publié par Énergie, Mines et Ressources Canada.

Tableau 18.1 Classification des séismes selon leur magnitude (Stevens, 1988a, annexe B, p. 41).

Classe	Magnitude	Remarques
Microséisme	< 3	Rarement ressenti, mais enregistré par un sismographe assez proche (< 200 km) de l'épicentre
Petit, léger	3	Ressenti près de l'épicentre
Mineur	4	Perceptible jusqu'à 50 à 100 km de l'épicentre
Modéré	5	Possibilités de dommages mineurs près de l'épicentre; perceptible jusqu'à 100 à 400 km de l'épicentre
Important	6	Potentiel de destruction considérable; perceptible dans un rayon de 1000 km de l'épicentre
Majeur	7	Plusieurs exemples au Canada
Grand	> 8	Un exemple au Canada

Les mouvements du sol au cours d'un séisme se mesurent par rapport à un objet fixe ou **sismomètre**. Dans un sismographe, le sismomètre est une masse suspendue par des ressorts et placée à l'intérieur d'une boîte. Quand survient un séisme, la masse demeure immobile pendant que la boîte se déplace suivant les mouvements du sol.

La plupart des sismographes sont électromagnétiques. Un gros aimant sert de sismomètre, et la boîte externe renferme de nombreux rouleaux de fil métallique. Les mouvements de la boîte par rapport à l'aimant produisent de faibles signaux électriques dans les rouleaux de fil. Ces signaux sont amplifiés par voie électronique et transmis à un appareil enregistreur muni d'une bande de papier ou d'une bande magnétique.

Comme les ondes sismiques perdent de leur intensité à mesure qu'elles se propagent dans la Terre, les sismographes conçus pour enregistrer des séismes locaux diffèrent de ceux qui enregistrent des tremblements de terre lointains. Les instruments sensibles aux ondes sismiques de haute fréquence, celles qui vibrent plusieurs fois par seconde, sont dits sismographes à **courtes périodes**. Ils sont utilisés pour enregistrer des séismes locaux, dont les ondes parviennent à l'instrument alors que celles-ci sont encore très rapides et rapprochées les unes des autres. Les sismographes à **longues périodes** enregistrent des ondes de plus basse fréquence émises par des séismes éloignés.

Certains sismographes à courtes périodes amplifient les mouvements du sol plusieurs milliers de fois. Ces instruments sensibles peuvent déceler des séismes de très faible magnitude. Cependant, leur aiguille dépasse l'échelle quand surviennent des séismes locaux forts (on parle alors de saturation). C'est pourquoi il existe des sismographes pour secousses fortes, les **accélérographes**, qui amplifient très peu les mouvements du sol (moins de 100 fois). Contrairement aux autres sismographes, ceux-ci ne fonctionnent pas continuellement. Ils sont mis en marche automatiquement par de fortes secousses locales et ils fonctionnent jusqu'à ce que les mouvements du sol soient de nouveau imperceptibles. Les accélérographes fournissent des mesures de l'accélération verticale et horizontale. Ces informations sont exprimées en fraction de la gravité (généralement en % de *g*).

Enfin, pour obtenir une représentation tridimensionnelle de l'oscillation sismique, on déploie souvent les sismographes par groupes de trois, chaque instrument enregistrant l'une des composantes du mouvement : la composante nord-sud, la composante est-ouest et la composante verticale.

18.2.2 *Les ondes sismiques*

Depuis le foyer réel, des ondes se propagent à travers les roches. Chaque particule minérale se déplace peu; elle oscille autour de sa position d'équilibre. En revanche, le mouvement et l'énergie libérée se transmettent très vite d'une particule à une autre sur de très longues distances. Ainsi, peu de temps après le déclenchement d'un séisme, on note autour du foyer réel une surface dite **front d'ondes**, qui sépare les particules déjà entrées en vibration de celles qui ne vibrent pas encore.

Un séisme engendre simultanément deux principaux types d'ondes : des **ondes de compression** et des **ondes de cisaillement**. Ces deux types d'ondes constituent des **ondes de fond** (*body waves*), car elles se propagent à l'intérieur de la Terre. Lorsque les ondes de fond atteignent la surface de la Terre, elles donnent naissance à un troisième type d'ondes appelées **ondes de surface**. Ces ondes sont les plus lentes des trois catégories.

ONDES DE COMPRESSION

Les corps rocheux traversés par des ondes de compression subissent des alternances de compression et de dilatation qui produisent un changement de volume (fig. 18.3a). Étant donné que le mouvement de va-et-vient de ces ondes se fait suivant la direction de propagation, elles sont dites longitudinales. Ces ondes sont les premières à être enregistrées sur le sismogramme, d'où leur appellation d'**ondes primaires** ou **ondes P**. Pour l'est du Canada, la vitesse des ondes P est de l'ordre de 6,2 km / s. Ces ondes sont analogues à des ondes sonores et elles se transmettent dans tous les milieux et dans tous les matériaux (solides, liquides et gaz). En émergeant à la surface de la Terre depuis les profondeurs du foyer réel, une fraction de ces ondes sont susceptibles de voyager dans l'air et d'y être entendues par les humains ou les animaux. Elles produisent des sons à basse fréquence, perçus comme un bruit sourd peu rassurant.

ONDES DE CISAILLEMENT

Les corps rocheux traversés par des ondes de cisaillement subissent une distorsion. Ils changent de forme mais non pas de volume (fig. 18.3b). Une corde fixée à l'une de ses extrémités et secouée de bas en haut à l'autre extrémité illustre bien le mouvement de ce type d'ondes. Étant donné que ces ondes vibrent perpendiculairement à la direction de propagation, elles sont la résultante d'une composante horizontale et d'une composante verticale. Elles sont dites transversales et ne se propagent pas dans les fluides. Les ondes de cisaillement inscrivent de forts mouvements sur le sismogramme, peu après l'arrivée des ondes P, d'où leur nom d'**ondes secondaires** ou **ondes S**. Pour l'est du Canada, la vitesse des ondes S est de l'ordre de 3,6 km / s.

ONDES DE SURFACE

Il y a deux types d'ondes de surface : les ondes de Love et les ondes de Rayleigh.

Ondes de Love Les ondes de Love sont analogues aux ondes S à la seule différence qu'elles n'ont pas de composante verticale. Elles oscillent dans un plan horizontal perpendiculaire à la direction de la propagation (fig. 18.3c). Les ondes de Love sont aussi appelées **ondes longues** ou **ondes L**. Leur période est de 10 à 20 secondes, avec des longueurs d'onde de 20 à 80 km et des vitesses de 3 km / s. Elles ont une grande amplitude et peuvent causer des dommages jusqu'à une centaine de kilomètres de l'épicentre.

Ondes de Rayleigh Les ondes de Rayleigh oscillent dans un plan vertical, perpendiculaire à la direction de propagation, mais avec un mouvement elliptique rétrograde (fig. 18.3d). Leur déplacement ressemble à celui d'une vague sur l'eau.

ENREGISTREMENT DES ONDES

Sur les enregistrements des séismes locaux, les ondes de surface sont petites et se distinguent rarement des ondes S qui les ont précédées. Toutefois, comme elles s'atténuent beaucoup plus lentement que les ondes de fond, elles donnent de fortes amplitudes sur les sismogrammes des sismographes à longues périodes. De ce fait, elles sont aisément identifiables sur les sismogrammes. En mesurant l'intervalle de temps entre l'arrivée des groupes d'ondes P et S, on peut calculer la distance qui sépare le sismographe de l'épicentre du séisme. Pour l'est du Canada, on calcule 8,418 km pour chaque seconde d'intervalle entre les ondes P et S. Ainsi, sur les deux sismogrammes montrés à la figure 18.2, on mesure respectivement des écarts (Δ PS) de 5,2 et de 6 secondes entre l'arrivée des ondes P et des ondes S (la vitesse de déroulement du papier est de 1 mm / s). L'épicentre du séisme se trouvait donc à 43,8 km de la station de Jonquière

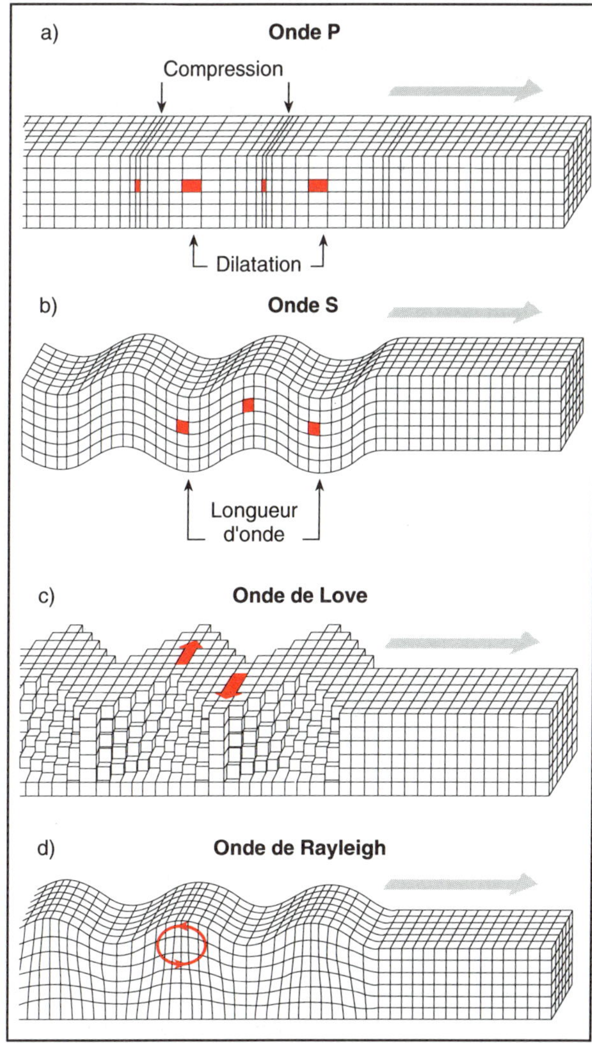

Figure 18.3 Les diverses ondes sismiques et les déformations qu'elles font subir aux corps rocheux. En a), une onde P qui comprime et dilate les minéraux des roches. Ainsi, ces derniers subissent des changements de forme et de volume, comme le montrent les cubes en couleur. En b), une onde S qui imprime aux minéraux un mouvement perpendiculaire à la direction de propagation. Ceux-ci ne subissent que des changements de forme. En c), une onde de Love qui vibre de façon horizontale seulement. En d), une onde de Rayleigh qui se déplace suivant un mouvement circulaire (d'après Bolt, 1978, p. 31).

dans le premier cas et à 50,5 km, dans le second cas. Lorsque au moins trois stations sismographiques ont enregistré un séisme, on peut en déterminer l'épicentre à partir des distances calculées grâce aux sismogrammes (fig. 18.4).

18.2.3 *Informations fournies par les ondes sismiques*

L'étude des sismogrammes permet de faire les constatations suivantes :

- les ondes de fond (P et S) se propagent à des vitesses variant selon les distances parcourues, donc selon la profondeur. Ces ondes rencontrent des matériaux de nature diverse, ce qui confirme l'hétérogénéité de l'intérieur de la Terre;
- les ondes de surface (Love et Rayleigh) ont une vitesse de propagation constante et elles sont absentes des séismes dont le foyer réel se situe à plus de 100 km de profondeur;
- une chute brusque des vitesses de propagation, causée par un changement de milieu, se produit en moyenne à environ 50 km de profondeur (30 à 40 km dans l'est du Canada). Il s'agit de la discontinuité de **Mohorovicic** (nom du sismologue yougoslave qui l'a identifiée en 1909), souvent nommée simplement **Moho** ou **M**. Celle-ci marque le passage de l'écorce au manteau supérieur;
- il existe ce qu'on appelle une zone d'ombre localisée entre 103° et 143° de l'épicentre d'un séisme donné et qui dessine un couloir tout autour du globe. Cette zone d'ombre est due à la présence du noyau externe liquide.

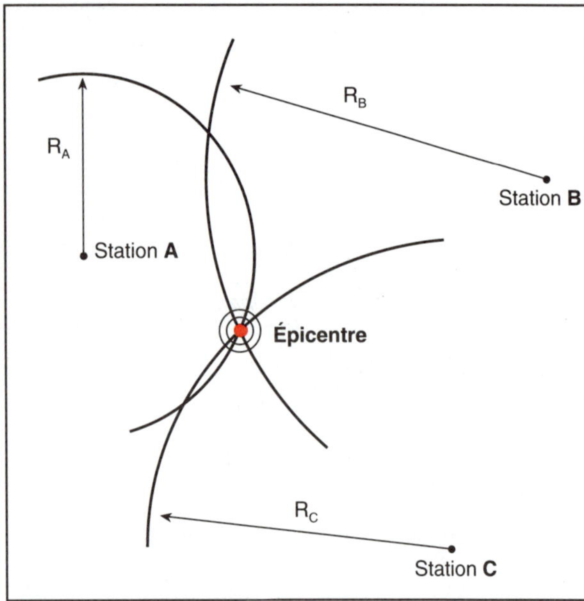

Figure 18.4 Localisation de l'épicentre d'un séisme. En connaissant la distance qui sépare le sismographe de l'épicentre pour au moins trois stations, on peut localiser l'emplacement de l'épicentre d'un séisme en traçant trois cercles dont les rayons correspondent à ces distances. Le point d'intersection de trois cercles dessine le plus souvent un petit triangle. Plus on dispose de stations, plus on est en mesure de s'approcher de l'emplacement exact de l'épicentre.

Disons un mot du manteau et du noyau.

MANTEAU

Le manteau comprend trois parties : le manteau supérieur, une zone de transition et le manteau inférieur (fig. 18.5).

Manteau supérieur Le manteau supérieur s'étend depuis le Moho jusqu'à 400 km de profondeur. À son sommet, on reconnaît la partie inférieure de la lithosphère et l'asthénosphère. Cette dernière est définie par une zone de basse vitesse des ondes S qui débute vers 125-140 km de profondeur et prend fin vers 235 km. On attribue cette diminution de vitesse des ondes sismiques à une fusion partielle des roches (environ 1 %). Le manteau supérieur est formé de péridotite, roche silicatée ultramafique comprenant trois ou quatre minéraux principaux, le plus abondant étant l'**olivine** dont la formule générale est $(Mg,Fe)_2SiO_4$. Les autres minéraux sont les pyroxènes et les grenats.

Zone de transition La zone de transition s'étend de 400 à 650 km de profondeur, marquée par une augmentation de la vitesse des ondes S. Cette augmentation serait due à un changement de phase, c'est-à-dire à un réarrangement de la structure cristalline de l'olivine qui se transforme en **spinelle**, un minéral à structure atomique plus compacte, de densité plus élevée.

Manteau inférieur Le manteau inférieur s'étend de 650 à 2900 km de profondeur et présente une minéralogie qui lui est propre. Au moins 70 % de cette enveloppe est formée de **pérovskite**, un oxyde.

Au cours de ces dernières années, de nombreuses recherches ont porté sur la structure et la composition chimique du manteau[4]. On sait que le manteau est le siège du mouvement des plaques lithosphériques. De ce fait, mieux connaître les propriétés de ce milieu serait très utile pour comprendre la dynamique des plaques.

NOYAU

La nature du noyau, particulièrement du noyau externe, nous est révélée par une zone d'ombre localisée

4. Pour un bon résumé de l'état des recherches sur cette question, voir l'article de François Guyot, « Le manteau inférieur de la Terre », 1990.

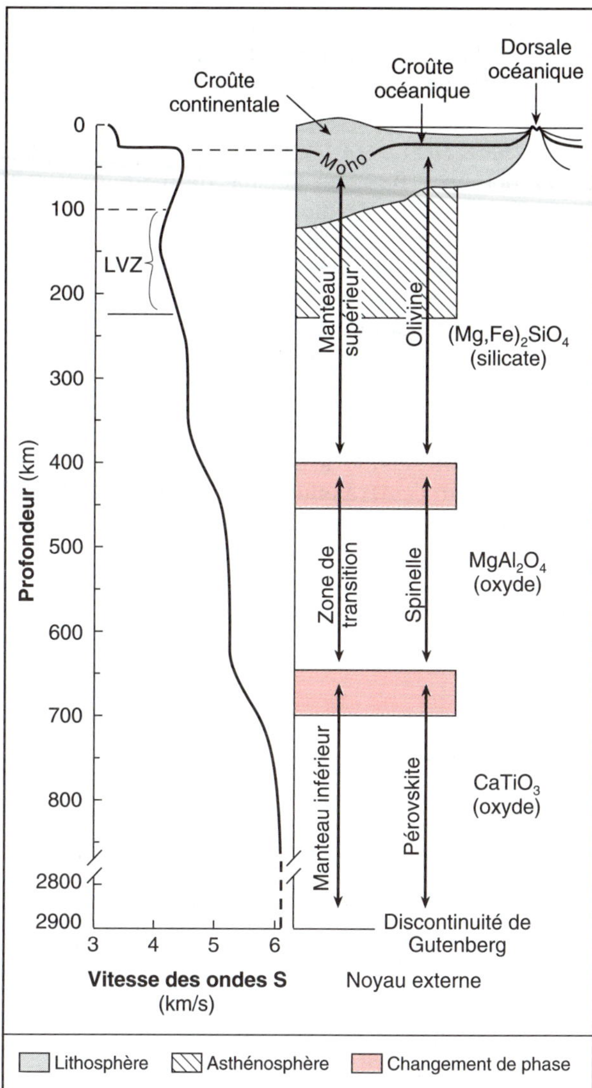

Figure 18.5 Vitesse des ondes S et structure interne de la Terre. La lithosphère a une épaisseur d'environ 100 km. Elle comprend l'écorce (croûte continentale et croûte océanique) et une partie du manteau supérieur. À environ 100 à 235 km de profondeur, une zone de basse vitesse des ondes S (LVZ pour *Low Velocity Zone*) définit l'asthénosphère. Vers 400 km et vers 650 km de profondeur, deux zones de transition sont signalées par des augmentations de la vitesse des ondes. Ces augmentations sont le résultat de l'accroissement de densité à cause de changements dans la structure des minéraux (olivine, spinelle, pérovskite) du manteau (d'après Press et Siever, 1986, p. 472).

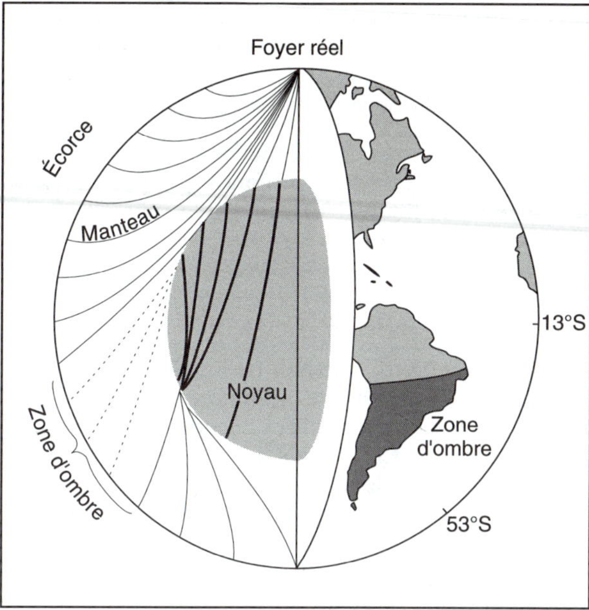

Figure 18.6 Le noyau terrestre. À 2900 km de profondeur, les ondes sismiques rencontrent un milieu qui a les propriétés d'un liquide : c'est le noyau externe. La preuve en est que pour un séisme hypothétique dont le foyer réel serait situé au pôle Nord, les ondes sismiques (sauf les ondes de surface) ne seraient pas reçues dans un corridor compris entre 13°S et 53°S (soit entre 103° et 143° par rapport à l'épicentre). Dans cette zone d'ombre, seules de faibles ondes P réfléchies ou réfractées sont reçues (lignes en pointillé).

localisée entre 103° et 143° de l'épicentre d'un séisme (fig. 18.6). Compte tenu de la circonférence de la Terre, cette valeur angulaire est comprise entre 11 500 et 14 000 km de l'épicentre d'un séisme quelconque. Dans cette bande, les ondes du séisme ne sont pratiquement pas enregistrées sur les sismogrammes. Cette zone d'ombre traduit un changement majeur de l'état des matériaux terrestres. À 2900 km de profondeur, la vitesse des ondes P chute brusquement, et les ondes S cessent de se propager. Il y a là une discontinuité très nette entre deux milieux : l'un solide et l'autre liquide. Cette discontinuité est celle de **Gutenberg**, du nom de celui qui l'a révélée. Elle démarque le manteau inférieur (appelé aussi mésosphère) du noyau externe liquide. Au-delà de 143° de l'épicentre du séisme, les ondes recommencent à être reçues par les sismographes.

18.3 SÉISMES ET FRONTIÈRES DE PLAQUES

Nous avons appris que les dorsales océaniques, les zones de subduction et les failles transformantes sont des zones de grande activité sismique. À chacune de ces trois frontières de plaques correspondent des contraintes responsables des déformations des roches : tension aux dorsales, tension et compression aux zones de subduction, cisaillement aux failles transformantes.

Aux dorsales, qui sont des frontières divergentes, les séismes sont restreints à la zone de rift; ces séismes sont généralement de faible magnitude. Ils sont produits par des failles normales et les foyers réels se situent entre 2 et 8 km de profondeur.

Aux failles transformantes, les séismes se produisent aussi à faible profondeur (foyers réels à moins de 50 km). La faille de San Andreas, en Californie, est un bon exemple d'une faille transformante active.

C'est dans les zones de subduction que se produisent les séismes à foyers réels profonds (jusqu'à 700 km). La carte de la figure 18.7 montre la répartition des séismes sur le globe.

18.3.1 *La faille de San Andreas*

La carte de la figure 18.8 montre le tracé de la faille de San Andreas qui traverse la Californie. De nombreuses autres failles secondaires accompagnent la faille de San Andreas. Ce système de failles constitue l'une des limites de la plaque de l'Amérique du Nord et de celle du Pacifique. Longue de 1200 km, la faille de San Andreas assure le coulissage relatif, vers le nord-ouest, de la plaque du Pacifique par rapport à la plaque de l'Amérique du Nord qui se déplace vers le sud-est. Le mouvement dextre le long de cette faille transformante, active depuis au moins 30 millions d'années, a déplacé les terrains sur une distance de 450 à 600 km. Cette faille relie la dorsale du Pacifique Est à la dorsale de Juan de Fuca (voir le chapitre 17).

LE SÉISME DE LOMA PRIETA

Le 17 octobre 1989, un séisme de magnitude 7,1 frappait le nord de la Californie. L'épicentre du séisme a été localisé au sud de la ville de San Jose, à 10 km au sud du mont Loma Prieta dans les monts de Santa Cruz (37°02'N, 121°52'W), approximativement à 97 km au sud-est de San Francisco. Deux séismes étaient survenus dans cette région au cours des mois précédents : un premier de magnitude 5,1 le 27 juin 1988, et un second de magnitude 5,2 le 8 août 1989.

Le foyer réel du séisme de Loma Prieta était à 17,6 km de profondeur. Généralement, les séismes causés par une faille de décrochement, comme c'est le cas ici, ont des foyers réels moins profonds. Le plan de faille avait un pendage de 70° vers le sud-ouest (fig. 18.9). On enregistra un mouvement dextre de 1,9 ±0,2 m et un mouvement inverse du toit de la faille de 1,3 ±0,4 m. Le gros du mouvement a été absorbé à environ 10 km

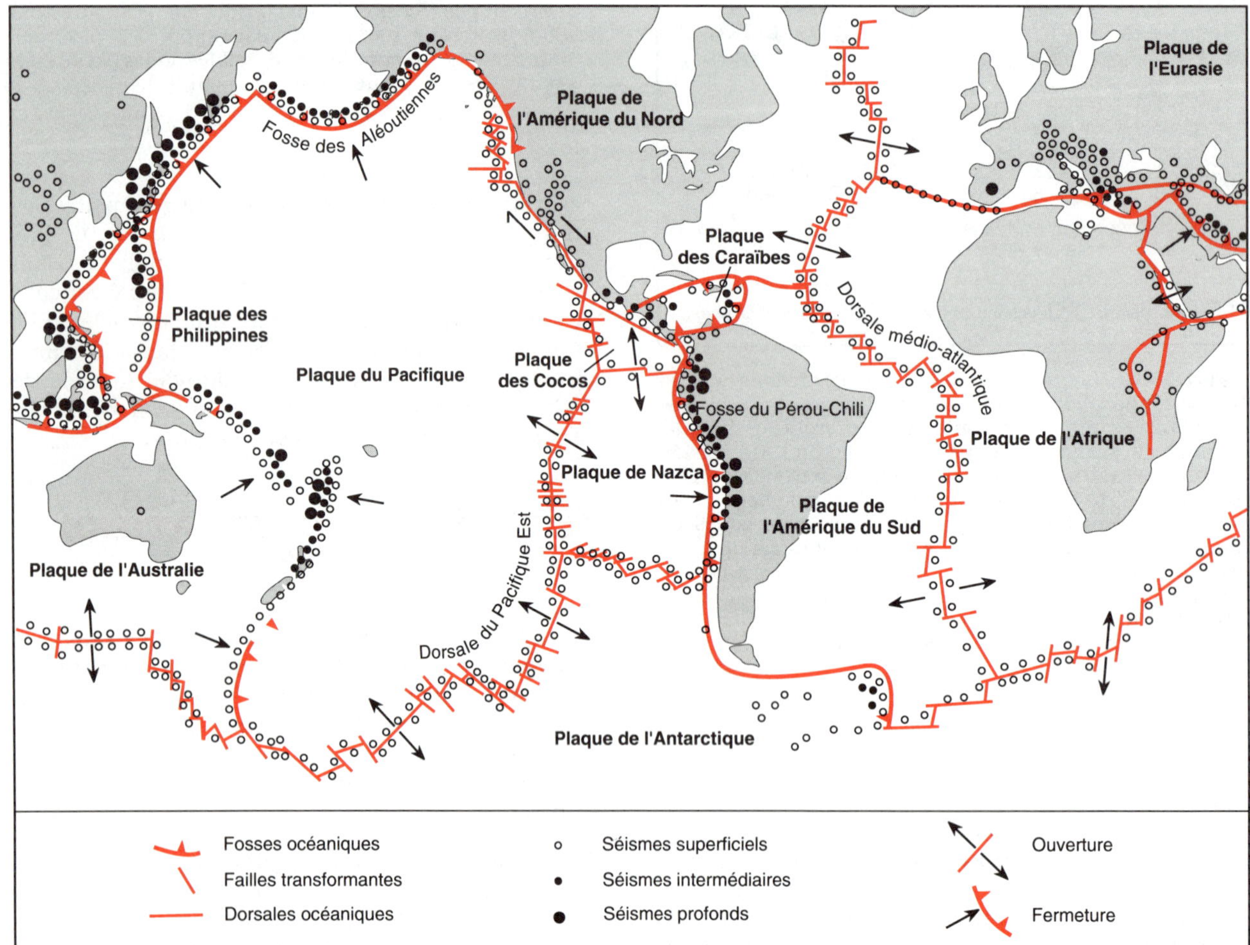

Figure 18.7 La sismicité du globe (d'après Espinosa et Tharp, 1982).

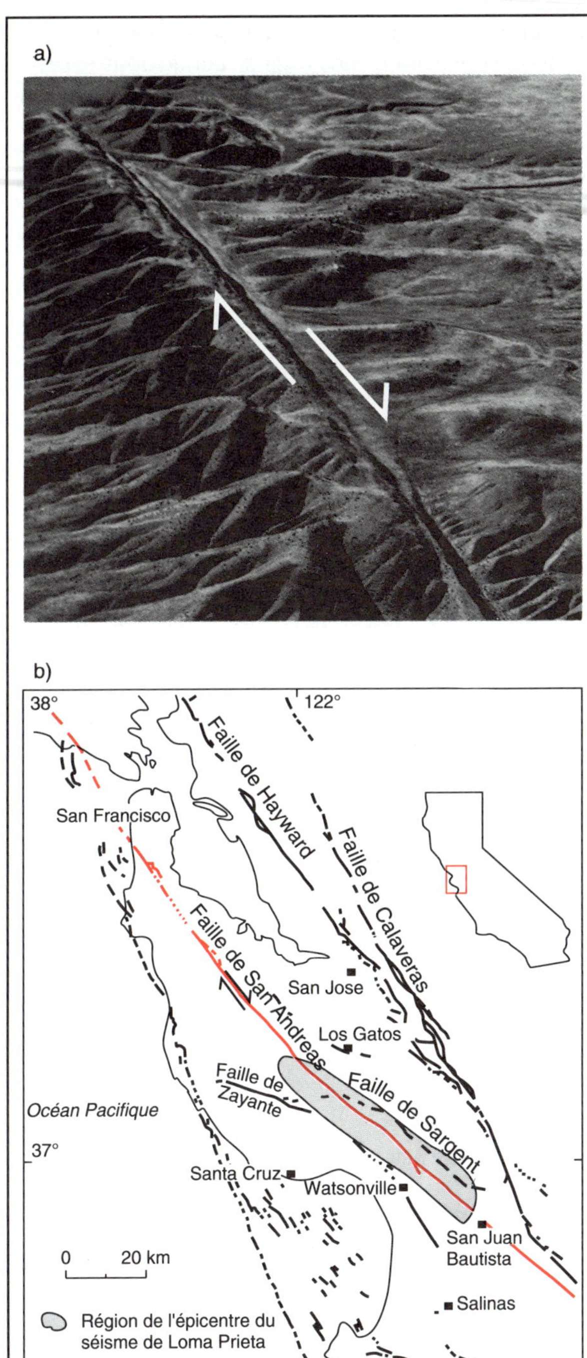

Figure 18.8 La faille de San Andreas en Californie. En a), vue d'un segment de la faille dans la région de la plaine de Carrizo, à mi-chemin entre San Francisco et Los Angeles (photographie : R. E. Wallace, USGS); en b), tracés des principales failles et localisation de la région de l'épicentre du séisme de Loma Prieta survenu le 17 octobre 1989 (USGS Staff, 1990, p. 287).

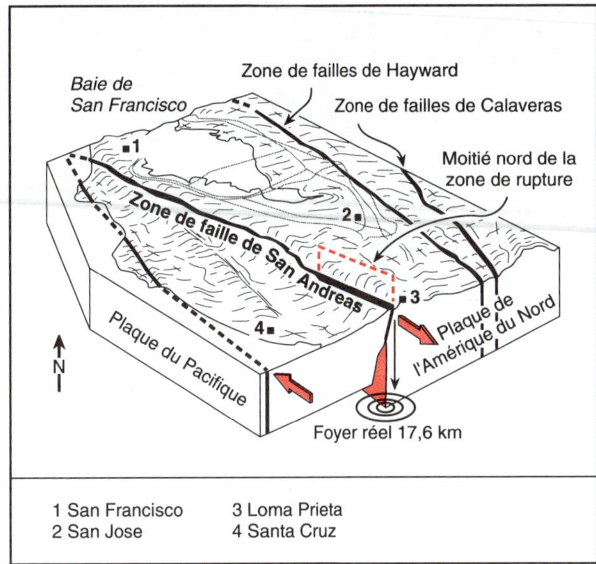

Figure 18.9 Le séisme de Loma Prieta, en Californie. Bloc diagramme montrant les déplacements dans la région de l'épicentre (s. a., 1989, p. 289).

de profondeur de sorte qu'on n'a observé que de faibles déplacements et des fissures mineures en surface. À la suite de l'événement, la plaque du Pacifique a donc glissé brusquement vers le nord-ouest, et l'ensemble de la région des monts de Santa Cruz s'est soulevée.

La sismicité de cette région est la plus étudiée au monde. Le séisme de Loma Prieta n'a surpris personne parmi les spécialistes[5]. Dans une étude parue en 1988, on estimait à plus de 40 % la probabilité que le segment de la faille de San Andreas qui a bougé en 1989 connaisse, au cours des 30 prochaines années, un séisme d'une magnitude comprise entre 6,5 et 7,0.

DOMMAGES ET CONDITIONS DU SOL

Le séisme de Loma Prieta est le plus important séisme survenu dans cette région des États-Unis depuis celui du 18 avril 1906, qui avait détruit la ville de San Francisco et dont la magnitude était de 8,3. La faille de San Andreas avait alors joué sur près de 430 km de longueur.

En 1989, les dommages furent particulièrement importants dans les localités proches de l'épicentre. À San Francisco, c'est le quartier de la Marina qui fut le plus touché. Dans ce secteur du nord de la ville, les constructions reposent sur des matériaux de remblaiement de mauvaise qualité.

5. En ce qui concerne la prévision sismique en Californie, on lira avec intérêt l'article d'Hélène Lyon-Caen, Rolando Armijo et Anne Deschamps, « Loma Prieta : chronique d'un séisme annoncé », 1990.

Figure 18.10 Dommages aux structures de la chaussée (trottoir) causés par la liquéfaction du sol dans le quartier de la Marina à San Francisco. (Photographie : Hydro-Québec, Service des études et normalisation, par Jean-Robert Pierre.)

Le séisme de 1906 avait clairement mis en évidence le fait que les caractéristiques géotechniques des terrains influencent grandement la manière dont les ondes de surface se propagent. Autour de la baie de San Francisco, deux catégories de matériaux sont en cause pour expliquer les dommages importants que connaît ce secteur de la ville lors des séismes. Tout d'abord, on y trouve d'épaisses couches d'argile compressible. Dans de tels sédiments, les ondes de faible fréquence sont amplifiées par un facteur de 2 à 4 par rapport au substratum rocheux. À San Francisco et à Oakland, en 1989, les dommages ont été les plus importants là où les structures (édifices, autoroutes) étaient installées sur des sédiments argileux épais. À d'autres endroits, on trouve des sédiments sans cohésion (sables et silts), remblayés au-dessus des argiles et dont la teneur en eau est très élevée. Dans ce type de terrains, le processus le plus dommageable est celui de la liquéfaction. Les vibrations entraînent des hausses cumulatives de la pression de l'eau interstitielle jusqu'à la rupture du matériau. En empruntant des fissures, le sable des couches inférieures peut gicler à la surface du sol et dans les sous-sols des maisons. Il s'ensuit des tassements différentiels qui peuvent causer des dommages sérieux aux édifices et aux structures de la chaussée (fig. 18.10).

18.3.2 *Séismes et zones de subduction*

Les zones de subduction sont propices à une grande diversité de séismes, notamment des séismes à foyers réels profonds. On a vu au chapitre précédent que la répartition des séismes qui accompagnent la plaque descendante dessine un plan dit de Wadati-Benioff. La distribution des foyers réels des séismes et de l'angle d'enfoncement de la plaque se présente de différentes manières dans les zones de subduction (fig. 18.11). Quand on examine la répartition en profondeur des séismes, on trouve que les zones sismiques dessinent des arcs de cercle dont le rayon de courbure est de plusieurs centaines de kilomètres. Ces zones sont rarement planaires et présentent de nombreuses irrégularités de surface. Aux îles Aléoutiennes, les séismes cessent à 300 km de profondeur alors qu'ils s'étendent jusqu'à 670 km dans l'arc des Mariannes (fig. 18.11a et b). D'autres zones

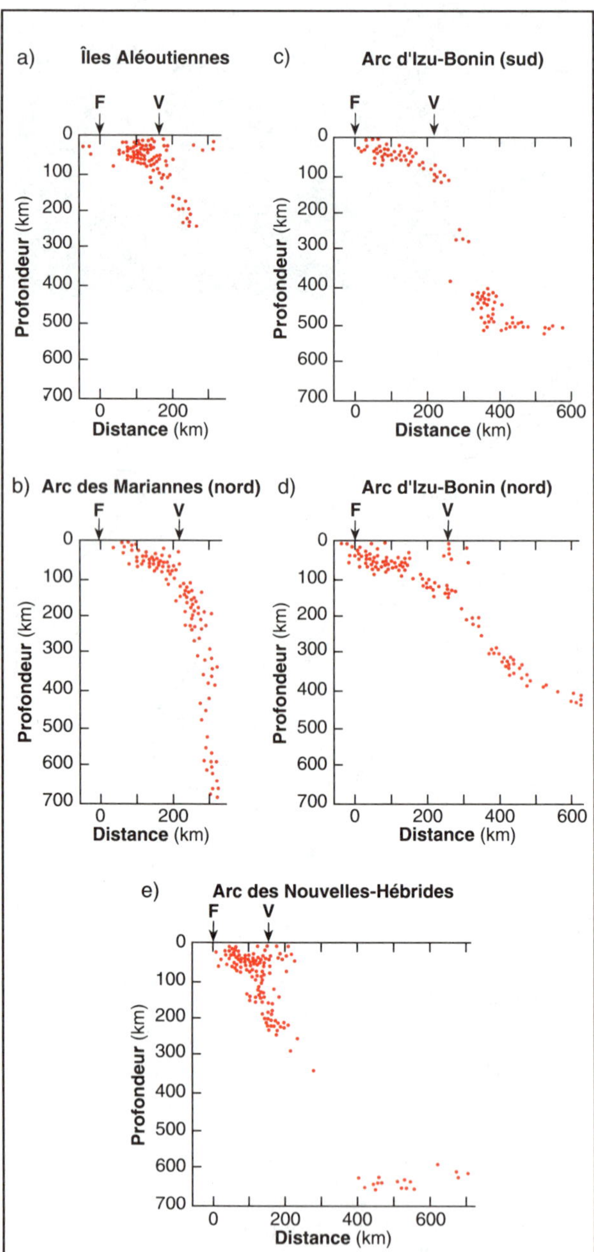

Figure 18.11 Coupes montrant la distribution des foyers réels des séismes dans des systèmes fosses-arcs insulaires. Chaque coupe illustre la sismicité d'une région pour une période de 7 à 10 ans, comprise entre 1954 et 1969. Les lettres F et V sont pour fosse et front volcanique (Condie, 1989, p. 147).

sismiques sont marquées d'importantes discontinuités (fig. 18.11c et e). Ces discontinuités suggèrent, sans en faire clairement la preuve, que les plaques descendantes sont sectionnées. Enfin, une même zone de subduction peut montrer des différences remarquables. Ainsi, dans la partie nord de la zone d'Izu-Bonin (fig. 18.11d), les foyers réels des séismes sont régulièrement répartis. Quand on se dirige vers le sud, ils deviennent progressivement discontinus.

On a établi par des calculs la distribution théorique des contraintes dans une plaque descendante. Ces calculs montrent que dans les premiers 300 km la partie supérieure de la plaque est soumise à des contraintes de compression et qu'au centre de la plaque des contraintes de tension dominent. Aux environs de 350 km de profondeur, les contraintes de compression sont très atténuées. Enfin, à des profondeurs de 400 km et plus, on mesure une zone centrale dominée par des contraintes de compression; cette zone est entourée de zones de tension, la plus étendue occupant la partie inférieure de la plaque.

À partir d'observations, on a pu démontrer que la sismicité des zones de subduction est largement tributaire du degré de cohésion entre la plaque descendante et la plaque chevauchante. La faible sismicité dans les premiers 25 km d'enfoncement est due à la présence de sédiments qui se déforment de manière ductile. À une plus grande profondeur, les matériaux deviennent plus fragiles, les cisaillements plus fréquents et la sismicité plus grande.

UN EXEMPLE : LA COLOMBIE-BRITANNIQUE

De nombreuses zones de subduction bordent la côte ouest de l'Amérique du Nord. Au Canada, la région de Vancouver, en Colombie-Britannique, est le lieu de rencontre de la plaque de Juan de Fuca et de la plaque de l'Amérique du Nord. Cette rencontre se matérialise par la zone de subduction de Cascadia. Les spécialistes estiment que cette région pourrait bien être, un jour, le théâtre d'un séisme très puissant.

Une coupe à la hauteur de l'île de Vancouver (fig. 18.12) montre que des séismes surviennent dans la plaque chevauchante (points noirs) et dans la plaque descendante (points en couleur). On n'a jamais détecté de séismes à l'interface des deux plaques. Soit qu'elles glissent doucement en sens contraire l'une au-dessus de l'autre, soit qu'elles sont fortement soudées l'une à l'autre.

La plaque de Juan de Fuca n'est âgée que de quelques millions d'années. Elle entraîne avec difficulté une mince croûte océanique sous la croûte continentale. On connaît au moins six autres endroits dans le monde où la croûte océanique est jeune (moins de 20 millions d'années). À cinq de ces endroits, des séismes importants, localisés à l'interface des plaques, sont survenus au cours de l'histoire récente. Le dernier, de magnitude 9,5, est celui du Chili en 1960.

La rencontre entre une plaque océanique mince et une plaque continentale crée une zone de subduction à contraintes élevées. Ce modèle, dont nous avons parlé au chapitre 17, est bien illustré par la plaque de Juan de Fuca et celle de l'Amérique du Nord. En fait, le mouvement de ces plaques est à mi-chemin entre un chevauchement de la plaque continentale et une subduction véritable de la plaque océanique. Dans ce contexte géodynamique, on mesure des déformations lentes d'envergure régionale : les zones à la verticale du champ de contraintes élevées se soulèvent et les régions adjacentes à ces zones s'affaissent

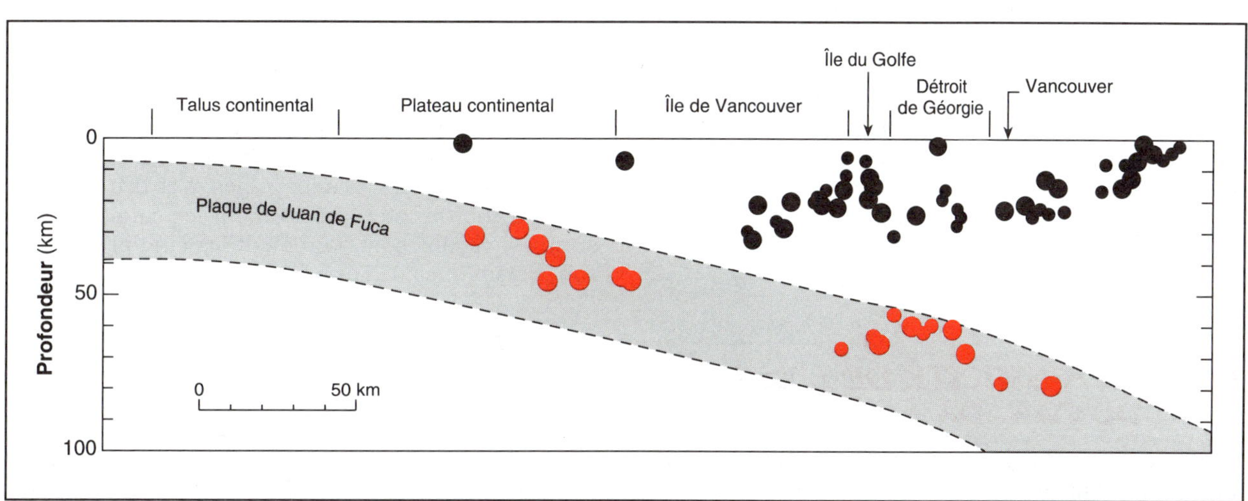

Figure 18.12 Coupe à la hauteur de l'île de Vancouver montrant la distribution des foyers réels des séismes. On remarque que les foyers réels sont localisés dans la plaque continentale chevauchante (points noirs) et dans la plaque océanique descendante (points en couleur). Il n'y a pas d'activité sismique à l'interface des deux plaques. Celles-ci sont probablement soudées l'une à l'autre (Dragert et Rogers, 1988, p. 6).

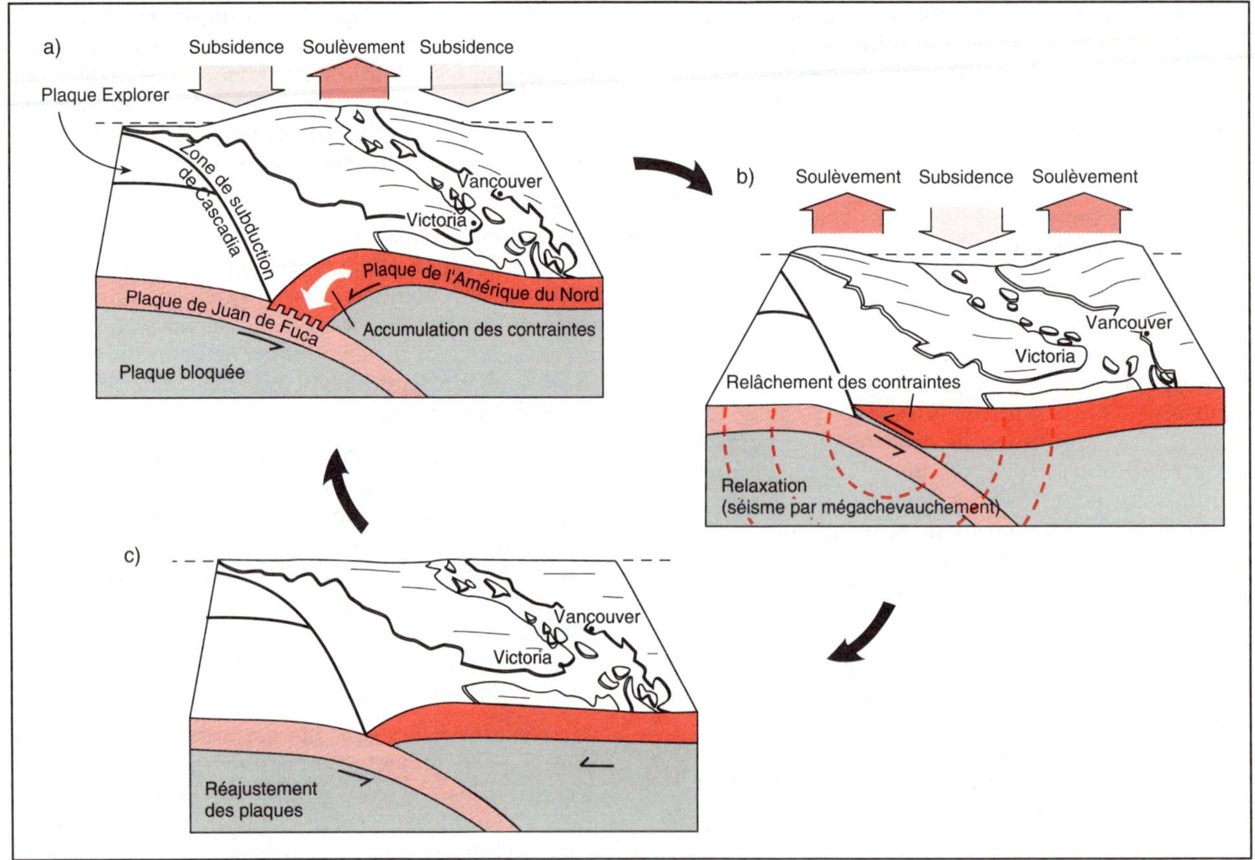

Figure 18.13 Zone de subduction de Cascadia dans la région de Vancouver (Colombie-Britannique). Modèle d'un cycle de déformation dans une zone de subduction à contraintes élevées : a) accumulation des contraintes; b) rupture par mégachevauchement (faille inverse); c) réajustement postsismique (Koppel, 1989, p. 6).

(subsidence). La figure 18.13 présente, pour un tel contexte, un modèle simple en trois étapes qui montre les changements topographiques enregistrés. Actuellement, la région de Vancouver serait à l'étape 1 (un séisme majeur s'y prépare). Des mouvements de 4 mm/a sont mesurés, tant de soulèvements que de subsidence. Quand le chevauchement se produit (l'étape 2, soit le séisme), les déplacements peuvent être considérables. Lors du séisme de 1960 au Chili, des îles au large de la côte ont été soulevées de 6 m, tandis que des régions intérieures se sont effondrées de 2 m. Le séisme est suivi d'une période de réajustement (étape 3).

18.4 LA SISMICITÉ DE L'EST DU CANADA

L'est du Canada est une région continentale intraplaque qui présente une activité sismique modérée. Au cours des 21 mois couvrant la période du 1er janvier 1988 au 30 septembre 1989, les sismologues de la Commission géologique du Canada ont localisé et calculé la magnitude de 550 séismes (fig. 18.14). L'activité sismique de l'est du Canada est concentrée dans des zones connues, souvent identifiées sur les cartes de risque sismique par des codes à trois lettres : l'ouest du Québec (WQU), Charlevoix-Kamouraska (CHV), Bas-Saint-Laurent (LSL), Appalaches du Nord (NAP) et marge continentale du sud-est (Grands Bancs de Terre-Neuve ou GBK). Dans la région de la baie James, on a mesuré une sismicité de faible magnitude induite par la mise en eau des réservoirs des barrages d'Hydro-Québec. Avant d'aborder plus précisément les causes de ces séismes, voyons sommairement les cinq principales zones sismiques de l'est du Canada.

L'OUEST DU QUÉBEC (WQU)

Dans l'ouest du Québec, l'activité sismique est concentrée dans deux sous-zones. La première suit la rivière des Outaouais, depuis le lac Témiscamingue au nord-ouest, en passant par Ottawa, pour ensuite s'élargir et englober Cornwall et Montréal. Dans cette sous-zone se sont produits les séismes de Montréal en 1732 (M_b près de 6), de Témiscamingue en 1935 (M_b de 6,2) et de Cornwall en 1944 (M_b de 5,7). La seconde sous-zone est plus active, mais les séismes y sont moins forts. Elle s'étend de Montréal jusqu'au réservoir Baskatong. Le 19 octobre 1990, un séisme survenait dans cette zone, plus précisément dans la région de Mont-Laurier (M_b de 5,2).

CHARLEVOIX-KAMOURASKA (CHV)

La zone Charlevoix-Kamouraska est la plus active de l'est du Canada avec au moins cinq séismes de magnitude 6 et plus au cours de la période historique. Le dernier séisme en importance est celui de 1925 (M_b de 7). Depuis 1977, les microséismes de cette zone sont enregistrés par un réseau local d'instruments. Ce réseau a permis de localiser près de 500 séismes de magnitude supérieure à 0,0. Concentrés à l'intérieur d'un rectangle de 30 km sur 70 km allongé parallèlement au Saint-Laurent, les séismes se produisent probablement le long de failles déjà existantes (voir la sous-section 18.4.1).

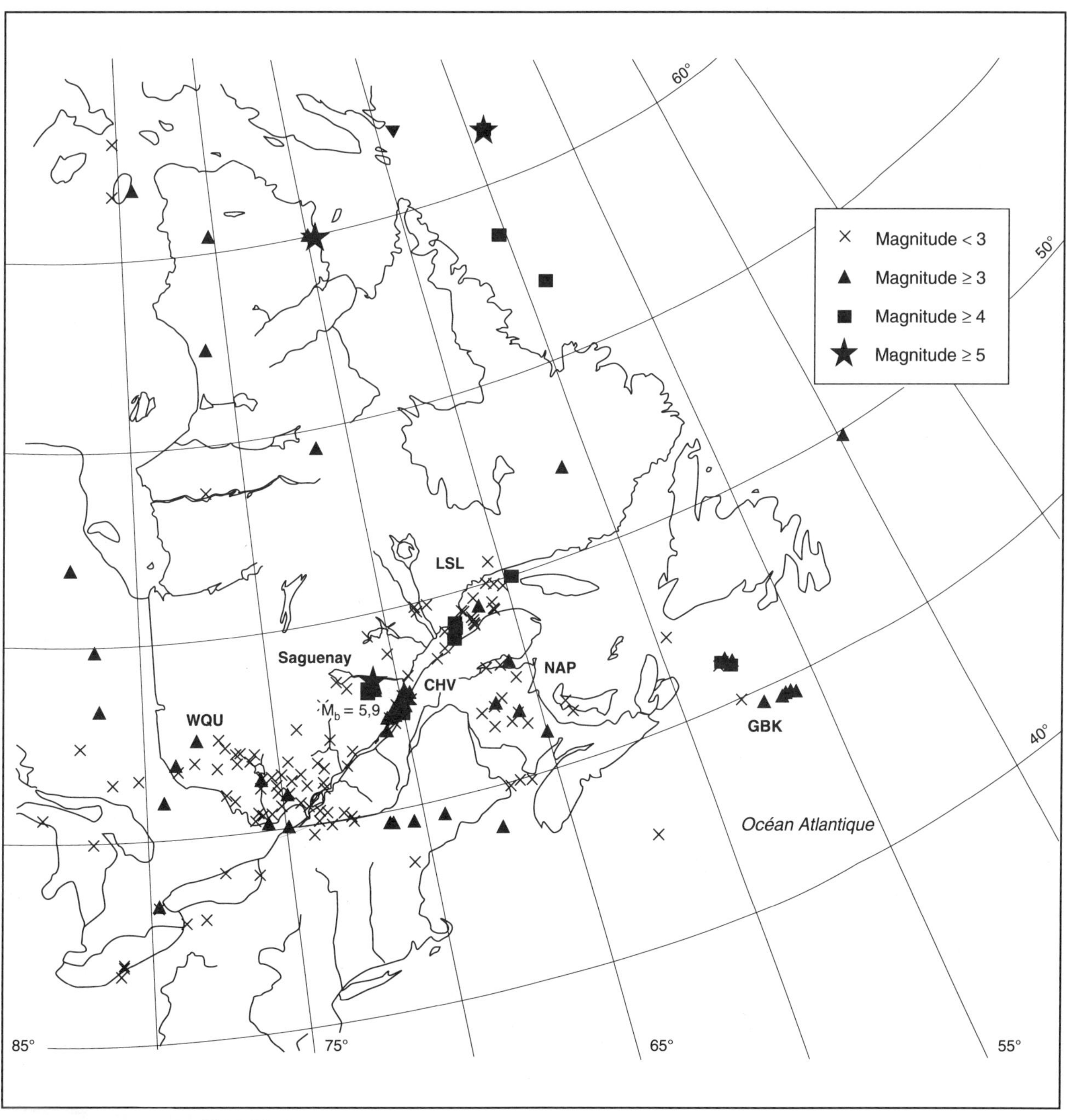

Figure 18.14 La sismicité de l'est du Canada. Épicentres des séismes de l'est du Canada et des régions adjacentes des États-Unis pour la période allant du 1er janvier 1988 au 30 septembre 1989. On reconnaît cinq zones d'activité sismique : l'ouest du Québec (WQU), Charlevoix-Kamouraska (CHV), Bas-Saint-Laurent (LSL), Appalaches du Nord (NAP) et marge continentale du sud-est (Grands Bancs de Terre-Neuve ou GBK) (d'après Drysdale, 1990, p. 68).

Une étude[6] fondée sur l'examen des sédiments du lac Tadoussac, situé à 40 km au nord-est de la zone, a permis d'établir une chronologie des séismes qui ont touché la région de Charlevoix-Kamouraska au cours des derniers millénaires. Les sédiments du fond de ce lac sont très riches en matière organique. En certains endroits, il y a des couches de silt qui proviendraient de glissements de terrain sur les versants des cours d'eau tributaires du lac. On attribue ces glissements à des séismes importants. On a compté 22 couches silteuses à l'intérieur de carottes qui représentent une période de sédimentation de 2300 ans. Si la corrélation présumée entre l'épaisseur d'une couche donnée et la magnitude du séisme est correcte, la région aurait connu quatre événements de magnitude 7,5 ou plus : en 1663, 1320 et 60 de notre ère et en 320 avant notre ère. Les 18 autres couches, plus minces, correspondraient à des séismes de magnitude 6 à 7.

BAS-SAINT-LAURENT (LSL)

Au cours de la période historique, la zone Bas-Saint-Laurent n'a jamais connu de séismes destructeurs. Elle présente une fréquence de microséismes plus faible que les zones de Charlevoix-Kamouraska et de l'ouest du Québec. Tout comme dans la zone de Charlevoix-Kamouraska, les séismes ont leurs foyers réels sous le Saint-Laurent, à des profondeurs comprises entre 10 et 20 km, c'est-à-dire dans le socle précambrien.

APPALACHES DU NORD (NAP)

La zone Appalaches du Nord comprend la majeure partie du Nouveau-Brunswick et elle s'étend du côté américain, en Nouvelle-Angleterre. Elle a connu plusieurs séismes de magnitude variant entre 5,0 et 6,0. Il est difficile, dans cette zone, d'expliquer les séismes par des éléments structuraux. À cet égard, les séismes de la région de Miramichi, au Nouveau-Brunswick, sont très révélateurs (M_b de 5,7 le 9 janvier 1982). Ils se produisent à environ 6 km de profondeur à l'intérieur d'un pluton granitique. Il est impossible de relier ces séismes à un système de failles en particulier.

MARGE CONTINENTALE DU SUD-EST (GBK)

La marge continentale du sud-est est la moins connue des zones actives de l'est du Canada. Près de la moitié des séismes se produisent à l'embouchure du chenal laurentien. En 1929, un séisme de magnitude 7,2, au large des Grands Bancs de Terre-Neuve, a provoqué un glissement de terrain sous-marin. Le tsunami qu'il a déclenché a provoqué la mort de 27 personnes sur la côte sud de Terre-Neuve.

18.4.1 *Causes des séismes dans l'est du Canada*

On a appris que la majeure partie des séismes se produisent aux frontières des plaques tectoniques. L'est du Canada n'occupe pas, du moins de nos jours, une frontière de plaques. Cependant, tel n'a pas toujours été le cas, si bien que le modèle des plaques se révèle malgré tout fort utile pour expliquer les séismes de cette région.

On estime que les contraintes contemporaines sont trop faibles pour générer de nouvelles fractures qui seraient susceptibles de causer des séismes intraplaques, comme c'est le cas au Québec. Ce sont donc des fractures préexistantes, ou des zones de faiblesse anciennes de l'écorce, qui sont réactivées par les contraintes actuelles. Dans la majeure partie de l'est du Canada, d'anciens systèmes de rifts continentaux constituent probablement le support structural des séismes (fig. 18.15). Ces rifts ouverts à la fin du Précambrien sont occupés de nos jours par le Saint-Laurent et certaines vallées tributaires, comme celle de la rivière des Outaouais. Au début du Paléozoïque, lors de la formation des Appalaches, certaines des failles normales de ces rifts ont été soumises à des contraintes de compression. Ces mêmes failles anciennes ont été réactivées par des contraintes de tension lors de l'ouverture du rift continental qui devait donner naissance à l'Atlantique (vers 180 Ma).

Pour quelles raisons l'activité sismique se concentre-t-elle dans certains secteurs du rift du Saint-Laurent, entre autres, dans la zone de Charlevoix-Kamouraska ? Il n'y a pas encore de réponses claires et définitives à cette question. On sait qu'au Dévonien, une météorite de 2 km de diamètre frappa cette région (revoir l'encadré 7.2). Le mont des Éboulements occupe le point central de la zone de 55 km de diamètre qui a été perturbée par l'événement. L'impact a laissé dans l'écorce un important réseau de failles relativement profondes. De plus, on a vu qu'au Wisconsinien supérieur l'Inlandsis laurentidien recouvrait tout le Québec. Le poids du glacier a eu pour conséquence d'enfoncer la lithosphère dans l'asthénosphère. Depuis la fonte de l'inlandsis, le réajustement isostatique du continent se poursuit, et ce processus engendre des contraintes dans les roches de l'écorce.

C'est en tenant compte de ces derniers événements, et de tous ceux relatifs à l'Océan Iapetus, qu'il faut tenter d'interpréter la sismicité actuelle de la zone de Charlevoix-Kamouraska. Selon les plus récentes études[7], on sait que les séismes de cette zone sont tous

6. Voir Ronald Doig, « 2300 yr History of Seismicity from Silting Events in Lake Tadoussac, Charlevoix, Québec », 1990.

7. Voir l'article de Maurice Lamontagne, « Charlevoix, terre de villégiature... et de séismes », 1987.

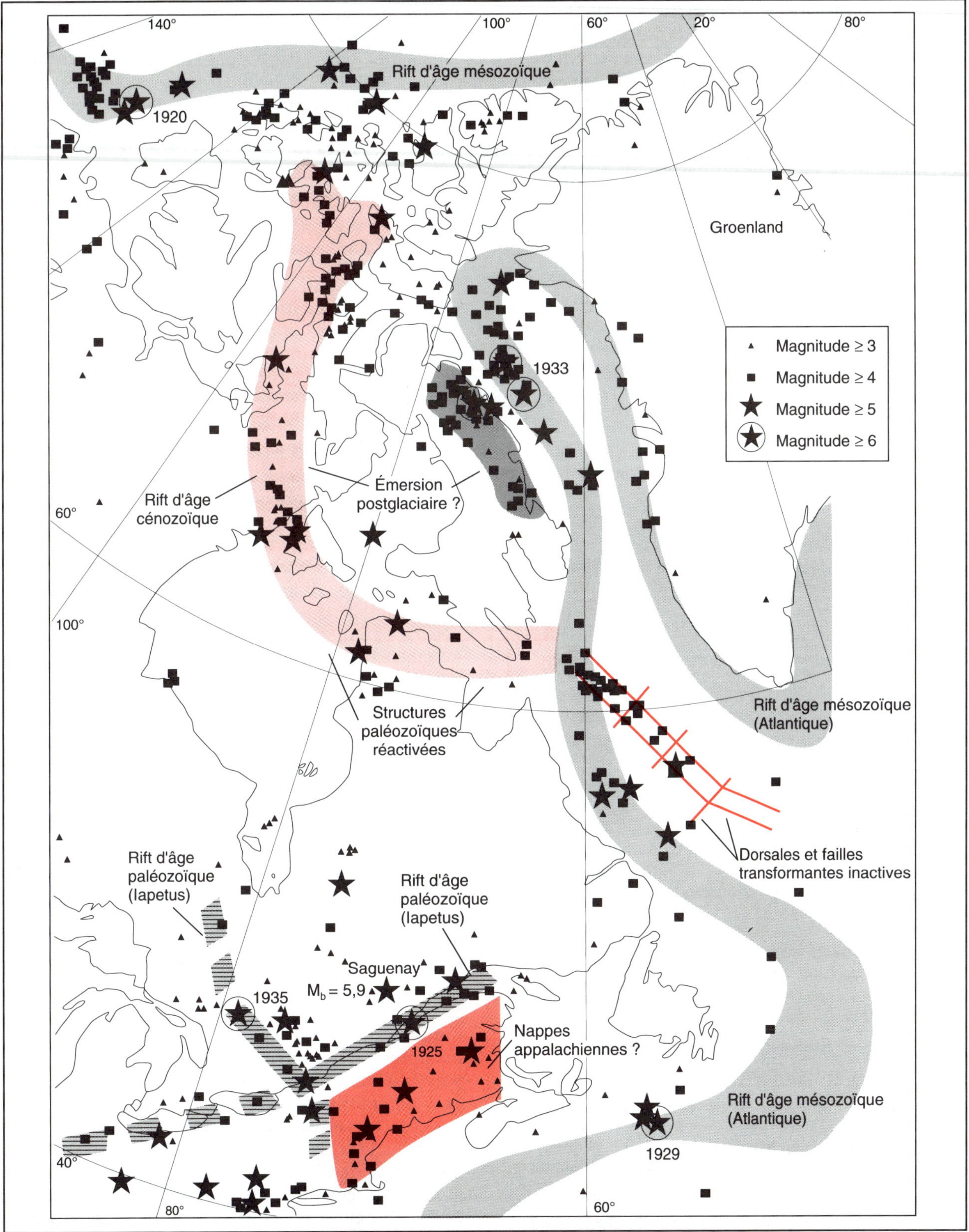

Figure 18.15 Séismes du nord-est du Canada. Cette carte montre que l'activité sismique est concentrée à l'intérieur de couloirs définis par d'anciennes frontières de plaques, notamment des rifts continentaux. Le prolongement du rift du Saint-Laurent vers les lacs Ontario et Érié est hypothétique. Les séismes cartographiés sont de quatre catégories : magnitude supérieure à 3 depuis 1970; magnitude supérieure à 4 depuis 1960; magnitude supérieure à 5 depuis 1940 et magnitude supérieure à 6 depuis 1900 (d'après Adams et Basham, 1989, p. 13).

localisés dans les roches précambriennes du Bouclier canadien (fig. 18.16). Ce fait confirme que la ligne de Logan est inactive au point de vue sismique. Ensuite, la distribution des séismes montre que tous ne coïncident pas avec la zone d'impact météoritique. Les failles profondes créées par l'astéroïde ne sont donc pas l'unique cause des séismes. Finalement, les foyers réels ne sont pas répartis au hasard, ni symétriquement par rapport au lieu d'impact. Ils semblent plutôt s'aligner avec les failles du rift du Saint-Laurent, c'est-à-dire de manière parallèle au fleuve.

En ce qui concerne la zone de l'ouest du Québec, on émet l'hypothèse que la sous-zone sismique qui s'étend de Montréal jusqu'au réservoir Baskatong s'explique par des fractures dans l'écorce qui s'inscrivent dans le prolongement des collines Montérégiennes, qui remontent au Crétacé (124 ±1 Ma). Cependant, on explique mal l'absence de sismicité sous les Montérégiennes.

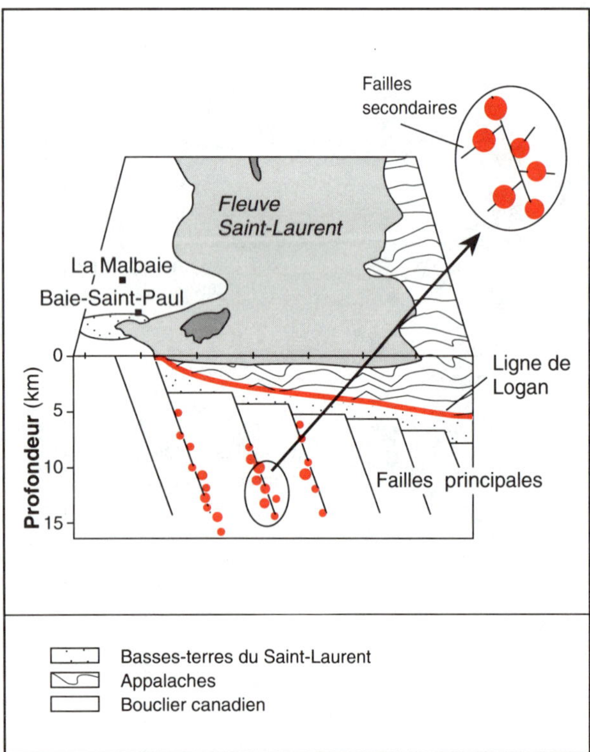

Figure 18.16 Sismicité de la région de Charlevoix-Kamouraska. La majorité des séismes sont localisés sous le fleuve. Ils se produisent le long de failles qui disloquent les roches précambriennes de la bordure du Bouclier canadien. Des failles principales, parallèles au rift du Saint-Laurent, constituent des zones de faiblesse; des failles secondaires, d'orientation variable, sont aussi réactivées (Lamontagne, 1987, p. 17).

Enfin, les séismes de la marge continentale sont localisés à la transition continent-océan, au niveau de failles profondes laissées par l'ouverture de l'Atlantique il y a 180 Ma. Ces failles sont réactivées par des contraintes de compression de direction nord-est, lesquelles dominent, de nos jours, dans tout le nord-est de l'Amérique du Nord. Elles produisent des failles inverses ou des failles de décrochement.

18.4.2 *Le séisme du Saguenay*

Examinons, pour terminer, le dernier séisme en importance survenu au Québec, celui du Saguenay[8]. Comme on l'a mentionné précédemment, ce séisme est survenu dans une zone réputée non sismique. Il vient s'ajouter à une liste quand même assez longue de séismes ayant frappé le Québec au cours de la période historique (tableau 18.2).

LE SÉISME DU 25 NOVEMBRE 1988

Le 25 novembre 1988, à 18 h 46 (heure normale de l'Est), un séisme important (M_b de 5,9) ébranlait le nord-est de l'Amérique du Nord. L'épicentre était situé dans la Réserve faunique des Laurentides, plus précisément à 35 km environ au sud des villes de Jonquière et de Chicoutimi, et à 90 km au nord-ouest de la zone sismique de Charlevoix-Kamouraska. Le *séisme du Saguenay* est le plus fort séisme à survenir au Québec depuis celui du Témiscamingue en 1935 (M_b de 6,2) et celui de Charlevoix-Kamouraska en 1925 (M_b de 7,0). On a localisé le foyer réel du séisme à 29 km de profondeur, ce qui est exceptionnel pour l'est du Canada. Les seuls foyers réels plus profonds dans cette région sont ceux de microséismes dans la région de Charlevoix. On ne peut pas déterminer la profondeur de la majorité des autres séismes à cause de la trop grande distance entre les stations.

Le séisme du 25 novembre a été précédé d'un précurseur (M_b de 4,3) survenu le 23 novembre à 4 h 11. Aucune autre secousse n'a été enregistrée au cours des 62 heures qui ont séparé les deux séismes. En revanche, la secousse principale du 25 novembre a été suivie d'au moins 86 répliques dont deux étaient de magnitude supérieure à 3. Il s'agit d'un faible nombre de répliques pour un séisme de cette magnitude. Cependant, au cours de la période de janvier à mars 1989, tout l'est du Canada a connu la plus importante séquence de séismes des dernières années. Des séismes mineurs et modérés sont survenus dans la région du Bas-Saint-Laurent, du chenal laurentien, de Charlevoix, de la mer du Labrador, de la baie d'Ungava et de la côte du Labrador (tableau 18.3). Toutefois, on ne peut pas savoir s'il s'agit là d'une coïncidence ou non.

8. Les informations générales sur ce séisme sont tirées des textes de Maurice Lamontagne et de ses collègues.

Tableau 18.2 Principaux séismes survenus au Québec au cours de la période historique.

Année	Endroit	Intensité estimée*	Magnitude estimée*	Remarques
1638 (juin)	Vallée du Saint-Laurent	IX	7	Les secousses ont été ressenties jusque dans les États de la Nouvelle-Angleterre.
1663 (février)	La Malbaie	IX	7	Ce fut le tremblement de terre le plus important, et il a été ressenti dans tout l'est de l'Amérique du Nord.
1732 (septembre)	Montréal	VIII	5,7 - 6,0	Trois cents maisons ont été endommagées et une personne a perdu la vie.
1791 (décembre)	Baie-Saint-Paul	VIII	6,0	—
1860 (octobre)	Rivière-Ouelle	VIII	6,0	—
1870 (octobre)	Baie-Saint-Paul	IX	6,5	Presque toutes les structures de briques et de maçonnerie dans la zone de l'épicentre ont été endommagées.
1925 (février)	La Malbaie	IX	7,0	Le séisme a causé de nombreux dommages à Québec, à Trois-Rivières et à Shawinigan, et a été ressenti jusqu'au Mississippi.
1935 (novembre)	Près du lac Témiscamingue	—	6,2	Bris de cheminées, glissements de terrain.
1988 (novembre)	Épicentre à 35 km au sud de Chicoutimi	VII	5,9	Fortement ressenti par presque tout le monde jusqu'à 500 km.

* La magnitude se mesure à l'aide de sismographes. Seule la magnitude des séismes de 1925 et de 1988 fut mesurée. Les autres valeurs, très approximatives, sont fondées sur l'intensité. L'intensité est une mesure qualitative des dommages causés par un séisme. La magnitude est la mesure quantitative de l'énergie dégagée au foyer réel du séisme.

Tableau 18.3 Séquence de séismes survenus dans l'est du Canada consécutivement à celui du Saguenay (Drysdale, 1990, p. 70).

Région	M_b	Jour*	Remarques
1. Saguenay	5,9	0	Le plus fort séisme dans l'est du Canada depuis 1925
2. Bas-Saint-Laurent	4,3	36	Localement le plus fort en 20 ans
3. Côte atlantique	4,5	68	Localement le plus fort en 15 ans
4. Bas-Saint-Laurent	4,1	76	—
5. Charlevoix-Kamouraska	4,3	103	Localement le plus fort en 10 ans
6. Charlevoix-Kamouraska	4,3	105	Répétition du précédent
7. Mer du Labrador	5,3	108	Localement le plus fort en 20 ans
8. Ungava	5,7	110	Localement le plus fort en 30-50 ans
9. Côte du Labrador	4,1	120	—

* Le jour 0 correspond au 25 novembre 1988.

Tout comme l'avait démontré le séisme de Charlevoix-Kamouraska de 1925, le séisme du Saguenay a mis en évidence la faible atténuation des ondes sismiques dans l'est du Canada. Cela signifie que dans cette région les ondes sismiques se propagent sur de grandes distances. En fait, elles donnent l'impression de se dissiper à partir d'une certaine distance alors que le processus est en réalité continu. C'est dire qu'à magnitude égale, un séisme se produisant en Californie sera ressenti moins loin qu'un séisme dans l'est du Canada. Les vibrations du séisme du Saguenay ont été ressenties jusqu'à des distances supérieures à 1000 km de l'épicentre.

Le séisme n'a fait directement aucune victime. Il a provoqué des mouvements de terrain, des ruptures de remblais, ainsi que des dommages aux structures des bâtiments[9]. Les dégâts ont surtout été importants dans la région de l'épicentre : fissures dans les fondations des édifices, dans les murs en maçonnerie et bris de cheminées. On a aussi rapporté des dommages à Québec et à Montréal. À Québec, les principaux édifices endommagés (l'Hippodrome, l'hôpital Christ-Roi et celui de Saint-François-d'Assise) sont tous situés dans la basse ville et construits sur les dépôts alluvionnaires (d'une épaisseur de 3 à 6 m) de la

9. À propos des dommages causés par ce séisme, on consultera l'article « Les dommages dus au tremblement de terre du Saguenay du 25 novembre 1988 » de R. Tinawi *et al.*, 1990.

rivière Saint-Charles. Depuis 1980, la région de la ville de Québec fait l'objet d'un microzonage sismique[10]. Les paramètres cartographiés concernent la stabilité des pentes, le potentiel de liquéfaction et l'amplification d'intensité attribuables à la nature et à la stratigraphie des sédiments (argiles et silts).

UN SÉISME ÉNIGMATIQUE

Le séisme du Saguenay présente un grand intérêt. À prime abord, aucun indice ne laissait présager qu'une secousse sismique d'une telle ampleur viendrait frapper cette région du Bouclier canadien. Depuis le début de son activité, dans le milieu des années 1970, le réseau sismographique télémétrique canadien n'avait jamais enregistré de séismes de magnitude supérieure à 3 en provenance de cette région.

Pourtant, si l'on se fie au témoignage des sols, la région est peut-être active au point de vue sismique depuis très longtemps[11]. Le séisme du 25 novembre 1988 a donné naissance à de nombreux phénomènes de liquéfaction des sols. Les cas les plus spectaculaires se sont produits à Ferland, une municipalité sise sur la route 381 à environ 26 km de l'épicentre. Le matériau qui s'est liquéfié était une couche de sable silteux ou un silt sableux d'une épaisseur d'environ 30 cm, logée à une profondeur de 2,5 à 4,5 m sous la surface. La liquéfaction a donné naissance à des injections de sable sous forme de dykes et de sills. De plus, de grandes quantités de sédiments ont giclé à la surface formant des volcans de sable (*sand boil*). À l'été 1989, on a fait des tranchées dans deux dépôts importants. En examinant les recoupements entre les injections de 1988 et d'autres plus anciennes, on s'est aperçu que des processus de liquéfaction étaient survenus dans le passé. Les sols en question ont donc subi de fortes contraintes au cours de leur histoire. On ne peut toutefois pas conclure que les épicentres des séismes étaient nécessairement à proximité des endroits étudiés.

L'image Radar de la figure 18.17 illustre de manière éloquente les éléments tectoniques de la région de l'épicentre. Le graben du Saguenay est la principale structure tectonique de cette partie du Bouclier canadien que l'on nomme la province de Grenville. Sur son coté nord-est, le graben est clairement délimité par des linéaments[12] orientés nord-ouest – sud-est (celui du lac Tchitogama et celui de la rivière Sainte-Marguerite). Sur son côté sud-ouest, la limite jusqu'ici retenue pour le graben était le linéament du lac

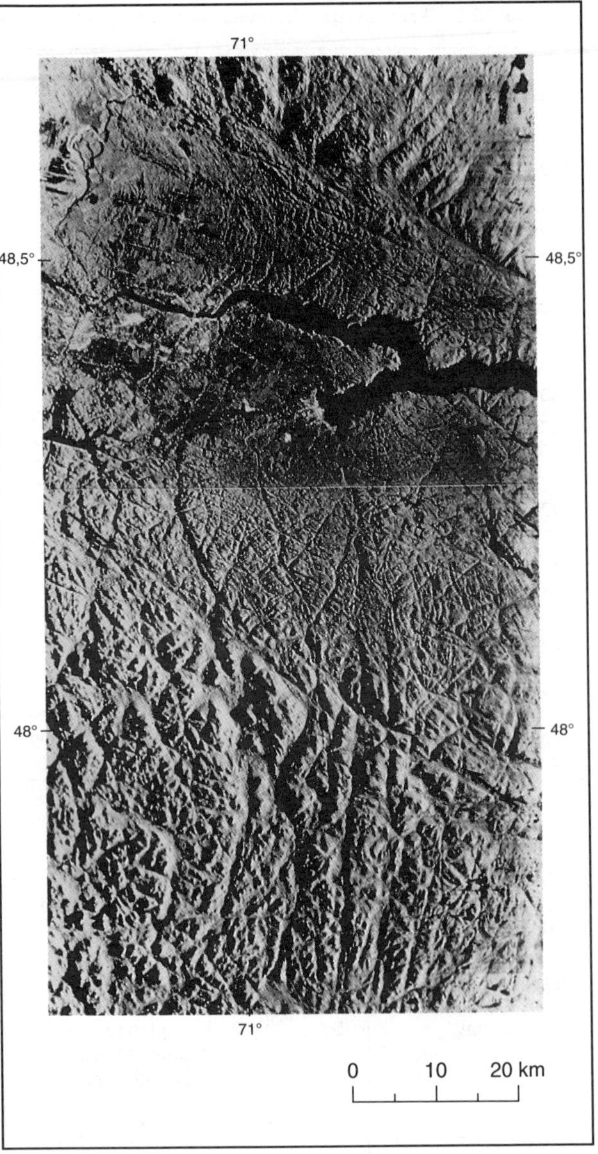

Figure 18.17 Images Radar de la région de l'épicentre du séisme du Saguenay. L'élément tectonique majeur de la région est le graben du Saguenay (en haut de l'image). Sur son côté nord-est, des linéaments orientés nord-ouest – sud-est le délimitent clairement. Du côté sud, la limite jusqu'ici reconnue était le linéament du lac Kénogami. Or, l'image montre un linéament majeur (extrémité indiquée par des flèches), nommé linéament du lac Ha ! Ha !, dont le parallélisme avec la limite nord-est du graben est frappante. Il est possible que le graben du Saguenay s'étende jusqu'à la faille suivie par ce linéament (images prises par le Centre canadien de télédétection et gracieusement fournies par Maurice Lamontagne, CGC).

10. À ce sujet, on consultera l'article de J.-Y. Chagnon et G. Bélanger, « Le microzonage séismique de la région de Québec et le séisme du Saguenay », 1990.
11. On consultera l'article de M. Tuttle *et al.*, « Liquefaction and Ground Failure Induced by the 1988 Saguenay, Québec, Earthquake », 1990.
12. Un linéament est un élément topographique linéaire (pas nécessairement rectiligne; peut être courbe) d'envergure régionale, qui correspond à un accident tectonique majeur. Dans le Bouclier canadien, les linéaments indiquent souvent des lignes de failles importantes.

Kénogami. Or, cette image Radar fait clairement ressortir un linéament très important (nommé linéament du lac Ha ! Ha !), dont le parallélisme avec les linéaments de la bordure nord-est du graben est frappant. C'est dire que du côté sud-ouest les failles du graben du Saguenay s'étendent probablement au-delà des limites reconnues jusqu'ici.

La région de l'épicentre du séisme du Saguenay se situe à environ 10 km du linéament du lac Ha ! Ha !. Pour le moment, il est hasardeux de relier l'activité sismique aux failles du graben du Saguenay, même en tenant compte de la limite proposée pour le côté sud. Le fait que le foyer réel des secousses soit très profond complique grandement l'interprétation en fonction des structures visibles en surface.

Terminons l'examen du séisme du Saguenay en le situant dans un contexte tectonique plus global[13]. L'épicentre de ce séisme est situé à l'intérieur d'un vaste ensemble : le *bloc tectonique de Jacques-Cartier*. Cette grande entité, de forme grossièrement triangulaire, serait analogue à un horst; de ce fait, elle est partiellement découplée de ses bordures. Le bloc tectonique de Jacques-Cartier est délimité principalement par le graben du Saguenay au nord-est et par le rift du Saint-Laurent au sud-est. Sur le côté ouest, il est bordé par le linéament de Saint-Maurice qui se prolonge vers le nord par le linéament de la rivière Mistassini.

L'origine des contraintes qui agissent sur un ensemble tectonique de cette envergure n'est pas encore élucidée. On ne connaît pas l'importance du réajustement isostatique postglaciaire, ni l'influence du mouvement actuel des plaques dans l'établissement du champ des contraintes qui donnent les failles et les séismes. En améliorant nos connaissances sur les structures profondes de l'écorce, il sera possible de comprendre les mécanismes responsables de la sismicité énigmatique de cette région intraplaque.

CONCLUSION

Les séismes constituent l'une des manifestations les plus spectaculaires de la géodynamique interne de la Terre. Ils sont le résultat d'une libération soudaine d'une grande quantité d'énergie emmagasinée dans les roches de l'écorce et du manteau supérieur. La très grande majorité des séismes se produisent aux frontières des plaques lithosphériques : dorsales, zones de subduction et failles transformantes. Quant aux séismes qui frappent le Québec, ils peuvent s'expliquer par des contraintes intraplaques qui réactivent des paléorifts, certains du Paléozoïque, comme le rift du Saint-Laurent et ses tributaires.

VOCABULAIRE

Bloc tectonique de Jacques-Cartier
Charlevoix-Kamouraska
Écorce
Épicentre
Faille
Faille de San Andreas
Foyer réel
Graben du Saguenay
Hypocentre
Magnitude
Manteau
Moho
Noyau
Olivine
Ondes de surface
Ondes P
Ondes S
Ondes sismiques
Pérovskite
Précurseur
Répliques
Secousses prémonitoires
Séisme
Séisme de Loma Prieta
Séisme du Saguenay
Sismogramme
Sismographe
Sismomètre
Spinelle

QUESTIONS

1. Quelles distinctions fait-on entre les ondes P et les ondes S émises par un séisme ? Que nous apprennent ces ondes à propos de la structure interne de la Terre ? Commentez vos réponses.

2. Définissez les mots suivants :
a) séisme
b) sismographe
c) sismomètre
d) sismogramme

13. On consultera à ce propos l'article de R. Du Berger *et al.*, « The Saguenay (Québec) Earthquake of November 25, 1988 : Seismological Data and Geological Setting », 1991.

3. Au Canada, quelle région est la plus exposée à des séismes importants ou majeurs ? Expliquez pourquoi.
4. L'est du Canada est une région comprise à l'intérieur de la plaque de l'Amérique du Nord où la sismicité est moyenne. Comment le modèle des plaques peut-il quand même se révéler utile pour expliquer la sismicité de ce territoire ?
5. Que sait-on à propos des foyers réels des séismes dans la zone de Charlevoix-Kamouraska ? Expliquez votre réponse.
6. Le séisme du Saguenay présente un grand intérêt scientifique. Montrez à quels points de vue.

RÉFÉRENCES BIBLIOGRAPHIQUES

OUVRAGES RECOMMANDÉS

1. **Bolt, B. A.**
   1978 : *Les tremblements de terre.* Paris, Pour la Science, S.A.R.L., 192 p.
   Une bonne présentation du sujet.

2. **Lamontagne, M.**
   1987 : « Charlevoix, terre de villégiature... et de séismes » dans *GÉOS*, vol. 16, n° 4, p. 14-17.
   Pour en savoir plus sur la région du Québec la plus active au point de vue sismique.

3. **Adams, J. et Basham, P.**
   1989 : « The Seismicity and Seismotectonics of Canada East of the Cordillera » dans *Geoscience Canada*, vol. 16, n° 1, p. 3-16.
   Le point sur la sismicité de cette région.

AUTRES SOURCES D'INFORMATION CONSULTÉES

s. a.
1989 : « The Loma Prieta (California, U.S.A.) Earthquake » dans *Episodes*, vol. 12, n° 4, p. 289-290.

Bolt, B. A.
1988 : *Earthquakes.* San Francisco, W. H. Freeman, 282 p.

Bruneau, M.
1990 : « Preliminary Report of Structural Damage from the Loma Prieta (San Francisco) Earthquake of 1989 and Pertinence to Canadian Structural Engineering Practice » dans *Revue canadienne de génie civil*, vol. 17, p. 198-208.

Canby, T. Y.
1990 : « Earthquake – Prelude to The Big One ? » dans *National Geographic*, vol. 177, n° 5, p. 76-105.

Chagnon J.-Y. et Bélanger, G.
1990 : « Le microzonage séismique de la région de Québec et le séisme du Saguenay » dans *Prédiction et performance en géotechnique*, tome 1, Conférence canadienne de géotechnique, département de génie civil et département de géologie, Université Laval, p. 209-212.

Condie, K. C.
1989 : *Plate Tectonics & Crustal Evolution.* 3e éd., Toronto, Pergamon Press, 476 p.

Constantin, M.
1987 : « Que se passerait-il en cas de séisme majeur au Québec ? » dans *Plan*, numéro de février, p. 18-19.

Doig, R.
1990 : « 2300 yr History of Seismicity from Silting Events in Lake Tadoussac, Charlevoix, Québec » dans *Geology*, vol. 18, p. 820-823.

Dragert, H. et Rogers, G. C.
1988 : « Could a Megathrust Earthquake Strike Southwestern British Columbia ? » dans *GEOS*, vol. 17, n° 3, p. 5-8.

Drysdale, J.
1990 : « Southeastern Canadian Earthquake Activity, 01 January, 1988 to 30 September, 1989 » dans *Current Research*, Part A, Geological Survey of Canada, Paper 90-1A, p. 67-71.

Du Berger, R., Roy, D., Lamontagne, M., Woussen, G., North, R. G. et Wetmiller, R. J.
1991 : « The Saguenay (Quebec) Earthquake of November 25, 1988 : Seismological Data and Geological Setting » dans *Tectonophysics*, vol. 186, p. 59-74.

Énergie, Mines et Ressources Canada
s. d. : *Les sismographes.* Ottawa, Feuillet d'information de la série *Géodoc*, 3 p.

Espinosa R. M. et Tharp M.
1982 : *Seismicity of the Earth Map.* Sunshine Canyon, Boulder, Colorado, Gerlein and Howard, Inc., 14 p. et une carte murale.

Guyot, F.
1990 : « Le manteau inférieur de la Terre » dans *La Recherche*, vol. 21, n° 225, p. 1238-1248.

Hasegawa, H. S.
1988 : « Seismogenesis in Eastern Canada » dans *Seismological Research Letters*, vol. 59, n° 4, p. 219-225.

Hatzfeld, D.
1990 : « La méthode VAN pour la prédiction des séismes : pourquoi les géophysiciens sont-ils sceptiques ? » dans *La Recherche*, n° 219, p. 368-371.

Jablonski, A. et Law, K. T.
1990 : « The Loma Prieta (San Francisco) Earthquake of October 17, 1989 » dans *L'Ingénieur civil canadien*, vol. 7, n° 1, p. 2.

Koppel, T.
1989 : « Earthquake – Major Quake Overdue on the West Coast » dans *Canadian Geographic* (tiré à part de 10 p.)

Lamontagne, M.
1989 : « Le tremblement de terre du Saguenay : plus de peur que de mal » dans *GÉOS*, vol. 18, n° 2, p. 9-14.

Lamontagne, M., Wetmiller, R. J. et Du Berger, R.
1990 : « Some Results From the 25 November, 1988 Saguenay, Québec, Earthquake » dans *Current Research*, Part B, Geological Survey of Canada, Paper 90-1B, p. 115-121.

Lyon-Cain, H., Armijo, R. et Deschamps, A.
1990 : « Loma Prieta : chronique d'un séisme annoncé » dans *La Recherche*, n° 217, p. 100-103.

Pierre, J.-R.
1990 : *Aspects généraux des dommages causés aux constructions et réseaux électriques par le séisme de Loma Prieta (Santa Cruz) en relation avec le risque sismique du Québec.* Montréal, Hydro-Québec, Service des études et normalisation, HQ-106-1990, 16 p. et quatre annexes.

Press, F. et Siever, R.
1986 : *Earth.* San Francisco, W. H. Freeman, 656 p.

Roy, D. W.
1991 : *Cassures de la croûte terrestre au Saguenay – Lac St-Jean.* Chicoutimi, Centre d'études sur les ressources minérales, UQAC, 31 p.

Stevens, A. E.
1988a : « Périls séismiques au Canada » dans Martin, L. R. G. et Lafond, G. : *Risk Assessment and Management : Emergency Planning Perspectives.* Waterloo (Ontario), University of Waterloo Press, 352 p.

1988b : « Earthquake Hazard and Risk in Canada » dans *Natural and Man-Made Hazards* (sous la direction de M. I. El-Sabh et T. S. Murty). D. Reidel Publishing Company, p. 43-61.

Tinawi, R., Mitchell, D. et Law, K. T.
1990 : « Les dommages dus au tremblement de terre du Saguenay du 25 novembre 1988 » dans *Revue canadienne de génie civil*, vol. 17, n° 3, p. 366-394.

Tuttle, M., Law, K. T., Seeber, L. et Jacok, K.
1990 : « Liquefaction and ground failure induced by the 1988 Sagnenay, Québec, earthquake » dans *Revue canadienne de géotechnique*, vol. 27, p. 580-589.

U.S. Geological Survey Staff
1990 : « The Loma Prieta, California, Earthquake : An Anticipated Event » dans *Science*, vol. 247, p. 286-293.

CHAPITRE 19

VOLCANISME ET ROCHES VOLCANIQUES

> Et alors l'on vit, au milieu d'une fumée noire, impénétrable à l'œil, une masse gigantesque, informe, imprécise, qui vint s'abattre sur la vallée, avec une rapidité vertigineuse, enfouissant sous les ruines, engloutissant dans sa tourmente Saint-Pierre tout entier, de Sainte-Philomène à la Petite Anse du Carbet.
>
> Extrait d'archives cité dans *La Montagne Pelée se réveille.*

OBJECTIFS PÉDAGOGIQUES

Au terme de ce chapitre vous devriez pouvoir :

- expliquer pourquoi certains magmas sont explosifs et d'autres non explosifs;
- nommer et décrire les principales catégories de laves;
- nommer et décrire les principales roches pyroclastiques;
- faire le lien entre les séries magmatiques et le contexte géodynamique qui les contrôle.

Au chapitre précédent, nous avons vu que la majorité des séismes prennent naissance aux frontières des plaques lithosphériques mobiles. Ces domaines, actifs du point de vue sismique, ne sont pas nécessairement le siège d'activités volcaniques permanentes. Par exemple, on n'observe pas de manifestations volcaniques autour du système de failles de San Andreas, malgré le morcellement de la lithosphère dans cette région de la Californie. Certains pays, comme la Chine et l'Iran, sont frappés par des séismes violents; pourtant on n'y trouve pas de volcans actifs. C'est également le cas, à une échelle moindre, pour l'est du Canada.

L'essentiel de l'activité volcanique actuelle se produit à la hauteur des dorsales océaniques et dans les zones de subduction. Il y a aussi des volcans à l'intérieur des plaques, alimentés par des points chauds fixes, comme à Hawaï dans le Pacifique, ou aux îles Canaries dans l'Atlantique.

19.1 QU'EST-CE QU'UN VOLCAN ?

L'image première que l'on se fait d'un volcan est celle d'une montagne conique, dont le sommet est occupé par un cratère, et d'où s'échappe un panache de fumée. Les volcans les plus connus d'Europe, comme le Vésuve et l'Etna, répondent assez bien à cette description. Le mot volcan évoque aussi le mot lave. On pense ici aux spectaculaires images montrant des torrents de lave en train de dévaler les pentes des volcans de l'île d'Hawaï.

> Un **volcan** est un appareil par lequel de la roche fondue (magma) est transportée depuis les zones internes de la Terre vers la surface. Le terme volcan désigne aussi l'édifice construit par l'accumulation des matériaux rocheux.

Les éruptions volcaniques sont très diversifiées. Très souvent, elles donnent lieu à des explosions. Le caractère explosif ou non explosif d'une éruption volcanique dépend de la viscosité dynamique des magmas et du rôle des gaz : les éruptions non explosives caractérisent les magmas fluides, plutôt pauvres en silice, et les éruptions explosives caractérisent les magmas visqueux, plutôt riches en silice.

19.1.1 *La viscosité des laves*

La **viscosité dynamique** (on utilisera le terme *viscosité* dans la suite du texte) est la résistance d'une matière à l'écoulement. Les liquides de faible viscosité (ou de grande fluidité) s'écoulent facilement. Ceux de viscosité élevée s'écoulent difficilement et leur comportement s'apparente à celui des solides. Si, par exemple, on verse de l'eau, liquide de faible viscosité, et de la mélasse froide, liquide de plus grande viscosité, l'eau s'étale rapidement en une mince couche tandis que la mélasse froide s'étale beaucoup plus lentement et forme une couche plus épaisse.

La viscosité des laves dépend de plusieurs facteurs parmi lesquels on compte la température, la pression et la composition chimique. Le tableau 19.1 montre que la proportion de silicium dans un composé de silicates fondus influe grandement sur la viscosité : plus un composé est siliceux, plus il est visqueux. Par ailleurs, la viscosité des laves *décroît* avec l'augmentation de la température, pour une pression constante. La figure 19.1a fournit les valeurs de viscosité pour trois laves de composition chimique différente.

La teneur en composés volatils dissous, notamment la proportion d'eau, influe beaucoup sur la viscosité des laves. L'eau agit surtout en brisant les liens des réseaux tétraédriques des silicates. Les laves anhydres sont plus visqueuses que les laves saturées en eau. Des études expérimentales ont montré que la viscosité de laves andésitiques diminue d'un facteur de 20 si on leur ajoute 4 % d'eau. La figure 19.1b montre de quelle manière l'ajout d'eau fait diminuer la viscosité de liquides siliceux.

Tableau 19.1 Valeurs de la viscosité pour des composés siliceux en fonction du rapport Si/O (d'après Williams et McBirney, 1979, p. 21).

Composé siliceux	Rapport Si/O	Viscosité (Pa/s)
SiO_2	1 : 2	10^9
$Na_2Si_2O_5$	1 : 2,5	2,8
$Na_4Si_2O_6$	1 : 3	0,15
Na_4SiO_4	1 : 4	0,02

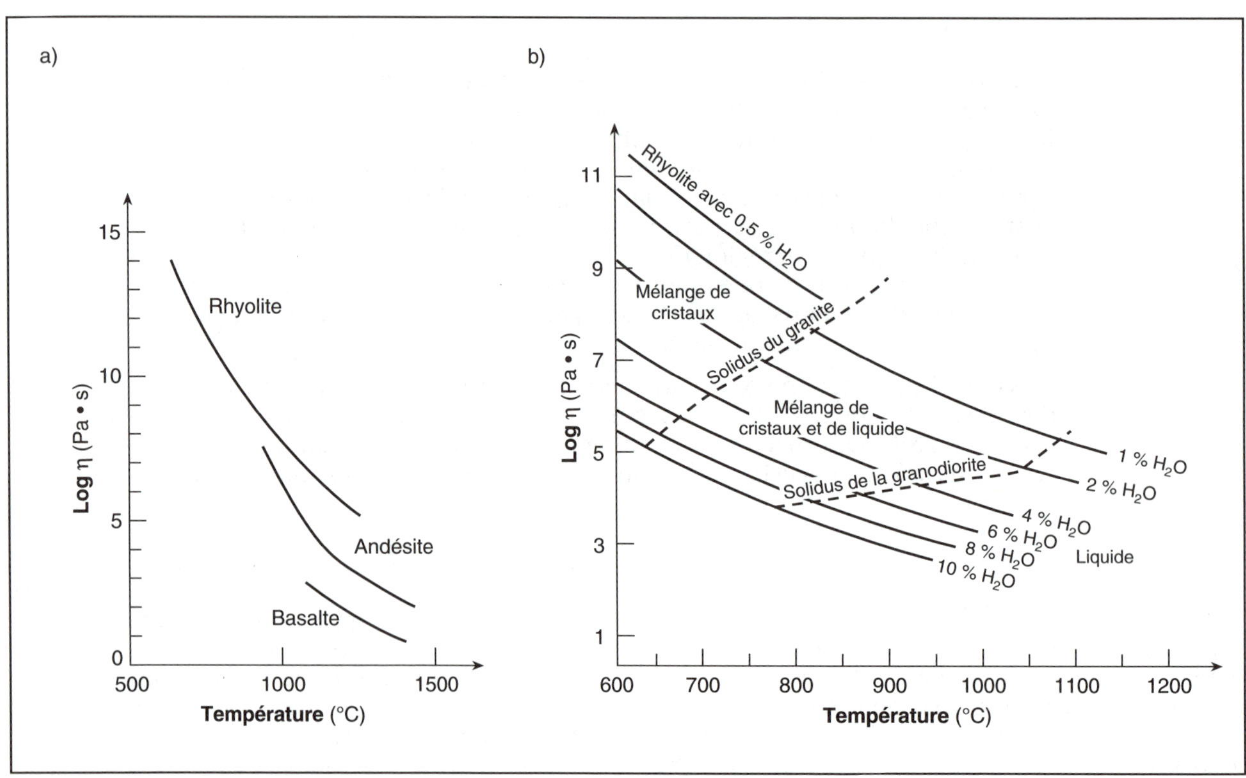

Figure 19.1 La viscosité des laves. En a), évolution de la viscosité de trois laves en fonction de la température (essais en laboratoire) (d'après Murase et McBirney, dans Williams et McBirney, 1979, p. 22). En b), variations de la viscosité de liquides siliceux (rhyolite) en fonction de la température et de la teneur en eau (Carmichael *et al.*, dans Fisher et Schmincke, 1984, p. 54).

19.1.2 *Le rôle des gaz*

Les gaz jouent un rôle fondamental dans l'activité volcanique. Le fait qu'une activité éruptive soit explosive ou effusive dépend de la manière dont un magma perd ses gaz. Pour comprendre comment se forme une bulle de gaz, comparons le magma à de l'eau dans laquelle a été dissous du gaz carbonique par simple effet de pression.

Dans un magma profond soumis à de fortes pressions, les gaz ont été dissous comme dans une bouteille d'eau gazeuse bouchée. Quand le magma monte vers la surface, la pression diminue et des bulles sont libérées par relâchement de la pression du milieu. Le système cesse d'être homogène, et les gaz cherchent à en sortir. Un tel mélange de magma et de bulles est léger et monte vers la surface. Il se décomprime de plus en plus et les bulles deviennent de plus en plus grosses. Parvenu proche de la surface, et soumis à des pressions normales, il devient de la lave.

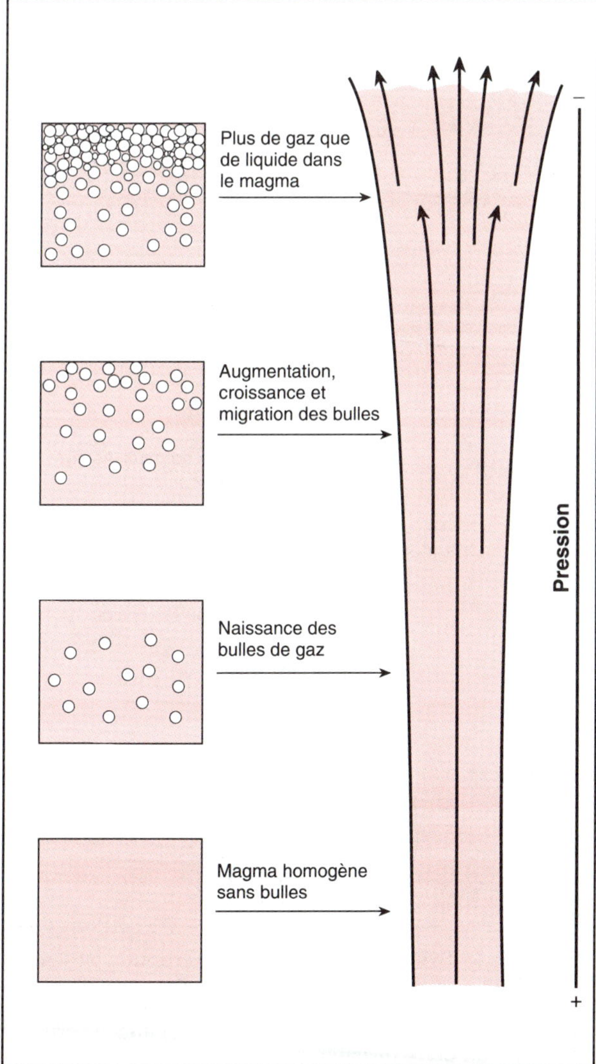

Figure 19.2 Schéma théorique du développement de bulles de gaz dans la cheminée d'un volcan (d'après Allègre, 1987, p. 124).

La figure 19.2 montre comment un magma expulse ses gaz en montant vers la surface terrestre.

19.1.3 *Viscosité et mode éruptif*

Un magma perd ses gaz de différentes manières, selon sa viscosité.

MAGMA VISQUEUX

Dans un magma riche en silice, donc visqueux, les inclusions gazeuses demeurent petites et nombreuses, incapables d'atteindre une taille qui soit en équilibre avec les conditions de pression. Quand la pression lithostatique environnante devient inférieure à la pression de confinement des gaz, le magma explose en une multitude de fragments qui sont projetés hors du volcan par l'expansion des gaz. Une éruption magmatique de ce type prend la forme d'un mélange de particules solides, vitreuses et chaudes, emballées dans une masse de gaz portée à haute température. Si l'explosion a lieu près de l'orifice, des matériaux incandescents se déversent alors hors du volcan et se répandent, suivant la pente, dans les vallées environnantes à une vitesse pouvant atteindre plusieurs centaines de kilomètres à l'heure. C'est le phénomène des nuées ardentes dont nous reparlerons à la sous-section 19.3.3. Si l'explosion se déroule à l'intérieur de la cheminée du volcan, comme dans le canon d'un fusil, le magma fragmenté est expulsé très haut avec une extrême violence. On assiste alors à une éruption plinienne (voir la section suivante).

MAGMA FLUIDE

Dans un magma pauvre en silice, peu visqueux, les inclusions gazeuses atteignent plus facilement leur taille d'équilibre et elles montent vers la sortie, entraînant lentement le magma dans leur course. On assiste alors à des éruptions, activités non explosives, où le dégazage est précoce par rapport à l'éruption.

19.2 *ÉRUPTIONS VOLCANIQUES EXPLOSIVES*

Au début du vingtième siècle, trois éruptions ont attiré l'attention des géologues sur l'importance du volcanisme explosif. Les deux premières sont survenues au mois de mai 1902. Il s'agit de l'éruption de deux volcans des Petites Antilles : la montagne Pelée de la Martinique et la Soufrière de Saint-Vincent. La troisième éruption, survenue le 6 juin 1912, est celle du Novarupta (mont Katmaï), un volcan d'Alaska. Beaucoup plus tard, en 1980, l'éruption du mont

St. Helens s'est révélée un véritable laboratoire en temps réel d'un phénomène éruptif explosif. Comme cette éruption était prévue, on a pu l'observer et la filmer.

On peut diviser les éruptions volcaniques explosives en deux grandes catégories : les éruptions **pyroclastiques**, qui sont à proprement parler des éruptions magmatiques, et les éruptions **hydroclastiques**, lors desquelles le magma entre en contact avec de l'eau. Dans les deux cas, il peut y avoir formation d'une **colonne éruptive**.

19.2.1 *Colonne éruptive*

Une colonne éruptive est la partie du système volcanique qui s'étend, dans l'atmosphère, depuis la sortie de la cheminée (l'évent) jusqu'au niveau où commence l'étalement des matériaux. Une colonne éruptive est un mélange de fragments de magma et de gaz. Elle comporte habituellement deux parties : une phase dense et riche en gaz à la base, et une phase légère animée par de forts courants de convection au-dessus. La phase gazeuse se déplace à des vitesses comprises entre 100 et 600 m / s. Sa masse volumique est bien supérieure à celle de l'air et elle diminue au fur et à mesure que les particules solides se déposent. Les effets de turbulence débutent quand la masse volumique de la phase gazeuse se rapproche de la masse volumique de l'air. La figure 19.3 montre schématiquement les différents types éruptifs, définis selon la hauteur de leur colonne éruptive et leur caractère explosif.

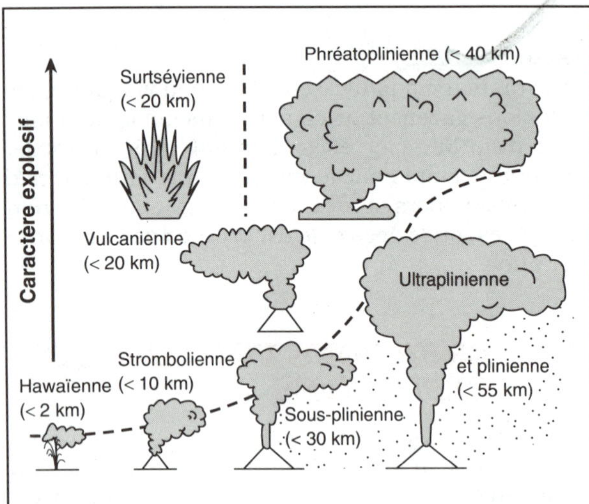

Figure 19.3 Différents types éruptifs définis par la hauteur de la colonne éruptive et le caractère explosif. Les schémas sous la ligne pointillée représentent les éruptions pyroclastiques. Les éruptions vulcaniennes, surtséyiennes et phréatopliniennes sont des éruptions phréatomagmatiques (d'après Cas et Wright, 1987, p. 130).

19.2.2 *Éruptions pyroclastiques*

Dans les éruptions pyroclastiques, la fragmentation du magma est causée par l'explosion de composés volatils. Un système éruptif pyroclastique peut comprendre deux composantes :

- une colonne de gaz et de fragments de magma. Ces fragments sont des **pyroclastes**. La colonne de gaz et de pyroclastes s'étend depuis le niveau de fragmentation du magma jusqu'à la surface;
- une colonne éruptive, qui s'échappe de l'évent, et qui peut s'élever jusqu'à 50 km de hauteur. Dans certaines éruptions (par exemple celle de la montagne Pelée, le 8 mai 1902), il n'y a pas de colonne éruptive. On assiste plutôt à un débordement du mélange gaz et pyroclastes de l'évent.

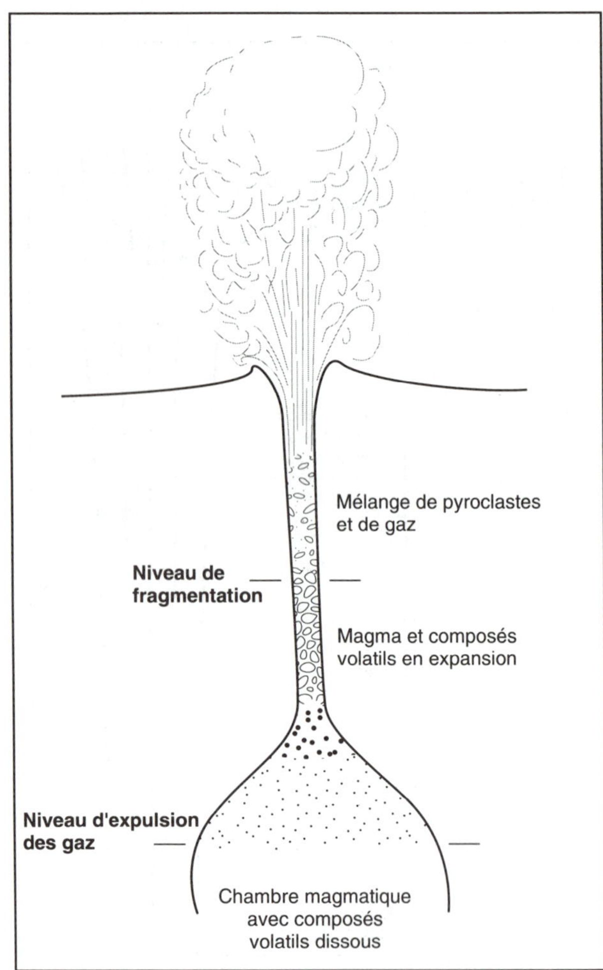

Figure 19.4 Système volcanique d'une éruption plinienne. Ce schéma montre les principaux changements d'état du magma depuis une chambre magmatique profonde où les gaz sont dissous jusqu'à la formation d'un panache éruptif. On reconnaît deux niveaux principaux de changements de phase : un niveau où les composés volatils commencent à être expulsés et un niveau où le magma commence à se fragmenter (Wilson *et al.*, dans Fisher et Schmincke, 1984, p. 65).

On reconnaît généralement les trois principaux types de systèmes éruptifs pyroclastiques suivants : plinien, hawaïen et strombolien.

ÉRUPTION PLINIENNE

L'éruption plinienne tient son nom du célèbre naturaliste romain Pline l'Ancien, décédé à Stabiae (Stabies) lors de l'éruption du Vésuve en 79 avant notre ère. L'expression rappelle également la mémoire du neveu de Pline l'Ancien, Pline le Jeune, qui a laissé une description fort détaillée de cette éruption lors de laquelle les villes de Pompéi et de Stabiae ont été ensevelies sous plusieurs mètres de matériaux projetés par l'explosion, alors que la ville d'Herculanum était enterrée par des coulées de boue.

Les éruptions pliniennes sont produites par des magmas felsiques dont les températures sont comprises entre 750°C et 1000°C. Ces magmas contiennent environ 5 % d'éléments volatils, principalement de l'eau. La figure 19.4 montre un système susceptible d'alimenter une éruption plinienne.

ÉRUPTION HAWAÏENNE

L'éruption hawaïenne tient son nom des volcans de l'île d'Hawaï. Elle caractérise des magmas peu visqueux et pauvres en gaz. Les éruptions hawaïennes donnent lieu à l'épanchement d'importants volumes de lave et à l'émission de jets de liquides incandescents : les fontaines de lave. Ces jets peuvent atteindre exceptionnellement 300 m de hauteur. Il ne s'agit pas d'une activité explosive proprement dite. L'échappement des gaz en bordure des fontaines de lave déchire le magma en lambeaux.

Les éruptions hawaïennes débutent généralement à partir de fissures qui rejoignent éventuellement une ou des cheminées principales. Les coulées de lave ont généralement moins de 15 m d'épaisseur et elles peuvent s'étendre sur une distance de 50 km. Les édifices volcaniques construits par l'accumulation des laves ont un profil surbaissé, en forme de bouclier (fig 19.5a). Le Mauna Loa, volcan de l'île d'Hawaï, est un bon exemple de ce type d'édifice.

ÉRUPTION STROMBOLIENNE

L'éruption strombolienne tient son nom de Stromboli, le principal volcan des îles Éoliennes, au nord de la Sicile, en Italie. Ce volcan est secoué, à intervalles réguliers (à toutes les demi-heures, environ, en mai 1989), par des explosions qui prennent naissance près de la sortie de la cheminée. Ces explosions projettent dans l'air des pyroclastes de diverses grosseurs. L'activité d'un tel volcan peut aussi s'accompagner d'émission de laves (basaltes, andésites). Les édifices volcaniques prennent la forme d'un cône; ils sont donc formés d'alternances de couches de pyroclastes et de coulées de lave. On les appelle stratovolcans (fig. 19.5b).

19.2.3 Éruptions hydroclastiques

Les éruptions hydroclastiques sont celles où l'eau intervient dans le processus de fragmentation du magma ou dans la fragmentation des roches déjà consolidées qui se trouvent dans le voisinage du magma. On distingue les éruptions **phréatiques** et les éruptions **phréatomagmatiques**.

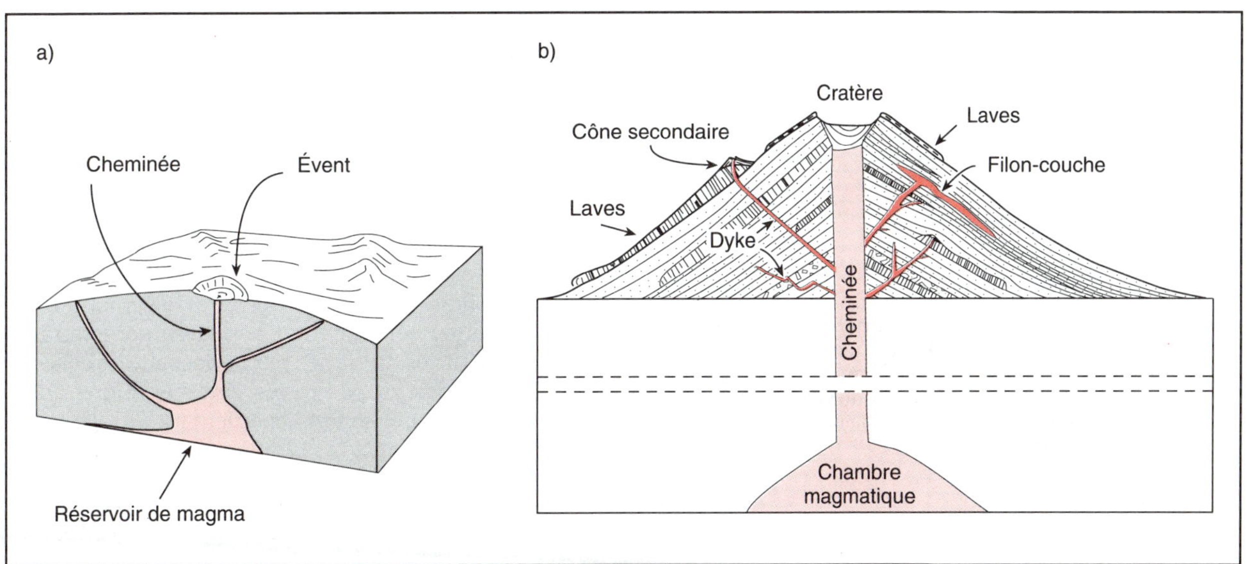

Figure 19.5 Deux édifices volcaniques. En a), le relief aplati en forme de bouclier d'un volcan d'Hawaï; en b), un volcan composite de forme conique ou stratovolcan.

ÉRUPTION PHRÉATIQUE

Une éruption phréatique survient lorsque des eaux souterraines, surchauffées par du magma, passent brutalement à l'état de vapeur. Le processus prend généralement naissance à quelques centaines de mètres de profondeur. Lors d'une éruption phréatique, les pyroclastes rejetés sont des fragments de roches déjà consolidées et non des fragments du magma lui-même. Ce type d'éruption ne forme pas de colonne éruptive.

ÉRUPTION PHRÉATOMAGMATIQUE

Une éruption phréatomagmatique survient quand l'eau entre directement en contact avec le système magmatique (fig. 19.6). Il peut en résulter de très violentes explosions en gerbes, comme celles qui ont marqué la naissance de l'île de Surtsey, au sud de l'Islande, en 1963-1964. On parle depuis d'explosion surtséyiennes. Contrairement aux projections des éruptions phréatiques, les projections des éruptions phréatomagmatiques renferment à la fois des fragments de magma et des fragments de roches déjà consolidées. Les volcanologues qualifient habituellement de vulcaniennes les éruptions phréatomagmatiques. Cette appellation tient de Vulcano, un volcan des îles Éoliennes, archipel situé au nord de la Sicile. Ce volcan a connu une intense activité phréatomagmatique au cours de la période allant de 1888 à 1890.

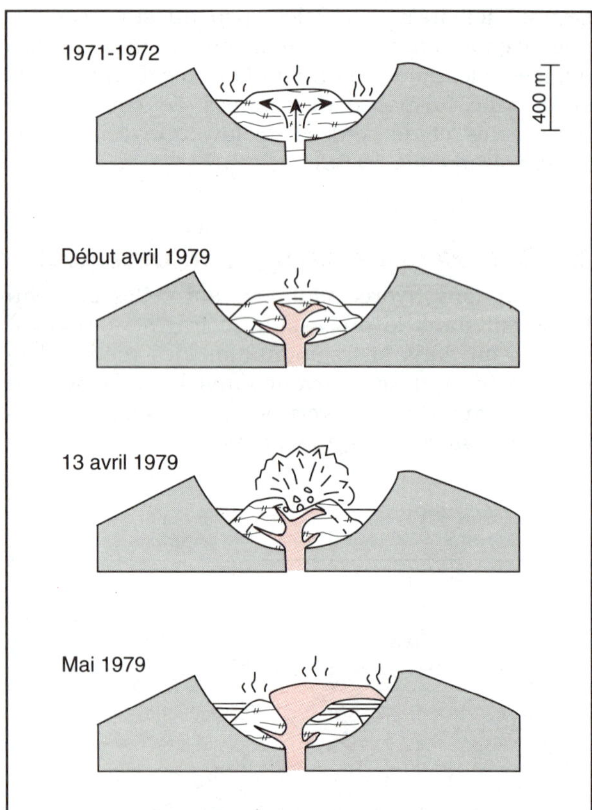

Figure 19.6 Éruption phréatomagmatique. Étapes d'une éruption phréatomagmatique à la Soufrière de Saint-Vincent dans les Petites Antilles, en 1979. Du magma nouveau (en couleur) s'est introduit dans un dôme ancien, entouré d'un lac logé dans la caldeira (cratère géant) du volcan. Les débris de l'éruption ont rempli le lac (Sheperd et Sigurdsson, dans Fisher et Schmincke, 1984, p. 80).

19.3 *LES ROCHES D'ORIGINE VOLCANIQUE*

Les roches d'origine volcanique comprennent deux grandes catégories : les laves et les roches volcanoclastiques.

Les laves sont produites par l'épanchement du magma hors de l'évent d'un volcan. Les roches volcanoclastiques englobent toutes les roches d'origine volcanique qui ont subi un processus de fragmentation.

Suivant le mécanisme de fragmentation, on divise les roches volcanoclastiques en trois groupes[1] :

- les roches *épiclastiques* dont les fragments sont le produit de l'érosion de roches volcaniques;
- les roches *autoclastiques* dont les fragments sont le produit de processus mécaniques (friction) ou d'explosions de gaz au cours de l'épanchement;
- les roches *pyroclastiques* dont les fragments sont des pyroclastes émis par une éruption pyroclastique ou hydroclastique.

Nous nous attarderons ici aux laves, aux roches autoclastiques et aux roches pyroclastiques.

19.3.1 *Les laves*

Une **lave** est un magma dégazé par chute de pression et solidifié sous l'effet du refroidissement. Les processus de solidification des laves sont multiples; ils sont conditionnés par la viscosité de celles-ci, leur teneur en gaz et les caractéristiques du terrain sur lequel se fait l'écoulement.

1. Sur ces roches, on consultera avec beaucoup d'intérêt l'article de Jean Lajoie, « Volcaniclastic Rocks », 1984, p. 39-52. Nous remercions M. Lajoie qui nous a aimablement permis de consulter le manuscrit de la troisième édition de ce texte, rédigé en collaboration avec John Stix, et qui doit paraître à la fin de 1991.

Figure 19.7 Débit en colonnes. Orgues d'Espaly, région de Le Puy, dans le Massif central (France). (Photographie : Marc Dubreuil, collège de Sherbrooke.)

L'île d'Hawaï est le domaine de prédilection pour étudier les laves mafiques. L'émission de ces laves compte, en effet, pour 98 % de l'activité volcanique de l'île.

On distingue généralement quatre types de coulées de lave : les coulées pahoehoe, les coulées aa, les coulées à blocs et les coulées en coussins. Les termes *pahoehoe* et *aa* sont d'origine hawaïenne.

Avant d'examiner les types de coulées, disons un mot du débit en colonnes ou en prismes (fig. 19.7). Il arrive qu'en se refroidissant une coulée de laves se contracte et se fissure. Ce processus purement mécanique produit des structures en colonnes prismatiques qui, lorsqu'elles sont hautes et verticales, s'apparentent à des tuyaux d'orgue. Ces colonnes sont le plus souvent à section pentagonale ou hexagonale. Elles peuvent mesurer jusqu'à 3 m de diamètre et 30 m de haut. On rencontre surtout ces structures dans les épanchements basaltiques.

COULÉES PAHOEHOE

Les coulées pahoehoe présentent une surface lisse, plus ou moins ondulée. On en reconnaît de nombreuses variétés : coulées pahoehoe massives, en dalles, en forme de tumulus, cordées, etc. La coulée cordée est caractéristique, quoique peu commune (fig. 19.8). Elle se forme quand la vitesse d'écoulement de la lave diminue et que l'enveloppe superficielle encore plastique s'incurve vers l'avant sous l'effet de l'écoulement. Les rides et les plis ainsi formés donnent la lave cordée.

On trouve souvent des conduits ou tubes à l'intérieur des coulées de type pahoehoe. Ces conduits se forment quand la lave encore chaude circule à l'intérieur d'une carapace refroidie. Si l'alimentation cesse ou si un blocage survient quelque part dans le conduit, la lave encore en mouvement peut emprunter une sortie et laisser derrière elle un tunnel. Généralement, les tunnels sont de forme arborescente; ils sont tantôt anastomosés, tantôt superposés, souvent interconnectés. Leur diamètre va de quelques centimètres à 30 m; ils s'étendent sur quelques mètres à plusieurs kilomètres de longueur.

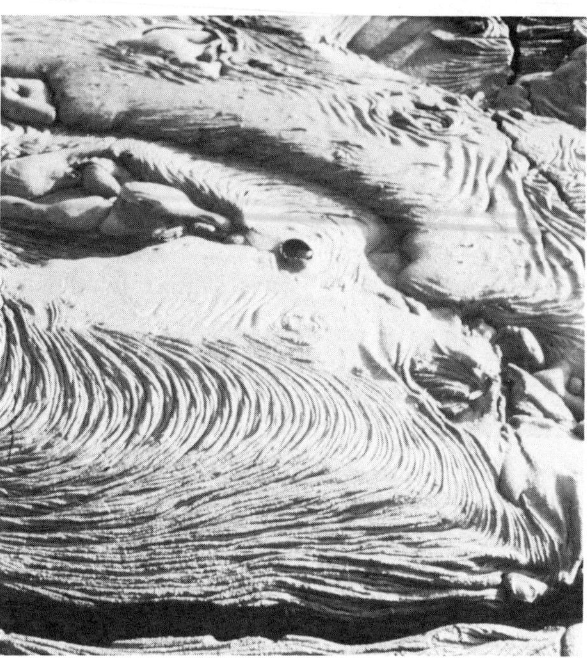

Figure 19.8 Coulée de type pahoehoe. Lave fluide ayant formé une coulée de type pahoehoe (lave cordée) sur les bords de la baie Sullivan, île de Santiago, archipel des Galápagos. (Photographie : M. B. Lambert, GSC 125762.)

COULÉES AA

Les coulées aa montrent une accumulation chaotique de fragments rugueux et hérissés allant du petit éclat jusqu'au bloc de 1 m et plus (fig. 19.9). Le terme hawaïen aa signifie « lave sur laquelle on ne peut pas marcher pieds nus ». Ces laves sont plus riches en silice que celles des coulées pahoehoe, donc plus visqueuses.

COULÉES À BLOCS

Les laves visqueuses donnent des coulées à blocs. Elles avancent lentement, et la croûte superficielle se craquelle de petites fissures de retrait lors du refroidissement. La lave sous-jacente soulève et brise la croûte en blocs anguleux, polyédriques et isolés.

COULÉES EN COUSSINS

Les coulées de laves en coussins constituent probablement le mode d'épanchement volcanique le plus commun à la surface de la Terre. Les **laves en**

Figure 19.9 Coulée de type aa. Éruption du 17 mars 1981, Etna, Sicile.

coussins (ou *pillow-lavas*) sont de composition basaltique ou andésitique. Elles se mettent en place sur le fond océanique.

Ces laves se présentent comme des amoncellements en boules (fig. 19.10a et b). Il arrive que les coussins soient cimentés par de l'argile (fig. 19.10c). Le diamètre des coussins est compris entre 10 cm et 1 m, atteignant à l'occasion 10 m (mégacoussins). Les coussins montrent souvent un cœur cristallin à structure radiale. Ils sont délimités par une carapace externe vitreuse, résultat du refroidissement rapide de la lave lors de son arrivée dans l'eau. Le développement précoce de cette carapace entrave l'épanchement de la lave sous forme de coulée massive et favorise la naissance de multiples coussins qui s'empilent les uns sur les autres. À côté des formes coussinées proprement dites, on peut trouver des boudins et des tubes de lave en partie anastomosés.

a)

b)

c)

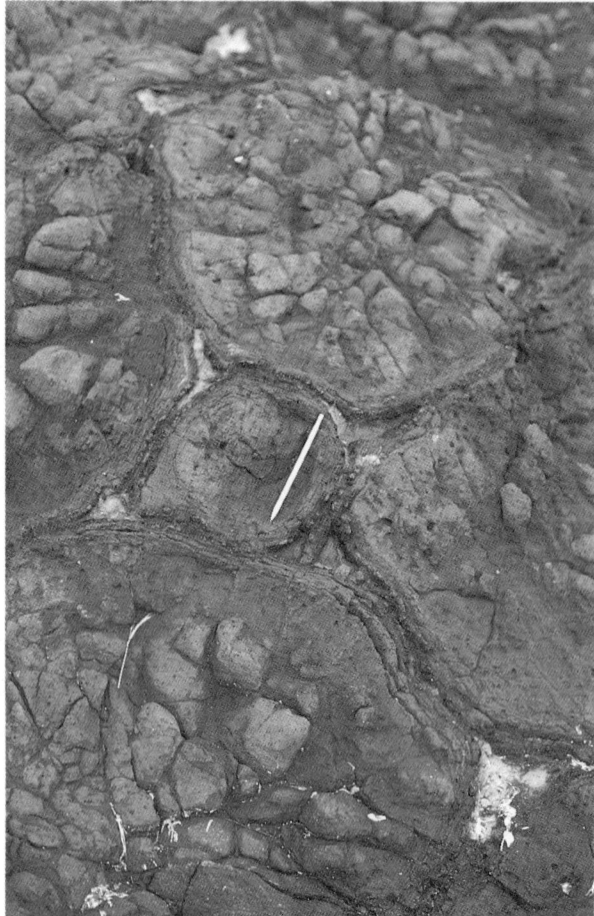

Figure 19.10 Laves en coussins. En a), laves en coussins, dans le Massif du Chenaillet (Alpes françaises); en b), autre exemple de laves en coussins le long de la route 267 entre Thetford Mines et Saint-Daniel (Québec); en c), vue rapprochée de coussins de lave enrobés d'argile marine, à Aci Castello en Sicile.

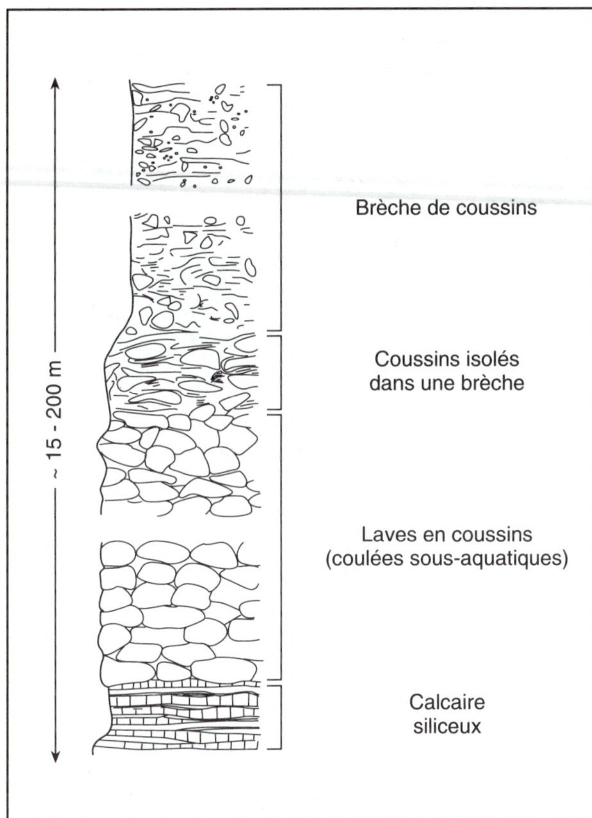

Figure 19.11 Coupe verticale d'une séquence de roches autoclastiques, à Quandra Island (Colombie-Britannique) (Carlisle, dans Lajoie, 1984, p. 40).

19.3.2 *Les roches autoclastiques*

Les roches autoclastiques se divisent en deux groupes : les **brèches de coulée** et les **hyaloclastites**. Le premier terme s'applique lorsque les fragments sont grossiers et le second désigne une brèche à grain fin riche en fragments de verre. Les roches autoclastiques se forment généralement à partir de magmas basaltiques.

Les brèches de coulée et les hyaloclastites se forment le plus souvent aux dépens de laves en coussins. Lorsque des coussins dévalent les pentes du fond océanique, leurs enveloppes vitreuses se brisent en menus fragments. Une nouvelle enveloppe se forme immédiatement autour des coussins, laquelle sera brisée à nouveau si les coussins continuent de rouler. Ainsi, plus la fragmentation est importante, plus les débris de verre sont abondants dans la roche. La figure 19.11 montre une séquence qui débute par des laves en coussins, se prolonge par des coussins isolés dans une brèche et se termine par une brèche de coussins. Quant à la figure 19.12, elle montre des exemples de roches autoclastiques.

Les hyaloclastites peuvent également se former lorsqu'une éruption volcanique survient sous une faible tranche d'eau[2]. Il faut dans ce cas que des lambeaux de lave soient projetés vers le haut, directement dans l'eau. Toute la surface chaude des lambeaux se trouve alors au contact de l'eau. Une bonne partie de la vapeur produite par la surchauffe de l'eau se

Figure 19.12 Exemples de roches autoclastiques. À gauche, coussins isolés dans une brèche; à droite, brèche de coussins. (Groupe de Staughton-Roquemaure, à Rouyn-Noranda, Abitibi (Québec). (Photographies : Réal Daigneault, UQAC.)

2. Ce mode de formation des hyaloclastites est bien décrit dans l'ouvrage *Les volcans et la dérive des continents* de H. Tazieff, 1972, p. 44.

trouve confinée entre les lambeaux de lave et elle finit par provoquer des explosions. C'est alors que les lambeaux sont fragmentés et que les particules sont violemment projetées au loin. De nouvelles surfaces incandescentes sont ainsi découvertes et le processus explosif peut se répéter. Il en résulte une roche finement broyée, à matrice riche en échardes vitreuses. La figure 19.13 montre les détails d'hyaloclastites.

Figure 19.13 Détails d'hyaloclastites; nombreux débris de coussins dans une matrice riche en fragments de verre, à Aci Castello, en Sicile.

19.3.3 *Les roches pyroclastiques*

Les roches pyroclastiques ou **pyroclastites** sont particulières à cause de leur double genèse. Elles sont volcaniques de par l'origine de leurs constituants primaires et elles sont sédimentaires de par leur mode de dépôt. Nous verrons d'abord la terminologie propre aux pyroclastites, puis les différents types de dépôts.

TERMINOLOGIE ET CLASSIFICATION DES PYROCLASTITES

Pour désigner les pyroclastites, les auteurs utilisent aussi le mot **tephra** qui signifie étymologiquement cendre. De nos jours, on l'emploie dans un sens beaucoup plus large pour désigner tout matériau pyroclastique, peu importe la granulométrie.

La granulométrie permet de séparer les pyroclastes en trois catégories (tableau 19.2) : les **cendres** (moins de 2 mm), les **lapillis** (entre 2 et 64 mm) et les **bombes** ou **blocs** (plus de 64 mm).

La figure 19.14a donne la terminologie employée pour désigner les dépôts pyroclastiques consolidés. Parmi ces derniers, on peut distinguer les tufs qui, à leur tour, se classent en fonction de la nature de leurs constituants (fig. 19.14b). Les **tufs vitreux** renferment plus de 50 % de verre, les **tufs à cristaux** renferment plus de 50 % de cristaux divers et les **tufs lithiques** renferment plus de 50 % de fragments de roche.

En plus de cette nomenclature, l'usage a consacré l'emploi de **scorie** (*cinder*) et **ponce** (*pumice*). Ces termes renvoient à la composition et à la texture des fragments. Les scories et les ponces sont le plus souvent de la taille des lapillis.

Les scories Une scorie est un fragment de lave, généralement de forme arrondie et de texture **vacuolaire** (entre 25 et 50 % de vacuoles, c'est-à-dire de petites cavités dues à la présence de bulles de gaz pendant sa solidification).

Une scorie est généralement composée de tachylite, un verre rendu opaque par la présence de microcristaux d'oxyde de fer. Les scories sont produites par des magmas basaltiques ou andésitiques. Ils se présentent en amas coniques de taille modeste (fig. 19.15).

Les ponces Les ponces correspondent à de l'écume de laves. La proportion des vacuoles dépasse 50 %, si bien que les ponces flottent sur l'eau. Elles sont produites par des magmas très visqueux, souvent de nature rhyolitique. Ce sont des verres vacuolaires.

Tableau 19.2 Classification granulométrique des tephras (pyroclastes) et des roches pyroclastiques (Schmid, dans Fisher et Schmincke, 1984, p. 90).

GRANULOMÉTRIE (mm)	PYROCLASTES	DÉPÔTS PYROCLASTIQUES	
		Tephras (dépôts non consolidés)	**Roches pyroclastiques** (dépôts consolidés)
> 64	Bloc et bombe	Agglomérat, lit de blocs ou tephra à blocs, à bombes	Agglomérat, brèches pyroclastiques
2 - 64	Lapilli	Couche, lit de lapillis ou tephra de lapillis	Lapillistones
0,0625 - 2	Grain de cendre grossière	Cendre grossière	Tufs à cendre grossière
< 0,0625	Grain de cendre fine	Cendre fine	Tufs à cendre fine

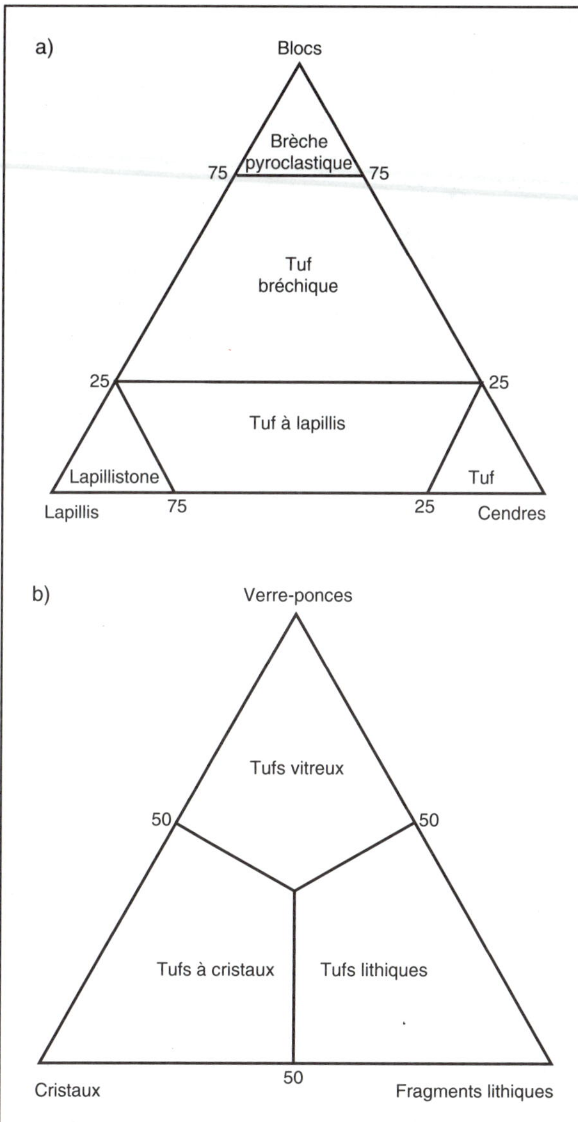

Figure 19.14 Nomenclature des roches pyroclastiques. En a), classification des pyroclastites en fonction de la taille des pyroclastes (Lajoie, non publiée); en b), classification des tufs en fonction de la nature de leurs composants (Schmid, dans Cas et Wright, 1987, p. 334).

Les dépôts de ponces caractérisent les éruptions très explosives. L'éruption du mont St. Helens, en 1980, a produit principalement des ponces. Les dépôts de ponces d'une éruption dépassent rarement 10 m d'épaisseur et peuvent atteindre 25 m à proximité de l'évent du volcan.

DÉPÔTS PYROCLASTIQUES

On a vu que les pyroclastes sont des fragments de magma produits par des éruptions pyroclastiques ou hydroclastiques. La classification génétique des roches pyroclastiques tient compte du mode de transport et des processus de dépôt.

On reconnaît généralement deux grandes catégories de dépôts : les dépôts de **retombées aériennes** et les dépôts de **nuées ardentes**. S'ajoutent à ces deux catégories les dépôts d'**ignimbrites**.

Dépôts de retombées aériennes Les retombées aériennes sont le produit d'une colonne éruptive qui comporte un panache de matière légère et de gaz qui

a)

b)

Figure 19.15 Cône et dépôt de scorie. En a), cône de scorie, le Monte Silvestri, sur les flancs de l'Etna, en Sicile; en b), dépôt stratifié de scorie, près de Castiglione, en Sicile.

s'élève très haut dans l'atmosphère. Elles se déposent à la manière d'une chute de neige, en séquences d'épaisseurs uniformes qui suivent les ondulations du relief. La forme et l'étendue du dépôt est fonction de la hauteur de la colonne éruptive, elle-même fonction de la puissance de l'explosion, de la taille et de la densité des pyroclastes. Les particules les plus fines se répartissent au gré de la vitesse et de la direction des vents.

La granulométrie des dépôts de retombées aériennes diminue en s'éloignant du volcan. Ces dépôts sont généralement non soudés[3], les fragments ayant amplement le temps de refroidir avant de retomber. Loin du centre éruptif, ils deviennent progressivement triés, lités et de moins en moins épais. Les particules les plus fines (cendres), projetées à haute altitude, peuvent voyager sur des milliers de kilomètres avant de se déposer. L'encadré 19.1 précise le grand intérêt que présentent les dépôts de cendre comme outil de datation.

Les éruptions phréatomagmatiques produisent généralement les plus grandes quantités de particules de cendres volcaniques. Ces dépôts peuvent renfermer des billes de boue semblables à de petits pois que l'on appelle des **lapillis d'accrétion**. De telles particules prennent naissance quand de fines poussières volcaniques s'agglutinent autour de gouttes d'eau. Notons qu'on peut trouver des lapillis d'accrétion dans tous les dépôts pyroclastiques subaériens. Il n'y en a toutefois pas dans les dépôts subaquatiques.

Enfin, disons un mot sur les projections grossières de lave (plus de 64 mm), soit les blocs (fig. 19.16) et les bombes. Lors de l'éruption, en 1935, du volcan Asama, au Japon, des bombes de 5 à 6 m de diamètre pesant 200 t ont été projetées jusqu'à 600 m de distance.

Une **bombe volcanique** doit sa forme particulière à la rotation qu'elle subit au cours du trajet dans l'air. Les bombes sont émises à l'état pâteux et elles retombent à l'état plus ou moins solide. Quant aux **blocs**, ils sont anguleux et projetés à l'état déjà solidifié.

La forme finale des bombes est celle imposée par les lois de l'aérodynamique. Les magmas fluides donnent des bombes en **fuseau**, avec des extrémités recourbées ou tordues. Les magmas plus visqueux donnent des bombes globuleuses dites en **croûte de pain**. Elles se caractérisent par une croûte vitreuse et dense, fissurée par l'expansion des bulles de gaz emprisonnées dans le cœur chaud de la bombe. Enfin, les bombes en **bouse de vache** s'aplatissent en arrivant au sol.

Figure 19.16 Bloc d'origine volcanique. Bloc de plusieurs tonnes projeté sur le rebord du cratère de Fossa di Vulcano, volcan principal de l'île de Vulcano, îles Éoliennes.

Dépôts de nuées ardentes

Une nuée ardente[4] est une suspension de gaz et de pyroclastes incandescents qui se déplacent à grande vitesse en suivant la topographie.

Une nuée ardente est un système très complexe. Il s'agit d'une émulsion de gaz et de fragments de magma dont la température atteint plusieurs centaines de degrés Celsius. Extrêmement comprimée au départ, une nuée ardente prend rapidement de l'expansion en cours de route. Il n'y a donc rien de surprenant à ce que de nombreux processus secondaires de turbulence s'installent dans un tel système, processus déclenchés par des facteurs liés à la gravité et aux vitesses d'écoulement différentes des gaz.

On peut comparer les nuées ardentes aux courants de turbidité ou courants de densité, mouvements de masse qui déplacent de très grandes quantités de sédiments sur le talus continental (revoir l'encadré 6.5). L'observation des dépôts laissés par les nuées ardentes permet de distinguer au moins deux mécanismes d'écoulement à l'intérieur d'un courant de densité principal. Certains dépôts sont mis en place par des **coulées pyroclastiques**, une composante à écoulement laminaire, qui déplacent des mélanges très concentrés de gaz et de fragments chauds. D'autres dépôts sont mis en place par des **déferlantes**,

3. Dans une roche pyroclastique, les fragments vont se souder entre eux s'ils sont encore au-dessus de leur température de fusion au moment du dépôt. Quand la cohésion apparaît après le dépôt, par compaction, on dit que la roche est simplement indurée.
4. Le volcanologue Alfred Lacroix a repris cette expression de F. Fouqué (1872) pour décrire les processus éruptifs de la montagne Pelée en 1902 et 1903. Son livre *La Montagne Pelée et ses éruptions*, 1904, est un classique de la volcanologie.

ENCADRÉ 19.1

LA TÉPHROCHRONOLOGIE

Les cendres volcaniques peuvent couvrir des superficies considérables et devenir ainsi des dépôts fort utiles pour dater des événements géologiques. On appelle **téphrochronologie** la technique de datation fondée sur des corrélations stratigraphiques faites au moyen des couches de cendres volcaniques.

Au chapitre 12, on a vu que les glaciers des montagnes, ceux des Rocheuses entre autres, ont bien enregistré certains des nombreux changements climatiques survenus pendant l'Holocène. Dans l'Ouest américain et canadien, les moraines construites par les glaciers lors des phases de réchauffement climatique peuvent être datées et mises en corrélation grâce à quatre tephras bien identifiables émis par quatre volcans différents. L'âge des tephras est respectivement de 12 ka, 6,5 ka, 3,5 ka et 2,3 ka. Le tephra âgé de 6,5 ka est dû à l'éruption du mont Mazama, aujourd'hui Crater Lake, en Oregon. Les estimations quant à la quantité de matériau émis dans l'atmosphère par cette éruption varient : certaines mesures font état d'un volume compris entre 16 et 24 km^3, d'autres d'un volume compris entre 29 et 37 km^3. Ce tephra a recouvert une étendue de près de un million de kilomètres carrés. Quant au tephra âgé de 3,5 ka, il appartient au mont St. Helens. Ce volcan a fait éruption une vingtaine de fois depuis 4,5 ka. Les dernières manifestations, avant celles de 1980, eurent lieu entre 1831 et 1857. La figure montre l'aire couverte par les retombées aériennes de l'éruption du 18 mai 1980.

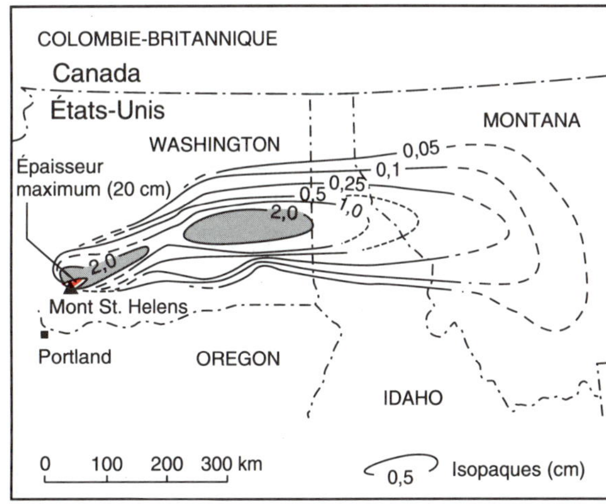

Répartition des retombées aériennes de l'éruption du 18 mai 1980 du mont St. Helens dans l'État de Washington aux États-Unis. Les isopaques donnent l'épaisseur des dépôts en cm (Sarna-Wojcicki *et al.* dans Cas et Wright, 1987, p. 101).

une composante à écoulement turbulent qui déplace des mélanges faiblement concentrés de gaz et de fragments chauds. Selon la position de la déferlante par rapport à tout le courant de densité, on parle de déferlante au sol, de déferlante basale ou de déferlante de nuages de cendres[5]. Au cours de sa trajectoire, une coulée pyroclastique peut se transformer en déferlante et vice versa.

La figure 19.17 montre les trois principaux types de nuées ardentes, définis à partir de trois volcans dont on a observé le style éruptif : la nuée ardente de type Pelée (montagne Pelée, en Martinique), celle de type Saint-Vincent (la Soufrière de Saint-Vincent) et celle de type Merapi (Merapi, sur l'île de Java en Indonésie). Chacune de ces éruptions met en cause des mécanismes différents :

- dans le type Pelée, il y a explosion latérale à la base d'un dôme de magma visqueux;
- dans le type Saint-Vincent, il y a effondrement gravitationnel d'une colonne éruptive;
- dans le type Merapi, il y a effondrement gravitationnel d'un dôme de magma visqueux.

La figure 19.18 montre un exemple de dépôt laissé par une nuée ardente au pied de la montagne Pelée.

Le dépôt est stratifié avec à la base un lit (lit I) mince qui renferme les éléments les plus grossiers de toute la séquence. Ce lit est massif et montre un granoclassement inverse. Le lit II, au centre, est le plus important du dépôt. Le granoclassement est normal, avec 30 % de cendres fines au sommet. Enfin, le lit III renferme plus de 50 % de cendres fines. Au sommet

5. Ce sont des auteurs anglophones qui ont établi la terminologie du mécanisme des déferlantes ou *surges*. Nous proposons les équivalents suivants : déferlante au sol pour *ground surge*, déferlante de nuages de cendres pour *ash-cloud surge* et déferlante basale pour *base surge*.

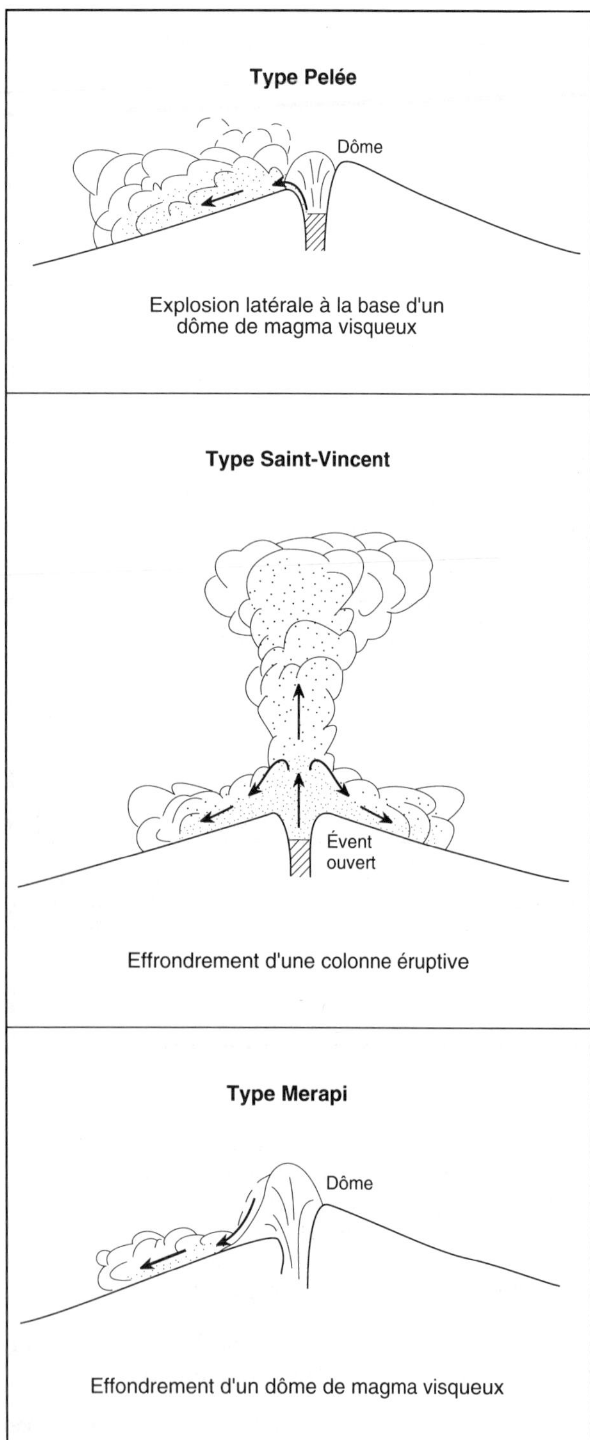

Figure 19.17 Trois des principaux mécanismes susceptibles de déclencher des nuées ardentes. Les nuées de type Pelée sont des suspensions turbulentes, faiblement concentrées et soufflées par une explosion latérale; elles se déplacent à grande vitesse. Les nuées de type Saint-Vincent et de type Merapi se déplacent sous l'effet de la gravité. Celles de type Saint-Vincent descendent les pentes du volcan suivant des directions radiales. Celles de type Merapi sont des suspensions très concentrées de blocs de lave chauds qui se fragmentent en cours de route (d'après Macdonald, 1972, p. 149).

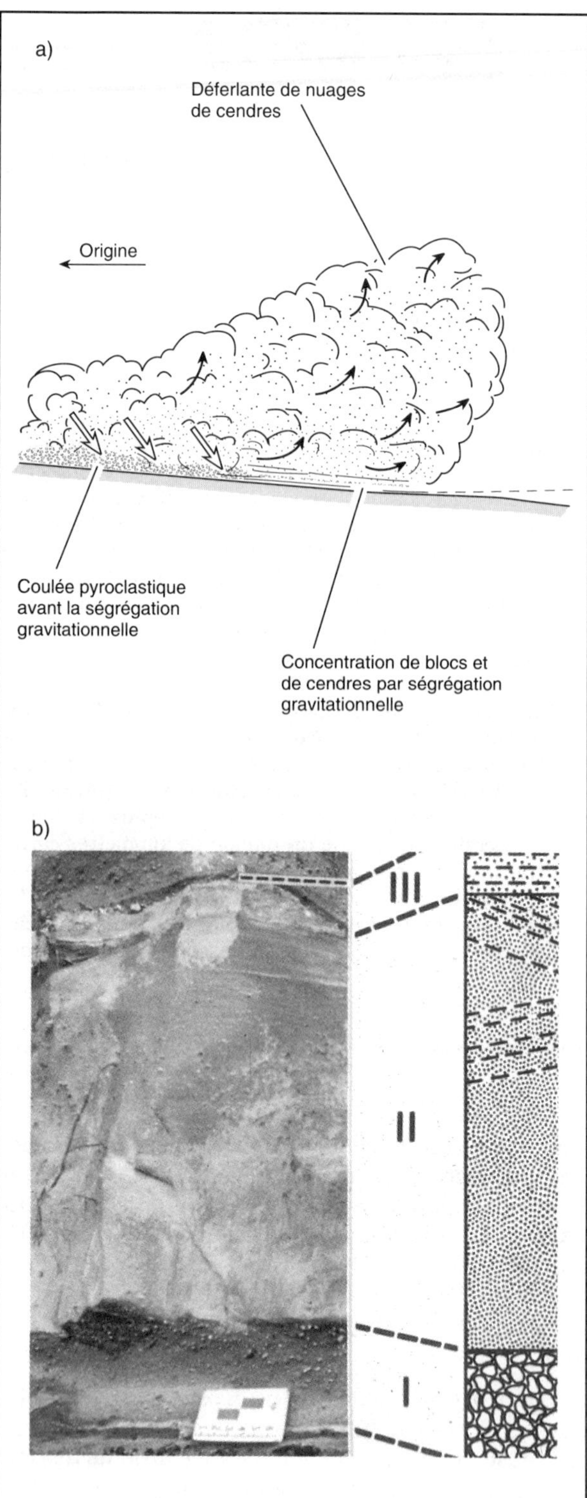

Figure 19.18 Nuée ardente et dépôt de pyroclastites. En a), nuée ardente. À la base du système de la nuée, des processus de ségrégation gravitationnelle concentrent un mélange de blocs et de cendres. Au-dessus de cette composante dense se développe une déferlante de nuages de cendres (d'après Fisher et Schmincke, 1984, p. 226). En b), dépôt de pyroclastites au pied de la montagne Pelée, à la Martinique (voir la description dans le texte). (Photographie et croquis : Jean Lajoie, Université de Montréal.)

du lit, des lapillis d'accrétion contribuent à augmenter le pourcentage d'éléments grossiers. Laissée au sol par un même courant de densité turbulent, cette séquence pauvrement triée présente globalement un granoclassement normal : fragments grossiers du lit I, concentrés par ségrégation gravitationnelle et déposés par la coulée pyroclastique proprement dite; fragments plus fins des lits II et III, déposés par la composante moins concentrée du système, soit la déferlante de nuages de cendres. Les nuées ardentes de ce volcan sont des courants de densité turbulents et faiblement concentrés, soufflés par de fortes explosions latérales; elles se déplacent à de très grandes vitesses. On a calculé que la nuée responsable de la destruction la ville de Saint-Pierre, le 8 mai 1902, voyageait à 130 m/s.

Dépôts d'ignimbrites

Le dépôt d'**ignimbrites**, ou tuf soudé, est un dépôt laissé par une coulée pyroclastique de composition felsique.

Dans les grandes nuées responsables du dépôt d'ignimbrites, les températures demeurent presque magmatiques tout au cours de l'écoulement et même après la sédimentation. Les débris peuvent arriver au sol à des températures voisines de 500°C à 600°C et mettre plusieurs années à refroidir[6].

Plusieurs faits prouvent que la sédimentation des ignimbrites se produit à des températures élevées :

- la présence de bois carbonisé (quand la nuée ardente s'abat sur une forêt, un marais, etc.);
- une coloration rose, à la suite de l'oxydation du fer en hématite (preuve de la présence d'eau dans le système), ou une coloration noire due à la présence de microlites de magnétite ou d'autres oxydes de fer ou de manganèse disséminés dans la roche;
- la présence de dépôts dans lesquels tous les fragments sont soudés entre eux.

Dans une ignimbrite, la cristallisation est poussée, car le verre se dévitrifie avec le temps. Les traits les plus caractéristiques de ces roches sont les déformations plastiques liées aux hautes températures et la présence d'échardes de verre soudées entre elles.

Les ignimbrites sont des mélanges chaotiques de fragments de ponces et de lapillis emballés dans une matrice de cendres fines. On connaît cependant certains dépôts très bien stratifiés. À l'occasion, les ignimbrites montrent un granoclassement inverse, surtout confiné aux cristaux. Les feldspaths, incidemment, sont plus nombreux dans la partie supérieure des séquences. Ce fait témoigne de l'augmentation du nombre de cristaux en suspension dans le magma vers la fin de l'éruption. Enfin, en raison de l'abondance des gaz, ces roches ont une porosité élevée (50 à 60 %) au moment de leur sédimentation.

19.4 VOLCANISME ET TECTONIQUE DES PLAQUES

Voyons les relations qui existent entre la nature géochimique des laves et le contexte géodynamique dans lequel elles sont émises. La figure 19.19 donne les volumes de magma produits annuellement aux principaux points d'activité magmatique. Quant à la figure 19.20, elle précise la nature géochimique des laves aux points d'émission reconnus : volcanisme subalcalin (tholéiitique et calco-alcalin) et volcanisme alcalin. Nous reprenons ici une terminologie déjà présentée au chapitre 5.

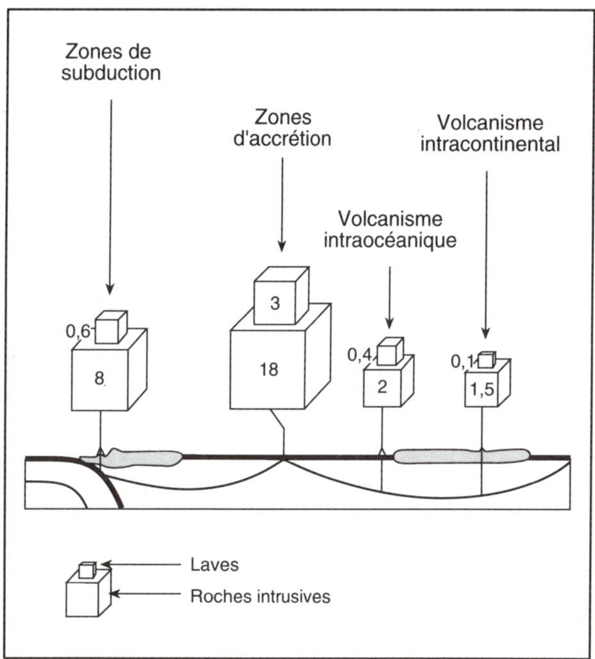

Figure 19.19 Le magmatisme à l'échelle du globe. Volumes de magma (en km^3) produits annuellement aux zones d'accrétion, aux zones de subduction et aux zones intraplaques (Fisher et Schmincke, 1984, p. 13).

6. On a longtemps pensé que les fumerolles qui ont donné son nom à la vallée des Dix Mille Fumées, en Alaska, provenaient de gaz issus d'une chambre magmatique sous-jacente. En réalité, ces fumerolles s'échappaient d'une nappe de cendres chaudes émises au cours de l'éruption du volcan Novarupta, près du mont Katmaï, en 1912.

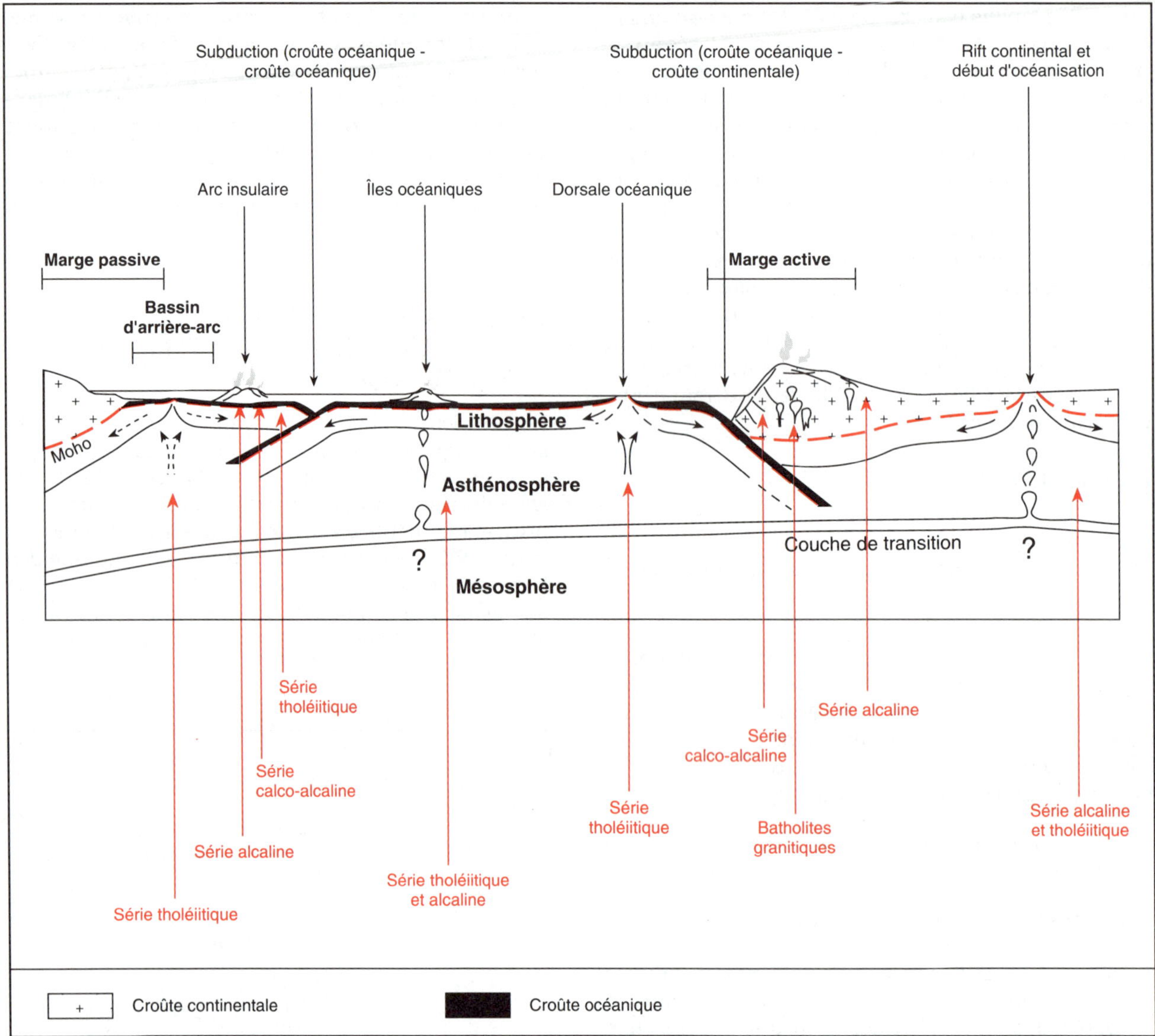

Figure 19.20 Contexte géodynamique de la mise en place des principales séries magmatiques (compilée d'après Hamelin et Dupré, 1988; Girod *et al.*, 1984).

19.4.1 *Le volcanisme subalcalin*

Le volcanisme subalcalin comprend le volcanisme tholéiitique et le volcanisme calco-alcalin.

VOLCANISME THOLÉIITIQUE

Les laves tholéiitiques alimentent le volcanisme intraplaque des îles océaniques, des arcs insulaires jeunes, des dorsales océaniques et des bassins d'arrière-arc.

Localisation Le volcanisme tholéiitique se rencontre principalement dans les zones de distension de l'écorce terrestre. Ce volcanisme, le plus commun à la surface du globe, est produit dans les rifts des dorsales océaniques. On le rencontre aussi en situation intraplaque océanique où il s'exprime par des centres volcaniques ponctuels, donnant des volcans boucliers ou des stratovolcans.

Les îles volcaniques et les guyots (volcans submergés et éteints) constituent l'essentiel du volcanisme océanique intraplaque. Un bon exemple de ce volcanisme est fourni par l'archipel de l'Empereur et l'archipel d'Hawaï, dans le Pacifique (fig. 19.21). Au chapitre 17, on a déjà mentionné que cet alignement de volcans éteints matérialise le déplacement de la plaque du Pacifique au-dessus d'un point chaud fixe. Ce point chaud est toujours actif et alimente les volcans actuels de l'île d'Hawaï.

Description pétrographique Les nombreux échantillons de basalte d'affinité tholéiitique ramenés

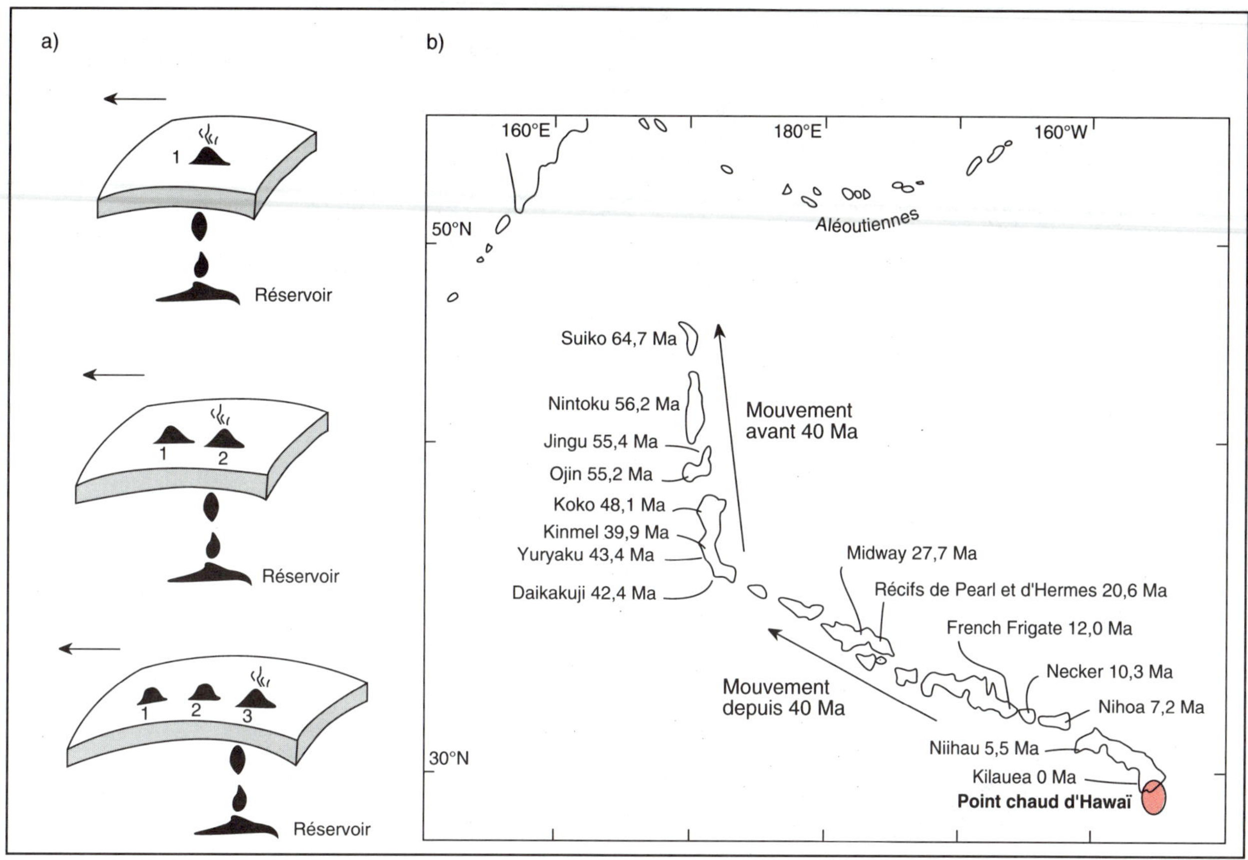

Figure 19.21 Volcans du domaine océanique. En a), processus de la formation d'une chaîne d'îles volcaniques par le déplacement d'une plaque au-dessus d'un réservoir magmatique fixe (point chaud); en b), l'archipel de l'Empereur et l'archipel d'Hawaï, dans le Pacifique, sont des exemples de volcanisme océanique intraplaque. Cette suite de volcans éteints a pris naissance au-dessus du point chaud d'Hawaï, situé de nos jours au sud de l'île d'Hawaï. Au fur et à mesure que l'on s'éloigne du point chaud, les roches sont de plus en plus vieilles, matérialisant le déplacement de la plaque du Pacifique. Un changement dans la direction du mouvement de la plaque a eu lieu vers 43 Ma, comme en témoigne une courbure de la chaîne de volcans.

par dragage sont des roches vacuolaires aux bordures vitreuses. Le refroidissement rapide de ces roches sur le fond océanique explique la présence du verre. La texture de ces roches est aphanitique, avec présence régulière de phénocristaux d'olivine (forstérite) et de plagioclases (andésite, labrador, bytownite). Ces roches renferment aussi des pyroxènes (augite et hyperstène), de l'ilménite, de la magnétite et du spinelle chromifère, $MgCr_2O_4$, en inclusion dans les phénocristaux d'olivine.

VOLCANISME CALCO-ALCALIN

Le volcanisme calco-alcalin se manifeste aux limites des plaques lithosphériques et il présente une très grande diversité.

Localisation Le volcanisme calco-alcalin se produit dans le domaine océanique, au sein des arcs insulaires, et sur le pourtour des continents à l'aplomb des zones de subduction, au sein des marges continentales actives.

Les arcs insulaires se présentent comme des guirlandes d'îles bordées du côté océanique par une fosse simple (îles Aléoutiennes) ou double (Indonésie) (voir le chapitre 17).

Les marges continentales actives portent d'imposants stratovolcans andésitiques[7]. Ceux de la chaîne des Cascades, dans l'ouest des États-Unis, sont alimentés par la subduction de la plaque de Juan de Fuca qui plonge sous la plaque de l'Amérique du Nord (fig. 19.22). L'un des 15 principaux volcans de cette chaîne de montagnes, le mont St. Helens, dans l'État de Washington, a connu une violente éruption le 18 mai 1980. D'autres manifestations éruptives ont

7. On consultera « Le volcanisme andin » de G. Wörner, 1991.

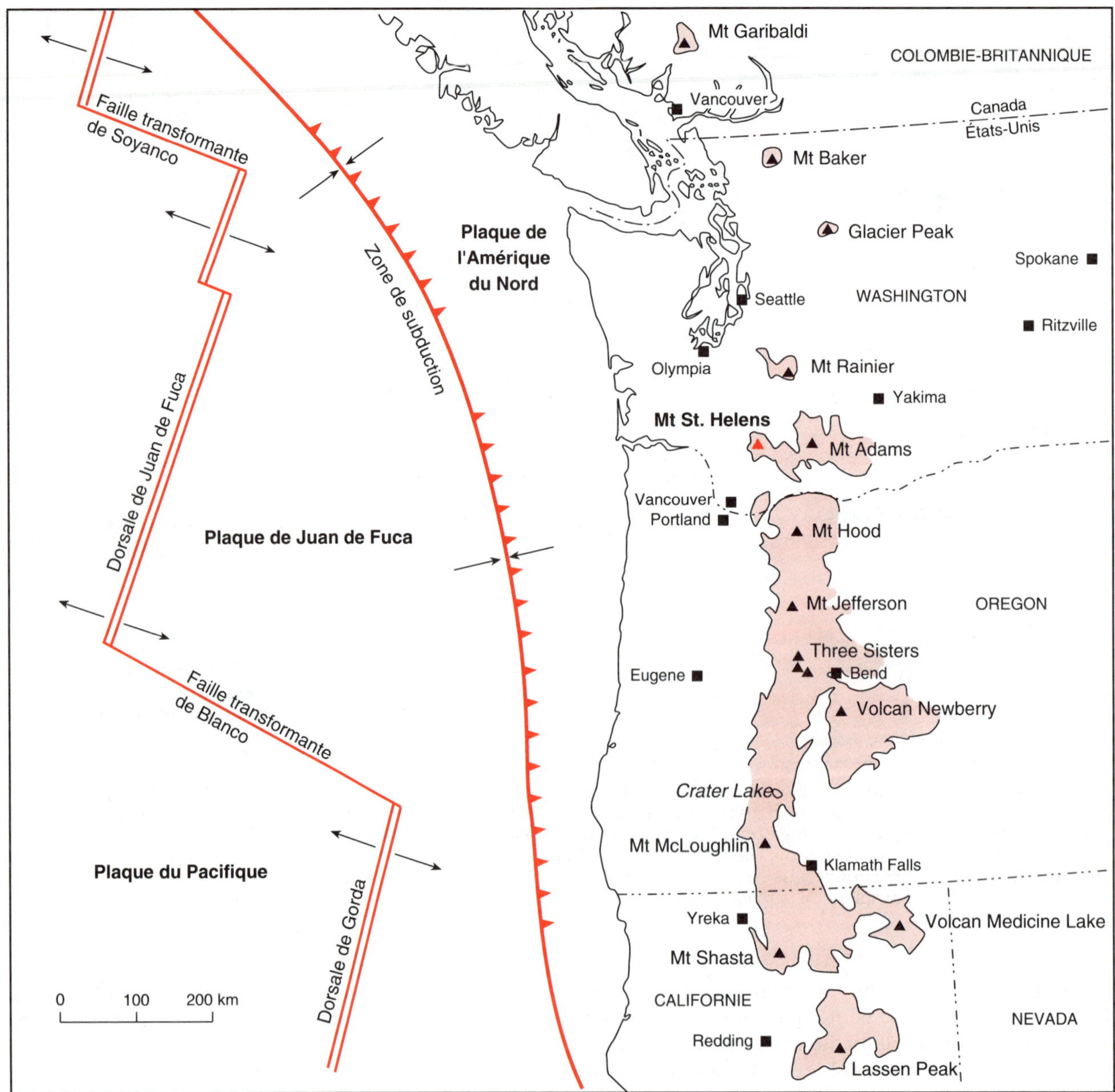

Figure 19.22 Contexte géotectonique du sud-ouest des États-Unis. La plaque de Juan de Fuca plonge en subduction sous la plaque de l'Amérique du Nord en donnant naissance aux volcans de la chaîne des Cascades, dont le mont St. Helens. Les zones colorées indiquent les roches volcaniques mises en place depuis 2 Ma (Decker et Decker, 1981, p. 21).

eu lieu dans les semaines suivantes. On a calculé qu'au cours des dix premières secondes de l'éruption, 2,7 km^3 de roches ont été rejetées par le volcan.

Description pétrographique Les roches volcaniques calco-alcalines sont le produit d'épanchements de laves ou de volumineuses éruptions pyroclastiques et hydroclastiques pouvant recouvrir des milliers de kilomètres carrés. Le tableau 19.3 donne la suite des laves calco-alcalines et les minéraux qu'elles renferment.

19.4.2 *Le volcanisme alcalin*

Le volcanisme alcalin se produit principalement dans les régions intraplaques (océaniques et continentales). Dans certaines régions du domaine continental (Afrique du Sud), l'activité magmatique met en place des kimberlites. L'encadré 19.2 fait le point sur ces roches.

LOCALISATION

Le **volcanisme alcalin**, du **domaine océanique**, se caractérise par la variation de composition du magma.

Tableau 19.3 La suite des laves calco-alcalines.

Roches	Minéraux
Rhyolites	Phénocristaux de sanidine et de quartz, plagioclases, et mésostase de minéraux mafiques dépourvue de plagioclases
Rhyodacites	Absence de sanidine, et présence de plagioclases dans la mésostase
Dacites	Phénocristaux de plagioclases et de quartz, minéraux mafiques et microlites de plagioclases dans la mésostase
Andésites	Phénocristaux de plagioclases, avec ou sans pyroxène, hornblende et biotite; olivine parfois
Basaltes	Phénocristaux d'olivine, pyroxène, et en moindre quantité des plagioclases
Obsidiennes et ponces	Verres

L'île d'Hawaï, dont nous avons déjà parlé, offre un exemple intéressant de différenciation et d'évolution de la nature du magma : basaltes à olivine riche en magnésium pour les plus vieilles roches, basaltes enrichis en fer et en silice pour les roches qui suivent, et basaltes alcalins pour les roches plus jeunes. Une telle distribution temporelle cadre bien avec le modèle d'un point chaud : magma de nature tholéiitique produit par le manteau supérieur, puis magma alcalin tardif, d'origine plus profonde.

Un autre exemple est fourni par les îles Sainte-Hélène et Tristan da Cunha, où l'on trouve des laves tant mafiques que felsiques, riches en néphéline normative.

Le **volcanisme alcalin** du **domaine continental** présente des variations de composition encore plus poussées que celui du domaine océanique. On sait que l'ouverture des rifts continentaux est facilitée par l'activité des points chauds qui entraînent une remontée diapirique de l'asthénosphère[8]. Le magmatisme des rifts continentaux correspond à une phase de préocéanisation.

L'exemple le mieux étudié est le système du rift est-africain, que l'on peut suivre sur 3700 km depuis le Mozambique au sud, jusqu'à l'Éthiopie (Érythrée) au nord. Là, il se dédouble pour former la branche de la mer Rouge et la branche du golfe d'Aden. La figure 19.23 présente deux coupes qui montrent l'évolution possible de la mer Rouge. Au Paléogène (60-40 Ma), il y a eu ouverture d'un rift continental, avec magmatisme alcalin. De nos jours, la mer Rouge est parvenue à un stade plus avancé de développement : elle est en voie d'océanisation, et le magmatisme y est tholéiitique.

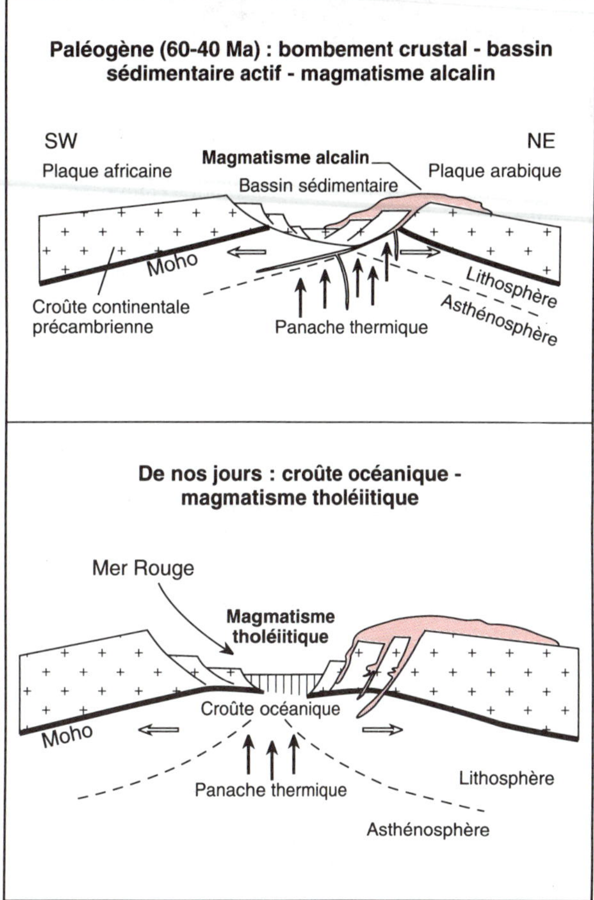

Figure 19.23 Une interprétation possible de l'évolution de la mer Rouge. Au Paléogène (60-40 Ma), il y a eu ouverture d'un rift continental avec émission de magmatisme alcalin. De nos jours, le rift est parvenu au stade océanique, et le magmatisme est de nature tholéiitique (d'après Camp et Roobol, 1989).

DESCRIPTION PÉTROGRAPHIQUE

Les roches alcalines ont des compositions très variables, ce qui se traduit par une nomenclature complexe. Les phases minérales majeures sont les plagioclases, les feldspathoïdes (néphéline, analcime, leucite), l'olivine, et les oxydes de fer et de titane.

Les variations de composition minéralogique des séries alcalines donnent des suites de laves mafiques (basaltes alcalins et basanites), de laves intermédiaires (hawaïtes et mugéarites) et de laves felsiques (trachytes, rhyolites et phonolites).

8. On lira avec intérêt « Comment se fracturent les continents » de Vincent Courtillot et Gregory Vink, 1983.

ENCADRÉ 19.2

LES KIMBERLITES

La **kimberlite** est une roche volcanique composée principalement d'olivine. Elle renferme aussi de la phlogopite, de la serpentine et de la calcite. Les gisements de kimberlite se présentent, en général, sous la forme de colonnes ou de cheminées de dimensions modestes ne dépassant jamais 2 km de diamètre.

Les cheminées de kimberlite ont fait l'objet d'études approfondies, car elles sont la principale source primaire de diamants. Le générique kimberlite vient du nom de la ville sud-africaine de Kimberley, à proximité de laquelle on a découvert, en 1870, les cheminées de Jagersfontein et de Dutoitspan, sources des diamants que l'on exploitait jusque-là dans des graviers alluvionnaires.

Les cheminées de kimberlite sont la racine profonde d'un édifice volcanique très considérable (voir la figure). On pense que l'activité éruptive qui donne naissance aux kimberlites débute à une profondeur comprise entre 100 et 300 km. Elle donne lieu à la montée rapide dans une fissure étroite, puis dans une cheminée, d'un magma chargé en éléments volatils dissous. À cause de la chute de pression, les matériaux fluidisés sont expulsés et pulvérisés, ce qui explique le caractère bréchique des kimberlites.

Ce n'est pas tellement l'étude des kimberlites elles-mêmes qui présente de l'intérêt, mais plutôt celle des diverses inclusions étrangères qu'elles renferment. En plus d'être porteuses de diamants, ces roches fournissent des nodules de péridotite. De tels nodules sont des échantillons du manteau. Précisons que les diamants sont généralement beaucoup plus vieux que les kimberlites qui les renferment. Ils ne se forment donc pas en même temps que ces roches et ils s'y retrouvent accidentellement piégés.

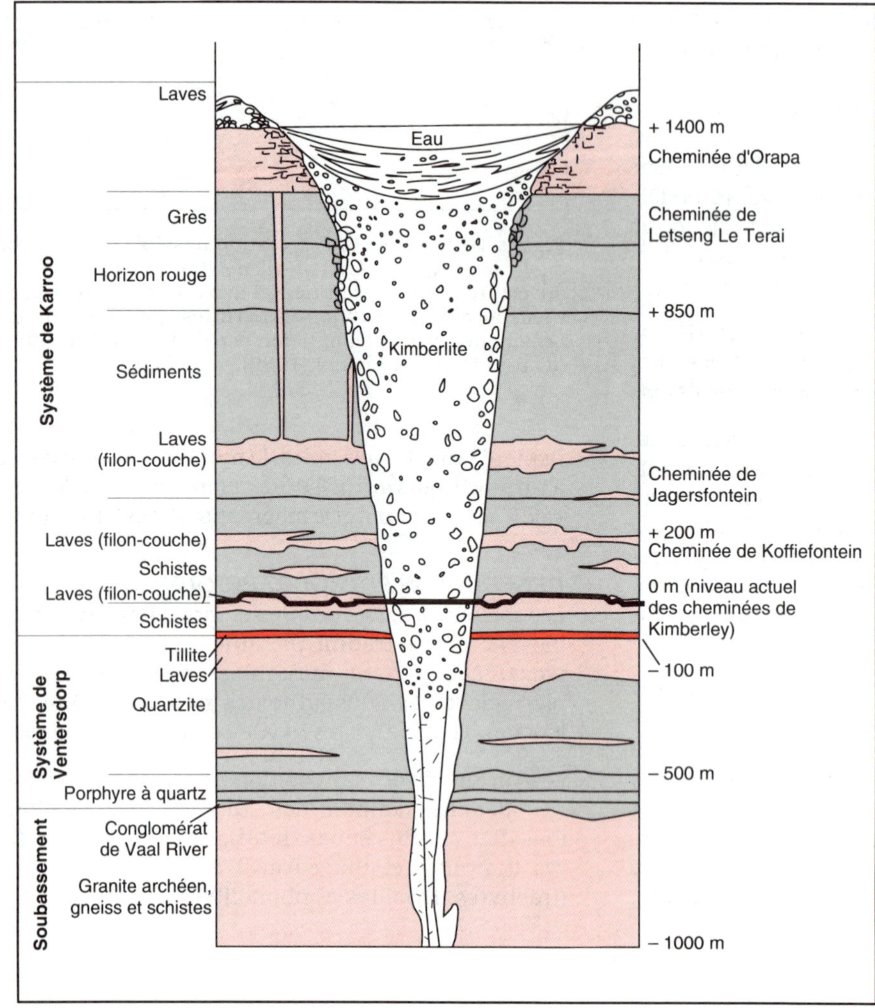

Structure d'une cheminée kimberlitique. On a établi ce schéma sur la base de renseignements recueillis dans plusieurs cheminées d'Afrique du Sud parvenues à différents stades d'érosion. La majorité des cheminées sont d'âge crétacé (entre 70 Ma et 130 Ma). Elles se sont mises en place à travers des roches sédimentaires et des laves. Leur forme conique est probablement due à l'abrasion des roches encaissantes, abrasion de plus en plus intense en allant vers la surface (d'après Cox, 1978, p. 30).

CONCLUSION

L'activité volcanique produit annuellement un peu plus de 30 km^3 de matériau nouveau. La part la plus importante de ce volume est générée aux dorsales océaniques, sous forme d'intrusions et de laves, dont des laves en coussins. Alors que le magmatisme des dorsales est tholéiitique, celui des zones de subduction est typiquement calco-alcalin.

L'activité volcanique peut prendre un caractère effusif ou explosif. Les éruptions effusives sont produites par des magmas peu visqueux, c'est-à-dire peu siliceux. Les éruptions explosives relèvent des magmas visqueux, c'est-à-dire siliceux. Les éruptions effusives donnent des laves, alors que les éruptions explosives donnent des roches pyroclastiques. Les éruptions explosives ont un style de dépôt qui rappelle les figures sédimentaires. La meilleure manière d'étudier les pyroclastites est d'ailleurs de les considérer comme des sédiments.

VOCABULAIRE

Aa

Bloc
Bombe
Brèche de coulée

Cendre
Coulée pyroclastique

Déferlante

Éruptions phréatiques
Éruptions phréatomagmatiques
Éruptions pyroclastiques

Hyaloclastites

Ignimbrite

Kimberlite

Lapilli
Lave
Laves en coussins

Ophiolites

Pahoehoe
Ponce
Pyroclaste
Pyroclastites

Retombées aériennes
Rift continental
Roches autoclastiques
Roches pyroclastiques

Scorie

Tephra
Tholéiite

Vacuolaire
Viscosité

QUESTIONS

1. Quel est le principal facteur qui contrôle la viscosité des magmas ? Quelle est l'influence de la viscosité sur le comportement des gaz ?
2. Expliquez le mécanisme de formation des laves en coussins. Trouve-t-on des laves en coussins au Québec ? Discutez de l'intérêt que présentent ces roches.
3. Précisez les mécanismes à l'origine des nuées ardentes.
4. Quelles différences fait-on entre les magmas des dorsales océaniques et ceux des zones de subduction ? Expliquez votre réponse.
5. Définissez les termes suivants :
   a) hyaloclastites;
   b) pyroclastes;
   c) pyroclastites;
   d) scorie;
   e) ignimbrites.

RÉFÉRENCES BIBLIOGRAPHIQUES

OUVRAGES RECOMMANDÉS

1. **Decker, R. et Decker, B.**
   1989 : *Volcanoes.* New York, W. H. Freeman, 288 p.
   Un des meilleurs volumes d'introduction à l'étude des volcans.

2. **Williams, H. et McBirney, A. R.**
   1982 : *Volcanology.* San Francisco, Freeman, Cooper and Co., 397 p.
   Excellent volume de base.

3. **Collectif**
   1990 : Dossier sur les volcans paru dans la revue *GÉO*, n° 141.
   Très bonne synthèse du sujet.

4. **Allègre, C.**
1987 : *Les fureurs de la Terre.* Paris, éd. Odile Jacob, 254 p.
Ouvrage de vulgarisation sur les séismes et les volcans.

5. **Fisher, R. V. et Schmincke, H.-U.**
1984 : *Pyroclastics Rocks.* New York, Springer-Verlag, 528 p.
Excellent, niveau avancé.

6. **Girod, M., Bailey, D. K., Baker, P. E., Fisher, R. V., Maury, R., Rocci, M., Schmincke, H. et Upton, B. G.**
1984 : *Les roches volcaniques, pétrologie et cadre structural.* Paris, Doin, 239 p.
Bonne synthèse, niveau avancé.

7. **Wilson, M.**
1989 : *Igneous Petrogenesis : A Global Tectonic Approach.* Winchester, Mass., Unwin Hyman, Inc., 466 p.
Le magmatisme considéré dans le contexte de la tectonique des plaques. Excellent, niveau avancé.

8. **Cas, R. A. F. et Wright, J. V.**
1987 : *Volcanic Successions Modern and Ancient.* Londres, Allen and Unwin, 528 p.
Volume qui ne fait pas l'unanimité chez les spécialistes; niveau avancé.

9. **Sigurdsson, H. et Carey, S.**
1991 : *Carribbean Volcanoes : A Field Guide.* Sudbury, Geological Association of Canada, Guidebook, Field Trip B1, 107 p.
Excellent guide pour visiter les volcans des îles de Saint-Vincent, la Dominique et la Martinique.

AUTRES SOURCES D'INFORMATION CONSULTÉES

Camp, V. E. et Roobol, M. J.
1989 : « The Arabian Continental Alkali Basalt Province : Part I. Evolution of Harrat Rahat, Kingdom of Saudi Arabia » dans *Geological Society of America Bulletin,* n° 101, p. 72.

Chrétien, S. et Brousse, R.
1988 : *La Montagne Pelée se réveille.* Paris, Boubée, 243 p..

Condie, K. C.
1989 : *Plate Tectonics & Crustal Evolution.* 3e éd., Toronto, Pergamon Press, 476 p. et une carte en pochette.

Courtillot, V. et Vink, G.
1988 : « Comment se fracturent les continents » dans *Pour la Science,* n° 71, p. 100-108.

Cox, K. G.
1978 : « Les kimberlites » dans *Pour la Science,* n° 8, p. 26-37.

Decker, R. et Decker, B.
1981 : « Les éruptions du Mont Saint-Helens » dans *Pour la Science,* n° 43, p. 14-29.

Hamelin, B. et Dupré, B.
1988 : « L'activité chimique de la Terre » dans *La Recherche,* n° 196, p. 164-173.

Kittleman, L.
1980 : « Les projections volcaniques » dans *Pour la Science,* n° 28, p. 44-54.

Krafft, M.
1974 : *Guide des volcans d'Europe.* Paris, Delachaux & Niestlé, 416 p.

Lacroix, A.
1904 : *La Montagne Pelée et ses éruptions.* Paris, Masson, 664 p.

Lajoie, J.
1984 : « Volcaniclastic Rocks » dans *Facies Models* (sous la direction de R. G. Walker), Toronto, Geoscience Canada, Reprint series 1, p. 39-52.

Macdonald, G. A.
1972 : *Volcanoes.* Englewood Cliffs, N. J., Prentice-Hall, 510 p.

Mitchell, R. H.
1991 : « Kimberlites and Lamproites : Primary Source of Diamond » dans *Geoscience Canada,* vol. 18, n° 1, p. 1-16.

Rittmann, A.
1963 : *Les volcans et leur activité.* Paris, Masson, 461 p.

Rittmann, A. et Rittmann, L.
1976 : *Les volcans.* Paris, éd. Atlas, 128 p.

Tazieff, H.
1972 : *Les volcans et la dérive des continents.* Paris, P.U.F, coll. SUP, 133 p.

White, R. et McKenzie, D.
1989 : « Le volcanisme de rift » dans *Pour la Science*, n° 143, p. 80-89.

Wörner, G.
1991 : « Le volcanisme andin » dans *La Recherche*, vol. 22, n° 228, p. 38-45.

CHAPITRE 20

L'ÉDIFICATION DES CHAÎNES DE MONTAGNES

Supposons, pour avoir un ordre de grandeur, qu'une chaîne de montagnes se soulève de 1 cm par an, et que ce phénomène soit continu pendant seulement un million d'années...; il en résultera un soulèvement de 10 km c'est-à-dire une modification considérable.

MAURICE MATTAUER, *Les déformations des matériaux de l'écorce terrestre.*

OBJECTIFS PÉDAGOGIQUES

Au terme de ce chapitre vous devriez pouvoir :

- définir la notion de nappe de charriage;
- différencier la zone d'écaillage et le duplex;
- préciser dans quels contextes tectoniques se forment les chaînes de montagnes;
- identifier les principaux mécanismes responsables de l'édification des chaînes de montagnes;
- expliquer la notion de terrane.

À l'instar des dorsales qui sillonnent le fond des océans, les chaînes de montagnes sont les plus importants reliefs des continents. Au total, en effet, elles s'allongent sur des dizaines de milliers de kilomètres et couvrent des superficies considérables. Les chaînes de montagnes, à cause des forces gigantesques qu'elles mettent en cause, se révèlent des marqueurs géologiques de premier ordre.

Depuis plus d'un siècle, les chaînes de montagnes constituent le principal objet d'étude des sciences de la Terre. Des travaux de terrain extrêmement minutieux ont été menés dans quelques régions, notamment dans les Alpes. Pourtant, c'est grâce aux acquis du modèle de la tectonique des plaques que le mode de formation des grandes chaînes de montagnes est maintenant mieux compris.

L'édification des chaînes de montagnes donne généralement lieu au transport, sur de grandes distances, de volumes considérables de matériaux rocheux : les nappes de charriage. Nous allons dire un mot sur ce sujet avant d'aborder les différents contextes géodynamiques qui contrôlent leur mise en place.

20.1 LES NAPPES DE CHARRIAGE

Une **nappe de charriage** correspond à une unité crustale de dimension régionale, transportée sur plusieurs kilomètres le long de failles inverses de faible pendage que l'on nomme **failles de chevauchement** (ou simplement chevauchement).

20.1.1 Description des nappes de charriage

L'ensemble des terrains charriés (la nappe) ou l'**allochtone** recouvre des terrains qui n'ont pas subi de déplacements ou l'**autochtone.** Les **lambeaux de charriage** sont des copeaux du substratum autochtone entraînés par le passage de la nappe. Il peut arriver que l'érosion partielle d'une nappe de charriage dégage les terrains autochtones sur lesquels cette nappe a été charriée. Les terrains autochtones affleurent alors entre des nappes de charriage démembrées[1].

> On appelle **fenêtre** une région formée de terrains autochtones entourés de toutes parts par des terrains allochtones. Quand, au contraire, l'érosion isole un lambeau de nappe de charriage sur des terrains autochtones, on parle de **klippe** (ou de lambeau de recouvrement).

Une nappe peut comprendre trois parties (fig. 20.1); les limites exactes de ces parties sont cependant souvent difficiles à préciser sur le terrain :

- une partie frontale ou **bord externe,** qui donne sur l'avant-pays autochtone. Cette partie est limitée par le **front d'érosion**. C'est dans cette portion de la nappe que l'érosion peut individualiser des klippes;
- le **corps** de la nappe, qui forme l'essentiel de la tranche charriée;
- le **bord interne** de la nappe, qui délimite la tranche charriée. C'est la racine de la nappe. Lorsque le système est multiple, le bord interne est le plus souvent tranché par la faille de chevauchement du bord externe. La nappe est, dans ce cas, en biseau.

Il existe de nombreuses catégories de nappes, définies d'après les relations entre les failles de chevauchement et l'attitude des strates déplacées. L'un des types de nappes les plus répandus montre un déplacement parallèle aux couches dans certains domaines et un sectionnement par failles inverses dans d'autres domaines. Il s'agit de la nappe de type mixte. La **rampe** est la faille inverse qui assure le relais entre les **plats** ou surfaces de décollement (fig. 20.2).

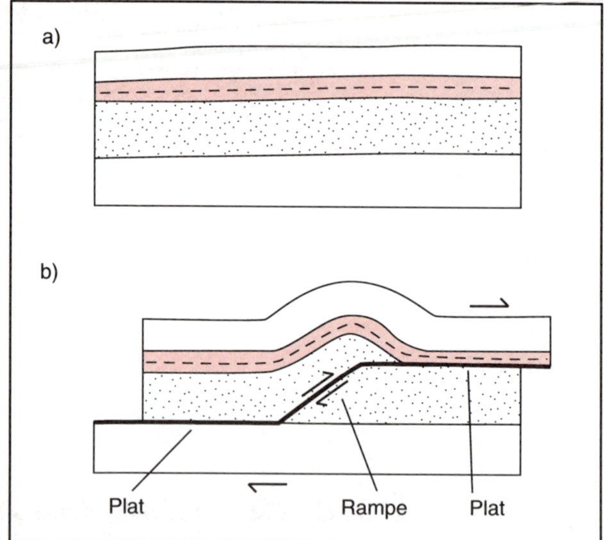

Figure 20.2 Nappe de type mixte, avec plats et rampe. En a), disposition des couches avant déformation; en b), disposition des couches après déformation.

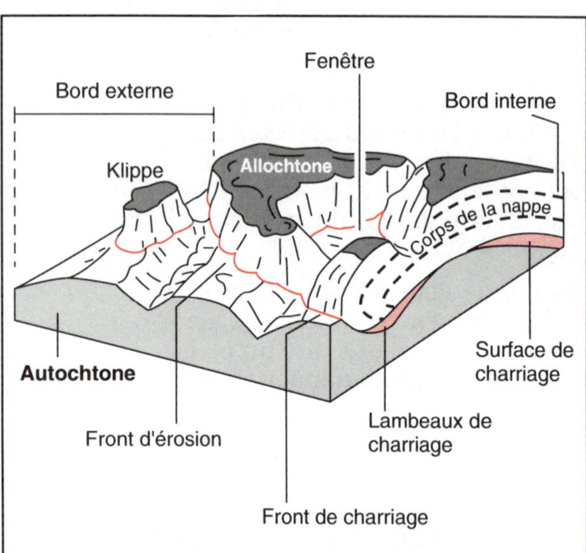

Figure 20.1 Principaux éléments descriptifs d'une nappe de charriage (d'après Gidon, 1987, p. 109).

20.1.2 *Les systèmes de nappes de charriage*

Une nappe de charriage est rarement isolée. En général, les nappes constituent des systèmes. La géométrie interne des systèmes de nappes permet de distinguer les zones d'écaillage et les duplex (fig. 20.3).

> Dans les zones d'écaillage, les nappes sont imbriquées par déplacement le long de failles inverses qui se raccordent toutes à un plan commun de décollement basal. Dans un duplex, on identifie deux plans de décollement : un plan basal et un plan sommital.

ZONE D'ÉCAILLAGE

Considérée individuellement, une **écaille** (*horse*) est un corps rocheux de forme triangulaire, délimité par deux failles de chevauchement. La faille sur laquelle repose l'écaille est dite **faille du bord externe** et celle

1. Certaines définitions de cette section sont tirées du chapitre F de l'excellent livre de M. Gidon, 1987, p. 109 et suivantes. Ce livre est fort utile, entre autres, pour trouver les équivalents français des termes anglais.

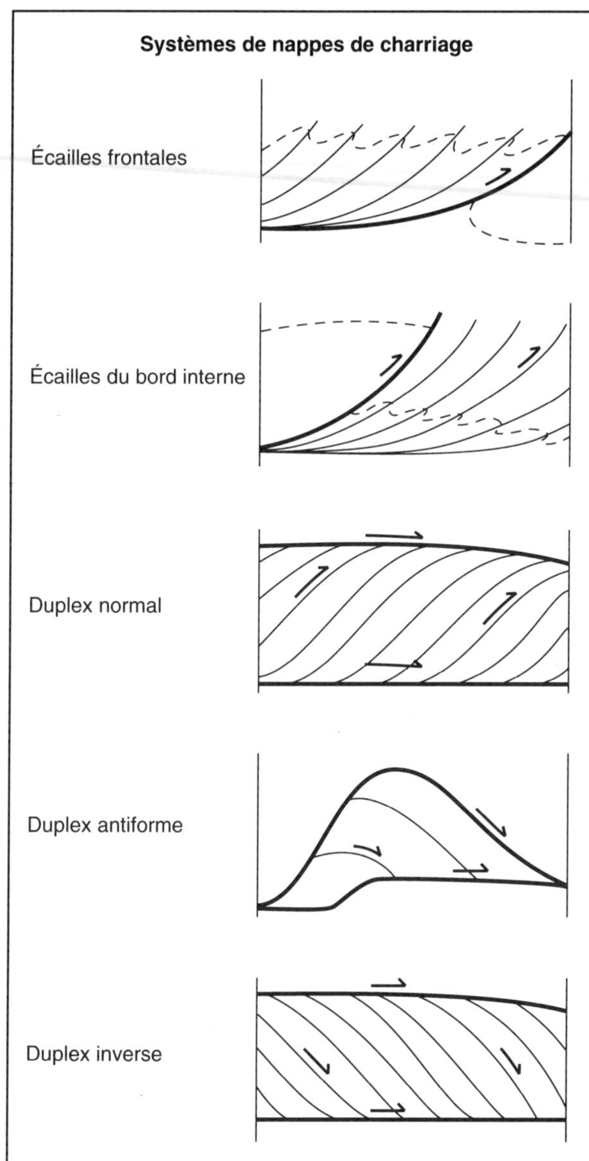

Figure 20.3 Principales composantes des systèmes de nappes de charriage (d'après Boyer et Elliott, 1982, p. 1200).

située au-dessus de l'écaille est dite **faille du bord interne**. Ces deux failles se rejoignent le long d'une **ligne de jonction** (fig. 20.4a).

Dans une **zone d'écaillage**, plusieurs écailles se chevauchent en forme d'éventail. Les failles de chevauchement qui délimitent les écailles se raccordent toutes à un plan commun de cisaillement : le **plan de décollement basal**. Dans la plupart des cas, les failles de chevauchement sont recoupées par une surface d'érosion (fig. 20.4b).

DUPLEX

Un duplex résulte d'une série de déformations entre deux plans de décollement à la base et au sommet des nappes. Un duplex peut être normal, inverse ou antiforme (fig. 20.3). Il est important de saisir le mécanisme particulier de formation des duplex.

Examinons le cas d'un duplex normal (fig. 20.5). Ce type de duplex est le résultat du prolongement, vers l'avant, de rampes frontales successives le long d'un plan de décollement basal. Ce prolongement ne devient possible que lorsqu'il faut davantage d'énergie pour déformer un compartiment individuel qu'il n'en faut pour prolonger le plan de décollement basal. Lors de la formation d'un duplex, le déplacement est donc cumulé d'un compartiment à l'autre. Le premier compartiment déplacé, celui qui montre la plus grande valeur de mouvement, demeure en réalité passif pendant la majeure partie du processus de construction.

La figure 20.6 donne des exemples de nappes de charriage, de fenêtres, de klippes et de duplex qui se rencontrent dans le sud-est du Québec. On peut y voir que les roches paléozoïques des basses-terres du Saint-Laurent sont séparées du socle grenvillien (Laurentides), à l'ouest, par un réseau de grandes failles normales. Une partie de ce socle, sous-jacent aux roches paléozoïques, perce à travers les collines d'Oka. Deux autres éléments structuraux d'importance subdivisent cette région : la ligne de Logan et la

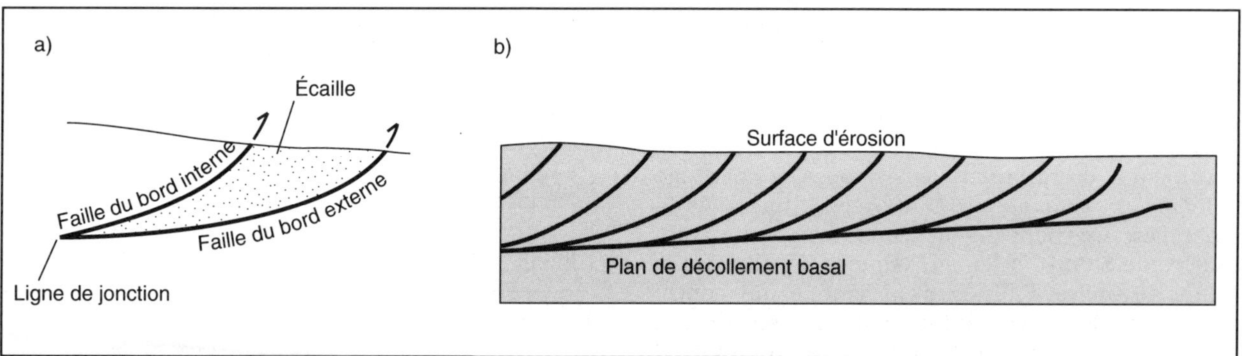

Figure 20.4 Écaille et zone d'écaillage. En a), une écaille : volume rocheux qui surmonte une faille du bord externe et qui repose sous une faille du bord interne; en b), coupe dans une zone d'écaillage. On notera que les failles de chevauchement qui délimitent les écailles se raccordent toutes à un même plan de décollement basal (d'après Boyer et Elliott, 1982, p. 1199).

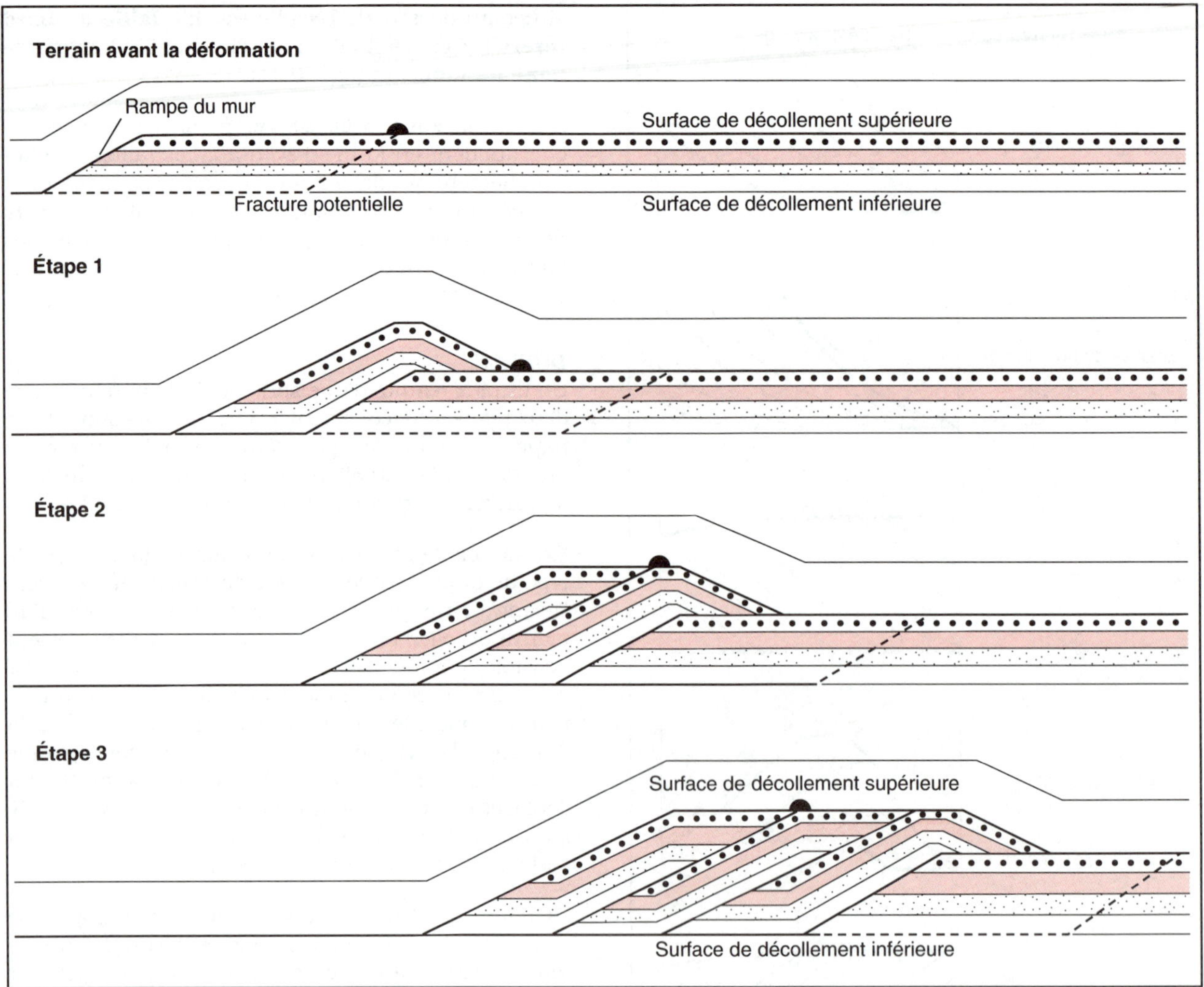

Figure 20.5 Formation d'un duplex normal. Un duplex normal se forme par empilement de compartiments qui se chevauchent le long de rampes qui viennent prolonger la surface de décollement inférieure. Dans le schéma, on suppose que la déformation est plane, que l'épaisseur des strates est constante et que le plissement est en *kink* (d'après Boyer et Elliott, 1982, p. 1208).

ligne Brompton – Baie Verte. La **ligne de Logan** suit la démarcation entre les roches autochtones peu déformées et mises en place sur le plateau continental de l'Océan Iapetus, et les roches allochtones qui furent chevauchées sur ce plateau continental. La **ligne Brompton – Baie Verte** marque la suture entre le domaine continental et le domaine océanique des Appalaches du Québec. À l'intérieur du domaine continental, on reconnaît deux nappes de charriage principales : la nappe de Granby et la nappe de la Chaudière. Ces nappes sont séparées en partie par la fenêtre de Saint-Cyrille, sur laquelle on retrouve le klippe de Kingsey Falls. Dans la vignette, qui montre une partie de la rive sud du Saint-Laurent et l'île d'Orléans, les nappes de Bacchus et de Saint-Michel représentent probablement une coupe à travers des structures en duplex, exposées en surface à la suite de l'érosion des couches sus-jacentes.

20.2 OÙ SE FORMENT LES CHAÎNES DE MONTAGNES ?

Les conditions propices à l'édification des chaînes de montagnes sur le globe se trouvent réunies dans les lieux d'affrontement entre plaques.

> Le terme **orogène** désigne un système montagneux édifié sur une portion instable de l'écorce terrestre. Un orogène est caractérisé par des plis et des nappes de charriage. Le terme **orogenèse** désigne les processus à l'origine des orogènes.

Pour relier orogenèse et tectonique des plaques, il convient de distinguer deux aspects : le contexte tectonique de l'emplacement des chaînes de montagnes sur le globe et les processus orogéniques comme tels. Bien que liés, ces deux concepts sont distincts.

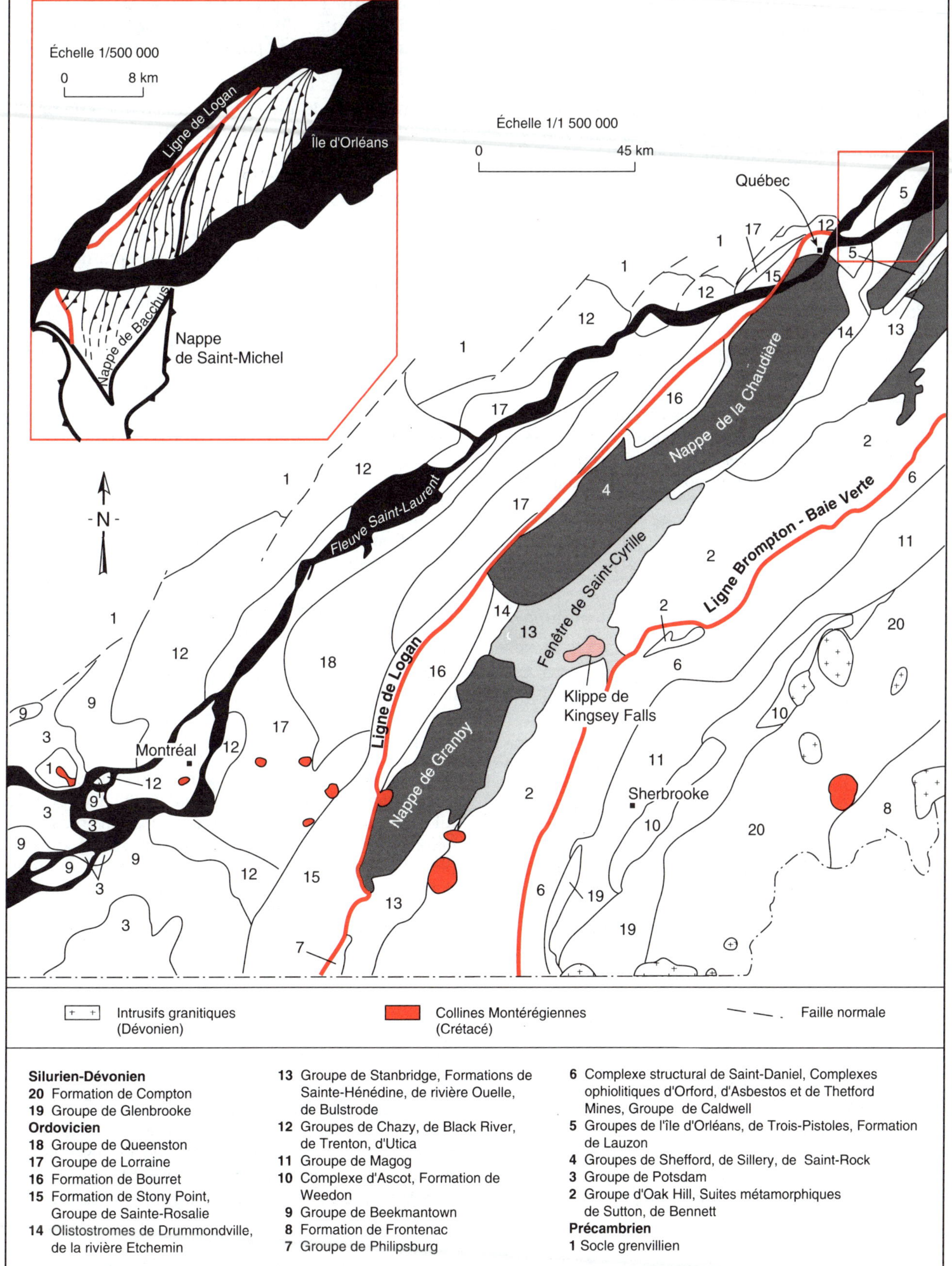

Figure 20.6 Géologie du sud-est du Québec (compilée d'après MER, 1988, et St-Julien, 1977).

20.2.1 *Contexte tectonique*

Les chaînes de montagnes se retrouvent dans quatre contextes tectoniques différents[2] :

- les chaînes de cordillère dont le type est la cordillère des Andes. Il s'agit d'une chaîne mise en place sur une marge continentale bordée par une zone de subduction (marge active). La chaîne est située à l'aplomb de la subduction;
- les chaînes d'arcs insulaires dont le type est la chaîne indonésienne. Un bassin d'arrière-arc sépare les montagnes du continent;
- les chaînes de collision continent-continent, dont le type est le Tibet (et non l'Himalaya au sens strict);
- les chaînes intracontinentales qui se développent au milieu d'un continent, dont le type correspond aux Pyrénées.

Toutes les chaînes de montagnes récentes, du moins celles formées depuis 200 Ma, peuvent être classées dans l'un ou l'autre de ces types. Il est probable que les chaînes plus anciennes se soient formées dans des contextes semblables.

20.2.2 *Processus orogéniques*

Les processus ou mécanismes proposés pour rendre compte de la genèse des orogènes sont multiples. Retenons deux modèles généraux :

- l'orogenèse se produit dans le contexte d'une zone de subduction active. Il y a alors formation d'une **chaîne de subduction**.
- l'orogenèse se produit dans le contexte d'une zone de subduction parvenue à maturité. Toute la croûte océanique ayant été consommée, il y a affrontement entre plaques continentales et formation d'une **chaîne de collision**.

Dans la suite du chapitre, nous étudierons ces deux modèles et examinerons de plus près trois chaînes de montagnes : les Andes, représentatives des chaînes de subduction, l'Himalaya-Tibet et la Cordillère canadienne, représentatives de chaînes de collision.

20.3 *LES CHAÎNES DE SUBDUCTION*

Au chapitre 17, on a vu que l'on pouvait distinguer deux catégories de zones de subduction : celles à contraintes élevées et celles à contraintes faibles. Dans les zones de subduction à contraintes élevées, l'équilibre enfoncement-destruction est rompu. Un tel système est en quelque sorte bloqué; il en résulte des contraintes compressives qui se traduisent par des plissements et des transferts de matière suffisamment importants pour donner naissance à un orogène.

L'exemple type le plus significatif d'une chaîne de subduction est la cordillère des Andes. Cette chaîne de montagnes s'allonge sur plus de 6000 km sur la côte occidentale de l'Amérique du Sud. Certains de ses sommets culminent à 7000 m, et sa largeur atteint 500 km.

Les Andes occidentales, y compris les plaines côtières du Pérou et du Chili, sont essentiellement volcaniques. Cela tient du fait que la plaque de Nazca, porteuse de la croûte océanique, se réchauffe au fur et à mesure de son plongement dans l'asthénosphère. La roche fondue, qui est issue de la plaque en subduction ou du manteau supérieur, remonte à travers la plaque de l'Amérique du Sud et alimente des volcans ou produit des intrusions calco-alcalines.

Dans le haut plateau central et dans les Andes orientales, on trouve des roches sédimentaires plissées et empilées les unes sur les autres à cause des contraintes en compression. Sur ce flanc oriental, la croûte est en voie de rétrécissement. De plus, on estime que des séismes se produisent sous le massif montagneux lui-même le long de failles de chevauchement qui assurent le glissement du Bouclier brésilien vers l'ouest. Les Andes sont le siège d'un épaississement considérable de la croûte (70 km). La figure 20.7 montre une coupe de cette chaîne de montagnes, à la hauteur du Pérou.

Sur le plan de la tectonique générale, la déformation des Andes est contrôlée par des plis d'amplitude kilométrique et d'importantes failles inverses. Les déformations successives se sont produites sur des périodes assez courtes, allant de 5 à 10 millions d'années. Les massifs intrusifs, essentiellement granitiques, sont nombreux. Ils sont âgés de 90 à 100 millions d'années. De plus, tout au long de leur histoire (qui a débuté entre 100 et 120 Ma), les Andes ont connu une forte activité volcanique.

20.4 *LES CHAÎNES DE COLLISION*

La collision se révèle un processus orogénique très important; ce processus est lié à la fermeture d'un océan parvenu à maturité. La théorie des plaques nous a appris que l'écartement des continents provoqué par la naissance d'un océan est compensé, en

2. Nous reprenons ici la typologie développée par C.-J. Allègre dans *L'écume de la Terre*, 1983, p. 250 et suivantes.

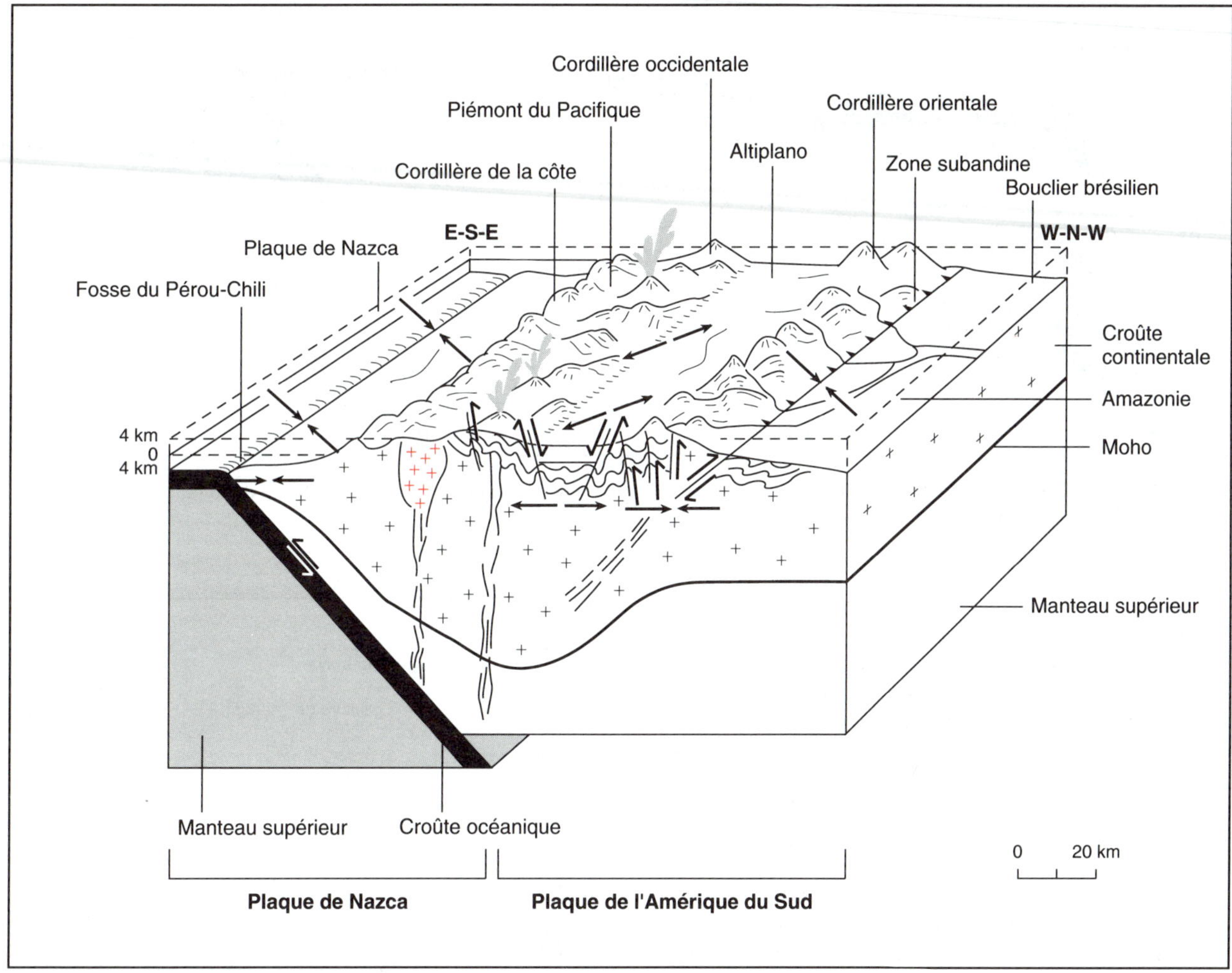

Figure 20.7 Bloc-diagramme schématique des Andes péruviennes. L'angle de plongement de la plaque de Nacza sous la plaque de l'Amérique du Sud n'est en fait que de 30° (l'exagération verticale est de 12,5). Les Andes occidentales sont le siège d'un volcanisme actif et d'un plutonisme calco-alcalin important (le batholite côtier indiqué par les petites croix rouges s'étend sur 2000 km de long). Actuellement la croûte continentale andine est soumise à une extension (flèches divergentes), n'étant comprimée que sur ses bordures (d'après Mattauer, dans Pomerol et Renard, 1989, p. 200).

d'autres endroits du globe, par des rapprochements entre blocs continentaux.

Différents types de collision sont possibles lors de la fermeture d'un océan : collision entre deux continents, collision entre un continent et un arc insulaire ou collision entre deux arcs insulaires. Voyons les deux premiers types de collision plus en détail.

20.4.1 *Collision continent – continent*

La figure 20.8 présente schématiquement les étapes d'une collision entre deux continents. Dans un océan en voie de fermeture (étape a), des lambeaux de la croûte océanique se chevauchent (étape b). Lors de la collision, le continent entraîné vers la zone de subduction résiste à l'enfoncement et bloque la subduction. L'accumulation des contraintes compressives génère des chevauchements de plus en plus importants. Dans ce processus, les matériaux océaniques résiduels de l'océan disparu (lambeaux de lithosphère et sédiments des grandes profondeurs) sont charriés sur la bordure du continent (étapes c et d). Ce processus est désigné par le terme **obduction**.

Le processus d'obduction, se caractérise par l'ampleur des chevauchements : ceux-ci peuvent atteindre une centaine de kilomètres. La pile de matériaux accumulés peut avoir de 20 à 30 km d'épaisseur. Une zone de **suture** démarque l'endroit où les deux plaques se sont amalgamées. Les lambeaux de la lithosphère océanique que l'on trouve dans cette zone peuvent comprendre des éléments du manteau supérieur et de la croûte. On désigne ces assemblages de roches par le terme **ophiolites**. L'encadré 20.1 fait le point sur ce sujet.

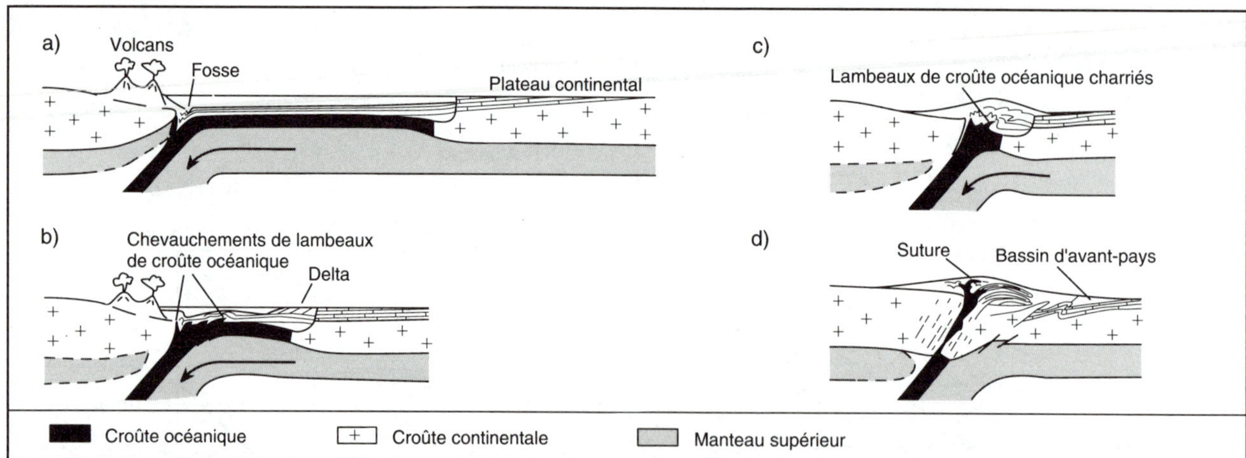

Figure 20.8 Collision continent – continent. Principales étapes d'une orogenèse dans le contexte de la collision entre deux continents (d'après Dewey et Bird, dans Condie, 1989, p. 193).

Au nombre des chaînes de montagnes formées dans un contexte de collision, il faut retenir celle de l'Himalaya-Tibet. Son histoire débute il y a 120 Ma. C'est à ce moment que l'Inde s'est détachée de l'Afrique de l'Est et a commencé sa dérive vers le nord. Son avance vers le continent asiatique a d'abord créé une zone de subduction vers le nord de la plaque océanique séparant les deux continents. Liée à cette subduction, une chaîne semblable aux Andes s'est développée. Vers 45 Ma, la plaque indienne et la plaque asiatique sont entrées en collision, générant de grandes failles de chevauchement inclinées vers le nord. La position de blocage dans laquelle la plaque indienne s'est retrouvée a produit un épaississement tectonique par l'entremise de grandes failles dites de sous-charriage (*underthrusting*).

La figure 20.9 présente trois interprétations de la structure de l'Himalaya-Tibet. Cette jeune chaîne, encore peu connue, n'a pratiquement aucun héritage de chaînes plus anciennes. Elle a vu se succéder ou se superposer tous les grands processus géodynamiques caractéristiques de la tectonique des plaques : fracture d'un continent, destruction d'un océan, collision, cisaillement et redoublement de croûte.

20.4.2 Collision continent – arc insulaire

La figure 20.10 présente schématiquement les étapes d'une collision entre un continent et un arc insulaire. Dans un océan en voie de fermeture (étape a), l'emplacement de la zone de subduction est progressivement comblé par des nappes de charriage (étapes b et c). Une nouvelle zone de subduction dont la polarité est l'inverse de la précédente maintenant disparue peut ensuite se développer du côté océanique de l'arc (étape d). On estime qu'une collision de ce type est en cours dans le nord de la Nouvelle-Guinée.

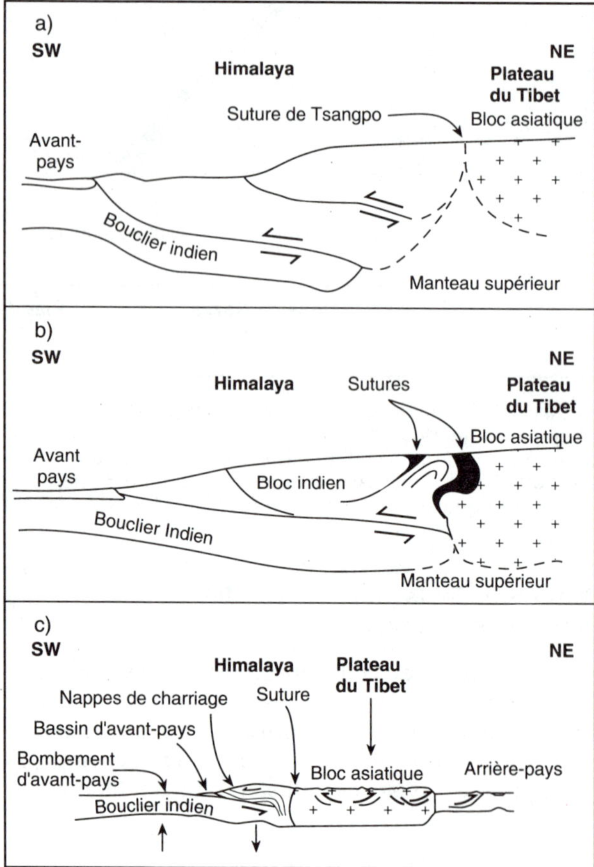

Figure 20.9 Trois interprétations de la tectonique de l'Himalaya-Tibet. En a), modèle de Mattauer (1975), qui montre un redoublement de la croûte continentale par rétro-charriage le long de discontinuités majeures; en b), modèle de Powell (1979), qui montre la collision entre le Bouclier indien et le bloc asiatique, avec développement de zones de sutures bien marquées; en c), modèle de Dewey *et al.* (1986), qui montre la mise en place de grandes nappes de charriage, avec déplacements vers l'avant-pays, à la suite de la collision entre le Bouclier indien et le bloc asiatique.

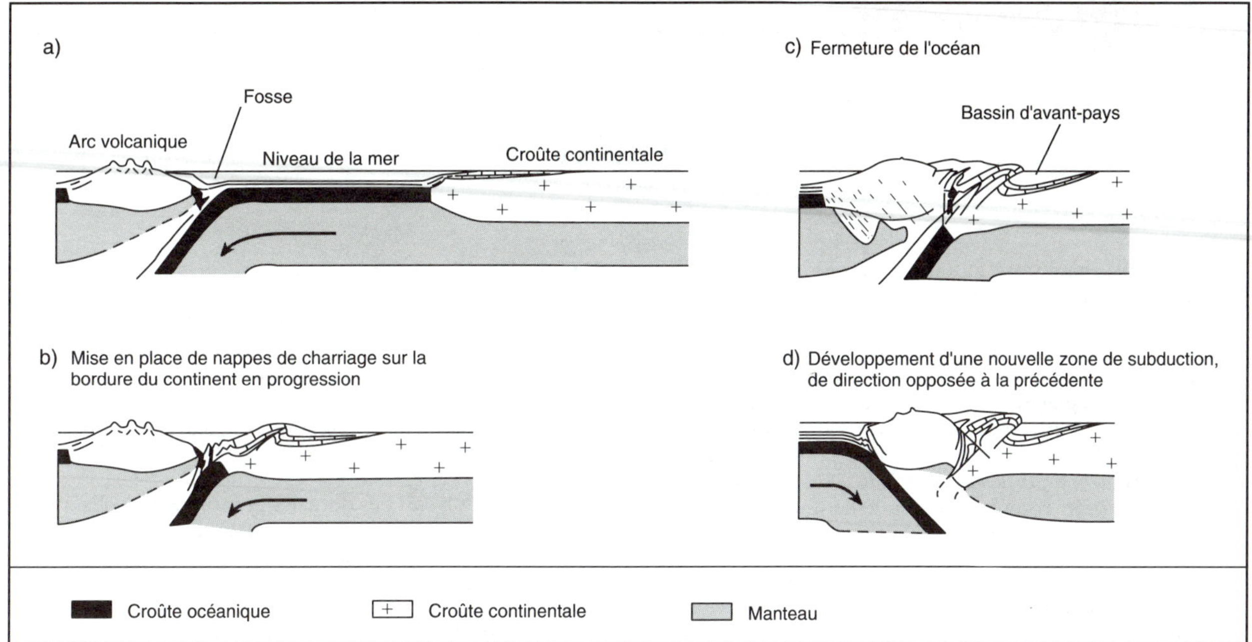

Figure 20.10 Collision continent - arc insulaire. Principales étapes d'une orogenèse dans le contexte de la collision entre un continent et un arc insulaire (d'après Dewey et Bird dans Condie, 1989, p. 193).

20.5 *LA CORDILLÈRE CANADIENNE*

Nous allons terminer ce chapitre par l'examen de la Cordillère canadienne et de son orogène le plus oriental : les montagnes Rocheuses. La Cordillère canadienne est une importante chaîne qui occupe la bordure nord-ouest de la plaque de l'Amérique du Nord. Son étude fait appel à la notion de terrane.

C'est vers le milieu du Jurassique (185 Ma) que s'est amorcée l'ouverture d'un rift dans ce qui était jusque-là un vaste continent, la Pangée. L'ouverture de ce rift a donné naissance à l'océan Atlantique. Dans ce processus, qui n'est pas encore terminé, la plaque de l'Amérique du Nord se déplace vers le nord-ouest et l'ouest, et des marges actives ceinturent le Pacifique. C'est dans ce contexte qu'il faut replacer la genèse de la Cordillère canadienne.

20.5.1 *Une histoire de terranes*

Pour expliquer la formation de la Cordillère canadienne, les géologues font appel à la notion d'*accrétion de terranes*.

> Les **terranes** sont des fragments de lithosphère qui se sont agglomérés aux noyaux anciens des continents. Ainsi, les continents seraient de curieuses mosaïques dont la croissance se ferait par accrétion de morceaux de lithosphère.

Le concept des terranes est assez récent, même s'il y a plus d'un siècle que l'on a identifié des terrains dits « exotiques » dans les Alpes. Le modèle des plaques mobiles permet d'expliquer les déplacements des terranes sur de grandes distances ainsi que leur soudure à des continents plus anciens.

Des fragments d'arcs insulaires et de croûte océanique se sont donc accolés (*accrétés*) à l'ouest de l'Amérique du Nord au cours des 180 derniers millions d'années. On y a reconnu plus d'une cinquantaine de terranes de nature et d'âge divers. Chaque terrane est limité par des discontinuités stratigraphiques fondamentales qui ne peuvent pas s'expliquer par de simples changements de milieux sédimentaires ou de régimes tectoniques locaux. Des terranes contigus peuvent montrer des assemblages de fossiles fort différents. On estime que des terranes venus du sud se sont déplacés vers le nord sur des distances comprises entre 3000 et 5000 km. On parle donc de terranes « suspects », en ce sens que l'on ne sait pas quel était l'emplacement géographique précis de ces entités pendant la majeure partie des temps phanérozoïques, ni à quel endroit ils se sont formés.

Certains contrôles stratigraphiques et structuraux permettent d'affirmer que des terranes disparates se sont amalgamés les uns aux autres avant leur accrétion finale avec la marge continentale. En ce qui concerne la Cordillère canadienne, on identifie deux imposants terranes qui sont venus se souder à la côte ouest et contribuer aux orogenèses : le **terrane Intermontane**

ENCADRÉ 20.1

LES OPHIOLITES

Grâce aux nombreux forages effectués au niveau des dorsales et à des observations directes, la lithosphère océanique et le manteau supérieur de la planète sont relativement bien connus. On donne le nom d'**ophiolites**[1] aux assemblages de roches mafiques et ultramafiques qui se mettent en place au niveau des dorsales océaniques et qui forment la lithosphère océanique. L'expression *complexe ophiolitique*, souvent employée pour désigner ces roches, rend compte de leur diversité. Dans une séquence d'ophiolites, on reconnaît généralement, de la base au sommet, les unités suivantes :

- **des roches ultramafiques très déformées et transformées par thermométamorphisme** Ces roches foliées sont souvent désignées par le terme général de **tectonites**. On les trouve au niveau du manteau supérieur; elles sont composées de péridotite, une roche holomélanocrate avec 90 à 100 % de minéraux ferromagnésiens, parmi lesquels domine l'olivine. À la base des dorsales océaniques, on reconnaît principalement des **péridotites** :
  - l'*harzburgite*, qui contient environ 80 % d'olivine et 20 % d'orthopyroxène,
  - la *dunite*, qui contient plus de 90 % d'olivine,
  - la *lherzolite* qui contient environ 60 % d'olivine, 30 % d'orthopyroxènes et de clinopyroxènes, du spinelle, $MgAl_2O_4$, du grenat, $CaMg_2Al_2Si_3O_{12}$, et des plagioclases, $CaAl_2Si_2O_8$;
- **des cumulats** qui correspondent à des péridotites litées;
- **des gabbros massifs;**
- **un complexe filonien (dykes);**
- **des basaltes en coussins de nature tholéiitique** Ces basaltes contiennent des sulfures de cuivre et de zinc formés par altération hydrothermale;
- **des roches sédimentaires** Il s'agit de mudstones à grain fin, riches en fer et en manganèse, des cherts, des shales et des calcaires.

Du 13 août au 16 septembre 1988, une équipe de géologues a pu, pour la première fois, observer à l'affleurement une coupe pratiquement complète de la croûte océanique et du manteau supérieur[2]. À bord du sous-marin *Nautile*, ils ont pu suivre la succession péridotites, gabbros, complexe filonien et basaltes, sur une épaisseur de 3000 m. Ils ont fait ces observations sur un des murs de la zone de fracture Vema dans l'Atlantique équatorial.

Se pose alors la question de la genèse de tels complexes de roches mafiques et ultramafiques. Fondamentalement, une séquence ophiolitique, hormis les sédiments de surface, résulte de processus qui font intervenir des remontées de roches mantéliques, une fusion partielle de ces roches, la cristallisation fractionnée du magma ainsi généré et la mise en place des suites intrusives et effusives qui en dérivent.

On sait qu'au niveau des dorsales océaniques on observe un flux thermique très fort. En examinant la figure 1, qui montre les gradients géothermiques pour trois régions, on constate que :

- sous les dorsales, on entre dans le domaine de fusion partielle des péridotites vers 20 km de profondeur;
- sous les océans, le gradient géothermique rencontre la courbe où commence la fusion des péridotites vers 80 à 100 km de profondeur;
- sous les continents, le gradient géothermique rencontre la courbe où commence la fusion des péridotites vers 140 km de profondeur. On comprend ainsi pourquoi la lithosphère continentale est plus épaisse que la lithosphère océanique.

La figure 2 présente le modèle de formation de la lithosphère océanique au niveau des dorsales. La fusion partielle des éléments les moins réfractaires du manteau supérieur génère des fluides basaltiques qui viennent enrichir une chambre magmatique située à la base de la croûte océanique. Cette chambre magmatique est animée de courants de convection. Des minéraux de haute température (olivines) se cristallisent et se déposent, par gravité, au fond de la chambre magmatique. Ils forment les cumulats de péridotites. Ce processus de différenciation favorise des pulsions magmatiques ascendantes qui développent un complexe filonien, essentiellement des dykes (*sheeted dike complex*) qui alimentent des épanchements de laves partiellement coussinées sur le fond océanique. Quant au magma résiduel, il se cristallise en gabbro massif.

L'examen des complexes ophiolitiques nous ramène directement à la tectonique des plaques. En effet, la plupart des chaînes de montagnes renferment des ophiolites. Dans les Alpes, ces roches ont été reconnues très tôt. Au Québec, des complexes de roches ophiolitiques sont

1. Pour en savoir davantage sur ces roches, on lira avec intérêt le texte de Claude Allègre, « Les ophiolites ou la recherche des océans perdus » dans *La Dérive des continents – La Tectonique des plaques*, 1979, Bibliothèque Pour la Science, p. 83-96.
2. Voir la note de J.-M. Auzende, « Campagne Vemanaute » dans *Géochronique*, n° 29, 1989, p. 12.

présents, entre autres, dans les Appalaches. Le plus important et le mieux conservé est le complexe de Thetford Mines[3], d'une longueur de 48 km et d'une largeur maximale de 12 km. On trouve aussi, en Estrie, le complexe d'Asbestos et celui d'Orford. Ces cortèges ophiolitiques occupent une zone structurale étroite appelée ligne Brompton – Baie Verte. Alors que la première localité est un village de l'Estrie, la seconde est un village situé sur la côte nord-est de Terre-Neuve. Cette ligne marque la suture entre la croûte continentale nord-américaine et une ancienne croûte océanique. Plus précisément, elle démarque des roches déposées originellement sur le talus et le glacis continental de l'Océan Iapetus, et des lambeaux de la croûte océanique.

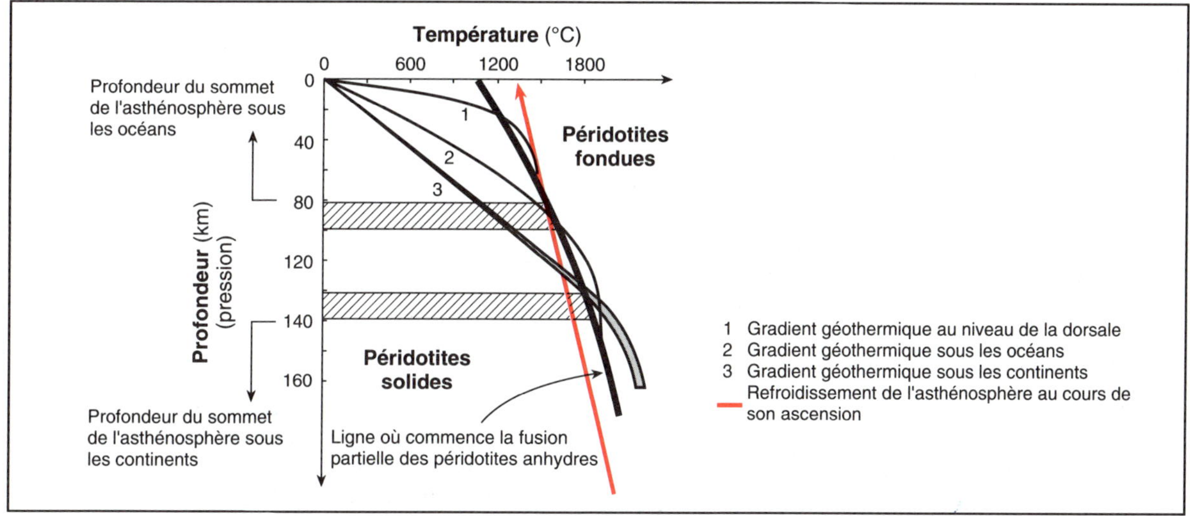

Figure 1 État physique des péridotites en fonction de la température et de la pression (ce dernier paramètre est donné par la profondeur). Les gradients géothermiques moyens sous les océans et les continents expliquent les différences de profondeur observées pour la limite lithosphère-asthénosphère (d'après Pomerol et Renard, 1989, p. 157).

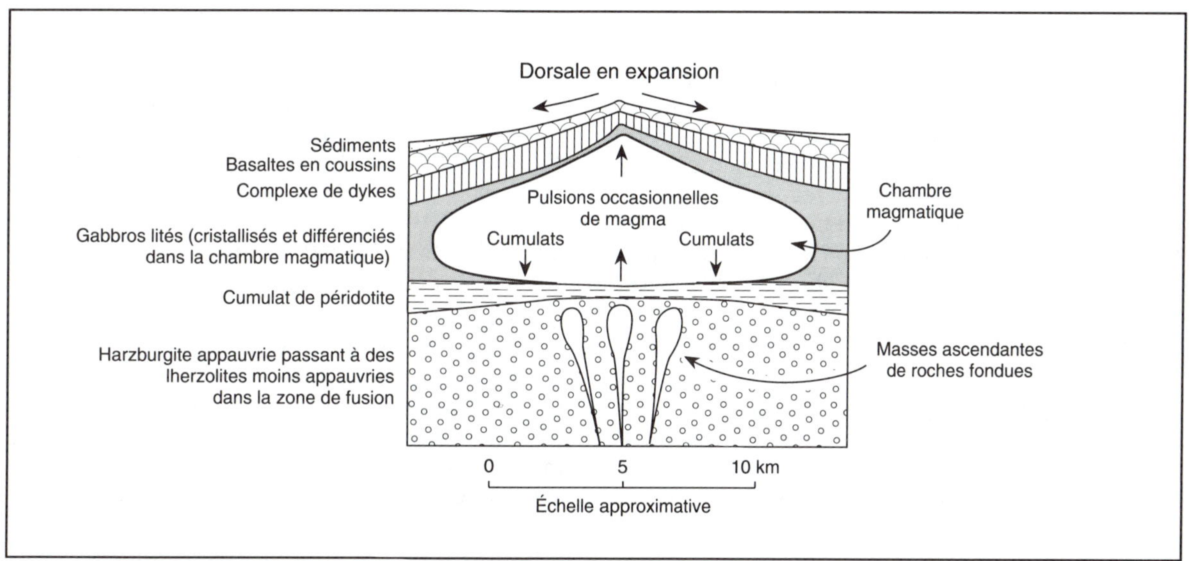

Figure 2 Coupe schématique au niveau d'une dorsale océanique montrant l'évolution de la structure et de la composition de la croûte océanique et du manteau supérieur (d'après Cann, 1974, Gass et Smewing, 1981, dans Brown et Mussett, 1981, p. 119).

3. Pour plus d'informations, on consultera le livret-guide de l'excursion A-13 et B-5 d'Yves Hébert et Roger Laurent, *Le complexe ophiolitique de Thetford Mines*. Ce document, préparé dans le cadre d'un congrès de l'Association géologique du Canada, est disponible à l'Université Laval (Québec).

et le **terrane Insular**. La figure 20.11 résume les événements qui ont mené à la formation des orogènes que l'on retrouve dans l'ouest du Canada. On notera que les Rocheuses occupent l'avant-scène de l'alignement.

OROGENÈSE DU COLUMBIEN

Pour expliquer comment les deux terranes de la Cordillère canadienne se sont fixés au continent nord-américain, il faut rappeler que lors de l'ouverture de l'Atlantique, la plaque de l'Amérique du Nord a amorcé un déplacement vers l'ouest; elle est venue à la rencontre de la plaque du Pacifique, dont le mouvement relatif se fait vers le nord. La rencontre entre les deux plaques s'est donc réalisée suivant une ligne oblique nord-ouest – sud-est. Il y a 175 Ma, soit au Jurassique moyen, le terrane Intermontane, trop léger pour s'enfoncer, s'est trouvé bloqué contre la plaque de l'Amérique du Nord. Cela a donné lieu à une véritable collision entre le continent en place (plaque de l'Amérique du Nord) et le microcontinent qui dérivait (terrane Intermontane). Dans un premier temps, le microcontinent a été écrasé, et les roches se sont plissées. La pression s'accentuant, le microcontinent a été soulevé et porté sur le rebord du continent (obduction). Ce terrane, de plusieurs milliers de kilomètres carrés et de quelque 25 km d'épaisseur, a ainsi été arraché de la plaque océanique qui le portait et a été poussé sur le continent.

Le terrane, en progression sur le rebord du continent, a repoussé une partie de la couverture sédimentaire vers l'est, créant des chaînes plissées à l'avant de la région de recouvrement (chaînons de l'ouest). Sous le poids du terrane installé sur son rebord, la lithosphère s'est enfoncée plus profondément dans le manteau, et les roches, à la base, se sont métamorphisées en gneiss. À certains endroits, la croûte continentale est devenue partiellement en fusion, et du magma a alimenté quelques volcans et donné des massifs intrusifs de granite. Ces intrusions forment les chaînons Omineca qui se trouvent à cheval sur les terrains autochtones du rebord continental et ceux, allochtones, du terrane Intermontane.

Ce premier épisode majeur de la formation de la Cordillère canadienne est appelé **orogenèse du Columbien**. Il a créé la chaîne des Cassiars, les chaînons Omineca et les hautes-terres du Columbia.

Tout au long du Crétacé inférieur, la chaîne Colombienne a poursuivi sa mise en place en débordant vers l'est. L'érosion de ces nouveaux reliefs a contribué à alimenter les aires sédimentaires de bordure, ajoutant surtout des éléments détritiques grossiers sur le continent.

OROGENÈSE DU LARAMIDE

Il y a environ 85 Ma, au Crétacé supérieur, le terrane Insular est à son tour arrimé au continent, occupé depuis peu par le terrane Intermontane. Les chaînons de l'île de Vancouver et les chaînons de la Reine-Charlotte appartiennent au terrane Insular. La chaîne côtière marque la suture entre le nouveau terrane et l'ancien.

Cet épisode de la formation de la Cordillère canadienne est appelé **orogenèse du Laramide**. C'est au cours de cette orogenèse que la compression exercée par le terrane Insular poussa plus loin vers l'est la couverture sédimentaire du continent, formant les chaînons frontaux et les contreforts des Rocheuses (voir plus loin).

On ne connaît toujours pas précisément les mécanismes qui font que l'accrétion au continent du terrane Insular ait eu des répercussions si lointaines vers l'est. Pour l'instant, on pense que pendant l'orogenèse du Laramide, la vitesse d'enfoncement de la plaque du Pacifique sous le terrane Insular a pu augmenter de façon significative. Or, une augmentation de la vitesse de subduction a pour résultat de développer des contraintes de compression. Par ailleurs, l'ajout du terrane Insular aux côtés du terrane Intermontane aurait eu pour conséquence d'augmenter considérablement la pression sur l'ancienne bordure de la plaque continentale, plaque sur laquelle reposent les Rocheuses. La plaque se serait courbée, contractée, et la couverture sédimentaire se serait plissée.

20.5.2 *Géologie générale des Rocheuses*

Les Rocheuses canadiennes[3] constituent un imposant relief d'une longueur de 1450 km et d'une largeur de 150 km. La chaîne a une superficie de 180×10^3 km^2. Le sommet le plus élevé des Rocheuses, le mont Robson, culmine à 3954 m au-dessus du niveau de la mer. Le point le plus bas (305 m) se trouve à la confluence des rivières Liard et Toad.

PHYSIOGRAPHIE

La région des montagnes Rocheuses fait partie du Système de l'est de la région de la Cordillère qui

3. Le livre de Ben Gadd, *Handbook of the Canadian Rockies*, 1986, constitue une excellente source de renseignements sur la géologie, la flore et la faune des Rocheuses. Nous en avons tiré bon nombre d'informations.

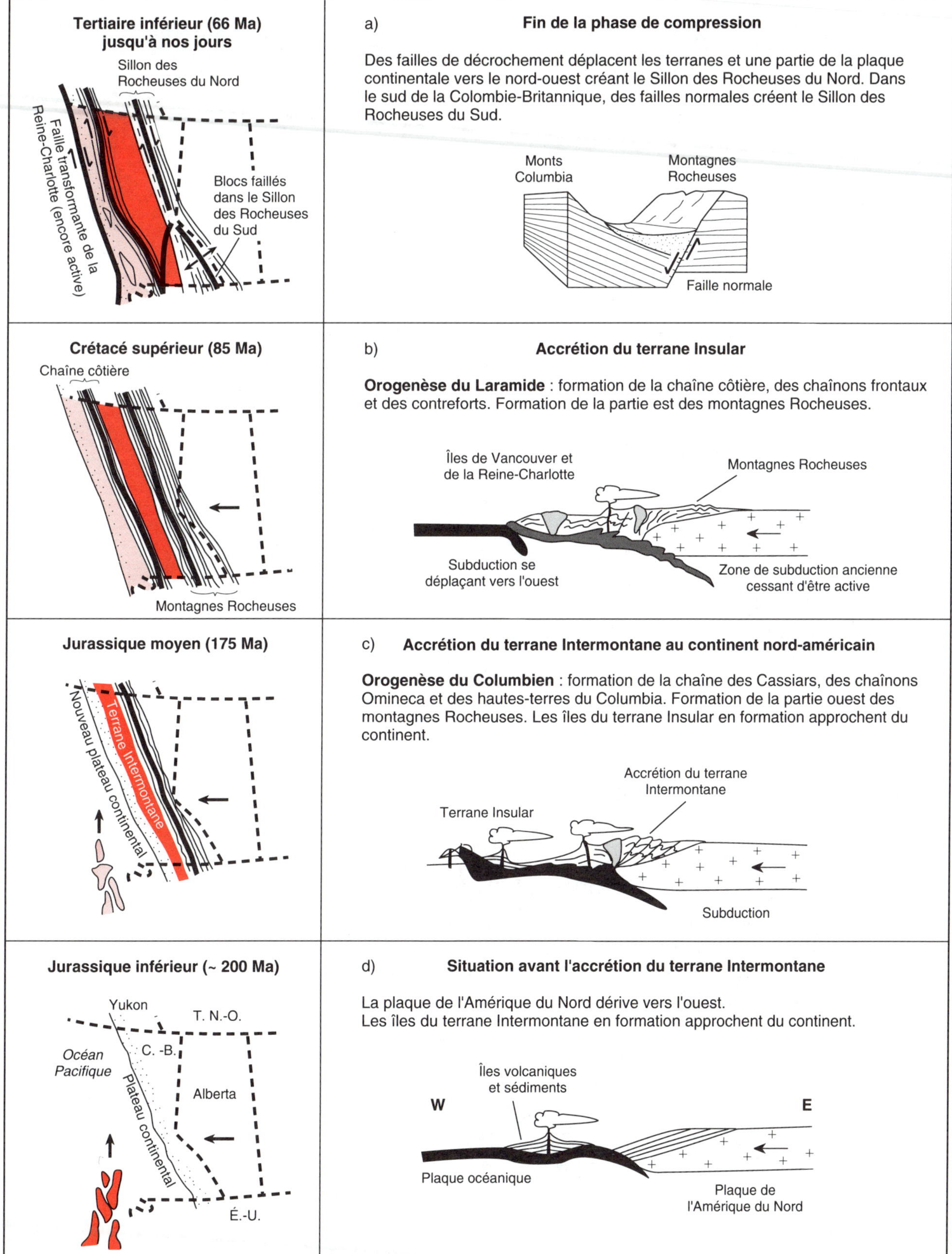

Figure 20.11 Scénario de l'accrétion du terrane Intermontane et du terrane Insular au continent nord-américain (d'après Monger, Mountjoy et Price dans Gadd, 1986, p. 172-173).

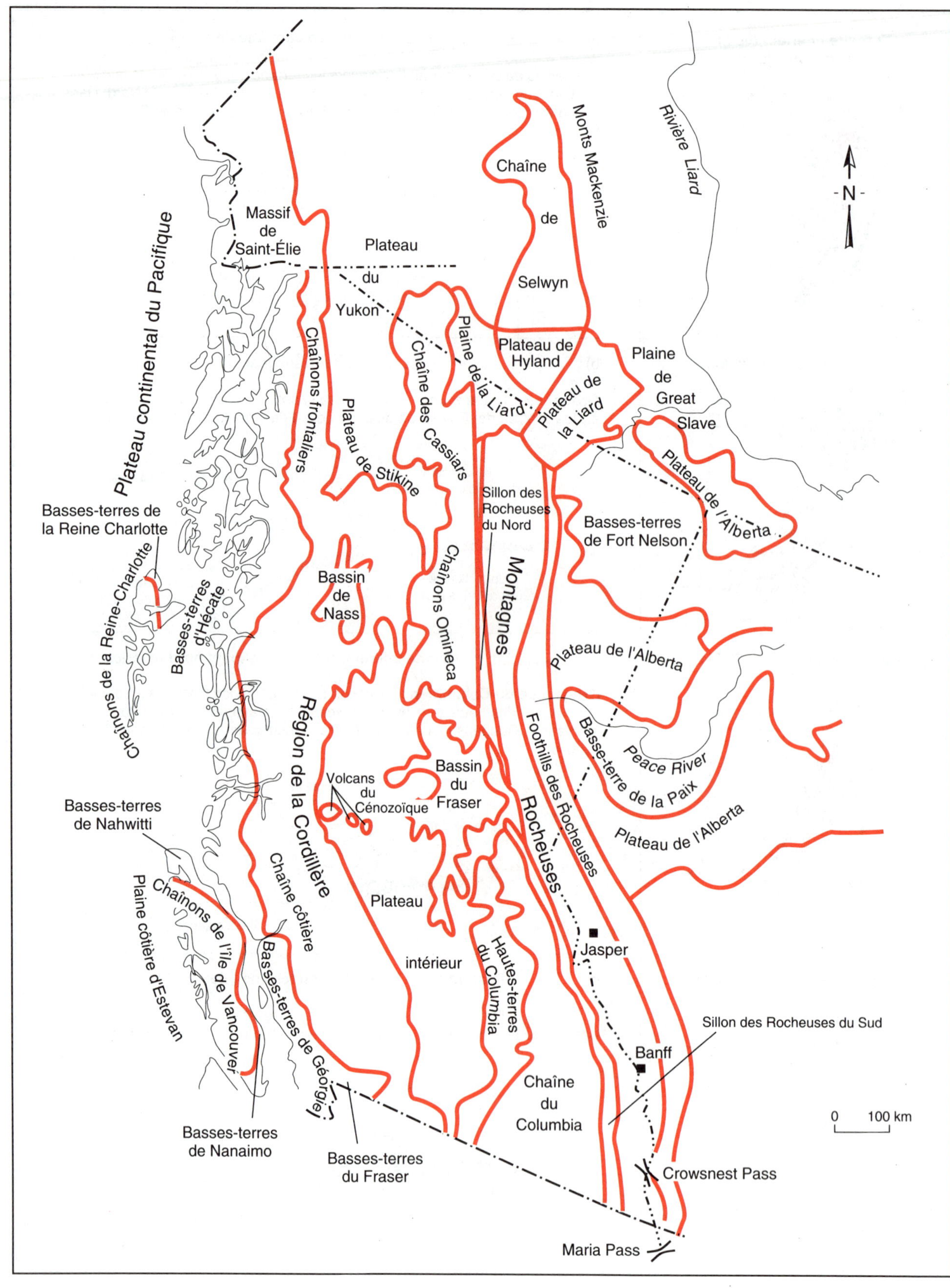

Figure 20.12 Subdivisions physiographiques de la côte ouest du Canada (d'après la carte physiographique du Canada, CGC, carte 1254 A, 1972).

regroupe tous les terrains à l'ouest des Plaines intérieures. Comme le montre la carte de la figure 20.12, les montagnes Rocheuses sont bordées à l'est par les Foothills des Rocheuses; au nord, par le plateau de la Liard (nord-est) et la plaine de la Liard (nord-ouest); sur le flanc ouest, par le Sillon des Rocheuses du Nord, le Plateau intérieur et le Sillon des Rocheuses du Sud; à leur extrémité sud, par la frontière Canada – États-Unis (il s'agit là d'une barrière politique et non géologique).

Au-delà de ces subdivisions physiographiques officielles, les géologues ont l'habitude de distinguer d'autres unités à l'intérieur du système montagneux, en tenant compte à la fois des types de roche et de déformation rencontrés. C'est ainsi qu'on identifie les Rocheuses du Sud (entre Maria Pass et Crowsnest Pass), les Rocheuses du centre (depuis Crowsnest Pass jusqu'aux environs de Jasper et de Peace River), et les Rocheuses du Nord (à partir de Peace River jusqu'à la rivière Liard). D'est en ouest, on retrouve :

- les **contreforts** (*foothills*), entre les Prairies et les montagnes. Dans les Rocheuses du centre, les contreforts constituent une bande de 40 à 50 km de largeur, formée de grès et de shale du Crétacé. Ces roches sont plissées et répétées par des failles de chevauchement; elles étaient actives il y a 45 à 50 Ma. Les pendages sont vers le sud-ouest et les lits plus résistants de grès dessinent des crêtes, que l'on nomme **hogback**, alignées nord-ouest – sud-est (fig. 20.13);
- les **chaînons frontaux** (*front ranges*), qui marquent la limite est des montagnes. Dans les Rocheuses du centre, leur largeur varie de 40 à 50 km. Ils sont formés d'alternances de calcaires du Paléozoïque supérieur, retrouvés sur les sommets, et de shales du Mésozoïque qu'entaillent les vallées. Ces roches sont déformées par des plis spectaculaires (fig. 20.14). Elles ont été mises en place il y a environ 80 Ma;
- les **chaînons principaux** (*main ranges*), qui forment l'épine dorsale des Rocheuses avec des sommets qui dépassent de 500 m ceux des chaînons frontaux. On distingue les chaînons principaux de l'est (*eastern main ranges*) et les chaînons principaux de l'ouest (*western main ranges*). Dans les premiers, on retrouve des quartzites et des calcaires; dans les seconds, des ardoises. Les chaînons principaux de l'est ont été sculptés à partir d'une seule nappe de charriage, dont les mouvements de mise en place ont débuté il y a 110 à 120 Ma. Les montagnes, limitées par des parois hautes et raides, ont l'allure de châteaux (fig. 20.15). Par contre, les chaînons principaux de l'ouest, taillés dans des roches intensément plissées et faillées, sont moins dressés et davantage arrondis;
- les **chaînons de l'ouest** (*western ranges*), qui bordent le côté est du Sillon des Rocheuses entre

Figure 20.13 Hogback dans les contreforts des Rocheuses (pendage vers le sud-ouest, soit à droite). Un hogback est une forme de relief dégagé par érosion différentielle dans une structure fortement redressée (pendage supérieur à 45°) où une couche résistante est intercalée entre deux couches plus tendres. À l'ouest de Calgary (Alberta). (Photographie : Ben Gadd, extraite de *Handbook of the Canadian Rockies*, p. 18.)

Figure 20.14 Gigantesque pli en Z, flanc sud du mont Kidd (2972 m), dans les chaînons principaux. (Photographie : Ben Gadd, extraite de *Handbook of the Canadian Rockies*, p. 185.)

Figure 20.15 Castle Mountain (2728 m) dans les chaînons principaux de l'est, à mi-chemin entre Banff et Lake Louise, le long de l'autoroute transcanadienne.

Radium Hot Springs et Golden. Cette unité atteint une largeur maximale de 20 km. On y retrouve des shales, d'âge cambrien et ordovicien, intensément déformés et renversés, de sorte que les pendages sont orientés vers le nord-est. L'âge des déformations est compris entre 110 Ma et 120 Ma.

Ce premier découpage physiographique et géologique nous permet déjà de saisir la chronologie stratigraphique très particulière que les chevauchements d'ouest en est des terrains ont laissée dans les Rocheuses : les chaînons de l'ouest et les chaînons principaux ont été mis en place les premiers, suivis des chaînons frontaux et enfin des contreforts. Dans ce contexte, il arrive très souvent que les roches soient en position stratigraphique anormale : les roches les plus vieilles surmontent les plus jeunes. Il en résulte que les terrains sont d'autant plus vieux que l'on va de l'est vers l'ouest. Par ailleurs, dans une nappe de charriage donnée, les séquences stratigraphiques ont conservé leur polarité : strates vieilles à la base et strates jeunes au sommet; les roches sont de plus en plus jeunes en allant de l'est à l'ouest.

Avant de poursuivre plus avant l'étude des Rocheuses, il faut préciser deux faits fondamentaux :

- l'âge des roches et celui de la formation de la chaîne de montagnes sont fort différents : les roches sont beaucoup plus vieilles que les événements qui ont contribué à édifier les montagnes;
- les Rocheuses ont été formées par empilement de gigantesques nappes de charriage et non par des processus de soulèvement du socle.

DES SÉDIMENTS AVANT TOUT

Les Rocheuses canadiennes sont presque entièrement formées de roches sédimentaires. C'est là l'un des traits les plus fondamentaux de cette chaîne. On n'y trouve donc pas de granite ou de gneiss, roches qui forment le cœur de plusieurs autres chaînes dans le monde. On n'y trouve pratiquement pas non plus de roches volcaniques.

L'édification comme telle des Rocheuses a été précédée d'une longue période d'érosion et de sédimentation qui s'est étendue sur 1,5 milliard d'années. Les Rocheuses conservent ainsi l'une des séquences stratigraphiques les plus complètes au monde, qui va depuis le Protérozoïque jusqu'au Cénozoïque. Pendant le long épisode de sédimentation de ces roches, le noyau primitif de la plaque de l'Amérique du Nord était en mouvement vers l'est, dans une série de déplacements qui ont mené à la formation de la Pangée.

Ce qui est aujourd'hui l'ouest du territoire canadien était au cours de cette longue période de temps un vaste plateau continental. Cette marge océanique passive a été propice à l'accumulation d'une grande épaisseur de sédiments fournis par l'érosion du Bouclier canadien. Le tableau 20.1 présente la colonne de sédiments que renferment les Rocheuses. Elle montre dans quel ordre se succéderaient les roches si les événements tectoniques majeurs dont nous avons déjà parlé n'étaient pas venus les déranger à partir du Jurassique moyen (175 Ma). Si l'on exclut les sédiments quaternaires récents, la séquence de roches sédimentaires dépasse 30 km d'épaisseur. Le tableau 20.2 résume les principales étapes de l'édification des montagnes Rocheuses.

LE SILLON DES ROCHEUSES

Nous allons conclure l'examen des Rocheuses en disant un mot sur l'origine de cette longue cicatrice qui court du nord au sud et qui borde la chaîne à l'ouest : le Sillon des Rocheuses. Cette tranchée, visible de la Lune, constitue une des plus importantes structures linéaires de la planète. On distingue très nettement le Sillon des Rocheuses du Nord et le Sillon

Tableau 20.1 Stratigraphie générale des Rocheuses (d'après Gadd, 1986, p. 38).

SÉDIMENTS DES ROCHEUSES				
Unités lithostratigraphiques	**Nature des sédiments et des roches**	**Épaisseur**	**Âge**	**Localisation**
Dépôts superficiels	Till, dépôts fluviatiles, lacustres, éoliens et débris glissés	Jusqu'à 300 m	Quaternaire (1,9 Ma jusqu'à nos jours)	Présents dans les trois régions.
Formations détritiques supérieures	Grès et shales	5 km	Mésozoïque et Tertiaire (245 Ma à 1,9 Ma)	Affleurent dans les contreforts et les chaînons frontaux des trois régions; dans le Sillon des Rocheuses, les vallées de Flathead et de Elk.
Formations carbonatées moyennes	Calcaires, dolomies et shales	6,5 km	Paléozoïque (540 Ma à 258 Ma)	Affleurent dans les chaînons frontaux et principaux des trois régions.
Formations détritiques inférieures	Grès, shales et quartzites	10 km	Hadrynien et Cambrien inférieur (770 Ma à 540 Ma)	Affleurent dans les chaînons principaux du centre et du nord.
Formation de Purcell	Mudstone et calcaires	8,8 km	Hélikien (1,5 Ga à 1,3 Ga)	Affleurent dans les chaînons frontaux du sud et les chaînons principaux et frontaux du nord.
Socle (plaque de l'Amérique du Nord	Granites et gneiss	30-50 km	Aphébien (~1,7 Ga)	Substratum des trois régions.

Tableau 20.2 Chronologie des principaux événements responsables de l'orogenèse des montagnes Rocheuses (Gadd, 1986, p. 179).

Âge (Ma)	**Événements**
5 (Pliocène)	Soulèvements dans la partie sud du Sillon des Rocheuses accompagnés de failles normales.
45 (Éocène)	La phase de compression prend fin. Phase d'extension et failles normales dans le sud de la Colombie-Britannique. Naissance de demi-grabens (Sillon des Rocheuses du Sud) et failles de décrochement (Sillon des Rocheuses du Nord).
60 (Paléocène)	Les nappes de charriage atteignent les contreforts.
85 (Crétacé supérieur)	Arrimage du terrane Insular. Début de l'orogenèse du Laramide et de la formation des chaînons frontaux.
120 (Crétacé inférieur)	Émersion des chaînons principaux et début de la mise en place des nappes des chaînons de l'ouest.
175-120 (Jurassique moyen au Crétacé inférieur)	Formation de la chaîne Columbia, des chaînons Omineca et de la chaîne des Cassiars, à l'ouest des Rocheuses.
175 (Jurassique moyen)	Arrimage du terrane Intermontane. Début de l'orogenèse du Columbien.

des Rocheuses du Sud. Le premier, remarquablement rectiligne, s'étire depuis la frontière du Yukon jusqu'à l'extrémité sud du lac Williston. Au sud de ce point, dans la région de Prince George, il n'y a pas de sillon. Le Sillon des Rocheuses du Sud démarre au sud-est de Prince George, et on peut le suivre jusqu'à la frontière internationale. Les deux sillons ont une origine fort différente. Voyons ce qu'il en est.

Pour comprendre la genèse du Sillon des Rocheuses du Nord, il faut se rappeler que les terranes Intermontane et Insular venaient du sud. Lors de l'accostage, ces terranes ont dû lutter contre un continent qui s'avançait vers l'ouest. Le contact bord à bord des blocs se fit donc de façon oblique, si bien qu'aux contraintes de compression s'ajoutèrent des contraintes de cisaillement. Non seulement les deux terranes furent aplatis et étirés, mais au fur et à mesure que l'obduction progressait, ils furent sectionnés. C'est ainsi que des morceaux de croûte ont été transportés vers le nord-ouest par glissement le long de grandes failles de décrochement. On retrouve plusieurs failles de ce type en Colombie-Britannique, orientées NW-SE, et l'une d'entre elles est le Sillon des Rocheuses du Nord. De part et d'autre de cette faille, on a trouvé des roches identiques éloignées de 400 km les unes des autres. Ainsi, des roches qui devraient se trouver dans les Rocheuses du centre forment plutôt la chaîne des Cassiars au nord-ouest. Il est important de noter que le Sillon des Rocheuses du Nord ne coïncide pas avec la suture entre le terrane Intermontane et le continent. La limite du terrane est à une distance de 50 km à 100 km à l'ouest du Sillon. Les décrochements ont donc disloqué la marge continentale.

Le Sillon des Rocheuses du Sud est plutôt du domaine des failles normales. Ce sont des contraintes de tension qui se sont manifestées ici, contrairement à la compression et au cisaillement qui sont responsables du Sillon des Rocheuses du Nord. L'escarpement qui domine le côté oriental du Sillon des Rocheuses du Sud constitue une faille normale. Dans la région au sud de Skookumchuck, l'effondrement du bord oriental du Sillon est de 2100 m par rapport au côté ouest des Rocheuses. Par contre, de l'autre côté du Sillon, les roches ne sont pratiquement pas dérangées par des failles normales. Le Sillon des Rocheuses du Sud délimite donc un bloc qui a basculé sur un côté, de sorte qu'on peut le qualifier de demi-graben.

Les deux sillons sont-ils contemporains ou d'âges différents ? Il est difficile de trancher la question. À cause de la configuration du bord des terranes et de la configuration du continent, ou à cause de changements dans le mouvement relatif des plaques, il est possible qu'ils se soient formés en même temps, à partir du milieu de l'Éocène, il y a 45 Ma.

CONCLUSION

Les chaînes de montagnes, qui sont des portions déformées et épaissies de l'écorce terrestre, constituent un trait morphologique de première importance à la surface des continents. Ce sont des marqueurs géologiques de premier ordre qui témoignent des forces gigantesques agissant à l'intérieur de notre planète. Grâce aux acquis du modèle des plaques, on comprend un peu mieux les processus orogéniques. Ainsi, on a vu que la cordillère des Andes est représentative d'une chaîne de subduction. Quant aux chaînes de collision, elles sont nombreuses et variées. La Cordillère canadienne, dont l'édification fait appel à la notion de terrane, représente bien ce type de chaînes.

Les modèles orogéniques qui découlent de la théorie des plaques tectoniques sont forcément simplificateurs. Une chaîne de montagnes donnée n'appartient pas à un style en particulier mais à plusieurs. En effet, l'édification d'une chaîne est le résultat de plusieurs mécanismes qui se succèdent dans le temps. De ce fait, chaque chaîne est originale et spécifique.

VOCABULAIRE

Accrétion
Allochtone
Autochtone

Collision

Décollement
Duplex

Écaille

Faille de bord externe
Faille de bord interne
Faille de chevauchement
Fenêtre

Hogback

Klippe

Ligne de Logan

Ligne Brompton – Baie Verte

Nappe de charriage

Obduction
Ophiolites
Orogène
Orogenèse

Plat

Rampe

Sillon des Rocheuses
Suture

Terrane
Terrane Insular
Terrane Intermontane

Zone d'écaillage

QUESTIONS

1. Qu'est-ce qu'une nappe de charriage ? Qu'est-ce qu'on entend par terrain allochtone et terrain autochtone ?
2. Précisez le mécanisme de formation des duplex.
3. Quelles structures reconnaît-on dans un système de nappes de charriage ? Expliquez et illustrez votre réponse.
4. Les chaînes de montagnes récentes se retrouvent dans quatre contextes tectoniques différents. Nommez ces contextes et donnez pour chacun un exemple de chaîne.
5. Définissez la notion de terrane. Expliquez en quoi cette notion permet de mieux comprendre de quelle manière s'agrandissent les continents. (L'article de D. Howell vous aidera à répondre à cette question.)
6. Quels types de roches trouve-t-on principalement dans les Rocheuses ? Pourquoi en est-il ainsi ? Précisez l'origine de ces roches.
7. Pourquoi n'y a-t-il pas de roches volcaniques dans les Rocheuses ? Pourquoi y en a-t-il dans les Andes ? Expliquez.

RÉFÉRENCES BIBLIOGRAPHIQUES

OUVRAGES RECOMMANDÉS

1. **Mattauer, M.**
 1981 : « La formation des chaînes de montagnes » dans *Pour la Science*, n° 46, p. 40-55.
 Une bonne synthèse du sujet.

2. **Allègre, C.-J.**
 1983 : *L'écume de la Terre*. Paris, Fayard, coll. Le temps des sciences, 368 p.
 Voir le chapitre VI : La genèse des montagnes.

3. **Howell, D.**
 1986 : « Des terrains déplacés : les terranes » dans *Pour la Science*, n° 99, p. 18-29.
 À consulter non seulement pour les cartes en couleur des terranes du Pacifique (anciens et futurs), mais aussi pour le commentaire de Maurice Mattauer à la fin du texte.

4. **Gadd, B.**
 1986 : *Handbook of the Canadian Rockies*. Jasper (Alberta), Corax Press, 876 p. (Corax Press, Box 1557, Jasper (Alberta) T0E 1E0).
 Le meilleur guide qui existe sur ces montagnes.

AUTRES SOURCES D'INFORMATION CONSULTÉES

Boudier, F., Le Sueur, E. et Nicolas, A.
1989 : « Structure of an Atypical Ophiolite : The Trinity Complex, Eastern Klamath Mountains, California » dans *Geological Society of America Bulletin*, vol. 101, p. 820-833.

Boyer, S. E. et Elliott, D.
1982 : « Thrust Systems » dans *The American Association of Petroleum Geologists Bulletin*, vol. 66, n° 9, p. 1196-1230.

Brown, G. C. et Musset, A. E.
1981 : *The Inaccessible Earth*. Londres, George Allen & Unwin, 235 p.

Chamberlain, V. E. et Lambert, R. St. J.
1985 : « Cordilleria, a Newly Defined Canadian Microcontinent » dans *Nature*, vol. 314, n° 6013, p. 707-713.

Condie, K. C.
1989 : *Plate Tectonics & Crustal Evolution*. 3e éd. Toronto, Pergamon Press, 476 p. et une carte des plaques tectoniques en pochette. (Voir le chapitre 5 : Plate Tectonics.)

Coney, P. J., Jones, D. L. et Monger, J. W. H.
1980 : « Cordilleran Suspect Terranes » dans *Nature*, vol. 288, 27 novembre, p. 329-333.

Dewey, J. F., Hempton, M. R., Kidd, W. S. F., Saroglu, F. et Sengor, A. M. C.
1986 : « Shortening of Continental Lithosphere : the Neotectonics of Eastern Anatolia – a Young Collision Zone » dans *Geological Society of London*, Special Paper 19, p. 3-36.

Mattauer, M.
1975 : « Sur le mécanisme de formation de la schistosité dans l'Himalaya » dans *Earth Planetary Scientific Letter*, vol. 28, n° 2, p. 144-154.

Ministère de l'Énergie et des Ressources
1988 : *Carte minérale des Basses-Terres du Saint-Laurent et de l'Estrie-Beauce*. Québec, ministère de l'Énergie et des Ressources, Direction générale de l'exploration géologique et minérale, Service de la promotion et de l'aide à l'exploration minière, Pro 88-01.

Molnar, P.
1986 : « La structure des chaînes de montagnes » dans *Pour la Science*, n° 107, p. 40-51.

Pomerol, Ch. et Renard, M.
1989 : *Éléments de géologie*. 9e éd. Paris, Armand Colin, 616 p.

Powel, C. M.
1979 : « A Speculative Tectonic History of Pakistan and Surroundings : Some Constraints From the Indian Ocean » dans A. Farah et K. De Jong, *Geodynamics of Pakistan*. Geological Survey of Pakistan.

St-Julien, P.
1977 : *Région de Québec*. Carte géologique au 1 / 500 000, Département de géologie, Université Laval.

Wheeler, J. O., Brookfield, A. J., Gabrielse, H., Monger, J. W. H, Tipper, H. W. et Woodsworth, G. J.
1988 : *Terrane Map of the Canadian Cordillera*. Ottawa, Commission géologique du Canada, Open File 1894.

PARTIE

7

La Terre : ses ressources

Pour survivre et progresser, les humains dépendent des ressources qu'ils retirent des matériaux terrestres. On exploite les ressources de la Terre à trois fins principales : pour en tirer des matières premières (granulats, pierre ornementale, etc.); pour les utiliser comme source d'énergie (charbon, pétrole, gaz, etc.); pour en extraire les métaux et autres substances industrielles (or, fer, diamant, silice, amiante, etc.). Le chapitre 21 traite des minéraux utiles. Il fait le point sur les éléments que l'on peut en extraire et précise quels contextes géologiques sont les plus propices à la concentration de gisements exploitables.

L'eau douce est une ressource essentielle pour l'humanité. Sa répartition à la surface de la Terre est très inégale. Partout dans le monde, l'eau douce est de plus en plus polluée. Pour l'alimentation des populations, les eaux souterraines sont appelées à être exploitées davantage encore. Le chapitre 22 présente des notions d'hydrogéologie, la science des eaux souterraines.

Ancienne mine d'argent au Colorado, É.-U.

CHAPITRE 21
LES MINÉRAUX UTILES

Prospecter (du latin : *prospicere* = regarder en avant) veut dire littéralement « prévoir ». Pour prévoir, il faut savoir. La connaissance des formations rocheuses est essentielle pour la prospection et l'exploitation des richesses minérales.

A. Kazmitcheff et F. Lekime, *L'Aventure de la prospection minière.*

Objectifs pédagogiques

Au terme de ce chapitre vous devriez pouvoir :

- entrevoir les différents usages des minéraux et leur importance dans notre vie quotidienne;
- prévoir le type de concentration minérale qui pourra être repéré dans une roche ou une structure particulière;
- associer les différents types de concentration minérale à des paysages géologiques.

Les substances minérales sont extraites de la Terre aux fins suivantes : pour bénéficier de leurs caractéristiques propres, légèrement aménagées, pour en tirer des métaux et pour en tirer de l'énergie.

Les concentrations minérales ne sont pas distribuées uniformément sur la planète. Cette répartition inégale des ressources minérales est fonction des différents paysages géologiques, c'est-à-dire des différents contextes géodynamiques de la planète. Cette situation exerce une influence géopolitique considérable.

On dit que gouverner c'est prévoir. Or, prospecter est aussi synonyme de prévoir. Dans la perspective de l'explosion démographique que connaît la planète et des changements globaux qui l'attendent, il est plus important que jamais de prévoir, donc de rechercher de nouvelles concentrations minérales tout en économisant celles dont nous disposons déjà.

21.1 *L'USAGE DES MINÉRAUX*

On extrait des minéraux[1] à trois fins : pour leurs caractéristiques propres, pour en extraire des métaux et comme source d'énergie.

21.1.1 *Utilisations des caractéristiques propres des minéraux*

Certains minéraux sont valorisés pour leurs caractéristiques particulières; il s'agit des **minéraux industriels**.

Le tableau 21.1 résume les caractéristiques des minéraux industriels exploités au Québec. Voyons-en quelques exemples. Les gisements d'amiante chrysotile d'Asbestos et de Thetford Mines sont parmi les plus importants du monde. Comme ce minéral se présente en fibres soyeuses, imputrescibles et ignifuges, on peut donc le filer et le tisser afin de confectionner des tissus ignifuges.

Le graphite des Laurentides (mine Stratmin à Lac-des-Îles, près de Mont-Laurier) se présente en grosses paillettes feuilletées. Des liaisons de Van der Waals donnent à ce feuilletage une faible cohésion. Chacun des feuillets de carbone pur glisse aisément sur son voisin. Ce minéral est donc un excellent lubrifiant.

1. L'eau et le pétrole, d'une part, et le gaz naturel, d'autre part, sont des substances minérales liquides et gazeuses. Rappelons également qu'un minerai est, quant à lui, un ensemble rocheux contenant des substances minérales utiles et en pourcentage suffisant pour justifier une exploitation.

Tableau 21.1 Caractéristiques et usages de quelques minéraux du Québec valorisés pour leurs propriétés intrinsèques (d'après Berton et Le Berre, 1983; Baldino, 1986; Carr et Herz, 1989; Jacob, 1984, p. 103-108).

Minéral	Composition chimique	Caractéristiques valorisées	Usages	Gisement ou indice au Québec*
Élément natif Graphite	C natif hexagonal Se présente sous trois formes : – microcristalline (dite amorphe) – cristalline en paillettes – cristalline en veines	• Flexibilité, feuilletage très aisé, excellente conductivité électrique et thermique, non toxique • Ne réagit ni aux acides ni aux alcalins • Facile à travailler ou à usiner sous sa forme massive	Usages particuliers selon la forme : réfractaires, agent de saupoudrage des moules dans les fonderies de fer et d'acier, lubrifiants, garnitures de freins et disques d'embrayage, fabrication de brosses pour les moteurs électriques, crayons, etc.	• ***Laurentides*** • ***Côte-Nord*** • ***Outaouais***
Oxydes Ilménite	$FeTiO_3$	Dioxyde de titane, TiO_2 • Poudre blanche infusible et inerte • Pouvoir opacifiant exceptionnel	• Utilisation de l'ilménite brute concassée comme fondant métallurgique et granulat lourd • Utilisation du dioxyde de titane, TiO_2, dans l'industrie de la peinture, du papier, des plastiques, etc. • Production de fer de refonte (sous-produit de l'ilménite)	• ***Côte-Nord*** • ***Charlevoix*** • ***Laurentides*** • ***Lac-Saint-Jean***
Chlorures Halite (sel gemme)	NaCl	• Solubilité • Fondant pour la neige • Radicaux sodique et chloré	• Épandage hivernal sur les routes • Fabrication de soude caustique et de chlore, etc.	• ***Îles-de-la-Madeleine***
Carbonates Calcite et dolomite	• $CaCO_3$ • $CaMg(CO_3)_2$	• Transformation par calcination en chaux vive, CaO • Transformation par ajout d'eau en chaux hydratée, $Ca(OH)_2$	• Utilisation dans les matériaux de construction, dans les pâtes et papiers, dans les fonderies de métaux ferreux et non ferreux, dans le traitement des eaux, en agriculture, etc. • Production de carbure de calcium par la réaction de la chaux avec du coke (nécessaire pour la fabrication de l'acétylène)	• ***Estrie*** • ***Lanaudière*** • ***Basses-terres du Saint-Laurent*** • ***Outaouais***
Magnésite	$MgCO_3$	Transformation en magnésie, MgO, par calcination	Fabrication de briques réfractaires recyclables	• ***Outaouais***
Phosphates Apatite	$Ca_5(PO_4)_3(F,Cl,OH)$	• Transformation du phosphore élémentaire en acide phosphorique • Élément de base, essentiel à la vie	• Fabrication de fertilisants • Fabrication de produits chimiques organiques et inorganiques, de savons et de détergents, de pesticides, d'insecticides, d'alliages, de suppléments dans la nourriture pour animaux, de lubrifiants à moteur, de boissons, de matériel photographique, etc.	• ***Outaouais***
Silicates Amiante chrysotile	$Mg_3Si_2O_5OH_4$	• Nature fibreuse permettant le tissage • Résistance aux hautes températures sans affaiblissement des caractéristiques mécaniques • Excellente résistance à la friction • Grande résistance à la traction	Produits en amiante-ciment (tuyaux, plaques, ardoises artificielles), revêtement de sol, garniture de frein, textiles, papiers et cartons, etc.	• ***Estrie*** • ***Ungava***

Feldspaths et feldspathoïdes	• $KAlSi_3O_8$ • $NaAlSi_3O_8$ • $(Na,K)AlSiO_4$ • $CaAl_2Si_2O_6$	• Source d'alumine et accessoirement d'alcalin • Fondant • Couleur et reflets	• Matière de charge (feldspaths broyés finement) • Fabrication de verre • Fabrication des produits céramiques (faïences, porcelaines) et émaillage • Pierres gemmes (labrador et amazonite)	• ***Outaouais*** • Lac-Saint-Jean • Côte-Nord • Haute-Mauricie
Grenat	$A_3B_2(SiO_4)_3$ où $A = Ca,Mg,Mn,Fe^{2+}$ $B = Al,Fe^{3+},Cr^{3+}$	• Indice de réfraction élevé (1,71-1,88) • Dureté élevée (6,5-7,5)	• Abrasifs dans les industries du bois, du cuir, du plastique • Confection de papier abrasif • Surfaçage du verre • Pierres gemmes	• Laurentides
Disthène (kyanite)	Al_2SiO_5	Transformation en un mélange de mullite ($Si_{12}Al_6O_{13}$) et de silice par calcination entre 1250°C et 1500°C	Fabrication de produits réfractaires à haute teneur en alumine	• ***Témiscamingue*** • Côte-Nord
Mica (Muscovite)	• $KAl_{2}(AlSi_3O_{10})OH_2$ • Phlogopite • $KMg_3(AlSi_3O_{10})OH_2$	Feuilletage aisé, transparence, résistance, flexibilité, élasticité, conductivités électrique et thermique faibles, résistance aux températures élevées et inertie chimique	• Utilisation de mica moulu dans les boues de forage, le ciment-joint, les peintures, les revêtements et les produits de caoutchouc • Utilisation du mica en feuilles dans la fabrication d'équipements électroniques et électriques, et dans celle des matériaux d'isolation et de filtration	• ***Haute-Mauricie*** • ***Outaouais*** • ***Charlevoix*** • ***Haute-Côte-Nord***
Olivine	$(Mg,Fe)_2SiO_4$	• Température de fusion très élevée (1890°C pour la forstérite et 1205°C pour la fayalite) • Couleur, transparence	• Utilisation des réfractaires en verrerie • Sables de moulage en fonderie de précision, abrasif de sablage • Joaillerie (on nomme péridot les olivines transparentes)	• Gaspésie
Quartz (silice)	SiO_2	• Basse température de fusion, pureté, composition • Transparence, couleur, reflet, texture et structure	• Fabrication du verre, de la fibre de verre, du silicium, du ferro-silicium, du carbure de silicium, d'abrasifs, de sable de jet • Fondant dans les fonderies de métaux non ferreux • Pierres gemmes [améthyste, citrine, quartz rose et fumé, agate, onyx, opale (variété hydratée de silice)]	• ***Charlevoix*** • ***Laurentides*** • ***Montérégie*** • ***Beauce*** • ***Abitibi*** • ***Gaspésie*** • Côte-Nord
Talc (stéatite, pierre à savon)	$Mg_3Si_4O_{10}(OH_2)$	• Dureté très faible (1 sur l'échelle de Mohs), fluidité et onctuosité • Faculté d'absorber les graisses lorsqu'à l'état pulvérulent • Inertie chimique et stabilité physique (fusion à 1490°C)	• Utilisation dans les industries de la peinture, du papier, de la céramique, des plastiques, des cosmétiques et des produits pharmaceutiques, des engrais, des produits agrochimiques et des caoutchoucs • Utilisation de bloc de stéatite en sculpture	• ***Estrie***

* Les indices apparaissent en caractères réguliers alors que les gisements sont en caractères italiques gras.

Un mot sur l'ilménite. Le gisement du lac Tio, près de Havre-Saint-Pierre sur la Moyenne-Côte-Nord, est la principale réserve d'ilménite au monde. Bien que ce minerai soit d'abord extrait et fondu pour en tirer des scories riches en TiO_2, on en extrait également, comme sous-produit, du fer de refonte. De plus, on peut réduire le TiO_2 en titane, un métal qui résiste bien à la corrosion. Ces deux points expliquent le fait que ce minéral apparaisse à la fois au tableau 21.1 parmi les minéraux exploités pour leurs propriétés intrinsèques, et au tableau 21.3 parmi les minéraux desquels on tire des métaux.

Bien qu'elle ne figure pas au tableau, on peut considérer l'eau comme le minéral industriel le plus précieux[2]. D'ailleurs, comme on le verra au chapitre 22, les méthodes de recherche de l'eau ne diffèrent pas tellement de la prospection des autres substances minérales.

Certains agrégats de minéraux, donc des *roches*, sont aussi valorisées pour leurs caractéristiques particulières (tableau 21.2). Le granite ornant la façade des gratte-ciel en est un exemple. On exploite du granite de différentes couleurs au Québec : le granite rose à grain fin à Guénette dans les Laurentides, le granite gris à Stanstead, à Saint-Sébastien et à Saint-Gérard en Estrie et le granite gris-rose porphyrique à Rivière-à-Pierre dans Portneuf. On exploite aussi des argiles communes, soit l'illite, dans les régions de Montréal et de Québec et des argiles fines telles la kaolinite et la montmorillonite dans l'Outaouais et sur la Côte-de-Beaupré. Avec le calcaire, on fabrique le ciment portland lequel résulte du grillage d'un mélange prédéterminé de calcaire et de substances minérales qui contiennent les quantités appropriées de silice, d'alumine et d'oxyde de fer. Certaines de ces substances minérales sont très recherchées et font l'objet d'un intense trafic international comme l'illustre la figure 21.1.

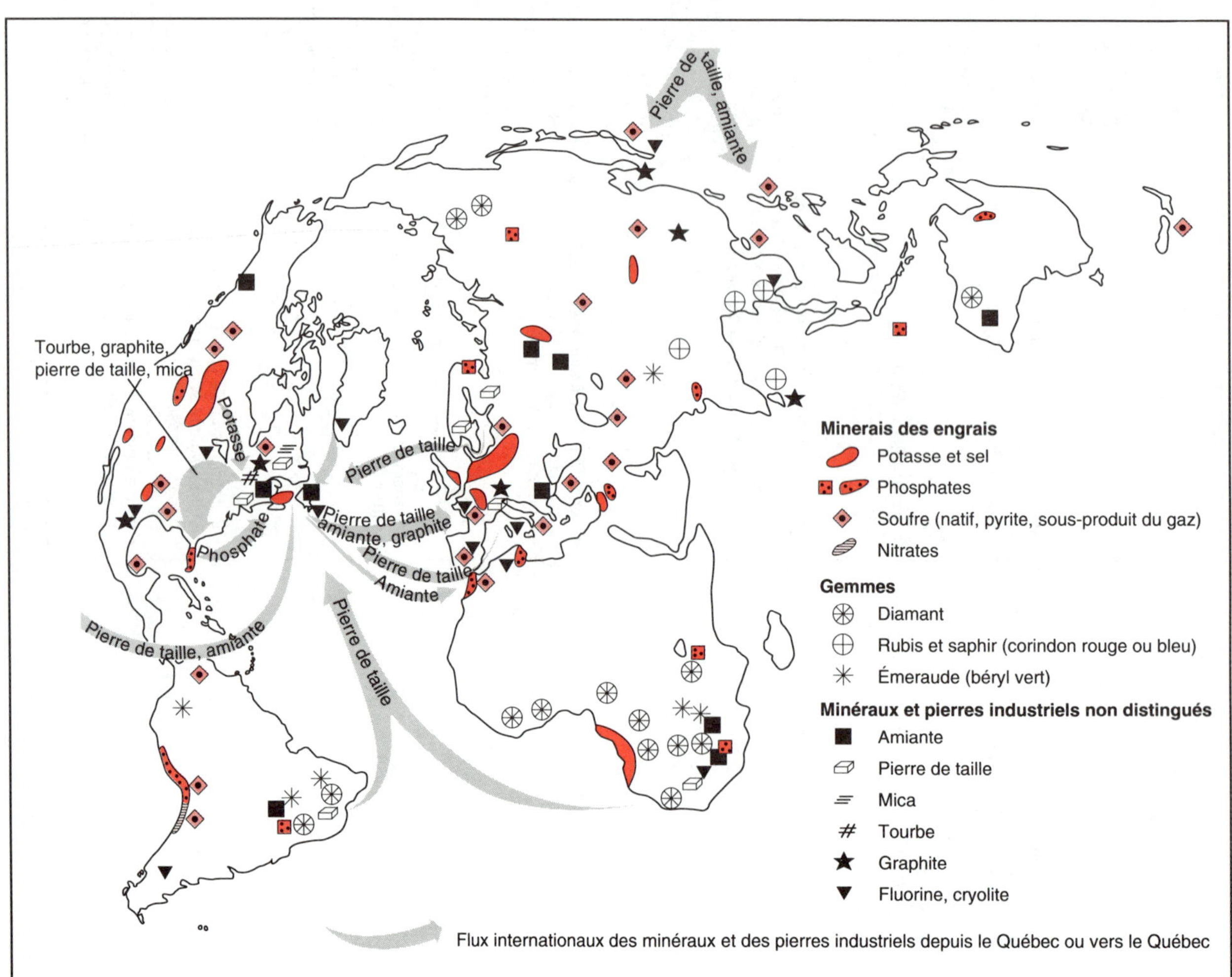

Figure 21.1 Répartition et provenance de quelques minéraux industriels dans le monde.

2. On consultera à ce sujet les articles de Y. Villedieu, « L'eau, un enjeu majeur partout dans le monde », 1988, et de G. Meyer, « Fresh Water of the North American Continent; A Profile », 1989.

Tableau 21.2 Caractéristiques et usages de roches exploitées au Québec pour leurs propriétés intrinsèques (d'après Berton et Le Berre, 1983; Baldino, 1986; Jacob, 1984).

Roche	Caractéristiques valorisées	Usages	Gisements au Québec
Roches ignées			
Anorthosite*	Couleur noire, texture et granulométrie	Pierre de taille, pierre à bâtir brute, pierre ornementale brute	Lac-Saint-Jean
Granite, syénite, granodiorite	Couleur, texture et granulométrie	• Pierre de taille • Pierre broyée pour la fabrication de pierre artificielle, gravier à toiture, gravier à volaille, pierre à stuc, etc. • Utilisation de pierre concassée comme granulat pour béton et enrobés bitumineux, assiette de voirie, ballast de chemin de fer, etc.	• Laurentides • Estrie • Portneuf • Côte-Nord • Saguenay
Volcanites	Débit	Pierre concassée	Appalaches
Roches métamorphiques			
Ardoise	Débit	Pierre de taille	Estrie
Gneiss	Couleur, texture et granulométrie	Pierre de taille	• Côte-Nord • Portneuf
Marbre	Couleur, composition chimique	• Pierre concassée • Pierre pulvérisée pour usage agricole et fabrication de fertilisants • Pierre de taille	• Estrie • Mauricie • Lac-Saint-Jean
Roches sédimentaires			
Argiles et shales	Valeur commerciale selon propriétés physiques des différents argiles, soit la plasticité, la résistance, le rétrécissement, la gamme de vitrification, le caractère réfractaire, la couleur de cuisson, la porosité et le pouvoir d'absorption	• Fabrication de brique, de boisseaux de cheminées, de tuyaux de drainage, etc. • Utilisation de briques recyclées pour la réfection de bâtiments	• Région de Montréal • Région de Québec • Outaouais • Côte-de-Beaupré
Calcaire	Débit et composition chimique	• Pierre à bâtir, pierre concassée et pulvérisée • Fabrication des bétons de masse, des bétons structuraux, des produits d'amiante-ciment, etc.	• Portneuf • Outaouais • Région de Montréal • Région de Québec • Lanaudière
Dolomie	Débit et composition chimique	• Pierre concassée et pulvérisée • Chaux dolomitique	• Basses-terres du Saint-Laurent • Estrie
Grès	Couleur et débit	• Pierre de taille (dalles minces et moëllons) • Pierre concassée	• Sud de Montréal • Basses-terres du Saint-Laurent • Appalaches
Sable et Gravier	Granulométrie, résistance mécanique, propreté, absorption d'eau, coefficient d'aplatissement, insensibilité au gel, insensibilité aux réactions alcali-granulats, etc.	Matériau de construction (granulats dans le béton et les enrobés bitumineux, sable de mortier, ballast de chemin de fer, assiettes de voirie)	Partout au Québec

* L'anorthosite est connue sous le nom de « granit noir ». Le terme « granit » utilisé dans le sens de matériau de construction désigne en effet les roches suivantes : granite, syénite, granodiorite, anorthosite, diabase ainsi que des gneiss.

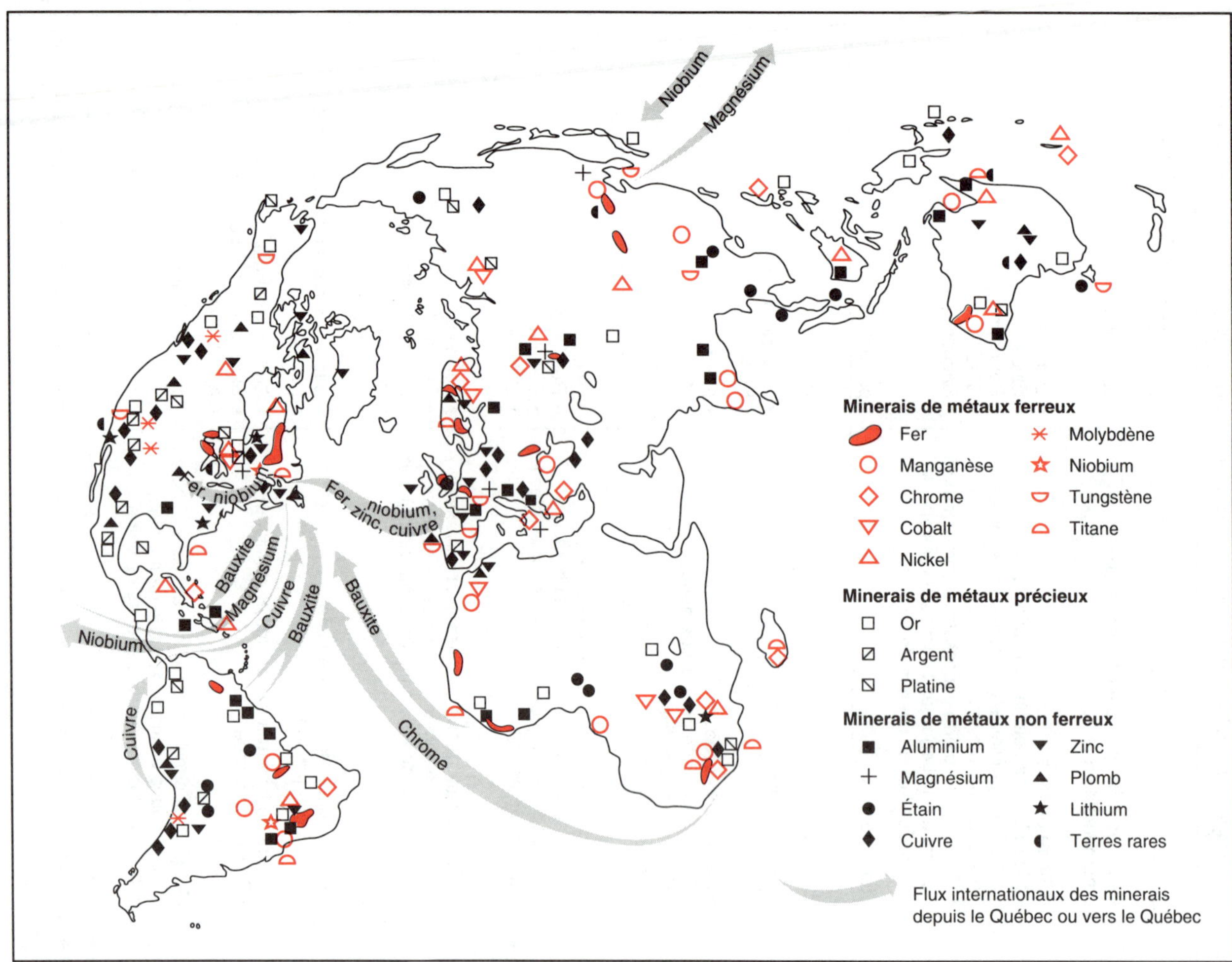

Figure 21.2 Principales sources de métaux du globe.

21.1.2 *Les minéraux métalliques*

Afin de commencer une exploitation, on cherche d'abord les minéraux qui présentent les plus fortes concentrations du métal recherché. Puis, on examine la nature des liaisons qui retiennent ce métal aux anions de la structure cristalline. Ainsi, une roche contenant 1 % de nickel sera exploitée si ce métal se présente sous forme de sulfure. Elle ne le sera pas si le nickel est plutôt lié à la silice de l'olivine. En effet, l'énergie nécessaire pour libérer un métal d'une liaison métallique est nettement moindre que celle nécessaire pour briser les liaisons ioniques et covalentes des silicates. De ce fait, on extrait rarement des métaux des silicates. Par contre, les sulfures, les carbonates, les oxydes et les hydroxydes sont pris en considération.

Le tableau 21.3 (p. 482) donne, pour le Québec, la liste des minéraux qui fournissent des métaux. On peut y constater que différents facteurs d'ordre économique, technologique et politique entrent en ligne de compte lorsqu'il s'agit de faire l'exploitation d'un gisement ou la transformation d'un minerai. Par exemple, bien qu'il n'y ait pas de bauxite au Québec, on l'importe des Antilles, de l'Amérique du Sud et de l'Afrique pour la transformer dans les alumineries québécoises. En effet, grâce au bas prix de son électricité, le Québec peut transformer à profit du minerai importé. C'est aussi en raison du bas prix de l'électricité que la construction d'une usine de ferro-chrome est actuellement envisagée en Estrie, lieu d'extraction potentiel de minerai de chromite. À l'opposé, bien que l'Ungava recèle de riches gisements de pentlandite, de laquelle on extrait du nickel, son minerai sera probablement expédié à l'état brut vers l'Europe à cause de son éloignement du Québec méridionnal. En ce qui concerne le minerai de fer, la majorité de celui qui provient du bassin de la frontière du Labrador est exporté vers les États-Unis et l'Europe. Quoique les gisements brésiliens et australiens soient quasi deux fois plus riches, la rationalisation des opérations minières et, surtout, la position stratégique de la Côte-Nord sur le marché nord-américain justifient encore l'exploitation du minerai de fer au Québec.

La Niobec, à Saint-Honoré, est la seule mine de niobium hors du Brésil. En plus d'être la seule mine de niobium souterraine, elle exploite un minerai trois fois plus pauvre que ses compétitrices brésiliennes. Le Brésil possède le quasi-monopole du niobium. De plus, les réserves brésiliennes répondront, de fait, à la demande pour les prochains siècles. Le Québec est toléré sur ce marché grâce aux consommateurs japonais et européens qui craignent de dépendre d'une seule source d'approvisionnement. En contrepartie, ces clients n'acceptent de notre part qu'un produit de première transformation, du concentré de pyrochlore, et se réservent de le transformer en ferroniobium. En ce qui concerne le spodumène, un minerai de lithium, on en extrayait à l'usine de Lacorne, en Abitibi, de 1955 à 1965. Bien que les réserves de minerai aient été considérables, cette usine a fermé ses portes à cause de la concurrence des saumures de Californie.

Tous ces exemples montrent donc que l'extraction de métaux est très liée à l'économie mondiale, à la technologie et aux besoins de l'industrie. La figure 21.2 montre la répartition des principales mines de métaux dans le monde. On y montre également le flux de certains minerais depuis le Québec ou vers le Québec.

21.1.3 *Sources d'énergie*

La destruction des liens chimiques de certaines substances minérales est violemment exothermique. Les composés organiques fossiles se rangent dans cette catégorie[3]. Ainsi on oxyde, en brûlant, le charbon, la tourbe[4], le gaz ou le pétrole pour obtenir de l'énergie. Cette énergie minérale pourra être transformée sous une autre forme plus aisément transportable. La transformation du charbon en électricité, dans les centrales thermiques de l'Ohio, en est un bon exemple. Malheureusement, dans ce cas, on oxyde tout autant les traces de soufre présentes dans le charbon que le carbone. Le SO_2 qui en résulte s'échappe dans l'atmosphère où il se combine avec l'eau pour faire de l'acide sulfurique et donner les précipitations acides que nous connaissons dans le sud du Québec !

Depuis plus de 40 ans, on tire également de l'énergie de la désintégration atomique d'un métal lourd : l'uranium. Une roche porteuse d'uraninite, le principal minéral extrait pour l'uranium, pourra donc être considérée à la fois comme un minerai métallique et un minerai énergétique.

L'eau souterraine, chaude ou tiède, est une source d'énergie en plein développement. Pour utiliser cette source d'énergie, on capte, par forage, l'eau des nappes souterraines. Grâce à des turbines, l'énergie de la vapeur est transformée sur place en électricité. La Nouvelle-Zélande produit 7 % de son électricité à partir de ce principe. On peut aussi transporter l'eau chaude par pipeline et l'utiliser pour le chauffage. Cette ressource répond à plus de 50 % des besoins de l'Islande. À l'Université Carleton d'Ottawa, on puise à l'aide d'une thermopompe l'eau tiède qui circule dans la faille de Gloucester pour chauffer une bonne partie du campus l'hiver. Cette faille-réservoir est un gisement de très basse énergie, la température de l'eau s'y maintenant à 9,5°C. Dans les gisements de haute énergie, l'eau peut atteindre des températures de 250°C à 350°C ou même plus grâce à la pression. Dans les gisements de basse énergie, la température va de 55°C à plus de 160°C. Le tableau 21.4 (p.484) fournit quelques caractéristiques des ressources minérales énergétiques. La figure 21.3 (p. 485) illustre la répartition hétérogène des bassins énergétiques sur la Terre.

21.2 *LES GÎTES MINÉRAUX*

Voyons tout d'abord les différences qui existent entre un gisement, un gîte et un indice. Un **gisement** est une concentration minérale exploitable du point de vue économique tandis qu'un **gîte** est une concentration qui n'est pas toujours exploitable. Pour évaluer un gîte, on ne tient pas compte des tendances immédiates du marché. Quant à l'**indice**, c'est une indication de la présence de minéralisation sans valeur économique. Le **facteur de concentration** correspond au taux d'enrichissement d'un gisement en un élément. On le calcule en établissant le rapport entre la teneur moyenne d'exploitation d'un élément et son **clarke**, c'est-à-dire son abondance (sa teneur moyenne) dans l'écorce terrestre.

Dans les gîtes **syngénétiques**, l'âge d'une minéralisation est le même que celui de son encaissant, alors que dans les gîtes **épigénétiques**, il est largement postérieur à celui de son encaissant. Le gîte est **exogène** lorsqu'il est formé à la surface de la croûte, **endogène** lorsqu'il est formé à l'intérieur de la croûte, **supergène** lorsqu'il est formé dans la zone d'altération météoritique et **hypogène** lorsqu'il est formé sous la zone d'altération météoritique.

3. Pour avoir un aperçu des ressources minérales énergétiques de l'Amérique du Nord, on consultera l'article de K. J. Bird, « North American Fossil Fuels », 1989.
4. On notera que la tourbe, au Québec, est entièrement exploitée à des fins horticoles et agricoles. La mousse de tourbe provenant de la région de Rivière-du-Loup et du Témiscouata est considérée comme l'une des meilleures au monde.

Tableau 21.3 Minéraux dont sont extraits des métaux au Québec (d'après Baldino, 1986; Lavergne, 1985; Germain, 1988).

Minéral	Composition chimique	Métal extrait	Teneur du minerai	Lieu d'extraction*	Lieu de transformation
Éléments natifs					
Or natif	Généralement lié à un peu d'argent	Or	4 - 10 g/t	• Abitibi • (Mauricie, Beauce)	Affinage à l'hôtel de la Monnaie à Ottawa
Sulfures					
Chalcopyrite	• $CuFeS_2$ • 35 % Cu	Cuivre	0,5 - 4 %	• Gaspésie, Abitibi • Importation d'une partie du minerai de cuivre fondu au Québec du Chili et d'ailleurs dans le monde	• Fonderies à Noranda en Abitibi, et à Murdochville en Gaspésie • Affinerie à Montréal-Est
Galène	• PbS • 86 % Pb	Plomb	1 - 6 %	Sous-produit de mines de zinc : (Outaouais, Mauricie, Gaspésie)	
Molybdénite	• MoS_2 • 60 % Mo	Molybdène	0,1 - 0,6 %	• (Abitibi, Outaouais) • Sous-produit de mines de cuivre en Gaspésie	Usine de grillage à Duparquet en Abitibi
Pentlandite	• $(Fe,Ni)_9S_8$ • 10-40 % Ni	Nickel	0,3 - 5,0 %	• (Abitibi, Outaouais, Mauricie) • *Ungava*	Fonderie et affinerie à Sudbury en Ontario
Sphalérite	• ZnS • 60-67 % Zn	Zinc	5 - 25 %	• Abitibi • (Outaouais, Mauricie, Gaspésie)	Affinerie à Valleyfield, au sud-ouest de Montréal
Oxydes et hydroxydes					
Bauxite	• Mélange de gibbsite, $(Al_2)_3 \cdot 3H_2O$, et de bœhmite, $Al_2O_3 \cdot H_2O$ • 50-75 % Al_2O_3	Aluminium	30 - 50 %	Importation de tout le minerai transformé au Québec des Antilles, d'Amérique du Sud et d'Afrique	Alumineries à Beauharnois, Jonquière, Alma, Grande-Baie, Baie-Comeau, Sept-Îles, Bécancour et Shawinigan
Brucite	• $Mg(OH)_2$	Magnésium	—	(Outaouais)	• Production de concentré de magnésie à 92 % à la mine de la Gatineau (dans le passé) • Transformation du concentré en chlorure de magnésium, puis en magnésium par électrolyse à Arvida (dans le passé)

Chromite	• $(Fe,Mg)Cr_2O_3$ • 33-58 % Cr_2O_3	Chrome	5 - 50 %	*Estrie*	Construction d'une usine de ferro-chrome actuellement envisagée
Hématite	• Fe_2O_3 • 70 % Fe	Fer	30 - 65 %	• Côte-Nord • (Nouveau-Québec)	• Usines de bouletage à Sept-Îles, Pointe-Noire et Port-Cartier • Aciéries à Contrecœur, Tracy, Longueuil et Montréal
Ilménite	• Fe_2TiO_3 • 53 % TiO_2	• TiO_2 • Sous-produits : – fer de refonte – titane	10 - 35 % TiO_2	Lac Tio, près de Havre-Saint-Pierre	Fonderie à Tracy
Magnétite	• Fe_3O_4 • 72 % Fe	Fer	40 - 55 %	• (Outaouais, Laurentides, Côte-Nord)	
Pyrochlore	• $(Ca,Na)_2(Nb,Ta)_2O_6 \bullet (O,OH,F)$ • 23-73 % Nb_2O_5	Niobium	0,5 - 2,5 %	• Saint-Honoré, Saguenay • (Oka près de Montréal)	Production de concentré de pyrochlore à Saint-Honoré
Carbonates					
Dolomite-magnésite	$CaMg(CO_3)_2$-$MgCO_8$	Magnésium	31 % MgO	*Portage-du-Fort*, Outaouais	• Production du magnésium à partir de marbres dolomitiques purs à la frontière de l'Outaouais (usine ontarienne d'Haley)
Silicates					
Serpentine	$Mg_3Si_2O_5 \bullet (OH)_4$	Magnésium	—	• *Estrie*, (résidus des mines d'amiante)	Production d'oxyde de magnésium à partir des résidus des mines d'amiante, à Thetford Mines
Spodumène	• $LiAlSi_2O_6$ • 4-8 % Li_2O	Lithium, Li_2O	1 - 4 %	(Abitibi)	Production du Li_2O à l'usine Lacorne en Abitibi (1955-1965)

* Les lieux d'extraction entre parenthèses indiquent d'anciennes régions productrices. Ceux qui sont en italique indiquent des producteurs potentiels.

Tableau 21.4 Principales caractéristiques des ressources minérales énergétiques (d'après Roumet, 1980; s.a., National Geographic, 1981; Carr et Herz, 1989).

Substance minérale	Composition chimique	Mode de libération de l'énergie	Pouvoir calorifique (MJ/t)[1]	Autres usages	Gisement ou indice au Québec[2]
Gaz naturel	• CH_4(méthane) : 80-95 % du volume • C_2H_6 (éthane) : 2-15 % • C_3H_8 (propane) : 0,4-14 % • C_4H_{10} (butane) : 0,1-8 % • N_2 (azote) : 0,4-14 % • CO_2 : 0,1-10 % • H_2S : tr-15 %	Par combustion (On peut également en séparer l'éthane, le propane et le butane.)	52 733	Transformation en éthylène, produit qui entre dans la fabrication chimique des polymères	• ***Lotbinière*** • ***Lac Saint-Pierre*** • Basses-terres du Saint-Laurent • Gaspésie • Golfe du Saint-Laurent
Tourbe	• C : 55,44 % • H : 6,28 % • N : 1,72 % • O : 36,56 %	Par combustion	14 000	• Au Québec, entièrement exploitée à des fins horticoles et agricoles	• ***Bas-du-Fleuve*** • ***Côte-Nord*** • ***Charlevoix*** • ***Sud-Est du Québec***
Charbon	• Lignite C : 72,95 %; H : 5,24 %; N : 1,31 %; O : 20,50 % • Houille grasse C : 84,24 %; H : 5,55 %; N : 1,52 %; O : 8,69 % • Anthracite C : 93,50 %; H : 2,81 %; N : 0,97 %; O : 2,72 %	Par combustion	• 20 000 • 24 000 • 25 000	—	N'existe pas au Québec
Pétrole	• C : 82,2-87,1 % • H : 11,8-14,7 % • N : 0,1-1,5 % • O : 0,1-4,5 % • S : 0,1-5,5 %	Par combustion	43 000	• Par des procédés pétro-chimiques, possibilité d'en tirer lubrifiants, matières plastiques, textiles et caoutchouc synthétiques, détergents, insecticides et engrais. • Recyclage : partiel	• ***Gaspésie*** • Golfe du Saint-Laurent
Uraninite (pechblende) UO_2	L'uranium est constitué de trois isotopes : ^{238}U : 99,3 % ^{235}U : 0,7 % ^{234}U : 0,005 %	Par fission nucléaire de l'isotope ^{235}U (L'isotope ^{238}U n'est pas directement fissile, mais c'est un matériau fertile qui peut donner du ^{239}Pu fissile par bombardement neutronique.)	300 000 000 (dans un réacteur thermique)	• Densité et comportement pyrophorique de l'uranium appauvri en ^{235}U mis à contribution dans les projectiles destinés à percer les blindages • Uranium et plutonium fissiles recyclables à 99 %	• Laurentides • Charlevoix • Côte-Nord • Baie James • Nouveau-Québec
Eau tiède, eau chaude et vapeur (géothermie)		Captage, par forage, des réservoirs souterrains (Grâce à des turbines, l'énergie de la vapeur peut être transformée sur place en électricité. L'eau chaude et tiède peut être transportée par pipeline et utilisée pour le chauffage.)	• Gisements à haute énergie : grâce à la pression, l'eau peut atteindre 250°C à 350°C ou même plus • Gisements à basse énergie : température de 55°C à plus de 160°C • Gisements à très basse énergie : Température pouvant être aussi basse que 9,5°C	—	Grabens de l'Outaouais, du Saint-Laurent et du Saguenay particulièrement favorables pour des gisements à basse énergie

1. Il s'agit d'une valeur approximative (3,6 MJ = 1 kW•h).
2. Les indices apparaissent en caractères ordinaires alors que les gisements sont en caractères italiques gras.

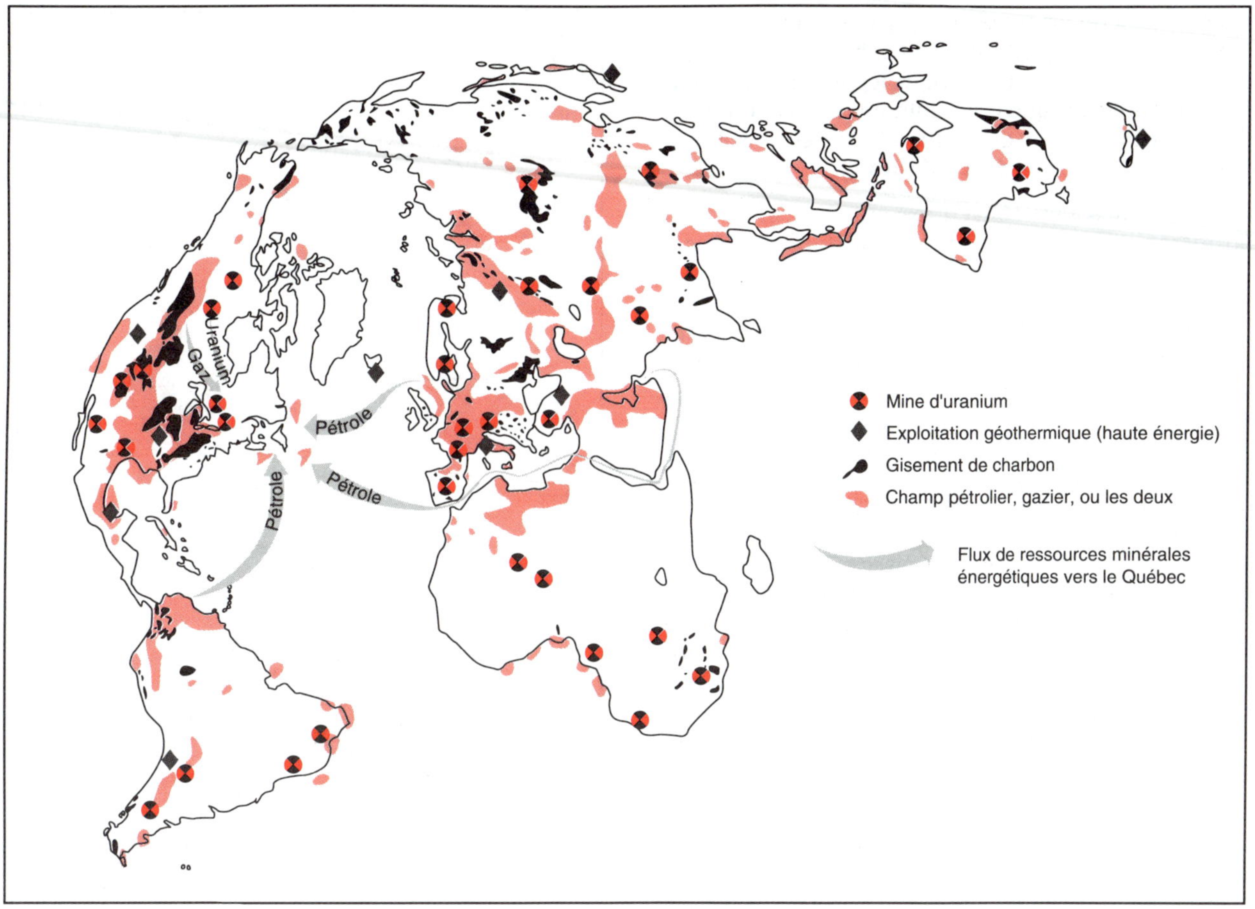

Uranium
Gaz
Pétrole
Pétrole
Pétrole
Mine d'uranium
Exploitation géothermique (haute énergie)
Gisement de charbon
Champ pétrolier, gazier, ou les deux
Flux de ressources minérales énergétiques vers le Québec

Figure 21.3 Répartition mondiale des ressources minérales énergétiques.

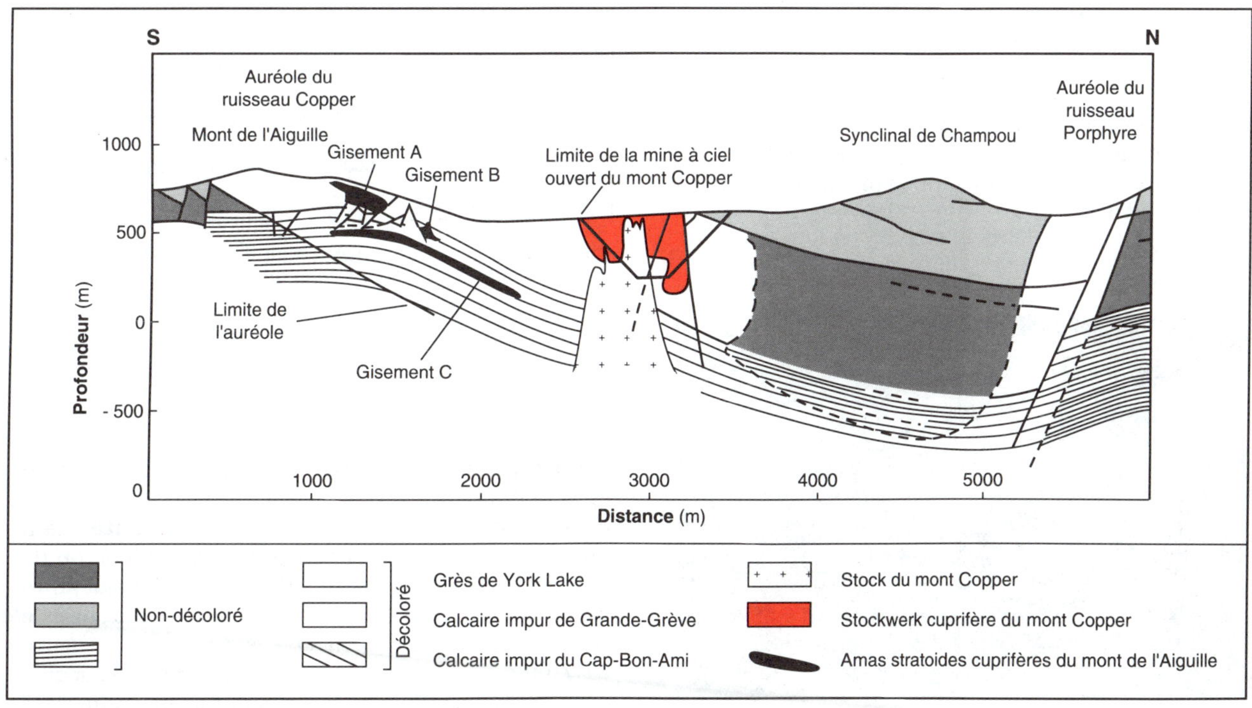

Figure 21.4 Coupe nord-sud de la région de Murdochville, en Gaspésie, montrant les gisements du mont de l'Aiguille (A, B et C) et le gisement entourant l'intrusion granitique (stock) dévonienne du mont Copper (Alcock, 1982, p. 974).

Un gîte minéral présente généralement une morphologie caractéristique. Cette morphologic est d'une grande importance tant pratique (exploration, exploitation), que théorique (détermination des conditions de genèse du gîte). On distingue les gîtes **concordants** (conformes) des gîtes **discordants**.

Une minéralisation concentrée suivant un horizon stratigraphique sera qualifiée de **stratiforme** si elle est strictement concordante et de **stratoïde** (*stratabound*) si elle n'est pas concordante dans le détail tout en étant limitée par l'enveloppe de l'horizon. La figure 21.4 (p. 485) présente une coupe de la région de Murdochville, en Gaspésie, où l'on peut voir des gisements en relation avec une intrusion granitique dévonienne. Les gisements du mont de l'Aiguille ont une teneur en cuivre d'environ 2 % et des proportions relativement modestes alors que le gisement du mont Copper a un fort tonnage (environ 200 Mt) et une plus faible teneur (environ 0,4 % de cuivre). Les gisements du mont de l'Aiguille sont des amas stratoïdes. Ces amas sont le résultat de la substitution métasomatique (allochimique) de calcaires siluro-dévoniens. Ils se sont formés à la périphérie de l'auréole du ruisseau Copper, un halo de roches décolorées par la circulation de solutions hydrothermales. La source thermique de ces solutions hydrothermales pourrait être l'intrusion granitique (stock) du mont Copper.

Le minéral recherché peut se présenter en **disséminations** de grains isolés concentrés en amas plus ou moins réguliers ou être distribué suivant de nombreux filonnets formant un réseau qu'on appelle **stockwerk** (*stockwork*). La minéralisation du mont Copper (fig. 21.4) se présente en stockwerk. Celle des mines d'amiante de Thetford Mines se présente également en stockwerk, comme le montre la figure 21.5.

Un **amas** est une concentration minérale aux contours capricieux (fig. 21.4) alors qu'une **lentille** est un amas circulaire s'amenuisant rapidement en périphérie (fig. 21.6).

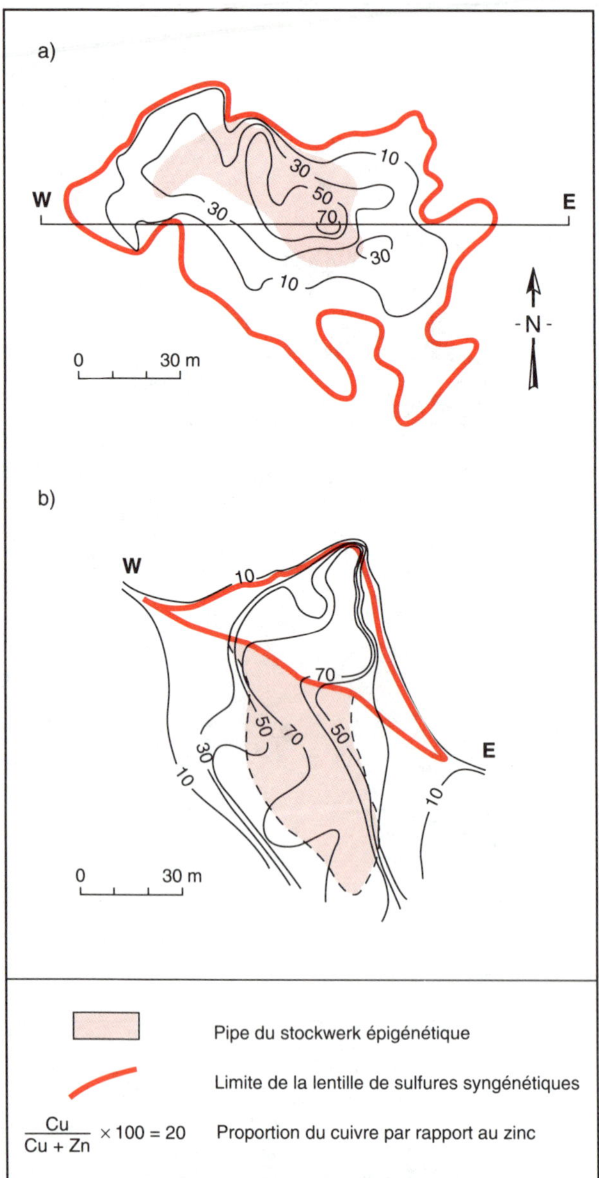

Figure 21.6 Lentille syngénétique et pipe épigénétique à la mine Millenbach de Rouyn-Noranda en Abitibi, Québec. En a), vue en plan; en b), vue en coupe (Knuckey, Comba et Riverin, 1982, p. 270-271).

Figure 21.5 Stockwerk de chrysotile constituant le minerai d'amiante de la région de Thetford Mines, Québec.

Un **filon** ou une **veine** est une concentration épigénétique planaire discordante ou concordante (filon-couche). Le contact du filon, l'**éponte**, sera qualifié de **toit** s'il se situe au-dessus du filon ou de **mur** s'il se situe en dessous (fig. 21.7a). La **salbande** est la zone de transition entre la **caisse filonienne** (le contenu global du filon) et ses épontes. La figure 21.7b montre un filon aurifère de la mine Pascalis, dans la région de Val-d'Or, en Abitibi. On y remarque la carbonatation progressive des épontes. La tourmaline (minéral noir de la caisse filonienne) est

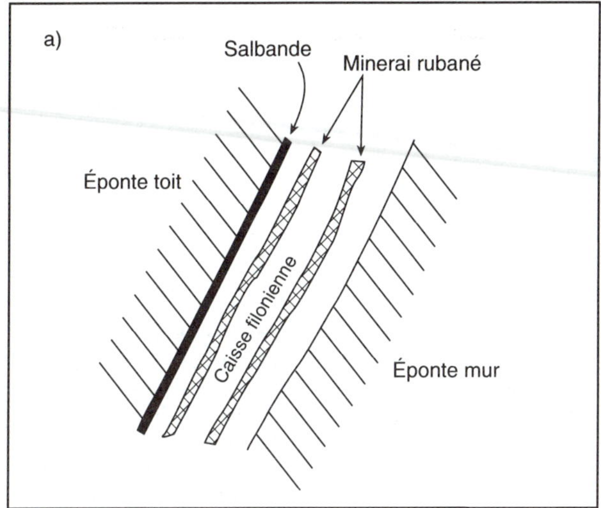

b)

Figure 21.7 Filon. En a), coupe transversale schématique d'un filon (Routhier, 1963,1282 p.). En b), filon aurifère de la mine Pascalis, région de Val-d'Or, Abitibi. (Photographie : André Gaumond, Gestion Corpomine inc.)

caractéristique des filons aurifères de l'Abitibi. L'encadré 21.2 traite de la prospection de l'or.

D'autres concentrations épigénétiques sont définies par des formes imagées. Ainsi, la forme de la pipe (fig. 21.6) s'inspire du fourneau de la pipe plutôt que de son tuyau. Ces pipes peuvent être en forme de béret, de dôme, de champignon ou de cylindre creux. Les **cheminées** et les **colonnes** désignent des corps minéralisés subverticaux de forme tubulaire à section subcirculaire ou ovoïde. Enfin, les **mantos** latino-américains sont des amas tubulaires horizontaux à section ovoïde.

Les notions qui précèdent concernent essentiellement les substances minérales solides. Pour les gaz et les liquides, on utilisera également les termes de réservoir et de piège. Pour les hydrocarbures, ce **réservoir** pourra être dans la **roche mère**, au sein de laquelle ils se sont formés, ou dans une **roche magasin,** s'ils y ont été transportés, depuis leur lieu de formation, au travers de roches poreuses ou fracturées. Une couche imperméable empêche l'ascension du fluide : c'est le **piège.** Il peut être de nature structurale (faille, dôme, anticlinal, etc.), lithologique (récif) ou hydrodynamique (fig. 21.8). Au Québec, les réservoirs pétroliers de Gaspésie sont des anticlinaux faillés (types a et b combinés) tandis que les gisements de gaz naturel du Lac Saint-Pierre sont de type f. Pour leur part, les réservoirs de gaz naturel de la région de Lotbinière, près de Québec, s'apparentent au type d. En effet à la faveur des chevauchements du front montagneux appalachien, les roches gazéifères des basses-terres du Saint-Laurent sont enfouies sous des roches imperméables des Appalaches. Enfin, les dômes de sel des Îles-de-la-Madeleine suggèrent la présence de pièges de type c sous le golfe du Saint-Laurent.

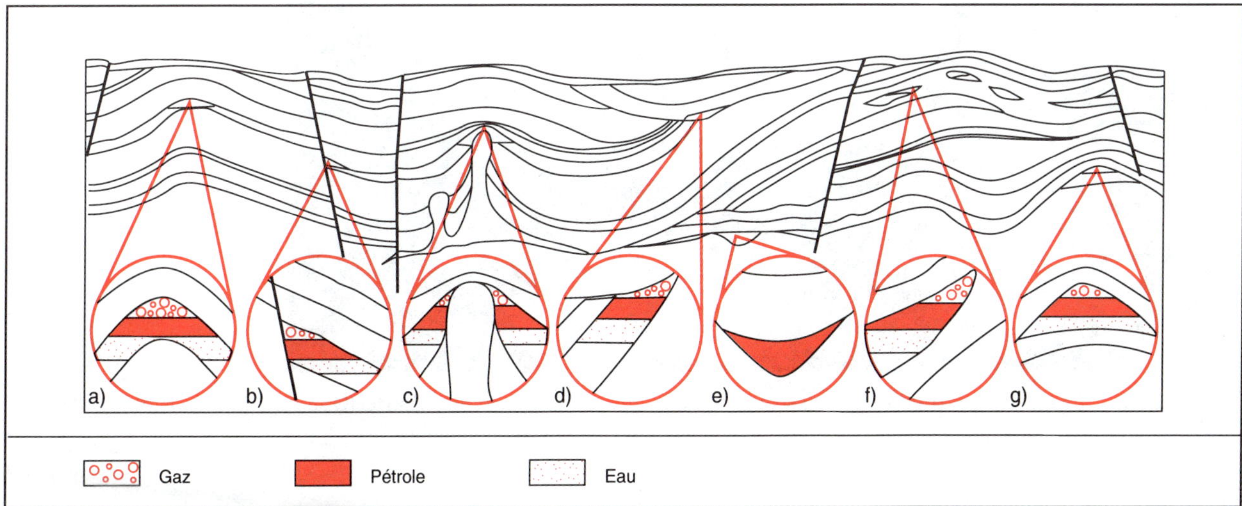

Figure 21.8 Illustration de différents pièges à hydrocarbures. En a), anticlinaux, qui contiennent 80 à 90 % des réserves certaines; en b), failles; en c), dômes de sel; en d), discordances stratigraphiques; en e), fissures d'une roche de soubassement; en f), lentilles de sable; en g), récifs. Dans ces pièges, l'eau, le pétrole et le gaz s'accumulent en couches superposées suivant leur densité respective (Roumet, 1980, p. 66).

ENCADRÉ 21.1

L'OR

L'or a toujours exercé un grand attrait sur les humains. Autrefois, le seul fait de prononcer ce mot amenait les plus aventureux à plier bagages et à tout quitter pour se lancer à sa recherche. En 1849, plus de 80 000 personnes se rendirent en Californie où l'on avait trouvé de l'or l'année précédente. En 1858, ce fut la Colombie-Britannique qui attira 25 000 prospecteurs venus écumer le lit de la rivière Fraser. L'année suivante, c'est le Colorado qui fut envahi. En Amérique du Nord, la dernière grande ruée vers l'or a eu lieu en 1897, au Yukon et en Alaska. Quoique de telles ruées soient maintenant choses du passé dans les pays développés, il y en a toujours dans les pays en voie de développement. C'est ainsi qu'actuellement des prospecteurs, par milliers, ratissent l'Amazonie et certaines régions de l'Afrique et de l'Asie.

L'or est un métal inaltérable mais très ductile et malléable. On le trouve à l'état natif, soit dans les roches mères ou mêlé à des alluvions. Dans les roches mères, l'or se présente en masses informes prises dans une gangue de quartz ou de sulfures. Dans les alluvions, on l'extrait sous forme de poussière, de paillettes (fines lames), ou de masses plus ou moins émoussées, les **pépites**. L'exploitation artisanale d'alluvions aurifères, les **placers**, s'appelle l'orpaillage et celui qui le pratique est un orpailleur.

Les pépites pèsent généralement entre quelques grammes et quelques décigrammes. Cependant, certaines dépassent la dizaine de kilogrammes[1]. La plus grosse pépite d'origine californienne connue serait *Carson Hill*, d'une masse de 40,38 kg. Quant à la pépite de Beyers et Holterman, trouvée en 1872 à Hill End, en Australie, elle pesait 235 kg et mesurait 1,42 m, record absolu. Il semble qu'elle fut découverte au pied d'un filon, et sans doute n'était-elle pas d'origine alluviale.

Au Québec, c'est en Beauce que l'on a trouvé les plus riches placers aurifères. En 1834, deux pépites trouvées dans la rivière Gilbert pesaient respectivement 1280 g et 1190 g. De cette même rivière, selon les annales du ministère de l'Énergie et des Ressources, la compagnie Beauce Placer a extrait en 1961, environ 124 110 g d'or et 1810 g d'argent. En Estrie, dans le lit du ruisseau Mining, entre La Patrie et Chartierville, on signale avoir extrait de l'or pour une valeur de 500 000 $ entre 1891 et 1893. De 1875 à 1900, le prix moyen de l'or était de 18,84 $US l'once. La figure 1 montre des pépites trouvées dans le ruisseau Mining.

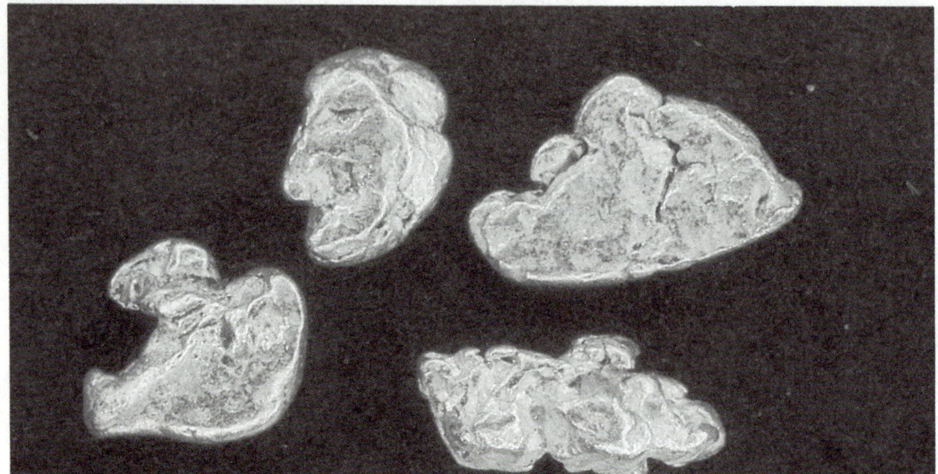

0 0,5 cm

Figure 1 Pépites d'or extraites du ruisseau Mining, près de Chartierville, Estrie (Québec). (Photographie : Jean Bernard.)

1. Information tirée de la revue publiée par la compagnie pétrolière française TOTAL, 1987, n° 106. Ce numéro, entièrement consacré à l'or, est superbement illustré.

Figure 2 Différentes batées. Au centre (haut), batées en plastique avec saillies ou rainures sur une moitié seulement du bord; à droite, grande batée ou *pan* californien, à fond plat et dont la partie centrale du bord est ceinturée de saillies; à gauche, batée concave, en bois, employée en Malaisie; au centre (bas), grande batée conique en forme de chapeau chinois et, à droite, petite batée à fond plat et bord lisse.

Figure 3 Drague à sluice en opération dans un cours d'eau, en Estrie (Québec).

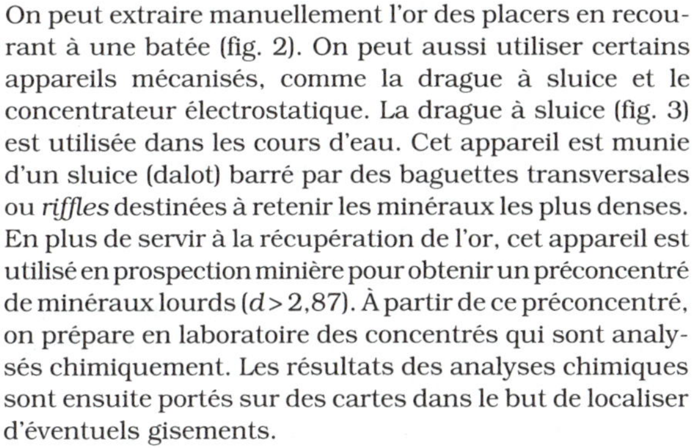

On peut extraire manuellement l'or des placers en recourant à une batée (fig. 2). On peut aussi utiliser certains appareils mécanisés, comme la drague à sluice et le concentrateur électrostatique. La drague à sluice (fig. 3) est utilisée dans les cours d'eau. Cet appareil est munie d'un sluice (dalot) barré par des baguettes transversales ou *riffles* destinées à retenir les minéraux les plus denses. En plus de servir à la récupération de l'or, cet appareil est utilisé en prospection minière pour obtenir un préconcentré de minéraux lourds ($d > 2,87$). À partir de ce préconcentré, on prépare en laboratoire des concentrés qui sont analysés chimiquement. Les résultats des analyses chimiques sont ensuite portés sur des cartes dans le but de localiser d'éventuels gisements.

En outre, le prélèvement de l'or s'effectue par succion, ce qui permet ainsi l'échantillonnage des couches profondes d'un placer. Le concentrateur électrostatique (fig. 4) est principalement conçu pour les régions arides. Il permet l'échantillonnage à sec des oueds, des sols latéritiques, des termitières, des dunes, etc. Cet appareil fait appel à l'action combinée de l'électricité statique, de la gravité, de la vibration et de jets d'air pour capter les minéraux lourds. En Afrique, on l'a aussi utilisé pour l'échantillonnage des termitières, monticules formés des matériaux que les termites remontent des profondeurs du sol (plusieurs dizaines de mètres) en creusant leurs galeries. On obtient ainsi, indirectement, un échantillon représentatif des couches profondes du terrain, ce qui présente un grand intérêt pour la prospection minière dans les régions tropicales.

À la surface de la Terre, les paillettes et les pépites peuvent persister très longtemps, mais leur morphologie change rapidement au cours du transport au contact des matériaux rocheux qui sont déplacés avec elles. Ainsi, dans le lit d'un cours d'eau, la taille des paillettes décroît de l'amont vers l'aval, leur aplatissement s'accroît et des formes nouvelles apparaissent. C'est le cas des stries dues au frottement de l'or sur d'autres particules, ou des retournements de lames d'or devenues trop minces.

Figure 4 Échantillonnage d'un oued (cours d'eau temporaire) avec le concentrateur électrostatique.

Dans les régions englacées au Quaternaire, les paillettes et les pépites d'or se trouvent dans le till. Elles changent de forme et de taille en fonction de la distance du transport glaciaire. L'évaluation de ce paramètre est un critère important pour la prospection.

21.3 LE CADRE GÉODYNAMIQUE DES GÎTES MINÉRAUX

Comme l'illustrent les figures 21.1, 21.2 et 21.3, les concentrations de substances minérales utiles ne se présentent pas de façon homogène dans l'écorce terrestre. En effet, un processus géologique donné concentrera telle substance plutôt que telle autre ou, encore, présentera la substance minérale sous une forme plus facile à mettre en valeur que telle autre. Ainsi, au cours de la ségrégation magmatique, le nickel précipite très tôt. C'est donc dans les roches ultramafiques que l'on ira chercher ce métal. C'est ce qu'illustre le tableau 21.5. Cependant, étant lié à la silice de l'olivine, il sera difficile à extraire, à moins que du soufre ne soit assimilé par le magma et que tout le nickel ne vienne se concentrer dans un magma sulfuré, nouveau et immiscible, qui donnera de la pentlandite au moment de sa cristallisation.

Un processus géologique donnera ainsi naissance à une concentration minérale utile. Ici, la différenciation magmatique d'un complexe igné lité donne naissance à des lentilles de sulfures riches en pentlandite. Du chrome et du platine peuvent également se cristalliser au tout début de la différenciation magmatique (tableau 21.5). Le chrome se présente sous l'aspect d'un oxyde : la chromite. Si rien de particulier ne survient durant la cristallisation fractionnée, la chromite précipite au milieu des grains d'olivine. Dans ce cas, la concentration de chromite ne peut jamais atteindre une valeur économique. Mais si le magma est soudainement contaminé par de la silice provenant d'une source extérieure (l'assimilation d'un bloc du toit de la chambre magmatique, par exemple), il libère brutalement, par démixtion, de la chromite, et retrouve sa composition normale. Une couche de chromitite résulte de cette soudaine sursaturation du magma.

De son côté, le platine présent dans la soupe magmatique précipite au même moment, piégé par les grains de chromite ou de sulfures. Ainsi donc, dans les roches ultramafiques, situées à la base d'un complexe igné lité peuvent se côtoyer des gisements de nickel, sous la forme de lentilles de sulfures, des gisements de chromite, en strates, et des gisements de platine, associés aux deux métaux précédents.

Comme le montre le tableau 21.5, d'autres substances utiles sont concentrées plus tard au cours de la différenciation magmatique. Ce peut être de la magnétite titanifère et vanadinifère dans les couches d'anorthosite susjacentes et de l'étain dans les granitoïdes altérés par les fluides de fin de cristallisation. Le complexe igné lité du Bushveld, en Afrique du Sud, illustre à merveille cette même filiation de concentrations minérales variées. C'est cette logique que nous suivons dans le tableau 21.5. Nous la suivons également dans les tableaux 21.6 à 21.9. Ainsi, au tableau 21.6 (p. 492), nous résumons tout ce que l'eau chaude (« hydro » et « thermal ») peut laisser comme dépôt derrière son passage. Ces dépôts hydrothermaux peuvent subsister au voisinage de la source de chaleur génératrice, comme c'est le cas à Murdochville, en Gaspésie (fig. 21.4), ou encore venir se loger dans une faille comme c'est le cas à la mine Pascalis, en Abitibi (fig. 21.7b).

Le tableau 21.7 (p. 494) montre tout ce que peut engendrer la météorisation d'une roche. Les minéraux stables sont préservés et libérés de leur gangue tandis que de nouveaux minéraux se forment. Ces nouvelles présentations minéralogiques peuvent faciliter l'extraction d'un métal. C'est ainsi que le nickel piégé dans l'olivine, un silicate réfractaire, est transféré dans la garniérite, une serpentinite dont le nickel peut aisément être extrait.

Le tableau 21.8 (p. 496) résume tout ce que l'eau de surface peut charier et déposer. Ce transport peut se faire en solution, en suspension, par traction, par roulement ou par saltation. Les minéraux se déposent lorsque le courant perd de son énergie ou lorsque l'eau devient sursaturée en sels dissous. Le vent et les glaces peuvent également jouer un rôle dans ce type de concentration métallifère.

Le tableau 21.9 (p. 498) regroupe les gîtes minéraux qui se forment lorsque les roches sédimentaires connaissent une première maturation lors de leur enfouissement : la diagenèse. Les gisements de pétrole et de gaz naturel se rangent dans cette catégorie. Pour que cette suite soit complète, nous devrions y joindre un dernier tableau qui synthétiserait les effets du métamorphisme.

L'enchaînement des tableaux 21.5 à 21.9 suit la progression du cycle de formation des roches (revoir la figure 7.9) depuis la cristallisation d'un magma jusqu'à la formation d'un nouveau magma durant le métamorphisme en passant par des processus endogènes moins profonds, comme la diagenèse ou la circulation d'eau chaude sous un volcan, et exogène, comme la météorisation et la sédimentation.

Dans les tableaux 21.5 à 21.9, nous avons pris soin de présenter les principaux contrôles de la minéralisation, les **métallotectes**, que peuvent être les roches hôtes ou les structures hôtes. Les métallotectes sont les guides à utiliser en prospection.

Il faut entendre par **métallotecte** tout objet géologique lié à la lithologie, à la paléogéographie, à la structure, à la géochimie, etc. qui a (ou semble avoir) contribué à l'édification d'une concentration minérale[5].

5. Cette définition est tirée de l'ouvrage de P. Routhier, *Où sont les métaux pour l'avenir ?*, 1980.

Tableau 21.5 Principaux métallotectes des gîtes magmatiques.

PROCESSUS GÉOLOGIQUE : CRISTALLISATION D'UN MAGMA				
Métallotectes lithologiques	**Association métallifère**	**Type de gîte**	**Exemples**	
Gabbros et péridotites	Chrome – (platinoïdes)	Chromite en lits dans un complexe igné lité	Cr	Lac des Montagnes, Baie-James, (Québec) Brésil (Campo Formoso et Jacurici)
			Cr – Pt, Pd	Chromitite UG2 du Bushveld (Afr. du Sud)
		Chromite en amas dans un complexe ophiolitique	Cr	Nouvelle-Calédonie Thetford Mines, Estrie, (Québec)
			Cr – Pt, Pd	Acoje, Philippines
	Nickel – cuivre – (platinoïdes)	Sulfures massifs dans des intrusions essentiellement ultramafiques	Ni – Cu – (Pt –Pd)	Katiniq, Nouveau-Québec (Québec)
			Ni – Cu	Lac Renzy, Outaouais, (Québec)
		Sulfures massifs à disséminés dans des intrusions mafiques-ultramafiques	Ni – Cu	Lac Édouard, Mauricie, (Québec)
			Pd – Pt – (Ni – Cu)	Delta, Nouveau-Québec (Québec)
		Sulfures massifs liés à des volcanites ultramafiques	Ni	Lamothe, Abitibi (Québec)
Anorthosites et gabbros	Fer – titane – (vanadium – chrome – phosphore)	Magnétite titanifère en lits dans un complexe igné lité	Fe – Ti – V	Lac Doré, Chibougamau (Québec)
		Magnétite titanifère en amas dans un batholite	Fe – Ti – V – Cr	Rivière Magpie, Moyenne-Côte-Nord (Québec)
		Ilméno-hématite (rutile, apatite) en amas dans un batholite	Ti – Fe – P	Lac Tio, Moyenne-Côte-Nord (Québec)
Roches alcalines et carbonatites	Niobium – tantale – zirconium – terres rares – (cuivre – fer – phosphore – vermiculite, néphéline)	Pyrochlore disséminé dans une carbonatite	Nb, Ta, terres rares	Oka (Québec) Saint-Honoré, Saguenay, (Québec) Araxá, Brésil
		Granites, syénites, pegmatites d'affinité alcaline	Ta	Crevier, Lac-Saint-Jean (Québec)
			Zr, terres rares	Lac-Brisson, Nouveau-Québec (Québec–Terre-Neuve)
Kimberlites, lamproïtes	Diamant	Diamant disséminé dans la matrice de pipes de kimberlite ou de lamproïte		Côte-d'Ivoire, Afrique du Sud, Australie
Pegmatites	Lithium, béryllium, étain, tantale, niobium, uranium	Sous forme de silicates ou d'oxydes grossièrement cristallisés (Certaines pegmatites peuvent être zonées.)	Li Be	Lacorne, Abitibi (Québec)
			Sn	Manono, Zaïre
			Ta – Nb	Madagascar
			U	Mont-Laurier, Laurentides, (Québec)

Tableau 21.6 Principaux métallotectes des gîtes hydrothermaux.

PROCESSUS GÉOLOGIQUE : CIRCULATION DE FLUIDES HYDROTHERMAUX					
Métallotectes lithologiques ou structuraux		**Association métallifère**	**Type de gîte**	**Exemples**	
Concentrations métallifères formées dans la lithosphère (endogènes)					
Métallotecte magmatique prépondérant (enraciné ou à la périphérie de l'intrusion ayant engendré l'activité hydrothermale)		Étain – tungstène – molybdène – bismuth – argent – (zinc – arsenic – cuivre)	Disséminations dans des granites greisenisés	Sn	Massif Central, France Tchécoslovaquie
			Dissémination dans des intrusions hypoabyssales (subvolcaniques)	Sn – Ag	Potosi, Bolivie
				W – Mo – Sn – Bi – Zn	Mount Pleasant (Nouveau-Brunswick)
		Cuivre – molybdène – (or)	Disséminations, principalement en stockwerk, dans des intrusions hypoabyssales	Mo	Henderson (Colorado)
				Cu	El Teniente, Chili
				Cu – Mo	Chuquicamata, Chili Mont Copper, Gaspésie (Québec)
				Cu – Au	Lac Frotet, Baie-James (Québec)
		Béryllium – uranium – étain – fluor	Disséminations liées à des volcanites et des intrusions hypoabyssales riches en fluor	Be	Spor Mountain (Utah)
		Molybdène – cuivre – plomb – zinc – manganèse – (bismuth)	En filons périplutoniques	Mo – Bi	Lacorne (Québec)
				Cu, Zn – Pb, Mn	Massifs Hercyniens Européens Gaspésie et Estrie (Québec)
Métallotecte structural prépondérant (lié étroitement à un piège structural sans lien direct avec une intrusion)	Ductile	Or – argent – (cuivre – zinc – plomb)	Disséminations et amas semi-massifs dans la mésozone	Au	Doyon-Bousquet, Abitibi
			Disséminations et amas semi-massifs dans la catazone	Au, Ag, Zn, Pb, Cu	Montauban, Mauricie (Québec)
	Ductile à fragile (tributaire du niveau structural)	Or – argent	Disséminations en stockwerk de grande extension dans la mésozone	Au	Morro do Ouro, Brésil Muruntau, Ouzbekistan
			Filons développés dans la mésozone	Au	Sigma, Val-d'Or, Abitibi
				Au, Ag, As	Salsigne, France
			Filons recoupant des appareils volcaniques (épizone)	Au, Ag	El Indio, Chili
				Ag, Au	Pachuca, Mexique
		Cuivre – or	Filons développés dans la mésozone	Cu – Au	Chibougamau
		Fluor – plomb – zinc – (argent – germanium)	Filons développés dans la mésozone	F	El Hammam, Maroc
				Pb – Zn – Ag	J. Aouan, Maroc
				Zn, Pb, Ge	Saint-Salvy, France
		Antimoine – mercure	Filons développés dans l'épizone	Sb	Massif Central, France Québec Antimoine, Estrie (Québec)
				Hg – Sb	Coast Range (Californie)
		Cobalt – arsenic	Filons développés dans l'épizone	Co – As	Bou Azzer, Maroc
	Fragile, en extension	Argent – cobalt – uranium – (arsenic – nickel – cuivre – bismuth)	Filons développés dans la mésozone	Ag – Co	Cobalt (Ontario) Lac Témiscamingue (Québec)

		Fluor – baryum – plomb – zinc	Filons développés dans la mésozone et l'épizone	Ba – Pb – Zn	Saint-Fabien, Bas-du-fleuve (Québec)
				F – Ba	Outaouais (Québec)
Métallotecte métasomatique prépondérant (lié étroitement au remplacement d'une lithologie)	En contact avec l'intrusion ayant généré l'activité hydrothermale (pyrométasomatique)	Tungstène – molybdène –béryllium – étain – cuivre	Disséminations et amas dans des roches calco-silicatées (« skarn »)	W	Salau, France
				Mo – W	Azegour, Maroc
				Cu – Mo – W	Mont-de-l'Aiguille, Gaspésie (Québec)
		Fer	Disséminations et amas dans des roches calco-silicatées (« skarn »)	Fe	Marmora (Ontario)
		Plomb – zinc – argent – cuivre – étain – tungstène	Disséminations et amas dans des roches calco-silicatées (« skarn »)	Zn – Pb – Ag – Cu – W	San Martin, Mexique
	Sans liaison directe avec une intrusion	Plomb – zinc – argent – étain – tungstène	En filons et en amas dans des calcaires	Zn – Pb – Ag – Sn	Santa Eulalia, Mexique
		Or – argent – arsenic – antimoine – mercure – thallium	Disséminations dans des shales noirs calcareux	Au	Carlin (Nevada)
				Ag – Au – Zn – Pb	Real de Angeles, Mexique
	Métallotecte structural important, sans liaison avec une intrusion	Or – argent – cobalt – arsenic – (cuivre – nickel – zinc – mercure)	Disséminations dans des péridotites carbonatisées (« listwaenites »)	Au, Hg, As	McLaughlin (Californie)
				Cu – Ni – Co – Au – (Zn – Ag)	Eastern Metals, Bellechasse (Québec)
		Or – argent – arsenic	Disséminations dans des formations de fer	Au	Agnico-Eagle, Abitibi (Québec)
Concentrations métallifères formées à la surface de la lithosphère (exogènes)					
Exhalaison dans un environnement volcanique ou volcano-sédimentaire		Cuivre – zinc – plomb	Amas sulfuré et stockwerk dans une séquence volcanique bimodale (felsique-mafique)	Cu – Zn – Pb	Millenbach, Noranda (Québec)
			Amas sulfuré et stockwerk dans les volcanites mafiques d'ophiolites	Cu – (Au)	Oman Huntington, Estrie (Québec)
			Amas sulfuré et lits ferro-manganésifères dans une séquence volcano-sédimentaire	Zn – Cu – Pb	Ceinture sud-ibérique, Sherbrooke, Estrie (Québec)
		Étain – tungstène	Amas sulfuré stannifères dans une séquence volcano-sédimentaire	Sn – Cu – Zn – (Sb – As)	Memphrémagog, Estrie (Québec) Kidd Creek (Ontario)
			Scheelite disséminée dans des métasédiments siliceux associés à des métavolcanites	W – (Mo – Bi – Be)	Felbertal, Autriche
		Fer – manganèse	Oxydes, silicates et carbonates interlités dans une séquence volcano-sédimentaire	Fe	Grande-Baleine (Québec) Abitibi
				Mn	Ceinture sud-ibérique, Memphrémagog, Estrie (Québec)
Exhalaison dans un environnement sédimentaire		Plomb – zinc – barytine	Sulfures massifs à semi-massifs et lits à barytine ou ferrifères dans des carbonates	Ba – Zn – Pb	Upton, Estrie (Québec)
				Zn – Pb – Fe	Tynagh, Irlande
			Sulfures massifs à semi-massifs et lits à barytine dans des shales	Zn – Pb – Ba	Champagne, Bellechasse (Québec) Sullivan (Colombie-Britannique)
		Cuivre – nickel – cobalt – zinc – or – argent	Sulfures massifs à semi-massifs au contact de shales noirs et de péridotites ophiolitiques	Cu – Co – Zn – (Au – Ag – Ni)	Outokumpu, Finlande
				Cu – Ni – Co – Zn – (Au – Ag)	Eastern Metals, Bellechasse (Québec)

Tableau 21.7 Principaux métallotectes des gîtes liés à la météorisation.

PROCESSUS GÉOLOGIQUE : MÉTÉORISATION				
Métallotectes lithologiques ou structuraux primaires	**Association métallifère**	**Type de gîte**	**Exemples**	
Concentrations résiduelles de minéraux économiques stables dans un régolithe développé sous conditions tropicales humides à partir d'un protolite présentant une préconcentration métallifère				
Dunite, péridotite	Chrome – (platinoïdes – or)	Chromite concentrée dans une latérite développée sur une roche ultramafique	Cr	Grand dyke du Zimbabwe
Gabbro, volcanites mafiques	Fer – titane	Ilménite, hémo-ilménite, magnétite concentrées dans un régolithe développé sur une roche ignée mafique	Ti – Fe	Sanin, Japon
Carbonatite et roches alcalines	Niobium – tantale – zirconium – terre rares	Pyrochlore disséminé dans un régolithe développé sur une carbonatite	Nb	Araxá, Brésil
Pegmatite, granite	Étain – niobium – tantale	Cassitérite, colombo-tantalite concentrées dans le régolithe d'une pegmatite	Sn	Manono, Zaïre
Formation de fer, amas sulfuré primaire, shale noir	Or	Or libéré par la dissolution d'un protolite aurifère	Au	Serra Pelada, Amazonie, Brésil
Concentrations résiduelles de minéraux économiques néoformés et stables qui résultent de la dissolution, en climat tropical humide, d'un protolite présentant une préconcentration métallifère plus ou moins poussée				
Dunite, péridotite	Nickel – manganèse – cobalt – fer – aluminium	Garniérite et hydrosilicates ferreux liés à des latérites alumineuses et ferrifères développées sur roche ultramafique (cobalt associé au manganèse sous forme d'asbolite)	Ni	Niquelandia, Brésil
			Ni – Mn – Co – Cr	Nouvelle-Calédonie
Basalte, gabbro et amphibolite	Aluminium – fer	Carapace de bauxite reposant sur une roche mafique	Al – (Fe)	Clareira, Brésil
Syénite à néphéline, syénite, phonolite et anorthosite	Aluminium – fer	Carapace de bauxite reposant sur une syénite ou une anorthosite	Al	îles-de-Los, Guinée-Conakry
Schistes, marbres, gneiss, migmatites, granulites, charnockite	Aluminium – fer – manganèse	Carapace de bauxite formée sur roches métamorphiques riches en alumino-silicates	Al	Bihar, Indes
		Concentrations de manganite et de psilomélane développées sur quartzites et schistes à spessartite ou rhodonite, ou sur des marbres à carbonates manganésifères	Mn	Lafaiete, Brésil Mokta, Côte-d'Ivoire
Gîtes de fer et/ou de manganèse primaires	Fer – manganèse	Concentrations de manganite et de psilomélane formées sur des shales pyriteux à intercalations de carbonates de manganèse (rhodocrosite et kutnahorite)	Mn	Azul, Amazonie, Brésil Moanda, Gabon
		Concentrations d'hématite, de gœthite, de manganite et de psilomélane développées sur une itabirite (« formation de fer rubanée »)	Fe – Mn	Schefferville, Labrador (Québec) Quadrilatero Ferrifero, Brésil
Concentrations résiduelles (supergènes) de minéraux économiques néoformés et stables qui résultent de la dissolution et de l'oxydation, en climat tempéré ou désertique, d'un protolite sulfuré				
Dissolution et oxydation au-dessus du niveau de la nappe phréatique				
Filons, amas et disséminations de minerais sulfurés	Cuivre – plomb – zinc – argent	Till cimenté par des carbonates, des oxydes et des sulfates reposant sur un amas sulfuré	Cu	Icon, Lac-Mistassini (Québec)
		Couverture d'oxydes, de carbonates et de silicates reposant sur un amas sulfuré en climat désertique ou subdésertique	Cu Zn – Pb – Ag Ag – Zn – Pb	Chuquicamata, Chili Charcas, Mexique Fresnillo, Zacatecas, Mexique
Imbibition et cémentation au niveau de la nappe phréatique (milieu réducteur)				
Filons, amas et disséminations de minerais sulfurés	Cuivre – plomb – zinc – argent	« Chapeau de fer » à limonite, gœthite, métaux natifs et sulfures à forte proportion métallique reposant sur un amas sulfuré	Cu	Henderson, Chibougamau (Québec)
			Ag	Potosi, Bolivie

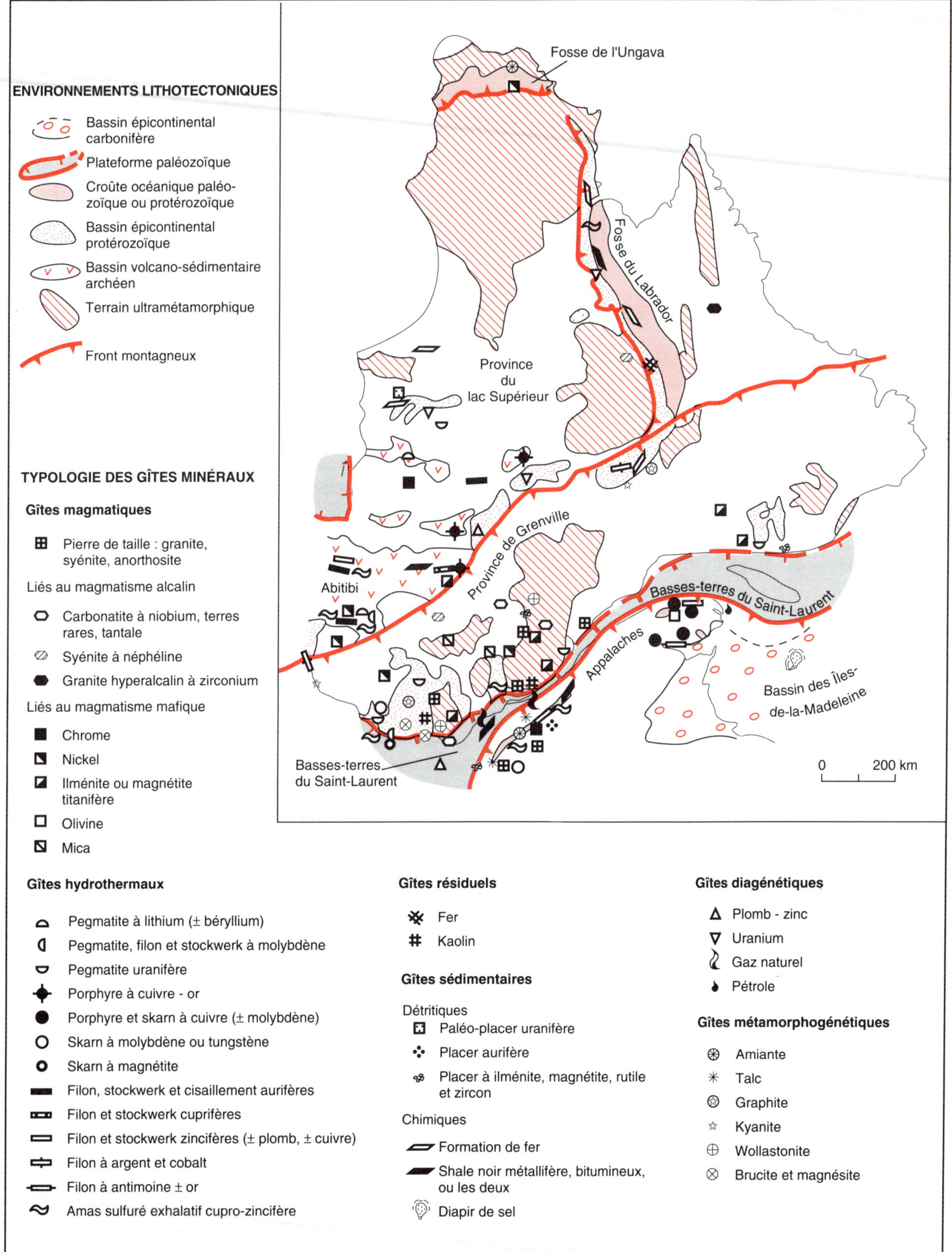

Figure 21.9 Esquisse des provinces métallogéniques et de la typologie des gîtes minéraux du Québec. (Voir le chapitre 23 pour plus d'information sur les provinces géologiques du Québec.)

Tableau 21.8 Principaux métallotectes des gîtes sédimentaires.

Métallotectes lithologiques	Association métallifère	Type de gîte	Exemples	
PROCESSUS GÉOLOGIQUE : DISPERSION GLACIAIRE DE CONCENTRATIONS MÉTALLIFÈRES PRÉEXISTANTES				
Till	Cuivre – étain – or – diamant	Minéraux économiques et fragments de minerais dispersés dans des tills	Cu	Kennecott, Alaska
			Sn	El Rodeo, Bolivie
			Au	Mine Doyon, Abitibi (Québec)
			Diamant	Wisconsin (Michigan)
Till remanié et dépôts fluvio-glaciaires	Or – platinoïdes – étain – titane – zirconium	Placers alluviaux provenant du remaniement, par ruissellement, de tills porteurs de minéraux économiques et de fragments de minerai	Au	Coaticook, Estrie (Québec)
		Placers alluviaux préglaciaires recouverts, et localement remaniés, par des dépôts glaciaires et fluvio-glaciaires	Au	Rivière Gilbert, Beauce (Québec)
			Au, Pt	Rivière des Plantes, Beauce (Québec)
PROCESSUS GÉOLOGIQUE : CONCENTRATION PAR GRAVITÉ DE MINÉRAUX ÉCONOMIQUES RÉSISTANTS À LA MÉTÉORISATION				
Talus de débris	Béryllium – étain – chrome – or – platinoïdes – tungstène – diamant	Placers éluviaux résultant d'une soustraction de particules fines et légères	Sn	Zaïre, Vietnam
			Cr	Nouvelle-Calédonie
			Au	Nicaragua
			Pt	Choco, Colombie
Dunes	Or – diamant – étain	Placers éoliens formés par soustraction de particules fines et légères	Au	El Arco, Baja California, Mexique
			Sn	Aïr, Niger
			Diamant	Namibie
Alluvions fluviales et deltaïques localement remaniées par les vagues et les courants marins	Étain – chrome – or – platinoïde – fer – titane – terres rares – niobium – tantale – uranium – diamant	Placers alluviaux, généralement non consolidés, à cassitérite, chromite, or, platinoïdes, magnétite, ilménite, rutile, colombite, monazite, wolframite et diamant	Sn	Malaisie
			Cr	Nouvelle-Calédonie
			Au	Brésil, Zaïre
			Pt	Chòco, Colombie Oural, Russie
			Fe – Ti (ilménite, magnétite)	Delta de la Peribonka, Lac-St-Jean (Québec)
			Diamant	Kasaï, Zaïre Minas Gerais, Brésil
		Placers alluviaux consolidés à or, platinoïdes, uraninite, brannérite et pyrite (les plus importants sont précambriens)	Au – U	Jacobina, Brésil Witwatersrand, Afrique du Sud
			U	Lac Sakami, Baie-James (Québec) Elliot Lake (Ontario)
Plages	Étain – chrome – or – platinoïdes – fer – titane – zirconium – terres rares – diamant	Placers marins à cassitérite, chromite, or, platinoïdes, magnétite, ilménite, rutile, monazite, zircon et diamant	Sn	Bretagne, France Malaisie
			Cr	Nouvelle-Calédonie
			Au	Nome (Alaska)
			Pt	Goodnews Bay (Alaska)
			Fe – Ti (ilménite, magnétite)	Natashquan, Basse-Côte-Nord (Québec)

			Ti – Zr – Terres rares	Fort-Dauphin, Madagascar Sutton, Estrie (Québec)
			Diamant	Namibie
PROCESSUS GÉOLOGIQUE : CONCENTRATION PAR DÉCANTATION DE MINÉRAUX ÉCONOMIQUES TRANSPORTÉS EN SUSPENSION				
Sédiments lacustres ou intrakarstiques	Aluminium – fer – nickel	Lits de bauxite dans des sédiments lacustres	Al	Tikhvin, Leningrad, Russie Brignoles, Provence, France
		Amas de bauxite ou d'oxydes et d'hydroxydes de nickel déposés dans des karsts	Al	Haïti Provence, France
			Ni	Nouvelle-Calédonie
PROCESSUS GÉOLOGIQUE : CONCENTRATION DE MINÉRAUX ÉCONOMIQUES PAR PRÉCIPITATION				
Sédiments pélagiques	Manganèse – cobalt – cuivre – nickel – molybdène	Nodules d'oxydes et d'hydroxydes de manganèse formés sur les fonds océaniques	Mn – Co – Ni – Cu – Mo	Clipperton, Pacifique-Sud
Sédiments euxiniques, « Sapropels »	Or – uranium – mercure – antimoine – tungstène – (vanadium – arsenic – fer – cuivre – plomb – zinc – argent – cobalt – nickel – molybdène – chrome)	Concentrations métallifères et énergétiques de basse teneur et fort tonnage localement remobilisées dans des shales ou des argilites, plus ou moins charbonneux ou bitumineux, plus ou moins carbonatés	U – Bitume	Shales de Chattanooga, Tennessee Shales d'Alum, Suède Lac Gayot, Nouveau-Québec (Québec)
			Au	Muruntau, Ouzbekistan Morro do Ouro, Brésil Beauceville (Québec)
			Hg – Sb – W	Autriche Idrija, Yougoslavie
Sédiments de talus continental et de plate-forme	Fer – manganèse	Couches rubanées résultant de l'alternance de lits riches en fer et en silice. Le fer (et le manganèse) s'y présente sous forme d'oxydes, de silicates ou de carbonates (« Itabirite » du Brésil, « Taconite » et « BIF » des Anglo-Saxons). Ce type de gisement est pratiquement limité au Précambrien.	Fe – (Mn)	Lac Albanel (Québec) Fosse du Labrador (Québec et Terre-Neuve) Quadrilatero Ferrifero et Carajas, Brésil
			Mn	Urucum, Brésil
		Lits d'oxydes et de carbonates de manganèse interlités avec des grès et des shales	Mn	Nikopol, Ukraine
		Lits d'oxydes de manganèse dans des dolomies	Mn	Imini, Maroc
	Fer – manganèse – phosphore	Lits d'hématite, de gœthite, de sidérose et de chamosite à texture oolithique interlités dans des shales et des grès (« Minette » et « Ironstone » d'Europe)	Fe	Belgique Luxembourg Lorraine, France
	Phosphore – uranium – fluor – vanadium	Phosphorites	P	Maroc
			P – U	Floride, É.-U. Saint-Armand, Estrie (Québec)
Sédiments lacustres ou de plate-forme peu profonde en climat désertique chaud	Sodium – potassium – magnésium – strontium – iode – lithium (borates, sulfates, chlorures)	Évaporites lacustres	Na_2SO_4	Lac Magadi, Kénya
			B, Mg, Na, K, Br, I, Li, W	Lac Searles, Californie Salar de Atacama, Chili
		Évaporites marines généralement remobilisées sous forme de diapir (dôme de sel)	NaCl, KCl, $CaSO_4 \cdot 2H_2O$	Alsace, France Îles-de-la-Madeleine (Québec)
	Uranium – vanadium – manganèse – nitrates	Calcretes (caliches)	U – V $NaNO_3$	Yeelirrie, Australie Désert d'Atacama, Chili
Sédiments lacustres en climat boréal	Fer – manganèse – cuivre – uranium – or – argent	Gœthite, limonite, manganite, psilomélane, « wad », cuivre natif, humates uranifères déposés dans de petits lacs et des tourbières	Fe	Lac à la Tortue, Mauricie (Québec)
			U	Baie James (Québec)

Tableau 21.9 Principaux métallotectes des gîtes liés à la diagenèse.

PROCESSUS GÉOLOGIQUE : DIAGENÈSE*				
Métallotectes lithologiques ou structuraux	**Association métallifère**	**Type de gîte**	**Exemples**	
Lithologie fracturée ou bréchique présentant un contraste d'oxydoréduction	Cuivre – argent – or – uranium – terres rares	Cuivre natif, chalcocite, bornite et argent natif dans les niveaux bréchiques de volcanites mafiques en voie d'oxydation (hématisation, carbonatation, épidotisation). Ces volcanites, caractéristiques de rifts intracratoniques, se sont épanchées en climat désertique.	Cu – (Ag)	Boléo, Mexique Buena Esperanza, Chili Lac Supérieur, É.-U. Maheux, Beauce (Québec)
		Chalcocite, bornite, chalcopyrite, uraninite (pechblende), brannérite, coffinite, bastnaesite et or disséminés dans la matrice de brèches et de conglomérats à hématite reposant dans un graben intracratonique. Cette minéralisation semble liée à un volcanisme alcalin.	Cu – U – Au – Terres rares	Olympic Dam, Australie
	Uranium – (nickel –cobalt – cuivre – plomb – argent)	Uraninite (pechblende) et sulfo-arséniures de nickel et de cobalt en amas ou en filons reposant à la base de grès rougeâtres (oxydés) et enracinés sur un socle cisaillé, fracturé. Dans plusieurs cas, il y a coïncidence avec une lithologie réduite de ce socle (ex. : métasédiments graphiteux)	U – (Ni – Co – Cu – Pb)	Cigar Lake (Saskatchewan) Cluff Lake (Saskatchewan) Monts Otish et rivière La-Grande, Nouveau-Québec (Québec)
Lithologie réduite, perméable et poreuse contenant des particules réduites (détritiques ou authigènes)	Cuivre – uranium – vanadium – cobalt – zinc – plomb – (argent – or – platinoïdes)	Uraninite (pechblende) et coffinite disséminées dans des siltstones, des grès et des conglomérats porteurs de matières organiques et de pyrite	U – V	Arlit, Niger Lodève, France Colorado, É.-U.
		Galène et sphalérite disséminées dans la matrice de grès et de conglomérat	Pb – Zn – Ag	Largentière, France Zeida, Maroc Bas du fleuve (Québec)
		Chalcocite, bornite, chalcopyrite, carrollite ($CuCo_2S_4$), galène et sphalérite disséminées dans des dolomies, des marnes ou des shales noirs calcareux en contact avec des siltstones et des grès rougeâtres	Cu – Co	Ceinture du Shaba, (ex-Katanga), Zaïre
			Cu	Rivière Redstone, T.N.O. Lac Romanet, Fosse du Labrador (Québec)
			Cu, Zn, Pb, Au, Pt	Kupferschiefer, Allemagne et Pologne
Lithologie perméable et poreuse dans laquelle un front d'eaux oxydantes, venant de la surface, s'infiltre et repousse graduellement des eaux réduites	Vanadium – uranium – (cuivre)	Carnotite, roscoelite (mica vanadinifère), uraninite (pechblende) et coffinite disséminées dans la matrice de grès au front d'oxydoréduction	V – U	Uravan (Colorado)
Karst (milieu confiné, généralement réduit)	Zinc – plomb – baryum – fluor – (cuivre)	Sphalérite, galène, barytine et fluorine en amas ou en disséminations dans des sédiments intrakarstiques ou compris dans la matrice de brèches à fragments de carbonates (généralement de la dolomie)	Zn	Daniel's Harbor, Basses-terres du Saint-Laurent (Terre-Neuve)
			Zn – Pb – Ba – F – (Cu)	Les Malines, France Basses-terres du Saint-Laurent (Québec)

* Imprégnation et remplacement de lithologies poreuses, perméables, dans certains cas réactives, par circulation (*per ascensum* ou *per descensum*) de fluides tièdes (*subhydrothermaux*). Ces fluides sont généralement liés à la diagenèse de bassins sédimentaires (ou volcano-sédimentaires). Ils peuvent également provenir de l'infiltration d'eaux météoriques ou encore avoir une origine magmatique lointaine (*téléthermale*). Les gisements de pétrole et de gaz naturel se classent dans cette catégorie.

Un complexe stratifié, comme celui du Bushveld, ne se présente pas n'importe où sur la Terre. En effet, ce type de métallotecte s'est mis en place dans un craton. Or, les cratons sont le lieu privilégié de processus géologiques particuliers, comme la montée de magmas d'origine très profonde. Ainsi, les failles qui segmentent ces cratons pourront contrôler l'ascension de kimberlite (roche ultramafique qui contient le diamant). Sur la Terre, on ne trouvera donc qu'en des sites privilégiés l'association spatiale de gisements de chrome, de platine, de nickel, de titane et de diamant. Le simple fait de mentionner cette association de gîtes minéraux à un géologue chevronné lui rappellera immédiatement un « paysage » géologique précis : celui d'un craton ancien comme ceux d'Afrique australe, d'Australie ou du Canada, et non pas celui de la cordillère des Andes ou du fond de l'océan Pacifique.

De la même manière que les biologistes divisent le monde en zones floristiques ou fauniques, les géologues subdivisent la Terre en **provinces métallogéniques.** Ainsi, au Québec, l'Abitibi et les Appalaches sont des provinces métallogéniques bien distinctes (fig. 21.9, p. 495). L'Abitibi est caractérisée par ses zones de cisaillements aurifères et ses amas sulfurés exhalatifs tandis que les Appalaches sont plutôt réputées pour leurs skarns cuprifères et leurs énormes gisements d'amiante. Le caractère distinct de ces deux provinces métallogéniques découle de leur histoire géologique. Il en sera question au chapitre 23.

La notion d'**époque métallogénique** est intimement liée à celle de province métallogénique. En effet, au cours de l'évolution de la Terre, la nature des processus géologiques a bien changé. La conjonction d'un « paysage » géologique donné, d'un craton par exemple, avec une époque métallogénique particulière, l'Archéen par exemple, conférera à une province métallogénique l'essentiel de sa physionomie. Il existe cependant, sur Terre, des régions d'une extrême richesse pour lesquelles la simple coïncidence d'un « paysage » favorable et d'une époque métallogénique ne peut tout expliquer. En outre, ces zones d'extrême richesse paraissent bien souvent indépendantes du temps. On parle alors de **province métallique**. Les exemples les plus classiques sont le *Colorado Mineral Belt* molybdénifère, le *Copperbelt* cupro-cobaltifère du Zaïre et de la Zambie et la province stannifère de Bolivie. Ainsi, la province métallique du Colorado, longue d'à peine 350 km, recèle plus de 80 % des réserves mondiales de molybdène. Pourtant, le magmatisme n'y semble guère différent de celui d'autres environnements tectoniques semblables dans le monde. Jusqu'à maintenant, on a cherché, sans succès, à expliquer cette extrême richesse par la présence d'un socle précambrien anormalement riche en molybdène dans cette région. En jargon technique, on dira qu'on cherchait à y discerner un **héritage métallique**.

CONCLUSION

Des concentrations minérales peuvent se former à chaque étape d'un processus géologique. Il suffit simplement qu'il y ait coïncidence de phénomènes concentrateurs. La connaissance de ces phénomènes permet de définir les métallotectes de chaque type de gîte. L'efficacité de l'exploration minérale est dépendante de la précision de ces métallotectes et de la connaissance de ceux-ci par le prospecteur. Ces « trucs du métier » s'appliquent aussi bien à l'échelle de la grande reconnaissance (la perception des « paysages métallogéniques » favorables), qu'à celle du gîte lui-même (les contrôles lithologiques, structuraux et stratigraphiques synthétisés dans les tableaux 21.5 à 21.9).

VOCABULAIRE

Amas

Caisse filonienne
Cheminée
Clarke
Colonne
Concordant

Discordant
Dissémination

Endogène
Épigénétique
Éponte
Époque métallogénique
Exogène

Facteur de concentration
Filon

Gisement
Gîte

Héritage métallique
Hypogène

Indice

Lentille

Mantos
Métallotecte
Minéral industriel
Mur

Piège
Pipe
Province métallique
Province métallogénique

Réservoir
Roche magasin
Roche mère

Salbande
Stockwerk
Stratiforme
Stratoïde
Supergène
Syngénétique

Toit

Veine

QUESTIONS

1. Comment tire-t-on avantage des minéraux ? Donnez au moins trois modes de transformation différents.
2. Dans quels types de roches allez-vous chercher les minéraux suivants :
   a) cassitérite;
   b) molybdénite;
   c) anthracite;
   d) garniérite;
   e) graphite.

RÉFÉRENCES BIBLIOGRAPHIQUES

OUVRAGES RECOMMANDÉS

1. **Eckstrand, O. R.**
   1986 : *Types de gisements minéraux du Canada : un bref exposé géologique.* Ottawa, Rapport de géologie économique 36, Commission géologique du Canada, 86 p.

2. **Kazmitcheff, A. et Lekime, F.**
   1972 : *L'aventure de la prospection minière.* Tournai, Casterman, 140 p.

3. **Mitchell, A. H. G. et Garson, M. S.**
   1981 : *Mineral Deposits and Global Tectonic Settings.* Londres, Academic Press, 405 p.

4. **Roumet, C.**
   1980 : *Atlas des ressources.* Paris, Éditions Robert Laffont, 208 p.

AUTRES SOURCES D'INFORMATION CONSULTÉES

Alcock, J. B.
1982 : « Skarn and Porphyry Copper Mineralization at Mines Gaspé, Murdochville, Québec » dans *Economic Geology*, vol. 77, p. 971-999.

Baldino, D.
1986 : *L'industrie minérale du Québec, 1985.* Québec, ministère de l'Énergie et des Ressources, 131 p.

Berton, Y. et Le Berre, P.
1983 : *Guide de prospection des matériaux de carrière*, Orléans, Manuels et Méthodes nº 5, BRGM, 160 p.

Bird, K. J.
1989 : « North American Fossil Fuels » dans *The Geology of North America – An Overview.* Boulder, The Geological Society of America, p. 555-573.

Carr, D. D. et Herz, N.
1989 : *Concise Encyclopedia of Mineral Resources.* Cambridge, The MIT Press, 426 p.

Cox, D. P. et Singer, D. A.
1987 : *Mineral Deposit Models.* Reston, Bulletin 1693, U. S. Geological Survey, 379 p.

Germain, M.
1988 : *Réserves minérales et teneurs des gisements du Québec.* Québec, ministère de l'Énergie et des Ressources, rapport DVP, 147 p.

Jacob, H. L.
1984 : « Les minéraux industriels du Québec » dans *The Geology of Industrial Minerals in Canada*, Montréal, Institut canadien des mines et de la métallurgie, volume spécial 29, p. 103-108.

Knuckey, C. D., Comba, A. et Riverin, G.
1982 : « Structure, Metal Zoning and Alteration at the Millenbach Deposit, Noranda, Québec » dans *Precambrian Sulphide Deposits.* Ottawa, Geological Association of Canada, Special paper 25, p. 255-295.

Lavergne, C.
1985 : *Gîtes minéraux à tonnage évalué et production minérale du Québec.* Québec, ministère de l'Énergie et des Ressources, rapport DV 85-08, 77 p.

Meyer, G.
1989 : « Fresh Water of the North American Continent; A Profile » dans *The Geology of North America – An Overview.* Boulder, The Geological Society of America, p. 537-554

National Geographic
1981: *Energy, a Special Report in the Public Interest.* Washington, National Geographic, 114 p.

Nicolini, P.
1990 : *Gîtologie et exploration minière.* Paris, Éditions Lavoisier, 589 p.

Peters, W. C.
1978 : *Exploration and Mining Geology.* New York, John Wiley & Sons, 696 p.

Roberts, R. G. et Sheahan, P. A.
1989 : *Ore Deposit Models.* St. John's, Reprint series 3, Geoscience Canada, 194 p.

Routhier, P.
1963 : *Les Gisements métallifères.* Paris, Masson et cie, 1282 p.
1980 : *Où sont les métaux pour l'avenir ?* Orléans, BRGM, mémoire 105, 410 p.

Selley, R. C.
1985 : *Elements of Petroleum Geology.* New York, W.H. Freeman and Co., 449 p.

Villedieu, Y.
1988 : « L'eau, un enjeu majeur partout dans le monde » dans *Revue Force –Environnement et Développement : assumer la responsabilité d'une planète fragile*, n° 81, 80 p.

CHAPITRE 22
LES EAUX SOUTERRAINES

> La nappe d'eau, gisant à une assez grande profondeur souterraine, mais déjà tâtée par deux forages, est fournie par la couche de grès vert.
>
> VICTOR HUGO, *Les Misérables*.

OBJECTIFS PÉDAGOGIQUES

Au terme de ce chapitre vous devriez pouvoir :

- démontrer l'importance des eaux souterraines dans le cycle de l'eau;
- définir ce qu'est un aquifère et une nappe;
- distinguer les notions de porosité et de perméabilité;
- préciser le contexte hydrogéologique des régions autrefois englacées;
- présenter et discuter un cas de pollution des eaux souterraines.

De tout temps, l'eau a été considérée comme une ressource très précieuse. Essentielle à la vie, elle explique souvent la naissance des agglomérations de l'Antiquité. C'est ainsi que se sont établies Aix-en-Provence (ville romaine à l'époque), Fontainebleau, Baden-Baden (en allemand, *baden* signifie *bains*).

Au cours des siècles, l'importance stratégique de l'eau s'est accrue, surtout avec la naissance des grandes villes et la venue de l'industrie, grande consommatrice d'eau. Pour les prochaines décennies, on peut prévoir que la maîtrise de l'eau va devenir un enjeu crucial à l'échelle planétaire. Pensons à de nombreux pays en voie de développement qui, en plus d'être dépourvus de cette ressource, voient leur population augmenter sans cesse. Dans les pays industrialisés, la pollution sous toutes ses formes menace déjà la qualité de l'eau. Le jour n'est pas loin où des régions des États-Unis devront importer de grandes quantités d'eau de leur voisin nordique, le Canada, mieux pourvu en cette richesse.

Au Québec, on estime qu'environ 20 % de la population utilise l'eau souterraine comme source d'approvisionnement. Le pourcentage d'utilisation des eaux souterraines varie d'une région à l'autre en fonction de la perméabilité des terrains, de la disponibilité et de la qualité des eaux de surface. Dans le bassin de la rivière Yamaska, environ 33 % de la population est alimentée en eau à partir des nappes profondes. Dans le bassin de la rivière Saint-François, cette proportion est de 37 %, et dans le bassin de la rivière L'Assomption, elle est de 65 %. Aux Îles-de-la-Madeleine, toute l'eau utilisée pour les besoins domestiques et industriels provient des eaux souterraines.

Les conditions géologiques commandent la répartition, la quantité et la qualité des eaux souterraines. La science qui a pour objet l'étude des eaux souterraines est l'**hydrogéologie**.

22.1 *ORIGINE DES EAUX SOUTERRAINES*

Au chapitre 10, on a vu que l'eau suit un vaste cycle. À l'intérieur de ce cycle, la surface du sol devient une zone de contact privilégiée. En effet, elle joue le rôle de répartiteur des eaux de précipitations (pluie, fonte de la neige et de la grêle). Au contact du sol, un double circuit d'écoulement de l'eau se met en branle :

- un circuit rapide (quelques heures à quelques jours) à la surface du sol. Ce circuit conduit graduellement l'eau aux rivières, aux fleuves et à l'océan;
- un circuit lent (quelques années à des millénaires), qui passe par l'infiltration verticale, l'écoulement dans les roches et l'émergence dans les cours d'eau. En période d'étiage, les cours d'eau sont essentiellement alimentés par l'eau souterraine.

La majeure partie des eaux souterraines provient de l'infiltration des eaux atmosphériques.

La capacité d'infiltration des eaux dans le sol et le sous-sol est reliée à la perméabilité du milieu, comme nous le verrons plus loin. Les terrains comme les graviers et les sables montrent de forts taux d'infiltration. Ce sont eux qui assurent la réalimentation des réservoirs souterrains. De leur côté, les terrains argileux et les tills compacts à matrice fine ont une capacité d'infiltration réduite.

En plus des eaux atmosphériques, une fraction significative des eaux souterraines sont dites eaux fossiles. Il s'agit d'eaux souterraines d'origine atmosphérique qui ne participent plus au cycle général de l'eau depuis des millions d'années. Ces eaux fossiles sont emprisonnées dans les couches inférieures des grands bassins sédimentaires. Si elles sont salées, elles peuvent être associées au pétrole.

D'autres eaux souterraines n'ont jamais participé au cycle de l'eau. Ce sont les eaux juvéniles qui proviennent de la vapeur d'eau et des émanations gazeuses des magmas profonds. En s'élevant vers les couches supérieures de l'écorce terrestre, elles se condensent.

Finalement, une petite partie des eaux souterraines provient de la condensation de la vapeur d'eau contenue dans l'air. Quand la température du sol est inférieure à celle de l'air, il y a alors condensation de la vapeur d'eau. Ce phénomène prévaut surtout dans les régions calcaires très sèches et près des sommets des reliefs.

Avant de conclure sur l'origine des eaux souterraines, ajoutons quelques précisions à propos de leur âge[1]. En effectuant des datations au carbone 14, on a établi que l'âge de ces eaux varie entre 1 et 4 ka en Arizona. En Arabie Saoudite, on a trouvé de l'eau souterraine vieille de 20 à 33 ka. Dans la craie, au centre du bassin de Londres, l'eau souterraine a plus de 25 ka. Au Québec[2], l'âge de l'eau souterraine dans le bassin de la rivière Eaton, en Estrie, varie entre 5 et 9,5 ka.

22.2 *LA RÉPARTITION DE L'EAU DANS LE SOL ET LE SOUS-SOL*

Nous venons de voir que deux grands circuits règlent l'écoulement des eaux à la surface du sol. Précisons davantage ce qui se passe au niveau de cette zone de contact. Quand l'eau arrive au sol, une fraction importante de celle-ci ruisselle en surface et rejoint les cours d'eau. Le reste pénètre dans le sol. Une partie de cette eau humidifie les particules du sol et l'autre partie s'infiltre en profondeur par les vides. Dans la majorité des terrains, une tranche de sol, d'épaisseur variable, contient simultanément de l'eau et de l'air : il s'agit de la zone non saturée. En profondeur, tous les pores du terrain contiennent de l'eau : il s'agit de la zone saturée. Si l'on examine la distribution verticale de l'eau dans un terrain peu de temps après une pluie, par exemple, on distingue ces deux zones : saturée à la base et non saturée vers le haut.

22.2.1 *La zone saturée*

Dans la **zone saturée**, les vides sont entièrement occupés par l'eau[3]. Dans le langage courant, on parle de **nappe phréatique** pour désigner ce milieu. C'est là que les puits de surface (puits-citernes) s'alimentent.

La zone saturée est dominée par l'eau **gravitaire**. Il s'agit de l'eau souterraine sur laquelle l'action de la gravité est prépondérante. Cette eau approvisionne les puits. La **surface libre** est le niveau auquel se stabilise l'eau dans un puits.

Juste au-dessus de la zone saturée, et en continuité avec elle, se trouve la **frange capillaire**. L'eau se

1. Cette information est tirée de H. Bouwer, *Groundwater Hydrology*, 1978, p. 7.
2. Cette information est tirée de l'étude de G. Simard, *Isotopes naturels et systèmes d'écoulement souterrain, bassin de la rivière Eaton*, 1977.
3. En réalité, un certain pourcentage de bulles d'air peuvent être emprisonnées dans cette zone. Bien que la saturation ne soit pas toujours totale, on utilise quand même l'expression *zone saturée*, car elle rend compte de la majorité des situations.

maintient dans les pores grâce aux forces de capillarité (tension superficielle entre les molécules). C'est l'équivalent de l'ascension capillaire dans un tube. La frange capillaire a un coefficient de saturation de 100 % à sa base. La **surface de la nappe** délimite la zone saturée.

L'épaisseur de la frange capillaire varie dans le sens inverse de la granulométrie. De quelques millimètres dans les graviers, elle peut atteindre 3 à 4 m dans les silts, et davantage dans les argiles. Contrairement aux sédiments grossiers, les sédiments fins se comportent comme des tubes de très petit diamètre dans lesquels l'eau peut remonter très haut par capillarité.

22.2.2 *La zone non saturée*

Au-dessus de la zone saturée se trouve la zone d'aération ou **zone non saturée**. L'état de saturation du milieu permet de distinguer de bas en haut la zone de transition et la zone d'évapotranspiration.

ZONE DE TRANSITION

La zone de transition est comprise entre la zone d'évapotranspiration (au-dessus) et la frange capillaire (au-dessous). Elle est le domaine de l'eau **de rétention**, c'est-à-dire de l'eau maintenue à la surface des particules par des forces d'attraction moléculaires. Ces forces décroissent avec la distance de la molécule d'eau par rapport au grain. Immédiatement au contact du grain se trouve une couche d'eau dite **adsorbée**. Au chapitre 13, nous en avons déjà parlé lors de l'étude des argiles.

En terrain humide, la zone de transition peut ne pas exister. Dans les régions au climat aride, par contre, sa puissance peut atteindre 300 m. Dans cette zone, il arrive souvent que l'infiltration se fasse par des « cheminées » ou conduites préférentielles. À l'occasion, il y a donc saturation totale de ces milieux.

ZONE D'ÉVAPOTRANSPIRATION

Immédiatement sous la surface du sol, une partie de l'eau est soustraite par évaporation physique ou prélevée par la végétation (transpiration). Ces deux processus, l'un purement physique et l'autre lié à l'activité des végétaux, constituent l'évapotranspiration.

La figure 22.1 résume les principales caractéristiques de la zone saturée et de la zone non saturée. Elle fournit des renseignements qui permettent de comprendre la distribution verticale de l'eau dans les terrains. Cette division est établie à partir d'un modèle théorique qui traduit relativement bien la réalité. Néanmoins, la situation est parfois plus complexe. Par exemple, les terrains étant rarement homogènes,

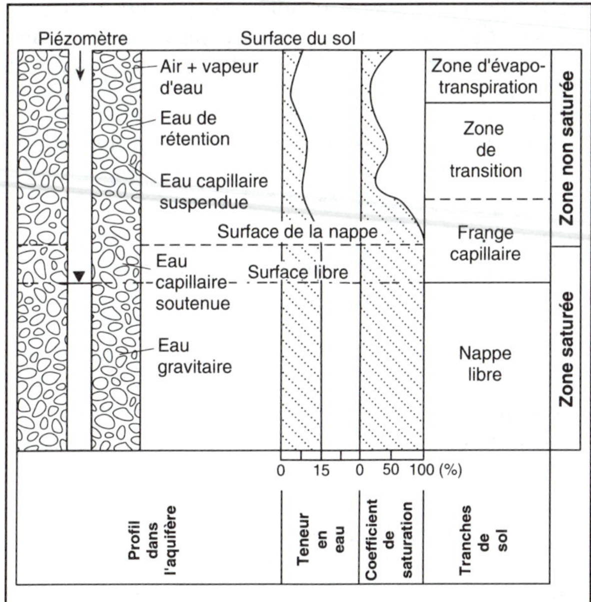

Figure 22.1 Distribution verticale de l'eau dans le sol et le sous-sol : zone non saturée et zone saturée. Le niveau auquel se stabilise l'eau (gravitaire) dans les puits détermine la surface libre. La zone saturée est prolongée par la frange capillaire, horizon dans lequel l'eau se maintient par les forces de capillarité. La zone saturée se termine par la surface de la nappe. Au-dessus de la surface de la nappe, on entre dans la zone non saturée (d'après Castany et Margat, 1977, p. 210).

la circulation de l'eau se fait davantage dans certaines sections et directions plutôt que dans d'autres. En périodes de pluie et à la fonte des neiges, la zone non saturée devient saturée durant un certain temps, à plus forte raison si le sol est à grain fin. Quant à la zone saturée, il arrive que l'eau y emprisonne des bulles d'air, si bien que la saturation n'atteint pas toujours le coefficient de 100 %.

Rappelons que la démarcation entre la zone non saturée et la zone saturée se fait en fonction de la pression atmosphérique. Dans la zone non saturée, la pression de l'eau est inférieure à la pression atmosphérique, et dans la zone saturée, elle lui est supérieure.

22.3 *LES AQUIFÈRES ET LES NAPPES*

L'eau souterraine peut être captée par des puits, des tunnels ou des galeries. L'emplacement, le stockage et l'exploitation des eaux souterraines sont déterminés par les caractéristiques géologiques, stratigraphiques et structurales du sous-sol. Les terrains possèdent à divers degrés la propriété d'emmagasiner, de laisser circuler et de céder l'eau souterraine.

En principe, l'eau souterraine est présente partout dans le sous-sol. D'un point de vue pratique toutefois, seuls les terrains poreux et perméables sont exploitables.

Le vocabulaire de base des eaux souterraines distingue les aquifères des nappes.

Un **aquifère** est une formation géologique suffisamment poreuse et perméable pour emmagasiner et fournir une quantité significative d'eau. Une **nappe** d'eau souterraine est formée de l'eau qui circule dans l'aquifère. Les deux termes, aquifère et nappe d'eau souterraine, ne sont donc pas synonymes. Le premier s'applique davantage au contenant et le second à la ressource eau comme telle (le contenu).

Les meilleurs aquifères sont, de loin, les sables et les graviers alluvionnaires et fluvioglaciaires, et, dans une moindre mesure, les grès et certains calcaires fissurés. On distingue trois types principaux d'aquifères : les aquifères libres, les aquifères captifs et les aquifères perchés.

22.3.1 *Les aquifères libres*

Dans un aquifère **libre**, le niveau de l'eau fluctue librement en fonction de l'infiltration (fig. 22.2). Un aquifère libre est surmonté de terrains perméables dont l'air occupe les pores ou les fissures (zone non saturée).

Un aquifère libre contient une nappe libre. C'est la nappe phréatique, dont la profondeur est souvent estimée par simple forage manuel à la tarière. Selon les conditions géologiques et météorologiques, l'eau repose à diverses profondeurs dans le terrain. Dans les marécages, elle inonde la surface du sol pendant la majeure partie de l'année. Dans les terrains à texture grossière, elle se trouve généralement à quelques mètres de profondeur. En pays aride, la nappe phréatique peut se trouver à des centaines de mètres de profondeur.

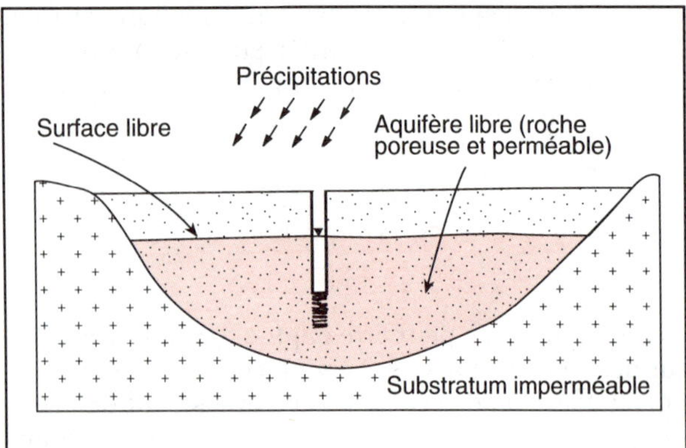

Figure 22.2 Exemple d'aquifère libre dans une vallée remblayée.

22.3.2 *Les aquifères captifs*

L'aquifère **captif** est logé dans une formation rocheuse qui est elle-même emprisonnée entre deux couches à perméabilité très faible. L'eau est sous pression et elle ne peut traverser les couches imperméables. Un tel aquifère est entièrement saturé; il ne comporte pas de zone d'aération ni de surface libre, sauf à son aire d'alimentation.

Un aquifère captif renferme une nappe captive. La pression de l'eau en différents points d'un aquifère captif est illustrée à la figure 22.3. La **surface piézométrique** indique la distribution des charges hydrauliques.

Un puits qui tire son eau d'une nappe captive est un puits **artésien** (puits B de la figure 22.3). Un puits foré sous la surface piézométrique de la nappe captive est un puits **artésien jaillissant** (puits A de la figure 22.3).

22.3.3 *Les aquifères perchés*

L'aquifère **perché** est logé dans une formation géologique isolée au sein d'un corps rocheux (fig. 22.3). Un tel aquifère alimente une nappe libre perchée située au-dessus d'une nappe libre d'extension plus générale. Une nappe perchée présente une extension géographique plutôt limitée; son existence est plus ou moins liée aux conditions météorologiques.

22.4 *LA POROSITÉ*

Certains milieux sont en mesure de contenir de grandes quantités d'eau alors que d'autres en sont incapables. La capacité de contenir ou non une bonne quantité d'eau est régie par la porosité totale.

La **porosité totale** (n) est le rapport entre les vides d'une formation meuble ou d'une roche cohérente et son volume total; ce rapport est exprimé sans unité ou en pourcentage.

La porosité totale s'exprime par la formule suivante :

$$n = \frac{V_t - V_s}{V_t} \times 100$$

où

n = porosité totale (%);

V_t = volume total de l'échantillon (cm^3);

V_s = volume de la phase solide de l'échantillon (cm^3).

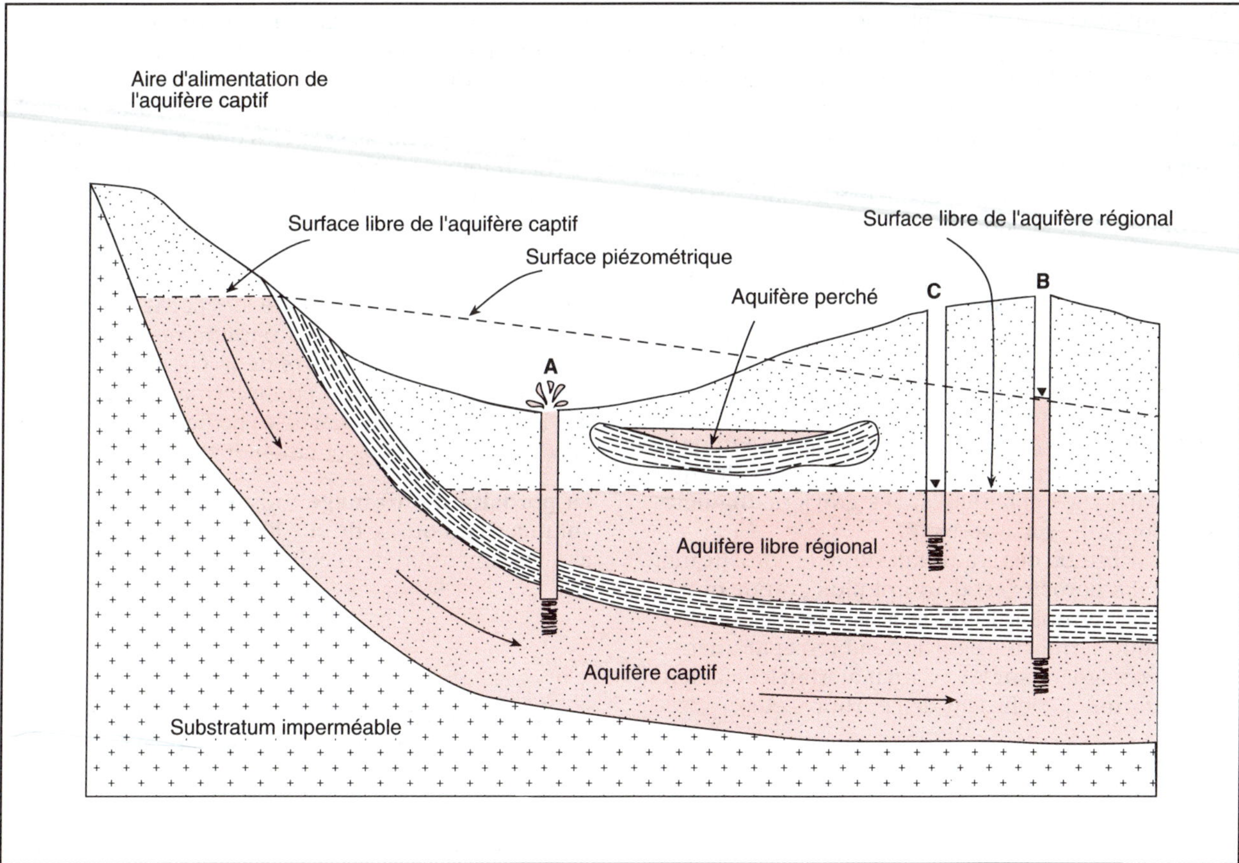

Figure 22.3 Hydrodynamique d'un aquifère captif. Le puits A est artésien jaillissant; le puits B est artésien; quant au puits C, il capte l'eau de l'aquifère libre régional. Au-dessus de la surface libre de l'aquifère régional, une formation imperméable supporte un aquifère perché.

Le tableau 22.1 donne les valeurs de porosité totale pour différents terrains. On remarquera que la porosité des roches cohérentes varie grandement. Au Québec, elle est de moins de 1 % pour les roches saines du Bouclier canadien, de 1 à 5 % pour les calcaires des basses-terres du Saint-Laurent, et elle peut atteindre 15 % pour des grès peu cimentés.

La nature des vides dans les différents terrains permet de distinguer la porosité en petit (interstices) et la porosité en grand (fissures et chenaux).

- **La porosité d'interstices** C'est la porosité des formations meubles (graviers, sables, argiles) ou des roches sédimentaires non encore complètement cimentées. Les pores sont interconnectés.
- **La porosité de fissures** C'est la porosité des roches compactes fracturées. Elle est due aux déformations tectoniques ou aux plans de stratifications.
- **La porosité de chenaux** C'est la porosité causée par la dissolution des roches (processus étudié au chapitre 6). Ce phénomène, connu sous le nom de karstification, donne les réseaux karstiques très communs dans les roches calcaires et autres roches solubles.

Tableau 22.1 Limites des valeurs de porosité totale.

ROCHE	LIMITES DE POROSITÉ TOTALE (%)
Roches meubles	
Gravier	25-40
Sable	25-50
Silt	35-50
Argile	40-70
Roches cohérentes	
Basalte fracturé	5-50
Calcaire karstifié	5-50
Grès	5-30
Calcaire, dolomie	0-20
Shale	0-10
Roche cristalline saine	0-5

D'un point de vue génétique plus général, on parle de porosité primaire et de porosité secondaire. La **porosité primaire** se développe au moment de la formation de la roche. C'est le cas des interstices dans les roches meubles et des vides dans les laves. La **porosité secondaire** se développe dans les massifs rocheux déjà consolidés à la suite de la météorisation ou des déformations tectoniques.

Si on examine les facteurs qui font varier la porosité des terrains, en particulier celle des formations meubles, il faut prendre en considération la forme, le tri et l'arrangement des grains.

- La forme des grains fixe l'aspect et les dimensions des pores. Des particules qui se rapprochent de la forme cubique ménagent de plus grands vides que des particules sphériques. Les graviers anguleux ont donc une forte porosité.
- La distribution des grains fait varier la porosité (fig. 22.4). La porosité est d'autant plus grande que la taille des grains est uniforme. L'analyse granulométrique permet le calcul de nombreux paramètres qui renseignent sur le tri d'un matériau (coefficient d'uniformité, coefficient de courbure, etc.).
- L'arrangement des grains est un facteur important. Il se comprend bien si on examine de quelle façon on peut superposer huit sphères de même diamètre (fig. 22.5). On voit que la porosité totale varie de 48 à 26 %, selon les divers arrangements. Au chapitre 13, nous avons vu que les particules fines comme les silts et les argiles peuvent acquérir, dès leur sédimentation, une structure alvéolaire (nid d'abeilles) qui leur confère une grande porosité.

Jusqu'ici, nous avons parlé de porosité totale et d'indice des vides. Or, ces paramètres ne sont pas nécessairement révélateurs de la capacité d'une roche à fournir de l'eau. Cette information est fournie par la porosité de drainage, le coefficient de rétention spécifique et la porosité cinématique.

La **porosité de drainage** (n_d) est le rapport entre le volume d'eau qui se draine librement par gravité (V_g) et le volume total d'un échantillon de roche (V_t) :

$$n_d = \frac{V_g}{V_t} \times 100$$

La porosité de drainage se mesure en laboratoire. Elle exprime la quantité d'eau que l'on peut extraire d'une roche par égouttage. Elle est fonction du temps que l'on laisse à la roche pour s'égoutter.

La différence entre la porosité totale (n) et la porosité de drainage (n_d) donne le **coefficient de rétention spécifique** (n_s).

$$n_s = n - n_d$$

Si l'on cherche à calculer une vitesse d'écoulement, c'est la quantité d'eau qui s'écoule à travers une roche saturée qu'il faut connaître.

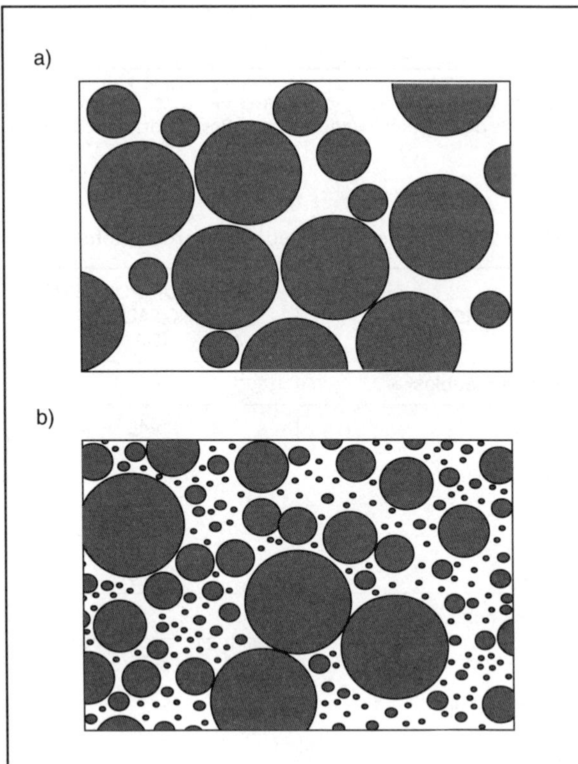

Figure 22.4 Variation de la porosité totale d'un matériau en fonction du triage des grains. En a), un matériau à granulométrie serrée, où dominent les grosses particules, procure une porosité de 32 %. En b), un matériau à granulométrie étalée dans lequel on trouve des particules de différentes grosseurs fait baisser la porosité à 17 %.

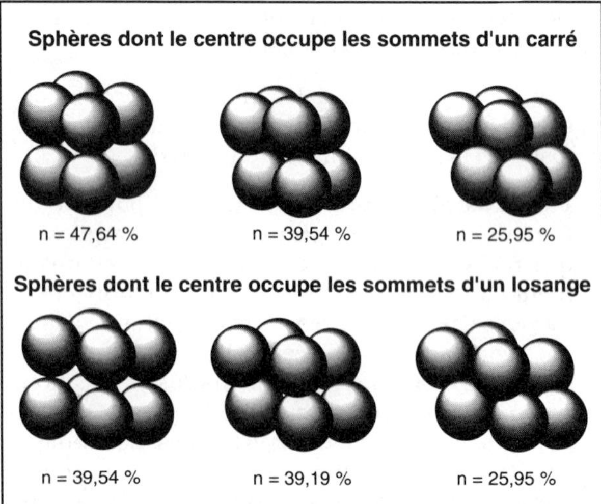

Figure 22.5 Six arrangements possibles de huit sphères, et porosités totales correspondantes.

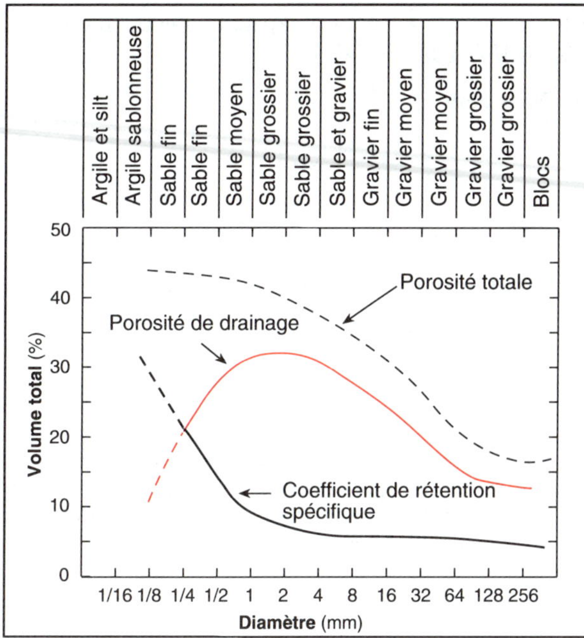

Figure 22.6 Variations de la porosité totale, du coefficient de rétention spécifique et de la porosité de drainage selon le diamètre des grains (d'après Eckis dans de Marsaly, 1981, p. 40).

> La porosité **cinématique** (n_c) est le rapport entre le volume d'eau qui participe à l'écoulement souterrain et le volume total de la roche. C'est en quelque sorte la teneur en eau mobile.

Il est important de distinguer la porosité cinématique de la porosité totale. Du point de vue déplacement des fluides, on peut considérer l'eau liée comme faisant partie du solide. De plus, de nombreux facteurs peuvent venir perturber l'écoulement de l'eau dans un milieu poreux. Par exemple, l'eau est pratiquement immobile dans des pores non connectés ou des pores culs-de-sac. Ou encore, l'eau ne circule que dans les fissures des massifs rocheux fissurés, même si la matrice rocheuse non fissurée est poreuse. Ainsi, un granite fissuré ayant une porosité totale de 1 à 2 % pourra avoir une porosité cinématique inférieure à 1 % si la matrice elle-même est très peu perméable. En pratique, cependant, pour les roches à porosité d'interstices, la porosité cinématique et la porosité totale ont des valeurs voisines.

Ces derniers paramètres de la porosité sont étroitement liés à la notion de **surface spécifique**. Il faut se rappeler que les sédiments fins adsorbent une grande quantité d'eau. Tel est le cas des argiles, qui ont un fort coefficient de rétention spécifique doublé d'une porosité totale élevée (supérieure à 45 %). Par contre, leur porosité de drainage est très faible (inférieure à 5 %). La plupart des sables, au contraire, ont un coefficient de rétention très bas et des valeurs voisines élevées de porosité totale et de drainage. La figure 22.6 illustre les variations de la porosité totale, du coefficient de rétention spécifique et de la porosité de drainage en fonction du diamètre des grains. Un faible pourcentage d'argile dans un sable augmente considérablement la surface spécifique et, du même coup, diminue la porosité de drainage à cause de la plus grande proportion d'eau de rétention.

22.5 *L'ÉCOULEMENT DE L'EAU SOUTERRAINE : LA PERMÉABILITÉ*

Les eaux souterraines sont toujours en mouvement, quelles que soient la nature lithologique et la profondeur des formations géologiques. La vitesse d'écoulement des eaux souterraines varie de quelques millimètres à quelques kilomètres par année.

> La notion de **perméabilité** sert à définir la conductivité hydraulique d'un matériau, soit sa capacité de se laisser traverser par l'eau. Ainsi, les terrains karstifiés ou à gros grains (graviers, sables) ont une perméabilité très grande. Par contre, malgré une porosité élevée, les argiles sont peu perméables.

L'écoulement des eaux souterraines obéit à une loi énoncée en 1856 par l'hydraulicien français Henri Darcy, dans un ouvrage célèbre : *Les fontaines publiques de la ville de Dijon*. Que nous ont appris les travaux de Darcy ? Examinons la figure 22.7 pour mieux comprendre sa démonstration. Cette figure reproduit d'assez près l'hydrodynamique d'un aquifère. Dans un milieu poreux (sable) caractérisé par un écoulement laminaire[4], on observe une perte de charge mesurée dans le sens de l'écoulement. La perte de charge (h) est donnée par la différence entre les niveaux de l'eau dans les piézomètres 1 et 2. Elle s'exprime par une pente qui traduit le **gradient hydraulique** (i) de l'aquifère, c'est-à-dire le rapport entre la perte de charge et la distance qui sépare les manomètres 1 et 2 ($i = \Delta h/\Delta l$) selon la direction de l'écoulement. Le gradient hydraulique est donc assimilable à une pente et peut s'obtenir à partir des mesures de profondeurs de la surface libre ou de la surface piézométrique. Les valeurs du gradient hydraulique sont habituellement faibles.

4. Rappelons que dans un écoulement laminaire, les lignes de courant sont parallèles entre elles. Dans un écoulement turbulent, elles peuvent se croiser.

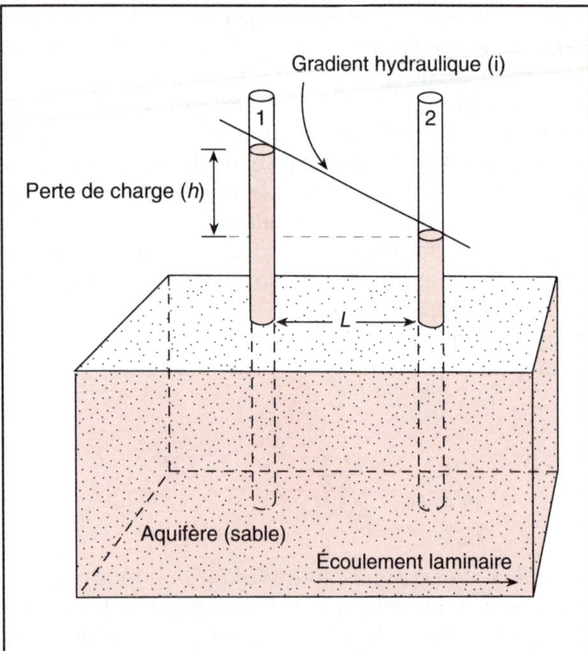

Figure 22.7 L'écoulement laminaire dans un sable permet d'observer une perte de charge (*h*) entre les deux piézomètres et de mettre en évidence un gradient hydraulique (i) qui est le rapport entre la perte de charge et la distance (*L*) entre les piézomètres.

La figure 22.8 montre un appareillage qui permet de vérifier ce qu'on appelle aujourd'hui l'**équation de Darcy**. On fait circuler de l'eau dans un cylindre de section transversale A, rempli de sable. Le cylindre est fermé aux deux extrémités, mais des tubes permettent l'entrée et la sortie de l'eau. Deux autres tubes, percés sur les côtés du cylindre, servent de manomètres. Pour l'expérience, on maintient une circulation continue d'eau dans le cylindre. En se fondant sur un niveau de référence arbitraire (Z = 0), les manomètres s'alimentent à des hauteurs respectives de Z_1 et Z_2. Le niveau de l'eau dans les manomètres correspond à h_1 et h_2. La distance entre les manomètres est de Δl.

La quantité totale d'eau versée hors du cylindre en une unité de temps est le débit (*Q*), lequel a les dimensions de L^3/t, où *L* est la distance entre les manomètres et *t* une unité de temps. Le débit se mesure en m^3/d. Il est possible de définir deux paramètres ayant trait à la vitesse de l'écoulement, chacun mesurant des réalités différentes : le débit spécifique (*q*) et la vitesse moyenne d'écoulement (*v*).

Le **débit spécifique** (*q*) exprime la quantité d'eau qui filtre à travers une section complète du cylindre en un temps donné. Comme l'écoulement ne se fait que dans les pores, ce paramètre donne une vitesse apparente. Il se calcule en ramenant le débit *Q*, L^3/t, à la surface *A*, L^2, ce qui exprime effectivement une vitesse ($L/t = v$).

On écrit donc :

$$q = \frac{Q}{A}$$

où

q = débit spécifique (m/d);

Q = débit (m^3/d);

A = surface d'une section transversale du cylindre (m^2).

La **vitesse moyenne d'écoulement** (*v*) exprime la vitesse réelle à laquelle l'eau traverse les pores, car son calcul fait intervenir la porosité (n). Elle s'obtient par la formule suivante :

$$v = \frac{Q}{nA}$$

où

v = vitesse moyenne d'écoulement (m/d);

n = porosité totale (%);

A = surface (m^2).

La différence d'élévation dans les manomètres (Δh) est obtenue en prenant h_2 - h_1. Le calcul étant fait dans la direction des charges décroissantes, cela donne une valeur négative. Ainsi, on obtient[5] :

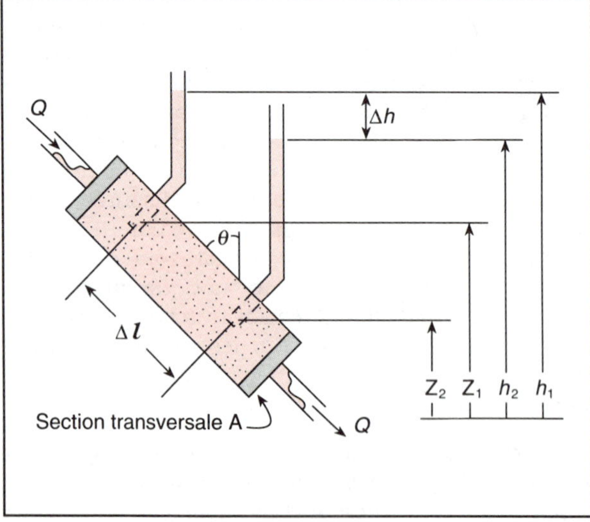

Figure 22.8 Schéma d'un montage permettant de vérifier la validité de la loi de Darcy (d'après Freeze et Cherry, 1979, p. 15).

5. Le symbole ∝ signifie *proportionnel*.

Tableau 22.2 Valeurs de la conductivité hydraulique (m/s) pour diverses formations meubles (Freeze et Cherry, 1979, p. 29).

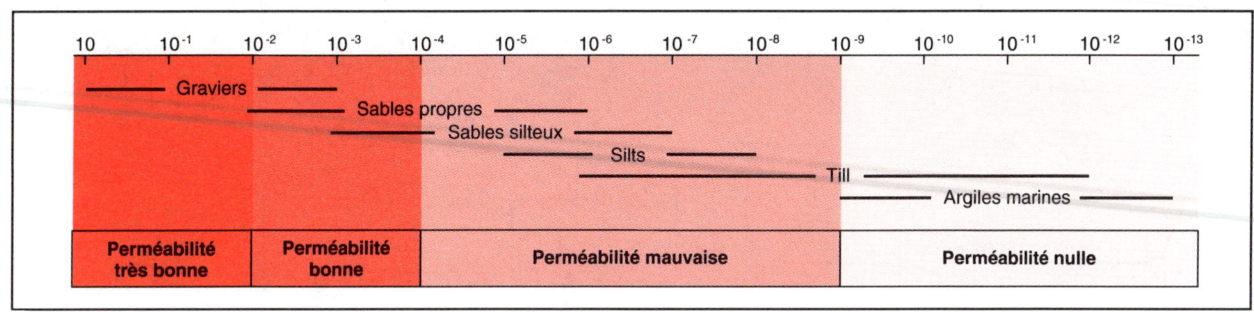

$$q \propto -\Delta h$$

et

$$q \propto \frac{1}{\Delta l}$$

ou

$$q \propto \frac{-\Delta h}{-\Delta l}$$

Pour obtenir la formulation complète de la loi de Darcy, il nous faut également tenir compte d'une constante de proportionnalité, soit la **conductivité hydraulique** (K), qui est l'expression quantitative de la perméabilité, dont la valeur est essentiellement liée à la nature du matériau et à celle du fluide. La conductivité hydraulique est assimilée à une vitesse et elle s'exprime en m/s ou en m/d. Le tableau 22.2 donne des valeurs communément mesurées dans les formations meubles. Toutes les roches étant perméables à des degrés divers, le passage du domaine perméable au domaine imperméable a été fixé, par convention, à une valeur de conductivité hydraulique de 10^{-9} m/s (équivalent de 3 cm/a). Pour certains ouvrages (enfouissement de déchets radioactifs, membranes étanches), les devis peuvent exiger des valeurs de conductivité aussi faibles que 10^{-13} m/s.

Dans sa formulation complète, la loi de Darcy s'écrit :

$$q = -\mathrm{K}\frac{\Delta h}{\Delta l}$$

ou

$$q = -\mathrm{K}\frac{dh}{dl}$$

Étant donné que la perte de charge par unité de longueur (dh/dl) est le gradient hydraulique (i), l'équation peut donc s'écrire :

$$q = -\mathrm{Ki}$$

Au tout début de la démonstration, on a établi que

$$q = \frac{Q}{A}$$

L'équation de Darcy s'écrit donc :

$$Q = -\mathrm{Ki}A$$

Appliquons cette équation à un aquifère libre[6], situé comme souvent dans une vallée alluviale (fig. 22.9). La vallée a une largeur moyenne de 5000 m et l'aquifère a une puissance de 30 m. L'écoulement de l'eau est essentiellement longitudinal, parallèle aux bords de la vallée. L'aquifère est une couche de sables et de graviers; la conductivité hydraulique (K) est de 25 m/d. Deux piézomètres, installés à 1000 m de distance l'un de l'autre (*dh*), mesurent une perte de charge (*dl*) de 0,4 m.

Appliquée à cet aquifère, l'équation de Darcy nous donne :

$$Q = -\mathrm{Ki}A$$

$$Q = -25 \times \frac{-0{,}4}{1000} \times 30 \times 5000$$

$$Q = 1500 \text{ m}^3/\text{d}$$

La loi de Darcy a été vérifiée expérimentalement pour toutes les directions de courant, tous les liquides et tous les milieux poreux. En examinant de nouveau la figure 22.8, il faut comprendre que si le gradient hydraulique et la conductivité hydraulique restent constants, la vitesse d'écoulement est indépendante de l'angle. En hydrogéologie, la loi de Darcy s'applique :

- à un aquifère homogène et continu;
- à un écoulement laminaire.

Dans un milieu homogène, les caractéristiques physiques sont constantes dans toutes les directions de

6. Cet exemple est tiré de H. Bouwer, *Groundwater Hydrology*, 1978, p. 47.

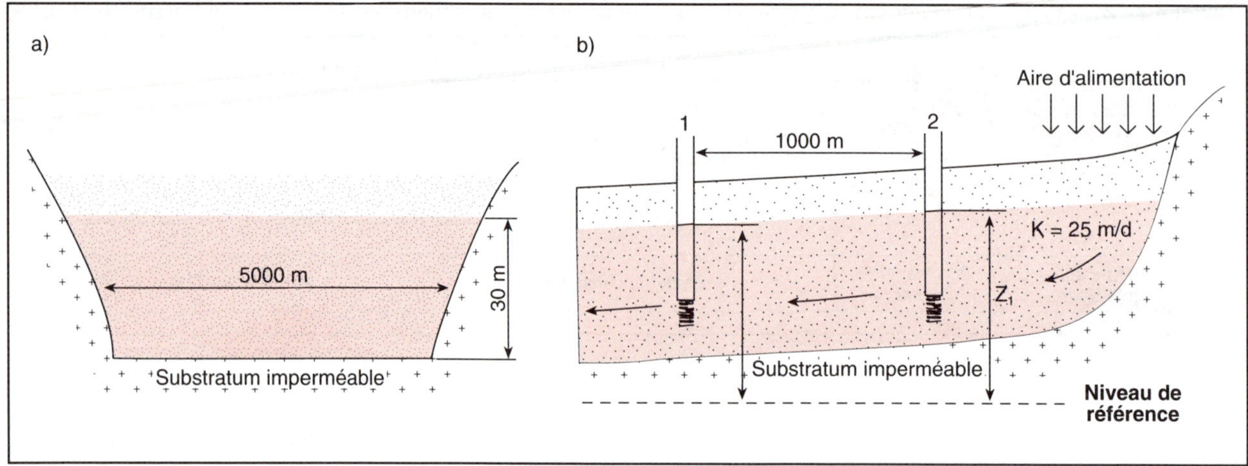

Figure 22.9 Coupe transversale, en a), et longitudinale, en b), d'un aquifère enfoui dans une vallée alluviale (d'après Bouwer, 1978, p. 47).

l'écoulement. De plus, les vides sont interreliés, ce qui assure la continuité du processus. Un écoulement laminaire, on l'a vu, est constitué de filets liquides juxtaposés et parallèles. Les vitesses dans une direction sont égales sur une même section perpendiculaire.

Ces conditions peuvent sembler restrictives, surtout quand elles sont appliquées à des réservoirs rocheux. En fait, la loi de Darcy convient parfaitement à toutes les formations meubles. Elle s'applique plus difficilement aux massifs hétérogènes, aux roches compactes saines, aux formations très karstifiées et à celles qui sont situées au voisinage des puits, où l'écoulement est de moins en moins laminaire.

22.6 APERÇU DES CONDITIONS HYDROGÉOLOGIQUES AU QUÉBEC

Le sous-sol du Québec contient de grandes réserves d'eau alimentées par des précipitations assez abondantes. Variant suivant l'altitude et l'exposition, la précipitation totale annuelle est de l'ordre de 1000 mm dans la plaine de Montréal, avec des maximums de 1500 mm dans les régions élevées des Laurentides et de la péninsule gaspésienne. Des minimums de 800 mm se rencontrent en bordure sud du Saint-Laurent, dans le bassin du lac Saint-Jean, dans l'Outaouais et dans le Nord-Ouest québécois.

Les conditions géologiques du Québec permettent de distinguer deux milieux de prélèvements des eaux souterraines : le substratum rocheux et les formations superficielles qui le recouvrent.

22.6.1 *Hydrogéologie du substratum rocheux*[7]

L'eau peut s'emmagasiner dans les roches sédimentaires détritiques peu compactées. La porosité est alors dite primaire. Par contre, pour toute autre roche, l'eau occupe des vides apparus après la consolidation. On parle alors de porosité secondaire, et la productivité des puits est liée aux divers réseaux de diaclases et aux canaux de dissolution capables de conduire et d'emmagasiner l'eau.

La figure 22.10 donne un aperçu de la réserve en eau souterraine du substratum rocheux du sud-est du Québec. On a classifié les terrains à partir d'une analyse statistique des données de 25 000 forages. Les résultats ont permis de subdiviser la bordure sud-est du Québec en 15 unités hydrostratigraphiques. Les traitements statistiques sur le rendement des puits de chaque unité ont servi à classifier les réservoirs à porosité secondaire en trois grandes catégories.

- **Les terrains à faible perméabilité**, que l'on retrouve dans le Bouclier, la partie centrale des basses-terres du Saint-Laurent et le Bas-Saint-Laurent. Le débit des puits forés dans les unités de ces régions est généralement inférieur à 2,7 m^3/h, avec une probabilité très faible d'obtenir un débit supérieur à 9 m^3/h. De bonnes études de terrain peuvent améliorer cette probabilité.
- **Les terrains à perméabilité modérée**, que l'on retrouve principalement dans les Appalaches. Les débits sont de l'ordre de 4 à 5,5 m^3/h, avec une probabilité de 10 à 30 % d'obtenir un débit supérieur à 9 m^3/h.
- **Les terrains à forte perméabilité**, qui sont concentrés dans la région de Montréal, le long d'une

7. L'information sur ce sujet provient principalement de G. Simard et R. Desrosiers, *Qualité des eaux souterraines du Québec*, 1979.

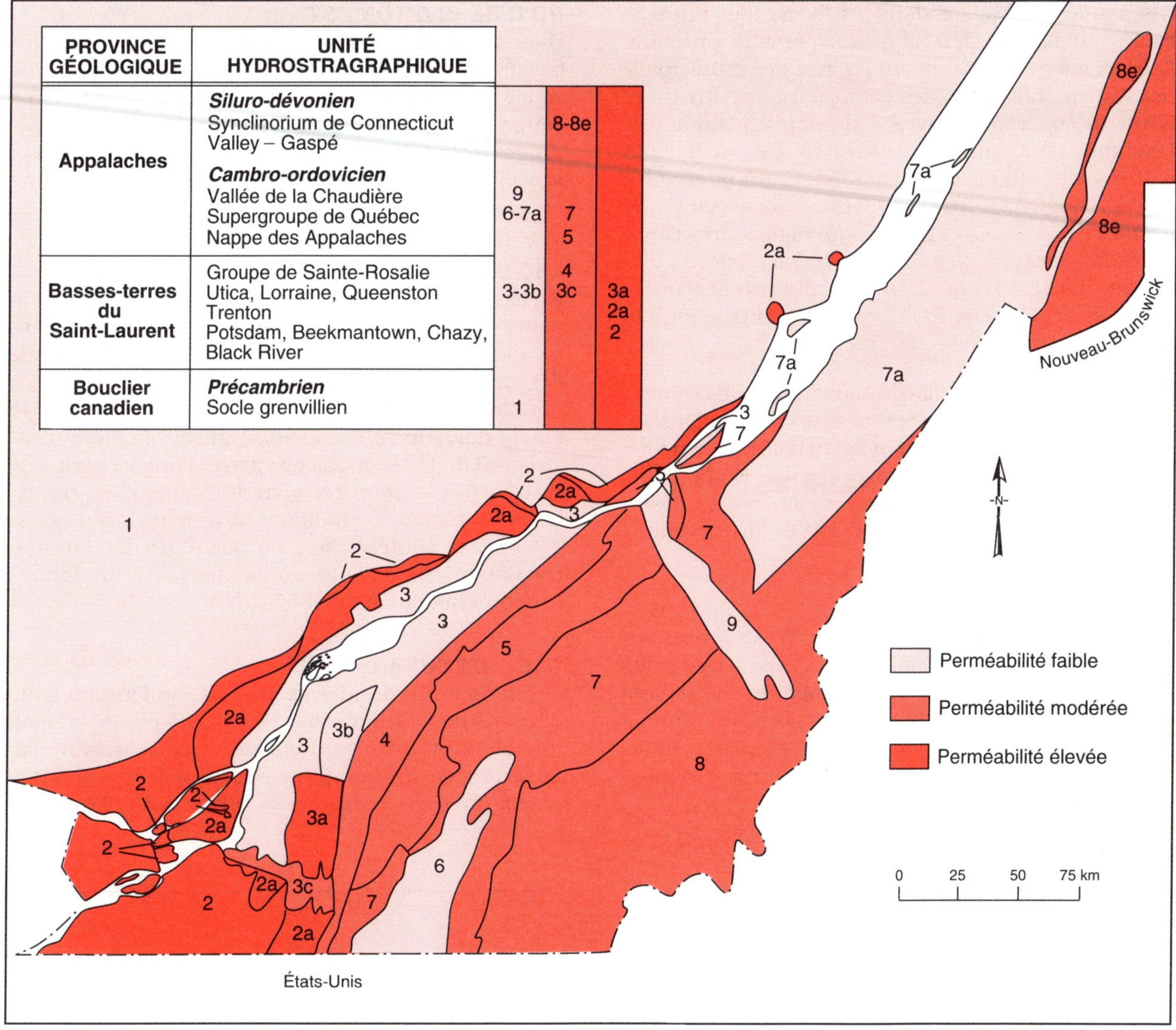

Figure 22.10 Perméabilité du substratum rocheux du sud-est du Québec. La subdivision des principales unités hydrostratigraphiques des provinces géologiques permet d'illustrer la perméabilité à l'aide de 15 sous-unités. On note que seules certaines sous-unités des roches des basses-terres du Saint-Laurent (2-2a-3a) montrent une perméabilité élevée (d'après Simard et Sylvestre, 1977).

bande longeant le Bouclier canadien, aux Îles-de-la-Madeleine, sur la côte sud de la Gaspésie et de l'île d'Anticosti. Les débits moyens sont supérieurs à 8 m^3/h, avec 15 % de probabilité d'obtenir plus de 25 m^3/h. Il est même possible d'atteindre des débits supérieurs à 100 m^3/h dans les horizons les plus favorables, comme le grès de Potsdam, les dolomies de Beekmantown, les calcaires de l'Ordovicien inférieur et les grès du Carbonifère.

Il va sans dire que l'échelle de la carte ne permet pas de tenir compte des variations causées par des changements lithologiques locaux. Néanmoins, elle donne un bon aperçu du potentiel aquifère du substratum rocheux du sud-est du Québec.

22.6.2 *Hydrogéologie des formations superficielles*

Des aquifères très importants sont localisés dans les formations superficielles (dépôts meubles) qui recouvrent le substratum rocheux. Les sédiments susceptibles de contenir de grandes quantités d'eau sont essentiellement les sables et les graviers d'origines fluvioglaciaire, fluviatile, deltaïque et marine. Les nombreux deltas proglaciaires édifiés à l'embouchure des grandes rivières qui sortent des Laurentides renferment les principaux aquifères du Québec. Le delta de la rivière Saint-Maurice, par exemple, renferme des nappes qui approvisionnent les puits de plusieurs municipalités, dont Cap-de-la-Madeleine, desservie par une trentaine de puits.

Les aquifères localisés dans les formations superficielles alimentent des nappes à porosité primaire. Leur exploitation est surtout l'œuvre des municipalités, qui en obtiennent des débits variant entre 25 et 2700 m^3/h, selon l'ouvrage de captage implanté, l'étendue de l'aquifère, l'épaisseur des sédiments saturés et le taux de réalimentation. Une étude menée à East Angus en 1971 a permis de déceler une formation de sables et graviers juxtaglaciaires capable de fournir un débit de 125 m^3/h grâce à deux puits filtrants. Aujourd'hui, la ville s'alimente encore à partir des eaux de surface, mais un puits assure la relève en période de sécheresse.

Étant donné que leur distribution varie grandement, il est impossible de montrer sur une carte du Québec à petite échelle l'emplacement des dépôts quaternaires qui offrent un intérêt hydrogéologique. Nous allons simplement présenter quelques exemples d'aquifères régionaux, en particulier de l'Estrie et du Lac-Saint-Jean.

L'Inlandsis laurentidien a fortement bouleversé le réseau hydrographique du Québec. Très souvent, les vallées fluviales préglaciaires sont fossilisées sous des dépôts importants. Le repérage de ces vallées enfouies se révèle d'une grande importance dans la recherche des eaux souterraines. Ces vallées renferment souvent des aquifères logés dans des sables et des graviers, intercalés entre des tills.

RIVIÈRE CLIFTON EST

Dans le sous-bassin de la rivière Clifton Est, du bassin de la rivière Eaton en Estrie, on a localisé une vallée préglaciaire enfouie sous le lit de la rivière. La coupe stratigraphique de la figure 22.11 illustre l'arrangement stratigraphique des dépôts qui comblent la vallée. Un aquifère captif est enfermé dans une couche profonde de gravier.

LAC-DROLET

Un cas intéressant a été rencontré près de la municipalité de Lac-Drolet, comté de Frontenac, à la fin du printemps de 1973. Lors d'un forage en vue de déterminer la nature des sols à l'emplacement prévu pour les assises d'un pont, on a découvert un aquifère enfoui dans un sable silteux, à une profondeur d'environ 40 m. Une couche de varves d'une trentaine de mètres d'épaisseur recouvrait l'aquifère et contribuait à créer des conditions artésiennes qui poussaient l'eau souterraine en surface à un débit d'environ 650 m^3/h. Six jours après l'arrêt forcé du forage, le débit était encore de 250 m^3/h.

LAC-SAINT-JEAN

Examinons un dernier exemple d'aquifère implanté dans des dépôts quaternaires. Le nord-est de la région du Lac-Saint-Jean se prête bien à ces observations. La séquence stratigraphique habituelle comprend, à partir du socle rocheux, le till de fond, le gravier

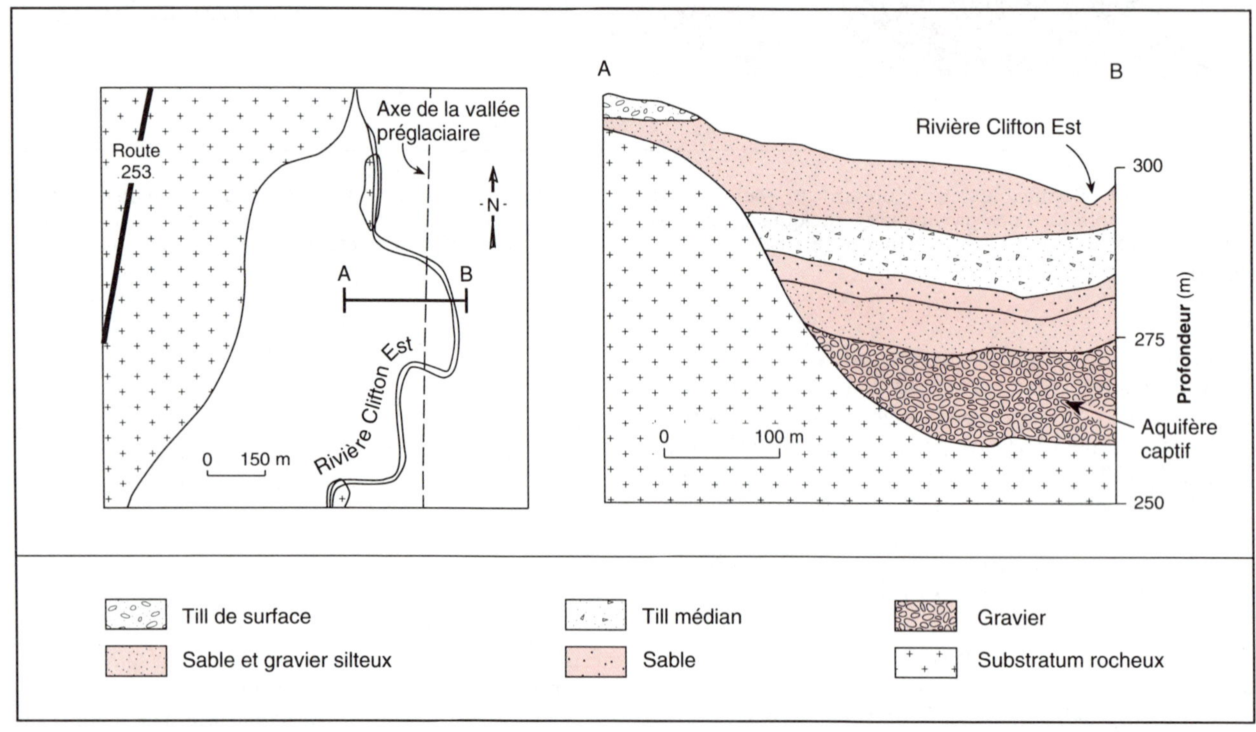

Figure 22.11 Coupe dans le bassin de la rivière Clifton Est montrant la stratigraphie des dépôts et la localisation d'un aquifère captif à la base de la séquence (d'après Simard, 1977, p. 29).

fluvioglaciaire, l'argile et les sables et graviers de la Mer de Laflamme. Des matériaux récents, surtout organiques, et des alluvions viennent compléter la séquence.

De l'argile marine couvre la plus grande partie de la région. Ce sédiment est relativement imperméable et l'eau qu'il renferme est généralement salée. En certains endroits, l'eau salée pénètre par les fractures du substratum rocheux jusqu'à des profondeurs de 150 à 200 m. Les meilleurs aquifères se trouvent dans le sable de surface et dans le gravier fluvioglaciaire enfoui. Le sable est celui du delta de la rivière Péribonka, mis en place au nord de L'Ascension, à une altitude d'environ 150 m. Quant au gravier fluvioglaciaire, il repose habituellement sous l'argile marine et occupe les dépressions de la roche en place, comme dans la vallée de Saint-Ludger-de-Milot et dans les régions de Saint-Léon-de-Chicoutimi, de Saint-Nazaire-de Chicoutimi et de Saint-Henri-de-Taillon.

La carte de la figure 22.12 et les coupes qui l'accompagnent (fig. 22.13) permettent de situer les municipalités mentionnées ci-dessus, tout en montrant clairement les conditions hydrogéologiques de cette région du Québec. La carte indique la topographie du substratum rocheux à l'aide de courbes de niveau dont l'équidistance est de 7,6 m (25 pieds). Ces courbes font ressortir les irrégularités de la roche de fond, comme les bosses, les dépressions et les anciennes vallées. On peut se faire une idée de l'étendue et de la puissance des dépôts qui comblent ces vallées et renferment les aquifères en interprétant ces courbes de niveau. Dans la région de L'Ascension, par exemple, le socle rocheux est entaillé d'une profonde dépression comblée par 122 m (400 pieds) d'argile.

Les coupes A-A' et B-B' montrent la position stratigraphique de deux des principaux aquifères captifs de cette région. Dans les deux cas, les aquifères sont situés dans des graviers fluvioglaciaires, enfouis au fond de dépressions creusées à même le socle rocheux. La coupe A-A' présente l'aquifère de Saint-Léon-de-Chicoutimi, sous la rivière Mistouk, et la coupe B-B', l'aquifère de Saint-Nazaire-de-Chicoutimi, sous le ruisseau Gervais.

Rappelons en terminant qu'environ 20 % de l'eau consommée par la population du Québec provient d'aquifères. Face à des problèmes sérieux d'alimentation et de pollution des eaux de surface, de nombreuses municipalités se tournent vers l'exploitation des eaux souterraines. Il serait trop long de présenter chaque cas en détail, mais signalons que les municipalités de Cap-de-la-Madeleine, Trois-Rivières-Ouest, Val-d'Or, Matane, Malartic, Amos, Châteauguay, Waterloo, Louiseville, Sainte-Anne-des-Monts, Dorion et Ormstown constituent des exemples intéressants d'alimentation par l'eau souterraine.

22.7 LA POLLUTION DES EAUX SOUTERRAINES

Les eaux souterraines n'échappent pas à la pollution. Cette ressource précieuse est de plus en plus contaminée par des polluants d'origines diverses, notamment industrielle et agricole. Nous allons examiner brièvement quelques cas de pollution.

22.7.1 *Ville de Mercier*

Dans la région de Mercier[8], ville située au sud de Montréal, il existe une zone de pollution des eaux souterraines juste en dessous d'un ancien dépotoir industriel exploité par *La Salle Oil Carriers* entre 1968 et 1972. Au cours de cette période, 40 000 t de déchets liquides de natures diverses (principalement des huiles et des solvants) ont été déversés dans des lagunes aménagées dans une sablière abandonnée. Cette dernière est localisée dans un esker partiellement enfoui sous les dépôts de la Mer de Champlain. L'esker repose sur un till discontinu recouvrant les grès de Potsdam et les dolomies de Beekmantown.

On estime que 39 000 t de résidus ont été récupérés par pompage dans des lagunes, et incinérés. C'est donc dire que mille tonnes de déchets se sont infiltrés dans le sous-sol. Les huiles ne sont pas miscibles dans l'eau. À la suite de leur déversement, elles ont imprégné le sol jusqu'à saturation résiduelle. Une phase huileuse, plus dense que l'eau, a migré vers le bas pour atteindre le roc. Cependant, on estime que 90 % des huiles infiltrées se retrouvent entre 5 et 10 m de profondeur, dans les sables et graviers à proximité des lagunes. De plus, à cause de la faible vitesse d'écoulement dans l'eau souterraine et de leur forte adhésion aux particules, les huiles sont demeurées confinées dans un secteur limité. La zone contaminée a été délimitée par deux campagnes d'échantillonnage, l'une effectuée en mai 1988 et l'autre en octobre 1988. Des analyses d'une grande sensibilité portant sur des composés volatils et non volatils ont permis de donner une image précise de l'étendue de la contamination. Le tableau 22.3 présente les caractéristiques de l'eau brute. Les 61 composés organiques détectés en mai 1988 atteignent une concentration totale de 2,5 mg/l et se classent comme suit : 97 % de composés volatils et 3 % de

8. Ces renseignements sont tirés du rapport préparé par Richard Martel et Pierre Ayotte, *État de la situation sur la contamination de la nappe souterraine dans la région de Mercier*, 1989.

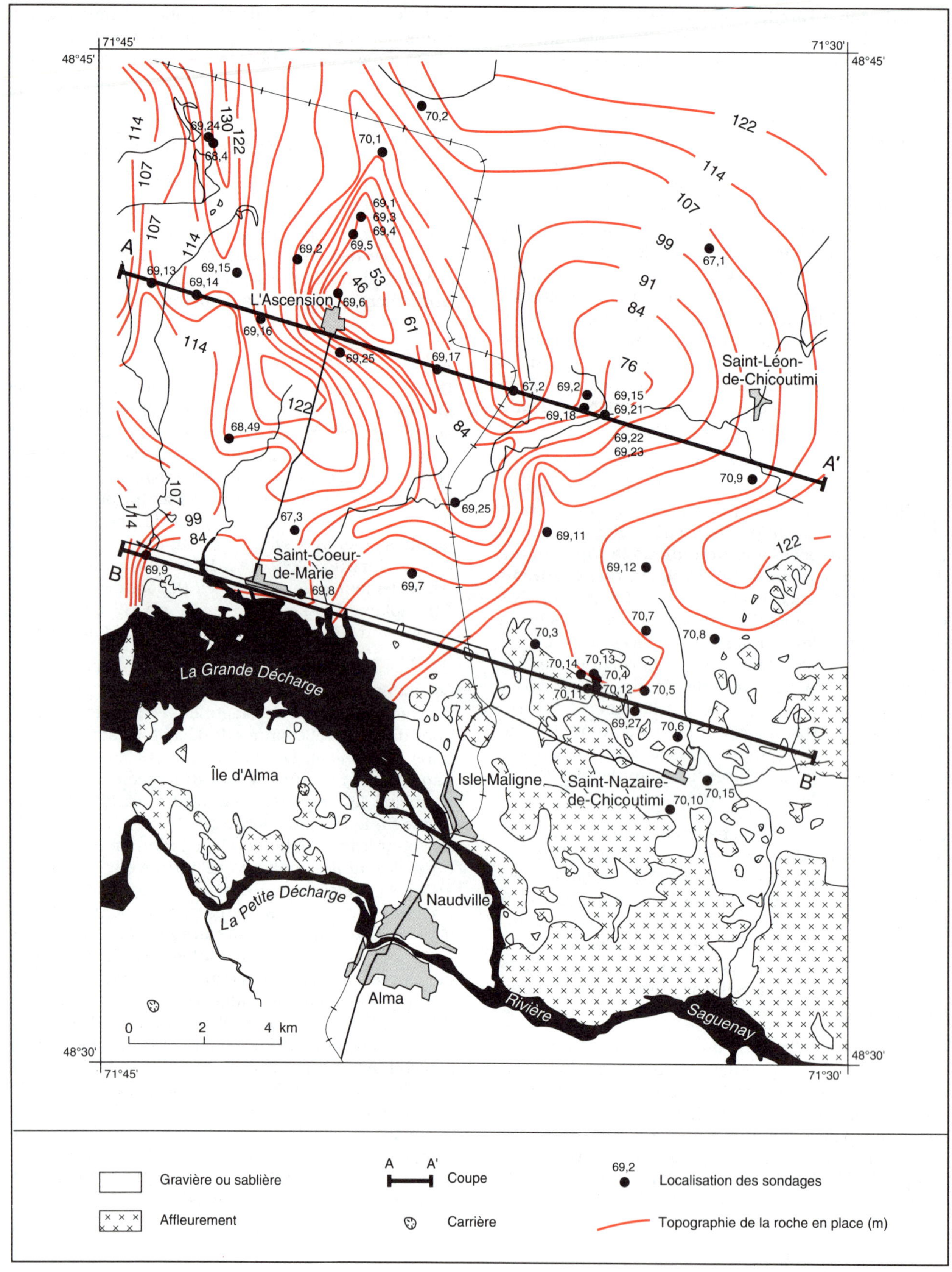

Figure 22.12 Topographie du socle rocheux dans la région au nord d'Alma, Lac-Saint-Jean (d'après Dessureault, 1975, p. 15-16).

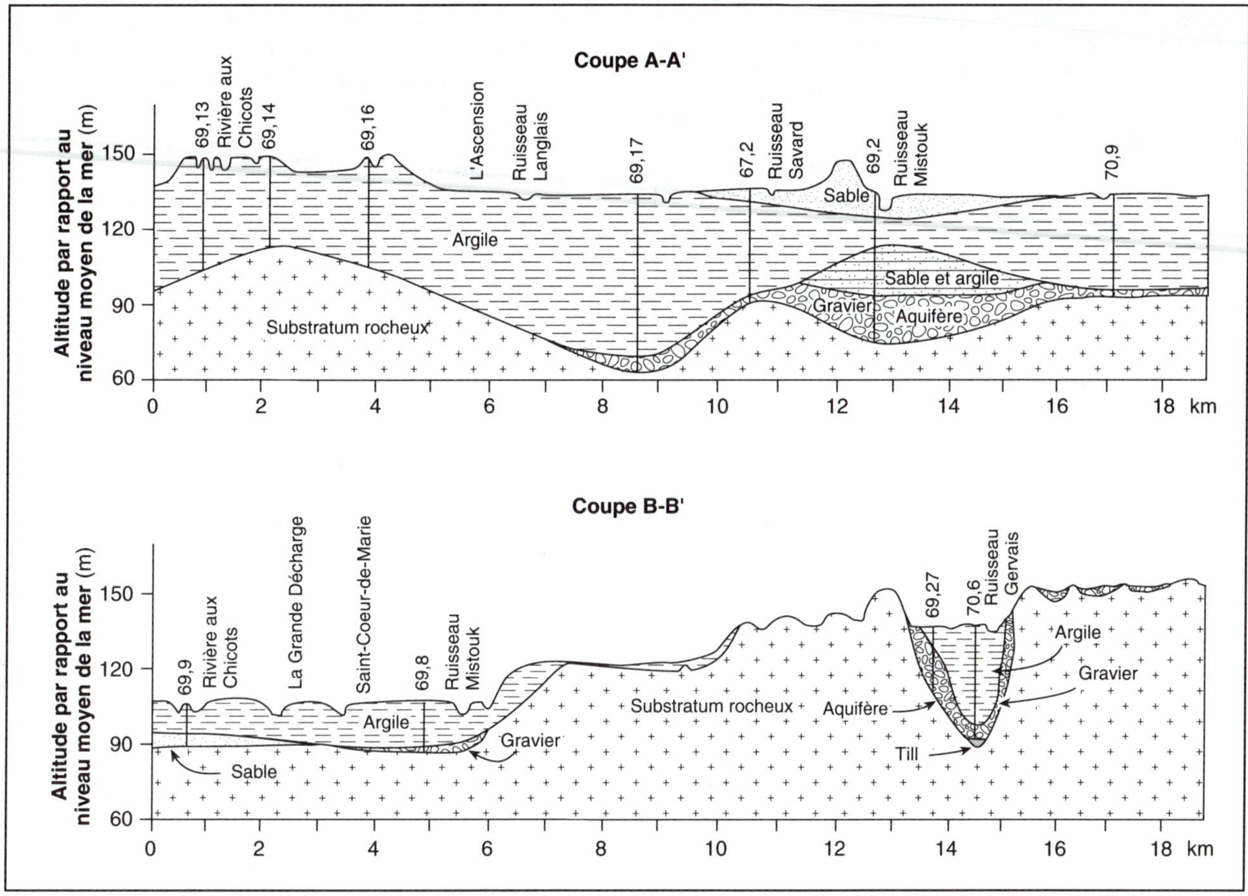

Figure 22.13 Coupes de la figure 22.12 montrant la localisation d'aquifères captifs dans des graviers d'origine fluvioglaciaire (d'après Dessureault, 1975, p. 15-16).

composés non volatils. Les concentrations des composés organiques dans l'eau sont telles que sa consommation entraînerait des risques pour la santé.

Des travaux de décontamination du terrain ont débuté en 1984. Les installations de traitement, propriété du ministère de l'Environnement du Québec, comprennent trois puits d'une profondeur de 35 m, qui alimentent une usine de traitement. Les données disponibles à la fin de 1989 démontrent que seulement 20 t de composés organiques ont été récupérées. C'est donc dire que le procédé de restauration n'est pas très efficace. Les composés volatils, entre autres, ne sont éliminés qu'à 50 % environ.

Même si l'objectif de restauration n'a pas encore été atteint, le pompage a pour effet d'inverser l'écoulement naturel et d'amener l'eau souterraine en direction des trois puits. On crée ainsi une zone d'appel qui modifie l'écoulement régional sur une superficie approximative de 20 km^2, évitant ainsi que les eaux fortement contaminées ne se dispersent davantage dans la nappe. On a au moins réussi à confiner la pollution. En ce qui concerne les huiles, on ne peut pas les récupérer avec l'eau. Celles qui sont entre 5 et 10 m de profondeur pourraient être récupérées par excavation et pompage. Pour les huiles parvenues à de plus grandes profondeurs, les méthodes de récupération ne sont pas encore au point.

Depuis la mise à jour de ce cas de pollution des eaux souterraines, les gouvernements ont dépensé près de 14 millions de dollars pour tenter de solutionner le problème. Une bonne partie de cette somme a servi à des études techniques et à défrayer les coûts d'installation de conduites pour alimenter les résidents dont les puits sont contaminés.

22.7.2 *Pollution d'origine agricole*

L'agriculture de type industriel fait appel à de grandes quantités d'engrais chimiques et de pesticides. Nous allons examiner brièvement deux cas de pollution des eaux souterraines, tous deux reliés à la culture des pommes de terre.

Le premier cas est connu depuis l'automne 1979 alors que le ministère de l'Environnement du Québec mesurait une teneur anormale en azote dans l'eau de la municipalité de Sainte-Catherine-de-Portneuf (main

Tableau 22.3 Composés organiques retrouvés dans l'eau brute extraite de la nappe localisée sous l'ancien dépotoir de *La Salle Oil Carriers* à Mercier. Au total, 61 substances ont été mesurées, dont 97 % sont des composés organiques volatils, et 3 % des composés organiques non volatils (Simard et Ayotte, 1989).

COMPOSÉS ORGANIQUES	PROPORTION (% du poids)
Composés organiques volatils (n = 26)	
• hydrocarbures halogénés	86
• hydrocarbures aromatiques monocycliques	11
Composés organiques non volatils (n = 35)	
• composés phénoliques	1
• hydrocarbures aromatiques polycycliques	1
• autres	1

tenant Sainte-Catherine-de-la-Jacques-Cartier), au nord de Québec[9]. Des vérifications plus poussées ont conduit à la découverte de pesticides dans l'eau de l'aqueduc, pesticides employés dans la culture des pommes de terre. En décembre 1979, le ministère interdisait à la municipalité de distribuer cette eau aux citoyens. L'analyse d'échantillons prélevés entre le mois de septembre 1980 et le mois de juillet 1981 a porté sur six pesticides choisis en raison de leur solubilité, de leur utilisation à grande échelle et de leur rémanence (persistance dans le milieu). C'est un insecticide, le *carbofuran*, qui a été retrouvé en plus grande concentration dans l'eau.

Un cas semblable est rapporté pour la région de Saint-Arsène, une municipalité située près de Rivière-du-Loup[10]. On y pratique la culture de la pomme de terre de semence sur des sols sablonneux qui nécessitent un enrichissement important pour assurer une production rentable. On a procédé à l'analyse de l'eau de 15 puits, dont huit puits de surface et sept puits forés. Chaque puits a été échantillonné à dix reprises au cours d'une période d'un an (avril 1986 à avril 1987). Les résultats d'analyses démontrent qu'on n'a décelé aucune trace de pesticides dans les échantillons. Par contre, tous les puits de surface affichent des concentrations élevées en azote, ce qui n'est pas le cas des puits forés. Le règlement sur l'eau potable du ministère de l'Environnement du Québec stipule que les concentrations en azote ne doivent pas dépasser 10 mg/l. Or, pour les puits de surface, la moyenne obtenue est de 9,5 mg/l et la norme a été dépassée à 15 reprises. En novembre 1986, l'eau d'un puits contenait 46 mg/l de nitrates, soit près de cinq fois la norme. Selon les conclusions de l'étude, l'azote vient des engrais chimiques utilisés pour fertiliser les sols. L'autre origine potentielle pourrait être les eaux usées des installations septiques, mais ce n'est pas le cas ici.

CONCLUSION

L'eau souterraine joue un rôle très important à l'intérieur du cycle de l'eau. Les conditions géologiques sont responsables de la répartition et de la disponibilité de cette ressource sur un territoire donné. Ayant une extension plus grande que celle des eaux de surface et une qualité générale meilleure, les eaux souterraines devraient être réservées à l'approvisionnement des populations. Malheureusement, l'eau est devenue le véhicule privilégié pour l'évacuation des déchets de l'activité humaine et elle est de plus en plus polluée. Comme on l'a vu avec le cas de Mercier et de quelques autres localités, la pollution atteint même les nappes d'eau souterraine.

VOCABULAIRE

Aquifère
Aquifère captif
Aquifère libre
Aquifère perché

Conductivité hydraulique

Eau de rétention
Eau gravitaire
Eau souterraine

Loi de Darcy

Nappe

Perméabilité
Porosité cinématique
Porosité de drainage
Porosité totale

Surface libre
Surface piézométrique

Zone non saturée
Zone saturée

9. On consultera le rapport de Charles-É. Beaudoin, *Études de rémanence de pesticides retenus dans la nappe phréatique à Sainte-Catherine-de-Portneuf*, 1982.
10. On consultera l'article de Michel Laferrière, « Contamination des puits privés dans un secteur de culture intensive de pommes de terre (Saint-Arsène et les environs) », 1988.

QUESTIONS

1. Montrez la place qu'occupent les eaux souterraines dans le cycle de l'eau et précisez leur importance à l'échelle du globe.
2. Définissez les termes aquifère et nappe.
3. Énoncez les principaux facteurs qui font varier la porosité des terrains. Faites la distinction entre porosité totale et porosité cinématique.
4. Définissez ce qu'est la perméabilité. Donnez des valeurs moyennes pour quelques terrains.
5. Quelle différence y a-t-il entre le débit spécifique et la vitesse moyenne d'écoulement ? Expliquez votre réponse.
6. À l'aide d'un schéma, faites ressortir les principales observations à la base de la loi de Darcy.
7. Au Québec, d'excellents aquifères sont enfouis dans des sables et graviers fluvioglaciaires. À l'aide d'une coupe verticale, montrez un arrangement stratigraphique qui peut favoriser un bon stockage d'eau. Localisez les aquifères.
8. En reprenant les données de la figure 22.9 et en supposant une porosité de 40 %, calculez la vitesse moyenne de l'écoulement (v) en m/a.

RÉFÉRENCES BIBLIOGRAPHIQUES

OUVRAGES RECOMMANDÉS

1. **Castany, G.**
   1982 : *Principes et méthodes de l'hydrogéologie.* Paris, Dunod Université, 238 p.
   Très bon ouvrage de référence.

2. **Castany, G. et Margat, J.**
   1977 : *Dictionnaire français d'hydrogéologie.* Orléans, BRGM, 249 p. et tableaux.
   Volume très utile, car on y trouve beaucoup d'équivalents en français de termes anglais.

3. **Freeze, R. A. et Cherry, J. A.**
   1979 : *Groundwater.* Englewood Cliffs, N. J., Prentice-Hall, 604 p.
   Un des meilleurs volumes sur le marché.

AUTRES SOURCES D'INFORMATION CONSULTÉES

Beaudoin, C.-É.
1982 : *Étude de la rémanence de pesticides retenus dans la nappe phréatique à Sainte-Catherine-de-Portneuf.* Québec, ministère de l'Environnement, Service de l'assainissement agricole, 31 p. et annexes.

Bouwer, H.
1978 : *Groundwater Hydrology.* New York, McGraw-Hill, 480 p.

Bowen, R.
1986 : *Groundwater.* 2e éd., New York, Elsevier Applied Science Publishers, 427 p.

de Marsaly, G.
1981 : *Hydrogéologie quantitative.* Paris, Masson, coll. Sciences de la Terre, 218 p.

Dessureault, R.
1975 : *Hydrogéologie du Lac-Saint-Jean, partie nord-est.* Québec, ministère de l'Environnement, Direction générale des inventaires et de la recherche, Service des eaux souterraines, H. G.-7, 90 p.

Gélinas, P. et Isabel, D.
1990 : *Hydrogéologie des contaminants; cours intensif.* Sainte-Foy, Association professionnelle des géologues et des géophysiciens du Québec, 142 p.

Hess, P. J.
1981 : *Utilisation des eaux souterraines au Canada.* Ottawa, Rapport nº 28, Institut national de recherche en hydrologie, Direction générale des eaux intérieures, Ottawa, 45 p. et 6 cartes en pochette.

Johnson, E. E.
1972 : *Groundwater and Wells.* Minneapolis., Johnson Div., Universal Oil Products Co., 440 p.

Laferrière, M.
1988 : « Contamination des puits privés dans un secteur de culture intensive de pommes de terre (Saint-Arsène et les environs) » dans *Sciences et Techniques de l'eau*, vol. 21, n° 3, p. 265-269.

Margat, J.
1990 : « Les gisements d'eau souterraine » dans *La Recherche*, vol. 21, n° 221, p. 590-596.

Martel, R. et Ayotte, P.
1989 : *État de la situation sur la contamination de la nappe souterraine dans la région de Mercier.* Québec, ministère de l'Environnement, 21 p., figures, tableaux, annexes et cartes.

McCormack, R.
1984 : *Étude hydrogéologique d'une partie de la rive sud du Saint-Laurent.* Québec, ministère de l'Environnement, Direction générale des inventaires et de la recherche, Service des eaux souterraines, H.G.-16, 162 p. et 9 cartes.

1983 : *Étude hydrogéologique – Rive nord du Saint-Laurent.* Québec, ministère de l'Environnement, Direction générale des inventaires et de la recherche, Service des eaux souterraines, H.G.-15, 412 p. et 11 cartes.

Simard, G.
1977 : *Isotopes naturels et système d'écoulement souterrain, bassin de la rivière Eaton.* Québec, ministère de l'Environnement, Direction générale des inventaires, Service des eaux souterraines, H.G.-8, 87 p.

Simard, G. et Desrosiers, R.
1979 : *Qualité des eaux souterraines du Québec.* Québec, ministère de l'Environnement, Direction générale des inventaires et de la recherche, Service des eaux souterraines, H.G.-13, 92 p. et annexes.

Simard, G. et Sylvestre, M.
1977 : *Vulnérabilité des ressources en eau souterraine du Québec à la pollution; pour une politique globale de l'eau.* Québec, 15e congrès de l'AQTE (Association québécoise des techniques de l'eau), n. p.

U.S. Department of the Interior
1985 : *Groundwater Manual.* Washington, United States Government Printing Office, 480 p.

PARTIE

8

Le Québec

L'histoire du Québec commence il y a plus de 3 Ga avec la formation d'une mince écorce terrestre. Les premiers bassins sédimentaires naissent dans les déchirures de cette écorce primitive. Les lambeaux de cette mince « peau de lait » glissent bientôt les uns par rapport aux autres. La collision de ces embryons de plaques forme des arcs insulaires. Vers 2,7 Ga, tous ces éléments se soudent pour donner le noyau archéen du Québec, soit la province géologique du Lac Supérieur. Des sédiments continentaux, puis marins, viennent bientôt le recouvrir.

Vers 1,7 Ga, de petits continents archéens, ceux de Hearne, de Burwell, de Rae et de Nain rentrent en collision avec le noyau du Lac Supérieur et créent autour de celui-ci une chaîne de montagnes. Au cours d'une nouvelle relaxation, le continent se segmente graduellement et des bassins continentaux, chauds et arides, se forment. Puis, pendant 250 millions d'années, des collisions continentales se succèdent sur la marge sud-est du continent. Une nouvelle chaîne de montagnes émerge. C'est celle des Laurentides. Les géologues lui donnent également le nom de Province de Grenville.

De 900 à 470 Ma, il y a nouvelle relaxation. Un nouvel océan apparaît : c'est l'Iapetus. Son aspect initial est celui de la mer Rouge. Il disparaît en moins de 100 millions d'années, alors que les orogenèses taconique et acadienne créent une nouvelle chaîne de montagnes : les Appalaches. Dans les 350 millions d'années qui nous séparent d'aujourd'hui, ces montagnes vont s'éroder. Un nouvel océan va s'ouvrir : l'Atlantique. Le territoire du Québec est alors formé. Le climat y passera de chaud et humide à glaciaire. Au Quaternaire, l'Inlandsis laurentidien envahit le Québec. Les derniers milliers d'années voient cet inlandsis disparaître et le système de drainage actuel se développer. Le réchauffement naturel du climat qui suit risque aujourd'hui l'emballement. L'avènement de la Révolution industrielle et la consommation effrénée de combustibles fossiles en seraient la cause.

Le Québec vu par satellite. L'image du Québec telle que nous l'apercevons sur la mosaïque a été reconstituée à partir de quelque deux cents clichés différents, pris par les satellites Landsat à une altitude de 900 kilomètres. (Reproduction de l'affiche « Le Québec vu par satellite », service de la cartographie, ministère de l'Énergie et des Ressources.)

CHAPITRE 23

L'HISTOIRE GÉOLOGIQUE DU QUÉBEC

Avant de commencer le récit des événements, l'historien amasse ses documents : volumes des bibliothèques, manuscrits des archives, etc. Ensuite il les classe, les arrange de façon méthodique, les interprète et, finalement, reconstitue l'histoire du passé. Le géologue, puisqu'il est historien et l'historien de la grande histoire, devra agir de la même façon. Ses documents à lui seront les feuillets de pierre qui constituent la croûte terrestre. C'est là qu'il ira déchiffrer, pour nous le transmettre, le récit du passé de notre globe.

J.-W. Laverdière et L.-G. Morin, *Initiation à la Géologie.*

Objectifs pédagogiques

Au terme de ce chapitre vous devriez pouvoir :

- reconnaître les différents cycles de Wilson qu'a connus le Québec;
- illustrer les accrétions continentales successives qui ont façonné le territoire du Québec;
- distinguer les périodes d'édification de chaînes de montagnes de celles d'aplanissement des reliefs;
- bien discerner les différents paysages géologiques que commandent ces différents régimes tectoniques;
- prendre conscience de la très grande diversité des climats qu'a connus le Québec au cours de son évolution géologique.

L'histoire géologique du Québec nous permet de mettre en perspective les changements globaux qui affectent aujourd'hui la planète. En connaissant les paysages et les climats anciens du Québec, il est possible de comprendre pourquoi on peut observer à l'intérieur d'un territoire restreint les vestiges d'une mer postglaciaire, d'une forêt tropicale et d'une chaîne de montagnes aussi haute que l'Himalaya. L'histoire géologique du Québec est passionnante à lire.

23.1 LES NOYAUX PRIMITIFS ARCHÉENS

On a reconnu cinq noyaux archéens[1] distincts au Québec :

- le noyau du Lac Supérieur, en Abitibi et à la baie James;
- le noyau de Hearne, à la pointe extrême de l'Ungava;
- le noyau de Rae, à l'est de Schefferville;
- le noyau de Burwell, au nord des monts Torngat;
- le noyau de Nain, le long de la côte du Labrador.

23.1.1 Le noyau archéen du Lac Supérieur

Au Québec, le noyau archéen du Lac Supérieur s'étend de Povungnituk, au nord, à la réserve faunique La Vérendrye, au sud; des îles Belcher, dans la baie d'Hudson, à Schefferville, à l'est (fig. 23.1). Des roches

1. Un noyau archéen (du grec *arkhaios* qui signifie *primitif*) est un socle rocheux dont l'âge remonte à plus de 2,6 Ga et autour duquel sont venus s'agglomérer des terrains de plus en plus récents.

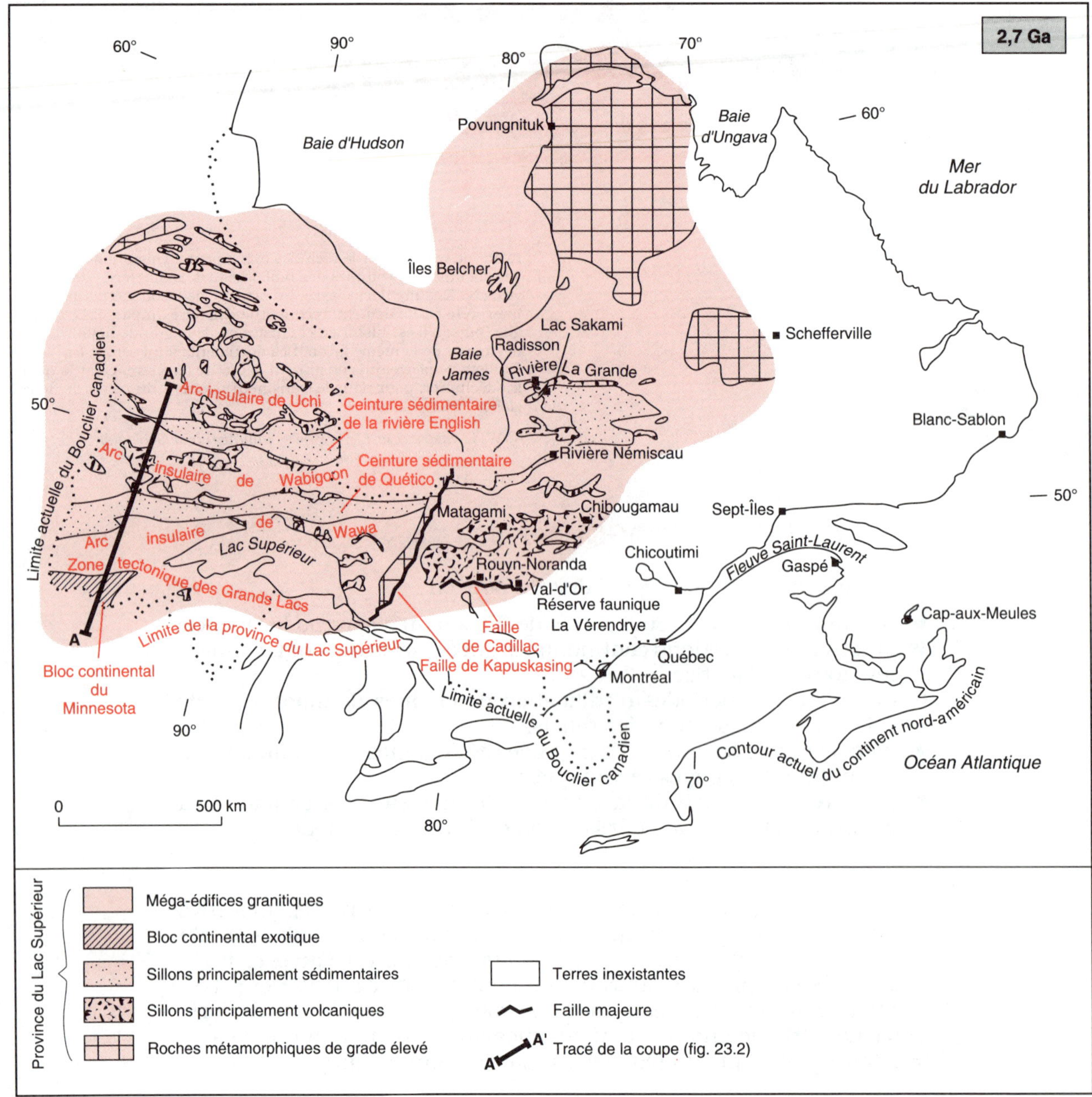

Figure 23.1 Le noyau archéen de la province du Lac Supérieur (d'après Hoffman dans Bally et Palmer, 1989, p. 450).

granitiques et des roches métamorphiques de grade élevé prédominent dans le nord et à l'est. Dans le sud, en Abitibi, ce sont plutôt des roches volcaniques et sédimentaires qui abondent. Elles sont beaucoup moins métamorphisées que les précédentes. Dans la région de Rouyn-Noranda, ces roches sont quasi aussi bien conservées que les laves qui viennent de sortir des volcans d'Hawaï. Ces laves abitibiennes ont pourtant 2,7 Ga.

Nous connaissons encore très mal l'histoire de ce noyau archéen. Il s'agit pourtant de l'une des régions du globe les plus prospectées par les géologues. Ceci est dû en partie au fait que le sud de ce territoire est largement couvert par des tourbières et des régions marécageuses et que le nord est dépourvu de moyen d'accès. Il faut également signaler le manque de données géochronologiques et structurales. À cet effet, dans le cadre du projet Lithoprobe, des chercheurs réaliseront bientôt des coupes sismiques en Abitibi et dans la réserve faunique La Vérendrye. Le résultat de ces travaux devrait nous renseigner sur la géométrie des structures profondes de cette croûte ancienne et sur ses variations d'épaisseurs.

Malgré ce manque d'information, les géologues ont pu esquisser un modèle d'évolution. La figure 23.2 le résume ainsi : un premier îlot continental se serait formé dans le nord de la province du Lac Supérieur. Puis, venant du sud, une série d'arcs insulaires auraient embouti ce protocontinent. Le résultat de ces accrétions successives confère à la région un patron structural est-ouest (fig. 23.1), souligné par l'alternance de sillons volcano-sédimentaires et de méga-édifices granitiques. Les roches les plus anciennes de ce dispositif seraient situées au nord, près de Povungnituk, alors que les plus récentes affleurent au sud de l'Abitibi.

Une grande faille, célèbre pour ses mines d'or, court entre Rouyn-Noranda et Val-d'Or : la faille de Cadillac (fig. 23.1). Son histoire est très complexe et témoigne à la fois d'épisodes de tension et de compression de l'écorce terrestre. La faille de Cadillac constitue la limite sud des grands sillons volcaniques de l'Abitibi. Plus au sud, on retrouve des roches sédimentaires appartenant à un autre bloc continental. La collision de ce bloc continental austral avec le train d'arcs insulaires, venant du nord (fig. 23.2), marque le point culminant de l'accrétion archéenne : c'est l'orogenèse kénoranéenne. Elle s'est produite vers 2,7 Ga.

Plus tard, au Protérozoïque, de grandes failles segmentent le noyau archéen de l'Abitibi. La faille de Kapuskasing en est une (fig. 23.1). On la suit depuis le lac Supérieur jusqu'à la baie James. La faille de Kapuskasing est particulièrement intéressante, car elle remonte à la surface des roches profondes, fournissant ainsi une coupe verticale de l'Abitibi. C'est grâce à cette coupe que l'on a pu démontrer que les roches volcaniques et sédimentaires, relativement fraîches, passaient, en profondeur, à des amphibolites et à des gneiss granitiques. Grâce à cette précieuse information, nous savons maintenant que le passage de roches quasi fraîches, en Abitibi, à des roches très métamorphiques, près de Povungnituk, correspond à un approfondissement graduel du niveau d'érosion de l'écorce terrestre. Il en va de même pour la surface d'érosion le long de La Grande Rivière, depuis la baie James jusqu'à Schefferville (fig. 23.1). Enfin, des datations récentes suggèrent que les roches ultramétamorphiques de la réserve faunique La Vérendrye soient l'équivalent des roches qui se trouvent en profondeur en Abitibi.

L'Abitibi est reconnue dans le monde entier pour ses gisements d'or et de cuivre-zinc. Les villes de Val-d'Or et de Rouyn-Noranda doivent d'ailleurs leur naissance à ces gisements : la première à ceux de la mine d'or Lamaque, et la seconde à l'énorme gisement de la mine Horne, berceau de la compagnie multinationale Noranda. Les gisements de cuivre-zinc se présentent dans des lentilles de pyrite massive interlitées avec les roches volcaniques (revoir fig. 21.6).

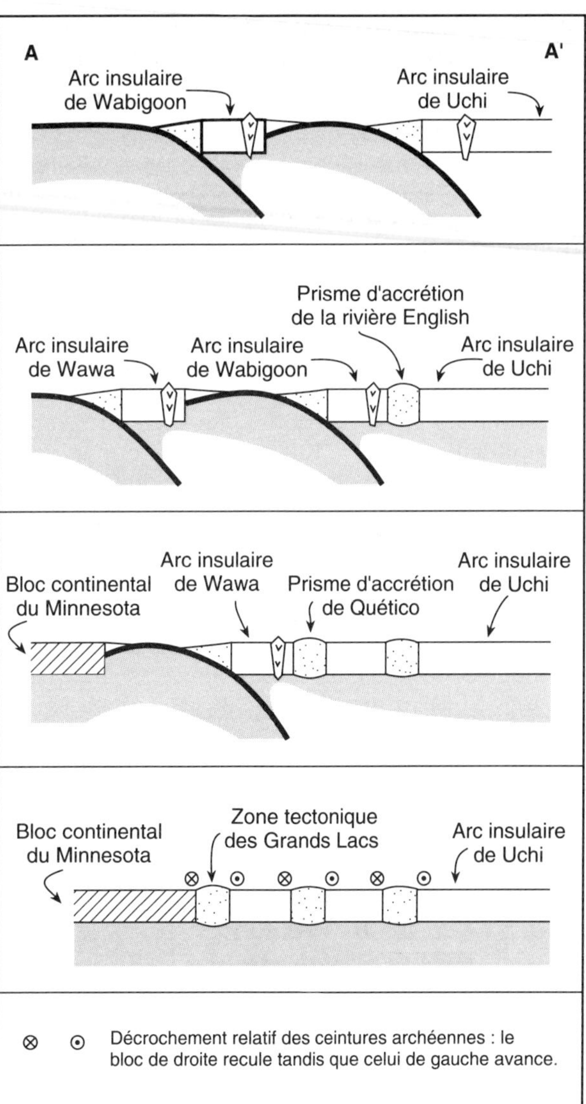

Figure 23.2 Coupe schématique montrant l'accrétion successive d'arcs insulaires, de prismes sédimentaires et de méga-édifices granitiques qui a donné naissance à la province du Lac Supérieur. Le tracé de cette coupe apparaît sur la figure 23.1 (d'après Hoffman dans Bally et Palmer, 1989, p. 450).

Outre ceux de Rouyn-Noranda, on trouve également de tels gisements à Matagami, à Joutel, à Chibougamau et à Val-d'Or. Les mines d'or exploitent plutôt des filons (revoir fig. 21.7) localisés le long de grandes failles est-ouest dont la plus fameuse est celle de Cadillac. Les gisements de cuivre-or de Chibougamau se présentent également dans des failles. La plus prolifique est celle qui passe sous le lac Doré. Enfin, le potentiel minier de la baie James demeure sous-développé. Avec ses conglomérats pyriteux à uranium et or, au lac Sakami, et ses horizons de chromite, près de la rivière Némiscau, il rappelle le potentiel minier de l'Afrique du Sud.

23.1.2 *Les noyaux archéens du détroit d'Hudson, des monts Torngat et de la côte du Labrador*

Qu'en est-il des quatre autres noyaux archéens du territoire québécois ? Le long du détroit d'Hudson, au nord d'une mince bande de roches protérozoïques, se trouve un socle archéen différent de celui de l'Abitibi. Il appartiendrait au noyau archéen de Hearne, affleurant principalement dans les Territoires du Nord-Ouest. Quant au socle archéen de Rae, il vient affleurer entre les ceintures orogéniques du Nouveau-Québec et des monts Torngat. Il est essentiellement constitué de gneiss felsiques. Le socle archéen de Burwell affleure à l'île Killinek, tandis que le noyau archéen de Nain est connu sur la côte du Labrador et au Groenland. Autrefois, avant l'ouverture de la mer du Labrador, ces deux blocs archéens étaient jointifs.

À l'heure actuelle, au Québec, on ne connaît pratiquement rien de ces noyaux archéens. Par contre, au Groenland, dans le noyau de Nain, on a identifié les formations de fer d'Isua comme étant les plus vieilles du monde. Elles auraient 3,7 Ga ! Retenons pour le moment que ces noyaux seraient venus se fixer à la province du Lac Supérieur vers 1,6 Ga, comme nous le verrons plus en détail à la sous-section 23.2.2.

23.2 UNE PREMIÈRE CHAÎNE DE MONTAGNES PROTÉROZOÏQUE AU NOUVEAU-QUÉBEC

Une chaîne de montagnes du Paléoprotérozoïque entoure la province du Lac Supérieur. Elle comprend l'orogène trans-hudsonnien et celui du Nouveau-Québec. Les roches sédimentaires et volcaniques y sont plissées et métamorphisées. Une première bande s'étend depuis la région de Fermont, sur la Côte-Nord, jusqu'à Tasiujak, au nord. Ces roches protérozoïques chevauchent les gneiss archéens situés à l'ouest : il s'agit de la fosse du Labrador. Une seconde bande court, en direction est-ouest, le long des monts d'Youville et de Povungnituk : il s'agit de la fosse de l'Ungava. Ces roches, en bonne partie ultramafiques, chevauchent les gneiss de la province du Lac Supérieur, au sud.

23.2.1 *Les premiers grands bassins protérozoïques*

Après la course folle de l'Archéen, tout semble s'être arrêté vers 2,6 Ga. La Terre a commencé à se refroidir. Le flux thermique est devenu plus faible. L'écorce terrestre est devenue plus épaisse. L'Abitibi est émergée. Son érosion va donner naissance à de puissantes couches de sable et de gravier au sud, dans la région qui s'étend aujourd'hui du lac Témiscamingue au lac Huron (fig. 23.3). L'oxygène étant encore bien rare sur Terre, la pyrite archéenne ne rouille pas comme aujourd'hui. Les sables et graviers en sont bourrés. Les sédiments détritiques renferment également de grandes quantités d'uraninite, minéral instable dans les conditions oxydantes qui prévalent de nos jours à la surface du globe. La pyrite, l'uraninite et la brannérite (un autre minéral d'uranium) sont des minéraux denses. C'est ce qui explique leur grande concentration dans les graviers, moins mobiles que les sables et silts des rivières. De nos jours, dans la région de Elliot Lake, sur la rive nord du lac Huron, on exploite ces bancs de conglomérats uranifères.

Le climat abitibien de l'époque n'était guère plus chaud que celui d'aujourd'hui. En témoignent les tillites, c'est-à-dire des tills consolidés, des régions de Rouyn-Noranda et de Chibougamau.

Graduellement, la concentration en oxygène a augmenté à la surface de la Terre. Ce nouvel équilibre est probablement lié à l'activité biologique devenue possible sur les fonds marins, grâce au développement des bactéries et des algues chlorophylliennes. Le continent archéen a continué à s'éroder et a produit des sables ferrifères rouges (le fer ferrique étant peu mobile). Quant à l'uranium, il est devenu très soluble dans ces nouvelles conditions.

Le continent archéen s'est fissuré sous les tensions qui l'ébranlaient et des grabens ont pris naissance. La Grande Rivière emprunte aujourd'hui un de ces corridors (fig. 23.3). Les îles de grès rouge et de conglomérat polygénique qui se trouvent dans les environs de LG-3 et de LG-4 datent de cette époque. Les sédiments oxydés reposent directement sur le socle archéen réducteur. C'est le long de ce gigantesque front d'oxydo-réduction que viendra se piéger l'uranium. Les gîtes d'uranium actuellement connus dans la vallée de La Grande et dans les monts Otish sont trop petits pour être exploités. Cependant, leurs cousins du bassin d'Athabasca, en Saskatchewan, sont les plus riches et les plus gros du monde, ce qui confère au Canada une position géopolitique de premier plan.

Vers 2,2 Ga, les sédiments continuent de s'accumuler sur les bords du continent abitibien. La mer recouvre graduellement celui-ci. Aux grès continentaux rouges vont succéder des carbonates de plate-forme et des dépôts lagunaires d'un type bien particulier : les grandes formations de fer. Ces couches sont essentiellement constituées d'hématite et de quartz. À cause de leur fin litage, les Anglo-Saxons les nomment *BIF* (*Banded Iron Formation*). Ces strates ferrifères ont une extension considérable. Ainsi, au Québec, on peut les suivre sur plus de 1000 km depuis Tasiujak, au nord de Kuujjuaq, jusqu'au réservoir de la Manicouagan. Ces roches sont à

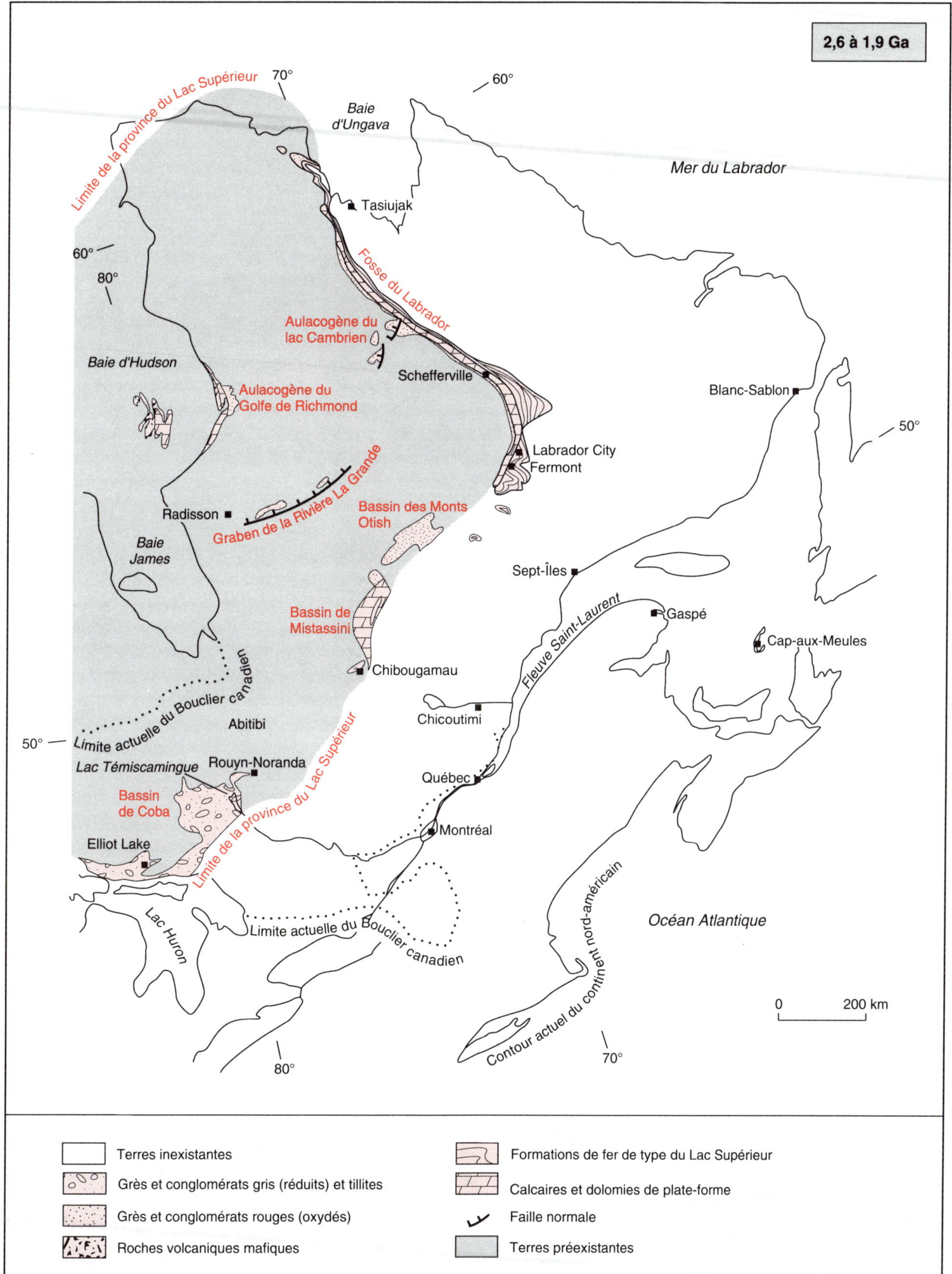

Figure 23.3 Les premiers grands bassins protérozoïques.

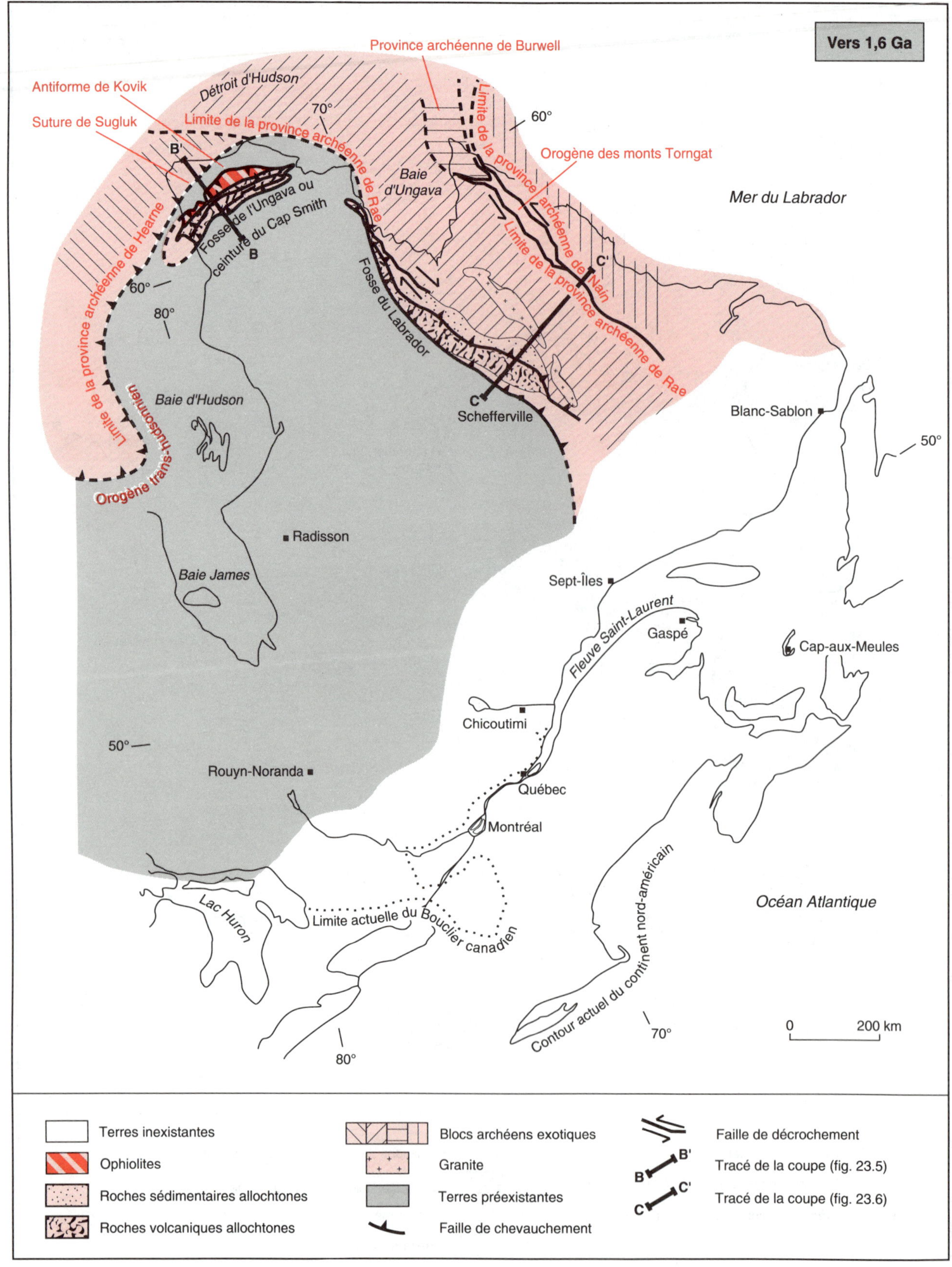

Figure 23.4 Accrétion de noyaux archéens exotiques à la périphérie de la province du Lac Supérieur lors des orogenèses du Paléoprotérozoïque (d'après Hoffman dans Bally et Palmer, 1989, p. 469 et 472).

l'origine des grands gisements de fer de l'Amérique du Nord. Cependant, il faudra encore qu'elles soient métamorphisées pour donner le minerai de Fermont et de Labrador City; ou encore altérées sous un climat chaud et humide pour donner celui de Schefferville. Ces événements arriveront, plus tard, au cours de la formation des Laurentides au Précambrien pour le premier (voir la sous-section 23.3.2) et au Mésozoïque pour le second (voir la sous-section 23.5.1).

Les bassins du Labrador et de l'Ungava continuent à s'ouvrir. Les sédiments s'y déposent maintenant en eau profonde. Ils sont fins et réduits comme ceux du fond de la mer Noire. Des roches volcaniques mafiques s'épanchent maintenant dans ces bassins. En Ungava, ce sont même des roches ultramafiques, des ophiolites qui remontent à 2,0 Ga. On y trouve de très riches gisements de nickel et d'amiante. Durant quelques années, cet amiante fut extrait et exporté vers l'Allemagne.

23.2.2 *Les orogenèses du Nouveau-Québec et de la baie d'Hudson*

Vers 1,9 Ga, le paysage du Québec est celui d'une île archéenne, celle de l'Abitibi et de la baie James, largement recouverte de sédiments rouges ferrifères (fig. 23.3). Vers 1,6 Ga, d'autres îles archéennes viennent l'emboutir : celles des noyaux archéens de Hearne, de Rae, de Burwell et de Nain (fig. 23.4). Entraînés par le mouvement des plaques lithosphériques, les fonds marins qui les séparaient du bloc archéen du Lac Supérieur sont repoussés sur celui-ci. C'est ainsi qu'au sud de la fosse de l'Ungava, par exemple, des shales noirs et des ophiolites viennent chevaucher les gneiss archéens de la province du Lac Supérieur (fig. 23.5). Une chaîne de montagnes se met en place. Elle entoure maintenant les régions de l'Abitibi et de la baie James à la manière des Rocheuses. Cette période d'intense activité lithosphérique correspond à l'orogenèse trans-hudsonienne, dans la fosse de l'Ungava, et à celle du Nouveau-Québec, dans la fosse du Labrador (fig. 23.6).

23.3 *LA RACINE D'UNE NOUVELLE CHAÎNE DE MONTAGNES PROTÉROZOÏQUE : LA PROVINCE DE GRENVILLE*

On a reconnu les roches ultramétamorphiques de la province de Grenville du Mexique jusqu'à la mer du Labrador. En Europe, on a retracé ces roches dans le sud de la Norvège et de la Suède. On vient également d'en découvrir en Antarctique. Au Québec, ces roches occupent une bande de 400 km de large au nord du Saint-Laurent (fig. 23.7). C'est le socle des Laurentides.

23.3.1 *Les grands bassins mésoprotérozoïques*

Un nouveau cycle de Wilson débute peu après l'accrétion continentale du Nouveau-Québec. De 1,5 à 1,3 Ga, le protocontinent nord-américain se fragmente progressivement. Des venues de magma montent dans les fractures nouvellement formées et laissent derrière leur passage des anorthosites et des dykes de diabase. Leur épanchement en surface donne naissance à de vastes champs de rhyolite. Il en reste des lambeaux au Labrador et sur la Basse-Côte-Nord ainsi que dans le Mid West américain (fig. 23.7).

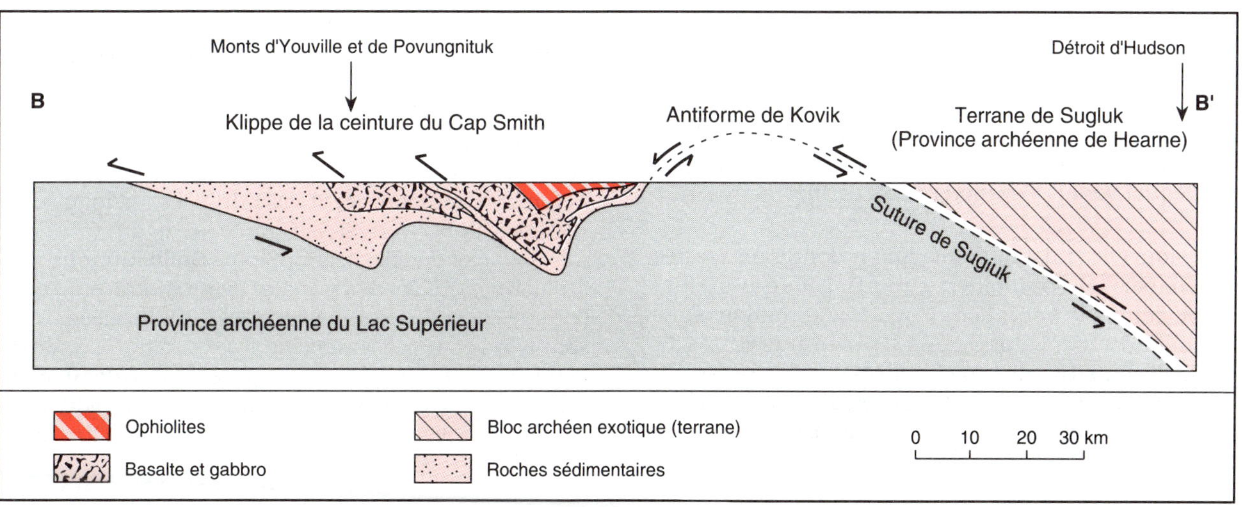

Figure 23.5 Coupe schématique de la fosse de l'Ungava. Le tracé de cette coupe apparaît sur la figure 23.4 (d'après Hoffman, 1985, p. 1365).

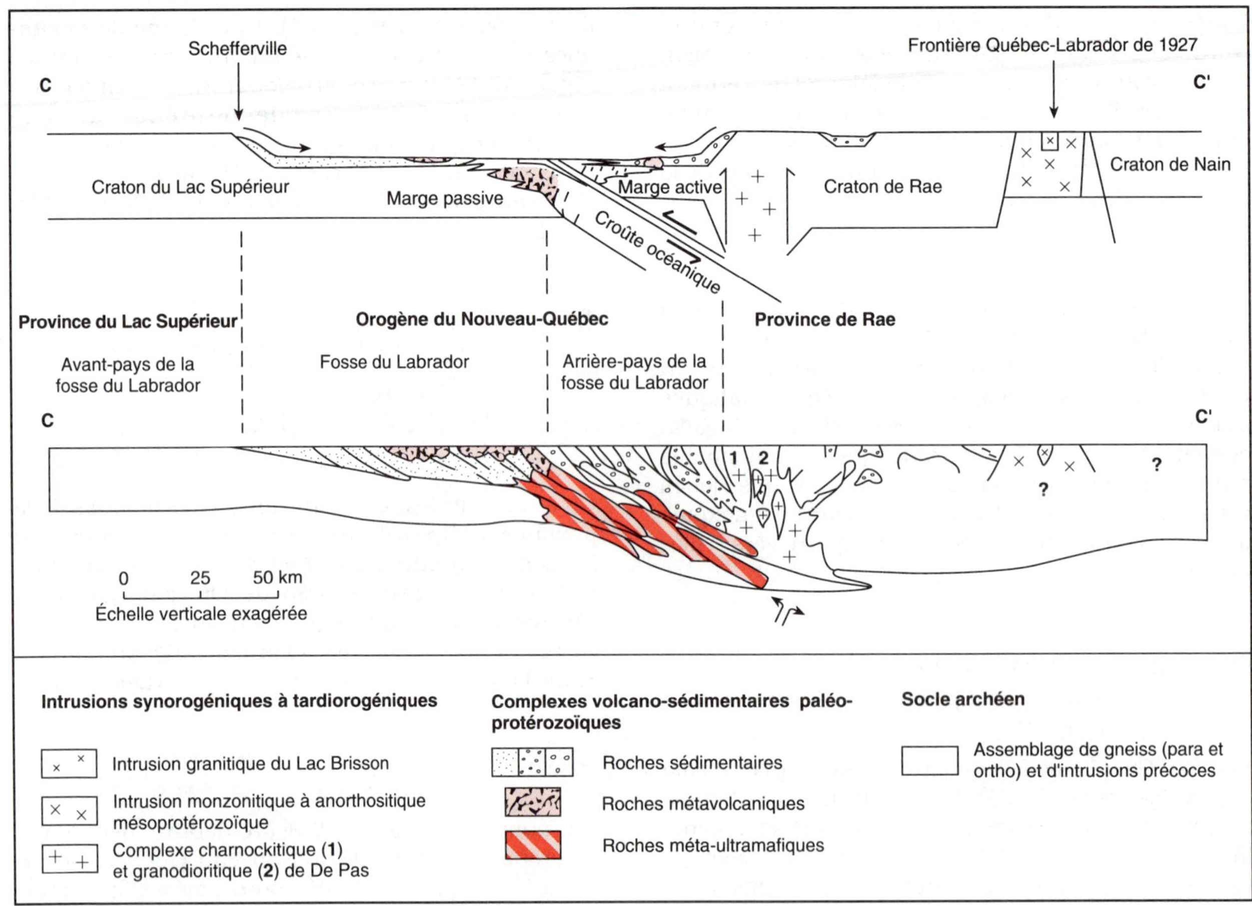

Figure 23.6 Coupe schématique de la fosse du Labrador. Le tracé de cette coupe apparaît sur la figure 23.4 (d'après Bélanger et van der Leeden dans Caty, 1987, p. 97).

Au cours de cette période, la mer envahit progressivement ces bassins mésoprotérozoïques. Des évaporites et des carbonates de plate-forme viennent recouvrir les terrains préexistants. La présence de telles roches autour de Montréal (fig. 23.7) indique que les conditions climatiques qui régnaient dans cette région il y a environ 1,3 Ga étaient identiques à celles qui prévalent aujourd'hui dans le golfe Persique. C'est donc dire qu'à l'époque le sud du Québec était occupé par un vaste estran[2], très chaud et sec, sur lequel venait s'évaporer l'eau de mer.

Une nouvelle pulsion de magma a donné naissance au chapelet de batholites d'anorthosite qui s'échelonne depuis le Labrador jusqu'aux Adirondacks. Le batholite du Lac-Saint-Jean est un des plus vastes du globe. Celui situé près de Havre-Saint-Pierre, sur la Basse-Côte-Nord, contient l'un des plus grands gisements d'ilménite connu (voir le chapitre 21).

23.3.2 *Les orogènes grenvilliens*

Vers 1,25 Ga, l'océan commence à se refermer. Dans le sud-est de l'Ontario et en Mauricie apparaissent bientôt des arcs insulaires (fig. 23.7), comme ceux du sud-est asiatique. Puis, durant 300 Ma, il y aura télescopage continental et formation d'une grande chaîne de montagnes : celle des Laurentides, ou de la province de Grenville des géologues (fig. 23.7 et 23.8). D'abord, de 1,25 à 1,22 Ga, ce seront les arcs insulaires qui emboutiront la région de la réserve faunique La Vérendrye, au Québec, et celle du parc Algonquin, en Ontario. Puis, vers 1,1 Ga, ce sera au tour des Adirondacks de télescoper le tout. Enfin, au tournant du dernier milliard d'années avant notre ère, c'est l'ultime collision. Les Laurentides sont formées. Elles sont alors comme l'Himalaya d'aujourd'hui. Le site de la future vallée du Saint-Laurent est un plateau aussi élevé que celui du Tibet ! Il va s'éroder très rapidement. Les Laurentides d'aujourd'hui sont tout ce qu'il reste de

2. Un estran est la partie d'une côte comprise entre les niveaux de marée haute et de marée basse.

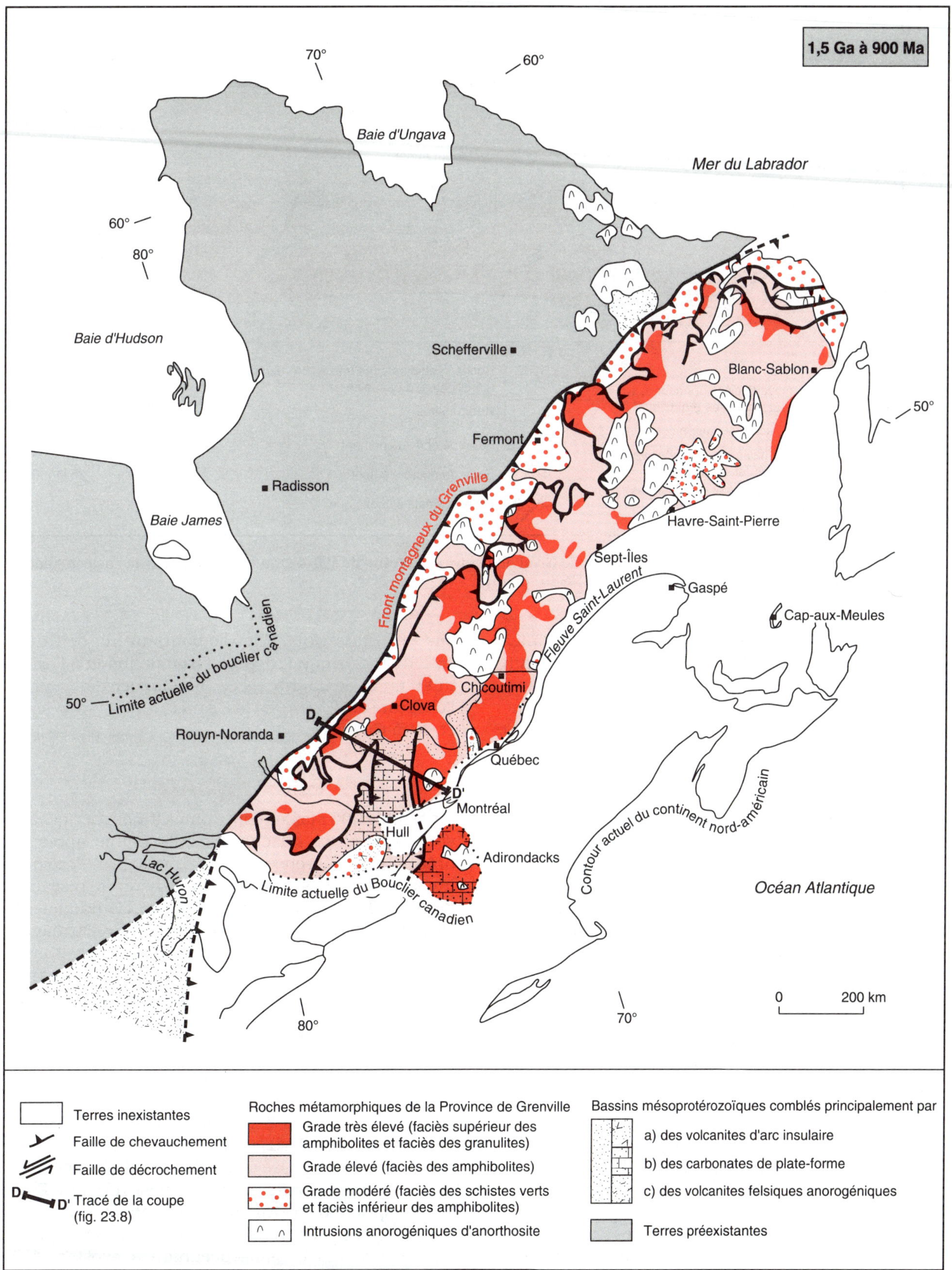

Figure 23.7 Carte montrant la distribution des intrusions anorogéniques et des bassins mésoprotérozoïques. Les structures et les domaines métamorphiques de l'orogène de Grenville y sont également reportés (d'après Rivers *et al.*, 1989, p. 69).

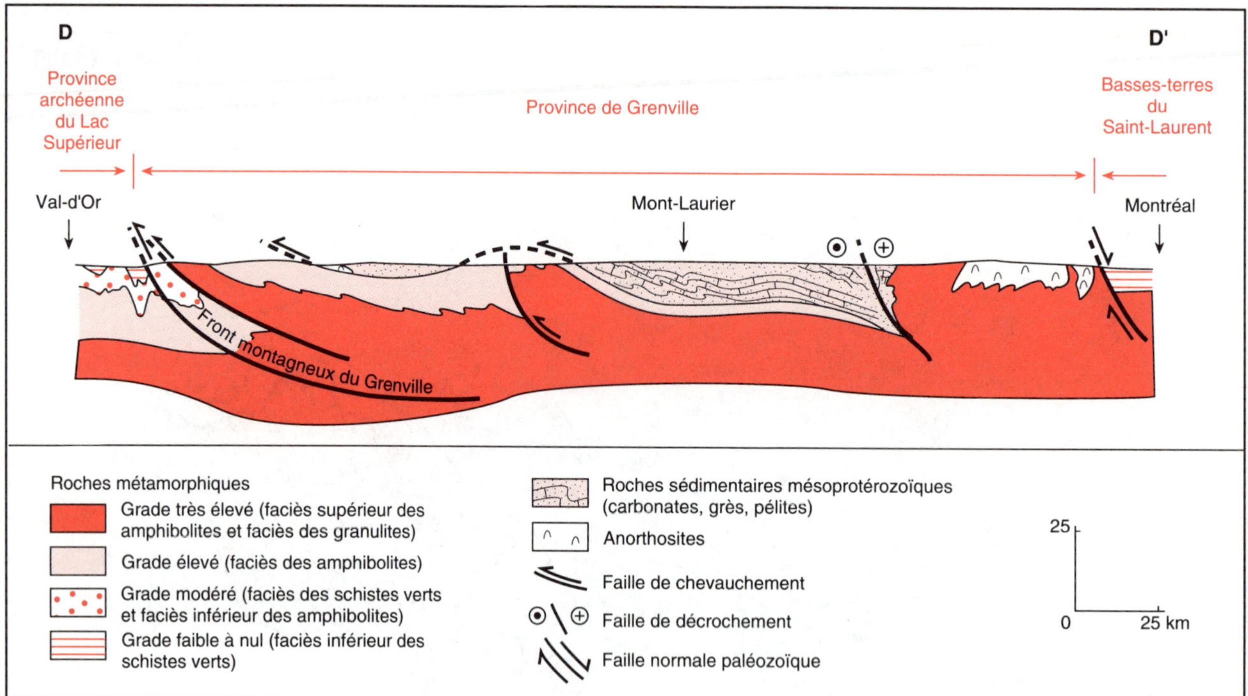

Figure 23.8 Coupe schématique de la Province de Grenville suivant la route de Val-d'Or à Montréal. Le tracé de cette coupe apparaît sur la figure 23.7 (d'après Rivers *et al.*, 1989, p. 71).

la racine profonde de cette puissante chaîne de montagnes. On peut facilement imaginer qu'à plus de 35 km sous une masse rocheuse comme celle de l'Himalaya, les contraintes lithostatiques et le gradient thermique soient considérables. Nous comprenons ainsi pourquoi les roches qui affleurent de nos jours tout au long de la rive nord du Saint-Laurent et de l'Outaouais, de Blanc-Sablon à Hull, soient à ce point plissées et métamorphisées. Ces conditions géologiques particulières ont généré des gîtes minéraux uniques. Ainsi, dans la région de Fermont, sur la Côte-Nord, on a découvert un gisement de graphite d'une richesse exceptionnelle. En Haute-Mauricie, près de Clova, on exploite pour son mica une roche ultramafique rare : la suzorite. Ces deux substances minérales des Laurentides sont utilisées dans les technologies de pointe. Ainsi, en liant le mica de la suzorite aux plastiques, on leur donne une résistance exceptionnelle. De nos jours, le graphite entre dans la fabrication d'objets qui doivent être légers ou flexibles, comme les avions supersoniques ou les cannes à pêche (revoir le tableau 21.1).

23.4 UNE CHAÎNE DE MONTAGNES PALÉOZOÏQUE : LES APPALACHES

Les Appalaches, chaîne de montagnes paléozoïque, s'étendent de Terre-Neuve jusqu'à l'Alabama, dans le sud des États-Unis. Elles se poursuivent, de l'autre côté de l'Atlantique, depuis l'Irlande jusqu'à l'extrémité nord de la Norvège. Au Québec, elle forme l'ossature de l'Estrie, de la Beauce, du Bas-du-Fleuve et de la Gaspésie.

23.4.1 *L'Océan Iapetus*

À partir de 900 Ma, les contraintes lithosphériques se sont à nouveau relâchées. Tout comme après les orogenèses de l'Archéen et du début du Protérozoïque, le continent s'est segmenté pour générer un réseau de grabens (fig. 23.9). Ce réseau longe l'Outaouais, le Richelieu, le Saint-Laurent et le Saguenay. Du magma est à nouveau monté dans ces fractures (fig. 23.10). Ce magma s'est cristallisé pour donner, entre autres, des carbonatites. Près de Chicoutimi, la mine de Saint-Honoré est l'une des trois exploitations de niobium du monde[3].

Les grabens ont continué à s'ouvrir. Bientôt, des laves sont venues s'y épancher : à Buckingham, dans l'Outaouais; à Blanc-Sablon, sur le détroit de Belle-Isle et en Estrie, de Frelighsburg à Saint-Jacques-de-Leeds. Ce paysage ressemble à celui de Djibouti, à l'extrémité nord du rift est-africain. Puis, à l'exception de celui du Richelieu et du Saint-Laurent, ces grabens se sont bloqués. On appelle aulacogène ces bassins océaniques avortés. À la

3. Le niobium est un métal rare, recherché pour son caractère supraconducteur et pour la haute résistance qu'il confère aux aciers.

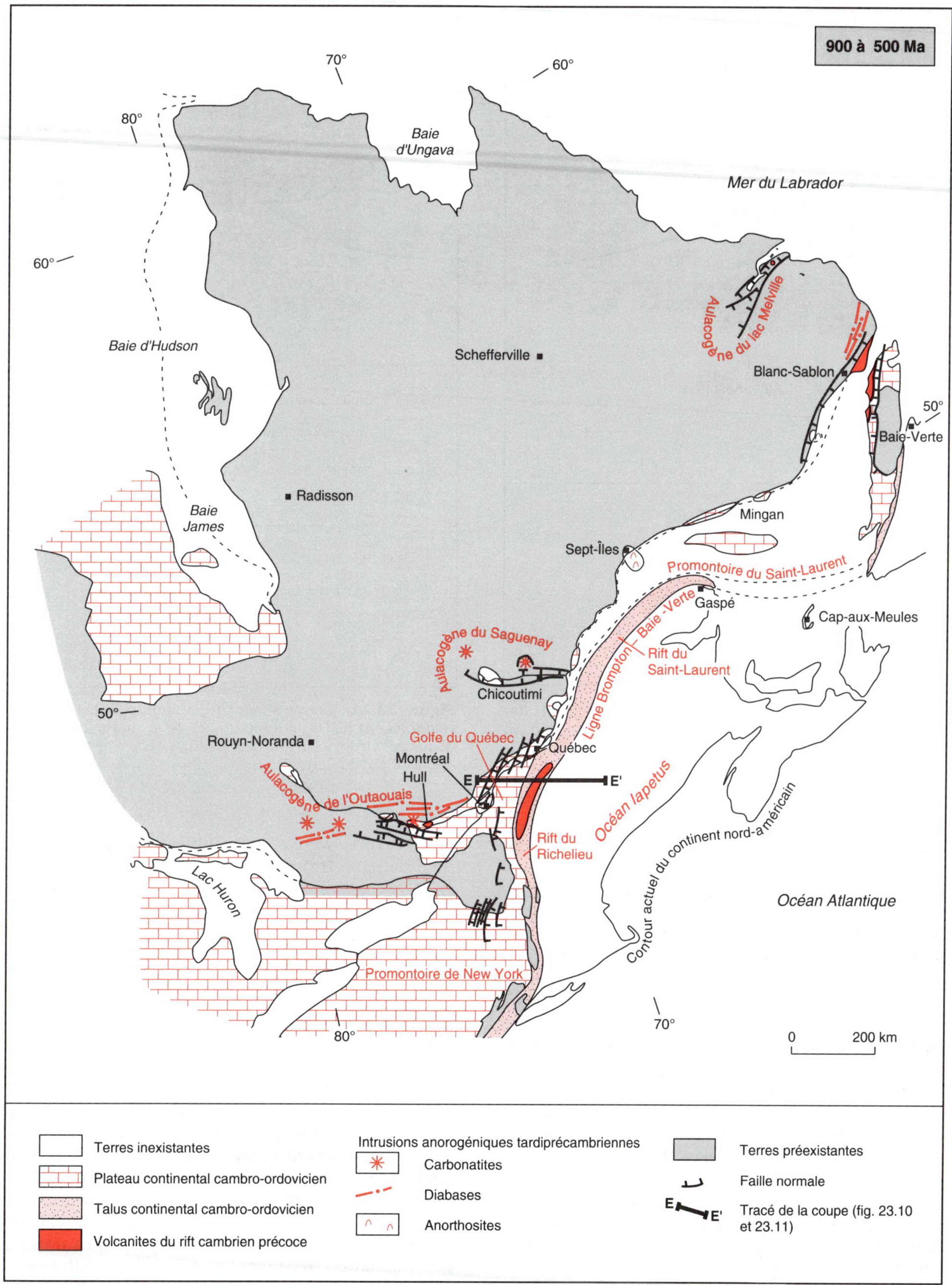

Figure 23.9 Les grabens cambriens et la formation de l'Océan Iapetus.

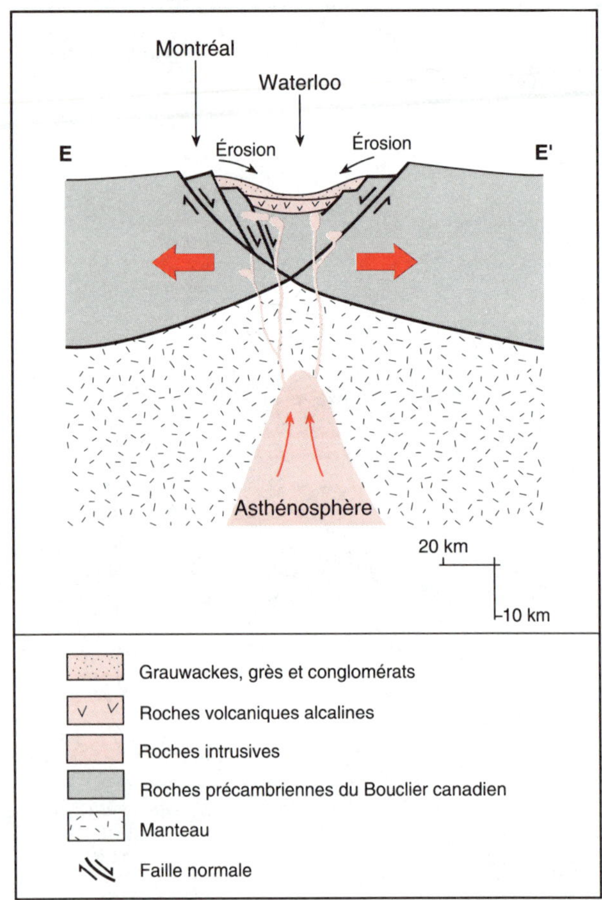

Figure 23.10 Coupe schématique montrant l'état de développement du rift du Saint-Laurent et du Richelieu au Georgien (570 à 540 Ma). Le tracé de cette coupe apparaît sur la figure 23.9.

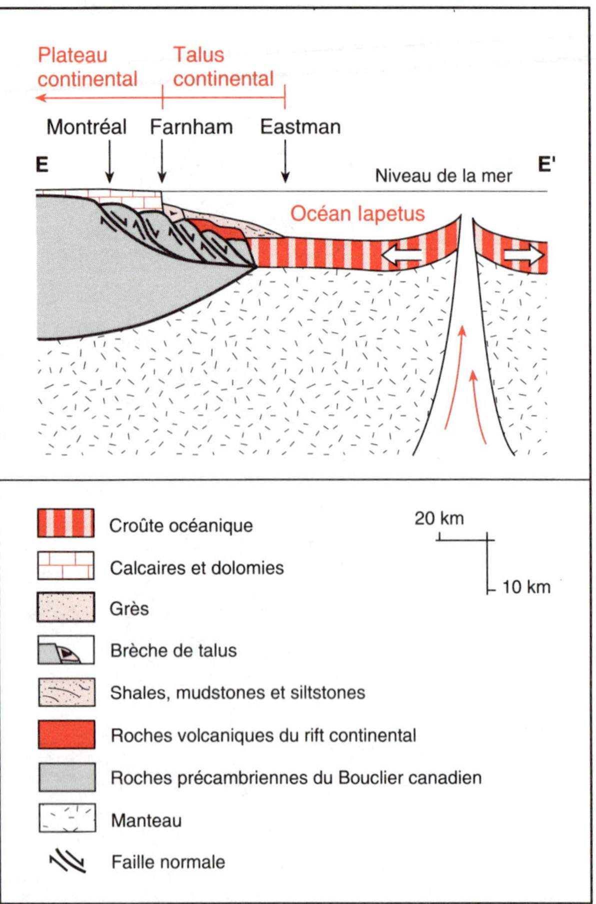

Figure 23.11 Coupe schématique montrant l'état de développement de l'Océan Iapetus et de sa marge passive au début de l'Ordovicien (500 à 480 Ma). Le tracé de cette coupe apparaît sur la figure 23.9.

manière de la mer Rouge, l'océan a graduellement envahi la dépression du Saint-Laurent–Richelieu. À la hauteur de Montréal, un large golfe s'est ouvert : ce système correspond à ce que les géologues anglo-saxons appellent le *Québec Re-entrant.* Ce golfe était bordé par deux promontoires, ceux de New York et du Saint-Laurent (fig. 23.9). Le plateau continental du Québec ressemble alors aux Bahamas d'aujourd'hui. Les calcaires fossilifères reconnus depuis Hull jusqu'aux îles de Mingan en sont le reliquat. Ce plateau continental s'étend jusqu'à la trace du rift Saint-Laurent–Richelieu (fig. 23.9 et 23.11). Plus à l'est se situe une profonde étendue d'eau, l'Océan Iapetus, avec une croûte océanique formée de roches intrusives et effusives mafiques à ultramafiques, comme celle de la fosse de l'Ungava. Ces roches contiennent de riches gisements d'amiante : ceux de Thetford Mines et d'Asbestos. La limite entre les roches océaniques et celles du talus continental de cette époque peut être suivie depuis Mansonville et Eastman, en Estrie, jusqu'à Port-Daniel en Gaspésie, et même jusqu'à Baie-Verte au nord de Terre-Neuve. Cette limite géologique porte le nom de ligne Brompton–Baie-Verte (fig. 23.9).

23.4.2 *Une première chaîne de montagnes appalachienne : l'orogène taconique*

Parvenu à la seconde moitié d'un cycle de Wilson, l'Océan Iapetus a commencé à se resserrer dès l'Ordovicien. La subduction de la croûte océanique s'est réalisée sous un petit continent, situé au sud-est, et a créé un arc insulaire (fig. 23.12 et 23.13). Cette nouvelle masse continentale qui vient s'accoler au Québec s'appelle le massif des Chain Lakes. Il en reste des vestiges dans la région de Lac-Mégantic, en Estrie, près de Saint-Joseph-de-Beauce, et enfin non loin de Port-Daniel en Gaspésie. Quant à la ville de Sherbrooke, elle est construite sur les volcanites de l'arc insulaire. On peut suivre cet arc depuis Newport, au sud du lac Memphrémagog, jusqu'à Lambton, sur les bords du lac Saint-François.

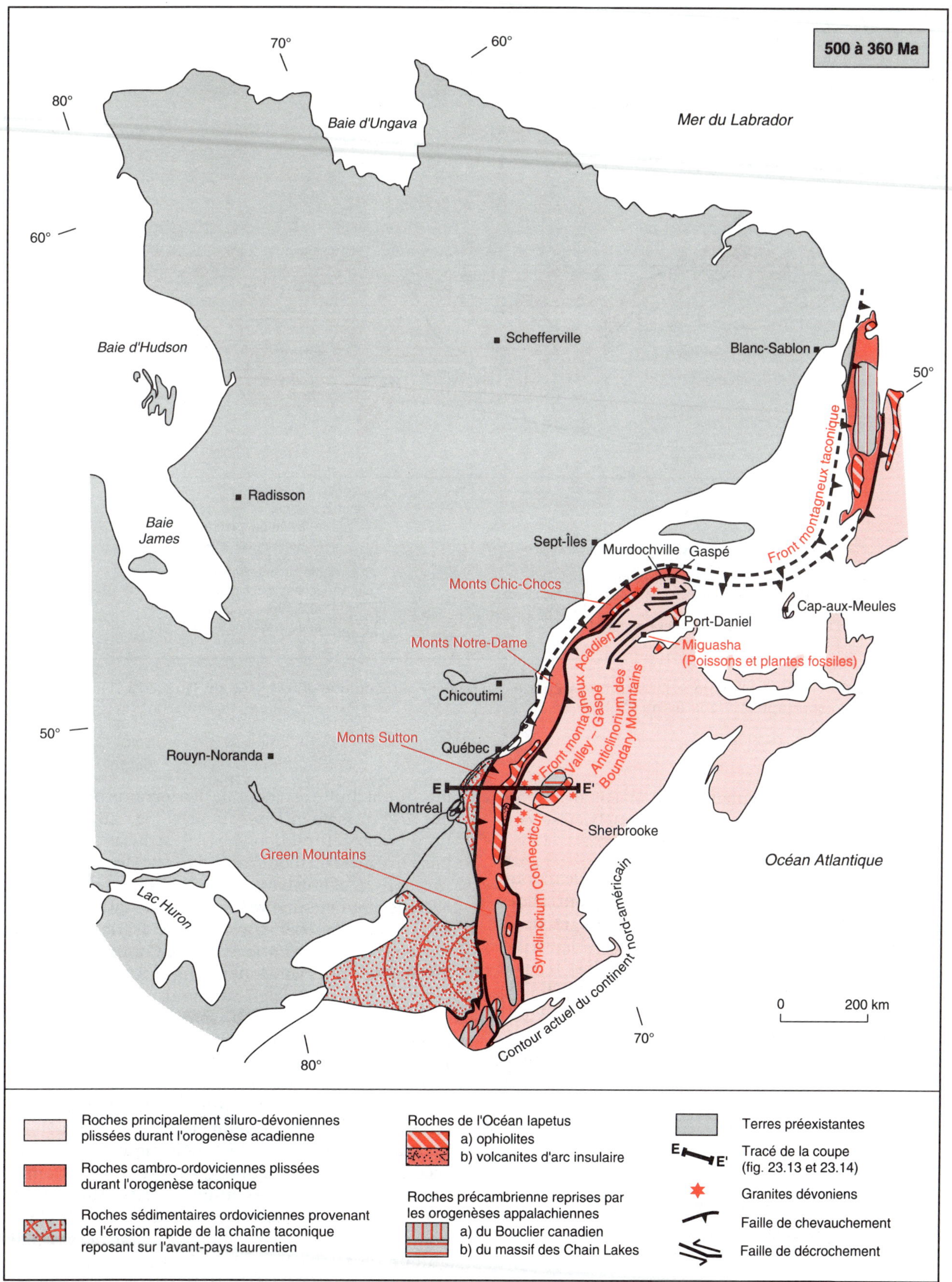

Figure 23.12 L'édification des Appalaches (d'après Rast dans Bally et Palmer, 1989, p. 324 et 326).

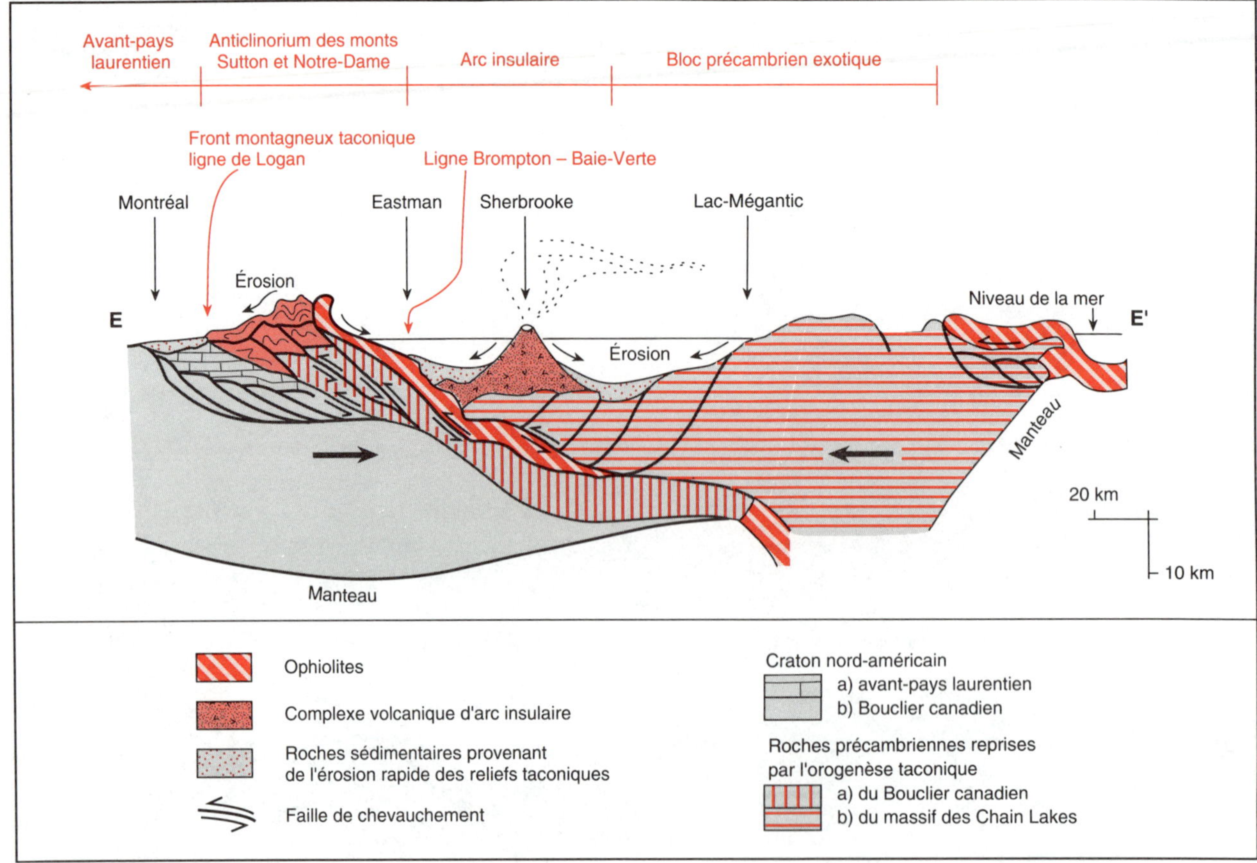

Figure 23.13 Coupe schématique illustrant le scénario de l'orogenèse taconique dans le sud du Québec à l'Ordovicien. Le tracé de cette coupe apparaît à la figure 23.12.

La collision de l'arc insulaire et du massif des Chain Lakes avec la masse continentale québécoise correspond à l'**orogenèse taconique**.

Cette collision a créé une nouvelle chaîne de montagnes : celle des Green Mountains du Vermont, et des monts Sutton et Notre-Dame de l'Estrie et de la Beauce. Tout comme cela s'est produit en Ungava (fig. 23.4), une portion du fond océanique s'est trouvée pincée durant cette collision et est venue chevaucher le continent à l'ouest (fig. 23.13). Ainsi, les monts Owl's Head et Orford en Estrie, les collines Belmina, Vimy et le mont Adstock à Thetford Mines et enfin le mont Albert dans le Parc de conservation de la Gaspésie sont des vestiges de la croûte de l'océan disparu : l'Iapetus.

23.4.3 Une seconde chaîne de montagnes appalachienne : l'orogène acadien

La chaîne de montagnes taconique est relativement étroite. Dans le sud du Québec, la ligne de Logan marque la limite occidentale des terrains bouleversés par les plissements taconiques (fig. 23.13). Cette frontière structurale longe la rive est du lac Champlain, passe à l'ouest du mont Yamaska et de Drummondville, franchit le Saint-Laurent à la hauteur de Saint-Nicolas, pour ensuite venir séparer la haute-ville de la basse-ville à Québec, traverser l'île d'Orléans sur son flanc nord, courir entre l'île aux Coudres et la baie Saint-Paul, puis continuer dans le Saint-Laurent en effleurant la Gaspésie à Marsoui. À l'ouest, l'avant-pays laurentien a été rapidement enseveli sous les sédiments provenant de l'érosion des monts Sutton et Notre-Dame (fig. 23.12 et 23.13). À l'est de la chaîne taconique, l'arc insulaire et le massif des Chain Lakes se sont également recouverts de sédiments. Ainsi, dans la région du lac Aylmer, près de Disraëli, de puissantes séquences de conglomérat sont venues recouvrir l'arc volcanique (fig. 23.13 et 23.14). Comme à cette époque la masse continentale de l'Amérique du Nord se situait toujours entre les tropiques, le climat chaud a favorisé la formation d'une barrière récifale autour de terres émergées. Ce bassin marin s'approfondit graduellement en allant vers le sud-est. Ainsi, depuis les monts Notre-Dame en Estrie-Beauce

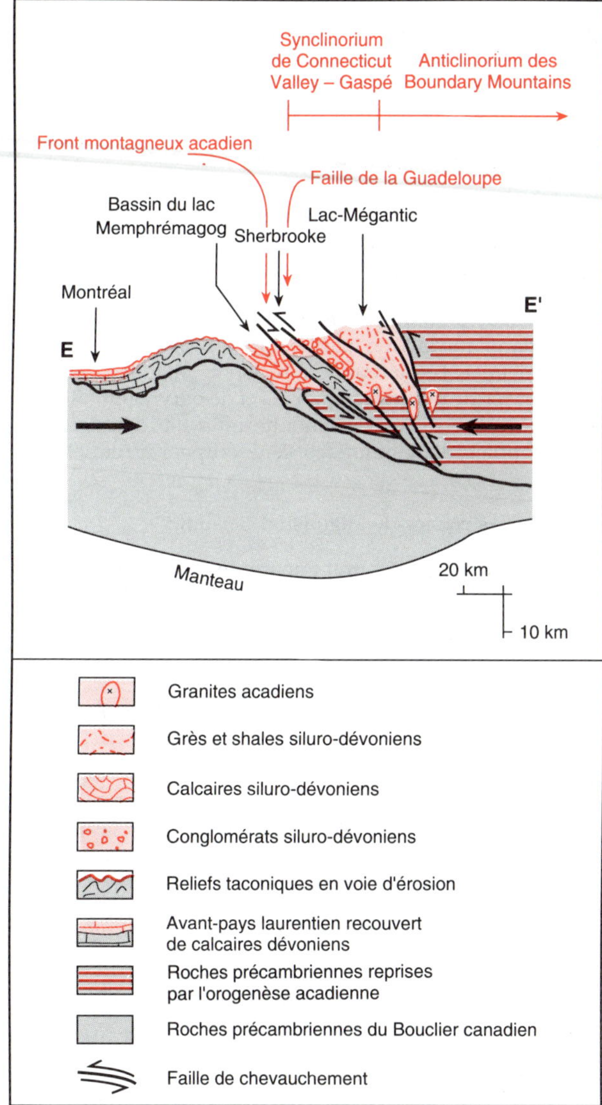

Figure 23.14 Coupe schématique montrant le développement de l'orogenèse acadienne dans le sud du Québec. Le tracé de cette coupe apparaît sur la figure 23.12.

et les monts Chic-Chocs en Gaspésie, les sédiments passent graduellement de faciès carbonatés à des faciès détritiques fins. À Miguasha, au fond de la baie des Chaleurs, on a trouvé des poissons fossiles desquels ce site a tiré une renommée internationale (encadré 23.1).

Dès le début du Dévonien, soit vers 400 Ma, la masse continentale de l'Afrique de l'Ouest se rapproche de l'Amérique du Nord. Plusieurs îlots continentaux sont alors venus télescoper l'Amérique du Nord. Il s'agit de l'orogenèse acadienne, la deuxième phase de l'édification des Appalaches du Québec.

En Estrie et en Beauce, cette compression a causé de nouveaux chevauchements. Ainsi, dans la région de Sherbrooke, les sédiments épicontinentaux siluro-dévoniens chevauchaient l'arc insulaire (fig. 23.14). En Gaspésie, on a plutôt observé de grands décrochements (fig. 23.12) à la manière de la faille de San Andreas en Californie. Les chevauchements acadiens ont rapidement enfoui des sédiments gorgés d'eau, établissant ainsi un contexte tectono-magmatique idéal pour former des liquides granitiques. Aussitôt formés, ces magmas sont remontés à travers la couverture en la fracturant et en la métamorphisant. C'est le cas à Murdochville, en Gaspésie, où on a exploité le plus grand gisement de cuivre du Québec, dans une auréole de métamorphisme de contact entourant un culot de porphyre granitique (revoir fig. 21.4).

23.4.4 *Les bassins carbonifères*

Alors qu'il y a eu une troisième phase d'édification des Appalaches aux États-Unis, l'orogenèse alléghanienne, il semble que l'orogenèse acadienne ait été la dernière au Québec. La seule exception à cette règle pourrait être aux Îles-de-la-Madeleine. En effet, cette région aurait subi les effets lointains de l'orogenèse hercynienne, un stade d'édification de montagnes qui a façonné l'Europe occidentale au Carbonifère.

Aussitôt émergées, les Appalaches ont été soumises à l'érosion. Elles se sont couvertes de forêts. On trouve des troncs d'arbres fossilisés dans les conglomérats carbonifères rouges de Percé et de l'île Bonaventure. Un bassin s'est étendu du Nouveau-Brunswick à Terre-Neuve (fig. 23.15). Son centre se situait aux Îles-de-la-Madeleine. Comme la température de cette époque était chaude et le climat aride, l'eau s'y est évaporée et a laissé des couches de sel. Ces couches ont bientôt été ensevelies, mais comme le sel est moins dense que les autres minéraux, il est vite remonté vers la surface comme de l'huile qu'on voudrait piéger sous une nappe d'eau. Le sel a rebroussé toutes les strates en remontant jusqu'à ce qu'il soit près de la surface. Ainsi sont nés les dômes (diapirs) de sel des Îles-de-la Madeleine.

23.5 *L'OUVERTURE DE L'ATLANTIQUE*

Depuis plus de 200 Ma, le Québec est sous l'influence du cycle tectonique de l'Atlantique Nord. Enclenché par une phase d'ouverture de rifts intracontinentaux au début du Mésozoïque, ce cycle se poursuit maintenant avec l'expansion du fond de l'Atlantique. Sur la partie émergée de ce système, le climat fut d'abord chaud et généralement humide. Il y a 200 Ma, le Québec aurait été habité par des dinosaures. Au Tertiaire, le climat semble avoir été encore relativement chaud et humide. Puis, au Quaternaire, des

ENCADRÉ 23.1

LES POISSONS DE MIGUASHA

Le site fossilifère de Miguasha se retrouve en Gaspésie, du côté nord de l'estuaire de la rivière Ristigouche, au fond de la baie des Chaleurs. Les falaises de Miguasha recèlent des poissons et des plantes fossiles du Dévonien supérieur. La grande valeur scientifique de ces fossiles donne à Miguasha une renommée internationale en paléontologie.

Les fossiles sont conservés dans des roches sédimentaires grisâtres, comprenant des grès, des calcaires schisteux argileux souvent laminés et des shales. Ces roches se sont déposées dans une lagune marine, qui occupait la région il y a environ 370 Ma. À cette époque, le craton nord-américain était proche de l'équateur et la région de Miguasha était soumise à un climat tropical. Une abondante végétation, surtout composée de progymnospermes et de barynophytales, croissait en bordure de la lagune et des rivières environnantes. Sous ce couvert végétal vivaient une multitude d'insectes. Cependant, cet environnement terrestre ne comprenait ni oiseaux, ni reptiles, ni mammifères; ceux-ci apparaîtront plus tard au cours des temps géologiques.

Jusqu'à maintenant, on a trouvé environ 21 espèces de poissons dans les roches de Miguasha. Ce sont :

- six espèces d'agnathes, poissons très primitifs sans mâchoires, dont une espèce serait apparentée à nos lamproies actuelles;
- deux espèces de placodermes, poissons dont le crâne et le thorax sont recouverts de plaques osseuses. L'espèce la plus commune rencontrée est le *Bothriolepis canadensis* (fig. 1);
- quatre espèces d'acanthodiens, qui comptent parmi les plus anciens poissons à mâchoires. Ils apparurent au Silurien inférieur et disparurent au début du Permien sans laisser de descendants;
- deux espèces de dipneustes, poissons munis de branchies et de poumons;
- cinq espèces de crossoptérygiens, dont le célèbre *Eusthenopteron foordi* (fig. 2). Parmi les crossoptérygiens, l'espèce *Elpistotege watsoni* est celle qui se rapproche le plus d'un stade intermédiaire entre la vie aquatique (poissons) et la vie terrestre (tétrapodes);
- un autre crossoptérygien, *Miguashaia bureaui*, qui est l'ancêtre éloigné du cœlacanthe actuel, *Latimeria chalumnae*, qui fut capturé en 1938 près des côtes de l'Afrique du Sud;
- une espèce de poissons osseux, appartenant aux actinoptérygiens, munis de nageoires comparables à celles du saumon, de l'éperlan, de la morue et d'autres poissons.

Parmi les invertébrés, on retrouve des espèces de scorpions, d'euryptérides et une espèce de conchostraca.

Signalons que le Québec compte un autre site de poissons fossiles en Gaspésie, à Cap-aux-Os. C'est à cet endroit que l'on a retrouvé le plus vieil invertébré connu (un « mille pattes ») à avoir marché sur le sol de l'Amérique du Nord.

Figure 1 *Eusthenopteron foordi*, un crossoptérygien, dont les études anatomiques en font l'une des espèces les plus connues du Dévonien. (Photographie : Fred Klus, MLCP, Québec.)

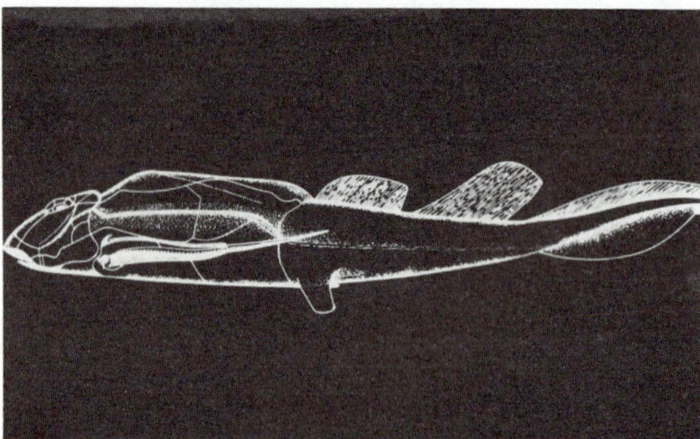

Figure 2 Reproduction d'un spécimen complet de *Bothriolepis canadensis*. Le crâne et le thorax de ce poisson étaient recouverts de plaques osseuses (Stensio, 1963).

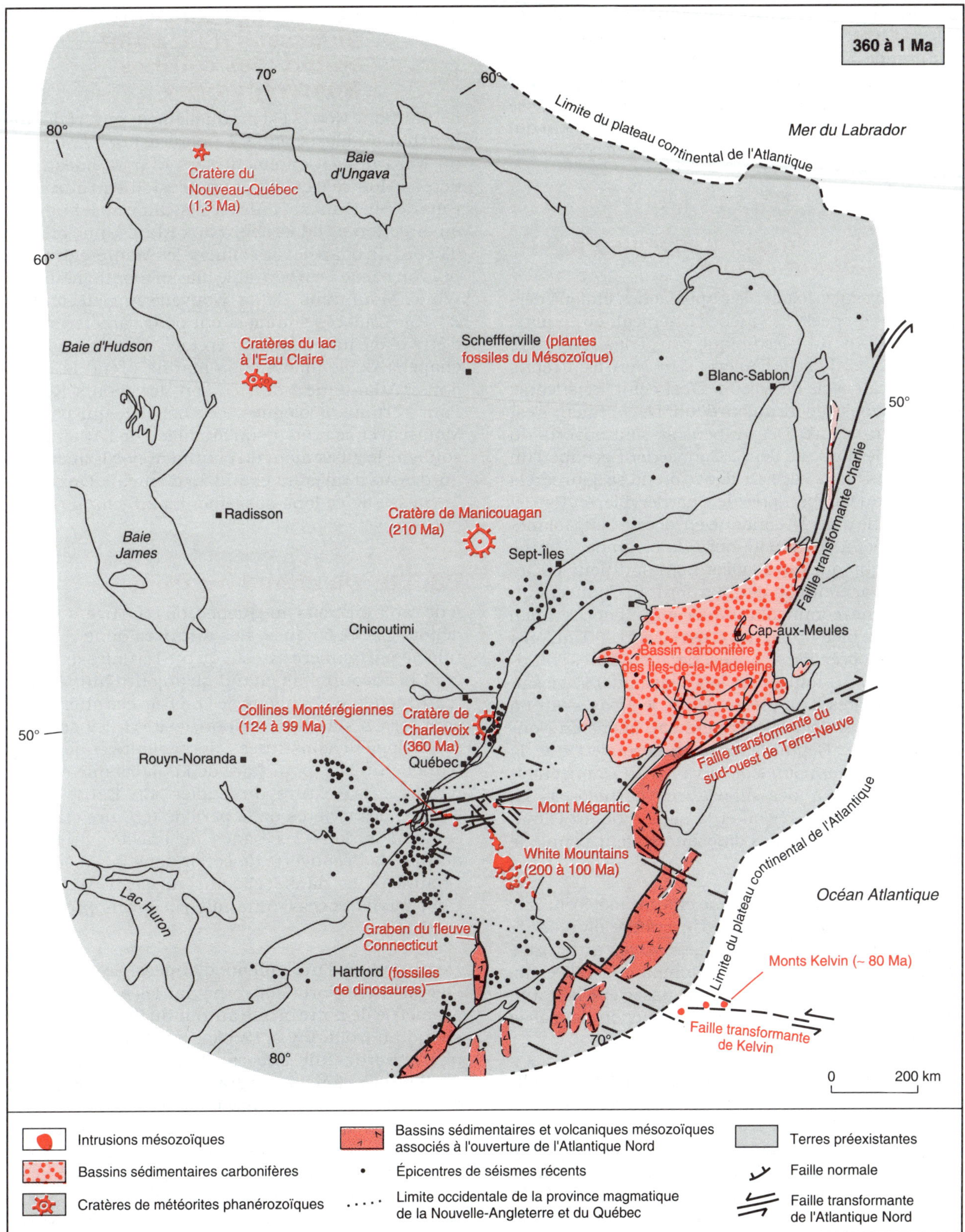

Figure 23.15 Les bassins postappalachiens et le magmatisme lié à l'ouverture de l'Atlantique Nord au Mésozoïque. Les principaux sites d'impact de météorites au Phanérozoïque sont également indiqués sur cette carte. Les séismes récents de magnitude moyenne à forte sont reportés sur cette figure car ils soulignent le rejeu actuel des failles mésozoïques et cénozoïques sous l'effet des contraintes de la dérive continentale et du relèvement isostatique postglaciaire (d'après Sheridan dans Bally et Palmer, 1989, p. 82-83; McHone, 1984).

glaciers ont raboté le Québec. Sous le poids de ces glaces, l'écorce terrestre s'est enfoncée. À leur retrait, une grande partie du Québec a été envahie par la mer. Les mers de Champlain et de Laflamme, dans le sud du Québec, et de Tyrrell, à la baie James, ont laissé d'épaisses couches de sédiments sur le continent qui réémergeait. Ainsi s'est dessiné le Québec contemporain.

23.5.1 *Des dinosaures sous un climat chaud*

À la fin du Paléozoïque, les Appalaches étaient déjà largement érodées. Le Québec émergeait en totalité. Dès le début du Mésozoïque, au Trias, soit vers 250 Ma, le nord-est de l'Amérique du Nord a entrepris un nouveau cycle de Wilson. C'est celui dans lequel nous sommes encore aujourd'hui. Le continent s'est à nouveau fissuré. Des grabens se sont ouverts du sud vers le nord. Le fleuve Connecticut occupe l'un d'entre eux (fig. 23.15). Ce fleuve prend sa source à la frontière du Québec, près de Chartierville, en Estrie, et débouche dans l'Atlantique en face de Long Island. Au Québec, à l'extrémité nord de ce graben, on ne retrouve que quelques failles nord-sud pour en témoigner. Par contre, près d'Hartford, au Connecticut, les sédiments continentaux qui comblaient ce graben sont encore bien préservés. C'est là, en 1800, qu'on a trouvé les premières traces de dinosaures nord-américains. Au tout début, on pensa qu'il s'agissait des empreintes d'un oiseau géant, le *Moas*, dont on venait d'exterminer les derniers spécimens en Nouvelle-Zélande. Depuis lors, on a découvert que la plupart des empreintes de la vallée du Connecticut appartenaient à des dinosaures carnivores. La proximité de cette région et la similitude du climat suggèrent donc que des dinosaures aient peuplé le Québec au Trias.

Le Jurassique a vu tomber une énorme météorite sur la Manicouagan (fig. 23.15). Un cratère de plus de 70 km de diamètre s'est formé. Le réservoir du barrage Daniel-Johnson en occupe maintenant la vallée circulaire. Certains paléontologues associent la chute de ce météorite à une première extinction de masse des dinosaures.

Les plantes fossiles de la Nouvelle-Angleterre indiquent une prédominance de conifères qui croissaient sous un climat chaud et humide. On a aussi trouvé des plantes fossiles mésozoïques dans le minerai de fer de Schefferville au Nouveau-Québec. Cette flore nous apprend qu'à cette époque le climat du Nord québecois était voisin de celui du Brésil d'aujourd'hui. Par ailleurs, les textures du minerai de Schefferville rappellent celles des gisements de fer d'Amazonie. Dans les deux cas, les formations de fer protérozoïques (voir la section 23.2.1) se sont enrichies grâce à des processus pédogénétiques tropicaux.

23.5.2 *Le passage du continent au-dessus d'un point chaud : les collines Montérégiennes*

L'Atlantique Nord s'est graduellement ouvert depuis le début du Mésozoïque. Le nord-est de l'Amérique du Nord dérive lentement vers le nord-ouest. Or, depuis Montréal en allant vers l'est, jusqu'aux environs de Sherbrooke, puis en glissant vers le sud-est, en direction d'Old Orchard aux États-Unis, on suit d'abord un chapelet de collines, les Montérégiennes, puis on passe à un véritable massif montagneux, les White Mountains de la Nouvelle-Angleterre (fig. 23.15). Tous ces sommets ont pour caractéristique d'être d'âge jurassique ou crétacé. Qui plus est, un chapelet de sommets sous-marins prend le relais dans l'Atlantique Nord; ce sont les monts Kelvin. Pour certains géologues, ce chapelet, qui part de Montréal et se rend jusqu'au milieu de l'Atlantique, souligne le glissement du continent nord-américain au-dessus d'un point chaud du manteau. On estime la vitesse de ce long glissement à 2,5 cm/a.

23.5.3 *Du chaud au froid*

À de rares endroits au Québec, on retrouve, sous les dépôts glaciogéniques, des **altérites** dont la minéralogie particulière atteste qu'au Tertiaire le climat était beaucoup plus chaud qu'aujourd'hui. À Château-Richer, en banlieue de Québec, ces altérites se sont formées à partir d'anorthosite. Elles sont essentiellement constituées de kaolinite, une argile blanche utilisée pour faire de la porcelaine et pour renforcer la texture du papier. En Estrie et en Beauce, les rivières de la période tertiaire ont concentré l'or dans les bancs de gravier. Au siècle dernier, la découverte de cet or dans la vallée de la Chaudière et dans celle du ruisseau Mining, à Chartierville, occasionna une ruée sans précédent au Québec.

Depuis plus d'un million d'années, le climat de l'hémisphère Nord, gouverné par les caprices de la géométrie de notre orbite autour du Soleil, vogue du chaud au froid. Il y a 125 ka, le climat de l'hémisphère Nord était encore chaud. On retrouvera d'ailleurs, au fond d'une gravière de Pointe-Fortune, près de la frontière ontarienne, les restes fossilisés d'une forêt alors en équilibre avec un climat au moins aussi doux que celui d'aujourd'hui. Le climat s'est alors refroidi rapidement, de quelques degrés. C'était suffisant pour qu'un inlandsis envahisse le Québec. Ce glacier qui a pris sa source au Nouveau-Québec s'est écoulé dans toutes les directions (fig. 23.16). D'autres glaciers se sont formés sur les hautes-terres des Appalaches. De grands lacs glaciaires sont nés derrière les barrières de glace. L'ultime retrait des glaciers a provoqué l'apparition

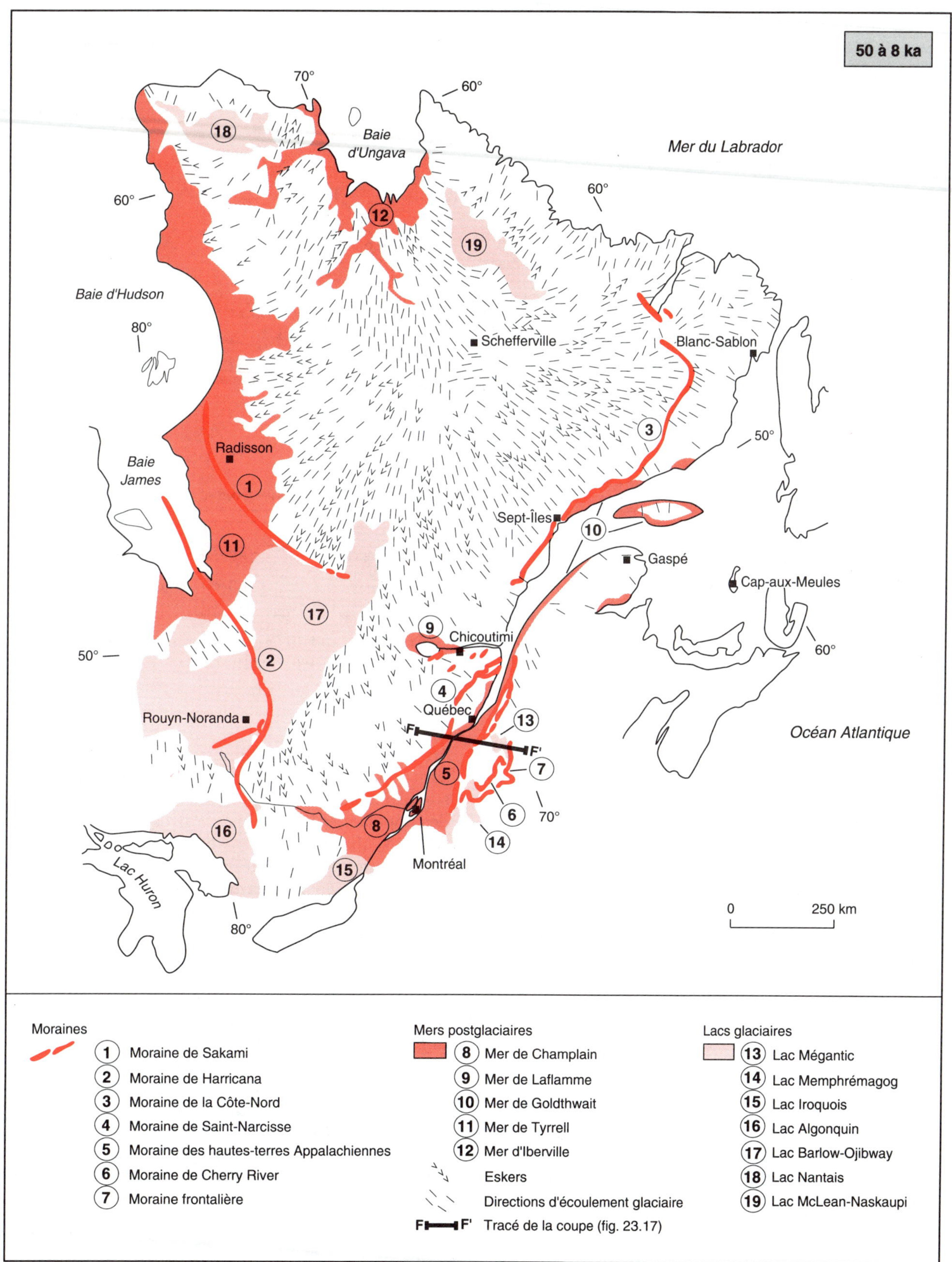

Figure 23.16 Les glaciations et les transgressions marines du Quaternaire (d'après Prest dans Pagé, 1990, p. iii, modifié par Lamothe, comm. pers. 1991).

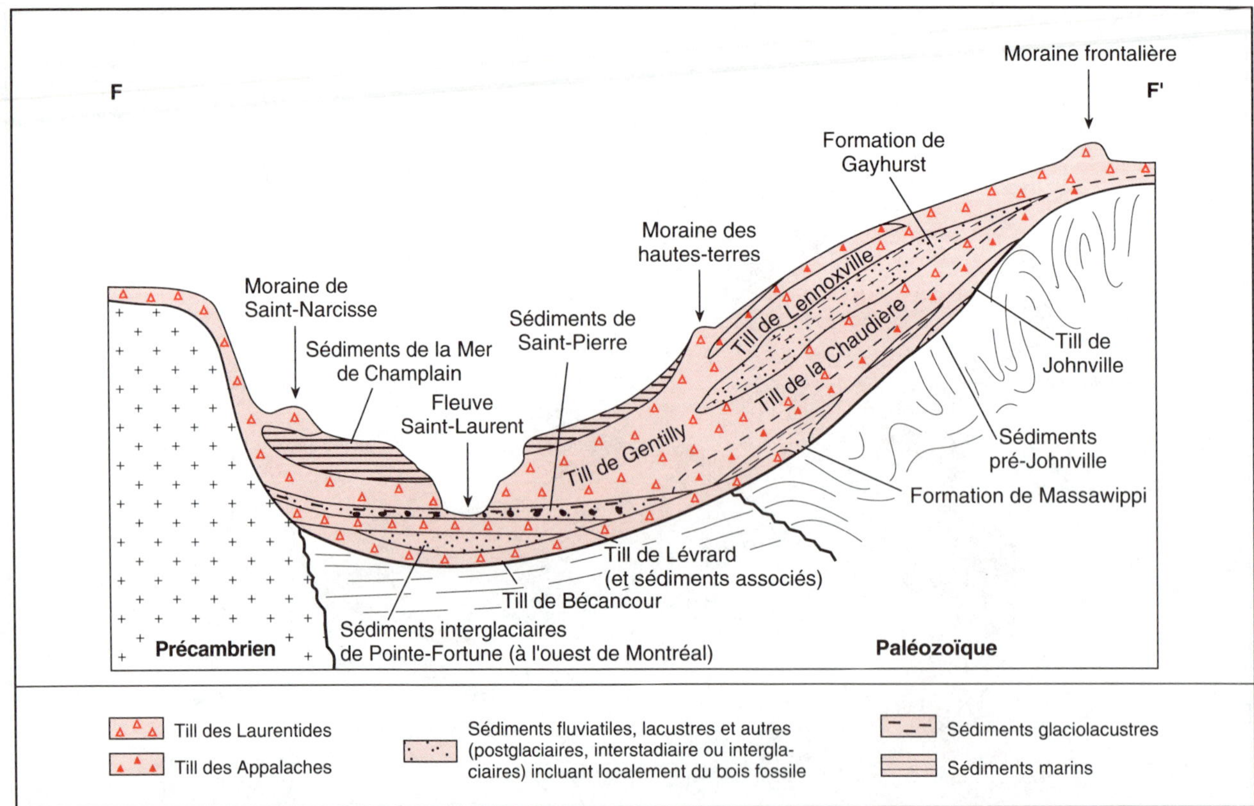

Figure 23.17 Coupe stratigraphique schématique des dépôts quaternaires du sud du Québec depuis la Mauricie jusqu'à la frontière du Maine (d'après Shilts dans Pagé 1990, p. 300, modifié par Lamothe, comm. pers. 1991).

du golfe du futur fleuve Saint-Laurent. Tout comme le nord de l'actuelle mer du Labrador, c'était le point de départ d'icebergs qui partaient à la dérive. La mer a graduellement envahi les terres libérées de glace. Entre 12 et 10 ka, la mer de Champlain occupait la vallée du Saint-Laurent (fig. 23.16 et 23.17). La mer de Laflamme envahissait la dépression du Lac-Saint-Jean. Puis, soulagé du poids des glaces, le continent s'est relevé. Il le fait toujours. La mer se retire. Sur la Basse-Côte-Nord, des archéologues ont retrouvé des sites d'occupation amérindienne, autrefois situés sur le bord du fleuve, à plus de 5 m au-dessus de l'actuel niveau de la mer.

CONCLUSION

L'histoire géologique du Québec s'étend sur plus de 3 milliards d'années. Quelques noyaux d'âge archéen forment tout d'abord le cœur du Bouclier canadien. Autour de ces noyaux primitifs, de nombreux orogènes sont venus agrandir le territoire. Les derniers en liste sont ceux du Grenville (au milieu du Protérozoïque) et des Appalaches (au début du Paléozoïque). Quant aux collines Montérégiennes, elles témoigneraient de l'ouverture de l'Atlantique. Au Quaternaire, les nombreuses glaciations ont donné la touche finale au relief. Le réchauffement qui a entraîné la fonte des glaciers a commencé il y a environ 20 ka et a culminé il y a 5 ka. Le lent refroidissement qui semblait annoncer le retour prochain des glaciers risque, aujourd'hui, d'avorter. En effet, depuis une centaine d'années, soit depuis le début de la Révolution industrielle et de l'usage massif des combustibles fossiles, un réchauffement notable de l'atmosphère se fait sentir. En examinant l'évolution des derniers 100 000 ans, les géologues pourront peut-être comprendre ce qui est en train d'arriver à notre Terre. Malgré leurs divergences d'opinion, ils s'entendent tous pour dire que le Québec n'a pas fini de changer !

RÉFÉRENCES BIBLIOGRAPHIQUES

OUVRAGES RECOMMANDÉS

1. **Bally, A. W. et Palmer, A. R.**
   1989 : *The Geology of North America; An Overview.* Boulder, Colorado, The Geological Society of America, GNA.A, 619 p.
   Excellente synthèse de la géologie du continent nord-américain.

2. **Pagé, P.**
   1990 : *Environnements quaternaires : L'histoire et la stratigraphie des glaciations continentales dans l'hémisphère Nord.* Montréal, Département des sciences de la Terre, Université du Québec à Montréal, 449 p.
   Notes de cours qui abordent tous les aspects du Quaternaire. On peut se les procurer auprès de l'auteur.

3. **Russell, D. A.**
   1989 : *An Odyssey in Time – The Dinosaurs of North America.* Toronto, University of Toronto Press, 256 p.
   Le meilleur ouvrage sur les dinosaures et leur passage sur notre planète.

AUTRES SOURCES D'INFORMATION CONSULTÉES

Caty, J.-L.
1987 : *Exploration au Québec; études géoscientifiques récentes.* Québec, ministère de l'Énergie et des Ressources, DV 87-27, 118 p.

Hoffman, P. F.
1985 : « Is the Cape Smith Belt (Northern Québec) a Klippe ? » dans *Journal canadien des sciences de la terre*, vol. 22, nº 9, p. 1361-1369.

McHone, J. G.
1984 : *Mesozoic Igneous Rocks of Northern New England and Adjacent Québec.* Boulder, Colorado, The Geological Society of America, carte MC-49.

Rivers, T., Martignole, J., Gower, C. F. et Davidson, A.
1989 : « New Tectonic Divisions of the Grenville Province, Southeast Canadian Shield » dans *Tectonics*, vol. 8, p. 63-84.

ANNEXE A

CLEF D'IDENTIFICATION DES PRINCIPAUX MINÉRAUX

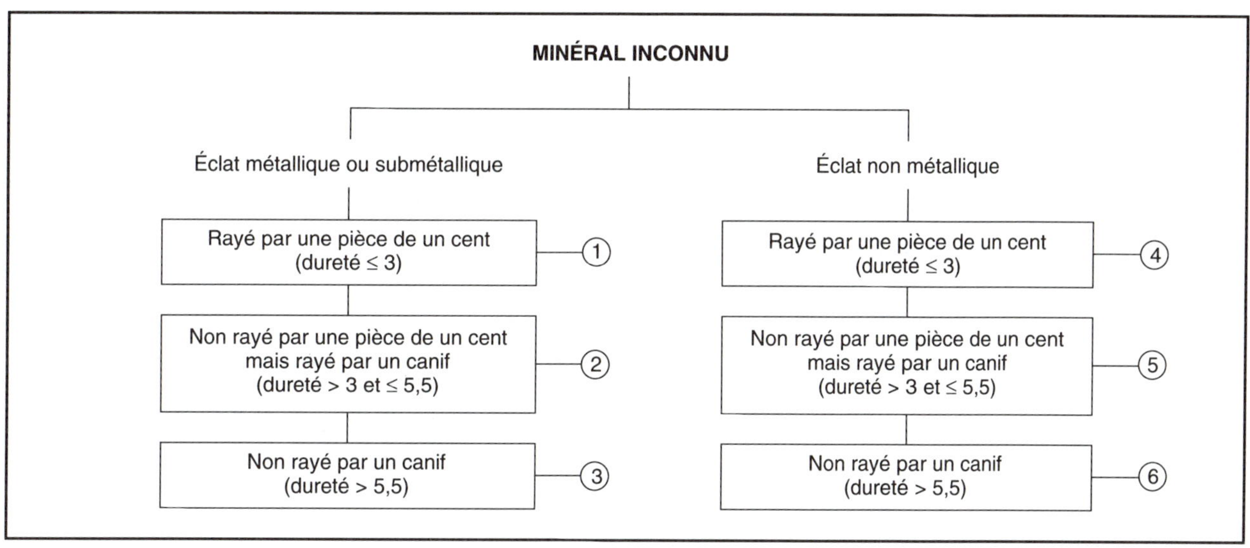

ÉCLAT MÉTALLIQUE OU SUBMÉTALLIQUE

	Minéral	Dureté	Densité	Couleur	Trait	Clivage ou cassure	Caractères distinctifs
(1) Dureté ≤ 3	Graphite	1,5	2 - 2,2	Gris plomb	Gris plomb	Clivage facile	Toucher gras, laisse un trait sur le papier, dureté, clivage
	Molybdénite	1 - 1,5	4,6 - 4,7	Gris plomb	Gris verdâtre	Clivage parfait	Trait, dureté, clivage, toucher
	Stibine	2	4,6	Gris acier	Gris acier	Clivage parfait	Très faible fusibilité, couleur, clivage
	Chalcosite	2,5 - 3	5,5 - 5,8	Gris plomb	Gris plomb	Cassure conchoïdale	Couleur, dureté, densité
	Galène	2,5 - 3	7,4 - 7,6	Gris plomb	Noir	Clivage suivant 3 plans à angle droit	Densité élevée, clivage, couleur, dureté
	Or natif	2,5 - 3	19,3	Doré	Doré	—	Densité élevée, couleur, malléabilité
	Bornite	3	5	Bronzé (violacé)	Gris-noir	Cassure irrégulière	Couleur et trait
(2) Dureté > 3 et ≤ 5,5	Chalcopyrite	3,5 - 4	4,1 - 4,3	Jaune laiton	Noir verdâtre	Cassure irrégulière	Dureté, couleur, trait, cristaux très rares
	Cuprite	3,5 - 4	6,1	Rouge carmin à brun rougeâtre	Brun-rouge	Cassure conchoïdale	Couleur, trait, cassure, densité
	Pyrrhotite	3,5 - 4,5	4,6 - 4,7	Bronzé	Gris-noir foncé	Cassure subconchoïdale	Couleur, légèrement magnétique, cristaux rares, fragile
	Chromite	5,5	4,1 - 4,9	Noir-brun	Brun	Cassure irrégulière	Dureté, couleur, trait, cristaux très rares

	Minéral	Dureté	Densité	Couleur	Trait	Clivage ou cassure	Caractères distinctifs
③ Dureté >5,5	Hématite	5 - 6	5,2	Gris plomb, noir, rouge	Brun rougeâtre	Cassure irrégulière	Trait et couleur, dureté
	Magnétite	5,5	5,2	Noir	Noir	Cassure irrégulière	Très fortement magnétique, couleur, trait, cristaux en forme d'octaèdres
	Pyrite	6 - 6,5	5	Jaune laiton pâle	Gris-noir	Cassure irrégulière	Dureté, souvent en cristaux (cubes, octaèdres, pyritoèdres) aux faces striées
	Cassitérite	6 - 7	7	Rouge-brun à noir	Blanc à brunâtre	Cassure irrégulière	Couleur, trait, densité, cristaux fréquents
	Ilménite	5 - 6	4,6 - 4,7	Noir	Noir	Cassure irrégulière	Couleur, densité
	Arsénopyrite	5,5 - 6	6 - 6,2	Blanc argent	Gris-noir	Cassure inégale	Couleur, densité, odeur d'ail quand on la chauffe
				ÉCLAT NON MÉTALLIQUE			
④ Dureté ≤ 3	Talc	1	2,7	Blanc verdâtre, gris	Blanc	Clivage parfait suivant 1 plan	Dureté, toucher caractéristique onctueux
	Soufre natif	1,5 - 2	2	Jaune	Jaune ou blanc	Cassure conchoïdale à irrégulière	Couleur, dureté, odeur caractéristique lorsque brûlé, souvent en cristaux
	Gypse	2	2,3	Incolore à blanc	—	Clivage parfait suivant 1 plan	Dureté, clivage, souvent bien cristallisé
	Halite	2	2,2	Incolore, blanc ou teinté	—	Clivage parfait suivant 3 plans à angle droit	Goût salé, souvent cristaux cubiques, dureté
	Biotite	2,5 - 3	2,8 - 3,2	Brun-noir à noir	—	Clivage parfait suivant 1 plan	Clivage, couleur
	Muscovite	2 - 2,5	2,76	Blanc	—	Clivage parfait suivant 1 plan	Clivage, couleur
	Phlogopite	2,5 - 3	2,9	Ambré, brun-jaune	—	Clivage parfait suivant 1 plan	Clivage, couleur
	Chlorite	2 - 2,5	2,6 - 3	Vert plus ou moins foncé	—	Clivage parfait suivant 1 plan	Clivage, couleur, éclat nacré à gras
	Serpentine fibreuse (chrysotile)	3 - 4	2,5 - 2,6	Verdâtre à blanc	—	Cassure fibreuse	Aspect fibreux, couleur, éclat soyeux
	Calcite	3	2,7	Variable, souvent incolore à blanc	Blanc	Clivage suivant 3 plans non à angle droit	Dureté, réaction à l'acide chlorhydrique dilué, souvent en cristaux rhomboédriques
⑤ Dureté > 3 et ≤ 5,5	Azurite	3,5 - 4	3,8	Bleu azur	Bleu	Cassure conchoïdale	Couleur, trait
	Sphalérite	3 - 4	3,5 - 4,2	Marron, jaune-brun, noir	Jaune-brun	Clivage suivant 6 plans	Éclat résineux à adamantin, clivage, trait
	Dolomite	3,5 - 4	2,9	Variable mais souvent incolore à blanc	Blanc	Clivage parfait suivant 3 plans non à angle droit	Réaction faible à l'acide chlorhydrique, souvent en cristaux rhomboédriques

	Minéral	Dureté	Densité	Couleur	Trait	Clivage ou cassure	Caractères distinctifs
(5) Dureté > 3 et ≤ 5,5	Malachite	3,5 - 4	4	Verdâtre	Vert pâle	Cassure irrégulière	Couleur, trait, agrégats de cristaux de forme concentrique
	Fluorite	4	3,2	Variable, souvent incolore ou violacé	Blanc	Clivage parfait suivant 4 plans	Dureté, clivage, très souvent cristallisée en cubes
	Limonite	4 - 5,5	2,7 - 4,3	Brun-noir à jaune brunâtre	Jaune-brun	Cassure irrégulière	Couleur, trait, éclat terreux
	Apatite	5	3,1 - 3,2	Variable	—	Cassure irrégulière	Dureté, éclat vitreux à résineux, cristaux prismatiques
	Hornblende	5 - 6	3 - 3,4	Noir, noir verdâtre, brunâtre	Vert foncé	Clivage suivant 2 plans à 56° et 124°	Couleur, clivage, éclat vitreux
	Augite	5 - 6	3 - 3,6	Brun, vert ou noir	—	Clivage suivant 2 plans à 87° et 93°	Couleur, clivage, éclat vitreux
(6) Dureté > 5,5	Feldspaths potassiques	6	2,5	Variable	—	Clivage suivant 2 plans à angle droit	Dureté, clivage, éclat vitreux
	Feldspaths plagioclases	6	2,7	Variable	—	Clivage suivant 2 plans presque à angle droit	Macles polysynthétiques, clivage, dureté
	Épidote	6 - 7	3,4	Vert bouteille à vert pistache	—	Cassure irrégulière	Couleur, dureté, éclat vitreux
	Grenats	6,5 - 7,5	3,5 - 4,3	Rouge sang, jaune, vert	—	Cassure irrégulière	Éclat vitreux, souvent en forme de dodécaèdre ou de trapézoèdre
	Olivine	6,5 - 7	3,3	Verdâtre, jaune, parfois brun	—	Cassure conchoïdale	Couleur, dureté
	Quartz	7	2,65	Variable, souvent incolore et blanc	—	Cassure conchoïdale	Cassure, dureté, éclat vitreux, stries
	Staurotide	7 - 7,5	3,7	Brun noirâtre	—	Cassure conchoïdale	Couleur, toujours cristallisée, fréquemment maclée, éclat vitreux
	Topaze	8	3,4 - 3,6	Variable	—	Clivage suivant 1 plan	Dureté, clivage, souvent en cristaux prismatiques
	Corindon	9	4	Gris brunâtre, rougeâtre	—	Parting	Parting, dureté, forme pseudo-hexagonale
	Diamant	10	3,52	Pur, il est incolore	—	Clivage suivant 4 plans	Dureté, généralement cristallisé en octaèdre et dodécaèdre, faces souvent arrondies dans les placers

ANNEXE B

FICHE D'IDENTIFICATION DES MINÉRAUX

N° ____________ COULEUR ______________________________

TRAIT		ÉCLAT		CLIVAGE		CASSURE	
Blanc	❑	Métallique	❑	Non	❑	Non	❑
Incolore	❑	Submétallique	❑	Oui	❑	Oui	❑
Coloré	❑	Non métallique	❑	→ ________		→ ________	
→ ________		→ ________					

AGRÉGATS DE CRISTAUX		DURETÉ		DENSITÉ		MAGNÉTISME		RÉACTION HCl	
Non	❑	≤ 3	❑	≤ 3	❑	Oui	❑	Oui	❑
Oui	❑	>3 ≤ 5,5	❑	>3 ≤ 5	❑	Non	❑	Non	❑
		>5,5	❑	>5	❑				

NOM ______________________ FORMULE CHIMIQUE ______________________

CLASSE ______________________

CARACTÈRES DISTINCTIFS ______________________________

____

____

USAGES ______________________________

ANNEXE C

NOTIONS D'INTENSITÉ ET DE MAGNITUDE D'UN SÉISME

De nos jours, on utilise deux mesures pour décrire qualitativement et quantitativement un séisme : l'intensité et la magnitude.

L'**intensité** est une mesure *qualitative* des effets d'un séisme. Elle s'exprime généralement à l'aide de l'échelle de Mercalli (conçue en 1902, modifiée en 1931), laquelle compte 12 degrés (chiffres romains) dont la valeur est liée aux effets observés, comme le montre la version abrégée reproduite (voir page 551). L'intensité I correspond à un séisme qui n'est ressenti que par un très petit nombre de personnes se trouvant dans des conditions particulièrement favorables. Un séisme d'intensité VI est ressenti par tout le monde et cause des dommages mineurs aux bâtiments. On n'a jamais observé de séismes d'intensité XII : ce serait un véritable cataclysme.

La **magnitude** est une mesure *quantitative* de l'énergie dégagée au foyer d'un séisme. La magnitude est déduite de la lecture des sismogrammes. Elle a été mesurée pour la première fois en 1935, par Charles Francis Richter, pour les séismes du sud de la Californie.

La magnitude est le logarithme décimal de l'amplitude maximale de l'onde sismique, exprimée en micromètres, et enregistrée par un sismographe standard à courte période, placé à 100 km de l'épicentre du séisme.

La relation entre l'amplitude des mouvements du sol (Ag) et l'amplitude de la trace laissée sur le sismogramme (At) est la suivante :

$$Ag = \frac{At}{K}$$

où

K = amplification de l'instrument. La valeur Ag s'exprime en micromètres et la valeur At, en millimètres.

En tenant compte du fait que le sismographe est rarement à 100 km de l'épicentre, la magnitude s'exprime ainsi :

$$M = \log \frac{A}{T} + f(\Delta)$$

où

A = amplitude en micromètres;
T = période en secondes;
Δ = distance en degrés.

De la même façon qu'un rayon lumineux est de plus en plus diffus à mesure qu'il s'éloigne de sa source, les ondes sismiques diminuent d'amplitude à mesure qu'elles s'éloignent du foyer. L'équation donnée ci-dessus a servi de base à la construction d'abaques ou de *nomogrammes*, pour des séismes rapprochés d'un instrument (environ 500 km et moins) et à foyer peu profond (moins de 20 km) (voir la figure). Ces nomogrammes permettent de calculer rapidement la magnitude en tenant compte de la distance qui sépare le sismographe de l'épicentre. Une composante du nomogramme (à droite) est à glissière; on peut ainsi l'adapter aux différentes amplifications des appareils enregistreurs.

Le calcul de la magnitude des séismes éloignés (de 400 à 3000 km environ) et dont le foyer est à plus de 20 km n'est pas aussi simple. Au départ, l'idée de Richter était tout simplement d'évaluer grossièrement l'importance des séismes qui survenaient en Californie. Richter n'a pas spécifié le type d'onde dont il fallait mesurer l'amplitude. Il proposait tout simplement de prendre l'onde ayant la plus grande amplitude. De nos jours, les sismologues calculent le plus souvent deux magnitudes, de façon à mieux cerner le caractère réel d'un tremblement de terre. En effet, les séismes à foyer profond génèrent souvent des enregistrements fort différents des séismes à foyer peu profond, et ce, pour une même quantité d'énergie libérée. Ainsi, une magnitude peut d'abord être calculée pour les ondes P ou S. Le symbole pour cette magnitude est M_b (b = *body waves*). Par ailleurs, une magnitude peut également être évaluée pour les ondes de surface. Le symbole pour cette magnitude est M_s (S = *surface waves*). Il peut parfois y avoir des différences marquées entre les deux valeurs obtenues pour un même séisme.

Pour déterminer la magnitude des séismes dans l'est du Canada, les sismologues utilisent maintenant une équation qui diffère de celle mise au point par Richter. Il s'agit de l'équation dite de Nuttli :

$$M_{b(Lg)} = -0,10 + 1,66 \log \Delta + \log (A/T)$$

où

A = amplitude maximale de l'onde Lg, en micromètres;
T = période de l'onde, en secondes;
Δ = distance à l'épicentre, en kilomètres.

Cette équation est valable si la valeur de la distance à l'épicentre (Δ) se trouve entre 450 et 3000 km et si la valeur de la période de l'onde (*T*) est moindre ou égale à 1,3 seconde. Elle sert généralement au calcul de la magnitude des ondes de surface. Au Canada, on a extrapolé son usage pour des valeurs de Δ = 50 km. Cette équation rend mieux compte de la faible atténuation des ondes sismiques par les roches de l'est de l'Amérique du Nord.

Contrairement à l'intensité, mesure qualitative, la magnitude permet de mieux comparer des séismes entre eux. Théoriquement, l'échelle de Richter n'a ni limite inférieure, ni limite supérieure.

Ainsi, des microséismes peuvent avoir une magnitude négative. Quant aux plus forts séismes enregistrés, ils n'ont jamais atteint la magnitude 9. Pour les séismes très puissants, on utilise le moment magnitude. Avec

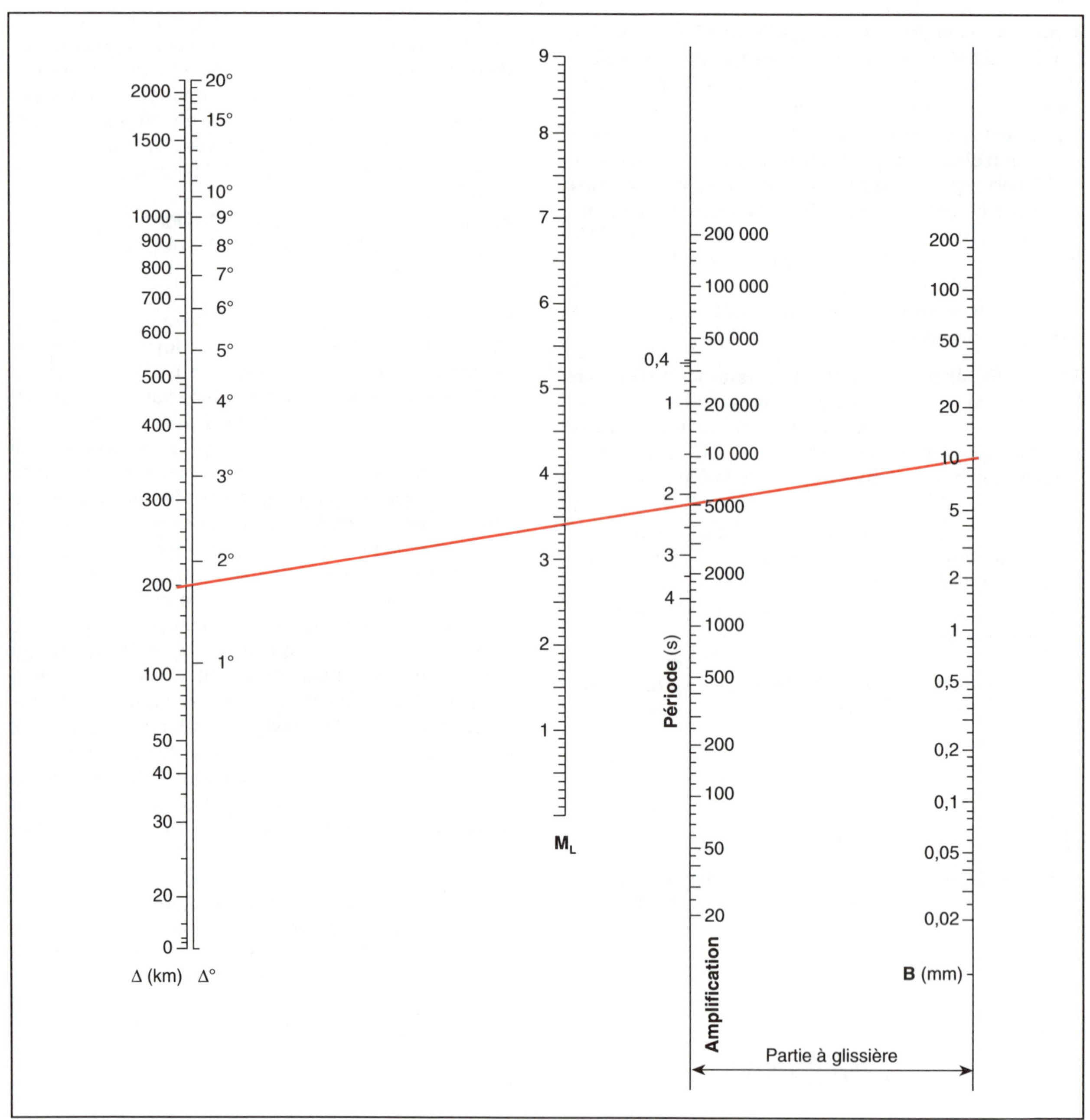

Monogramme mis au point par John M. Nordquist et servant à calculer la magnitude (M_L) de séismes rapprochés et peu profonds. Dans l'exemple illustré ici, la station située à 200 km de l'épicentre est équipée d'un sismographe dont l'amplification est de 20 000 et la période de 1 seconde. L'amplitude maximale (B) mesurée sur le sismogramme est de 10 mm, ce qui donne une magnitude de 3,4.

ce paramètre, la valeur de 9 peut être dépassée. L'échelle des magnitudes étant logarithmique, chaque fois que la magnitude s'accroît d'une unité, l'amplitude des ondes sismiques mesurées est décuplée. Ainsi l'amplitude des ondes mesurées pour un séisme de magnitude 8 est 10 000 fois plus importante que celle d'un séisme de magnitude 4.

La relation étroite entre la magnitude et l'*énergie* libérée par un séisme s'exprime ainsi :

$$\log E = 4{,}8 + 1{,}5M$$

où E = énergie en joules;

M = magnitude.

La quantité d'énergie dégagée augmente différemment d'un degré à l'autre. Chaque unité produit environ 31,6 fois plus d'énergie que la précédente. Ainsi, un séisme de magnitude 8,9 libérera environ 10 000 fois plus d'énergie qu'un séisme de magnitude 6,2, environ 700 000 fois plus d'énergie qu'un séisme de magnitude 5 et environ 1 milliard de fois plus d'énergie qu'un séisme de magnitude 2. Pour illustrer la quantité d'énergie, on dit qu'un séisme de magnitude –2 dégage l'énergie d'une brique qui tombe d'une hauteur de 1 m, alors qu'un séisme de magnitude 8,5 dégage l'équivalent de 4438 bombes atomiques du type de celle qui a frappé Hiroshima.

ENCADRÉ ANNEXE C

ÉCHELLE MERCALLI D'INTENSITÉ DES TREMBLEMENTS DE TERRE

(modifiée en 1931) (version abrégée)

I. Le séisme n'est ressenti que par un très petit nombre de gens se trouvant dans des conditions particulièrement favorables.

II. Le séisme n'est ressenti que par quelques personnes au repos, particulièrement dans les étages supérieurs des bâtiments. Des objets délicatement suspendus peuvent osciller.

III. Le séisme est ressenti à l'intérieur des maisons, particulièrement dans les étages supérieurs, mais de nombreuses personnes ne se rendent pas compte qu'il s'agit d'un tremblement de terre. Des automobiles stationnées peuvent se balancer légèrement. La vibration peut être semblable à celle provoquée par le passage d'un camion. La durée des secousses peut être évaluée ou mesurée.

IV. Durant le jour, de nombreuses personnes ressentent les secousses à l'intérieur des habitations alors que d'autres personnes les ressentent à l'extérieur. Durant la nuit, certaines personnes sont réveillées. Les plats, les fenêtres, les portes sont dérangés; des bruits de craquement se font entendre dans les murs. La sensation produite ressemble à celle d'un lourd camion frappant le bâtiment. Des automobiles stationnées se mettent à osciller visiblement.

V. Presque tout le monde ressent les secousses; un grand nombre de personnes sont réveillées. Des plats, des fenêtres, etc., sont brisés; des fissures se produisent dans le plâtre des murs, dans certains cas; des objets instables sont renversés. On remarque en certains endroits une agitation anormale des arbres, des poteaux, des pylônes, etc. Des horloges à balancier peuvent s'arrêter.

VI. Tout le monde ressent les secousses : de nombreuses personnes effrayées sortent de chez elles. Des meubles lourds sont déplacés : dans quelques cas, le plâtre des plafonds tombe et des cheminées sont endommagées. Cependant, les dommages ne sont pas importants.

VII. Tout le monde se précipite dehors. Les dommages sont négligeables dans les bâtiments bien conçus et bien construits. Ils sont légers dans les bâtiments de construction ordinaire; mais ils sont considérables dans les bâtiments mal conçus ou mal construits. Quelques cheminées sont renversées. Des personnes conduisant des automobiles remarquent les secousses.

VIII. Les dommages sont légers dans les bâtiments conçus en vue de résister aux tremblements de terre. Ils sont considérables dans les bâtiments ordinaires qui peuvent s'effondrer partiellement. Les dommages sont énormes dans les bâtiments mal construits. Les cloisons sortent de leurs cadres. Des cheminées de maison, des hautes cheminées d'usine, des colonnes, des monuments, des murs s'effondrent. Des meubles très lourds sont renversés. Du sable et de la boue sont projetés en petites quantités. L'eau des puits est troublée. Les personnes conduisant des automobiles prennent peur.

IX. Les dommages sont considérables même dans les bâtiments spécialement conçus pour résister aux tremblements de terre. Des bâtiments à charpente de bois ne sont plus d'aplomb. D'énormes dégâts sont causés à des bâtiments solides, certains d'entre eux s'effondrent partiellement. Des bâtiments sont soulevés hors de leurs fondations. Le sol se fissure visiblement. Des canalisations souterraines sont brisées.

X. Des maisons de bois fort bien construites sont détruites. La plupart des bâtiments de maçonnerie à charpente de bois sont détruits avec leurs fondations. Le sol est très fissuré. Les rails sont tordus. Des glissements de terrain importants se manifestent sur la rive des cours d'eau et le long des pentes escarpées. Du sable et de la boue sont projetés. L'eau déborde sur les rives.

XI. Quelques bâtiments de maçonnerie seulement restent encore debout. Des ponts sont détruits. De larges fissures se voient dans le sol. Les canalisations souterraines sont complètement disloquées. Des glissements de terrain se produisent. Des rails sont terriblement tordus.

XII. Les dommages sont complets. On peut voir des vagues à la surface du sol. Les lignes de visée et de nivellement sont faussées. Des objets fusent en l'air.

Source : J. H. Hodgson, « Les tremblements de terre au Canada » dans *Le Jeune Scientifique*, vol. 4, n° 5 (février 1966), p. 111.

ANNEXE D

LISTE DES SYMBOLES

Principaux symboles utilisés			
Symbole	**Signification**	**Symbole**	**Signification**
a	année*	m	mètre
d	jour	min	minute
g	gramme	Pa	pascal
h	heure	s	seconde
Hz	hertz	T	tesla
J	joule	t	tonne
K	Kelvin	V	volt
kg	kilogramme	°C	degré Celsius
l	litre		

* En géologie, on accole un préfixe au symbole a (pour année) pour donner un âge mesuré par rapport au présent, lequel a été établi, par convention à 1950 de notre ère. Par exemple, 10 ka signifie il y a 10 milliers d'années, 10 Ma, il y a 10 millions d'années et 10 Ga, il y a 10 milliards d'années.

Préfixes utilisés		
Préfixe	**Symbole**	**Valeur**
giga	G	1 000 000 000
méga	M	1 000 000
kilo	k	1 000
centi	c	0,01
milli	m	0,001
micro	µ	0,000 001
nano	n	0,000 000 001
pico	p	0,000 000 000 001

Ga = billiard d'année
Ma = million d'année
Ka = millier d'année

Bibliographie générale

1. TECTONIQUE DES PLAQUES

Allègre, C.-J.
1983 : *L'écume de la Terre*. Paris, Fayard, coll. le Temps des Sciences, 368 p.
Excellente synthèse qui raconte l'aventure de la naissance de la théorie de la tectonique des plaques lithosphériques.

Condie, K. C.
1989 : *Plate Tectonics & Crustal Evolution*. Toronto, Pergamon Press, 476 p. et une carte des plaques tectoniques en pochette.
Ouvrage de synthèse. Niveau avancé.

Gore, R. et Sugar, J. A.
1985 : « Our Restless Planet Earth » dans *National Geographic*, vol. 168, nº 2, p. 142-182.
À consulter pour les cartes et les photographies.

Hallam, A.
1976 : *Une révolution dans les sciences de la Terre*. Paris, Seuil, coll. Points Sciences, 191 p.
Ouvrage qui présente un point de vue historique intéressant.

Le Pichon, X.
1990 : « Quand les sciences de la Terre redémarrent » dans *La Recherche*, nº 225, p. 1136-1138.
Le titre parle de lui-même.

Lliboutry, L.
1985 : « Modèles et révolution dans les sciences de la Terre » dans *La Recherche*, nº 163, p. 272-278.
Article qui montre que le modèle des plaques fait entrer les sciences de la Terre dans le domaine des sciences physiques.

Rebeyrol, Y.
1990 : *La Terre toujours recommencée*. Paris, Éditions La Découverte/Le Monde, 425 p.
L'auteure, qui est journaliste, fait le bilan de 30 ans de progrès dans le domaine de la géologie, en reprenant des articles rédigés dans le journal *Le Monde* de Paris.

2. OUVRAGES DE GÉOLOGIE GÉNÉRALE

Caron, J.-M., Gauthier, A., Schaaf, A., Ulysse, H. et Wozniak, J.
1989 : *Comprendre et enseigner la planète Terre*. Gap, éditions Ophrys, 271 p.

Dercourt, J. et Paquet, J.
1985 : *Géologie – Objets et méthodes*. 7ᵉ éd., Paris, Dunod Université, 347 p.

Ernst, W. G.
1990 : *The Dynamic Planet*. New York, Columbia University Press, 281 p.

Hambling, W. K.
1989 : *The Earth's Dynamic Systems*. 5ᵉ éd., Toronto, Macmillan, 579 p.

Plummer, C. C. et McGeary, D.
1988 : *Physical Geology*. 5ᵉ éd., Dubuque, Iowa, Wm. C. Brown Publishers, 535 p.

Pomerol, C. et Renard, M.
1989 : *Éléments de géologie*. 9ᵉ éd., Paris, Armand Colin, 616 p.

Press, F. et Siever, R.
1986 : *Earth*. 4ᵉ éd., San Francisco, W. H. Freeman, 656 p.

Skinner, B. J. et Porter, S. C.
1989 : *The Dynamic Earth*. Toronto, John Wiley & Sons, 541 p.

3. *OUVRAGES DIVERS*

Allègre, C.-J.
1985 : *De la Pierre à l'Étoile.* Paris, Fayard, 1985, 304 p.
1987 : *12 clés pour la géologie.* Paris, Belin-Radio France, 160 p.

Brown G. C. et Musset, A. E.
1981 : *The Inaccessible Earth.* Londres, Allen & Unwin, 235 p.

Ellenberger, F.
1988 : *Histoire de la géologie.* Tome 1 *: Des Anciens à la première moitié du XVII*[e] *siècle.* Paris, Technique et Documentation - Lavoisier, Petite Collection d'Histoire des Sciences, 352 p.

Gregor, C. B., Garrels, R. M., Mackenzie, F. T. et Maynard, J. B.
1988 : *Chemical Cycles in the Evolution of the Earth.* Toronto, John Wiley & Sons, 276 p.

Smith, D. G. (sous la direction de)
1981 : *The Cambridge Encyclopedia of Earth Sciences.* Cambridge, Cambridge University Press, 496 p.

Smith, P. J. (sous la direction de)
1987 : *La Terre.* Paris, Armand Colin, 256 p.

Windley, B. F.
1984 : *The Evolving Continents.* 2e éd., Toronto, John Wiley & Sons, 399 p.

4. *DICTIONNAIRES, LEXIQUES, CARTES ET CODE*

Assemblée de concertation et de développement de l'Estrie (ACDE)
1991 : *Carte géologique routière du sud-est du Québec.* Sherbrooke, ACDE, Comité des mines.

Bates, R. L. et Jackson, J. A.
1987 : *Glossary of Geology.* 3e éd., Alexandria, Virginie, American Geological Institute, 788 p.

Conseil national de recherches du Canada
1988 : *La terminologie du pergélisol et notions connexes.* Ottawa, Comité associé de recherches géotechniques, Sous-comité du pergélisol, note de service technique n° 142, traduit par M. Verge et L. La Brie, 154 p.

Cormier, C.
1991 : *Vocabulaire canadien du Quaternaire.* Ottawa, Commission géologique du Canada (étude à paraître), anglais-français et français-anglais, 850 notions et 300 définitions bilingues.

De Larouzière, F. D.
1989 : *Dictionnaire des roches d'origine magmatique.* Orléans, BRGM, Manuels et Méthodes n° 20, 188 p.

Énergie, Mines et Ressources Canada
1990 : *L'atlas géophysique du Canada.* Ottawa, Commission géologique du Canada, boîte de 15 cartes.

Foucault, A. et Raoult, J.-F.
1988 : *Dictionnaire de géologie.* 3e éd., Paris, Masson, 352 p.

Ministère de l'Énergie et des Ressources
1991 : *Carte géotouristique.* Québec, Les Publications du Québec, EDQ 14329-2.

Service de la géoinformation
1986 : *Code stratigraphique nord-américain.* Québec, ministère de l'Énergie et des Ressources, Direction générale de l'Exploration géologique et minérale, DV 86-02, 58 p.

INDEX

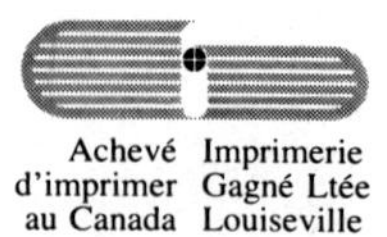

Achevé d'imprimer au Canada
Imprimerie Gagné Ltée Louiseville